ISBN 978-0-365-09156-1
PIBN 11267831

1 MONTH OF
FREE
READING

at

www.ForgottenBooks.com

By purchasing this book you are eligible for one month membership to ForgottenBooks.com, giving you unlimited access to our entire collection of over 1,000,000 titles via our web site and mobile apps.

To claim your free month visit:

www.forgottenbooks.com/free1267831

Deutsche Revue

über das

gesamte nationale Leben der Gegenwart.

Herausgegeben

von

Richard Fleischer.

———

Zweiundzwanzigster Jahrgang. — Dritter Band.
(Juli bis September 1897.)

Stuttgart und Leipzig.
Deutsche Verlags-Anstalt.
1897.

12/23

P Germ 147.1

18

D . . 18

Inhalt

Deutsche Revue

Herausgegeben

von

Richard Fleischer

Inhalts-Verzeichnis

Stuttgart Deutsche Verlags-Anstalt Leipzig

1897

Preis des Jahrgangs 24 Mark.

Digtzed

Aus dem Bunsenschen Familienarchiv.[1]

Die im November- und Dezember-Heft 1895 und im Februar-Heft 1896 der „Deutschen Revue" unter den Titeln: „Des Prinzen von Preußen Reise zur Londoner Weltausstellung 1851" und „Briefwechsel zwischen Berlin, Koblenz und London vom Jahre 1851" veröffentlichten Dokumente waren von dem Herausgeber G. v. Bunsen nur als Einleitung weiterer Veröffentlichungen gedacht worden. Die Erkrankung und der Tod des vielbetrauerten Staatsmannes und Philanthropen sind der Ausführung dieser Absicht bisher hemmend in den Weg getreten. Das heutige Heft beginnt nun mit einer Fortsetzung der noch von dem Heimgegangenen persönlich gesichteten und geordneten Auszüge aus einem umfassenden „fürstlichen und politischen Briefwechsel".

Um keine weitere Verzögerung eintreten zu lassen, sehen wir für diesmal von der in weiten Kreisen gewünschten biographischen Charakteristik des Herausgebers selber ab, um statt dessen seine eigne Arbeit für ihn reden zu lassen. Es sind vielumfassende Studien aus einer Reihe von Jahren, welche sowohl den bisher veröffentlichten wie den noch folgenden Einzelaufsätzen zu Grunde liegen. Die gesamte einschlägige Litteratur in Memoiren wie in Geschichtswerken war von G. v. Bunsen sorgsam verglichen und excerpiert worden. Seit der Ranke-schen Ausgabe der einen Seite des Briefwechsels zwischen König Friedrich Wilhelm IV. und dem Vater des nunmehr Entschlafenen ist dem letzteren wohl keine einschlägige Veröffentlichung von einiger Bedeutung entgangen. Es war zunächst das Sohnesinteresse an der geschichtlichen Stellung seines großen

---

[1] Gleichzeitig mit der Drucklegung der in den nachfolgenden Heften zur Veröffentlichung kommenden Dokumente ist aus dem gleichen Archiv noch eine andre Sammlung zur Presse (Verlag von Jansa, Leipzig) gegangen. Dieselbe enthält die vertrauten Briefe sowohl der römischen Kardinäle und Nuntien wie der deutschen Erzbischöfe und Bischöfe, welche mit Bunsen im Briefwechsel standen. Bisher sind von diesen für die zwei ersten Jahrzehnte seit der Restauration des Papsttums und der Rückwirkung derselben auf Deutschland hochbedeutsamen Aktenstücken nur die Briefe des Kölner Erzbischofs Graf Spiegel veröffentlicht worden. Die philologisch-kritische Herausgabe ist von Prof. Reusch in Bonn übernommen worden, welcher zugleich die sämtlichen Dokumente mit den zum geschichtlichen Verständnis notwendigen Anmerkungen versehen hat.

Vaters, welches ihn Werke wie die Radowitzschen Gesammelten Schriften, die Gerlachschen, Natzmerschen und Roonschen Denkwürdigkeiten, die Bernhardischen Tagebücher, die Selbstbiographie des Herzogs von Coburg, die Werke von Pauli, Sybel, Oncken und so weiter ebenso genau verfolgen ließ wie die tendenziösen Angriffe auf das Andenken Bunsens bei Janssen, Reumont und andern. Aber weder die in den erstgenannten Werken gebotenen Ergänzungen zur Biographie Bunsens, noch die zum Selbstgericht über ihre Urheber gewordenen Schmähungen ließen eine neue Klarstellung der persönlichen Wirksamkeit eines Mannes, dessen Leben klar vor aller Augen liegt, als nötig erscheinen.

Anders stellte sich die Sache seit dem Erscheinen der letzten Bände von Treitschkes Deutscher Geschichte. Die Persönlichkeit Bunsens ist darin mit offenkundigem Uebelwollen behandelt. Als eines der Glieder des engeren Freundeskreises Friedrich Wilhelms IV. erscheint er Treitschke als mit verantwortlich für die Mißerfolge, vor denen er vergeblich gewarnt hatte. Der zahlreichen persönlich verletzenden Ausfälle gegen seinen Vater ungeachtet hat G. v. Bunsen die hervorragende Bedeutung des Treitschkeschen Werkes ebenso freudig anerkannt, als er den Charakter seines Verfassers hoch schätzte. Aber die im weiteren Verlaufe des Werkes stetig zunehmende Menge von thatsächlichen Irrtümern und einseitigen Urteilen ließ ihm die Richtigstellung nicht weniger bedeutsamer Epochen unsrer Geschichte je länger je wünschenswerter erscheinen.

Die zu diesem Behufe angelegten Auszüge aus dem Treitschkeschen Werke und seine eignen Bemerkungen dazu hatte G. v. Bunsen Herrn v. Treitschke selber vorzulegen beabsichtigt. Denn es schien ihm kaum anders möglich, als daß die Wucht der — Treitschke entweder völlig unbekannten oder wenigstens von ihm übersehenen — Thatsachen sich diesem nicht selber aufdrängen müsse. Ueberdies hatte ja der begeisterte Vorkämpfer unsrer nationalen Einheit in der Darstellung der Vorgeschichte derselben sich selber im Lichte gestanden, wenn er gerade solche Männer, deren Wirksamkeit demselben Ziele vorarbeitete, völlig verkannte. Gerade wenn man seinen patriotischen Zorn über die den preußischen Staatsgedanken so lange Zeit völlig lahmlegende „Eunuchenpolitik" ihm durchaus nachempfindet, wird man mit doppeltem Eifer den Wegen nachgehen müssen, auf welchen dieser Staatsgedanke zu neuem Leben erweckt und dadurch zugleich zur festen Grundlage des geeinigten deutschen Reiches gemacht wurde. Bei den Vorarbeiten dazu aber ist der Mann mit in erster Reihe beteiligt gewesen, welcher in der Zeit des tiefsten Niederganges Preußens und Deutschlands (in der Widmung seines „Hippolytus" an den Jugendfreund Richard Rothe) der festen Glaubensüberzeugung Ausdruck verleihen konnte:

> Wissend auch, daß unserm Volke ward ein göttlich hohes Pfand,
> Daß der Geist des Herren wehet noch im großen Vaterland,
> Daß er heilen will, was siechet, einen, was zerrissen ward,
> Und verklären sich aufs neue in der freien deutschen Art.

Das persönliche Interesse des Sohnes trat jedoch im Laufe der Jahre gegen andre noch um vieles bedeutsamere Aufgaben zurück, deren würdige Erfüllung

dann freilich nicht ohne mannigfache Verzögerung möglich war. Auf der einen
Seite war es nämlich der große Kaiser Wilhelm I. als Prinz von Preußen,
auf der andern Seite der Prinz-Gemahl von England, deren Persönlichkeiten
unwillkürlich in den Vordergrund traten.

Das enge Vertrauensverhältnis Bunsens zu Kaiser Wilhelm I. ist von den
Anfängen ihrer persönlichen Beziehungen in den Jahren 1822 und 1844 an durch
die Revolutions- und Reaktionszeit hindurch ein stets innigeres geworden. Man
kann geradezu sagen, daß es innerlich noch fester begründet war als die lebhaften Gefühlsregungen Friedrich Wilhelms IV. Nur um so mehr aber mußten
die ins Auge gefaßten neuen geschichtlichen Beiträge sich obenan die Aufgabe
stellen, den Begründer des neuen Deutschen Reiches in seinem persönlichen Ent-
wicklungsgange Schritt für Schritt zu verfolgen.

Einen wichtigen Einzelbeitrag hiefür bot bereits die durch G. v. Bunsen
ermöglichte Veröffentlichung der Denkschrift des Prinzen von Preußen vom
19. Mai 1850 durch Sybel (Historische Zeitschrift 1893, S. 90—93). Man
braucht nur den Wortlaut dieser Denkschrift mit der Mitteilung der Roonschen
Denkwürdigkeiten (I, S. 240 ff.) über die Haltung des Prinzen von Preußen
im November 1850 zu vergleichen, um seine Stellung zu der damaligen — sich
selber so nennenden — „Camarilla" klar vor Augen zu haben. Der enge Zusammenhang dieser Dokumente mit den — aus dem einschlägigen fürstlichen
Briefwechsel in der „Deutschen Revue" beleuchteten — Ereignissen des Jahres
1851 bedarf für keinen Geschichtskundigen einer weiteren Beleuchtung. Die genaue
Sammlung der schon heute zur Verfügung stehenden Dokumente über den Entwicklungsgang des Prinzen bis zur Uebernahme der Regentschaft zeigt aber
überhaupt in überraschender Weise, wie früh der spätere Kaiser über die Ziele
wie über die Mittel seiner nachmaligen Politik im klaren gewesen ist. Jeder
neue Einblick fügt neue Belege hinzu über die Richtigkeit seiner Anschauungsweise
und die Festigkeit seines Willens. Das ihn in seiner Berufserfüllung unablässig
leitende Pflichtgefühl, welches ihn nachmals befähigt hat, die richtigen Gehilfen
zu finden und allen Angriffen gegenüber zu stützen, hat schon seine Lehr- und
Wanderjahre hochbedeutsam für die ganze Zukunft gemacht.

Als ein ebenso echt deutscher Fürst und zugleich dem zukünftigen ersten
Kaiser aufs engste verbunden erweist sich Prinz Albert. Schon die bisherigen
Veröffentlichungen der „Deutschen Revue" werden ihn auch dem deutschen Publikum gerade in dieser Beziehung näher gerückt haben. Ebenso wie der Prinz von
Preußen hat auch Prinz Albert gerade mit Bunsen im vertrautesten Briefwechsel
gestanden. Aber eine vorzeitige Veröffentlichung der einen Hälfte dieses Briefwechsels würde ein ebenso einseitiges Bild zu Tage gefördert haben wie seinerzeit die Rankesche Ausgabe der Briefe Friedrich Wilhelms IV. Um statt dessen
ein vollständiges objektives Bild zu ermöglichen, hat Georg v. Bunsen alle
einschlägigen, sowohl deutschen als englischen Quellen heranzuziehen gesucht.
Die Dokumente seines Hausarchivs sind unter anderm durch eine Reihe
wichtiger unbekannter Quellen ergänzt worden, die sich in englischen Archiven

befinden und deren Benutzung ihm durch hohe persönliche Fürsprache ermög=
licht war.

Aber je reicher das Material wurde, desto höher wuchs die Verantwortlich=
keit für die richtige Verwertung. Jede Zeile der Einleitungen und Anmerkungen
zu den geplanten Einzelveröffentlichungen erheischte die sorgsamste Erwägung.
Dies die Ursache, daß dem treuen, gewissenhaften Arbeiter die Freude an der
vollendeten Arbeit nicht mehr selber zu teil werden sollte.

Um so unzweideutiger ergab sich für die nunmehrigen Herausgeber die
Pflicht, die ihnen genau bekannten Absichten von G. v. Bunsen so zur Ausführung
zu bringen, wie sie diesem selber vor der Seele gestanden hatten. Wie die früheren,
so sollen daher auch die jetzigen „Ausschnitte" aus unsrer Vergangenheit so viel
als möglich in abgerundeten Einzelbildern erscheinen. Dabei sollen jedesmal die
Dokumente für sich selbst sprechen und nur von den notwendigsten Erläuterungen
begleitet werden.

I. Der Aufenthalt des Prinzen von Preußen in England im Jahre 1844. [1])

1. Briefe des Prinzen an Bunsen vor Antritt der Reise.

Homburg den 25./7. 44.

Empfangen Sie meinen besten Dank für die so schleunige Besorgung meiner
Dienstangelegenheit. Die Antwort ist mir natürlich sehr erfreulich gewesen; doch
kann ich aber nicht daran denken, vor der Niederkunft[2]) und vor Ablauf der
ersten drei Wochen einzutreffen, wohl verstanden, daß alles glücklich gehet. Freilich
verliere ich dadurch die letzten Reste der Saison und den Glanz Londons; indessen
da mein Besuch der Königin diesmal allein gilt, so muß ich auf alles verzichten
und dies auf ein 2. mal aufsparen. Ich würde also, wenn wir gute Nachrichten
erhalten, mich so einrichten, daß ich gegen Ablauf der 3. Woche in London ein-
träfe, was also rélatif vor oder nach dem 12. August sein würde.

Doch Sie wissen, daß mir der König im Fall der Nicht-Annahme in Windsor
die Regierungsgeschäfte vom 1. an auf 14 Tage übertragen wollte. Ich
muß also abwarten, wie er die Antwort des Prinzen Albert ansieht. Ich habe
bereits vorgestern durch den Télégraphen angefragt, aber noch keine Antwort.
Da ich Herrn Thile aber nicht länger aufhalten darf, für dessen Sendung ich

---

[1]) Die Reise des Prinzen von Preußen durch England im Juli und August 1844 ist
in Bunsens Leben II, S. 268—269 von dessen Witwe in Kürze geschildert. Dem Umstande,
daß sie selber damals nicht in London anwesend sein konnte, verdanken die jene Reise
schildernden Briefe Bunsens vom 24. Juli (a. a. O. S. 269), 7. und 30. August (S. 272),
5. und 9. September (S. 274) ihren Ursprung. Denselben ist zugleich das seither auch von
Ranke (S. 122) veröffentlichte Schreiben des Königs vom 20. August 1844 (S. 272) beigefügt. Die heutigen Ergänzungen bringen an erster Stelle zwei vor Antritt der Reise
geschriebene Briefe des Prinzen, sodann mehrere während der Reise geschriebene briefliche
Mitteilungen Bunsens an Stockmar und endlich den eingehenden Bericht über die Reise an
den König.

[2]) Der Königin Victoria.

Ihnen sehr dankbar bin, so habe ich den Stand der Dinge dem Prinzen Albert mitgetheilt, mir eine fernere Mittheilung an denselben und an Sie vorbehaltend.

Da mein Aufenthalt nur 16—18 Tage dauern kann, indem ich den 1. September jedenfalls London verlassen muß, so muß ich mich auf London beschränken, wenn nicht die Dampfschnelligkeit mich zu Excursionen verleitet.

Hoffentlich auf Wiedersehen in Ihrem Hôtel!

Ihr

Prinz von Preußen.

Homburg, den 26./7. 44.

Soeben erhalte ich Ihr 2. Schreiben vom 23. d. M. Ich sehe aus demselben, daß ich bereits f r ü h e r e r w a r t e t werde, als es mir Ihr erstes Schreiben als r ä t l i c h erscheinen ließ und unsere Berliner Unterredungen zuließen. Darum habe ich Ihnen auch gestern geschrieben, daß ich erst in der 3. Woche n a c h der Einladung eintreffen würde, und schrieb so auch an Prinz Albert. Wenn ich nun aber sehe, daß man mich jedenfalls v o r der 3. Woche erwartet, so bin ich natürlich nur z u bereit, früher zu reisen, wenn Sie gewiß sind, daß es keinen n a c h t h e i l i g e n Eindruck macht, wenn ich schon a n d e r e Besuche mache, ehe ich die Königin sehe. Auf alle Fälle glaube ich aber doch die E n t b i n d u n g s - N a c h r i c h t abwarten zu müssen, wenn Sie mir nicht u m g e h e n d schreiben, daß ich auch dieses nicht abzuwarten brauche. Freilich kann ich nun doch nicht darauf rechnen, in Southampton zu sein, was ich sehr betraure, und auch der Hochzeit in Trentham nicht beiwohnen, weil dies alles schon in den nächsten Tagen ist. — Uebrigens bin ich sehr geschmeichelt, daß man schon f r e u n d l i c h für mich sorgt, auch ohne mich zu kennen, und muß nur wünschen, daß man mich nicht après coup fallen läßt, namentlich da ich nicht englisch spreche.

Mein Plan würde nun noch dahin gehen, sogleich nach erhaltener Nachricht der Entbindung abzureisen, in Carlton House-Terrace einzukehren und von dort aus die weiteren Operationspläne zu treffen. Sollte sich die Niederkunft ungewöhnlich verzögern, so erwarte ich also, umgehender Post, ob Sie mir gewissenhaft rathen können, schon v o r derselben sogar einzutreffen.

Ich habe heute auch per télégraph die Genehmigung des Königs zur Reise erhalten, indem Prinz Wilhelm die Geschäfte übernehmen wird. So sehe ich mich also dem Ziel schon nahe gerückt, was mich ganz h e i ß macht! Wenn nur nichts dazwischen kommt!

Ihr

Prinz von Preußen.

2. Briefe Bunsens an Stockmar während der Reise.

Carlton Terrace, Freitag, 9. August.

Verehrter Freund!

Fortunatus Wünschhütlein existirt also noch, und zwar in Windsor Schloß! Kaum eingekehrt, gehe ich aus, esse und finde beim Zuhausekommen Ihren gütigen

Brief: kaum am Morgen aufgestanden, meldet sich Lord Harbington, in Folge der von Sir Robert Peel ihm bereits zugekommenen Befehle Ihrer Majestät, und so geht es den ganzen Tag, so daß ich gegen Abend dem Prinzen eine lange Liste von gnädigen Anordnungen und Anerbietungen zugeschickt habe. Ich eile, Ihnen meinen innigsten Dank für Ihre gütige, wahrhaft freundschaftliche Vermittlung abzustatten, indem ich diese selbst wieder in Anspruch nehme, um meine unterthänige Dankbarkeit dem Prinzen und Ihrer Majestät zu Füßen legen zu können.

Der Dampfer „Prinzeß Alice" wird von Sonntag Nachmittag zu des Prinzen Verfügung in Ostende sein.

Ich denke, Montag früh wird einer vom Gefolge dem Prinzen voraneilen.

Capt. Meynell ist mir von der Zeit des königl. Aufenthaltes wohl bekannt und mir immer so erschienen, wie Sie ihn schildern.

Verzeihen Sie die Flüchtigkeit dieser Zeilen: es ist Posttag, und tausend Geschäfte stürmen auf mich ein.

Mit wahrer Verehrung

Bunsen.

Carlton House Terrace, Sonnabend früh 17. August 1844.

Verehrter Freund!

Der Prinz trägt mir auf, Sie ergebenst zu bitten, Ihrer Majestät der Königin den schönsten Dank zu melden für die überaus gnädige Einladung nach Windsor, zum 31. dieses bis einschließlich zum 3. September. Der Prinz hat den König in Folge des Unterbleibens des Aufrufs der Landwehr zu den Uebungen in Ostpreußen um Verlängerung Seines Urlaubs bis zum 18. September (dem Vorabende des Beginnes der Uebungen der Garden, der vom Prinzen selbst befehligten Heeresabteilung) gebeten, was wegen der Nothwendigkeit der Reise über den Haag die Abreise am 8. oder früh am 9. bedingt.

Diese Verlängerung (welche natürlich erfolgt) hat der Prinz ganz besonders deswegen gewünscht, weil er alsdann hoffen durfte, Ihrer Majestät nach vollendeter Herstellung aufwarten zu können. Der gnädige Befehl der Königin kommt diesem Wunsche so schön entgegen, daß der Prinz doppelt dankbar dafür ist.

Dem gnädigsten Befehle gemäß werde ich mit dem Gefolge des Prinzen aufzuwarten die Ehre haben. Dies besteht aus Graf Königsmark, Adjutant, Graf Pückler, Hofmarschall, Freiherr v. Schleiniz (ehemaliger Geschäftsträger in London), Kammerherr Seiner Königlichen Hoheit.

Capt'n Meynell habe ich von Ihrem Schreiben und dieser Antwort sogleich Kenntniß gegeben.

Mit wahrer Freundschaft

Der Ihrige

Bunsen.

Apethorpe, Mittwoch 27. August 1844.

Mein verehrter Freund!

Hier sind wir, vom hohen Norden Großbritanniens im äußersten Osten, um morgen nach dem entferntesten Westen zu fliegen. Wir werden in Babminton 48 Stunden bleiben und Sonnabend in Slough eintreffen, mit dem Zuge, welcher um 5 Uhr 25 Minuten dort ankommt.

Seit meinem letzten Schreiben ist der, vom König dem Prinzen noch nach= gesandte, Baron v. Berg zu uns gestoßen, um den Prinzen zu begleiten. Er war als Attaché bei der Krönung mit Fürst Puttbus und kennt England sehr gut. Für ihn also möchte ich mir, im Namen des Prinzen, durch Ihre freund= schaftliche Vermittlung die Erlaubniß Ihrer Majestät erbitten, daß er den Prinzen nach Windsor begleiten dürfe. Den 26. haben unsere innigsten Wünsche begrüßt. — Wir haben viel gesehen, und, für den Zweck, alles gut und sehr glücklich. Der Zweck war, dem Prinzen eine Anschauung von dem zu geben, was Eng= lands Größe ausmacht, was sie gegründet hat und erhält. In diesem Sinne hat er, nach Woolwich, Portsmouth gesehen, und (eines der beiden geistigen Zeughäuser) Oxford; von Städten Edinburgh, Glasgow, Liverpool; von Sitzen: Nunchom (mit dem Erzbischof) und Drayton mit Peel; außerdem noch Stowe, Chatsworth, Warwick, Hamilton, Belvoir und Apethorpe, den väter= lichen Sitz des Gesandten der Königin in Berlin; von den Naturschönheiten zwei der Seen von Westmoreland. Wir beschließen den Zug mit Babminton, um dann dahin zurückzukehren, wo der Prinz angefangen — nach Windsor. Die Heeresübungen in Preußen sind abbestellt: der Prinz schifft sich also Sonnabend Abend den 8. ein, um einen Tag wenigstens für den Haag zu gewinnen; wenn irgend möglich, wird er jedoch nach Ostende gehen, um den König Leopold, der ihm sehr freundlich ein Stelldichein angeboten, persönlich zu begrüßen. Am 16. beginnen seine Garden ihre Uebungen vor dem Könige. — Die wenigen Tage in London werden gerade hinreichen, um das Nothwendigste dort zu sehen.

Der Eindruck des Gesehenen auf den Prinzen ist ganz der, welchen ich gewünscht und gehofft: in einem Grade, der selbst meine Hoffnungen übertrifft und meine Wünsche reichlich erfüllt. Gott sei dafür gedankt! Mündlich mehr! Unter= dessen herzlich

Ihr

＊

Bunsen.

Bl., Dienstag 3 Uhr 1844.

Mein verehrter Freund!

Ich finde, daß sämmtliche Herren von des Prinzen Gefolge, die auf der ersten Liste standen, eingeladen sind, was ihnen große Freude macht und dem Prinzen nicht weniger. Herr v. Berg aber, den ich erst später anmelden konnte, weil er später vom König nachgesendet wurde, ist nicht eingeladen.

Sollte dieß nicht absichtlich sein, sondern von jenem zufälligen Umstande herrühren, so möchte ich wohl wünschen (in des Prinzen Seele), daß H. v. B.

auch mit einer Einladung beehrt würde. Er ist der Intelligenteste und Gebildetste in der Adjutantensphäre, die sich um den Prinz bewegt, und sehr anglophil.

Ich selbst erwartete gar keine Einladung und erfreue mich also derselben um so mehr; sie kommt mir eben von London zu.

Herzlich der Ihrige

Bunsen.

*

C. X., Sonnabend 2 Uhr 1844.

Soeben erhalte ich Ihre lieben Zeilen. Von Sir James ist noch nichts eingegangen, es wird aber gewiß erfolgen; ich brauche die Papiere jetzt gar nicht. Ihr Lesciap. von 1842 kopirt erfolgt anbei.

Ich gehe, meine Kinder zu umarmen, und bin **Montag früh, von 11 Uhr präcis an,** Ihres zugesagten Besuches gewärtig, je früher desto besser.

In treuer Freundschaft

Bunsen.

Der Prinz wird um 4 Uhr in Greenwich sein, und um 7½ sich einschiffen. Er wünscht noch ganz besonders, daß durch Ihre gütige Vermittlung Ihrer Majestät und dem Prinzen Albert ausgesprochen werde, wie sehr er sich durch die ihm gewordene Auszeichnung, Ihre Majestät die Königin zur Kapelle haben führen zu dürfen, geehrt und geschmeichelt fühlt. Ich bin überzeugt, daß es den König nicht weniger rühren wird, daß gestern Seine Gesundheit ausgebracht worden.

Eine lange Unterredung mit dem Prinzen diesen Morgen hat alle meine Hoffnungen und Wünsche hinsichtlich des Eindruckes von England auf Sein Gemüth im höchsten Grade erfüllt. Gott gebe Seinen Segen dazu!

3. Bericht Bunsens an den König nach der Reise.

London, den 9. September 1844.

Eurer Königlichen Majestät

beeile ich mich über den Aufenthalt des Prinzen von Preußen in England einen geheimen, rückhaltslosen Bericht zu erstatten.

Eure Majestät werden geruhen Sich zu erinnern, daß ich von Anfang an den Gedanken dieser Reise mit freudiger Zuversicht begrüßte, trotz der mannigfachen Bedenken, welche die Umstände der Ausführung entgegensetzten. Ich gab mich der Hoffnung hin, daß eine Anschauung der englischen Zustände manche Vorurtheile beseitigen, das edle, ritterliche, fürstliche Herz des Prinzen öffnen und seinen politischen und kirchlichen Gesichtskreis erweitern werde. Ich wagte auch zu hoffen, daß dieser Aufenthalt Gelegenheit geben würde, in dem Herzen des Prinzen die frühere gnädige Zuneigung gegen mich so weit wenigstens herzustellen, daß er spätere Vorurtheile und ungünstige Meinungen fahren ließe. Durch alles dieses wagte ich zu hoffen, daß ein näheres Verständnis mit Eurer

Majestät gefördert werden dürfte, zum Heile des Landes und zum Besten der Monarchie.

Eurer Majestät gnädigstes Schreiben von Erdmannsdorf machte mir die größte Offenheit gegen den Prinzen von Neuem zur Pflicht.

Es erfüllt mich mit der größten Dankbarkeit gegen Gott, daß jene Hoffnungen und Eurer Majestät Wünsche hinsichtlich des Prinzen in einem Grade erfüllt worden sind, welcher alle meine Erwartungen übertrifft.

Erlauben mir Eure Majestät, daß ich meinen gedrängten, aber rückhaltslosen Bericht in drei Abschnitte theile, indem ich Eurer Majestät zuerst einiges Charakteristische über die Reise vortrage, dann meine Gespräche mit dem Prinzen über Staat und Kirche nach ihrem wesentlichen Inhalt mittheile und endlich des Prinzen persönliche Aeußerungen über mich und meine Stellung Allerhöchstdenselben ehrfurchtsvoll melde.

Die Grund-Idee, von welcher ich bei der Reise des Prinzen ausging, war die, daß ich vorzugsweise dasjenige in Vorschlag brächte, was diesem Fürsten die Größe, Macht und Herrlichkeit Englands zeigte und ihm so viel als möglich die Quellen derselben anschaulich machte: also die Denkmäler und die Ursachen der Größe Englands.

Der Prinz genehmigte dieses, und der Eindruck war über alle Erwartung. Ich kann Eurer Majestät nicht genug sagen, wie treffend die Bemerkungen, wie verständig und auf den Kern der Sache eingehend alle Fragen und Erkundigungen des edlen Fürsten waren. Die Unabhängigkeit und Selbstständigkeit der Städte fand er mit der größten Ehrfurcht vor der Monarchie, mit der feinsten Achtung vor allem Aristokratischen und mit geregelter Gesetzlichkeit verbunden; er bemerkte, wie der Geist der Gemeinschaft in den rein bürgerlichen und gewerblichen Angelegenheiten ganz frei die großen Denkmäler der Städte geschaffen; wie aber die monarchisch aristokratische Natur des germanischen Königthums das republikanische Element an seinen richtigen Platz gesteckt und in der Regierung des Reiches zwar billig berücksichtigt, aber doch untergeordnet. Glasgow, das aus nichts die dritte Stadt des Reiches geworden und jetzt an den beiden Meeren seinen Hafen hat, traf ihn besonders in dieser Beziehung. Die Stadt hat den Hügel hinter der alten verlassenen Kathedrale als Denkmal-Kirchhof benützt und mit den Grab- und Ehrendenkmälern ihrer großen Mitbürger prachtvoll geschmückt. Es war am 24. August, daß wir die herrlichen Inschriften auf dem Postamente der Säule lasen, welches das 16' hohe vortreffliche eherne Standbild von John Knox trägt, worin es heißt:

On the 24. of August 1559 J. K. presented the confession of faith to the Scottish Parliament, which declared Popery to be no more the religion of the country. Eine andere Stelle der Inschrift sagte, die Stadt habe dieses Denkmal auf der Spitze des Hügels dem Manne errichtet „who never feared man", in der festen Ueberzeugung, daß Schottland seine ganze Größe „der gesegneten Reformation" verdanke. Weiter zurück nach dem Abhange stand in bescheidener Größe das Denkmal von Watts, dem Erfinder der Dampfmaschinen:

der Mann, ohne welchen der Prinz nicht in 14 Tagen beide Reiche durchfliegen
konnte, neben dem Heros, ohne dessen Geist der Prinz an diesem Flecke nichts
Merkwürdiges gesehen haben würde, als eine mittelalterliche Kirche!

Der Fürst erfreute sich allenthalben in diesen großen Städten der Zeichen
der größten Achtung und Liebe. Als er in Liverpool ganz spät in der Nacht
angekommen, am nächsten Morgen mit dem Mayor in dessen Staatswagen die
Stadt durchfuhr, läuteten alle Glocken: die ungeheuere Volksmenge drängte sich,
ohne je beschwerlich zu fallen, auf seinen Schritten: die vielen hunderte von
Schiffen (17 000 liegen im Laufe des Jahres hier) flaggten wie an hohen Fest-
tagen mitten unter der preußischen Flagge, die auf jedem Schiffe aufgezogen
wurde, das er betrat; die Kaufmannschaft, in der großen Börsenhalle vereinigt,
schwang ehrerbietig ihre Hüte und brachte ihm ein donnerndes Lebehoch, und
bei der Rückfahrt um 11 Uhr wehten von 100 Fenstern die Tücher der vor-
nehmsten Frauen, und Segenswünsche erschollen von den Umstehenden. Der
Prinz sagte und befahl mir englisch zu wiederholen: „er wisse wohl, daß er
diese liebevolle Aufnahme der Liebe verdanke, welche die Einwohner gegen den
König, seinen Bruder, hegten, und der Achtung und Zuneigung, deren sich der
preußische Name in dem Lande seiner Waffenbrüder erfreue: er danke aber nicht
weniger herzlich, daß sie ihm so viel Ehre und Liebe erwiesen, ohne ihn zu kennen.“

Was würde der Prinz aber erst von dieser Liebe und Achtung gesehen
haben, wenn die Reise nicht ein Durchflug im eigentlichen Sinne gewesen
wäre, wobei es meistentheils gar nicht einmal möglich war, den Behörden auch
nur bei der Ankunft wissen zu lassen, daß der Prinz von Preußen in ihren
Mauern weilte! Wie oft, wo man es nur zufällig beim Pferdewechsel erfuhr,
strömte das Volk nach der Kirche, um ein festliches Geläut anzustimmen.

Diese herzliche Liebe des englischen und schottischen Volks zu dem ersten
evangelischen Fürstenhause und zu den Waffenbrüdern von Waterloo zeigte sich
auch thätlich bei allen bürgerlichen Körperschaften. Ohne Verabredung unter
einander verweigerten die Direktionen aller Eisenbahnen im Lande, irgend einen
Pfennig anzunehmen für einen Extrazug (special train), den wir fast allenthalben
nötig hatten, um das Unmögliche zu leisten, was uns aufgelegt war. „Es ist
uns eine Ehre, einen preußischen Prinzen ganz allein zu der ihm beliebigen
Stunde und der ihm gefälligen Frist (z. B. 50 Millien die Stunde) auf unserer
Bahn fortzusenden; aber er darf nicht mehr bezahlen, als wenn er auf einem
gewöhnlichen Zuge führe.“ Der oberste Ingenieur führte immer persönlich den
Zug. In Liverpool gab sogar die Direktion jenen Betrag zurück, und Eurer
Majestät Konsul wußte sich nicht anders zu helfen, als daß er sie bat, das Geld
einer mildthätigen Anstalt zu schenken.

So viel von den Städten und Bürgern. Der Prinz sah und fühlte, daß
die Monarchie des neunzehnten Jahrhunderts nicht groß sein könne, als mit
großen, freien, reichen Städten; daß hier die Baronieen der Gegenwart sind,
und daß das Geheimniß wahrer germanischer Staatsweisheit darin bestehen
muß, die Einsicht, Thatkraft und Reichthümer, welche sich hier erzeugen, dergestalt

mit dem Landbesitze in Verbindung zu setzen, daß alle gemeinschaftlich dem Land-
adel, der landsässigen Ritterschaft, durch Assimilation des Lebens, durch gemeinsames
politisches Recht und durch Heirath und Erbschaft zufließen und in ihren höchsten
Potenzen allmählich die Pairie in Gut und Blut verjüngen helfen.

Die Stellung des hohen Adels im Lande wurde dem Fürsten recht anschaulich beim Besuche der großen, zum Teil königlichen Landsitze desselben.
Er sah den Reichthum und das Ansehen von Jahrhunderten jung und frisch in
den gothischen Mauern von Belvoir, Lowther und Warwick, wie in den klassischen
Räumen von Stowe und Chatsworth und Hamilton grünen und blühen. Er
sah auch hier die unsichtbaren Fäden, welche das Mittelalter und die neue Zeit,
alten und neuen Adel, Geschlecht und Ruhm, Ruhm und Reichthum verbinden.
Er sah, wie die Schlösser die Mittelpunkte politischen Einflusses sind, der Stolz
des Landes, Gegenstand der Liebe und Verehrung der freien Mitbürger. Auch
hier (wie er selbst bemerkte) vermittelt die Monarchie die beiden Elemente, das
aristokratische und demokratische, und erhält sie, indem sie ihnen gesetzliche
Schranken anweist und beide über die Genußsucht und den Egoismus zur Liebe
des gemeinsamen, geliebten Vaterlandes erhebt. „Wie viel glücklicher (sagte er)
leben diese englischen Großen als die kleinen deutschen Fürsten."

Auch von dem Leben der zweiten Aristokratie Englands, der gentry, sahen
wir manches. Lord West-Moreland führte ihn zu einer alten, unbetitelten, landsässigen Familie, Mr. Tryon, die mit ihm und andern adeligen Häusern vielfach
verwandt war. Ich hatte die Freude, ihm Leigh-Court und Kings Weston,
die Landsitze der Familie Miles (Bürger von Bristol, der Vater und die
Söhne Parlamentsmitglieder für Stadt und Grafschaft), und das daran stoßende
Blaise Castle, Eigentum des kunstliebenden Mr. Harford, einst Quäkers und
Kaufmanns, dann Anglikaners, Parlamentsmitgliedes und Uebersetzers des
Agamemnon von Aeschylos, zu zeigen. Der Herzog von Beaufort begleitete den
Prinzen und fand sich dort ebenso zu Hause wie die andern Gäste, nur daß
er mit aller einem Pair und Herzoge gebührenden Ehrerbietigkeit ausgezeich-
net wurde.

Endlich sah der Prinz mehrere der großen Männer, welche Englands
Schicksal im Dienste der Krone lenken: Wellington, Peel und Aberdeen. Der
Held von England that für den Prinzen, was er nie gethan: er führte ihn
selbst allenthalben, wo es nur ihm nützlich sein konnte. Es fiel nicht schwer,
ihn bei diesen Gelegenheiten dahin zu bringen, sich über fast alle wichtigen Punkte
der Politik auszusprechen. Ich bitte mir die Erlaubniß aus, diese Aussprüche
nächstens zusammengestellt Eurer Majestät vorlegen zu dürfen. Mit Peel und
Aberdeen berührte der Prinz auch die Verfassungsfrage und das Verhältniß zu
Eurer Majestät als Staatsminister und General. „Was die Verfassung betreffe,
so sehe er wohl ein, daß man vorwärts gehen müsse, allein er sei der Ansicht,
daß er Eurer Majestät und dem Lande am besten diene, wenn er gegen alle
nicht offenbar nothwendigen Veränderungen sei, wegen der Gefahren, welche
damit verbunden sein könnten. Allmähliger Uebergang in ein anderes

Regierungsſyſtem ſchiene ihm das Weiſeſte. Hier und in der Verwaltung des Heeres treten nun bisweilen Verſchiedenheiten der Anſicht zwiſchen ihm und Eurer Majeſtät ein; er halte es aber nicht für Recht, deßhalb, wie ſein Schwager und Freund, Prinz Friedrich der Niederlande, gethan, ſich aus dem Dienſte zurückzuziehen, ſo lange ſein Gewiſſen es ihm nicht gebiete. Eure Majeſtät haben aber keinen aufrichtigeren Bewunderer Ihrer großen und ſeltenen Eigen- ſchaften, und er wiſſe, daß er der erſte ſein müſſe im Gehorchen.“ So ungefähr theilte mir der Prinz und theilten mir jene Männer den Inhalt des vertrau- lichen Zwiegeſprächs mit. Dieſe Mittheilungen gaben mir Gelegenheit, jenen beiden zuverläſſigen und ergebenen Staatsmännern manches Erläuternde zu ſagen: ſie führten mich zu den Unterredungen mit dem Prinzen, welche der Gegenſtand des zweiten Theiles meines unterthänigen Berichts ſein werden. Nur das muß ich hier noch bemerken, daß jene Männer nicht weniger als Wellington ſich der Ge- ſinnung und des Geiſtes erfreuten, welche aus den Worten des Prinzen mit ſeiner einfachen, natürlichen Beredſamkeit hervorleuchteten. Ich ſelbſt habe den Prinzen nie ſo offen, weitherzig, lebendig und wahrhaft bered geſehen, als namentlich in den letzten 14 Tagen ſeines hieſigen Aufenthaltes. Ich erkannte alle die ſchönen und liebenswürdigen Züge wieder, die ich 1822 in Rom be- wundern und lieben gelernt hatte,[1]) gereift durch 20jährige Erfahrung, wenn auch in Berlin vielleicht nicht ſo hervortretend.

*

Als die Mittheilungen, Eindrücke und Bemerkungen über engliſches Leben und engliſche Verwaltung und Verfaſſung die Geſpräche im Reiſewagen (wobei nur Capt. Meynell gegenwärtig war, der ſich dabei ausruhte) auf die große Frage der Gegenwart lenkten und der Prinz mich um meine Anſichten fragte, begann ich damit, daß ich mich glücklich ſchätzen werde, ihm dieſelben ohne allen Rückhalt auch in denjenigen Theilen vorzutragen, welche nur Eurer Majeſtät bekannt ſeien. Ich hatte dazu Eurer Majeſtät volle Ermächtigung.

Die Methode, welche ich bei dem ſo eingeleiteten Vortrage befolgte, war folgende:

Ich bat zuvörderſt den Prinzen, die Frage vorerſt ganz beſeitigen zu dürfen,

---

[1]) Es darf hier wohl an den (in Bunſens Leben I. S. 197 mitgetheilten) Brief Bunſens vom 7. Dezember 1822 an ſeine Schweſter Chriſtiane erinnert werden, in welchem über den Prinzen Wilhelm bemerkt wird: „P. W. iſt aber ganz beſonders noch ein ſehr ernſter und männlicher Charakter, den man nicht ſehen kann, ohne ihm von Herzen ergeben zu ſein und ihn aufrichtig ſehr hoch zu achten.“ Kurz vorher waren die beiden den König begleitenden Prinzen (Wilhelm und Karl) als „ſehr aufgeweckte und geiſtreiche junge Herren“ bezeichnet, „dabei ein Muſter von Artigkeit und zugleich würdigem Benehmen“. Der ſpätere Kaiſer hat ſich noch in hohem Alter gern des damaligen Verkehrs mit B. erinnert und bezeichnende Anekdoten darüber erzählt. Den damaligen Kronprinzen (nachmaligen König Friedrich Wilhelm IV.) hat Bunſen erſt fünf Jahre ſpäter kennen gelernt. Es iſt Prinz Wilhelm ge- weſen, welcher das ſpätere Freundſchaftsverhältnis beider durch ſeine Mittheilungen über ſeine eignen Erlebniſſe zuerſt angebahnt hat.

ob im gegenwärtigen Augenblick irgend etwas in der Entwicklung der ständischen Institutionen geschehen solle oder nicht. Meine Aufgabe solle nur die sein, zu zeigen, daß, ehe irgend ein Schritt, wie unbedeutend er auch scheine, vorwärts geschehe, gewisse Vorfragen müßten in Berathung genommen werden. Diese Vorfragen betreffen Punkte der höchsten Wichtigkeit, deren Uebersehen die Ursache des größten Theiles der Uebelstände sei, welche die Einführung der neuen Verfassungen hervorgerufen: Punkte, die auch eine Stunde nach der Herbeirufung allgemeiner Stände zur Kenntnißnahme des Staatshaushalts und Berathung über denselben nicht mehr in Freiheit und im Sinne der Monarchie hergestellt werden könnten. Es scheine mir besser, daß der König und sein Staatsministerium über die Natur und Bedeutung dieser Punkte einige Jahre früher als einen Augenblick zu spät ins Klare kämen.

Diese Vorfragen betreffen das Verhältniß

des Fürstengutes zu dem Staatsvermögen,

der Stände zu den beiden Kirchen,

des Adels zum Bürgerstande,

der Ritterschaft zum Herrenstande,

der Krone zu den Beamten,

und endlich eine gute, praktische Geschäftsordnung und eine Erörterung des Verhältnisses der Provinzialstände zu allgemeinen reichsständischen Wahlen.

Der Prinz folgte meinem Vortrage nicht allein mit der größten Aufmerksamkeit, sondern auch mit der größten Einsicht. Die englischen Zustände und Eindrücke gaben allenthalben den erwünschtesten Anhaltspunkt, wobei ich nur wiederholte, daß mir nichts ferner liege, als der Gedanke an ein Uebertragen englischer Formen auf Preußen, daß ich vielmehr überzeugt sei, solche Nachahmung würde thöricht und schädlich sein, daß aber im Geiste der englischen Einrichtungen und Zustände die fruchtbarsten Winke zu finden seien, in ihrem Gegensatze gegen das moderne Repräsentativ-System der romanischen Staaten und der katholischen Völker.

Der Prinz gab mir seine Zufriedenheit über diese Ansicht und seine Zustimmung über fast alle leitenden Punkte jener Erörterungen mit einem solchen Ausdrucke von Verständniß und mit solchem Eingehen in die Hauptsache zu erkennen, daß ich ebenso erfreut als überrascht war.

Diese Gespräche führten den Prinzen aber bald zu tiefer eindringenden Fragen. Er verlangte zu wissen, welche Form von Verfassung aus der Beantwortung jener Vorfragen hervorgehen dürfte? Und ob ich auch darüber mit mir ins Reine gekommen sei und Eurer Majestät etwas vorgetragen habe?

Ich erwiderte dem Prinzen:

„Allerdings habe ich mir auch diese letzte Frage suchen müssen zu beantworten; auch habe ich Eurer Majestät auf Befehl (wie alles Vorhergehende) meine unmaßgeblichen Gedanken darüber in den letzten Tagen vorgelegt; und ich fühle mich vollkommen ermächtigt, Seiner Königlichen Hoheit die Blätter vorzulegen, auf welchen diese Gedanken angedeutet seien."

Der Prinz erinnerte mich hieran, sobald wir nach London zurückkamen, und ich hatte das Glück, am Tage der Abreise selbst Ihm einen zusammenhängenden Vortrag darüber zu halten.

Meine Methode war dabei folgende:

Ich wiederholte zuvörderst die obige Verwahrung, indem ich ausdrücklich bevorwortete: es handle sich hier gar nicht um die Frage, ob jetzt irgend etwas in der Fortbildung der ständischen Einrichtungen geschehen solle oder dürfe. Dann aber fügte ich die zweite Bevorwortung hinzu:

Der Prinz möge mich nicht für so thöricht und anmaßend halten, daß ich glaubte, eine Verfassung für Preußen improvisiren zu können; mir habe nur obgelegen, anschaulich zu machen, wie ich mir die Sache nach den durch die Vorfragen gefundenen Hauptpunkten im Wesentlichen denke; was ich anstrebe aber, sei nur, daß auch diese Form erörtert und in Berathung gezogen werde.

Der Prinz nahm diese Erklärung mit derselben Güte und mit demselben bereitwilligen und einsichtsvollen Eingehen auf. Ich legte ihm nun folgende drei Papiere vor:

A. Die Uebersicht der in den einzelnen Denkschriften erörterten Hauptpunkte, mit der Andeutung, wie die Stände die wesentlichen Bestandtheile des Staatsrathes und ein ganz neues Widerstands-Element in sich schließen.

B. Die Zusammenstellung der Elemente zweier ständischen Häuser.

C. Das Programm oder die zehn Punkte, welche meiner unmaßgeblichen Ansicht nach jeder Berathung in der ständischen Kommission zum Grunde gelegt werden müßten.

Der Prinz wünschte diese drei Papiere, nachdem ich sie ihm erläuternd vorgelegt, für seinen eigenen Gebrauch zu besitzen; ich glaubte auch hier keinen Anstand nehmen zu dürfen, seinem Wunsche zu willfahren, nachdem ich ihm wiederholt, daß diese Papiere nur für Eurer Majestät persönliche Kenntnißnahme bestimmt seien.[1]) — Die merkwürdigen Worte, welche der Prinz nach ausführlicher Durchsprechung der sämmtlichen Papiere mir sagte, waren ungefähr folgende:

„Ich bin noch immer nicht ganz überzeugt, daß im gegenwärtigen Augenblicke irgend etwas Neues durchaus nothwendig sei. — Allein ich stimme Ihnen ganz bei, daß es wichtig und nothwendig ist, daß jene Vorfragen in Erwägung gezogen und berathen werden, damit die Regierung über alles klar werde, was beim Vorwärtsgehen zur Sprache kommen muß. Endlich glaube ich auch, daß,

---

[1]) „Die drei Papiere" bilden zusammen einen vollständigen Verfassungsentwurf. Wie aus dem Text erhellt, war derselbe bis dahin nur dem Könige vorgelegt, wurde nun aber auch dem Prinzen mitgetheilt. Ueber den Inhalt vgl. Ranke, Aus dem Briefwechsel Friedrich Wilhelms IV. mit Bunsen S. 117—120, speziell die Anm. 2 S. 118/9 mit den grundsätzlichen Forderungen. Ranke selbst urteilt darüber: „Es ist wohl der Mühe wert, die Vorschläge, die B. damals machte, in Erinnerung zu rufen." Auf das Ergebnis beziehungsweise Nichtergebnis müssen wir später zurückkommen.

wenn man etwas thun will und muß, es viel besser ist, etwas Ganzes und Großes zu thun, als sich einzelne Konzessionen abdrängen zu lassen, und daß eine Gestaltung der Verfassung, wie sie hier angedeutet, wünschenswerth sei."

Eurer Majestät darf ich nicht sagen, mit welcher Rührung ich dem Prinzen meine Freude und Dankbarkeit über diese Worte ausdrückte, und mit welchen Gefühlen ich sie heute Eurer Majestät melde.

Es bleibt mir noch übrig, einige Worte über die Unterredungen hinzuzufügen, welche während der Reise und in London hinsichtlich der kirchlichen Angelegenheiten stattgefunden. Der Prinz ergriff auch hier die Initiative. Er sei, wie Eure Majestät, von der Wichtigkeit der Religion und dem Segen wahrer Religiosität überzeugt; er sehe auch, was beide in England bedeuten, allein er fürchte, das gegenwärtige System, Pietisten vorzuziehen, führe zur Heuchelei und mache außerdem die Mehrheit der Nation aufsässig. „Thatsachen," fügte er hinzu, „wisse er allerdings nicht gegen Eichhorn aufzuführen, allein die öffentliche Stimme behaupte, es werde nach jenem Systeme verfahren, und namentlich behaupten dies die vorzüglichsten Beamten jenes Ministeriums selbst."

Es erschien mir unter den Umständen und in der Kürze der Zeit am angemessensten, die Lage der Sache nach meiner Ueberzeugung folgendermaßen auszusprechen.

Es finden sich in der evangelischen Bevölkerung und namentlich auch in der evangelischen Pfarrgeistlichkeit und in den Lehrern, welchen die religiöse Erziehung des Volkes, der höheren Stände und der Theologen anvertraut sei, drei Schichten:

die deistische, besonders stark in den Pfarrern und Lehrern über 45 Jahre,

die pantheistische, in dem jüngeren Geschlecht,

die positiv-christliche.

Der hochselige König habe wohl eingesehen, daß die ersten seichte und gehaltlose Lehrer und Pfarrer abgäben; die zweiten aber eine zerstörende und verwirrende, sehr oft auch entsittlichende Wirkung ausübten. Er habe gewußt und erfahren, daß jene Männer ebenso wenig den Gemeinden und der Jugend Trost und Stärkung geben könnten als der Regierung Sicherheit und Kraft. Die Ansicht sei politisch ebenso wahr, als sie es für den Christen sein müsse. Daher die Liturgie als Festhalten des positiven Elements. Dies sei als Grundgedanke der Regierung Friedrich Wilhelms des Dritten festzuhalten. Aber es sei nicht zu läugnen, daß Herr von Altenstein, unter dem Einflusse der Anhänger des Hegelschen Systems einerseits und seichter Rationalisten andererseits, in der Besetzung von Pfarrstellen, und noch mehr in der von Lehrstellen und theologischen Professuren, dieser Grundidee des Königs geradezu entgegen gehandelt. Das sei denjenigen, welche die Literatur der Theologie und Pädagogik zu verfolgen den Beruf haben, lange schon klar gewesen; nun sei es in den letzten Jahren durch die Schriften von Feuerbach und die Halliſchen Jahrbücher offenkundig und allen ſchreckhaft vorgetreten.

Es habe alſo die erſte Sorge Eurer Majeſtät ſein müſſen, dieſem Unheil zu wehren. Solcher Same müſſe auch politiſch zerſtörende Früchte tragen. Man müſſe chriſtliche Lehrer und Pfarrer anſtellen und befördern. Natürlich habe man hier zuerſt die falſchen Brüder auszuſcheiden; denn die Schlechtigkeit nehme alle Masken an.

Gerade deswegen wünſchten Eure Majeſtät die Candidaten ſo zu ſtellen, daß ſie praktiſch, in Leben und Wirken, durch Armen= und Krankenpflege, Schul= halten und Thätigkeit als Hülfsprediger, mit einem Worte durch ein aufopfern= des Streben ſich bewähren könnten und müßten, eine ſelbſtſtändige Stelle zu erhalten.

Aehnlich werde es in England gehalten. Der Plan Eurer Majeſtät ſei aber viel freier, geiſtiger und umfaſſender.

Unter den ächt befundenen chriſtlichen Lehrern und Pfarrern nun gebe es natürlich viele Schattirungen. Es gebe darunter Männer, welche vielleicht nicht buchſtäblich orthodoxe Anhänger der chriſtlichen Bekenntniſſe ſeien, obwohl in den Hauptlehren feſt, andere, welche den ſüßlichen Ton, das kopfhängeriſche Aeußere hätten, welches man als pietiſtiſch bezeichne. Man müſſe da von beiden Seiten duldſam und weitherzig ſein; den Einen erbaue mehr die eine Weiſe, den Andern die andere. Ein Staatsmann und ein König müßten innerhalb des allgemein evangeliſch Chriſtlichen ja keine Partei nehmen. Niemand ſei gewiß weniger Kopfhänger oder Eiferer als Eure Majeſtät.

Nach dieſem Grundſatze handle, bewußt und redlich, Miniſter Eichhorn, ganz Eurer Majeſtät Abſichten gemäß. Mißgriffe würden allenthalben vorfallen, man müſſe jedoch dabei die Thatſachen genau unterſuchen. Die Anſchuldigungen von Männern wie Neander, Ladenberg, Schulze beweiſen nichts, ſie zeigen nur, daß jene Männer unzufrieden ſeien, weil nicht in ihrem Geiſte, oder nach ihren Vorurteilen gehandelt werde. Es ſei ein Unglück, daß der Miniſter ſtatt ihrer nicht befreundete Räthe habe, niemand fühle dieß mehr als der Miniſter, allein es ſei nicht ſeine Schuld, wenn er mit untergeordneten Beamten arbeiten müſſe, ſondern die Schuld der namenloſen Verwirrung des letzten Miniſteriums.

Die Gefahr der Heuchler ſei allerdings in Epochen wie die gegenwärtige immer groß; allein gerade deshalb wünſchten Eure Majeſtät den Gemeinden eine Stimme und Recht zu Beſchwerden zu geben, damit jeder nach ſeinem Leben und Wirken beurtheilt werde. Eine Pfaffenregierung ſei das letzte, was Eurer Majeſtät je in den Sinn kommen könne. Ich glaube nicht, daß im Grunde die Anſichten Seiner Königlichen Hoheit verſchieden ſeien von denen Eurer Majeſtät; wer das Chriſtenthum für wahr halte und Religioſität als die Grunblage der häuslichen und bürgerlichen Verhältniſſe betrachte, müſſe in der gegenwärtigen Zeit dem Unglauben entgegentreten. Es handle ſich nicht um Spitzfindigkeiten, Grübeleien, geheimnißvolle Philoſopheme, ſondern um das Beſtehen des Chriſten= thumes überhaupt, und namentlich der evangeliſchen Kirche in ihrem Kampfe

gegen Aberglauben und Unglauben. Auch hinsichtlich der bischöflichen Verfassung müsse ein Staatsmann die Sache vom Standpunkte der Regierung und
der Zucht auffassen. Gefahren gebe es bei jeder Institution; die des Aberglaubens einiger Anglikaner über die Verschiedenheit der bischöflichen Succession,
von der des übrigen geistlichen Amtes, finde ihr Gegengewicht schon in der Unmöglichkeit, eine so abergläubische und unevangelische Ansicht in Deutschland
auch nur zu vertheidigen. Hinsichtlich der Liturgie wollten Eure Majestät
hauptsächlich größere Theilnahme der Gemeinde, und das habe ja dem Prinzen
in England besonders gefallen.

Der Prinz hörte alle diese Herzensergießungen aufmerksam und gnädig an;
das Gespräch wurde unterbrochen, aber mir ist die Ueberzeugung geblieben, daß
vom praktischen Standpunkte sich ein Verständniß erreichen läßt.

Es sind Schemen und Schatten und Lästerungen, nicht Wirklichkeiten, die
demselben entgegenstehen. Eure Majestät werden nicht übersehen, daß des
Prinzen eigene Worte das bestätigen, was Allerhöchstderselben ich oft zu sagen
mir erlaubt habe: daß die Opposition gegen Ihren geistlichen Minister ebensowohl aus seinem eigenen Ministerium ausgeht, als die gegen Eurer Majestät
Regierungsgang im Innern überhaupt von dem Trio W. A. R., und namentlich
von dem ersten W. ausgeht. Verzeihen Eure Majestät dem treuen Diener diese
Bemerkung; sie drängt sich mir immer stärker und stärker auf, je mehr ich mir
die in Berlin angeschauten Zustände klar zu machen suche. Die Feinde jenes
Ministers und die Gegner der Regierungsweise Eurer Majestät haben gerade
Kenntniß und Macht genug, um beide zu verrathen und den öffentlichen Geist
zu vergiften, dabei diejenigen, welche Eurer Majestät mit Hingebung oder
wenigstens mit Treue und Einsicht dienen, zu entmutigen und einzuschüchtern.

Nochmals Vergebung für meine Kühnheit! Ich habe es jetzt mit Händen
gegriffen, daß es diese Menschen sind, welche zwischen Eurer Majestät und
dem Prinzen von Preußen stehen, vielleicht nicht aus reiner Bosheit, aber gewiß
dann aus falscher Stellung und zu Eurer Majestät Schaden.

So ungern ich von mir selbst rede, bin ich es doch Eurer Majestät schuldig,
einige Worte über des Prinzen Ansicht von meiner persönlichen Stellung zu
sagen. Irre ich nicht ganz, so hat der Prinz gesehen, daß ich hier gern bin,
und er hat mir selbst wiederholt Seine Zufriedenheit über meine Stellung in der
Gesellschaft und bei Hofe sowohl, als im Lande überhaupt, und endlich nicht
minder über meine häusliche Einrichtung ausgedrückt. Ich darf Eurer Majestät
nicht sagen, wie glücklich und dankbar ich bin, daß es mir zu Theil geworden, den
Prinzen von Preußen mit seinem ganzen Gefolge und der gesammten Dienerschaft, während seines Aufenthaltes in London zu beherbergen und zu bewirthen.
Die Vorzüglichkeit der amtlichen Wohnung, welche Eurer Majestät Gnade mir
gewährt, hat hierbei eine glänzende Probe bestanden; denn ich bin im Stande

gewesen, während der Prinz mit Gefolge und Dienerschaft, nebst mir, einem Sohne und dem Legationssekretär das Haus bewohnte, ein Festmahl von 34 Gedecken und darauf eine Abendgesellschaft und Ball von 300 Personen zu geben ohne alle Unbequemlichkeit und Gedränge. Was meine persönliche Stellung betrifft, so war es der Prinz, welcher bemerkte, es scheine ihm passend, daß Eure Majestät mich, wie meine Kollegen an den übrigen großen Höfen, zum Wirklichen Geh. Raths-Range erhöben.[1]) Dieß allerdings, möchte ich glauben, wäre für den Gesandten Eurer Majestät, der in London die einzige Ausnahme bildet, passend; es ist nichts demüthigender, als sich gesellschaftlich Titel geben lassen zu müssen, die für wesentlich zur Stelle gehörig gehalten werden und einem doch nicht zukommen. Ich habe dies dem Prinzen auf jene Aeußerung mit gewohnter Offenheit gesagt und deßhalb es für meine Pflicht gehalten, Eurer Majestät von diesem Beweise der persönlichen Zuneigung des Prinzen Meldung zu thun. Uebrigens will ich nichts hinzufügen, als daß mein Creditiv älter ist, als das einiger Kollegen.

Was nun eine Wirksamkeit in Berlin betrifft, so glaube ich, daß der Prinz jetzt so wenig wünscht, mich in derselben zu sehen, als ich es wünsche: nemlich sofern es sich von einer festen amtlichen Stellung dort handeln sollte. Aber ich bin gewiß, der Prinz würde mich bei einer Berathung in einer ständischen Kommission über jene große Frage gern als ein Mitglied sehen. Er schien etwas der Art zu erwarten, wenn die Zeit für eine solche Berathung kommen sollte.

Seiner Ansicht nach (wenigstens so wie er sich hier aussprach) dürfte dieser Zeitpunkt noch nicht gekommen sein. Jedenfalls scheint es mir, er sei der Meinung, man müsse erst den Ausgang der nächsten Landtage erwarten.

Soweit meine Meldung. Wenn Eure Majestät meine eigene Ansicht zu wissen verlangen, so glaube ich auch, daß eine Berathung erst dann fruchtbar werden wird, wenn der Prinz sich überzeugt hat, daß etwas geschehen muß. Dieses Etwas erwartet der Prinz von Eurer Majestät zu erfahren, um sich damit vertraut zu machen. Alsdann erst, wenn der Prinz erst von jener Ueberzeugung durchdrungen ist, läßt sich hoffen, daß er nicht erschrecken werde auch vor andern Namen als der meinige, der ihm noch vor 2 Monaten so schrecklich klang. Ich meine H. v. Schön, falls Eure Majestät, was ich doch vermuthe, diesen Staatsmann zur Berathung hinziehen wollten, nicht über das was, sondern über das wie. Es fällt mir hierbei eine Bemerkung Peels ein: I hope when

---

[1]) Diese Mitteilung über einen zuerst von dem Prinzen geäußerten Gedanken nimmt sich doch in Wirklichkeit etwas anders aus, als die Notiz in dem von Ranke herausgegebenen Briefwechsel S. 122 (bei Anlaß des im folgenden Jahre 1845 stattgehabten Besuchs der Königin Viktoria in Stolzenfels): „Bunsen hat der damaligen Zusammenkunft beigewohnt. Bei dieser Gelegenheit ist er auf seinen Wunsch zum wirkl. Geheimrath ernannt worden." Ueber die Reise des Prinzen von Preußen im Jahre 1844 hat Ranke nur den kurzen Brief des Königs mitteilen können: „Tausend Liebes und Herzliches an Wilhelm. Sprechen Sie doch recht viel mit ihm. Politik, Kirche, Kunst — Jerusalem in Sonderheit. Ich habe ihn gebeten, auch seinerseits sich recht mit Ihnen auszusprechen. Es ist so gut und nothwendig."

the king enters into deliberation, he will not be afraid of any intelligence. Necker slighted Mirabeau: different as the circumstances are, such cases always occur. If you leave notable intelligences out of your counsels, you are sure to have them against you: partakers of deliberation, they will be for you. — Eine ſeiner Fragen war: „Would the institution of States Imperial weaken or strengthen Prussia's influence and power in Germany?“ Als ich meine Ueberzeugung ausſprach, Preußen werde erſt dadurch feſten Grund und Boden bei den beutſchen Völkerſchaften gewinnen, ſo rief er aus: „Tban I wish for States Imperial: for Germany must be strong and she cannot be strong without Prussia.“ „No more (antwortete ich) than Prussia without Germany.“ Eure Majeſtät können auf Peel rechnen: bie Stärke des Germanic body iſt ſeine einzige europäiſch-politiſche Idee. Des Prinzen Erſcheinung hat ihm, wie ſeinen Kollegen, einen vortrefflichen Eindruck zurückgelaſſen.

Soweit mein Bericht über des Prinzen merkwürdige Anweſenheit, der ich in tiefſter Ehrfurcht erſterbe ꝛc.   gez. Bunſen.

(Fortſetzung folgt.)

Gebannt.
Novelle
von
Emil Kaiſer.

I.

Es war ſchwül im Walde und unheimlich ſtill. — Kein Zweig bewegte ſich. Die Vögel in den Büſchen hatten ihr Zwitſchern eingeſtellt. Kein Specht klopfte an den Stämmen, und auch das melodiſche Rufen des Kuckucks, das ich ſo gerne höre, wollte ſich nirgends vernehmen laſſen.

Ich ſummte ein Lied vor mich hin, aber bald verſtummte ich auch; mir ward unheimlich zu Sinn in dieſer Stille. Die Stämme wollten mir auf den Leib rücken, die Ranken mich greifen und feſthalten, in den tiefen Schatten unter ihnen lauerte allerlei Unholdes. — Ich beſchleunigte meinen Schritt, dem Walde zu entrinnen.

Endlich ward es lichter zwiſchen den Bäumen, noch ein paar Minuten, und ich hatte den Waldſaum erreicht. Vor mir ſenkte ſich das Gelände. Der Blick überflog eine braune Heide von mäßiger Ausdehnung. Und nun erkannte ich auch, woher das bedrückte Schweigen ſtammte, das über der Natur lag: ein Gewitter war im Anzug. Im Oſten ſtand eine düſtere Wolkenwand. Sie hatte ſchon die Hälfte des Himmels erſtiegen; ein falbgelber Schein flog zuweilen

2*

über den eintönig dunkelgrauen Grund hin. Es konnte nicht mehr lang währen, so mußte das Unwetter sich entladen. Schon wurde dumpfes Grollen des Donners dem Ohre vernehmbar.

Ich sah mich nach einem Obdach um. In einiger Entfernung lag ein Gehöft, rechts vom Wege, der sich als gelber Streifen durch die Heide zog. Rüstig schritt ich aus, um das schützende Haus zu erreichen, ehe die Wut des Wetters hereinbreche. Es war ein kleiner Bauernhof, dem ich mich näherte. Eine langgestreckte Scheune und ein ebensolches Wohnhaus bildeten die ganzen Gebäulichkeiten. Ueber der niedrigen, aus flachen Steinen aufgeführten Wand des Hauses erhob sich das hohe, moosgrüne Dach, auf dessen First ein verlassenes Storchennest hing.

Der Wind machte sich nun schon auf und trieb mir den Staub des Weges ins Gesicht. Aengstlich duckten sich die Ginsterstauden zu Boden. Ich war froh, in das offene Thor des Gehöftes einbiegen zu können. — Ein großer, struppiger Köter kam aus seiner Hütte neben der Hausthüre hervor und verkündete die Ankunft des Fremden durch ein heiseres, anhaltendes Kläffen. Vom Garten neben dem Hause her schlurrten Tritte heran, ein Mann erschien an der Hausecke und steuerte auf mich zu.

„Was wollt Ihr hier?" schrie er mich barsch an, noch ehe er ganz bis zu mir herangekommen war.

Es war eine breitschulterige, untersetzte Gestalt mit langen Armen, so daß die Hände fast bis zu den Knieen herabschlenkerten. Rotes, strähniges Haar lag mit Fett angeklebt auf der vorspringenden Stirn. Unter ihr heraus sahen mich ein Paar böser Augen schielend an. Ein massives, schlecht rasiertes Kinn, das sich fast weiter vorschob als die Nase, gab dem Gesichte etwas von dem grimmigen Aussehen eines Bullenbeißers. Einladend war der Eindruck just nicht, den ich von dem Menschen empfing.

Doch schon fielen die ersten, großen Tropfen klatschend auf den gestampften Boden des Hofes.

„Ihr erlaubt mir wohl, daß ich in Eurem Hause den Regen abwarte," sagte ich bittend, da der Mann nun einige Schritte von mir entfernt Halt machte und mich mit mißtrauischen Blicken musterte.

„Nä," antwortete er, „das thue ich nicht."

Ein boshaftes Grinsen verzerrte sein Gesicht, so stierte er mich noch einen Augenblick an, dann kehrte er mir den Rücken, um langsam wieder zum Hause zurückzugehen.

Ich folgte ihm.

„Ihr werdet mir doch bei dem Wetter für eine Stunde ein Obdach nicht versagen?" stellte ich ihm vor. „Es ist kein andres Haus in der Nähe, und es muß ja jeden Augenblick vom Himmel herabgießen."

„Das geht mich nichts an," meinte er wieder mit seinem widerlichen Grinsen.

„Dann laßt mich doch wenigstens in die Scheune."

Hierauf schüttelte er nur stumm den roten Kopf. Ich hatte mittlerweile den Anzug des Mannes gemustert, er war grob wie sein Besitzer, und ich glaubte zu erkennen, daß ich in diesem nicht den Eigentümer des Hofes vor mir habe. Auch ärgerte mich die Unfreundlichkeit des Knechtes nicht wenig; denn gerade in jener Gegend ist sonst Gastfreundlichkeit die gemeinste Tugend.

Ich ging also, ohne weitere Bitten an den Unwirschen zu verschwenden, mit ihm bis zur Hausthüre und machte Miene, als er diese öffnete, einzutreten. Aber er faßte mich mit der Linken am Arm und deutete mit der erhobenen, ausgestreckten Rechten nach dem Hofthor.

„Wir brauchen hier keine Landstreicher.“

Das war mir doch zu stark. Ich schüttelte die Hand von meinem Arm, was mir wohl nicht so leicht gelungen wäre, wenn er sie nicht auf einmal freiwillig herabgenommen hätte, und während ich ihm mit einem „Flegel“ auf seine unhöfliche Abweisung antworten wollte, bemerkte ich, daß auch das Grinsen aus seinen Zügen schwand, und daß er jetzt mit bitterbösem Aerger im Gesicht nach dem Hofthor hinstarrte. Der Richtung seiner Blicke folgend, sah ich von dort her einen Herrn in langem, schwarzem Rock eilig auf uns zukommen. Er grüßte höflich.

Ohne ein Wort zu sagen, stieß der Rothaarige die Thüre auf.

Der freundlichen Aufforderung des fremden Herrn nachkommend, betrat ich die große Diele des Hauses. Ich sah dabei nicht den stechenden Blick des ergrimmten Knechtes, da ich ihm den Rücken zuwendete, aber ich fühlte ihn deutlich.

Es war ein weiter, dämmeriger Raum, der uns aufnahm. Fast die ganze vordere Hälfte des Hauses füllte er aus, nur zur Linken befanden sich einige Thüren, die zu kleinen Kammern führen mochten. Die hintere Wand, zum Teil nur aus Brettern gebildet, trennte den Stall von der Wohnung, wie der Viehgeruch und ein zuweilen von dorther hörbar werdendes tiefes, dröhnendes Kuhgebrumm verrieten. An derselben Wand, zur Seite über dem gemauerten Herde führte ein mächtiger Rauchfang in die Höhe.

Vorne an der Giebelwand des Hauses, vor einem der beiden Fenster, die dem weiten Raume allein Licht spendeten, wenn die Thüre geschlossen war, stand ein Eichentisch, umgeben von einer Bank und einigen Holzstühlen. — Dort nahmen wir Platz, der Herr im schwarzen Anzug und ich, während der Knecht mürrisch zur Seite stand.

Zwischen ihm und meinem Gegenüber entspann sich nun folgendes Zwiegespräch:

„Ist Frau Hübeke nicht zu Hause?“

„Nä, Herr Pastor.“

„Wo ist sie denn?“

„Nach Ellernkotten.“

„Hat sie dort Geschäfte?“

„Nä, zur Verwandtschaft. Und da kann ich keine Fremden hier aufnehmen.“

„Ihr werdet mich ja wohl nicht hinauswerfen wollen, Lüttjejan?“

„Sie nicht, Herr Paſtor, aber der da hat hier nichts verloren,“ dabei wies der Grobian auf mich.

„Sie müſſen ſich das nicht anfechten laſſen,“ wandte ſich der Pfarrer nun zu mir, „Lüttjejan iſt ein roher Patron, und da er nur Knecht hier auf dem Hofe iſt, haben wir wenig danach zu fragen, wie er über unſre Anweſenheit denkt.“

Ich ſtellte mich zunächſt dem geiſtlichen Herrn vor; ſein offenes Geſicht gefiel mir. Die Züge waren nicht fein, er mochte aus einer Bauernfamilie dieſer Gegend entſproſſen ſein, aber die breite Stirne verriet Klugheit, und der Blick ſeines großen, hellblauen Auges tauchte tief in die Augen deſſen, mit dem er ſprach. Gewiß verſtand dieſer Mann, Gedanken zu leſen.

Draußen brauſte jetzt der entfeſſelte Sturm und peitſchte die Regenflut klatſchend gegen die Scheiben, nah und näher erdröhnte das Donnerrollen. Mir war behaglich, daß ich geborgen im Trocknen ſaß; ich erzählte dem Pfarrer, wie der Knecht mir den Einlaß verweigert habe, und ſprach ihm meine Freude über ſeine rechtzeitige Dazwiſchenkunft aus.

Unwillkürlich verfolgten dabei unſer beider Augen die Bewegungen des Tölpels, der in den hintern Teil der Diele gegangen war und ſich dort am Herde zu ſchaffen machte. Er hatte Reiſig in die Feuerſtelle gelegt, nun ſuchte er ein paar Buchenkloben hervor, hieb mit der Art in jeden drei Kreuzkerben, und dann hörten wir, wie er mit Stahl und Stein Funken ſchlug.

„Was treibt Ihr da, Lüttjejan?“ rief ihm der Pfarrer zu.

Er ließ ſich in ſeinem Thun nicht ſtören, ein nur halbverſtändliches Gemurmel kam als Antwort zurück. Es klang wie Verſe, was der Knecht vor ſich hinbetete:

> „Hör mich, Sankt Coloman,
> Ich zünde dir ein Feuer an;
> Vor Wetter und vor Blitzen
> Woll Dach und Fach beſchützen.“

Der Pfarrer ſprang ungedulbig vom Stuhle auf und trat dem Hantierenden näher. Jetzt praſſelte unter deſſen Händen das Reiſig in Flammen auf.

„Die Frau wird dir ſchlechten Dank wiſſen, wenn du ihr das Brandholz unnützerweiſe verſchwendeſt,“ ſagte der Geiſtliche ſtreng.

„Beſſer ein Scheit Holz verbrennt als das Haus,“ entgegnete mürriſch der andre.

„Alſo wieder abergläubiſche Künſte, kannſt du das denn gar nicht laſſen? Wenn du dich vor dem Wetter fürchteſt, ſo ſprich ein Gebet.“

„Es iſt kein natürlich Wetter, die Wickerſche hat’s gemacht —“

„Und ich ſage dir, es giebt keine Hexen,“ rief der Pfarrer jetzt in hellem Zorn. „Es iſt nichts als deine Schlechtigkeit, deine Unchriſtlichkeit, die dich das Gewitter fürchten läßt, das unſer Herrgott geſchickt hat.“

„Das Wetter iſt von Sonnenaufgang heraufgezogen, daher kommt kein natürlich Gewitter,“ beharrte der Geſcholtene.

Der Pfarrer war jetzt an seine Seite getreten.

„Und ich dulde solchen heidnischen Hokuspokus nicht," rief er und riß die Scheite, die Lüttjejan kreuzweise über das brennende Reisig gelegt hatte, aus der Glut. „Wir stehen in des Herrn Hand, beim Gewitter wie bei Sonnenschein. Wenn er unser Stündlein schickt, so ergeben wir uns demütig in seinen Willen. Durch solche aberwitzige Spielereien können wir es doch nicht abwenden."

Der Knecht sah die kaum angeglommenen Scheite zu Boden fallen und traute sich unwirsch in den Haaren.

„Heidensachen sind das nicht," murrte er, „denn ich habe drei Kreuze hineingehauen. Sie müssen ja wissen, was Sie thun, Herr Pastor. Ich aber will mir nicht den Donnerkeil auf den Hals ziehen."

Damit ging er nach dem Stalle hinaus; krachend fiel die Thüre hinter ihm zu.

Der Pfarrer kam noch immer erregt zu mir an den Tisch zurück. Ich fand, daß er eine an sich unschuldige Sache mit allzu großem Eifer bekämpft habe, und ich hielt auch mit meiner Meinung ihm gegenüber nicht zurück. Er sah mich mit seinen klaren Augen ruhig an und begann dann:

„Ich kann mir wohl denken, daß Sie mich für einen Fanatiker halten, der alles, was nicht in seinem Katechismus steht, in schroffster Weise bekämpft. Aber sehen Sie, ich bin durch praktische Gründe in die entschiedene Gegnerschaft gegen den Aberglauben hineingedrängt worden."

Ich begriff nicht sofort, was er damit sagen wollte.

„Ich finde es erklärlich, ja sogar berechtigt, wenn das Volk an seinen alten Gebräuchen festhält. Und ich dächte, daß gerade die Geistlichen dieses zähe Festhalten am Ueberkommenen, das unser Landvolk auszeichnet, nicht leicht zu hoch anschlagen können, denn für die Kirche steckt doch eben hierin ein starker Rückhalt. Auf diesem Boden wird nicht leicht das Unkraut freisinniger Neuerungen aufgehen." So ungefähr antwortete ich auf die Erklärung des Pfarrers.

Er nickte und lächelte gutmütig.

„Das ist recht brav gesprochen für einen Mann, der sich bemüht, die Eigentümlichkeiten des Volkes nicht nur zu kennen, sondern auch verstehen zu lernen. Für einen, der sich von ferne darüber freut, daß dort in den Niederungen, zu denen die Sonnenstrahlen der Wissenschaft noch nicht gedrungen sind, noch allerlei nachtschattenartiges Gewächs wuchert, aus dessen verkümmerten Formen man auf die mächtige Ueppigkeit der ehemaligen Sumpfvegetation schließen kann. Sie vergessen nur das eine dabei, daß auch diese Ueberreste noch Gift bergen."

Ich bestritt das, wenigstens wollte ich nicht zugeben, daß dieses Gift noch jetzt großen Schaden anrichten könne.

„Es ist immerhin noch stark genug, einen Menschen zu töten."

Der traurige Ausdruck, mit dem der Pfarrer diese Worte sagte, erschreckte mich.

„Das habe ich nicht erwartet," mußte ich gestehen. „Ich entnehme aus Ihrer Antwort, daß Ihnen selbst ein Fall bekannt ist, wo der herrschende Aber-

glaube noch in unsrer Zeit ein Menschenopfer gefordert hat, dann allerdings
würde ich Ihren Zorn verstehen."

„Ich denke an ein solches Ereignis, ja, und wenn es Sie interessiert, will
ich es Ihnen erzählen. Zwar gebe ich zu, daß in der Regel ein einziger Fall
nicht viel beweist, aber, wenn man ihn aus allernächster Nähe beobachtet, wenn
man ihn miterlebt, sozusagen, da bekommt er eine ganz eigentümliche Kraft. Und
wenn er auch am Ende dem Verstand nichts Neues offenbart, so hat er doch
unmerklich das Gefühl bezwungen, und unser Denken kann am Ende nicht mehr
an den Folgerungen vorbei, die das Gemüt ihm aufdrängt."

Ich bat den alten Herrn, mir seine Geschichte zu erzählen, und er ließ sich
ohne Umstände dazu herbei.

„Das Wetter und das halbdunkle Zimmer seien ja ohnehin zum Erzählen
ganz wie geschaffen," meinte er scherzend, indem er mir eine Zigarre anbot.

II.

Bequem in den Stuhl zurückgelehnt, soweit dessen steile Holzlehne das gestattete, blies der geistliche Herr einige kräftige Rauchwolken zu dem Dachgebält
empor und begann dann mit dem Tonfalle eines Mannes, der geübt im Reden ist:

„Ich erzähle Ihnen die Geschichte so, wie sie jetzt fertig in meinem Gedächtnis haftet. Wollte ich sie vortragen, wie sie sich mir selbst allmählich enthüllte,
so müßte ich weit ausholen, müßte manches Unwesentliche berühren, um Ihnen
klar zu machen, auf welche Art ich Wesentliches erfahren habe, und am Ende
würden Sie doch den Faden der Erzählung nicht aufzufinden vermögen. Manches
schließt man ja aus einer Gebärde, einer Handbewegung, sogar aus einem
Schweigen, doch kann man nicht diese selbst wiedergeben, sondern nur die
Wirkung, die sie auf uns hervorgebracht, die Vermutungen, zu denen sie uns
angeregt haben.

„Ich will Ihnen das Suchen ersparen. Was ich in langen Zeiträumen
bruchstückweise erfuhr, reihe ich folgerichtig aneinander. Ich berichte vielleicht
etwas, was ich nur vermuten kann, als Geschehenes. Sie werden nicht bei jeder
Einzelheit fragen dürfen: ‚Woher wissen Sie das oder dies?‘ Sie empfangen
eben ein abgerundetes Bild, begnügen Sie sich mit der Sicherheit, daß es in
den Hauptzügen der Wahrheit entspricht.

„Ueber den Ort meiner Geschichte brauche ich keine Worte zu verlieren,
wir haben ihn vor Augen. Hier in diesem Hause spielte sich das Drama ab.

„Auch eine der wichtigsten Figuren kennen Sie bereits. Der Knecht Lüttjejan
spielt eine Rolle in der Geschichte. Er stammt aus Friesland, ist aber weit
herumgekommen in deutschen Landen, bis nach Böhmen hinunter. Er hat Augen
und Ohren offen gehalten auf seiner Wanderschaft, aber, was er aufgelesen hat
an Sitten und Bräuchen, das war nicht immer das Beste, was das Land zu
bieten hatte. — Vor nunmehr sieben oder acht Jahren geriet er in unsre Gegend,
und die Besitzerin dieses Hofes, die Witwe Hübele, der kurz zuvor ihr Mann
gestorben war, dingte ihn als Knecht.

„Sie war ohne männlichen Schutz und Beistand mit ihrem damals etwa
vierzehnjährigen Töchterchen Christine allein hier auf dem Heidehof verblieben,
da erschien ihr der starke Mann für den Dienst geeignet, wenn sie auch von
vornherein etwas Unheimliches an ihm verspürt haben will.

„Die Witwe ist eine entschlossene, ein wenig rauhe Frau. Es ist schade,
daß sie nicht hier ist, so hätten Sie sich selbst ein Urteil über sie bilden können.
Doch sie ist nicht die einzige ihrer Art. Wenn Sie sich längere Zeit in unsrer
Gegend aufhalten, werden Ihnen häufiger Frauen auffallen, die Aehnlichkeit mit
der Hübeke haben. Große, flachbrustige Gestalten, mit spitzem Kopf und breiten
Kinnladen. Etwas Hartes spricht sich in ihren fast männlichen Zügen aus, und
ein schwerfälliger Ernst beherrscht sie. Eigentlich lachen sieht man diese Frauen
nie, dadurch sieht sich der Fremde leicht veranlaßt, sie für dumm zu halten, aber
er muß nur einmal geschäftlich mit ihnen zu thun haben, da wird er bald von
diesem Glauben bekehrt werden. Das Hervorstechendste an ihnen ist der Trieb
zur Arbeit. Von Arbeit zeugen diese breiten Schultern, gewohnt, die Tracht
mit den schweren Eimern zu heben, von Arbeit zeugen die schwieligen Hände
und der feste, gleichmäßige Schritt. Man ist versucht von Arbeitsteufeln zu reden,
wenn man ihr unausgesetztes Wirken und Wühlen schildern will. Eine andre
Erholung als den Schlaf kennen sie nicht, und selbst von dieser gönnen sie sich
nur so viel, als die Natur gebieterisch fordert.

„Von solchem Schlage war die Frau, die hier haust, und noch heute ist
sie so.

„Neben dieser Mutter nun wuchs ein Töchterchen heran, so zart und sinnig,
daß es einen wie ein Fremdling anmutete, hier auf dem düstern Heidehof.
Christine hieß das Mädchen. — Selbst in der Kinderlehre fiel mir ihr etwas
blasses Gesichtchen mit der wunderbar klaren Haut, mit seelenvollen Augen
immer wieder auf, zwischen all den runden, rotwangigen Mädchenköpfen.

„Auf keines der andern Kinder machten die Wundergeschichten der Bibel
einen solchen Eindruck wie auf Christine, immer starrten mich jene mit blöder
Verständnislosigkeit an, wenn es gut ging, erweckte ich einmal plumpe Neugier;
aber dieses Kind vom Heidehof saß da mit leuchtenden Augen, jedes Wort las
es mir vom Munde ab, und allmählich stieg heiße Glut in ihre Wangen. Und
wenn ich dann schloß, hob ein tiefer Seufzer ihre zarte Brust, und nur ganz
allmählich kehrten ihre Gedanken aus der herrlichen Umgebung des Heilandes
in die Wirklichkeit zurück.

„Auch die Wahrheiten des Evangeliums faßte sie tiefer auf, als ich es von
meinen Konfirmanden gewohnt bin. Um so mehr erstaunte ich, als eines Tages,
bald nach der Einsegnung, die Mutter in meinem Studierzimmer erschien und
mir erzählte, daß Christine sich weigere, am Karfreitag zum Tisch des Herrn
zu kommen. Sie bat mich, nicht ihr die Schuld beizumessen.

„Ich habe dem Mädchen zugeredet, so gut ich konnte, Herr Pastor. Es ist
ja eine Schande für mich und mein Haus. Ich habe ihr vorgestellt, wie sich
die Leute aufhalten werden über uns. Denn daß sie selbst nicht will, das glaubt

ihr ja keiner. Der Herr Pastor hat sie zurückgewiesen, wird es heißen, die muß was Schönes auf dem Kerbholz haben. So ein junges Ding und schon so verdorben. Die Leute denken ja immer gleich das Schlechteste. Aber das war alles in den Wind gesprochen, sie hat immer nur gesagt, sie dürfe nicht gehen.'

„Ich suchte die Mutter zu beruhigen, aber sie war ganz außer sich.

„,Und wenn ich eine schwache, nachgiebige Frau wäre, das brauch' ich mir gewiß nicht vorzuwerfen. Sie hat immer gehorchen müssen, und sie soll auch jetzt gehorchen. Einen Tag lang hab' ich sie schon eingesperrt ins Dunkle, und nichts zu essen und zu trinken hat sie gekriegt, aber immer nur Thränen und dieselbe Antwort. Daß ich das an meinem Kinde erleben muß!'

„Jetzt erschrak ich wirklich. Ich stellte mir vor, was für üble Folgen diese verkehrte Behandlung für ein so zartfühlendes Geschöpf wie Christine haben konnte, und ich machte der Mutter Vorwürfe.

„Sie wurde ganz blaß.

„,Ich dachte nur das Beste gethan zu haben,' verteidigte sie sich.

„,Wo ist denn das Kind jetzt? Ich will mit ihm sprechen, sobald als möglich.'

„Christine wartete draußen auf dem Flur, und als ich sie nun hereinrief, da wurde mir erst ganz klar, was die Aermste in den letzten Tagen erduldet hatte. Bleich, bebend, Thränen in den Augen, stand sie vor mir, und ihr Blick hob sich so scheu zu meinem Gesichte empor, als fürchte das Kind, dort ein vernichtendes Urteil eingegraben zu finden.

„Zunächst schickte ich die Mutter fort, und dann begann ich auf das Mädchen einzureden. Auch ich erhielt erst nur Thränen und ein stets wiederholtes ‚Ich kann nicht' zur Antwort. Da erzählte ich ihr denn, daß ich selbst zum ersten Male mit Zittern und Zagen zum Abendmahle gegangen sei, daß ich mich auch für unwürdig gehalten hätte, bis mir dann die Ueberlegung aufgegangen wäre, nur für Sünder sei ja eben dieses Mahl gestiftet worden, die Gerechten bedürften der Vergebung nicht. Auf diese Weise gelang es mir, das Vertrauen des jungen Menschenkindes allmählich zu gewinnen, aber ich bemerkte mit Erschrecken, daß außer dem, was ich dem Mädchen über das Abendmahl beigebracht hatte, noch eine andre Lehre sie ergriffen, eine rein sinnliche, unevangelische Auffassung. Nach und nach erfuhr ich auch, daß diese mit den Aeußerungen des Knechtes Lüttjejan sich in die Seele des Kindes eingeschlichen und dort festgenistet hatte.

„So hatte der Unbesonnene dem Kinde geraten, es solle das Brot bei der Feier nicht hinunterschlucken, sondern heimlich aus dem Munde nehmen, wenn es dieses Brot bei sich trage, so könne es Geister sehen und jeden Zauber ausrichten. Die lebhafte Phantasie Christinens hatte dergleichen Vorstellungen begierig eingesogen, und so war für sie aus der christlichen Feier eine unheimliche, zauberhafte Opferhandlung geworden. Die Lehren des abergläubischen Mannes hatten sich mit denen des Katechismus zu einem unlösbaren Knäuel verwirrt; der Faden, an dem sie sich aus dem Labyrinth des Irrtums und der Sünde emportaſten ſollte, war ihr verloren gegangen. Und endlich hatte das drohende Wort: .Wer aber unwürdig iſſet und trinket, der iſſet und trinket ſich ſelber das Gericht' ihre Gewiſſensbedrängnis auf einen ſolchen Grad geſteigert, daß ſie ſich entſchloſſen hatte, der Feier fern zu bleiben.

„Nur mit großer Mühe, mit Aufbietung aller meiner Ueberredungskunſt gelang es mir, dieſen Entſchluß zu erſchüttern und ihre Furcht zu beſchwichtigen. Zur großen Genugthuung ihrer Mutter und mir ſelbſt zu herzlicher Freude trat am Karfreitag Chriſtine zum Tiſch des Herrn. Ich glaube noch heute nicht, daß Brot und Wein von unwürdigen Lippen empfangen worden ſind."

Der Pfarrer ſchwieg einen Augenblick und ſchaute durch das Fenſter in den niederſtürzenden Regen hinaus, als ſammle er ſeine Erinnerungen. Ich glaubte, daß ihn jede Unterbrechung nur ſtören würde, und ſo wartete ich ſchweigend ab, bis er nach einer Weile wieder anhob:

„Es iſt für mich immer wieder ein beſonders feierlicher Augenblick, wenn ich den Segen über die Neukonfirmierten ſpreche und ſie damit entlaſſe aus der Kindheit ins Leben. Alle dieſe jungen Menſchenpflanzen tragen ſchon deutliche Anzeichen ihrer künftigen Entwicklung an ſich, aber wie manche unberechenbare Einflüſſe wirken noch auf dieſe Entwicklung ein, fördern die wilden Schößlinge und laſſen gute, fruchtverheißende Sproſſen kümmern und verdorren.

„Mit Chriſtine zugleich hatte ich einen jungen Burſchen hier aus der Heide eingeſegnet, Julius Weſendrup. Das Häuschen ſeines Vaters, eines Imkers, liegt einige hundert Schritt von hier am Walde. Der Vater iſt nicht wohlhabend, aber es lebt noch ein älterer, kinderloſer Bruder von ihm, und der Sohn hat Ausſicht, einſt deſſen Bauernhof zu erben.

„Durch ſein freimütiges Weſen hatte Julius Weſendrup mich ſchon für ſich eingenommen, als ich bemerkte, daß zwiſchen ihm und Chriſtine Hübeke eine ſtille Zuneigung beſtand. Sie mochte ſich beim Spielen auf der Heide zwiſchen den Nachbarskindern angeſponnen haben. Ich ſah eines Tages, wie er ſich den andern Burſchen gegenüber der wegen ihrer Zierlichkeit oft gehänſelten Chriſtine annahm. Es ſetzte damals für einige der Böſewichter tüchtige Püffe und Kopfnüſſe; denn Julius war ein ſchlanker, kräftiger Knabe, und wenn ich ihn auch deshalb ins Gebet nehmen mußte, ſo freute mich ſeine Ritterlichkeit und ſein Mut doch innerlich. Aber eben ſeine Kraft und ſein Mut waren es, die ihn ſpäter auf gefährliches Gebiet lockten.

„Er fing an zu wildern; man hält das hier im Volk für kein Verbrechen, nur muß man ſich freilich nicht erwiſchen laſſen. Aber — Julius Weſendrup wurde erwiſcht. Er kam vor Gericht und wurde in Anbetracht ſeiner Unbeſcholtenheit zu nur zehn Tagen Gefängnis verurteilt. Damals mochte der Burſch etwa zwanzig Jahre alt ſein, er diente als Knecht bei einem Bauern. Ich ließ ihn zu mir bitten, aber er kam nicht, er mochte ſich wohl ſchämen. Einige Tage darauf gelang es mir jedoch, ihn unterwegs zu treffen, und ich nahm die Gelegenheit wahr, ihm ernſtliche Vorſtellungen zu machen. Ich erklärte ihm, daß das Wildern am Ende ein Diebſtahl ſei wie irgend ein andrer, und ich bat ihn, ſich in Zukunft nicht so unbesonnen seinen Leidenschaften hinzugeben. Er solle froh sein, daß er diesmal so gnädig davongekommen sei.

„Der Bursche sah mich ganz verblüfft an.

„‚Ich habe Gefängnis getriegt, Herr Pastor,‘ sagte er.

„‚Das weiß ich wohl, aber nur zehn Tage.‘

„‚Aber doch Gefängnis. — Und das ist eine Schande, eine Schande. Die Familie wird ja schimpfiert durch mich. Und, Herr Pastor, ich gehe nicht ins Gefängnis. Ich gehe nicht hinein, so wahr ich hier stehe.‘

„Ich suchte ihn zu beruhigen und beteuerte, daß das so schlimm nicht sei, wenn er sich nur später als ordentlicher Mensch erweise.

„‚Dienen mußt du nun auch bald‘, sagte ich, ‚und wenn du dann nach drei Jahren zurückkommst, so ist die ganze leidige Geschichte längst vergessen.‘

„Ich hatte gut reden. Wer weiß, woher er seine Ansichten über das jetzige Gefängniswesen aufgesammelt hatte.

„‚Wer einmal im Gefängnis war, ist ein verlorener Mensch, und ich gehe nicht hinein, mögen sie machen, was sie wollen. Wenn ich auswandern muß, Herr Pastor. Ja, ehe sie mich ins Gefängnis bringen, eher thu' ich mir ein Leid an.‘

„Ich gab die Hoffnung noch nicht auf, dem Aufgebrachten die Uebertriebenheit seiner Befürchtungen klar zu machen. Ich ging ein Stück Weges mit ihm und sprach auf ihn ein. Aber ich merkte doch, daß es mir nicht gelingen würde, ihn zu überzeugen. Gefängnis und Zuchthaus waren ihm ganz gleichbedeutend, und er blieb dabei, daß ihn keine Gewalt ins Gefängnis bringen solle.

„Wir sind ein hartköpfiges Geschlecht hier, und ich selbst bin einer von denen, die stolz sind auf diese Hartköpfigkeit. Aber sie schlägt uns nicht immer zum Segen aus.

III.

„Hier auf dem Heidehof vergingen die Jahre den Bewohnern in angestrengter Arbeit. Auch Christine mußte bei allem mit zugreifen, wie ihre Mutter selbst es that. Und die stete körperliche Anstrengung in der frischen Luft bekam ihr gut. Ihr Gesicht nahm eine lebhaftere Farbe an, ihre Formen entwickelten sich, sie wurde nicht knochig und stark, aber sie gewann eine gefällige Rundheit, wenn auch ihr Wuchs weit hinter dem der Mutter zurückblieb.

„Ich bin nie ein Schönheitkundiger gewesen, ich bin dafür nicht begabt und habe auch eigentlich nie recht Gelegenheit gehabt, meine Kenntnisse in dieser Hinsicht zu erweitern, doch glaube ich, das Christine derzeit für eine Schönheit gelten konnte. Ich hatte das Gefühl, daß ich wohl ein Künstler sein möchte, um ihr Bild festhalten zu können, wie sie damals erschien. ‚Erika‘ hätte ich das Bild genannt.

„Uebrigens galt sie allgemein für ebenso spröde als hübsch. Mit jungen Leuten gab sie sich nicht ab, nur das Verhältnis mit Julius Wesendrup dauerte fort, wie ich allerdings erst später erfuhr. Doch war die Mutter, Frau Hübele, gegen den jungen Mann eingenommen; er hatte ja nichts. Die Erbſchaft, die er von ſeinem Onkel zu erwarten hatte, lag noch im weiten Felde.

„Aber es waren auch noch andre da, die ihre Hände nach der lockenden Frucht ausſtreckten, — begierige, ſchmutzige Hände.“

Der Erzähler beugte ſich vor, und ſeine Blicke ſuchten den Boden. Die Stimme wurde leiſer, er haſtete über die nächſten Sätze weg. Es war ihm offenbar peinlich, bei dieſen Dingen verweilen zu müſſen.

„Der Knecht Lüttjejan verfolgte eine Zeitlang das Mädchen mit ſeinen Liebeswerbungen. Sie wies den häßlichen Menſchen empört zurück, aber er iſt eine brutale, ſinnliche Natur, man ſieht es ſeinem Geſichte an; das tägliche Zuſammenſein mit dem ſchönen Mädchen ſteigerte ſeine Leidenſchaft bis zur Sinnloſigkeit. Es mußte zu einer Kataſtrophe kommen, — und es kam dazu.

„Es hieß damals, Lüttjejan ſei aus der Scheunenluke heruntergeſtürzt, er habe ſich innerlich ſchwer verletzt, aber gleichzeitig tauchte das Gerücht auf, daß dieſer Sturz kein zufälliger geweſen ſei. Chriſtine, hieß es, hätte ſich ſeiner erwehren müſſen und habe ihn dabei vom Boden hinuntergeſtoßen.

„Ich ſuchte ſogleich die Frauen hier auf. — Das Gerücht ward mir von der Mutter beſtätigt, und als ich nach der Tochter fragte, war ſie in der Kammer bei Lüttjejan, den ſie pflegte. Ich beſuchte den Kranken, er war unzugänglich wie immer, dann hatte ich eine Unterredung mit Chriſtine.

„Sie war wieder blaß, und etwas Gedrücktes, Scheues lag in ihrem Weſen, wie damals, als ſie nach der Konfirmation bei mir war.

„Ich hielt ihr vor, wie ſonderbar es ſei, daß ſie den Menſchen nun pflege. Das überließe ſie doch am Ende beſſer einer andern.

„„Es iſt ja aber keine andre hier‘, ſagte ſie. ‚Der Mutter Weſen ſchickt ſich nicht zur Krankenpflege, ſie iſt zu laut.‘ Und dann brach ſie plötzlich in Thränen aus und rief: ‚Bin ich nicht auch ſchuld daran, daß er ſo daliegt, muß ich da nicht ſorgen, daß ich ſeine Schmerzen lindre? Wenn er nun gar geſtorben wäre, Herr Paſtor. — Ich wäre ſeine Mörderin. Ah das, das wäre erſt furchtbar. Alles Glück wäre fort aus meinem Leben. Mir und andern zum Verhängnis, zum Fluch müßte ich herumſchleichen. Nein, nein, laſſen Sie mich, Gott hat mich vor einem Morde bewahrt, jetzt will ich den da geduldig pflegen, bis er wieder geſund iſt, ſo ſchwer es mir auch wird. Ich muß, ich muß, es ſoll meine Buße ſein.‘

„Konnte ich ihr widerſprechen? Durfte ich ſie zurückhalten?“

Allmählich klang die Stimme des Pfarrers wieder lauter und ruhiger. Er ſah mich an, während er weiter ſprach, wie um zu beobachten, ob ich das folgende auch verſtehe.

„Ich kann die Worte des Mädchens nicht ganz genau wiedergeben, es ſprach ſich ein chriſtlicher Sinn darin aus, gewiß, aber es war doch nicht das ‚Vergebet euern Feinden‘, das ſie als Pflegerin an das Krankenbett Lüttjejans feſſelte. Es war Buße, es war Opferwerk, womit ſie irgend eine überirdiſche Gewalt, vielleicht Gott, verſöhnen wollte, — oder auch, womit ſie ſich von hölliſchen Mächten frei zu machen gedachte.

„Ich beschränkte mich darauf, das Christliche in ihrer Handlungsweise anzuerkennen, und suchte dann Frau Hübeke auf, um von ihr das Versprechen zu
erbitten, daß der Verwundete sofort nach seiner Wiederherstellung aus dem Dienst
entlassen werden sollte.

„‚Die Gefahr für Eure Tochter ist eine doppelte‘, erklärte ich, ‚das eine wißt
Ihr jetzt so gut wie ich, und es wäre unnötig, ein Wort darüber zu verlieren,
aber der Einfluß, den der Mensch durch seine unsinnigen Reden auf das Gemüt
Eurer Tochter gewinnt, ist gleichfalls schädlich für sie. Sie grübelt und träumt
gern, und da sie hier nichts hat, worüber sie grübeln kann, als diese abergläubischen Reden, so verstrickt sie sich dahinein, und das kann nie und nimmer
zum Guten führen.‘

„Frau Hübeke sah mich groß an.

„‚Aber seine Reden sind nicht gottlos, Herr Pastor,‘ meinte sie. ‚Ich würde
ja so was nie in meinem Hause dulden. Er spricht oft ganz fromm, und er
kann wirklich mehr als Brot essen.‘

„‚Ich sage Euch, seine Reden sind unnützes Zeug‘, schnitt ich ihr streng
das Wort ab. ‚Sie thun Euch und Eurer Tochter mehr Schaden, als Ihr selbst
nur ahnt. Und was seine Künste angeht, so solltet Ihr Euch hüten, die auf
die Probe zu stellen. Wir wollen allewege auf Gott vertrauen, nicht auf
Menschenwitz.‘

„Sie war wohl verschüchtert durch meine Strenge, sie wagte nichts weiter
über das Thema zu sagen. Daß Lüttjejan fort sollte, damit war sie einverstanden.

„Aber er blieb doch.

„Als ich nach einiger Zeit wiederkam, fand ich den gefährlichen Menschen
fast wieder hergestellt, und als ich Frau Hübeke bedeutete, daß nun der Zeitpunkt
gekommen sei, ihm aufzukündigen, da erklärte sie mir:

„‚Es geht nicht, Herr Pastor, ich habe zu große Furcht vor ihm.‘

„‚Was kann er Euch denn Schlimmeres anthun, als Eure Tochter unglücklich
machen?‘ begehrte ich auf.

„‚Das wird er nicht. Er hat mir gelobt mit sieben heiligen Eiden, daß er
der Christine nicht wieder zu nahe treten will. Und das hält er, das hält er
ganz gewiß, Herr Pastor.‘

„Ich schüttelte unwillig den Kopf, aber sie fuhr geschwätzig fort:

„‚Ein Mensch wie der, der so manches weiß von heimlichen Sachen, das
ist ein gefährlicher Feind. Und er will nun einmal nicht fort vom Heidehof.
Sie hätten nur mal seine Augen sehen sollen, Herr Pastor, als er mir sagte:
„Es giebt ein Unglück für Euch, wenn Ihr mich fortschickt.“ Gezittert hab ich
vor ihm, und ich bin wahrhaftig keine ängstliche Frau.‘

„Sie hatte wohl Ursache, die Rachsucht des Knechtes zu fürchten, das konnte
ich mir nicht verhehlen. Wenn auch seine Zauberkünste unwirksam blieben, auch
ich traute ihm zu, daß er der Frau das Haus über dem Kopf anzünden möchte.
Aber mir ahnte noch größere Gefahr, wenn er nicht vom Hofe entfernt würde.

„‚Es iſt ja eine Schande, daß er hier bleiben ſoll‘, ſagte ich. ‚Ihr werdet
es bereuen, ganz gewiß. Und Ihr könnt ihn doch unmöglich um Euch leiden,
wenn Ihr Euch ſo vor ihm fürchtet. Wenn Ihr ihm alles Schlechte zutraut,
wie mögt Ihr Euch auf ſeinen Eid verlaſſen wollen?‘

„‚Doch dieſen Eid wird er halten, er hat ſich ſelbſt verwünſcht, wenn er
ihn je brechen ſollte. Und daß ich Haus und Hof ihm in die Hand gebe, wenn
er rachebrütend hier fort muß, nein, das können Sie nicht von mir verlangen,
Herr Paſtor. Er hat mir Glück gebracht, ſo lange er hier war. All die Jahre
bin ich vorwärts gekommen, und das ſoll nun alles verfallen und verkommen?‘

„Damit ſtreifte die Frau, ohne es ſelbſt zu ahnen, einen zweiten Grund,
der ihr mein Verlangen unbillig erſcheinen ließ. Es war die Habſucht.

„Frau Hübeke gehört zu den Leuten, die Goethe treffend mit den Worten
kennzeichnet: ‚Nur viel herein und nichts heraus‘. Doch auch das iſt eigentlich
weniger ein individueller Zug von ihr, als vielmehr eine Eigenſchaft des Volks-
charakters. Nicht als ob ſie eigentlich geizig wäre; was der Hof aufbringt,
Fleiſch, Milch oder Brot, davon ſpendet ſie wohl den Armen, aber Geld, das
ſie einmal eingenommen, das läßt ſie ſich nicht wieder herauspreſſen. Bei den
Leuten hier iſt das Geld nicht ein Mittel, um ſich Annehmlichkeiten zu verſchaffen,
nein, der Beſitz des Geldes ſelbſt das iſt es, was ſie reizt. Geld iſt Schatz, der
einzige Schatz, den das Volk hier kennt.

„Bei mancher Familie finden Sie noch in der Lade Silber- und Goldſtücke,
die ſchon die Ureltern zuſammengeſcharrt haben, Stücke, die längſt außer Kurs
ſind. Aber für dieſe Leute iſt der Wert des Edelmetalls einfach unveränderlich.

„Auch Frau Hübeke hat ihre Geldtruhe dort in der Kammer unter dem
Bette ſtehen, und ſie hat, ſeit ſie allein im Beſitz des Hofes iſt, den Vorrat an
blanken Thalern um manches Stück vermehrt, hauptſächlich durch den Fleiß und
die Geſchicklichkeit ihres Knechtes. So hat er ihr geraten, eine Torfgrube zu
verpachten, die ſich auf ihrem Grunde findet und nun ein hübſches bares Verdienſt abwirft. In dieſer Beziehung erſetzte ihr Lüttjejan wirklich den Mann
vollkommen. Dabei hatte er bis zu jenem Zeitpunkte um einen geringen Lohn
gedient, und als ſie ihm nun von Kündigung ſprach, wollte er ſogar noch auf
einen Teil desſelben verzichten, obgleich die Löhne im allgemeinen geſtiegen
waren, — da konnte die geldgierige Frau nicht widerſtehen.“

(Schluß folgt.)

Der Wiener Hof im Jahre 1791 bis 1792.
Nach Schilderungen des Grafen Paul Greppi.

Paul Greppi war der Sohn des in Mailand ansässigen Grafen Antoine
Greppi, der sich durch seine Talente auf dem Gebiete der Finanzen einen
beträchtlichen Einfluß auf die ökonomischen Verhältnisse des österreichischen
Italiens verschafft hatte. Im letzten Viertel des vorigen Jahrhunderts hatte
Paul Greppi mit Hilfe seines Vaters die Stelle eines Generalkonsuls des
Deutschen Reichs in Cadix erhalten. Bevor er sich auf einen Posten begab,
der wegen der Handelsbeziehungen des Deutschen Reichs zu den spanischen
Kolonien in Südamerika besonders wichtig war, hatte er sich vorgenommen,
Oesterreich, Frankreich, England und Holland zu besuchen, um sich eingehende
Kenntnisse über die ökonomische Bewegung in den Hauptzentren Europas zu
verschaffen und freundschaftliche Beziehungen mit den wichtigsten politischen Persönlichkeiten anzuknüpfen. Nachdem Familienverhältnisse ihn veranlaßt hatten, seine
Thätigkeit als Generalkonsul in Cadix einzustellen, besuchte er auf seiner Rückreise
nach Italien die Städte Madrid, Paris und Wien. Bei seiner Durchreise in
Paris im Sommer 1791 fand er Frankreich vom Wirbelsturme der Revolution
ergriffen und langte erst in der ersten Hälfte des August des gleichen Jahres
in Wien an. Sein Aufenthalt in der österreichischen Hauptstadt gab ihm Anlaß,
alte Bekanntschaften zu erneuern, u. a. die mit dem Großkanzler des Reichs, dem
Fürsten Kaunitz. Paul Greppi unterhielt mit seinem Vater einen äußerst lebhaften Briefwechsel, in welchem er mit voller Ungebundenheit seine Eindrücke
und seine Bemerkungen über die bemerkenswerten Persönlichkeiten wiedergab,
mit denen er in Berührung kam. Die nachfolgenden Blätter beziehen sich auf
seinen Aufenthalt in Wien.

In den Eindrücken des Grafen Paul Greppi, welcher in diplomatischer
Mission vom 11. April 1791 bis September 1792 in Wien war, mußte sich ein
jäher Wechsel vollziehen, sobald er den Boden der Hauptstadt des österreichischen
Kaiserstaates betreten hatte. Er hatte Paris im Wirbelstrom der Revolution hinter
sich gelassen. Er war Zeuge der Rückkehr Ludwigs XVI. nach seinem Fluchtversuch
von Varennes gewesen, wie er von einer zügellosen Volksmasse zurückgeführt wurde,
mehr gleich einem Verbrecher, den man wieder in sein altes Gefängnis bringt, als
einem Herrscher, den man zum Palaste seiner Vorfahren zurückgeleitet. In seinen
Ohren mußte noch das wüste Geheul einer wildgewordenen Menge wiederhallen,
die alles verunglimpfte, was noch einige Monate zuvor der Gegenstand ihrer Verehrung gewesen war. Fortan hatte er in seinem Geiste nur noch Raum für ein
Gefühl tiefen Mitleids, das ihm von dem Anblicke der bereits in Stücke gerissenen
Monarchie eingeflößt wurde. Gleichwohl konnte er nicht umhin, die gewaltige
Entfaltung nationaler Energie zu bewundern, die heute zu einem Verbrechen
vorschritt, morgen aber zum Ruhme. Es war ihm verstattet, zu gewahren, wie

die Menschheit einem Zeitabschnitt entgegenging, in welchem das Gute und das
Böse einen riesenhaften Kampf mit einander ausfochten. Wien, die friedliche
Hauptstadt einer alten Monarchie, in welcher der Glaube an das Königtum von
Gottes Gnaden sich unversehrt erhalten hatte, mußte ihm wie eine günstige Zu-
fluchtsstätte erscheinen, um diese große Bewegung, der bald nichts mehr wider-
stehen sollte, zu verfolgen und zu studieren.

Gleich nach seiner Ankunft in Wien[1]) machte er dem alten Fürsten Kaunitz
seine Aufwartung, in dessen Hause er einer der ständigsten Gäste wurde. Eine
alte Freundschaft verband den Fürsten mit dem Vater Paul Greppis, dem Grafen
Antoine Greppi, dessen bedeutende Talente für das Finanzwesen er schätzte und
dessen Ratschläge über die die Monarchie näher angehenden wirtschaftlichen Fragen
er einholte.

Paul Greppi fand sich bei dem Besuche eines so wichtigen Salons, wie der des
Großkanzlers es war, in Berührung mit den bedeutendsten Persönlichkeiten des
Kaiserstaates gebracht und vermochte sich deshalb eine genaue Vorstellung von
der politischen Lage des Reiches zu bilden. Die Konferenzen, die in Pillnitz
abgehalten wurden, waren gerade von Kaiser Leopold eröffnet worden, dem sein
Sohn und Thronerbe, Erzherzog Franz, Marschall LaScy und Baron Spielmann
zur Seite standen. Der König von Preußen hatte Bischofswerder, den Fürsten
Hohenlohe-Ingelfingen und den Obersten Stein mitgebracht. Man faßte dort
Beschlüsse, die zu nichts weniger als zu dem gewünschten Ziele führten. Berücksichtigt man den schüchternen und friedfertigen Charakter Leopolds und die
Klugheit LaScys, so war nichts gegeben, was eine kühne Politik hätte ermutigen
können. Man beschränkte sich auf eine banale Erklärung, in welcher die Unterzeichner das Interesse betonten, das die Reichsfürsten an der traurigen Lage
nähmen, in welcher Ludwig XVI. sich befinde, und gab die weitere Erklärung
ab, daß es notwendig sei, sich gegenseitig zu verpflichten, dem unglücklichen
Monarchen die Mittel zu gewähren, die Grundlagen seiner so tief erschütterten
Souveränität wiederherzustellen. Diese Erklärung führte nicht dazu, den revolutionären französischen Geist niederzuwerfen, im Gegenteil, sie reizte ihn nur.
Uebrigens beschäftigte man sich auf dem Pillnitzer Kongreß nicht nur mit den
Angelegenheiten Frankreichs, sondern man beratschlagte auch über die Polens, und
deshalb begreift man, daß die Monarchen weit mehr mit ihren Sondergelüsten
beschäftigt waren als mit den Gefahren, welchen der französische Umsturz sie
aussetzte. Mit Bezug auf die Pillnitzer Zusammenkunft schrieb Paul Greppi
seinem Vater am 5. September: „Die Angelegenheiten Frankreichs sind in Wahrheit die Frage gewesen, welche die Aufmerksamkeit der Souveräne zumeist in Anspruch genommen hat, doch wurden andere Beschlüsse gefaßt, die bestimmt sind,
die Welt in Erstaunen zu setzen."

Und doch hatte man, selbst noch einige Zeit vor den Pillnitzer Konferenzen,
etwas wie einen Stillstand in dem Fortgange der revolutionären Bewegung zu

---

[1]) 11. April 1791.

erblicken geglaubt. Die Beschlußfassungen der Nationalversammlung wurden wiederum der königlichen Sanktion unterworfen. Da Fürst Kaunitz, um den versöhnlichen Geist Oesterreichs zu bestätigen, in einer Zirkularbepesche, welche zur Kenntnis der europäischen Höfe gebracht wurde, seine Zustimmung zu den in Pillnitz gefaßten Beschlüssen erklärt hatte, so beglückwünschte er sich zu dem Geiste der Mäßigung, der in der Nationalversammlung kundgegeben wurde. Der Marquis von Noailles machte Paul Greppi, mit dem er schon früher in London zusammengetroffen war, Mitteilung von seiner Hoffnung, daß er nun bald offiziell als Botschafter Frankreichs anerkannt werden könne, und in der That kündigte Paul Greppi in einem Briefe an seinen Vater vom 17. Oktober diesem an, daß tags zuvor der französische Botschafter dem Kaiser sein von Ludwig XVI. als konstitutionellem König unterzeichnetes Beglaubigungsschreiben überreicht habe.

Es handelte sich gleichwohl nur um eine vorübergehende Ruhe. Die französischen Emigranten, die sich in ziemlich großer Anzahl nach Wien geflüchtet hatten, belagerten mit ihrem Geschrei den Hof und betonten bei dem Fürstkanzler unaufhörlich die Notwendigkeit, die Contrerevolution zu begünstigen, indem sie sich stellten, als wüßten sie nichts davon, daß der französische Botschafter sein Beglaubigungsschreiben abgegeben hatte und dadurch, wenigstens dem Anscheine nach, die Beziehungen zwischen dem Hofe von Wien und dem von Paris wieder regelmäßige geworden waren. Kaiser Leopold widerstand dem Drängen der Emigranten, und weil er nochmals Zeugnis von seinem versöhnlichen Geiste ablegen wollte, faßte er zwei diplomatische Rundschreiben über die französischen Angelegenheiten ab; das eine derselben war an die Vertreter Oesterreichs im Auslande gerichtet und hatte den Zweck, ihnen anzuzeigen, daß infolge der Annahme der konstitutionellen Form durch Ludwig XVI. die in Pillnitz gefaßten Beschlüsse einstweilen suspendiert blieben, daß es aber geboten sei, sich in der Lage zu halten, die Rechte des Königs zu verteidigen, falls er neuerdings angegriffen werde. In dem andern Aktenstücke, von dem man glaubte, es sei ganz von dem Kaiser abgefaßt worden, und das für die fremden Fürsten bestimmt war, wiederholte man dieselben Anschauungen, indes ließ man durchblicken, es werde sich empfehlen, eine allzu direkte Einwirkung Preußens und Schwedens auf die französischen Angelegenheiten zu verhindern. Das zweite dieser Aktenstücke sollte möglichst geheim bleiben, doch glaubte man in demselben den Wunsch zu entdecken, das Ansehen der Königin Marie Antoinette wieder zu heben und den Eifer derjenigen zu beleben, die in Frankreich geneigt sein möchten, die Geister zur Ruhe zurückzuführen. Gleichzeitig verbreitete sich das Gerücht, man wolle der königlichen Familie ein Asyl in Flandern sichern, aber auf einem Essen bei Fürst Kaunitz, bei dem auch Paul Greppi zugegen war, beeilte sich der Großkanzler, es zu dementieren. Wahr sei, daß König Ludwig an den Wiener Hof die Bitte gerichtet habe, er möge seine guten Dienste verwenden, um den Kurfürst von Trier zu veranlassen, den Emigranten seinen Schutz zu entziehen, da die herausfordernde Haltung derselben die Aufwiegler in Frankreich immer mehr erbittere.

In den drei letzten Tagen des Jahres 1791 riefen die Nachrichten aus Frankreich nochmals die Besorgnis des Wiener Hofes wach. Die Jakobiner und die Feuillanten lieferten sich eine erbitterte Schlacht. Diese letzteren, welche den aufgeklärtesten und anständigsten Teil der Nationalversammlung bildeten, setzten alles daran, die neue Konstitution aufrecht zu erhalten und zu verteidigen, während die Jakobiner sich bemühten, die Monarchie zu stürzen. Beunruhigende Nachrichten langten auch aus Flandern an, wo alles zu einem Aufstand vorbereitet war, was Oesterreich nötigte, mehrere Regimenter dorthin zu schicken.

Während dieser Vorgänge war ein neuer französischer Gesandter, Fürst von Polignac, in Wien angekommen. Diese Persönlichkeit stellte sich, wie es scheint, als mit einer besondern Mission vom Tuilerienhofe betraut dar. Er hatte die Instruktion, darauf zu bestehen, vom Kaiser Leopold eine energische Haltung gegen den Fortschritt der Revolution zu erlangen. Der Kaiser schien jedoch wenig geneigt, sich in ein Abenteuer zu stürzen, bevor er Gewißheit über die Mitwirkung der hauptsächlichsten Souveräne Europas habe, und Greppi bemerkte in dieser Hinsicht richtig, daß ein Krieg nicht endigt, wie man ihn beginnt: wenn man will. Die kaiserlichen Minister hätten ein entschiedenes Vorgehen von seiten des Souveräns gewünscht. „Aber wer kann garantieren," schrieb Paul Greppi, „daß man mit einer einzigen Schlacht dahin gelangt, ein so ausgedehntes Königreich zu unterwerfen? Man muß den revolutionären Geist nach und nach unterdrücken und es der Zeit überlassen, ihm seine explosive Gewalt zu benehmen oder vielmehr ihn in ein Regierungssystem überzuführen, wie es den Umständen und der Natur der Zeiten entspricht."[1]

Die Bedenken des Wiener Hofes waren den Jakobinern unbekannt, die im Begriffe standen, sich zum Schiedsrichter über Frankreich aufzuwerfen. Die von Ludwig XVI. der Nationalversammlung gemachte Mitteilung bezüglich des Entschlusses, dem Reiche den Krieg zu erklären, falls am 15. Januar 1792 die Ansammlungen der Emigranten an den Grenzen Deutschlands noch nicht zerstreut sein sollten, hatte unter den Jakobinern eine große Gärung veranlaßt. Sie glaubten, es sei das nur ein Vorwand von seiten des Königs, um Truppen zusammenzuziehen und sich dann derselben energisch gegen die Revolution zu bedienen. In Wien wollte die Hofpartei, man solle das französische Gebiet von allen Seiten angreifen. Paul Greppi bemerkte: „Im gegenwärtigen Augenblick Frankreich angreifen wollen, wäre dasselbe, als wenn man alle Parteien vereinigen und sie zur Verteidigung ihres Bodens drängen wollte, um die Heldenthaten der Römer zu erneuern."[2]

So sprach alles für die Ansicht, daß gegenwärtig der Krieg im Begriffe stehe, auszubrechen. Marschall von Lascy war zum Kommandanten des Expeditionscorps ausersehen, mit dem man zunächst die Kurfürsten von Mainz und Trier decken wollte, die ersten, die dem Angriff der Franzosen ausgesetzt sein würden.

---

[1] Brief an seinen Vater: Wien, 5. Januar 1792.
[2] Brief an seinen Vater: Wien, 12. Januar 1792.

Der Moment ſchien günſtig, um dieſen Krieg zu beginnen. Fürſt Gallizin, der
ruſſiſche Geſandte in Wien, hatte ſoeben durch einen Kurier die Nachricht von
dem zu Jaſſy erfolgten Abſchluſſe des Friedens zwiſchen Rußland und der
ottomaniſchen Pforte erhalten. Dieſes Ereignis beſchwichtigte Europa bezüglich
des Orients. Gleichwohl ſah Oeſterreich nur einen Teil ſeiner Sorgen behoben.
Nachdem Katharina II. nichts mehr von ſeiten der Türkei zu fürchten hatte,
würde ſie ihre Aufmerkſamkeit auf Polen konzentrieren, weil ſie ſich durch die
Verfaſſung, die man dort angenommen, verletzt fühlte und außerdem alte Streit-
punkte zu erledigen hatte. Die Frage blieb in der Schwebe, bis es zu einer
Annahme oder Ablehnung der polniſchen Königstrone durch Sachſen kommen
werde.

Während man ſich in Oeſterreich auf den Krieg vorbereitete, langte in Wien
Barbeau de Marbois an, der von dem König von Frankreich beauftragt war,
den im Elſaß begüterten deutſchen Fürſten ein Arrangement vorzuſchlagen. Die
gewaltſamen von den franzöſiſchen Behörden zum Nachteil dieſer Fürſten vor-
genommenen Beſitzergreifungen bildeten den geſetzmäßigen Punkt, auf den das
Reich die Kriegserklärung gegen Frankreich baſieren konnte.

Ueber Barbeau de Marbois äußerte ſich Paul Greppi folgendermaßen:
„Er iſt ein Mann von großem Geiſte mit gemäßigter Geſinnung. Er iſt ſehr
erfahren in der Behandlung der Geſchäfte, zumal derjenigen, die in Verbindung
mit den Reichsintereſſen ſtehen. Ich habe ihn in Madrid kennen gelernt nach
ſeiner Rückkehr von der Inſel San Domingo, wo er ſich in der Eigenſchaft
eines Generalreſidenten aufgehalten hatte. Er glaubt, angeſichts des beklagens-
werten Zuſtandes, in welchem ſich in Frankreich die Finanzen befinden, ſei eine
Contrerevolution in dem von den Ariſtotraten gewünſchten Sinne, das heißt,
begründet auf eine Ordnung der Dinge, die im ſtande ſei, das Land vor den
Schrecken der Anarchie zu bewahren, unvermeidlich.“[1]

Ein trauriges Ereignis ſollte die politiſche Lage verändern. Kaiſer Leopold
war plötzlich lebensgefährlich erkrankt, und Paul Greppi erzählt in folgender
Weiſe ſeine letzten Augenblice: „Kaiſer Leopold war gegen zweieinhalb Uhr
in einen tiefen Schlaf verfallen, was der Hoffnung Raum gegeben hatte, daß
alle Gefahr beſeitigt ſei. Während deſſen war die Kaiſerin eingetreten und
gewahrte, daß der Schlaf nur ein Schlummer war, dem heftige Brechanfälle
folgten. Sie wollte ihn in ihre Arme nehmen, in die er bewußtlos zurückfiel.
Da rief ſie nach Hilfe. Sofort rieb man ihm die Schläfen mit Branntwein ein,
aber man gewahrte, daß er bereits den letzten Seufzer ausgehaucht hatte. Man
ſchreibt ſeinen Tod einer brandigen Entzündung zu, die das Herz ergriffen
habe.“[2]

Man wollte anfänglich einen ſo plötzlichen Tod durch die Wirkungen eines
Giftes erklären. Die dem Hofe naheſtehenden Perſonen widerſprachen dieſen

---

[1] Brief an ſeinen Vater: Wien, 16. Februar 1792.
[2] Brief an ſeinen Vater: Wien, 1. März 1792.

Gerüchten nicht sofort. Die Leichenschau sollte indes die Zweifel beseitigen. Der Kaiser wurde von denjenigen, die ihm näher gestanden, beweint. Der Kaiserin bemächtigte sich ein Schmerzgefühl, das keine Erleichterung durch Thränen finden konnte.

Alle Blicke richteten sich auf denjenigen, der in so schwierigen Augenblicken den Thron bestiegen hatte. Erzherzog Franz war am 12. Februar 1768 in Florenz geboren. Während seiner ersten Jahre hatte sich sein Vater, der Großherzog von Toskana, mit seiner Erziehung befaßt. Da Joseph II. gestorben war, ohne direkte Nachkommen zu hinterlassen, ging die österreichische Krone auf die toskanische Linie über. Infolge dessen war der Thronerbe, Großherzog Leopold, im Jahre 1783 mit seinem Sohn, dem Erzherzog Franz, nach Wien übergesiedelt, und, nachdem er später den Thron bestiegen, weihte er den letztern in die Staatsgeschäfte und namentlich diejenigen ein, welche die auswärtige Politik betrafen. Er war ihm behilflich bei der Wahl einer Gattin, und die erste war eine Prinzessin von Württemberg, eine Schwester derjenigen, welche den Großfürsten Paul, den russischen Thronerben, geheiratet hatte. Wie wir gesehen haben, begleitete der junge Erzherzog seinen Vater nach den Konferenzen von Pillnitz. Man sagt, bei dieser Gelegenheit habe der König von Preußen die Hand seines Sohnes, des nachmaligen Königs Friedrich Wilhelm III., ergreifend, sie in diejenige des Erzherzogs Franz gelegt und zu beiden gesagt: „Ihr habt gesehen, wie eure Väter sich lieben; bleibt auch ihr, wenn wir nicht mehr sein werden, gute Freunde." Die Ereignisse sollten diese Wünsche nicht ganz in Erfüllung gehen lassen. Der unvorhergesehene Tod seines Vaters verursachte dem Thronerben eine derartige Angst, daß er sich weigerte, die Krone anzunehmen. Um ihn zu bestimmen, bedurfte es der Vermittlung seines Beichtvaters von Hohenwart. Dieser sagte ihm, die Krone komme von Gott; das müsse sein Gemüt beruhigen, und er riet ihm, sich von seinen Ministern leiten zu lassen. Franz II. behielt in seinem Kabinett dieselben Männer, die er sich als Erzherzog zur Seite gewußt hatte. Die hauptsächlichsten derselben waren Graf Colloredo und Baron Schloißnig. An die Spitze der Kanzlei stellte er Knecht, der sein Geheimsekretär gewesen war. Baron Schloißnig erfreute sich des Rufes eines guten Historikers und eines gelehrten Juristen, und man hatte ihm anfangs die wissenschaftliche Unterweisung des Thronerben anvertraut. Er scheint sich indes nicht ganz auf der Höhe seiner Mission gezeigt zu haben. Kaiser Joseph, der das wahrnahm, mußte vermittelnd eingreifen und hierin einen Wechsel veranlassen.

Nunmehr, da der einstige Schüler Souverän geworden war, gelang es dem Grafen Colloredo und dem Baron Schloißnig, einen derartigen Einfluß auf ihn zu gewinnen, daß sie von beiden Kaisern ins Kabinett berufen wurden.

Noch bevor er auf den Thron gelangte, hatte Franz II. mehrfach Gelegenheit gehabt, seiner Abneigung gegen die von der französischen Revolution begünstigten Lehren offenen Ausdruck zu geben. Diese Abneigung wurde ihm nicht sowohl von der schmerzvollen und erniedrigenden Lage, in welcher sich der König und die Königin von Frankreich, seine nahen Verwandten, befanden, als von dem Angriffe eingeflößt, den die neuen sozialen Lehren gegen die monarchischen Einrichtungen und Prärogative richteten, auf die er sehr eifersüchtig war. Von den ersten Tagen seiner Herrschaft an hatte er Gelegenheit, seine Ansichten auf noch positivere Weise kundzugeben. Der Marquis von Noailles hatte sich in der ersten Hälfte des März dem Fürsten Kaunitz vorgestellt, um ihm Kenntnis von einem Aktenstück von der größten Wichtigkeit zu geben. Dieses Aktenstück enthielt, obwohl im Tone anscheinender Mäßigung gehalten, die von seiten Frankreichs an Oesterreich gerichtete Aufforderung, abzurüsten. Man begann mit der Erklärung, daß es der Würde Frankreichs nicht entspreche, in eine Diskussion über Gegenstände einzutreten, die lediglich die innere Lage des Königreichs beträfen, und man nehme Vermerk von der durch Kaiser Leopold abgegebenen Erklärung, jeder Begünstigung der Schleichwege der Emigranten entgegentreten zu wollen. Infolge dessen könne die Antwort des Wiener Hofes Anlaß zum Austausch feierlicher und freundschaftlicher Vorbesprechungen zwischen den beiden Höfen geben. Indes sei die Zeit gekommen, aus allen diesen Unbestimmtheiten herauszutreten, und darum verlange der König vom Kaiser, daß er den Zusammenkünften der Souveräne, die einen für die Unabhängigkeit Frankreichs bedrohlichen Charakter hätten, ein Ziel setze, ihm zum Ausgleich dafür die friedfertigsten Versicherungen darbietend. Der König erwarte nunmehr eine freimütige und kategorische Antwort mit der Verpflichtung von seiten des Kaisers, aller Kriegsrüstung in seinen Staaten eine Ende zu machen und die Streitkräfte in Flandern und im Breisgau wieder auf den Fuß zu bringen, auf dem sie sich vor dem 1. April 1791 befunden hätten. Ihrerseits mache die französische Regierung sich verbindlich, die Rüstungen in den Grenzdepartements aufhören zu lassen. „Dieser Entschluß ist der einzige, der der Würde der beiden großen Mächte und ihren beiderseitigen Interessen entspricht. Darin wird der König die Gesinnung erkennen, die er das Recht hat, von seinem Schwager und dem alten Verbündeten Frankreichs zu beanspruchen. Schließlich ist der Botschafter beauftragt, zu erklären, daß nach einer so loyalen und förmlichen Einladung der König in einer unvollständigen oder ausweichenden Antwort nur den Willen erkennen könne, eine Situation zu verlängern, aus der Frankreich ernstlich entschlossen ist, herauszutreten."[1]

Als diese Mitteilung in der Staatskonferenz zur Vorlesung gekommen war, wurde sie für agressiv und für die Würde des Thrones beleidigend erachtet. Das, was verlangt wurde, konnte nicht zugestanden werden. Angesichts der drohenden Lage Flanderns war es unmöglich, abzurüsten. Doch wollte man die Antwort so formulieren, daß man einem unmittelbaren Bruch zuvorkomme. Paul Greppi war der Ansicht, das französische Aktenstück sei in der Absicht abgefaßt worden, den Jakobinern einen Vorwand zu benehmen, Ludwig XVI. zu beschuldigen, er konspiriere mit seinen österreichischen Verwandten, um mit ihrer Hilfe wieder zur absoluten Gewalt zu gelangen.

---

[1] Ein Exemplar des Aktenstücks, das wir im Auszuge gegeben haben, befindet sich in den Papieren Paul Greppis.

Da Barbeau de Marbois eingesehen hatte, daß seine Bemühungen zu irgend
einem Ergebnisse nicht gelangen würden, entschloß er sich, abzureisen. Bevor er
sich auf den Weg machte, hatte er eine lange Unterredung mit Paul Greppi.
Er dankte dem letztern für alles, was dieser für ihn gethan habe, da er durch
seine Vermittlung Zugang zu Persönlichkeiten gefunden habe, denen er sich sonst
nicht habe nahen können. In der That hatte Greppi ihn unter anderm dem
päpstlichen Nuntius Caprara vorgestellt, der einen sehr günstigen Eindruck von
der Haltung und der Sprache des französischen Gesandten gewonnen hatte. In
ihrer Unterhaltung beschäftigten sie sich mit Finanzfragen und namentlich mit
dem Mittel, zu dem man hätte greifen sollen, um den Umlauf der Assignate im
Handels= und Privatverkehr zu unterdrücken und ihn nur für die Erwerbung
von Nationalgütern bestehen zu lassen. Sie mußten indes gestehen, daß man
einen großen Mut hätte an den Tag legen müssen, um einen derartigen Antrag
bei der Nationalversammlung einzubringen.

Trotz aller Anstrengungen sollte die Situation sich von Tag zu Tag mehr
komplizieren. Der Marquis von Noailles hielt sich täglich darauf gefaßt, abberufen zu werden. Zunächst die Entlassung und darauf die Verhaftung de
Lessarts, des Ministers des Auswärtigen, ließen ihn das vorhersehen. Die Ge-
waltthätigkeit der Jakobiner trat immer offener hervor. Aus Furcht vor einem
Eklat beschloß der Wiener Hof die Entsendung mehrerer Regimenter nach
Flandern.

Dem als außerordentlichen Gesandten Preußens nach Wien geschickten Bischofswerder gelang es, Franz II. von der Notwendigkeit zu überzeugen, das Bündnis
zwischen Preußen und Oesterreich unverletzt aufrecht zu erhalten, indem er ihm die
Zusicherung einer günstigen Stimmabgabe seines Verbündeten auf dem bevorstehenden Wahltage zu Frankfurt gab, wo der neue Kaiser gewählt werden sollte.
Von allen Seiten drang man in Deutschland auf diese Wahl im Hinblick auf
die kritischen Zustände des Augenblicks und der daraus sich ergebenden Notwendigkeit, Frankreich gegenüber zu einem kräftigen Entschluß zu kommen.

Um die politische Lage Oesterreichs auch nach der Thronbesteigung Franz' II.
richtig zu verstehen, ist es notwendig, einen Blick auf die Umstände zu werfen,
in welchen sich das Land im Augenblicke des Todes Leopolds befand. Die
Herrschaft des letztern war nur von sehr kurzer Dauer gewesen, und es war
ihr nicht beschieden, eine Spur hinter sich zurückzulassen. Kaum war dieser Souverän ins Grab gestiegen, als sein Name der Vergessenheit anheimfiel. Es hatte
ihm an der Zeit, vielleicht auch an der angeborenen Fähigkeit gebrochen, dahin
zu gelangen, die Energie, die Würde und die Aufrichtigkeit zu entfalten, die zur
Erlangung der allgemeinen Achtung und des allgemeinen Zutrauens unentbehrlich sind. Frühzeitig hatte man sich daran gewöhnt, ihn, sei es aus
Schwäche, sei es aus Leichtsinn, mit Versprechen um sich werfen zu sehen, die er
sich sofort zu vergessen beeilte, was nicht darnach angethan war, eine sehr hohe
Meinung von seinem Charakter zu verbreiten. Bei seiner Ankunft in Wien
hatte er sich mit Höflingen von einem zweifelhaften Ruf, wie mit einem Lerchen-

feld, einem Hoffmann, einem Lattanze und andern des gleichen Schlags ange-
freundet. Mit ihnen verbrachte er vergnügte Tage, ihre Gesellschaft derjenigen
andrer vorziehend, die ihrem Range und ihrem Charakter nach weit würdiger
gewesen wären, den Platz an der Seite eines Prinzen einzunehmen. Mißtrauisch
und dabei doch der Schlauheit ermangelnd, jener Schlauheit, die an Verstellung
grenzt, bot er eine Vereinigung von Leichtfertigkeit und Schwäche dar, die nicht
mit der großen Rolle zusammenstimmte, für die er berufen war. Er schenkte
keinem seiner Minister sein Vertrauen und schien auch für sie nicht die Achtung
und Rücksicht zu empfinden, die ihnen zukamen. Sogar Fürst Kaunitz entging
seinen Spötteleien nicht. Er zählte ihn zu den alten Schwätzern und gab sich
nicht die Mühe, ihm das zu verbergen. Als Souverän befolgte er eine ungleiche
und unbestimmte Politik. In den Provinzen war die Unzufriedenheit mit ihm ziemlich
ausgesprochen. Die Versprechungen, die er ihnen im Augenblick der Thronbesteigung
gemacht hatte, wurden nur unvollkommen gehalten. Die Adelspartei wußte seine
Schwäche zu benützen, um wieder in den Besitz der Vorrechte zu gelangen, deren
Joseph II. sie beraubt hatte. Auch sein häusliches Leben vermag dem strengen
Urteil der Geschichte nicht zu entgehen. Er ließ sich zu Ausschweifungen hinreißen,
die ihn vor der Zeit ins Grab brachten. Gleichwohl ließen ihm selbst Ver-
kleinerer Gerechtigkeit rücksichtlich verschiedener Punkte angedeihen, und wir führen
in dieser Hinsicht die Stelle aus einem Aktenstücke seiner Zeit an, das wir vor
Augen haben. „Er ist der erste Souverän, der bei seiner Thronbesteigung philosophische und philanthropische Grundsätze an den Tag gelegt hat. Er besaß viele
Kenntnisse auf verschiedenen Wissensgebieten und die Gabe, Kombinationen leicht
zu verstehen. Sein Gedächnis war bemerkenswert, und er hatte den entschiedenen
Willen, sich mit den Staatsangelegenheiten zu beschäftigen, Mißbräuche abzu-
stellen und zu dem Glücke seiner Unterthanen beizutragen, aber der Mangel an
Charakter und die Gewohnheit, die er angenommen hatte, sich mit den geringfügigen Einzelheiten einer kleinen Regierung wie der Toskanas zu beschäftigen,
hatten ihn verhindert, den Abstand zu ermessen, der zwischen einem Herzogtum
und einem Kaiserstaat vorhanden ist. Unter so kritischen Umständen, wie diejenigen waren, unter denen man sich befand, hätte er notwendig scheitern müssen,
sobald er dieselben Mittel und dieselben Maßnahmen hätte anwenden wollen,
die für die Verwaltung eines Herzogtums genügten, die sich aber auf ein ausgedehntes Reich nicht übertragen ließen. Vielleicht hätte er, wenn ihm ein längeres
Leben beschieden gewesen wäre, der Notwendigkeit nachgegeben, sein System zu
wechseln. So sagte er ernsthaft, vorerst habe er sein Noviziat zurückgelegt.
In einem schon ziemlich vorgerückten Alter wäre es gleichwohl recht schwierig
gewesen, Fehler abzulegen, die so eingewurzelt waren. Bei seinem Hange zu
sinnlichen Vergnügungen wäre übrigens für ihn eine Erlahmung seiner geistigen
Fähigkeiten zu fürchten gewesen, und dann wäre der Liebe zur Arbeit die Sorg-
losigkeit und die Abstumpfung gefolgt.“
    Was seinen Nachfolger anlangt, so giebt Paul Greppi folgendes Urteil
über ihn ab: „Franz II. zeigte zu Anfang seiner Regierung einen hellen Blick,

indem er lieber als den Pfaden seines Vaters denen seines Großoheims folgte. Das Volk will in seinen Zügen eine Aehnlichkeit mit Joseph II. erkennen, dessen patriarchalisches Regiment man immer mehr schätzt, und hat eine besondere Vorliebe für ihn gefaßt. Der Abel ist ihm gleichfalls zugethan, weil man bei ihm noch mehr Mäßigung erkennt als bei Joseph II. und einen rascheren und festeren Geist als bei Leopold. Sein Charakter ist gut, und er überstürzt nichts, da er ein phlegmatisches Temperament besitzt, ohne deswegen zaghaft oder unentschieden zu sein. Er ist erst vierundzwanzig Jahre alt, und wer vermag vorherzusehen, welche Veränderungen die Leidenschaften hervorbringen werden? Ich bin überzeugt davon, daß die Schwäche seiner Konstitution ebenso wie das Verhalten seines Vaters ihm gegenüber dazu beigetragen hat, ihm etwas Unempfindliches zu verleihen. Sein Temperament kann sich festigen, und ein König und Kaiser ist in der Lage, bei der gegenwärtigen Krise eine Energie entfalten zu müssen, deren man ihn bisher für nicht fähig gehalten hat. Nur dann könnte ich in genauerer Weise ein Urteil über ihn abgeben. Einstweilen beschränke ich mich auf die Rolle eines gewissenhaften Beobachters."[1]

Franz II. war von einem Wuchse, wie er sich für einen Kaiser sehr wohl schickte. Sein Gesicht war oval, aber die imposant geformte Nase milderte die Regelmäßigkeit desselben. Alles in allem hatten sein jugendliches Alter und sein Blick etwas Freimütiges an sich, doch nahm mit den Jahren dieser Blick den Ausdruck der Härte an. Wenn er plauderte, umspielte seinen Mund ein gewisser Reiz, später sank die Unterlippe immer tiefer herab. Im ganzen machten seine Haltung und seine Gesichtszüge den Eindruck des Strengen.

Die Kriegsfrage fuhr fort, die Gemüter in Spannung zu halten. Die Ansichten waren in dieser Hinsicht geteilt. Die Finanzlage in Oesterreich mahnte zu größter Vorsicht. Paul Greppi legte sich selbst die Frage vor, wie es daselbst zum Kriege drängende Leute geben könne. Falls er ausbrechen sollte, sah er voraus, daß er sehr lange dauern und daß man, um ihn aushalten zu können, seine Zuflucht zu neuen Steuern werde nehmen müssen, welche die Völker nicht zu ertragen im stande seien. Zwischen den Höfen von Berlin und Wien erhielt das Einvernehmen sich auf fester Grundlage, und man hoffte, auch Rußland in dieses Einverständnis ziehen zu können, um mit seiner Hilfe zu verhindern, daß Polen, von seiner neuen Verfassung Vorteil ziehend, bestimmt werde, eine für die drei Teilungsmächte beunruhigende Haltung anzunehmen. Paul Greppi maß seinerseits der Dauer dieses Einvernehmens keinen allzu großen Glauben bei, da sie ihren Bestand lediglich den immer größer werdenden Drohungen Frankreichs verdankte.

General Dumouriez hatte nach dem Falle de Lessarts das Portefeuille der auswärtigen Angelegenheiten übernommen. Sein erster Schritt bezweckte, von seiten Oesterreichs eine kategorische Antwort darüber zu verlangen, was es zu thun beabsichtige. Man beschloß endlich in Wien, eine Antwort zu geben.

---

[1] Brief an seinen Vater: Wien, 5. April 1792.

Das Wiener Kabinett machte, indem es alle seine vorher abgegebenen Erklärungen bestätigte, die Rechte der Reichsfürsten geltend, die Besitzungen in Elsaß und Lothringen hatten, und brachte zum ersten Male Reklamationen gegen die Verletzungen der Verträge vor, welche dem Papste die Souveränität über Avignon übertrugen.

Obwohl allein durch die Macht der Verhältnisse der Krieg unvermeidlich geworden war, wollte sich doch Franz II. so lange wie möglich in der Defensive halten, seine Klugheit durch das Verlangen rechtfertigend, sich jeder Einmischung in die inneren Angelegenheiten Frankreichs zu enthalten. Fürst Kaunitz hatte sich sogar die Bemerkung erlaubt, man mache aus der Partei der Jakobiner zu viel Wesens, wenn man sich über dieselbe von Furcht erfüllt zeige. Wenn man etwas nicht will, kommt jeder Vorwand gelegen, die Ablehnung zu rechtfertigen. Die bevorstehende Ankunft eines neuen französischen Gesandten war angezeigt worden. Es sollte dies de Maulbe sein, der in der Eigenschaft eines außerordentlichen Botschafters kommen sollte, um die definitive Antwort Oesterreichs einzuholen. Diese Mission kam nicht zu stande, denn als die österreichische Depesche vom 7. April in Paris anlangte, in der man erklärte, daß man bei den Abmachungen von Pillnitz beharren wolle, gelangte man daselbst zur Ueberzeugung, daß jede weitere Unterhandlung unnütz sein werde.

Das, was man hatte vermeiden wollen, mußte sich nunmehr unerbittlich vollziehen. Am 20. April erklärte Frankreich Oesterreich den Krieg. Hierüber schrieb Paul Greppi seinem Vater:

„Diese Kriegserklärung ist eine logische Folge der Haltung, welche von den Mächten in Pillnitz angenommen worden ist. Man hätte nicht den Jakobinern eine allzu große Bedeutung beilegen sollen, im Gegenteil, man hätte suchen müssen, die Gunst der gemäßigten Partei zu gewinnen. Es kam daher dazu, daß man diese Partei verstimmte, indem man die neue Verfassung bekämpfte. So reichen sich gegenwärtig sämtliche Parteien die Hand, um die Intervention des Auslands zurückzudrängen. Der Krieg wird sich nicht auf Frankreich beschränken, sondern sich in ganz Europa verbreiten. Franz II. hat sich eine zutreffende Vorstellung von der Lage und dem ganzen Unheil gebildet, die daraus folgen werden. Er hat sich in dieser Weise zu einer Person geäußert, die sich ihm vorgestellt hatte, um ihm Ratschläge von großem Nutzen für die österreichische Monarchie zu unterbreiten.“[1]

Gelegentlich eines Besuchs beim Fürsten Kaunitz konnte Paul Greppi sich davon überzeugen, daß Oesterreich sich anschickte, den Krieg mit Energie zu betreiben. Aus dem eignen Munde des Großkanzlers erfuhr er, daß ein Armeecorps von zwanzigtausend Mann nach der Grenze marschieren solle zur Verstärkung eines dort schon entfalteten von sechzigtausend Mann. Ueber ein derartiges Heer verfügend, konnte man vertrauensvoll den Feldzug eröffnen, dessen Plan bereits zwischen dem Fürsten Hohenlohe-Ingelfingen und dem Fürsten

---

[1] Brief an seinen Vater: Wien, 3. Mai 1792.

von Braunschweig vereinbart war. Paul Greppi ließ sich als gewissenhafter Beobachter nicht von dem gleichen Enthusiasmus hinreißen, wie diejenigen, die ihn umgaben. Er fürchtete den Hereinbruch der revolutionären Grundsätze und Strebungen und verbarg seine Gedanken unter folgenden Ausdrücken: „Wenn eine Meinung sich im menschlichen Gehirn festgesetzt hat, so wurzelt sie sich da nur noch fester ein, sobald man Gewalt gegen sie anwendet." Er maß den Abmachungen von Pillnitz keinen unbeschränkten Glauben bei, indem er sich erinnerte, daß Preußen alle seine Mittel angewandt hatte, um die Ungarn zum Aufstand zu bringen, nachdem es im Verein mit England und Holland die Rebellion der Flamländer begünstigt hatte. Von dieser Verbindung gedeckt, konnte Rußland nach Belieben in Polen schalten.

„Preußen kann sich, wenn es nicht von der Furcht einer innern Erschütterung abgehalten wird, stets um Danzig und Thorn vergrößern. Wir aber haben nur zu verlieren, weil die Idee, Lothringen zurückzugewinnen und Frankreich so viel wie möglich zu zerstückeln, nichts weiter als eine Chimäre ist. England und Spanien würden es übrigens nicht zugeben. Ich weiß aus guter Quelle, daß der König (Franz II.) sehr bedauert, daß er die Note vom 7. April hat abgehen lassen. Wenn man den Faden der Kabinettsintriguen richtig verfolgt, kommt man leicht dahin, den Zweck dieser ganzen Machination zu entdecken. Mein lieber Vater, Sie werden sehr erstaunt sein, zu erfahren, daß es in Wien drei bis vier Personen, die aus verschiedenen Zwecken miteinander verbunden sind, gelungen ist, den Minister von seinem ersten Plan abzulenken, dem, sich jeder Einmischung in die innern Angelegenheiten Frankreichs zu enthalten."[1])

Es war nicht genug, ein imposantes Heer organisiert zu haben, man mußte auch an die Mittel der Unterhaltung denken, und die Finanzen des Reichs befanden sich in einem Zustande vollständiger Erschöpfung. Graf Strassoldo der in diesem Zweige der Verwaltung durchaus kompetent war, wollte den Rat Paul Greppis über die Mittel, dem Staatsschatz zu Hilfe zu kommen, einholen. Er berichtete ihm zunächst über eine lange Konferenz, die zwischen Franz II., ihm und dem Fürsten Rosenberg über die Angelegenheiten Frankreichs und über die Mittel, sich Geld zu verschaffen, ohne das Volk zu bedrücken und ohne den finanziellen Kredit durch allzu schwere Belastungen zu schwächen, abgehalten worden war. Die Unterredung des Grafen Strassoldo mit Paul Greppi dauerte länger als drei Stunden, da sie auf eine Menge von Details eingegangen waren.

„Das Folgende ist der wichtigste Teil des Vortrags, den mir Graf Strassoldo gehalten hat. Franz II. hatte dem erwähnten Grafen ein Projekt mitgeteilt, im Auslande eine Anleihe von sechs bis acht Millionen Gulden zu eröffnen, ohne die beiden Minister, Graf Chotek und Bibra etwas wissen zu lassen, mit denen er unzufrieden war, indem er den letzteren mit dem lächerlichen Namen des Vorhängeschlosses zum Schatze belegte und die Aversion nicht verhehlte, die der erstere ihm einflößte. Augenblicklich, scheint es, hat Strassoldo von

---

[1]) Brief an seinen Vater: Wien, 3. Mai 1792.

Franz II. die Erlaubnis erhalten, mit mir zu konferieren, nachdem er dem jungen König mitgeteilt hat, welches seine Ansichten und Absichten seien. Ich habe ihn mit der größten Aufmerksamkeit angehört und mir die Gelegenheit zu nutze gemacht, eine richtige Vorstellung von dem Charakter der vorhergehenden Regierungen Josephs und Leopolds zu gewinnen. Das diente mir dazu, mir zugleich ein Urteil über die gegenwärtige Regierung zu bilden. Ich habe mir eine Antwort vorbehalten, weil ich mir die erforderliche Zeit nehmen wollte, das Projekt reiflich zu studieren. Während der beiden Tage, welche dieser Unterredung folgten, habe ich nicht nur über den Vorschlag an sich nachgedacht, sondern auch über seine Konsequenzen. Gestern habe ich dem Grafen Strassoldo einen Bericht zugestellt, welcher meine unparteiischen, mich zu einer Ablehnung bestimmenden Bemerkungen enthielt. Wir unterhielten uns vier Stunden lang darüber. Es gelang mir, ihn davon zu überzeugen, daß es für den Kaiser vorteilhafter sei, eine Anleihe in Genua oder in Holland aufzunehmen und seine Minister aufzufordern, sich zu verständigen und diejenigen um Rat anzugehen, die sich in der Lage befänden, sie über die Mittel der Ausführung aufzuklären. Graf von Strassoldo vertraute mir sodann an, Franz II. habe eine Verhandlung mit einem kirchlichen Würdenträger eingeleitet behufs Erlangung einer Anleihe von drei und einer halben Million Gulden. Das Geschäft solle in der Schweiz abgewickelt werden unter der ausdrücklichen Bedingung, daß Graf Chotek und Bibra mit in die Kombination einträten. Ich hielt mich für verpflichtet, dem Grafen Strassoldo zu bemerken, daß, da dieser Kirchenmann weder Staatsbeamter noch gar ein österreichischer Unterthan sei, die Folgen nicht die gleichen sein könnten, als wenn es sich um ihn oder mich handelte. Graf Strassoldo erbot sich, mir eine Besprechung mit dem jungen König zu vermitteln, allein ich antwortete ablehnend, da ich meinen Fuß nicht auf ein Gebiet setzen wollte, auf dem ich mir die Eifersucht der Minister zuziehen würde, und ich bat den Grafen Strassoldo, das zur Kenntnis seiner Majestät zu bringen, ihm gleichwohl den Wunsch zu erkennen gebend, ihm innerhalb der Grenzen desjenigen dienen zu können, zu dem mir meine Klugheit riete. Auch folgendes vertraute mir Graf Strassoldo noch an: ‚Glauben Sie,‘ sagte er zu mir, ‚daß der verstorbene Monarch beinahe in einem Augenblicke verschieden ist, in dem er selbst im Begriffe stand, eine Revolution in Ungarn hervorzurufen, was zu ähnlichen Folgen hätte führen können, wie sie sich in Frankreich vollziehen? Die Beweise für das, was ich behaupte, sind vorhanden. Der Nachfolger konnte die Gefahr nur dadurch beseitigen, daß er Befehl gab, sich auf dem nächsten Reichstag nur mit den die Krönung betreffenden Angelegenheiten zu beschäftigen. Leopold hatte, von den Intriguen Hoffmanns gedrängt, nicht nur seinen Plan gefaßt, der darin bestand, in die ungarische Verfassung radikale Reformen einzuführen, sondern er hatte ihn (Hoffmann) auch nach Ungarn geschickt mit der geheimen Instruktion, sich desselben zu bedienen, um unter den Bürgern und Bauern eine große Partei zu bilden.

„Leopold hatte seine Instruktionen im Einverständnis mit Hoffmann entworfen, und sie waren insgeheim in einer in den Privatgärten des Belvedere

eingerichteten Druckerei gedruckt worden. In diesem Aktenstücke riet man den
Bürgern und Bauern, die Aufhebung einer großen Anzahl von Mißbräuchen und
der Adelsklasse allzu günstigen Gesetzen zu verlangen, da sie selbst sich für befähigt halten müßten, die Stellen im Kirchen= wie im Zivil= und Militärdienst
einzunehmen. Es war eine Eidesformel beigefügt, in welcher folgende Rede-
wendung bemerkenswert ist: ‚Leopold ist für alle und alle für einen‘,
das heißt für ihn selbst. Hoffmann hatte bei seiner Reise nach Ungarn bereits
begonnen, ein Formular zu verteilen, das die oben bezeichneten Forderungen und
den Text des Eides enthielt. Hoffmann wurde abberufen und soll eine andere
Bestimmung erhalten, obwohl man ihn als einen gefährlichen Kopf kennt. Man
wird zu andern Mitteln greifen, um die Bürger und Bauern zu befriedigen,
ohne sie in Konflikt mit der Adelsklasse zu bringen.“[1]

Da die Krönung Franz' II. von Ungarn in Pest stattfinden sollte, wollte
Paul Greppi diese Gelegenheit nicht versäumen, ein Land zu besuchen, das ihm
noch unbekannt war und studiert zu werden verdiente. Er langte in Pest am
31. Mai mit seinem Freunde, dem Marquis Ghisilieri, an. Sie wurden von
dem ungarischen Adel mit der größten Zuvorkommenheit empfangen. Der offizielle
Teil der Festlichkeiten wurde wegen des kurz zuvor erfolgten Todes der Kaiserin-
Witwe unterdrückt, doch ließ man den Volkslustbarkeiten freien Lauf. Da Paul
Greppi einigen vorbereitenden Sitzungen des ungarischen Reichstags angewohnt
hatte, gab er in der folgenden Weise die dabei empfangenen Eindrücke wieder:

„Das Hauptschauspiel wird darin bestehen, sich eine hochherzige Nation
versammeln zu sehen, um über das Zeremonial zu beraten, mit welchem sie die
Krönung eines jungen Königs beehren will, auf den sie mit der Hoffnung den
Blick richtet, daß er im Einvernehmen mit ihr und in guten Treuen an der
Reform derjenigen Punkte der Verfassung arbeiten werde, die bisher die Verwirklichung der auf die Beförderung der allgemeinen Wohlfahrt gerichteten Pläne
hintangehalten haben.“[2]

Der feierliche Einzug des Königs und der Königin hatte am 4. Juni gegen
drei Uhr nachmittags statt. Die Antwort, welche der neue König auf die Adressen
der beiden Kammern erteilte, machte einen günstigen Eindruck. Die aufrich-
tigste Begeisterung aller brach hervor, als man Kenntnis von der neuen durch
den König oktroyierten Verfassung erhielt. In dieser Verfassung erkannte er aus
freien Stücken das Recht der Nation an, die in alten Urkunden vorkommenden
Worte: ‚praeter successionem hereditariam‘ zu interpretieren. Joseph II. hatte
sich stets geweigert, dieses Recht anzuerkennen, und Leopold oktroyierte es nur
unter der Form einer Gunstbezeugung mittels Privataktes. Das Volk drängte
sich in Menge vor das Königsschloß, um dem König seinen Dank zu bezeugen.
Die Scene gestaltete sich zu einer äußerst bewegten und etikettewidrigen, indem
man dem König die Hände küssen wollte.

---

[1] Brief an seinen Vater: Wien, 10. Mai 1792.
[2] Brief an seinen Vater: Pest, 2. Juni 1792.

Am 6. Juni fand die Krönung ftatt. Die Zeremonie verlief in der maje-
ftätifchften Weife, und die Menge wurde davon ftark bewegt. Der Krönung des
Königs folgte die der Königin nach faft dem gleichen Programm. Die Stände
bewilligten, nachdem fie fich verftändigt, unter einhelligem Beifall über die gewöhnlichen Subfidien hinaus fünfzigtaufend Zechinen für den König und fünf-
undzwanzigtaufend für die Königin, ebenfo die erforderlichen Fonds, um die
Koften des Kriegs gegen Frankreich zu erleichtern. Diefe Subfidien beftanden
in vier Millionen Gulden bar, in fünftaufend Mann und außerdem in einem
großen Getreidevorrat. Die nötigen Steuern, um diefen Bedürfniffen zu begegnen, follten ausfchließlich dem Adel und der Geiftlichkeit zur Laft fallen.

Die Fefte und Luftbarkeiten, an denen Paul Greppi teilnahm, hinderten ihn
nicht daran, aufmerkfam die ganz fpezielle Lage Ungarns zu beobachten.

„Ich fahre fort, mich nach allem zu erkundigen und mich über alles zu
belehren, was diefes Königreich und feinen Nationalcharakter betrifft. Gleichzeitig
freut es mich, mich von den höchftgeftellten Perfönlichkeiten mit Achtung und
Liebenswürdigkeit ‚aufgenommen‘ zu fehen.“[1]

Nachdem die Krönungsfeftlichkeiten beendet waren, kam Paul Greppi am
22. Juni nach Wien zurück. Als der Hof kaum wieder nach Wien zurückgelangt
war, fchickte er fich an, nach Frankfurt zu gehen, wo Franz zum Kaifer geweiht
werden follte. Die Abreife nach Frankfurt fand am 5. Juli ftatt.

Um der ftarken Sommerhitze zu entgehen, ließ Paul Greppi fich in einer
reizenden Villa in der Umgegend von Baden bei Wien nieder. Er hielt dort
offenes Haus und folgte felbft den häufigen Einladungen feiner Nachbarn. So
traf er bei einem Effen bei dem Baron Gontard mit dem Marfchall Pellegrini,[2]
dem Baron Thugut und andern Mitgliedern des diplomatifchen Corps zufammen,
und etwas fpäter vereinigte er an feinem Tifche die Gräfin Potocka, ihre Tochter,
den neapolitanifchen Botfchafter und andere Perfönlichkeiten.

Die Muße des Landlebens, bei welchem er in weitem Umfange die Pflichten
der Gaftlichkeit ausübte, hinderten Paul Greppi nicht daran, aufmerkfam den
Ereigniffen des Tages zu folgen, und fein Briefwechfel beweift das vollftändig.
Der tapfere Widerftand, den die Polen dem kriegerifchen Druck Rußlands
leifteten, entlockte ihm folgende Gedanken:

„Wenn fie auch als Opfer der Ungerechtigkeit des Despotismus, des Ver-
rats und des Wortbruchs fallen, werden die Polen der Nachwelt doch ein neues
Zeugnis des Gefühls für eine wohlgeordnete Freiheit hinterlaffen, ebenfo wie
des Haffes und der Verachtung, welche die Willkürherrfchaft und die Politik der
Höfe einflößen müffen.“[3]

Gleichzeitig beklagte er die von den verbündeten Armeen erlittenen
Niederlagen. In Flandern nahm der Krieg eine fchlechte Wendung. Bergen

---

[1] Brief an den Vater: Peft, 8. Juni 1792.
[2] Graf Karl Pellegrini, Leiter des Feftungswefens und des Geniecorps.
[3] Brief an den Vater: Wien, 5. Juli 1792.

war in die Hände der Republikaner gefallen.   Den Blick um sich werfend, sah er die Gefahren der Situation sich mehren. Es gab auch noch eine Persönlichkeit, welche über die neue Richtung seufzte, welche neue Leute der auswärtigen Politik in Oesterreich gegeben hatten. Diese Persönlichkeit war Fürst Kaunitz. Er beklagte sich zunächst darüber, daß er im Stich gelassen sei und seine Ratschläge zurückgewiesen worden seien. Es begann sich das Gerücht zu verbreiten, er sei entschlossen, die Leitung der Staatsgeschäfte gänzlich niederzulegen unter dem Vorwande, daß sein Gesundheitszustand ihm nicht mehr gestatte, sich damit zu befassen. Der wirkliche Grund seiner Unzufriedenheit bestand aber darin, daß der Kaiser im Augenblicke seiner Abreise nach Frankfurt es vermieden hatte, sich mit ihm zu besprechen, während er mit Baron Spielmann Rat gepflogen hatte. Paul Greppi hoffte, einigen schmeichelhaften Worten des Kaisers würde es gelingen, ihn zu beruhigen. Wirklich brachte der Kaiser es fertig, ihn einigermaßen zu beschwichtigen, aber der Aerger gewann bei ihm sofort wieder die Oberhand, als er erfuhr, daß andere Personen zu Rate gezogen worden waren, die es nicht verdienten. Die Unzufriedenheit nahm so große Dimensionen an, daß Franz es für gut fand, sich persönlich zu dem Kanzler zu begeben, um ihn zu beruhigen. Der Besuch dauerte sehr lange. An dem gleichen Tage war Paul Greppi bei dem Kanzler zum Essen eingeladen, und er konnte in seinen Zügen lesen, daß er einen wichtigen Entschluß gefaßt hatte. Eine Person, die sich in hohem Grade des Vertrauens des Fürsten Kaunitz erfreute, teilte ihm mit, daß dieser, nachdem er mit großer Erregtheit zu dem Kaiser gesprochen, die Entlassung von seinen sämtlichen Aemtern gegeben habe. Der Kaiser beschloß, ihm nicht sofort einen Nachfolger zu geben. Der Fürst sollte seine Ehrenämter behalten, im Kanzlerpalast wohnen bleiben und das Recht haben, bei allen wichtigen Fragen seinen Rat zu geben. Kaum wurde diese Nachricht in der Stadt bekannt, als die fremden Diplomaten nach der Staatskanzlei eilten, um sich zu informieren. Paul Greppi erklärte das Ereignis in folgender Weise:

„Es muß zugegeben werden, daß Kaunitz sich stets in einem dem Kriege abgeneigten Sinne aussprach. Gelegentlich einer Besprechung, die vor zwei Tagen bei ihm stattfand, tadelte er ganz offen die Erklärung des Herzogs von Braunschweig[1]) und die von den Emigranten angenommene Haltung. Der Wiener Hof, sagte er, wird es nur zu bereuen haben, daß er wie im Kriege gegen die Türken Leute und Geld geopfert hat. Wir werden Massen von begeisterten Leuten ausziehen sehen, die sich wie die Verzweifelten schlagen werden, aber wenn wir auch in regulären Schlachten die Ueberlegenheit behaupten werden, welche die Disciplin verleiht, werden wir doch gleichzeitig unsere Armee sich durch

---

[1]) Als Mallet du Pan Franz II. zu Koblenz traf, wo er sich gelegentlich der Krönung in Gesellschaft der hauptsächlichsten Führer der Koalition aufhielt, drang er auf die Abfassung eines an das französische Volk gerichteten Kollektivmanifestes. Dieses Manifest wurde in der Absicht abgefaßt, Schrecken einzuflößen, und diente lediglich dazu, die revolutionären Leidenschaften in Frankreich nur noch mehr zu entfachen. Es trägt das Datum des 25. Juli 1792 und die Unterschrift des Herzogs von Braunschweig.

die Desertionen, die Ermüdungen und die Krankheiten bei den häufigen Schar-
mützeln vermindern sehen, bei denen die persönliche Tüchtigkeit viel weniger in
Betracht kommt als die Taktik. Ich habe von einem großen General, der vielleicht dazu bestimmt ist, in Frankreich frische Truppen anzuführen, die Behauptung
gehört, daß, wenn wir uns darauf versteifen, in das Innere Frankreichs vorzudringen, um auf Paris zu marschieren, das gleichbedeutend damit sein wird,
unsere Armee zur Niedermetzlung und vollständigen Vernichtung zu verurteilen." [1]

Den Kaiser verdroß es sehr, daß er den Fürsten Kaunitz nicht von seinem
Entschlusse hatte abbringen können. Er richtete einen äußerst zuvorkommenden
Brief an ihn, um ihn zu bestimmen, wenigstens an der Spitze des Ministeriums
zu bleiben, indem er ihn von denjenigen Funktionen entbinden wolle, die sich
mit seinem hohen Alter nicht vertrügen. Georg Ernst Kaunitz, der Sohn des
Fürsten, wurde dazu ersehen, diese Botschaft zu überbringen. Infolge eines so
schmeichelhaften Schrittes mußte der Kanzler sich in das fügen, was man von
ihm verlangte. Fürst Kaunitz behielt sich die Oberleitung der auswärtigen Angelegenheiten vor, aber die Unterzeichnung der Depeschen wurde dem Grafen
Cobenzl übertragen, der ebenso mit den Mitteilungen an die Vertreter des Auslandes betraut wurde, wobei er den einfachen Titel eines Ministers beibehielt.
Der Hof und die ganze Stadt freuten sich über diese Lösung.

Trotz der glimpflichen Form, unter welcher der Rücktritt des Fürstkanzlers
sich vollzog, war derselbe doch ein definitiver. Seine Klagen und Angriffe
namentlich gegen die Personen, die sich in größerer Nähe des Souveräns befanden, hörten nicht auf. Graf Colloredo war die Person, die er am meisten
auf das Korn genommen hatte. Er warf ihm vor, es fehle ihm an Charakter
und er befinde sich nicht auf der Höhe der Verhältnisse. Paul Greppi war zum
großen Teile derselben Ansicht wie der Fürst.

· „Colloredo ist ein anständiger Mann, aber schwach und zaghaft und über
alle Maßen fromm. Sein Ehrgeiz besteht darin, der einzige zu sein, der sich
des Vertrauens des Souveräns erfreut. Die Kaiserin [2] beansprucht, mit ihrem
Manne den Oberbefehl und die Leitung der Geschäfte zu teilen. Der Botschafter von Neapel, Marquis del Golto, thut, den geheimen Instruktionen der
Königin Karoline von Neapel gehorchend, die ebenso ehrgeizig wie schlau ist,
sein Möglichstes, um die junge Königin in den Vordergrund treten und sie Einfluß auf die Staatsgeschäfte gewinnen zu lassen. Infolge dessen suchen gar viele
Personen durch seine Vermittlung die Gunst der Herrscherin zu gewinnen." [3]

Oesterreich sollte sich bald in einer äußerst peinlichen Lage befinden. Der
Zustand seiner Finanzen verschlechterte sich immer mehr und bis zu einem der-

---

[1] Brief an seinen Vater: Wien, 26. August 1792.

[2] Nach dem Tode der Erzherzogin Elisabeth von Württemberg, der ersten Frau
Franz' II., der am 18. Februar 1790 erfolgt war, verheiratete dieser sich am 19. September
des gleichen Jahres zum zweiten Male mit Maria Theresia, Tochter Ferdinands IV., Königs
beider Sizilien, und der Erzherzogin Karoline von Oesterreich.

[3] Brief an seinen Vater: Wien, 30. August 1792.

artigen Grade, daß man gewünscht hätte, man könnte einen Vorwand finden, um den Krieg zu unterbrechen. Rußland hatte es geschickt verstanden, Preußen und Oesterreich in ein Unternehmen zu verstricken, das ihm, weil dasselbe alle ihre Kräfte in Anspruch nahm, gestattete, sich, ohne daß es etwas zu befürchten hatte, Polens zu bemächtigen. Frankreich entfaltete eine Energie, die man zu spät bekämpfen wollte. Die Plätze Landau, Straßburg und Metz boten den Anstrengungen der Belagerer einen kräftigen Widerstand dar, und das Gros der verbündeten Armee konnte kaum seinen Marsch fortsetzen, die Festungen hinter sich zurücklassend. Ein weiterer Gedanke erfüllte Paul Greppi mit Sorge, derjenige, die österreichischen und preußischen Truppen könnten sich von der Disciplin- losigkeit und den schlechten politischen Grundsätzen anstecken lassen, die in den in Besitz genommenen Ländern herrschten.

Nach dem schrecklichen Tage des 10. August vollzog sich die Entfesselung aller der Leidenschaften, die seit langem schon in den Herzen der Jakobiner gärten, ohne Widerstand zu finden, und drohte auf die benachbarten Länder überzugreifen. Es war daher für Oesterreich so bringend wie möglich, Mittel ins Auge zu fassen, um den Notständen, vor allem der militärischen Situation zu begegnen. In einer Sitzung der Staatskonferenz überlegte man, ob man nicht den Staatsrat Spielmann und den Regierungssekretär Collenbach nach Berlin schicken solle, um zu prüfen, ob es nicht geboten sei, den militärischen Operationen eine neue Richtung zu geben. Man wollte den Vorschlag machen, alle Anstrengungen zu vereinen, um sich um jeden Preis zum Herrn einiger der festen Plätze, wie Metz, Straßburg, Landau zu machen, bevor man die Armee weiter vorwärts bränge, weil man sich sonst dem Vorstoße der fürchterlichen Volksmassen aussetzen werde, gegen welche die Taktik und die Disciplin wertlos seien. Spielmann reiste thatsächlich am 12. September nach Luxemburg ab, dem Sitze der diplomatischen Konferenzen, nachdem man lange mit dem Kaiser beraten hatte. Er hatte die Instruktion, die Reichsfürsten darum anzugehen, neue Hilfs- gelder herzugeben, um den Krieg fortzusetzen, und die Häupter der Koalition zur Annahme einer Regierungsform zu bestimmen, die man Frankreich auferlegen könne. Paul Greppi bemerkte in dieser Hinsicht:

„Der erste Zweck dieser Mission ist wohl leichter zu erreichen als der zweite, denn dieser hängt von dem Willen Frankreichs ab, das ein derartiges Arrange- ment verwerfen kann. Frankreich wird, unter welcher Regierung es auch sei, wenn es nicht zerstückelt wird und es ihm gelingt, sich die Gesetze zu erhalten, welche die neue Verfassung ihm zugesichert hat und deren größte Wohlthaten der Landbevölkerung zu gute kommen werden, nur sechs Jahre bedürfen, um sich von den Verlusten und den Ordnungswidrigkeiten zu erholen, welche die Revo- lution über es verhängt hat. Eine Nation, welche in den Bodenerzeugnissen das Doppelte dessen findet, was sie gebraucht, die im stande ist, leicht und bequem ihren Ueberfluß an ihre Nachbarn abzusetzen, die in sich so viele Kenntnisse, Erfindungen und Manufakturen vereinigt, die eine große, thätige, arbeitsame und wohlhabende Bevölkerung ernährt, braucht nicht zu befürchten, daß sie, wenn

sie ihre Einheit verliert, in Barbarei und Elend versinkt. Die Einheit will sie
sich, wie es scheint, erhalten, denn trotz alles dessen, was man hinsichtlich ihrer
Spaltung versucht hat, sei es durch den Anreiz zum Auswandern, sei es durch
alle Arten des Fanatismus, ist man noch nicht dahin gelangt, einen wirklichen
Bürgerkrieg hervorzurufen. Was kommen und was für sie verhängnisvoll
werden kann, wird der Umstand sein, daß die fremden Mächte ein Interesse daran
haben können, bei ihr für lange Zeit den Parteigeist zu erhalten in der Absicht, sie zu schwächen, um sie zu beherrschen, so wie Philipp II es zur Zeit
der Liga machen zu können glaubte, und wie andere recht traurige Beispiele es
zeigen. Nichts verblendet und verwirrt auch die reinsten Gemüter so sehr wie
die politischen Leidenschaften. Sie lassen die Größe und das Glück eines Staates
stets nur in dem Verfalle und der Unterdrückung seiner Nachbarn erblicken,
während die wahre Politik nur auf das Wohlergehen aller basiert werden kann,
so, wie es der berühmte Mably auf eine so weise und philosophische Art in
seinen Werken gezeigt hat."[1]

Es nahte sich der Augenblick, in welchem sich Paul Greppi nach Italien
begeben mußte, um mit seinem Vater zusammenzutreffen, dessen leidender Zustand
seine Anwesenheit erforderte. In die letzten Tage seines Wiener Aufenthalts
fiel eine bemerkenswerte Begegnung. Zu einem Essen beim Fürsten Paar eingeladen, hatte er zum Tischnachbarn den Baron Thugut, allein trotz seiner Anstrengungen konnte er nicht dahin gelangen, ihm auch nur ein einziges Wort zu
entlocken. Es hatte geheißen, dieser Diplomat würde Spielmann auf seiner
Mission nach Luxemburg begleiten, um dort seine Stelle an der Seite des Grafen
Mercy d'Argenteau einzunehmen, dem hauptsächlichsten der österreichischen Unter-
händler. Aber diese Abreise fand später statt. Paul Greppi giebt den empfangenen
Eindruck folgendermaßen wieder:

„Es ist ein harter und kalter Arbeitskopf, gerade wie man ihn zur Führung
einer Unterhandlung braucht. Aber um zu einem Resultat zu kommen, müssen
erst die verbündeten Armeen einen Erfolg erringen, denn es ist nicht anzunehmen,
daß sich Frankreich, bevor es unterworfen ist, dazu versteht, seine Gesandten
zum Kongreß zu senden."[2]

Bevor Paul Greppi Wien verließ, hatte er eine Abschiedsaudienz beim
Kaiser und bei der Kaiserin und begab sich nach Schönbrunn, um dieselbe
Pflicht bei den Erzherzögen zu erfüllen. Fürst Kaunitz gab ihm ein Abschieds-
essen und überhäufte ihn bei dieser Gelegenheit mit den Beweisen einer rührenden
Freundschaft.

---

[1] Brief an seinen Vater: Wien, 13. September 1792.
[2] Brief an seinen Vater: Wien, 11. September 1792.

Gewohnheit.

Von

Alfred Hegar,

Professor an der Universität in Freiburg in Baden.

Die Männer, welche gegen Mitte und Ende des vorigen Jahrhunderts in Frankreich eine Umwälzung der politischen und sozialen Zustände anstrebten, schrieben als Losungsworte neben Freiheit und Brüderlichkeit auch Gleichheit auf ihre Fahne. Das Verlangen nach gleichen Rechten für alle, was den bis dahin herrschenden Anschauungen widersprach, war anfangs wohl lediglich eine Reaktion gegen die Mißachtung und Bedrückung, welche die niederen von den höheren Ständen zu erleiden hatten. Man suchte die Forderung aber auch wissenschaftlich zu begründen, indem man die Unterschiede der Menschen unter sich ganz oder vorzugs- weise von ihren äußeren Lebensverhältnissen, dem sogenannten Milieu, ableitete, und den ursprünglichen Anlagen, also dem, was der Mensch schon bei seiner Entstehung besitzt, keine oder nur eine untergeordnete Bedeutung zuschrieb. Selbst die Verschiedenheiten zwischen Mensch und Tier wurden derartigen Er- klärungsversuchen unterworfen, und Lamettrie, der berühmte Verfasser des Buches „L'homme machine", ein Schützling Friedrichs des Großen, behauptete, daß man im stande sei, durch passende Lehrmethode einen Affen zum Sprechen und zum Verständnis der Sprache zu bringen. Helvetius, ein andrer Schriftsteller jener Zeit, ließ eine ursprüngliche Gleichheit zwar nicht für den Körper, wohl aber für den Geist zu. Alle im allgemeinen wohlorganisierte Menschen böten hierin keine Unterschiede, welche sich erst im Verlaufe des Lebens unter dem Einfluß der Erziehung ausbildeten. Sein zweibändiges Werk „De l'esprit" ist zu einem guten Teil mit Beweisen für diese These ausgefüllt. Den ihm, dem Materialisten, gegenüber wohlberechtigten Einwand, daß das, was für den Leib gelte, auch für die Seele anzunehmen sei, fertigt er kurz ab. Das sei bloß ein Schluß per analogiam; man könne gerade so gut behaupten, daß der Mond bewohnt sei, weil er aus gleichen Stoffen bestehe, wie die Erde.

Die Lehre von der ursprünglich gleichen Beschaffenheit der Menschen bot eine vortreffliche Handhabe zur Agitation. Die Redlichkeit, Intelligenz, der Fleiß und die Charakterstärke des einen und die Unehrlichkeit, die Beschränktheit, Faulheit und unstäte Sinnesart des andern sind Folgen der Erziehung, der Umgebung, des Beispiels und der ganzen Lebenslage. Verschafft man einem jeden die nämlichen günstigen Existenzbedingungen, so werden sich alle in gleicher Weise gut entwickeln. Der Staat und die Gesellschaft mit ihren verkehrten Ein- richtungen sind schuld, daß dies bis jetzt nicht geschehen ist, und eine Reform ist nötig, damit in Zukunft die aus den gleichen ursprünglichen Anlagen aller hervor- gehende gleiche Berechtigung aller einen praktischen Ausdruck gewinne. Damit sind die Uebel aus der Welt geschafft.

Diese Anschauungen haben einen tiefeingreifenden Einfluß auf die politischen und sozialen Gestaltungen ausgeübt und bis heute an Verbreitung und Herrschaft nichts eingebüßt. Alle unsre Bemühungen zur Hebung der körperlichen und geistigen Wohlfahrt laufen darauf hinaus, schädliche Naturgewalten zu bekämpfen und die sozialen Einrichtungen so günstig als möglich für einen jeden herzustellen. Erst neuerdings erheben sich Stimmen gegen diese einseitigen Bestrebungen, welche unmöglich zu einem vollen Resultat führen können, auch wenn der ihnen zu Grund liegende Satz von der überwiegenden oder ausschließlichen Bedeutung des Milieus richtig wäre. Nur der gerade lebenden Generation vermöchte man auf diese Weise zu helfen. Damit wäre der Erfolg zu Ende, und die Nachkommen müßten immer wieder von vorn anfangen, da durch bessere äußere Verhältnisse erworbene bessere Eigenschaften auf die folgende Generation nicht übergehen, ein solcher Uebergang wenigstens sehr zweifelhaft ist und keinenfalls so ohne weiteres und in einem solchen Umfang stattfindet, wie man dies früher angenommen hat.

Dies soll uns indes hier nicht beschäftigen. Wir wollen, soweit es in unsern Kräften steht, erörtern, nach welchem Mechanismus und in welcher Ausdehnung die Faktoren der Außenwelt Veränderungen unsers Organismus hervorbringen. Alle Teile unsers Körpers können Angriffspunkte der äußeren Einwirkungen werden und dadurch direkte Abweichungen in dem bisherigen Gang ihrer Funktionen und in ihrem Bau erleiden. Häufig werden zuerst das Großhirn und unser Seelenleben berührt und dann erst in zweiter Linie die übrigen Körperabschnitte, wie denn unter andern äußere Einflüsse, sich in Motive umsetzend, unsern Willen und damit unsre Handlungen bestimmen. Der Mensch kann sich nun den Einflüssen der Außenwelt anpassen, wobei der Bau und die Thätigkeiten seines Körpers Veränderungen eingehen, welche von Vorteil, wenigstens nicht von Nachteil sind; oder er kann sich nicht anpassen, das heißt, jene Veränderungen sind von Schaden, gefährden oder vernichten das Leben. Ob das eine oder andre eintrete, hängt nicht bloß von der Stärke, Dauer und Wiederholung der Einwirkungen ab, sondern auch sehr wesentlich von der Konstitution der betroffenen Individuen, welche hierin den größten Unterschied zeigen. So werden, um nur ein sehr auffallendes Beispiel zu erwähnen, einzelne Personen von gewissen, für andre sehr harmlosen Speisen auf das ärgste mitgenommen. Sie können keine Erdbeeren oder sogar keine Eier in irgend welcher Zubereitung genießen. Man spricht dann von Idiosynkrasien oder bezeichnet die Wirkung jener Gegenstände als nicht adäquat für die betreffende Person, welcher hier alle Fähigkeit zur Anpassung abgeht. Vielen Einflüssen kann sich der Mensch zwar nicht vollständig, doch bis zu einem gewissen Grad anpassen, was besonders von den Genußmitteln, wie dem Alkohol, dem Tabak gilt. Welche Verschiedenheiten darin zwischen den Individuen bestehen, ist jedermann bekannt.

Wir sind im allgemeinen sehr intensiven Angriffen äußerer Potenzen nicht gewachsen, auch wenn man von sehr groben mechanischen und chemischen Schädlichkeiten absieht. Als das Projekt einer Bahn auf die Jungfrau diskutiert wurde, hat man die Gefahr hervorgehoben, welche die rasche Beförderung in eine Region des sehr niedrigen Atmosphärendrucks für die Reisenden mit sich bringe. Die Luftschiffer, welche eine gewisse Höhe übersteigen, sind sehr schlimmen Zufällen ausgesetzt, welche die Atmung und den Kreislauf des Blutes, also körperliche Verrichtungen, zunächst beeinträchtigen. Man kennt aber auch die übeln Erscheinungen, welche bei überraschenden, für den Empfänger sehr bedeutungsvollen Nachrichten zuweilen eintreten. Hier haben wir ein unser Gemüt, unsre Nervencentren zunächst berührendes Moment von großer Stärke. Elastische Naturen werden die Folgen überwinden, während andre unterliegen oder dauernde Veränderungen, selten von vorteilhafter Art, erleiden. Manche haben durch eine forcierte Bergtour ihre volle Gesundheit für immer eingebüßt. Von dem Erneuerer des Trappistenordens erzählt man sich, daß er als lebenslustiger, junger Mann bei dem mit erschütternden Umständen verknüpften Anblick seiner plötzlich verstorbenen Geliebten in seiner ganzen Denkweise und Gemütsstimmung umgewandelt worden sei und so die strengste aller Religionsgemeinschaften reformiert und ihr einen neuen Aufschwung gegeben habe. Derartige Folgen werden selbstverständlich noch häufiger sein, wenn wir nicht einmaligen und bald vorübergehenden, sondern wiederholten oder stetigen Eindrücken von großer Intensität ausgesetzt sind. Nur wenige Nordländer vermögen auf die Dauer unter dem Aequator zu existieren.

Die häufigsten und im Durchschnitt wohl auch bedeutsamsten Einwirkungen gehen von unsern Nebenmenschen aus, und die Mitglieder ganzer Berufsklassen beschäftigen sich damit, unsre körperliche und seelische Beschaffenheit in günstiger Art umzustimmen. Dazu hat man sich in früheren Jahrhunderten sehr drastischer Mittel bedient. Wenn man alte medizinische Vorschriften und Kurmethoden nachliest, erstaunt man über das, was der Mensch auszuhalten vermag. Uebrigens sind eiskalte Uebergießungen und Barfußlaufen auf nasser Wiese auch nicht als milde Behandlungsweisen anzusehen. Die Justiz, welche bei Verhängung von Bußen nebenbei auch den Zweck verfolgt, die Uebertreter des Gesetzes zu bessern und andre abzuschrecken, griff zu sehr derben und grausamen Prozeduren. Zur Veredlung und Heranbildung des Volkes wurde öffentlich ausgepeitscht, gefoltert und verbrannt. Auch noch in neuerer Zeit hat man mit der moralischen Tortur einer streng durchgeführten Zellenhaft einen ähnlichen Weg eingeschlagen. Bei den oft furchtbaren Strafen unsrer Vorfahren muß man indes erwägen, daß die Menschen alter Zeiten weniger weich waren, und daß es schon etwas dick kommen mußte, um den gehörigen Eindruck auf sie zu machen. — Auch die Lehrer nahmen zur Herbeiführung eines guten Betragens, Erhöhung der Aufmerksamkeit und zur Schärfung des Verstandes die Empfindungsnerven stark in Anspruch. Unschuldig, wenn auch dem Wesen nach gleich, war das Verfahren eines bekannten Heidelberger Professors, von dem man sich erzählt, daß er seinen Zuhörern die Jurisprudenz eingeschrieen habe. — Heutzutage kommt man von Gewaltmitteln immer mehr zurück und greift bei der Erziehung vorzugsweise zu psychischen Motiven, wobei freilich leicht vergessen werden kann, daß auch diese sehr eingreifender Art und von Nachteil sein können, besonders da, wo man dem Ehrgefühl zu viel zumutet.

Am sichersten und am häufigsten werden die Umstimmungen unsrer körperlichen und geistigen Thätigkeiten durch stetige oder oft wiederholte Einflüsse geringer Stärke, durch die uns oft unbewußten und unmerklichen Einwirkungen des Alltagslebens, der Umgebung und des Beispiels erzeugt. Unsre Gesundheit bröckelt bei mäßigen, aber fortdauernden oder häufig eintretenden Schädlichkeiten allmählich ab, und unsre Gemütsstimmung wird durch kleine, aber nie aufhörende Widerwärtigkeiten und Verdrießlichkeiten dauernd herabgedrückt. Die Aussicht gut zu geraten, ist für einen jungen Mann groß, wenn er unter braven Leuten aufwächst, und gering, wenn er die Gesellschaft von Spitzbuben teilt. Liest jemand Jahre hindurch nur eine Zeitung von bestimmter Tendenz, so wird er schließlich die Ansichten des Herausgebers teilen. Gutta lapidem cavat. Die ganze Reklame beruht darauf, daß den Menschen so lange etwas vorgesagt wird, bis sie es glauben. Mancher, welcher zuerst lachte, hat am Ende doch ein Jägerhemd auf dem Leib, ein Lotterielos von Gottes Segen bei Cohn in der Tasche und Kneipps Malzkaffee im Magen.

Sehr häufig wird ein durch äußere Faktoren verursachter Wechsel unsrer Zustände und Thätigkeiten zuerst von Empfindungen der Unlust, der Abneigung, der Angst, selbst von körperlicher Indisposition begleitet, welche später durch Gefühle des Behagens, selbst des leidenschaftlichen Verlangens ersetzt werden. Die erste Zigarre hat nur wenigen süße Augenblicke bereitet. Dem Seemann, welcher sich nur auf dem schwankenden Boden seines Schiffes wohl fühlt, war entsetzlich übel, als er zum erstenmal von den Wogen des Meeres geschaukelt wurde. Irgend ein Gedanke kann uns zuerst sehr wenig gefallen, selbst Abscheu erregen, bis er uns bei öfterer Wiederkehr ganz annehmbar erscheint. Aus der Rechtspflege wird uns mitgeteilt, daß Verbrecher bei dem ersten Auftauchen des Gedankens an einen Mord von Schrecken und Entsetzen ergriffen wurden, während zuletzt die Vorstellung der That von einer Art wollüstigen Kitzels begleitet war.

Vielfach beobachten wir, daß Einwirkungen auf unsern Organismus bei öfterer Wiederholung das frühere Resultat nicht mehr hervorbringen und zu dem Ende gesteigert werden müssen, was vor allem bei den Genußmitteln, wie dem Alkohol, sehr auffällig ist. Der Morphinist beginnt mit sehr kleinen Dosen und muß sie nach und nach erhöhen, um sich die ersehnten angenehmen Empfindungen zu verschaffen, bis er zuletzt so viel täglich verbraucht, daß man damit zehn nicht in der Weise vorbereitete Personen umbringen könnte. Reize, welche einem sinnlichen Menschen die begehrte Erregung herbeiführen sollen, müssen um so mehr gesteigert werden, je mehr er davon schon gekostet hat. Man warnt davor, jungen Leuten mit zuviel Ermahnungen und Zurechtweisungen zu kommen, weil sie sonst keinen Eindruck mehr machen. Eine Person, welche von zahlreichen Schicksalsschlägen heimgesucht worden ist, kann schließlich in einen Zustand geraten, in welchem sie von einem neuen Unglück wenig mehr berührt wird.

Wir bezeichnen dies als Abstumpfung, welche wir von einem andern
Endresultat wiederholter Einwirkungen, der vermehrten Widerstandskraft,
unterscheiden, indem wir bei dieser einen gesunden, gekräftigten, bei der Abstumpfung einen heruntergekommenen Organismus annehmen. Die vermehrte
Widerstandskraft läßt sich besonders dann erzielen, wenn die Stärke der Einwirkungen sehr allmählich und methodisch gesteigert wird. Will sich jemand ab-
härten, so hält er sich viel in freier Luft auf, kleidet sich nach und nach leichter,
nimmt kühle Bäder und setzt deren Temperatur langsam herab. Wenn seine
Konstitution es überhaupt gestattet, wird er es auch zu sehr kalten Uebergießungen
bringen können. Diese, von vornherein gebraucht, führen sehr leicht eine plötzliche,
starke und nachteilige Veränderung des Organismus herbei, während bei einer
stufenweise steigenden Anwendung der Kälte auch nur allmählich eine Umwandlung des Körpers vor sich geht, welche dann günstiger Natur ist. Die
Differenzen zwischen der Intensität der letzten und vorletzten Einwirkungen sind
dann nie sehr große, und ebenso auch die Differenzen der aus jenen Einwirkungen resultierenden Umwandlungen. Wir passen uns leichter an. Man hinter-
bringt einem Menschen eine erschütternde Trauerkunde nicht plötzlich, sondern
teilt ihm stets ungünstiger lautende Nachrichten über den Gesundheitszustand
seines Angehörigen mit, bis man glaubt, daß er die Todesbotschaft zu ertragen
vermöge. Man setzt voraus, daß sein Zentralnervensystem trotz der verhältnismäßig kurzen Zeit so umgestimmt werde, daß es keinen großen Schaden mehr
erleide.

Wenn wir nicht als passiv, ertragend, sondern als aktiv, handelnd
erscheinen, sprechen wir nicht von Abstumpfung und vermehrter Widerstandskraft,
sondern von herabgesetzter und gesteigerter Leistungsfähigkeit. Wenn eine
Person sich körperlichen Arbeiten oder Uebungen in einem über ihre Kraft hinaus-
gehenden Maße unterzieht oder dabei nicht mit der gehörigen Methode vorgeht, so
wird seine Leistungsfähigkeit vorübergehend oder auf die Dauer herabgesetzt.
Dasselbe beobachten wir bei geistigen Anstrengungen, und es hat sich schon
mancher dumm geochst. Eine größere Leistungsfähigkeit tritt dann ein, wenn
wir mäßige Anforderungen wiederholt stellen und sie nur sehr allmählich vergrößern. Bei jedem Sport gilt als Regel, mit leichteren Bewegungen zu beginnen, sie häufig auszuführen, und erst, wenn sie richtig und genau vollzogen
worden sind, zu schwierigeren Uebungen vorzuschreiten. Bei den Terrainkuren
werden die Kranken angehalten, sehr vorsichtig nach und nach bedeutendere An-
höhen zu ersteigen. Wer Mathematik lernen will, fängt mit den vier Spezies und
nicht mit den Gleichungen an, und erst wenn er einfachere Aufgaben gut zu
lösen weiß, geht er zu schwierigeren über.

Je öfter eine den Fähigkeiten und Kräften eines Menschen angemessene
Thätigkeit eingeleitet und in bestimmter Richtung durchgeführt worden ist, um so
leichter kommt sie wieder zu stande und um so eher verläuft sie auch gerade so
wie früher. Die Anlässe, welche zuerst zu ihrem Eintritt notwendig waren,
werden immer geringfügiger, so daß sie unsrer Beobachtung verschwinden und

bei komplizierten Verrichtungen erfolgen deren getrennte Akte nacheinander ohne
besondere Antriebe. Ein Kind wird angehalten, nach dem Essen seine Serviette
hübsch zusammenzulegen, und manche Ermahnung ist nötig, damit dies regelmäßig
geschehe. Später bedarf es keiner Aufforderung mehr, und wir sehen zuweilen,
daß Erwachsene dies ganz mechanisch thun, auch da, wo es keinen Zweck hat,
an der Wirtstafel oder bei einem Festessen, wo das Tuch sofort zur alten
Wäsche geworfen wird. Sie machen es, wie sie es stets gemacht haben, ohne
sich dabei etwas zu denken, selbst ohne daß sie darum wissen. Bei zusammengesetzten Verrichtungen, bei einer weiblichen Handarbeit, wie dem Stricken, ist die
Einleitung und Durchführung der einzelnen Bewegungen schwierig zu lernen.
Dem Mädchen wird es vorgemacht, die Finger werden ihm geführt; es bedarf
der Ermahnung und Belehrung und muß denken und aufmerksam sein. Zuletzt
wird Kaffee dabei getrunken, gesprochen oder selbst gelesen, während der Strumpf
mechanisch hergestellt wird.

Bei rein psychischen Vorgängen verhält es sich nicht anders. Einem Kind
soll die Vorstellung eines Naturgegenstandes, sagen wir eines Elefanten, beigebracht werden. Zu dem Ende wird ihm dieser bei Gelegenheit in einer Tier-
bude, oder ausgestopft, oder in einer Abbildung gezeigt, wozu eine mündliche
oder gedruckte Schilderung kommt. Dies muß, je nach dem Fassungsvermögen,
mehr oder weniger oft geschehen, bis das Bild des Dickhäuters leicht und rasch
wieder erscheint. Die früher dazu notwendigen Hilfsmittel werden überflüssig.
Die Wortbezeichnung genügt, und auch sie kann wegfallen, da die Vorstellung
des Tieres weiterhin schon bei Erwähnung eines mit ihm in Beziehung stehenden
Dinges, wie des Elfenbeins, Afrikas, eines Jahrmarkts auftaucht; sie kommt zuweilen
scheinbar ganz ohne Anlaß, selbst im Traum. Bei der politischen und sozialen
Agitation handelt es sich darum, in den Gehirnen der großen Masse bestimmte
Ideen festzulegen. Diese werden in der Presse und öffentlichen Reden immer
und immer wieder vorgebracht, zeitweise etwas anders appretiert, um die Kost
schmackhafter zu machen. Ein geschickter Redner hat dann nur einige Schlagworte nötig, um in Tausenden von Köpfen die nämlichen Gedankengänge sich ab-
spielen zu lassen, so ·wie der Druck auf die Feder der Spieluhr eine bestimmte
Melodie ertönen läßt.

Beobachtungen am Krankenbett, welche den Anlaß zu den gegenwärtigen
Betrachtungen gegeben haben, lassen uns derartige Vorkommnisse sehr häufig
auffinden, in deren Aufführung ich mich jedoch aus nahe liegenden Gründen
sehr beschränken muß. Ein Kind leidet an einer Bindehautentzündung des Auges
und blinzelt daher. Das Uebel wird gehoben, aber das Blinzeln dauert fort,
und es bedarf zahlreicher Ermahnungen von seiten der Angehörigen und vieler
Ueberwindung von seiten des Kindes, bis die Störung beseitigt ist. Auch bei
schweren Krampfformen, besonders hysterischer Natur, läßt sich ähnliches wahrnehmen. Sie treten zuerst unter Einwirkung einer intensiven Schädlichkeit, wie
nach schwerer Gemütsbewegung, auf, und erscheinen später bei den geringfügigsten Anlässen. Eine Person, welche öfters von andern hypnotisiert worden

ist, gerät immer leichter in den sonderbaren Zustand und kann sich schließlich selbst hineinbringen.

Höchst merkwürdig ist nun folgendes Verhältnis. Sind gewisse Thätigkeiten oder Handlungen in unmittelbarer Folge eines inneren oder äußeren Anstoßes oder unter Mitwirkung unsers Willens öfters in bestimmten Terminen ausgeführt worden, so treten sie später bei Wegfall jeder Ursache in jenen bestimmten Zeiträumen, anscheinend von selbst, wieder ein. Jedes Anzeichen des vorher deutlich ausgeprägten absichtlichen Handelns verschwindet, und dieses kommt dem Handelnden häufig nicht mehr zum Bewußtsein. Man nimmt sich vor, seine Uhr morgens nach Verlassen des Bettes aufzuziehen. Ist dies oft geschehen, so wird es weiterhin so gedankenlos und so ohne Ueberlegung vollzogen, daß man eine etwa gestellte Frage, ob man es gethan habe, sehr bald darauf nicht mehr mit Sicherheit zu beantworten vermöchte. Ist es nicht geschehen, so bleibt höchstens eine dumpfe Empfindung, als ob nicht alles in Ordnung sei. Sehr bekannt ist der typisch erscheinende Drang nach Befriedigung gewisser Bedürfnisse, und wenn auch die Erzählung Tristram Shandys in dem berühmten Roman Sternes nicht ganz wahrscheinlich klingt, so steht es doch außer Zweifel, daß der Trieb zum Essen sich sehr pünktlich zeigt, sobald die festgesetzten Stunden der Mahlzeit häufig eingehalten worden waren. Eine recht geübte Wärterin vermag ein gesundes kleines Kind oft so zu ziehen, daß es sein Verlangen nach der Milchflasche fast auf die Minute genau durch unruhiges Benehmen und Schreien kundgiebt. Bei Mittagessen oder Abendgesellschaften kann man die Wahrnehmung machen, daß ein Teilnehmer, welcher vielleicht vorher ganz munter und vergnügt war, ohne besonderen Grund in sich gekehrt und ruhig wird, abfällt, wie man sich ausdrückt. Man wird schwerlich in der Vermutung irren, daß die Stunde gekommen sei, in welcher er sonst sich zum Schlaf niedergelegt habe. Der Biertrinker muß genau um 6 oder 8 Uhr des Abends an seinem Stammtisch sein, auch wenn ihm das Getränk nicht schmeckt und ihn die langweilige Unterhaltung nicht fesselt. Bei Tieren lassen sich ähnliche Beobachtungen anstellen. Vor der Fütterung entsteht in der Menagerie eine allgemeine Bewegung, welche durchaus nicht etwa nur in einem eigentlichen Hunger ihre Ursache hat, wie man sich leicht überzeugen kann, da manche Tiere die dargereichte Nahrung unberührt liegen lassen. Auch in großen Fremdenpensionen kann man sehen, daß sich vor Beginn der Tafel eine eigentümliche Unruhe der Gäste bemächtigt, obgleich auch hier ein richtiger Appetit nicht selten fehlt. Ich besaß einen Hund, welcher gewöhnlich angebunden war und den ich längere Zeit hindurch sehr regelmäßig um 4 Uhr nachmittags zum Spaziergang mitnahm. Schon vorher wurde er ungeduldig und zerrte an der Kette, auch wenn er mich nicht sah und auf keine Vorbereitung zur Promenade schließen konnte. War ich verhindert und fiel diese aus, so drückte er sein Unbehagen durch Toben und Reißen an der Kette aus. Es war als ob das Tier eine Uhr im Leib gehabt hätte. Noch sonderbarer aber ist, daß ein solcher Vierfüßler, dessen Natur doch auf freies Umherschweifen angelegt erscheint, sich in dem Zeitpunkt, in welchem dies vorher häufig geschah, gern an die Kette legen läßt und selbst ein Verlangen danach kundgiebt.

Wir sehen also, daß bei häufigem Eintritt bestimmter Zustände und Thätigkeiten die anfänglichen Gefühle der Unluft und Störungen des Befindens den Empfindungen des Behagens und der Befriedigung Platz machen, und daß die zur Herbeiführung jener Zustände und Thätigkeiten notwendigen Antriebe nachher entweder immer stärker werden müssen, oder der Erfolg auf immer geringere Anlässe, zuletzt selbst scheinbar ohne alle Ursache und nicht selten typisch in genau eingehaltenen Terminen eintritt. Die Durchführung einfacher und komplizierter Verrichtungen, welche früher Aufmerksamkeit, körperliche und geistige Anstrengung erfordert hatte, geht nun unwillkürlich, ohne Mitwirkung höherer Gehirnfunktionen, maschinenmäßig, vor sich.

Wir sprechen in allen diesen Fällen von Gewohnheit, wobei freilich Dinge, welche wie Abstumpfung und vermehrte Widerstandskraft auf verschiedenartiger Grundlage beruhen, zusammengefaßt werden. Sind die geschilderten Enderfolge bei Annahme neuer Thätigkeiten noch nicht eingetreten, so reden wir von „angewöhnen", während das Aufgeben einer Thätigkeit als „abgewöhnen" bezeichnet wird. Beides ist eigentlich immer beisammen. Wir können uns nichts angewöhnen, ohne etwas aufzugeben, und nichts abgewöhnen, ohne etwas andres an dessen Stelle zu setzen, und wenn es auch nur als eine negative Größe erscheine, wie etwa die Entziehung des Alkohols bei einem Säufer. Man bedient sich des einen oder andern Worts, je nachdem man mehr die Folgen ins Auge faßt, welche die Annahme einer neuen, oder mehr die Folgen, welche das Aufgeben einer alten Gewohnheit nach sich zieht. Wenn ich von jemand sage, er gewöhne sich an den Vegetarianismus, so denke ich an den Einfluß, welchen die ausschließliche Pflanzenkost auf ihn ausüben wird; wenn ich sage, er gewöhne sich das Fleischessen ab, so denke ich an die Folgen, welche die Entziehung tierischer Nahrung mit sich bringen wird.

Um darüber zu entscheiden, was und inwieweit wir uns etwas angewöhnen können, müssen wir uns vergegenwärtigen, daß die Gewöhnung nur eine Art der Erwerbung, der Aneignung ist. Dies Wort darf freilich nicht in seiner landläufigen Bedeutung genommen werden, mit welcher ein absichtliches, bewußtes Handeln des Erwerbenden verknüpft wird. Wir eignen uns vieles, Gutes und Böses an, ohne eine Ahnung davon zu haben. Im biologischen Sinn ist die Eigenschaft erworben, welche ein Wesen bei seiner Entstehung noch nicht besaß, welche, wenn auch auf Grund der ursprünglichen Anlage, doch durch die äußeren Verhältnisse ihre besondere Form erhielt, und die daher bei einem andern Milieu auch in andrer Form hätte erscheinen können.

Wir bemerken an unserm Organismus eine Anzahl durch besondere Werkzeuge vermittelter Grundfunktionen. Ein jeder nimmt Nahrung zu sich, setzt Stoff an und giebt ihn wieder ab, atmet, hat einen Blutkreislauf, schläft, bewegt sich, erhält durch seine Sinne Eindrücke von der Außenwelt, fühlt und denkt. Diese Hauptthätigkeiten sind bei uns allen dem Wesen nach die nämlichen, unveräußerliches, von Generation zu Generation übergehendes Eigentum der Gattung. Niemand besitzt davon noch weitere, oder kann sich noch weitere aneignen, oder ihrer entäußern, da sie zum Fortbestand seines Wesens nötig sind. Friedrich der Große wollte den Schlaf entbehren lernen, was ihm geradeso mißlang, wie dem Bauer der Versuch, seinem Pferde das Fressen abzugewöhnen. Sind die Grundfunktionen nun auch ihrem Kern nach gleich, so bestehen doch bei den einzelnen Personen die größten Verschiedenheiten in der Art und dem Umfang, in welchem sie ausgeführt werden. Ein jeder ißt, trinkt, bewegt sich, empfindet und denkt auf seine Weise. Die Summe sämtlicher Lebensäußerungen, die Lebensführung, erhält so bei einem jeden ein eignes Gepräge, abweichend von dem eines jeden andern. Sind nun diese Verschiedenheiten, wie die französischen Litteraten des vorigen Jahrhunderts annahmen, Folgen der äußeren Verhältnisse, und sind die Menschen zur Zeit ihrer Entstehung vollständig gleich, oder müssen wir schon hier im ersten Ursprung Unterschiede annehmen, welche nach dem vulgären Ausdruck im Blut, in der Rasse liegen? Ich muß mich fast entschuldigen, wenn ich das als eine offene Frage hinstelle, da die Sache längst entschieden ist und jeder sich eine richtige Ansicht bilden kann, wenn er seine Mitmenschen oder, wenn ihm dies zu kompliziert erscheint, die Tiere beobachtet. Ein Dachshund wird kein Hühnerhund, auch bei ganz gleicher Fütterung und Dressur. Wer zum Schneider geboren ist, taugt nicht zum Schmied, sagt ein alter Volksspruch. Wer keine Anlagen zu einem kräftigen Bau der Knochen und Muskeln besitzt, wird bei aller Uebung kein Athlet werden. Gewisse Familien zeichnen sich durch Langlebigkeit aus, und man hat beobachtet, daß deren Mitglieder nicht selten, trotz ungünstigen und selbst verkehrten Verhaltens, ein hohes Alter erreichen, während umgekehrt Angehörige kurzlebiger Familien trotz größter Vorsicht über bestimmte Jahre nicht hinauskommen. Man weiß, daß gewisse Talente, wie zur Musik, Mathematik, schon von Anfang an deutlich ausgeprägt sein müssen, wenn bei Uebung und Unterricht etwas Ordentliches herausspringen soll. Vielfach besprochen ist neuerdings das Vorhandensein von Individuen, welche sich von früher Kindheit an alles moralischen Sinnes bar zeigen und trotz sorgfältigster Erziehung so bleiben.

Der Einfluß der Erziehung und Gewöhnung kann sich nur innerhalb der durch die ursprünglichen Anlagen festgestellten Grenzen geltend machen, aber innerhalb dieses so beschränkten Bezirks ist er sehr groß. Der Sportsmann weiß, daß er zuletzt, auch bei Innehaltung der besten Methode, an einem Punkt anlangt, wo alle Uebung nicht mehr weiter fördert. Allein ein schwächlicher Knabe wird gewiß ein andrer werden, wenn er zu einem Förster, als wenn er zu einem Schneider in die Lehre kommt. Manchem steht der Verstand still, wenn er es in der Mathematik weiter als bis zu den Gleichungen bringen soll, und ich habe einen jungen Mann gekannt, welchem schon die Dezimalbrüche ein Grauen einflößten. Deswegen wird niemand zweifeln, daß ein guter Unterricht auch einen nur mäßig befähigten Menschen noch zur Ausübung eines nicht gerade hohe Geistesgaben voraussetzenden Berufs heranbilden kann. Nur bei wenigen ist das ethische Gefühl so mächtig, daß sie ihren eignen Nutzen und Vorteil dem ihrer Nebenmenschen unterordnen oder gar sich selbst für diese opfern. Aber eine gute Erziehung und Umgebung vermag eine Person, bei welcher die Veranlagung viel zu wünschen übrig läßt, doch meist so weit zu bringen, daß sie nicht mit dem Strafgesetz in Berührung kommt.

Die Entscheidung, ob in einem gegebenen Fall etwas in der ursprünglichen Anlage begründet oder ob es erworben, speziell durch Gewohnheit erworben sei, ist oft recht schwer zu beantworten. Wir nehmen ersteres an, wenn Körperbildungen oder Lebensäußerungen der Nachkommen auch schon bei den Vorfahren bemerkt worden sind. Das ist im allgemeinen berechtigt, besonders wenn uns eine lange Reihe der Geschlechter bekannt ist. Doch ist selbst hier Vorsicht geboten, da die äußeren Verhältnisse für eine Familie oft durch große Zeiträume hindurch die nämlichen sein können und so bei allen Angehörigen dieselben Eigentümlichkeiten herzustellen vermögen. Klima, Wohnort, Umgebung, Beschäftigung, Existenzmittel, Beispiel, Sitte und Tradition sind mächtige Faktoren. Hat man doch behauptet, daß Gatten nach langjähriger Ehe zuweilen einander ähnlich werden, auch wenn sie nicht blutsverwandt sind. Das ist nicht so wunderbar, als es uns zuerst wohl erscheint, da gleiche Einflüsse geraume Zeit hindurch beide Teile getroffen und gleiche Zustände und Thätigkeiten hervorgerufen haben, auch der eine vom andern vieles in seinem Verhalten, Fühlen und Denken angenommen hat. Gleiche Funktionen werden aber allmählich eine gewisse Aehnlichkeit in einzelnen Körperbildungen bewirken. So erzeugen bestimmte Gemütsbewegungen einen bestimmten Gesichtsausdruck, welcher bei häufiger Wiederholung stereotyp werden kann. — Bei vielen Völkern bestehen Gebräuche, nach welchen dieser oder jener Körperteil seit Jahrhunderten eine ungewöhnliche Form erhält, wie der Turmschädel mancher Indianerstämme, der verkrüppelte Fuß der Chinesin, der mißgestaltete Brustkorb der Europäerin. In der Medizin ist man mit dem voreiligen Schluß, daß Krankheiten und Gebrechen erblich seien, weil sie schon bei den Vorfahren sich gezeigt haben, vielfach auf Irrwege geraten. Die nämliche Schädlichkeit kann Eltern und Kinder treffen und bei beiden die gleichen Anomalien erzeugen, ohne daß zwischen diesen selbst irgend ein ursächlicher Zusammenhang besteht. Ein derartiges Verhältnis finden wir bei dem in unserm badischen Oberland leider so häufig auftretenden Kretinismus und der Kropfbildung. — Auf der andern Seite kann man indes nicht sagen, daß eine Eigenschaft erworben sei, weil sie bei den uns bekannten Verwandten nicht bemerkt worden ist, da es Rückschläge giebt, welche auf eine aller direkten Beobachtung unzugängliche Ahnenreihe zurückführen.

In je früherem Lebensalter eine Eigenschaft auftritt, um so wahrscheinlicher ist ihre Entstehung aus einer ursprünglichen Anlage. Doch dürfen wir nicht vergessen, daß das individuelle Wesen schon längere Zeit vor seiner Geburt existiert und daher auch vieles schon vor ihr erwerben kann, ja ohne Zweifel vieles erwirbt, da äußere Einwirkungen um so größere Resultate haben, je jünger ein Geschöpf ist. Umgekehrt ist das Auftreten einer Eigenschaft in späteren

Jahren kein sicherer Beweis dafür, daß sie erworben sei. Wissen wir doch, daß die sogenannten sekundären Geschlechtscharaktere sich erst in vorgerückter Lebensperiode entwickeln, obgleich sie zweifellos auf einer ersten Anlage beruhen.

Manche Gepflogenheiten, wie das Rauchen, das Trinken alkoholhaltiger Flüssigkeiten, das Einspritzen von Morphium, scheinen uns so wenig in der Natur des Menschen zu liegen, daß wir sie ohne weiteres als Gewohnheiten bezeichnen. Sicherlich werden auch bei der Annahme dieser übeln Gebräuche äußere Umstände die Hauptrolle spielen: Verleitung, Beispiel, besonders auch die Widerwärtigkeiten und Verdrießlichkeiten des Lebens und die dadurch erzeugten Unlustgefühle und das Streben, sich, wenn auch auf Kosten der Gesundheit, für eine kurze Zeit in eine angenehme Stimmung zu versetzen. Und doch spricht die Thatsache, daß fast alle Völker derartige Genußmittel benutzen, für einen dem Menschengeschlecht allgemein zukommenden, ursprünglichen Hang, sich dem Gebrauch jener die Nerven zuerst anregenden, dann betäubenden Substanzen hinzugeben. Bei manchen Individuen ist eine so starke Leidenschaft für den Alkohol schon angeboren, daß sie später kaum einer Anregung bedürfen und rettungslos, wie ihre Vorfahren, dem Mißbrauch des Getränkes zum Opfer fallen.

Wenn wir sehen, daß ein Hund, welcher doch von einem umherschweifenden Raubtier stammt, sich gern an die Kette legen läßt, so erklären wir dies sofort als Macht der Gewohnheit, welche den sonst unverkennbar an dem Tier hervortretenden Trieb zu ungebundener, freier Bewegung gezügelt habe. Allein wir sollten doch bedenken, daß der Hund schon zur Zeit seiner ersten Bekanntschaft mit dem Menschen eine Neigung zum Gehorsam, zur Fügsamkeit und Anhänglichkeit gezeigt haben muß, weil ihn dieser sonst nicht zu seinem Gefährten erkoren hätte.

Man ersieht aus alledem, daß die ganze Fragestellung, ob etwas auf ursprünglicher Anlage oder auf Gewohnheit beruhe, nicht richtig ist. Wo keine Begabung vorhanden ist, können äußere Verhältnisse nichts hervorbringen, und diese sind wieder nötig, um einer Anlage zur Entwicklung zu verhelfen. Die Frage lautet daher richtiger, wie viel auf Rechnung des einen oder andern zu setzen sei. Die Entscheidung darüber wird durch die Stärke und Häufigkeit der äußeren Einwirkungen, sowie durch die Größe der Anstrengungen und die Zahl der Uebungen bestimmt, welche zur Herbeiführung eines Zustands oder zur Erlangung einer Fertigkeit nötig waren. Es gewährt ein großes Interesse, einmal von diesem Gesichtspunkt aus einige Eigenschaften des Genus homo ins Auge zu fassen, welche als dessen hervorragendste, charakteristische Attribute angesehen werden. Die Fähigkeit zu sprechen und der aufrechte Gang beruhen zum Teil auf einer durch Erblichkeit vermittelten Anordnung bestimmter Körperteile. Aber welche Schwierigkeiten müssen überwunden werden, bis sich das Lallen des Kindes in eine fließende Sprache umgewandelt hat, und käme es wohl zu dieser, wenn nicht Unterricht und Beispiel wären? Ein Fohlen trabt schon nach einigen Wochen neben der Stute her. Der kleine Mensch kriecht zuerst mit Armen und Beinen auf der Erde, muß angeleitet und geführt werden, unzählige verunglückte

Verſuche machen, bis er nach mehreren Jahren die ihm als Menſchen zukommende Art der Fortbewegung genügend erlernt hat. Die Geſamtentwicklung des jungen Menſchen ſteht freilich gegenüber dem eines Fohlens zurück, und dieſer Mangel muß nach der Geburt erſt ausgeglichen werden. Allein dadurch wird doch der große Unterſchied in der Bewegungsfertigkeit beider Geſchöpfe nicht erklärt. Auch das Endergebnis, nach welchem der Menſch mit ſeinen zwei Füßen viel unſicherer ſteht, als das Tier auf ſeinen vier Extremitäten, und wobei er den Rumpf faſt immer in labilem Gleichgewicht durch beſtändige Muskelaktion auf dem Schenkel-kopfe balancieren muß, entſpricht nicht der Annahme, daß ſchon von vornherein für den aufrechten Gang ſehr ausgiebig geſorgt ſei. Gewiſſe Einrichtungen ſind wohl im Keim vorgeſehen, welche aber bei weitem nicht ausreichen und erſt durch zahlreiche Uebungen ihre Entwicklung und Vervollkommnung erlangen, ſo daß wohl ein Zweifel erlaubt iſt, ob man auf die erſte Anlage oder auf die Uebungen das größte Gewicht zu legen habe. Auch kann es fraglich ſein, ob ein Kind ohne Beiſpiel und Anleitung ausſchließlich oder vorzugsweiſe in auf-rechter Haltung ſeine Fortbewegung vollzöge. Von ihr und von der Sprache gilt der heutzutage ſo viel citierte Goetheſche Spruch: „Was du ererbt von deinen Vätern haſt, erwirb es, um es zu beſitzen".

Die Veränderungen, welche während der Angewöhnung im Bau größerer und kleinerer Abſchnitte unſers Organismus vor ſich gehen, ſind uns nur ſehr unvollkommen bekannt. Bei der aufrechten Stellung, welche wir nach dem oben Erwähnten teilweiſe als Gewohnheit betrachten müſſen, biegen ſich die Lenden-wirbel allmählich mehr nach vorn, das Kreuzbein ſinkt zwiſchen die Hüftbeine herab und dreht ſich mit ſeinem oberen Abſchnitt nach vorn unten, mit ſeinem unteren Teil nach oben und hinten. Gewöhnt ſich jemand eine nachläſſige Körper-haltung an, ſo kann es zu dauernden ungewöhnlichen Krümmungen der Wirbel-ſäule, Verkürzungen, Verlängerungen und regelwidrigem Verlauf der Bänder kommen. Beim Turnen werden, je nach den Uebungen, bald dieſe, bald jene Muskeln blutreicher und umfänglicher. Bei der Gymnaſtik des Herzens gewinnt deſſen Fleiſch an Dicke und Stärke. Bei anhaltender geiſtiger Arbeit nehmen die Hirnwindungen zu, und die zwiſchen ihnen befindlichen Furchen vertiefen ſich. Allein das ſind grobe Buchſtaben, und wir ſind beſonders dann übel beraten, wenn wir ſagen ſollen, was bei der Angewöhnung in den Nerven vor ſich geht. Bei der Abſtumpfung ſprechen wir von ſchlechterer, bei vermehrter Widerſtands-kraft von beſſerer Ernährung, womit aber nicht viel geſagt iſt. Man weiß nicht, warum der Morphiniſt ſich eine Doſis des Giftes ungeſtraft einſpritzen kann, welches einen andern tötet, und niemand kann den Unterſchied angeben in den Nerven einer neuraſtheniſchen Frau, welche beim Oeffnen einer Schrankthüre über Zugluft klagt, und denen eines Mannes, welcher ſich das Eis aufhacken läßt, um ein erfriſchendes Bad zu nehmen. Der Vorgang in den Empfindungs-nerven oder im Gehirn, bei welchem der urſprüngliche Widerwillen gegen ein bitteres Getränk ſich nach und nach in Verlangen und Behagen, oder das an-fängliche Entſetzen bei einem auftauchenden Gedanken in Wohlgefallen und Ver-

gnügen verwandelt, ist uns vollständig dunkel. Den leichteren Eintritt bestimmter
mehr körperlicher oder mehr seelischer Lebensäußerungen bei öfterer Wiederholung
suchen wir unserm Verständnis durch das viel benutzte Bild von dem aus=
gefahrenen Geleise näher zu bringen. Wie ein Fuhrwerk auf einer vernach=
lässigten Straße in die durch den Gebrauch entstandenen Einschnitte und Furchen
gerät und nicht mehr leicht herauszukommen vermag, so verfolgt auch der Be=
wegungsstrom im Nervensystem die häufig benutzten Bahnen und verläßt sie nur
schwer. Man kann auch an die Weichenstellung der Eisenbahnen denken, welche
die Züge nur in bestimmte Geleise einlenken läßt. Wenn Personen während der
Unterhaltung stets auf das nämliche Thema zurückkommen, die eine auf das
Wetter, die andre auf das Theater, die dritte aufs Essen und Trinken, so sind
nun einmal ihre Weichen im Gehirn gerade darauf eingestellt. Bei den typischen
Thätigkeiten, welche in bestimmten Zeiträumen wiederkehren, wird man an einen
Mechanismus in unsern Nervencentren denken, welcher mit einer Weckuhr Aehn=
lichkeit hat. Die bei Annahme einer Gewohnheit eintretenden Veränderungen in
unserm Körperbau setzen einen Organismus voraus, welcher sich noch anpassen
kann und also noch fähig ist, Umwandlungen einzugehen, ohne geschädigt oder
vernichtet zu werden. Diese Fähigkeit ist in höherem Grade nur bei jugendlichen
Personen vorhanden und nimmt mit den Jahren rasch ab. Bei dem Greise
sind Abweichungen in der Nahrungsaufnahme, der Körperbewegung, der Be=
schäftigung, überhaupt in der ganzen Lebensführung meist mit Gefahr verbunden.
Gewisse Grenzen, welche sich stets enger ziehen, dürfen nicht überschritten und
die einmal festgestellten Regeln müssen streng eingehalten werden. Sowie die
körperlichen Funktionen an ein bestimmtes Maß und an eine genaue Ordnung
gebunden sind, so bewegen sich auch Gedanken und Gesichte innerhalb eines
umschriebenen Gebiets und auf den herkömmlichen Bahnen. Neues wird nur
schwer oder gar nicht angenommen oder haftet nicht. Die Elasticität der lebenden
Substanz ist verloren, und sowie die Gewebe starr oder nach einem alten medi=
zinischen Ausdruck rigid sind, so haben auch die körperlichen und geistigen
Funktionen ein starres Gepränge.

„Nascitur non fit" sagt ein alter lateinischer Spruch. Die Beschaffenheit
des Menschen hängt nur von den Anlagen ab, welche er mit zur Welt bringt.
Dieser Satz wird aber durch einen andern eingeschränkt und verbessert: „Con=
suetudo est altera natura." Der Mensch wird zu dem, was er ist, durch die
Anlagen, welche er bei seiner Entstehung empfängt — prima natura, erste Natur—,
und durch die Einwirkungen der Außenwelt, welche besonders dadurch Ver=
änderungen und Ummodelungen hervorbringen, daß sie die Lebenserscheinungen
in häufiger Wiederholung auf gleiche Art und Weise verlaufen lassen — con=
suetudo — altera natura, zweite Natur.

Aus meinen Tagebüchern.
Von
Dr. v. Schulte in Bonn.

III.
Römisches: Kirchliches, Politisches. Jesuiten.

Wie in den Mitteilungen im Hefte vom März b. J. werde ich nachstehend ganz objektiv meist wörtlich aus meinem Tagebuche vom Jahre 1854 berichten. Für die Kenntnis der Zustände im vorletzten Dezennium der Kirchenstaatsherrlichkeit und der italienischen vor 1866 dürften diese Notizen nicht ohne Interesse sein.

Reisepaß. Es war in jener Zeit dem Reisenden ein Vergnügen geboten, das heute unbekannt ist, nämlich alle Augenblicke den Paß vorzuzeigen und auf ihm ein Visum zu erhalten. Ich reiste durch Oesterreich, der Paß wurde zuerst visiert in Bodenbach, Prag, auf der Fahrt nach Wien unterwegs in Brünn, vor Wien abgenommen, dort wieder auf der Polizei abgeholt, für Triest visiert, vor Laibach abgenommen und visiert zurückgegeben, vor Triest abgenommen. Auf der Polizei geholt, wurde er bei der Lösung des Fahrscheins für die Dampfschiffahrt nach Ancona abgegeben, in Ancona zurückgegeben, nachdem er von der Polizei und dem österreichischen Militärkommando visiert war, in Foligno vor dem Thore visiert, vor Rom abgegeben gegen einen Schein. Auf diesen löste man für 60 Bajocchi (3 Mark) eine Aufenthaltskarte. Als ich den Paß vor der Abreise abholen wollte, konnte man ihn im Bureau nicht finden. Ich hatte, da mir die Unordnung von Bekannten, die in Rom gewesen, mitgeteilt war, am Tage nach der Ankunft genau acht gegeben, in welches Gefach er nach Ausstellung der Aufenthaltskarte gelegt worden war — diese Karte lautete nicht auf meinen Familien-, sondern vor diesem stehenden Taufnamen „Federico" —, und sagte dem Beamten, ob ich ihn nicht suchen dürfte, da ich mich in Kanzleien auskenne. Mit Vergnügen ging er darauf ein, ich ging erst zu drei verschiedenen Fächern, dann zum richtigen, sagte „ecco" und wurde nun von ihm bewundert. Jetzt zur preußischen Gesandtschaft behufs des Visum, kein Mensch außer einem Diener dort. „Die Herren sind auf dem Lande, wahrscheinlich ist morgen einer hier;" morgen dasselbe, am zweitfolgenden Tage erwische ich glücklicherweise den Kanzleivorstand und von ihm das Visum.

Reise. Man hatte mir von der Unsicherheit gar manches erzählt, ich nahm daher in Ancona den Platz, welchen der Kondukteur des Corriere (Postwagen) zu vergeben hatte, fuhr so rasch und wiederholt unter Deckung eines berittenen Gendarmen am 19. April 1854 nachmittags fünf Uhr von Ancona ab und kam am 21. morgens vier Uhr in Rom an; die Nacht vom 19. auf den 20. wurde in Macerata zugebracht. Der Kondukteur führte mich in ein Haus, zwei Treppen hoch in ein wüstes Zimmer, dessen Thüre so gut zu schließen war, daß ich den Tisch davor stellte, um sofort aufzuwachen, wenn's nötig sei; ich schlief gut, wurde um vier Uhr geweckt, in einer halben Stunde ging's weiter. Ich bezahlte das Nachtquartier dem Kondukteur. Man hatte stets Vorspann nötig, weil die herrliche Straße über Berg und Thal geht. In Foligno gab's nur Ochsen für den Wagen, da der Prinz Friedrich Wilhelm (spätere Kaiser Friedrich) auf der Rückreise von Rom alle Pferde in Anspruch genommen hatte. Uebrigens waren ziemlich alle uns begegnenden Fuhrwerke mit Ochsen bespannt.

Auf der Rückreise hatte ich nicht gerade angenehme, aber sonderbare Aufenthalte. Ich nahm einen Platz in der Diligence, der nicht die Hälfte des beim Corriere kostete, hatte dabei das Vergnügen, mit der Dienerschaft eines Conte di Spada bis Macerata zu fahren, einer bis zum Ekelwerden langweiligen und erbärmlichen Gesellschaft. Morgens sechs Uhr ging's von der Post in Rom fort, vor der Porta del Popolo hielten wir über eine halbe Stunde still, um auf eine Nonne zu warten, die ihren Paß vergessen hatte. Dieser schlechte Anfang hatte noch schlechtere Fortsetzung. Die Pferde krochen förmlich. Nach einem durch schlechte Suppe berüchtigten Essen in C. Castellana ging's nun meist mit Ochsen voran, einmal zehn Ochsen und vier Pferde, ein andresmal jener acht und dieser sechs. War dieses Vorankommen eine Geduldprobe, so riß die Geduld in Spoleto. Der Postillon fuhr in eine ansteigende Straße — unten war keinerlei Warnungstafel —, in deren Mitte auf beiden Seiten an Häusern gebaut wurde, so daß sie ganz voll Schutt war und die Gerüste den Weg versperrten. Es war Sonntag, alles Volk lief zusammen; endlich nach einundeinhalbstündlichem Wegräumen des Schuttes und Absägen der Gerüste ging's weiter. Morgens fünf Uhr kamen wir in Macerata an. Es war unmöglich, rechtzeitig mit der Diligence in Ancona anzukommen und mit dem Schiffe nach Triest zu fahren. Um nicht acht Tage zu verlieren, blieb nichts übrig, als das Fahrgeld im Stiche zu lassen und einen Vetturino zu nehmen, der mich auf dem geradesten Weg dahin bringen sollte. Ich ließ meinen Koffer ausladen und saß auf ihm vor einem Kaffeehause, das sich bald aufthat. Mit italienischer Findigkeit erschien bald ein Fuhrwerksbesitzer, ich accordierte ein Fuhrwerk mit zwei guten Pferden; nach fünf Minuten kam er mit einer Schindmähre und gab vor, das zweite Pferd spanne er unten ein, da es nicht nötig sei, mit zweien herauf zu fahren. Auf diesen Schwindel ließ ich mich nicht ein; als ich dann mich nach dem Polizeibureau erkundigte — ich hatte einen Lasciarpassare, der mir eventuell sofortige Hilfe sicherte — stand ich rasch allein. Indessen bald kam wieder einer mit zwei guten Pferden, ich setzte nun rasch mit Bleistift einen Vertrag auf, wonach er sich verpflichtete, mich bis elf Uhr nach Ancona zu bringen, sollte das ohne seine Schuld nicht gehen, würde er doch das Fahrgeld bekommen. Er unterschrieb, los ging's stets im schärfsten Trab. Als wir eine Stunde gefahren, kommt eine lange Prozession, die nach Loretto wollte; ich rede ihm zu, rasch zu fahren, um vor derselben die Straße zu überschreiten. E proibito, e impossibile: wir mußten über zwanzig Minuten warten; er bezweifelte schon, daß wir rechtzeitig ankommen würden. Aber nun ging's los, wie ich selten die Pferde habe

laufen sehen, den Berg von Osimo herunter in einem Tempo, daß ich die Augen
schloß. Punkt elf Uhr kamen wir in Ancona an. Am Thore mußte der Paß
abgegeben werden, ich gab dem Soldaten einen Gulden, damit er sofort den
Paß auf der Kommandantur visieren lasse und mir in den Gasthof bringe, zu
dem ich fuhr und einen Imbiß nahm. Eine Stunde war vergangen, der Paß
kam nicht, ich rannte zur Kommandantur, er war noch gar nicht da; der Offizier
sandte sofort zum Thor, ließ ihn holen und visieren. Nun in Eile zurück, das
Fahrbillet lösen. Ich hatte nicht genug österreichisches Geld, fremdes wollte
man nicht nehmen; ein kleiner Wechsler befreite mich aus der Verlegenheit. Ich
fuhr im Kahn mit dem Gepäck zum Schiffe, es war im Begriff abzufahren,
man rief von oben: „Zu spät!" Ich ließ den Koffer auf die noch nicht auf-
gezogene Treppe setzen, sprang auf diese und kam glücklich aufs Deck. In der
Kajüte zählte ich mein Geld und entdeckte, daß ich beim Wechseln um etwa
zehn Franken betrogen war, da es mir unmöglich gewesen war, genau zu zählen.
Das unnötig gezahlte Fahrgeld, der Vetturino und die Prellerei hatten mir fast
fünfundsiebzig Franken gekostet, alles Folge der herrlichen Einrichtungen.

Volksbettelei. Das erste, was beim Betreten des Landes im Hafen
von Ancona sich darbot, war eine Schar herumlungernder Bettler und Straßen-
bengel, die sich zum Führen anboten, Vetturini u. s. w. So war's in allen
Orten, am stärksten in Rom. Blieb man stehen, um irgend ein Gebäude
zu betrachten, sofort waren mindestens zwei da, um als Ciceroni zu dienen,
verfolgten einen oft eine Viertelstunde lang. Hörte man sie an und gab ihnen
etwas, so knurrten sie wegen des geringen Betrages. Der Bettler präsentierte
sich mit den Worten: „Signore, un infelice povere, ho tanto fame", ein andrer
hatte eine kranke Frau, kranke Mutter, einen kranken Mann, zahlreiche Familie
u. s. w.; wiederholt bettelten mich ziemlich gut gekleidete Frauen in Hut und
Schleier an. Ein interessanter Bettler, Antonio, ohne Füße, unter deren Stümpfen
Bretter, hatte die große Treppe von der Piazza di Spagna auf dem Monte
Pincio förmlich in Pacht, er schlängelte sich auf den Händen, die auf Bretter
sich stützten, rasch herauf und herunter den Fremden begleitend, bis er etwas
bekam; eine besondere Sorgfalt widmete er den Engländern. Ich wohnte auf
der Piazza di Spagna und unterhielt mich oft mit ihm. Ich hatte ihn einmal
zwei Tage nicht gesehen. Als ich ihn wegen des Grundes fragte, erzählte er:
„Ich habe einem reichen Engländer vorgeschwindelt, daß das Haus, in dem ich
wohne, abgebrannt sei und ich alle meine Habe verloren habe, erhielt von ihm
eine reiche Gabe, aber ein Polizeimann hatte es gehört; ich bin für diese Lüge
vierundzwanzig Stunden eingesperrt worden." Nach der Höhe des Trinkgeldes
betitelte er den Geber mit Signore, Monsignore, Eccellenza, Emminenza. Derselbe
verheiratete eine Tochter während meines Aufenthalts mit 12 000 Scudi Mit-
gift, wie ich von meinem Hauswirte, einem Beamten, hörte. Der Römer gab
dem Bettler nichts, fertigte ihn mit den Worten „C'è niente" ab; sobald er
den Römer erkannte, ging der Bettler ab.

Redete man auf der Straße einen gut gekleideten Herrn an, so wurde man mit größter Freundlichkeit behandelt, erhielt die gewünschte Auskunft; es ist mir oft begegnet, daß mich der Angesprochene durch mehrere Straßen begleitet und zurechtgewiesen hat, freilich auch mehrere Male, daß er zuletzt um ein Trinkgeld bat.

Ich hatte ein Zimmer mit einer Art Alkoven, in dem das Bett stand, bei einem Beamten, dessen Vater päpstlicher Leiblakai gewesen war, infolge dieser erhabenen Würde Conte. Im Jahre 1848 hatte das Ehepaar Zwillinge bekommen, die Romulo und Remo benamst waren. Als ich mietete und meine Personalien für die Polizei aufschrieb, veranlaßte der „Prussiano" die Frau, ihrer siebzehnjährigen Tochter zu sagen: „Povero eretico!" Dieses Töchterlein sagte mir mit reizender Naivität: „Wenn der Herr ein Bedürfnis hat, muß er es im Nachtstuhl neben dem Bette verrichten, derselbe werde dann am Morgen ausgetragen." Aborte waren in den Häusern trotz des Kloakensystems Seltenheiten. Wiederholt am Abend, wenn ich nach Hause kam, trat die ganze Familie ins Zimmer und unterhielt mich, bis ich sie fortschickte, die beiden Herren mit den Mützen auf dem Kopfe. Als nach einigen Tagen ein päpstlicher Lakai mir ein Schreiben brachte, das die Einladung zu einer Audienz enthielt, war die Frau bei meiner Rückkehr in großer Aufregung und sehr verwundert, daß ich kein Ketzer war und daß dort im Norden Katholiken wohnten; ob die denn gerade solche seien wie in Rom? An Sonntagen ging die ganze Familie ins Wirtshaus speisen.

Der Römer lebt eigentlich auf der Straße, dem Korso und in Kaffeehäusern, die stets gefüllt sind. In den Seitenstraßen, namentlich in Trastevere, sah man das Familienleben auf der Straße: Säugen der Kinder, Absuchen des Ungeziefers vom Kopfe u. s. w., in aller Natürlichkeit. Diese bot sich am offensten in der Befriedigung der Bedürfnisse, wobei sich niemand Zwang anthat; ich habe einmal um zehn Uhr vormittags in den Kolonnaden vor St. Peter einen Mann ein großes abmachen sehen. Bei Albano begegnete mir und meinem Führer von fünfzig Jahren eine junge, schwangere Frau mit drei Schwestern, jungen Mädchen; der Führer sagte: „Ich wünsche Ihnen eine gute Geburt!" und erwiderte, als ich verwundert fragte: „Ist das eine Bekannte?" — „Nein, aber es wäre unhöflich gewesen, ihr nicht Glück zu wünschen." Die Frau hatte sehr freundlich geantwortet: „Ich danke vielmals und hoffe das auch." Die Landarbeiterinnen waren in der heißen Sonne nur in Unterkleidern und Hemd.

„Ueber die Religiösität des Volkes zu urteilen" — so steht's im Tagebuche — „ist nicht leicht. Die zahllosen Kirchen können nicht voll sein. Man sieht aber den ganzen Tag, wenn man solche besucht, Besucher, darunter wirklich andächtige, freilich manche, die sich einen Moment knieen, segnen, fortgehen, bemerkt aber auch weibliche Personen, die sich offenbar mit Männern dort ein Stelldichein geben. Die Geistlichkeit zeichnet sich nicht durch besondere Andacht aus; ich sah, wie in den Hauptkirchen bei Pontifikalämtern selbst Kardinäle und Bischöfe miteinander schwatzten, von ihren Tabaksdosen Gebrauch machten. Auf den Norddeutschen macht es den Eindruck des reinen Mechanismus, wenn

5*

in demselben Augenblicke an sechs und mehr Altären ein Priester zum Messe-
lesen antritt, jeder in der rituellen Lesung Meister, fast im selben Momente mit
dem betreffenden Abschnitte fertig wird, und an sechs Altären gleichzeitig die
Glöcklein erklingen. Die Musik in den Hauptkirchen war oft geradezu theatralisch,
erinnerte an Bälle, der Gesang in einzelnen herrlich. Man sagte mir seitens
verschiedener Geistlichen, daß sehr viele Frauen wöchentlich zur Beichte und zum
Abendmahle gingen, zahllose Männer nie. Freitag und Samstag waren vollkommene Abstinenztage, der Genuß von Fleischsuppen und anderm Fette als
Oel und Butter — diese war in Rom eine Ausnahme — untersagt. Gehalten
wurde die Abstinenz nicht, wie ich besonders von P. Schrader hörte und mich
in den Trattorien stets selbst überzeugen konnte.

„Es kommt in Rom und überhaupt in Italien häufig vor, daß Brautpaare,
deren Eheschließung Hindernisse entgegentreten, den Pfarrer überrumpeln und
vor den mitgebrachten Zeugen ihren Ehekonsens erklären. Die römischen Pfarrer,
sobald sie dies merken, lassen den Küster in Alba und Stola ihn anhören; ist’s
geschehen, so giebt er sich zu erkennen und lacht das Paar aus.“

Es fiel mir auf, daß in Rom die Männer vielfach schön waren, die Frauen
selten, auf dem Lande sah es anders aus; Frauen in der schönen, malerischen
Tracht, mit den schwarzen feurigen Augen, den gleichmäßigen Gesichtszügen. Ich
habe nie eine solche Anzahl schöner Mädchen und Frauen gesehen wie am
1. Mai im Albanergebirge, namentlich in Genzano.

Handel und Wandel. Die Ueberforderung ist kolossal, ich habe bald
ein Drittel und weniger geboten, einmal eine geschnitzte Brosche (Kamee) um
sechs Scudi bekommen, für die zuerst achtzehn gefordert waren, nachdem ich
mehrere Tage gehandelt hatte. Abgesehen von der Buchhandlung Spitthövers,
einem Münsterländer, konnte man auch in den Buchhandlungen mit Erfolg unter-
bieten. Wollte man verbotene Bücher kaufen, so wurde die Licenz von der
Indexkongregation verlangt — ich hatte mir diese sofort verschafft und habe sie
aufbewahrt, sie ist ganz allgemein auf Lebenszeit —, indessen braucht man, wie
ich wiederholt bemerkt habe, nur zu sagen, man sei Protestant, und das Buch
wurde gegeben. Das Leben war beispiellos billig, nur gutgelegene Zimmer
waren teuer, ich zahlte für meines im dritten Stock nach dem Platze monatlich
zehn Scudi. Mittags habe ich selbst beim besten Appetit nach oft fünf- bis
achtstündigem Gehen fast nie fünfzig Bajocchi (zwei Mark), einschließlich Wein,
gebraucht.

Omnibus gab’s damals nicht, Droschken nur an einigen Plätzen; man vereinbarte den Preis, wurde aber stets, wenn auch das Trinkgeld und draußen
das Straßengeld einbegriffen waren, um ein Trinkgeld angegangen.

Mit diesem war alles zu erreichen. Es waren noch an einzelnen Stellen,
namentlich in den Thermen, Reste des alten Mosaitbodens. Der dort angestellte
Wächter sagte, daß es verboten sei, davon zu nehmen, ging dann aber seitwärts
und drehte uns den Rücken zu.

Der Ackerbau befand sich auf einer unsäglichen Stufe, ebenso der Weinbau.

Auf dem Lande bekam man den Wein noch in Ziegenhäuten, sonst in Flaschen, die mit Oel verschlossen waren; Butter gehörte zu den Seltenheiten. Bestellte man Kaffee mit Milch, so hieß es café ombra di latte.

Staatliches. Die Ordnung auf der Polizei, von der ich oben erzählt habe, wurde noch übertroffen von der auf der Post. Meine Briefe waren poste restante geschickt. Dreimal an verschiedenen Tagen fragte ich vergebens, obwohl ich meine Visitenkarte abgab, damit der Name klar sei. Bei der vierten Nachfrage erhielt ich dieselbe Antwort, bat den Beamten, ob ich nicht selbst nachsehen dürfe. Er zog eine große Schublade in einem großen Tische auf, in der Hunderte von Briefen lagen; ich fand vier für mich, von denen der älteste vierzehn Tage alt war, eine ganze Anzahl von Briefen an Bekannte, die ich auf meine Bemerkung, ich wolle sie den befreundeten Adressaten übergeben, mitnehmen durfte. Alles gemütlich. Ebenso gemütlich war der Verkehr bei den geistlichen Behörden. Ein Deutscher wünschte ein abhanden gekommenes Breve neu ausgestellt zu erhalten. Wir fingen — das Gesuch war schon wochenlang eingebracht — bei der untersten Behörde an, erhielten das Konzept, brachten es zur folgenden und so fort weiter zur Secretaria brevium und kamen — es hatte jedesmal nur des Trinkgelds von zwei Scudi bedurft — in einem Vormittag zum Ziele. Die Zollbehörde konnte man ohne weiteres bestechen. Als ich meinen Koffer öffnete und der Wahrheit gemäß sagte, daß ich nichts Steuerbares habe, machte der Beamte das Kreidezeichen darauf, wobei er die linke Hand so hielt, daß man das Geld hinein legen konnte; ich habe nichts gegeben, von Bekannten aber gehört, daß sie es gethan und auf der Dogana bei Sendungen oft mit Hilfe von fünf Paoli das Vierfache und mehr erspart hätten. Die Sicherheit in der Stadt war dank der zahlreichen Polizei gut, auf dem Lande aber sehr schlecht; von Anfällen hörte man täglich. Die Zensur wurde stramm geübt, die Zeitungen — von deutschen fast nur die „Augsburger Allgemeine Zeitung" — hatten oft einen eintägigen Aufenthalt auf der Polizei.

Reinlichkeit auf den Straßen und Plätzen war unbekannt. Wo an Mauern eine Aufschrift andeutete, daß dort der Kehricht abzulagern sei, befand sich nie welcher, aber sicher überall in der Nähe.

Die Finanzverhältnisse waren entsetzlich. Man sah nur Kupfergeld, es war streng verboten, gegen Silber Kupfer zu verwechseln; jeder Kellner gab einem aber Adressen. Auf fünf Scudi Silber erhielt man fünfundzwanzig Bajocchi Agio, auf Gold beim Wechseln einige dreißig Prozent; wechselte man fünf Scudi Papier, so erhielt man eine Rolle von Fünf-Bajocchistücken (1 Scudo = 100 Bajocchi), die man unter dem Arm tragen mußte. In der Zeit der Republik war Papiergeld (cambii di monete) ausgegeben, dies trug die Schuld an der schlechten Geldwirtschaft. Aber man hatte daran festgehalten, es hieß allgemein, der Bruder des Kardinalstaatssekretärs trage die Hauptschuld an den schlechten Finanzzuständen, durch die Vermittlung des letzteren sei auch eine riesige Defraudation unterdrückt; Antonelli war allgemein verhaßt und ließ sich fast nie öffentlich sehen. Ich habe laut über diese Dinge schimpfen hören, wobei es aber oft hieß:

der Papst sei ein vortrefflicher Herr, der von allen diesen Dingen nichts wisse, alle Schuld trügen die Minister. Nur einen, den verstorbenen Handelsminister Jacobini, lobte man allgemein. Von verschiedenen Seiten wurde erzählt, daß mehrere Minister, namentlich der Finanzen, sich auf Kosten des Staats bereichert hätten. Mehr als einmal hörte ich von Laien, die Geistlichen hätten noch besser verwaltet. Früher hatte man seine Gelder in luoghi dei monti angelegt; deren Zinsen hatte Pius VI. auf 2½ Prozent herabgesetzt, Pius VII. wieder auf 5 Prozent erhöht, das Kapital aber von 100 auf 25 reduziert. Die einzige Sicherheit hatten die Anlagen in Häusern geliefert. Grundbesitz auf dem Lande zu erwerben, war fast unmöglich, weil die Güter sich in den Händen verhältnis- mäßig weniger Adeligen und der Kirche befanden, die nicht verkauften. Von einem vernünftigen Steuersystem war keine Rede. Die Haupteinnahme bildete das Tabaksmonopol, durch dessen Pachtung die Torlonia es zum Prinzipe und kolossalem Reichtum, der Staat freilich auch zu einer festen und sicheren Ein- nahme, gebracht hatten. Dazu kamen die Zolleinnahmen und Steuern, für die kirchliche Seite die verschiedenen Abgaben: Taxen, Palliengelder, Dispensgelder. Peterspfennige gab man damals noch nicht.

Die Ausgaben des geistlichen Staates waren riesige und in gar keinem Verhältnisse zur Größe des Staats und zur Bevölkerung. Hatte auch die Kirche einen riesigen Besitz an Häusern, Aeckern u. s. w., so trug er nach allem, was man hörte, bei der Unmöglichkeit, hohe Pachtgelder zu erzielen, nicht genug ein, weshalb stete Anlehen nötig wurden, die freilich — gerade wie in Oesterreich und dem Königreich beider Sizilien — bis 1848 als ausgezeichnete Kapitals- anlage galten. Aber die Unmasse der zu besoldenden Personen ließ es zu keiner ordentlichen Wirtschaft kommen. Der Papst als unumschränkter Herr konnte ausgeben, so viel er wollte. Jeder suchte durch irgend ein Bauwerk seinen Nach- ruhm zu begründen, so Pius IX. durch den 1853 vollendeten Viadukt zwischen Arricia und dem gegenüber liegenden Berge, der sechsunddreißig Bogen und in der größten Tiefe drei übereinander hat, oder jeder Bogenreihe mit durchgehenden Gängen. Ein Bedürfnis war nicht da, der Nutzen gering.

Die Zahl der Beamten war eine übergroße; sie ist aus dem Diario pontificio (jetzt „Gerarchia") zu ersehen: Kardinäle als Vorstände oder Inhaber geistlicher Stellen, zahllose Prälaten, eine Legion von Unterbeamten. Wenn man sah, was und wie gearbeitet wurde, so konnte man nicht im Zweifel darüber sein, daß ein Drittel bequem die Arbeit hätte thun können.

Geistlichkeit. In Rom begegnete man in jeder Tagesstunde mindestens alle zehn Schritte einem Priester und einem Mönche, die meisten traf man auf dem Korso spazierend an. Selten habe ich gesehen, daß ein Geistlicher gegrüßt wurde, auch nicht auf dem Lande; auch die Kardinäle, die man in ihren großen Karossen mit dem auffälligen Aufputz der Pferde und den aufstehenden Bedienten täglich fahren sah, wurden fast nie, selbst nicht von den entgegenkommenden Geistlichen gegrüßt. Einer großen Menge sah man es an, daß sie nicht aus Beruf, sondern der Pfründe oder Stellung wegen den Stand gewählt hatten;

es waren meist nichtssagende, gutmütige Gesichter. Wo ich mit solchen in Trattorien gesprochen, habe ich durchweg eine unsäglich geringe Bildung angetroffen, auch von verschiedenen Prälaten und besonders von Jesuiten bestätigen gehört, daß die Masse der Geistlichen über das Verständnis des Missale, Brevier und das Rituale kaum hinauskämen, von einer wissenschaftlichen theologischen Bildung keine Spur besäßen. Zahllose Geistliche, Prälaten und niedere Beamten sind nicht Priester, haben auch nicht einmal die Subdiakonatsweihe, sondern nur die niederen oder gar nur die Tonsur, sie sind nur unverheiratet. In hoher Achtung steht diese Gesellschaft nicht, man konnte oft von den Liebesaffairen derselben erzählen hören, wobei Antonelli, der auch nur Subdiakon war, und einer der ersten Hofbeamten die Hauptrolle spielten. Nicht minder wurde von verschiedenen hohen Geistlichen gar vieles bezüglich ihrer Liebe erzählt, auch Aeußerungen des Papstes kolportiert, welche verrieten, daß ihm nicht unbekannt war, was einzelne trieben. Von den geistlichen Hausfreunden hörte man auch nichts Erbauliches. Die Erzähler waren durchweg Priester. Von den Mönchen fielen einzelne durch Eleganz auf, andre durch Schmutz. Was ich von Geistlichen über das Klosterleben erfuhr, war im allgemeinen nicht sehr erbauend; auf dem Lande habe ich mich über die joviale Art amüsiert, wie die Patres an Sonntagen mit den Frauen und Mädchen lachten und schäkerten.

Papst, päpstlicher Hof, Pius IX. Der Witz der Römer und die wenig tiefe Verehrung vor den Päpsten zeigt sich sofort nach dem Tode des Papstes. Gleich nach dem Tode Gregors XVI. erzählte man: Er kommt vor die Himmelsthür, steckt seine Schlüssel ein, sie passen nicht; nach langem Probieren erscheint Petrus, dem er sagt: „Du hast mir doch die Schlüssel des Himmels hinterlassen, und ich kann nicht öffnen." Petrus besieht die Schlüssel und sagt lächelnd: „Du hast ja da die Kellerschlüssel." Uebrigens soll die hierin liegende Bosheit, als habe Gregor den Wein sehr geliebt, jedes Grundes entbehren.

Rektor Rolffs schilderte den Inhalt des Programms Pius' IX. von 1847, das er im Original, worin der Papst selbst einige Worte verändert, gesehen hatte; es sagte: „Er werde sich von nun an um die weltliche Leitung seines Staates nicht mehr sorgen, sondern mit den Kardinälen und Bischöfen einzig und allein bedacht sein, für das geistige Wohl der Katholiken zu wirken; die weltliche Regierung wolle er denen überlassen, denen sie gebühre, den Laien. Der in den Wolken werde seinen Segen zu dem Werke nicht versagen." Das Programm war entworfen von Mamiani. Bei der Anstellung der weltlichen Minister forderte man von den Amnestierten den Eid der Treue. Sie leisteten ihn, nur Mamiani erklärte: er sei zu sehr Ehrenmann, als daß man dies von ihm verlangen könne, es verstehe sich von selbst. Trotzdem war er einige Wochen nachher Premierminister.

Die Schweizer würden 1848 nach dem allgemeinen Urteile die Revolution in Rom verhindert haben. Pius aber gab bei dem Andrängen des Volkes auf den Vatikan selbst den Befehl, nicht zu schießen, und willigte in die geforderte Entwaffnung. Nur mit Gewalt wurde Pius durch den Grafen Spaur und den spanischen Gesandten zur Flucht bewogen, er war seines Lebens nicht sicher; der Professor Palmer wurde erschossen, weil man ihn für den Papst hielt.

Pius hat die Nobelgarde befragt, ob er sich auf sie verlassen könne und ob sie ihn verteidigen würden, aber zur Antwort erhalten: sie hätten meist Frauen und Kinder. In der That verhielt sich der römische Abel denn auch passiv. Im Jahre 1854 waren sechzig Nobelgardisten zumeist Söhne aus nicht bemittelten adeligen Familien. Die Mehrzahl der Stellen ist funbiert mit monatlich zwanzig Scudi, wozu der Papst zehn Scudi thut und für das Pferd bezahlt. Es war ein köstliches militärisches Schauspiel. Nur der Posten war im päpstlichen Vorzimmer in Ordnung, er machte beim Wechsel der Stunde den Offizier aufmerksam, dieser zog dann mit aller Gemütlichkeit die Handschuhe an, setzte den Helm auf, löste den Posten ab und setzte sein altes Geplauder fort. — Schweizer in der bunten malerischen Tracht waren hundertunddreißig, teils im Vatikan, teils im Quirinal, lauter große und schöne Leute. Der päpstliche General Kanzler war ein gemütlicher Mann; ich habe mich, als ich das erste Mal Audienz beim Papst hatte und ziemlich drei Stunden antichambrieren mußte, mit ihm gut unterhalten.

Zur Audienz beim Papste ging's durch sechs Zimmer, in den drei letzten befand sich die guardia nobile als Wache, in dem eigentlichen Anticamera befanden sich einige Monsignori und zwei Camerieri in oappa e spada in dem kleidsamen spanischen Kostüme mit Spitzenkragen und Sammetmäntelchen. Der Eindruck der Anticamera ist schlecht, die Herren lachen laut miteinander, schäkern, kurz, benehmen sich, wie es sich nicht zu geziemen scheint in einem Raume, von dem wenige Schritte entfernt der Statthalter Christi sich befindet. Das Zimmer des Heiligen Vaters ist mittlerer Größe, ziemlich einfach. Er selbst saß etwa drei Schritte von der Thüre entfernt, rechts vor einem Tische, nur wenig über dem Boden erhöht. Der einführende Kammerherr (bei mir der Maestro di camera Borromeo) öffnet die Doppelthür und bleibt einen Augenblick stehen. Im Zimmer angelangt, kniete ich (nach der erhaltenen Anweisung) sofort auf das rechte Knie nieder, einen Schritt weiter zum zweiten Male und vor dem Heiligen Vater zum dritten Male. Er reichte mir die rechte Hand zum Kusse und sagte sofort: „Surge mi fili"; fragte dann, ob ich italienisch spräche, oder was mir am liebsten sei. Ich sagte, ich spräche italienisch nicht so fertig, um Seine Heiligkeit damit zu quälen, bäte daher, lateinisch oder französisch reden zu dürfen; er fing dann sofort an, französisch zu reden. Das Gespräch drehte sich beide Male um einen bestimmten Gegenstand. Abgesehen von diesem sagte er hinsichtlich meines Berufes, meine Lage sei sehr schön, ich könne der Kirche großen Nutzen bringen, wenn ich den Theologen und besonders den Juristen recht gute kirchliche Ansichten beibrächte; er bitte mich inständigst, im Interesse der Kirche zu wirken, auch in Rom die kirchlichen Dinge zu studieren, vielleicht auch gute Bücher, die man nicht überall bekomme, mitzunehmen. Zum Schlusse fragte er mich, ob ich noch eine besondere Bitte hätte. Diese bestand in der Bitte — ich hatte dies zwei alten deutschen Damen und einem Herrn versprochen —, die drei ihm vorgehaltenen Kruzifixe zu segnen und Ablässe zu bewilligen. Er bewilligte einen vollkommenen auf das Gebet im Hause nach jeder Kommunion, segnete die Kreuze, erteilte mir unter Einschluß meiner Angehörigen in denselben seinen apostolischen Segen, reichte mir die Hand zum Kusse und schellte. Ich zog mich auf dieselbe Weise zurück; die Thür wurde vom Kammerherrn geöffnet.

Der Heilige Vater — ich gebe auch hier wörtlich mein Tagebuch, um den Eindruck nicht abzuschwächen, wieder — ist etwa 5' 8" groß, ziemlich stark, ohne korpulent zu sein, hat ein dickes Gesicht, sehr ausdrucksvolle und liebenswürdige Züge. Er ist so freundlich und liebevoll, daß man vergißt, vor welch erhabener Person man steht, und nur denkt, man stehe vor einem Vater. Seine Anrede war stets: mon cher, mon très cher fils. Er trug eine weiße Soutane, weißes Käppchen auf dem Kopfe, beim Weggehen erhob er sich ein klein wenig von seinem Sitze. Es war ein ganz eignes Gefühl, vor dem Haupte der Kirche zu stehen, mit ihm zu reden und seine Hand zu küssen. — Der Eindruck, welchen Pius bezüglich seines Geistes machte, war ein sehr unbedeutender, dagegen hatte er einen guten Mutterwitz, der sich in manchen von ihm erzählten guten Bemerkungen kundgab. Ich habe nicht behalten, wie oft er sich seiner Dose bediente, es geschah aber öfter.

„Oesterreich scheint Pius IX. noch nicht in sein Herz geschlossen zu haben. Im Jahre 1848 sandte er einen Abgesandten an den Kaiser mit der Aufforderung, die Lombardei zu räumen; der Monsignore brachte die Sache zuerst bei der frommen Kaiserin, die selbst Piemontesin und Schwester Karl Alberts war, vor, wurde aber von dieser mit den Worten abgefertigt: ‚Was, Sie wollen mich zur Hochverräterin machen, entfernen Sie sich!‘ Am 24. April (1854) wurde in der Kirche S. Maria dell' Anima zur Vermählung des Kaisers Franz Josef feierlicher Gottesdienst gehalten. Gleichzeitig fanden in der sixtinischen Kapelle die Exequien für die verstorbene Königin von Portugal statt, wobei 16 Kardinäle anwesend waren; der Papst war wegen Unwohlseins nicht erschienen. Da man wochenlang vorher den Tag der Vermählung wußte, lag Absicht vor. Die Oesterreicher äußerten sich äußerst ungehalten, ebenso verschiedene Deutsche.“

Die Franzosen in Rom. Pius IX. war, dank der Armee des republikanischen Frankreichs, von der Republik in Rom und dem Asyl in Gaeta erlöst worden; es war natürlich, daß er Frankreich liebte, die Franzosen bevorzugte.

Im Frühjahr 1854 lagen in Rom etwa 6000 Mann, welche ziemlich dieselben Lokalitäten inne hatten, welche die 30 000 zur Zeit der Eroberung Roms besetzt hatten; in vielen Klöstern, auch in einem Teile von Al Gesù, Collegium Germanicum lagen solche. Der Papst hatte sich mehreren auswärtigen Mächten gegenüber verpflichtet, wie mir Antonelli sagte, reguläres Militär zu halten, er selbst hatte nur etwa 1600 Mann Schweizer, die ganz nach französischem Muster equipiert waren. Mit Frankreich war eine förmliche Kapitulation eingegangen worden. Die Franzosen waren die eigentlichen Herren in Rom. Im Jahre 1852 räumten sie auf des Papstes besonderen Wunsch, der fast als Befehl lautete, die innegehabten Wohnungen von Sant Uffizio, neben dem Vatikan, wofür ihnen ein Kloster angewiesen wurde. Als jene eben anders eingerichtet waren, erschien eine französische Ordonnanz mit dem Befehle, binnen drei Tagen sie zu räumen. So geschah's. Auf Schritt und Tritt sah man Franzosen. Passaglia sagte mir, daß die Mehrzahl der Kardinäle gegen die Franzosenherrschaft in Rom sei, aber beim Papste nicht durchbringe.

Kirchliche Zustände im Königreiche beider Sizilien. „Der Kardinal d'Andrea, dessen Vater Minister in Neapel war, bei dem ich durch Bonix eingeführt wurde, erzählte diesem von der Knechtschaft, unter welcher die Kirche dort stehe, und führte folgende Fälle an: Ein Mönch, ebenso eine Nonne strengten vor dem königlichen Gerichte eine Klage wegen Nichtigkeit des Ordensgelübbes an; das Gericht sprach sie aus, beide heirateten darauf. Ein Pfarrer war durch das geistliche Gericht durch Urteil deponiert, er appellierte an das königliche Gericht, dies kassiert das geistliche Erkenntnis, setzt den Pfarrer wieder ein, er fungiert ruhig weiter. Auf alle Beschwerden der betreffenden Ordinarien (Bischöfe) beim Papste erfolgte des Königs Antwort, er wolle, daß seine Behörden über dergleichen Sachen erkennen. Das war der Inhaber der monarchia Sicula. Als der Papst sich in Gaeta befand, gab er sich die größte Mühe, die Wiederherstellung der kanonischen Grundsätze beim König zu erwirken, richtete aber nichts aus. Und doch geht der König fast täglich zum Abendmahl, wirft sich beinahe auf die Erde, wenn der Papst vorbeikommt. Handelt es sich aber um ein Recht, das er für sich in Anspruch nimmt, die Kirche aber als das ihrige, so disputiert er wie ein Schulknabe und behauptet, daß dies Recht ihm von Gottes Gnaden zustehe."

Jesuiten. Nach den Mitteilungen von Passaglia und andern Jesuiten war in Rom von 1846 an, als die liberale Partei mächtig wurde, die Stimmung gegen die Jesuiten ganz allgemein eine fürchterliche. Sie hörten oft am Abend unter ihren Fenstern rufen: Fort mit den Jesuiten; man sagte ihnen sehr oft, daß dies auch der Wille des Papstes sei. Jetzt sei die Stimmung geteilt, eine große Zahl sei ihnen, auch unter den Kardinälen, geneigt, andre, insbesondere die liberale Partei, gegen sie. Die Gründe seien: der Orden setze sich an die Stelle der Kirche, lasse keinen andern aufkommen, halte mit dem Weltklerus keinen Frieden. Mit großer Heftigkeit sprach Passaglia gegen die Päpste, welche sich durchweg nicht gut gegen sie benommen hätten; nur 11 Kardinäle habe der Orden gehabt, darunter zwei nur auf Verlangen des Königs von Spanien aus altspanischen Familien und zwei Neffen von Päpsten; die große Eingenommenheit Benedikts XIV. gegen den Orden sei Folge von dessen ungeheurem Schwanken in theologischen Dingen, welches aus allen seinen Werken und ganz besonders daraus hervorleuchte, daß er sich bunt durcheinander auf alle möglichen Autoren stütze, bald auf reprobierte, bald auf nichtreprobierte (die Thatsache ist richtig, hat aber andre Gründe). „Pius IX. war vor 1848 ein Feind der Jesuiten. Am auffälligsten bekundet dies eine Thatsache. Vor 1848 ließen die meisten

deutschen Bischöfe wichtige Anträge und dergleichen stets durch den Jesuitengeneral
P. Rothan an den Papst gelangen, — den Jesuitengeneral nannten die Römer
Papa nero, im Gegensatz zum Papa bianco (von der Tracht). Dies wollte Graf
Reisach auch unter Pius IX. thun, bekam aber keine Antwort; er erkundigte sich
dann bei P. Rothan und erhielt die Antwort: es sei nicht mehr wie früher, er
möge sich direkt an den Papst wenden und werde leicht erreichen, was er auf
dem alten Wege nur mit großen Schwierigkeiten oder gar nicht erreichen würde.
Auch heute raten alle der hiesigen Verhältnisse Kundigen ab, dem heiligen Vater
eine Sache so vorzutragen, daß er die Beteiligung der Jesuiten merken kann."

Passaglia, Schrader, Lacroix und andre Jesuiten äußerten mir gegenüber,
„daß sie die günstige Stellung des Ordens in Deutschland nicht für eine dauernde
hielten; der Enthusiasmus sei zu groß, wenn dann einige ruhige Jahre kämen,
der eine oder andre Bischof ihnen minder freundlich gesinnt sei oder die Bischöfe
überhaupt nicht energisch genug aufträten, würden die Regierungen unzweifelhaft
gegen sie arbeiten, es ständen ihnen neue Verfolgungen bevor."

Da in Bayern bis dahin keine waren, erkundigte ich mich nach den damals
noch nicht bekannten Gründen. P. Schrader sagte mir: „In Bayern ist nichts
zu machen. Es sei seinerzeit an Minister Abel geschrieben, ob nicht wenigstens
ein Ort ausfindig zu machen sei, damit nur einige Väter in einem Hause beisammen wohnen könnten. Abel habe geantwortet: er wolle mit Freuden die
Jesuiten auf seinen Schultern nach Bayern tragen, sei aber der festen Ueberzeugung, daß nichts zu machen sei, weil der König nichts von ihnen wissen
wolle."

Passaglia teilte mir mit, daß der Papst anfange, gegen sie günstiger gesinnt
zu sein, dies sei ihrem Eintreten für die Dogmatisierung der unbefleckten Em-
pfängnis zu verdanken, er hoffe zuversichtlich, daß nach der nicht mehr zu be-
zweifelnden Dogmatisierung er ihr Freund sein werde. Der Papst müsse doch
einsehen, daß der Orden seine beste Stütze sei, da er für die volle Herrschaft
des Papstes in der Kirche mit allen Waffen kämpfe.

Alle deutschen Geistlichen, die ich in Rom gesprochen habe, waren Gegner
der Jesuiten, obwohl nicht alle dies offen bekundeten, wie denn zum Beispiel Hohenlohe und Flir sich vorsichtig äußerten. Theiner hatte es durch sein
Werk über Clemens XIV. mit ihnen verdorben; bis 1844 stand er auf bestem
Fuße mit denselben, war fast täglich bei ihnen und hatte unbedingten Zutritt
zu deren Bibliothek und Archiven. Sein Buch, meinten Passaglia und Schrader,
schade nur seinem Rufe, nicht der Gesellschaft Jesu. Ein Hauptgrund der
deutschen Abneigung war folgender: Der Kardinalvikar hatte das Dekret erlassen,
wodurch die Union der Anima mit Campo santo stattfinden sollte; der P. Stoeger,
Jesuit und damals Rektor der Anima, widersetzte sich, behauptend, die Anima
sei eine österreichische Stiftung. Es wurde auf Wunsch der Bruderschaft vom
Campo santo das Dekret nicht ausgeführt bis zur definitiven Entscheidung über
den Charakter der Anima. Dieser wurde schließlich als deutscher hergestellt,
infolge Entschließung des Kaisers von Oesterreich; das Protektorat ist diesem

geblieben. Im Jahre 1854 besaß der Campo santo zehn Häuser, hatte aber auch einiges Vermögen in Staatspapieren, ein Einkommen von etwa 2000 Scudi, die Anima besaß über 30 Häuser, mit etwa 12 bis 15000 Scudi Einkünften, hatte aber durch unvorteilhafte Bauten viele Auslagen gehabt. Es gab noch eine dritte deutsche Kirche in Rom, die den deutschen Bäckern gehörte, welche ziemlich die Bäcker-Innung bildeten. Als diese Innung dem Erlöschen nahe war, hat man über die Kirche anders verfügt, einige deutsche Bäcker fingen einen Prozeß an, der seit langer Zeit schwebte und wohl eingeschlafen ist.

Ich besuchte Vorlesungen von Passaglia, Schrader und andern Jesuiten im Kollegium Romanum, auch solche in der päpstlichen Universität. Die der Jesuiten zeichneten sich vorteilhaft aus durch größere Beherrschung des Stoffes und ganz besonders der Sprache. Passaglia sprach lateinisch ebenso fertig als italienisch, nicht bloß in der Vorlesung, sondern auch im Gespräche, in welchem er häufig aus dem Italienischen ins Lateinische fiel. Einer öffentlichen Disputation im Kollegium Romanum wohnte ich bei. Sie fand statt sub praeside, der Kandidat war ein durch und durch fertiger Lateiner, wurde von den Opponenten, insbesondere Passaglia, scharf ins Zeug genommen; sie machte auf mich nicht den Eindruck des Einstudierten. Das Latein war durchweg gut, ich habe es bei Disputationen in Deutschland nicht besser gehört, außer seitens Kellers und Rudorffs bei meiner eignen in Berlin.

Mein Urteil über die Jesuiten habe ich also zusammengefaßt: „Der Umgang mit den Jesuiten macht es begreiflich, daß ihre Schüler und Bekannten von ihnen entzückt sind. Ihre Freundlichkeit, Zuvorkommenheit und Bereitwilligkeit trifft man sonst beinahe nirgends. Sie übertreiben freilich, da sie einen ins Gesicht loben, aber sie bieten auch Reales. Als ich den ersten Besuch machte, wurde dem Pförtner gesagt, ich finde stets Einlaß und dürfe die Bibliothek auch ohne Aufsicht benutzen, was ich auch ebenso wie Boniz, dem ich dort bei der Arbeit vorgestellt wurde, gethan habe. Sie machten unter allen Ordensleuten den würdigsten Eindruck, hatten unbedingt die tüchtigsten Männer, halten ihre Statuten am besten, verfolgen mit vollster Selbstverleugnung, mit Herrschaft über persönliche Leidenschaft die bestimmten Ziele: die Kirche und den Papst herrschen zu machen. Dadurch besitzen sie einen ungeheuern Einfluß, sind den übrigen Orden nicht genehm und stoßen an. Ihre Kirchen waren sowohl bei der Hauptmesse, wie bei den Maiandachten so gefüllt, wie ich, abgesehen von einer großen Feier in St. Peter, nie eine Kirche gesehen habe. Ihr Gottesdienst war hinsichtlich der Würde und Ordnung der beste.“

Meine Anschauungen haben seit dem Jahre 1860, vor allem seit 1867, eine entgegengesetzte Wendung genommen. Je mehr ich zur klaren Erkenntnis der Ziele der Gesellschaft Jesu gelangte, was namentlich durch Mitteilungen des P. Schrader in Wien, wo er Professor der Theologie wurde (von da ging er nach Poitiers, wo er gestorben ist), der Fall war, desto mehr erkannte ich, daß die Gesellschaft Jesu dem Zwecke zusteuerte: die katholische Gesellschaft der Kirche zu unterwerfen, um über sie in der von ihr regierten Kirche zu herrschen.

Ueber die Geschichte dieser meiner Entwicklung habe ich in verschiedenen Schriften: „Der Altkatholizismus" (Gießen 1887, Seite 64 u. a.), „Die Macht der römischen Päpste u. ſ. w." (1871, Einleitung) Auskunft gegeben; das Genauere muß ich meinen Lebenserinnerungen vorbehalten, an deren Ausarbeitung ich begriffen bin.

Kurz nach der Thronbesteigung Pius' IX. im Jahre 1846 war die Aufhebung der Gesellschaft Jesu fast beschlossene Sache. Der spätere General P. Becks, welcher als procurator provinciale damals in Rom lebte, erfuhr es von einem der ihnen gewogensten Kardinäle, welcher beifügte: so sehr er dies bedauere, müsse er doch sagen, es sei nötig, ein Opfer zu bringen und die Gesellschaft aufzuheben. Nun machte P. Becks ohne Wissen des Generals eine Ergebenheitsadresse an den Papst, die nur von den Prokuratoren im Namen der Provinz unterschrieben war. Hierdurch wurde die Absicht des Papstes verhindert. Das Jahr 1848 kam und ließ keine Zeit. — Diese Mitteilung machten mir 1854 Passaglia und Schrader in Rom; auf Grund der Mitteilung von P. Becks selbst wiederholte sie genau, wie sie hier gegeben wird, mir am 8. April 1860 P. Schnubbe auf dem Hradschi in Prag — er hielt in der Schloßkapelle auf Wunsch der Kaiserin Vorträge — mit dem Beifügen, der General habe ihnen jüngst geschrieben, daß zwar äußerlich in Rom in betreff ihrer alles ruhig sei, er aber täglich ihrer Ausweisung aus Rom entgegensehe. — Seit 1866 kam der von den Jesuiten gelegte Samen zur vollen Frucht.

Mit Absicht bin ich über Dinge hinweggegangen, worüber jetzt eine Reihe von Büchern Auskunft giebt. Eins sei noch bemerkt. Ich habe Rom erst wieder besucht, nachdem es Hauptstadt des Königreichs Italien geworden war. Das heutige Rom ist nach jeder Richtung ein andres geworden. Der begeisterte Altertümler mag manches vermissen, manches bedauern; wem das Wohl des Volkes das höchste Ziel der Staatsleistung ist, der muß das moderne Rom und das Königreich Italien als einen Beweis großen Fortschritts anerkennen.

Erzherzog Johann von Oeſterreich über Griechenland.
Ungedruckte Briefe an den österreichischen Gesandten in Athen A. v. Proteſch von 1837 an.
Mitgeteilt von
Dr. Anton Schloſſar.

II.

Im Herbste des Jahres 1844 boten die verhältnismäßig ruhigen Zustände in Griechenland dem österreichischen Gesandten zu Athen Gelegenheit, seine österreichische Heimat aufzusuchen und auch in seinem engeren Heimatlande Steiermark vorzusprechen, in welches von Wien aus nunmehr die neue, infolge der eifrigen Thätigkeit des Erzherzogs Johann zu stande gekommene Eisenbahn führte. Es mögen übrigens auch politische Motive Anton v. Prokesch bewogen haben, die österreichische Residenz zu besuchen, namentlich die Nothwendigkeit, mit dem Fürsten Metternich persönlich und ausführlich den Stand der griechischen Frage und die Haltung Oesterreichs in derselben zu besprechen.

Von Wien aus richtete v. Prokesch noch ein kürzeres Schreiben am 10. October 1844 an den Erzherzog, welcher infolge seiner Stellung als Radmeister, das heißt Inhaber eines Radgewerkes und der damit verbundenen Geschäfte zu Vorbernberg in dem berühmten Eisenbergbaugebiete der Steiermark weilte. Einige Stellen aus diesem Schreiben seien hier angeführt:

„Meine Anwesenheit (in Wien) war, wie ich hoffe, nicht ohne Nutzen für das jedes Interesses und jeden Schutzes würdige Königspaar. Fürst Metternich wird alle Höfe von der Nothwendigkeit, den griechischen Thron zu stützen, zu durchdringen suchen und ihnen die Mittel an die Hand geben, wie das zu thun. Folgt man ihm, so werden wir diesen Thron halten, und in dem Maße, als er sich befestigt, fallen die Fractionen von selbst. — Ich eile nach Athen, denn die Verhältnisse sind dort drohend, unsere letzten Nachrichten nicht gut. Ich wage Eure Kaiserliche Hoheit dringend zu bitten, mir das Schreiben an Seine Majestät den König nach Triest zukommen zu lassen, wo ich es abwarten werde. — Ich habe hier überall für die Nothwendigkeit, die Verbindung mit Aegypten so schnell und so gut als möglich aufzufassen, gesprochen."

Die kurze Antwort des Erzherzogs Johann folgte rasch mit der Beilage des Schreibens an König Otto, sie lautet:

Graz, 12. October 1844.

Als ich heute nach Bruck von Vordernberg kam, wurde mir Ihr Brief übergeben. Auf der Eisenbahn gelangte ich nach Graz und schrieb sogleich an den König. Diesen Brief lege ich hier bei.

Ich habe ihm herzlich und ernst, kurz geschrieben, Muth eingesprochen im österreichischen Sinne und ihn an Sie gewiesen als jenen, für dessen Gesinnung ich gut stehe. Vielleicht läßt Sie der König den Brief lesen. Die Königin und ihn habe ich gelobt und die Hoffnung einer besseren Zukunft gezeigt, ohne zu täuschen, vielmehr dahin gewiesen, daß er noch manchen Sturm zu bestehen haben dürfte, welchen er auch bestehen könne, da er mit vorwurffreier Stirne vor sein Volk treten kann. —

Was Sie rücksichtlich Aegyptens gesprochen, ist sehr richtig, den Augenblick nur nicht versäumt. Reisen Sie glücklich mit Ihren Lieben nach jenem Lande mit dem schönen Himmel und dem blauen Meere, wo so Vieles werden könnte, wenn —!

Schreiben Sie mir wie bisher, ich nehme einen herzlichen Antheil an König, Königin und Volk — aber auch als Alpenbewohner an Allem, was Sie betrifft, denn Sie gehören unsern Alpen an.

Ihr

Johann.

Ein ausführliches Schreiben des Gesandten aus Athen vom 21. Dezember 1844 teilt in genauer Weise die Sachlage und die scheinbare Besserung der Zustände in Griechenland mit, nicht ohne der fortwährenden Opposition Englands und des übeln Einflusses dieser Macht zu gedenken. Daraufhin nachfolgender Brief des Prinzen:

Wien, am 6. Februar 1845.

Ihren Brief habe ich richtig erhalten. Ich lese fleißig die Zeitungen, wodurch ich jenes, was vorgehet, erfahre. Mein Wunsch stellet sich, daß Griechenlands Ruhe ungetrübt bleibe, und das Königsansehen immer mehr Raum gewinne. Dieses wird und muß geschehen, wenn jede fremde Einmischung unterbleibt — es sollte wahrlich das Ziel aller Mächte sein, dem Könige das Regieren zu erleichtern, allein dem ist nicht so — und das ist die schlechte Seite der neueren Politik, ein Verfahren nicht allein gegen Griechenland, sondern allgemein beobachtet, welches reichliche böse Früchte tragen muß, durch den schlechten Samen, welcher ausgestreut, wuchert, und zuletzt die Völker dahin bringt, wovor jeder fried- und ordnungsliebende schaudert. England ist in seiner Politik immer gleich — auf was beruhet dieß? Das brauche ich Ihnen nicht zu sagen — das ist gewiß, daß ich lieber mit Hirten, vorzüglich mit Kriegern etwas zu thun haben will als mit Kaufleuten — Fürst Metternich hat Recht, wenn er statt die drei die fünf Mächte möchte auftreten lassen, allein ich zweifle, ob er zwei davon dazu bewegen wird — und selbst dann, ob es auf eine offene Weise ohne Rückhalt geschehen wird. Ich rechne in Griechenland nur auf ein sich immer enger schließendes Band zwischen König und Volk; ersterer kann nicht genug dafür thun. Möge es ihm und der edlen Königin recht gut gehen.

Seit dem neuen Jahr bin ich hier in Wien, den Carneval habe ich zu Hause zugebracht, denn mich hat eine Art Grippe heimgesucht. Ich bleibe jetzt hier — es giebt gar so manches zu besprechen — denn es steigen Gewitter von allen Seiten drohend auf; im Osten Ungarn, im Westen die Schweiz — im Norden Preußen — im Süden Rom mit seinem Eigensinn — ich bedarf Ihnen nicht mehr zu sagen. Fürst Metternich hat vielleicht jetzt mehr zu denken als jemals — wie die sich bildenden Stürme zu beschwichtigen sind — ich wünsche ihm den besten Erfolg und wahrlich bin bereit, ihm treu beizustehen — aber! mir scheint es stehet oben geschrieben, daß die Welt in einen Zustande veränderter Natur treten soll, dies sollte man erwägen und thätig handeln! Sowie die Zeit, welche nun ist, um Räume zu durchschneiden durch die Eisenbahnen anders als früher gestaltet ist — in eben dem Verhältnis stehet es mit anderen Dingen — dieses bedenke man! Unsere Bahnen rücken vor, vor anfangs Juni werden wir bis Straß fahren — eigentlich Spielfeld — anfangs October bis Cilli — und nördlich im August bis Prag. Welch ein Zeitgewinn für Geschäftsleute und welche Lebensverlängerung durch die Zeitersparung vorzüglich für ältere Leute. Was übrigens die Eisenbahnen bringen werden und müssen, bedarf ich nicht zu sagen — Sie haben darüber gewiß viel nachgedacht — die Räume schwinden, der Verkehr ist nicht zu hemmen und schnell — vorzüglich jener zwischen den Menschen, um ihre Ideen auszutauschen — wozu führet dieß? — ob zum Guten, ob zum Schlimmen, dieß lieget meines Erachtens in den Händen der Regierungen.

Hoffentlich werden Sie, Frau und Kinder wohl sein, ich beneide Sie um den Frühling, in welchem Sie sich bereits befinden — welchen ich erst in 2½ Monaten erwarten darf — könnten wir nur wie die Schwalben sein. Meine Frau dankt für Ihre Erinnerung und empfiehlt sich Ihnen

Ihr

Johann.

Das folgende Schreiben Erzherzog Johanns enthält als Beilage die Ab=schrift eines Briefes Kalergis an den Fürsten, welches, in französischer Sprache abgefaßt, besonders auch die Gesinnungen in schöner Weise kennzeichnet, die in Griechenland dem Erzherzog entgegengebracht wurden. General Demetrios Kalergi war allerdings Leiter der Revolution vom 15. September 1843, welche die Konstitution bezweckte, später aber treuergebener Diener des Königs, im Juni 1844 sogar als königlicher Generaladjutant Bezwinger eines Aufstandes in Athen durch Waffengewalt. In späterer Zeit, 1854, fungierte Kalergi als Kriegs=minister. Das bemerkenswerte Schreiben Kalergis ist hier nach dem des Erz=herzogs ebenfalls mitgeteilt.

Wien, am 21. April 1845.

Bevor ich mein Winterquartier verlasse, um wieder die Berge zu betreten, schreibe ich an Sie. Vier volle Monate habe ich in Wien zugebracht und dieß ist wahrlich genug, nach einem äußerst unangenehmen Winter beginnt zwar spät aber doch freundlich der Frühling, und die grünenden Sträucher, die ersten Blumen mahnen mich, meine Wanderungen wieder zu beginnen. Die Über=schwemmungen in Böhmen und Mähren werden Ihnen bekannt sein, die guten Oesterreicher ließen es nicht an schneller Unterstützung fehlen; unsere Mur wollte auch nicht zurückstehen und wäre beinahe über ihre Ufer zu Graz ge=treten, da lief es aber zum Glück mit unbedeutenden Beschädigungen gut ab und nun beginnen wieder die Bahnarbeiten, und wir dürften in diesem Herbste nach Cilli fahren und im folgenden nach Laibach, gehet es so rasch fort, so sind wir bald zu Triest; schade, daß die Bahn nicht bis Athen fortgeführt werden kann.

Ich erhielt von Kalergi ein Schreiben, sehr gut abgefaßt, ich glaube das klügste zu thun, wenn ich Sie ersuche, in meinem Namen mündlich (da ich den=selben in Athen vermuthe) zu antworten und ihm begreiflich zu machen, daß ich Anstand finde in meiner Stellung selbst zu antworten, daß ich aber wünsche, daß er wisse, daß ich sein Schreiben erhalten und mit Interesse gelesen habe, ebenso aus demselben mit Vergnügen seine Ergebenheitsbezeugungen für die Person des Königs vernommen hätte, von deren Aufrichtigkeit ich umsomehr überzeugt wäre, als mir die Fassung des Schreibens den Stempel der Wahrheit der Gesinnungen zu tragen scheine. Das was ich da sage, ist nur etwas sehr allgemeines, damit Sie aber am besten beurteilen können, was ihm zu sagen wäre, lege ich hier die Abschrift des Briefes bei, Ihnen überlassend, das angemessene zu thun. Eine Sache kann ich jedoch nicht unbemerkt lassen und diese ist, wie komme ich nach so langer Zeit zu einem Schreiben von diesem Manne? — ich kenne ihn zu gut, um nicht überzeugt zu sein, daß derselbe nicht irgend etwas damit verbindet, dieß werden Sie bald heraus haben.

Die Ereignisse in der Schweiz sind Ihnen bekannt, die braven Urkantone haben sich wieder bewährt, das ist ein noch nicht angestochener Kern, allein die Sache ist nicht zu Ende — da, so wie in allen den Wirren, Sekten entstehen, Trennungen, in Deutschland lieget nur eine Sache zu Grunde, das ist gewiß — nämlich der Radikalismus — die Regierungen sollten thätig sein und ihre Gegner an Thätigkeit übertreffen, dabei gerecht und wahr in allem sein. Die dermalige Zeit entwickelt viel Unkraut — die kräftigen Gärtner, wo sind diese?

Ich begebe mich nun mit meinem Hauswesen nach Vorbernberg, trete dann meine Wanderung nach Tirol an und von da über Verona, Venedig nach Triest, dießmal nehme ich Frau und Kind mit — diese müssen Tirol kennen lernen. Ich werde anfangs Juni in Triest eintreffen.

Den Majestäten bitte ich mich in Erinnerung zu bringen, ich hege stets die aufrichtigsten Wünsche für ihr Wohl und ihre Zufriedenheit.

Nach meiner Rückkehr oder vielleicht aus Triest schreibe ich.

Ihr

Johann.

Schreiben Demetrios Kalergis an Erzherzog Johann:

Monseigneur!

Le souvenir de votre noble caractère, l'intérêt bienveillant qu'en tous tems, mais plus particulièrement lors de votre trop court séjour en Grèce, il y a quelques années, vous avez daigné témoigner à ma patrie; enfin ma gratitude personnelle pour les bontés dont j'ai eu l'honneur d'être comblé par votre Altesse Impériale, m'enhardissent à lui réitérer, après un si long laps de tems, mes hommages les plus respectueux.

J'aime à me flatter que cette démarche, tout audacieuse qu'elle puisse paraître, aura quelque droit à votre haute indulgence, car elle m'est dictée par le sentiment vrai, profond qui n'a cessé de m'animer envers l'Auguste Prince que je m'estimerai toujours heureux et fier d'avoir momentanément servi.

A l'époque de son voyage en Grèce, V. A. I. avait pu se convaincre que la marche de l'administration qui régissait le pays n'était pas conforme à ses vrais intérêts, à ses besoins réels et qu'elle présageait un avenir plein d'épreuves. La longue expérience qui distingue V. A. I., sa sagesse consommée ne pouvaient lui laisser des doutes à cet égard, et, plus d'une fois, elle les a exprimés au jeune Roi avec une conviction d'âme, une émotion de coeur, qui pénétrèrent vivement l'esprit de S. M.

· Malheureusement le souverain n'avait point encore acquis une expérience suffisante des hommes et des choses de sa nouvelle patrie; trop de gens autour de lui étaient intéressés à ne pas l'éclairer, à le prévenir même contre ses sujets, pour que ses excellentes intentions, mal dirigées, ne fussent paralysées. Je n'entrerai pas dans le détail des funestes résultats dûs aux conseillers qui circonvenaient le trône, et élevèrent entre lui et le peuple une barrière que la force seule pût abattre. La révolution du 15 septembre, quelque modérée qu'elle se soit montrée, a peut-être été, j'en conviens, un acte plus ou moins empreint d'une certaine violence, au point de vue des principes monarchiques; mais l'entraînement des circonstances l'avait rendue inévitable et en y coopérant, j'étais autant mû par ma fidélité à la personne du Roi, que par le dévouement à mon pays; — je crois avoir fait preuve également de l'un et de l'autre par la modération de ma conduite à l'instant de la crise connue dès lors. A seize mois de distance de ce grand événement, la loyauté m'oblige à reconnaître que l'état intérieur de la Grèce ne répond pas entièrement à ce qu'on devait légitimement attendre d'un gouvernement national, surtout après la magnanimité du Roi et sa franchise à se rallier aux voeux du peuple.

Plus d'un doute m'a gagné, sinon sur l'inaptitude de la Grèce à des institutions représentatives, du moins sur la précipitation de la marche adoptée; il eût mieux valu, selon moi, procéder avec une sage lenteur, faire la part du tems, afin d'éviter les nouvelles secousses qui réagissent encore aujourd'hui. Toutefois je ne désespère pas de l'avenir de la Grèce, car la loyauté du Roi, l'amour que lui porte le peuple, la modération de celui-ci, la protection des grandes puissances, me semblent des garanties suffisantes de la consolidation progressive de nos nouvelles institutions. La confiance dont S. M. a daigné récompenser une fidélité irrécusable, en me nommant général et son aide de camp, ne sera jamais trompée. Ma ligne de conduite aura toujours pour base un dévouement inébranlable au Roi, une sincérité de langage et d'action conforme à la haute position que j'occupe. Je ne sacrifierai jamais ma franchise à l'adulation; je ne cesserai de m'animer du noble exemple de V. A. I. dont je saisis chaque occasion de rappeler à S. M. les paroles et les prévisions qu'Elle-même reconnaît avoir été confirmées par les événements subséquents. Le prix élevé que je mets à l'estime de V. A. I. m'a enhardi à lui soumettre cette espèce de profession de foi et j'ose espérer que, si les apparences avaient pu susciter dans son esprit contre moi des préventions défavorables, elles s'effaceront à la lecture de cette lettre écrite sans arrière-pensée.

Je désirerais vivement et je serais heureux que mes moyens me permissent un jour d'aller déposer aux pieds de V. A. I. l'hommage de l'ineffable vénération que je porte à sa personne; mes voeux les plus chers seraient alors comblés.

Dans l'espérance de leur réalisation, j'ai l'honneur d'être avec le plus profond respect

de Votre Altesse Impériale

le très humble et obéissant serviteur

Kalergi.

Athènes, le 14/26 janvier 1845.

Ein Schreiben von Prokeſch, welches die Antwort auf des Erzherzogs Brief und auch bezüglich Kalergis einige Details enthält, möge, da es zugleich klar die Lage ſchildert, hier vollinhaltlich folgen:

Athen, 21. Juni 1845.

Eure kaiſerliche Hoheit!

Die Majeſtäten waren ſolange auf Reiſen und auch ich ſolange von Athen abweſend, daß ich erſt ſpät mich des Auftrages rückſichtlich Kalergis entledigen konnte. Dieſer unzufriedene, unruhige, leidenſchaftliche und höchſt eingebildete Mann hat ſich in letzter Zeit ſo ungeſchickt benommen, daß es dem Könige nicht lange mehr möglich ſein wird, ihn bei ſich zu behalten. Ich habe Kalergi mehr als einmal zu Herzen geredet und ihm geſagt: „Es gibt für Sie nur eine und die neue Ordnung; endet der 3. September mit der Anarchie, ſo ſind Sie ein Thor oder ein Schurke; endet er mit der Begründung einer neuen, gedeih-lichen Ordnung, ſo haben Sie in Ihrem Vaterlande einen bleibenden Namen erworben. Damit aber die Ordnung ſich begründe, müſſen Sie nun mit dem Könige und mit der Regierung ſein, nicht Privatintereſſen höher ſetzen als die allgemeinen, nicht fragen, wie der Miniſter heißt, ſondern ob er das Vertrauen des Königs hat und ob die Majorität in den Kammern.“ Er ſagt zu allem ja und handelt wie ein Narr. So iſt er dermalen in voller Oppoſition, weil er Kolettis [1]) haßt.

Ich habe das Gefühl, das Richtige iſt, mit ihm über den Brief gar nicht zu ſprechen. Er verdient Eurer kaiſerlichen Hoheit Rückſicht nicht. Die Majeſtäten ſind auch dieſer Anſicht.

Die Beſtrebungen der Oppoſition, deren Centrum die engl. Miſſion iſt, ſo gewaltſam, ſchonungslos und gut unterſtützt ſie auch waren, ſind bis jetzt nicht durchgedrungen. Weder das Anſehen des Königes iſt gebrochen, noch die Kammer geſpalten, noch die Ruhe des Landes nach außen und innen kompro-mittirt, noch das Miniſterium geſtürzt. Die engliſchen Blätter behandeln mich als den Freund von Räubern und Mördern, geben mir Schuld, ich arbeite an dem Sturze der Conſtitution und erfinden täglich beſchimpfende Anekdoten; die griech. Oppoſitionsblätter thun desgleichen. Ich muß ihnen dieſe Freude ſchon laſſen.

Die Pforte, durch Lyons und Stratf. Canning eingewickelt, war nahe daran, den europäiſchen Frieden aufs Spiel zu ſetzen. Die Mäßigung der griech.

---

[1]) Kolettis war damals bis zu ſeinem 1847 erfolgten Tode griech. Miniſterpräſident.

Regierung kam der guten Sache zu Hülfe, und die letzten Erklärungen Lord Aberdeens im Parlamente schlugen die Intrigue tot.

Die Kammer benimmt sich anständig. Die Civilliste für 10 Jahre, zu 1 Million jährlich, ist ohne jeden Anstand durchgegangen. Eine Reihe von Gesetzen ist angenommen, darunter auch das Sanitätsgesetz. Ich glaube, bei dieser Gelegenheit dem Lloyd (der nichts davon weiß) einen großen Dienst geleistet zu haben. Es war nämlich die Ansicht ziemlich allgemein geworden, das wahre Interesse von Griechenland verlange freie Pratika mit der Türkei und Quarantaine in Europa. Ich glaube es selbst, denn der Handel mit Europa ist ganz negativ, und es wäre ein Gewinn für Griechenland, den Verkehr nach dieser Richtung zu erschweren. Dagegen ist der Verkehr mit der Türkei produktiv und gäbe tausenden von Familien sicheres Brod. Aber dieser Gegenstand ist einer von denen, wo mein guter Wille für Griechenland dem öster. Interesse weichen muß. Es gelang mir, das Ministerium gegen die bereits ausgesprochene Meinung der Kommission der Kammer auftreten zu machen und die Sache in unserem Sinne durchzuführen.

Ich habe das schöne Gebirgsland Akarnanien durchreiset — ein grünes, herrliches, aber menschenleeres Land. Auch war ich zehn Tage in Corfu gewesen und habe die Insel von einem Ende zum anderen durchfahren. Die Majestäten besuchten Nord Euböa und die nordöstliche Grenze, bestiegen den Oeta und Parnaß, fanden überall Ruhe und die herzlichste Aufnahme und sind ganz glücklich über diese Reise.

Der Himmel erhalte Eure kaiserliche Hoheit sammt Frau und Kind in Gesundheit und Kraft! In gänzlicher Ergebenheit

Eurer kaiserlichen Hoheit

ganz gehorsamster Diener

v. Prokesch.

Die Antwort des Erzherzogs auf dieses Schreiben nachfolgend:

Vordernberg, 3. Sept. 1845.

Heute einen kurzen Brief; es geschieht diesmal nur, damit Sie wissen, wo ich bin und wie es mir geht. Meine Zeit war sehr zersplittert, ich mußte eine Reise nach Tirol machen, um Frau und Kind das Land zu zeigen, ging dann nach Venedig und Triest, wo ich Ihre Frau fand. Möge dieser Aufenthalt, so wie jener in Wien auf ihre Gesundheit gut gewirkt haben, was ich auch glaube. Sie selbst möchte ich einmal erlöset sehen, allein da man erkennt, was Sie leisten und der Ersatz sehr schwer ist, besonders in der dermaligen Zeit, so fürchte ich, daß noch einige Zeit vergehen dürfte, bevor dieses geschieht. Ich lese aufmerksam, was in Griechenland vorgeht — und frage, wird sich Kolettis in die Länge halten, wird er die geistliche Maßregel behaupten, wird er die Parteien zähmen können, wird er aber vor Allem den fremden Diplomaten stets recht sein und sicher vor ihren Einmischungen? Dies vermögen Sie allein zu beurtheilen; ich kenne Kolettis nicht persönlich. Kalergi habe ich richtig beurtheilt und danke für die Art, wie Sie es rücksichtlich der Antwort eingeleitet haben. — Der Mann wird nie etwas Großes leisten, denn es fehlt ihm an jener Erhabenheit des Charakters, die man doch auch bei rohen Leuten finden kann. Wenn nur die Heimat dem Könige eine Nachkommenschaft verleihen möchte. Baierns Kronprinz ist mit solcher beglückt worden, Luitpold desgleichen, meines Neffen Albert Frau desgleichen, also ist der Wahn, als würde keine bei den Sprossen des Königs Ludwig statthaben, gebrochen. — —

Für Griechenland ist die Sache von großer Wichtigkeit und die Geburt eines Nachfolgers die größte Consolidierung des Staates. Am Rhein waren große Festlichkeiten. Wir leben in einer Zeit, wo sich die Welt zu großer Umstaltung vorbereitet. Ist dies die Zeit zu Unterhaltungen? Ich dächte, man sollte ernster leben. Ich sah den König von Preußen bei seiner Rückkehr in Ischl, wo er übernachtete, dann nach Berlin zurückkehrend. Fürst Metternich ist noch nicht zurück, die anderen hohen Geschäftsführer in verschiedenen Weltgegenden — es ist die Zeit der Herren in wichtigen Geschäften, wo das Zusammenwirken unerläßlich ist; indeß geht die Welt vorwärts. In Deutschland ist es scheinbar ruhig, hier und da sprüht ein Funke verhaltenen Brandes. —

In der Schweiz stehen die Parteien gegen einander, es bedarf nur eines Anlasses, um auszubrechen. Die Menschheit leidet an einer fieberhaften Krankheit — der 30jährige Friede ist ihr zu viel.

Ihr alter

Johann.

Den Abschluß dieser Briefe des Erzherzogs, soweit sie Griechenland und die Weltlage betreffen, bildet das folgende Schreiben aus dem Jahre 1846 und das schöne kurze Billet von 1847:

Wien, 24. Feb. 1846.

Seit Ihrem letzten Brief vom 24. Dez. aus Athen habe ich nicht einmal die Feder angegriffen, um an Sie zu schreiben, und ich weiß nicht, warum ich nicht dazu kam. Den Herbst brachte ich in Stainz zu — mein Sohn hatte den Scharlach, und dieses hielt mich dort fest — ein Glück, daß diese Krankheit ihn dort befiel, wo eine milde Luft, große Zimmer und Ruhe auf die balbige Genesung einwirken mußten. Seitdem ist er weit gesünder, und ich habe einige Tage vor dem neuen Jahre meinen Aufenthalt in Wien aufgeschlagen, wo Frau und Kind bis zu Ende April bleiben werden. Ein milder, ungewöhnlicher Winter, beständige Stürme haben in dem windigen Wien jedermann angegriffen, ich selbst mußte durch 14 Tage meinen Tribut zahlen. Ich wünsche herzlich, Sie einmal erlöset zu sehen, durch eine Reihe von Jahren haben Sie soviele Opfer gebracht und wahrlich wenig angenehme Stunden verlebt, hätten sie als Unterstützung Credit mit Millionen, ein paar Linienschiffe zur Disposition und in der Nähe einige tausend Mann guter Truppen an Sie angewiesen, könnte Ihre Stellung angenehmer sein, so aber bestehen alle Ihre Hülfstruppen und Alliirten in Ihrer Klugheit, Verstand, Redlichkeit, alles sehr schön, allein in unserer Zeit und bei den dortigen Verhältniſſen iſt Sprechen und Schreiben doch zu wenig, umſomehr als drei andere da ſtehen, welchen andere Mittel zu Gebote ſtehen. Ihnen bleibet alſo blos das Bewußtſein, redlich das Ihrige und doch viel ge- than zu haben, und die Anerkennung aller Wohldenkenden und Ihrer Vorgeſetzten. Mich würde es ſehr freuen, Sie wiederzuſehen — umſomehr als ich Sie dann bei den Ihrigen wüßte. Auch wir leben in keiner erfreulichen Zeit — die Gewitter ſteigen von allen Seiten auf und brechen theilweiſe aus; in der ganzen Welt herrſchet eine gewaltige Aufregung. Was Preußen thut iſt Ihnen bekannt, möchte der edle, ſonſt ſo gut denkende Herrſcher jenes Staates bedenken, alle ſeine Schritte überlegen und nicht ſich und anderen große Verlegenheiten bereiten. In Polen gähret es und iſt an manchen Orten, ſelbſt in unſerem Galizien, zum Ausbruch gekommen; immer die nämliche Quelle, aber es muß ſich jetzt zeigen, ob, wenn man die Schwindelei der einen Partei bändiget, man auch mit der rohen Gewalt des lange gedrückten Volkes eben ſo leicht wird fertig werden, ſonſt gibt es einen Bauernkrieg. In der Schweiz bereitet ſich ein zweiter Theil der Freiſchärler Geſchichte vor, ich ſehe dieſe als viel ernſter an und nur durch die einſtimmige Sprache der Mächte und ſollte es Noth thun durch einen Blokadeſtand ohne einzurücken, zu beſchwören. Was wird uns dieſes Jahr bringen? Ruhe gewiß nicht — im Gegentheil die Zeit rufet die Männer, welche noch etwas leiſten können, zu erhöhter, raſtloſer Thätigkeit. Werden alle dieſem Rufe folgen und alle halben Maßregeln von ſich weiſen? Dieß wird die Folge zeigen.

Ich habe für dieſes Jahr gar keine Projekte, obgleich ich, wüßte ich Ruhe, — gar vieles ſehen und aufſuchen möchte.

Wenn die Majeſtäten mein gedenken, ſo erſuche ich Sie, ihnen über alles, was ſie betrifft, meine herzlichſte Theilnahme auszudrücken.

Leben Sie recht wohl, alter Freund, und möge dieſes Jahr Sie zu uns führen.

Ihr

Johann.　　　　

Wien, 25. März 1847.

Wäre ich nicht alt, hätte ich nicht Weib und Kind — ſo würde mich im Momente einer Kriſis nichts abhalten, dem König zur Seite zu ſtehen. Es iſt nichts ſchändlicher, als mit Regierungen, mit Völkern, mit Recht zu ſpielen. Dieſe Mißachtung iſt jenes, was mein Gemüth nicht zu ertragen vermag. Glückliche Reiſe. Laſſen Sie öfters von ſich hören. Dem König und Königin meine herz- liche Theilnahme, könnte ich nur ihnen etwas nützlich ſein.

Ihr Freund

Johann.　　　　

Wanderungen und Gespräche mit Ernst Curtius.

Von

Heinrich Gelzer.

(Fortsetzung.)

Endlich betrat auch E. Curtius kleinasiatischen Boden, und damit erst begann die von ihm in Aussicht genommene wissenschaftliche Arbeit. Die folgenden Briefe zeigen, wie energisch er in Sardes, Ephesos und Pergamon thätig war. Am fröhlichsten war er, wenn er zu Pferd durch die barbarische Wildnis reiten konnte. Wenn wir andern nach mehrstündigem Ritt ermüdet uns auf Matratzen oder Stühle warfen, setzte er sich bei schlechter Beleuchtung an den Tisch und kritzelte Notizen oft sehr ausführlicher Art in sein Tagebuch, um die frischen Eindrücke festzuhalten.

Doch wir lassen ihn am besten selbst sprechen:

Smyrna, 15. September.

— — Wir waren an Bord eines sehr schönen türkischen Schiffes sehr gut logiert und hatten das herrlichste Wetter. Der erste Platz ist immer nur schwach besetzt, und man hat viel Raum. Das Verdeck ist mit Menschen aller Nationen überladen. Ein Teil desselben wird mit Vorhängen abgesondert, wo die Frauen ihre Lagerstätte aufschlagen. Auf dem übrigen Terrain hausen die Männer, bunt durcheinander auf Teppichen gelagert, halten dort ihre Mahlzeiten, machen ihre Toiletten, singen, spielen, und mittendazwischen hat ein frommer Muselman seinen in bestimmte Falten eingeteilten Gebetsteppich ausgebreitet und macht dort seine tiefen Kniebeugungen gen Mekka. Noch einmal weidete ich meine Augen an der Stadt, welche, so wie man aus ihren schmutzigen Gassen heraus ist, ein Gesamtbild von überwältigender Schönheit bietet mit ihren Kuppeln und Cypressenhainen, ihren Meerbuchten und Meerstraßen, ihrem Wald von Schiffen, zwischen denen unzählige Gondeln, alle mit bunten Menschen gefüllt, kreuzen. Jede Abfahrt erfolgt unter unermeßlichem Toben und Schreien; man glaubt immer, daß ein Dutzend Menschenleben zu Grunde gehen; es handelt sich aber nur um zu kurz bemessene Trinkgelder, und am Ende gleitet das Schiff still und ruhig hinaus in die dunkelblaue See, welche mit göttlicher Herrlichkeit nach wie vor das Land und seine verkommenen Bewohner umfaßt. Das Marmarameer, das ich zum drittenmal befuhr, war spiegelglatt. Wir sahen den mysischen Olymp mit seinem vulkantragenden Gipfel und die hohe Marmorinsel Prokonnesos und schliefen friedlich in unsern Betten, bis die Sonne über dem Idagebirge aufging. Wir lenkten nun in den Kanal von Mytilene, sahen die Stadt des Arion, dessen Delphine unser Schiff begleiteten, so lange es ihre Lungen gestatteten, legten vor dem Hafen von Mytilene an und fuhren um drei Uhr in den tiefen Golf von Smyrna ein. Nun begann wieder ein Höllenlärm. Die Barkenführer kletterten einer über den andern weg, um sich die zu prellenden Fremden abzujagen; wir

wären beinahe in ihre Hände gefallen — da zeigte sich eine Gondel mit der
deutschen Trikolore und nahm uns in ihrem Schoße auf. Im Wirtshause bei
einem Schweizer, Peter Müller, fanden wir auch unsre drei Gefährten, welche
eben von der Niobe heimkehrten; wir besuchten dann abends noch den Konsul,
der sich kürzlich mit einer Wienerin verheiratet hat, Dr. Lührsen aus Hamburg,
welcher ein reizendes Haus hat, und ruhten dann von unsrer Reise aus, so gut
es die Mücken erlaubten. Donnerstag früh besuchten wir die Sammlung des
Konsuls Gonzenbach.

Um zwölf Uhr holte uns der Konsul in seinem Wagen ab, und wir hatten
Audienz beim Pascha. Die Wache trat ins Gewehr, als wir eintraten, der Konsul
stellte uns, das heißt Regely, Abler und mich, vor; ich hielt eine kurze französische Anrede, welche sich um die Begriffe hommage — haute protection —
recherches scientifiques bewegte — der mitgenommene Dragoman erwies sich
als überflüssig; denn Said Pascha, ein Mann von kaum fünfzig Jahren, einst
ein gewöhnlicher Schreiber, der schon mehrmals Minister gewesen ist und jetzt
im Vorschlag zur Großvezierwürde stand, sprach (besser als wir) französisch und
unterhielt sich lebhaft über den Eindruck, welchen Pompeji auf ihn gemacht habe.
Es wurden uns Pfeifen und Mokka gereicht und alle Erleichterungen versprochen.
Nach Tisch (hier wird um ein Uhr gegessen) machten wir — von Herrn Gonzenbach geleitet — einen Spaziergang auf den Festungsberg oberhalb Smyrna,
den Pagos, wo Alexander schlummernd die Weisung erhielt, das neue Smyrna
zu gründen; wir untersuchten die alten Ringmauern, das Stadium u. f. w.; bald
aber war alles vergessen über der unglaublichen Schönheit eines Sonnenunter-
gangs, welcher den Golf, die Berge und Inseln verklärte.

Um halb acht Uhr war Diner beim Konsul, sehr fein und behaglich. Den
Abend kam noch, vom Pascha gesendet, der vortragende Rat desselben, Aristarchi,
der Neffe des Gesandten in Berlin, und brachte uns ein Empfehlungsschreiben.
Er blieb den Abend und schickte nach Hause, um ein Kästchen holen zu lassen,
in welchem sich geschnittene Steine von auserlesener Schönheit fanden. Auch
der Konsul hatte eine Reihe von kleinen Antiquitäten, und so kamen wir erst
gegen zwölf Uhr nach Hause.

Heute (Freitag) nahmen wir eine Barke und fuhren über den Golf nach
der gegenüberliegenden Seite, wo das alte Smyrna gelegen hat. Hier münden
zwei Bäche, welche beide auf den Ruhm Anspruch machen, der Meles zu sein,
der des Homeros Vater genannt wurde. Wir fuhren in den einen hinein und
zwischen seinen Schilfrohren aufwärts bis nahe zu seinem Ursprunge, wo er aus
dem Fuße des Berges auftaucht und einen großen Mühlteich bildet. Hier sind
neuerdings Skulpturen gefunden, die wir besahen; dann gingen wir zu Fuß
nach dem andern Flusse und rasteten bei der sogenannten Karawanenbrücke,
über welche ohne Unterlaß lange Züge von Kamelen wandeln, jeder von einem
kleinen Esel geführt. Denn das Kamel geht nie von selbst vorwärts. Den
Hintergrund dieses bunten Treibens bilden die dichten Cypressengruppen des
anliegenden Kirchhofs. Aber das hiesige geschäftige Leben bildet mir noch einen

schwachen Abglanz der Handelsblüte vor dreißig Jahren, ehe die Dampferlinien Beirut zum Emporium Syriens und des Ostens erhoben und den größten Teil des Handels der Smyrnioten lahm legten.

Damals lagerten ebenso viele Tausende, als jetzt Hunderte von Kamelen an der Brücke; die Konsuln der Großmächte wie der Kleinstaaten, meist aus den levantinischen oder griechischen Großkaufleuten genommen, bildeten eine viel-beneidete Macht. „Du mögest Konsul werden," war der Wunsch, welchen man bei der Taufe den neugeborenen Söhnchen der griechischen Handelsherren zurief. „Konsul" war für diese Leute der Inbegriff irdischer Glückseligkeit. Doch von diesem alten Glanze der Handelsmetropole ist Smyrna längst hinabgestiegen...

Für das Museum hoffe ich gute Geschäfte zu machen. Der Wunsch, sich in Berlin beliebt zu machen, ist bei den Leuten sehr lebhaft; mir sind ganz ansehnliche Sachen als Geschenk angeboten. Ich suche die Besitzer von Kunst-gegenständen, welche durch Olfers'sche Schroffheit abgestoßen worden waren, wieder heranzuziehen. Smyrna ist doch ein Hauptplatz für die Altertümer der klein-asiatischen Länder.

Die Leute sind unendlich viel gefälliger und zutraulicher als in Konstanti-nopel ...

19. September.

... Sonnabend mittag fuhren wir zusammen per Eisenbahn nach Ephesos. Ein Engländer, Mr. Smey, hält dort ein refreshment room mit accomodation for the night, ein höchst origineller Kerl. Nachher beritten wir das große Ruinen-feld und sahen vor Sonnenuntergang noch die Stätte, wo Mr. Wood nach mehr als sechsjährigem Graben endlich die erste Säule des Artemistempels an ihrer Stelle gefunden hat; ja wir sahen auch die ersten Skulpturen des Tempels, die Mr. Wood selbst noch nicht gesehen hatte, der erst in diesen Tagen zurückgekehrt ist, um seine Ausgrabungen fortzusetzen.

Am Sonntag sammelten wir uns auf dem Berge, wo die Sage von den sieben Schläfern zu Hause ist. Der Major stellte seine Instrumente auf, um die neu gefundenen Altertümer zu fixieren. Dann zerstreuten wir uns nach den verschiedenen Seiten, um die alle Erwartung übersteigende Fülle von Alter-tümern auszubeuten. Den Nachmittag wollten wir nach Smyrna zurück; da kam erst die Kunde von den neu gefundenen Reliefs zu unsern Ohren. Adler, Stark und ich blieben also noch eine Nacht, stiegen am andern Morgen noch auf die Höhe des heiligen Lukas und machten uns nun dort die ganze Ge-schichte der Stadt Ephesos möglichst klar und fuhren um elf Uhr nach Smyrna zurück.

Heute um zwei Uhr sind wir nun auf der andern Eisenbahn, die in das Hermosthal hinüberführt. Die Eisenbahnen sind beide vorzüglich dazu gebaut, um die Fruchternten des westlichen Asiens nach Smyrna zu bringen, namentlich Feigen und Baumwolle. Wir fuhren ganz um den Meerbusen von Smyrna herum, bogen um den Fuß des Gebirges Sipylos und erreichten an der Nord-seite desselben das schön gelegene Magnesia, das heutige Manissa. Senkrecht über demselben erhebt sich der Sipylos mit seinen ausgezackten Felsgipfeln, wie etwa der Jura sie hat. Weiterhin sehen wir rechts am Felsen die geebnete Felsnische, in welcher die Dir wohlbekannte Mutter Niobe thront, über deren eigentliche Haltung auch etwas Bestimmteres ermittelt werden konnte.

Der Sipylos bildet die Grenze zwischen Aeolien und Lydien, zwischen Griechenland und Barbarenland. Die Ebene wird breiter und breiter. Man begreift, daß die lydische Waffenmacht vorzugsweise eine Reitermacht war. Die Ebene ist baumreich und sehr wasserreich. An den Fontänen sieht man, daß hier seit Jahrtausenden derselbe Weg in das Binnenland führt. Darauf deuten auch die zahlreichen Hügelgräber am Wege, denen man zum Teil noch die alte kreisförmige Ummauerung ansieht.

Wir waren an den Chef der Eisenbahnstation empfohlen, einen Dalmatier Fiorewitsch, der uns in den Kaffeegarten von Kassaba führte, uns in glänzender Weise bewirtete und keinerlei Entschädigung annehmen wollte. Er schwärmt so sehr für Deutschland, daß er selbst dem österreichischen Admiral, der neulich hier war, ein Fähnchen mit unsern Farben auf die Torte steckte.

In Kassaba ist die Bahn fürs erste zu Ende. Heute Mittwoch früh nach sechs Uhr stiegen wir zu Pferde. Zwei bewaffnete Schutzmänner (Kawassen) sprengten voran, dann der Tatarenwagen mit dem Gepäck, dann unsre Gesellschaft, ein Dragoman und Diener und endlich ein Bursche für die Pferde.

So zogen wir das Hermosthal weiter hinauf und kamen um halb zwölf Uhr an den Paß der berühmten Felsburg von Sardes, wo jetzt ein so elendes Dorf Namens Sard liegt, daß es unmöglich schien, dort zu bleiben. Wir ritten also noch ein Stück weiter nach Tschiflik, wo ein Kaufmannshaus in Smyrna ein Haus hat, in welchem ein Kommissionär[1]) wohnt, der für die Baumwollernten in der Umgegend sorgt. Hier sind wir freundlich aufgenommen und haben eine saubere Stube. Aber das Unglück ist, daß der Ort so weit von den Ruinen liegt, daß damit viel Zeit verloren geht. Wir müssen sehen, was wir zu stande bringen. Der Major hat wenigstens den ernsten Willen, und wir andern sind bereit, ihn zu unterstützen. Gestern und heute haben wir Regengüsse gehabt; aber es wird immer wieder heiter und ist heute nicht heiß.

Sonnabend.

Ich wollte unterwegs weiter schreiben, aber wir hatten die zwei Tage eine abscheuliche Existenz und waren immerfort in Bewegung. Unser Quartier war äußerlich erträglich, aber wir hatten von Ungeziefer und anderm zu leiden. Freitag ritten wir in aller Frühe zu den Ruinen, besuchten die Trümmer des

---

[1]) Ganz so verhielt sich die Sache eigentlich nicht. Vielmehr war das Tschiflik Mittelpunkt eines großen Balkgutes, welches der bekannte Konstantinopeler Banquier B. von der Verwaltung der geistlichen Güter gepachtet hatte. B. hatte für die österreichische Schule in Pera 10000 £ gespendet und war dafür von der Apostolischen Majestät baronisiert worden. Der „Kommissionär" war ein mauvais sujet von einem Bruder oder Neffen des Barons, der durch dieses Strafasyl auf dem Lande dem ehrbaren Leben zurückgewonnen werden sollte. Der arme Mensch litt übrigens entsetzlich am Sumpffieber.

Kybeletempels in dem platanenreichen Paktolosthale und erklommen dann im
Schweiß unsers Angesichtes die Burg. Wir hatten lydische Hitze. Man merkt,
daß man von der See entfernt ist. Ein schneidenderer Gegensatz von einst und
jetzt ist nicht zu denken. Denn hier ist auch der Berg selbst, welcher einst die
Wohnstätte der größten menschlichen Herrlichkeit war, von Erdbeben zerrissen
und von Regengüssen abgespült, und der Rest bröckelt alle Tage weiter nach.
Dagegen das einzige, was sich erhalten hat, sind die zahllosen Hügelgräber, und
wie das Wahrzeichen des Landes ragt in der Mitte der ganzen Ebene das
Riesengrab des Königs Alyattes, ein großartiges memento mori. Der Major
machte eben die ersten genauen Bestimmungen, da die ganze Stadtlage noch
niemals aufgenommen worden ist. Wir kamen erst gegen zwei Uhr herunter,
wo neben dem Khan unser Diener unter einer großen Esche ein Mahl bereitet
hatte, das aus einem gebratenen Huhn, Früchten und dergleichen bestand. Neugierige Türken umlagerten uns. Nach dem Essen besuchten wir noch einige
Ruinenplätze und ritten im Mondschein durch die versumpfte Ebene nach unserm
von Morästen umringten Quartier zurück. Die ganze Ebene ist reich an Quellen,
und überall sieht man die Ueberreste der alten Berieselungskanäle; aber sie sind
zerfallen, das Wasser stockt und verpestet die Luft. Die gesegnetste Ebene der
Welt ist größtenteils wüst, und nur wo ein fließendes Wasser ist, da sproßt eine
üppige Vegetation; schon von ferne erkennt man diese Oasen, wo die Reisenden
rasten. Man glaubt in Afrika zu sein.

Freitag war in aller Frühe unsre Karawane schon beritten. Der Major
stellte diesmal seine Instrumente unten auf und trug die wichtigsten Punkte ein;
Hirschfeld ist unschätzbar in seiner geschickten Dienstfertigkeit. Adler und ich maßen
und zeichneten zusammen. Stark und Gelzer beteiligten sich in sehr wirksamer
Weise, und so gelang es denn in der kurzen Zeit von 1½ Tagen, die wichtigsten
Punkte des alten Sardes festzustellen. Der Major ist sehr liebenswürdig, und
die ganze Gesellschaft ist vortrefflich komponiert. Nachdem wir bis Mittag gearbeitet hatten, frühstückten wir wieder an unserm alten Platze und stiegen dann
zu Pferde.

Nach sechsstündigem scharfem Ritt kamen wir todmüde in Kassaba an. Hier
empfing uns unser alter Gastfreund. Wir wurden wieder — auf Kosten der
Eisenbahngesellschaft — glänzend bewirtet und schliefen in den schönsten Betten.
Von solchen Kontrasten des Luxus und der völligsten Barbarei hat man keinen
Begriff! Heute (Sonnabend) früh um sechs Uhr ging der Zug ab, und wir
fuhren aus der heißen lydischen Ebene, in der es seit dem Frühjahr noch nicht
geregnet hat, in die Küstenlandschaft zurück. Am hiesigen Bahnhof hatte der
schwedische Konsul Spiegelthal schon für einen Wagen gesorgt, und wir sind
jetzt wieder im Hotel Müller einquartiert.

Stark geht heute nach Athen ... Das Schlimmste aber ist, daß die Athener
Quarantäne, elftägige gegen Konstantinopel, dreitägige gegen Smyrna eingerichtet
haben. Dummheit der neuen Hellenen! Das Kanonenboot ist von neuem
signalisiert ...

Smyrna bleibt nur noch für das erste unser Hauptquartier. Wir haben noch eine Landexpedition vor — Pergamon — und eine See-Expedition — Erythrai — Assos. —

Smyrna, 26. September 1871.

... Vorgestern erlebte ich den ersten echten Sonntag auf unsrer Reise. Um halb neun Uhr gingen wir, das heißt Adler und ich, zur Kirche, einer Kapelle, die den Holländern gehört. Wir waren beinahe die einzigen Männer, die dem Gottesdienste beiwohnten, den unser Freund Reineck hielt ...

Nachher gingen wir in das Diakonissenheim, und dieser Besuch war der erbaulichste Teil der Sonntagsfeier. Die Direktorin Minna Grasse zeigte uns alles; es ist ein großes Quadrat von Wohnungen und Hofräumen mit Garten, alles sauber gehalten, zweckmäßig angelegt, in bestem Stande, luftig, wo vierhundert Kinder unterrichtet werden und zweihundert Pensionäre wohnen. Mit sechzehn Thalern kam die Vorsteherin hier an, Friedrich Wilhelm IV. schenkte zehntausend Thaler zum Ankauf des Grundstücks. Jetzt erhält sich die ganze Anstalt vollständig, wird von allen Seiten anerkannt, leistet sehr viel und steht nur nominell unter Kaiserswerth. Aus dem Reinertrag der Anstalt wird noch ein Waisenhaus erhalten, wo ungefähr zwanzig Kinder aller Nationen, darunter zwei getaufte türkische Geschwister (die besten von allen), als eine kleine evangelische Gemeinde erzogen werden. Nach Tisch holten Reinecks uns ab, wir bestiegen Esel und machten einen herrlichen Ritt rechts von der Karawanenbrücke, das Melesthal hinauf zu den großen Wasserleitungen, welche in zwei- und dreifacher Bogenstellung das tief eingeschnittene Thal überschreiten. Wir aßen bei Reinecks mit drei Schwestern zu Abend.

Gestern, am Montag, fuhren wir früh um halb sieben Uhr mit einer Barke über den Golf, nach Alt-Smyrna, wo auf jetzt öden Trümmerhügeln sehr merkwürdige Ueberreste einer alten Niederlassung vorhanden sind. Da wir sahen, daß die bisherigen Darstellungen ganz ungenügend sind, so beschlossen wir eine neue Aufnahme zu machen. Zu diesem Zwecke blieben dann der Major und Hirschfeld hier. Wir rekognoscierten das ganze Terrain bis zwei Uhr, ohne Schatten, über steile Höhen, die mit stechendem Dorngestrüpp bedeckt waren und mit Steingerölle, auf und nieder, bis wir endlich die Küste wieder erreichten und heimfuhren, wo das Mittagessen unser wartete. Um vier Uhr waren Adler und ich zum Kaffee bei Schwester Minna; dann wurde bei Gonzenbach um Altertümer vergeblich gehandelt. Um sieben Uhr holte ich Reineck zu Xanthopulos, welcher uns ein sehr üppiges Abendessen vorsetzte, zu welchem auch der Redakteur der hiesigen Zeitung Samiotakis und ein Gymnasiallehrer Protodikos, zwei recht liebenswürdige Männer, eingeladen waren. Frau Xanthopulos ist aus Trapezunt; er hat zwei Knaben, Timotheos und Homeros, und ein kleines Mädchen. Die gebildeten Griechen sind alle für die deutsche Sache begeistert, besonders deshalb, weil sie die Franzosen als Katholiken und Vertreter der römischen Kirche in der Levante hassen.

Heute wurde uns ein schöner Marmorkopf zum Kauf in das Haus gebracht, der Kopf einer vornehmen Römerin aus dem zweiten Jahrhundert n. Chr., ein wohlerhaltener und interessanter Porträtkopf, von dem ich mir eine Photographie ausbat. Dann nahm ich mit Reineck hinter seinem Hause ein Seebad. Er ist von außerordentlicher Dienstfertigkeit und Freundlichkeit. — —

Endlich soll hier Curtius' Bericht über unsern Ausflug nach Pergamon gebracht werden:

6. Oktober 1871.

Eben sind wir aus Ephesos heimgekehrt, denn da der Delphin immer vergeblich erwartet wurde und also andre Pläne vereitelt wurden, so beschlossen wir, Ephesos gründlicher vorzunehmen. Am Abend des 26. gingen Abler, Gelzer und ich mit einem kleinen Dampfer nach Dikeliköi in der Bucht von Mytilene; der Major, der mit Hirschfeld wunderbar sympathisiert, blieb hier zur Vollendung einer Aufnahme zurück. Am Mittwoch holte uns der Architekt Humann mit seinen Pferden ab, und wir kamen spät abends durch die langen Straßen, unsre Pferde bergauf hinter uns herziehend, vor seinem Hause an, wo uns eine echt deutsche Lampe über einem gastlichen Abendtische entgegenleuchtete. Sein Gehilfe Huck, ein Mechaniker, ist verheiratet, und die Frau hält Haus. Der Sohn geht in eine türkische und in eine griechische Schule. Humann baut Landstraßen und ist ein sehr geachteter Mann. Der Gouverneur ritt uns entgegen zur Bewillkommnung.

Wir erklommen am Donnerstag die steile Burg der pergamenischen Könige, die so überreich an Marmorwerken ist, daß lange Zeit vier bis fünf Oefen fortwährend in Arbeit waren, um die Statuenreste in Kalk zu verwandeln. Wir holten verschiedene Skulpturen aus der Mauer heraus; denn Humann ist wie ein Pascha, der immer über ein Dutzend Menschen und Pferde kommandiert. In Pergamon ist die reinste Bergluft und keine Spur von Mücken. Wir waren wie im Himmel und alle Wunden heilten. Die Stadt ist überfüllt mit Altertümern, fast kein Haus ohne Antiken. Unterirdische Bogengänge, viel stattlicher als die Cloaca maxima von Rom, ziehen sich unter der Stadt hin. Das Ueberraschendste aber war, daß wir Ueberreste uralter Ansiedlungen, deren Felsspuren ich in Athen besonders nachgewiesen habe, an verschiedenen Stellen auffanden. Ablers Adlerauge kommt mir immer trefflich zu statten und macht mir die Reise unendlich ergiebig. Am Freitag untersuchten wir die Unterstadt. Vor der Stadt liegt ein ungeheurer Tumulus, ein Grabhügel, dessen Umfang 486 Fuß beträgt. Zu demselben führt ein gemauerter Gang. Wahrscheinlich gab es deren vier. Humann hat den einen aufgraben lassen und wollte, wir sollten bleiben, bis das Zentrum, das eigentliche Grab, gefunden sei. Der Bau ist wahrscheinlich ein Bau der Attaliden, ein stolzer Königsbau, in dem Stile, den wir hier erst recht kennen gelernt haben. Wir sind mancherlei Altertümer für das Museum geschenkt, andre für Gegengeschenke versprochen. Die Griechen sind alle für unsern Kaiser enthusiasmiert. Sonnabend vormittag schlossen wir unsre pergamenischen Studien, aßen noch einmal an dem reichbesetzten Tisch der Frau Huck und stiegen auf die trefflichen Pferde von Humann, der uns selbst begleitete, sein bewaffneter

Kawaß voran. Wir ritten durch die untere Kaikosebene nach einem türkischen Dorfe am Meerbusen von Elaia und rückten daselbst noch am Abend in die Wohnung eines türkischen Bauern, um eine daselbst befindliche griechische In= schrift abzuklatschen. Es zeigte sich aber am andern Morgen, daß der Abdruck mißlungen war, weil der Stein ganz abgetreten ist. Also beschlossen Gelzer und ich zu bleiben, und den ganzen Sonntag, von halb sieben Uhr morgens bis halb fünf Uhr abends, lagen wir beide auf dem Bauche, über der im Hofe ein= gemauerten Platte. Ich merkte, daß meine Nerven sich gestärkt hatten; sonst hätte ich das nicht ausgehalten. Um sechs Uhr aßen wir bei einem Griechen, schliefen dann bis zwölf Uhr; um ein Uhr waren wir zu Pferde, wir ritten in einem Zuge bis neun Uhr, zum Teil in scharfem Trab, um eine Station der Kassaba=Eisenbahn zu erreichen. Wir mußten durch den Hermos waten. Mein Pferd trat in ein Loch — ich wurde bis über die Kniee naß — aber diese Sonne trocknet in fünf Minuten. Wir kamen um halb zehn Uhr auf den Bahnhof gesprengt und waren um elf Uhr in Smyrna. Vom Delphin keine Spur. Auf ihn war die letzte Woche berechnet.

Am Dienstag ließ der Konsul Spiegelthal uns zu Ehren zwei Gräber in Alt=Smyrna öffnen, wo Regely und Hirschfeld schöne Arbeiten ausgeführt und sehr hübsche Entdeckungen gemacht haben. Um acht Uhr aßen wir beim Konsul Lührsen, dessen Mutter und Bruder angekommen sind. Um unsre Zeit möglichst auszubeuten, beschlossen wir eine zweitägige Tour nach Ephesos, weil ein zuver= lässiger Situationsplan noch fehlt. Humann begleitete uns, und so gelang es, in dem unermeßlichen Ruinenfelde etwas zu stande zu bringen, was zu Hause um so mehr willkommen sein wird, da wir zum ersten Male die Stelle des Artemis= tempels eintragen können. Mr. Wood hat neuerdings auch die mit Skulpturen umgebenen Tempelsäulen aufgefunden. Wir haben gestern den ganzen Tag und heute fünf Stunden tüchtig gearbeitet, und der Schweiß der Edlen ist nicht ver= geblich geflossen. Wir haben die Nächte auf dem Fußboden brüderlich zusammen= gelegen. Die Verpflegung ist bei einem Engländer sehr gut, wir aßen des Abends in einer freien Halle. Heute mittag sind wir nun wieder hier, haben unsre Briefe gelesen und rüsten zur Abfahrt. Wenn der Delphin bis morgen mittag nicht kommt, so gehn wir mit dem Lloyddampfer um vier Uhr nach Syra; treffen wir den Delphin dort, so fahren wir noch ein paar Tage mit ihm, sonst machen wir in Syra vier bis fünf Tage Quarantäne und kommen Freitag, so Gott will, in Athen an. Heute ist noch Abschiedsfest beim Konsul. Adler trennt sich von uns und wandert allein nach Syrien. Wir sind Stubenburschen und haben uns sehr gut vertragen; ich verdanke ihm sehr viel Unterstützung und Belehrung. Von morgen an bin ich auf der Heimreise. Auf Athen rechne ich höchstens vierzehn Tage . . .

Hiermit schließe ich die Auszüge aus Curtius' Reisebriefen, da seine späteren Berichte vom Athener Aufenthalte und der Heimkehr weniger allgemeines Interesse bieten.

Seit unsrer gemeinsamen Ferienreise blieb ich mit dem großen Forscher aufs engste verbunden und verdanke unserm gemeinsamen Gedankenaustausch die größte Anregung. Selten verging ein Jahr, wo wir nicht während der Sommerferien gewöhnlich auf schweizerischem Boden uns trafen und in herrlicher Wald- und Gebirgsnatur unvergeßliche Stunden zusammen verlebten, oder wo ich nicht während der Frühjahrsferien nach der Matthäikirchstraße für Tage oder Wochen pilgerte. Das letzte Mal wurde mir dieses seltene Glück im August 1895 zu teil, wo mein Lehrer und ich gemeinsam mit unsern Familien eine köstliche Woche in Friedrichroda verlebten. Das tückische Leiden, mit dem seine starke Seele und sein durch turnerische Askese gestählter Leib so kraftvoll gerungen haben, war damals dem menschlichen Auge noch verborgen. In voller Geistesfrische schrieb er an seiner Geschichte von Olympia. Damit er, der mit geschwächter Sehkraft arbeitete, den Eindruck im Zusammenhang erhalte, pflegte ich ihm täglich seine zuweilen nur schwer zu entziffernden Blätter vorzulesen. Unaufhörlich beschäftigten ihn auch damals, wie das Jahr zuvor während der Augenoperation, die Probleme der älteren griechischen Geschichte. Nach der glücklich vollendeten Staaroperation, März 1894, war ich der erste, der in der Klinik ihn sprechen durfte. Nach zwei Minuten begann er: „Diese Charitinnen von Orchomenos sind offenbar chthonische Gottheiten; an ihr Priestertum müssen sich die Incunabeln des minyeischen Königtums knüpfen." Ich erlaubte mir zu bemerken, daß der Arzt jede wissenschaftliche Unterhaltung wegen der damit verbundenen geistigen Aufregung aufs strengste verboten habe. „Ach, das ist ja dummes Zeug. Ein solches Gespräch über historische Probleme, die mein Innerstes erfüllen, erfrischt mich und ist mir Lebensbedürfnis"; und fröhlich ging es weiter nach Mylene und Tiryns, so daß ich aus Angst, ihm zu schaden, mich schleunigst empfahl. Für seine unverwüstliche Geistesfrische ist das bezeichnend.

Fast immer bewegten sich unsre Gespräche auf dem Gebiete der älteren griechischen Geschichte. Ein langjähriger Schmerz war es für ihn, daß ich dieses Arbeitsreich verlassen und mich in Byzanz heimisch gemacht hatte. Er ließ es nicht gelten, wenn ich behauptete, daß in Byzanz und den angrenzenden Gebieten noch so viel jungfräulicher Boden vorhanden sei, der des methodisch arbeitenden Pfluges nur harre, oder wenn ich sagte, auf griechischem Boden habe die Jahrzehnte andauernde historische Forschungsarbeit einen gewissen Abschluß erzielt; höchstens seien noch Resultate auf wirtschaftlichem Gebiete zu gewinnen, wofür mir die nationalökonomischen Kenntnisse abgingen. Er vertrat immer den Satz, daß das Gebiet der älteren griechischen Geschichte noch überreich an den wichtigsten Problemen sei, an die man nur heranzutreten brauche. Später hat er sich wesentlich freundlicher gegenüber meinen byzantinischen Studien gestellt. So schrieb er mir am 5. Mai 1892: „... Ebenso folge ich mit großem Interesse Ihren Arbeiten mit Krumbacher, der mich in Berlin besucht hat. Da kommen Entwicklungsstufen zum Vorschein, welche für allgemeine Griechengeschichte hoffentlich reiche Ausbeute gewähren." Ohne ironische Seitenhiebe ging es bei dem klassischen Gräcisten natürlich nicht ab; so sprach er in einem außerordentlich humorvollen Briefe die Befürchtung aus, meine byzantinischen Kühe würden entsprechend der dürren Weide, auf der sie grasten, nur spärliche und magere Milch geben.

Immer betonte er mir gegenüber, daß der Satz, wonach die beglaubigte Geschichte erst mit dem Auftreten gleichzeitiger authentischer Denkmäler beginne, doch erheblicher Einschränkungen bedürfe. Er hielt die Tradition für wertvoller, als jetzt gemeinhin geurteilt wird, und vermochte nicht, wie er einmal sagte, es als Quintessenz aller historischen Weisheit und Abschluß der kritischen Forschung anzusehen, wenn so ziemlich alle Ueberlieferungen vor dem Jahre 500 v. Chr. leichten Herzens als unnützer Ballast über Bord geworfen oder für Annalisten= erfindungen und Horographenphantasien erklärt werden.

Gleich nach dem Erscheinen von de Rougés berühmtem und epochemachendem Aufsatze „Mémoire sur les attaques dirigées contre l'Egypte par les peuples de la Méditerranée" verwertete Curtius mit großer Freude die von jenem geistvollen Forscher gewonnenen Resultate für die älteste griechische Geschichte, und jetzt ist man so ziemlich darüber einig, daß wir es thatsächlich mit Angriffen griechischer und italischer Völker auf das Reich der XIX. und XX. Dynastie zu thun haben, obschon man mit vieler Beharrlichkeit diese laut den Urkunden ausdrücklich „von den Inseln des Mittelmeeres" hereinbrechenden Fremdlinge zu Libyern hat machen wollen. Curtius war sich wohl bewußt, daß er mit seinen Ausführungen im ersten Bande der Geschichte über das trojanische Reich von Ilion und das achäische von Mykene wenig Anklang gefunden hatte. Man sprach von „seiner naiven Gläubigkeit", weil er die Angaben Homers, die doch höchstens für die Epoche nach der griechischen Völkerwanderung maßgebend sein können, mit be= deutend jüngeren Traditionselementen verbunden und dann zur Rekonstruktion der vorgeschichtlichen Urzeit verwandt habe, während hier das entsagungsvolle Be= kenntniß des Nichtwissens am Platze gewesen wäre. Und nun kommen die Aus= grabungen von Schliemann und Flinders Petrie und bestätigen Homers Aus= sagen über weit hinter dem Dichter zurückliegende Epochen; sie erweisen die Güte der griechischen Tradition in ungeahnter Weise, und die Versuche, die mykenäischen Funde dem neunten oder achten Jahrhundert zuzuweisen, sind jetzt aufgegeben. Mit besonderer Freude konnte er sich über die eminente Bedeutung dieser neuen Funde aussprechen. (Schluß folgt.)

Aus meiner Jugend.
Erinnerungen
von
Rudolf von Gottschall. [1])

I.

Es war im Jahre 1843 — meine Beteiligung an den politischen Bestrebungen in Königsberg und an einem studentischen Krawall hatten mir
seitens der Universität das Consilium abeundi zugezogen: ich verließ Ostpreußen,
um in meiner Vaterstadt Breslau mein Heil zu versuchen.

Drei Tage und vier Nächte fuhr man damals von Königsberg nach Breslau
in der gelben Postkutsche — so viel Zeit, seinen Nachbarn kennen zu lernen
oder überhaupt mit irgend einem Sterblichen in andauernden allernächsten Verkehr zu treten, gewährt die Gegenwart nicht mehr. Man hatte dort vollkommen
Zeit, sich zu verlieben und auch wieder, seine Illusion zu verlieren, eine Zeit,
die sich sonst auf mehrere Wochen und Monate zu verteilen pflegt. Wenn sich
aber auch im Treibhause des Postkutschkastens nicht die zarte Blume der Liebe
entfaltete, so wurde man sich doch gegenseitig durchsichtig wie Glas; aus Langweile erging man sich in unerschöpflichen Herzensergüssen und autobiographischen
Mitteilungen, und was am ersten Tag noch verborgen blieb, das enthüllte der
zweite und dritte unfehlbar, und wenn man nach einer Reisestrapaze, die heutzutage nur einem von Moskau nach Madrid Durchreisenden beschieden ist, zu-
sammengeschüttelt, an allen Gliedern wund aus dem Marterkasten endlich heraus-
stieg, um nicht wieder einzusteigen, da kannte man alle seine Mitreisenden
auswendig, ein Pensum, das man freilich ebenso rasch wieder vergaß, wie man
es gelernt hatte.

Ich selbst war gespannt darauf, die Bekanntschaft meiner Geburtsstadt zu
machen, und blickte, nachdem wir die Trebnitzer Berge durchpassiert, sehnsüchtig
nach den Türmen der Oberhauptstadt aus. Endlich zeichneten sie sich am
Horizont ab: der hohe schlanke Turm der Elisabethkirche, die Schwestertürme
von St. Magdalena, blutigen Angedenkens, wie die alte Glockengießermähr verkündet, die Türme der katholischen Oberinseln, wo der Dom, die Kreuzkirche,
die Sandkirche standen, und alles, was noch sonst in der türmereichen, pari-
tätischen Stadt den Himmel sucht. Bald rasselte die Post über das Pflaster
derselben, das, von Macadamschen und sonstigen neuen Entdeckungen unberührt,
noch seine ganze holperige Unschuld bewahrt hatte. Ich stieg auf dem Bürgerwerder ab, wo mir im Hause des Packhofinspektors Otto zunächst die Stätte

---

[1]) Anmerkung der Redaktion. Rudolf v. Gottschall hatte die Güte, uns aus seinen noch
nicht erschienenen Lebenserinnerungen einige interessante Abschnitte zur Veröffentlichung in
der „Deutschen Revue" zu überlassen.

bereitet war. Es war ein alter Freund meiner Mutter, die ihn einmal in finanziellen Verlegenheiten mit Opfern unterstützt hatte — und er war sehr glücklich, jetzt die Schuld des Dankes abtragen zu können. Hier im Kreise einer zahlreichen Familie fühlte ich mich bald heimisch, soweit ein solches Heim für einen ins Weite strebenden Dichter, der seine „Zensurflüchtlinge" nach der Schweiz geschickt und den preußischen Staat an Haupt und Gliedern reformieren wollte, überhaupt möglich war. Dem Familienglück blieben indes die Sonntage gewidmet — da kam Schlag zwölf Uhr ein regelmäßiger Gast und Hausfreund, ein würdiger Materialwarenhändler, zu Tische, und mit ihm wurden dann nachmittags Spaziergänge unternommen nach Morgenau und seinen Weidendämmen, nach dem Scheitenicher Park, über die Viehweide nach Pöpelwitz oder nach den Oswitzer Bergpartien — mit Kind und Kegel, im guten Rock und der besten Weste, und dort saß man mit und ohne Musik am Kaffeetisch, schlürfte den köstlichen Mokka; irgend ein alter Baum rauschte uns zu Häupten, die Kinder schrieen, die Hunde bellten, und ringsum, soweit man sehen konnte, saßen ebenso sonntägliche Bürger im guten Rock und der besten Weste beim Kaffeetisch, mit Frau und Kind — und vorüber huschten lauter Sommervögel, gelbe, blaue, grüne Schönheiten, eingesegnet und noch nicht eingesegnet, aus der Schuhbrücke, aus der Altbüßerstraße, und wenn man so recht behaglich den Streuselkuchen in den Kaffee tunkte, da machte man auch gelegentlich eine geistreiche Bemerkung, worüber sich die Mägdlein der Familie Otto sehr erfreuten, über welche aber gewiß die Spätzlein auf den Bäumen ihr Haupt geschüttelt hätten; denn dergleichen gehörte nicht hierher, wo ehrbare und gutgesinnte Bürgersleute beim Nachmittagskaffee die Vormittagspredigt durch erbauliche Betrachtungen ergänzten und höchstens einmal ein Seitenblick auf das Kleid der Nachbarin von den Frauen und auf die Vermögensverhältnisse des Nachbars von den Männern geworfen wurde.

Das begab sich am Sonntag — die Wochentage aber gehörten dem jungen Studenten, der sich den Burschenschaftern, den Raczeks, angeschlossen hatte. Er war ihnen kein Fremdling mehr, seine Gedichte waren allbekannt, und einzelne wurden gelegentlich nach beliebigen Melodien im Chor gesungen. Das stolze Gefühl, berühmt zu sein, habe ich später nie so genossen wie in jenen Tagen. Der Ruhm hängt ja nicht von dem Wert der Leistungen ab; ja, er nimmt oft zu im Quadrat der Entfernungen von solchem Werte. Davon habe ich mich in meinem langen Leben hinlänglich überzeugen können. Das nimmt ihm nichts von seinem erhebenden Gefühl. Ich besinne mich noch, wie ein kleiner Vorfall mir dies in hohem Maße verschaffte. Ich war zum Besuch in Schweidnitz und wohnte in der Vorstadt beim Justizrat Aschenborn. Damals war Schweidnitz noch eine Festung; die Festungsthore waren abends geschlossen und wurden nur von dem wachthabenden Unteroffizier geöffnet. Er fragte uns nach unserm Namen, und als ich den meinigen nannte, rief er sofort aus: „Ah! der Dichter der Lieder der Gegenwart" und öffnete mir dienstfertig, als wenn ich ein Regimentskommandeur wäre. Diese Huldigung imponierte mir ungemein, obschon die Erklärung nahe lag, daß wir es mit einem Einjährig-Freiwilligen zu thun hatten.

Wenn ich mich auch den Burschenschaftern anschloß, so konnte ich doch der Verbindung der Raczeks nicht beitreten, weil ich noch kein immatrikulierter Student war. Wer das Consilium abeundi erhalten, durfte an die Universität, die ihm dasselbe erteilt hatte, erst nach drei Jahren zurückkehren, an jeder andern aber erst nach einem halben Jahre wieder aufgenommen werden, wenn er die Genehmigung dazu erhalten. Mein Freund und Gönner, Schulrat Lucas, hatte sich an einen Ministerialrat in Berlin gewendet und ihn ersucht, sich meiner anzunehmen, da er sich einen tüchtigen Erfolg meiner Studien verspreche. In der That blieb diese Verwendung nicht ohne Wirkung, denn im Laufe des Novembers traf der langersehnte Ferman des Kultusministeriums ein: „In der Erwartung, daß Sie die Verirrungen, welche Ihre Wegweisung von Königsberg zur Folge hatten, aufrichtig bereuen und sich von jetzt ab einer gesetzlichen und regelmäßigen Aufführung befleißigen werden, habe ich den königlichen Universitäts-Kurator, Herrn Polizeipräsidenten Heinecke, beauftragt, Sie zur Immatrikulation zuzulassen." Das war nun soweit in Ordnung, doch es bedurfte zu dieser Immatrikulation verschiedener Papiere, die mir das Königsberger Universitätssekretariat besorgen mußte. Trotz wiederholter Gesuche blieben sie viele Wochen lang aus — und dies war der Grund, daß meinem Breslauer Aufenthalt ein sehr frühes Ziel gesetzt wurde; sonst hätte mich die kleine studentische Katastrophe, von der ich später berichten werde, nicht so rasch von meiner Vaterstadt fortgespült. Ich hörte inzwischen fleißig die Collegia, besonders Kirchenrecht bei Professor Gitzler, deutsches Privatrecht bei Wilda. Gitzler war liebenswürdig gegen mich, und ich besuchte ihn oft in seiner Wohnung. Wenn meine Beziehungen zu den Burschenschaftern bei meiner halbstudentischen Zwitterstellung im ganzen nur lockere bleiben konnten, so daß ich mich auf gelegentlichen Besuch ihres Fechtbodens, ihrer Stammkneipe, der Nova, und auf die Teilnahme an diesem oder jenem Kommers beschränken mußte, so trugen dazu auch noch zahlreiche andre Beziehungen bei, die ich angeknüpft hatte; ich wurde ja auch von vielen Seiten geradezu aufgesucht.

Da waren es junge Philosophen, frühere Freunde des eben verstorbenen Dichters Sallet und Jünger des berühmten Botanikers Nees von Esenbeck, die mich zu sich einluden und zur Beteiligung an einer Denkschrift für Sallet aufforderten. In der That beteiligte ich mich mit einem Einleitungs- und Widmungsgedicht. Sallet war jung gestorben; er war früher Offizier, aber wegen freigeistiger Anwandlungen in Konflikte geraten und aus dem Dienst geschieden. Seine gedankenschweren Gedichte hatten eine andächtige Gemeinde, sein Laienevangelium ein großes Publikum gefunden; es predigte Charakterfestigkeit und Gesinnungstüchtigkeit, besonders den Machthabern im Staat und der Kirche gegenüber, und unterschied sich durch seine biblische Einkleidung von der sonst üblichen politischen Lyrik. Es waren geistige Kerntruppen, keine Tirailleurs, und seine Anhänger gehörten zum Teil einer ernsten philosophischen Richtung an, die sich

7*

mit metaphysischen Fragen beschäftigte und sie im unpopulären Stil der
Schellingschen und Alt-Hegelschen Schule behandelte. Dazu gehörte Dr. Möcke,
nachher langjähriger Redakteur der „Schles. Zeitung“, und Dr. Otto Lindner,
der später die Berliner „Vossische Zeitung“ redigierte. Doch ebenso wie dem
toten Sallet huldigten sie dem lebenden Nees von Esenbeck, der draußen im
Botanischen Garten wie ein hindostanischer Weiser unter seinen Lotosblumen
lebte, ein älterer kleiner Herr mit langem grauen Kinnbarte, ein Gelehrter von
Ruf, mit Orden geschmückt, aber ein Freidenker, ein Anhänger der freikirchlichen
Bewegung und auch sonst im Widerspruch mit den herrschenden Meinungen und
Sitten. In seiner Jugend hatte er Goethe besucht, und das Lob, das ihm der
Dichtergreis gespendet, ein gedrucktes Lob, gab nicht bloß dem Botaniker, dem
Verfasser des großen Werkes über die Pilze, in Fachkreisen einen gewissen
Nimbus, sondern auch in der allgemeinen Meinung, so sehr sich dieselbe in
andrer Hinsicht gegen ihn empörte. Und zwar gerade, weil er in Goethes
Fußstapfen trat; denn er lebte mit seiner gemütlichen Vulpius und einem kleinen
Kindersegen ohne jeden andern wie ein gesellschaftlicher Einsiedler auf der Dom-
insel. Er war im Grunde ein Schellingianer, und in einem philosophischen
Kränzchen, das bei ihm sich versammelte, lasen Möcke und Lindner ihre in streng
spekulativem Stil gehaltenen Arbeiten vor. Das war nicht mein Geschmack;
desto schöner waren die Spaziergänge durch den botanischen Garten, der reich
war an seltenen Pflanzen und Blumen, und die Plaudereien in der Gartenlaube
bei der Maibowle; da las ich auch oft meine Gedichte vor; ich war ein
Liebling des alten Nees, wie später der Dichter des „Narciß“, Emil Brachvogel,
dessen Talent der Weise aus Hindostan anerkannte, lange vorher, ehe der Erfolg
des „Narciß“ es bestätigt hatte. Diese Breslauer Opposition ging aus tieferen
geistigen Wurzeln hervor als die Königsberger, aber sie war nicht so praktisch,
nicht so auf das Nächste gerichtet, nicht so auf ein bestimmtes politisches Credo
vereidet, und es spielten allerlei mannigfach schillernde Elemente mit herein, wie
denn Nees selbst in seinen letzten Lebensjahren sich zum Mystizismus und
Spiritismus neigte. In diesen Kreisen wurde Walesrode, als er nach Breslau
kam, gastlich aufgenommen und ihm zu Ehren ein kleines Souper im „Weißen
Adler“ veranstaltet. Walesrode war ja auch eine Berühmtheit, und die Blicke
der Schlesier waren damals vorzugsweise nach Ostpreußen gerichtet. Bei diesem
Souper wurden kräftige Tendenzreden gehalten, und Dr. Stein, der später den
berühmten oder berüchtigten Steinschen Antrag in der Nationalversammlung ein-
brachte, toastete sogar auf my poor self. In dauernder Erinnerung aber ist
mir das kleine Walesrodefest geblieben, weil ich dort die Bekanntschaft einer
Persönlichkeit machte, die auf mein Leben in jeder Hinsicht von Einfluß ward.
Es war dies der jugendliche Graf Eduard von Reichenbach, der ebenfalls bei
diesem Fest erschien, und dessen hohe Gestalt, imponierender Vollbart und Feuer-
augen auf mich großen Eindruck machten. Er war jeder Zoll ein Jenenser
Burschenschafter, stets bereit, den Stier bei den Hörnern zu fassen, wie er zugleich als politischer Radikaler und tüchtiger Landwirt sich ausdrückte. Ihn

umschwebte die Glorie einer überstandenen Festungshaft; die Frische und Energie seines Wesens übten einen hinreißenden Einfluß aus.

Meinen englischen Lehrer aus Mainz, Hauptmann von Greiffenberg, fand ich hier wieder; er bewohnte ein Mansardenstübchen auf dem Bürgerwerder. Er freute sich sehr, mich wiederzusehen, und braute einige Gläser Punsch, die wir fröhlich austranken, indem wir wie in alten schönen Zeiten dabei englisch sprachen. Die zartblauen Manuskripte seiner Dramen standen nach wie vor in Reih und Glied auf dem Repositorium. Keines hatte den Sprung hinaus in die Welt gewagt; es blieben selbstgenügsame Dichterblüten eines im Stillen lebenden und strebenden Talents. Darunter standen in Reih und Glied die Lexika der neuen Sprachen, welche der Hauptmann beherrschte und aus denen er jetzt mit gewohntem Fleiß ein neunsprachiges großes Militärlexikon zusammenarbeitete. Was daraus geworden, weiß ich nicht; es hat wohl das Los der Manuskripte geteilt und ist ungedruckt geblieben, weil sich kein Verleger daran gewagt hat. Im übrigen war Greiffenberg ein Ultraliberaler geworden — ein Beweis für die Ansteckung, welche in den herrschenden Zeitideen liegt. Dabei blieb er nach wie vor derselbe originelle Kauz und förderte manche drollige Münchhauseniade zu Tag. Am ergötzlichsten war die Geschichte von seinem Majorat; er behauptete, er habe es an seinen Pächter verschenkt; dieser aber empfände bereits tiefe Reue darüber, daß er es angenommen. Greiffenberg führte mich in eine Familie ein, deren Namen später viel in Berlin und auch in allen Reisebüchern genannt wurde. Es war die Familie Kroll — wer kennt nicht den Krollschen Wintergarten in Berlin? Damals plante der Vater bereits die Uebersiedlung nach Berlin. Es war ein unternehmender Spekulant, besaß in Breslau den jenseits der Oder gelegenen Wintergarten und eine große Flußbadeanstalt am Bürgerwerder. Ich selbst empfand so wenig Sympathie für ihn wie er für mich; denn ich war doch ein Habenichts ersten Ranges, und es war ihm sehr unbequem, daß ich mich in seiner Familie einbürgerte, mir in hohem Maße die Gunst der Hausfrau erwarb und daß auch eines seiner Töchterlein mir ihre Neigung zuwendete, ein hübsches, zartes, durchaus ernstes Mädchen, dem ich in der Gunst des Herrn ein treuer Verehrer war; wir machten aus unsrer Verliebtheit so wenig ein Hehl, daß selbst der Vater, der hohe Ziele im Auge hatte und auf solche Nebensachen nur einen gelegentlichen Seitenblick warf, darauf aufmerksam wurde. Glücklicherweise war er schon meistens in Berlin. Doch auch mein Freund Greiffenberg hatte auf das liebe Mädchen ein Auge geworfen, und fast wäre unsre Freundschaft darüber in die Brüche gegangen. Es kam mehrfach zu Erklärungen, doch zu keinem Bruch, wir verständigten uns wieder in freundlichster Weise. Wir waren beide ja keine Partien — er besaß nur seine neun Sprachen und hatte ja sein Majorat verschenkt; ich selbst besaß gar nichts, nichts als das Eine, was in diesem Fall gewiß die Hauptsache war — die Zuneigung des anmutigen Mädchens; daraus machte sie gar kein Hehl. Leider schlug die Scheidestunde bald, denn die Uebersiedelung der Familie nach Berlin, wo der Vater soeben sein glänzendes Etablissement erbaut hatte, stand bevor. Stunden-

lang unterhielt ich mich mit ihr; wir ſchrieben zuletzt mit dem Schlüſſel auf den
Tiſch; wir ſchrieben unſichtbare engliſche Worte. Und da teilte ſie mir mit, daß
einer ihrer Bekannten geäußert habe, „der Abſchied von Breslau werde ihr ſehr
leicht werden, da ſie ſich doch für niemand intereſſiert habe und von vielem
erlöſt werde.“ Da ſagte ich ihr ins Ohr „zum Beiſpiel von mir“ — und die
Schlüſſelantwort lautete: „Von Ihnen nie!“ Das ſind ſolche ſchöne Unvergeß-
lichkeiten einer platoniſchen Liebe. Zwei Jahre darauf war ſie indes verheiratet,
ſie war von mir erlöſt, doch wahrſcheinlich auch durch einen Machtſpruch des
Vaters!

Ich hatte inzwiſchen das Aſyl im Packhof aufgegeben, wo ich fleißig an
dem Drama „Robespierre“ gearbeitet, Viſchers Aeſthetik, die ſich mir in Fleiſch
und Blut verwandelte, und das große Werk Bilguers über das Schachſpiel
durchſtubiert hatte, indem ich damals den Ehrgeiz beſaß, es gerade im Schach
zur Meiſterſchaft zu bringen, was mir indes ſo wenig gelungen iſt, wie ſonſt
irgendwo die Meiſterſchaft zu erringen. Ueberall mußte ich mich mit den mittleren
Regionen begnügen. Nach langem Suchen fand ich ein Quartier im Hof der
Univerſitätsbibliothek auf der neuen Sandſtraße; ich wohnte dort bei der Ober-
gerichtsoberbotenmeiſterin Matern. Um die Beſcheidenheit, die damaligen Preis-
und Lebensverhältniſſe, beſonders aber meine eignen Kaſſenverhältniſſe zu
ſchildern, durch die ich dem Ideal eines armen Poeten ſehr nahe kam, will
ich einige Poſten aus meinem Budget anführen, gewiſſenhafte Aufzeichnungen,
die ich wie vieles andre Thatſächliche den mir zur Verfügung ſtehenden Briefen
an meinen Vater entnehme. Mein Logis koſtete mich monatlich 2½ Thaler,
alſo 7 Mark 50 Pfennige nach heutigem Geld; es war eine geräumige Kloſter-
zelle, zu der ein langer Korridor führte, etwas finſter und ſo gut wie gar nicht
möbliert. Auch hatte ich damals die Einſicht gewonnen, daß Möbel gar nicht
nötig ſind. Zwei Polſterſtühle, hundert Jahre alt, die zu ihrer Zeit eine Farbe
haben mochten, ein Waſchtiſch dito und ein Nipptiſch mit Gläſern und Taſſen:
das war alles, was vorhanden war. Ich habe das Ameublement herrlich vervollkommnet; ich kaufte nämlich einen hölzernen Stehpult, nicht von Mahagoni,
für 20 Sgr. und eine blaue wanzenloſe Bettſtelle für 25 Sgr. und lebte nun
ganz à la Diogenes. Meine Sachen lagen im Koffer, meine Bücher, wo ſie
hinfielen; meine Kleider hingen am Rechen an der Thüre. Mein Reiſig ſtand
haushoch hinter dem Ofen, das Schock à 13 Silbergroſchen — damit heizte ich
20 Tage. Ich aß in der Nova, der Studentenkneipe an der grünen Baum-
brücke, 30 Mal für 3 Thaler 10 Sgr.; alſo für 10 Mark heutigen Geldes,
ſobaß auf das tägliche Couvert 30 Pfennige kamen. Um nicht zu bettelhaft
zu erſcheinen, mußte man ſich allerdings einiges dazu geben laſſen. Abends
aß ich zu Hauſe ein Butterbrot. Wenn ich aber erhöhten Lebensgenuß erſehnte,
ſo ging ich in die Nova und aß Butterbrot mit Käſe und Bier, was die enorme,
heutzutage faſt unglaubliche Summe von zuſammen 1 Sgr. 9 Pfennige betrug.
Gewiß, wenn die Anwartſchaft auf Nachruhm aus der Dürftigkeit der Lebensverhältniſſe hervorgeht, in denen die Schöpfer künſtleriſcher Werke leben, ſo hatte

ich für meinen „Robespierre", der im Pruntlogis der verwitweten Oberlandes-
gerichtsoberbotenmeisterin geschaffen wurde, die schönsten Aussichten auf Un-
sterblichkeit.

Eine kleine Abwechslung in dieser Zeit der Studien und Arbeiten bot mir
eine Reise in den Weihnachtsferien zum Grafen Eduard von Reichenbach, der
bei dem Walesrodeschen Souper mein Herz gewonnen hatte; ich folgte seiner
Einladung nach Waltdorf in der Nähe von Neisse, wo sich sein säulengetragenes
Schlößlein als ein.Tempel edler Gastlichkeit in einer anmutigen Gegend mit dem
Blick auf die blauen Sudeten erhob. Nicht weit davon lag das Gut, das einer
Verwandten meiner Mutter, der Tante Drescher, gehörte, deren Sohn in Neu-
seeland verweilte; seine Rückkehr wurde bald erwartet. Diese Besitzung, Wiersbel,
war ein großes Forstgut von mehr als 4000 Morgen Waldbestand und prächtigen
Waldpartien, welche den Pinsel des Landschaftsmalers herausfordern durften;
da gab es große, von Wildenten umflatterte Teiche, umstanden von riesigen
Eichen, welche auf weithin sich erstreckenden Dämmen Wacht hielten. Eine schönere,
tiefere Waldeinsamkeit konnte man sich gar nicht denken; man begegnete oft
stundenlang keinem sterblichem Wesen; dann kamen einmal ein paar Holzschläger
mit ihrer Axt, oder eine Reisigträgerin schleppte ihr Bündel. In dem größten,
östlich nach unwirtbaren Obergegenden sich hinziehenden Teil des Forstes gab
es keine Chausseen, keine Landstraßen; man wanderte dahin wie ein Hinterwälder
durch seinen Urwald. Die gute alte Dame war ganz entzückt, sich auf einmal
mit einem so lebhaften Gesellschafter in ihrer Einsamkeit unterhalten zu können.
Sie liebte als echte Schlesierin die Poesie; ich trug ihr meine Gedichte vor, und
sie konnte dieselben, sowie — meine Augen nicht genug rühmen. Auch erzählte
ich ihr alle meine harmlosen Liebesabenteuer aus Königsberg und Breslau, was
sie außerordentlich amüsierte.

In Waltdorf, wo ich die zweite Hälfte meiner Ferien zubrachte, herrschte
desto regeres Leben. Das Haus des Grafen wimmelte von ehemaligen Staats-
gefangenen, fortgejagten Professoren und Studenten, abgesetzten Kaplänen —
es war ein Heim aller Entgleisten in vormärzlicher Zeit. Ich traf dort den
Professor Hoffmann von Fallersleben, den Dichter der „Unpolitischen Lieder",
die ihm seine Breslauer Professur gekostet hatten. Er war eben von einer
Reise durch Deutschland zurückgekehrt, die für ihn eine Art von Triumphzug gewesen
war: überall Ständchen vor seinen Balkonen und Hochs an den Table d'hotes,
wo er seine kleinen, mit bösen Stacheln bewaffneten Liederchen vortrug. Er war
ein starker, großer, jovialer Mann, grob und derb bis zur Unanständigkeit.
Immer ging er in seinem alten Flausch, schwadronierte und räsonnierte nach
Herzenslust. Bisweilen ließ er die Kindlein des Dorfes zu sich kommen, fragte
ihnen ihre Kinderlieder ab und trug ihnen die seinigen vor. Da war der
stachelichte Politiker ein sehr sanfter Kinderfreund. Daß er ein zartbesaitetes
Gemüt besaß, bewiesen ja auch seine früheren Lieder, die ihm keinen Namen
verschafft hatten, in denen aber der gelehrte Germanist oft den alten deutschen
Volksliederton glücklich getroffen. Auch unter den „Unpolitischen Liedern" fanden

sich einige, die nicht bloß geflügelte Epigramme mit den gegen Zensur, Polizei,
Beamtentum und Adel gerichteten Spitzen waren, sondern begeisterte patriotische
Ergüsse, wenn auch in knapper Form. Wenn wir abends bei der Punsch-
bowle saßen, sang er ununterschieden bald die einen, die bitterbösen, bald die
andern vaterländisch schwunghaften vor, welche indes damals nicht weniger von
der Zensur gerichtet wurden. Unter den letzteren befand sich ein schlichtes
Lied mit dem Refrain:

> „Deutschland, Deutschland über alles,
> Ueber alles in der Welt!"

Viele Jahrzehnte sind seitdem verflossen; der Name Hoffmann v. Fallers-
lebens gehörte bereits der Litteraturgeschichte an; da ist dieses Lied, das er
damals kurz vorher auf Helgoland gedichtet und das allerdings viele Komponisten gefunden hatte, in wunderbarer Weise wieder aufgetaucht und ein bei jeder
patriotischen Gelegenheit gesungenes, allgemeines deutsches Volkslied geworden.

Auch einer Jagd in Waltdorf wohnte ich bei; es waren einige Gutsbesitzer der
Umgegend, viele Neisser und Breslauer Bürger zugegen. Mehr Lorbeeren als
auf der Jagd erntete ich bei der Jagdmahlzeit, wo Hoffmann v. Fallersleben und
ich tüchtig deklamieren mußten.

Charakteristisch für die damaligen Zustände ist es, daß wir am Schlusse der
Mahlzeit à la Piccolomini eine lebensgefährliche Adresse an die badische Kammer
zum Vorschein brachten und zur Unterschrift vorlegten, in welcher nichts Geringeres
verlangt wurde als ihr kräftiges Einstehen für Preßfreiheit; wir waren dabei
nicht ohne Bedenken, daß diese Adresse von der Neisser Polizei aufgefangen
werden und dem Grafen Reichenbach Unannehmlichkeiten verursachen könnte. Wie
harmlos erscheint heutzutage eine derartige Petition, welcher alle Ultrakonserva-
tiven ihre Unterschrift geben würden! Von der badischen Kammer aber, die
eine Leuchte des Liberalismus in den Rheinlanden war, erwarteten wir auch eine
für Preußen bahnbrechende Initiative. Nicht auf Nord und Süd, nicht auf die
Bedeutung eines kleineren Staates und seine Stimmenzahl im Bundesrate kam
es an, sondern nur auf das Gewicht, das in die Wagschale der öffentlichen
Meinung fiel — und da spielten die badischen Kammern in vormärzlicher Zeit
eine Hauptrolle; denn sie hatten rednerische Talente, und es saßen darin that-
kräftige Männer, welche für die Ideen der Zeit begeistert waren.

Eine andre Adresse hatte ich mit dem Führer der Raczeks, Max von
Wittenburg, entworfen und bei den Studenten zirkulieren lassen; wir strebten
danach, dem Studententum eine bessere moderne Gestaltung zu geben, alles
Mittelalterliche auszuscheiden, eine Entwicklung, die nicht von oben dekretiert,
sondern nur von innen heraus gestaltet werden konnte; statt des vielfach rohen
Wesens sollten wissenschaftlicher Geist und Sittlichkeit bei den Universitäten ein-
ziehen, vor allem aber das Recht der freien Kritik den Studenten gewahrt werden,
damit nicht die Universitäten auf den Standpunkt von Elementarschulen herabgedrückt würden. Dazu verlangten wir vor allem Aufhebung des eximierten
akademischen Gerichtsstandes in einer durchaus anständig gehaltenen und ge-

mäßigten Petition. Dies Verlangen ist erst nach vielen Jahrzehnten bewilligt
worden. Unsre Petition machte die Runde durch alle deutschen Zeitungen und
wurde von ihnen mit Lob überhäuft. Alle diese studentischen Vorgänge bildeten
einen wichtigen Stoff der Tagesberichterstattung: sie wurden geradezu als politische
Ereignisse betrachtet.

Ehe ich von Waldorf Abschied nahm, las ich noch mein Trauerspiel
„Robespierre" dem Grafen und der Gräfin, einer sehr hübschen, mir sehr gewogenen
Frau, dem Breslauer Maler Resch und dem Exprofessor Hoffmann v. Fallersleben vor. Dieser meinte, das Stück erinnere sehr an Schillers Jugendwerke
und wer ein Drama wie diesen „Robespierre" schreiben könne, der möge getrost
die lumpige Jurisprudenz an den Nagel hängen.

*

Mein Schauspiel „Robespierre" ist nie zur Aufführung gekommen. Ich
stand damals dem Theater gänzlich fern — doch der Breslauer Schauspieler
Heckscher interessierte sich lebhaft für Stück und Titelrolle. Er war ein tüchtiger
Darsteller, von großem Einfluß bei der Leitung der Bühne, und das Drama
wäre unzweifelhaft gegeben worden, wenn es die Zensur passiert hätte. Später,
1845, erschien es im Buchhandel, in Neisse in Kommission bei Ferdinand
Burckhardt. Mein eigentlicher Verleger war Graf Reichenbach, dem ich es auch
gewidmet hatte; er trug die Druckkosten und zahlte das Honorar.

Weit über meine früheren dramatischen Dichtwerke erhob sich der „Robespierre". Die Modernen, welche eine große „Revolution" der Litteratur verkünden, namentlich Bleibtreu, der ja ähnliche Geschichts- und Revolutionsdramen
gedichtet, würden, wenn er im Jahre 1890 erschienen wäre, ihn unfehlbar ihrer
Richtung beizählen: er ist nicht etwa in Jamben, er ist in Prosa geschrieben,
in einer unleugbar markigen Prosa, die sich nur an einigen Stellen, besonders
in zwei Monologen Robespierres, zu dichterischem Schwung erhebt, sonst sehr
ternig, kraftgenial, bisweilen derb bis zum Cynismus ist. Die Charakterköpfe
der Revolutionsmänner, der terroristische St. Just, der gesinnungslose, leichtfertige
Barrère, der düstere, schwarzgallige Billaud, der rohe, oft betrunkene Henriot
sind mit einer frisch zugreifenden Rücksichtslosigkeit charakterisiert, welche wenig
salonfähig ist, so wenig, wie die Keckheiten der neuen „Robespierre"-Dichtung
von Eugenie belle Grazie. Der tugendsamen häuslichen Idylle von Robespierre
ist die Orgie von Passy gegenübergestellt, wo Barrère und seine liederlichen
Genossen der Freigeisterei der Leidenschaft huldigen, und hier in einzelnen Zügen
würde man die grelle Farbengebung der Zolaschen Schule wiederzuerkennen
glauben.

Von fast allen späteren Robespierre-Dramen unterscheidet sich das meinige
dadurch, daß es erst nach dem großen Konflikte mit Danton, der bei jenen den
dramatischen Mittelpunkt bildet, anhebt und das Streben Robespierres nach der
Diktatur, seine inneren Kämpfe und die Kämpfe mit den widerstrebenden Parteien

zum Inhalt hat. Die Einheitlichkeit der Handlung ist dadurch vollkommen gewahrt.
Die großen Haupt- und Staatsaktionen werden unbedenklich auf die Bühne gebracht,
so das Fest des höchsten Wesens am Schlusse des ersten Aktes, die stürmische
Sitzung vom 9. Thermidor am Schlusse des vierten; die Erstürmung des Stadt-
hauses im letzten Akt, und in diesen Hauptscenen ist zum Teil der Wortlaut des
„Moniteur" gewahrt; es ist dramatisierte Geschichtschronik, und wenn Griepenkerl
später in der Vorrede zu seinem „Robespierre" sagte, „die Bretter sollen erdonnern
unter dem Kothurn der Wirklichkeit", so mochte dies auch auf mein Drama
passen: wir beide konnten uns mit der Anlehnung der Shakespeareschen Historien
an die Holinshedsche Chronik decken; doch ich selbst bin später kein kritischer
Vorkämpfer der Weltgeschichte in puris naturalibus gewesen.

Viel in meinem „Robespierre" gehörte indes der freien Dichtung an: so die
Ausmalung und dramatische Verwertung der geschichtlich überlieferten Liebe des
geschmeidigen, eleganten, doch deshalb nicht minder mörderischen Republikaners
Tallien zu der schönen Gräfin Sophie Cabarrüs, die einen Haupthebel der
Verschwörung gegen den Diktator bildet. Daß Cécile Renauld einen Mordversuch
auf Robespierre machte, ist ebenfalls historische Thatsache; ich habe ihr in dem
Drama die Bedeutung einer zweiten Charlotte Corday gegeben. Dem Kultus,
welchen Cathérine Theot und ihre Sekte mit Robespierre trieb und der ebenfalls
von seinen Gegnern zu seinem Sturze benutzt wurde, habe ich einige Scenen
gewidmet, in denen das Theosophische vielfach in das Burleske aufgelöst wird;
auch diese Scenen haben einen kraftgenialen Zug. Leonore ist eine etwas
konventionelle Geliebte von Robespierre, stolz auf ihn und besorgt um ihn; daß
es wohl möglich war, diese Gestalt zu vertiefen, habe ich aus einem neuen Drama
von Welcker ersehen, worin die Geliebte des Helden innerlich gebrochen wird,
als sie sein Streben nach der Diktatur erkennt, das sie für einen Frevel hält
und an welches sie deshalb nicht glauben wollte. Dem Aufbau des Ganzen
fehlt es nicht an Steigerung; nur der dritte Akt geht aus ohne einen markanten
Einschnitt der dramatischen Handlung. — Nächst Robespierre ist wohl Barrère
die hervortretendste Persönlichkeit, der Prophet der Anarchie, wie ihn Tallien
nennt. Jener sagt von sich selbst: „Ich liebe die Unordnung und Verwirrung
wie ein Taschendieb, wie ein Beutelschneider. Ehe ich mir eine so zierliche
Schleife binde am Halstuch wie Max Robespierre, schnüre ich mir lieber die
Kehle zu. Wir sind alle so verzweifelt ordentliche Leute, daß es eine wahre
Wonne ist, wenn das Leben einmal unser wohlassortiertes Lager von Tugenden
und Begriffen in Brand steckt! Sieh, in den Schulen lehrte man uns viel vom
Staat und seiner Notwendigkeit. Das ärgerte mich schon immer, und jetzt freue
ich mich, daß unser notwendiger Staat so zersetzt und zersplittert ist, daß seine
Fäden herumfliegen wie Altweibersommer. Göttliche Freiheit, von wenigen ganz
begriffen, du Nymphe, deren geheimste Reize noch keinen Sterblichen beglückten!
Wir schießen uns tot um deinetwillen; doch all unser Thun ist immer noch ein schüler-
haftes Exerzitium, und die große Lehrerin Geschichte streicht uns mit Blut unsre
dummen Fehler an." — Und Robespierre selbst faßt am Schluß, als der Maire

Fleuriot ausruft: „Unsern Leib dem Staub, unsre Namen den Gestirnen!" die Tragödie seines Lebens in die Worte zusammen: „O, sie haben andre Dinge zu thun, als an uns zu denken. Und doch — sie müssen es, ja, sie müssen es! Mein Leben läßt sich nicht ausstreichen aus der Geschichte. Nun, so nehmt es hin, ihr künftigen !Geschlechter, flucht oder segnet! Mögen eure Ideen in dem Schoße des Friedens keimen, Völker beglückend zum Himmel wachsen — auch meine Idee war schön, doch sie war die blutige Tochter einer traurigen Vergangenheit, ihr Leben ein fiebernder Pulsschlag und Schrecken und Zwietracht ihre Begleiter!"

Wie man auch über die Schwächen dieses dem jetzigen Geschlecht gänzlich unbekannten Dramas denken mag — wer die Chronik unsrer Robespierre-Dramen und dramaturgische Parallelen über dieselben schreiben wollte, dürfte es keineswegs übergehen, da es in der Reihe derselben eine selbständige Stellung einnimmt.

Außer dem Drama „Robespierre" verfaßte ich mehrere Gedichte, von denen eines, in welchem ich thörichterweise wie Hoffmann v. Fallersleben das Beamtentum, damals in der That den Träger der preußischen Staatsmacht und Intelligenz, angriff, in die Hände der Polizei fiel. Ich gab mit Wittenburg eine handschriftliche Zeitschrift heraus, zu welcher auch ein junger Student, Ferdinand Lassalle, philosophische Artikel beisteuerte — und in dieser Zeitschrift befand sich das Gedicht, das wesentlich dazu beitrug, meinen Aufenthalt in Breslau abzukürzen.

Wenn man von Sallet absieht, so stand die schlesische Lyrik, insoweit sie nicht ein ganz provinzielles Gepräge trug, damals nicht gerade im Zustand der Blüte. Es war zwar ein neuer Lyriker aufgetaucht; aber er hatte nicht den Beifall der Studenten gefunden, die sich über seine Gedichte lustig machten. Der Poet war seines Zeichens Privatdozent auf dem Gebiete der deutschen Sprache und Litteratur; er las auch über die neueste politische Lyrik und keineswegs als nergelnder Reaktionär. Auch mich soll er in seinen Vorlesungen, denen ich nicht beiwohnte, erwähnt haben. In seiner Richtung und Gesinnung lag also nichts, was unsern Widerspruch herausfordern konnte. Doch dieser ziemlich hoch aufgeschossene Dozent verkehrte vorzugsweise in kaufmännischen Kreisen; er war ein maître de plaisir bei den Festen der Börse — und dadurch wurde er bei uns Studenten mißliebig; wir wollten nicht, daß ein akademischer Lehrer bei den „Schwungs" und „Ladenschwengeln" eine Rolle spiele. Im übrigen gehörte auch der Breslauer Kaufmannsstand in seiner Mehrheit der politischen Opposition an — aus ihm ging ja der spätere Märzminister Milde hervor. Unser Vorurteil konnte durch die Gedichte des jungen Germanisten nicht widerlegt werden; sie waren zum Teil platte Gelegenheitsgedichte für die Feste im Zwinger und an der Börse; es fehlte ihnen die lyrische Ader, und manches Hübsche, Genrebildliche entging unsrer mangelhaften ästhetischen Einsicht. Wir waren nur für den feurigen Schwung der politischen Lyrik begeistert; ja, eine ans Bedenkliche

ſtreifende poetiſche Novellette forderte unſern Spott heraus. Bei uns machte
dieſe Gedichtſammlung, die im ganzen ſpurlos vorüberging, Fiasko; ſie führte
den Titel: „In Breslau“, und der Dichter war kein Geringerer als Guſtav
Freytag, dem damals niemand ſeinen ſpäteren Ruhm vorausgeſagt hätte. Niemand wußte, daß er damals im Kaufmannshauſe Molinari in der Albrechtsſtraße
jene Studien machte, die er kaum ein Jahrzehnt ſpäter in ſeinem Roman „Soll
und Haben“ zur Erbauung für die ganze Welt verwerten ſollte.

Unter den Breslauer Profeſſoren befand ſich ein ſehr redegewandter Lehrer
der Philoſophie, Braniß, der aber einer Richtung angehörte, welche zwiſchen
den Alt-Hegelianern und Neu-Schellingianern in der Mitte ſtand. Er hatte ein
Werk über „die Philoſophie ſeit Kant“ zu veröffentlichen begonnen, war aber
in dem erſchienenen erſten Bande nur bis zu Kant vorgedrungen. Weiter kam
er nicht; das Werk blieb ein ſeinen Titel verhöhnender Torſo. Da er als
Originaldenker auch ein neues Prinzip zu Tage fördern wollte, womit Gott und
die Welt in ihrem wahrſten Weſen begriffen werden ſollten, ſo proklamierte er
als ſolches „das abſolute Thun“, womit er allen denjenigen Studenten vor den
Kopf ſtieß, deren Prinzip das abſolute Nichtsthun war. Die andern aber brachte
er durch ſeine Polemik gegen die neueſte Philoſophie, gegen Preßfreiheit, gegen
das ganze Zeitungsweſen auf; am ſchärfſten ging er mit Ludwig Feuerbach ins
Gericht, der unter uns zahlreiche Anhänger zählte. Er war ſcharf und ſchneidig,
um ſo mehr, als ſeinem Kathebervortrag nicht widerſprochen werden durfte.
Doch die Studentenſchaft ließ ſich dies nicht ruhig gefallen; ihr Unwille äußerte
ſich in den lebhafteſten Symptomen, im Fußſcharren, Trampeln, Hohngelächter.
Die Zeitungen nahmen von dieſen Vorgängen Notiz und verteidigten ſich nicht
allzuhöflich gegen die Anklagen des Profeſſors.

Da trat ein litterariſcher Famulus, Hermann Grieben, ſpäter ein tüchtiger
Redakteur der „Kölniſchen Zeitung“, in der „Breslauer Zeitung“ auf, tadelte
das Benehmen der Studenten und beſchuldigte diejenigen, welche jene Aeußerungen
des Profeſſors der Oeffentlichkeit hinterbracht hatten, großer Geſinnungsloſigkeit.
Max v. Wittenburg griff darauf den Profeſſor Braniß in der „Breslauer
Zeitung“ an, und zwar in einer ſehr ſcharfen Kritik, in welcher er den Vorträgen desſelben Wort für Wort folgte, alle Widerſprüche und Verkehrtheiten
nachwies und ihn anklagte, daß er die wahren wiſſenſchaftlichen Beſtrebungen
auf den Univerſitäten verdächtige; das alles war in anſtändigem Ton gehalten:
Wittenburg war eine ernſte und energiſche Natur. — Gegen Grieben aber ging
er anders vor; er lud ihn vor eine allgemeine Studentenverſammlung, damit er
hier ſeine Prinzipien rechtfertige und die Ausdrücke, welche die Studenten be-
leidigten, widerrufe. Und zahlreich erſchienen die Studenten, 300—400. Grieben
verteidigte ſich mit ſtockender Rede; er ſprach von der Pietät, die man dem Lehrer
ſchulde, von der Roheit des Studentenpöbels.

Wittenburg ſchlug ihn mit ruhiger Klarheit. Er hatte mich gebeten, ihm zu
ſekundieren. Ich hätte dies zwar unterlaſſen können, aber meine Freundſchaft
für Wittenburg, mein Intereſſe an der Prinzipienfrage, mein Beſtreben, für

künftige Volksvertretungen mein Rednertalent auszubilden, bestimmten mich, bei dieser studentischen Weltgeschichte nicht teilnahmlos zu bleiben. Ich sprach mit einem stürmischen Redefluß, mit dem mir gerade zur Verfügung stehenden Witz und erntete den lebhaftesten Beifall. Und noch ein andrer Student benutzte diese Gelegenheit, sein rednerisches Licht leuchten zu lassen; mit dünner Stimme, aber scharf, fein, mit unwidersprechlicher Logik ging er dem Inkulpaten zu Leibe; es war der spätere Volksredner Ferdinand Lassalle.

Der hinkende Bote kam nach. Schon vor der Versammlung war Wittenburg zum Rektor gerufen worden, der ihn wegen seines Zeitungsartikels zur Rede stellte und hinzufügte, er habe etwas von einer Versammlung munkeln hören, das müsse Wittenburg hintertreiben. In der That eröffnete dieser die Versammlung mit der Mitteilung, der Rektor habe ihn gebeten, sie aufzuheben; er stelle es den Studenten anheim, ob sie gehen oder bleiben wollten. Und alle blieben! Nun nahm Wittenburg keine Rücksicht mehr auf das mahnende Gewissen, das in Gestalt des Pedells an der Thüre stand. „Herr v. Wittenburg — im Namen Seiner Magnifizenz! — Was haben Sie Seiner Magnifizenz versprochen?" Doch diese unheimlichen Untertöne wurden von dem Leiter der Versammlung wie von allen andern überhört. Diese nahm ihren Fortgang, und Grieben wurde in Acht und Bann gethan.

Natürlich geriet Wittenburg sogleich in Untersuchung und wurde wegen vermessener und scharfer Kritik der Vorlesung eines Professors und wegen Bruchs eines dem Rektor gegebenen Versprechens mit dem Consilium abeundi bestraft. Dies wurde mit aller Strenge exekutiert; ein Pedell begleitete den Verbannten auf den Bahnhof, gleichzeitig aber auch ein Musikcorps, das sein Freund, der Studiosus Zipfel, zu diesem Zweck engagiert hatte.

Zipfel war ein merkwürdiger Sohn jener philosophischen Zeit; er hatte einen Zipfel der Metaphysik erwischt, doch ihm fehlten alle positiven Anhaltspunkte und er schwebte auf seinem Faustmantel haltlos in den Wolken. Er war der Dichter eines Stückes: „Der Sieg der Idee!", welches an altindische Dramen, wie „Der Mondaufgang der Erkenntnis" erinnern mochte; denn es spielten darin lauter Begriffe und Ideen mit. Die Tendenz ging nach seiner eignen tiefsinnigen Angabe darauf hinaus, daß die Idee siegt und die Geschichte hinterherunterfällt. Seine Verdienste als philosophischer Dichter konnten ihn indes nicht davor schützen, daß er wegen seiner freundschaftlichen musikalischen Begleitung ebenfalls das Consilium abeundi erhielt.

Ich selbst befand mich durch die Heimtücke des Zufalls in einer eigentümlichen Lage; ich hatte die Erlaubnis zur Immatrikulation, war aber noch nicht immatrikuliert worden, weil meine Papiere durch eine unverzeihliche Nachlässigkeit der Königsberger Universitätssekretäre so lange dort liegen geblieben waren, bis mir dieser Verzug zum Schaden gereichte. Jetzt gerade waren sie angekommen. — Als ich mich nun auf dem Sekretariat damit meldete, um mich immatrikulieren zu lassen, wurde mir der Bescheid, das ginge zunächst nicht an; ich hätte mich als Nichtstudent in studentische Angelegenheiten gemischt und müßte erst darüber vernommen werden. Auf dieſe Vernehmung wartete ich wochenlang und ſchrieb dann einen energiſchen Brief an den Herrn Univerſitätskurator und Polizeipräſidenten Heinecke, um mich nach den Gründen zu erkundigen, warum meine Immatrikulation ſo lange verzögert werde. Gleich am nächſten Tage wurde ich zum Polizeipräſidenten citiert, und es entwickelte ſich ein Geſpräch, das ich damals aufgezeichnet habe und das ich hier mitteilen will, weil es auf die in jener Zeit herrſchenden patriarchaliſchen Verhältniſſe ein charakteriſtiſches Licht wirft.

Heinecke: „Bitte, lieber Herr Gottſchall, nehmen Sie Platz!“ (Es geſchieht auf dem Sofa.) „Sie fragen mich wegen Ihrer Immatrikulation? Ich ſah mich genötigt, noch einmal Ihretwegen an das Miniſterium zu ſchreiben. Sie wiſſen ja, daß Sie bloß unter der Bedingung immatrikuliert werden, wenn Sie Ihre früheren Tendenzen nicht weiter verfolgen. Und doch traten Sie wieder in einer verbotenen Verſammlung als Sprecher auf und verbreiteten Gedichte unter den Studenten, wie die ‚Nationalkokarde‘, worin Sie uns Beamte mit einer numerierten Herde Schafe vergleichen. Die Sache, der Sie Ihre Talente widmen, iſt ſchlecht und verwerflich.“

Ich (den Polizeipräſidenten ſehr verliebt anſehend und mich mit großer Ruhe auf dem Sofa ſchaukelnd): „Entſchuldigen Sie, Herr Geheimrat, das kommt ganz auf Anſichten an!“

Heinecke (gerührt durch meine Liebenswürdigkeit, meine einſchmeichelnden Augen, meine ſchönen Locken, meinen Frack und mein ſchwerſeidenes Halstuch à fünf Thaler, ein Geſchenk von zarter Hand aus Berlin): „Um Sie iſt mir nicht bange; Sie werden in dieſem Liberalismus nicht ſtecken bleiben; das ſehe ich Ihnen an, dazu ſehen Sie mir viel zu geiſtreich aus! Aber um die andern iſt mir bange, denen Sie dieſe Ideen einflößen und die ſich nie mehr daraus retten können. Für dieſe muß ich Sorge tragen. Sie und Wittenburg — nun, man hat tauſend Beiſpiele, daß diejenigen, welche auf der Univerſität gefährliche Bahnen verfolgten, nachher gute Staatsbürger geworden ſind. Nach zehn Jahren wollen wir uns wieder ſprechen. Doch ſolche Gedichte, wie dieſe ‚Nationalkokarde‘ oder —“

Ich: „Ich halte dies Gedicht für ſehr unbedeutend!“

Heinecke: „Da ſind Sie zu beſcheiden; es iſt ſehr verwerflich! Ihren ‚Robespierre‘ habe ich geleſen, viel Talent, bedeutendes Talent; doch es war mir unmöglich, ihn die Bühnenzenſur paſſieren zu laſſen. Er hätte eine zu große Aufregung hervorgerufen; die eine Partei hätte Beifall geklatſcht, die andre gewünſcht, daß der Vorhang falle. Dieſen Tumult kann ich als Polizeipräſident nicht herbeiführen.“

Ich: „Herr Geheimrat — ich habe die Charaktere hiſtoriſch treu gehalten und muß vorausſetzen, daß das Publikum Bildung genug beſitzt, ein Drama bloß vom künſtleriſchen Standpunkte aus zu betrachten.“

Heinecke: „Unſer Publikum iſt noch nicht ſo weit; ich muß es nehmen, wie es iſt. Und was findet nicht alles ſeinen Beifall! Haben Sie den zweiten Band von Herweghs Gedichten geleſen?“

Ich (naiv): „Der iſt ja verboten?“

Heinecke: „Alles bewirft er darin mit Schmutz. Einen solchen Mann kann man sich doch nicht zum Vorbilde nehmen."

Ich: „Man muß überhaupt keine Vorbilder haben!"

Heinecke: „Mein lieber Herr Gottschall, es sollte mir sehr leid thun, wenn wir Sie verlieren würden!"

Dieser Schmerz wurde indes dem Geheimrat nicht erspart; es dauerte freilich noch geraume Zeit, bis mir die Hiobstunde zu teil wurde. Ich hatte in meiner Einsiedelei im Nebengebäude der Universität inzwischen einen Stubengenossen gefunden, einen charakterfesten jungen Mann Namens Anders. Der Oberbibliothekar, Herr Elvenich, ein Philosoph, hatte inzwischen dagegen protestiert, daß zwei Studenten in diesem Nebengebäude wohnten; er behauptete, das Prinzip der königlichen Bauten lasse das nicht zu. Wir hatten indes diesem Protest noch keine Folge gegeben, als das Schicksal in Gestalt eines Ministerialreskriptes eingriff. Ich saß eben in juristische Studien vertieft, mit der Ausarbeitung eines lateinischen Pandektenheftes beschäftigt, als der Pedell bei mir eintrat, mir ein Schreiben Heineckes überreichte, wonach durch ein Ministerialreskript vom 13. Februar meine Immatrikulation für unzulässig erklärt worden sei, auch könne man mir den Besuch der Vorlesungen und den Aufenthalt in Breslau nicht länger gestatten. Sogleich richtete ich ein Schreiben an den Polizeipräsidenten, worin ich ersuchte, mir die Gesetze mitzuteilen, gegen die ich mich vergangen hätte; ohne Verhör und Urteil dürfe doch kein preußischer Unterthan aus seiner Vaterstadt hinausgemaßregelt werden; ich hatte mehrere numerirte Punkte angeführt, über die ich Auskunft erbat. Nach einiger Zeit, während welcher ich ganz unbehelligt blieb, kam eine eingehende, sehr höfliche Antwort von Heinecke, in welcher Punkt für Punkt berücksichtigt wurde; der Refrain war freilich: ich sei im Irrtum, wenn ich glaubte, man müßte ein bestimmtes Strafgesetz übertreten haben, um aus einer Stadt verwiesen zu werden. Die Regierungen hätten das Recht unbedingt, um für das Wohl der Universitäten zu sorgen.

Als meine Ausweisung bekannt wurde, erregte sie großes Aufsehen; das Publikum war überhaupt in gereizter Stimmung und nahm für uns Partei. Wittenburg ging trotz des Verbots bisweilen in Breslau um — einmal suchten sich vier Polizisten seiner zu bemächtigen, als er auf den Bahnhof zurückfahren wollte, um den Bannbrüchigen in die Mater dolorosa, ein sehr anrüchiges Polizeigefängnis, zu schleppen. Da befreiten ihn vierzig Studenten von seiner Bedrängnis; er stieg in den Waggon unter lauten Hochrufen, an denen sich das ganze Publikum beteiligte. Ich selbst sollte bald der Gegenstand noch lebhafterer Ovationen werden. Die Studentenschaft erkannte mir die Ehre eines feierlichen Geleites zu. Mein Stubenbursche Anders mochte wohl die erste Anregung dazu gegeben haben. Nicht bloß die Burschenschafter beteiligten sich an dem Komitat, auch die Landsmannschaften. In der Deputation derselben befand sich der bereits vor längeren Jahren als Berliner Rechtsanwalt verstorbene Hiersemenzel, damals ein strebsamer Musenjünger, dem die Lyrik mit aller Stille und Verschwiegenheit ihre Weiheküsse erteilte.

Es war für ihn der Anfang einer Sturm- und Drangperiode, die an allerlei lustigen Abenteuern reich war; denn der blaß und schüchtern aussehende Jüngling konnte mit seinen damaligen und späteren Erlebnissen eine ganze Chronik füllen. Auch einige Breslauer Bürger hatten sich zu dem Komitat eingefunden, um ihre dem Kultusministerium feindliche Gesinnung an den Tag zu legen.

Vor dem Thore des grauen Bibliothekgebäudes auf dem Sande, wo meine klösterliche Wohnung war, wurde es auf einmal in unheimlicher Weise lebendig, vier- und sechsspännige Postwagen fuhren vor, die Posthörner schmetterten, Reiter sprengten mit blanken Hiebern in den Hof, Studentenmützen von den verschiedensten Farben wogten durcheinander. Ich stieg in einen schönen Wagen mit sechs Pferden — Extrapost, zwei Postillone hoch zu Roß, zu beiden Seiten galoppierten Studenten in vollem Wichs. Mir gegenüber saß mein Stubengenosse und der eine Deputierte der Bürger. Ein langer Wagenzug entführte mich der Vaterstadt; vor dem Gebäude des Polizeipräsidiums und Regierungskuratoriums hielt der Zug; die Postillone bliesen das wehmütige Lied: „Bemooster Bursche zieh' ich aus!" und weiter ging's nach dem oberschlesischen Bahnhofe, wo mir von Anders ein Hoch ausgebracht wurde, in welches das zahlreich versammelte Publikum einstimmte. Unter dem Gesange politischer Lieder ging's nun nach Ohlau, wohin mich viele Kommilitonen begleiteten!

Damals stand die öffentliche Meinung ganz auf meiner Seite. Ein so gemäßigtes Blatt wie die „Schlesische Zeitung" widmete mir am 4. März 1844 eine Art von Nachruf, in welchem sie sine ira et studio meine Antecedenzien, die verzögerte Immatrikulation und meine Beteiligung an einer verbotenen Versammlung erzählte und dann fortfuhr: „Gottschall ist durch mehrere Gedichte, besonders durch seine in Königsberg erschienenen „Lieder der Gegenwart" in weiteren Kreisen bekannt; in Breslau hatte er seine Mußestunden zur Abfassung eines Dramas „Robespierre" verwendet, das sein ausgezeichnetes Dichtertalent auf eine herrliche Weise bekundet. Leider stellten sich der Aufführung desselben — Herr Heckscher hatte es zu seinem Benefize gewählt — unübersteigliche Hindernisse entgegen! Wie wir hören, wird es der Dichter durch den Druck veröffentlichen. Herr Gottschall hatte sich in Breslau durch seine Bescheidenheit und Liebenswürdigkeit im Umgange sowie durch sein Talent, das ihm eine reiche Zukunft prophezeit, nicht bloß unter den Studierenden, sondern auch unter den gebildeten Bürgern viele Freunde erworben, die ihm an dem heutigen Tage, an welchem er aus ihrer Mitte schied, ihre Teilnahme noch besonders bezeugten."

(Fortsetzung folgt.)

Litterarische Revue.

Von

M. zur Megede.

Nicolai (Henrik Scharling): „Zur Neujahrszeit im Pfarrhause von Röddebo." — Rudolf Golm: „Ein falsches Liebeslied." — Theodor Fontane: „Die Poggenpuhls." — Margarete von Oertzen: „Das Recht ans Leben." — Maria Janitschek: „Ninive." — Richard Wendriner: „Föhn." — Friedrich Spielhagen: „Mesmerismus." — Ohsit: „Ilse." — Johannes Schlaf: „Frühlingslieder." — Robert Leinz: „Im Schmiedefeuer."

In dieser Zeit der Sonne und des Vogelgezwitschers, des Sprossens und Blühens ist es selbst für den Kritiker nicht leicht, einem Buche gerecht zu werden, in dem die schwere Luft, der Pessimismus und die Hoffnungslosigkeit vom Ende des Jahrhunderts wehen und weben.

Wie anders dagegen, wenn seine Augen über die Seiten eines Werkes gleiten, das, seinem winterlichen Titel zum Trotze, frisch und lieblich, duftend und erquickend anmutet wie ein Gruß aus dem Frühling des Lebens — ein Gruß der Jugend! Die neue sechste Auflage von Nicolais (Henrik Scharling) „Zur Neujahrszeit im Pfarrhause von Röddebo" beweist, daß auch das große Publikum diesen Reiz empfunden hat und zu würdigen versteht. Denn um ein „reizendes" Buch im höheren Sinne des Wortes handelt es sich hier, um eine Idylle, die im grünen Dänemark spielt und deren Held ein achtzehnjähriger Student ist, dem zwei schöne, kluge, liebenswerte Töchter seines Gastfreundes es angethan haben. Zwei! — Aber welche soll nun die Auserwählte sein?! Welcher darf er Hoffnungen für die Zukunft erregen?! Der Zwiespalt, in dem sich Herz und Gewissen des verliebten Jünglings verstricken, sein Schwanken, seine kleinen Abenteuer und verfänglich-unverfänglichen Situationen sind so natürlich, so köstlich wie Emmy und Andrea Margaret, und der Herr Pastor und die Frau Pastorin, wie Nicolais Brüder: „Corpus juris" und „der Alte", die, schon längst mit den beiden Pfarrfräulein einig, sie ihm zuletzt als ihre Bräute vorstellen. „Zur Neujahrszeit im Pfarrhause von Röddebo" (Dresden, Gerhard Kühtmann) gehört zu jenen seltenen Erscheinungen in der neueren Litteratur, die erfreuen und beleben zugleich und die deshalb, zumal der Jugend, gar nicht genug empfohlen werden können — einer Jugend, die es so traurig selten nur noch versteht, „trunken zu sein, ohne Wein"!

„Ein falsches Liebeslied" von Rudolf Golm (Dresden, Pierson) hat ebenfalls die Neigung eines Mannes zu einem Schwesternpaar als Gegenstand. Nur, daß diese Neigung von beiden erwidert wird und der Liebende und Geliebte ein vollkommen Moderner ist: blasiert, nervös, egoistisch, raffiniert, ein Mann, dessen Hauptreiz in seinem zur Schau getragenen Ueber-menschentum, seinem schwarzen Hidalgo-Bart und seiner Million besteht und der für die fin de siècle-Roheit seiner Gefühle das beste Zeugnis ablegt, wenn er bei seiner „Umverlobung" zu sagen wagt: „Leonie muß eben ihre paar Gefühle in den Eiskasten stellen, und Blanche holt eben ihre Gefühle aus dem Eiskasten heraus, und alles ist in bester Ordnung." Was im „Pfarrhause von Röddebo" natürlich, rein, erfrischend, wohlthuend wirkt, die Hauptgestalten, die Neben-personen, das ganze Milieu, das wirkt in „Ein falsches Liebeslied" peinlich, häßlich, beklemmend und beängstigend. Damit soll aber nicht gesagt sein, daß Rudolf Golm die Welt und die Menschen zeichnet, wie sie nicht sind. Nein, im Gegenteil, er beobachtet scharf und schreibt manch-mal sogar geistreich, aber sein „Falsches Liebeslied" wird dadurch nicht weniger mißtönend. Keine einzige Person vermag darin unsre Sympathie zu erwecken, nicht einmal die arme Blanche mit ihrer jungen, strahlenden Körperlichkeit, in der noch ein paar helle Funken des echten Weibes glimmen. Ihr tragisches Schicksal beginnt ja auch erst mit dem Anfang ihrer Ehe, das heißt am Ende des Buches, wo der Gatte abermals zu den hypergeistreichen Ueberspanntheiten und der Treibhausschönheit der älteren Schwester zurückschwankt!

Mit aristokratischer Künstlerhand und gewohnter Meisterschaft hat Theodor Fontane seine „Poggenpuhls" (Berlin, F. Fontane) zu greifbarster Wirklichkeit ausgestaltet. Eine abgewirtschaftete Adels- und Offiziersfamilie, zu gut, um zu sinken, zu schwach, um an die Oberfläche eines Lebens zu gelangen, deſſen Wellen längſt über ſie hinweggeſtiegen ſind. „Die Poggenpuhls" vegetieren nur noch, ſie kennen weder Haß noch Liebe, weder Fall noch Aufſchwung, weder Kampf noch Sieg. Ihren Originalen iſt jeder Großſtädter und beſonders jeder Berliner hundertmal auf ſeinem Wege durch die Geſellſchaft begegnet. Sie ſind nicht lächerlich, aber auch nicht verächtlich. Die meiſten ſehen über ſie hinweg und gönnen ihnen weder die wehmütige Teilnahme noch die mitleidige Bewunderung, die ſie ſo ganz verdienen. Töchter und Söhne der Poggenpuhls ſitzen noch an der Tafel des Lebens, ſie ſitzen untenan und nehmen ohne Schamröte die Almoſen beſcheidener Genüſſe von Verwandten und Freunden, von Chriſten und Juden! Es ſind weder Faulenzer noch Speichellecker, ſondern fleißige, anſtändige Menſchen, gute Kinder, liebevolle Geſchwiſter, die Theodor Fontane mit dem feinen, zarten Humor, der ihm ſo wohl anſteht, beleuchtet. Alle ihre kleinen, ungefährlichen, komiſchen Schwächen weiß er herauszufinden, aber während er ſie uns preisgiebt, meinen wir im Auge des Dichters einen feuchten Glanz zu erblicken und ein leichtes Zittern in der Stimme zu hören, die in vollendeter Form die grauſte aller grauen Geſchichten erzählt — die Geſchichte einer ſchickſalsloſen Familie.

In „Das Recht ans Leben" ſtellt Margarete von Oertzen (Minden i. W., Bruns Verlag) den ſtrengen Pflichtmenſchen, der keiner beſtimmten Epoche anzugehören braucht, neben den Genüßling unſrer Tage, der vom Daſein jede Annehmlichkeit fordert und jedes Leid beiſeite ſchiebt, einen Genüßling, deſſen Geiſt flach werden muß wie ſein Herz arm und öde. Der Lieutenant von Grenzky hat ſeiner ſterbenden Stiefmutter gelobt, daß er wie ein Vater für ihre beiden Knaben ſorgen will. Und er hielt ſeinen Schwur auf Koſten ſeiner Liebe und auf Koſten ſeiner glänzend begonnenen Carriere. Aber die Knaben danken ihm ſeine Opfer nicht und ertragen ſeine Vormundſchaft mit offenbarſtem Widerwillen. Der ältere, bereits ein Jüngling, iſt noch dazu in die Geſellſchaft eines Studenten geraten, der ſein Hirn mit verfrühter und unedler Lebensweisheit erfüllt. Die Brüder trennen ſich; um die Knaben in einer Berliner Penſion zu unterhalten, hat Grenzky ſeinen Abſchied genommen und iſt Gutsinſpektor bei einem alten, ebenſo liebenswürdigen wie originellen Ehepaare geworden. Fern vom Treiben der Welt, beginnt er ſich in ſeinem engen Kreiſe glücklich und heimiſch zu fühlen, da zwingt ihn ein beginnendes Lungenleiden des älteren Stiefbruders zu einer Reiſe nach Meran. In Meran aber wohnt ſeine Jugendliebe als Frau eines fanatiſchen Geiſtlichen, der in der Abtötung des Fleiſches und den Thaten einer etwas überſpannten Menſchenliebe väterliche Schuld zu ſühnen und eignen Frieden zu gewinnen ſucht. Natürlich iſt die Frau, die ihren Mann niemals geliebt hat, ſondern nur aus Sehnſucht nach Arbeit, nach einem Berufe ſeine Gattin geworden iſt, nicht glücklich. Zwiſchen den beiden, die ſich ehemals ohne Geſtändnis trennen mußten, ſchlägt die faſt erſtickte Liebesflamme von neuem auf. Grenzky meint auch perſönlich ein Anrecht ans Leben zu beſitzen, und ſeine Leidenſchaft findet im Herzen der geliebten und tief bemitleideten Frau den natürlichen Bundesgenoſſen. Nur noch eine Stunde, ein Schritt — und die beiden haben die Grenze überſchritten, von der es für ſie keine Rückkehr mehr giebt. Aber die Stunde verrinnt, und der Schritt wird niemals gethan. Die Pflicht ſteht dieſen beiden am letzten Ende doch ſo hoch, daß ſie ihr ſchweigend das Recht ans Leben zum Opfer bringen! Margarete von Oertzen erweiſt ſich in dieſer Geſchichte als eine Schriftſtellerin erſten Ranges. Ihre Geſtalten ſtrahlen von Lebenswahrheit und Friſche, die Situationen ſind ohne jeden Zwang, die Dialoge fließend und der Stil glatt, kraftvoll, ohne jedes Zuviel oder Zuwenig. Ein edler Geiſt, ein warmes Herz und eine geläuterte Lebensauffaſſung ſpricht aus jedem Worte. Mit ganzem Intereſſe und ganzer Sympathie folgt man dem Gange der Erzählung — bis Meran. Hier aber tritt die Ebbe ein. Johannes Gunter, der Geiſtliche, iſt eine widerliche Perſönlichkeit ſans phraſe, ein Halbverrückter, der ſeine Frau bis aufs Blut peinigt. Wie kann ſie bei ihm bleiben, wie kann Grenzky ſie aus Pflichtgefühl dem Elend eines Lebens überlaſſen, in dem ſie phyſiſch und moraliſch am Ende doch untergehen muß? Der Leſer kann über dieſen Sieg des Guten keine Freude empfinden, er kann ihn gar nicht einmal verſtehen. Mit unzufriedenen Gefühlen wird er deshalb in den meiſten Fällen ein Buch aus der Hand legen, das trotz alledem und alledem auch in ſeinem zweiten Teile noch ganz Hervorragendes bietet, in erſter Linie die Charakteriſtik des Stiefbruders Robert und ſein halb kindiſches, halb frivoles Liebesſpiel mit der kleinen, blaſſen Schwindſüchtigen, an deren Sarge ihm, zu ſpät, die Augen aufzugehen ſcheinen.

„Ninive" nennt Maria Janitſchek ihren neueſten, ſehr wahren aber auch ſehr bitteren Roman (Leipzig, Max Spohr). „Ninive" iſt in ihren ſcharfen, klugen und ehrlichen Augen die „Weltſtadt" oder der „große Kanal", in dem alle Schmutzkloaten des Reiches zuſammenfließen. Sie iſt der Schlupfwinkel aller dunkeln Exiſtenzen, die ungeſtört ihre Maulwurfs-

arbeit verrichten wollen. ‚Ninive‘ ist der Zufluchtsort der impotenten Halbkünstler. Hier
suchen sie durch Extravaganzen, durch Geschrei und Verbrüderung mit Tagesgrößen ihre unbekannten Namen dem Volk ins Gedächtnis zu prägen.“ „Ninive“ sind alle „nüchternen, staub-
heißen Millionenstädte, welche der geistige und physische Ruin der Nationen sind!“ In ein solches
„Ninive“ nun führt die Verfasserin ein junges, unerfahrenes, kaum halbgebildetes, aber reines und
kluges Mädchen. Sie führt sie in die sogenannten „geistreichen“ Zirkel, das heißt unter Litteraten,
Journalisten, Redakteure, Kritiker und deren Gesellschaftskreise. In wenigen Monaten läßt sie
Johanna Grün ihre schweren, schwülen, entnüchternden, aber auch heilenden Erfahrungen
machen. Daß das naive und enthusiastische Kleinstadtkind dabei „sich selbst“ behält, daß es sich
mit reinen Füßen aus einem Morast zu retten vermag, in dem so viele andre versinken, ist ein
Zufall, ein Glück, das einzige nicht ganz Realistische in diesem sehr beachtenswerten realistischen
Roman.

Für einen Band mit fünf Novellen hat Richard Wendriner den durchaus passenden
Gesamttitel „Föhn“ (Breslau, L. Frankenstein) erwählt. Denn austrocknend und vernichtend
ist der glutheiße, staubige Hauch unsrer Zeit über die Herzen, Seelen und Schicksale seiner
sämtlichen Helden hingefahren. Erfreulich ist es nicht, was er uns mit scharfer Beobachtung
und sicherer Feder mitteilt, aber als wahre Geschichten haben die Föhn-Novellen ein volles
Anrecht auf das Interesse und die teilnehmende Sympathie des ernsthaften Lesers.

Wenn die Liebe bei Richard Wendriner naturgemäß nur eine Nebenrolle spielt und im
Gewand des Alltags und mit vorsichtig gestutzten Flügeln auftritt, so singt uns Friedrich
Spielhagen in „Mesmerismus“ ihr Hoheslied, verlockt uns mit ihm zu den
dunkeln Tiefen des Uebersinnlichen hinabzusteigen. Die verzweifelnde Sehnsucht eines Mannes
„bannt“ die Geliebte, auf die er kein Erdenrecht besitzt, daß sie sich ihm in der Stunde ihres
Todes zeigen muß, und folgt ihr dann freiwillig in das unbekannte Land des Jenseits. „Mesmerismus“ hat alle Vorzüge der Spielhagenschen Muse: Wärme, Innigkeit, Vornehmheit,
sprachliche Schönheit und edle Naturtreue. Die zweite Novelle des Bandes: „Alles fließt“,
sticht scharf dagegen ab. Ihr etwas banaler Humor will dem Meister nicht zu Gesichte stehen
und vermag nur hie und da ein gezwungenes Lächeln hervorzurufen.

Mit echt französischer Grazie, in die sich aber doch zuweilen ein wenig Koketterie hinein-
mengt, ist die liebliche und rührende Geschichte „Ilse“ (Berlin, F. Fontane) von Ohsit,
alias Baronne Madeleine Deslandes, auf das Papier gekommen. Eine kleine Bambergerin
lernt unter Sonnenblumen vor ihrem schwarzen Häuschen am Wasser einen Prinzen und Lebemann kennen, der von Bayreuth herübergekommen ist, um die alte Stadt zu besuchen. Ihre
süße Schönheit und zarte Unschuld erfüllen seine blasierten Augen und sein beinahe ausgebranntes
Herz mit einem mehr poetischen als sinnlichen Entzücken. Aber die rasch auflodernde Flamme
sinkt bald wieder zusammen, der Prinz reist ab, und Ilse wartet bang und sehnsuchtsvoll auf seine
Wiederkehr. Sie wartet vergebens; er kommt erst, halb zufällig, halb widerstrebend, als ein
schneller, unerwarteter Tod ihrem kleinen Blumenleben ein Ende gemacht hat, und vermag nur
noch an ihrem Grabe zu trauern und zu beten. Der weiche, träumerische Ton des Originals
ist durch die Uebersetzung des Freiherrn Georg v. Ompteda aufs vollkommenste wiedergegeben.

Johannes Schlaf singt Frühlingslieder in die Lenzpracht hinaus, Frühlingslieder in Prosa! Ohne Zweifel sind sie sehr schön, sehr tief empfunden und sehr neu! Nur
daß mir persönlich das rechte Verständnis dafür abgeht. Es ist eben zu anstrengend, die stille,
leise atmende, unmerklich schaffende Natur auf beinahe hundert Seiten mit durch die Lupe besehn
zu helfen und Bilder und Empfindungen mit einem wahrhaft schwindelerregenden Schwall geistreicher Worte und frappierender Wendungen malen zu hören. Zur rechten Wertschätzung litterarischer Gaben wie Schlafs „Frühling“ (Leipzig, Verlag Kreisende Ringe, Max Spohr), wird
selbst das gebildete Publikum erst noch einen besonderen Geschmackskursus durchmachen müssen!

Auf dem festen Boden einer allgemein verständlichen Wirklichkeit und Kunst steht dagegen
Robert Leinz mit seinem Gedichtbande „Im Schmiedefeuer“ (Mannheim, Brodhoff
& Schwalbe). Ernst, ehrlich, mutig, warm und in knapper, eigenartiger, poesievoller Form
giebt er der Menge seine inneren und äußeren Erfahrungen, sein Ringen und Streben, Thun
und Denken preis. Man wird vielleicht nicht immer mit ihm übereinstimmen, aber man wird
ihn überall verstehen und zu würdigen wissen!

Berichte aus allen Wissenschaften.

Geschichte.

1815.

Es wirkt wie ein innerer Zusammenhang tiefbedeutsamer Symbolik, daß im April 1815, wo Napoleon zum letztenmal in den Tuilerien thronte, der Gründer des Deutschen Reiches schon in der Wiege lag. 1815 bildet gleichsam ein Vorspiel für 1870. Wie Belgiens Grenze den Kriegsmeister, Napoleon den Großen, vor Blücher flüchten sah, so sah sie Napoleon den Kleinen vor Moltke die Waffen strecken. So ergänzt „Sedan" den Todestag des ersten Empire bei Waterloo.

Wellington trug den Löwenanteil des Ruhmes davon, weil England eine Weltmacht und Preußen damals ein kaum wieder auferstandener Mittelstaat. In Wahrheit brachte Blücher nicht nur den Sieg, sondern auch die Rettung. Ihren Dank statteten Wellington und England beim Friedensschluß ab, wo Deutschland neuerdings um alle Früchte seiner Befreiung betrogen wurde.

Ueber Napoleon waltete diesmal ein Unstern, vom ersten Tage ab. Am 16. befand er sich in der irrigen Voraussetzung, Ney habe spätestens am Morgen, wenn nicht schon am 15. abends, Quatrebras in Besitz genommen. 5 Uhr abends des 15. hat Ney die Ordre richtig empfangen, und alle Nergeleien des grimmen französischen Napoleonhassers Charras waschen den Marschall nicht rein. Warum hielt Ney das Corps Erlon noch am 16. so weit zurück? Gerade wenn er fürchtete, in Wellingtons ganze Macht hineinzustoßen — seine treffliche Reiterei hätte ihn aber bald durch Auskundung belehren können, wie geringe Streitkräfte bei Quatrebras standen — oder von Blücher rückwärts auf der Straße Sombref-Marbais-Quatrebras gepackt zu werden — als ob nicht Napoleon selbst Blücher in jedem Fall gefesselt hätte —, mußte Ney erst recht seine ganze Macht konzentriert halten. Um 2 Uhr mittags des 16. sandte Napoleon nochmals Ordre, kräftig zu agieren und süd-östlich gegen die Preußen einzuschwenken, um ¼4 Uhr nochmals: „Das Schicksal Frankreichs liegt in Ihren Händen," endlich noch einen Bleistiftzettel durch einen General: Sei Ney zu stark gegen Wellington engagiert, solle er wenigstens Corps Erlon auf Sombref schicken. Spätestens um 5 hätte Ney diese rechtzeitig gegebene Ordre erhalten können, es geschah dies aber erst um 6 Uhr, als bereits Ney in heftigstem Kampfe stand. Das hätte aber nichts geschadet, denn die kaiserlichen Boten stießen unterwegs auf das von Ney — zu spät — gerufene Corps Erlon und übermittelten ihm den Wunsch des Kaisers. Infolge dessen tauchte dasselbe wirklich bei St. Amand auf, wohin es sich halb verirrt hatte, und erregte dort um ¼6 Uhr eine Panik bei dem Corps Vandamme, weil man eine englische Unterstützungs-kolonne vermutete. Napoleon hatte schon die Garde in Bewegung gesetzt, um bei Ligny durchzubrechen, da er hoffte, einen Teil Neys im Rücken der Preußen bei Sombref erscheinen zu sehen. Eine volle Stunde verstrich, ehe man den Ursprung des Corps enträtselte; un-glaublich genug, daß Erlon dem Kaiser keine Meldung entgegenschickte. Statt aber nun, wie es die Sachlage gebot, sofort die preußische Flanke zu entwickeln, verschwand Erlon plötzlich, nachdem sich gerade tröstlich aufgeklärt, was diese 20 000 Streiter hier zu suchen hatten. Ney hatte in seiner Bedrängnis Erlon gemessenen Befehl gesandt, zu ihm nach Quatrebras umzulenken, er und — natürlich erst nach 9 Uhr ankommen konnte, als schon alles vorüber war. Ney durfte nicht Erlon zurückrufen, Erlon durfte dem Marschall nicht ge-horchen, sondern seinem obersten Kriegsherrn. Die widersinnige Annahme von Charras, Napoleon habe den Abmarsch Erlons nach Quatrebras bewilligt, bedarf keiner Wider-legung. Auch hat Erlons Divisionär Durutte bezeugt, daß Napoleon nochmals, gerade als Erlon sich anschickte, den verhängnisvollen Spaziergang zwischen Ney und Napoleon anzutreten, ihn dringend ersuchte, bei St. Amand einzugreifen. Erlon verdiente also ein Kriegsgericht.

Daß Napoleon, in Unruhe über das neben und hinter Bandamme auftauchende Corps, den Zentrumsangriff zwei Stunden verzögerte, hat ihm außerdem noch geschadet, da so das Gemetzel in den Dörfern zu lange und nutzlos Kräfte verzehrte gegen die preußische Uebermacht, und da wegen der späten Entscheidungsstunde keine Verfolgung mehr eintreten konnte, was zugleich über die Richtung des preußischen Rückzugs in der Nacht so verhängnisvoll enttäuschte. Andrerseits scheint er das Corps Lobau noch nicht zur Hand gehabt zu haben, dessen Eintreffen er vielleicht abwarten wollte, und es ist fraglich, ob ein Durchbruch, den die Dämmerung begünstigte, bei hellem Tage überhaupt geglückt wäre. Nicht nur Clausewitz und Charras, sondern sogar der napoleonfreundliche Jomini und neuerdings Graf York („Napoleon als Feldherr" II. 391) entschuldigen zwar Ney, daß er am 15. Quatrebras nicht nahm; selbst wenn wir dies zugeben, bleibt doch sein Zögern bis Nachmittag am 16. unverantwortlich und noch mehr seine heillose Unthätigkeit am 17. Wieder erst nachmittags merkte er, daß Wellington schon vormittags den Rückzug von Quatrebras nach Waterloo antrat, statt ihm an der Klinge zu bleiben und ihn hierdurch so lange aufzuhalten, bis möglichenfalls der Kaiser von Sombref her nordwestlich in Wellingtons Flanke marschierte. Um 9 Uhr vormittags kannte Ney bereits den günstigen Ausgang der Schlacht von Ligny, und erst um 10 Uhr traf Wellington auf die gleiche Nachricht hin seine Anstalten. Hingegen trägt Napoleon die Schuld, daß er das noch unberührte Corps Lobau und Milhaud (13000 Mann) zu spät am 17. in Marsch setzte, um Wellington noch flankierend einzuholen. Wenn er selbst mit 18000 Garden rechtzeitig folgte und Ney mit jetzt vereinten 45000 Mann Wellington sofort drängte, so rettete Letzteren nichts vor einer zermalmenden Niederlage, die er am 17. nachmittags auf den Weg nach Brüssel mitnehmen mußte. Er hätte sich dann nicht mehr vor Brüssel setzen können. Der excentrische Marsch Blüchers über Wavre aber wäre in seinem Vereinigungszweck illusorisch geworden, hätte sogar die Existenz des preußischen Heeres in Frage gestellt, das zwischen zwei Feuer geriet, falls Napoleon dann östlich schwenkte und Grouchy über Wavre nachstieß. Diesen Marschall sandte Napoleon am 17. mittags viel zu spät hinter den Preußen her, die er nach Namur flüchtend wähnte. Bis zum Abend legte Grouchy nur eine Meile zurück, erst um 11 Uhr vormittags des 18. ereilte er die preußische Nachhut bei Wavre. Daß er so die Spur der Preußen verlor und irreführende Rapporte sandte, fällt ihm zur Last, nicht aber, daß er nicht nach St. Lambert hinter Bülow hermarschierte, als es schon zu spät war und er erst 8 Uhr abends dort hätte anlangen können. Was auch Napoleon auf St. Helena zurechtdichtete, läßt sich gleichwohl feststellen, daß er um 4 Uhr nachmittags wissen mußte, heut sei nicht mehr auf Grouchy zu rechnen. Unentschuldbar aber bleibt, daß Grouchy nicht — gemäß Napoleons ausdrücklicher Weisung, sich immer rechts der Brüsseler Chaussee zu halten — durch Entsendungen seine Verbindung mit dem Hauptheer unterhielt und so Blücher ermöglichte, sich zwischen Napoleon und Grouchy einzuschieben. Da nun Napoleon seine rechte Flanke durch Grouchy gedeckt glaubte, trifft ihn der Vorwurf nur halb, daß er die Hohlwege bei St. Lambert in seiner Rückenflanke gegenüber Belle Alliance, wo er am 17. abends beobachtet habe, unbesorgt um das gänzlich unwahrscheinliche dortige Eintreffen Bülows. Bei dem Blücherschen Heer befanden sich nicht weniger als 62000 Landwehrleute zu Fuß und zu Pferd, genau die Hälfte des Ganzen, das auf 124000 Streiter angegeben wird, von Damitz und Wagener allerdings nur auf 116000. Hiernach erklärt sich auch die verschiedene StärkeAngabe für den 16. Juni, wo Blücher nach letzteren Quellen nur 82000 Mann gehabt haben würde, mit 216 Geschützen. Napoleon hätte, da er die 5000 Mann Girard von Ney an sich zog, 75000 Streiter zählen müssen; die Angaben für die einzelnen Corps schwanken freilich; so zum Beispiel soll Milhaud nur 2900 Pferde gehabt haben, doch sogar General Thoumas, der genaue Quellenforscher in Sachen napoleonischer Reiterei („Les grands cavaliers du premier Empire") bestätigt die höhere Ziffer 3600. Da aber mindestens

7000 Mann Lobaus nicht zum Schlagen kamen, so stimmt die heut gültige Angabe von 68 000 Mann mit 210 Geschützen. Nach Gourgaud betrug die Garde freilich fast 21 000 Mann, während wir sie, abzüglich der 1500 leichten Gardereiter, nur auf 17 000 annehmen.

Die Schlachtentwicklung bei Waterloo ist nicht besonders kunstreich. Auf seiten Wellingtons dreht sich alles um die Besorgnis für den rechten Flügel, wo er umgangen zu werden fürchtet und 25 000 Mann nach Hal und Braine abzweigt. Französischerseits wird beiläufig bemerkt, 2000 Reiter (Piré?) hätten auch wirklich nach dieser Richtung am 17. demonstriert, um den Feind in seinem Wahn zu bestärken; eine umständliche Maßregel, zu der es gewiß an Zeit gebrach. Dagegen ließ Napoleon absichtlich 3 Divisionen Reilles zuerst den starken rechten Flügel Wellingtons angreifen, um diesen dort zu fesseln. Eine Division davon und eine Erlons hielten nach der Mitte zu, während 3 Divisionen Erlons den Hauptangriff auf den schwächeren linken Flügel ausführten, wo die Verbündeten endgültig voneinander abgedrängt werden konnten. Da dieser Versuch scheiterte, das Zentrum aber schwach und ohne Reserven war, wurde nunmehr von 4 Uhr ab alle Kraft dorthin gerichtet. Es wird Ney hierbei zur Last gelegt, daß er die Reiterattacken zugleich nach dem rechten Flügel hin zersplittert und sich an unberührten feindlichen Massen abgemüht habe. Ist dem so, müssen Umstände des Geländes, die zu einer breiteren Front zwangen, dies verschuldet haben.

Bei Ligny fand derselbe Vorgang statt, nur planvoll und daher mit besserem Erfolg: Napoleon demonstriert gleich anfangs gegen Thielmann, offenbar um Blücher glauben zu machen, er wolle ihn von Bülow und der Rückzugslinie nach Namur abschneiden, wirft aber dann seinen stärksten Flügel auf St. Amand, um dort die Verbindung der Verbündeten zu zerschneiden. Er erwartete dort ein Eingreifen Neys, sowie Blücher umgekehrt eine Hilfe Wellingtons; beide Hoffnungen erwiesen sich als trüglich. So entschloß sich denn Napoleon, auf die strategische Entscheidung durch Trennung der Verbündeten zu verzichten und den taktischen Vorteil eines Zentrumstoßes dafür einzutauschen, da er Blüchers Mitte entblößt sieht. Es gelingt; die mit Zentrumsdurchbruch stets verbundene Verwirrung tritt auch ein; die Preußen bewahren jedoch ihre Ruhe, so daß die Krisis nicht zum Aeußersten führt.

Die Schlacht bei Ligny war für die Preußen noch blutiger als am 18. die Erstürmung von Planchenoit, die allein den 28 000 Mann Bülows 6346 Mann, wovon 4829 auf die Landwehr entfielen, gekostet hat. Denn die am 16. meistbetroffenen Brigaden Steinmetz, Krafft, Jahow in einer Gesamtstärke von etwa 21 000 Mann verloren je de durchschnittlich 2400 Mann, also aufs Ganze gerechnet 34 Prozent. Diesen Verlust hat 1870 nur unsre 38. Brigade bei Mars la Tour übertroffen, selbst die Verluste der Gardebrigaden am 18. August bleiben dahinter zurück. Der Regimentsverlust entsprach sich gleichfalls 1815 und 1870. (Vergleiche „Geschichte des 1. Westfälischen Landwehrregiments" von F. Harkort.) Andre Körper wie Brigade Tippelskirch verloren bei Ligny 1900 Mann, so viel wie französischerseits Division Gérard, die am meisten litt.

Ueber die Truppenverteilung am 16. Juni herrscht immer noch Unklarheit. Napoleon, der es doch wissen mußte, führt zum Beispiel in den Memoiren von St. Helena ausdrücklich die leichte Gardecavallerie unter der Verlustliste von Quatrebras an, während in keiner Schlachtrelation ein Wort davon steht, daß sie überhaupt zur Verwendung kam. Vielmehr will eine deutsche Quelle (Wetter II 395) die drei Garde-Kavallerieregimenter Lefèbvres sogar im Rücken der preußischen rechten Flanke bei St. Amand erscheinen lassen. Offenbar ist dies aber eine Verwechslung mit der Kavalleriedivision Erlons, die thatsächlich nebst Division Durutte von Erlon hier belassen wurde, während das Gros desselben zu Ney marschierte. Erlon hätte demnach sowohl Napoleon als Ney Rechnung getragen. — Es scheint ferner, daß das Corps Lobau fast völlig intakt blieb, da es laut Kauslers Schlachtenatlas Seite 672 erst um 7 Uhr abends bei Fleurus anlangte. Es bleibt ungewiß, was Grolmann-Damitz I 156 damit meint, daß dies Corps „nicht mit zu den Reserven Napoleons gerechnet werden kann". Sporschill meint VIII 163, daß „ein mäßiger Teil" Lobaus gegen Thielmann verwendet worden sei, Seite 155 dagegen sagt er bezüglich „einigen Fußvolks", das der Reiterei Grouchys beigegeben war: „Von welchem Corps ist nirgends angegeben." Dies ist ein Irrtum, den französische neueste Darstellungen lichten: Division Hulot vom Corps Gérard focht dort, so daß Gérard bei Ligny nur zwei Divisionen zur Verfügung hatte. Grouchy und Gérard zusammen verfügten nur über 19500 Mann, da Grouchy die 1500 Pferde der Reiterdivision Subervie zu Vandamme hinübersenden mußte, weil dort 48 preußische Escadrons sich sammelten. Rechts und im Zentrum fesselten also rund 20000 Franzosen volle 40000 Preußen: das Corps Thielmann, 24000, und die kleinere Hälfte der Corps Pirch und Ziethen, etwa 16000 Mann. Der abendliche Versuch, 8000 Mann Thielmanns nach Sombref hinüberzuziehen, kam zu spät, um den schon vollzogenen Durchbruch bei Ligny aufzuhalten. Dorthin hatte Blücher 15 Bataillone Ziethens, aber nur 9 Pirchs geworfen, während Pirchs 27 andre Bataillone die bei St. Amand stehenden Brandenburger Ziethens verstärkten. So drängten sich an dieser Stelle etwa 45000 Preußen zusammen gegen 32000 Franzosen (Vandamme 18000, Gérard 5000, Junge Garde 5000, Chasseurbrigade der Alten Garde 2500, Reiterdivision Subervie 1500), während Ligny selbst nur von 16000 Preußen gehalten wurde. Da letztere erst nach und nach eingesetzt wurden, begreift sich, daß Gérard mit kaum 10000 Mann anfangs Vorteile errang, ohne sie jedoch erweitern zu können, daß aber dann 10000 Mann alte Garde, 3500 Kürassiere Milhauds und wahrscheinlich noch Division Teste vom schwachen Corps Lobau als Reserven ein volles Uebergewicht am Entscheidungspunkte erzielten. Dies Stärkeverhältnis liefert den Maßstab für Napoleons geistvolle Führung.

Es steht fest (Siborne, Beamish, Chesney, Charras, Müffling, Grolmann-Damitz stimmen hierin überein, auch Clausewitz VIII 63 bis 67, vergl. auch Varnhagens Blücherbiographie Seite 428 und die bündige Darstellung in Scherrs Blücherbuch III 375), daß Blücher die Schlacht von Ligny nur annahm, weil Wellington kräftigste Beihilfe versprach. Auch der Stabschef des Ziethenschen Corps, Oberst v. Reiche, bezeugt dies in seinen Memoiren II 184 als Ohrenzeuge. „Um 4 Uhr werde ich hier sein," beteuerte Wellington beim Abreiten von der Windmühlenhöhe von Bry. Das war nun wirklich von dem britischen Feldherrn ein starkes Stück! Denn um diese Zeit hat er bei Quatrebras nur 20000 Mann sammeln können und erst am Morgen des 17. soll er dort angeblich zwischen Nivelles und Quatrebras 70000 Mann von Brüssel herangeschafft haben, wovon aber sicher nur 40000 bei letzterem Orte konzentriert standen. Wenn er überhaupt am 15. versichert hatte, er könne sich binnen 22 Stunden sammeln, so macht solch arge Verrechnung seinem Ueberblick wenig Ehre.

Es heißt also die kollegiale Großmut Blüchers überschätzen, wenn man ihm unterschiebt, er habe den Schlag Napoleons aufgefangen, um Wellington Zeit zum Sammeln zu gewähren. Weit entfernt davon, hat er vielmehr nur auf Wellingtons Beihilfe gerechnet. Beide verbündete Feldherren glaubten die feindliche Gesamtmacht, irrtümlich auf „130000" geschätzt, bei Fleurus vereint. Das nimmt wunder, da Wellington noch am 15. den Sambreübergang bei Charleroi für ein Scheinmanöver hielt und den Hauptstoß über Mons-Nivelles erwartete. Am vorigen Tage war schon Division Gérard vom linken Flügel Neys über Gosselies vorgebrochen, hatte sich dann freilich in Verfolgung der Brigade Steinmetz bis St. Amand rechts gewendet. Die Masse des Corps Reille lagerte aber bereits auf der Brüsseler Chaussee und die Vorhut Neys plänkelte bei Frasnes. Nun hatte Wellington allerdings, am Vormittag des 16. rekognoscierend, vor Quatrebras keine feindlichen Massen bemerkt und wurde an der Annahme irre, daß die Franzosen auch gegen Brüssel mit Macht vordringen würden. Es ist daher — so seltsam wiegen im Kriege sich oft Vorteil und Nachteil auf — die sträfliche Trägheit Neys dem Kaiser zu statten gekommen, da Wellington sonst seine Zusage an Blücher nicht gemacht und letzterer dann wahrscheinlich die Schlacht nicht angenommen hätte. Auf das Eintreffen Bülows konnte er nicht zählen, das aus widersprechenden Angaben von Clausewitz und Grolmann gefolgert werden darf, daß Bülow erst am 15. den Vormarschbefehl erhielt. Da nun die Vereinigung von 86000 Preußen bei

Sombref nicht mehr gehindert werden konnte, woran auch Napoleons Aufbrechen am frühen Morgen des 16. nichts änderte, da Pirch schon um 10 und Thielmann um 12 Uhr bei Ziethen anlangten, so blieb es für Napoleon noch der günstigste Fall, daß es zur Schlacht kam. Denn ein Rückzug Blüchers zu Wellington hätte die Vereinigung beider Feldherren beschleunigt. Doch sagt Beizke mit Recht, daß Blücher „dann auf die Brüsseler Chaussee geworfen" wäre, wobei dann Ney oder mindestens Erlon ihre Flanke gefährden mußten. Bog Blücher aber einfach nach Namur aus, um sich mit Bülow zu vereinen, so wurde jede Verbindung mit Wellington aufgehoben. Freilich blieb dann Napoleons Rückzugslinie über die Sambre dauernd durch die preußische Flankenstellung gefährdet, er konnte aber Wellington rasch zertrümmern und dann über Maftrich die preußische Rückzugslinie seiner- seits bedrohen. Ueberhaupt hatte man sich preußischerseits schon darauf gefaßt gemacht, daß Napoleon, ohne sich um Wellington zu kümmern, eine östliche Angriffsrichtung auf Namur wählen werde, das Corps Ziethen bei Charleroi links liegen lassend. Dann hätte man sich notgedrungen von Wellington entfernt, um die Verbindung mit der Heimat zu wahren, indem man sich am rechten Maasufer sammelte. Nach Grolmann-Damit hatte man diese Eventualität bereits fest in Aussicht genommen. Napoleon, der dann natürlich seine Gesamt- macht zusammenhielt, wäre mit 120000 Mann auf 85000 Preußen Pirch-Thielmann-Bülow gefallen, da man zur Deckung des Etappenknotenpunkts Lüttich eine Schlacht wagen mußte, und warf er Blücher ostwärts zurück, konnte dann Corps Ziethen an der Sambre abge- schnitten werden. Wenn Wellington aber erst am 18. vor Brüssel teilweise vereint stand, so hätte er gewiß nicht vor dem 20. angriffsweise verfahren können. Bis dahin aber konnte das preußische Heer über den Rhein geworfen sein und Napoleon nun nordwestlich auf Brüssel in die Flanke Wellingtons stoßen, um ihn nach Antwerpen zu drängen. Warum unterließ der Imperator diese Operation? Offenbar in der Befürchtung, Blücher werde nicht standhalten, sondern nördlich zu Wellington ausbiegen, was zwar an sich aus Ver- pflegungsgründen bedenklich, für Napoleon aber wegen seiner numerischen Schwäche vor allen Dingen zu verhüten war. Hegte er wirklich solche Besorgnis, so stimmt dies nicht zu seiner sonstigen Geringschätzung der preußischen Strategen, und er hätte ihnen dann auch den Marsch auf Wavre später zutrauen dürfen. Doch was Gneisenau zu diesem ge- wagten Entschlusse bewog, wird wohl nebenbei auf zwei Umstände zurückzuführen sein, die noch niemand berührte. Erstens nämlich: daß Bülow seine Ankunft bei Gemblour (Linie Sombref-Wavre) meldete, ein Rückzug östlich nach Namur aber Bülow in schlimme Lage bringen konnte, bis er wieder die Chaussee Namur-Sombref erreichte. Zweitens, später: daß Wellington über seinen „Sieg" bei Quatrebras entstellende Angaben machte, als ob er bort einen französischen Hauptteil geschlagen habe. Hätte Gneisenau gewußt, daß sein Kollege sich nur mit schwerer Mühe gegen nur 20000 Franzosen behauptet und auch jetzt noch nicht seine Kräfte vereint habe, würde er sich wohl bedacht haben, sich auf ein solches Abenteuer einzulassen. Denn ein geschlagenes und teilweise zerrüttetes Heer (man denke an die 8000 Flüchtlinge auf der Lüttcher Chaussee), so ungebrochen sich auch der moralische Faktor der altpreußischen Truppen erwies, wird am wenigsten daran denken, seine natür- liche Basis für Proviant- und Munitionsnachschub preiszugeben, statt sich gerade dort wiederherzustellen — eine Maßregel, die in gesamter Kriegsgeschichte einzig dasteht. Hätten Napoleon und Grouchy ähnliche Energie entfaltet, so sah der 18. und 19. Juni beider verbündeten Heere Untergang. Doch — „es mußte nun so sein", sagt Dieterich von Bern im Niebelungenlied.

Am 7. Juli zog Blücher in Paris ein, tags darauf Ludwig XVIII.

Am 20. November wurde der zweite Pariser Friede geschlossen. Man hätte Frank- reich alles dem Deutschen Reich seit 200 Jahren geraubte Gebiet, etwa 1000 Quadratmeilen, abnehmen können, zum wenigsten die 615 Quadratmeilen des alten Elsaß-Lothringen. Aber Deutschland durfte um keinen Preis einen Machtzuwachs erhalten, und so unterblieb dann jede Annexion. Talleyrands Machenschaften siegten ob, Metternich, Wellington und der Zar empfanden plötzlich das innigste Mitleid mit Frankreich. Preußen, das den schweren Kampf fast allein durchfocht, erhielt sogar nur ein Fünftel der Kriegskontribution (150 Millionen Franken). Am 6. September stiftete der Zar auf der Heerschau zu Vertus sogar die „Heilige Allianz", die Krönung des Reaktionsgebäudes.

Am 15. Juli betrat Napoleon den Bellerophon, am 16. Oktober St. Helena. Lord Byron aber sang im „Childe Harold", was Unzählige dachten: „Fiel der Leu nur, damit die Wölfe freie Birsch haben?"

———

Wellington hatte, nach Chesney, 94000 Mann, wobei 14500 Reiter, 116 Geschütze. Daß er bei Waterloo nur 68000, wovon 24000 Briten von 31253, versammeln konnte, macht ihm gewiß keine Ehre. Napoleon hatte bei Waterloo 49000 Gewehre, 15700 Säbel, 245 Geschütze. Neuerdings ist (Horsburgh, „Waterloo", London 1895) bezweifelt worden, daß der Angriff erst um 1 Uhr erfolgte. Die Angaben schwanken zwischen 10, 10½, 11, 12, 1 Uhr! Bezüglich der Wegnahme von La Haye zwischen 2, 3½, 5, 6 Uhr! Da Duhesme 4000, Morand und Friant je 4500 zählten (Gardereiterei und Artillerie dazu 6000), so sind 8 Bataillone Friants nach Verlust bei Ligny nur = 3000 Mann zu schätzen. Maitland und 52er warfen die Garde, sogar die Osnabrücker Landwehr soll sich dabei beteiligt haben. Wellington sah sich bemüßigt, obschon er in Spanien mehrfach die deutsche Legion ungerecht in seinen „Depeschen" überging, nach Waterloo in erster Linie die deutschen Führer Alten und Ompteda zu nennen. Siehe „Christian v. Ompteda" von L. v. Ompteda, 1892, worin Napoleon fälschlich auf 75000, Wellington auf 55088 Streiter berechnet wird.

Ueber das Verhalten Erlons hat neuerdings Dr. Hage („Militärische Rundschau" 1896) eine neue Untersuchung angestellt, die Napoleon völlig entlastet, dagegen Ney und Erlon noch mehr belastet. Auch Chesney und Ropes neigen dieser Meinung zu, Horsburgh nennt das Benehmen Erlons „a system of delay, for it can be characterized by no milder term". Erlon verfaßte seinen abschwächenden Bericht über diese Affaire 1829, dagegen hat Oberst Baudus, Soults Adjutant, 1841 scharf opponiert. „Sie haben Frankreich ruiniert," sagte Napoleon am 17. mittags zu Erlon und schrieb morgens an Ney einen geharnischten Brief: somit ist sicher, daß Ney die von ihm abgeleugneten genauen Befehle erhielt, auf die auch der Kaiser ausdrücklich Bezug nimmt. Hingegen befindet sich in Dr. Hages sonst überzeugender Beweisführung ein wunder Punkt. Er vermag nämlich die offenbare Ueberraschung Napoleons über Erlons Erscheinen und sein nicht direktes Heranrufen Erlons, sobald er von dessen Nähe unterrichtet, nur halb zu erklären: daß Napoleon ja Erlon nicht bei St. Amand, sondern bei Bry erwartet und sodann einen nochmaligen Befehl an Erlon für überflüssig erachtet habe.

Letzteres leuchtet ja ein, denn von einem französischen General, zumal von der Erfahrung Erlons, durfte doch bestimmt erwartet werden, daß er sofort ins Gefecht eingriff. Hatte doch über Bernadotte schon kriegsgerichtliche Untersuchung geschwebt, als er am 14. Oktober 1806 in durchaus ähnlicher Lage bei Dornburg zwischen Napoleon und Davout thatlos stehen blieb, offenbar aus üblem Willen. Was einem Marschall beinah den Hals brach, das durfte erst recht kein bloßer Corpsgeneral zweiten Ranges wagen. Allein Napoleon hat Erlon auch nicht bei Bry erwartet, sondern nur eine Kolonne von 10000 Mann, die er ausdrücklich von Ney verlangt hatte. Dies war unbedingt das richtigste, denn 20000 hätten in der Abendkrisis kaum mehr vermocht als 10000: letztere genügten vollkommen, um Blücher durch einen Rückenstoß den Genickfang zu geben, während 20000 sich gar nicht mehr hätten entwickeln können.

Die Hälfte Erlons hier, die andre Hälfte bei Quatrebras, das war die Lösung des Problems. Hätte Ney sich also begnügt, die Hälfte Erlons zu sich zu rufen, so konnte noch alles gut gehen. Daß er aber 1. die vom Kaiser verlangten 10000 auf Bry nicht senden konnte, weil sein Versäumnis am 16. früh und der langsame Marsch Erlons diese

Möglichkeit aufhoben, 2. aber nun Erlon ohne Not zu sich befahl, nachdem derselbe schon beim Schlachtfeld des Kaisers stand, und Erlon diesem wahnsinnigen Befehl gehorchte, bloß weil Napoleon ihm nicht noch expreß den selbständigen Befehl zum Eingreifen sandte, — davon wird kein Charras je die beiden reinwaschen können.

Verwickelter liegt der Fall Grouchy. Zur Beurteilung des Blücherschen Wagnisses muß besonders betont werden, daß er Grouchy nur für 11000 Mann stark hielt. Hätte er geahnt, daß Grouchy die dreifache Stärke besaß, so scheint noch sehr zweifelhaft, ob er je den Abmarsch von Wavre nach St. Lambert gewagt hätte.

Wir haben nun drei historische Ausweise über Grouchys Maßregeln: die „Fragments historiques" von Grouchy selbst 1829, seine Biographie vom Divisionsgeneral Grouchy 1864 und die „Dernières observations" von Gérard. Was sich aus den Rapporten und Ordres ergiebt, ist das Folgende:

Erst um 3 Uhr nachmittags am 17. begann Gérard den Marsch, Vandamme war voraufgegangen und langte um 7 Uhr abends in Gembloux an, Gérard um 10 Uhr. Da letzterer langsamer marschierte, so müssen wir Vandammes Aufbruch nur zwei Stunden früher ansetzen, auf 1 Uhr.[1]) Exelmans und Pajol waren immerhin morgens voraufgegangen, auch hat Grouchy noch in der Nacht Streifvedetten ausgesendet. Um 3½ Uhr nachmittags kam der bekannte Rapport von Pajol, Blücher ziehe auf Namur, zugleich aber von Exelmans, sie zögen auf Gembloux. Die Legende meint nun, Napoleon sei auf Pajols Rapport hereingefallen, das ist aber keineswegs der Fall gewesen. Denn um 3½ Uhr erhielt Grouchy schon die Ordre, datiert „3 Uhr Ligny", direkt auf Gembloux vorzugehen. Also parallel zu Napoleon. Es wird ihm darin vorgeschrieben, seine Armee dicht beisammen zu halten. Denn es sei „wichtig, was Wellington und Blücher jetzt beabsichtigen."

Also hielt Napoleon, entgegen der gewöhnlichen Annahme, Blücher nicht für abgethan, und der stets erhobene Vorwurf des Leichtsinns fällt zu Boden. Dies entscheidende Dokument ist aber erst 1842 in Pascallets unparteilicher Biographie Grouchys abgedruckt worden, während Grouchy selbst es 27 Jahre unterschlug! Das ist doch mindestens sehr bedenklich und sonderbar. Dagegen trifft ihn der Vorwurf wenig, er sei am 17. zu spät aufgebrochen, vielmehr that er, was möglich war, da er angeblich erst mittags den morgens in tödlicher Apathie schlummernden Kaiser sprechen konnte. Gewiß wäre von seiten des letzteren mehr Energie am Platze à la General Bonaparte, gleichwohl hat man den Fehler dieser Zögerung sehr übertrieben. Denn gingen die Preußen auf Namur, so war die Versäumnis der Nacht und einiger Morgenstunden gering und ohne Bedeutung; weit wichtiger wäre Benutzung dieser Zeit zum sofortigen Aufbruch gegen Wellington gewesen. Napoleon muß aber, obschon kein Rapport darüber aufbewahrt blieb, seinerseits schon Nachricht über Abrücken großer preußischer Massen auf Gembloux gehabt haben; denn ehe noch Grouchy sich zwischen Pajols und Exelmans' Rapporten entscheiden konnte, dirigierte ihn Napoleon auf die richtige Fährte nach Gembloux.

Dort angekommen, entfaltete der Marschall eine fieberhafte Thätigkeit, schrieb bis in die Nacht sieben Briefe und erließ Ordre, 5 Uhr morgens am verhängnisvollen 18. aufzubrechen, für Vandamme und Reiterei, um 8 Uhr sollte Gérard folgen. Die Truppen waren aber äußerst erschöpft von beschwerlichem Marsch in Regenwetter; daß Vandamme von St. Amand bis Gembloux sechs Marschstunden brauchte, Gérard von Ligny sieben, hängt mit der Beschaffenheit der Wege zusammen, und immerhin wird man bedenken müssen, daß beide Corps am 16. unter furchtbaren Verlusten bis zum äußersten gekämpft hatten. Die taktische Ordnung infolge des großen Offizierverlusts war wieder herzustellen, Ausruhen nötig; vor 11 Uhr konnten sie sich schwerlich in Marsch setzen. Daß sie weitere 2—4 Stunden verloren, hätten Napoleon und Grouchy durch größere Rührigkeit vermeiden können. Da aber ein so feurig rastloser General wie Gérard sich gerade am meisten verspätete, so müssen

---

[1]) Nach Grouchys Angabe hätte Vandamme sich schon um 11 Uhr in Marsch setzen sollen.

noch andre Umstände mitgewirkt haben. Nur die Reiterei, die am 16. sehr wenig stritt und
litt, hätte an der Klinge bleiben müssen. Auch am 18. früh erfolgte der Aufbruch der
ermüdeten Infanterie zwei Stunden zu spät, freilich nur post festum aus geurteilt. Wäre
Blücher über Wavre auf Brüssel gegangen, so hätten diese zwei Stunden wenig ausgemacht.
Der Gedanke aber, daß Blücher geradewegs zwischen Napoleon und Grouchy sich eindrängen
werde, scheint dem Marschall nie gekommen zu sein. Er schrieb am 17. abends und 18. früh
an den Kaiser in dem Sinne: Blücher habe sich in zwei Kolonnen geteilt, eine auf Wavre,
eine auf Namur. Wenn die Hauptmasse auf Wavre gehe, „folge ich ihr, damit sie nicht
Brüssel erreicht, und um sie von Wellington zu trennen." Dies ist die allgemein als echt
angenommene Version, und Gérard erklärte 1830 auf seine Ehre, das Certifikat stimme
genau auf dem Original dieses Rapports, „das uns vom Kaiser übergeben wurde und das
in unsern Händen ist." Gérard steht über jeden Zweifel erhaben, aber das Certifikat ist
von Gourgaud ausgefertigt, und es giebt Leute, die diesen sonst tadellosen Ehrenmann
einer kleinen Fälschung in seines angebeteten Kaisers Interesse nicht unfähig halten. Ein
Beweis für Gourgauds bewußte Unglaubwürdigkeit ist nie erbracht worden, und seine
Schriften machen einen moralisch unantastbaren Eindruck, mag man auch ihren fanatischen
Napoleonkultus belächeln. Dagegen hat Grouchys Version, er habe nur geschrieben: „so
werde ich sie angreifen, sobald ich auf sie stoße," von vornherein etwas Gemachtes an sich.
Sie klingt zu blaß, zu nichts verpflichtend; so pflegte man an den Kaiser nicht zu rapportieren.
Grouchy will mit dieser allgemeinen Redensart, die jeder beliebige Offizier der Avantgarde
zu brauchen pflegt, sich decken: er habe nur versprochen, was er nachher wirklich that, nämlich
eine Selbstverständlichkeit, die er gar nicht in Worte zu fassen brauchte und deren nichts-
sagenden Ausdruck Napoleon sicher übel vermerkt hätte. Was soll man aber vollends von
Grouchys Wahrhaftigkeit denken, sobald wir wissen, daß er die oben citierte kaiserliche Ordre,
die ihm befahl, immer seitwärts in Verbindung mit dem Hauptheer zu bleiben, ganz ver-
schwiegen hat, so daß Pascallet sie erst nach des Marschalls Tod entdeckte?

Am 18. um 11 Uhr vormittags schrieb er an Napoleon: Blücher gehe auf Brüssel,
sich dort mit Wellington zu vereinen. Gleich nachher hörte er die Kanonade von Waterloo.
Daß er dort nicht vor 6 Uhr abends hätte anlangen können, ist sicher. Auch erklärte es
Balthus, Kommandant der Artillerie Gérards, für unmöglich, Geschütze durch jenes durch-
schnittene Gelände der Dyle rechtzeitig heranzubringen. Daß es möglich war, bewiesen ja
die Preußen! Und wenn Grouchy auch schwerlich in die Schlacht Napoleons eingreifen
konnte, so hätte er doch jedenfalls durch heftiges Drängen die Corps Ziethen und Pirch auf
sich abziehen können. Bülow allein aber hätte Plancenoit nie erobert, und Ziethens Ankunft bei Papelotte verursachte erst die Niederlage Erlons. Wenn nun aber Grouchy statt
dessen in falscher Richtung gegen Thielmann vorging, dem er doppelt überlegen war, und
nicht einmal diesem eine gründliche Niederlage beibrachte, so darf man allerdings nicht vergessen, daß er Blücher sich dreifach überlegen wußte und Vorsicht nötig schien. Nach den
Verlusten des 16. (mindestens 20 000 Mann inklusive der Versprengten) war Blücher allerdings so geschwächt, daß Ziethen und Pirch schwerlich mehr als 45 000 zählten, dazu Bülow
28 000 und Thielmann 16 000 — rund 90 000 Mann. Geriet Grouchy mit Pirch und Thielmann zusammen, so mochten dies ungefähr gleiche Kräfte sein, und er hätte Ziethen mindestens
so weit abziehen können, daß dieser seine hintersten Brigaden gegen ihn zurücksandte. Es
ist sogar mit Sicherheit anzunehmen, daß Grouchy durch bloßes Vorgehen in Blüchers Rücken
seinem Herrn einen unschätzbaren Dienst geleistet hätte. Denn im Kriege begreift man die
Verhältnisse nicht wie in der Studierstube, und gerade weil Gneisenau den Heerteil Grouchys
um zwei Drittel zu niedrig schätzte, hätte das Auftreten einer so viel beträchtlicheren Macht
ihn stutzig gemacht und verwirrt, da er über die Dispositionen Napoleons doch gar nichts
wußte. Nun hat aber Napoleon selbst sich einer schweren Unterlassungssünde schuldig gemacht. Zwar die zwei Adjutanten, die er am 18. nachmittags an Grouchy geschickt haben
will und die sich später nie gemeldet haben, über deren Schriftbefehle keinerlei Certifikat

vorliegt, darf man wohl als Mythe bezeichnen. Dagegen hat er in seinem Brief an Grouchy vom 18., um 10 Uhr vormittags diesem zum erstenmal mitgeteilt, daß Wellington in Schlachtstellung vor ihm sei, statt dies am 17. abends oder doch in der Nacht zu berichten. Dann hätte Grouchy schwerlich geträumt, daß Blücher über Wavre nach Brüssel gehen wolle, sondern das Selbstverständliche erkannt, daß schon am 18. bei Waterloo eine Vereinigung stattfinden solle. Noch unverantwortlicher aber scheint es, daß Napoleon erst jetzt in der letzten Stunde Grouchy aufmerksam machte: laut Gerüchten und Rapporten habe sich ja am 17. eine starke Kolonne über Géry und Gentinnes (auf St. Lambert) gewendet. Hätte Grouchy diesen Wink am 17. abends empfangen, oder mindestens am 18. früh, so mußte er ahnen, woran er war. Freilich, so wenig man Napoleon von dieser Unterlassungssünde freisprechen mag, bleibt doch bestehen, daß der Oberfeldherr von seinem Unterführer bei solch alter Kriegserfahrung erwarten darf, er werde solcher Winke nicht bedürfen und ihm den Feind vom Halse halten.   Karl Bleibtreu.

Litterarische Berichte.

Das Leben des Feldmarschalls Grafen Neidhardt v. Gneisenau. Von Hans Delbrück. Zwei Bände. Zweite nach den Ergebnissen der neueren Forschungen umgearbeitete Auflage. Berlin, Hermann Walther.

Nachdem der Biograph Steins, G. H. Pertz, welcher unter Benutzung der Familienpapiere das Leben Gneisenaus in einem bis zum Schluß des Jahres 1813 reichenden dreibändigen Werk dargestellt hatte, im Jahre 1876 gestorben war, ohne eine Fortsetzung zu hinterlassen, wurde die Vollendung desselben dem jetzigen Herausgeber der „Preußischen Jahrbücher", Dr. Hans Delbrück, anvertraut, welchem wir die beiden letzten im Jahre 1880 erschienenen Bände verdanken. Im Jahre 1882 wurde von Delbrück eine kleinere Ausgabe des umfangreichen Gesamtwerks veranstaltet, von welcher nunmehr die zweite, den Ergebnissen der neueren Forschungen entsprechende Auflage vorliegt. Dem ersten der beiden Bände ist ein treffliches Bild Gneisenaus, gestochen von Sagert, sowie ein Plan von Kolberg beigegeben, im Text des Werkes selbst ist eine Anzahl von Situationsplänen über die hauptsächlichsten Kämpfe aus den Befreiungskriegen eingefügt. Auf dem Hintergrund der allgemeinen Weltverhältnisse, in welche das Leben und Wirken Gneisenaus, des eigentlichen Ueberwinders Napoleons, verflochten war, hebt sich dessen martige Gestalt in großen Zügen ab und es ist ein wirklicher Genuß, in diese von berechtigtem patriotischem Stolz getragene Schilderung der Ereignisse aus Deutschlands und Preußens trübster und wieder so glanz-

voller Zeit sich zu vertiefen. Wie schon bei Pertz, so ist auch hier die Jugendgeschichte Gneisenaus leider ziemlich kurz behandelt, und wie dort erhalten wir über die wichtige und bedeutungsvolle Reise desselben nach England im Jahr 1809—1810 und seine Verhandlungen mit Canning und dem Prinzen von Wales behufs gemeinsamen Vorgehens gegen Napoleon nur wenige in allgemeinen Umrissen gehaltene Andeutungen. Um so eingehender sind andre Partien des Werkes berücksichtigt, so die ruhmvolle Verteidigung Kolbergs, der Frühjahrsfeldzug von 1813 mit den Schlachten bei Lützen und bei Bautzen, der Herbstfeldzug mit der Schlacht an der Katzbach und die Feldzüge von 1814 und 1815. König Friedrich Wilhelm III., Kaiser Alexander, Blücher, Wellington, York, Stein und andre Heerführer und Staatsmänner aus jener Periode treten uns in dem Delbrückschen Buche mehrfach in etwas andrer als der gewohnten Beleuchtung entgegen und man ist überrascht durch die reiche Fülle historischen Materials, welches uns von dem Verfasser in gedrängter und dabei außerordentlich klarer und übersichtlicher Darstellung hier geboten wird.
                                              —g—

Die entwicklungstheoretische Idee sozialer Gerechtigkeit. Eine Kritik und Ergänzung der Sozialtheorie Herbert Spencers. Von J. M. Bösch. Zürich-Oberstraß, C. Speidel. Mk. 3.50.

Der Verfasser hat die Ausführungen seiner Schrift an Herbert Spencers letztes Werk „Prinzipien der Ethik" und zwar speziell an deſſen IV. Teil „Gerechtigkeit" angeknüpft. Spencer nun hat ſeine Sozialtheorie auf die natürliche Grundlage des Individualismus aufgebaut und iſt daher folgerichtig zur Verteidigung der ſogenannten Mancheſterdoktrin gelangt. Wenn aber Böſch behauptet, daß dem großen engliſchen Sozialphiloſophen dieſe Verteidigung nicht gelingen konnte, ſo iſt dies eine Folge ſeiner durchaus philoſophiſchen Forſchungsart und der völligen Außerachtlaſſung des exakten Forſchungsweges, den Spencer nicht ganz ignorierte, obgleich auch er ihn nicht ſyſtematiſch verfolgt, ſondern mehr in genialer Eingebung gefunden hat. Nicht die Idee des Individualismus und mit ihr die Freiheit des ſozialen Entwicklungsprozeſſes ſind hinfällig, weil ſie im realen Leben nicht zur menſchlichen Glückſeligkeit geführt haben, ſondern es tragen die Schuld an dieſer Erſcheinung die unnatürlichen Schranken, welche die ſoziale Ordnung jeder naturgemäßen Entwicklung in Recht und Sitte, in konventioneller Form und menſchlicher Lebensführung geſetzt hat. Dem Individualismus und der freien wirtſchaftlichen Bewegung ſteht der Kollektivismus mit ſeinem Zwange entgegen. Je mehr nun künſtlicher Zwang die geſellſchaftliche Ordnung durchdringt, deſto weiter ab wird die Menſchheit von ihrer natürlichen Entwicklung abgeführt. Das ideelle Recht liegt in dem Schutze der natürlichen ſozialen Ausgeſtaltung der Formen, unter welchen die Menſchen beiſammen leben können, und die Gerechtigkeit iſt der Inbegriff der Verhinderung aller künſtlichen und daher unberechtigten Eingriffe in dieſe Entwicklung. In dieſem Sinne ſoll und muß die Gerechtigkeit ein höchſtes Prinzip ſein, welches ſeine Anerkennung nicht in dem römiſchen Satze „fiat justitia, pereat mundus", ſondern vielmehr in der rechtsphiloſophiſchen Variation „fiat justitia, ne pereat mundus" finden ſoll. Trotz des einſeitigen Standpunktes, den Böſch einnimmt, läßt ſich jedoch das Verdienſt und der Wert ſeiner Schrift durchaus nicht leugnen. Vor allem vermittelt er die reichen Gedanken Herbert Spencers in ſcharfen Umriſſen dem deutſchen Publikum weit beſſer, als es die Ueberſetzung Vetters thut, er erſpart dem Leſer das Studium des Spencerſchen Werkes und giebt vielfach Anregung zu ſelbſtſtändigen Erwägungen. Dann aber bringt er in mannigfaltiger Beziehung ſozialphiloſophiſche Erkenntnisreſultate der älteren und neueren Zeit damit in einen organiſchen Zuſammenhang, ſo daß das Buch nur mit dem Gefühle der Dankbarkeit für die fleißige Arbeit aus der Hand gelegt werden kann. Dem Verfaſſer unbekannt geblieben ſind die ſozialwiſſenſchaftlichen Werke der exakten Schule und überdies die Werke von Stammler und Felix.

Schröder-Teſchen.

Vom Rhein zur Adria. Reiſeſtudien und Skizzen von Max Chop. Leipzig, Roßbergſche Hofbuchhandlung.

Der Verfaſſer, der ſeinem Hauptberufe nach Kunſtſchriftſteller und ein fleißiger und begeiſterter Dolmetſcher Richard Wagners iſt, hat zu ſeiner Erholung eine Reiſe nach Italien mit ſeiner Frau unternommen und in einer Reihe von Feuilletons beſchrieben. Und ein Buch für Erholungsſtunden iſt daraus geworden, das jedem, der eines ſolchen bedarf, nur angelegentlichſt empfohlen werden kann. Lebendige Anſchaulichkeit, fließender Stil, köſtlicher Humor und warme Begeiſterung vereinigen ſich, um die Lektüre zu einem wahren Genuß zu machen.   K. F.

Reden von Heinrich v. Treitſchke im Deutſchen Reichstage 1871—1884. Mit Einleitung und Erläuterungen herausgegeben von Dr. Otto Mittelſtädt. Leipzig, S. Hirzel.

Nicht ohne das Gefühl einer gewiſſen wehmütigen Freude werden die Verehrer des großen Publiziſten und warmherzigen Patrioten dieſe Sammlung einer Anzahl parlamentariſcher Reden begrüßen, welche derſelbe als Vertreter eines oberrheiniſchen Wahlkreiſes in den Jahren 1871 bis 1884 im Deutſchen Reichstag gehalten hat. Wenn wir dieſe ſiebenundzwanzig, nach Form und Inhalt gleich wertvollen oratoriſchen Leiſtungen jetzt wieder ins Gedächtnis uns zurückrufen, von Treitſchkes maiden speech über den Mangel von Grundrechten in der deutſchen Reichsverfaſſung (1. April 1871) bis zu ſeinem letzten Auftreten im Parlament am 9. Mai 1884, wo er vom ſcharf markierten konſervativen Standpunkt aus für die abermalige Verlängerung des Sozialiſtengeſetzes eintrat, können wir dem Herausgeber nur beipflichten, wenn er meint, ob es nicht auch dem jüngeren parlamentariſchen Nachwuchs von heute von einigem Nutzen ſein dürfte, ſich gelegentlich mit den nicht gerade zahlreichen Muſtern deutſcher politiſcher Beredſamkeit ein wenig zu beſchäftigen und ſich nach ihnen zu bilden. Zur Gewinnung eines vollſtändigen geiſtigen Bildes über Heinrich v. Treitſchke, deſſen politiſche Wirkſamkeit in der deutſchen Geſchichte der letzten vier Jahrzehnte eine ſo hervorragende Bedeutung erlangt hat, iſt die Kenntnis ſeiner Thätigkeit als Parlamentarier unerläßlich.   —g—

Herzog Albrecht von Sachſen-Teſchen bis zu ſeinem Antritt der Statthalterſchaft in Ungarn 1738 bis 1766. Eine biographiſche Skizze von F. X. Malcher. Wien, Wilhelm Braumüller.

Die für Oeſterreich und ſpeziell für Wien durch ſeine großen gemeinnützigen Werke, die albertiniſche Waſſerleitung, den Albrechtsbrunnen, dieses Kunstwerk, in welchem die Donau und deren Nebenflüsse versinnbildlicht sind, und endlich die große Bücher- und Kunstsammlung „Albertina", sehr interessant gewordene Gestalt Albrechts von Sachsen-Teschen ist in dem Buche recht schön dargestellt, doch vermißt der Leser die Erklärung, wie dieser sächsische Prinz zu dem Titel eines Herzogs von Teschen gekommen ist. Das Herzogtum Teschen war nämlich nach dem Tode Kaiser Franz' I. auf seinen ältesten Sohn Joseph II. übergegangen. Maria Theresia aber brachte es käuflich an sich und übertrug es den 31. Mai 1766 auf ihre Tochter, die Erzherzogin Maria Christina, deren Gemahl Prinz Albrecht von Sachsen und ihre männlichen Nachkommen nach dem Rechte der Erstgeburt. Albrecht hat aber sein Lehn und das Schloß Teschen niemals besucht. *Schroeder-Teschen.*

An der Wolga. Von Nischny-Nowgorod nach Kasan. Reisemomente von **Bernhard Stern.** Berlin, Siegfried Cronbach.

Der Verfasser hat den ihm in der September-nummer von 1894 der „Deutschen Revue" gegebenen Rat, mit seiner Person mehr in den Hintergrund zu treten, befolgt, verfällt aber dafür in einen andern Fehler: statt das, was er gesehen und gehört, in möglichst einfacher, schlichter Weise wiederzugeben und möglichst durch sich selbst auf den Leser wirken zu lassen, sucht es er auch in der Form dichterisch zu verklären, erreicht dadurch aber nur Unklarheiten und Unbestimmtheiten, so daß das Büchlein weder als Beitrag zur Landeskunde noch als Unterhaltung von sonderlichem Wert ist. Es ist schade um die aufgewandte, sicher nicht geringe Mühe. *K. F.*

Englische sichtbare Sprache. Von Alex. Melville Bell. Washington, Volta-Bureau.

Mr. Bell, durch mannigfache Schriften über die englischen Laute und ihre Aussprache bekannt, hat in der vorliegenden kleinen Arbeit den Versuch gemacht, Deutschen, die Englisch lernen, eine genaue Anweisung für die Bildung der einzelnen Konsonanten und Vokale zu geben. Um seinen Zweck sofort praktisch zu erreichen, ersinnt er ein neues Alphabet, welches jeden Buchstaben nicht nur durch ein, sondern je nach seiner verschiedenen Aussprache durch mehrere Zeichen ersetzt, und diese Zeichen wiederum nach dem Mund-, „Mundhöhlen" und Rachenteilen, welche bei ihrer Aussprache besonders in Betracht kommen, bildet. Für Taubstumme wird eine so exakte graphische Wiedergabe des Tones unzweifelhaft nützlich sein, und das Volta-Bureau, dessen Thätigkeit speziell diesem leidenden Teile der Menschheit gewidmet ist, darf deutschen

Taubstummen, die etwa englisch lernen wollen, seine neue Publikation getrost empfehlen. Deutsche Nichttaubstumme werden, da die meisten englischen Laute den entsprechenden deutschen identisch oder ähnlich gebildet werden, es bequemer finden, die wenigen starken Abweichungen aus dem Munde eines Lehrers zu lernen, als sich ein neues Alphabet anzueignen, das sie in der englischen Lektüre doch nicht verwenden können. Letzteres macht auch für die paar Vokale den Vorteil wett, den das Bellsche Alphabet dem gebräuchlichen englischen gegenüber für die Erkenntnis der jedesmaligen Aussprache desselben Zeichens haben könnte.

Die patentrechtliche Licenz. Eine Studie von Dr. Leo Munk. Berlin, Carl Heymanns Verlag.

Der Schutz des Erfinderrechtes ist nicht nur einer der interessantesten Teile des wirtschaftlichen Rechtes, sondern auch ein Gebiet, auf welchem widersprechende Anschauungen herrschen, wiewohl über das Recht des Erfinders an und für sich kein Zweifel besteht und dasselbe sowohl in der Wissenschaft als auch durch die positiven Gesetzgebungen allgemein anerkannt erscheint. Sehr ausführlich nun behandelt Munk das Patentrecht und seine gesetzlichen Formulierungen und bringt in einzelnen Teilen auch ein gesichtetes rechtsvergleichendes Material bei. Das Buch hat neben seinem eminent wissenschaftlichen unzweifelhaft auch einen großen praktischen Wert und ist daher ebenso Juristen als allen jenen zu empfehlen, welche an dem Patentrechte ein materielles Interesse haben. *Schroeder-Teschen.*

Aus sieben Jahrzehnten. Erinnerungen aus meinem Leben. Von D. Bernhard Rogge, königl. Hofprediger in Potsdam. Erster Band: Von 1831 bis 1862. Hannover und Berlin, Carl Meyer (Gustav Prior).

Mit der liebenswürdig-schalkhaften Bescheidenheit, welche ihn stets charakterisierte, bemerkt der als Dichter der „Palmblätter" überall wo Deutsche wohnen bekannte schwäbische Prälat Gerok in der Vorrede zu Erinnerungen aus seiner Jugendzeit: „Große Geister können ruhig abwarten, daß ihr Leben von andern geschrieben wird; kleine Persönlichkeiten müssen diese Mühe selbst übernehmen". Und so ist es wohl auch der Ausfluß einer etwas zu weit gehenden Anspruchslosigkeit, wenn ein Mann wie Bernhard Rogge zur Entschuldigung und Rechtfertigung seines Unterfangens anführen zu sollen glaubt, da er noch viel weniger als Gerok darauf rechnen dürfe, daß die Nachwelt jemals von ihm Kenntnis nehmen werde, so halte er sich für berechtigt, bei seinen Lebzeiten dafür zu sorgen, daß seinen Kindern,

Geschwistern und Freunden die für sie jedenfalls nicht ganz wertlosen Erinnerungen aus seinem Leben nicht spurlos verloren gehen. Wie schon der bis jetzt vorliegende erste Band erkennen läßt, werden es weit größere Kreise als diejenigen der nächsten Verwandten und Freunde sein, für welche das Buch des Potsdamer Hofpredigers eine willkommene Gabe bilden wird. Schon die Schilderungen des ersten Kapitels: „Im Vaterhaus" sind von allgemeinerem Interesse. Sie führen uns in dem Landpfarrer von Groß-Tinz den Typus eines vom Rationalismus zum Pietismus und von diesem zu einem stark ausgeprägten konfessionellen Luthertum übergegangenen preußischen Geistlichen der dreißiger und vierziger Jahre und mit ihm ein Lebens-, Amts- und Familienbild vor, wie es ergreifender kaum geschildert werden kann; hier ist es auch, wo wir anläßlich eines der Königsmanöver, welches Friedrich Wilhelm III. im September 1837 bei Liegnitz abhielt, den Premierlieutenant v. Roon, nachmaligen Kriegsminister und Schwager Rogges, erstmals kennen lernen. „In Schulpforta" zeigt uns den Schauplatz mehr als sechsjährigen Arbeitens und Lernens in der berühmten alten Fürstenschule, worauf wir den angehenden Philologen nach Halle und von da nach etwas tragischem Abschluß der dortigen Studien nach Bonn begleiten, wo er sich endgültig für die Theologie entschied. Im Amt treffen wir den Verfasser sodann in Koblenz und Mallendar, in Stolberg bei Aachen und wieder in Koblenz, wo er als Divisionspfarrer wirkte bis zu seiner im Jahr 1862 erfolgten Berufung als Hof- und Garnisonsprediger in Potsdam. Eine große Reihe teils origineller, teils bedeutender Persönlichkeiten aus allen Kreisen zieht in diesem ersten Bande der Erinnerungen an uns vorüber; hoffen wir, daß der geist- und gemütvolle Erzähler uns recht bald über die vier letzten Jahrzehnte seines reichen Lebens und Wirkens weitere Mitteilungen machen möge!

—g—

Eingesandte Neuigkeiten des Büchermarktes.

(Besprechung einzelner Werke vorbehalten.)

Böttingk, Arthur, Doktor Martin Luther und Ignaz von Loyola. Eine geschichtliche Parallele. Heidelberg, J. Hörning. 80 Pf.

Bois-Reymond, Emil du, Hermann von Helmholtz. Gedächtnisrede. Leipzig, Veit & Comp. M. 2.—

Cräwell, Dr. G. A., Die Beziehungen König Gustafs III. von Schweden zur Königin Marie Antoinette von Frankreich. Berlin, Alexander Duncker. M. 3.—

Dergen, Max, Rat- und Hilfsbüchlein für Verschleimte, Husten- und Lungenkranke. Köstritz. Selbstverlag des Verfassers. M. 1.—

Döll, Dr. Emil, Das Schicksal aller Utopien oder sozialen Charlatanerien und das verstandesgemäss Reformatorische. Leipzig, C. G. Naumann. 75 Pf.

Emin Dr. Mehemed, Efendi, Kultur u. Humanität. Völkerpsychologische und politische Untersuchungen. Würzburg, Stahelsche k. Hof- und Universitäts-Buchhandlung. M. 3.60.

Golm, Rudolf, Ein falsches Liebeslied. Novelle. Zweites Tausend. Dresden u. Leipzig, E. Piersons Verlag.

Goßler, Gustav von, Wilhelm der Grosse in seinen Beziehungen zur Kunst. Rede bei der Jahrhundertfeier der Königlichen Akademie der Künste am 20. März 1897 gehalten. Berlin, E. S. Mittler & Sohn. M. 1.75.

Kley, Dr. W., Die Berufskrankheiten und ihre Stellung in der staatlichen Arbeiterversicherung in nationalökonomischer Beleuchtung. Mit 3 graphischen Tafeln und 25 Tabellen. Kassel, L. Döll. M. 3.—

Langmann, Philipp, Bartel Turaser. Drama in drei Akten. Leipzig, Robert Friese Sep.-Cto.

Pfungst, Arturo, Poesie Scelte. Tradotte da Luigi di San Giusto, con prefazione di Cesare Lombroso. Torino, Carlo Clausen.

Reiser, Dr. Karl, Sagen, Gebräuche und Sprichwörter des Allgäus. Aus dem Munde des Volkes gesammelt. Achtes Heft. Kempten, J. Kösel. M. 1.—

Rupele, Georg, Die Felsensprengungen unter Wasser in der Donaustrecke „Stenka — Eisernes Thor" mit einer Schlussbetrachtung über die Felsensprengungen im Rhein zwischen Bingen und St. Goar. Braunschweig, Fr. Vieweg & Sohn. M. 3.—

Sammlung gemeinverständlicher wissenschaftlicher Vorträge, herausgegeben von Rud. Virchow u. Wilh. Wattenbach. Neue Folge. Elfte Serie. Heft 243: Dr. J. Schmidt, Miltons Jugendjahre und Jugendwerke. Heft 245: Dr. M. M. Rabenlechner, Die ersten poetischen Versuche Hamerlings. Heft 246: Dr. K. Joël, Die Frauen in der Philosophie. Heft 247: Dr. J. Tscheidel, Aus der italienischen Sagen- und Märchenwelt. Heft 249: J. G. Oswald, Friedrich Theodor Vischer als Dichter. Heft 251: Dr. E. Fromm, Lieder und Geschichten der Suaheli. Heft 253: Dr. E. Siede, Ueber die Bedeutung der Grimmschen Märchen. Heft 257: L. Bloch, Der

Kult und die Mysterien von Eleusis. Heft 263:
F. Linz, Friedrich der Große und Voltaire. Hamburg, Verlagsanstalt und Druckerei A. G., à 50 Pf.
Schneider, Hugo, Durch Wissen zum Glauben. Eine Laien-Philosophie. Leipzig, Hermann Haacke. M. 4.50.
Seydel, A., Die humanitären Bestrebungen der Gegenwart, ihr Segen und ihre Gefahren. Vortrag. Berlin, Puttkammer und Mühlbrecht. 60 Pf.
Sombart, Prof. Werner, Sozialismus und soziale Bewegung im 19. Jahrhundert. (Ethisch-sozialwissenschaftliche Vortragskurse, Band IV.) Bern, Steiger & Cie. 60 Pf.
Sonnenblumen. Herausgegeben von Karl Hendell. 1896/97. Nr. 9—12. Zürich und Leipzig, Karl Hendell & Cie. à 10 Pf.

Tezner, Dr. Friedrich, Politische Bildung u. Patriotismus. Eine unterrichtspolitische Studie. Wien, Manzsche k. u. k. Hof-Verlags- und Univers.-Buchhandlung. M. 1.20.
Treitschke, H. von, Historische und politische Aufsätze. Vierter Band: Biographische und historische Abhandlungen, vornehmlich aus der neueren deutschen Geschichte. Leipzig, S. Hirzel. M. 8.—
Berns, E. E., Vergleichende Uebersicht (vollständige Synopsis) der vier Evangelien in unverkürztem Wortlaut. Leipzig, P. van Dyk. M. 2.40.
Zeitschrift, deutsche, für Geschichtswissenschaft. Neue Folge. Herausgegeben von Gerhard Seeliger. Erster Jahrgang. Monatsblätter Nr. 11, 12 und Vierteljahresheft 4. Freiburg i. B. und Leipzig, J. C. B. Mohr.

══ Rezensionsexemplare für die „Deutsche Revue" sind nicht an den Herausgeber, sondern ausschließlich an die Deutsche Verlags-Anstalt zu richten. ══

Redaktionelles.

Den neuesten großen Roman „Quitt!" von Johannes Richard zur Megede (Autor von „Unter Zigeunern" und „Kismet", Stuttgart, Deutsche Verlags-Anstalt) veröffentlicht „Ueber Land und Meer". Ebendort erscheint ein fesselnder Roman von Ida Boy-Ed: „Die Flucht", während in der „Deutschen Romanbibliothek" die Veröffentlichung der humoristischen Erzählung „Carmoisin" beginnt, deren ungenannter Autor, ohne Frage mit den militärischen Verhältnissen genau vertraut, ergötzlich das kleinstädtische Garnisonleben schildert. Daneben läuft noch eine stimmungsvolle Novelle „Der Eisvogel" von Hugo Klein. In „Aus fremden Zungen" erscheinen von Thomas Hardy: „Juda, der Unberühmte", von Erna Juel-Hansen: „Die Geschichte eines jungen Mädchens" (aus dem Dänischen), von Juhani Aho: „Friedlos" (aus dem Finnischen), von Luise Zila: „Die weiße Blüte" (aus dem Böhmischen). Das erste Heft dieser drei Zeitschriften (Deutsche Verlags-Anstalt in Stuttgart) ist durch jede Buchhandlung und Journal-Expedition zur Ansicht zu erhalten.

Deutsche Verlags-Anstalt in Stuttgart.

In unserem Verlage sind erschienen:

Unter Zigeunern.
Roman
von

Kismet.
Frühlingstage in St. Zurin. — Schloß Combrowola.
Von

Johannes Richard zur Megede.

Preis jedes Werkes geheftet Mk. 3.—; elegant in Leinwand gebunden Mk. 4.—

Georg Ebers schreibt dem Autor u. a.: „Das erste Buch, das ich in den Weihnachtsferien (auch ich mache mir solche) zur Hand nahm, war Ihr „Kismet", und ich verdanke ihm die angenehme Berechtigung, dem jüngeren Kollegen ein ungewöhnlich glückliches Erzählungstalent zuzusprechen. Die Bedenken, die „Unter Zigeunern" in mir erwecken, werde ich Ihnen nicht vorenthalten, im ganzen aber kann ich sagen, daß Ihr Bestes, besonders durch die Ihrer Darstellungsweise eigne kecke Frische, von besonderem Reiz ist.

Zu beziehen durch alle Buchhandlungen des In- und Auslandes.

Verantwortlich für den redaktionellen Teil: Rechtsanwalt Dr. A. Löwenthal in Frankfurt a. M.

══ Herausgeber, Redaktion und Verlag übernehmen keine Garantie bezüglich der Rücksendung unverlangt eingereichter Manuskripte. Es wird gebeten, vor Einsendung einer Arbeit bei dem Herausgeber anzufragen. ══

Zweiundzwanzigster Jahrgang   **August 1897**   Preis viertelj. 6 Mark

Deutsche Revue

Herausgegeben

von

Richard Fleischer

Inhalts-Verzeichnis

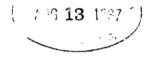

Neue Bismarckbriefe.[1]

Mitgeteilt von

Heinrich v. Poschinger.

Der Zauber, den die Privatbriefe des Fürsten Bismarck ausatmen, zeigt sich am besten in den fortgesetzten neuen Ausgaben derselben. Die Herausgeber schöpfen indessen, seitdem ich die drei letzten Bände „Neue Bismarckbriefe" veröffentlicht habe,[2] immer aus demselben zwar unverwüstlichen, aber doch alten Vorrate, und sie bieten nur durch die abwechselnde Gruppierung der Auswahl etwas Neues.[3] Die dem Versiegen nahe Urquelle wieder etwas zu beleben, scheint mir darum eine dankenswerte Aufgabe zu sein. Nicht ohne Mühe ist es mir gelungen, eine, wenn auch nur kleine Anzahl von Privatschreiben des Fürsten Bismarck, welche förmlich in Vergessenheit geraten sind, ausfindig zu machen. Die kleine Sammlung wird hiermit vorgelegt, ohne einen weiteren Anspruch zu erheben als den, zur Charakteristik des hohen Briefschreibers in seinem Verkehr mit Privatpersonen ein paar Bausteine zu liefern.

An den Bürgermeister Baehr in Belgard.

Berlin, den 24. Oktober 1863.

Mit verbindlichstem Dank habe ich die Zuschrift erhalten, welche der Magistrat und die Stadtverordneten gemeinschaftlich mit andern Unterzeichnern unterm 6. d. M. an mich gerichtet haben. Auch vor Empfang derselben war ich nicht zweifelhaft darüber, daß die Unsitte, während des Aufenthalts der Züge die im Wagen sitzenden Reisenden durch unhöfliche Bemerkungen zu belästigen, von allen achtbaren Einwohnern Belgards mit Entschiedenheit verurteilt würde. Nur um zur Abstellung des Mißbrauchs mitzuwirken, welcher mit dem freien Zutritt Nichtreisender zum Bahnhof getrieben wird, habe ich die Aufmerksamkeit der Behörde auf das Vorgefallene gelenkt; wenn ich aber für dasselbe einer Genug= thuung bedürfte, so würde ich sie in vollem Maße in der Erklärung der Herren:

---

[1] Die obigen Privatbriefe des Altreichskanzlers sind einer größeren Sammlung ent= nommen, die demnächst im Verlage der Deutschen Verlags=Anstalt erscheinen wird.

[2] Bismarckbriefe, Neue Folge, Bd. I, II und III. Berlin, Carl Heymanns Verlag.

[3] Während der Drucklegung dieses Heftes kommt die Mitteilung vom Erscheinen einer stark vermehrten (6.) Auflage der von Hesekiel 1873 besorgten Sammlung von Bismarck= briefen, herausgegeben von Horst Kohl.

Unterzeichner des Schreibens vom 6. d. M. finden, und würden Eure Wohlgeboren mich verbinden, wenn Sie denſelben meinen aufrichtigen Dank ausſprechen wollten.

von Bismarck.

An Frau Miniſterialrätin v. Reichert in Berlin.[1]

Berlin, den 5. Mai 1865.

Mit aufrichtiger Teilnahme habe ich die Nachricht erhalten, daß Ihr Herr
Gemahl ſeinen Leiden erlegen iſt. Geſtatten Sie mir, daß ich der Anerkennung,
deren er ſich in ſeiner amtlichen Wirkſamkeit nicht minder als in ſeinen perſön-
lichen Beziehungen bei uns erfreute, zugleich mit dem warmen Anteil Ausdruck
gebe, den ich an Ihrem gerechten Schmerze nehme. Die Trauer um ſeinen
Hingang wird beſonders von allen denen aufrichtig geteilt werden, welchen Ihr
Herr Gemahl in ſchwierigen und wichtigen Geſchäften in jüngſter Zeit ſo thätig
und treu zur Seite geſtanden hat.

von Bismarck.

An den Kaufmann Bäble in Berlin.

Berlin, den 5. Mai 1866.

Eurer Wohlgeboren und den übrigen Herren Unterzeichnern der unter dem
25. v. M. an mich gerichteten Adreſſe ſage ich für die mir darin ausgeſprochenen
Geſinnungen der Teilnahme und des Vertrauens meinen verbindlichen Dank.

Es iſt kein Irrtum, wenn Sie von der Vorausſetzung ausgehen, daß ich
ein warmes Herz und volles Vertrauen zum preußiſchen Volke habe, und ich
gebe mich mit Ihnen der Hoffnung hin, daß die Zeit nicht fern iſt, wo das
Gefühl nationaler Zuſammengehörigkeit die Gegenſätze des Parteitreibens überwinden wird.

von Bismarck.

An den Geheimen Regierungsrat Scabell in Berlin.

Berlin, den 18. Juni 1866.

Wie mir mitgeteilt wird, haben Ew. Hochwohlgeboren ſich um die Bildung des
hieſigen Hilfsvereins für die im Felde ſtehende Armee ganz beſonders bemüht und
verdient gemacht, und kann ich nicht unterlaſſen, Ihnen hierfür meinen verbindlichſten Dank auszuſprechen. Es iſt mir beſonders erfreulich, daß die Partei-
gegenſätze den gemeinſamen Aufgaben des preußiſchen Patriotismus den Vorrang
einzuräumen beginnen.

von Bismarck.

---

[1] Der Gemahl der Adreſſatin war bayriſcher Bevollmächtigter bei der Berliner Zoll-
konferenz.

An Fräulein Emma Grabiſch zu Ullersdorf bei Naumburg in Schleſien.

Pardubitz, den 7. Juli 1866.

In Ihrer Zuſchrift vom 24. v. M. ſprechen Sie den Wunſch aus, Ihnen zu geſtatten, in die Reihen der Vaterlandsvertheidiger eintreten zu dürfen. Dieſer Wunſch iſt zur Allerhöchſten Kenntnis von mir gebracht und als Zeugnis einer patriotiſchen Geſinnung wohlgefällig aufgenommen, jedoch nach Lage der Ver-hältniſſe abgelehnt worden.

Indem ich Sie hiervon benachrichtige, zweifle ich nicht, daß, da der Krieg Frauen und Jungfrauen ein weites Feld der Thätigkeit eröffnet, auch Ihr Patriotismus die rechte Stelle für ſeine Wirkſamkeit finden wird.

von Bismarck.

An Hermann Deutſch in Elbing.

Berlin, den 11. Auguſt 1866.

Eurer Wohlgeboren ſage ich für Ihre offene und darum vertrauensvolle Zuſchrift[1] vom 17. v. M. meinen Dank.

Ich glaube zu der Hoffnung berechtigt zu ſein, daß den Siegen nach außen die Verſöhnung nach innen auf dem Fuße folgen wird.

von Bismarck.

*

An den Rittergutsbeſitzer, Rittmeiſter a. D. v. Arnſtädt in Groß-Kreutz.

Berlin, den 9. März 1867.

Verehrter Freund!

Mit aufrichtiger Freude habe ich Ihr freundliches Schreiben vom 23. v. M. empfangen, da mir daſſelbe nach längerer Zeit wieder einmal erwünſchte Kunde von Ihrem Wohlergehen brachte.

Mit welchem warmen Herzen Sie ſtets für das Wohl des Vaterlandes gewirkt, iſt mir perſönlich am beſten bekannt, und entſpreche ich deshalb um ſo bereitwilliger Ihren Wünſchen, auch dem, welchen Sie mir diesmal ſpeziell ausgeſprochen haben.

Es iſt nicht begründet, daß ich die Meinung habe: der Graf Poninski zu Potsdam habe es im Jahr 1848 als Landrat an der gehörigen Energie bei Bekämpfung der Revolution fehlen laſſen. Ich habe daher auch niemals etwas Aehnliches geäußert.

Im Gegenteil habe ich mich, ſo oft ſich eine Gelegenheit bot, für eine entſprechende Beförderung des Grafen Poninski ausgeſprochen, doch iſt mir

---

[1] Adreſſat hatte dem Grafen von Bismarck einen „Offenen Brief" überſandt, den derſelbe im „Neuen Elbinger Anzeiger" hatte abdrucken laſſen. Die Energie Bismarcks nach außen fände, nach Ausbruch des Krieges, den ungeteilten Beifall, nur ſei jeder aufrichtige Freund des Vaterlandes auch feſt überzeugt, daß auch im Innern der Friede hergeſtellt werden müſſe, wenn der Krieg einen dauernden und ſegensreichen Frieden für Preußen und Deutſchland herbeiführen ſoll.

allerdings faſt jedesmal der Einwand gemacht worden, daß derſelbe einer geſteigerten Aufgabe nach ſeinem Geſundheitszuſtande nicht gewachſen ſein werde.

von Bismarck.

*

An den Gymnaſiallehrer Herrn Dr. ph. Rudolf Schulze in Altenburg.

Berlin, den 9. Mai 1867.

Eure Wohlgeboren haben mir durch die mittels gefälliger Zuſchrift vom
23. v. M. überſandte Schrift um ſo mehr eine große Freude bereitet, als ich
daraus erſehe, mit welcher Sorgfalt und warmen Hingebung Sie meine bisherige
öffentliche Wirkſamkeit begleitet haben.

Wenn mein eignes Bewußtſein mir ſagt, daß Sie mich in mehr als einem
Punkte günſtiger beurteilen, als ich es verdiene, ſo acceptiere ich darin eine
hiſtoriſche Gerechtigkeit, die den früher vorherrſchenden Abweichungen des öffentlichen Urteils, nach der entgegengeſetzten Seite hin, in Ihrer wohlwollenden
Auffaſſung ein Gegengewicht verleiht. Für dieſe Herſtellung des Gleichgewichts
ſage ich Eurer Wohlgeboren meinen herzlichen Dank und bedaure lebhaft, daß
es mir bei meiner Abweſenheit zur Zeit nicht möglich iſt, Sie während Ihrer
hieſigen Anweſenheit bei mir zu ſehen; ich hoffe jedoch, daß ſich hierzu demnächſt
eine anderweite Gelegenheit bieten wird.

von Bismarck.

*

An den Königlichen Geheimen Regierungsrat Herrn Dr. Hahn in Berlin.

Berlin, den 8. März 1868.

Mit lebhaftem Intereſſe habe ich von der Schrift „Zwei Jahre preußiſch-
deutſcher Politik", welche Eure Hochwohlgeboren mir übergeben haben, Kenntnis
genommen. Indem ich Ihnen für die mir bewieſene Aufmerkſamkeit meinen
verbindlichen Dank ausſpreche, knüpfe ich daran die Hoffnung, daß Ihre Schrift
zu einem lebendigen und eingehenden Verſtändnis der letztjährigen Ereigniſſe
beitragen und dadurch die Königliche Regierung bei der Erfüllung der ihr noch
obliegenden Aufgaben fördern und unterſtützen werde.

von Bismarck.

*

An den Geheimen Regierungsrat Zitelmann in Berlin.

Berlin, den 8. Dezember 1868.

Eurer Hochwohlgeboren danke ich für die Sammlung von Porträts branden-
burgiſch-preußiſcher Miniſter, welche Sie mit dem Bericht vom 14. v. M. mir
überreicht haben. Es wird mir angenehm ſein, wenn es Ihnen gelingt, die
Sammlung zu vervollſtändigen, und durch die in jenem Bericht bezeichneten
hiſtoriſchen Arbeiten die Geſchichte der brandenburgiſch-preußiſchen Zentralbehörden
zu ergänzen.

Daß die Sammlung der Ministerporträts im Sitzungssaale des Königlichen Staatsministeriums ausgelegt werde, will ich hierdurch genehmigen.

von Bismarck.

*

An den Pfarrer und Rektor Krabbes in Bochum.

Berlin, den 29. Januar 1869.

Indem ich Eurer Hochwürden für die in der Zuschrift vom 24. d. M. mir ausgedrückten freundlichen und teilnehmenden Gesinnungen meinen aufrichtigen Dank hierdurch ausspreche, bedauere ich, daß es mir nicht verstattet gewesen, Ihre persönliche Bekanntschaft zu machen.

Sobald Sie wieder nach Berlin kommen, bitte ich Sie, mir Ihre Anwesenheit brieflich mitzuteilen, und werde ich mich freuen, Sie dann bei mir sehen zu können. Wenn der Portier Eure Hochwürden ohne eine schriftliche Einladung meinerseits nicht hat melden wollen, so erlaube ich mir in dieser Beziehung zu bemerken, daß ich bei meiner von den verschiedensten Seiten in Anspruch genommenen Zeit zu einer genauen Tageseinteilung genötigt bin und daher diejenigen Herren, welche mich mit ihrem Besuch beehren wollen, ohne eine vorgängige schriftliche Mitteilung zu meinem Bedauern nicht empfangen kann.

von Bismarck.

*

An den Königlichen Geheimen Archivrat Dr. Riedel in Berlin.

Berlin, den 24. März 1869.

Eure Hochwohlgeboren haben die Aufmerksamkeit gehabt, mir mittels Zuschrift vom 8. d. M. ein vollständiges Exemplar des Codex diplomaticus Brandenburgensis zu übersenden.

Mit lebhaftem und eingehendem Interesse habe ich von dem Abschluß dieses Werkes Kenntnis genommen, das nicht allein für die Vorfahren unsers erlauchten Herrscherhauses eine Reihe wichtiger Urkunden enthält, sondern auch die erste vollständig durchgeführte Sammlung der mittelalterlichen Geschichtsquellen des Stammlandes der preußischen Monarchie bildet.

Wenn Eure Hochwohlgeboren der Abfassung dieses vaterländischen Werkes die ausdauernde Arbeit eines dreißigjährigen Zeitraumes gewidmet haben, so haben Sie die Genugthuung, dem Studium der brandenburgischen Geschichte eine vollständige und zuverlässige Grundlage gegeben und demselben einen reichhaltigen Quellenschatz eröffnet zu haben.

Je mehr ich überzeugt bin, daß eine gedeihliche Wirksamkeit für das öffentliche Wohl sich wesentlich an die lebendige Erkenntnis des geschichtlichen Entwicklungsganges unsers Vaterlandes knüpft, desto lebhafter weiß ich die Verdienste zu würdigen, welche Sie sich um die Förderung und Vertiefung des vaterländischen Geschichtsstudiums erworben haben.

Graf von Bismarck.

An den ord. Profeſſor an der Königlichen Friedrich Wilhelms-Univerſität
        Herrn Dr. Curtius in Berlin.

Berlin, den 12. April 1869.

Eure Hochwohlgeboren haben die Güte gehabt, mir die von Ihnen verfaßte
„Geſchichte der Griechen“ zu überſenden. Indem ich von derſelben mit eingehendem Intereſſe Kenntnis genommen habe, ſage ich Ihnen für dieſen Beweis
teilnehmender Geſinnung meinen verbindlichſten Dank.

Wenn Sie in Ihrer Schrift in ebenſo anſchaulichen als geiſtreichen Zügen
den Entwicklungsgang eines Volkes ſchildern, das bei einer ſeltenen Fülle
geiſtiger Gaben durch Uneinigkeit der Fremdherrſchaft und inneren Zerrüttung
anheimfällt, ſo gebe ich mich der Hoffnung hin, daß Ihre Darſtellung dazu
beitragen wird, die Treue gegen das deutſche Vaterland zu ſtärken und die Notwendigkeit nationalen Zuſammenhaltens auch in weiteren Kreiſen zum lebendigen
Bewußtſein zu bringen.

von Bismarck.

An den Oberpräſidenten z. D. v. Kleiſt-Retzow auf Kiecdow, Kreis Belgard.

Berlin, den 3. März 1870.

Deinen Wunſch, die pommerſchen Seitenbahnen ohne Beteiligung der Provinz,
alſo mit ſtärkerer Subvention des Staates, ins Leben zu rufen,[1]) würde ich teilen,
wenn die Realiſation desſelben Ausſicht auf Erfolg hätte. Ich beſorge aber,
daß die Appellation an die Staatsſubvention in der Finanzverwaltung und im
Landtage keinen Anklang finden wird, ſolange nicht nachgewieſen iſt, daß der
überwiegende Betrag der Koſten für die Seitenbahn von den Nächſtbeteiligten
aufgebracht wird, wie das auch beim Chauſſeebau geſchieht. Das Intereſſe der
ganzen Provinz iſt dadurch wachzurufen, daß man in Ausſicht nimmt, allmählich
alle Kreiſe, alle Städte mittels Lokalbahnen an das Eiſenbahnnetz anzuſchließen.

Ueber das Detail der Linie läßt ſich ſtreiten. Ich gehe heute nicht näher
darauf ein.

von Bismarck.

An den Profeſſor der Rechte Dr. v. Holtzendorff in Berlin.

Berlin, den 11. März 1870.

Eurer Hochwohlgeboren beehre ich mich auf das Schreiben vom 6. d. M.
zu erwidern, daß, wenn auch meine eigne Ueberzeugung in betreff der Todes-
ſtrafe feſtſteht, ich nichtsdeſtoweniger gern von der Auffaſſung und Begründung
eines mit der Sache ſo eingehend beſchäftigten Fachmannes Kenntnis nehmen
würde.

---

[1]) v. Kleiſt hatte dieſen Wunſch in einem an den Grafen Bismarck gerichteten Privat-
ſchreiben vom 22. Februar 1870 zum Ausdruck gebracht.

Leider aber ist meine Zeit derart in Anspruch genommen, daß ich auf eine nähere Erörterung wenigstens für jetzt verzichten und mich auf den Ausdruck meines verbindlichen Dankes für Eurer Hochwohlgeboren Erbieten beschränken muß.

von Bismarck.

Gebannt.
Novelle
von
Emil Kaiser.

(Schluß.)

Der Pfarrer setzte die Cigarre, die längst erkaltet war, wieder in Brand und fuhr nach einer kleinen Pause fort:

„Nach dem, was ich Ihnen soeben gesagt habe, werden Sie verstehen, was es für diese Frau hieß, als sie eines Morgens entdeckte, daß ein Dieb über ihre Schatztruhe gekommen sei.

„Der Deckel des Eichenkastens stand offen, augenscheinlich hatte der Dieb das durch keinerlei besondere Vorrichtung geschützte Schloß mit irgend einem fremden Schlüssel geöffnet, aber es wieder zu schließen war ihm nicht gelungen, wenn er das überhaupt versucht hatte. Da hatte er denn die Truhe, in der im ganzen etwa zehn Thaler fehlten, offen wieder unter das Bett geschoben.

„Frau Hübele war am Abend zuvor einige Stunden von Hause abwesend gewesen, Christine, die auf dem Hofe geblieben war, hatte nichts gehört, und auch Lüttjejan behauptete, nichts Auffallendes bemerkt zu haben. Indes ließ sich feststellen, daß der Dieb durch das Fenster in die Kammer gestiegen sein mußte; vor demselben auf dem Rasenfleck fanden sich Spuren eines kleinen nackten Fußes, fast wie ein Kinderfuß. Und ein Kind mußte es eigentlich auch gewesen sein, das das Verbrechen vollführt hatte; denn die Fenster an dieser Seite des Hauses sind nur klein, und einem ausgewachsenen Menschen von gewöhnlicher Größe möchte es schwer werden, sich durch den engen Rahmen hindurch zu zwängen.

„Noch vor Mittag war Frau Hübele bei mir und klagte mir ihren Verlust. Ich glaubte wirklich, daß es sich um ihr ganzes Vermögen handle, so stellte sich die Frau an. Als ich erfuhr, welch geringe Summe ihr thatsächlich abhanden gekommen war, konnte ich mich nicht enthalten, ihr über ihre Erregtheit Vorwürfe zu machen.

„Diesmal ist es so viel, das nächste Mal wird es mehr sein, Herr Pastor,‘ klagte das Weib. ‚Und alles ist sauer verdientes Geld. Ach, es ist eine Schmach, einer Wittwe die Ersparnisse zu rauben.‘

„‚Thun Sie Ihr Geld auf die Sparkasse, wie ich Ihnen schon geraten habe,‘ versetzte ich ungerührt.

„Aber davon wollte sie nichts wissen.

„‚Ein Buch bekomm' ich dafür, was hab' ich daran? Und wenn mir dann das auch gestohlen wird? — Es ist keine Ehrlichkeit und Rechtlichkeit mehr auf der Welt. Ich verstehe nicht, wie unser Herrgott eine solche Schandthat zu- lassen kann.‘

„Ich verwies ihr allen Ernstes diesen letzten überschwenglichen Ausbruch ihrer Gefühle.

„‚Um ein paar Thaler eifert man nicht mit unserm Herrgott. Wissen Sie das wohl, Frau Hübeke?‘ Und dann suchte ich sie auf andre Gedanken zu bringen. Haben Sie keinen Verdacht, wer den Diebstahl begangen haben könnte?‘

„‚Einen Verdacht hab' ich wohl,‘ rief sie eifrig. ‚Julius Wesendrup, dem kann man so was schon zutrauen, er ist ja schon mit Gefängnis bestraft. Aber was hilft der Verdacht, ich habe ja keine Beweise gegen ihn. Ich weiß wohl, er war in letzter Zeit abends um mein Haus herum, die Christine hat mit ihm gesprochen, doch sie beteuert ja hoch und heilig, daß er's nicht gewesen sei, und sie mag's am Ende auch selbst glauben. Ich aber traue dem nicht über den Weg. Selbst in die Kammer eingestiegen ist er ja wohl nicht, angestiftet hat er die Geschichte aber, das ist so sicher wie etwas!‘

„Es war dies kaum einige Tage nach dem Gespräch, das ich selbst mit Julius Wesendrup geführt hatte. Der Eindruck der Verstörtheit und Verwilderung, den er dabei auf mich gemacht, wirkte noch in mir nach, und ich konnte mich dem Verdacht gegen ihn nicht ganz verschließen, dennoch hielt ich es für meine Pflicht, der Frau das Uebereilte ihrer Anklage begreiflich zu machen, da die Anzeichen seiner Schuld doch sehr geringe waren. Zugleich holte ich sie vor- sichtig darüber aus, wie sie von Lüttjejans Ehrlichkeit denke. Zu meiner Ver- wunderung schien sie auf den rothaarigen Knecht nicht den Schatten eines Ver- dachtes zu werfen, und es kam mir vor, als müsse sie dafür ihre besondern Gründe haben.

„‚Gute Frau,‘ sagte ich am Ende, ‚Ihr seid doch hergekommen, um über die Sache meinen Rat zu hören, und ich will Euch den auch nach bestem Wissen und Gewissen erteilen. Es ist wenig, was Euch gestohlen ist‘ — die Frau be- stritt das, aber ich hörte nicht darauf und wiederholte: ‚es ist eigentlich für Euch kaum der Rede wert. Fürchtet Ihr wirklich, daß der Dieb wiederkommen könnte, so legt Euer Geld irgendwo sicher an, die Zinsen bringen Euch dann Euren Verlust in kürzester Zeit wieder ein. Im übrigen aber laßt die Sache auf sich beruhen. Findet Ihr einen sichern Beweis gegen den jungen Wesendrup, so teilt mir das mit, ich werde dann dem Burschen einmal tüchtig ins Gewissen reden und dafür sorgen, daß Ihr wieder zu dem Eurigen kommt.‘

„Frau Hübeke war mit diesem Vorschlag durchaus nicht einverstanden. Ihre Augenbrauen zogen sich unzufrieden in die Höhe, und die Unterlippe schob

sich immer weiter vor. Dabei beteuerte sie in einem fort, daß sie so reich nicht
sei, und daß zehn Thaler für sie viel Geld wären.

„Mir wollte die Geduld allmählich ausgehen.

„‚Dann erstatten Sie bei der Polizei Anzeige,‘ sagte ich.

„Der Polizei Anzeige machen — nein, das ging nicht, unter keinen Umständen. Die sollte ihre Nase nicht auch noch in den Geldkasten stecken. Es
ging keinen etwas an, wie viel sie, die Witwe Hübeke, hatte. Und finden thäte
die Polizei schließlich den Dieb doch nicht. Nein, da gab es viel einfachere und
wirksamere Mittel, den Spitzbuben zu entdecken, und wenn ich ihr nur gefällig
sein wollte, so ließe sich die Sache wohl machen.

„Ich merkte, daß die Frau etwas Bestimmtes im Sinne habe, und da mir
selbst daran gelegen war, den Dieb kennen zu lernen, um ihn vielleicht vor einer
allzu harten Strafe bewahren zu können, so erklärte ich der Bittenden, daß ich
ihr gern behilflich sein werde; dennoch dauerte es noch geraume Weile, bis sie
endlich mit ihrem Anschlag herausrückte. Und dann noch war ich nicht sofort
im stande, aus dem Wust von Redensarten, den sie vorbrachte, den eigentlichen
Sinn herauszufinden. Als ich indes endlich dahinterkam, welches Ansinnen mir
gestellt würde, da war ich aufs heftigste empört. — Man verlangte nichts
Geringeres von mir, als daß ich unter gewissen Förmlichkeiten die Kirchenglocke
läuten lasse, das zwinge den Dieb, das Gestohlene zurückzubringen.

„Ich geriet über diese Zumutung des unverständigen Weibes so außer mir,
daß ich ihr mit strengen Worten die Thüre wies.

„‚Ich bin da, um für Euer Seelenheil zu sorgen,‘ rief ich ihr zu, ‚nicht um
durch gottlosen Hokuspokus Euern Aberglauben zu unterstützen. Daß Ihr, von
Eurem Geiz verblendet, das Vertrauen in Gottes Gerechtigkeit und Güte verloren habt, das ist schlimmer für Euch als der Verlust der erbärmlichen paar
Thaler. Ihr seid auf einer gefährlichen Bahn, Frau, geht in Euch und kehret
um, solange es noch Zeit ist. Ich will beten, daß der Herr Eure Blindheit
von Euch nehme, das ist alles, was ich für Euch thun kann; aber mit Eurem
verruchten Unsinn will ich nicht wieder behelligt sein, nie wieder.‘

„Damit entließ ich die Frau, und ich glaubte recht gehandelt zu haben, ich
hatte ja nicht nur meinen persönlichen Stolz, ich hatte ja die Würde meines
Amtes zu wahren gehabt. Aber kein Mensch handelt im Zorne klug und gerecht.
Jetzt muß ich mir Vorwürfe darüber machen, daß ich als Eiferer auftrat, wo
ich hätte in ruhiger, fester Weise belehren sollen, daß ich im kränkenden Gefühl
verletzter Würde einem Hause den Rücken kehrte, von dem ich durch selbst-
verleugnende, treue Wachsamkeit ein furchtbares Unheil hätte abwenden können.“

IV.

Die Rede des Erzählenden wurde jetzt bewegt und düster. Sein Körper
verharrte regungslos auf dem Stuhle, aber in seinen Augen flammte es auf,
und in seiner Stimme zitterte und grollte es, daß mir der Klang derselben
mächtig ans Herz griff und mich zu atemloser Teilnahme hinriß.

„Hier an diesem Tisch haben sie den Abend zusammen gesessen," erzählte
der Pfarrer, „die Bäuerin und der Knecht. — Trüb flackerte die Flamme der
alten Oellampe zwischen ihnen, trüb ist ihr Geisteslicht und trüb die Rede, die
von ihren Lippen fließt.

„Und bei ihnen sitzt das junge Mädchen, schweigend, in stummer Qual.
Jedes Wort trifft sie wie ein Dolchstoß in das zitternde Herz, und die Angst
schnürt ihr fast die Kehle zu und legt sich drückend wie ein Alp auf ihre zarte
Brust. — Und das rauhe Weib und der rachehungrige Unhold beachten nicht
die Schwäche, die die Aermste überkommt, sie sehen nicht, wie sie auf dem Stuhle
hängt, bleich und kraftlos, einer Ohnmacht nahe.

„‚Wenn der Pastor nicht will,‘ sagt der Knecht, ‚so geht es auch ohne ihn.
Es giebt noch Mittel genug, den Verbrecher zu bestrafen, wir brauchen die Kirche
nicht dazu.‘

„Die Frau, von ihrer Habgier zu wütendem Haß gegen den Dieb verleitet,
faßt ihn am Arme.

„‚Du mußt helfen, Lüttjejan, ich weiß, du kannst es. Ich bin die Frau,
und ich befehle Dir, es zu thun.‘

„‚Das Gestohlene jetzt noch wiederschaffen kann ich nicht.‘

„‚Aber den Dieb strafen, das kannst du, und das sollst du auch. Du mußt
ihn bannen, den Schurken. Ich will das Unrecht nicht ruhig dulden, das er mir
zugefügt hat, mag der Pastor auch sagen, was er will. Gestraft soll er werden,
hart gestraft, das hab' ich mir gelobt.‘

„‚Man kann ihn töten,‘ sagt der Knecht, und seine stechenden Blicke fahren
nach der zusammenschauernden Jungfrau hinüber.

„Eine bange Stille entsteht.

„‚Was muß man da thun?‘ fragt endlich die Bäuerin.

„‚Wir haben die Fußspur im Rasen,‘ erklärt der Unmensch, ‚die wird aus=
gegraben und in ein Säckchen gefüllt. Das hängt man in den Schornstein, und
wie die Wärme und der Rauch das Rasenstück allmählich trocknet und dörrt,
so schwindet auch der Mensch, der auf dem Rasen gestanden, er verdorrt langsam
und stirbt hin. Und zerfällt Erde und Gras zu Staub, so thut der Gebannte
seinen letzten Seufzer.‘

„‚Das ist es, was ihm geschehen soll, das ist es. Du kannst es machen,
Lüttjejan, und du sollst es machen, so will ich es haben!‘ ruft die Frau ent=
schlossen, sich vom Stuhle erhebend.

„‚Mutter!‘ klingt es klagend, flehend durch den weiten Raum.

„Aber die Mutter hat noch immer kein Auge für die Leiden ihrer Tochter,
sie hat kein Ohr für den Aufschrei der tödlichen Angst. Ganz hingerissen von
dem Gedanken, daß der in ihre Hände gegeben, der ihr ein so kränkendes Un=
recht zugefügt, fordert sie den Knecht auf, sogleich mit den Vorbereitungen zu
beginnen.

„‚Es muß um Mitternacht geschehen,‘ raunt der geheimnisvoll. ‚Und vor
allem: niemand darf darum wissen, niemand von uns auch nur untereinander

darüber sprechen, so lange der Beutel im Rauchfang hängt, sonst kommen wir drei elend um, statt des Diebes.' Zur Verstärkung seiner Warnung erzählt er noch eine Geschichte, wie einmal dies Gebot des Schweigens nicht beachtet worden und darauf das Haus mit allen Bewohnern verbrannt sei.

„Dann sitzen sie wieder und starren in die trübrote Flamme des Oellichtes, und unheimlich flackert es in ihren Augen.

„Allmählich gewinnt Christine nun Leben.

„‚Mutter, es ist nicht recht, um einer solchen Sache willen einen Menschen zu töten.'

„Die Frau schüttelt wild entschlossen den Kopf.

„‚Davon verstehst du nichts. Und es ist recht, sonst gäbe der Himmel nicht zu, daß es so geschieht. Wir vergreifen uns ja nicht an dem Schandmenschen, wir überlassen die Strafe ja dem Arme der ewigen Gerechtigkeit. Was willst du noch weiter?'

„Aber die Tochter läßt sich dadurch nicht beruhigen. Sie erhebt sich.

„‚Ein sündhafter Frevel ist es!' ruft sie aus. ‚Was sind für Euch die zehn Thaler, Mutter? Der, der sie nun hat, dem ist damit vielleicht aus harter Not geholfen. Laßt Euer Herz erweichen, geht nicht so streng mit ihm ins Gericht!'

„‚Du denkst also doch an einen, den du kennst, daß du so für ihn ein-trittst?' — Die Mutter schaut ihr Kind durchbringend an. — ‚Aber ich habe kein Mitleid mit einem Verbrecher, mag er sein, wer er will.'

„Da schluchzt Christine auf. ‚Daß diese Worte Euch nie gereuen mögen!'

„Einen Augenblick muß sie sich fassen, dann hebt sie wieder an. Die Ver-zweiflung verleiht ihr Beredsamkeit:

„‚Mutter, wollt Ihr Gott die Strafe überlassen, so überlaßt sie ihm auch allein, und er wird den Frevler sicher treffen und furchtbar treffen, o, das fühl' ich jetzt. Aber Mutter, ladet das nicht auf Euch. Ihr werdet keine ruhige Stunde mehr haben, wenn der Verbrecher stirbt. — Ihr werdet Euch sagen müssen: Ich habe ihn getötet. Und das ist grauenhaft, grauenhaft. Es wird an Euch zehren, wie das Herbfeuer an dem Rasen zehrt und an dem Leibe des Diebes.'

„Doch immer noch bleibt die harte Frau ungerührt, und als der Redefluß der Tochter nicht stocken will, als ihre Bitten immer flehender, ihre Beschwörungen immer eindringlicher werden, da ruft sie ihr ein rauhes ‚Schweige!' zu. ‚Schweig, bis du gefragt wirst!'

„Bange Stunden vergehen.

„Endlich steht Lüttjejan auf und sagt finster: ‚Jetzt ist es Zeit.'

„Er holt Spaten und Laterne, und sie gehen alle durch den Stall hinaus. Die Mutter aufrecht und wuchtigen Schrittes, die Tochter bebend, ihrer selbst kaum mächtig, mit wankenden Knieen.

„Als sie den dunkeln Garten betreten, trägt der Nachtwind von ferne über die stille Heide Glockenklänge heran, die den Anbruch der zwölften Stunde verkündigen.

„Lüttjejan umſticht das Raſenſtück, darauf die Spur des kleinen Fußes deutlich erkennbar iſt, und hebt es aus dem Grunde, Chriſtine muß mit der Laterne zu der Arbeit leuchten. Dann gehen ſie ſchweigend, wie ſie gekommen ſind, wieder ins Haus zurück.“

Die Stimme des Pfarrers klang durch das Geräuſch des draußen noch immer niederſtrömenden Regens gedämpft an mein Ohr. Auch mir hatte ſich die Erregung des Erzählenden nach und nach mitgeteilt. Ich hatte mich von ihm abgewendet und ſtarrte hinein in die dämmerige Tiefe der weiten Halle. Nur wenn ein Blitz am Himmel aufflammte, waren die einzelnen Gegenſtände an der Hinterwand deutlich zu unterſcheiden, dann tauchten ſie wieder in ver- ſchwommenes Dunkel zurück.

Und jetzt hörte ich nicht mehr die Worte des Pfarrers, jetzt ſah ich dort am Herde unter dem ungeheuren Rauchfang die nächtliche Scene ſich abſpielen.

Ich ſah die plumpe Geſtalt des rothaarigen Knechts dort wartend ſtehen, das Raſenſtück in den Händen, ich ſah daneben die zarte Chriſtine mit dem lieblichen, leichenblaſſen Kindergeſicht, bebend an die Wand gelehnt, die großen Augen thränenlos ins Leere gerichtet, die Hände über die Bruſt gelegt, die Finger in übermenſchlicher Angſt ineinander verkrampft.

Jetzt trat aus dem Dunkel die Mutter herzu, anſcheinend ruhig, aber zwiſchen ihren Augenbrauen lag eine tiefe Falte, die von ihrer innerlichen Erregung, von ihrer zornigen Entſchloſſenheit deutlich Zeugnis ablegte. Sie brachte einen leinenen Beutel.

Vorſichtig that der Knecht das Raſenſtück hinein, dann verſchnürte er ihn und band die Schnur mit künſtlichen Knoten. Als das geſchehen war, ſtieg er auf den Herd und ſuchte im Rauchfang nach einem Nagel. Jetzt hatte er ihn gefunden, und auf dem Herde ſtehend, hob er nun den Bannſpruch an:

„Ich lege dir Dieb den Raſen auf die Glut
Wegen deiner Sünd’ und Uebermut,
Ich leg’ ihn dir auf Lungen, Leber und Herz,
Daß dich ankommt ein großer Schmerz;
Es ſoll dir Brand und Stechen machen,
Es ſollen dir alle Adern krachen,
Es ſoll dich anſtoßen eine ſolche Not,
Daß du erleideſt den bittern Tod.
Im Namen des Vaters, des Sohnes und des heiligen Geiſtes. Amen.“

Dreimal ſprach er den Spruch, ſchauerlich dumpf klangen die Laute unter dem weiten Rauchfang hervor, und dreimal wiederholte die Mutter das Amen.

Beim drittenmal erdröhnte ein dumpfer Fall neben dem Herde, und als Lüttjejan herabſteigend mit der Laterne dorthinleuchtete, lag der Körper Chriſtinens ausgeſtreckt auf dem Eſtrich.

V.

„Seit jener Mitternachtsſtunde iſt Ruhe und Frieden vom Heidehof entwichen“, begann der Erzähler nach einer Weile wieder. „Finſter wie das Angeſicht des boshaften Knechtes ist das Geschick, das er mit seinem verruchten, gottlosen Treiben über dies Haus heraufbeschworen hat.

„Anfangs war Frau Hübete über die Schwäche ihrer Tochter mehr erzürnt als erschrocken. Sie schalt, daß man sich um einen elenden Dieb, sei er auch, wer er sei, so anstellen möge, ja sie stieß eine Beschuldigung hervor, daß die pflichtvergessene Tochter es mit dem Schurken halte, der die Mutter bestohlen habe, aber als Christine aus der tiefen Ohnmacht gar nicht wieder zu sich kommen wollte, da schlich sich doch leise die Furcht in das rauhe Herz. — Konnte die furchtbare Aufregung nicht dem zarten Kinde wirklich Schaden gethan haben?

„Es war, als erfasse die Frau mit einem Male eine Ahnung von dem Schweren, das ihr bevorstehe.

„‚Sie ist tot!‘ jammerte sie außer sich. ‚Sie ist tot!‘

„Dem war nicht so. Das Mädchen kam langsam wieder zur Besinnung. Es sollte ihr nicht erspart bleiben, den Kelch des Leidens bis zur Neige auszuschlürfen zu müssen.

„Das arme Geschöpf blieb bleich, wie es an jenem Abend gewesen, und eine merkbar zunehmende Schwäche und Hinfälligkeit bemächtigte sich ihrer. Sie konnte bald der Arbeit nicht mehr gerecht werden, die die Mutter von ihr verlangte, matt und kraftlos schlich sie umher. Aber auch als endlich Frau Hübete selbst einsah, daß die Tochter aufs sorgfältigste gepflegt werden müsse, ließ sich diese doch nicht bewegen, sich ins Bett zu legen. Eine unbezwingliche Unruhe trieb die Hinfällige im Hause und seiner nächsten Umgebung umher, und nur am Herdfeuer vermochte sie längere Zeit sich aufzuhalten.

„Da saß sie dann und starrte traurig in die flackernden Flammen und sah der Rauchsäule nach, die in das Dunkel des Rauchfangs emporstieg.

„Stundenlang konnte sie das treiben, bis ein Fieberschauer durch ihren Körper flog und sie wieder hierhin und dorthin schlich, als suche sie ein Versteck, sich darin vor einem drohenden Schrecknis zu bergen.

„Einmal, als sie sich allein glaubte, war sie auf den Herd hinaufgestiegen, heimlich, ganz heimlich. Schon stand sie auf den Steinen und suchte mit spähenden Blicken den Schwalk und die Finsternis zu durchdringen, die den Rauchfang erfüllten, aber noch hatte sie das verhängnisvolle Beutelchen nicht entdeckt, da trat Lüttjejan unvermutet ins Zimmer und rief spöttisch:

„‚Jungfer Christine, was sucht Ihr im Rauchfang, es ist noch nicht Zeit, die Würste herunterzunehmen.‘

„Frau Hübete, die hinter dem Knechte hereingekommen war, hatte eine Frage auf der Zunge, indes besann sie sich, daß unverbrüchliches Schweigen über die ganze Sache mit der ausgegrabenen Fußspur geboten sei. Sie führte ihre zitternde Tochter, die bei der Anrede Lüttjejans fast vom Herde hinabgestürzt wäre, in die Kammer und suchte sie zu beruhigen.

„Doch noch immer wollte die Kranke nicht im Bette bleiben, wenn auch die Füße ihr den Dienst versagten und häufige Ohnmachtsanwandlungen ihr den kalten Schweiß auf die Stirne trieben.

„Frau Hübeke felbft litt faft nicht weniger als Chriftine. Die Krankheit
derfelben würde unter allen Umftänden das Herz der Mutter befchwert haben, —
denn die Frau mag fonft fein, wie fie will, ihre Tochter liebte fie zärtlich, — aber
daß das Leiden juft an jenem Abend begonnen hatte, das machte es doppelt
unheimlich und verkehrte jeden Gedanken daran in eine qualvolle Frage.

„Frau Hübeke wagte nicht, mit Chriftine über die Urfache ihrer Hinfälligkeit
zu fprechen, aber fie felbft grübelte in der Stille fort und fort darüber nach.
War es denkbar, daß das Mitleid mit dem Gefpielen dem Mädchen fo fehr zu
Herzen ging? Sollte es fich nicht tröften, als man hörte, daß Julius Wefendrup
wohlauf fei wie immer? — Oder war etwas andres im Spiele?

„Nur Chriftine konnte hierauf Antwort geben, doch die unglückliche Frau
mochte fich felbft nicht klarmachen, welcher Verdacht fich in ihrem Herzen regte,
dem blaffen, fchwachen Kinde gegenüber konnte fie unmöglich diefem Verdachte
Ausdruck verleihen.

„Und dann diefe unfelige Pflicht zu fchweigen. Als eine täglich wachfende
Laft legte fich die auf die Seele der ftarken Frau und beugte allmählich auch
fie darnieder.

„Grauenvoll waren die Tage, aber grauenvoller waren die Nächte, die Frau
Hübeke am Bette ihrer Tochter durchwachte.

„Mit zunehmender Dunkelheit wuchs auch die treibende Angft der Kranken,
aber fchon war fie zu fchwach, um noch im Haufe umherzuirren. Ruhelos warf
fie fich auf ihrem Bette herum, fie fröftelte, daß die Zähne hörbar aufeinander
klappten, fie zog fich die Decke über das Geficht empor, als müffe fie die Augen
vor gräßlichen Bildern verfchließen, fie barg fich ächzend an der Bruft der
Mutter und krallte ihre dünnen, durchfichtigen Finger in deren Arm. Dann
wieder lag fie lang ausgeftreckt ftarr da, Schweißperlen auf der weißen Stirn,
und nur die Lippen bewegten fich flüfternd. Unzufammenhängende Worte verrieten ihre entfetzliche Qual.

„,Wie es brennt hier in mir, ach, das Feuer, das Feuer. — Mutter, ich
kann nicht mehr — hilf mir, Mutter, — fo hilf mir doch — mach ein Ende!
O Mutter, das Feuer, das Feuer.'

„Legte fich die Wut des Anfalls ein wenig, fo rückte fie den Kopf nahe
an die Kniee der Mutter heran, fah ihr mit halberlofchenem Blick ins Geficht
und hauchte:

„,Ich kann es nicht fagen, ich kann es nicht fagen.'

„Frau Hübeke entfchloß fich, den Arzt über das Leiden ihrer Tochter zu
befragen, aber was fie geahnt hatte, das beftätigte fich leider voll und ganz, er
wußte fich den Zuftand des Mädchens nicht zu erklären, und er war ehrlich
genug, es einzugeftehen. Die Tropfen, die er dennoch verordnete, hatten nur
den Erfolg, der Kranken gegen Morgen einige Stunden der Ruhe zu ver-
fchaffen.

„Immer fchneller nahmen die Kräfte des armen Mädchens ab. Die abend-
lichen Anfälle verloren ihre maßlofe Heftigkeit, aber wenn das ermattete Gefchöpf

mit dem glanzlosen Blick, zuweilen nur von leisem Frösteln durchschauert, vor der Mutter dalag, so wollte dieser fast das Herz brechen. Und eine mahnende Stimme rief immer lauter in ihr: ‚Der Zauber hat das verschuldet, der Zauber mit der Fußspur.'

‚Mochte nun Christine selbst schuldig sein, oder war nur ein Versehen bei dem Aussprechen des Bannes begangen worden. Vielleicht hatte das kundgegebene Mitleid mit dem Verbrecher genügt, die furchtbare Wirkung auf Christine abzulenken. Gewiß blieb, daß das Leiden der Bedauernswürdigen nur mit dem Tode endigen könne, wenn nicht der Bann aufgehoben würde. — Wie aber konnte er das, da man nicht einmal davon sprechen durfte?

‚Eine erklärliche Scheu hatte die verzweifelte Mutter bisher abgehalten, wieder zu der Kunst ihres Knechtes ihre Zuflucht zu nehmen. Die unerwartete, schreckliche Wirkung seines letzten Zaubers hatte den Glauben der unvernünftigen Frau an seine übernatürliche Wissenschaft nicht etwa erschüttert, sondern nur gefestigt, an dem Mißerfolg legte sie ihm keine Schuld bei, nur die Furcht vor ihm war jetzt bis zum Grauen gesteigert.

‚Aber sie konnte das nicht täglich ansehen, dies Hinschwinden des Liebsten, was sie auf Erden hatte. Sie mußte sich entschließen, nun zur Rettung des geliebten Kindes die unheimlichen Gewalten anzurufen, die sie zur Bestrafung des gehaßten Diebes vorschnell aufgeboten hatte.

‚Es blieb kein andrer Ausweg, und so faßte sie sich endlich ein Herz und sprach mit Lüttjejan, der, ohne sich um Christinens Krankheit zu kümmern, stets schweigsam seine Arbeit verrichtet hatte.

‚‚Du bist ein Erfahrener, Lüttjejan,' sagte sie, ‚du hast so manche Kenntnis von dem, was übernatürlich ist, kannst du mir nicht ein Mittel sagen, das meiner Tochter helfen könnte?'

‚Der Knecht zuckte die Achseln.

‚‚Vielleicht giebt es solch ein Mittel, — vielleicht weiß ich es auch,' sagte er.

‚Die geängstete Mutter beschwor ihn, ihr das Mittel anzuvertrauen, oder es ohne weiteres anzuwenden, wenn er nicht darüber reden dürfe. Sie zog ihn nach dem Herde hin; denn sie hielt es für selbstverständlich, daß die Entfernung des unheimlichen Beutels aus dem Rauchfang das erste sei, was er vornehmen werde. Mit stummer Gebärde deutete sie nach dem Schornstein empor. Aber Lüttjejan schüttelte heftig verneinend den Kopf.

‚‚Ihr glaubt doch das nicht von Eurer Tochter?' fragte er lauernd.

‚Die Frau erschrak. Was sollte sie darauf erwidern? — Dem Knecht gegenüber einen Verdacht laut werden lassen, den sie sich selbst noch nicht eingestanden hatte, einen schmählichen Verdacht gegen ihr eigen Fleisch und Blut?

‚‚Was glaubst du denn, was ihr helfen könnte?' stieß sie endlich hervor.

‚‚Erst muß man wissen, ob ihr überhaupt noch zu helfen ist,' erwiderte er mit abscheulicher Gelassenheit. Und wieder in seinen geheimnisvollen Ton verfallend, fügte er hinzu: ‚Die weiße Katze war gestern im Garten und hat durchs Fenster in die Kammer der Jungfer hineingeschaut, das ist eine üble Vor-

bedeutung. Und habt Ihr nicht selbst gehört, wie schauerlich der Hund geheult
hat, die ganze lange Nacht?'

„‚Vielleicht eben, weil eine Katze ums Haus war,' wandte Frau Hübede
schüchtern ein.

„‚Wenn Ihr das glaubt, mir kann es ja recht sein,' versetzte Lüttjejan beleidigt. Ich weiß, wie der Hund heult, wenn er den Leichenzug sieht, hab's oft
genug gehört.'

„Die Frau suchte ihn zu begütigen.

„‚Gewiß, du kennst dich ja darin besser aus als ich, aber es wird mir
schwer zu glauben, daß es so steht. — ‚Ist denn nun gar keine Hoffnung mehr
für mein Kind?'

„‚Das will ich nicht sagen, aber man kann es erfahren. Ich hab's aus
dem Süden mitgebracht, aus Böhmen, einen Vers, der hat sich immer als zuverlässig erwiesen. Wenn Ihr es verlangt, Frau, so will ich ihn erproben, aber
das sag' ich Euch, macht mir keine Vorwürfe, wenn wir das Gegenteil von dem
erfahren, was ihr hofft.'

„‚Es wird doch der Kranken nicht schaden?' erkundigte die Frau sich besorgt.

„‚Wie sollte es das? Es sind ja nur ein paar Worte. — Wir gehen miteinander in die Kammer, und ich sage:

> Sünder, willst du büßen,[1])
> So rühre dich mit den Füßen;
> Willst du zu Gott dich wenden,
> So rühre dich mit den Händen.

Da könnt Ihr ja dann selbst sehen, ob Eure Tochter zuerst die Füße bewegt und
wieder gesund werden kann.'

„‚Und wenn sie die Hände regt?' rief die Frau erblassend.

„‚Dann kann ihr kein Engel vom Himmel mehr helfen,' ergänzte Lüttjejan
kaltblütig.

„Eine Bangigkeit überfiel die Bäuerin. Sie kehrte dem Knecht den Rücken
und ging davon.

„Wohl wünschte sie, Sicherheit zu gewinnen, aber es graute ihr doch auch
wieder davor. Sie empfand jetzt, daß es sündhaft sei, Gott so zu versuchen,
und doch redete ihr auch wieder die Hoffnung zu, das bedenkliche Spiel zu
wagen. Wenn Christine den Spruch Lüttjejans verstand, so war ja die Entscheidung über ihr Geschick ihrem eignen Willen anheimgegeben.

„Einen ganzen Tag lang ging Frau Hübede unschlüssig umher, dann aber
am nächsten Tage um die Mittagsstunde suchte sie den Knecht wieder auf.

„‚Komm mit,' sagte sie.

„Er folgte ihr mit gleichmütiger Miene. — Vor der Thür der Kammer
hielt das Weib noch einmal zögernd den Schritt an, der frevelhafte Mut wollte

---

[1]) Büßen, besser werden.

ſie verlaſſen, bann aber taſtete ihre Hand nach dem Drücker, ſie ſtieß die Thür auf, und beide traten ein.

„Lüttjejan begann eintönig ſeinen Spruch herzuſagen, aber noch ehe er ihn zu Ende geſprochen, ſtreckte Chriſtine, Entſetzen in den fahlen Zügen, die Hände abwehrend gegen ihn aus, und mit einem auch der Kranken vernehmlichen ‚Es iſt zu ſpät, ſie iſt verloren,‘ ſtolperte der Beſchwörer hinaus.

„Die Mutter fiel aufſchreiend am Bette der Tochter auf die Kniee.

„‚Laß den Menſchen nicht mehr zu mir,‘ jammerte dieſe. ‚Halt ihn ferne, laß mich ruhig ſterben!‘“

— Der Erzähler wurde hier unterbrochen.

Der Menſch ſelbſt, an den wir beide, er und ich, mit Abſcheu dachten, trat vom Stalle herein und kam breitſpurig auf uns zu.

„Das Wetter iſt vorbei, der Regen hat aufgehört,“ verkündete er. Auf ſeinem Geſicht ſtand die deutlichſte Aufforderung, uns nun zu packen.

Wir wendeten uns erſtaunt nach dem Fenſter um.

Lüttjejan hatte recht. Das Unwetter hatte ſich gelegt, es war wieder hell geworden am Himmel, aber wir hatten es beide, hingenommen von der Er- zählung, nicht bemerkt.

Der Pfarrer ſtand auf.

„Wir wollen gehen“ — meinte er und ſah mich fragend an.

„Ja, nur hinaus,“ ſtimmte ich aufatmend bei, „hier iſt Stickluft im Hauſe.“

Als wir durch den Thorweg auf die Straße hinaustraten, kehrte ich mich noch einmal um. — Lüttjejan ſtand unter der Hausthüre und ſtarrte uns finſter nach. Ich war überzeugt, daß er drei Kreuze hinter uns her gemacht hatte.

VI.

Das Kirchdorf, in dem der Pfarrer wohnte, lag auf meinem Wege, ich würde aber auch einen Umweg nicht geſcheut haben, um das Ende ſeiner Er- zählung zu hören; denn mir war, als ob ich ſie wirklich alle geſehen hätte dort auf der Diele im einſamen Heidehof, nicht nur den elenden Lüttjejan, auch die abergläubiſche Bäuerin und die arme, bleiche Chriſtine. Und das Geſchick von Menſchen, die uns einmal perſönlich begegnet ſind, erregt immer unſer erhöhtes Intereſſe.

Der Pfarrer ſelbſt, von ſeinem Stoff ergriffen, ließ ſich nicht erſt bitten, ſeinen Bericht fortzuſetzen. Er war offenbar froh, einen verſtändnisvollen Zu- hörer gefunden zu haben, und während wir langſam nebeneinander über die duftende Heide wandelten, hob er wieder an:

„Jetzt, da alle Hoffnung auf eine körperliche Geneſung der Tochter ge- ſchwunden war, erfaßte die Mutter die Angſt um das Seelenheil ihres Kindes. Sie ließ mich rufen.

„Es iſt ja die Auffaſſung vieler Leute, daß die Geſunden des Pfarrers nicht bedürfen, ſondern die Kranken. Wie ſchwer es uns werden muß, für einen

Sterbenden die rechten Trostesworte zu finden, wenn wir den Lebenden kaum
gekannt haben, das macht sich kaum jemand klar. Hier freilich war mir ja die
Leidende nicht ganz fremd, wenigstens glaubte ich es nicht, als ich diesen Weg
hinausging nach dem Heidehof. Aber als ich in die Kammer trat und Christine
so elend und entstellt wiedersah, als über ihr bekümmertes Gesicht kein Schimmer
freudigen Erkennens flog, da sank mir die Hoffnung.

„Ich mußte mich erst sammeln, als die Mutter hinausgegangen war, ich
mußte nach den Worten suchen, mit denen ich das Gespräch mit meinem Beicht-
kinde einleiten konnte. — Und doch fand ich nicht das Rechte.

„Ich sprach ihr von den schmerzlichen Leiden der Märtyrer, die für ihren
Glauben gestorben sind. Ich stellte ihr vor, was die erduldet hätten, die doch
fromme, unschuldige Menschen gewesen. Da sah sie mich an, und ich ver-
stummte.

„Dieser Blick sagte mir: ,Was willst du, Kurzsichtiger? Das ist ja eben
das Furchtbare, daß ich nicht unschuldig leide.‘

„Nun wußte ich, wo ich einzusetzen hatte, aber ich merkte auch, daß ich
nicht mehr das empfängliche Kind vor mir habe, ich erkannte, daß das Mädchen
mit ihrer ganzen Anschauung in einer mir fremden Welt wurzelte, da war schwer
eine Verständigung zu erzielen. — Sie war nicht trotzig, aber sie fürchtete sich
vor mir. Meine Trostsprüche quälten sie. Es war, als ob ich ihr, die in der
Wüste irrte, eine lockende Gegend gezeigt hätte, jedoch auf dem jenseitigen Ufer
eines breiten Stromes, den sie zu durchschwimmen weder Kraft noch Mut
besaß. —

„Ich habe manchen Ausbruch der Verzweiflung erlebt, aber nie hat mich
etwas im Innersten so erschüttert wie die hilflose Angst dieses Mädchens.

„Die Schuld auf der Seele, den gewissen Tod vor Augen, zum Schweigen
verdammt. Und dann der gräßliche Zweifel: ,Was wird nach dem Tode, wenn
du mit dieser Schuld belastet vor den ewigen Richter trittst?‘ —

„Stundenlang sprach ich ein auf das unselige, friedlose Geschöpf, aber ich
erreichte kein Bekenntnis, nichts als ab und an ein halbes Wort, einen Blick
stummen Jammers und endlich ein lautloses, erleichterndes Weinen. —

„Unzufrieden mit mir selbst verließ ich den Heidehof, und während ich durch
den sinkenden Abend nach Hause ging, drängte sich mir der Gegensatz zwischen
dem milden Frieden in der Natur und dem gräßlichen Kampf in dem armen,
gequälten Menschenherzen mit Gewalt auf.

„Was machte diese Nacht hier draußen so feierlich und stille, was machte
die Nacht in der Seele des Mädchens so grauenhaft und unerträglich?

„Ich sah zu den leuchtenden Sternen empor. — ,Das ist es, daß das
Licht noch nicht vergangen ist, daß die Hoffnung auf den kommenden Tag mit
tausend funkelnden Buchstaben an das Firmament geschrieben ist. — Aber jene
Nacht dort ist sternenlos. Die Nacht des Aberglaubens.‘ —

„Meine Aufgabe war es gewesen, das Licht der Hoffnung in jene Nacht
zu tragen, die düstern Wolken zu entfernen, daß die verheißungsreichen Sterne

wieder hineinschimmern konnten in das verfinsterte Gemüt, ich hatte diese Aufgabe nicht gelöst. —

„Es fiel mir, wie ich so dahinschritt, noch manches Trostwort ein, das ich der Gefolterten hätte spenden können. Ich warf mir Lauheit und Kleinmut vor und beschloß, am kommenden Tage aufs neue zu versuchen, mir das Vertrauen des leidenden Mädchens zu erringen.

„Ich sollte meinen Entschluß nicht ausführen dürfen. —

„Während ich in der Kammer den sieglosen Streit mit der Verzagtheit des unglücklichen Geschöpfes ausfocht, war Julius Wesendrup, der Geliebte Christinens, auf dem Hof gewesen. Er hatte die Kranke zu sprechen verlangt, war aber wieder fortgegangen, als er hörte, daß ich bei ihr sei.

„In der Frühe des nächsten Morgens kam er zurück. Frau Hübele empfing ihn auf der Diele, schlug ihm aber seine Bitte, zu der Kranken gelassen zu werden, einfach ab. Der Bursche ließ sich indes so leicht nicht fortweisen, er hielt an mit Bitten; er mochte ahnen, daß es schlimm um sein Mädchen stände.

„Nur einen Augenblick laßt mich sie sprechen,‘ flehte er.

„Du hast nichts bei meiner Tochter verloren,‘ entgegnete die Bäuerin schroff.

„Und wenn ich ihr nun Geld wiederbringen wollte?‘ fragte Julius, der den Charakter der Witwe kannte und sicher war, daß dieser Einwand nicht ungehört blieb.

„Geld wiederbringen?‘

„Ja, Geld wiederbringen, das Christine mir geliehen hat! Zehn Thaler von ihren Ersparnissen.‘“

Frau Hübele fuhr zurück. Sie stützte sich schwer mit den Händen auf die Tischplatte und sah den Sprecher entsetzt an.

„Ich habe gestern meine Löhnung bekommen,‘ fuhr dieser fort, ‚ich muß jetzt zu den Soldaten. Morgen geht‘s ab nach Münster, in die Garnison.‘ Er zog ein rotes Sacktuch aus der Tasche, in das er das Geld eingewickelt hatte, klirrend setzte er es auf den Tisch und begann die Knoten zu lösen.

„Meine Christine hat dir Geld geliehen?‘ kam es noch einmal tonlos von den Lippen der Frau.

„Ja doch,‘ versetzte der Bursche. ‚Ich brauchte es nötig. Ich sollte ins Gefängnis oder für jeden Tag einen Thaler blechen, und ich hatte nichts. Aber ins Gefängnis wollte ich nicht, das hatte ich mir einmal in den Kopf gesetzt. Ich wollte fort. Das hab‘ ich der Christine erklärt, ich könnte nicht anders, so schwer es mir auch würde. Ihr Betteln und Bitten konnte ihr und mir nichts nützen, das sah sie am Ende auch ein. Da hat sie mir denn mit ihren Ersparnissen ausgeholfen, sie wußte wohl, daß ich‘s ihr wiederbrächte.‘

„Jesus, barmherziger Heiland!‘ stöhnte Frau Hübele auf und brach an dem Tisch in die Kniee.

„Was ist Euch, Frau?‘ rief der Bursche aus und eilte zu ihr hin, sie aufzurichten. Einen Augenblick hing sie machtlos in seinen Armen, dann stieß sie ihn wild zurück und stürzte nach der Kammer ihrer Tochter.

„Christine, Christine!‘ gellte ihr Ruf. Keine Antwort erfolgte.

„Christine, Christine!‘ schluchzte sie und warf sich über das Bett, über den Leib der Tochter, aber diese hörte den Aufschrei nicht mehr, sie hörte nicht mehr das Stammeln und Aechzen der Selbstanklagen, die die Mutter ausstieß. Ruhig lag sie da, die Augen wie zu frieblichem Schlummer geschlossen, die Hände über der Brust ineinandergefaltet. —

„Mein Besuch bei ihr war doch nicht ganz fruchtlos gewesen. Ich erfuhr später von der gebeugten Mutter, daß sie in jener Nacht zum ersten Male, seit sie auf ihrem Schmerzenlager ruhte, wieder gebetet habe. ‚Das Vaterunser.‘ — Ueber die Worte ‚und vergib uns unsre Schuld‘ war sie nicht hinausgekommen. Immer wieder und immer wieder hatte sie diese Bitte wiederholt mit inbrünstig flehendem Ausdruck.“

— Wir hatten jetzt die Höhe einer Hügelkette erreicht, die Heidevegetation ging hier in bebautes Ackerland über. Grüne Wiesen und fruchtbare Felder wechselten miteinander. Vor uns im Grunde lag ein Dorf, über den hohen, braunen Dächern träuselte blauer, gastlicher Rauch in der feuchten Luft. Zwischen dunkelgrünen Lindenkronen schimmerte der weiße spitzbehelmte Turm der Kirche hervor.

Schweigend wanderten wir dem Dorfe zu. Keiner mochte von etwas Alltäglichem zu sprechen beginnen. Erst als wir den Kirchhof des Dorfes erreicht hatten, nahm der Pfarrer noch einmal das Wort:

„Im Schatten dieser Bäume ruht Christine jetzt aus von Leiden und Irrungen. — Legen Sie es mir nicht als Herzenshärte aus, daß ich als Leichentext den Spruch wählte: ‚Irret euch nicht, Gott läßt sich nicht spotten.‘ Ich wollte durch meine Rede auf das rauhe Gemüt der Mutter einwirken. Ob es mir gelungen ist, vermag ich nicht zu beurteilen. Sie sahen ja selbst, daß sie den Knecht, die Ursache ihres Verlustes, noch auf dem Hofe buldet. Es geschieht wohl aus Furcht; denn sein Zauber hat sich ja in der That als wirksam erwiesen.“

Der Pfarrer reichte mir die Hand zum Abschiede und trat auf den Kirchhof.

Ich ging meines Weges weiter; denn ich wollte noch vor Nacht Ellernkotten erreichen. Als ich das Dorf verließ, brach die Sonne, sich schon zum Untergange neigend, noch einmal durch die Wolken. Schräg fielen ihre goldnen Strahlen auf die feuchte Erde. Wie Gold erglänzten alle die tausend Tropfen, die noch an den Zweigen und Halmen zitterten.

„So sind die Kinderseelen,“ kam mir ein Gedanke, „rein und klar, das ewige Licht spiegelt sich in jeder einzelnen. Aber dann fallen sie zur Erde, in den Schmutz und vermengen sich mit ihm, niemand mehr erkennt den klaren, leuchtenden Tropfen. Doch die Sonne sucht ihn noch und zieht ihn wieder empor zum Himmel. Der Schmutz muß ihn wiedergeben, als Staub bleibt er zurück, das Reine aber, das vom Himmel stammt, hat sich wieder zu seinem Ursprung erhoben.“

Neues aus dem Leben Heinrich Heines.

Nebst ungedruckten Briefen desselben.

Mitgeteilt von

Gustav Karpeles.

Die Wertung Heinrich Heines steigt merkwürdigerweise in der Weltlitteratur zugleich mit den häßlichen Angriffen, die gegen ihn aus seinem eignen Vaterlande gerichtet werden. Alles, was von ihm kommt, wird mit übergroßem Interesse aufgenommen, alles, was über ihn berichtet wird, findet einen dankbaren Kreis von Lesern in aller Welt. Auch selbst in seinen kühnsten Träumen hat der Dichter des „Buches der Lieder" an eine solche Zukunft nicht gedacht, und — offen gestanden — er hat sich auch auf diese nicht vorbereitet. Alle seine privaten Aeußerungen, seine Briefe und Gespräche tragen das Gepräge des Vertraulichen und Unmittelbaren, er hat weder für den Druck gesprochen, noch seine Briefe für diesen Zweck geschrieben. Gerade darum aber sind sie lebendige Zeugnisse für seinen vielverleumdeten Charakter, für seine Freundschaftsverhältnisse und Verbindungen, und wir verdanken ihnen eine Tiefe und Nähe der Einsicht in den Entwicklungsgang des großen Dichters, in den Zusammenhang seines Lebens mit dem geistigen Schaffen, wie wir sie ohne solche Zeugnisse und Briefe nicht haben würden.

Fast unnötig erscheint es, bei diesem Anlaß noch ein Wort von dem Götzendienst zu sagen, der mit jeder, auch der gehaltlosesten Reliquie großer Dichter getrieben wird. Von einem solchen Götzendienst ist die Heine-Litteratur bisher frei geblieben. Aber es muß doch daran erinnert werden, daß der größere oder geringere Wert eines Schriftstückes, wie Adolf Schöll sagt, nicht so einfach an ihm zu lesen ist wie an einem Papiergeldstück. Das scheinbar Unbedeutendste kann im Zusammenhang eine ungeahnte Bedeutung gewinnen, und manches an sich inhaltsarme Zettelchen oder manche kleine Notiz kann von großem Werte werden, indem sie eine nähere Zeitbestimmung oder sonst einen Beitrag zur Kenntnis oder Charakteristik des betreffenden Dichters liefert.

Ich hoffe, daß man diese Gründe auch für das nachfolgende Sammelsurium von Mitteilungen, Briefen, Gedichten und Notizen aus dem Leben Heinrich Heines gelten lassen wird. Warum sollte nicht auch hier aus verlorenen Aehren und aus verwehter Spreu ein Strauß zu flechten sein? Warum sollte nicht auch hier des Dichters Wort gelten:

> Ob nicht aus Korn und Mohn
> Noch eine bunte Kron',
> Wert, daß man ihrer schon',
> Sich sammeln lasse still und treu?

Unſre Erinnerungen beginnen im Grunde genommen ſchon vor der Geburt des Dichters, bei ſeinem Vater Samſon Heine. Wie ich durch Familienakten herausgebracht habe, iſt Samſon Heine etwa im Sommer 1796 nach Düſſeldorf gekommen. Zu Ende des Jahres hat er ſich mit Betty van Geldern verlobt. Am 5. Februar 1797 fand die Vermählung ſtatt. Alle andern Daten, die bisher in Biographien und Erinnerungen angegeben wurden, ſind falſch. Zu Anfang des Jahres 1797 macht auch in der „Düſſeldorfer Zeitung", wie ich erſt kürzlich gefunden, Samſon Heine aus Hamburg bekannt:

„daß er Bolkerſtraße neben dem ‚Roten Kreuz' wohne, und daß dort außer den Waren, welche er in ſeiner Boutique auf dem Markt zu verkaufen habe, noch verſchiedene andre neumodiſche Waren billig zu haben ſind."

In einem alten Bürgerverzeichniſſe wird er „Jud Heene" genannt. In der erſten Zeit ſcheint ſein Geſchäft gut gegangen zu ſein, denn 1809 kaufte er das gegenüberliegende Haus in der Bolkerſtraße Nr. 42, wohin er auch ſein Geſchäft verlegte.

Das Bild, das Heinrich Heine von ſeinem Vater in den nachgelaſſenen Memoiren entworfen, iſt — man kann es heute wohl ſagen — ein ziemlich falſches, was das äußere Leben betrifft, deſto zutreffender aber, ſoweit es die Charaktereigentümlichkeiten jenes Mannes in objektiver Weiſe ſchildert. Was Heine nicht erwähnt, iſt, daß ſein Vater in jungen Jahren noch ſtreng orthodox war und alle religiöſen Zeremonien mit großer Peinlichkeit beobachtete. Heine hat das nicht erwähnt, weil es ſchlecht zu den Pferden, Jagdhunden, Sängerinnen und Stallmeiſtern ſtimmt, mit denen er ſeinen Vater ausſtattete. Die grenzenloſe Lebensluſt lag wohl noch im Keime, der Frohſinn und die roſige Laune kamen aber wohl damals ſchon öfter zur Geltung. Gleichwohl war in ſeinem Gemüte nicht beſtändig Kirmeß. Aus den Akten der „Brüderſchaft zur Ausübung menſchenfreundlicher Handlungen und zum Recitieren der Pſalmen" in Düſſeldorf entnehmen wir, daß im Jahre 1797 Samſon Heine der erſte Vorſteher dieſer Geſellſchaft war, deren Beruf die freiwillige Krankenpflege und das Recitieren von Pſalmen vor dem Alltagsgottesdienſt, alſo auch während des Winters, in grauer Morgenfrühe geweſen iſt. Wie ſtimmt dazu das Bild, das Heine aus derſelben Zeit von ſeinem Vater entwirft?

Später wurde er allerdings durch ſeine aufgeklärte Gattin, durch die Mutter des Dichters, immer mehr aus dieſem Kreiſe entfernt. Zu Anfang des neuen Jahrhunderts hält er ſich ſchon zu den Aufklärern innerhalb ſeiner Glaubensgenoſſenſchaft, ja er hatte ſich ſogar in die Loge „Zur Morgenröte" in Frankfurt a. M. aufnehmen laſſen. Im Jahre 1804 finden wir Samſon Heine mit einem Beitrag unter den Männern verzeichnet, welche die Begründung einer deutſchen Schule, des ſogenannten Philanthropins in Frankfurt a. M., unterſtützen. Das war ſchon ein bedeutender Fortſchritt. Heine ſelbſt erzählt einmal in der Einleitung ſeines Buches über Börne, daß ihn ſein Vater 1815 zum erſtenmal auf die Frankfurter Meſſe mitgenommen, daß er auch in das Leſekabinett der

Loge mitgekommen sei und dort den Dr. Börne, „welcher gegen die Komödianten schreibt", zuerst gesehen habe. In dieser Schilderung sind aber verschiedene Unrichtigkeiten enthalten. Es ist kaum möglich, daß Heine die Loge oder auch nur das mit der Loge verbundene Gesellschaftslokal „Zur Morgenröte" als fünfzehnjähriger Knabe hat besuchen können. Und ebenso ist es unrichtig, daß Börne 1815, nachdem die Regierung des Primas bereits beseitigt war, noch Polizeiaktuar gewesen sei, wie Heine schreibt. Denn in seiner Schrift: „Menzel der Franzosenfresser", sagt Börne ausdrücklich: „Mein eigner Bruder war unter den Frankfurter Freiwilligen nach Frankreich gezogen, und während meine Mutter in Angst und Kümmernis war, ihr geliebter Philipp möchte für die deutsche Freiheit totgeschossen werden, entsetzte man mich meines Amtes, weil ich ein Jude war."

Das war im Jahre 1813. Und ebenso konnte Heine, auch selbst angenommen, er sei in der „Morgenröte" gewesen, niemand gesagt haben: „Das ist der Dr. Börne, der gegen die Komödianten schreibt", denn Börnes Theaterkritiken begannen erst mit der Herausgabe seiner Zeitschrift „Die Wage" im Jahre 1818.

Noch unwahrscheinlicher ist es, daß zwölf Jahre später, also 1827, Heine Mühe gehabt habe, Börnes Adresse in Frankfurt a. M. zu ermitteln, da ihn niemand gekannt habe. Das ist eine arge Unrichtigkeit. Der Mann, der seit 1818 im Mittelpunkt des litterarischen Interesses stand, sollte in dem damals kleinen Frankfurt von fünfzigtausend Einwohnern schwer zu ermitteln gewesen sein? Das ist kaum zu glauben. Hier hat wohl die Abneigung gegen Börne ihm einen losen Streich gespielt.

Von diesem zweiten Aufenthalt in Frankfurt berichtet auch der bekannte Maler Professor Moritz Oppenheim in seinen nachgelassenen handschriftlichen Tagebüchern, deren Benutzung ich der Güte der Familie verdanke. Auch diese Mitteilungen berichtigen Heines Buch über Börne in einzelnen charakteristischen Punkten. Es heißt dort:

„Zu jener Zeit kam auch Heinrich Heine nach Frankfurt a. M., der sich bereits durch seine Schriften, besonders aber durch seine Reisebilder, deren Witze namentlich in unseren Kreisen am besten verstanden wurden und den meisten Anklang fanden, einen beliebten Namen gemacht hatte. Ich malte sein Porträt, und am Samstag war er mein Gast mit einigen seiner Verehrer, wobei Heine zuliebe die echt jüdische Küche, Kugel und Schalent, der Glanzpunkt waren, die er leidenschaftlich gern aß und sich auch sehr gut schmecken ließ. Ich bemerkte, daß er bei dieser Kost Heimweh empfinden müsse wie ein Schweizer, der in der Fremde den Kuhreigen höre. Dieses Wort hat er später auch in sein Buch über Börne aufgenommen. Es gab Stoff, von seiner Taufe zu reden. Auf die Frage eines Gastes, was ihn dazu veranlaßt habe, da er doch bereits das Christentum in seinen Schriften genügend angegriffen habe,

antwortete er ausweichend: ‚Er überlege mehr, ob er ſich einen Zahn heraus-
nehmen laſſen ſolle, als eine Religion zu wechſeln.‘

„Sein Porträt verlangte er ſpäter von Paris aus für ſeinen Verleger
Campe in Hamburg, dem ich es auch zuſchickte. In einer ſeiner Schriften aber,
wo viel von ſeinem Aufenthalt in Frankfurt die Rede iſt, erzählt er von dem
guten Schabbeseſſen, das er bei Dr. med. Stiebel genoſſen habe. Heine erinnerte
ſich aber gewiß genau, daß er dieses Nationaleſſen in meinem Hauſe und nicht
bei Dr. Stiebel bekommen. Aber er dachte, daß mir dieſe Erzählung gleichgültig
ſei, während es jenen neugetauften Juden ärgern müſſe, wenn es gedruckt bekannt
würde, daß er noch eine altteſtamentliche Küche habe. Ich habe mich auch
überzeugt, als ich einmal mit Dr. Stiebel davon ſprach, daß Heines Malice
gelungen iſt.“

Wir kehren noch einmal in Heines Jugend zurück, indem wir einen kleinen
Brief mitteilen, den der Dichter an Ludwig Uhland geſchrieben, als er ihm
1823 ſeine erſten Gedichte überſchickte. Es iſt bekannt, welche Verehrung Heine
in jungen Jahren für dieſen Dichter gehabt hat. In ſeiner Abhandlung über
die romantiſche Schule giebt er darüber ſelbſt die genaueſte Auskunft. Er geſteht,
daß es unmöglich ſei, in dieſer Gattung ſelbſt Beſſeres zu geben, als ſchon von
älteren Meiſtern geſchaffen worden, „namentlich von Ludwig Uhland, der die
Lieder der Minne und des Glaubens ſo hold und lieblich hervorgeſungen aus
den Trümmern alter Burgen und Kloſterhallen“.

Aus der Zeit dieſer Bekanntſchaft ſtammt das folgende Schreiben, das ſich
gegenwärtig unter dem geſamten Nachlaß Uhlands im Schiller-Archiv zu Marbach
befindet, und deſſen wortgetreue Kopie ich der Güte des Präſidenten des Schwä-
biſchen Schiller-Vereins, des Herrn Geheimrats Dr. v. Grieſinger, verdanke.

erh. d. 20 Jun 23
(von Uhlands Hand)

„Die Liebe mit welcher ich Ihre Schriften geleſen, und, wie Sie
vielleicht erkennen werden, in mich aufgenommen, die Aehnlichkeit der
Geſinnung ſowohl im Leben als in der Kunſt, ſowie auch die Anregung
gemeinſchaftlicher Freunde, beſtimmen mich dazu Ihnen in der Ueber-
ſendung des beykommenden Buches ein äußeres Zeichen meiner Verehrung zukommen zu laſſen

Ihr ergebener

H. Heine

Berlin d. 4. May
1823.   abbreſſe Pr. Gubitz.“

Die Antipathie zwiſchen Heine und Börne war eine ſo tiefgehende, daß
ſelbſt die vielen gemeinſamen Intereſſen, die ſie ja zu verfolgen hatten, darunter

litten. Es zeigt sich dabei ein seltsames Moment im Charakter Heines: er, der selbst, wenn auch nach schweren Kämpfen, den Uebertritt vollzogen hatte, verargte es jedem einzelnen seiner Glaubensgenossen, wenn er den gleichen Schritt unter- nahm. Man sieht dies am besten aus seinem Verhältnis zu Eduard Gans und auch zu Felix Mendelssohn-Bartholdy und dessen Kreise. Ueber letzteres Verhältnis berichtet S. Hensel in seinem bekannten Buch: „Die Familie Mendelssohn". Weniger bekannt (wenigstens habe ich es nirgends citiert gefunden) dürfte dagegen die folgende kleine Geschichte aus den längst verschollenen Er- innerungen des gleichfalls längst verschollenen Berliner Musikkritikers A. B. Marx sein: „Auch mit Heine fand ich mich zusammen, und oft wanderten wir heimwärts, erst ich ihn zu seiner Wohnung, dann rückkehrend er mich nach der meinen be- gleitend. Lebhaft steht mir noch das Bild des jungen, feinen, ja elegant gebauten Mannes vor der Erinnerung, wie er sich einmal bei Mendelssohns von der einen Seite des Tisches in unnachahmlicher Grazie, träger Müdigkeit und Abspannung nach der andern herüberlehnte, wo Rebekka, die jüngste Tochter das Hauses, saß, und zu ihr, die für seine Gedichte schwärmte, in gedehntem, gar nicht heimlichem Tone sprach: ‚Ich könnte Sie lieben!' Rebekka wandte sich ab, ich weiß nicht, ob ihr Lachen oder ihren Mädchenzorn zu verbergen. Ihre Bestimmung hat sie später bekanntlich zu dem Mathematiker Lejeune-Dirichlet geführt."

*

Nicht so gemütlich verlief das auch anfangs so freundschaftliche Verhältnis zu Eduard Gans. Er machte ihn bekanntlich zur Zielscheibe seiner Witze. Wenn er mit Freunden im Thiergarten spazieren ging und ein Geräusch vernahm, dann rief er wohl aus: „Gans hält eine Rede." Und durch die ganze Berliner Gesellschaft ging sein Witzwort, daß Eduard Gans, während er in Gesellschaft sich über die höchsten Fragen der Menschheit unterhalte, gleichwohl immer die bestbelegten Butterbrote herauszufischen verstehe. Es läßt sich denken, daß Gans diese Witze nicht so freundlich aufnahm. Dadurch entstand eine Spannung zwischen beiden, und nur Varnhagen von Ense hat den Ausbruch offener Feindseligkeiten verhindert. In dessen handschriftlichem Nachlaß fand ich auch in dem noch nicht veröffentlichten Briefwechsel mit Eduard Gans einige interessante Mitteilungen über Heine. Am 9. Januar 1833 schreibt Varnhagen an Gans: „In diesem Betracht nun berührt mich das neue Buch von Heine, so sehr ich den Geist, den Scharfsinn und Witz darin anerkenne, gar nicht angenehm; es waltet darin ein einziges, chemisch aus dem Ganzen des Lebenszustandes ausgeschiedenes Element, was weder froh macht noch erhebt, sondern einen fast nach dem gewöhnlichsten, philisterhaftesten Tag verlangen läßt, weil er doch mehr wahren Inhalt eines großen und schönen Ganzen in sich trägt als diese bittere, ätzende Genialität, die das Nichtige hinstreckt, aber nichts Wesentliches an dessen Stelle bringt."

Das Buch, von dem hier die Rede ist, können nur Heines „Französische Zustände" gewesen sein, die damals gerade erschienen waren.

Im Sommer 1837 machte Gans eine Reiſe nach der Schweiz und nach
Frankreich. Er ſchreibt am 27. Auguſt desſelben Jahres an Varnhagen von Enſe
von unterwegs:

„Als Reiſelektüre hatte ich in Heidelberg den dritten Teil des Heineſchen
‚Salon‘ gekauft, bin aber erſtaunt über das Unzuſammenhängende der ganzen
Produktion, die doch nur durch einen ſtärkeren Humor eine Subſtanz hätte
gewinnen können. Sporadiſche Witze ſind nicht fähig, uns für die Langeweile
eines durchaus mangelnden Totaleffekts, und ich möchte ſagen Totalzweckes
zu entſchädigen, und dieſe mit unterlaufenden Witze kommen ſeltener als in
früheren Produktionen vor. Glauben Sie nicht etwa, verehrteſter Herr, daß
ich ärgerlich auf Heine bin, weil er mein Geſchrei in Potsdam will gehört
haben; ſolche Freiheiten nehme ich ihm nicht übel, und ich habe herzlich darüber
gelacht; aber damit macht man kein Buch, das in der Litteratur genannt
werden ſoll.“

Als Antwort darauf bittet Varnhagen Gans, er möge trotzdem Heine bei
ſeiner Anweſenheit in Paris beſuchen, und ſchließt dann:

„Ich bitte Heine, einen Brief von Rahel, den er noch gefunden, Ihnen mit-
zugeben. Sein dritter Teil des ‚Salon‘ iſt hier noch kaum bekannt; in Hamburg
wird übel davon geurteilt. Ich bringe und warte ſchon ſeit Jahren ſehnſuchts-
voll darauf, daß Heine etwas ſchreibe, was die Leſer erziehe und rühre; mit
dem Aergern iſt's genug.“

In der That verſprach Gans am 24. September desſelben Jahres ſeinem
Freunde Varnhagen: „Doch wird alles, was Sie mir auftragen, aufs pünkt-
lichſte beſorgt, und ſelbſt Heinen, den ich nicht aufgeſucht hätte, werde ich
beſuchen.“

In dem handſchriftlichen Briefwechſel findet ſich keine Andeutung darüber,
daß Gans Heine auch in Paris angetroffen. Wie mir ſcheint, war dies nicht
der Fall, da er zwiſchen dem 20. September und dem 3. Oktober, wie ich aus
den gedruckten Briefen entnehme, eine Reiſe nach der Normandie gemacht hat,
um Mathildens Eltern zu beſuchen. In dieſem Sinne ſchreibt er auch an
J. H. Detmold am 3. Oktober desſelben Jahres: „Ich bin unlängſt in ihrem
Dorfe geweſen und habe die unglaublichſte Idylle erlebt.“

Den Brief von Rahel ſcheint Heine aber doch bald darauf an Varnhagen
geſchickt zu haben, denn er findet ſich ebenfalls in deſſen Nachlaß, und ich
habe ihn aus dieſem ſchon vor mehreren Jahren in der „Neuen Freien Preſſe“
veröffentlicht.

Alles, was wir nachträglich aus den Mitteilungen des Varnhagenſchen
Kreiſes erfahren, beſtätigt die Thatſache, daß hier ein ſtarkes Gefühl von
Sympathie und herzlicher Teilnahme für Heine lebte. Dieſes Gefühl erſtreckte
ſich ſogar bis auf die Familie des Dichters, wie die beiden folgenden, bisher
ungedruckten Briefe ſeiner Mutter und ſeines Bruders beweiſen. Der des
Lieblingsbruders Max an Varnhagen hat den Wortlaut:

Hamburg, 6. August 1833.

„Hochzuverehrender Herr Geh. Legationsrat!

Von meinem Bruder in Paris habe ich heute einen Brief samt zweitem Teil des Buches: ‚Zur Geschichte der neueren schönen Litteratur in Deutschland‘ mit dem Auftrage erhalten, solches an Euer Hochwohlgeboren zu befördern.

Ich benutze diese Gelegenheit, mich selbst Ihnen, hochgeehrtester Herr, zu empfehlen und ein Exemplar meiner ‚Bilder aus der Türkei‘ zu übersenden. Nur auf ganz kurze Zeit war es mir vor vielen Jahren vergönnt, Ihrer persönlichen Bekanntschaft und Gewogenheit in Berlin mich erfreuen zu dürfen. Mit besonderem Vergnügen denke ich an jenen Augenblick zurück und bitte, indem ich einen Beweis meiner Hochachtung für Sie zu geben strebe, Ihrer Erinnerung und freundlichen Zuneigung mich vergewissern zu dürfen.

Mit aller Hochachtung Ihr ganz ergebener

Maximilian Heine,
Dr. med. und Stabsarzt.“

Der Brief der Mutter lautet folgendermaßen:

Hamburg, 20. September 1833.

„Sr. Hochwohlgeboren

Herrn Geh. Legationsrat Varnhagen v. Ense!

Von meinem lieben Sohn Heinrich habe ich ein Schreiben aus Boulogne erhalten, worin er mich bittet, Ew. Hochwohlgeb. den Wunsch mitzuteilen, mir ein Exemplar des Nachlasses Ihrer lieben sel. Gattin gütigst zukommen zu lassen. Indem ich die Ehre habe, Ew. Hochwohlgeb. diesen Wunsch meines lieben Sohnes mitzuteilen, hoffe ich keiner weiteren Entschuldigung zu bedürfen, da mir bekannt ist, mit welcher hohen Achtung mein lieber Sohn die Verstorbene verehrte und wie sehr er Ew. Hochwohlgeb. aufrichtiger Freund ist. Mit besonderer Hochachtung

Ew. Hochwohlgeb. ergebene

Betty Heine, geb. van Gelbern.“

*

Heines Mutter nahm, wie wir nicht allein aus diesem Briefe ersehen, sondern aus allem, was über sie bekannt geworden, innigen Anteil an den Bestrebungen und Arbeiten ihres Sohnes, an den Erlebnissen seiner Freunde. Das Bild, welches er in seinen Memoiren von ihr entwirft, ist in den meisten Zügen durchaus wahrheitsgetreu. Wenn man in den „Memoiren“ den Satz liest: „Ihr Glaube war ein strenger Deismus, der ihrer vorwaltenden Vernunftrichtung ganz angemessen,“ so bestätigen ihre Briefe, von denen ich verschiedene aus früherer oder späterer Zeit besitze, diesen Satz vollkommen. Am 7. Mai 1833 schreibt sie an einen Vetter nach Siegburg, ihre Schwester Johanna van Gelbern in Düsseldorf betreffend, einen Brief, in dem es heißt:

„Ich hoffe, lieber Isaak, Du wirst alles mit ihr überlegen und mit der göttlichen Hilfe zur Zufriedenheit ausführen. Nur in meinem unbegrenzten Vertrauen auf den Allmächtigen habe ich stets Trost und Stärke in meinen Leiden gefunden, und so hoffe ich auch, daß der allmächtige Gott meiner lieben Schwester Trost und Stärke schenken wird, damit sie sich mit Geduld und Ruhe in Gottes Fügung finden lernet."

In einem späteren Kondolenzbrief an denselben Verwandten nach Siegburg vom 15. Juli 1842 schreibt sie:

„So traurig auch der Tod eines Familienmitgliedes ist, so dürfte doch die Ergebenheit in den Willen der Vorsehung die geeignetste Beruhigung gewähren, das Herbe des Verlustes zu lindern, der, wie alles Irdische, in dem Strom der Zeit versiegen und wie ein Nebelbild der Vergangenheit schwinden wird."

Und auch den Eindruck, welchen Heine in den Satz kleidet: „Ihre Vernunft und ihre Empfindungen waren die Gesundheit selbst", gewinnt man aus allen ihren Briefen, so klar, einfach, verständig und wahr sind diese geschrieben.

*

Indem wir zu dem Freundeskreise Varnhagens von Ense zurückkehren, tauchen einzelne Gestalten aus demselben hervor, über deren Beziehungen zu Heine bisher nur wenig bekannt war, so z. B. Johann Ferdinand Koreff, der in Berlin bekanntlich die rechte Hand des Staatsministers Hardenberg war und, nachdem er mit demselben zerfiel, nach Paris ging, um dort als einfacher Arzt zu praktizieren. Erst aus dem Briefwechsel mit Varnhagen erfahren wir, daß Heine in den ersten Jahren zu Paris mit Koreff viel verkehrt, ja, daß dieser sogar eine Zeitlang Heines Arzt gewesen. In einer Gesellschaft bei Koreff machte auch Heine, wie wir aus einem Briefe Koreffs an Varnhagen entnehmen, den bekannten Witz auf den dänischen Dichter Oehlenschläger. Dieser las eines Abends bei Koreff eines seiner Trauerspiele mit schlechter Deklamation und mit prononziert dänischem Accent vor. Heine rächte sich für die Langeweile, die er dabei ausgestanden, indem er nach beendigter Vorlesung statt des erwarteten Lobes mit treuherziger Miene bemerkte: „Wahrhaftig! Hätte ich mir doch niemals vorgestellt, daß ich so gut Dänisch verstünde!"

Auch ein kleines Briefchen Heines an Koreff findet sich in dem bereits erwähnten Nachlaß, das gerade, weil es so unbedeutend erscheint, ein Beweis dafür ist, wie wertvoll auch das kleinste Papierschnitzel für die genaue Kenntnis des Werdegangs und der Einflüsse auf einen Dichter sein kann. Das Briefchen, welches ohne Datum ist, aber wahrscheinlich aus dem Jahre 1834 herrührt, hat folgenden Wortlaut:

„Liebster Koreff!

Im Begriff, aufs Land zu gehen, überschicke ich Ihnen noch beifolgend sechs Bände. Alles, was ich jetzt noch von Ihnen habe, ist: Horsts Dämonologie und von der Hagens Namenbuch. Ihr Freund Donnerstag früh.

H. Heine."

I. F. Koreff war ein wunderlicher Herr. Er beschäftigte sich viel mit Heilmagnetismus, mit Magie und Geistergeschichten. Sicher ist auch dessen Einfluß auf die Beschäftigung Heines mit diesen Dingen in jener Periode zurückzuführen. Es war dies die Zeit, in der er seine „Elementargeister" schrieb. In dieser Schrift ist aber bekanntlich Horsts Dämonologie eine seiner Hauptquellen, und auch die andern sechs Bücher, die aus Koreffs Bibliothek stammen, behandeln verwandte Materien.

＊

Nach Koreff kommt die Schwester Varnhagens von Ense, Rosa Maria Assing, an die Reihe, eine fein empfindende, poetisch gestimmte Seele, die im Sommer 1835 Heine in Paris aufgesucht hat. Er war sehr begierig, sie zu sehen und zu sprechen, da er lange nicht an Varnhagen geschrieben aus Furcht, daß seine Briefe diesen hätten kompromittieren können. „Die tolle Zeit hatte alle Verhältnisse und Beziehungen so verdrießlich und unbequem verschoben," so daß er seit Jahr und Tag ohne unmittelbare Nachricht von seinem „lieben, lieben Freunde" war. Leider sollte sich das Zusammentreffen nicht ermöglichen lassen, obwohl Heine ausdrücklich an Rosa Maria schrieb: „Sie zu verfehlen wäre mir höchst schmerzlich." Gleichwohl scheint Heine, als er eigens zu diesem Zwecke nach Paris kam, sie verfehlt zu haben, wie aus folgendem handschriftlichen Billet hervorgeht:

„Ich bin in Verzweiflung, erst um 4 Uhr in Paris angelangt zu sein und Sie verfehlt zu haben. Womöglich mache ich noch einen Versuch, Sie zu finden. Ja, ich hoffe, Sie bald zu sehen. Ihr

H. Heine."

Heine schätzte Rosa Maria sehr hoch. Als er fünf Jahre später, im Winter 1840, die Nachricht von ihrem Tode empfing, schrieb er an Varnhagen von Ense am 5. Februar dieses Jahres:

„Ich habe die Hingeschiedene sehr gut gekannt. Sie zeigte mir immer die liebreichste Teilnahme, war Ihnen sehr ähnlich in der Besonnenheit und Milde, und obgleich ich sie nicht allzu oft sah, so zählte ich sie doch zu den Vertrauten in dem heimlichen Kreise, wo man sich versteht, ohne zu sprechen — heiliger Gott, wie ist dieser Kreis, diese stille Gemeinde allmählich geschmolzen seit den letzten zehn Jahren!"

So treu hielt Varnhagen zu Heine, so warm interessierte er sich für alles, was aus dessen Feder hervorging, was von ihm und über ihn geschrieben wurde, daß er sogar eine Sammlung von Witzen aufhob, die damals von Heine kursierten. Ich glaube, daß diese Witze, Scherzworte und Anekdoten aus dem Leben Heines, die der alte Chronist seinerzeit getreulich aufbewahrt hat, auch heute noch dankbare Leser finden werden, und will sie deshalb hier wörtlich folgen lassen:

Im Jahre 1823 sagte Heine von Franz Horn über dessen Kommentar zu Schillers Werken: „Was hat er aus Schiller gemacht? Eine Art holländische Festung, ein Bergen ob Zoom! Er hat ihn ganz unter Wasser gesetzt!"

Als Heine von Göttingen nach Berlin kam, mußte er als Student eine Aufenthaltskarte vom Staatsrat Schultz haben. Dieser sehr strenge Herr fragte ihn nach seinen Absichten und warf ihm vor, daß er sich bereits durch seine Ansichten verdächtig gemacht habe. „Mein Gott," sagte Heine keck, „ich habe immer dieselben Ansichten wie die Regierung selbst; ich habe gar keine!"

Als Heine im Sommer 1829 in Potsdam wohnte, kam er oft nach Berlin, um seine Bekannten zu besuchen. Eines Abends kam er mit Eduard Gans aus dem Tiergarten zu Mendelssohn-Bartholdy und erzählte dort unter anderm: „Wir haben uns unterwegs Nelken gekauft. Ich habe die meinigen zerpflückt und ins Wasser geworfen, und Gans hat" — mit müdem, wehmütigem Tone sprach er das Weitere — „die seinigen gegessen."

In Paris trieb er viel Spott mit Michael Beer. Dieser hatte dort ein Trauerspiel vorgelesen. Heine quälte Dr. Hermann Franck, er solle es sich ausbitten. Eines Morgens kam Heine zu Franck und sagte: „Ich weiß schon, Sie haben das Manuskript bekommen und gelesen?" — „Zum Ausspeien," erwiderte Franck, „ganz schlecht." — „Wie ich Ihnen gesagt," erwiderte Heine mit ruhigem Gleichmut, und nach einer Pause setzte er hinzu: „Nicht wahr, den Mann darf ich ohne Scheu loben, es ist keine Gefahr, daß mir's einer glaubt?"

Bei jeder Aeußerung, welche Beer machte, fragte Heine stets mit gefälliger Neugier: „Woher haben Sie das?" Als er abreiste, sagte Heine von Michael Beer in einer Gesellschaft: „Solange er lebt, wird er unsterblich sein."

Als Heine einst mit Dr. Hermann Franck in Paris, im Salon des Etrangers, ein paar Fünffrankenstücke an der Spielbank verloren hatte, sagte er beim Weggehen zu seinem Genossen: „Wissen Sie, Franck, ich habe eine große Lehre heute gewonnen, ich habe einsehen gelernt, daß das Spiel ein Laster ist, wenn man verliert."

Der dänische Dichter Anderssen besuchte Heine in Paris und sprach mit ihm in seiner Weise deutsch. Nach einiger Zeit fragte Anderssen: „Wollen wir nicht lieber französisch sprechen?" Heine war auch dazu bereit, aber auch das ging sehr holperig. Da fragte Heine nach einer Weile mit verbindlichster Artigkeit: „In welcher Sprache wünschen Sie, daß wir uns ferner unterhalten?"

Der bekannte Fürst Felix Lichnowsky war, solange sein Vater lebte, oft schlecht bei Kasse. Er lebte sogar, wie man behauptet hat, von der Unterstützung Franz Liszts, so daß Heine einmal einen Satz anfing: „Franz Liszt, dieser großmütige Beschützer talentvoller Fürsten." —

In den ersten Jahren seiner Anwesenheit in Paris, da Heine oft mit Börne verglichen wurde, sagte Heine einmal in einem Schriftstellerkreise: „Wenn man seinen und Börnes Namen zusammenpacken wolle, so möchte man doch ja recht viel Baumwolle dazwischen legen."

Heine traf mit Louis Blanc, als er eben sein Werk: „Organisation du travail" hatte drucken lassen, auf dem Bahnhof zusammen und sagte zu ihm: „Je vous félicite, Monsieur, de tout mon coeur, d'être devenu maintenant l'homme le plus guillotinable de France."

*

Die Freundschaft zwischen Heine und Varnhagen hatte in der Zeit des Erbschaftsstreites mit seiner Familie ihre stärkste Probe zu bestehen. So viele Zumutungen stellte Heine damals an Varnhagen und seine Freunde, wie der folgende, bisher ungedruckte Brief beweist. Aber es ist erfreulich, zu sagen, daß die Freunde, Varnhagen mit inbegriffen, diese Probe bestanden haben. Der Brief an Varnhagen lautet:

Paris, den 24. Februar 1846.

Theuerster Freund!

Anbei erhalten Sie das Concept des infamen Artikels, den ich gegen Heinrich Heine geschrieben. Ein Freund schickt ihn heute nach der Cöllner-Zeitung, wo er als Inserat gedruckt werden soll, und alle Vorkehrungen sind getroffen, daß ich von dieser Seite keine Indiskretion zu befürchten habe, auch ist der Artikel derart, daß es Niemand glauben würde, ich sei hier im Spiele. In sechs bis acht Tagen nach Empfang meines heutigen Briefes können Sie also den Artikel in der Cöllnischen lesen — ich rechne nämlich drauf, daß er gedruckt wird; — und indem ich Ihnen denselben also schon heute im Mspt. schicke, können Sie den Artikel für die Allgemeine Zeitung, den ich von Ihnen zu haben wünsche, gehörig vorbereiten, so daß ich ihn unverzüglich nach Augsburg abschicken kann, sobald jener erscheint. Ich habe in dem Cöllner Artikel Ihnen das beste Motiv geliefert, worum Sie den Pückler'schen Brief in Ihrem Artikel einschalten und ihn auch selber unterzeichnen müssen, und Ihnen auch sonstig Gelegenheit gegeben zu möglichen Expectorationen. Nachdem Sie den Pückler'schen Brief mitgetheilt, müssen Sie auch der Antwort von Carl Heine erwähnen und sagen: Sie würden ihn ganz mittheilen, wenn nicht ein zu beleidigender Groll gegen mich draus hervorbräche, man sehe deutlich daraus, daß hier nicht eine Geldsache zu Grunde liege, auch gestehe es Carl Heine in bestimmten Worten,

unb Sie müssen ihn in Schutz nehmen gegen den Argwohn, als wolle
er mir thatsächlich meine Pension entziehen; auch wüßten Sie aus
authentischer Quelle, daß ich immer den ungefähren Betrag bezogen,
nur das W i e sei tadelhaft, da hier der Unmuth die unwürdigste Gelegenheit ergreife, um sich für alte Beleidigungen zu rächen; ja, Sie,
liebster Freund, Sie können den Anfang des Briefes meines Vetters
sogar mittheilen bis zu den Worten: „Die Pietät gebietet mir, selbst
der Bosheit Schranken zu setzen.“

　　Wir bezwecken dadurch, daß es späterhin, wie auch die Sachen
gehen, meinem Vetter unmöglich wird, die Pension nicht mehr oder
nur verkürzt zu z a h l e n, ohne sich zu prostituiren. Das ist fast schon
erreicht; doch für mich ist es nicht die Hauptsache, ich ziele in allem
darauf hin, meinen Vetter zu einer l e g a l e n Anerkennung der Pension
zu drängen, damit ich nicht mehr turmentirt werden kann. Das bloße
faktische Auszahlen ist eine Verhöhnung, ich stehe da wie ein Bettler,
dem F e i n d e ein Almosen zuzuwerfen, und diese Position ist nicht zu
ertragen. Wie wenig Eitelkeit mich beseelt, sehen Sie aus dem Artikel,
den ich gegen mich selbst geschrieben. Aber Sie haben keinen Begriff
davon, wie selbstquälerisch mein Gemüth ist, wenn es sich gedemüthigt
sieht in sich selber. Nur an der Achtung Heinrich Heine's liegt mir
etwas, und ich habe demgemäß gelebt und gelitten; was ich bei der
Welt gelte, ist mir gleich. — Sie ahnen hieraus, in welcher tiefsten
Qual ich jetzt stecke, helfen Sie mir aus dieser Hölle heraus.

　　Leben Sie wohl, theuerster Freund, und entschuldigen Sie, daß ich
Ihnen so viel Mühe mache. Ich bitte Sie, Herrn Lassalle, dem ich
morgen, spätestens übermorgen schreiben werde, die heutige Mittheilung
wissen zu lassen. Ich glaube, es wäre nicht übel, wenn er, sobald der
Schmähartikel in der Cöllner erscheint, eine vehemente Entgegnung
schriebe im Tone entrüsteter und indignirter Jugend und solche ebenfalls
als Inserat in die Cöllner schickte (versteht sich, daß ich mir die Kosten
nicht schenken lasse). In allem aber muß der oben angedeutete Zweck
im Auge gehalten werden.

Ihr

H. Heine.

　　Wie man sieht, hatte Heine damals nichts Geringeres vor, als einen Artikel
gegen sich selbst zu schreiben, der seinen Gegner entweder zur Milde oder aus
Verzweiflung zur Nachgiebigkeit treiben sollte. Gegen diesen selbstmörderischen
Artikel sollte nun Varnhagen ihn in der Augsburger Allgemeinen Zeitung vertheidigen. Die Sache war sehr fein ausgedacht, aber sie scheiterte glücklicherweise an irgend welchem Zwischenfall. Nur mit inniger Wehmut kann man
die Geständnisse des Dichters in diesem Briefe lesen, der gleichwohl, wenn er
auch wie ein Bettler dem Feinde gegenüber steht, so viel Stolz hat, zu sagen,

daß ihm nur noch an seiner eignen Achtung gelegen sei. In der That, nie war ein deutscher Dichter elender in der Fülle des Glücks, das seiner zu spotten schien.

*

Aus derselben Zeit datiert auch das folgende, bisher unbekannte Albumblatt, das Heine einer schönen Französin als Autograph schenkte und das Ph. Audebrand vor mehreren Jahren zuerst französisch veröffentlicht hat:

„Gott fand wohl ein Vergnügen daran, den Aerger zu erschaffen, und deshalb ist der Aerger unsterblich. Als Kind wünscht man alles, was man sieht — eine wenig angenehme Geschichte; als Schüler ist man in den Händen gelehrter Esel — eine sehr traurige Geschichte; als junger Mann verliebt man sich in eine Pute, die nicht einmal getrüffelt ist — eine sehr dumme Geschichte. Als reifer Mann muß man unaufhörlich rechnen mit den Ziffern der Vorsicht und der Oekonomie — eine schreckliche Geschichte. Als Greis erinnert man sich an die Dummheiten, die man gemacht, und knüpft an sie diejenigen, die man nur gestreift hat — was ist also zu thun? Gar nichts, denn das ist noch das Beste, was ein Mensch thun kann.

Heinrich Heine."

*

War dies Autograph in einer Stunde ernsten Nachsinnens niedergeschrieben, so ist dagegen das folgende Gedicht sicher in einem Moment entstanden, wo der alles überwältigende Humor des Dichters die Sorgen des Lebens wieder einmal zu verscheuchen im stande war. Das Gedicht ist bisher ganz unbekannt. Es findet sich in keiner Ausgabe seiner Werke. Ich habe es in dem „Album", welches Eduard Boas (Leipzig 1846) zu Gunsten irgend einer wohlthätigen Veranstaltung herausgegeben, zuerst gefunden. Mit seinen Anspielungen auf die Zeit der französischen Restauration ist es ganz von dem graziösen Humor, der Heine zu jener Zeit erfüllt hat. Für unsre Jungdeutschen wird es vielleicht einen besondern Wert dadurch haben, daß es ersichtlich — an eine Kellnerin gerichtet ist:

Immer still und ruhig bleibt sie,
Wie auch wechseln die Gerichte,
Kalt und unversöhnlich schreibt sie
Die Restaurationsgeschichte.
Den Garçons winkt sie verstohlen,
Daß kein Gast unduldsam warte,
Daß nicht fehle, was befohlen,
Eine Wahrheit sei die Karte.

H. Heine.

*

Wenn man annimmt, daß dieses Scherzgedicht etwa im Jahre 1845 entstanden ist, so staunt man über die Elasticität des Geistes, der in den überaus

traurigen Verhältnissen, in welchen er sich damals befand, zu ernsten Betrachtungen, wie uns das Autograph vorführt, so anmutige Scherze erfinden
konnte, wie uns das Gedicht zeigt. Es mag vielleicht hier der richtige Platz
dafür sein, an die unerquicklichen Fehden in der Litteratur, an die traurigen
Zustände im Hause, an den erbitterten Kampf mit der Familie zu erinnern, den
Heine gerade in jenen Jahren auszufechten hatte. Es ist in der That unbegreiflich, daß ein so grundehrlicher Mann, wie Heinrich v. Treitschle es
doch fraglos gewesen ist, in dem letzten Band seines großen Geschichtswerkes
Heine gerade mit Bezug auf letztere Verhältnisse in so unrichtiger Weise angreifen
konnte, indem er sagte (764): „Das Märchen vom Flüchtling Heine, der Götzendienst, welcher heute in vielen deutschen Zeitungen mit H. Heine getrieben wird,
hat weder mit der Wissenschaft noch mit dem künstlerischen Gefühl irgend etwas
gemein ... Heine war ein freiwilliger Flüchtling, ganz so wie die polnischen
Dichter Mickiewicz, Krasinski, Slowacki und viele andre Revolutionäre
aus Deutschland, Polen, Italien." Diese Behauptung ist vollständig unrichtig.
Heine sowohl wie die angeführten Männer waren insofern keine freiwilligen
Flüchtlinge, als sie nur unmittelbar vor der Gefahr geflüchtet sind.
Hätten sie nur noch kurze Zeit ausgehalten, so wären jene Männer nach
Sibirien und Heine wahrscheinlich nach Spandau gewandert. Varnhagen hat
es einem Freunde selbst erzählt und ausdrücklich wiederholt, daß „die große
Hand, die Heine gar vorsorglich winkte, die mächtigste war, die damals in Europa
existierte, nämlich die des Fürsten Metternich."

Treitschke giebt sich auch alle Mühe, zu beweisen, daß Heine „niemals
polizeilich verfolgt wurde", aber seine Beweisführung steht auf sehr schwachen
Füßen. Das auswärtige Amt hat auf die Frage des Grafen Bresson (17. Februar 1843) geantwortet: „Aucune mesure de police n'a été prise contre sa
personne." Sehr wohl, aber Treitschke überging es mit völligem Stillschweigen
oder er wußte es nicht, daß im April und August des folgenden Jahres in
verschiedenen deutschen Bundesstaaten Steckbriefe gegen Heine, der zur selben
Zeit in Hamburg war, ohne eine Ahnung davon zu haben, erlassen wurden.
Ein nachträgliches Signalement zu diesem Steckbrief, das die gefällige Polizei aus
Paris eingeschickt hatte, wurde von Hoffmann v. Fallersleben im „Weimarischen
Jahrbuch" (Bd. 2, Seite 230) zuerst veröffentlicht. Es lautet: „Heine, homme
de lettre, 50 ans, taille moyenne, nez et menton pointus, type israélite
marqué, c'est un débauché, dont le corps affaissé dénote l'épuisement." Ja,
als Heine im Frühjahr 1846 nach Berlin reisen wollte, um dort seinen alten
Studienfreund Professor Dieffenbach wegen seines Augenleidens zu konsultieren,
hat sich Alexander v. Humboldt bekanntlich selbst für Heine bei Friedrich Wilhelm IV. vergeblich verwendet, um dem schwerkranken Dichter offenes Geleit zu
verschaffen. In dem Briefe Humboldts an Heine heißt es: „Die Verweigerung
ist sogar so bestimmt gewesen, daß ich Ihrer persönlichen Ruhe wegen Sie ja
bitten muß, den preußischen Boden nicht zu berühren." Humboldt erzählt, daß
der König selbst es hart fand, Heine zurückzuweisen, „da es menschlicher wäre,

ihn den Arzt konsultieren zu lassen, es auch bald sichtbar würde, daß sich hier
das Publikum nicht um den alten Mann mit dem Gesichtsschmerz bekümmerte.
Die Polizei wußte dem ihr fremden Zartgefühl zu widerstehen." Indes ist die
Zurückweisung Heines nicht auf die Initiative der Polizei, sondern auf den damaligen Minister des Innern v. Bobelschwingh zurückzuführen. Kann man
da nun noch behaupten, daß „die weinerliche Erzählung von Heines Exil nichts
weiter als eine öffentliche Lüge, deren jeder gewissenhafte Historiker sich schämen
sollte"?

Ich meine vielmehr, daß jeder gewissenhafte Historiker sich nach diesen Beweisen schämen müßte, den unglücklichen Dichter noch ferner nach dieser Richtung
hin zu beschuldigen. Nur fanatischer Haß kann es begreiflich machen, daß ein
Historiker von dem Range und der Bedeutung Treitschkes den Mut hatte,
schlankweg zu behaupten, ohne auch nur den Schatten eines Beweises dafür
beizubringen, daß Heine in Frankreich naturalisiert gewesen sei, entgegen
der bündigen Erklärung des Dichters, die jeden Zweifel ausschließt. „Es war
der närrische Hochmut des deutschen Dichters, der mich davon abhielt, auch nur
pro forma ein Franzose zu werden ... denn welcher Schmach hätte ich mich
nicht ausgesetzt! Die Naturalisation mag für andere Leute passen ... es wäre für
mich ein entsetzlich wahnsinniger Gedanke, wenn ich mir sagen müßte, ich sei
ein deutscher Poet und zugleich ein naturalisierter Franzose." Diese Erklärung,
die an Deutlichkeit wohl nichts zu wünschen übrig läßt, schrieb Heine im Jahre
1854 in seiner „Lutetia", und wie aus den Briefen hervorgeht, welche Jules
Legras neuerdings veröffentlicht, hat Heine ein Jahr später diese „Lutetia",
in der jene feierliche Erklärung abgedruckt war, an Thiers und Guizot selbst
geschickt. Ganz Paris sprach vierzehn Tage lang von nichts anderm als von
diesem Buche, und niemand erhob auch nur den leisesten Widerspruch gegen jene
Behauptung. Mag nun jeder nach seiner Empfindung entscheiden, ob das noch
historische Wissenschaft ist, wenn Treitschke einfach erklärt, er glaube nicht der
Versicherung Heines, daß er niemals Franzose gewesen sei!

Ohne Zweifel hat Heine auch in seinen Nachlaßmemoiren über diesen Punkt
sich des weiteren ausgesprochen, und man kann es darum nur doppelt bedauern,
daß dieses Manuskript, wie es den Anschein hat, verloren gegangen ist. Aber
zwei interessante Briefe, die sich auf diese Memoiren beziehen, sollen wenigstens
nicht verloren gehen. Sie befinden sich in der französischen Zeitschrift „L'Evéne-
ment" vom 2. Februar 1884. Der bekannte Schriftsteller Georges Duval
hat die beiden Billette dort veröffentlicht, ohne daß sie meines Wissens in
Deutschland bekannt geworden wären. Duval erzählt von der Bekanntschaft, die
er in Fiesole mit Frau Mathilde Heine gemacht hatte; anläßlich eines Prozesses,
den er gegen den Privatsekretär des damaligen Jesuitengenerals Pater Beckx,
Herrn R. P. Muzio, anstrengte, weil Duvals Hunde seine Birnen stahlen, den

er aber natürlich verloren, erhielt er von Frau Heine, seiner Nachbarin, eine Kondolenzvisite. Sie sagte bei dieser Gelegenheit: „Ich kenne die italienische Justiz. Mein Mann ist ehemals zu einer Geldstrafe verurteilt worden, weil er sich von einem Offizier des Königs nicht ruhig totschlagen lassen wollte." Ueber diese Geschichte, die nur während der Anwesenheit Heines in Lucca sich ereignet haben könnte, ist bisher nichts bekannt geworden.

Nach der Rückkehr machte Duval Frau Mathilde in Pussy einen Besuch. Die Rede kam dabei natürlich auch auf die „Memoiren". Sie erklärte, daß dieselben nicht mehr in ihrem Besitz, weigerte sich aber entschieden, anzugeben, wo diese sich befänden; nur die Ehre nahm sie für sich in Anspruch, ihren Gatten zur Abfassung der Memoiren förmlich gedrängt zu haben. Als Beweis für diese Behauptung brachte sie zwei Briefe vor, welche Duval genau kopiert hatte. Der erste, aus dem Oktober 1854 stammend, lautet:

> Lieber Campe! Das Schreiben fällt mir sehr schwer, aber das ist noch garnichts. Ich habe nunmehr die Brücke überschritten und den Fuß in ein Loch gesetzt.[1]) Meine Frau hat mich an meine Memoiren angespannt wie einen Ochsen, wie einen schweren Hamburger Ochsen an den Pflug. Was bin ich doch für ein armer Teufel, aber die Arbeiten an der „Lutetia" nehmen mich nicht so in Anspruch, daß ich nicht noch Muße genug hätte, um mich mit etwas anderem zu beschäftigen. Adieu.

Das zweite Billet datiert aus dem Jahre 1855. Es heißt dort:

> Chère femme!

> Je t'écris de mon oeil gauche. Le droit est perdu. Réunis tous les feuillets de mes Memoires et reviens me trouver avec eux à Auteuil. Sans toi, je ne les achèverais pas, et sans toi je ne les aurais pas commencés. J'ai bien peur, qu'ils ne touchent d'ici peu à leur fin.

> „Je reçois une lettre d'Allemagne".

Mit Recht folgert Georges Duval aus diesen beiden Schreiben, daß Frau Mathilde, deren Bedeutung sonst von einzelnen Biographen nicht genug herabgedrückt werden kann, in der That auf die Entstehung der Memoiren Heines einen gewissen Einfluß ausgeübt hat.

*

In die Zeit dieser Arbeit an den Memoiren, dieser Kämpfe, Leiden und Sorgen fallen die nachfolgenden Schriftstücke, welche bisher in Deutschland nicht bekannt geworden sind und sich deshalb auch in keiner Ausgabe der Werke Heines befinden. Ein junger französischer Litteraturhistoriker, Jules Legras, hat in

---

[1]) Es bezieht sich dies auf eine Wohnungsänderung, da Heine am 1. Oktober jenes Jahres nach der Rue Batignolles 54 übersiedelte.

einem soeben bei Calmann Levy in Paris erschienenen Buche die wertvollen
Dokumente zuerst veröffentlicht. Ich will es nun versuchen, an der Art und Weise
Heines hintastend, eine Uebersetzung derselben zu geben. Das erste ist ein Frag-
ment aus der Einleitung, die Heine wahrscheinlich zu der letzten französischen
Ausgabe seiner „Reisebilder" geschrieben, aber niemals veröffentlicht hat. Sie
datiert aus dem Juni 1855, also etwas über sieben Monate vor seinem Tode.
Die fehlenden ersten Sätze bildeten wahrscheinlich eine Parallele zwischen der
deutschen und der französischen Sprache. Dann heißt es weiter:

„Es existirt gar keine geistige oder seelische Verwandtschaft zwischen
diesen beiden von Grund aus verschiedenen Sprachen, und man kann
sogar sagen, daß sie eine gewisse Antipathie gegen einander haben, die
jener zu vergleichen, welche die thörichte Brut dieser Teutomanen zwischen
den beiden Völkern, deren Organe sie sind, zu verewigen sich bemühen.

Diese internationalen Antipathien zu vernichten und auszurotten, war
die große Aufgabe meines Lebens, und eben diese verfolge ich auch,
wenn ich mich heute fast instinctiv auf ein linguistisches Terrain begebe.
Ich habe soeben die Schwierigkeiten aufgezeigt, welche die Veröffentlichung dieses Buches gefährlich beeinflußten. Ich bin durchaus nicht
beruhigt über die Aufnahme, welche es finden wird', obwohl es ihm
nicht an respektablen und nützlichen Eigenschaften fehlt. Sind es doch
garnicht die wirklichen Verdienste, durch die die Menschen wie die Bücher
ihren Weg machen in dieser bösen Welt; gleichwohl will ich nicht verzweifeln an dem Erfolg meines Buches. Habent sua fata libelli! Die
Bücher wie die Menschen, welche sie schreiben, sind ein Spielball des
Zufalls, jener geheimen Kraft, welche sich über unsere Hoffnungen wie
unsere Befürchtungen moquirt. Siehe meine Lutetia! Trotz körperlicher
Leiden und unter unsagbaren Sorgen habe ich dies Buch veröffentlicht,
und trotzdem hat es zu meiner großen Ueberraschung, fast zu meiner
Bestürzung ein Ansehen erlangt, welches alles übersteigt, was die aus-
schweifendste Eitelkeit eines Poeten nur je erträumen konnte. Vierzehn
Tage lang sprach ganz Paris von meiner Lutetia! Ich gestehe, daß
dieser Erfolg mich vor Freude erzittern ließ, der Taumel befriedigter
Eitelkeit verdrehte mir fast den Kopf. Nichtsdestoweniger aber wurde ich
bald von geheimen Ahnungen ergriffen, und ich sagte mir selbst: durch
welche Kränkungen, durch welche Widerwärtigkeiten werde ich diesen ungeahnten und unverdienten Erfolg büßen müssen. Ja, ich bin zu stolz, um
nicht das offene Geständniß abzulegen, daß ich nicht glaube, die Verdienste
des Buches lägen ausschließlich in dem Beifall, den die Menge ihm
zu Theil werden ließ; ich bin vielmehr überzeugt, daß die „Lutetia" ihren
Erfolg hauptsächlich der Caprice einer Dame zu danken hat, der Protection der schönen Göttin, deren Namen sie trägt und die sie sozusagen
als Pathin unter ihren Schutz genommen. Ja, passionirt, wie die Frauen
es immer sind, wenn sie einen Mann oder eine Sache protegiren, einen

Pianisten oder einen Papagei, hat die göttliche Patronesse meines
Buches seine Vorzüge in allen zwölf Arrondissements ausposaunt und
sogar im dreizehnten ihrer guten Stadt Paris. Sie hat sich alle Mühe
gegeben, um meinen Namen aufleuchten zu lassen, sie sagte, daß ich fast
so viel Geist wie ein Franzose habe, daß ich eine deutsche Nachtigall sei,
die ihr Nest in die Perücke des Herrn von Voltaire hineingelegt, sie
behauptete, daß ich zugleich der größte Metaphysiker sei, daß ich über
Kant und Atta Troll geschrieben und was weiß ich noch alles. Sie
sprach so viel und wirkte so gut, daß selbst der Beifall der schlimmsten
Brummbären mir zufiel und daß ich auf den Höhepunkt irdischen
Ruhmes gekommen: daß man von mir vierzehn Tage lang gesprochen
hat! Man hat auch nicht länger von Paganini oder von Fieschi oder
einem andern fremden Virtuosen gesprochen. Ich kann mich gar nicht
an die Idee gewöhnen, daß ganz Paris sich mit mir vierzehn Tage
lang beschäftigt hat ... Oh, was für ein liebes Mädchen ist diese
Göttin Lutetia, welche mir eine so graziöse Ueberraschung bereitet und
den Lorbeer um die Stirn des Poeten gewunden hat, dieweil er
schlief. — Dank, tausend Dank, schöne Lutetia, für diesen Akt der Gastfreundschaft und der mildthätigen Liebe. Ich werde Dich lieben bis zu
meinem letzten Augenblick, in dem die Qualen gemildert sein werden
durch den Gedanken, daß ich in Deinen Armen sterben werde.

Paris, Juni 1855.
Heinrich Heine.

Die beiden ausgelassenen und durch Punkte angedeuteten Sätze decken sich
zum Teil mit denen, die Heine bereits in deutscher Sprache in den „Geständ-
nissen" und verschiedenen Vorreden (VII. S. 465. III. 22. u. a. a. O.) veröffentlicht hat. Zu derselben Zeit etwa ist auch die Vorrede entstanden, welche
Heine einer französischen Ausgabe seines Gedichts „Deutschland, ein Wintermärchen" beigeben wollte. Sie findet sich in dem Buche von Legras (430 ff.)
und lautet in deutscher Uebertragung:

Die folgenden Seiten bilden das Gegenstück zu den „Briefen aus
Helgoland", wo das politische Erwachen Deutschlands in der Epoche der
Juli-Revolution anbricht. Es ist von neuem eingeschlafen, und die
allgemeine Letargie, die Stagnation, welche von jenseits des Rheins
vor der Februar-Revolution herrschte, ist in diesem humoristischen Poem,
welches ich „Deutschland, ein Wintermärchen" nenne und jetzt in französischer Prosa veröffentliche, dargestellt. Indem man ihm die Wirkungen
eines zugleich melodiösen und scherzhaften Versbaues mit seinen drolligen
Reimen, mit seinen burlesken Wortspielen und mit tausend und einer
Anspielung auf lokale und Tagesereignisse entziehet, mußte dieses Wintermärchen den glänzendsten Theil seines Reizes verlieren. Aber es bleibt
noch genug, damit ein intelligenter Leser die Intentionen des Dichters

errathe. Ich glaube, daß diese fliegenden Blätter euch viel intimer in den deutschen Gedanken einführen werden, als es dem ausführlichsten Specialstudium gelungen wäre.

Ich habe mich aller erklärenden Noten enthalten und will nichts als eine einzige Bemerkung machen, welche sich auf den Titel dieses Gedichts, das ich „Germania" genannt habe, beziehen soll. Niemand kann sich gewisser patriotischer Anwandlungen erwehren, und obwohl ich der Göttin Germania keinen besonderen Kultus gewidmet habe, möchte ich doch nicht, daß der französische Leser diese mit der Göttin Hammonia, welche ich ein wenig leichtfertig in diesem Gedicht besungen habe, identificirt. Diese letztere ist die wirkliche Göttin der Stadt Hamburg, und wir sehen hier eine schöne Frau, bei der die untere Partie von den Lenden ab jene prachtvolle Fülle hat, die den Reiz der berühmten Venus Kallipygos ausmacht. Die Carnation des Fleisches ist so fest wie der Marmor der berühmten Statue und erinnert an den vlämischen Pinsel von Rubens. Die Augen der Schönen glänzen so freudig, als hörte sie einen Walzer von Strauß oder als äße sie eine Aalsuppe, die man in Hamburg so ausgezeichnet zubereitet.

Von dem Lärm der Sturmglocken des Juli ist Deutschland plötzlich aufgewacht, aber es fehlt nicht viel, daß es wieder in einen tiefen Schlaf verfällt und zu schnarchen beginnt wie früher. Aber das ist nicht mehr jener gute Traum, welchen man einer Eiche verglichen, die sich gut erhalten hat. Es scheint von einem schrecklichen Alpdrücken befallen zu sein. Diese Träume sind aber nicht mehr rosenfarbig. Die Feen, welche ihm die schönsten Träume in die Ohren gesungen haben, sind verschwunden; doch diese Träume einer anderen Zeit sind nicht ganz verloren, es sind die Traditionen und Volkslieder, mit welchen wir uns auf den folgenden Seiten beschäftigen werden.

Hier bricht die Vorrede ab, die augenscheinlich für die Uebertragung des Wintermärchens „Deutschland" und der „Elementargeister" bestimmt war. Auch aus diesem Schriftstück wie aus dem vorhergehenden erkennt man die innige Liebe, die der Dichter trotz alledem und alledem für sein deutsches Vaterland gehegt hat. Um alles zu sagen: das Wort, welches er einem Diplomaten wie Thiers zugerufen: „Anch io sono tedesco" ist doch im Grunde genommen der Wahlspruch seines ganzen Lebens gewesen, mögen seine Gegner noch so heftig dagegen toben.

Auch ein interessanter Brief an den berühmten französischen National=ökonomen Michel Chevalier, der einst in den Saint=Simonistischen Zirkeln in der Rue Taitbaut Heines Freund und Gesinnungsgenosse war, stammt aus jener Zeit. Aber seit 1851 hatten die Freunde den Kampf gegen die Gesell=schaft aufgegeben und sich an die Spitze hervorragender nationalökonomischer

Unternehmungen gestellt. Michel Chevalier war mit Heine schon seit dessen
Ankunft in Paris befreundet. Bereits Mitte Mai 1832 schreibt Heine an
Varnhagen von Ense: „Michel Chevalier ist mein sehr lieber Freund, einer der
edelsten Menschen, die ich kenne." Und ein Jahr später: „Mit Michel Chevalier,
der Sie tief innigst grüßen läßt, habe ich stundenlange Betrachtungen über
Religion."

Vor mehreren Jahren hat Henri Julia in der „Deutschen Revue"
(Bd. 9, Heft 12) interessante Erinnerungen an Heinrich Heine und unter diesen
auch einige Briefe seiner Freunde veröffentlicht. Dort wurde auch (Seite 304)
ein Brief von Michel Chevalier mitgeteilt. An diesen Brief schließt sich das
folgende Schreiben Heines, das Legras (Seite 414 seines Buches) wiedergiebt,
passend an:

Mein theurer Freund!

Ich weiß nicht, ob Sie mir noch das Recht geben, diesen Namen
anzuwenden, weil ich gemerkt habe, daß in diesem Lande der Un-
beständigkeit Alles dem Gesetz der Verjährung unterworfen und daß
die Freundschaft keineswegs eine lebenslängliche ist. Was mich betrifft,
so bin ich ein Unglücklicher, der nicht wechselt als die Hemden, und
ich hoffe, daß ich bald auch diesem Wechsel mich werde entziehen und
das letzte Hemd werde anlegen können. Meine Krankheit wird immer
schlimmer.

Ich sende Ihnen die neue Ausgabe meines Buches über Deutschland. Das ist nicht mehr dasselbe Buch, da ein Theil des ersten
Bandes und der ganze zweite Neues enthalten. Ich brauche Ihnen
nicht zu sagen, daß die Vorrede sich nicht an Ihre Adresse richtet.[1] Ich
bedaure es heute fast, sie geschrieben zu haben, aber ich befand mich
in einem Augenblick gerechter Empörung. Es handelt sich hier nicht
um Enfantin, der für mich nie etwas anderes als ein Mythos war;
der hat sich auch nie um mich gekümmert, nicht mehr als wenn ich
Osiris geheißen hätte, obwohl er ganz genau wußte, daß der arme
Osiris, seitdem er von dem bösen Typhon in Stücke zerrissen wurde,
sehr leidend war. Ich habe ihm einmal geschrieben, nicht dem Gott
Typhon, sondern dem göttlichen Enfantin; gleichwohl hat er seit seinem
von den Ufern des Nils datierten Sendschreiben[2] mich auch nicht mit
einer Zeile mehr beehrt. Er ist eben ein Gott und kann sagen: Lieget
mir zu Füßen oder verleugnet mich! Was ich gethan habe, war mein
gutes Recht, und er kann nicht gegen mich haben. Ich habe viele
andere, die viel mehr werth waren, verleugnen müssen. Das ist auch

---

[1] In der Vorrede zur „Lutetia" hat Heine sich sehr entschieden gegen den Saint-
Simonismus ausgesprochen (siehe Bd. VI. S. 220 ff.)

[2] Dasselbe ist von Adolf Strodtmann in seiner Heine-Biographie (Bd. II. S. 87 ff.)
ins Deutsche übertragen worden.

nicht ein Gott, über den ich mich beschwere: die Kümmernisse kommen von einer viel niedrigeren Stelle. — Mein theurer Michel, meine Vorliebe dafür, daß wir die Rechte der Materie zurückverlangen, hat aufgehört, seit ich gesehen habe, wie diese Materie unaufhörlich durchbringt, wie sie sich allmählich in ihre Rechte eingesetzt hat. Ja, sie giebt sich nicht einmal damit zufrieden, auf einen Fuß der Gleichheit mit dem Geiste sich gestellt zu haben, nein, von Usurpation zu Usurpation schreitet sie vor, bis sie den Geist verdrängt hat. Ah, Frau Materie, das ist sehr thöricht von Ihnen, und Sie sind eine Närrin!

Ich schweige, weil das, was ich sagen möchte, sehr kleinlich von meiner Seite erscheinen könnte. Uebrigens giebt es nichts Einfältigeres, als sich über die immer vorwärts drängende Zeit zu beklagen. Ich sollte es auch unterlassen, über meine Gesundheit zu klagen.

Ich habe die Rue d'Amsterdam verlassen und wohne gegenwärtig in den Champs Elysées 3, Avenue Matignon. Seien Sie überzeugt, daß ich Sie sehr liebe und daß ich bis zu meiner letzten Stunde bleiben werde, mein theurer Michel, Ihr sehr ergebener

Paris, 18. Februar 1855. Heinrich Heine.

In dem Buche von Legras sind auch einige recht hübsche Briefe Heines an Philarete Chasles, den bekannten französischen Litterarhistoriker, mitgeteilt. In dem Nachlasse Varnhagens von Ense, der alles, auch das kleinste Stückchen Papier aufgehoben, findet sich auch noch eine Visitenkarte folgenden Inhalts:

Seinem Freunde
A. Varnhagen von Ense
empfiehlt den Ueberbringer
Philarete Chasles
aufs Beste
Heinrich Heine.

und dazu folgende Bemerkung in der kleinen, zierlichen Schrift Varhagens:

„Hierin bey bloß die Empfehlungskarte, welche Philarete Chasles von Heine gebracht hatte, auf deren Rückseite Humboldt schrieb: ‚Das letzte, was ich von Heine erhalten'.

Alexander v. Humboldt."
Berlin, 26. Februar 56.

Zehn Tage vorher war Heine von seinen schweren Leiden erlöst worden. Das Leichenbegängniß fand am 20. Februar an einem kalten und nebligen Wintertag statt. Einen Bericht darüber verdanke ich der Güte des Herrn Waisenhausinspektors M. Silberstein in Breslau:

„Es werden bald vierzig Jahre her sein, seitdem man Heine zu
Grabe getragen hat, aber so sehr auch die Erinnerung an dieses Er-
eigniß in meinem Gedächtnis verblaßt ist, sehe ich doch noch immer ein
kleines Häuflein, meistens aus Deutschen bestehend, die ihm das Geleit
nach dem Montmartre gegeben haben. Ob auch Moritz Hartmann und
Kalisch (nicht David), die damals in Paris lebten, darunter waren,
kann ich nicht behaupten; letzterer war zur Zeit krank. So viel weiß
ich ganz gewiß, daß Alexandre Dumas père da war, und ich sehe noch
den grauen Krauskopf angelaufen kommen und sich die Stirn wischen,
als die kleine Versammlung bereits auf dem Kirchhofe war. Von anderen
hervorragenden Franzosen war nur, so viel ich weiß, der damals noch
ziemlich jugendlich aussehende Theophile Gautier zugegen. Ferner
schweben mir nur zwei weibliche Gestalten vor, es waren Mathilde,
des unglücklichen Dichters Weib, und ihre Freundin. Auf dem Kirchhofe angelangt, wurde der schmucklose Sarg in ein provisorisches Grab-
gewölbe hineingeschoben, da das seinige noch nicht fertig war. Ich
vernahm keinen Laut, sah keine Thränen, und mir fielen dabei die
Worte ein:

> Keine Messe wird man lesen,
> Keinen Kaddosch wird man sagen;
> Nichts gesagt und nichts gesungen
> Wird an meinen Sterbetagen.“

Aus dem Bunsenschen Familienarchiv.

(Fortsetzung.)

II. Die Denkschriften des Fürsten Leiningen und des Prinzen Albert über die deutsche Frage (1847).

Die in dem letzten Hefte der „Deutschen Revue“ veröffentlichten neuen Quellen
über die Reise des Prinzen von Preußen nach England im Jahre 1844
haben die Stellung desselben zu den Maßnahmen der damaligen Regierung in ein
helles Licht treten lassen. Von besonderem Interesse — zumal im Vergleich mit
seiner berühmten Ansprache (November 1858) an die Minister der „neuen Aera“ —
ist sein Urteil über die Mißerfolge des „geistlichen Ministeriums“ Eichhorn.
Bunsen hat damals noch die Verteidigung des (in seiner früheren Thätigkeit im
auswärtigen Ministerium wirklich verdienten, aber — auch nach Treitschke — an
die unrichtige Stelle gesetzten) Ministers versucht. Später hat er nicht nur anders
geurteilt, sondern seine Anschauung auch in den epochemachenden „Zeichen der

Zeit" ausgesprochen. Die Folgezeit hat überhaupt dem denkwürdig früh ge=
wonnenen Urteil des Prinzen über das „zur Heuchelei führende und die Mehr=
heit der Nation aufsässig machende System" (das nach der Revolution durch
Raumer noch gewaltig verschärft wurde) nur zu sehr Recht geben müssen.

Neben der von dem Prinzen lebhaft empfundenen Verstimmung über die
kirchlichen Mißgriffe stand ebenfalls schon 1844 die Hinausschiebung der Regelung
der Verfassungsfrage im Vordergrund des Interesses. Die von Bunsen dem
Könige vorgelegten und auch dem Prinzen mitgeteilten Entwürfe[1]) waren eine
ebenso vergebliche Arbeit wie alle ähnlichen Anregungen. Auch im folgenden
Jahre 1845 gelang es der Metternichschen Politik nochmals, „die preußische
Konstitution zu töten".

Von Jahr zu Jahr rückte das Verhängnis über den preußischen Staat
näher heran. In der zweiten Hälfte des Jahres 1847 hat die von dem
Prinzen von Preußen schon 1844 deutlich erkannte „aufsässige Stimmung"
der „Mehrheit der Nation" noch ganz anders um sich gegriffen. Ueber
die Ursachen derselben, das heißt obenan über die Thätigkeit der den König
schon damals beherrschenden „Camarilla", haben die Gerlachschen Denkwürdig=
keiten wahrhaft erschütternde Aufschlüsse gegeben. Genügte doch ein nach dem
Diner geführtes Gespräch der beiden Brüder Gerlach mit dem Könige, um die
maßvollen Reformvorschläge der Generalsynode von 1846 unter den Tisch fallen
zu lassen. Der Rückschlag dieser schweren Versäumnis des rechten Moments

---

[1]) Ueber das Geschick des (vergleiche die vorige Abhandlung I. S. 12) von Ranke
nach Gebühr gewürdigten Bunsenschen Verfassungsentwurfes kann hier einfach auf den von
ihm herausgegebenen Briefwechsel Friedrich Wilhelms IV. mit Bunsen S. 117 ff. verwiesen
werden. Nach der Charakteristik der in den Provinzialständen aufgestellten „die Zeit be=
herrschenden" Forderungen fährt Ranke hier fort: „Das war im allgemeinen die Sachlage,
als B. zur Teilnahme an den für die Verfassungsangelegenheit in Gang gesetzten Beratungen
berufen wurde." Aber sofort heißt es weiter: „Man verstand sich in dem, was sich auf
Kirche und Altertum bezog, jedoch nicht in dem, worauf das meiste ankam, den ständischen
Angelegenheiten" ... „Indem Bunsen das Prinzip des Königs anerkannte, genügte ihm die
Form, die derselbe einzuführen gedachte, doch nicht." Nachdem dann Bunsens eigne Vor=
schläge angeführt sind, fügt Ranke nochmals hinzu: „Indem B. die Idee des Königs accep=
tierte, drängte er doch, erfüllt von der Anschauung des parlamentarischen Lebens in Eng=
land, aus dem Gedankenkreise, in dem sich derselbe bewegte, heraus" (S. 120). Aber: „an
seinen Ideen über die Verfassung hielt der König unerschütterlich fest, obwohl er wußte,
daß sein Verfahren mit den allgemeinen Wünschen nicht in Einklang war" (S. 122). Zum
Belege dafür werden die (in Bunsens Leben II. S. 386, 391 — vergleiche auch S. 324 —
eingehend mitgeteilten) Besprechungen des Königs — im August 1845 in Brühl — mit
Aberdeen und Metternich (mit dessen eignem Schlußvotum: Il n'est plus question de la
Constitution en Prusse, j'ai tué ce projet) herangezogen. Den Abschluß der Schilderung
bildet der bezeichnende Satz: „Der König behandelte B. fortwährend mit der gewohnten
Gnade; über die wichtigste Angelegenheit, die der Verfassung, hat er aber nicht mit ihm
gesprochen." Aus dem Bericht über die Aeußerungen des Prinzen von Preußen geht da=
gegen unzweideutig hervor, daß die Bedenken desselben gegen die Projekte des Königs die
von Bunsen eingereichten, aber von dem Könige verworfenen Vorschläge nicht getroffen
haben.

war nicht ausgeblieben. Nichtsdestoweniger war den wichtigsten Beschlüssen des Vereinigten Landtags von 1847 das gleiche Geschick beschieden. Auch dies mit dem gleichen Ergebnis.

War aber auf diese Weise schon in Preußen die Stimmung gerade der staatserhaltenden Elemente „aufsässig" genug geworden, so war dies im außerpreußischen Deutschland in noch viel höherem Grade der Fall. Waren doch hier die Folgen der von Treitschke so farbenfrisch geschilderten „bundestäglichen Misère" noch ganz anders empfindlich. Nun nehme man zu dem allen hinzu, wie die (von Friedrich Wilhelm IV. unterstützte) Guizotsche und Metternichsche Politik Frankreichs und Oesterreichs in der schweizerischen Jesuitenfrage redlich das Ihrige gethan hat, um eine verschärfte Erneuerung der Julirevolution von 1830 zu zeitigen. Wie dann schließlich die erste Periode der Regierung Pius' IX. geradezu Oel ins Feuer gegossen hat, bedarf keiner Erinnerung.

Gerade bei sturmdrohendem Himmel aber bewährt sich der berufstüchtige Schiffsführer. Es ist eine wahre Erquickung, in den (durch Bunsen dem Könige Friedrich Wilhelm IV. übermittelten) Denkschriften des Fürsten Leiningen und des Prinzen Albert nicht nur eine bewunderungswürdige Erkenntnis der Sachlage, sondern auch einen außerordentlich klaren Hinweis auf die Mittel zu finden, welche damals noch den Weg der Reformation statt der Revolution möglich gemacht hätten. Ihre Warnungen reihen sich denjenigen der Generalsynode und des Vereinigten Landtags würdig an.

Leider ist die in den nachfolgenden Dokumenten sich selber abspiegelnde Episode aus dem Jahre 1847 in der Treitschleschen Darstellung (V. S. 691 bis 694) in ein völlig falsches Licht gestellt worden.

Treitschles wehmutsvollen Zorn über die Haltung des Königs vor, wie während und nach der Revolution kann man vollauf nachempfinden. Aber das Gefühl, mit welchem ihn die Schritte, oder besser die Schwankungen des Königs erfüllten, hat er dem Herrscher persönlich gegenüber nur andeutend zum Ausdruck zu bringen vermocht. Statt dessen hat sich sein Unmut wiederholt auf andre übertragen, die eine klarere Erkenntnis und eine ernstere Thatkraft besaßen als der unglückliche Monarch.

Mit edler Pietät ist das edle Streben dieses Monarchen seiner Zeit gerade von G. v. Bunsen („Die Nation" 12. Oktober 1895) gewürdigt worden.

Um so gerechtfertigter wird es erscheinen, wenn die nachstehend folgenden Dokumente nicht nur das Andenken seines großen Vaters, sondern mehr noch das des Prinzen Albert gegen völlig ungerechtfertigte Anklagen verteidigen.

Die beiden unten veröffentlichten Denkschriften haben auch Treitschle vorgelegen, und er giebt a. a. O. einige Auszüge daraus. Von den Leiningenschen Denkschriften wird sogar ausdrücklich zugestanden: „Ehrlicher gemeint (als die gleichzeitigen Projekte des badischen Ministers v. Blibbersdorf) waren einige Reformvorschläge des Fürsten Karl v. Leiningen." Und die Ursache des Scheiterns der von beiden Fürsten gemeinsam gemachten Vorschläge kann auch Treitschle nicht anders zeichnen als durch den vielsagenden Satz: „Da ergab sich alsbald, daß der allein rettende Ruf: ‚Los von Oesterreich‘, daß die Rückkehr zur fridericianischen Politik von niemand tiefer verabscheut wurde als von König Friedrich Wilhelm selbst.“ Dessenungeachtet aber wird die Beteiligung des Prinzen Albert an denjenigen Bestrebungen, die, wenn erfolgreich, der Revolution hätten vorbeugen können, dahin charakterisiert: „Der Prinz-Gemahl entschloß sich alsbald mit der ganzen Dreistigkeit des künstlichen Engländers, den König Friedrich Wilhelm über deutsche Politik zu unterrichten.“ Im weiteren Zusammenhang wird davon geredet, daß „dieser Coburger, der seinem Vaterlande gleich mutig den Rücken gewendet hatte, immer noch in deutschen Dingen mit-reden wollte“ ... „Es war doch eine recht schwache Arbeit, diese im Wetterkreise vielgerühmte Denkschrift von Ardveritie vom 11. September 1847; sie bewies nur von neuem, daß ein vaterlandsloser Mann vaterländische Politik nicht verstehen kann.“ Auch der ganze übrige Tenor ist gleicher Art.

Es ist lehrreich, den heftigen Ausfällen Treitschkes die Rankesche Schilde-rung (a. a. O. S. 132—34) zur Seite zu stellen. Ranke hat hier den Brief des Königs an Bunsen vom 11. November 1847 (im wesentlichen gleichen In-halts mit dem unten veröffentlichten Schreiben an Prinz Albert) mitteilen können. Er fügt als eignes Urteil hinzu: „Mit dem einen der Entwürfe, dem von Prinz Albert stammenden, war der König nicht unzufrieden. Der Prinz ließ darin dem Bestreben, in gutem Vernehmen mit Oesterreich zu stehen, die Gerechtigkeit widerfahren, daß er es als ein gebotenes anerkannte. Er riet nur dem Könige, sich darum nicht von selbständigem Handeln und Wirken abhalten zu lassen.“

Wir enthalten uns an dieser Stelle jeder eignen Kritik und lassen einfach die geschichtlichen Dokumente für sich selbst sprechen.

I. Aus dem Briefwechsel vor Einreichung der Denkschriften.

Prinz Albert an Bunsen.

Verehrtester Herr Geheimer Rat!

„Ich hatte diesen Sommer viele Gelegenheit, mit dem Fürsten v. Leiningen mich über deutsche Zustände zu unterhalten. Der Fürst kennt diese sehr genau und denkt, soweit ich es zu beurteilen vermag, sehr klar und richtig über dieselben. Er setzte ein Memoir auf, in welchem er die politischen Gefahren schildert, die den deutschen Fürsten aus der Gärung der gegenwärtigen deutschen Verhältnisse drohen, und die Nothwendigkeit darthut, daß die Fürsten selbst diese Gefahren erkennen und ihnen vorbeugen mögen. Ich stimme ganz mit des Fürsten An-sichten überein, glaube indessen, daß es nicht hinreicht, die Nothwendigkeit, den Gefahren vorzubeugen, zu erkennen, sondern daß es auch nothwendig ist, zugleich die Mittel zu eruiren, die sich uns darbieten, um jene gefahrdrohenden Be-wegungen selbst zu einem heilsamen Ziele zu lenken. Nach längerer Prüfung hat sich mir die Sache in Zusammenhang und Form dargestellt, und ich habe sie so zu Papier gebracht. — Fürst Leiningen schrieb mir vor kurzem von

München und ſchickte mir ein revidirtes Exemplar ſeines Memoirs. Von dieſem
Memoir und des Fürſten Brief, ſowie von meiner eigenen Arbeit lege ich hiermit
Abſchriften in Ihre Hände, eingedenk der vielfachen lebhaften Geſpräche, die ſowohl
der Fürſt als ich über dieſe Gegenſtände mit Ihnen gehabt haben, und wohl-
vertraut mit Ihren vaterländiſchen Geſinnungen und Ihrem unermüdlichen Streben,
Ihrem Könige in ſeiner ſchweren und heiligen Aufgabe ſtets mit unverhohlener
Wahrheit und unerſchrockenem Rathe zur Seite zu ſtehen.

Sollten die in dieſen beiden Aufſätzen dargelegten Anſichten von dem Ver-
ſtande des Königs gebilligt werden, ſo iſt es ſicher, daß gerade ſein Herz alle
die nöthige Entſchloſſenheit und Ausdauer bieten wird, die dazu gehört, um dieſelben (oder ähnliche) ins Leben zu ſetzen und die große politiſche Reformation
Deutſchlands durchzuführen.

Genehmigen Sie den Ausdruck meiner wahren Verehrung, mit der ich verbleibe, verehrteſter Herr Geheimer Rath,

Eurer Excellenz

treu ergebener
Albert.

Windſor Caſtle 9. Oktober 1847.

Bunſen an Prinz Albert.

London, 12. Oktober 1847.

Eurer Königlichen Hoheit

bin ich durch eine, wenn gleich kurze Abweſenheit von London verhindert worden,
ſchon geſtern meinen ehrerbietigſten und innigſten Dank auszuſprechen für die
ebenſo gnädige als gewichtige Sendung, mit welcher Eure Königliche Hoheit
mich beehrt haben. Meine ganze Seele iſt ſeit der Zeit mit dem Gegenſtande
beſchäftigt. Eure Königliche Hoheit haben den ſchönen, von edelſter Vaterlandsliebe und ernſter Politik eingegebenen Gedanken des Fürſten v. Leiningen nicht
allein bedeutend erweitert und fortgeführt, ſondern, wie mir ſcheint, auch praktiſcher und leichter ausführbar gemacht.

Die Sache iſt von ſolcher Wichtigkeit und ſo unberechenbaren heilbringenden
Folgen, wenn ſie gelingt, daß ich um deſto ſorgſamer glaube ſein zu müſſen,
ſie beim Könige gerade im rechten Augenblicke und auf die rechte Weiſe vorzubringen. Mein vorläufiger Gedanke iſt, daß es nicht ſehr lange vor der beabſichtigten Ankunft des Fürſten in Berlin (hoffentlich alſo nicht ſpäter als Dezember) geſchehen müßte. Sollte ich vorher nach Berlin gerufen werden, um
dem Könige aufzuwarten, ſo würde ich natürlich dieſe Gelegenheit mit Freuden
benützen.

Das Nähere wollen Eure Königliche Hoheit mir erlauben, mündlich vortragen zu dürfen und dann Ihren leitenden Rath zu empfangen. Aber das
wollen Eure Königliche Hoheit jetzt ſchon erlauben, zu ſagen, daß es mitten in
dieſer ſchwülen, ſturmkündenden Zeit mir Troſt und Freudigkeit zum Ausharren

und Mut zu jeder Anstrengung gewährt, wenn ich sehe, mit welchem treuen, edlen, wahrhaft fürstlichen Herzen Eure Königliche Hoheit dem deutschen Vaterlande und seiner Zukunft anhangen.

In ehrerbietigster und getreuester Anhänglichkeit Eurer Königlichen Hoheit unterthäniger und dankbarer

Bunsen.

Bunsen an Meyer[1]) über Stockmars Kritik der deutschen Denkschrift Prinz Alberts.

27. Oktober 1847.

Er (der Brief Stockmars) ist philosophisch und edel gedacht und geschrieben. Allein er stellt sich unter der Denkschrift etwas ganz andres vor, als was sie enthält und will. Er fürchtet, der Prinz habe den ihm natürlichen dynastischen Standpunkt festgehalten; es ist aber ganz umgekehrt die Nothwendigkeit gezeigt, denselben unterzuordnen dem nationalen. Die Schwierigkeit lag also gar nicht, wo Stockmar sie vermuthete. Sie besteht vielmehr darin, daß es gelinge, dem König von Preußen Muth zu machen, den nationalen Standpunkt zu ergreisen und sich weder durch seine eigenen fürstlichen Vorurtheile, noch durch die seiner Bundesgenossen, weder durch Oesterreich noch durch die kleineren Fürsten, irre machen zu lassen.

Endlich ist der Gegenstand des praktischen Vorschlages ein rein volksthümlicher, nationaler. Er könnte vielleicht wünschen, daß das Hereinziehen ständischer Abgeordneter in Aussicht gestellt werde; es ist aber damit noch immer Zeit, und es handelt sich jetzt nur darum, daß der König die Sache ernst in Erwägung ziehe, so lange es noch Zeit ist.

Dazu nun fand ich den Augenblick äußerst gelegen. Der allgemeine deutsche Handelsverein, des Königs Schooßkind, ist in Verhandlung. Meine Denkschrift ferner hat Deutschland und die Kräftigung seiner Einheit, als den einzigen möglichen Hebel, zum Schlußstein. In einer politischen Depesche habe ich außerdem angedeutet, daß, wenn England keinen ebenbürtigen starken Verbündeten in Deutschland finden könne, es sich wieder der entente zuwenden werde. Oesterreich sei als verfallen aufgegeben, auf Rußland könne man sich nicht stützen. Endlich, im begleitenden vertraulichen Schreiben an den König, habe ich alle diese Punkte in ihren Spitzen zusammengefaßt und den König auf die Denkschrift verwiesen (die Canitz sonst wohl für sich behalten hätte, denn schwerlich wird sie ihm munden).

Ich bin nun begierig auf das Urtheil Seiner Königlichen Hoheit und das Ihrige über meinen Versuch, den Minister auf das Praktische zu führen und mir selbst die Hauptpunkte der nächsten Zukunft klar zu machen.

Mein Brief an Stockmar ist am Geburtstage des Königs abgegangen

---

[1]) Privatsekretär des Prinzen Albert. Vergl. die Note: „Deutsche Revue", Novemberheft 1895, S. 130.

(15. Oktober), alſo am Tage ſeines eigenen Schreibens. Ich freue mich der
Ausſicht, ihn zu ſehen, mit · unbeſchreiblicher Sehnſucht. Der Brief zeigt die
ganze Stärke ſeines Geiſtes und den ganzen Adel ſeiner Geſinnung.

Fürſt Leiningen an Prinz Albert.

München, den 22. September 1847.

Lieber Albert!

Ich ſchicke Dir anliegend ein abgeändertes Exemplar jener Ausarbeitung
über die dynaſtiſchen Verhältniſſe der deutſchen ſouveränen Fürſten, welche ich
Dir dieſen Sommer mitgetheilt. Die vorherrſchende Gefahr und das Rettungsmittel dürften als Thatſachen wohl erwieſen ſein; der größte Haupttheil, die Anwendung und Ausführung, bleibt hier aber noch unerledigt! Und es wäre vor
allem die Ausſcheidung Oeſtreichs aus den inneren deutſchen Angelegenheiten
nothwendig; noch mehr aber, daß dem König von Preußen eine glückliche Eingebung kommen möge, um die ihm auferlegte große Miſſion zu erkennen und
entſchloſſen durchzuführen.

Ich habe geſagt, daß ein kräftiger Bund der Fürſten ſich als einziges
Rettungsmittel in der gefahrvollen Zeit, welcher wir entgegengehen, darſtelle.
Nicht aber ein Bund, deſſen Zweck der Rückſchritt iſt, denn dieſer liegt bereits
jenſeits des Möglichen, ſondern ein Bund, in und durch welchen ſich die Fürſten
an die Spitze der liberalen und nationalen Bewegung ſtellen.

An einem ſolchen Bunde Theil zu nehmen, iſt aber für Oeſtreich bei ſeinem
jetzigen Regierungsſyſtem geradezu unmöglich, denn die Mitwirkung und Ausführung bei ſich von Maßregeln und Geſetzen, wie ſie einem ſolchen Bunde
entſprechen würden, käme einem völligen Umſturz jenes Syſtemes gleich.

Preußen hingegen würde, wie im Zollvereine, ſo auch in einem ſolchen
Bunde, an die Spitze deſſelben treten, ohne alle Gefahr für ſich, ohne alle
Gefahr für die übrigen Bundesſtaaten. Und doch hätte dann Preußen erreicht,
was nur das Ziel ſeiner kühnſten Wünſche ſein könnte; nämlich:

In der europäiſchen Waagſchale wäre es alsdann Preußen plus
Deutſchland.

Jegliche Garantie für Preußens eigenen Fortbeſtand in Zeiten der Stürme,
jegliche Wahrung gegen die ſo bedenkliche Gefahr der Ueberſtürzung im Fortſchritte, jegliche Ausſicht auf Erfüllung der heißeſten Wünſche für Deutſchlands
Erhaltung, Wohl, Ruhm und Größe, vereinigen ſich in einer ſolchen Geſtaltung
der Dinge! Oeſtreich, dieſe Verhältniſſe wohl erkennend, verhindert daher
nothwendigerweiſe nach Kräften eine ſolche Entwickelung deutſcher Zuſtände,
wenigſtens ſo lange, als es ſeinem jetzigen Syſteme huldigt. Es iſt raſtlos bemüht, den einzelnen Fürſten zu ſagen: wie in Preußen der Fortſchritt, die Eroberung, die Revolution, wie dagegen bei ihm die Sicherheit und die Stabilität.
Deutſchlands natürliche Feinde, Rußland und Frankreich, wirken im ſelben Sinn,
wie die Bemühungen ihrer Diplomatie bei den kleinen Höfen deutlich zeigen.

Man sollte glauben, daß diese Politik Oestreichs, oder vielmehr jener wenigen Männer, die sein jetziges politisches System vertreten, sowie das Streben der natürlichen Gegner Deutschlands, jene Preußens von selbst bedingen müßte. Statt dessen erleben wir täglich das wahrhaft monstruöse Schauspiel, wie Oestreich Preußen am Schlepptau zieht. Der lebenskräftige Jüngling zusammengekettet mit dem schon halb verfaulten Greise und bereit, sich mit demselben in dasselbe Grab zu legen!

Die Geschicke unseres Vaterlandes liegen ausschließlich in den Händen des Königs von Preußen. Du wirst Dich erinnern, daß mir dieß Lord Aberdeen schon vor zwei Jahren sagte. Es ist eine fürchterliche Verantwortung, und doch liegt die Hülfe so nahe, denn der König darf nur selbstständig an der Spitze jener Reformen und jener Bestrebungen des deutschen Volkes nach gewissen freien und nationalen Institutionen voranschreiten und ebenso und gleichzeitig die Bildung eines lebenskräftigen Bundes herbeiführen.

Alles Uebrige wird sich von selbst finden, denn die große Majorität der deutschen Nation wird dem Könige entgegenkommen. Ich setze hier allerdings voraus, daß der König von Preußen entschlossen ist, konstitutionell zu regieren, wie es sein hochseliger Vater und er selbst vorbereitet haben und wie es die Einberufung der Reichsstände beurkundet hat.

Ist auf dieser Bahn einmal der erste Schritt gethan, dann hilft das Zaudern gar nichts mehr, als etwa, daß man hinter den Ereignissen herläuft, statt ihnen vorzustehen, und daß andere machen, was man selbst hätte machen können.

Wäre es doch möglich, diese Ansichten auf irgend eine Art vor das Ohr des Königs zu bringen!

Dein

treuer Vetter und Schwager
Karl.

II. Fürst Leiningens Denkschrift.

Deutschland ist durch zwei mächtige Elemente in Bewegung gesetzt. Sie sind das Streben nach konstitutionellen Regierungsformen — als die bürgerliche und religiöse Freiheit repräsentirend — und nach deutscher Nationalität und Einheit.

Die Geschichte der letzten dreißig Jahre, sowie die täglichen Ereignisse setzen diese Thatsache außer allen Zweifel. Beide große und bewegende Kräfte treten den dynastischen Interessen der Fürsten, mit dem strengen Souveränitätsprinzip identifizirt — feindlich entgegen. Wenn das Regierungssystem in monarchischen Staaten nicht in Republik und Anarchie ausarten soll, so ist nicht nur ein bestimmtes Prärogativ der Krone notwendig, sondern es muß auch dem Regenten die Möglichkeit gegeben sein, dieses Prärogativ vollständig auszüben zu können. Nicht nur, daß die sämmtlichen deutschen Staaten, mit Ausnahme Preußens und vielleicht Bayerns, dem Begriffe — den man sich heut zu Tage von

einem Staate macht — nicht mehr entsprechen, sondern die wirkliche und vollständige Ausübung dieses Prärogativs der Krone wird — bei völliger Erhaltung des parlamentarischen Regierungssystems in denselben — so gut wie
unmöglich. Wie sollen zum Beispiel in einem solchen kleinen Staate, nach
mehrmaliger Auflösung von Ständeversammlungen, oder nach politischer Abnutzung einer gegebenen Zahl tüchtiger Männer, andere gefunden werden, die nur
einigermaßen dem Zweck entsprechen? Wo soll der Regent nach Abdankung
mehrerer Ministerien neue Minister finden? Selbst die Pensionslast mehrerer
abgetretener Minister würde der Ausübung eines Prärogativs unübersteigliche
Hindernisse in den Weg legen, ohne welches überhaupt alles Regieren des
Regenten in konstitutionellen Staaten ein Ende nimmt.

Gefahrbrohend hat man den Kampf mit jenen Regierungssystemen selbst
und mit all jenen geistigen Bestrebungen und freien Institutionen, welche damit
zusammenhängen, begonnen.

Wie kläglich und unglücklich dieser Kampf ausgefallen, zeigt die Gegenwart.
Bald rascher, bald langsamer, aber unaufhaltsam vorwärts,
rückt diese gefürchtete Gestaltung der Dinge! In dem Maße, als
das Prärogativ der Krone schwächer wird, steigt die Macht der Kammern und
wird schließlich von diesen absorbirt. Das Erlöschen der einzelnen Souveräni-
täten oder anarchische Zustände oder das Einschreiten eines mächtigeren Staates,
welcher sich vor jenen konstitutionellen Gefahren nicht zu fürchten braucht, müssen
die unausbleiblichen Folgen sein. In gleicher Richtung, aber in erhöhtem Grade,
wirkt das Streben nach deutscher Nationalität und Einheit. Es tritt den
dynastischen Interessen, soweit sie mit der Souveränität identifizirt sind, geradezu
im offenen Kampfe gegenüber. Dieß bedarf wohl keiner Erläuterung!

Zeigt nun die Erfahrung, daß der Kampf mit diesen Bestrebungen unserer
Tage ein fruchtloser war, und giebt eben diese Erfahrung für die Zukunft durchaus keine Gewähr für besseren Erfolg, so liegt die Frage nahe:

„Ob es nicht einer gesunden und allein rettenden Politik entspreche,
statt mit den feindlichen Elementen den ungleichen und unglücklichen Kampf fortzukämpfen, sich mit denselben zu befreunden?“

Unter einer Befreundung mit jenen feindlichen Elementen wird aber zunächst
verstanden, daß die Regenten, jenen unglücklichen und ungleichen Kampf
aufgebend, selbst die völlige Entwickelung des parlamentarischen Regierungssystems
und der damit verbundenen freien Institutionen begünstigen und leiten; ferner,
daß dieselben das Bestreben der deutschen Nation nach Vereinigung zu ihrem
eigenen machen.

Hierdurch allein wird indeß die drohende Gefahr noch nicht beseitigt. Dies
könnte nur geschehen, wenn die deutschen souveränen Fürsten, einzelner Theile
dieser Souveränität sich freiwillig begebend, dem bestehenden Bunde eine
weitere Ausdehnung gäben oder in einem neuen sich vereinigten. Wenn es
den einzelnen kleineren Fürsten nicht möglich wird, sich dem völlig entwickelten
Repräsentativsystem gegenüber zu behaupten, so wird ihnen dies vereinigt

und durch ein Organ, das diese Vereinigung repräsentirt, leicht und mit
Erfolg möglich werden. Dasselbe gilt von den nationalen Bestrebungen, — nur
daß hier ein kräftiger Bund noch wichtiger erscheint. Ein solcher an der
Spitze der nationalen Bewegung würde die bedrohlichste Gefahr für den
Fortbestand der meisten souveränen Fürsten in ein Schutzmittel für dieselben
umwandeln.

Die Idee ist jetzt vielfach verbreitet, daß die vielen Regenten in Deutsch=
land das Hinderniß für die Entwickelung freier und nationaler Institutionen
seien — daß sie es seien, welche Deutschland verhindern, unter allen Nationen
jenen ersten Rang einzunehmen, den es einst besaß und der ihm gebührt. —
Sobald dieser, teils begründete, vielfältig aber auch fälschlich verbreitete Glaube
beseitigt ist, wird das Segensreiche — welches darin liegt, daß Deutschland
durch viele Fürsten regiert wird, deren Bestrebungen — mit weniger Ausnahme
— doch nur auf das Wohl ihrer Unterthanen gerichtet sind, dann die den
Deutschen innewohnende Anhänglichkeit an ihre Fürsten, welche zwar erlöschend,
aber noch nicht erloschen ist — in voller Kraft hervortreten und sich als ein
mächtiges conservatives Element bethätigen.

Die großen Schwierigkeiten für die Belebung des Bundes, durch Aufgebung
mancher Souveränitätsrechte, sind nicht zu verkennen, doch sind sie nicht unüber=
windbar, zumal wenn man in Erwägung zieht, daß die eigentliche Souveränität
einzelner deutschen Fürsten nicht deutschen Ursprungs ist und daß diese Sou=
veränität selbst sehr illusorisch ist, da die meisten Regenten entweder von ihrer
Bureaucratie, oder von ihren Ständen, oder von beiden zugleich bereits ge=
fesselt sind.

Daß deutsche Fürsten für ihre dynastischen Interessen fremden Schutz suchen
könnten, ist hier gar nicht in Betracht gezogen. — Es wäre Verrat am Vater=
lande, der sicher sich rächen und blutig rächen würde.

München, den 22. September 1847.

Fürst Leiningen.

III. Prinz Alberts Denkschrift.

Ardveritie, den 11. September 1847.

Es bedarf wohl keiner weiteren Erörterung des Factums, daß Deutschland
seinen gegenwärtigen Zustand als den der Entwickelung und des Uebergangs zu
einem künftigen betrachtet, von dessen wirklicher Beschaffenheit vielleicht nur
Wenige sich ein klares Bild machen. Niemand, der den Bewegungen der deutschen
Presse, so wie den übrigen Bewegungen des deutschen Volks= und Staatenlebens
in den letzten 30 Jahren gefolgt ist, wird dies einen Augenblick leugnen und
wird zugleich nicht in Abrede stellen, daß die öffentliche Meinung Deutschlands
hauptsächlich nach zwei Dingen strebt:

1. Ausbildung volkstümlicher Regierungsformen;
2. Herstellung eines einigen Deutschlands.

Von den deutschen Staatsmännern und Politikern werden Einige nur die eine, Andere nur die andere dieser beiden Richtungen theilen und gut heißen, Viele auch werden beide verdammen, aber Alle werden das factum als bestehend anerkennen und die Meisten (ob sie dafür oder dagegen sind) in jenen Richtungen des Volksgeistes eine Macht erkennen, die früher oder später, je nach der Günstigkeit der Umstände, sich geltend machen wird. —

Die Entwickelung der Regierungsformen zu solchen, welche dem Volke mehr Antheil an der Verwaltung seiner eigenen Angelegenheiten gewähren, oder kurz zu konstitutionellen, will ich hier nicht weiter betrachten, sondern nur meine Ueberzeugung aussprechen, daß sie mit schnellen Schritten vorwärts eilt und in kurzer Zeit als erlangt zu betrachten sein wird, daß aber zugleich mit dem Eintreten politischer Volksthätigkeit auch das Streben nach Einheit Deutschlands nicht nur vermehrt werden wird, sondern auch zur Erreichung desselben die Mittel gegeben sein werden. —

Im Angesichte dieser unverkennbaren Richtung des deutschen Volksgeistes geziemt es den deutschen Fürsten und deutschen Regierungen, zu überlegen, wie dieselbe, ohne weder dem Ganzen noch den einzelnen Individuellen der verschiedenen Bundesstaaten zu schaden, ja dem Ganzen wie den Einzelnen zum Nutzen geleitet werden, und so dieser mächtige Strom seegensreich zu seiner Mündung geführt werden kann. —

Die Einheit Deutschlands ist als nothwendig den Deutschen erst nach den großen Unglücken von 1805 und 1806 ins Bewußtsein getreten, hat sie später in der Wirklichkeit nach langer Erniedrigung eine Epoche nationaler Glorie erleben lassen und wird auch jetzt von allen Bundesstaaten und Regierungen in Betreff der Vertheidigung gegen Angriffe von Außen als nothwendig erkannt. Was hingegen die politische, commercielle, geistige, überhaupt innere Einheit Deutschlands betrifft, so herrschen über deren Nothwendigkeit die größten Widersprüche, so wie über die Art ihrer Herstellung die größten Meinungsverschiedenheiten und Unklarheit der Begriffe — und doch wird die Stärke jener als nothwendig erkannten Einheit nach Außen immer nur der Abglanz der Stärke dieser bestrittenen inneren Einheit sein. —

Die Frage ist nun:

„Wie ist zu helfen? und auf welchem Wege ist diese Einheit glücklich und für immer heilbringend zu erreichen?"

Als allgemeiner Grundsatz bei Lösung aller politischen Fragen ist anzunehmen, daß die organische Entwickelung des Bestehenden eine bessere Aussicht auf Erlangung eines zukünftigen, wirklich heilsamen Zustandes gewährt als das Construiren einer Zukunft aus einer frei geschaffenen (und darum willkürlichen) Theorie, sei diese dem absoluten Ideale der Vollkommenheit auch noch so nahekommend.

Der Bestand der Dinge zeigt uns nun in Deutschland eine Anzahl verschiedener in sich vollkommener Staaten mit ihren Souveränen, Regierungen, Kammern und Europäischen Relationen, und als einzigen Vereinigungspunkt

derselben den deutschen Bund, wie derselbe nach der Auflösung des Kaiser=
thums und des partiellen Rheinbundes als Repräsentant deutscher Nationalität
und Einheit gegründet wurde. Seine ursprüngliche Bestimmung war persön=
liche Selbstständigkeit und Lebendigkeit verbunden mit Fortbildung
deutscher Zustände. Gegenwärtig ist er todt, mehr ein Symbol, als eine
Wirklichkeit, von den einzelnen Staaten als Autorität verleugnet, von dem
deutschen Volke wegen seiner Unthätigkeit und Schwäche verlacht.

Forscht man nach den Gründen des Verfalles dieses einzigen deutschen
Gesammtinstituts, so zeigen sich hauptsächlich zwei:

1. die Eifersucht der verschiedenen Regierungen gegen einander und der
   Wahn der verschiedenen Souveräne, daß ein den Beschlüssen eines
   thätigen Bundes sich Unterordnen ihrer Souveränität Eintrag thun
   könnte.

2. Oestreich, ein mehr aus außerdeutschen als aus deutschen Elementen
   zusammengesetzter Staat, dessen Politik von außerdeutschen Interessen
   und Rücksichten geleitet wird und dessen Regierungssystem·so gänzlich
   auf Stillstand gebaut ist, daß er, ohne seine eigene Basis zu zertrümmern,
   zu einem Fortschritte irgend einer Art die Hand nicht bieten kann, dieser
   Staat, noch regiert von dem alten, deutschen Kaiserhause, der größte im
   Bunde und wegen seiner scheinbar conservativen Richtung von den kleineren
   deutschen Staaten als ihre Schutzmacht angesehen. —

Oestreich hindert und erstickt jede lebendige Regung des Bundes, und im
Unmuthe hierüber ist Deutschland versucht, den Bund selbst für das Haupt=
hinderniß deutscher Einheit zu halten. —

Bei genauer Prüfung indessen stellt es sich heraus, daß im Bunde doch
noch das einzige Mittel zur Erlangung dieser Einheit auf friedlichem und legalem
Wege, mit Vermeidung der entsetzlichsten Convulsionen, liegt. Man nehme dieses
nur entschieden als allgemeinen Grundsatz an, so wird die Ausführung und
namentlich die Beseitigung der obenerwähnten beiden Haupthindernisse sich gar
nicht so schwer erweisen. —

Die Beeinträchtigung der Souveränität, welche die Regenten bisher vom
Bunde befürchteten, ist durch die Entwickelungen der constitutionellen Verfassungen
zum großen Theile bereits eingetreten, und die Fürsten sollten nun im Bunde
eher einen Schutz für ihre Souveränität, als eine weitere Gefahr erblicken.
Zugleich würden sie durch unbedingtes Anerkennen einer Bundesoberhoheit den
Wünschen der Volksrepräsentationen begegnen, indem diese, vom Nationalgefühle
getrieben, eine Unterordnung der Einzelinteressen unter die allgemein deutschen,
die der Bund vertritt oder vertreten sollte, fordern. Ferner haben die Souveräne
in Ermangelung eines deutschen Vereins sich in einem der wichtigsten Punkte
schon ihrer Souveränität begeben, indem sie sich unter die Vormundschaft
Preußens zu stellen gezwungen sahen, als sie nemlich in den Zollverein traten.
Es sollte aus allen diesen Gründen nicht schwer halten, den deutschen Souveränen
darzuthun, daß in jeder Weise, anstatt durch Kräftigung des Bundes an Gewicht

und Kraft zu verlieren, sie dadurch erst vielmehr die Stellung gewinnen können, die sie sich wünschen. —

Sind die deutschen Staaten hierüber einig, so bleibt nur noch Oestreich als Hinderniß einer Bundesentwickelung übrig, das an derselben nicht theilnehmen will und nicht theilnehmen kann. Dennoch wäre das Ausscheiden Oestreichs aus dem Bunde eine Auflösung des Bundes selbst und würde die Stärke Deutschlands nach Außen bedeutend schwächen.

Es handelt sich deshalb darum, das Auskunftsmittel zu finden, eine deutsche Entwickelung am Bunde mit der Erhaltung Oestreichs in demselben und der Bewahrung deutscher Interessen vor dem hemmenden, erstickenden Einflusse Oestreichs zu vereinbaren.

Der nächste Weg hierzu würde zuerst darin liegen, daß die Regierungen den bedeutendsten Männern, die jede in ihrem Staate besitzt, ihre Repräsentation am Bundestage in Frankfurt übertrügen, um eine Quintessenz der Intelligenz und der Kenntniß der einzelnen Staatsangelegenheiten an einem Orte zu concentriren. Daß die Regierungen ferner die meisten der Verhandlungen, die sie jetzt unter einander pflegen, indem sie Gesandte an einander schicken, ihren Repräsentanten in Frankfurt auftrügen. — Es ist klar, daß diese Männer größere Einheit in die Geschäfte bringen würden, und da sie sich dort vorzugsweise auf dem deutschen Standpunkte und zugleich in Gegenwart der Repräsentanten der übrigen Bundesstaaten befinden, so würden sie sowohl die allgemeine deutsche als auch die partielle Beziehung der einzelnen Angelegenheiten nicht leicht aus dem Auge verlieren.

Alle Congresse, wie die über Eisenbahn- Schifffahrts- Zoll- und Münzwesen, Wechselrecht, Criminalgesetzgebung, öffentlichen Unterricht ꝛc. ꝛc. ꝛc., die jetzt von einzelnen Staaten bald an diesem, bald an jenem Orte berufen oder beantragt werden, seien ein für alle Male in Frankfurt zu berufen und unter Leitung der dortigen Gesandten, denen Commissäre beigegeben werden können, abzuhalten. — Vereinfachung und wohlfeilere Führung der Geschäfte werden als unmittelbare Vorzüge einer solchen centralisirten Behandlungsweise einem Jeden ins Auge springen, aber der Hauptvortheil wird darin bestehen, daß diese Congresse deutsche sein werden, selbst wenn auch nur eine gewisse Anzahl der deutschen Staaten daran Theil nimmt und daß es den übrigen Staaten vermittelst ihrer an demselben Orte anwesenden Gesandten leicht gemacht wird, einmal von dem Gegenstande der einzelnen Congresse Kenntniß zu nehmen und dann auch zu jeder Zeit befähigt zu sein, beizutreten und an den Verhandlungen selbst Theil zu nehmen.

Die Erwähnung dieser Congresse bringt mich auf den größten und wichtigsten deutschen Partialverein, den Preußischen, deutschen Zollverein.　.

Mit ihm sollte der Anfang gemacht und das Beispiel gegeben werden. Anstatt der jährlichen Congresse in Stuttgart, Carlsruhe, Erfurt, Leipzig ꝛc. ꝛc., die bis jetzt unregelmäßig berufen werden, und zu welchen jeder zum Vereine gehörige Staat seine Commissäre (bald diesen, bald jenen) schickt, errichte man in Frankfurt eine permanente Commiſſion des Zollvereins, gebildet von den Geſandten der betreffenden Staaten, nach Bedürfniß unterſtützt von ſachkundigen Commiſſären und Männern vom Fach. (Es könnten auch zu ſolchen Commiſſären Deputirte der Kammern der verſchiedenen Staaten erleſen werden.) Dieſe permanente Commiſſion behandle fortwährend alle deutſchen Zoll- und Handelsfragen, ein Schritt, deſſen Wichtigkeit und Nützlichkeit Niemandem entgehen wird.

Iſt nun alles deutſche Leben in Frankfurt concentrirt und alles Internationale der deutſchen Staaten unter ſich dort behandelt und beſtimmt, ſo wird manches für Deutſchland heilſame Werk dort geſchaffen werden, ohne daß Oeſtreich ſich dabei betheiligt oder berührt findet. Iſt aber irgend eine Uebereinkunft dermaßen allgemein geworden, daß alle Bundesſtaaten und auch Oeſtreich daran Theil nehmen, ſo werde dieſelbe ſofort dem Bundestage übertragen und zum Bundesbeſchluſſe erhoben. —

Auf dieſe Weiſe iſt es den einzelnen Staaten möglich gemacht, im Vereine mit einander in deutſcher Entwickelung ungehemmt vorwärts zu ſchreiten und, ſobald ein Schritt in dieſer Entwickelung allgemein gebilligt wird, den individuellen Sonder-Charakter deſſelben gegen einen deutſchen Bundesbeſchluß zu vertauſchen. —

Iſt einer von dieſen Vereinen in den Bund incorporirt worden, (ich will beiſpielsweiſe einen Eiſenbahnverein annehmen, der mir beſonders wichtig und nöthig erſcheint,) ſo bleibe eine für denſelben gebildete Commiſſion dem Bunde permanent beigegeben, um die Specialarbeiten zu übernehmen. Ein gutes Vorbild hierzu giebt die jetzt ſchon dem Bunde beigeſetzte Militair-Commiſſion, welche von Sachverſtändigen gebildet und vom Bunde mit einer beſtimmten Autorität bekleidet iſt. Die Militair-Commiſſion wird allgemein gerühmt, und noch hat kein Staat ſich beſchwert, daß er dadurch beeinträchtigt worden wäre. Ich ſchlage vor, daß ähnliche Commiſſionen für Eiſenbahn- Schifffahrts- Straßen- Gewicht- Maaß- und Münzangelegenheiten ſowie auch für Paß- und Polizeiſachen errichtet würden. —

Wende ich mich nun zu dem Bunde ſelbſt, der neben allen dieſen Bewegungen am ſelben Orte ſtehend nothwendigerweiſe davon afficirt werden muß, ſo finde ich, daß in ſeiner urſprünglichen Begründung eine Beſtimmung lag, welche erſt ſpäter zurückgenommen oder wenigſtens unterdrückt worden iſt: (und ſein Erſtarren kann von dem Augenblicke an datirt werden) ich meine die Beſtimmung, daß alle Verhandlungen am Bunde veröffentlicht werden ſollen. Von dem Augenblicke an, in welchem dieſe Beſtimmung wiederhergeſtellt wird — was, ich glaube, Oeſtreich nicht verhindern kann — iſt auch der Bund wieder lebensfähig. Denn ob gewiſſe Entſchließungen wirklich gefaßt werden oder nicht, ſo muß doch ſchon die öffentliche Berathung über jede wichtige deutſche Frage einen ungeheuren Einfluß auf die öffentliche Meinung in Deutſchland ausüben, ſowie dieſe dagegen auch ihren Einfluß auf jene Beratungen geltend machen und ſelbſt zuletzt Oeſtreich zwingen wird, an deutſcher Entwickelung — zu ſeinem eigenen Heile — Theil zu nehmen. —

Durch diese Vorschläge habe ich demnach Folgendes erreicht:

1. Die deutschen Staaten am Bundestage würdig vertreten.

2. Alle Verhandlungen derselben unter einander an die Localität und das Personal des Bundestags geknüpft.

3. Alle deutschen Bewegungen an dieselbe gemeinsame Oertlichkeit gebunden.

4. Die großen commerciellen Interessen insbesondere dort permanent vertreten.

5. Den Bund in den Stand gesetzt, jede seiner Einheit Gefahr drohende Einzelbewegung in sich selber aufzunehmen und sich so selbst zum Vertreter aller wichtigen Interessen zu machen (wodurch zugleich der Grund zu einer deutschen Administration gelegt ist).

6. Den Bund durch Oeffentlichkeit seiner Berathungen zum Leben zurückgerufen und in ein wechselwirkendes Verhältniß zur deutschen Nation gebracht: —

und dies Alles ohne irgend ein bestehendes Interesse zu gefährden oder die zeitgemäße, allgemein verlangte Entwickelung zu hemmen. —

Nun fragt es sich nur noch: „Wie sind diese Vorschläge ins Leben zu setzen?"

Meine Ansicht ist, daß diese ganze politische Reformation Deutschlands in der Hand Preußens liegt und daß Preußen nur zu wollen hat, um alle jene Resultate zu erlangen. Preußen ist nach Oestreich der mächtigste Staat in Deutschland, Preußen ist durch die Maßregel vom 3. Februar an die Spitze der Entwickelung deutscher populärer Institutionen getreten, Preußen steht schon seit Jahren an der Spitze des Zollvereins und auf Preußen sind die politischen Erwartungen ganz Deutschlands geheftet. Sollte Preußen den vorgeschlagenen Reformationsplan wirklich annehmen und furchtlos und consequent durchführen, so würde es die bestimmende, leitende Macht in Deutschland werden, der Regierungen und Völker folgen müßten und somit auch als Europäische Macht eine der bedeutendsten, da es in der Europäischen Waagschale als „Preußen plus Deutschland" wiegen würde. Will es dagegen die Leitung einer besonnenen und planmäßigen deutschen Entwickelung nicht übernehmen, so werden die vom Drange der Zeit getriebenen deutschen Lebenskräfte sich auf Irrwegen Luft machen und verschiedenartige Convulsionen hervorbringen, deren letztes Resultat kaum abzusehen ist. — A.

IV. Aus dem Briefwechsel nach Einreichung der Denkschriften.[1]

Aus einem Briefe König Friedrich Wilhelms IV. an Prinz Albert.

6. November 1847.

... Einen zweiten innigen Dank sprech ich Ihnen hier aus, gnädiger Herr, für die Mittheilung Ihrer meisterhaften Denkschrift über die Teutschen

---

[1] Eine Reihe weiterer Briefe, die sich teilweise noch mit auf diese Denkschriften beziehen, ist für diesmal zurückgestellt worden, um die denkwürdige Episode rein als solche heraustreten zu lassen.

Angelegenheiten. Bis auf 2 Dinge ist mir dieselbe aus der Seele geschrieben und mir um so merkwürdiger, als ich gerade die Einleitungen getroffen hatte, um den vorgeschlagenen Weg wirklich zu betreten. Die 2 points de dissentiment sind 1) das gewünschte Aufgeben von Seiten der teutschen Fürsten von einem Theile ihrer Souverainetäts-Rechte, 2) das angerathene Vorschreiten Preußens auf dem Wege des modernen Constituzionalismus. Gegen das Erstere bin ich, weil es vollkommen unausführbar ist; gegen das Letztere, weil ich ein treuer Freund der Freyheit bin; Freyheit und Constituzion (nicht im Englischen — sondern in dem jetzt geläufigen Sinne) aber absolut unvereinbar sich in ihrer Wurzel ursprünglich töbtlich sind. Ein Blick aus einem halb geöffneten Auge auf Europa geworfen zeigt eine überreiche Ernbte des Constituzionellen Seegens! In Frankreich, Spanien, Portugal, der Schweiz ist sein Boden mit Ströhmen von Blut gedüngt; er selbst aber zeigt sich in Partheyen- ober Ministerial-Tyranney, 10fach erhöhten Abgaben, Defizit und gräßlichster Corrupzion; in Griechenland hat er in 3 Jahren den werbenden Staat und seine große Zukunft voll Völkerbeglückung im Orient vernichtet, weil er durch ihn entwürdigt ist, in Teutschland hält nur die Existenz des Bundes, Oesterreichs und Preußens das wilde Thier grinsend im Käfigt. Ihr Schwager von Leiningen geht in allen Dingen viel weiter als Ew. Königliche Hoheit. Vor seinem Wunsche, „daß Oestreich faktisch aus dem Bunde gedrängt werde und Preußen seine Stelle einnehme" möge mich unser HErr Gott im Himmel bewahren! Teutschland ohne Triest, Tyrol und das herrliche Erzherzogthum! wäre schlimmer als ein Gesicht ohne Nase!!! Gott wird Teutschland nicht verlassen. — — — —

Nun umarm ich Sie, theuerster Prinz, zum Abschied als Ew. Königlichen Hoheit treuergebener Vetter und Freund

Friedrich Wilhelm.

*

Prinz Albert an Bunsen.

Verehrter Herr Geheimer Rath.

Ich schicke Ihnen des Königs Brief zur Ansicht. Den deutschen Plan nennt der König meisterhaft und bekennt sich zu den sämmtlichen Ansichten mit Ausnahme zweier Punkte, dieß leider die, auf die es ankommt: 1. Unterordnung der Souveränetäten unter den Bund, 2. Constitutionelle Regierungen! —

Die neuen Bände für die Königliche Bibliothek bitte ich Ew. Excellenz hieher an Mr. Glover zu addressiren.

Stets Ew. Excellenz getreuer

Albert.

S. C. 15. November 1847.

*

Bunsen an Prinz Albert.

16. November 1847 Morgens.

Ew. Königlichen Hoheit sage ich meinen unterthänigsten Dank für die Gnade

die Sie mir erwiesen, indem Sie mir die Ansicht des Königlichen Schreibens[1]) erlaubten, welches hierbei zurück folgt.

Die beiden Ausnahmen sind schlimm, dem Wortlaute nach: allein wenn
der König wirklich den Weg gehen will, den Ew. Königliche Hoheit Ihn auffordern
zu gehen; so wird er sich chemin faisant manches doch, troß der Theorien,
praktisch finden. Hat sich doch bereits manches gefunden! — — —

Gott sei Dank, daß die guten Inspirationen bei Lord Palmerston obgesiegt!
Lord Westmoreland hat den Entwurf gelesen, und hiernach entspricht der Vorschlag nicht allein meinen Erwartungen, sondern übertrifft sie.

Als Vermittelungspunkt, wenn die 2 Schweizer Abgeordneten hier sind
(ein trefflicher Gedanke!), kann dann die Frage bleiben: ob die Jesuiten die
ganze Schweiz verlassen sollen, oder nur Luzern. Jenes muß gefordert werden,
da Guizot selbst es thut. Die Berner haben nur Geld für drei Wochen Krieg.

Bunsen.

Bayreuth und die Kritik.[2])

Von
Houston Stewart Chamberlain.

Die Kunst giebt sich selbst Gesetze und gebietet
der Zeit.   Goethe.

Als vor vielen Jahren Fitzroy, einer der verdientesten Gründer der wissenschaftlichen Meteorologie, einen Orkan vorausgesagt hatte, das Wetter
jedoch unverändert schön blieb, meinte man allgemein, er habe sich auf
alle Zeiten blamiert; lange wollten die Schiffskapitäne von Meteorologie und
Meteorologen nichts wissen. Besonnenere Männer aber, Leute, die mit den
Methoden der Wissenschaft vertraut waren, urteilten anders; sie kannten Fitzroys
Verdienste und suchten mit ihm nach der Ursache seines Irrtums; dabei stellte
sich denn bald die Unzulänglichkeit des damals als Evangelium geltenden „Gesetzes
der Stürme" von Reid heraus, man bekam neue Anhaltspunkte für die Beurteilung dieser Phänomene, und im letzten Grund hatte der Aufsehen erregende
Irrtum des vortrefflichen Fitzroy der Wissenschaft und dadurch auch der Schiff-
fahrt und der ganzen Menschheit einen Dienst geleistet. Lächerlich wäre es
dagegen offenbar gewesen, wenn übereifrige Freunde Fitzroys hätten behaupten
wollen, seine Prophezeiung habe sich doch erfüllt. Gegen die Evidenz sich auf-

---

1) Des oben mitgeteilten Briefes vom 6. November 1847.

2) Die Redaktion behält sich vor, eine Entgegnung auf diesen Artikel zu veröffentlichen.

zulehnen, ist ein Vorrecht der Narrenhäusler. Richard Wagner gegenüber, bis zu
seinem Tode, hat sich nun unstreitig die Kritik mit wenigen Ausnahmen, in
der Lage des Admiral Fitzroy befunden, und noch jetzt zeigt die Art und Weise,
wie über Bayreuth in fast sämtlichen deutschen und in recht vielen außerdeutschen Blättern berichtet wird, daß eine sichere und entsprechende Grundlage für die Beurteilung der dramatischen Werke Wagners und der eigenartigen
Bedeutung der mit diesen Werken auf das engste verwachsenen Bayreuther Aufführungen noch nicht gefunden, ja kaum bis jetzt gesucht wurde. Bemerkt man
andrerseits den tiefgehenden Einfluß, den diese Aufführungen auf viele geistig
hervorragende Männer aus allen Ständen und aus allen Ländern ausüben,
die dort Eindrücke empfangen, von denen sie uns versichern, sie seien mit gar
keinen andern zu vergleichen, welche die heutige Welt auf dem Gebiete lebendiger
Kunst aufweist, bemerkt man, wie Bayreuth, ohne Reklame, ohne die Mittel zu
besitzen, nach außen hin Einfluß auszuüben, von Neidern umgeben, aus dem
Lager der eigenen, angeblichen Freunde auf das schonungsloseste angegriffen und
verhöhnt, dennoch nach und nach zu einer wahren künstlerischen „Weltmacht"
heranwächst, so kann man nicht bezweifeln, daß sich nicht Wagner und nicht
sein Bayreuth, sondern die Kritik im Irrtum befinde. Gerade weil sie sich irrt,
hat in diesem Falle die Presse — die allmächtige! — so wenig Macht. Kein
vernünftiger Mensch läßt sich überzeugen, daß die Sonne an einem schönen
Sommertage nicht am Himmel stehe; noch weniger kann die Evidenz des innerlich
Erlebten durch die beredtesten Argumente vernichtet werden. Und das gerade ist
die Kraft von Bayreuth: für viele ist es heute schon ein unvergleichliches, inneres
Erlebnis, für Hunderte und für Tausende. Diese bilden inmitten der fluktuierenden
Bestandteile des Festspielpublikums eine feste Phalanx. Weit entfernt, daß Bay-
reuth in letzter Zeit ein Modeort geworden wäre, ist das im Gegenteil mit jedem
Jahre weniger der Fall. Früher, ja, 1876 zum Beispiel, sind viele aus bloßer
Skandalsucht nach Bayreuth hingefahren; dann kamen Jahre, wo die überwiegende Mehrzahl nur deswegen die Festspiele besuchte, weil an keinem andern
Orte Parsifal zu sehen war. Nach und nach hat sich das aber sehr geändert;
für bloß Neugierige ist in Bayreuth immer weniger Platz. Das zeigt sich an
dem Verhalten des Publikums, welches in seinem lautlosen, würdevollen Benehmen, in der Einheitlichkeit seiner Stimmung immer mehr den Eindruck einer
homogenen, durch irgend eine tiefgreifende Gemeinsamkeit in allen ihren Teilen
innig mit einander verknüpften Gemeinde macht. Jeder Unvoreingenommene
kann das bezeugen. Einer so siegreichen Evidenz gegenüber ist es, meine ich,
durchaus kritiklos, wenn man die Kritik in Schutz nimmt und sagt, sie habe doch
recht: nicht minder kritiklos ist es allerdings, wenn man, wie jene Kapitäne,
das Kind mit dem Bade ausschüttet und, dem Beispiel einiger extravaganten
Schwärmer folgend, gegen alle Kritik zu Felde zieht und sich in dem Wolken-
kuckucksheim irgend einer allwissenden, konfusen „Intuition" als unfehlbaren
Papst selber inthronisiert. Wer es ehrlich mit der Kritik meint, wer ernste,
wissenschaftliche Kritik hochschätzt und sich vergegenwärtigt, was er ihr verdankt,

der wird erkennen, daß hier eine Aufgabe klar gekennzeichnet vorliegt: wir müssen an der Kritik Kritik üben. Irgendwo muß ein fundamentaler Irrtum vorliegen; den gilt es aufzudecken; dann erst können wir hoffen, die Kritik in ihrer Beurteilung von Bayreuth nicht mehr nachhinken, sondern voranleuchten zu sehen.

Und da möchte ich zunächst die Aufmerksamkeit auf eine merkwürdige Thatsache lenken. Es läßt sich nämlich ziffernmäßig nachweisen, daß jedesmal, wenn die herbste Kritik an einer Aufführung geübt worden war, gerade diese Aufführung später die allgemeinste, dauerndste Anerkennung fand! Das geschah mit Tristan, das geschah mit Tannhäuser, das wird sich jetzt wieder mit dem Ring des Nibelungen ereignen. Als „Tristan" im Jahr 1886 zum ersten Male über die Bayreuther Bühne ging, gab es Vorstellungen, zu denen nicht dreihundert Plätze verkauft waren, so ungünstig hatten die ersten Preßberichte gelautet. Bei den Wiederholungen in späteren Jahren war ausnahmslos alles bis auf den letzten Platz gefüllt. Alljährlich erhält die Festspielleitung aus allen Weltteilen Briefe, in denen um die Wiederholung des „Tristan" gebeten wird. Die Aufführung des „Tannhäuser", die im Jahre 1891 in der Kritik weder bei Freund noch bei Feind Gnade gefunden hatte und zumeist einfach als eine „skandalöse" gebrandmarkt worden war, ist unzweifelhaft diejenige Aufführung, welche den Weltruf von Bayreuth endgültig begründete; hier mußte — nach dem ersten Augenblick der Verwirrung über das Ungewohnte — jedem ernsthaft Kunstsinnigen die unvergleichliche Eigenartigkeit der Bayreuther dramatischen Leistungen, wenn nicht als klare Erkenntnis, so doch als innere Empfindung, aufgehen; eine Empfindung, deren große Bedeutung namentlich darin lag, daß Richard Wagner selber, als poetischer Schöpfer, plötzlich in einem neuen Lichte erblickt wurde. Drei Festspiele hintereinander gelangte das Werk zur Wiederholung, stets vor gedrängt vollem Hause; nie vielleicht hat man ein andächtigeres und tiefer ergriffenes Publikum gesehen.

Im Jahre 1896 nun hat Bayreuth es gewagt, Festspiele zu veranstalten ohne das Lockmittel des sonst an keinem Orte aufgeführten „Parsifal"; der äußere Erfolg überstieg alle Erwartungen; zum erstenmal mußten viele Hunderte von Bestellungen abgewiesen werden, zum erstenmal reservierten viele Leute ihre Plätze für die nächsten Festspiele schon gleich während der Aufführungen, und kaum waren diese beendet, als aus den Vereinigten Staaten die Nachricht eintraf, daß zu der ersten Wiederholung des „Ring des Nibelungen" die Professoren und Studenten der amerikanischen Universitäten eine förmliche Pilgerfahrt planen. Ich selber gestehe, daß ich noch niemals in meinem Leben einen ähnlichen Eindruck von einem Kunstwerk empfing, auch in Bayreuth nicht, wie in diesem Jahr von dem „Ring des Nibelungen". Zum erstenmal trat das gewaltige Werk in seiner wilden, äschyleischen Großartigkeit mir völlig plastisch, bis in die letzte Einzelheit überzeugend und schöpferisch einheitlich vor die Augen und drang von dort aus bis in die tiefste Seele ein. Nichts verwischt diesen Eindruck. Es ist, als ob man in einen gesunden, eiskalten, stählenden Jungbrunnen gestiegen wäre, der gegen die bleierne Gleichgültigkeit des zunehmenden Alters in alle

Zukunft schützen müßte. Zum erstenmal — trotzdem ich so erschreckend viel
darüber studiert hatte — verstand ich, was Aristoteles mit seiner „Katharsis"
gemeint haben mag, doch wahrlich nicht, wie die Matadoren grundsätzlicher
Impotenz es wollen, eine Art moralisch=ästhetischer Purganz, sondern im Gegen=
teil die ganze moralische Persönlichkeit aus dem Schlummer des Alltäglichen
gründlich aufgerüttelt und gerade hierdurch geläutert, alle Leidenschaften auf das
höchste erregt, zugleich aber von jeder armseligen Beigabe, von allen Lügen und
Halbheiten des täglichen Lebens gereinigt. Siegfriedsblut hatte uns der Künstler
in die Adern geträufelt! Und von wie vielen hörte ich nicht, daß sie an sich
dasselbe erfahren hatten? Von Deutschen, Engländern, Franzosen, Skandinaviern,
Amerikanern! — Und dennoch hatte inzwischen auch in diesem Jahre wieder die
Kritik, sowohl in Deutschland, wie im Ausland, sich „kühl bis ans Herz hinan"
verhalten. Mit zwei oder höchstens drei Ausnahmen haben die größeren deutschen
Blätter so berichtet, daß man den Eindruck erhielt, die Bayreuther Aufführung
sei etwa auf der Höhe einer besseren Hoftheateraufführung: einiges vortrefflich,
manches gut, manches mittelmäßig, vieles schlecht. Von Außerordentlichkeit und
Unvergleichlichkeit war fast nirgends die Rede. Also auch hier wieder steht die
Kritik und das Erlebnis von Tausenden einander in schroffem Widerspruch
gegenüber.

Das dürfte daher kommen, daß sich die Kritik, im Vergleich zum naiven
Zuhörer, in einem bedeutenden Nachteil befindet. Wagner bietet uns etwas
durchaus Neues: sein dramatisches Kunstwerk ist eine zwar durch die voran=
gegangene Entwicklung deutscher Dichtung und Musik genau bedingte, nichts=
destoweniger aber neue Form des Dramas, für die wir nirgends ein gültiges,
gesetzkräftiges Analogon vorfänden, und das Bühnenhaus, welches er für die
entsprechende Aufführung seiner Werke erdenken mußte, läßt uns voraussehen,
daß bei der Verlebendigung dieser Werke, neben manchen alten, auch neue
künstlerische Prinzipien gestaltend werden in Kraft treten müssen. Diese Erkenntnis
ist es, die der Kritik fehlt. Sie kann sich von der Wahnvorstellung, daß Wagner
„Opern" geschrieben habe, nicht losreißen. An einer Benennung liegt an sich
nicht viel; in diesem Falle ruft sie aber eine heillose Konfusion der Begriffe
hervor und dadurch einen Rattenkönig von schiefen Urteilen. Denn, rechne ich
den „Ring des Nibelungen" zu demselben Vorstellungskreis wie die „Trilogie
des Oedipus", so habe ich zwar eine nur partielle Begriffsbestimmung gegeben,
soweit sie reicht aber eine durchaus stichhaltige; stelle ich jenes Werk dagegen
mit der „Favoritin" und dem „Barbier" zusammen, so begehe ich denselben
Fehler wie die alten Naturforscher, die das Walroß zu den Fischen rechneten.
Nicht die Gemeinsamkeit des Elementes, in welchem sie leben und weben —
dort das Wasser, hier die Musik — kann eine Wesensverwandtschaft zwischen
zwei Organismen begründen; auf die Grundidee, aus welcher die gesamte Struktur
hervorgeht und welche bis ins Innerste, bis in die letzte Einzelheit gestaltend sich
bethätigt, kommt alles an. Die Grundidee aber eines jeden Wagnerschen Bühnen=
werkes ist eine poetische. Von der allerersten Konzeption an bis zur letzten

Vollendung ſeiner Werke iſt der Künſtler Wagner ein dramatiſcher Poet, noch
einfacher geſagt, ein Dichter. Was ihn bei jedem Werke zunächſt beſtimmt, iſt
der Wunſch, eine Handlung zur Darſtellung zu bringen; worin er zunächſt
ſeine geniale ſchöpferiſche Kraft bethätigt, iſt in der bühnengemäßen Geſtaltung
dieſer Handlung. Er ſchafft nicht aus nichts; das that keiner der allergrößten
Dichter; wie aber die Mutter aus dem eignen Leibe ein neues, durchaus indi-
viduelles Weſen gebiert, ebenſo ſtehen Wagners Tannhäuſer, Lohengrin, Siegfried, Triſtan u. ſ. w. nicht als von den Toten Auferſtandene, ſondern als
durch höchſte poetiſche Geſtaltungskraft neugeborene, echte, durchwegs eigenartige
Söhne vergangener Heldengeſchlechter da, würdig ihrer Vorfahren. Daß nun
die Muſik gleichſam das Element iſt, in welchem der Dichter Wagner ſeine Geſtalten konzipiert und ſeine Handlungen ſich bewegen läßt, das iſt eine Sache
für ſich; eine Erörterung hierüber würde heute zu weit führen. Aus dieſem
Initialpunkt aber — dem Wunſche, eine Handlung zur Darſtellung zu bringen —
geht die geſamte Organiſation eines Wagnerſchen Dramas hervor: die Reihenfolge der ſceniſchen Bilder, die Wortdichtung, die Tondichtung. Die Handlung
iſt das feſte Rückgrat, welches die Geſtalt zugleich bedingt und trägt. Hierin
ruht auch — gleichviel ob die Menſchen das Bewußtſein davon haben oder
nicht — die ungeheure Wirkung der Dramen Wagners auf die weiteſten Schichten
in allen Ländern der Erde. Mögen die Aufführungen noch ſo ſchlecht ſein, die
ſtrahlende Schönheit der poetiſchen Eingebung kann niemals ganz verhüllt werden.
Darum iſt Wagner, wie ein Sophokles oder wie ein Shakeſpeare, als „Dichter"
anzuſprechen und ſeine Bühnenwerke als „Dramen". Warum die Kritik ſich
dagegen ſträubt, iſt unerfindlich; mir fallen dabei oft Goethes Worte ein: „Die
Menſchen verdrießt's, daß das Wahre ſo einfach iſt."

Dieſes wäre das eine Mißverſtändnis. Ein weiteres ergiebt ſich daraus.

Die Kritik macht ſich nämlich eine durchaus falſche Vorſtellung davon, was
Bayreuth ſoll, was die Ziele dieſes Theaters zu ſein haben. In allen Zeitungen
und immer wieder lieſt man von einem „Muſtertheater" und von „Muſtervorſtellungen", und es läßt ſich leicht denken, wie ſchlecht das arme „Muſtertheater" abkommt, wenn ſich herausſtellt, daß allerhand dort nicht — nach landläufigen Begriffen nicht — muſtergültig ſei. Wagner dagegen hat niemals von
einem Muſtertheater und von Muſtervorſtellungen geredet; nie! Sein ganzes
Leben lang hat ihn die Idee beſchäftigt — zuweilen beängſtigend, zuweilen be-
geiſternd — daß ſeine Werke niemals auf einer Opernbühne würden zur entſprechenden Darſtellung gelangen können und daß er darum eine neue, eigne
und eigenartige Bühne ſich würde bauen müſſen; wie hätte der Dichter ſelber
dieſe Notwendigkeit nicht erkennen ſollen? Und zu dieſer Vorſtellung geſellte
ſich bald eine zweite: daß nämlich mit der zweckmäßigen Herſtellung des Hauſes
und Anleitung der Darſteller noch nicht alles geſchehen ſei, ſondern daß für die
lebendige, verſtändnisinnige Aufnahme ſolcher Werke wie der ſeinen die Zuſchauer ebenfalls einer beſonderen Vorbereitung bedürfen würden, daß ſie
namentlich dem täglichen Leben und ſeinen Sorgen entrückt und in eine gehobene

Stimmung versetzt werden müßten: daher der Gedanke an besondere, feierliche
Festspiele. Mit dem Bau des Bayreuther Festspielhauses entsprach er beiden
Erfordernissen. Von einem Muster war aber hiebei niemals die Rede. Ein
Muster für wen denn? Für was denn? Was die Bayreuther Festspiele bezwecken, ist etwas sehr Einfaches: die dramatischen Werke Wagners korrekt aufzuführen und diese korrekten Aufführungen einem Publikum darzubieten, welches
ebenfalls in der entsprechenden, das heißt gehobenen Stimmung sich befindet.
Ein durchaus neues dramatisches Ideal soll für jene lebendig werden, die mit
Sehnsucht das Bedürfnis nach dieser neuen Kunst im Herzen fühlen. Daß
das heute an einem andern Orte möglich wäre, davon ist gar keine Rede; wir
können Gott danken, daß wir das eine Bayreuth besitzen! Ward es durch die
äußerste Kraftanstrengung und unermüdliche Aufopferung des Genies — nach
einem Kampf, der ein Menschenalter währte — endlich gegründet, so wurde es
uns wie durch ein Wunder erhalten und gedieh zur Blüte dank dem Zusammentreffen verschiedener Umstände seltenster Art, — man bezeichne sie wie man will,
als Zufall oder als Vorsehung. Auf eine Wiederholung derartiger Dinge wird
kein Vernünftiger seine Hoffnung setzen; und es wird einer großen Umwandlung
im Leben und speziell in unsern Kunstzuständen bedürfen, ehe das, was Bayreuth heute erstrebt und teilweise bereits ist, auch ohne diese seltenen Vorbedingungen, gewissermaßen aus öffentlicher, allgemeiner Not vielfach entsteht.
Selbst wer optimistisch genug ist, um diesem „Ziel aufs innigste zu wünschen,“
mit Zuversicht entgegenzusehen, muß gestehen, daß nur das eine, einzige Bayreuth
die Eignung und die Macht besitzt, jene „bessere Zeit“ vorzubereiten. — Jedoch
es liegt mir fern, mich mit Behauptungen begnügen zu wollen, die manche vielleicht für Phrasen halten möchten. Was ich sage, will ich auch hier wieder
begründen, wenn auch notgedrungen kurz.

Die Unvergleichlichkeit Bayreuths beruht zunächst auf der moralischen
Grundlage, welche das ganze Unternehmen trägt. Von der allerersten Anregung
an, zu Beginn der fünfziger Jahre, betont Wagner stets, daß aus seinen Festspielen weder ihm noch seinen Mitwirkenden „irgend welcher Gewinn“ entstehen
dürfte; und als in den siebziger Jahren Bayreuth, unter endlosen Mühsalen,
langsam entstand, warnt er einmal über das andere seine Freunde: „Von keiner
Seite wird der mindeste Gewinn, allermeistens aber aufopferungsvolle Bemühung
und Mitarbeit in Anspruch genommen.“ Auch an dem großen Prinzip des
freien Eintritts hat Wagner bis zum Jahr 1881 festgehalten, bis es nämlich sich
herausgestellt hatte, daß eine Vereinigung von Freunden die nötigen Mittel nicht
aufbringen konnte; im selben Augenblick aber, als er sein Theater dem großen,
anonymen, geldzahlenden Publikum öffnete, gründete er zugleich die Stipendien-
stiftung, durch welche alljährlich Hunderten der kostenlose Besuch von Bayreuth
ermöglicht wird. — Die finanzielle Grundlage der Festspiele bildet das Resi-
duum der ersten Aufführungen des Parsifal (im Jahre 1882), bekannt als
„Festspielfonds“; ergiebt ein Festspiel einen Ueberschuß, so wird er diesem
Fonds zugeführt, bleibt ein Defizit, so kommt der Fonds dafür auf. —

Als Wagner 1851 zum ersten Male öffentlich seine Festspielidee darlegte, sagte er von ihr: „Sie ist für mich nicht ein Mittel zum Gelderwerb"; diesem großen Prinzip sind seine Erben treu geblieben; nicht sie allein aber, sondern auch die Erben seines Gedankens im weiteren Sinne, was man aus der einen Thatsache entnehmen mag, daß die ungemein komplizierte, unendlich mühevolle Verwaltungsarbeit, welche jedes Festspiel mit sich bringt, stets unentlohnt blieb! Das heißt also, daß das Budget eines Festspieles weder für die künstlerische Leitung noch für die Verwaltung jemals mit einem Pfennig belastet wurde. Daß die Sänger und Orchestermitglieder eine „Aufenthaltsentschädigung" erhalten, kann, namentlich bei den heutigen Verhältnissen, kaum als ein „Gewinn" für diese bezeichnet werden; somit entsteht allen an den Festspielen Beteiligten einzig „aufopferungsvolle Bemühung und Arbeit," weiter nichts. — Man kennt Wagners Antwort auf die Frage: Was ist deutsch? „Eine Sache um ihrer selbst willen treiben". Kein Denkender wird gleichgültig an einer solchen Erscheinung vorbeigehen; gefällt ihm weiter nichts an Bayreuth, so wird er zumindest vor diesem seinem „Deutschtum" den Hut ziehen. Diese moralische Grundlage ist es, welche zunächst die Institution der Bayreuther Festspiele zu etwas Unvergleichlichem stempelt. Denn die erste Bedingung für höchste künstlerische Leistungen ist die Abwesenheit jeglichen industriellen Hintergedankens und auch jeglicher Rücksicht auf Gefallen und Nichtgefallen: nur der Freie kann schön gestalten. „Die Kunst," sagt Goethe, „ruht auf einer Art religiösem Sinn, auf einem tiefen, unerschütterlichen Ernst;" dieser religiöse Sinn, dieser Ernst walten in Bayreuth.

Wenden wir uns nunmehr zu dem Reinkünstlerischen, so werden wir unschwer begreifen, daß zwei Umstände es sind, welche die Unvergleichlichkeit von Bayreuth auch hier wiederum bedingen. Der eine liegt in den Werken selbst begründet, die hier zur Aufführung gelangen, der andere in den Persönlichkeiten, welche die Aufführungen vorbereiten und leiten.

Wagners Werke bilden, wie schon früher hervorgehoben, eine neue Gattung des Dramas — mit Recht hat man sie kurzweg als das „deutsche Drama" bezeichnet — sie sind nicht Opern. Es ist einfach ein Ding der Unmöglichkeit, auf einer Opernbühne eine Aufführung seiner Werke zu stande zu bringen, welche den poetischen Absichten des Dichters gerecht wird; tausend Gründe wirken zusammen, um den redlichsten Versuch zu vereiteln. Will man einen unwiderlegbaren Beweis, so braucht man ihn nicht lange zu suchen. Wagner war der genialste Bühnenleiter unsers Jahrhunderts, das geben sogar seine Feinde zu; er selber bezeugt nun, daß es ihm niemals gelang, eine Aufführung seiner Werke, „so wie er sie sich gedacht hatte", durchzusetzen, selbst dort nicht, wo ihm alle Mittel einer Hofbühne zur Verfügung gestellt wurden. „Die Hauptsache, das Drama" (wie er sagt), kam niemals zur Geltung. Was Wagner nicht konnte, das kann auch keiner der zahlreichen „genialen Kapellmeister", von denen nur wenige vielleicht wissen, um was es sich handelt. Darum erkannte Wagner schon vor fünfundvierzig Jahren, daß er, um seine dramatischen Werke so zur

Darstellung zu bringen „wie er sie sich dachte", sich vorerst „um die Bildung eines neuen künstlerischen Organes zu bemühen habe", und weiter — da diese Heranbildung notwendigerweise nur allmählich werde geschehen können — daß es zunächst gelte, „an einem bestimmten Ort, unter bestimmten Umständen, Hand anzulegen". Diesen Ort wählte er: Bayreuth; die Umstände hat er teilweise benutzt, wie sie sich ihm darboten, zum größeren Teil hat er sie geschaffen; dort bemüht man sich nun seit zwanzig Jahren mit der „Bildung eines neuen künstlerischen Organes". Daß Vollkommenheit und Mustergültigkeit bereits erreicht wären, das wird am wenigsten irgend einer behaupten, der an der Bayreuther Arbeit beteiligt ist; im Gegenteil, er bemerkt Unzulänglichkeiten dort, wo selbst die absprechendsten Kritiker vollauf befriedigt sind, denn das Ziel, das ihm vorschwebt, ist ein hohes, und es liegt so fern von allem Opernwesen, daß an Vollendung nicht zu denken ist, solange Bayreuth zur Oper in einem Abhängigkeitsverhältnis steht. Wenigstens wurde aber „Hand angelegt". Die Dramen Wagners treten uns mit jedem Festspiel deutlicher als Dramen entgegen; darum wird ihre poetische Gewalt immer mächtiger empfunden, auch die Gewalt desjenigen poetischen Teiles, welcher in Musik seinen Ausdruck findet; darum pilgern so viel Tausende alljährlich aus allen Weltteilen nach Bayreuth hin.

Es bleibt die Personenfrage. Manche Gründe bewirken, daß ich mich nicht entschließen kann, hier auf eine Diskussion einzugehen. Man weiß, wer das Herz und die Seele der Bayreuther Aufführungen ist; man weiß auch, wer und was für die überragende Bedeutung dieser Kraft zeugt: auf der einen Seite das Urteil Richard Wagners selber, auf der andern die vollbrachte That. Diesen Zeugen stelle man die leichtsinnigen Lästerer gegenüber — sie und die von ihnen vollbrachten Thaten: das wird genügen.

Nunmehr wäre es recht interessant, der Sache noch näher zu treten und zu zeigen, wieso, da Wagners Werke Dramen sind, und da die Festspiele begründet wurden, nicht um den Opernhäusern als Muster zu dienen, sondern um diese Dramen so zur Darstellung zu bringen, wie das in Operntheatern nicht möglich ist, — zu zeigen, sage ich, wie die Gestaltung in Bayreuth von einem Standpunkt auszugehen hat, der von dem in der Oper herrschenden sehr wesentlich abweicht; woraus dann zunächst eine Verrückung der Perspektive stattfindet, welche die Kritik regelmäßig für eine Verzeichnung hält, während in Wirklichkeit sie selber es ist, die das Geleistete aus einem schiefen Winkel betrachtet. Jedoch das würde für heute zu weit führen; ich muß mich damit begnügen, dargethan zu haben, warum Bayreuth etwas Unvergleichliches sein muß. Denn diese Erkenntnis sollte schon genügen, um die Kritik in ihrem Urteil vorsichtig zu machen, um sie — wie jenen Admiral Fitzroy — zu einer Einkehr bei sich selbst und zu erneutem Studium und Nachdenken anzuregen. Was Wagner wollte, das erfährt die Kritik ja erst in Bayreuth, zwar nicht vollkommen, jedoch klar angedeutet; Bayreuth kann folglich zunächst nicht der Gegenstand der Kritik sein, sondern muß vorerst ihre Grundlage abgeben.

Herder hat sehr schön gesagt: „Wem Worte und Töne verbündet das ganze Gewebe unsrer Empfindungen und Bemühungen auf dem Kampfplatz des Lebens ausdrücken, der wird über sich, aus sich hinausgezogen; nicht etwa nur in einem Spiegel erblickt er, er empfindet, wenn man so kühn reden darf, die Ethik und Metaphysik seines menschlichen Daseins ..." Diese Worte Herders — wie so manche andre dieses edeln Dichters, in hellsichtiger Vorausahnung des neuen deutschen Dramas gesprochen — lassen uns klar begreifen, was Wagner sagen wollte, als er über sein Bayreuth die denkwürdigen Worte schrieb: „Es kommt mehr auf die Erweckung verborgener Kräfte des deutschen Wesens an als auf das Gelingen meiner Unternehmung selbst." Nicht allein für Kritiker, Kenner und Künstler schrieb Wagner seine Kunstwerke, nicht einzig ergötzen wollte er; diese Werke bedeuten in unserm Jahrhundert eine moralische Macht; eine „verborgene Kraft des deutschen Wesens" tritt hier ans Licht, sie lenkt uns hinweg von der Frivolität des modernen Theaters und führt uns mit heiligem Ernst in jene Tiefen des eignen Wesens, wo wir die Ethik und Metaphysik des menschlichen Daseins — nicht durch Ueberlegung erfassen, sondern, wie Herder so richtig sagt, unmittelbar empfinden. Empfindet dies erst die Kritik bei einer Bayreuther Aufführung, dann darf sie wissen, daß sie die Schwelle des Verständnisses betreten hat, wohin viele Tausende ihr vorangeeilt waren. Und erst aus dem Verständnis heraus, offenbar doch nicht aus dem Miß- und Unverständnis, wird sie wieder ihres Amtes walten können, uns allen zu Nutz und Frommen.

Aus Schmerlings Leben.
Erinnerungen mit Benutzung hinterlassener Papiere desselben.
Von
Fritz Lemmermayer.

Das engherzige Polizeisystem Metternichs war wurmstichig geworden. Alles, was innerhalb der schwarz-gelben Grenzpfähle Intelligenz und einen Begriff von Menschenwürde besaß, wurde von tiefer Unzufriedenheit, von Groll und Erbitterung ergriffen. Zu groß war der Abstand zwischen dem josephinischen Geist und dem System Metternichs. Es war ein jäher Sturz von dem Tag in die Nacht. Altösterreich war an den Grenzen seiner Existenz angelangt. Vor dem Einsturz eines altersschwachen Gebäudes pflegt man innerhalb der Wände ein eigentümliches Knistern und Rieseln zu vernehmen; ähnlich erging es feineren Ohren damals in Oesterreich, sie hörten das Geräusch von berstenden Mauern; das ehrwürdige Staatengefüge in historisch-denkwürdigen Zeiten, mit dem Blute

der Deutschen gelitten, krachte in allen Fugen, ein geringer Stoß — und es lag in
Trümmern. Der fürstliche Staatskanzler und seine politischen Dienstmänner waren
bei der Arbeit, um das Ende herbeizuführen. Man hätte sie für revolutionäre
„Agents provocateurs", verhüllt mit der Maske des Despotismus, halten können,
denn sie thaten mit einem gewissen Uebermut alles, um das „System" bei den
Völkern verhaßt zu machen und sie zur Revolution zu erziehen.

Nach den Leiden der langen napoleonischen Kriege sehnte sich Europa nach
Frieden. Mit begeistertem Opfermut hatten die Völker den gemeinsamen Feind
niedergeworfen. Die edelsten Verheißungen waren von den Fürsten gemacht,
Worte christlicher Liebe gesprochen worden — aber nur Worte, die Thaten
blieben aus. Anstatt der versprochenen Freiheiten offene oder geheime Reaktion
und Zertrümmerung der Volksrechte. Oesterreich that es allen andern Staaten
zuvor. Es war ein Unglück, daß Fürst Metternich achtunddreißig Jahre lang
österreichischer Minister war und das Steuer Europas in Händen hielt. Von
mäßigem Wissen und geringer staatsmännischer Begabung, ohne Verständnis für
Zeit und Menschen, ein frivoler Lebemann, hat er während der vielen Jahre
seiner Regierung nie und niemals einen schöpferischen Gedanken gezeigt, bis zur
Lächerlichkeit und grausamen Härte hat er den Konservativismus getrieben, das
Volk zu einer steuerzahlenden Masse herabgedrückt, die Fürsten nicht als Regenten,
sondern als Privateigentümer der Staaten angesehen und überall nur für das
Gesetz des Stillstandes und der Trägheit gewirkt. Nach Napoleons Ausspruch
nahm er Ränkesucht für Staatskunst. Oesterreichs Stärke lag damals in der
Allgegenwart der Polizei und ihrer Spione. Das Dogma vom „beschränkten
Unterthanenverstand" erhielt offiziell eine Art Unfehlbarkeitserklärung, während
die Fürsten als die „Bevollmächtigten der Vorsehung" erklärt wurden. Bildung
und Wissen wurden mißachtet, verfolgt. Man brauchte keine Gelehrten, nur
„brave", schweigend gehorchende Bürger. Was man in Oesterreich mit Vorliebe
pflegte, war die Musik, um die aufgeregten Geister in eine weiche Sinnenwelt
hineinzuzaubern und den Kaiserstaat in den langjährigen Schlaf eines Epimenides
einzuwiegen. Aber wenn man den Geist auch gemein behandeln konnte, ausrotten ließ er sich doch nicht. Der Verstand war kein Narr und blieb nicht
stille stehen. Gerade in jener verrufenen Zeit des Despotismus hatte Wien
seine größten Dichter: Grillparzer schrieb seine subtilen Tragödien, Raimund
seine unvergänglichen dramatischen Zaubermärchen, Bauernfeld seine anmutigen
Lustspiele, und Lenau sandte seine von heiligem Zorn erfüllten Strophen hinaus
in die Welt. Wie sehr sie auch unter den politischen Schmachverhältnissen litten,
der kastalische Quell sprudelte ihnen doch mit lebendiger Kraft. Und auch den
kleinen Schriftstellern gereichte das kleinliche System zum Vorteil, denn es machte
ihr Elaborat zum staunenswerten Ereignis. Ein Gedicht im Vormärz war für
Wien, für Oesterreich ein Wunder; war es noch so mittelmäßig, es wurde als
eine Offenbarung begrüßt und sein Verfasser als Ausbund an Mut und Talent
betrachtet. Für sie alle aber war die gemeinsame Not ein vereinigendes Band.
In geheimen Konventikeln kamen sie zusammen, um die menschenunwürdigen

13*

Verhältnisse zu besprechen, ihre Leiden einander zu klagen, die neuesten Erfahrungen und Bevormundungen zu erzählen, die letzten Zensurstücke zum besten
zu geben. Die Zensur sorgte für die Possenscenen in der Regierungstragödie.
Es gab immer etwas zum Lachen. Die Zensur war ungemein drollig in ihrer
Beschränktheit. Dort, wo der Despotismus sich zu fürchten beginnt, ist er am
schmachvollsten, fängt aber auch an, lächerlich zu werden. Dem System Metternichs
erging es nicht anders. Es hatte Furcht vor jeder Neuerung, besonders auf
geistigem Gebiete, und griff zur Abwehr nach lächerlichen Mitteln. Seine Lächerlichkeit war eine der treibenden Kräfte, die zur Revolution führten.

Zu den Personen, welche gegen das herrschende System in Opposition
standen, gehörte auch ein junger Staatsbeamter, der nach Metternichs Sturz
Staatsmann wurde und fortan auf der politischen Bühne Oesterreichs eine
hervorragende Rolle spielte: es war Anton Ritter v. Schmerling. Kein größerer
Gegensatz als Metternich und Schmerling, zwischen deren Wirksamkeit als zeit-
liche Grenzlinie das Jahr 48 liegt. Der starre Absolutismus dort — hier die
Idee geistigen und politischen Fortschrittes auf der Bahn ruhig organischer
Entwicklung; zwei heterogene Systeme, jedes von einem der beiden Männer
repräsentiert, jahrzehntelang mit zäher Ausdauer und Konsequenz verfochten.
Wenn mit den Geschicken des alten absolutistischen Oesterreich der odiose Name
Metternich für immer verbunden ist, so ist Schmerlings geehrter Name ver-
bunden mit dem verjüngten, konstitutionellen und parlamentarischen Oesterreich.
Wie ein lebendiges Denkmal der österreichischen Geschichte ragte er in unsere
Zeit hinein, alle großen und bedeutungsvollen Fragen schienen sich in ihm zu
verkörpern, dessen Leben der Zeitraum von 1805 bis 1893 umfaßte.

Auf diesen Blättern, seinem Andenken gewidmet, teilen wir Züge aus seinem
Leben und Wirken mit, wenig Bekanntes, Vergessenes und Neues, deren musivisches
Gefüge uns das Charakterbild des Verewigten erkennen lassen soll. Man hat
ihm verschiedene Ehrennamen beigelegt, man hat ihn den „letzten Ritter", den
„Vater des Parlaments", den „Vater der Verfassung", den „Lord Oberrichter
des Reichs" genannt. Er war das eine wie das andre; aber das Ansehen
seines Namens begründet sich auf seinen reinen und edeln Patriotismus, der
sich über Kaiserhaus, Land und Volk erstreckte und in seinem Wirken dreifach
zum Ausdruck gelangte: in seinem Kampf für den konstitutionellen Rechtsstaat,
für ein einheitliches, zentralistisches Oesterreich und für die Führerschaft durch
das Deutschtum. Diesen Ideen und Idealen blieb er treu während seines ganzen
Lebens, treu in allem Sturm und Umsturz, und wenn er einen Mißerfolg erleiden
mußte, trat er still und ergeben von seinem Amte zurück, denn er verschmähte
es, irgend eine Machtstellung durch einen Wechsel der Gesinnung, also einen
Verrat an sich selbst, zu erkaufen. Seine ehrenvolle Charakterfestigkeit sichert
ihm die Sympathie, und seinem treuen Patriotismus zuliebe verzeiht man ihm
gern die Fehler, die er als Politiker begangen hat. Einer alten Adelsfamilie
entstammend, wurde er 1805 in Wien geboren, hier studierte er Jus und trat,
obwohl seine eigentliche Vorliebe dem militärischen Dienste galt, 1829 als Auskul-

tant des niederösterreichischen Landrechtes in den Staatsdienst. Rasch avancierend, bekleidete er 1846 bereits den Posten eines Appellationsrates. In jüngeren Jahren verkehrte er in litterarischen und künstlerischen Kreisen mit vollem Anteil an ihren Bestrebungen; doch rissen auch ihn die Wogen der Politik, welche um die Mitte der vierziger Jahre wie in ganz Europa so auch in Oesterreich zu schwellen begannen, bald von friedlichen Beschäftigungen hinweg, mitten in das stürmische Leben hinein. Als niederösterreichischer Landstand beteiligte er sich mit regem Interesse an den öffentlichen Angelegenheiten, 1846 wurde er in den ständischen Ausschuß, hierauf zum ständischen Verordneten gewählt. Damals legte er den Grund zu seiner späteren außerordentlichen Popularität, denn mutvoll trat er dem herrschenden System entgegen und wirkte mit ganzem Aufgebot seiner trefflichen Beredsamkeit für die Anteilnahme des Volkes an der Gesetzgebung und für politische Reformen. Er hatte den Weg des Volkes getroffen, und als das Sturmjahr 1848 kam, ging sein Name von Mund zu Mund. Er wurde als Mann gepriesen, der zum Sturze Metternichs, des einst Gefürchteten, nun tief Verhaßten und Verspotteten, geholfen hatte.

Die Revolution war da, weil sie kommen mußte, und bewies, wie arg die Staatsmaschine verrostet war. Ueber Nacht, urplötzlich, wie von einem jähen Windstoß, wurde sie hinweggefegt, als wäre sie niemals gewesen. Das System zeigte nun seine verderblichen Folgen. Oesterreich, trotz seines Reichtums an Naturschätzen, war mitten im Frieden in Schulden gesunken, man war zu bequem, zu frivol, um die natürlichen Hilfsquellen zu öffnen. Durch ein kostspieliges und strenges Mautsystem hatte man sich von dem übrigen Deutschland, sowie im Innern von Provinz zu Provinz abgesperrt. An den Niederungen des Donaustromes saßen die Russen, der Hafen von Venedig versandete, man borgte ungeheure Summen, wodurch der Staat immer ärmer, die Geldverleiher immer reicher und ihr Einfluß auf die Regierung immer schädlicher wurde. Gegen die Deutschen, bisher das herrschende Element, wurde von den andern österreichischen Nationalitäten unaufhörlich gehetzt. Ein nach allen Richtungen hin untergrabenes, in seiner Existenz bedrohtes Oesterreich überließ Fürst Metternich nach seiner Flucht den Revolutionären. Jetzt offenbarten sich auch die Wirkungen der langen geistigen Umnachtung. Die zu Unreife und Unbildung gezwungene Bevölkerung konnte nun, von den Sturzwellen der Revolution erfaßt, von deren Leitern leicht verführt werden, sie mußte die neuen Freiheiten eher mißbrauchen als gebrauchen und sich zügellosen Leidenschaften überlassen.

In den Tagen des Chaos erwies Schmerling seinen Takt, seine Besonnenheit, seine Volksfreundlichkeit. Nach Verkündigung der Konstitutionen am 16. März 1848 war Schmerling der Leiter des großen ständischen Ausschusses, er arbeitete an der Organisation der Nationalgarde mit, wobei ihm seine militärischen Neigungen und Kenntnisse zu gute kamen, und wurde vom Grafen Hoyos, Oberkommandanten der Nationalgarde, zu seinem ersten Adjutanten ernannt. Indessen harrte seiner bald eine andre Aufgabe. Das neu eingesetzte Ministerium Pillersdorf entsendete Schmerling als Vertrauensmann Oesterreichs nach Frankfurt zur

Teilnahme an den Beratungen über den deutschen Verfassungsentwurf. Hier nun entfaltete er die regste Thätigkeit und zwar nach den Grundsätzen, die sein Leitmotiv bis an sein Ende bildeten. Vor allem war es Oesterreichs, nicht Preußens Führerschaft in Deutschland, deren Verfechter er mit niemals wankender Ueberzeugung wurde. Zum Präsidialgesandten ernannt, übernahm er das Präsidium der Bundesversammlung, das er bis zur Auflösung derselben führte. Gleichzeitig vertrat er in der Nationalversammlung die Stadt Tulln.

Das erste deutsche Parlament in der Paulskirche, am 18. Mai konstituiert, ist oft geschildert worden. Es war eine glänzende Versammlung von geistvollen Männern, von charaktervollen und aufopferungsfähigen Persönlichkeiten, getragen von den großen Ideen des Kaisertums, von uralten Erinnerungen an die Herrlichkeit deutscher Nation; aber unter den Abgeordneten befanden sich zu viele Professoren und Juristen, deren Sache die praktische Politik nicht war. Die gemäßigte Partei war in der Mehrheit; ihr Traum war ein einheitliches Reich unter einem mächtigen Kaiser. Auch Schmerling hat ihn geträumt. Seine erste Rede galt der Verteidigung der wegen der „Mainzer Händel" heftig angefeindeten preußischen Garnison. Wir besitzen einen Bericht darüber von Laube: „Es war, als ob ein ruhig stehender Fechter seine Degenklinge einmal um das andre Mal in den Leib des Gegners stoße, ohne daß er dabei die Miene verzieht. Nur das große graue Auge folgt mitunter der Richtung des Armes, um sich noch zum Ueberflusse zu überzeugen, daß der Stoß auch gründlich getroffen habe. Dieser feststehende Fechter in eleganter Kleidung war Schmerling. So schonungslos kündigte sich dieser Oesterreicher an, welcher offenbar durch die erneuerten Wiener Revolutionen veranlaßt worden war, dem revolutionären Elemente von nun an jeden Fuß breit Boden streitig zu machen. Er hatte Metternich stürzen helfen, und als geschäftskundiger Jurist war er auf den zusammenbrechenden Stuhl eines Bundespräsidialgesandten geschickt worden, damit das abgenützte Möbel mit Kraft und Anstand preisgegeben werde. Ein jugendlich aussehender Vierziger, mit gestählten Nerven, mit kaltem Blut und Mut und mit der ganzen Uebung eines Mannes von Fach und Welt, war ihm ein Amt der Thätigkeit sicher in den neu sich verschlingenden Kreisen deutschen Staatswesens. Mit dieser Rede, die in konservativer Schärfe starrte, schied er sich charaktervoll ab von den damaligen hin und her schwimmenden Machthabern des Kaiserstaates, entwickelte er zum erstenmal jenen Charakter von herber Tapferkeit, welchen er später in entscheidender Stunde bewährt hat."

Schmerling durfte mit seiner Jungfernrede zufrieden sein. Er wurde der Mann des Tages. Aus einer Anzahl uns vorliegender Briefe, gerichtet an seine beiden, damals noch in zartem Alter stehenden Töchter — seine edle Lebensgefährtin war nach kurzem, vollem Eheglück gestorben — geht hervor, wie tief Schmerling erfreut wurde von der Sympathie und dem Vertrauen, das man ihm von allen Seiten entgegengebracht hatte. Indessen nahmen die Ereignisse ihren Gang. Am 28. Juni beschloß die Nationalversammlung in Frankfurt die Einsetzung einer provisorischen Zentralgewalt mit einem Reichsverweser an der

Spitze. Den nächstfolgenden Tag wurde Erzherzog Johann von Oesterreich, ein volkstümlicher Fürst, dem die Bergluft Tirols besser zusagte als die Atmosphäre am Wiener Hofe, zum unverantwortlichen Reichsverweser gewählt. Bald darauf trat er, mit gutem Willen zwar, aber ohne den Regierungsgeschäften gewachsen zu sein, sein Amt an und ernannte Schmerling zum Minister des Innern. Vom 19. August ab bis zum Dezember 1848 leitete Schmerling auch das Ministerium des Aeußern. In dieser seiner Stellung als Reichsminister hatte er den uneinigen Parteien gegenüber einen schweren Stand. In der Hauptsache war sich die Versammlung in der großen Mehrheit klar: sie wollte die Wiederherstellung der Einheit der Nation, sie wollte die konstitutionelle Monarchie und eine Verfassung „auf breitester demokratischer Grundlage". Allein die Nationalversammlung hatte, wie viel Intelligenz und Patriotismus in ihr auch aufgespeichert war, keine andre Macht als eine moralische; ihre Politik war keine reale, sondern eine ideologische. Die Kardinalfrage war, auf welche Weise man den Regierungen der souveränen Bundesstaaten den durch die Nationalversammlung ausgesprochenen Volkswillen aufnötigen könne, wie es möglich war, die Militärstaaten Oesterreich und Preußen an die Befehle von Frankfurt zu gewöhnen. Nichts war doch gewisser, als daß alle diese Fürsten das Parlament und seine improvisierte Reichsgewalt, deren Gesandte an den großen auswärtigen Höfen gar nicht anerkannt und geringschätzig behandelt wurden, sich nur so lange gefallen ließen, als sie sich am eignen Herd bedroht sahen, keinen Augenblick länger. Anstatt dieser Gefahr mit Kraft und Energie zu begegnen, ließen die Parlamentarier die Dinge außerhalb Frankfurts ihren Weg gehen, ließen sich Demütigungen gefallen und zogen die Schleusen auf für einen unendlichen Strom doktrinärer Reden über die deutschen Grundrechte, die zu einer magna charta für die Nation werden sollten.

Der klaffende Zwiespalt zwischen der Reichsgewalt und den Einzelregierungen machte sich zuerst geltend gelegentlich der schleswig-holsteinischen Frage. Die von den Dänen ausgesogenen und mißhandelten Herzogtümer wandten sich nach Frankfurt um Aufnahme Schleswigs in den Deutschen Bund und baten um bewaffnete Hilfe. Das Aufnahmegesuch wurde bewilligt, und preußische und schleswig-holsteinische Truppen führten Krieg mit Dänemark. Bald war ganz Schleswig frei. Aber Preußen, mehrfach eingeschüchtert, rief seine Truppen ab und schloß am 26. August zu Malmö einen Waffenstillstand mit Dänemark im Namen Deutschlands. Dieser nicht eben glückliche, diplomatisch nicht meisterhafte Vertrag brachte alle Vorteile auf Seite der besiegten Dänen. Er erregte denn auch, wie anderwärts ebenso in Frankfurt, einen heftigen, in seiner Art berechtigten, aber unvernünftigen Groll: thatsächlich erntete die Nation nur, was die Regierungen und mithin sie selbst während dreißig Jahren gesündigt hatten. Das deutsche Parlament beschloß, den Waffenstillstand, der die Ehre Deutschlands aufs Spiel zu setzen drohte, nicht anzunehmen. Schmerling war andrer Meinung. Als partikularistisch gesinnter Oesterreicher wäre er wohl leicht in Versuchung gekommen, den Bruch mit Preußen eintreten zu lassen, doch faßte er

die Sachlage anders auf und benahm sich durchaus als deutscher Reichsminister.
Seine Ansicht ging dahin, daß alles gefährdet sei, wenn man den Waffenstillstand
verwerfe. Man hielt damals Schmerling als von Preußen, wenigstens ohne
sein Wissen, beeinflußt. Aber er war ganz logisch und diplomatisch vorgegangen;
denn im Ministerrat wiederholte er nur die eine Frage, womit man denn den
Krieg weiterführen wolle, wenn sich Preußen, wie dies unzweifelhaft geschehen
würde, zurückzöge? Indessen blieb das Ministerium in der Minderheit. Die
Nationalversammlung beschloß, wie gesagt, auf den Bericht Dahlmanns hin, die
Ausführung des Malmöer Waffenstillstandes zu sistieren. Nun nahm das Reichsministerium seine Entlassung, ein neues aber wurde nicht zu stande gebracht, und
Schmerling behielt die Geschäfte in Händen. Da fing man im Parlament an,
der Stimme der praktischen Vernunft Gehör zu schenken, man überlegte, daß
der gethane Beschluß einen Bruch mit Preußen bedeute, und daß hierdurch der
Bürgerkrieg und die wildesten Leidenschaften des ohnehin erregten Volkes ent-
zündet würden. Nach den heftigsten Debatten wurde der Waffenstillstand genehmigt,
mithin der frühere Beschluß umgestoßen. Dieser Selbstwiderspruch binnen wenigen
Tagen brachte die Versammlung in der Paulskirche um jedes Ansehen und bewies
ihre Unfähigkeit, die deutschen Geschicke zu lenken. Die republikanisch-demokratische
Partei benützte den Umstand, um den Pöbel zu haranguieren und dessen Fäuste
zu gewinnen. Die Galerie der Paulskirche war mit wildem Volke gefüllt, von
den Radikalen der Linken wurden Brandreden gehalten; das Bestreben war, die
gemäßigte Mehrheit zu vertreiben und einen Konvent aus der Linken allein zu
bilden. In gefährlichen Tagen nun fand die anarchistische Bewegung in Schmerling einen energischen und thatkräftigen Widerstand.

Ueber die stürmischen Septembertage und die Ermordung des Fürsten Felix
Lichnowsky liegen uns handschriftliche Aufzeichnungen eines Augenzeugen, des
Barons Eduard Detraux, damaligen Adjutanten des Truppenkommandanten
Grafen Nobili, vor, denen wir das Interessanteste entnehmen.

„Fürst Lichnowsky war als Führer der konservativen Partei im Frankfurter Parlament den Umsturzmännern und fanatischen Schwärmern für eine
deutsche Republik stets ein Dorn im Auge. Sie sahen in dem hervorragenden,
begabten und kühnen Mann das Haupthindernis für ihre verwerflichen Zukunfts-
pläne. Schon einige Tage vor Ausbruch des Barrikadenkampfes drängten
massenhafte bewaffnete Zuzüge aus den benachbarten Gegenden nach Frankfurt.
Diese mehr oder weniger organisierten Massen, zusammengesetzt aus aller Herren
Länder — Frankfurter beteiligten sich nur wenige an den Tumulten — durchzogen in demonstrativer Weise tagelang mit Abzeichen und Fahnen, welche die
Inschrift: ‚Deutsche Republik‘ zeigten, unter Geschrei und Gejohle die Straßen
der Stadt. Allerdings fanden auch Gegendemonstrationen statt, indem noch zahl-
reichere Gruppen herumzogen, deren Fahnen die Worte trugen: ‚Keine Republik,
deutsches Kaiserreich‘. Zu Zusammenstößen kam es vorderhand nicht.

„Um diese Zeit bestand die Garnison Frankfurts aus einem schwachen
kurhessischen Garde-Infanterie-Bataillon zu vier Compagnien. Außerdem war

auch eine gut organisierte und eingeübte Frankfurter Bürgergarde zu Fuß und zu Pferd vorhanden. Die Kurhessen besetzten die Hauptwache und alle Thorwachen, zu weiterer kompakter Verwendung blieb beinahe keine Mannschaft übrig.

„Nachdem nun im September die Gerüchte über zu errichtende Barrikaden, über Erstürmung der Paulskirche, ja sogar über Niedermetzelung konservativer Abgeordneter, namentlich des Fürsten Lichnowsky, immer lauter wurden, zudem verdächtige bewaffnete Gestalten sich zahlreicher denn je zeigten, sah sich das Reichsministerium, an dessen Spitze Ritter v. Schmerling stand, genötigt, an das Mainzer Festungs-Gouvernement die Ordre zu erlassen, ein österreichisches und ein preußisches Infanterie-Bataillon unverzüglich nach Frankfurt zu dirigieren."

Wir schalten hier ein, daß diese Vorsichtsmaßregel ein Gebot der Notwendigkeit war. Am 17. September wurde auf der Pfingstweide eine Volksversammlung gehalten, zu welcher die Mitglieder der demokratischen Vereine aus der ganzen Umgegend herbeiströmten. Unter dem Deckmantel des Gefühls für Nationalehre wurden hier wahre Donnerkeile gegen die Monarchien und die Nationalversammlung geschleudert, die Mehrheit der letzteren für Verräter am deutschen Volke erklärt und eine Sturmpetition beschlossen, welche am folgenden Morgen von der ganzen Masse des Volks in der Paulskirche überreicht werden sollte. Das Ziel der Häupter war Sprengung des Parlaments, Ausrufung der Republik, Einsetzung eines Konvents.

Die weitere Erzählung unsers Gewährsmannes lautet: „Die Truppen langten in der Nacht vom 17. auf 18. September in Frankfurt an und wurden schon am Bahnhof, trotz der Nachtzeit, von bewaffneten Scharen mit: ‚Hoch Hecker! Hoch die Republik!' empfangen. Ohne diese Demonstrationen eines Blickes zu würdigen, marschierten zuerst die Oesterreicher auf die Zeile, hierauf die Preußen auf den Roßmarkt, wo notdürftig Stroh zum Lager der Soldaten aufgeschüttet wurde. Die Verpflegung des Militärs besorgten meist die Einwohner. Im Laufe des folgenden Vormittags wurde vom Reichsverweser der k. k. Generalmajor Johann Graf Nobili zum Truppenkommandanten designiert.

„Das Parlament tagte bereits in der Paulskirche, welche gestürmt werden sollte. Zwei Bataillone waren um die Hauptwache in geschlossener Kolonne aufgestellt. Sie wurden nun in Bewegung gesetzt. Die Oesterreicher besetzten die Zugänge zum Parlament und bildeten auf eine weite Strecke hin ein dichtes Spalier, durch welches die Abgeordneten nach aufgehobener Sitzung unangefochten in die Stadt gelangen und sich zerstreuen konnten. Das preußische Bataillon war mit dem Rücken gegen die Börse als Reserve postiert. Dort ereigneten sich bereits Fälle von Renitenz, die aber von den preußischen Soldaten energisch zurückgewiesen wurden. Nun massierten sich die beiden Bataillone wieder um die Hauptwache; denn eine Zersplitterung der Kräfte, die ohnedies unzureichend waren, mußte vermieden werden.

„Die Aufrührer begannen — es mag ungefähr zwischen 10 und 11 Uhr vormittags gewesen sein — Barrikaden in verschiedenen Straßen zu erbauen,

mitunter ſtockhohe. Frankfurter Bürger, darunter auch einzelne uniformierte
beherzte junge Scharfſchützen, rapportierten freiwillig über Ort und Stelle der
errichteten Barrikaden. Mein Chef, Graf Nobili, zeichnete dieſelben mit eiſerner
Ruhe in den auf dem Tiſche ausgebreiteten großen Plan der Stadt Frankfurt
ein. Etwa achtzig Barrikaden dürften errichtet worden ſein. Das Militär rührte
ſich bis dahin nicht, denn wir hatten keine Geſchütze. Die nächſte Batterie, eine
k. württembergiſche, eben auf dem Marſch nach Schleswig-Holſtein begriffen,
wurde in Friedberg aviſiert, ohne weiters umzukehren und in Frankfurt im Trab
und Galopp einzurücken. Erwähnt ſei, daß ich zum regierenden Bürgermeiſter
mit der Bitte abgeſchickt wurde, die Bürgerwehr mittels Generalmarſch zu alar-
mieren und unter Waffen zu ſtellen. Die Tambours verſammelten ſich im unteren
Geſchoſſe des Römer, ſie ſchlugen den Generalmarſch — aber die Bürgerwehr
erſchien nicht, nicht aus Ungehorſam, aber wer hätte gegen das bewaffnete
Geſindel, von welchem die Stadt wimmelte, Haus und Familie verteidigen ſollen?

„Es kam die Meldung, daß das Friedberger Thor durch eine über ſtockhohe
Barrikade von der Stadt abgeſperrt wurde. Dies durfte nicht geduldet werden,
da durch jenes Thor die württembergiſche Batterie in die Stadt zu marſchieren
hatte, und eine preußiſche Compagnie des 38. Regiments erhielt den Befehl,
die Barrikade zu ſtürmen. Es geſchah, koſtete aber mehreren Soldaten, dem
Kapitän und Premier-Lieutenant das Leben. Mittlerweile waren von den
Oeſterreichern gleichfalls mehrere Barrikaden in der Nähe des Römer und der
Paulskirche genommen worden. Indeſſen die Württemberger kamen nicht, und
ohne Kanonen war der Kampf nicht mit Erfolg zu Ende zu führen.

„Ungefähr 2 Uhr mag es geweſen ſein, als ganz unvermutet Fürſt Lichnowsky auf die Hauptwache zum Grafen Nobili kam und ihn um Zuweiſung
irgend einer aktiven Rolle erſuchte. Der General erwiderte in kurzen Worten,
daß es für den Fürſten das beſte wäre, ſich an einem ſicheren Orte zu verbergen,
da man auf ihn und ſein Leben fahnde. Hierauf trat der Fürſt mit mir aus
dem Zimmer und, zwei geſattelte Pferde erblickend, ſagte er: ‚Wie wär’s, wenn
ich den ſaumſeligen Württembergern entgegenritte und ſie, zur Eile antreibend,
auf den Platz brächte?‘ Der Fürſt engagierte den zufällig in der Nähe ſtehenden
preußiſchen General Auerswald zu dieſem Ritt, und dieſer, ſchon ziemlich bejahrt,
nahm die Einladung an. Die beiden Herren beſtiegen nun ohne weiters die
zwei Pferde und ritten zum Friedberger Thor hinaus. Kaum auf der Straße
angelangt, flogen von der dort angeſammelten Menge Steine auf die Reiter zu.
Einer der Steine traf den General Auerswald ſo unglücklich in die Schamteile,
daß er momentan zum Weiterreiten unfähig war. Er bat den Fürſten, ihn
ſeinem Schickſal zu überlaſſen und ſich durch ſchnellen Ritt der Wut des Volkes
zu entziehen. Dem Fürſten wäre das ein Leichtes geweſen, doch der ritterliche
Mann verließ ſeinen Gefährten in der Gefahr nicht. Beide ritten, ſo ſchnell
es ging, weiter und kamen zu einer rechtsſeitigen Gaſſe — leider einer Sackgaſſe
— wo eingebogen wurde, da der verletzte General ſich kaum mehr halten konnte.
Die Reiter ſtiegen vom Sattel und flüchteten in das Haus eines Gärtners.

Der General hatte die Geistesgegenwart, den Schlafrock des Gärtners anzuziehen, dessen Hausmütze aufzusetzen und anscheinend ruhig zum Fenster herabzusehen, während der Fürst von dem Gärtner in einer Art Magazin oder Keller zwischen leeren Fässern verborgen wurde. Die schreiende Menge drängte mittlerweile nach und die in der Nähe des Gärtnerhauses weidenden Pferde verrieten ihr das Versteck.

„Der arme General wurde für den Fürsten gehalten, herabgeschleppt und einem Hunde gleich am Rand eines Grabens totgeschlagen. Ein Weib führte mit einem starken Regenschirm den ersten Schlag gegen das Opfer aus. Hierauf ging es auf die Suche nach dem Fürsten, denn bald erkannte das blutdürstige Gesindel seinen Irrtum. Man geriet in das Versteck des Fürsten; er wäre wohl unentdeckt geblieben, wenn nicht unglücklicherweise seine Lackstiefelspitze unter dem Fasse hervorgeschaut hätte. Hervorgezogen, wußte er der Menge insoweit zu imponieren, daß man beschloß, ihn nicht zu töten, sondern als Geißel nach Hanau zu eskortieren, um für den Fall des Mißlingens der Emeute in der Stadt einen Vorteil zu erzielen. Gewiß ein paar hundert Menschen bildeten die bewaffnete Begleitung des Fürsten. Ungestört langte der Zug in der Bornheimer Allee an. Plötzlich, so sagte man, riß Fürst Lichnowsky, sich schnell umwendend, einem seiner Gegner die Flinte aus den Händen und wollte, energisch wie er war, durch Gegenwehr seine Flucht ermöglichen. Natürlich wurde er entwaffnet — das Signal zum Massacre war gegeben. Man band den Unglücklichen an einen Pappelbaum und schoß, hieb und stach nach ihm, so daß er aus einundzwanzig Wunden blutete.

„Die Ereignisse gingen schnell vor sich — Gerüchte drangen in die Stadt, wurden geglaubt und auch nicht geglaubt. Ein Zettel kam durch den Kammerdiener des Barons Bethmann, der seine Villa vor dem Friedberger Thor bewohnte, mit der gräßlichen Nachricht in meine Hände. Fürst Felix Hohenlohe-Oehringen, ein intimer Freund Lichnowskys, erbat sich augenblicklich einige hessische Garde-Chevauxlegers und ritt in schnellstem Tempo in die Bornheimer Allee. Als die Mörder die Helme blitzen sahen, zerstoben sie, und die Reiter schnitten mit den Säbeln die Stricke durch, mit denen der Fürst an den Baum gefesselt war. Eine Tragbahre wurde improvisiert und der Schwerverwundete in die Villa Bethmann gebracht. Aerzte waren nicht aufzutreiben, und so transportierte man ihn in das am Main gelegene Heilige-Geist-Spital.

„Als nach beendetem Straßenkampf Graf Nobili die um die Stadt aufgestellten Sicherheitswachen abritt, wobei ich ihn begleitete, passierten wir dieses Spital. Ich fieng zu schluchzen an, mein General erlaubte mir abzusitzen, um den Fürsten zu besuchen. Ich fand ihn sterbend, aber bei Besinnung, denn er sprach das Wort ‚Allons‘ zu mir, dasselbe Wort, welches er einige Wochen früher unter sein mir geschenktes Porträt geschrieben hatte. Bald darauf, etwa halb 11 Uhr nachts, hauchte der Fürst seine Seele aus. Zwei Tage später wurde das Begräbnis abgehalten.

„Bemerkenswert ist folgende Thatsache: Der Fürst und ich speisten einige

Tage vor dessen Ende in der Villa Bethmann. Ganz plötzlich wandte sich der Fürst an die Hausfrau mit der Frage: ‚Baronin, was würden Sie sagen, wenn ich eines schönen Tages verwundet und sterbend hierher gebracht werden sollte?‘ War diese Frage, die eine so schnelle und furchtbare Antwort gefunden, Zufall oder Ahnung?

„Der Kampf wogte weiter, noch viele Barrikaden wurden genommen. Der alte Oberst Rabenau kam mit seinen hessischen Truppen den Aufständischen in den Rücken. Nun aber trat der entscheidende Wendepunkt ein. Der Führer der Linken, der berühmte martialische Volkstribun Robert Blum, erschien mit mehreren seiner Kollegen, in Frack gekleidet, auf der Hauptwache, angeblich vom Erzherzog-Reichsverweser kommend, welcher bewilligt haben sollte: das Militär hätte die Stadt zu räumen, worauf binnen einer Stunde die Barrikaden verlassen und die Ruhe wieder hergestellt würde — dafür wollten die Sprecher garantieren. Nun war aber Minister Schmerling bei dieser Scene auf der Hauptwache anwesend, und ohne erst die Antwort des Grafen Nobili, an den Blum das Wort richtete, abzuwarten, donnerte Schmerling in energischer Weise die Worte hervor: ‚So lange hier ein k. österreichischer General kommandiert, wird das, was Sie vorbringen, nicht geschehen. Ich gebe Ihnen eine Stunde Waffenruhe und Bedenkzeit. Sind bis dahin die Barrikaden nicht geräumt, so sprechen die Kanonen, die uns die braven Hessen brachten.‘

„So geschah es auch, und es war das größte Glück, denn die Konsequenzen einer Räumung des Militärs aus der Stadt wären die gefährlichsten gewesen und hätten hundertfaches Blut gekostet. Der Kampf war am selben Tag vor Anbruch der Nacht beendet. Zwei Tage später waren in Frankfurt und Umgegend 10 000 Mann Reichstruppen konzentriert, der Belagerungszustand verhängt und die Umgebung auf zwei Meilen im Umkreise desarmiert.“

So weit Baron Eduard Detraux.

Gewiß ist, daß Schmerling damals durch Festigkeit und Entschlossenheit den Aufstand niedergeworfen und die Paulskirche vor dem Schicksal des Konvents bewahrt hat. Am 24. September von neuem zum Reichsminister ernannt, sah er sich nun den heftigsten Angriffen seitens der Linken ausgesetzt, und als er, besonders bei der Besprechung der Oberhauptsfrage, der Richtung auf die preußische Hegemonie immer offener entgegentrat, kam der Konflikt vollends zum Ausbruch, und er entzweite sich auch mit einem großen Teil seiner bisherigen Freunde.

Schmerling konnte nur großdeutsch, für Oesterreichs Verbleiben in Deutschland und für die österreichische Oberherrschaft sprechen und wirken. So dachte auch der ganze Süden Deutschlands, und selbst der König von Preußen erklärte: „Es ist nicht denkbar, daß der Erbe von dreißig römischen Kaisern einem gekürten Fürsten aus einem andern Hause seinen Rang cediere.“ Schmerling, in seinen Bestrebungen scheiternd, legte am 15. Dezember sein Portefeuille in die Hände des Reichsverwesers nieder, das nun Gagern übernahm. Er kehrte nach Oesterreich zurück, erfuhr jedoch auf dem Wege aus Depeschen, die ihm ein

Kurier überbrachte, daß man seine Thätigkeit für das neue österreichische Ministerium beanspruche, es ihm aber auch freistelle, den Posten eines österreichischen
Bevollmächtigten bei der deutschen Centralgewalt zu übernehmen. Schmerling
entschied sich für das letztere und begab sich als Bevollmächtigter wieder nach
Frankfurt. Am 4. Januar 1849 überreichte er das denkwürdige Schreiben,
worin Oesterreich erklärte, „es werde in dem neuen deutschen Staatskörper,
wenn ein solcher zu stande komme, seine Stellung zu behaupten wissen." Inzwischen hatte sich die erbkaiserlich-preußische Partei gebildet, deren Ziel der
Ausschluß Oesterreichs war und die daher in dem Oesterreicher Schmerling,
dem Führer der großdeutschen Partei, ihren Gegner sehen mußte und ihn aufs
heftigste befehdete.

Da wurde in den ersten Tagen des März der österreichische Reichstag in
Kremsier aufgelöst. Dort war es zu einer schroffen Stellung dem neuen österreichischen Ministerium gegenüber, an dessen Spitze Fürst Felix Schwarzenberg
stand, gekommen. Während das Ministerium, kühn gemacht durch die sieghafte
Niederwerfung der Revolution, das Gottesgnadentum wieder besonders betonte,
erhob der Reichstag die Forderung der Volkssouveränität. Die Antwort war
die Auflösung des Reichstags durch die Minister. Der Schlag traf dergestalt
in Frankfurt, daß Schmerling seine Entlassung als österreichischer Bevollmächtigter einreichte. Aber auch seine Tage als Mitglied des ersten deutschen Parlaments, das jedes Ansehen eingebüßt und nach allen Richtungen hin Schiffbruch
gelitten hatte, waren gezählt. Er schied Anfangs April 1849, kurz nachdem der
müde gewordene Reichsverweser seine Würde niedergelegt hatte, aus der Versammlung und kehrte abermals nach Wien zurück. Sein Ideal, Oesterreichs
Stellung an der Spitze Deutschlands zu befestigen und damit die Herrschaft des
deutschen Elements in Oesterreich neu zu begründen, war zu einem Nebelbilde
geworden, der Erfolg war nicht auf seiner Seite. Aber dennoch erinnerte er
sich stets mit Stolz und Freude an sein Frankfurter Reichsministerium als an
den Höhepunkt seines Lebens, und immer wieder kam er in seinen erinnerungs-
vollen Gesprächen auf jene stürmischen Tage zurück, wo er als Politiker der
Paulskirche der einzige Mensch war, der zu handeln verstand und in dem
schwierigen Augenblick der Septemberaufstände ruhig und mit fester Hand die
Ordnung wieder herstellte. Seit damals war denn auch um sein Haupt eine
Gloriole gewoben, welche nicht mehr entschwinden sollte.

Schon am 28. Juli 1849 wurde er in das Kabinett Schwarzenberg als
Justizminister berufen. In dieser Eigenschaft entfaltete er eine sehr rege und
ersprießliche Thätigkeit. Verschiedene Reformen führte er in liberal zeitgemäßem
Sinne durch. Besonders die Schaffung des Geschworenengerichtes gereicht ihm
zum Verdienst. Bald jedoch brach eine schroffe Reaktion über Oesterreich herein.
Es kamen die berüchtigten fünfziger Jahre. Schmerling sah seine politischen
Grundsätze von dem Ministerium Schwarzenberg in das Gegenteil verwandelt;
er sah zu seiner Betrübnis, wie auf allen Gebieten eine Umkehr sich vollzog,
der Staat seine Rechte an die Kirche preisgab, die Schulen dem klerikalen

Einfluß anheimfielen, ein vormärzliches Polizeiregiment sich allenthalben wieder einrichtete.

Es war eine trostlose Zeit. Jede staatsbauenden Ideen fehlten jener Regierung von frivolen Kavalieren, borniertern Fanatikern und machtlüsternen Emporkömmlingen. Auf das reine Säbelregiment folgte eine neue, aber unverbesserte Auflage des Metternichschen Systems. Oesterreich mußte sich mit der bescheidenen, ihm aus jener Zeit her vertrauten Aufgabe begnügen, in Gemeinschaft mit Rußland und Preußen die hohe Polizei in Europa zu verwalten. Schmerling that nicht mit. Er gab im Januar 1851 als Justizminister seine Entlassung. Damals, wo von parlamentarischen Gepflogenheiten noch keine Spur war, bildete der freiwillige Verzicht auf ein Portefeuille einen Akt politischen Mutes. Ein solcher Akt konnte leicht die Ungnade des Kaisers nach sich ziehen; es war daher dieser Schritt Schmerlings ein Beweis seines starken Charakters und seiner Ueberzeugungstreue. Nicht vielen Staatsmännern ist wie ihm nachzurühmen, daß sie zeitlebens sich selbst treu geblieben sind. Wie er ein Gegner war der Revolution und des demokratischen Terrorismus, so war er nicht weniger ein Gegner des Absolutismus und der bildungsfeindlichen Reaktion. Er trat ein für die Freiheit des Wissens und Gewissens, für den Fortschritt der Bildung, für volksfreundliche Reformen, er war Josephiner mit niemals wankender Ueberzeugung, der Durchführung Josephinischer Ideen war sein Leben und Wirken in unermüdlicher Arbeit gewidmet. Kurz gesagt: sein politisches Programm war ein konservativ gemäßigter Liberalismus. Bei diesem Worte darf man nicht an den korrumpierten Begriff unsrer Tage denken. Der Liberalismus Schmerlings, dem die besten und größten Männer von damals huldigten, hat nichts gemein mit der Entartung der modernen „liberalen Parteien" und bestand noch nicht in den schädlichen, jedes soziale Leben erstickenden Wucherungen des übermütigen Großkapitals.

Schmerling wurde bald nach seinem Rücktritt zum Senatspräsidenten des obersten Gerichtshofs ernannt, wo er, dem politischen Treiben fern, still, aber unvergessen, bis 1860 blieb.   (Schluß folgt.)

Atavismus und Entwicklung.

Von

Professor Cesare Lombroso.

Eine allgemein verbreitete irrige Anschauung ist es, wenn man glaubt, wir befänden uns im stetigen Fortschreiten begriffen, und wenn wir uns den Fortschritt als eine unendliche Linie denken, die schnurstracks zum Himmel emporsteigt, mit uns Weißen an der Spitze, die wir bei diesem unablässigen Aufstiege zu unermeßlicher Höhe emporgebracht würden. Eine nüchterne Beobachtung zeigt uns sofort, wie groß hier die Täuschung ist.

Fortschritt giebt es thatsächlich bei einigen Völkern, nicht sowohl in der Moral, denn unter gewissen Bedingungen können sie bis zum Kannibalismus zurücksinken, auch nicht in der Religion, die so häufig an Fetischismus grenzt, wohl aber in der intellektuellen und politischen Bewegung.

Trotzdem gewahrt ein aufmerksamer Blick selbst bei den bevorrechtigtsten Völkern, daß diese nichts weniger als vertikale Linie beständig Bogen und Krümmungen beschreibt, das heißt gemischte Bewegungen, die durch ein ganz atavistisches Streben nach rückwärts hervorgebracht werden, wie das an ihrem äußersten Ende denn auch in atavistischen Erscheinungen zu Tage tritt.

Man ist in der That im ersten Augenblick davon betroffen, wenn man, ohne die Ursache davon zu gewahren, sieht, wie in der Zivilisation weit vorgeschrittene Völker trotzdem eigentümliche retrograde Merkmale aufweisen, die bis auf die prähistorische Welt zurückgehen. So gingen die Hebräer mit Moses bis zum Monotheismus, mit Christus und Marx bis zum Sozialismus vor, sie schufen den Wechselbrief und bildeten im Mittelalter den Kern der kapitalistischen Bourgeoisie, und doch behalten sie pietätvoll die alte Knotenschrift in den Franzen ihres Tallith (Gebetmantel, den sie in ihren Tempeln tragen) bei und die Steinwerkzeuge bei der Beschneidung, die ihrerseits ein Ueberbleibsel des Kannibalismus ist. Kaum hatten sie sich in einem Lande für eine Zeitlang niedergelassen, so nahmen sie dessen Sitten an, selbst die Kleidung und sogar die Sprache, und behielten das alles bei, wenn es im Stammlande bereits verschwunden war (Leroy-Beaulieu).

England ist dahin gelangt, die liberalste Monarchie Europas zu verwirklichen und in aller Ruhe die Desiderata des Sozialismus in die Praxis zu übersetzen, erhält dabei aber die Vorrechte seiner Lords aufrecht und bekleidet dieselben bei den großen Zeremonien ebenso wie seine Richter mit der Perücke und dem Talar aus der Normannenzeit und gebraucht bei feierlichen Anlässen die Worte der alten Sieger. Neben der Aufrechterhaltung dieser rein äußerlichen, nach rückwärts gerichteten Gebräuche geht es auch in seiner religiösen Uebertreibung und Unduldsamkeit zu weit.

Dieses positive und praktische Volk hält im Widerspruch mit ganz Europa an einem eignen System der Maß- und Geldeinteilung fest, was zugleich ein Hindernis für den Handelsverkehr und die wissenschaftliche Forschung bildet.

Der Amerikaner des Nordens, der das am weitesten vorgeschrittene Volk der Welt bildet, ist gleichwohl in den Künsten und Wissenschaften, die sich nicht sofort praktisch verwerten lassen, zurückgeblieben; in der Sozialpolitik hat er gegen die Anarchisten kein andres Mittel als den Galgen gefunden. Ebenso läßt er gegen die Gelben und Schwarzen den Haß und die Unterdrückungswut primitiver Völker wiederaufleben, und zu denselben Mitteln schreitet er (von einigen heuchlerischen Ausnahmen abgesehen) gegen die Eingeborenen des Landes.

Ebenso hat die Geschichte uns gezeigt, daß alle unsre am meisten gerühmten politischen Fortschritte in vielen Fällen schon von den Alten angestrebt, sofort aber wieder verlassen wurden. So schlug im XIV. Jahrhundert Marcel in Frankreich ein gleichförmiges Regierungssystem, die Ausdehnung der politischen Rechte auf alle, die Uebertragung der Staatsgewalt von der Krone auf das Volk und eine proportionale und progressive Besteuerung vor. Das Prinzip der Repräsentativ-Regierung ist sehr alt. Die Pythagoräer hatten es schon formuliert. In einem Fragmente des Buchs des Hippotamus (De Republica, lib. I, cap. XI. V) sagt Polybius, drei natürliche Faktoren müßten den Staat bilden, das Königtum, die Aristotratie und das Volk. Cicero wiederholt es, und Tacitus präzisiert es genauer.

Unter Franz I. verlangte man freie Zufuhr und erlangte sie für Fleischwaren.

Unter Ludwig XIII. verlangte man sie im Jahre 1623 wieder, sowohl für diese wie für andre Waren, allein man erhielt sie nicht.

Unter Franz I. war die Deportation in Uebung, um Kanada zu kolonisieren.

Das System des Zellengefängnisses datiert von Clemens I. Die Einheit der Maße und Gewichte wurde 1215 in England proklamiert (Fournier, „Les vieux-neufs").

Wir rühmen uns, in moralischer Hinsicht unsre Altvordern zu übertreffen, aber wir haben den Sinn für die Gastlichkeit, den politischen und religiösen Altruismus verloren. Die Infamien des Panamahandels und der Banca Romana zeigen uns die Korruption bis zu den höchsten Staatsbeamten vorgedrungen. Was die Justiz anlangt, so hat sie, wenn sie bei den alten Römern etwas taugte, von den letzten Cäsaren bis zu uns fast immer ihr Ziel verfehlt. England kann nicht vergessen, daß die Jury unter den Stuarts als ein grausames politisches Werkzeug benutzt wurde, und selbst heute noch ist die Justiz dort so teuer, daß der Arme sich ihrer nicht bedienen kann.

Selbst wenn es sich um die modernsten technischen Erfindungen handelt, thut die geringste wissenschaftliche Erkenntnis uns dar, daß wir sehr häufig uns lediglich wiederholen.

Kaum taucht eine Erfindung auf, so begegnet sie in dem Misoneismus (dem Haß gegen das Neue) einer solchen Opposition, daß sie sofort begraben wird, um von neuem aufzuerstehen und wieder unterzugehen, bis sie endlich den günstigen Augenblick zu ihrer Anwendung findet.

Merkwürdig und eigenartig ist die Liste der Entdeckungen, die wir für neu halten und die doch ganz im Gegenteil alt sind.

Der Blitzableiter oder wenigstens das Mittel, den Blitz anzuziehen, war den Alten schon bekannt.

Die keltischen Soldaten legten sich beim Gewitter auf die Erde, nachdem sie eine Fackel angezündet und daneben ihr mit der Spitze nach oben gerichtetes blankes Schwert aufgepflanzt hatten. Der Blitz fuhr oft in die Spitze des Schwertes, ohne dem Krieger etwas zu thun, und verlief sich im Wasser.

Es scheint, daß die Römer gleichfalls den Blitzableiter kannten, daß sie aber die Erinnerung daran verloren. Von undenklicher Zeit her war auf der Spitze der höchsten Bastion des Schlosses von Duino am Ufer des Adriatischen Meeres ein langer eiserner Speer aufgepflanzt. Er diente dazu, an stürmischen Sommertagen das Herannahen eines Unwetters anzukündigen. Ein Soldat war stets zur Hand, wenn man am Wasser Anzeichen eines herannahenden Sturmes gewahrte. Von Zeit zu Zeit näherte er dem Eisen dieses Speers das „brandistocco“, den langen Spieß, den er in der Hand hatte, und wenn von dem einen Eisen Funken zu dem andern übersprangen, gab er mit der Glocke ein Zeichen, um die Fischer zu warnen.

Gerbert (Hugo Capet) erfand im X. Jahrhundert das Mittel, den Blitz von den Feldern abzulenken, indem er lange Stangen mit einer ganz feinen Lanzenspitze am oberen Ende in die Erde pflanzen ließ.

Im Jahre 1662 hatte Frankreich schon die Omnibusse. Die Römer gruben artesische Brunnen und legten solche auch in der Sahara an.

Die Ebenen des Libanon und von Palmyra waren künstlich fruchtbar gemacht, und man findet noch Spuren dieser Brunnen und Kanäle.

Im Jahre 1685 veröffentlichte Papin im „Journal des Savants“ eine Entdeckung, die einer seiner Freunde, Wilde, gemacht hatte, sofort Blumen entstehen zu lassen. Das Geheimnis hing von der Zubereitung der Erde ab, wurde aber nicht enthüllt.

Die Massage, die schon sehr früh ausgeübt wurde, war den Wilden von Tahiti und den alten Römern bekannt.

Martial (Ep. 82, lib. III):

„Percurrit agili corpus arte tractatrix
Manumque doctam spargit omnibus membris.“

Paracelsus spricht in seinen „Opera medica“ bereits von der Homöopathie und sagt, man müsse Aehnliches mit Aehnlichem, nicht Gegensätzliches mit Gegensätzlichem bekämpfen — „die Natur zeigt das und die ähnlichen Dinge, daß Aehnliches das Aehnliche sucht und ihm zustrebt.“

Polybius spricht in der gleichen Weise von der Heilung durch ähnliche Gegenstände und Avicenna von der Verabreichung von Giften in unendlich kleinen Dosen, zum Beispiel von Arsenik und so weiter „in omnibus, quae sunt necessaria de incarnatione et resolutione sanguinis prohibitione rocumenti.“

Mireppus hatte ebenfalls Arsenik in ganz kleinen Dosen gegen das intermittierende Fieber angenommen; 220 Jahre vor unsrer Zeitrechnung wandte man schon in China cannabis indica als Schlafmittel an.

Die Araber gebrauchten Aloe und Kampfer wie wir.

Der Mutterspiegel, die Sonde, die Zange waren im Jahre 500 v. Chr. bekannt; man hat Modelle dieser Instrumente in den Ruinen von Pompeji gefunden, die im Nationalmuseum zu Neapel aufbewahrt werden.

Galande giebt im Jahre 1665 schon eine Theorie der verschiedenen Gehirn-zentren, indem er den vorderen Teil des Gehirns als Sitz der Einbildungskraft, den mittleren als den der Vernunft und den hinteren als den des Gedächtnisses bezeichnet.

Aristoteles sagt schon, daß man das Wasser des Meeres trinkbar machen könne, wenn man es zum Kochen bringe und den Dampf absange.

Die Griechen hatten ein „Pilema", einen Küraß aus Wolle oder Leinen, dessen Stoff so dicht gewebt war, daß die Spitze selbst des schärfsten Dolches ihn nicht durchbringen konnte. Wir kennen das Geheimnis desselben nicht.

Die Römer hatten Mühlen zum Mahlen der Oliven, die besser als die unsrigen waren.

Bereits im Jahre 1200 hatten die Chinesen die eisernen Häuser erfunden (Jobert, Nouvelles inventions, liv. 11). Glashäuser existierten schon bei den Pikten Schottlands, bei den Kelten in Gallien und schon viele Jahrhunderte früher zu Sione. Das Berieselungssystem, das die Lombardei und England so fruchtbar macht, war schon zu Zeiten Virgils vorhanden: „Claudite jam rivos." Die Gewebe aus Nesseln (vertica utilis) waren vor einer ganzen An-zahl von Jahrhunderten schon in China in Gebrauch. Der Dampfkochtopf findet sich im Novum Organum beschrieben.

Alles das erklärt sich daraus, daß der Mensch von Natur aus ein Feind des Neuen ist und es so viel wie möglich zu vermeiden sucht, nicht gewillt, es zuzugeben, bis vor einer äußersten Notwendigkeit und dem vollständigsten Augen-schein oder einer angenommenen Gewohnheit.

Auf diese Weise werden die Fortschritte so oft zurückgedrängt, denn eine zu große Entwicklung ruft unvermeidlich eine Reaktion hervor und die Verfolgung ihrer Urheber. Viele Entdecker sahen daher wie Salomon de Caus, Columbus und so weiter aus dem Gefängnisse heraus die Entdeckungen zur Anwendung oder zu weiterer Ausdehnung gebracht, welche die Ursachen ihres Unglücks und des ihnen nach dem Tode erblühenden Ruhmes waren.

Keine menschliche Manifestation hat es gewiß zu einer höheren Entwicklung gebracht als die des Genies, das vollständig aus dem Kreise der gewöhnlichen Welt heraustritt und uns in eine derart weiter entwickelte Welt versetzt, daß ein antikes Genie, wie Confucius, 5600 Jahre vor unsrer Zeit über mehrere hunderte moderner Durchschnittsmenschen hinausragt. Die Entwicklung ist hier eine derart große, daß die meisten Leute denen nicht glauben wollen, welche wie ich im Genie eine Form nervöser Entartung finden.

Behaftet mit der Neophilie, die eine der menschlichen Natur vollständig entgegengesetzte Neigung ist, und über das rapide Vorstellungsvermögen ver-fügend, welches das gewöhnliche des Menschen weit übersteigt, bietet das Genie eine Reihe der gewissesten regressiven atavistischen Erscheinungen dar, wie niedrige Statur, Linkshändigkeit, Sterilität, Submikrocephalie, vollständigen Mangel an Eindrucksfähigkeit, der bis zum moralischen Wahnsinn geht,[1] Stumpfheit gegen

---

[1] Homme de genie von Lombroso, Ausg. v. 1896.

Berührungs- und Schmerzgefühl, beschränktes Gesichtsfeld, manchmal und sogar sehr häufig Störungen im Gehör und bei vielen nicht selten Auswechslung der charakteristischen Geschlechtseigenschaften (Mangel des Barts und so weiter) und vor allem häufiges Vorkommen von perversen, degenerierten und unwissenden Kindern.

Für denjenigen, der weiß, daß die Naturgesetze keine isolierten Erscheinungen gestatten, ist es klar, daß in alledem ein organisches Gesetz vorhanden sein muß. Wer aufmerksam die Entwicklungserscheinungen beobachtet, gewahrt, daß keine evolutive Manifestation auftritt, ohne von einer Involution begleitet zu sein. Es manifestiert sich kein Fortschritt, ohne mit einem Rückschritt verbunden zu sein oder eine Reaktion im Gefolge zu haben. Wir haben durch Zunahme der Gehirnwindungen und durch die Ablenkung (Einwärtsstellung) des Daumens der Hand gewonnen; aber wir haben ein ganzes Organ, den Schwanz, verloren, eine große Anzahl von Wirbeln und die natürliche Bekleidung der Vierhänder, die Wollbehaarung. Wir Zweihänder haben im Vergleich zu andern Säugetieren den zum Geruch bestimmten Limbiscus-Lappen verloren; als Weiße haben wir den Orientierungssinn im Raume eingebüßt, den der geringste der Vögel und der Wilden besitzt. Und damit noch nicht genug, wirken zahlreiche Thatsachen zusammen, um uns zu zeigen, daß, wenn wir mit dem Alphabete und dem Worte viele Kenntnisse erworben haben, die den barbarischen Stämmen gänzlich unbekannt sind, wir gleichwohl wichtige Fähigkeiten eingebüßt haben, in deren Besitze gewisse eigentümliche Staatsbeamte der alten Zeit und der wilden Völkerschaften waren, wie die Propheten, Magier und Fakire, denen, wie es scheint, ein unvollständiges und intermittierendes Vorgefühl der Zukunft, jedenfalls das Ferngesicht, das Sehen durch feste Körper und das Gedankenlesen eigen war, Phänomene, die nur als atavistischer Rückstand bei gewissen Hysterikern und mit Paranoia Behafteten unter der Form des Hypnotismus und des Spiritismus zu Tage treten.

Dem druidischen Magier oder der römischen Zauberin gelang es, durch Anrufungen den gewaltigen Cromlech, den tönenden Rhombus, das Zaubersieb oder den zur Weissagung dienenden Dreifuß in Bewegung zu setzen — gerade so, wie man heute die Zukunft durch Bewegung von Gegenständen zu ergründen sucht. Cicero spricht uns von dieser Weissagung, aber ohne sie zu beschreiben (De Divinatione, lib. II, cap. XXXVII). Lucian sagt, man habe diesem Gebrauch den Namen der Koskinomaneia gegeben. Bodin erzählt in seiner Dämonomanie (Buch II, Kap. I) von einem jungen Manne, der eine Schraube in Bewegung setzte, ohne sie zu berühren.

Ebenso wie in moderner Zeit die Tische zuweilen die Wahrheit sagen, wurde nach der Erzählung des Ammianus Marcellinus (Römische Kaisergeschichte, Buch XXIX) eine gegen das Leben des Kaisers Valens gerichtete Verschwörung entdeckt.

D'Aubigné spricht in seiner „Histoire universelle" (I. II. III. IV. chap. XVI) von Schlägen, die gegen Thüren und Personen geführt wurden und die, wie er sagt, von Klopfgeistern herrührten.

In den ältesten Zeiten spricht man schon von dem Gebrauche, in das Wasser zu sehen, um die Zukunft zu erfahren (ein Verfahren, das augenblicklich von Myers zur Anwendung gebracht wird).

Die Sibyllen, so schreibt der heilige Justinus, sagten mit Genauigkeit und Wahrheit verschiedene große Dinge voraus; später verloren sie das Bewußtsein von dem, was sie verkündigt hatten.

Im Jahre 1517 betrachtet Pierre Pomponace (in „De naturalibus effectuum admirandorum causis") es als etwas allgemein Anerkanntes, daß es Leute giebt, die über das Vermögen verfügen, bestimmte Krankheiten zu heilen.

Auf den ägyptischen Obelisken sehen wir Figuren dargestellt, die in der Ausübung magnetischer Verfahren begriffen sind, von denen das gewöhnlichste die Handauflegung war, wie sie heute noch bei den Magnetiseuren im Gebrauch ist.

Die medizinischen Reibungen waren das Geheimmittel, dessen die Priester sich bedienten, um die unheilbaren Krankheiten zu behandeln. Sie rieben die Kranken tüchtig ein und trugen sie dann in das innere Heiligtum, wo der Gott ihnen im Traume erschien und ihnen die Mittel enthüllte, die sie heilen sollten. In diesem Schlummer hatten sie wirkliche Lichterscheinungen, während welcher sie Stimmen vernahmen und einen glänzenden, milden Schein wahrnahmen, wobei sie noch einen Schimmer von Bewußtsein bewahrten.

Wir finden bei den Alten das Hindurchsehen durch feste Körper. Trajan, der das Orakel von Heliopolis auf die Probe stellen wollte, schickte demselben einen leeren versiegelten Brief mit dem Befehl, ihm eine Antwort zu erteilen, ohne die Siegel zu lösen. „Man sende ihm ein weißes Täfelchen," sagte das Orakel, indem es ihm jedenfalls Gleiches mit Gleichem vergelten wollte. Aber alles das war immer unbestimmt, zu sehr an die subjektive Laune und Disposition gebunden; Fehler und vor allem Täuschungen kamen jedenfalls häufiger vor als Erfolge, und die Völker fanden, daß es weiser und vernünftiger sei, sich an die durch Wort und Schrift erlangte Erfahrung zu halten — die bescheidener, aber gewisser und weniger unzuverlässig, weniger den individuellen Wechselfällen ausgesetzt ist. Ich habe soeben in der „Revue des Sciences psychiques" gelesen, daß ein Kind sonderbare Telepathien darbot, es las die Gedanken seiner Mutter, aber man zitterte für dasselbe, so sehr war diese Fähigkeit ihm schädlich, da sie es an dem ruhigen Lernen durch die Schrift hinderte. Auf den Rat des Arztes kämpfte es gegen diese Neigung an und lernte regelmäßig die Grammatik, und darauf erriet es nur noch die ersten Buchstaben des Wortes, welches den Satz begann, was uns den Grund anzeigt, weshalb die neuen Fortschritte der Zivilisation die eigentümlichen, bei den Alten so verbreiteten Fähigkeiten zum Schwinden bringt.

Nach allen diesen Thatsachen kann man dem Grunde dieses bogenförmigen oder krümmlinigen Verlaufes des Fortschritts folgen. Ursache ist, daß die übertriebene Vervollkommnung einzelner Organe andre hat überflüssig werden lassen. Nach der Vervollkommnung der Hände und der Kleidung fanden der Schwanz und die Behaarung keine Verwendung mehr, und da sie keine Daseinsberechtigung mehr hatten, verschwanden sie und ließen so einen Rückschritt im Fortschritt hervortreten. Die fugogitoiden Erscheinungen trugen vielleicht auch dazu bei, indem sie das Vermögen eines schon starken Teiles steigerten und die schwächeren Teile atrophierten, ein Vermögen, dem man die Umformung der Organe von der Raupe zum Schmetterling verdankt.

Es giebt noch ein andres Gesetz, welches die Entwicklung beherrscht und den krummlinigen Verlauf derselben erklärt: das, nach welchen die Entwicklungs= erscheinungen nicht symmetrisch und gleichmäßig auf alle Organe, selbst des am meisten begünstigten Wesens verteilt sind. Infolgedessen entspricht die Ent= wicklung des einen Teiles nicht der Entwicklung der übrigen. Ich habe ein Beispiel dafür in der mittlern kleinen Hinterhauptgrube angeführt, die ich, ob= wohl sie eine atavistische Erscheinung ist (die einen Appendix der Halbaffen und Nager reproduziert), häufig bei den am weitesten entwickelten Rassen, wie den Weißen und Gelben, angetroffen habe, während sie bei niedrigeren Rassen, wie den Negern und Australiern, gänzlich fehlt.

Die Frau bietet uns gleichfalls ein sehr beweiskräftiges Beispiel dar: dem Buchse, dem Gehirngehalte, der Stärke und der Intelligenz nach nähert sie sich am meisten dem Tiere und dem Kinde; dagegen ist sie, was die Verteilung der Wollhaare und die Form des Beckens anlangt, weiter entwickelt als der Mann. Es giebt sehr zivilisierte Nationen, die in gewisser Hinsicht einen fast ebenso großen Misoneismus zu erkennen geben wie die Wilden. So sind zum Beispiel hinsichtlich der Behandlung des Gewichtes, der Maße und des Geldes, dank diesem partiellen Misoneismus, England und Amerika, die am weitesten ent= wickelten Völker, hinter Spanien und Frankreich zurückgeblieben. Die Chinesen sind in der Religion und Landwirtschaft weiter vorgeschritten als wir.

Zu diesem Gesetze gesellt sich noch ein weiteres, nach welchem selbst der Rückschritt von einigen fortschrittlichen Erscheinungen begleitet wird. So habe ich nachgewiesen, daß der Verbrecher eine große Anzahl atavistischer Merkmale darbietet, wie in der Bildung des Schädels, des Fußes, der Haut, in der Tättowierung, der Linkshändigkeit und so weiter; nun hat aber eine ganz neue Beobachtung Dr. Carrara zu einer Entdeckung bezüglich des Weisheitszahnes geführt; dieser fehlt beim Verbrecher weit häufiger, als es sonst in dem gleichen Alter vorkommt, was eine um so merkwürdigere Entwicklungserscheinung ist, als das Organ, in dem er vorkommt, die untere Kinnlade, bei dem Verbrecher eine größere Anzahl atavistischer Merkmale aufweist, den Appendix der Halbaffen, den Prognathismus, außergewöhnliche Dicke und Größe. Es ist das aber nicht das einzige Evolutions=Phänomen, denn häufig, häufiger als im Normalzustand, findet man bei ihm die Wormischen Knochen und die Mediofrontalnat (20%, Normalzustand 10%), die, wie es scheint, gleichfalls Evolutions=Phänomene sind. Bei den Verbrechern habe ich ebenso die Neophilie, die Leichtigkeit, sich neue Ideen anzueignen und das Bestreben, dieselben weiter zu verbreiten, an= getroffen, was nicht selten bei Revolutionen aus einem Gefängnisinsassen einen

Volksanführer macht. Ich habe in den Wandinschriften der Gefängnisse Ideen über die Nußlosigkeit des Unterrichts und die Verteilung des Eigentums angetroffen, die noch nicht in das Besißtum unsrer Völker eingedrungen waren und den Ideen der Sozialisten um fünfzehn bis zwanzig Jahre zuvorkamen. Ebenso habe ich beobachtet, daß das mittlere Hinterhauptgrübchen, das beim Menschen und den höheren Klassen desselben eine wesentlich atavistische Erscheinung ist, sich häufiger bei den weniger wilden Völkerschaften bildet, namentlich bei den Aymaras, selten dagegen bei den Hottentotten und Neukaledoniern, die weit niedriger als die Aymaras stehen.

So ist demnach dieselbe bogenförmige Linie des Fortschritts auch beim Rück- schritt vorhanden. Die menschlichen Bewegungen vollziehen sich beständig nach Aktionen und Reaktionen, und kein Volk, wie hoch es sich auch in der Menschheit gestellt finde, kann sich allzusehr seiner Ueberlegenheit über den letzten Wilden und den unglücklichen Verbrecher rühmen (der so oft den Typus derselben reprobuziert), denn nach gewissen Richtungen hin könnte es ihm unterlegen sein.

Die unerbittliche nivellierende Natur lehrt uns alle, demütig und bescheiden zu sein.

Aus meiner Jugend.

Erinnerungen

von

Rudolf von Gottschall.

(Fortsetzung.)

Das Komitat seßte natürlich das Universitätsgericht in die lebhafteste Thätig- keit; eine Reihe von Untersuchungen schloß sich daran. Einer, der in erster Linie von ihr betroffen wurde, war Ferdinand Lassalle — war er doch einer der Redner in jener verbotenen Versammlung gewesen. Ich hatte seine Bekannt- schaft in Kießlings Bierkeller in Breslau gemacht, wo sich eine große Zahl von Bürgern, jungen Beamten und Studenten versammelte, die nicht bloß dem Biere, sondern auch dem Zeitgeist und der freieren politischen Entwicklung huldigten. Der Schweidnißer Keller unter dem Rathause versammelte allerdings ein zahl- reicheres Publikum, aber in Kießlings Keller kam alles zusammen, was zur Opposition gehörte. In diesen unterirdischen Gemächern herrschte ein durch den Gerstensaft genährter lebhafter Kultus der geistigen Freiheit; hier wurden politische Gedichte deklamiert; dort führte man philosophische Gespräche. Da machte sich vor allem ein blutjunger Student bemerklich mit einer etwas spißen, aber doch durchdringenden Stimme, von blasser Gesichtsfarbe, von einem griechischen Profil, das mit den physiognomischen Merkmalen israelitischer Herkunft eigentümlich ver= schmolzen war. Ganz nach den Gesetzen hellenischer Plastik erstreckte sich die Nase geradlinig ohne jeden Einschnitt von der Stirne herab; aber um den Mund spielte eine lebhafte Beweglichkeit mit allen jenen zersetzenden geistigen Elementen, welche dem jüdischen Stamme eigentümlich sind. Die ganze Erscheinung hatte etwas körperlich Durchsichtiges und geistig Feines — zählte doch der junge Student nicht mehr als siebzehn Jahre; doch kein Professor der Philosophie konnte mit größerer Beredsamkeit von Hegel, dem modernen Proclus, sprechen und über die neuen mythologischen Offenbarungen Schellings den Stab brechen. Damals hatte gerade Ludwig Feuerbach in einer kleinen Schrift die Grundzüge einer neuen Philosophie des Sensualismus veröffentlicht, und an diese Schrift knüpfte sich die Debatte an einem Seitentischchen des Kießlingschen Kellergeschosses. Ich fragte nach dem Namen des jungen Studenten und erfuhr, daß er Ferdinand Lassalle heiße und der Sohn eines vermögenden jüdischen Kaufmanns sei.

Bald traten wir uns näher; er imponierte mir durch seine genaue Kenntnis des schwierigsten Gedankensystems bei seiner großen Jugend; er kannte seinen Hegel auswendig bis auf die dunkelsten Stellen und wußte schon damals den Standort aller Gedanken in den verschiedensten Werken und Bänden, eine Kenntnis, durch die er später in Berlin selbst einem Alexander v. Humboldt große Achtung abnötigte. Er war überhaupt ein feiner Kopf, geübt in allen Kombinationen — ein gewandter Schach= und Whistspieler. Wie oft habe ich mit ihm am Schachbrett zusammengesessen — da mußte er mir freilich den Vor= rang einräumen; aber im Whistspiel war er ein Meister, und ich mußte mir von ihm viele Zurechtweisungen gefallen lassen; wo er sich Meister fühlte, da war er herrisch und selbstgewiß.

An der geschriebenen Zeitschrift für die Burschenschafter war er ein Haupt= mitarbeiter; er schrieb dafür Aufsätze im Stil der deutschen Jahrbücher, philo= sophische Aufsätze, die von einer seltenen Begabung zeugten, und in der That, wer seine späteren großen Werke über Heraklit und das römische Erbrecht, welche für seine meisten Anhänger Bücher mit sieben Siegeln sind, aufmerksam durch= studierte, der muß seinem eminenten Scharfsinn, über den die zünftige Gelehrsamkeit nur selten gebietet, und seinem erstaunlichen Fleiß die vollste Anerkennung zollen. Doch was ein Dörnchen werden will, krümmt sich beizeiten — und so krümmte sich das Dörnchen Lassalle in unserm Journal.

Als Teilnehmer meines Komitats geriet er nun in Untersuchung. Mannhaft trat er dem Universitätsrichter gegenüber und bewies sein gutes Recht mit jener unerschütterlichen Unfehlbarkeit, die auch allen seinen späteren Verteidigungsreden eigen war. Ich besaß lange Zeit einen mir jetzt leider abhanden gekommenen sehr ausführlichen Brief von ihm, in welchem er mir das ganze Verhör mit allen seinen kecken Antworten mitteilte — wie oft ist mir dieser Jungfernprozeß Lassalles bei seinen späteren Prozessen eingefallen! Doch die blinde Themis ließ sich durch das Genie nicht bestechen. Lassalle wurde zu achttägiger Karzer=

strafe verurteilt und genoß so den Vorgeschmack der künftigen Gefängnißstrafen,
die dem sozialen Agitator zuerkannt wurden.

Nachher verlor ich ihn einige Zeit lang aus dem Gesicht. Als ich ihn
dann in Berlin wieder sah, befand er sich, wie ich vorgreifend berichten will, in
der Epoche der feinen Pariser Hemden und der vornehmen Liebesabenteuer,
einer sehr kostspieligen Epoche, die an die Tasche des Vaters appellierte. Alles
um ihn war aristokratischer Parfüm; Liebesbriefe von dem Umfange einiger
Bogen Konzeptpapier wurden in echtem Romanstil an vornehme Damen gerichtet;
der Don Juan stand in voller Blüte. Bei einem späteren Besuch in Berlin
fand ich ihn mehr zu den Gretchen und Klärchen herabgestiegen, er liebte Natur-
kinder, huldigte aber außerdem der Freundschaft. Er wohnte mit seinem Freund,
dem Dr. Mendelssohn, zusammen, den er in die Geheimnisse der Hegelschen
Phänomenologie einweihte. Das unerwartete Resultat dieser Studien war der
berüchtigte Kassettendiebstahl, der nicht lange darauf in Scene ging.

Dies alles spielte noch in vormärzlicher Zeit. Später machte Lassalle in
Berlin ein Haus, gab lukullische Mahlzeiten, sah berühmte Gelehrte und geist-
reiche Vertreterinnen der Berliner Salons bei sich; da kann ich aus eigner
Anschauung nichts mehr mitteilen. Doch verfolgte ich mit Anteil die öffentliche
Rolle, die er zu spielen begann, bis zu dem Duell, das dem duellfeindlichen
Agitator, dem Helden einer Pauk- und Prügelscene auf den Straßen Berlins,
verhängnisvoll werden sollte, und mit Anteil sah ich später einmal die goldgelockte
Ate dieses unseligen Duells, die Rolle in der Hand, in dem Salon der Frau
Peroni-Glaßbrenner, wo sie sich nach selbsterlebter Tragödienrolle für die ge-
schminkten Tragödinnen der Bühne vorbereitete.

Wer wie ich Lassalle von Jugend auf kennt, dem muß es als eine merkwürdige Ironie des Schicksals erscheinen, wie gerade an seinen Namen sich eine
Agitation der Massen knüpfen konnte. Lassalle war eine durchaus aristokratische
Natur; er besaß eine geistige Vornehmheit, wie sie den Vertretern der Hegelschen
Philosophie eigen ist, welche die Masse und ihren gesunden Menschenverstand
verachten; seine gelehrten Werke sind nur der exklusivsten Gelehrsamkeit zugänglich
und tragen für das profane Publikum die Inschrift der Danteschen Hölle: „Die
ihr hier eingeht, laßt die Hoffnung draußen!“ Er hatte überdies aristokratische
Lebensgewohnheiten und gehörte durchaus nicht zu den Männern, die sich in
der Atmosphäre des Arbeiterpublikums wohl fühlen oder die durch Bonhomie,
äußeres Kraftgefühl und die Vorliebe für Kraftausdrücke sich die Sympathien
dieses Publikums gewinnen können. Als er sich indes einmal mit dem heißen
Ehrgeiz und der fieberhaften Energie, die ihn beseelten, auf die Arbeiterfrage
geworfen hatte, zu welcher ihn seine Bedenken über die Berechtigung des Kapital-
gewinns in seinen größeren Werken hinführten, da vermochte er durch seine
Neigung für das Extreme, das die Massen begeistert, durch die Unermüdlichkeit,
mit welcher er die Sturmglocke läutete, durch die scharfgeschliffenen Sätze, die
er hin und her schleuderte wie ein Jongleur, auf die Massen einen Zauber auszuüben, der ihn überlebt hat und ihn zum Gegenstande eines Totenkultus seitens

der deutschen Arbeiter machte. Vergessen darf man indes nicht, daß er keines=
wegs den staatsfeindlichen Theorien der „Internationale“ huldigte, daß er in
seinen politischen Broschüren und in seiner Fichterede den Beruf Preußens zur
Wiederherstellung deutscher Macht und Größe energisch hervorgehoben, daß er
weit entfernt war von einer Allianz mit dem Partikularismus und den jetzigen
reichsfeindlichen Mächten.

Er hatte von Hause aus wie wenige eine eiserne Stirn und den Glauben
an seine Unfehlbarkeit — und das ist schon die halbe Bürgschaft des Erfolgs.
Hat er doch dadurch selbst dem Dichter Heinrich Heine, dem kranken Aristophanes
in Paris, imponiert, der in ihm den Vertreter einer „neuen Jugend“ erblickte,
die rücksichtslos mit allen Ueberlieferungen und jeder Gefühlsschwärmerei ge=
brochen hat. Sein Lebenslauf bewegt sich indes in einer gebrochenen Linie;
aus dem Gelehrten entpuppt sich der Agitator, und der Abenteurer geht durch
beide Epochen hindurch. Mindestens beweist dies interessante Phänomen, daß
die Zeit der deutschen Faust=Don Juane nicht vorüber ist, eine so große Rolle
auch gegenwärtig die gelehrten und poetischen Wagner spielen.

*

Nach meiner Verbannung aus Breslau fand ich beim Grafen Reichenbach
und bei meiner Tante wieder die freundlichste Aufnahme, und so war ich bald
in der Waldeinsamkeit von Wiersbel, die ich mit dem Förster durchstreifte, bald
in den Salons von Waltdorf, wo stets ein lebhafter gesellschaftlicher Verkehr
herrschte; durch meine Vermittlung kamen auch der Graf und die Gräfin nach
Wiersbel hinüber, wo besonders der erstere der einsamen alten Dame mit seinen
Ratschlägen an die Hand gehen sollte, da die Verpachtung des Gutes große
Nachteile für sie im Gefolge hatte. Mit Reichenbach fuhr ich öfters nach Neisse
hinüber, wo einmal ein Pater regens ihn und mich zu bekehren versuchte und
zuletzt von dem Weine, den er uns dabei vorsetzte, selbst so trunken wurde, daß
ihm die Beredsamkeit ausging. Reichenbach nahm, trotz seiner radikalen Ge=
sinnung, im Neisser Kreise eine angesehene Stellung ein; er war Kreisdeputierter
und Vertreter des Landrats, als solcher von der Regierung gewählt, Landes=
ältester, Direktor der Neisse=Brieger Eisenbahn. Wenn ihn auch ein Teil der
Behörde hassen mochte, so betrachtete ein andrer doch seine politischen Be=
strebungen als eine Art von beiläufigem „Sport“, durch den sein Wirken in
jenen angesehenen Stellungen nicht beeinträchtigt wurde. Er fuhr indes nach
wie vor fort, aus seinem Waltdorf ein Asyl für alle zu machen, die mit den
Universitätsbehörden oder auch mit andern in Konflikt gekommen waren.

Auch mein Breslauer Stubengenosse Anders, der hauptsächlichste Ver=
anstalter meines Komitats, kehrte bald in die Waltdorfer Demagogenherberge ein;
auch ihn hatte das Schicksal in Gestalt eines consilium abeundi ereilt; er hatte
damals das Komitat der Polizei angezeigt, sofort das schriftliche Verbot des=
selben von Heinecke erhalten, dies aber zerknittert in seine Tasche gesteckt. Grund
genug, daß er mein Leidensgenosse wurde!

So fleißig ich in Waldorf studierte, wo mir die reichhaltige Bibliothek des Grafen und diejenige seines intimen Freundes Krönig, eines früheren Jenenser Burschenschafters, der bei ihm wohnte, zur Verfügung stand, beide besonders reich an staatswissenschaftlichen, historischen und philosophischen Schriften, so wollte ich doch nicht das Semester verlieren und beschloß, in Leipzig mein Glück zu versuchen, unter Vorzeigung meines Königsberger Abgangszeugnisses und der mir vom Ministerium bewilligten Erlaubnis, in Breslau zu studieren. So machte ich mich denn auf den Weg, von der guten Tante mit Reisegeld versehen, nachdem ich vorher noch eine zwei Bogen lange Epistel an den Kultusminister Eichhorn angefertigt, in welcher ich meine bisherigen Thaten und besonders meinen „Robespierre" zu rechtfertigen suchte und ihn bat, meiner Immatrikulation in Leipzig seinerseits keine Schwierigkeiten in den Weg zu legen und mir später zu erlauben, in Berlin fortzustudieren, um dem Staate Preußen, dem „Staate der Intelligenz und der Zukunft", meine Kräfte widmen zu können.

In Leipzig fand ich ein Unterkommen in der Wohnung eines Studenten, dessen Bekanntschaft ich in Dresden gemacht hatte und der für die Ferien verreist war. In der Pleißestadt gefiel es mir damals wenig, es war die echte Litteratenstadt. „Wenn man," schrieb ich meinem Vater, „hier einem Menschen mit einer Brille auf der Nase begegnet, der sehr weltschmerzlich, arrogant und süffisant aussieht, so ist es ein Litterat — Fabrikarbeiter, Schöngeister, im Cliquenwesen ersäuft, ohne Gesinnung." Doch traf ich hier meinen Schicksalsgenossen Wilhelm Jordan, welcher fleißig arbeitete, übersetzte und korrespondierte und sich so gut stand, daß er seine Braut bald heimzuführen gedachte. Er führte mich bei Otto Wiegand ein, dem Herbergsvater der Jung-Hegelianer, dem Verleger Feuerbachs, einer energischen Persönlichkeit, die mir sehr wohl gefiel; auch spielte er fleißig Schach, ebenso wie Jordan; in dem Hause, in welchem er wohnte, im „Gutenberg" auf der Windmühlenstraße, hatte sich damals der Leipziger Schachklub einquartiert. Auch Albert Dulk kam nach Leipzig und besuchte mich sogleich, so daß das junge Königsberg eine Zeitlang dort beisammen war. Dulk war ein Kraftmensch durch und durch; keiner der früheren Stürmer und Dränger, von denen die Litteraturgeschichte berichtet, konnte genialer in seinem ganzen Wesen sein. Eine Empfehlung des Buchhändlers Burkhardt in Neisse führte mich in das Haus des Besitzers der Hartknochschen Buchhandlung, Herrn Baumann, ein; hier traf ich die Schriftsteller Held und Corvin, wie ich denn auch allmählich mit allen damaligen Leipziger Berühmtheiten bekannt wurde. Meinem Vater schrieb ich damals ihr Signalement in einer registermäßigen Aufzählung, die ich hier mitteilen will.

Held, Redakteur der „Lokomotive", mit einem furchtbar langen roten Bart und kleinen Augen.

Corvin, Novellist, ziemlich nichtssagend, preußische Lieutenantsnatur, Sallets Freund.

Dr. Eiler, der wegen Majestätsbeleidigung ein Jahr auf Festung saß, ein Berliner, sehr witziger Kopf und angenehmer Gesellschafter, Jordans Freund.

Binder, Redakteur der „Eisenbahn", nicht bedeutend, ebenfalls ein naher Bekannter Jordans.

Robert Blum, an den ich Briefe von Reichenbach hatte, Theaterkassierer, Zentrum der politischen Partei, ein Autodidakt. Seinem Aussehen nach ein behaglicher Bierphilister mit einer impertinenten roten Nase, die keck in die Welt hinausspringt und die ich den „konstitutionellen Leuchtturm Sachsens" zu taufen beliebte. Er ist ein sehr tüchtiger Kerl, mit viel Phlegma und großer Redegewandtheit. Ich war oft mit ihm zusammen. Er will für die Aufführung des „Hutten" sorgen. Für „Robespierre" stellt er kein günstiges Zensurhoroskop.

Günther, Redakteur der „Sächsischen Vaterlandsblätter" und der „Industriezeitung". Sachse durch und durch, Antipreuße, Konstitutionsmann, etwas deutschtümelnd, mehr Politiker als Litterat, angenehm im Umgang und eine hübsche Persönlichkeit.

Kaufmann, Karl Becks Freund, der die „Grenzboten" redigiert, einer der liebenswürdigsten und bescheidensten von allen. Mit ihm knüpfte ich Verbindungen an; er will einige Scenen aus „Robespierre" in den „Grenzboten" drucken.

Dettinger, eine Paviansfigur; er ist der Redakteur des Witzblattes „Charivari".

Heinrich Laube, Freund des Fürsten Pückler, der Heros der Leipziger Litteraten. Er würdigte mich einer Unterredung im Litteratenverein, dessen Sitzungen ich einmal beiwohnte. Eine schwarze Kalmückenphysiognomie mit stechenden Augen, gesetzte Figur, sehr determiniertes, aber auch aristokratisches Wesen. Das Ensemble gefiel mir weit besser, als ich geglaubt. Laube ist vermögend durch seine Frau. Sein Drama „Struensee" ist auf zwei Bühnen mit Erfolg aufgeführt worden.

Dr. Oswald Marbach, Privatdozent, ein freundlicher Mann, dem ich einen Brief von seinem Bruder in Breslau übergab und den ich ein paarmal besuchte. Er ist mehr Polyhistor als großer Kopf.

Wuttke, Privatdozent, den ich von Brieg aus kannte, ziemlich renommierter Historiker; ein kleines, tratziges Männchen, räsonniert und schwadroniert, ein wenig arrogant, aber ganz liberal.

Dr. Saß, der größte, das heißt längste deutsche Schriftsteller, ein studentisches Kneipgenie, das bei der Durchreise durch Leipzig sich dort einige Zeit aufhielt, auch vierzehn Tage wegen eines Injurienprozesses im Stock saß. Wenn Saß sitzt, sieht er aus wie ein gewöhnlicher Mensch; man erschrickt, wenn er sich aufrichtet und zu dem kleinen Oberleib sich ein paar Beine als Träger melden, die an Länge alles übertreffen, was ich gesehen. Dabei trägt er lange blonde Haare, die ihm im Gesicht herumfahren; er sieht überhaupt aus wie eine Meernixe. Er ist ein deutscher Republikaner und nennt sich so, weshalb man ihn einmal auf der Polizei festnahm; er wies sich indes alsbald durch seinen Paß als Lübecker aus.

Es bedarf wohl nicht der Erwähnung, daß sich in dieser Liste Berühmt-

heiten finden, die in der deutſchen Geſchichte und Litteraturgeſchichte ihren Platz
behaupten werden. Am wenigſten gilt das von dem früheren preußiſchen
Lieutenant Held, der als Volksredner in den Märztagen durch ſeine Stentor-
ſtimme dem Volk von Berlin imponierte. Doch Corvin als Verteidiger der
Feſtung Raſtatt gegen die Preußen und als Zuchthausſträfling, Robert Blum
als Vertreter der Nationalverſammlung und Opfer öſterreichiſcher Militärherrſchaft
auf der Brigittenau, ſowie Laube wiederum als der gefeiertſte deutſche Dramaturg
ſind wohl noch jetzt lebendig in der Erinnerung aller Zeitgenoſſen.

Ein Beſuch bei Sr. Magnificenz dem Rektor Weber, den ich um ſeinen
guten Rat fragte, diente durchaus nicht dazu, meine Lage zu klären; er hielt die
ganze Angelegenheit für ausſichtslos, ich würde kaum an einer andern deutſchen
Univerſität zugelaſſen werden; ich möchte mich lieber wieder an den Miniſter
Eichhorn wenden mit der Bitte, mich an einer preußiſchen Univerſität zuzulaſſen.
Uebrigens würde meine Immatrikulation in Leipzig ſich bis Michaelis hinziehen.
Ich wollte dann wenigſtens in der Zwiſchenzeit zu Leipzig Collegia hören und
fragte bei einem zweiten Beſuch den Rektor, ob mir der Aufenthalt hier geſtattet
werden würde. Darauf erhielt ich eine bejahende Antwort. An Eichhorn hatte
ich nochmals geſchrieben.

Gleich nach meiner Ankunft in Leipzig hatte mich ein Verehrer aufgeſucht,
der ſchon in Königsberg und Breslau als Durchreiſender meine Bekanntſchaft
gemacht. Es war der junge Kaufmann Schwedler aus Krimmitſchau; er lud
mich dorthin ein; der Vater war ein wohlhabender Bourgeois, der eine Fabrik
mit zweihundert Arbeitern beſitzt. Ich traf dort viele Freunde meiner Gedichte,
beſonders einen Dr. med. Götze, der meine „Lieder der Gegenwart“ faſt auswendig wußte. Jetzt, wo ich die Antwort von Eichhorn erwartete, wurde ich
abermals dorthin eingeladen; ich folgte dieſer Einladung und verlebte dort einige
Wochen in der angenehmſten Weiſe. Der eine Sohn des Hauſes, welcher
Advokat war, kutſchierte uns nach Zwickau, Glauchau und den Nachbarſtädten;
dann beſuchten wir einen relegierten Leipziger Studenten, den jungen v. Mangoldt,
den Sohn des Dresdener Oberappellationsgerichtspräſidenten; er hatte ſich
zwar ebenfalls an burſchenſchaftlichen Unternehmungen von freiheitlicher Tendenz
beteiligt, war zunächſt auch von ſeinem Vater exiliert worden und wohnte auf
einem Schloſſe bei Verwandten; doch man war weit davon entfernt, ihn fallen
zu laſſen; er war eine ſehr ſympathiſche Perſönlichkeit, ein guter Kopf; man
durfte ihm eine glänzende Laufbahn im Staatsdienſt prophezeien, und meines
Wiſſens iſt dieſe Prophezeiung ſpäter eingetroffen. Damals ſpielten wir ihm
einen luſtigen Streich, als er nach Krimmitſchau gekommen war, ohne uns
aufzuſuchen, weil er dort nur einer Liebſchaft nachging. Wir beſtellten ihn zu
einem Rendezvous an einen zwei Stunden von ſeinem Wohnſitz, aber in unſerer
Nähe gelegenen Platz, wohin er in der größten Hitze wandern mußte. Statt der
Geliebten fand er aber uns dort, die wir ihm eine ernſtliche Moralpredigt hielten.
Mit dergleichen kleinen, harmloſen Myſtifikationen vertrieben wir uns die Zeit,
ebenſo mit Schach- und Kartenſpiel und lebhafter Unterhaltung in Damengeſell-

schaften. Eine hübsche, kokette Leipzigerin war zum Besuch gekommen. „Ja,"
schrieb ich damals, „Leipzig ist Klein-Paris und bildet seine Leute. Die liberale
Gesinnung der Leipziger Damen geht ins Aschgraue."

Endlich kam die Antwort von Berlin: der Besuch einer preußischen Universität könne mir nur gestattet werden, wenn ich mindestens ein halbes Jahr
auswärts studiert oder, falls ich dort nicht zugelassen würde, Zeugnisse darüber
vorlegen könne, daß ich mich tadellos geführt und die Zeit nützlich verwendet
habe. Nun ging es rasch nach Leipzig, um mit Hilfe dieses Schreibens doch
vielleicht meine Immatrikulation durchzusetzen. Auf dem Krimmitschauer Bahnhof
fragte mich ein Herr nach meinem Paß; er war richtig und nach Leipzig visiert.
Als ich hier aussteige, steht derselbe Polizist vor mir und fordert mich auf, ihm
auf die Polizei zu folgen. Ich protestiere und lasse mir, da er in Zivil ist, erst
seine Legitimation zeigen. Es geschieht und nach kurzer Rücksprache mit einem
andern Herrn, einem Polizeiassessor, der im Winkel lauert, geleitet er mich ins
Polizeigebäude. Dort wird mir eröffnet, ich dürfe als consiliierter Student mich
nicht in einer Universitätsstadt wie Leipzig aufhalten. Ich berufe mich auf
meine bei der Immatrikulationskommission lagernden Papiere und eile aufs
Universitätsgericht; es ist dort noch nicht entschieden. Auch nur zwei Tage in
Leipzig zu bleiben, verbietet mir die Polizei, nachdem ich vorher wochenlang
dort verweilt. Wer mir diesen Streich gespielt, blieb mir unklar. Ich kehrte
der Pleißestadt und dem Sachsenlande den Rücken mit denselben Gefühlen,
wie sie Götz von Berlichingen gegen Seine Majestät den deutschen Kaiser hegte
und so kräftig zum Ausdruck brachte.

Es war zu spät im Semester, mein Glück an einer andern Universität zu
versuchen. So kehrte ich nach Schlesien heim auf einem Umweg. Zuerst verweilte
ich einige Tage in Dresden, wo ich in der Familie eines Pharmazeuten, den
ich in Leipzig kennen gelernt, die freundlichste Aufnahme fand. Er hatte zwei
hübsche Schwestern, mit denen ich im Garten Reifen und gelegentlich auch Whist
und Boston spielte. Als ich eines Abends um elf Uhr am Whisttisch saß und
bereits mit der jüngsten Schwester den fünften Robber gewonnen hatte, rief eine
Donnerstimme auf der Straße meinen Namen. Es war der wilde Königsberger
Albert Dulk, der mich in dieser kraftgenialen Weise zu einer kleinen Tour nach
Böhmen abholte, die ich mit ihm verabredet hatte. Und so ging's denn auch
am nächsten Tage mit dem feurigen Dichter des „Orla" in die böhmischen
Wälder, nach Teplitz, wo wir zusammen den Milltschauer bestiegen. Nach diesen
durch freigeistige und zensurwidrige Gespräche gewürzten Reisetagen trennte ich
mich von ihm, machte einen Abstecher nach der Moldaustadt Prag und kehrte
in mein schlesisches Doppelheim zurück.

Unverändert geblieben war die Waldidylle in Wiersbel, die ich auf stunden-
langen einsamen Spaziergängen durch die endlosen Forsten genoß, und das
gesellig anregende Leben in Waltdorf; doch ich sollte ja Beweise liefern, daß ich
meine Zeit nützlich verwendet, und mußte an irgend eine juristische Arbeit denken.
Dazu mußte ich aber Bücher von der Breslauer Bibliothek holen und mich mit

einem Profeſſor in Beziehung ſetzen, der mir nachher ein Zeugnis über dieſe
Arbeit ausſtellte. Ein Beſuch in Breslau war unerläßlich; er bewies im übrigen,
wie ſpaßhaft oft jene im Grunde harmloſen Ausweiſungsgeſchichten waren. Ich
fuhr nämlich nach Breslau, ging geradeswegs in die Höhle des Löwen, zum
Präſidenten Heinecke, der vor Schreck einer Ohnmacht nahe war, als er meine
edlen Züge und mein koſtbares ſchwarzſeidenes Halstuch gewahrte, obſchon ich
keinen grauen Mantel anhatte, wie der Königsmörder Tſchech, und um meine
Mundwinkel ein ſehr herablaſſendes, wohlwollendes Lächeln ſpielte. Nach einigen
Ausbrüchen der Verwunderung über meine verbotene Exiſtenz in Breslau, die
von der Aufforderung, Platz zu nehmen, unterbrochen wurde, beruhigte ſich
indes der Polizeichef, beſonders als ich ihm das wichtige miniſterielle Aktenſtück
vorlegte; er ſagte aber, daß es nicht in ſeiner Macht ſtehe, mir den nachgeſuchten
Aufenthalt von drei Tagen zu bewilligen. Jedoch möchte ich jetzt noch ſchriftlich,
was ich eigentlich früher hätte thun ſollen, darum einkommen, damit er etwas
Aktenmäßiges in Händen habe. Gut, dachte ich, und kam ein, nicht mit großer
Haſt und Beſtürzung, ſondern etwa nach zwei bis drei Tagen, an einem gemütlichen Morgen, an dem ich mit einem gemütlichen Lächeln und großer Sicherheit
durch die mich anglotzenden Beamten, in der Hand meinen Brief an den Herrn
Präſidenten, ins Polizeibureau ſchritt, wo ich denſelben feierlichſt deponierte.
Ebenfalls nicht mit großer Eile, ſondern etwa nach zwei Tagen, wurde ich ins
Fremdenbureau citiert und mir kund und zu wiſſen gethan, daß mir der dreitägige Aufenthalt in Breslau keineswegs verſtattet werden könne. Darauf war
ich ſehr entrüſtet, obſchon ich bereits fünf Tage in Breslau war, und gab zu
Protokoll, ich könne die mir vom Miniſterium geſtellten Bedingungen nicht erfüllen, wenn mir nicht geſtattet würde, mit Profeſſor Gitzler Rückſprache zu
nehmen und die mir fehlenden Bücher zu beſorgen. Bald kam das Protokoll
von Heinecke zurück; die Erlaubnis wurde mir erteilt, doch dürfe ich mich nicht
mit Studenten zuſammen ſehen laſſen, bei Strafe der Verhaftung. So war ich
zugleich mit und ohne Erlaubnis acht Tage in Breslau geweſen.

Profeſſor Gitzler, ein ſehr liebenswürdiger Gelehrter, nicht entfernt ein
Geſinnungsgenoſſe der Bewegungspartei, aber gegen mich ſtets beſonders wohlwollend, kam mir aufs hilfreichſte entgegen, verſchaffte mir die gewünſchten
Bücher von der Bibliothek und verſprach, ein Gutachten über meine Arbeit
abzugeben. So zog ich mich in die oberſchleſiſchen Wälder zurück und arbeitete
dort Tag und Nacht eine lange lateiniſche Abhandlung „de adulterii poenis,
jure Romano constitutis“, die ich ſpäter als Grundlage meiner Doktordiſſertation
benutzt habe. Ich ſandte ſie an Gitzler und erhielt bald darauf eine ſehr
günſtige Kritik: „Der Verfaſſer habe für eine der wichtigſten Fragen der Staats-
geſetzgebung den richtigen Standpunkt gewonnen, zur Löſung einer von der
Wiſſenſchaft zu ſehr vernachläſſigten Frage einen befriedigenden Beitrag geliefert,
ein rühmliches Streben gezeigt, in den Sinn der oft ſich widerſprechenden
Stellen einzubringen und mehrere ganz ſelbſtändig interpretiert. Es ſei zu
wünſchen, daß ihm mehr Hilfsquellen zu Gebote geſtellt würden, um für die

Wiſſenſchaft zu wirken." So hatte ich einen feſten Anhalt für das Geſuch, das ich an das Miniſterium einſchickte, vom 1. Oktober ab in Berlin ſtudieren zu dürfen, wobei ich erklärte, zugleich mein Jahr bei den Garbeſchützen abdienen zu wollen.

Inzwiſchen machte ich eine Tour über das Rieſengebirge, das ich ſchon als Student mehrmals beſucht hatte. — Die Schilderungen desſelben in meinen Romanen: „Im Bann des ſchwarzen Adlers" und „Die Tochter Rübezahls" ſind aus den Eindrücken jener Fußreiſen hervorgegangen. Auch beſuchte ich mit dem Grafen Reichenbach, ſeiner Familie und ſeinen Freunden das mähriſche Geſenke und beſtieg den Altvater in öſterreichiſch Schleſien.

Durch juriſtiſche Studien und Studien des Schachſpiels, durch heiteren geſellſchaftlichen Verkehr in Neiſſe, beſonders beim Buchhändler Burckhard, ſuchte ich mir über die Spannung dieſer Wochen hinwegzuhelfen. In Wiersbel beſuchte mich öfters Graf Reichenbach, und auch der vortreffliche Königsberger Mathematiker Dr. Roſenhain hielt ſich einige Tage dort auf.

Schon war der 20. September vorüber; die Verzögerung der Berliner Antwort machte mich nervös; kam ſie zu ſpät, ſo war mein Dienſtjahr beim Militär gefährdet. Ich war in übler Stimmung und ſchoß oft die Namensvettern des Kultusminiſters von den Eichen herunter. Zierliche Tiere, ſie thaten mir leid, doch ſie ſollen ja auch dem Walde ſchädlich ſein. Und warum hatten ſie den ominöſen Namen! Ich konnte ſie leider nicht wieder zum Leben erwecken, als ich dem Berliner Eichhorn Abbitte zu leiſten hatte; denn kurz vor Thoresſchluß traf ein ſehr gnädiger Beſcheid ein: Ich durfte in Berlin weiterſtudieren; die Zeit meiner ſtudentiſchen Irrfahrten war zu Ende!

(Fortſetzung folgt.)

Adelaide Riſtori.

Von

Leone Fortis.

Ein ſchwieriger Aufſtieg.

Die großen Ueberlebenden der italieniſchen dramatiſchen Kunſt ſeit einem halben Jahrhundert — jene, welche dem Publikum des ganzen Italiens ſtarke, unvergeßliche Eindrücke ſchenkten und dieſe bei dem Publikum der ganzen Welt erneuten — waren bis zum verfloſſenen Jahre ihrer drei: Adelaide Riſtori, Erneſto Roſſi, Tommaſo Salvini.

Heute jedoch sind bloß zwei übrig; denn Ernesto Rossi starb im vorigen Jahre, man kann sagen wie ein Held auf dem Schlachtfelde, oder wie Molière auf der Scene — denn er kehrte lorbeerbedeckt, bejubelt, gefeiert von einer künstlerischen Tournee im Auslande zurück. Der Tod riß ihn hinweg, ehe er in sein Florenz zurückkehren konnte, wo er eine Gattin, eine angebetete Tochter, ein Heim, ein Schloß besaß.

Vielleicht werde ich noch Gelegenheit haben, in dieser Revue von ihm zu sprechen, denn da ich seit den ersten Tagen unsrer Jugend durch eine intime Freundschaft mit ihm verbunden war, kann ich sagen, daß ich die Künstler= und Menschennatur, die großen Vorzüge, die seltsamen, aber offenbaren Mängel eines großen Geistes gerade so kenne wie seine feurigsten Darstellungen.

Heute werde ich nur von Adelaide Ristori erzählen, denn sie nimmt in der Galerie der großen, ausübenden italienischen Kunst eine der ersten Stellen ein, sie bildet das Pendant zu der gewaltigen Gestalt Gustavo Modenas, der der erste, der größte unsrer Schauspieler dieses letzten halben Jahrhunderts war — wenn nicht der Meister, der alle Schöpfungen seiner beiden Schüler Ernesto Rossi und Tommaso Salvini inspirierte.

Zwischen diesen beiden Typen besteht jedoch ein wesentlicher Unterschied, der sofort bemerkt wird, weil er sie beide charakterisiert.

Die Ristori war und ist eine Gläubige ihrer Kunst, sie rühmt sich, dies zu sein; dieser ihr Glaube gewährt ihr reichlichen Lohn, Berühmtheit, Vermögen und große Befriedigungen, darunter die, daß sie sich mit großem Stolz rühmen kann, der italienischen dramatischen Kunst beide Welten eröffnet zu haben, indem sie sie zweimal als Triumphatorin durchzog. Gustavo Modena jedoch in seinem trostlosen und pessimistischen Skeptizismus — vielleicht war er mehr Pose, mehr Manier, aber durch beharrliches Künsteln wurde er ihm zur Natur — sammelte nichts als einsamen Groll, geringschätzigen Aerger und die bittersten Enttäuschungen.

Wenn Gustavo Modena an sich und seine Kunst geglaubt hätte, wie es die Ristori that, so wäre er ihr sicherlich in jenem Triumphzug vorangegangen, und sein Ruhm wäre wie der der Ristori kosmopolitisch, während er so nur italienisch ist.

Ich lernte die Ristori, oder Adelaide, wie sie noch in der Kunstwelt genannt wird, zum erstenmal bei zwei Gelegenheiten kennen — im Jahr 1849 in Florenz und im Jahr 1854 in Genua.

Ich sage „bei zwei Gelegenheiten" nicht bloß scherzweise, denn es ist dies eine Thatsache, im Zusammenhang mit einer Anekdote, die die Feinheit und Distinktion der berühmten Künstlerin beweist. Ich erzähle sie, weil sie eine sehr originelle Seite ihres Charakters hervorhebt.

Im Jahre 1847 beging ich mein erstes litterarisches Verbrechen. Ich hatte damals das Glück, kaum achtzehn Jahre alt zu sein, und atmete mit vollen Zügen die seltsame, feurige Atmosphäre jenes Jahres, des Vorläufers und Verkündigers neuer Zeiten.

Einer jener bläulichen Blitze, die plötzlich über den Horizont zucken, jenes dumpfe Brüllen, das unter der Erde ertönt, der Vorläufer eines drohenden Ausbruchs — ein Anfall jener unbestimmten Unruhe, jenes vagen Unbehagens, welche die ganze italienische Jugend in Wallung hielten — der Druck einer instinktiven Angst und eines erstickten Zornes zogen mich mit unwiderstehlicher Kraft zu dem ersten Fehltritt auf dem schlüpfrigen und treulosen Boden der Bühne, und so schrieb ich „Die Herzogin von Praslin". Der Stoff war einem schrecklichen Familiendrama entnommen, das am 17. August dieses Jahres in Paris stattgefunden hatte.

Theobald, Herzog von Choiseul-Praslin, einer der ersten historischen Familien Frankreichs angehörend, Pair des Reiches, mit der regierenden Familie Orleans verwandt, hatte nächtlicherweise barbarisch seine eigne Frau ermordet — eine Sabatiani, Tochter des Marschalls, Mutter von vier Kindern, eine Frau von hohen Gefühlen, von hohen Tugenden. Er that dies aus Liebe zu der jungen Gouvernante seiner Töchter; dann, als die öffentliche Stimme ihn anklagte und er verhaftet wurde, brachte er sich nach dem ersten Verhör vor der ihm als Gerichtshof eingesetzten Pairskammer im Gefängnis um.

Die französischen Zeitungen veröffentlichten weitläufige Einzelheiten über das Verbrechen sowie den Selbstmord; sie wurden auch bei uns fieberhaft erwartet und gelesen, denn man fühlte, daß auch da drüben etwas im Zerfallen begriffen war, man begriff instinktiv, daß ein erster Riß weitere Risse hervorrufen würde, und man erhoffte von ihnen — was? Das wußte man nicht, aber dieses unbestimmte Etwas wurde von uns ersehnt, erwartet, beschleunigt.

Dieser schrecklichen Thatsache entnahm ich mein Drama, in dem ich nichts andres sah und suchte als ein Thema zu zeitgemäßen politischen Anspielungen.

Das derart mit Zündstoff beladene Drama machte in Padua, vor einem erregten und erregbaren, aus Mitstudenten bestehenden, alle Anspielungen und Hintergedanken im Fluge erfassenden Publikum aufgeführt, natürlich Furore. Der Erfolg wiederholte sich im selben Umfang und durch dieselben Motive gleich darauf in Ferrara, wo sich bei dem Ruf: „Es lebe Pius IX." eine große Ansammlung jenes sogenannten Zündstoffes gebildet hatte. Dann warf mich der Sturm von 1848 nach Florenz, ohne daß ich an dies mein Jugendwerk mehr dachte.

In Florenz im Cocomero, dem heutigen Teatro Nicolini, spielte die Schauspielergesellschaft Domeniconi, der die Ristori und Salvini angehörten. Der erste Komiker ersuchte mich um das Drama, und ich trat es ihm mit jugendlicher Unvorsichtigkeit zur Aufführung ab. Aber hier, in die aristokratische Umgebung dieses Theaters versetzt, fiel es aus denselben Gründen durch, kraft deren es in Padua gesiegt hatte.

Obwohl ich im vollsten Sinn des Wortes ein junger Autor war, schrieb ich wie alle ausgepfiffenen Autoren den Durchfall der Darstellung zu; ich sagte das auch laut, und das mißfiel den Schauspielern der Truppe Domeniconi, vor allem der Ristori. Aus diesem Grunde wurden meine diplomatischen Beziehungen zu der Truppe und der berühmten Schauspielerin abgebrochen.

Im Jahr 1854 war ich als Emigrant in Genua. Ein Jahr vorher hatte ich in Mailand meine dritte dramatische Arbeit „Herz und Kunst" aufführen lassen, jenes Stück, dem ich das bißchen Berühmtheit in der Kunstwelt verdanke, das meinen Namen weniger unbekannt macht.

Der Erfolg war ungeheuer, außerordentlich, so außerordentlich wie die Langlebigkeit meines Stückes, das noch auf der Bühne besteht.

Die dramatischen Novitäten waren damals nicht so häufig wie heute, da man hier in Rom in einer einzigen Saison zehn neue Stücke aufeinander folgen sieht, begleitet von ebensovielen Thränenkrüglein.

Alle damaligen Truppen stritten sich um mein Werk, darunter auch die königlich sardinische Truppe, deren strahlendster Stern die Ristori war, zu jener Zeit in der vollen Kraft ihres Geistes und im vollen Glanz ihres Ruhmes.

Meine Verlegenheit war sehr groß. Wie konnte ich mit meiner künftigen Heldin die so plötzlich abgebrochenen Beziehungen mit Anstand wieder anknüpfen?

Mit seltener weiblicher und künstlerischer Feinheit fand die Ristori die Lösung des schwierigen Problems.

Eines Tages kam Ippolito d'Aste — einer der viel zu rasch und viel zu sehr vergessenen Autoren — zu mir, um mir zu sagen, daß die berühmte Ristori, von ihrer Rolle in meinem Stücke sehr befriedigt, meine persönliche Bekanntschaft zu machen wünsche und ihn gebeten habe, die notwendige Vorstellung zu besorgen.

Ich begriff — und dankte dem Freunde.

Die Vorstellung fand mit allem pflichtschuldigen Zeremoniell statt — wie unter Personen, die einander bis zu diesem Tage nie begegnet waren. Die Ristori war erlesen höflich, und ich bemühte mich, so wenig verlegen als möglich zu sein; es schien mir gelungen zu sein, denn der vorstellende Freund ahnte nicht einmal, daß er, der Verfasser der „Tragedia Alferiana", an einer anmutigen Scene einer gesellschaftlichen Komödie mitgearbeitet hatte.

Daher ist das offizielle Datum meiner Bekanntschaft mit der Ristori das zweite — das Jahr 1854.

Als ich im Jahr 1849 — beinahe vor einem halben Jahrhundert — Adelaide Ristori zum ersten Male kennen lernte, befand sie sich noch nicht auf dem Gipfel ihrer Weltberühmtheit, aber auf dem ihrer künstlerischen Kraft.

Strahlend in weiblicher Schönheit, im Besitze einer klassischen, statuenhaften Gestalt, eines romantisch-ausdrucksvollen Gesichtes, einer vibrierenden, leidenschaftlichen, warmen Stimme, die den verschiedenartigsten Tönen zu folgen vermochte — von jenen der heitersten Fröhlichkeit wie in der „Locandiera" und den „Inamorati" Goldonis, von jener des tragischen Stolzes wie als Lady Macbeth und Elisabeth von England, von jenen der süßesten Zärtlichkeit wie als Francesca di Rimini und Pia de Tolomei bis zu jenen des tiefsten Hasses

wie als Medea und Rosamunda — in der ganzen, überströmenden Kraft ihrer
achtundzwanzig oder neunundzwanzig Jahre stehend, hatte sie vor allen Schau-
spielerinnen ihrer Zeit, auch vor den nachfolgenden, die Duse nicht ausgeschlossen,
die notwendigen Gaben der Bühne voraus.

Zugleich mit diesen körperlichen Gaben besaß sie einen leichtbeweglichen,
raschen, versatilen Geist, divinatorisches und schaffendes künstlerisches Gefühl
und vor allem die besondere Fähigkeit, die Leidenschaften der dargestellten Gestalt
in das Publikum zu übertragen und zwischen der Heldin und dem Zuschauer
jenen sogenannten elektrischen Strom herzustellen, ohne den es keinen wahren,
dauernden und berechtigten Erfolg giebt.

Das große Verdienst der Ristori war, daß sie die Persönlichkeit der von ihr
dargestellten Gestalten immer annahm, sich in sie verwandelte, so daß die Frau,
die Künstlerin verschwand und die betreffende Persönlichkeit lebendig und wahr
dastand, mit der Stimme, dem Antlitz, den Gebärden, dem Charakter, welche die
Geschichte, die Legende, die Mythe ihr zuschrieben oder die Phantasie des Verfassers ihr geschaffen haben.

Sie war statuenhaft in der „Tragedia Alferiana", klassisch, streng, starr
wie die Verse des Autors; sie war mythologisch-legendenhaft als Mirra und
als Phädra und verstand es, auf der Stirn dieser Gestalten das Zeichen des
Fatums, der Rache der Götter sozusagen sehen zu lassen; sie war romantisch,
romantisch mit all der Sentimentalität der Romantik als Maria Stuart oder
Marie Antoinette — und sie war veristisch in der Goldonianischen Komödie,
als Pamela und als Locandiera, den zwei verschiedenen Typen jener ko-
mischen Reproduktionen des wahren Lebens, mit denen Goldoni der Meister
aller heutigen Veristen sein kann, die sich einbilden, die Wahrheit entdeckt zu
haben.

Wer sie zum erstenmal in einer ihrer Schöpfungen sah, fand, daß der Typus
der Heldin in ihr so verkörpert war, daß man eine andre Verkörperung nicht
für möglich hielt.

Dies ist in Paris keinem andern als Jules Janin widerfahren, dem ersten
aller früheren und gegenwärtigen dramatischen Kritiker Frankreichs.

Nachdem er sie als Francesca di Rimini gesehen, als welche sie am
26. Mai 1855 zum erstenmal das Urteil des Pariser Publikums herausforderte,
verzeichnete er in den „Débats" den ungeheuern Erfolg, den sie errungen hatte,
und zog einen seltsamen Vergleich zwischen der jungen italienischen Künstlerin,
die sich Frankreich eben offenbarte, und der großen französischen Tragödin, der
Rachel, die bis zu diesem Tage von dem französischen Publikum und der französischen Presse als unerreicht und unerreichbar verkündet worden und der der
berühmte Kritiker der „Débats" länger als alle andern Pariser Kritiker treu
geblieben war.

Er ließ vorsichtigerweise die Vergleiche nicht zu, aber wie es fast immer
geschieht, machte er sie, ohne sie zuzulassen. Nach der Francesca urteilend,
erkannte er in der italienischen Künstlerin nur die Gabe der milden und ergebenen

Sanftmut, der ſchwermütigen und faſt paſſiven Zärtlichkeit, womit er ihr die Gaben der Tragödin aberkannte.

„L'une", ſchrieb Janin, „l'une (die Rachel) appartient à la tragédie, à l'histoire, au commandement, au règne — l'autre (die Riſtori) appartient à l'élégie, à l'intime douleur, aux gémissements, aux tendres soupirs — celle-là (die Rachel) est faite pour monter au trône, pour toucher au sceptre, et pour frapper du poignard — celle-ci monte à l'échafaud ou vide la coupe empoisonnée; elle ne commande pas, elle obéit, elle ne se venge pas, elle a peur; elle n'est pas le bourreau qui tue, elle est la victime égorgée! Ici la colère, et là la pitié; de notre coté la vengeance et la fièvre; au delà des Alpes la tristesse et la langueur; chez la nôtre tant de rages et tant d'expiations, une éclatante fureur; chez la belle Italienne une si douce complainte, une douleur si résignée, et l'une et l'autre active, éloquente dans son jeu, dans ses discours, et triomphante enfin quand elle sent que son public est vaincu, la Ristori par sa tendresse, la Rachel par ses fureurs!"

Er glaubte die Riſtori geſehen zu haben, — er hatte bloß Franceſca di Rimini geſehen, die Geſtalt mit der Künſtlerin verwechſelt — ſo ſehr war die Künſtlerin in der Geſtalt aufgegangen.

Nun, die ſchwache, ergebene Künſtlerin der Schwermut, des Schmachtens, der „douce complainte", gab die Antwort, indem ſie gleich darauf die Roſamunda, eine der ſtolzeſten und am ſtolzeſten entworfenen Geſtalten Alfieris, darſtellte. Und Georges Sand ſchrieb ihr:

„Vous êtes dans Rosamonda la divinité de la force et de la vengeance, une de ces figures que les arts n'ont pu produire que dans les plus grandes époques. — Soit que vous manifestiez la passion sauvage ou la passion intelligente, tout être, intelligent ou sauvage, doit se prosterner devant vous."

Und Alexander Dumas, der Vater, der Große, brach ebenfalls anläßlich der Roſamunda, nach dem berühmten Monolog, in dem die Königin, das beleidigte Weib, Rache für den Verrat ſchwört, in die Worte aus:

„Que vous importe de qui est la pièce que joue cette terrible Rosamonda? C'est une femme furieuse, c'est une tigresse jalouse, c'est une lionne qui a une rivale, elle se vengera en lionne, en tigresse, en femme à un moment donné elle mettra la main, la griffe, l'ongle sur Romilde, et l'emportera en la secouant entre les dents; puis, quand elle sera arrivée là où ne peuvent atteindre ni l'amant, ni le mari, elle les raillera tous deux le poignard sur la poitrine de l'enfant, et en même temps que la raillerie sanglante s'enfoncera dans le coeur des deux hommes, l'implacable poignard pénétrera dans la poitrine de sa rivale, qui n'en aura pas moins d'oppose d'autre résistance que celle de quelques cris faibles et entrecoupés."

Wenn eine Künſtlerin in zwei ſo entgegengeſetzten Rollen ſo entgegengeſetzte Eindrücke bei Kritikern hervorzurufen vermag, die durch lange Erfahrung herm ihrer Emotionen sind, so kommt das daher, weil die Transformation, die Metamorphose zur Metempsychose geworden ist. Das war bei der Ristori der Fall.

Hier fragt man sich, ob die Ristori dieses wirklich seltsame Resultat durch langes und geduldiges Studium der von ihr dargestellten Rollen und Werke erreicht hat, oder ob diese mächtigen Schöpfungen nicht ganz besonders dem Instinkt, dem künstlerischen Gefühl der Künstlerin zu verdanken sind; ob diese nicht dem Studium bloß die Aufgabe überließen, das, was der wunderbare Instinkt, das mächtige Gefühl geschaffen hatte, zu vervollständigen, zu verfeinern.

Was mich betrifft, so bin ich dieser letzteren Ansicht, obwohl die Ristori in ihren Memoiren jede Anstrengung macht, um die Leser vom Gegenteil zu überzeugen.

In der That bietet sie uns in diesem Werke eine eingehende, vielleicht allzu eingehende Analyse ihrer hauptsächlichsten Rollen, indem sie sich bei jedem Satz, jeder Gebärde, jedem Ton der verschiedenen, von ihr dargestellten Personen aufhält.

Gewiß hat sie für diese Rollen ernste, fleißige Studien gemacht, die die Gewissenhaftigkeit der Künstlerin ehren.

So sehen wir, daß sie alle englischen Historiker durchgeblättert hat, um sich von der Unschuld Maria Stuarts belehren zu lassen; sie ist von derselben tief überzeugt, mehr noch als Schiller, der doch durch den Mund der Stuart selbst zugiebt, — „Ich habe menschlich, jugendlich gefehlt", obwohl er die Schuld mildert, indem er sie menschlich nennt. So sehen wir sie die Phädra Racines mit der des Euripides vergleichen und aus der letzteren die hervorstechendsten Stücke citieren.

Aber ich glaube, daß diese Studien nach — vielleicht lange Zeit nach der ursprünglichen Schöpfung gemacht wurden; diese würde nicht mit solcher Kraft und solcher spontanen Wärme aus ihrer Seele hervorgebrochen sein, wenn sie von diesem eingehenden und genauen Studium vorbereitet worden wäre, wenn die charakteristischsten und leidenschaftlichsten Sätze bei diesem stabilen Studium sich dem Zwange der Gebärde, des Accentes hätten unterwerfen müssen.

Um sich übrigens davon zu überzeugen, daß der Instinkt und das Gefühl der Ristori wirklich seltsam waren und ihre wunderbare Fähigkeit, die von ihr darzustellenden Personen zu erraten und wiederzugeben, schufen, braucht man nur einen raschen Ueberblick über die Ursprünge ihres Künstlerlebens zu geben.

Geboren in Cividale in Friaul — einem kleinen Marktflecken, der heute an ihrem Geburtshause eine Gedenktafel anbringt und eine seiner Hauptstraßen nach ihr benennt —, einer armen Schauspielerfamilie entstammend, die wie ein großer Teil der damaligen Schauspielertruppen ein dürftiges und unstetes Leben führte, betrat sie sozusagen die Bühne zum erstenmal im Alter von — drei Monaten. Es geschah dies in einer alten Posse, betitelt „Die Neujahrsgeschenke", und sie lag in dem Korbe, den ein junges Ehepaar, das sich gegen den Willen des Vaters der Braut heimlich vermählt hatte, dem letzteren unter andern Neujahrsgeschenken schickte, um seinen Groll zu besänftigen. Der Großvater wird natürlich gerührt, das Kind schreit aus Leibeskräften, und der Vorhang fällt unter dem Beifall und Gelächter des Publikums.

Bis zum elften Jahre wickelte sich die Laufbahn der Ristori ziemlich bescheiden ab. Mit zwölf Jahren begann sie in Truppen zweiten und dritten Ranges die Rollen der ersten Liebhaberin zu spielen, und mit vierzehn Jahren mußte sie in Novarra die Francesca di Rimini spielen.

Wie man sieht, war die Ristori eine von jenen, die man im Schauspieler-jargon „Kinder der Kunst" nennt.

Nun weiß alle Welt, daß, wenn ein „Kind der Kunst" von Kindheit an zu spielen beginnt, es von der Tretmühle erfaßt und gehemmt wird und keine Zeit mehr hat als zu spielen, um zu leben, und zu leben, um zu spielen. Den Hausbrauch der eignen Bildung durch berechnete Wahl zu bereichern, daran kann nicht einmal gedacht werden. Allein jede Rolle, die durch das erregte und ermüdete Gedächtnis zieht, läßt im Geiste des Künstlers einen Bodensatz zurück, der, wenn er geeigneten Boden vorfindet, so fruchtbar ist wie der des Nil; andernfalls wird er eine dürre Sandschicht, die jegliche Vegetation unterdrückt.

Im ersteren Fall ergiebt sich jene sogenannte praktische Bildung, die ein Schauspieler von Geist durch die tägliche Ausübung seiner Kunst erwirbt; aber oft gelangt er an das Ende seiner Laufbahn, ohne Mittel und Zeit gehabt zu haben, sie zu ordnen, zu vervollständigen, zu glätten.

Bei der jungen Ristori ergab dieser Bodensatz, der ein außerordentlich fruchtbares Terrain vorgefunden hatte, herrliche Früchte.

In der That errang sie, nachdem sie mit fünfzehn Jahren für erste Liebhaberinnenrollen in der königlich sardinischen Truppe engagiert worden war, in kurzer Zeit die Stelle der „ersten Heldin" und den Beifall des gesamten italienischen Publikums.

Zu diesem raschen Aufstieg verhalfen ihr, wie sie selbst anerkennt, die Ratschläge der berühmten Künstlerin Carlotta Marchioni, deren Nachfolgerin auf dem Posten der „ersten Heldin" sie auch wurde.

Von 1840 bis 1855 durchmaß die Ristori ihre glänzende Laufbahn; sie war fortan eine unbestrittene italienische Berühmtheit geworden.

Nachdem sie aus Liebe den römischen Marchese Giuliano Capranica del Grillo geheiratet hatte, geriet sie, wie sie schreibt, kurz nach der Hochzeit auf die Idee, „unsre künstlerische Stärke im Auslande zu erproben, zu beweisen. daß unser Land auch darin keine terra dei morti ist"; sie entwarf den Plan — der damals bedeutend kühner war, als er es heute wäre — dem Urteil des Pariser Publikums mit ihrer Truppe entgegenzutreten, einen Plan, der, allen Widerstand besiegend, sich mutig zu verwirklichen wußte.

Die Ristori in Paris.

In Paris errang sie einen lärmenden Erfolg, der nicht nur echt, sondern auch spontan, aufrichtig war und genügte, um die italienische Berühmtheit in eine Weltberühmtheit zu verwandeln.

Erst durch diesen Erfolg ward sie bewogen, zu ihren eignen Schöpfungen, welche bereits die Bewunderung des gesamten italienischen Publikums erweckt hatten, zurückzukehren und sie durch jene Studien zu vervollkommnen, deren Analyse sie uns in ihren Memoiren bietet. Aber die wahre und ursprüngliche Gestaltung dieser Rollen war schon in Italien sozusagen aus ihrem Instinkt, ihrem Gefühl hervorgebrochen.

Der Erfolg der Ristori (ich sage der Ristori, denn von ihren Gefährten fand sich, trotzdem sie Ernesto Rossi, Gáttinelli, Bellotti-Von hießen, in den enthusiastischen Berichten der Pariser Blätter höchstens der Name verzeichnet) war ein sofortiger, „entraînant", wie ein französischer Kritiker sagt. Dadurch unterscheidet er sich bedeutend von dem Erfolge, den die Duse eben im „Renaissance" errungen hat; denn dieselben Zeitungen, die sich als ihre Bewunderer erklären, diskutieren ihren Erfolg, indem sie ihre vielen Vorzüge und seltenen Mängel verzeichnen, während der der Ristori so groß — sagen wir fast blitzähnlich war, daß er der französischen Kritik keine Zeit ließ, ihn zu erörtern und zu analysieren. Publikum und Kritik unterlagen dem Zauber — das Publikum, indem es ihn in den darauffolgenden Vorstellungen bestätigte, die Kritik, indem sie ihn registrierte.

Vielleicht kommt dieser Unterschied daher, weil die Duse sich dem französischen Publikum mit einem fast gänzlich französischen Repertoire vorstellt — angefangen von der „Kameliendame" — von dem sich nur ein schönes deutsches Drama, „Die Heimat" von Sudermann, und ein eigens für sie geschriebenes, einaktiges Stück d'Annunzios abheben; die Ristori hingegen präsentierte sich mit größerem Geschick und höherem, künstlerischen Gefühl in einem rein italienischen Repertoire, von dem nur die „Medea" Legouvés und die „Phädra" Racines eine Ausnahme bildeten.

Man wird sagen, daß es, wenn die Duse auf dieses fremdländische Repertoire beschränkt war, die Schuld der italienischen Autoren gewesen ist, die ihr nicht das Material lieferten, dessen sie bedurfte, um sich zur Geltung zu bringen — ein Material, das wesentlich neurotisch und fin de siècle ist.

Mag es so sein: ich erörtere nicht; ich verzeichne es und gehe weiter.

Es ist wohl wahr, und man kann nicht umhin, das anzuerkennen, der Moment für die schwierige Probe der Ristori war günstig gewählt; aber man muß auch anerkennen, daß jene Probe viel schwieriger war als die, welcher die Duse sich jetzt unterzieht, denn diese kommt sozusagen als Zweite, während der Ristori das Verdienst gebührt, den Boden urbar gemacht zu haben.

Als die Ristori zum erstenmal nach Paris kam, war der Stern der Rachel im Untergehen, denn sie hatte zu offenkundig den Versuch gemacht, sich gegen das hohe Patronat der Pariſer Kritiker, welche ſich rühmten, die Künſtlerin und ihr Genie entdeckt zu haben, zu empören; und der erſte Akt ihrer Empörung war die Ablehnung der „Medea" Legouvés geweſen.

Ueberdies trug ſelbſt die Erinnerung an einen im Jahre 1830 unter dem Patronat der Herzogin von Berry gemachten Verſuch, die italieniſche, dramatiſche Kunſt nach Paris zu importieren — ein Verſuch, der vollſtändig und kläglich miß-glückt war, obwohl der Truppe zwei große Künſtler jener Zeit, Carlotta Internari und Luigi Tabbei, die erſtere eine ebenſo treffliche Tragödin wie der letztere ein verdienſtvoller Charakterdarſteller, angehörten — in großem Maße zu dem Erfolge der Riſtori bei, indem er die Vorurteile und Erwartungen verringerte. Und der Erfolg war ungeheuer, gewaltig, verblüffend.

Man muß die Dokumente leſen, die die Riſtori am Ende ihrer Memoiren reproduziert. Man findet dort eine Sammlung der ſchönſten Namen der fran-zöſiſchen Kritik und Litteratur. Es ſind Hymnen, in denen die Begeiſterung den höchſten Lyrismus der Hyperbel erreicht.

„Que je vous voie ou non," ſchreibt ihr die Sand, „j'ai les yeux, la tête et l'ame toujours remplis de vous. Vous êtes pour moi une revelation nouvelle, une de ces deux ou trois expressions du beau et du grand que l'on rencontre deux ou trois fois dans la vie..." Und anderswo: „Divine femme, j'ai tant pleuré d'admiration, d'effroi, de pitié et d'enthousiasme qu'en rentrant chez moi je ne peux rien vous dire sinon que je suis brisée."

Lamartine ſchreibt ihr nach der Vorſtellung von „Mirra" und „Maria Stuart":

„— — — — — — — — — —
— — — — — — — — — —

Nous pleurons, mais avant de mouiller la paupière,
Des larmes des mes yeux ont coulé de ton coeur."

Legouvé widmet ihr nur einen Vers — ſicherlich nach der Aufführung ſeiner „Medea" — einen Vers voll Offenbarung:

„Rachel m'avait tué! Qui m'a fait vivre? — Toi!"

Paul de Saint Victor ſchließt in der „Preſſe" vom 3. Juni 1855 einen langen Artikel, in dem er die Vorzüge der Mirra Alfieris nach der Darſtellung durch die Riſtori prüft und preiſt, folgendermaßen:

„Le succès a été immense, soudain, passionné. Une fièvre d'émotion régnait dans la salle; tous les coeurs étaient montés au diapason sublime de l'actrice. On pleurait, on se récriait, on applaudissait à chaque scène. A la fin de la pièce, le public, pris d'un bel accès de fanatisme italien, a rappelé trois fois Mme. Ristori: trois fois! Le „non plus ultra" de l'enthousiasme de Paris! L'équivalent du triomphe de Corinne conduite au Capitole."

Der Begeiſtertſte von allen iſt Alexander Dumas — man könnte ſagen, daß er keine Worte mehr findet, die genügen, um dieſe ſeine Begeiſterung aus-zudrücken.

Nach der „Mirra" ruft er aus:

„Oh! et quand on pense qu'il y a un Conservatoire pour lequel on dépense je ne sais combien par an, un million peut-être, quand il serait si simple de dire à toute femme, qui se destine au théâtre: nous supprimons les classes, allez voir Mme Ristori; voilà des billets!"

Diese Idee, alle Leute zur Ristori ins Theater zu schicken, wird bei dem berühmten Litteraten zur fixen Idee.

Eines Abends, als er aus einer Vorstellung der „Mirra" kommt, begegnet er einem seiner Freunde, einem Litteraten und Künstler, packt ihn beinahe bei der Gurgel und setzt ihm folgende Frage wie eine Pistole auf die Brust:

„Nun, was hältst du von ihr?"

Der plötzlich überrumpelte arme Teufel sieht ihm ins Gesicht und fragt:

„Von wem?"

„Diautre! Von der Ristori!"

Dumas konnte sich nicht vorstellen, daß man von jemand anderm sprechen könne.

„Ich habe sie noch nie gehört."

„Was! Ist's möglich! Aber in was für einer Welt lebst du denn?"

„Beruhige dich, ich werde sie mir ansehen."

Nach einer Woche begegnen sie einander abermals.

„Nun?" fragt Dumas ängstlich.

„Nun — was?"

„Die Ristori?"

„Ich habe sie noch nicht gehört."

„Was, warum?"

„Warum, warum!" ... wiederholt jener geärgert. „Wenn du auch Monte Christo bist, mein Lieber, und auf Lappalien nicht achtest, so haben doch nicht alle Leute immer sieben Franken fürs Theater auszugeben."

„Sonst nichts? Da hast du die sieben Franken!"

Der Freund zuckt ungeduldig die Achseln und dreht ihm den Rücken.

Dumas hält ihn fest.

„Sieh her, ich lege sie dorthin, auf diese kleine Säule. Wenn du sie nicht willst, wird sie der erste beste nehmen, der vorübergeht."

Und ein jeder geht seines Weges; aber nach wenigen Schritten erfaßt beide derselbe Gedanke, verlangsamt ihre Schritte und läßt sie Kehrt machen, wodurch sie sich mit gegenseitiger Ueberraschung und in gemeinsamem Gelächter gleichzeitig vor der kleinen Säule wiederfinden. Die armen sieben Franken! Man kann sie doch nicht auf gut Glück liegen lassen, damit sie in Gott weiß was für Hände geraten. —

Dumas selbst erzählte der Ristori dieses wunderliche Geschichtchen, indem er versprach, daraus eine Novelle mit dem Titel „Die zwei Millionäre" zu machen.

Nicht viel glücklicher war Dumas in dem feurigen Aufruf, den er in einem Artikel an die Rachel richtete, damit sie sich ansehen möge, wie die Ristori als

Mirra, nachdem ſie ſich mit dem Schwert Ciniros durchbohrt hat, das Peplum über die Wunde zieht, um der Mutter das herausfließende Blut zu verbergen.

„Etudiez celà, Rachel, tâchez, aux qualités que vous avez, de joindre le quart des qualités que possède Mme. Ristori; et, belle Danaé, que la pluie d'or tombe sur vous, nous dirons: c'est justice!"

Der „Goldregen" bezieht ſich auf die Amerikareiſe, zu der ſich die Rachel anſchickte; und der Goldregen kam in der That, aber die Rachel wollte ihn nicht unter den von Dumas aufgeſtellten Bedingungen verdienen.

Das künſtleriſche Duell, das bei jener Gelegenheit zwiſchen der Riſtori und der Rachel ausgekämpft wurde, bildete den charakteriſtiſchſten Teil jenes Ereigniſſes — und ein Ereignis war thatſächlich die Reihe von italieniſchen Vorſtellungen, welche die Riſtori in Paris gab.

Es iſt um ſo intereſſanter, als es eine ſeltſame Aehnlichkeit zu den Beziehungen hat, die in dieſen Tagen zwiſchen der Duſe und der Sarah Bernhardt ſtattfanden, und daher zeichne ich dieſe Periode in kurzen Strichen für die Leſer der „Deutſchen Revue" auf. Den meiſten derſelben wird ſie wahrſcheinlich höchſtens eine vage hiſtoriſche Erinnerung, eine Jugendreminiscenz ſein, die ihnen ihre Väter erzählten, wobei ſie während des Erzählens warm wurden wie Kampfrichter oder die Zuſchauer eines alten Turniers.   (Schluß folgt.)

Wanderungen und Geſpräche mit Ernſt Curtius.

Von

Heinrich Gelzer.

(Schluß.)

Eins muß übrigens bei aller Anerkennung von Curtius' großen und bleibenden Verdienſten um die griechiſche Geſchichtsforſchung geſagt werden, und dies iſt mir auch mehrfach von ihm naheſtehenden Gelehrten beſtätigt worden. Es war nicht ganz leicht, mit ihm eine wiſſenſchaftliche Debatte unter ſorgfältiger Abwägung der Gründe und Gegengründe zu führen. Er pflegte oft und gern zu ſagen: „Man mache mir doch einmal ſtichhaltige Einwürfe gegen meine Poſitionen. Ich bin Gründen durchaus zugänglich. Aber entweder wird meine Darſtellung mit vornehmem Stillſchweigen als nicht exiſtierend betrachtet oder mit einigen hochmütigen Worten abgethan, die den Kern der Sache nicht treffen." Dies kann doch nur mit Einſchränkungen gelten. Trat man ihm, wo es ſich um eine ſeiner Lieblingsanſchauungen handelte, mit einer gegenteiligen Anſicht ſcharf entgegen, ſo war er entweder den Gründen nicht zugänglich, oder es erfaßte ihn über den „Abfall" eine ſo tiefe Bekümmernis, daß man bereute, nicht geſchwiegen zu haben.

Ich will nur ein Beispiel anführen: Er hatte mich einmal provoziert, ihm
denn nur einen bestimmten Fall anzuführen, wo er, meiner Meinung nach, andern
Forschern gegenüber entschieden im Unrecht sei; ich nannte die Inschrift von
der Schlangensäule auf dem Atmeidan und sagte ihm offen, daß ich Frick,
Kirchhoff und den andern Forschern durchaus recht geben müsse, welche die
Inschrift für echt und mithin das Denkmal für althellenisch erklärten. „Aber
es ist vollkommen gegen den Geist griechischer Kunst, ineinander gewundene
Schlangenleiber als Stütze und Träger, als Säule sich zu denken." Von
dieser Anschauung ließ er sich nicht abbringen. Einen Widerspruch gegen
die mit ihm verwachsenen Anschauungen empfand er fast wie einen physischen
Schmerz; so bemerkte er mir gleich nach dem Erscheinen von E. Meyers zweitem
Bande, daß auch dieser sich gegen Bunarbaschi und für Hisarlik erkläre. Ich
erwiderte, daß auch mir jetzt die Sache durch Schliemann entschieden scheine;
wir hätten uns ja durch den Augenschein 1871 überzeugt, daß das Mauerwerk
auf dem Bali Dagh etwas kümmerlich sei. Die Vermutung, welche damals
Calvert ausgesprochen, daß die dortigen Ruinen vielleicht das alte Gergis seien,
scheine mir recht annehmbar. Doch mit der größten Lebhaftigkeit erwiderte er:
„Aber ich bitte Sie! die πλυνοί! (Waschgruben.) Und Sie schlagen sich selbst
ins Gesicht, der Sie damals unter dem frischen Eindruck des mit eignen Augen
Geschauten in Ihrem Vortrage so energisch für den Bali Dagh eingetreten sind."
Ich erwiderte, daß ich damals noch sehr jung gewesen und eigentlich nur
nachgesprochen habe, was Welcker behauptet und er mich gelehrt habe. Da
wurde er tief bekümmert und klagte, daß auch auf mich die von Schliemann
beeinflußte öffentliche Meinung so stark einwirke. Natürlich hörte damit die
Debatte auf.

Kam Curtius aber einmal von der Irrigkeit einer bisherigen Anschauung
überzeugt, gab er sie auch rückhaltlos preis. Beweis dafür ist seine entschiedene
Zustimmung zu Kirchhoffs Ausführungen über die perikleische Politik gegen
Theben. Bekanntlich war die berühmte Stelle der aristotelischen Politik von der
Katastrophe der thebanischen Demokraten nach der Schlacht bei Oinophyta immer
dahin verstanden worden, daß auch in Theben, wie im übrigen Böotien, eine
demokratische Partei sich an Athen angeschlossen habe, welche dann später durch
eine lakonisierende Oligarchie gestürzt worden sei. Lediglich durch scharfsinnige
philologische Interpretation hat Kirchhoff evident dargethan, daß gerade die
zentralistischen Demokraten von Theben zugleich lakonistisch gesinnt waren, während die föderalistischen Landjunker der andern Städte zu Athen hielten. Perikles
hat also, den momentanen Umständen Rechnung tragend, sich als kühlen Real-
politiker bewährt und mit Faktoren ein Bündnis geschlossen, die ihrem innersten
Wesen nach seiner und Athens Politik entgegentreten mußten. Die neuen Auflagen von E. Curtius' Geschichte beweisen, wie unbedingt er Kirchhoffs Ausführungen acceptiert hat.

Man hört nicht selten die Bemerkung, daß seiner geschichtlichen Darstellung
das eigentliche politische Verständnis fehle; hier hat er sich jedenfalls frei von

allem ſyſtematiſierenden Doktrinarismus gehalten und mit der Politik der Thatſachen zu rechnen verſtanden.

E. Curtius, den man ſich gern als eine mehr poetiſche Natur vorſtellt,
welche der proſaiſchen Wirklichkeit politiſcher Inſtitutionen und Kämpfe fremd
gegenüber geſtanden habe, hat für die politiſchen Zuſtände meiner engeren
ſchweizeriſchen Heimat ein ſehr feines Verſtändnis gezeigt, ein feineres, als ſonſt
vielfach Gelehrte bewieſen haben. Er hat ſeine Aufenthalte in Zürich, Winterthur
und namentlich in Baſel bei W. Viſcher und andern Freunden benutzt, um ſich
aufs liebevollſte in die mit jedem Jahrzehnt mehr ſchwindenden Ueberreſte des
alten ſchweizeriſchen Föderalismus zu verſenken; den ſogenannten „Kantönligeiſt“
hat er nicht in der hergebrachten Weiſe verſpottet, ſondern zu verſtehen geſucht.
Wie Niebuhr für das Rom der älteren republikaniſchen Epoche, ſo fand er für
den Mikrokosmos der helleniſchen Polisſtaaten in der Schweiz die wichtigſten
und belehrendſten Parallelen und zeigte dadurch für griechiſche Eigenart oft mehr
fruchtbringendes Verſtändnis als etwas ſchablonenhaft urteilende Gegner. Mit
Energie benutzte er ſeine Schweizeraufenthalte, um ſich aufs gründlichſte über
die Beamtenorganiſation, die Gewalt der geſetzgebenden Räte und der Lands-
gemeinden, über das Wirtſchaftsleben der Kleinbürger, Bauern und Alpenſennen
der innerſchweizeriſchen Bergkantone zu unterrichten. Dieſe Studien, welche nur
eine Vertiefung ſeines Verſtändniſſes griechiſcher Staatsorganismen und Wirt-
ſchaftszuſtände bezweckten, brachten mich oft zur Verzweiflung durch die Exaktheit
und Gründlichkeit ſeiner Fragen, ſo daß wir dann gemeinſam Gemeindepräſidenten,
Ammänner, Bannwarte oder ähnliche wohlunterrichtete und ortskundige Leute
konſultieren mußten, weil es mir, obſchon ich einen großen Teil meiner Jugend
im Gebirge zugebracht hatte, einfach unmöglich war, ſeinen bis ins kleinſte Detail
eindringenden Wiſſensdurſt zu befriedigen.

Tief bekümmert war Curtius über den Niedergang der philologiſchen Studien
infolge der neuen altertumsfeindlichen Zeitſtrömung. Er war feſt überzeugt, daß
die Wurzeln unſrer Kraft und Geſittung auf helleniſchem Boden zu ſuchen ſeien,
und zu den Altmeiſtern der Philologie aus der erſten Hälfte unſers Jahrhunderts
ſah er mit unbegrenzter Hochachtung empor. Lachmann und M. Haupt bewunderte er in ihrer einſeitigen Größe und trat abweichenden Anſchauungen mit
großer Entſchiedenheit entgegen. Gelegentlich nahm er übrigens Haupts kräftiges
Urdeutſch auch humoriſtiſch. Kurz nach Vollendung des dritten Bandes ſeiner
Geſchichte beſuchte Curtius denſelben in Berlin. Haupt fragte, ob er bald den
vierten Band herausgebe. „Nein,“ meinte Curtius, „ich habe vorläufig genug
Bücher geſchrieben.“ „Das iſt ſchade,“ ſagte Haupt, „Ihre Geſchichte wird mit
jedem Bande beſſer,“ und Curtius: „Warum haben Sie mir das nicht früher
geſagt? Ich hätte ſie dann gleich auf zwölf Bände berechnet.“

Man meine auch nicht, daß Curtius bei ſeinem Enthuſiasmus für Hellas'
Kunſtwerke an den Denkmälern der deutſchen Vergangenheit achtlos vorübergegangen ſei. Ich äußerte einſt, die heutigen Deutſchen hielten es wie die Römer
und Griechen der Kaiſerzeit; tadelnd ſagt nämlich Pauſanias der Perieget, daß

die Griechen alles Fremdländische ganz anders bewunderten als das Einheimische. Hervorragende Männer lieferten die genauesten Beschreibungen der Pyramiden, und die nicht minder staunenswerten Mauern von Tiryns und das Schatzhaus des Minyas hielten sie nicht einmal einer kurzen Erwähnung wert. Gerade so ist es heute. Jeder halbgebildete Deutsche ist in Venedig, Florenz, Rom und in Neapel, Syrakus oder Palermo gewesen. Wer kennt sie nicht, die Scharen der deutschen Kolonie zu Rom, welche an den Gratistagen vollzählig auf dem Palatin oder im kapitolinischen Museum erscheinen, oder wen haben nicht schon in Venedig jene alleinstehenden ältlichen Damen erheitert, welche in einem bieder nach Toussaint-Langenscheidt eingelernten Italienisch mit dem Gondoliere viertelstundenlang um ein paar Soldi kämpfen? Aber wie viele von diesen Italien-Enthusiasten sind in Rothenburg ob der Tauber oder in Schwäbisch-Hall, in Wimpfen oder Ueberlingen gewesen? Die Gräber der della Scala von Verona kennt jeder; die so bequem zu erreichende Hohenzollerngruft von Heilbronn besucht außer Künstlern und Architekten kaum ein Mensch. Curtius, der meine Vorliebe für die alten kunsthistorisch wichtigen Städte Süddeutschlands und der Schweiz teilte, machte mich noch besonders auf Aschaffenburg aufmerksam, nicht nur wegen des Pompeianums, sondern besonders wegen der Anlage der kurfürstlichen Residenz. „Diese geistlichen Herrscher," sagte er, „haben in seltener Weise Sinn und Verständnis für wahrhaft fürstliches Auftreten besessen. Für den Herrscherpalast ist nun vor allem charakteristisch die Terrasse. Schon die Babylonier und Assyrer haben den Fürstensitz mit terrassierten Gartenanlagen geschmückt, (die hängenden Gärten der Semiramis), wie sie uns Ferguffons und Chipiez' Restaurationen wieder vor Augen geführt haben. Gerade so hielten es die deutschen geistlichen Fürsten. Aschaffenburg, die Sommerresidenz der Mainzer Kurfürsten, ist rings von terrassierten Gartenanlagen umgeben; ebenso steigen hinter dem glanzvollen und wahrhaft fürstlichen Schlosse der ‚Herzöge zu Franken', der Würzburger Fürstbischöfe, die prachtvollsten Gartenterrassen empor, und oberhalb der fürstbischöflichen Residenz in Bamberg erhebt sich der Michaelsberg mit seiner weithin die Lande überschauenden und beherrschenden Terrasse. Diese Priester haben eben erkannt, daß zum Fürstenpalast die Terrasse gehört." Jeder sieht, wie sein hier die charakteristische Eigentümlichkeit und Uebereinstimmung in der Bauthätigkeit der altorientalischen Priesterkönige und der fürstlichen Priester der Neuzeit hervorgehoben wird.

Eine der Fragen, die wir am häufigsten gemeinsam erörterten, war die über den Ursprung des hellenischen Pantheons und den Einfluß der orientalischen Kultur auf die griechische Götterlehre. E. Curtius hatte in einem Aufsatze der preußischen Jahrbücher die Grundlinien für eine historische Auffassung der griechischen Mythologie gezogen. Die griechischen Götter sind nicht geheimnisvoll mystisch geworden, sondern wie die aller Völker zusammengesetzt aus nationalen und fremden Bestandteilen, die oft sehr äußerlich und zufällig eine Verbindung eingehen. Als fremde Eindringlinge suchte er namentlich die weiblichen Gottheiten neben Aphrodite auch Artemis und Athena nachzuweisen. Aber dieser

Aufjaß fand faſt durchweg eine ſehr unfreundliche Aufnahme. Unter den Helle=
nomanen machte ſich eine förmliche Entrüſtung geltend.

In erſter Linie trat Alfred von Gutſchmid auf. Zwiſchen ihm und E. Curtius,
die ſich perſönlich nicht kannten, beſtand eine tiefgehende Divergenz der An=
ſchauungen und auf beiden Seiten eine entſchiedene Abneigung gegen die wiſſen=
ſchaftliche Richtung des andern. So ſind beide Gelehrte einander nicht gerecht
geworden.

Mit Bezug auf Curtius' Aufjaß ſchrieb A. von Gutſchmid 1876 in ſeinen
„Neuen Beiträgen zur Geſchichte des alten Orients" (S. 159): „E. Curtius hat
an die Wiſſenſchaft der griechiſchen Mythologie die Aufforderung gerichtet, an=
geſichts der aſſyriſchen Entdeckungen umzukehren und das ihre zu thun, um
das helleniſche Pantheon in ein aſſyriſches Pamporneion zu verwandeln."
Selten hat ein polemiſcher Ausfall Curtius ſo gekränkt wie der etwas grob=
körnige Scherz mit dem aſſyriſchen Pamporneion. In den Geſprächen mit mir
kam er immer wieder darauf zurück und konnte die Sache durchaus nicht von
der heiteren Seite nehmen.

Ebenſo ſcharf ſind einige Aeußerungen, welche U. von Wilamowiß=Möllendorff
in ſeinem Kydathen und in ſeinen homeriſchen Unterſuchungen gethan hat. „Wila=
mowiß," ſagte mir einmal E. Curtius, „hat einen förmlichen Bannſtrahl gegen mich
geſchleudert." Er ſagte das mit Bezug auf Kydathen S. 160: „Wer die Jung=
frau von der Burg in das Pamporneion von Ninive verweiſt, μηδέ μοι
ξυνέστιος γένοιτο μηδ' ἴσον φρονῶν. Wachsmuth aber, und ſo die Mehrzahl
der beſonnenen Forſcher haben mit Tranſigieren und mit partiellen Konzeſſionen
nach beiden Seiten durchzukommen verſucht: es ſollte mich freuen, wenn wenigſtens
die Erkenntnis Plaß griffe, daß ſich zween Herren nicht dienen läßt, Athena
und dem Mammonas."

Im Anſchluß an dieſe und ähnliche Aeußerungen, die wir unſern Unter=
redungen zu Grunde legten, pflegte Curtius zu behaupten, daß entſprechend einer
heutigen ſtarken Zeitſtrömung auch in der Wiſſenſchaft ein förmlicher Antiſemitis=
mus ſich geltend mache. So bemerkt er auch treffend im Vorwort zu den ge=
ſammelten Abhandlungen Bd. II., S. VII: „Ein andrer weſentlicher Zug des
hiſtoriſchen Sinns iſt die Unbefangenheit, die Freiheit des Geiſtes von vorgefaßten
Meinungen und Stimmungen. Man iſt befremdet, davon auf dem Gebiete alter
Völkergeſchichte ſprechen zu hören. Und doch kann ich mich dem Eindrucke nicht
entziehen, daß namentlich in der Abweiſung morgenländiſcher Kultur ſich noch
immer eine gewiſſe Antipathie hie und da zu erkennen giebt, welche die Un=
befangenheit des Urteils trübt ... Semitiſch iſt die älteſte Kultur am Mittelmeer,
und doch ſträubt man ſich noch immer, in Religion und Kultur anregende Ein=
flüſſe der Semiten anzuerkennen. Man läßt nicht einfach die Thatſachen auf
ſich wirken: man begegnet noch immer der Vorſtellung, es gereiche den Hellenen
zur Ehre, wenn man ohne Anerkennung irgend welcher Abhängigkeit von aus=
wärtigen Faktoren auskommen könne, und man weiſt das, was von mir und
andern in dieſer Beziehung geltend gemacht worden iſt, mit Mißbehagen zurück,

ohne die Thatsachen zu widerlegen." Namentlich konnte Curtius sich durchaus
nicht mit der Anschauung befreunden, welche sogar Aphrodite für echt indo-
germanisch erklären will. Um so mehr freute er sich, als ich ihn auf die Art
aufmerksam machte, wie E. Meyer (Gesch. d. Alter. II, § 91) diese Frage behandelt. „Nach Herodot waren die phönikischen Goldbergwerke auf Thasos weit
großartiger als die späteren griechischen; die Tempel des Herakles auf Thasos
und der Aphrodite auf Kythera bezeichnet er als phönikische Gründungen. Manche
dieser Daten mögen unzuverlässig oder aus Kombination hervorgegangen sein;
sie sämtlich für unhistorisch zu erklären, ist unmöglich... Auf
Cypern und Kythera ist Aphrodite zweifellos an Stelle einer
phönikischen Astarte getreten; ob aber deshalb in Korinth und Sparta,
ist nicht erweisbar." „Nun," meinte E. Curtius, als ich ihm diese Stelle vorlas,
„das korinthische Gnadenbild ist doch genau dasselbe stahlumhüllte Schnitzwerk
wie das Bild des phönikischen Tempels von Kythera (vergl. Pausan. II, 5, 1
und III, 23, 1.), und die mit dem dortigen Kulte verbundenen ,gastfreien Mädchen'
werden sonst bereitwillig den ,unsittlichen' Semiten zugeschoben."

Gelegentlich machte ich E. Curtius auf eine Stelle der homerischen Untersuchungen (S. 215 ff.) aufmerksam:

„Die seit Jahrhunderten faulenden Völker und Staaten der Semiten und
Aegypter, die den Hellenen trotz ihrer alten Kultur nichts hatten abgegeben, können
als ein paar Handfertigkeiten und Techniken, abgeschmackte Trachten und Geräte,
zopfige Ornamente, widerliche Fetische für noch widerlichere Götzen, die sich an
Prostitution und Kastration delektierten, mit einem Wort wohl ὕλη für die Be-
thätigung des hellenischen λόγος, aber kein Fünkchen λόγος..." Da rief Curtius:
„Aber da bin ich ja mit Wilamowitz vollkommen einverstanden. Also die an das
Schmücken und Herausputzen der Götteridole sich anknüpfenden Inkunabeln der alten
hieratischen Kunst stehen auch nach seinem Eingeständnis vollkommen unter semi-
tischem oder ägyptischem Einflusse. Das ist ja, was ich immer gelehrt habe. Die
Menschen- und Tierformen verbindenden Darstellungen der Gottheit sind für
Religions- und Kunstgeschichte wichtige Proben einer Uebergangsperiode, in
welcher sich aus dem Orientalischen das Hellenische allmählich herausgestaltet
hat. Ich habe durch Sammlung von Typen und Gesten, welche aus einer älteren
Kunstwelt in die griechische herübergenommen sind, eine Vorstellung zu erlangen
gesucht, wie die Hellenen das Vorgefundene aufgenommen und bei sich umgestaltet
haben. Daß erst der hellenische Geist das aus dem Orient entlehnte Material
zu einem Besitz umgeschaffen habe, wert, auch den folgenden Jahrhunderten überliefert zu werden, ist ja auch meine Grundanschauung. Freilich habe ich diesen
Gedanken in etwas abweichender Form zum Ausdruck gebracht." Sehr fein machte
er mich darauf aufmerksam, daß ein ähnlicher Kulturprozeß, wie hier zwischen
Orient und Hellas, sich auch im Mittelalter zwischen Byzanz und Rußland vollzogen habe. Auch dort hat die russische Kirche von der byzantinischen in ana-
loger Weise ein Erbgut empfangen wie die griechische Religion und Kunst von
dem Orient. Auch dort hat bei der energisch nationalen Entwicklung vielfach

eine Umbildung der helleniſchen Materie in ruſſiſchen Logos ſtattgefunden, und doch wird niemand den kulturellen Zuſammenhang zwiſchen Griechenland und Rußland leugnen.

Noch im Auguſt 1895 in Friedrichroda, als er tief in ſeiner Geſchichte von Olympia ſteckte, konnte ich bemerken, wie ſehr ihn dieſe religionsgeſchichtlichen Probleme beſchäftigten. Auf unſern gemeinſamen Spaziergängen teilte ich ihm mit, daß meine Studien über die armeniſche Götterlehre mich zu verwandten Reſultaten geführt hätten, wie er aus der griechiſchen Götterwelt gewonnen habe. Ich führte des weitern aus, wie die Armenier noch in der Tigraneszeit ein im höheren Sinne kulturloſes Volk, d. h. Analphabeten und litteraturlos geweſen ſeien. Ein ſolches Volk, wenn es auch Ackerbau treibt, Weinbau und Oelzucht pflegt, Goldſchmuck und zahlreiche andre Importartikel von den Händlern der benachbarten Nationen eintauſcht, iſt noch ein geiſtiges Kind, ein weißes Blatt, welches widerſtandslos jeden fremden Eindruck von außen in ſich aufnimmt. Auf Armenien übte das Partherreich einen überaus mächtigen Einfluß, und der größte Teil des dortigen Götterhimmels iſt darum iraniſchen Urſprungs. Daneben ſtand das Land unter der ſtarken Einwirkung der hochkultivierten Syrer; auch ihnen verdanken die Armenier eine Reihe Gottheiten und Götterſagen. Dem gegenüber iſt das original Armeniſche geradezu verſchwindend gering. Man ſollte meinen, dieſe mächtigen Wogen des Fremdentums hätten über dem kleinen und unbedeutenden Volke mit ſeinem noch ſchwach entwickelten Nationalbewußtſein einfach zuſammengeſchlagen. Allein gerade im Kampfe der ethniſchen Gegenſätze hat ſich das nationale Leben des Volkes kräftig entwickelt, und im Widerſtreit mit den nationalfremden Kulturelementen iſt das patriotiſche, echt armeniſche Empfinden zur ſchönſten Blüte gelangt. Auch hier gilt Wilamowitz' Wort: Iraniſch und ſyriſch iſt die ὕλη; der λόγος iſt echt national.

Es iſt nun gar keine Frage, daß die Hellenen von Mykene und Orchomenos auf keiner höheren Kulturſtufe ſtanden als die Armenier der Partherzeit. Werden nun die Söhne Hayks von fremden Kulturelementen völlig durchtränkt, woher ſollten die primitiven Hellenen die Kraft genommen haben, den mächtig einbringenden orientaliſchen Kulturſtrom, der aus Babylon, der Urmutter aller Kultur, auf dem Landwege durch Kleinaſien und auf dem Seewege aus Phönizia und Cypern ſich zu ihnen ergoß, von ſich abzulenken? Aus Phönizien und Kleinaſien hat die urhelleniſche Kultur offenbar recht nachhaltige Eindrücke empfangen.

Welch rührendes Intereſſe E. Curtius meinen Studien ſchenkte, zeigt ein Brief vom 1. Januar 1896, zugleich ein Beleg für das raſtloſe Fortarbeiten des Geiſtes auch in der Leidenszeit; er ſchreibt: „Ich ſehne mich nach geiſtiger Speiſe von Ihnen und nach elektriſcher Verbindung mit Ihnen um ſo mehr, da ich mich doch aus dem großen Verkehr zurückziehe und meiner Augenſchwäche wegen ſo wenig leſe. Meine Vorleſungen halte ich täglich, oft auch noch Sonnabend im Muſeum und arbeite täglich an der Vollendung meiner Geſchichte von Olympia, die eine Art Kultusgeſchichte von Hellas giebt, von einem Stand punkte aus gesehen. Dabei habe ich vieles neu gelernt, namentlich welche Burg monotheistischer Gottesanschauung Olympia und welche sittliche Weltmacht der Zeus des Pheidias gewesen ist.

„Religionsgeschichte fesselt mich immer am tiefsten, und ich harre immer auf das, was Sie mir schon im November in Aussicht stellten, eine Arbeit, in der Sie nach Analogie armenischer Vorgänge die Entwicklung des hellenischen Poly= theismus darstellen wollten. Was könnte mir Lieberes geboten werden!"

Zur Lösung religionsgeschichtlicher Probleme befähigte E. Curtius vor allem der tief religiöse Grundzug seines Wesens. Dadurch besaß er fraglos ein feineres Verständnis für diese Fragen als andre und für ihre Erörterung von vorn= herein eine große Ueberlegenheit. Es ist charakteristisch für unsre Zeit, daß ich oft von durchaus nicht religionsfeindlicher Seite gefragt wurde, ob Curtius nicht stark pietistisch sei. Für pietistisch gilt eben heute in vielen Kreisen jeder, dem sein religiöser Glaube Bedürfnis und Herzenssache ist. Und doch war Curtius von jeder engherzigen Frömmigkeit weit entfernt. Sein Christentum war etwas durchaus Ursprüngliches, mit seinem ganzen Wesen aufs innigste Verwachsenes.

Charakteristisch für E. Curtius war seine rastlose Arbeitsenergie. Sie wurde ein Sporn für alle ihm näher Stehenden. Denn man schämte sich, neben ihm in Unthätigkeit zu verharren. Darum kannte er auch die behagliche Muße eigent= lich nicht. Die Unterhaltung mit ihm betraf fast ausschließlich die Wissenschaft oder die höchsten geistigen Probleme und wurde daher, wenigstens mir, auf die Dauer manchmal etwas anstrengend. Er dagegen schien immer dieselbe Elasticität des Geistes zu bewahren. In Krankheitsperioden konnte dieser Feuergeist nur durch Vorlesung ihm sympathischer Bücher einigermaßen in Ruhe gehalten wer= den. Er hatte eine ausgesprochene Vorliebe für Biographien, und unter diesen sprachen ihn am meisten die von self made-men an, von ursprünglichen, aus der Tiefe sich empor arbeitenden Persönlichkeiten, welche mit wuchtiger Thatkraft die schwersten äußeren Hindernisse besiegten. An Schilderungen solcher persönlichen Kämpfe hatte er seine helle Freude und nahm daran so lebhaften Anteil, wie ein begeisterter Zuschauer an den Peripetien des Dramas.[1] Während der Augenoperation 1894 las ich ihm die Erinnerungen eines alten Mechanikers vor, diese ebenso kernhafte als humorvolle Biographie, welche der Bremer Verein zur Verbreitung guter Schriften mit überaus glücklichem Griff seinem eisernen Bestande einverleibt hat. Die Persönlichkeit des Verfassers (des bekannten Ingenieurs Riggenbach vom Zahnradsystem) hatte bald Curtius lebhaftestes

---

[1] Hiefür ist auch folgendes Erlebnis bezeichnend: Bei einem Sommeraufenthalt in Chateau d'Œx las er zufällig zum ersten Male den Dorfnotär. Ganz ergriffen von den lebenswahren Schilderungen des ungarischen Komitatslebens, schrieb er an seine Tochter auf einer Postkarte: „Luft und Natur sind ganz herrlich. Die liebliche Schweizergegend genieße ich in vollen Zügen. Nur das Schicksal des armen Tengely verfolgt mich Tag und Nacht." Natürlich fragte diese, die Eötvös' Buch nicht kannte, mit wendender Post, wer denn dieser gänzlich unbekannte Freund oder Verwandte sei, dessen Schicksal dem Vater so zu Herzen gehe.

Intereſſe abgewonnen; wurden wir durch Beſuche oder ſonſtige Abhaltungen unterbrochen, verlangte er nachher mit ordentlicher Ungeduld die Wiederaufnahme der Lektüre. Beſondere Freude machte ihm die plaſtiſche und anſchauliche Schilderung der Reiſe nach Algier, der Phyſiognomie von Stadt und Umgebung, der üppigen Vegetation u. ſ. ſ. Er fühlte ſich wieder im Geiſte an ſein geliebtes Mittelmeer verſetzt.

Während der Leiden des Winters und Frühjahrs 1896 bat er einen be- freundeten Geiſtlichen um eine ihm zuſagende Lektüre. Dieſer brachte Living- ſtones Leben, das C. noch nicht kannte. Auch das war ein überaus glücklicher Griff. So ſehr feſſelten ihn die Schilderungen von den Kämpfen und Wande- rungen des großen Glaubensboten und Entdeckers, daß er darüber die furcht- baren Schmerzen des über ihn verhängten Leidens vergeſſen konnte. Ich habe auch in dieſer Zeit noch mehrfach mit ihm Briefe gewechſelt; nie klagte er, immer handelte es ſich nur um wiſſenſchaftliche Gegenſtände, in erſter Linie um die Geſchichte von Olympia. Ein einziges Mal hat er in kurzen erſchütternden Worten ſeiner Leiden gedacht. Er ſchrieb mir am 5. Mai 1896: „... ich höre mit Freuden, daß Sie Religionsgeſchichtliches fortarbeiten. Den kleinen Aufſatz ‚Topographie und Mythologie‘ kennen Sie. Ich wüßte ſo gern, was Sie dazu ſagten! Deutlicher kann man ſich doch gegen die Gegner nicht ausſprechen? Sie leſen ja jetzt wohl griechiſche Geſchichte? Ich habe viel zu lernen an Geduld und Ergebung. Ich habe zu lernen, wie man dem Abſchluß entgegengehen ſoll ohne das Gefühl eines Verurteilten zu haben.

„Die Trauer um Treitſchke hat etwas Herzerhebendes

Ihr

E. C.“

Ich finde keinen paſſenderen Schluß, als dieſe Worte für meine Aufzeich- nungen. Sie ſind für Ernſt Curtius charakteriſtiſch. Gefoltert vom ärgſten phyſiſchen Schmerz, der ihm allein die tieftraurigen und doch ſo ergebungsvollen Worte auspreſſen kann, gedenkt er des eben dahingeſchiedenen, in idealem Hoch- fluge ihm ſo ähnlichen, von ihm ſo wertgehaltenen und mit ihm ſo eng ver- bundenen Kollegen und Freundes.

Berichte aus allen Wissenschaften.

Geschichte.
Aus dem Leben eines deutschen Kleinstaates vor hundert Jahren.
Aus den Aufzeichnungen meines Urgroßvaters.
Mitgeteilt von
P. von Ebart.

I.

Der Minister von Sachsen-Gotha-Altenburg Hans von Thümmel schrieb bei Beginn dieses Jahrhunderts: „Ein kleiner Staat findet im Gange der Politik oft mehr Schwierigkeiten zu überwinden, um sich aus Verlegenheiten zu ziehen, als ein großer; seine Selbständigkeit ist ephemerisch und hängt bloß von der Gerechtigkeit und dem Billigkeitsgefühl der Beherrscher großer Reiche, oft von den Umständen und noch mehr von der Geringschätzung ab, mit der er behandelt wird."

Das Nachstehende ist ein Beweis obiger Behauptung.

Fürst Günther Friedrich Karl I. von Schwarzburg-Sondershausen, geboren am 5. Dezember 1760 zu Sondershausen, gestorben (auf dem Jagdschloß „Zum Possen" bei Sondershausen) am 22. April 1837, war der älteste Sohn des Fürsten Christian Günther und seiner Gemahlin Charlotte Wilhelmine, geborenen Prinzessin von Anhalt-Bernburg. Sein Körper war kräftig, aber seine geistigen Anlagen wurden ganz vernachlässigt, „denn seine Erziehung geschah ohne alle Sorgfalt."[1]

In jenen Tagen hielt man es freilich für hinreichend, wenn ein Prinz, besonders der Erstgeborene, dessen Laufbahn sich von selbst verstand, in gewöhnlichen Dingen unterrichtet war, denn das Regieren war damals, wo Staatskonstitutionen, Volksvertretung, Budget, Zivilliste und dergleichen aus neuerer Zeit hervorgegangene Worte und Begriffe unbekannte Laute waren, kein schweres Geschäft.

Der Erbprinz wuchs auf, meistens sich selbst überlassen, von Personen umgeben, die eben nicht geeignet waren, seine Ausbildung zu fördern und seiner Denkart eine gute Richtung zu geben. Dabei fehlte es ihm nicht an richtigem Blick und scharfer Urteilskraft, wovon im folgenden noch Beweise gegeben werden sollen.

Das Verhältnis zwischen ihm, der sich gern frei bewegte, und seinem Vater, dem die Etikette liebenden Fürsten Christian Günther, war ein schlechtes.

Dem Erbprinzen wurde Anfangs der neunziger Jahre ein kleines einsames Landgut „Scherßen", an der Straße zwischen Sondershausen und Kelbra[2] gelegen, zum Wohnsitz angewiesen, wo er freien Spielraum für seine aus Geschäftslosigkeit entspringenden Neigungen fand.

Ich lasse das Tagebuch meines Urgroßvaters[3] reden: „Den 14. Oktober 1794, 1/2 2 Uhr nachmittags, starb an der Wassersucht unser durchlauchtigster regierender Fürst zu Schwarzburg. Worauf mich sogleich der an die Regierung gekommene Fürst, Herr Günther Friedrich Carl, durch den Kammerdiener Kein aufs Schloß rufen ließen und in das Sterbezimmer führten, wo noch viele Menschen versammelt waren und den eben eingeschlafenen

---

[1] Vergl. den Regenten-Almanach 1837.

[2] Weg nach dem heutigen Kyffhäuser-Denkmal.

[3] Ludwig Wilhelm Adolph v. Weise, Fürstlich Schwarzburg-Sondershäusischer Erster Wirklicher Geheimerat, Chef des Geheimen Conscils. Geboren am 25. März 1751, gestorben 30. Juni 1820.

Fürst, der noch in seinem Bette lag, anstaunten, wobei auch Prinz Albert Durchlaucht zugegen waren. Nach abgestatteter Kondolenz und Gratulation zum Regierungsantritt wurde
der erblaßte Fürst im Bette liegend aus dem Sterbezimmer in ein andres getragen, womit
14 Personen und der durchlauchtigste Nachfolger selbst beschäftigt waren, alsdann wurden
zuerst dem neuen Fürsten die Schlüssel von der Stadt Sondershausen durch Oberstlieutenant
von Reitzenstein überbracht, nachdem alle Stadtthore geschlossen waren; der Oberst v. Hopf-
garten hatte sich aber entschuldigen lassen, daß er wegen Alter nicht selbst aufwarten könne. Die
beiden Garden wurden gleich vor den Quartieren ihrer Chefs durch den Auditeur Regierungsrat Rinl verpflichtet und einstweilen alle Posten und Wachen mit dem Ausschuß besetzt,
nach geschehener Verpflichtung aber die Thore wieder geöffnet und der Ausschuß wieder
abgelöset."

Im besten Mannesalter, 34 Jahre alt, kam der Erbprinz am 14. Oktober 1794 zur
Regierung; — seine ersten Maßregeln erweckten günstige Erwartungen. Der Fürst führte
sein gewohntes Leben weiter, sein ohne Zwang und zutraulich sich hingebendes Benehmen
blieb unverändert und gewann ihm die Herzen der Bürger. Weniger behagte dies dem
hohen Adel, der sich unter des verstorbenen Fürsten Regierung behaglich in den Strahlen
der Hofsonne gefühlt hatte und jetzt, wo es keinen Hof mehr gab, seine ganze Unbedeutend-
heit bitter fühlte.

Der junge Fürst ließ sich von den Regierungsgeschäften nicht drücken; einige gute
Köpfe besorgten das Nötige. Vor allem drangen die Gutgesinnten in der Umgebung des
Fürsten auf dessen Vermählung. Nach langem Zureden entschloß er sich auch dazu, und
innerhalb acht Tagen führte der Fürst seine Gemahlin, eine geborene Prinzessin von Rudolstadt, dem jubelnden Sondershausen zu. Das war am 23. Juni 1799.

Als am 24. September 1801 dem Fürsten ein Sohn geboren wurde, — 1800 war die
nachmalige Fürstin von Lippe-Detmold geboren, — und in Stadt und Land die größte
Freude herrschte, hatte bereits das sehnlich herbeigewünschte und glücklich begonnene Familienleben mannigfache Trübungen erfahren. Ende 1801 verließ die Fürstin mit ihren beiden
Kindern Sondershausen und nahm ihren Wohnsitz wieder in Rudolstadt. Im Jahre 1816
siedelte sie in das neu eingerichtete Schloß zu Arnstadt über, wo sie am 22. April 1854
starb. Die Veranlassung zu dieser Trennung gaben wiederkehrende frühere Gewohnheiten
des Fürsten, namentlich seine Maitressenwirtschaft, wie sie damals an vielen Höfen in
Blüte war.

Seit dem Regierungsantritt des Fürsten Günther Friedrich Carl litt Deutschland bekanntlich hart unter den napoleonischen Kriegen. Nach der Schlacht bei Jena, am 15. Oktober
1806, war der König Friedrich Wilhelm III. von Preußen in Sondershausen und hielt sich
ganz kurze Zeit in dem Hause eines Bürgers (am Markt und Stubengassen-Ecke) auf und
fuhr dann sofort mit fürstlichen Pferden weiter. Unmittelbar darauf rückte der Marschall
Soult mit einem Armeecorps in die Stadt ein.

Nach dem Beitritt zum Rheinbunde am 18. April 1807 mußte der Fürst, wie mehrere
andre kleine Bundesfürsten, sein Kontingent, das zuerst nach Spanien geschickt wurde, mehrmals ergänzen. Im November 1813 trat er vom Rheinbunde zurück und nahm alsbald
teil an dem Kampfe gegen Frankreich.

Dem Fürsten gelang es, nach der Stiftung des Deutschen Bundes, die lästigen Lehnsverhältnisse, in welchen das Land früher mit den sächsischen Häusern stand, durch einen
Vergleich mit Preußen, das durch die Erwerbungen in Thüringen in die Rechte des Königreichs Sachsen getreten war, völlig zu lösen.

In den Aufzeichnungen meines Urgroßvaters, des schon genannten Geheimerats v.
Weise, welche die Zeit von 1794—1820 begreifen, heißt es: "Uebersicht des Zustandes des
Fürstentums Schwarzburg-Sondershausen in staatsrechtlicher Hinsicht, vom Regierungsantritt des jetzt regierenden Fürsten Günther Friedrich Carl I. an gerechnet bis zum Jahre
1820":

„Das Fürstentum Schwarzburg-Sondershausen bestand 1794 aus drei Teilen: der Unterherrschaft, der Herrschaft Arnstadt und dem Reichslehnamte Gehren. Drückende Lasten lagen auf dem kleinen Lande, ‚5000 Thaler mußten jährlich an die Steuerkasse nach Dresden abgeliefert, sowie die Oberlehnherrlichkeit Sachsens in allen Dingen anerkannt werden.' Die Herrschaft Arnstadt stand in recessmäßigem Verhältnis mit dem herzoglichen Hause Weimar, und das Amt Gehren war unmittelbares Reichslehn; es war abhängig vom Kurhause Sachsen und dem herzoglichen Hause Sachsen-Weimar. Die Grafschaft Untergleichen, welche der Gothaischen Landeshoheit unterworfen war, bot auch wenig Günstiges für das kleine Fürstentum. So war der staatsrechtliche Zustand des Landes, als der Fürst Günther Friedrich Carl I. zur Regierung kam. Mit Beginn dieser Regierung stellten sich mancherlei Ereignisse ein, welche Kraft und Klugheit erforderten, um das Ganze in gehöriger Ordnung zu erhalten. Dahin gehört hauptsächlich: die Stellung des Reichs-Kontingents gegen die Franzosen, die Aufbringung der hierzu nötigen Steuern, die Auflösung des Deutschen Reichs, das Verschwinden der deutschen Kaiserwürde und das Erlöschen der Reichsverfassung, sowie Aufhebung und Mediatisierung sehr vieler deutschen Staaten.

„Bis zu diesem Zeitpunkte hatte Schwarzburg durch kraftvolle und kluge Regierung des jetzt regierenden Fürsten und durch die Geschicklichkeit der an der Spitze stehenden Staatsbeamten Ordnung und Ruhe in seinem Lande und in allen Zweigen der Staatsverwaltung gestiftet, daher ein ordentliches Steuersystem auch für den ehemals befreiten Stand eingeführt, die desfallsigen kurfürstlich sächsischen Widersprüche besiegt, ungehorsame Unterthanen durch energische Maßregeln und Bestrafung zum Gehorsam zurückgeführt und die übrigen großen politischen Ereignisse vor sich, unter Erhaltung seiner, wiewohl damals sehr beschränkten politischen Selbständigkeit, vorübergehen und mehrere deutsche unmittelbare Reichsfürsten, deren Staaten nicht allein bedeutender als Schwarzburg waren, sondern welche auch keine staatsrechtlichen, in die Selbständigkeit der Staaten so tief eingreifenden Servituten (wie zum Beispiel Schwarzburg in Beziehung auf Sachsen und Weimar) anzuerkennen hatten, welche von keinem weiteren Lehns-nexus, als demjenigen, den der unmittelbare Reichsverband bestimmte, wußten, aus der Reihe der Staaten ganz heraustreten und ihre Beherrscher als mediatisierte Fürsten andern Fürsten als Oberhaupt und Souverän unterordnen sehen; mit ihnen fiel auch zugleich die bisherige unmittelbare Reichs-Ritterschaft, der Deutsche und der Johanniter-Orden. Die mediatisierten Fürsten mußten ihren zeitherigen Titel mit demjenigen eines Standesherrn vertauschen und diejenigen als ihre Landesherren ehren, welche vormals ihre Mitstände gewesen waren. Alles dieses waren die Folgen der französischen Revolution, der Kriege, die dieser folgten, der Teilnahme Deutschlands hieran und das Werk Napoleons. Man hätte glauben sollen, daß so viel unruhige Zeiten endlich einmal hätten zur Ruhe führen müssen, allein man täuschte sich, denn bisher war alles dieses nur ein Vorbote des nahen Sturmes für Schwarzburg gewesen, in der Mitte des Jahres 1806 und zu Ende desselben sollten sich schon die Drangsale eines neuen Krieges zeigen.

„Das Land hatte nach der unglücklichen Schlacht bei Jena schwere Drangsale zu erdulten. Das preußische Heer nahm seinen Rückzug durch das kleine Land, der flüchtende König hielt sich einige Stunden in Sondershausen auf, und der Fürst ließ den König mit guten Pferden sofort weiter fahren. Unmittelbar darauf kam der Marschall Soult mit seinem Corps nachgerückt, der die Stadt arg plünderte, das Schloß besetzen ließ, und das Schicksal der Bewohner wäre noch ein härteres gewesen, wenn der Fürst nicht persönlich manches Unheil abgewendet hätte. Im November stand die Selbständigkeit des Fürstentums auf dem Spiele und die wichtigste Sorge des Fürsten war die Erhaltung der politischen Selbständigkeit. Der Fürst trat am 18. April 1807 dem Rheinbunde bei, bis dahin wurde das Land von einem französischen Intendanten verwaltet. Im November 1813 entsagte der Fürst dem Rheinbunde und nahm alsbald teil an dem Kampfe gegen Frankreich. Nach der Stiftung des Deutschen Bundes gelang es dem Fürsten, durch einen Vertrag mit Preußen (13. Juni 1816) alle Lehnsverhältnisse zu lösen."

Auch der Zollanschluß Schwarzburg-Sondershausens an Preußen ist eine interessante Episode aus dem Kleinstaatleben damaliger Zeit.

Der Fürst brauchte für seine Hofhaltung viel Geld. Das Theater, eines der ersten wirklichen Hoftheater im Beginn dieses Jahrhunderts, kostete eine erkleckliche Summe, erkleckliche Summen auch die ausgezeichnete Hofkapelle und das Jagdvergnügen.

„Alle Vorschläge, welche von seiten der Sondershäuser Regierung gemacht," — schreibt Treitschke in seiner Geschichte im 19. Jahrhundert — „wurden vom Minister der auswärtigen Angelegenheiten von Eichhorn abgewiesen. Man bat den Gesandten an den Thüringischen Höfen, General Lestocq, er möge in Berlin vorstellig werden, daß die harten Verfügungen aufgehoben würden. Der Fürst Günther Friedrich Carl wendet sich direkt an den König von Preußen (29. Juli 1819).[1] Auch der alte Kanzler von Weise reiste selbst nach Berlin, konnte in dieser Sache aber nichts ausrichten.

„Mittlerweile hatte sich Vizepräsident von Motz in Erfurt des Streites angenommen; er kannte alle Herzensgeheimnisse der Kleinstaaten, da sein Regierungsbezirk mit fast einem Dutzend kleiner Landesherrschaften in Gemenge lag; er war mit dem Kanzler v. Weise als guter Nachbar vertraut geworden und erwarb sich jetzt um Deutschlands werdende Handelseinheit, die ihm bald noch Größeres verdanken sollte, sein erstes Verdienst, indem er den Freunden vorstellte, wie kindisch es sei, an einer Zollhoheit festzuhalten, die doch niemals in Wirksamkeit treten konnte. Gegen Ende September 1819 erschien der alte Weise wieder in Berlin, und da er diesmal ernstlich verhandeln wollte, so ward er mit großer Freundlichkeit aufgenommen. Maassen und Hoffmann führten die Unterhandlung, unter beständiger Rücksprache mit Eichhorn ... Hoffmann stellte zuerst den Gedanken auf: das einfachste sei doch, die gemeinsamen Zolleinnahmen ohne fiskalische Kleinlichkeit nach der Volkszahl zu verteilen ... Weise ging sofort auf das günstige Anerbieten ein, und am 13. Oktober 1819 wurde der erste Zollanschlußvertrag unterzeichnet, kraft dessen der Fürst von Schwarzburg-Sondershausen „unbeschadet seiner landesherrlichen Hoheitsrechte" seine Unterherrschaft dem preußischen Zollgesetz unterwarf und dafür nach dem Maßstabe der Bevölkerung seinen Anteil an den Zolleinnahmen — vorläufig eine Bauschsumme von 15 000 Thalern — erhielt. Eine Mitwirkung bei der Zollgesetzgebung wurde dem kleinen Verbündeten nicht zugestanden; er mußte die Handelsverträge Preußens und alle andern Aenderungen, welche das Finanzministerium beschloß, einfach annehmen. Im übrigen waren seine Hoheitsrechte sorgsam, fast ängstlich gewahrt; selbst die Steuervisitationen auf schwarzburgischem Gebiet sollten nur durch die fürstlichen Beamten vollzogen werden."

Im schwarzburgischen Lande herrschte laute Freude, „der Fürst dankte tief gerührt für dies neue Zeichen königlicher Hochherzigkeit."[2] Für die erhaltenen 15 000 Thaler konnte der Fürst wieder seinen Neigungen leben, vor allem sein „berühmtes Rauchtheater" eröffnen. Hierüber sei mir gestattet, Mitteilungen zu machen, wie ich dieselbe von meinen Großeltern und Eltern und von manchen alten Sondershäuser gehört habe, die sich der Zeiten „des alten Fürsten", wie er im Volksmunde hieß, erinnerten. Viel ist über dieses sogenannte „Rauchtheater" gefabelt worden.

Das Theater war im wahren Sinne des Wortes ein Hoftheater. Das nachstehende Publikandum verdient mitgeteilt zu werden:

„Nachdem Durchlauchtigster Fürst unser gnädigst regierender Herr in Gnaden zu beschließen geruht hat, daß dero getreue Unterthanen den theatralischen Vorstellungen der hiesigen Fürstlichen Schauspieler-Gesellschaft unentgeltlich beiwohnen und deshalb bei jeder Vorstellung 283 Einlaßkarten frei ausgegeben werden sollen, so bringen wir hiermit diese gnädigste höchste Entschließung zur Kenntniß des Publikums.

Sondershausen, 11. Februar 1820.

Fürstlich Schwarzb. Regierung daselbst.

von Weise."

---

[1] Briefwechsel des Kanzlers v. Weise an Hoffmann.

[2] Der junge Weise an Hoffmann.

Personen, die keine Schwarzburger waren, hatten beim Besuch des Theaters die früheren sehr mäßigen Preise zu zahlen. Doch soll die an sich schwierige Kontrolle nicht so ängstlich gehandhabt worden sein. Schlimmer war es mit der Verteilung der Billette, da nur jede Familie eins bekommen sollte, was schwer durchführbar war und manche Beschwerde mit sich brachte. Die Damen gingen bereits um vier Uhr — das Theater fing um sieben Uhr an — in dasselbe, um einen guten Platz zu erhalten; damit dieselben aber die drei Stunden nicht müßig auf ihren eroberten Plätzen zubringen mußten, nahm jede der guten Bürgerfrauen ihren Strickbeutel mit und strickte für den Herrn Gemahl Strümpfe.

Die fürstliche Begünstigung war um so schätzbarer, als nicht nur das Schauspiel gut war, sondern auch die Kapelle und Oper sich vorzüglicher Kräfte erfreute. Erwähnung verdienen der berühmte Klarinettist Hermstedt, der Freund von Carl Maria v. Weber, Spohr, Romberg, der auch während seines Aufenthaltes im nahen Bade Tennstadt mit Goethe in nahen Beziehungen stand; ferner der Flötist Himmelstoß und der Hornist Herrmann. Der Fürst selbst war wirklicher Musikkenner und blies sehr gut Klarinette.

Der Fürst und seine Umgebung saßen in der ersten Reihe des Parketts; vor dem hohen Herrn lagen auf einem Tische seine Meerschaumpfeifen, auf einem andern Tische stand ein silberner Teller mit Apfelsinen, die der Fürst mit Dukaten spickte. Gefiel ihm die Leistung der Darsteller, so warf er diese Frucht mit dem Bemerken auf die Bühne: „Sing Er oder deklamiere Er diese Stelle noch einmal.“ Aber ebenso streng war der Fürst. Konnte jemand von den Darstellern seine Rolle nicht, so rief er: „Auf die Wache, lernen!“ Und nach beendeter Vorstellung wurde der Künstler auf die Hauptwache abgeführt, wo es ihm vergönnt war, vierundzwanzig oder achtundvierzig Stunden seine Rolle zu lernen.

Zum Schluß noch einige Worte über den alten Geheimrat v. Weise: Ludwig Wilhelm Adolph v. Weise, geboren am 25. März 1751, zu Himmelsberg, erhielt seine erste wissenschaftliche Bildung durch Privatlehrer in Sondershausen und bezog später die Universität Göttingen. Für den Staatsdienst gehörig vorbereitet, kehrte er nach Sondershausen zurück und trat als Vizeaktuar in die Dienste des Fürsten Christian Günther III. von Schwarzburg-Sondershausen, der von 1758—1794 regierte. Nachdem er alle Zweige der Verwaltung kennen gelernt und oft unter den schwierigsten Verhältnissen seinem Fürsten und dem Lande gedient hatte, wurde er zum Geheimrat und Kanzler ernannt, welche Stelle er auch beim Regierungswechsel 1794 beibehielt. Weise starb am 29. Juni 1820 auf einer Reise von Sondershausen nach Ballenstedt in Alexisbad.

Auf dem schönen Grabdenkmal, welches ihm gesetzt wurde, steht:

„Hier ruht die irdische Hülle des Herrn Ludwig Wilhelm Adolph von Weise, Fürstlich Schwarzburg-Sondersh. Ersten Wirklichen Geheimerathes, Chef des Geheimen Conseils und Kommandeurs des Königlich Preuß. Rothen Adlerordens. Geboren den 25. März 1751 und gestorben im Vertrauen auf Gott und im Gefühl der Dankbarkeit gegen seinen edlen Fürsten, den 30. Juni 1820.

„Rastlos hast Du gepflegt hienieden die Blüthen des Guten,
Dort in der Ewigkeit Flur winkt Dir die goldene Frucht.“

Kulturgeschichte.
Zur Entwicklung des Reisens.

Wenn man jahraus, jahrein in der sogenannten Reisezeit die langen Züge der Wanderer betrachtet, welche fernen Zielen zustreben, so sieht sich das als etwas ganz Gewöhnliches, niemand mehr Befremdendes an, und doch ist die Sache keineswegs so selbstverständlich.

vielmehr haben mannigfache Faktoren in Wirken und Leben der Menschen zusammentreffen müssen, um sie überhaupt zu ermöglichen, sie ist geradezu eine Spezialität der zweiten Hälfte des neunzehnten Jahrhunderts.

Bei den Hauptkulturvölkern des Altertums, den Griechen und Römern, sehen wir nichts, was dem modernen Reisen vergleichbar wäre. Nicht etwa, daß es den damaligen Begüterten an den nötigen Mitteln gefehlt hätte, sie mögen, zum wenigsten in römischen Zeiten, zum Teil eher reichlicher geflossen sein wie heutigen Tags; und doch blieben die Leute, mit verhältnismäßig geringen Ausnahmen, selbst in den heißen Sommermonaten zu Hause.

Nur eine geringe Schar sehr reicher und vornehmer Leute ging in den heißen Monaten „fort", entweder in das nahegelegene Gebirge oder an die ebenfalls nicht allzu ferne Seeküste, in das Seebad, wobei naturgemäß Gegenden mit landschaftlichem Reiz bevorzugt wurden. Dazu bedurfte es aber eines großen Aufwandes an Geldmitteln, einer eignen Villa mit all dem Personal, welches zur Aufrechterhaltung einer standesgemäßen Häuslichkeit für unentbehrlich gehalten wurde; man begab sich also lediglich aus dem eignen Winterhaus in das eigne Sommerhaus.

In der Zeit selbständiger Blüte war Griechenland ein kleines Fleckchen Erde, die Expansionskraft des Volkes zeigte sich in der Gründung zahlreicher Kolonien an den Ufern des Mittelmeers; der Verkehr mit ihnen war meist nur ein geschäftlicher, der bei der Unsicherheit und Beschwerlichkeit der damaligen Seefahrten kaum über das Notwendigste ausgedehnt wurde. Viel größere Länder- und Völkermassen würden in späterer Zeit in dem Reiche Alexanders des Großen gemeinschaftlicher Kultur und gemeinschaftlichem Verkehr zugänglich geworden sein, hätte nicht der vorzeitige Tod Alexanders die Zersplitterung des gewaltsam zusammengefügten Reiches im Gefolge gehabt.

Erst das Römerreich schuf eine dauernde Vereinigung großer Länder und Völker. Dem römischen Soldaten folgte auch unmittelbar der römische Kaufmann und Kolonist, welche den unterworfenen Völkern mit ihren Erzeugnissen die römische Kultur selbst zuführten. Nun darf man wohl annehmen, daß die römischen Pioniere die Sehnsucht nach dem Mutterlande keineswegs einbüßten, und doch blieb trotz guter Landstraßen das Reisen im ganzen und großen auf Geschäftsleute, Staatsbeamte und Militär beschränkt, der wohlhabende und gebildete Privatmann, der Gelehrte, der Künstler fühlte sich durch die Provinzen nicht angelockt, sie waren und blieben ihnen Ort der Verbannung.

Um dies zu erklären, muß man bedenken, daß der Unterworfene nach damaliger Sitte der Menschenrechte verlustig ging und hierdurch das Odium der Unterjochung und Unselbständigkeit von den Provinzen und ihrer Bevölkerung im vollständig verschwand. Es trat hinzu, daß die Provinzialen in den Augen der Römer Barbaren, das heißt Leute von geringerer Kultur als sie selbst waren, und man wird begreiflich finden, daß die gegenseitige Schätzung der Länder, wie Italien, Gallien, Hispanien, Germanien, Britannien und so weiter eine von der heutigen wesentlich verschiedene war; der antike Römer sah sehr auf sie herab, ohne Not suchte er sie nicht auf, und selbst Griechenland machte davon keine Ausnahme, obwohl dessen kulturelle Superiorität anerkannt blieb. Selbst in späteren Zeiten, als die Römer die unerwünschten Besuche der Barbaren im eignen Lande erhielten, ist mit der eignen Schwäche der Stolz auf die höhere Kultur ihnen doch nicht abhanden gekommen.

Es darf fernerhin auch nicht vergessen werden, daß das Reisen selbst im römischen Kulturreich nicht ohne Beschwerden und außerhalb der großen Landstraßen ein bequemes Fortkommen keineswegs gesichert war, ganz abgesehen davon, daß damals bei längeren Reisen sicheres Nachtquartier ein ebenso unabweisliches Bedürfnis blieb wie heute. Und gerade das Gasthofswesen war in jenen ernen Zeiten ungenügend entwickelt; die Behaglichkeit, welche die Gasthöfe boten, möchte kaum mit modernem Maßstabe zu messen gewesen sein; auf uns gekommene Gasthofrechnungen bleiben zwar hinter heutigen Preisen erheblich zurück, laffen aber auch nicht darauf schließen, daß besonders vornehme oder verwöhnte Leute dort ihr Absteigequartier genommen.

Es kommt hinzu, daß damals das Verhältnis von Menschen verschiedener Nationalität kein so freundliches war, wie es heutzutage im allgemeinen ist. Ja, der römische Bürger war in guter Zeit überall geachtet und gefürchtet, Rücksichtnahme jeder Art konnte ihm nicht fehlen, aber die Provinzialen hatten wenig gegenseitige Interessen; ehemals hatte man den Nachbar mißtrauisch oder gar als Feind angesehen, dafür war unter römischer Oberherrschaft allerdings keine Veranlassung mehr, aber eine freundschaftliche Annäherung war mittlerweile weder eingetreten, noch auch römischerseits besonders begünstigt worden. Wozu also hätte man ein benachbartes Land besuchen sollen, wenn nicht geschäftliche Veranlassung dazu vorlag?

Nun könnte man wohl noch fragen, waren denn nicht die außerordentlichen Naturschönheiten, welche die römischen Provinzen enthielten, für den reichen Privatmann ein Anreiz zum Reisen? Leider muß das verneint werden.

Wenn auch den Alten, nachdem sie eine hohe Kulturstufe erreicht hatten, eine ästhetische Wertschätzung der Natur nicht fremd sein konnte, so fehlte ihnen doch der Sinn für das Erhabene in der Natur; gerade die größten Naturobjekte, wie gewaltige Gebirge, das weite Meer, blieben ihnen unsympathisch. Der Grund hierfür mag wohl mit in den Gefahren zu suchen sein, von denen der Mensch auf See und im Hochgebirge bedroht war, und über ihnen kam man nicht zu einem ruhigen Anschauen und Aufsichwirkenlassen erhabener Naturschönheiten.

Erst später, in der römischen Kaiserzeit, unter Nero, erfahren wir, daß letzterer sich einen Palast auf einem Felsen im Meere habe bauen lassen, ein Unternehmen, welches aus der Eigenart Neros wohl erklärlich ist. Der Vorgang war aber ein vereinzelter, von Liebe zur großartigen, das Gefühl des Erhabenen weckenden Natur finden wir bei dem vornehmen Römer keine Spuren, und ebensowenig wären wissenschaftliche oder künstlerische Interessen im stande gewesen, ihn zu beschwerlichen Reisen in gefahrdrohende Gegenden zu vermögen.

Die mit dem stetigen Niedergange antiker Herrschaft eintretenden allgemeinen Verhältnisse wurden des weiteren, besonders in der Zeit der Völkerwanderung, so ungünstig wie möglich für eine freiere Bewegung des einzelnen überhaupt. Die der Völkerwanderungszeit folgende Periode des Mittelalters brachte es zwar unter kräftigen Herrschern zu stabileren staatlichen Gebilden, im allgemeinen aber hatte, wenigstens im früheren Mittelalter, auch jetzt noch die Menschheit sich erst allmählich emporzuringen aus der Barbarei zur Kultur, aus dürftigen Lebensverhältnissen zu einem durch vermehrte Besitztümer behaglicher und reicher gestalteten Dasein.

Der Kampf um bessere materielle Existenz der Völker war im Mittelalter jedoch noch begleitet von dem Ringen um neue religiöse Güter, um die höhere Lebensauffassung des Christentums. Das frühere Christentum aber war nicht günstig einer freundlichen Stellungnahme zu der äußeren Welt, zur Natur, alles Irdische verfiel von Religions wegen der Mißachtung, und als nachahmenswerte Vorbilder wurden bewundert und verehrt Leute, welche die Weltverachtung bis zur teilweisen Vernichtung der eignen Person getrieben hatten.

An Kriegszügen war in diesen Zeiten kein Mangel. der kriegspflichtige und kriegstüchtige Teil der Bevölkerung mußte mit den Heerführern, den deutschen Kaisern, häufig ein wahres Wanderleben führen, das in der Zeit der Kreuzzüge sogar großartige räumliche Dimensionen annahm, aber es war doch kein freiwilliges Wandern, welches den Kriegsmann nach dem Süden Europas und selbst bis nach Kleinasien führte. Außer den Kriegsfahrten aber und den Zügen, welche der recht unsicher gestellte Handel erforderte, ist in den Zeiten des Ringens nach gesicherter staatlicher und bürgerlicher Existenz wohl nur ausnahmsweise gereist worden, und erst im späteren Mittelalter, im Zeitalter der Renaissance, wird ein lebhafterer, durch das Aufblühen von Künsten und Wissenschaften vermittelter internationaler Verkehr bemerkbar. In Italien, Frankreich, Deutschland, den Niederlanden und so weiter

entstand damals ein so reger Austausch der geistigen Güter, daß man wohl behaupten kann,
die Gegenwart habe trotz der ungeheuer zu ihren Gunsten veränderten Sachlage auch heute
noch nicht denselben Grad von Internationalität von Kunst und Wissenschaft erreicht wie
in den Zeiten der Renaissance. Zu den Mußreisenden früherer Perioden gesellten sich nun
allerdings viele freiwillig reisende, junge und ältere Männer, die im fremden Lande an
berühmten Orten und bei berühmten Lehrern einen besonders hohen Grad der Ausbildung
zu erreichen suchten. Die Hebung des Reiseverkehrs war also jetzt zwar unverkennbar, das
Reisen selbst nach wie vor mit vielen Entbehrungen und Beschwerlichkeiten verknüpft, so daß
es eine in weiteren Kreisen der Bevölkerung geübte Gewohnheit nicht zu werden vermochte.

Es mußte eben erst eine anders geartete Wertschätzung der Natur eingetreten sein,
bevor das Reisen sich verallgemeinern konnte, und diese Wertschätzung wurde angebahnt in
jenen fernen Zeiten, in denen die Anfänge der modernen Naturwissenschaft zu suchen sind.
Nachdem Jahrhunderte sich von Welt und Natur abgewendet hatten, bedurfte es zunächst
überhaupt einer Beschäftigung hervorragender Geister mit den natürlichen Dingen, um in
langen Zeitläufen zu erreichen, daß die äußere Natur wieder als etwas Wertvolles angesehen
werden durfte. Dies geschah sowohl auf speziell naturwissenschaftlichem, wie auf philosophischem
Gebiete; große Astronomen und große Philosophen durchbrachen entgegen allen kirchlichen
Widerständen die Schranken, welche zwischen dem Menschen und der Natur erstanden waren.

Es trat nun hinzu, daß die Erschließung bisher unbekannter Seewege im Bereiche der
alten Welt sowie die Entdeckung der neuen Welt nicht nur die Kenntnis des Erdballs,
sondern auch das Interesse an fernen Ländern steigerten, um so mehr als sich bald zeigte,
daß letztere sehr wohl des Besitzes wert seien, und so finden wir, daß der menschliche
Forschungsdrang sich alsbald gerade in weiten Fernen und vermittelst großer, mit erheblichen
Gefahren verbundener Seereisen bekundete, die zwar nur einen sehr kleinen Bruchteil der
Bevölkerung unmittelbar beanspruchten, von denen aber mehr oder weniger wahrheitsgetreue
Reisebeschreibungen dem größeren Publikum fremdartige und staunenswerte Dinge über-
lieferten. Das Interesse an der Welt, in der wir leben, war somit allmählich in weiterem
Umfange wohl erweckt, bethätigen freilich vermochte es sich noch nicht allgemein, es war im
übrigen auch noch ein einseitiges geographisches und ethnologisches. Für die Masse der
Gebildeten fehlte noch immer auch die ästhetische Wertschätzung der Natur, welche nur
mit Hilfe der Kunst, der bildenden sowohl wie der dichtenden, zu erlangen war. Für die
Deutschen vermochte in dieser Beziehung die bildende Kunst wenig zu leisten, für sie war in
Deutschland die Zeit noch nicht gekommen; ihre Stelle übernahm die Dichtkunst in der
zweiten Hälfte des achtzehnten und der ersten des neunzehnten Jahrhunderts, und es ist
keineswegs zu viel gesagt, daß wir es hauptsächlich unsern beiden großen Klassikern Schiller
und Goethe verdanken, wenn heutzutage ein großer Teil der Deutschen Empfänglichkeit für
Naturschönheiten besitzt und Liebe zur Natur zu empfinden im stande ist. Schillers Werke
sind Gemeingut aller Schichten der Nation geworden, seine herrlichen Naturschilderungen,
wie sie zum Beispiel im „Wilhelm Tell" in enger Gemeinschaft mit dem menschlichen Thun
und Leiden auftreten, konnten ihre Wirkung nicht verfehlen, während andrerseits die Goethesche
Lyrik die Gebildeten lehrte, wie die Unterlage auch für feinstes Empfinden in der sinnigen
Erfassung der Naturerscheinungen, von den einfachsten bis zu den gewaltigsten, zu finden ist.

Die inneren Vorbedingungen zum näheren Umgang mit der Natur, Interesse und
Liebe zu ihr, waren somit vorhanden, weniger freilich die äußeren. Einem Schiller war
es nicht vergönnt, seine Reisen über Gelegenheits- und Geschäftsreisen hinaus auszudehnen,
und selbst bei einem Goethe, der nach Lebensstellung und Vermögen gewiß in der Reihe
der oberen Zehntausend seiner Zeit stand, muß man bedenken, welch gewaltiges Ereignis
ihm seine italienischen Reisen waren! Gewaltig allerdings nicht bloß in Bezug auf Zeit
und Kosten, welche sie wahrscheinlich erforderten, sondern auch hinsichtlich der Erwartungen,
welche er für die Läuterung seiner Erkenntnis und Kunstanschauungen von ihnen hegte.

Erst der Gegenwart ist es gelungen, den eben erwähnten inneren Vorbedingungen die

äußeren zuzugesellen; erst nachdem fast alle Hindernisse des freien Verkehrs zu Wasser wie
zu Lande von der modernen Technik hinweggeräumt waren, also in der zweiten Hälfte des
neunzehnten Jahrhunderts, läßt sich von einer leichten Möglichkeit des Reisens, und nachdem
staatliche wie private Transportgesellschaften darin gewetteifert haben, freilich weniger aus
Menschenfreundlichkeit als wegen hoher Einnahmen, das Reisen möglichst angenehm und
billig zu machen, auch beinahe von einer allgemeinen Gewohnheit des Reisens reden.

Das Reisen ist also Gemeingut geworden, sehen wir ein wenig zu, wie!

Noch bis zur Mitte unsers Jahrhunderts wurde nach England, Frankreich, Italien
und so weiter gereist wegen persönlicher Beziehungen, um Geschäfte zu erledigen, um Zwecke
zu verfolgen, die mit Wissenschaft oder Kunst in Verbindung standen. Reisen dieser Art
bestehen natürlich auch heute noch fort, nur daß die großartig vervollkommneten Transportmittel ihr Gebiet auf die ganze Erde ausgedehnt haben und daß die Zahl der Reisenden
entsprechend der Zunahme der Bevölkerungen, den gesteigerten Bedürfnissen und dem vermehrten Handelsaustausch ebenfalls zugenommen hat; hinzugekommen zu diesen gewissermaßen berufsmäßig Reisenden ist seit den vierziger Jahren eine neue Gattung, die Auswanderer, und sie haben vermöge ihrer großen Zahl einen wesentlichen Einfluß auf die
Gestaltung der überseeischen Transportgelegenheiten ausgeübt.

Heutzutage giebt es jedoch auch noch andre Zwecke, wegen deren mitunter recht große,
oft große und öfter kleinere Reisen unternommen werden, Vergnügen und Erholung
sind es, die ganze Scharen mobilisieren und denen die riesenhafte Entwicklung des Gasthofs-
wesens zu danken ist. Die Einsperrung vieler Menschen in die modernen Großstädte mit
ihren ungesunden Lebensverhältnissen nebst der übermäßigen Abnutzung der Kräfte des
einzelnen in Beruf oder Geschäft machen die Sehnsucht nach freier Bewegung und frischer
Luft begreiflich. Das war ehedem anders. Man hatte ja auch zeitweise Erholungs- und
Bewegungsbedürfnis, aber man befriedigte es in nächster Nähe oder doch nicht in weiter
Ferne; Spaziergänge in Flur und Hain, eine Reise nach einem nicht zu entfernten Mittelgebirge, wohl auch zur Küste, wenn sie leicht zu erreichen war, genügte, um aufzufrischen
und neue Kräfte zu sammeln.

Heute beginnt die Erholung zumeist mit einer erschöpfenden Anstrengung, mit der
Reise nach dem Ort oder den Orten der Erholung; wer den rücksichtslos geführten Kampf
um den Platz in einem Eisenbahnzuge, der an heißem Sommertage aus der Großstadt nach
dem fernen Hochgebirge oder der See abgelassen wird, mit erlebt hat, wird das nicht für
Uebertreibung halten. Und wenn doch mit der Fahrt auch die Leiden endeten! Die über-
füllten Gasthöfe bieten dem Ermüdeten häufig kein oder ein sehr fragwürdiges Unterkommen,
er greift gern wieder zum Wanderstabe, und schließlich mag es ihm ja auch gelingen, an
dem ersehnten Bade- oder Luftkurort das Gleichgewicht der Kräfte wiederherzustellen oder
in Gebirgswanderungen Ausdauer, Umsicht und Unerschrockenheit zu erproben.

Die in Deutschland allsommerlich wiederkehrende zeitweise Massenauswanderung eines
nicht geringen Bruchteils der gut situierten Minorität hat ihre guten Seiten, sie ist, wie
bereits angedeutet, sogar in vielen Fällen eine Notwendigkeit; der körperlichen und geistigen
Stärkung des Individuums stehen aber auch manche Nachteile gegenüber.

In früheren Zeiten pflegte man von weiten Reisen außer der Auffrischung noch mehr
mit nach Hause zu bringen. Das langsamere Tempo der Reisen brachte den Reisenden
unwillkürlich mehr mit der Bevölkerung in Berührung, er lernte fremde Art kennen und
nahm sich auch die Zeit, besondere Sehenswürdigkeiten eingehend und mit Nutzen zu betrachten. Von alledem heute kaum noch schwache Spuren! Die klassenweise Einteilung
der europäischen Eisenbahnen scheidet notwendig auch das reisende Publikum, jeder fährt
mit Leuten seines sozialen Schlages, man ist „unter sich", hübsch abgesperrt von denen, die
gerade in hervorragender Weise die Eigentümlichkeiten des Landes und Volkes repräsentieren.
Verfasser erinnert sich der verblüfften Gesichter der Mitreisenden, als in einem schweizerischen
Wagen II. Klasse unvermutet ein Arbeiter und ein Bauer Platz nahmen, um die Schnell-

fahrt einige Stationen weit zu benutzen. Der Arbeiter war allerdings im Arbeitsanzuge, betrug sich jedoch tadellos, der Bauer aber, obwohl ohne Rock und in Hemdärmeln, entpuppte sich, als mit ihm ein Gespräch angeknüpft wurde, als ein ebenso intelligenter wie liebenswürdiger Mensch, bereit, auf alle Fragen eingehende Antwort zu erteilen; leider war das gegenseitige Verständnis mehr auf seiten des Bauers, der mit dem Hochdeutschen sich besser abzufinden wußte, als Verfasser mit dem schweizerischen Dialekt. Die kastenmäßige Abschließung des Reisepublikums beschränkt sich aber nicht auf die Eisenbahnen; auf Dampfschiffen, bei Benutzung andrer Transportmittel und schließlich in den Gasthöfen wird sie mit gleicher Strenge fortgesetzt.

Das ist bedauerlich, und zwar mehr nach oben als nach unten hin, denn wer unbefangen urteilt, dem kann es nicht entgehen, wie Höflichkeit und Dienstwilligkeit dem Mitreisenden gegenüber im umgekehrten Verhältnis der Wagenklassen stehen; je höher die letzteren, desto geringer die ersteren. Der unglaublich rücksichtslosen Geltendmachung der eignen wirklichen oder auch nur vermeintlichen Rechte, wie sie oft genug unter den Passagieren der I. und II. Wagenklasse angetroffen wird, begegnet man zum Beispiel in der III. nur ganz ausnahmsweise; sie ist manchmal wahrhaft beschämend; über die IV. Klasse vermag Verfasser leider nichts auszusagen, er ist wegen der sehr unbequemen und mangelhaften Einrichtung noch nicht bis zu ihr vorgedrungen, aber es läßt sich vermuten, daß hier erst recht der Mensch dem Menschen nahesteht und dies sich auch in dem gegenseitigen Verhalten ausdrückt.

Wenn man sich von den hochgeschwellten Wogen des sommerlichen Reisestroms tragen läßt, dann drängen sich noch mancherlei andre Beobachtungen auf. Zunächst ist man erstaunt über die große Zahl derer, welchen ihre Mittel Reisen in entfernte Gegenden erlauben, denn das Reisen ist nicht mehr billig, wie vor fünfzig oder sechzig Jahren, sondern zum Teil recht kostspielig; und doch sieht man in nicht geringer Zahl Familien, sogar mit Kindern im zarten Alter von vier und fünf Jahren, unterwegs. Man freut sich alsdann unwillkürlich, daß es doch so viele mit Glücksgütern gesegnete Leute giebt, und wenn man die Alpenländer, die Ufer der großen Flüsse, die Meeresküste und die waldreichen deutschen Mittelgebirge kennen gelernt hat, wie sie mit zahllosen anmutenden Villen und Logierhäusern in herrlichen Gärten und Parks geradezu besät sind, so vermeint man in einer Art von irdischem Paradies zu sein, geschaffen, nur glückliche Menschen zu beherbergen. So ist der äußere Anschein; auf den Grund gesehen, stellt sich die Sache anders dar.

Sicherlich ist ein Teil der Reisenden in der Lage, die Reisekosten mit Leichtigkeit zu erschwingen, bei einem Teil muß man sich sagen, sie thäten besser, zu Hause zu bleiben oder in der Nähe Erholung zu suchen, erübrigte Geldmittel aber für Notfälle oder zum Besten der Familie aufzubewahren. Und gerade diesem Teile der Reisenden — es ist der größere — kann der Vorwurf nicht erspart werden, daß sie versuchen, im äußeren Auftreten hinter den wirklich Begüterten nicht zurückzubleiben; schon die Reisevorbereitungen, zum wenigsten soweit Frauen und Mädchen daran beteiligt sind, verschlingen oft viel zu viel, die Toiletten sowie der Behang mit Schmucksachen aller Art lassen ersehen, daß es darauf ankommt, sich unter andern zeigen zu können, kurz, daß die Sorge um das äußere Auftreten die schwerste ist. Vernünftigerweise könnte man die ganze Sache in der Nähe viel billiger und nicht schlechter haben, aber es ist einmal Mode, weit zu reisen, an den Winterabenden will man doch auch mitreden können, falls die Unterhaltung auf ferne Gegenden kommt, und das alles führt zu einer Art von Reisemanie, welche von den Transportdirektionen auf das bereitwilligste genährt wird.

Gewiß, es könnte unterwegs auch vielerlei Dienliches zu Belehrung und Geschmacksbildung aufgelesen werden; dazu gehört aber Zeit und etwas ernster Wille. Wer sich die langen Züge der in Kirchen, Museen und sonstigen Anstalten der größeren Städte umherschlendernden Fremden vor Augen hält, weiß, daß keines von beiden vorhanden ist, daß hier nur eine ganz oberflächliche Neugier befriedigt wird.

Und wie steht's mit den glücklichen Bewohnern unsrer Paradiese? Scheinbar verläuft auch hier alles ganz glatt, es ist auch zuzugeben, daß der kapitalkräftige Teil, soweit er es versteht, die Reisemanie seiner Mitmenschen gebührend auszubeuten, oft sein Schäfchen ins Trockene bringt. Leider hängen aber an den Eigentümern von Villen, Pensionen und Gasthöfen noch sehr zahlreiche andre Existenzen, zumeist aus den unteren Volksklassen, an deren äußere Erscheinung sehr oft die übertriebensten Anforderungen gestellt werden, ohne daß der Arbeitgeber auch nur entfernt gewillt wäre, die hierzu nötigen Geldmittel zu gewähren. Sie müssen also sehen, wie sie das fertig bringen, und da springt helfend das so glänzend entwickelte Trinkgelderwesen ein. Wer, wie es sich nicht mehr umgehen läßt, einen der Herren in feinem und feinstem Gesellschaftsanzuge mit etwas Nickelmünze, dergleichen man einem Bettler in den Hut zu werfen pflegt, beschenkt hat, könnte sich von Rechts wegen des Gefühls der Beschämung nicht erwehren, und doch darf er das Schmähliche nicht unterlassen, denn der feine Herr ist auf sein Geschenk angewiesen, er macht auch aus der Not eine Tugend und bedankt sich noch für die empfangene Beleidigung, obschon er seine Arbeit gar nicht selten im Schweiße seines Angesichts verrichtet. Dabei ruht auf dem kläglichen Lohn der Arbeit zumeist kein Segen, ein sicheres Endergebnis aber ist die notwendige Demoralisierung all der Leute aus dem Volke, auf welchen die mit dem Reiseverkehr verbundenen zahlreichen Arbeiten lasten.

Die Lust des Reisens auch in der Gegenwart ist also keine ganz ungetrübte, aber wer möchte hier als Sittenprediger auftreten, und was hülfe es ihm, falls er es täte? Es wird eben heutzutage gereist, wie gearbeitet und gelebt wird, rasch, mit Ungeduld nach Erfolgen verlangend, nicht achtend, ob Arbeit und Leben dem wahren Besten dienen, — das wahre Beste aber ist mehr denn je Problem.

Erfurt.   Major a. D. J. Friedheim.

Berichtigung.

In meinem Aufsatz über 1815 im Juliheft dieser Blätter ist durch ein bedauerliches Versehen mehrfach der Druckfehler stehen geblieben: Division Gérard“ statt „Girard“. Letztere gehörte zum Corps Reille von Neys Heerteil und focht am 16. mit dem Corps Vandamme, ist aber beileibe nicht mit dem Corps Gérard zu verwechseln. Gérard, der jüngste der kommandierenden Corpsgenerale, erst 1812 bei Valutino Gora nach dem Tode seines Divisionärs Gudin interimistisch mit der Divisionsführung betraut, befehligte schon 1814 bei La Rothière, Montereau und Bar sur Aube sein nur aus Nationalgarden bestehendes Corps mit großer Auszeichnung. Girard hingegen, an der Beresina unter Victor verwundet, erlitt 1813 bei Hagelsberg jene furchtbare Niederlage durch die märkische Landwehr, wiederum verwundet. Er selber fiel bei Ligny, mit ihm seine Brigadegenerale und drei Obersten, so daß der einzige überlebende Oberst die Division führte: sie blieb wegen 40 Prozent Verlust auf dem Schlachtfeld zurück und focht bei Waterloo nicht mit. Erwähnt sei noch, daß Henri Houssaye „1815“ (vol. I. 1893) ein anziehendes Bild vom nationalen Aufschwung Frankreichs im Mai entrollt, daß Lord Wolseley jüngst besonderes Gewicht auf die Krankheitszustände des müden Kaisers bei Waterloo legte, und daß, wie schon Prinz Jerome „Napoléon et ses détracteurs“ Taine eine notorische Fälschung nachwies, von Dr. Hage eine unerhörte Fälschung (das heißt absichtliche Verstümmelung eines Dokuments) dem Charras nachgewiesen wurde, aus dessen gehässigem Pamphlet heute noch die landläufige Historie ihre Weisheit schöpft. Ueber Wellingtons Undank wettert Gneisenau besonders in einem Briefe, abgedruckt in Raumers Erinnerungen. —

Von sonstigen Druckfehlern des Aufsatzes seien noch berührt S. 116 Zeile 9 von unten „entwickeln“ statt „umwickeln“, Zeile 12 „bei Sombref“ statt „gegenüber Sombref“, Seite 118 dritter Absatz „Jahow“ statt „Jagow“.

Nach Charras hätten die Preußen am 16. allein 16000 Tote und Verwundete verloren, nebſt 21 Geſchützen, die Franzoſen 11500. Die Auffaſſung Ollechs, Napoleon habe
die Preußen gerade durch Stoß auf Ligny dem Netz zutreiben wollen, was die urſprüngliche Anhäufung ſämtlicher Reſerven (Garde, Lobau, Milhaud) an dieſem Punkte zu
bekräftigen ſcheint, würde ja wiederum beweiſen, daß Napoleon beſtimmt auf Netzs
Mitwirkung rechnete. In der That konnte das bloße Abdrängen Blüchers von
Wellington bei St. Amand nicht ſo große Vorteile verſprechen und würde ſomit der Zentrum-
ſtoß auf Ligny nicht eine Abänderung des urſprünglichen Angriffsplans gegen St. Amand,
wie auch wir früher annahmen, ſondern im Gegenteil ein Feſthalten der urſprünglichen
wahren Abſicht geweſen ſein. Wenn General v. Boguslawski in ſeinem ſoeben erſchienenen
Werke „Betrachtungen über Heerweſen und Kriegführung“ Wendungen braucht, wie:
„Napoleon benutzt die Gunſt des Schickſals nicht, Corps Erlon erhält keinen Befehl“, oder:
„In der Schlachtleitung hatte Napoleon ſich Gneiſenau unbedingt überlegen gezeigt, in der
Strategie war das Entgegengeſetzte der Fall“, das beweiſe Gneiſenaus Marſch auf Wavre,
ſo dürfte unſre Darſtellung ſchwerlich dies Urteil beſtätigen.

Karl Bleibtreu.

Litterariſche Berichte.

Auſtraliſche Reiſe. Von R. v. Lenden-
feld. Mit Illuſtrationen. Zweite Auflage. Innsbruck. Verlag der Wagnerſchen
Univerſitätsbuchhandlung.

Der Verfaſſer hat ſich zur Erledigung
verſchiedener naturwiſſenſchaftlichen Aufgaben
mehrere Jahre in Auſtralien und Neuſee-
land aufgehalten und bringt als Ergebnis
ſeiner Reiſe in dem vorliegenden Bande in
buntem, nicht eben wohlgeordnetem Wechſel
geſchichtliche Ueberſichten, perſönliche Erlebniſſe und naturwiſſenſchaftliche Beſchreibungen.
Ein klarer Blick, ſicheres Urteil und lebendige
Anſchaulichkeit ſtehen dem Verfaſſer zur Seite,
doch iſt die Beſchreibung vielfach zu eingehend
ſachlich gehalten, um bei gebildeten Laien
überall auf ein gleichmäßiges Verſtändnis
und Intereſſe rechnen zu können. Freunde
der Alpenwelt werden an den Beſchreibungen
und bildlichen Darſtellungen der auſtraliſchen
und neuſeeländiſchen Berge und ihrer Be-
ſteigung eine große Freude empfinden.

K. F.

**Das Leben der Seele in Monographien
über ſeine Erſcheinungen und Geſetze.** Von M. Lazarus. Dritte Auflage. 3. Band. Berlin, Ferd. Dümmler.

Der dritte Band dieſes bekannten Werkes
enthält Abhandlungen über den Takt, die
Freundſchaft und den Urſprung der Sitten.
In allen tritt die Gabe des Verfaſſers
hervor, mit freundlichem Lebensverſtänd-
nis und klarer Ueberſicht philoſophiſche Pro-

bleme dem allgemeinen Anſchauungskreis nahe
zu rücken. Ein vierter Eſſay handelt von der
Vermiſchung und Zuſammenwirkung der
Künſte. Er iſt vielleicht der bedeutendſte,
weil er eine einzelne gehende pſychologiſche Zergliederung zur Aufhellung äſthe-
tiſcher Fragen verwertet. Aber ihm beſonders gelten folgende Bedenken. Einerſeits hat der Verfaſſer viele Unbeträchtlich-
keiten in die neue Auflage hineingenommen:
Citate aus Zeitungen und längſt vergeſſenen
Schriften mittelmäßiger Tagesſchreiber, Aus-
einanderſetzungen mit Thatſachen und Meinungen, die uns heute nicht mehr intereſſieren;
andrerſeits hat er keinen Verſuch gemacht,
die moderne Kunſt zur Erläuterung heranzuziehen. Nach beiden Richtungen erſcheint
alſo das ſonſt ſo wertvolle Werk als rück-
ſtändig. — Das Hineinzerren des Antiſemitismus in das Vorwort war mindeſtens
überflüſſig; wir wären dem Verfaſſer dankbar, wenn er in einer vierten Auflage, die
wir ihm und dem Buch herzlich wünſchen,
jene Stellen ſtreichen wollte. M. D.

Der Ring des Nibelungen. Von Richard
Wagner. Text mit den hauptſächlichſten
Leitmotiven und Notenbeiſpielen. Heraus-
gegeben von Dr. Julius Burghold, Mainz,
B. Schott Söhne.

Eine eigenartige und dankenswerte Ar-
beit. Der Herausgeber fügt am Rande der
Schottſchen Nibelungentexte jedesmal das der
Muſik zur betreffenden Stelle zu Grunde

liegende Motiv bei. Dadurch wird es auch dem wenig Musikkundigen möglich gemacht, die Wagnerschen Motive und ihre Anordnung und Verwendung zu verstehen und so tiefer in den Sinn des Musikwerkes einzudringen, als es sonst dem Laien möglich ist. Erleichtert wird diese Aufgabe noch dadurch, daß auf einem geschickt eingerichteten, den Text umspannenden und deshalb jederzeit ohne Umblättern zu lesenden Blatte in alphabetischer Reihenfolge die einzelnen Motive kurz in Notenschrift angegeben sind. Es ist erfreulich, daß der Verfasser demnächst den Parsifal, wie er mitteilt, in derselben Weise bearbeiten will. **A. L.**

Geschichte des russischen Heeres vom Ursprung desselben bis zur Thronbesteigung des Kaisers Nicolai I. Pawlowitsch. Von F. v. Stein, königl. preuß. Premierlieutenant a. D. und kaiserlich russ. Hofrat a. D. Neue wohlfeile Ausgabe. Leipzig. Zuckschwerdt & Möschke.

Peter der Große, über welchen ein Zeitgenosse, der General und Senator Nepljüjew, in wahrhaft prophetischer Weise einst schrieb: „Wohin wir auch in Rußland blicken, alles hat in ihm seinen Anfang, und was auch künftig geschehen mag, es wird aus dieser Quelle strömen", hatte seine auf die Schaffung eines Kultur- und Großstaates gerichtete reformatorische Thätigkeit in erster Linie der Bildung einer Armee nach europäischem Muster zugewandt, mit welcher er nach jahrelanger mühevoller Schulung und blutigen Kämpfen schließlich den glänzenden Sieg bei Poltawa und mit ihm ein entschiedenes Uebergewicht im Norden Europas erstritt. Die Darstellung von Peters Thätigkeit auf militärischem Gebiet bildet denn auch den Angelpunkt des Steinschen Buches und den interessantesten Teil desselben; wesentliche Aenderungen und Neuorganisationen durch die Nachfolger Peters I. finden sich nur unter der Regierung Katharinas II. und Alexanders I. Leider schließt das Werk, in welchem ein reiches statistisches Material verarbeitet ist, schon mit dem Jahre 1825 ab, und es mußten somit die wichtigen Episoden des Krimkrieges und der russisch-türkischen Kämpfe von 1877/78 sowie die im Laufe der beiden letzten Jahrzehnte im Militärwesen Rußlands zur Durchführung gelangten vielfach sehr wichtigen Reformen unberücksichtigt bleiben. **—g—**

Eingesandte Neuigkeiten des Büchermarktes.

(Besprechung einzelner Werke vorbehalten.)

Baumgartner, Alexander, S. J., Geschichte der Weltlitteratur. 3. Lfg. Freiburg i. B., Herdersche Verlagsbuchhandlung. M. 1.20.

Cohnus, G., Eine Ethik des Geschlechtslebens. Mit einem Vorworte von Eduard August Schroeder. Berlin, Carl Duncker. M. 1.20.

Deussen, Dr. Paul, Sechzig Upanishad's des Veda. Aus dem Sanskrit übersetzt und mit Einleitungen und Anmerkungen versehen. Leipzig, F. A. Brockhaus. M. 20.—

Deutsche Nationalfeste 1900. Mitteilungen und Schriften des Ausschusses. Heft 1. 2. München und Leipzig, R. Oldenbourg.

Erbe, Professor Karl, Der schwäbische Wortschatz. Eine mundartliche Untersuchung. Festschrift der zehnten Hauptversammlung des Allgemeinen Deutschen Sprachvereins. Stuttgart, Adolf Bonz & Comp. 50 Pf.

Falkenberg, Albert, Schiffbruch. Novellen. München und Leipzig, August Schupp.

Geijerstam, Gustaf af, Meine Jungen. Ein Sommerbuch für Groß und Klein. Autorisierte Uebersetzung aus dem Schwedischen von Francis Maro. Paris, Leipzig. München, Albert Langen. M. 2.—

Haacke, Wilhelm, Grundriss der Entwicklungs-

mechanik. Mit 143 Textfiguren. Leipzig, Arthur Georgi. M. 12.—

Jastrow, Hermann, Das Recht der Frau nach dem bürgerlichen Gesetzbuch. Dargestellt für die Frauen. Berlin, Otto Liebmann. M. 2.80.

Kirchgang, Wolfgang, Was lehrte Jesus? Zwei Ur-Evangelien. Berlin, Ferd. Dümmler. M. 5.—

Larivière, Ch. de, Alexandre Brückner. Sa vie — son oeuvre. Paris, H. Le Soudier.

Lavignac, Albert, Le voyage artistique à Bayreuth. Ouvrage contenant de nombreuses figures et 280 exemples en musique. Paris, Ch. Delagrave. 5 frcs.

Mauthner, Fritz, Die böhmische Handschrift. Roman. Paris, Leipzig. München, Albert Langen. M. 3.—

Nagl, Dr. J. W., und Jakob Zeidler, Deutsch-österreichische Litteraturgeschichte. Ein Handbuch zur Geschichte der deutschen Dichtung in Oesterreich-Ungarn. (Vollständig in 14 Lieferungen.) 1. 2. Lfg. Wien, Karl Fromme. à M. 1.—

Pelschau, Emil, Narren und Närrchen. Allerlei Humore. Berlin, Freund und Jeckel.

Ratzinger, Dr. G., Bauern, einigt euch! Ein Mahnruf. Kempten, Jos. Köselsche Buchhandlung. 60 Pf.

Sammlung gemeinverständlicher wissenschaftlicher

Vorträge, herausgegeben von Rud. Virchow und Wilh. Wattenbach. Neue Folge. Zwölfte Serie. Heft 265: W. von Seidlitz, Die Entwickelung der modernen Malerei. Heft 268: Victor Kaiser, Homer und die Sibylle in Kaulbachs Bilderkreis der Weltgeſchichte. Hamburg, Verlagsanſtalt und Druckerei A.-G. à 50 Pf.

Tiedemanns, Dietrich, Beobachtungen über die Entwickelung der Seelenfähigkeiten bei Kindern. Herausgegeben von Chr. Ufer. Altenburg, Oskar Bonde.

Biebig, C., Kinder der Eifel. Novellen. Berlin, F. Fontane & Co.

Weiss, Emil Rudolf. Trübungen. Verse und Prosa in Auswahl. Leipzig, Verlag kreisende Ringe. (Max Spohr). M. 2.—

Zeitschrift für Philosophie und philosophische Kritik. Im Verein mit Prof. Dr. H. Siebeck und Prof. Dr. J. Volkelt herausgegeben und redigiert von Prof. Dr. Richard Falckenberg. Neue Folge. Jahrgang 1897. Band 110. Heft 1. Juni. Leipzig, C. E. M. Pfeffer.

═══ Rezenſionsexemplare für die „Deutſche Revue" ſind nicht an den Herausgeber, ſondern ausſchließlich an die Deutſche Verlags-Anſtalt zu richten. ═══

Redaktionelles.

Ida Boy-Eds neueſten großen Roman „Die Flucht" veröffentlicht gegenwärtig „Ueber Land und Meer". Ebendort erſcheint eine feſſelnde Erzählung „Das Gänsemännlein" von Otto Leitged, während die „Deutſche Romanbibliothek" eine humoriſtiſche Erzählung „Carmoiſin" veröffentlicht, deren ungenannter Autor, ohne Frage mit den militäriſchen Verhältniſſen genau vertraut, ergötzlich das kleinſtädtiſche Garniſonleben ſchildert. Daneben läuft noch die Novelle aus Preußens heidniſcher Zeit „Erma" von M. v. Aſcheraden. In „Aus fremden Zungen" erſcheint das neueſte Werk Pierre Lottis „Ramuntcho", in welchem er das Land, die Sitten und das Weſen des Baskenvolkes ſchildert. Die Sprache iſt von hoher Schönheit, die ganze Darſtellung von einer Pracht des Kolorits, wie ſie unter den lebenden Dichtern nur Loti hervorzuzaubern vermag. Hieran ſchließt ſich von J. A. Gontſcharow: „Diener". Vier Porträts (aus dem Ruſſiſchen), von Erna Juel-Hanſen: „Die Geſchichte eines jungen Mädchens" (aus dem Däniſchen) und „Frauenlieb" von Rudyard Kipling (aus dem Engliſchen). Das erſte Heft dieſer drei Zeitſchriften (Deutſche Verlags-Anſtalt in Stuttgart) iſt durch jede Buchhandlung und Journal-Expedition zur Anſicht zu erhalten.

Verantwortlich für den redaktionellen Teil: Rechtsanwalt Dr. A. Löwenthal in Frankfurt a. M.

Unberechtigter Nachdruck aus dem Inhalt dieſer Zeitſchrift verboten. Ueberſetzungsrecht vorbehalten.

═══ Herausgeber, Redaktion und Verlag übernehmen keine Garantie bezüglich der Rückſendung unverlangt eingereichter Manuſkripte. Es wird gebeten, vor Einſendung einer Arbeit bei dem Herausgeber anzufragen. ═══

Druck und Verlag der Deutſchen Verlags-Anſtalt in Stuttgart.

arlsbad

Deutsche Revue

Herausgegeben

von

Richard Fleischer

Inhalts-Verzeichnis

Stuttgart **Deutsche Verlags-Anstalt** Leipzig

1897

Preis des Jahrgangs 24 Mark.

Aus dem Bunsenschen Familienarchiv.

Mitgeteilt von

Friedrich Nippold.

(Fortsetzung.)

III. Der Aufenthalt des Prinzen von Preußen in England im Jahre 1848.

Schon der englische Aufenthalt im Jahre 1844 ist ein wichtiger Abschnitt in der Geschichte der Vorbereitung des großen Kaisers für seinen nachmaligen gewaltigen Beruf. Bedeutsamer aber noch ist sein längerer Verbleib in England im Jahre 1848 geworden.[1] Die schmerzlichsten Tage im Leben des Prinzen waren unmittelbar vorhergegangen. Die volle Wut der Revolutionspartei hatte, nachdem der König sich derselben gefügt, sich gegen den Prinzen gewandt. Unter großen Gefahren hatte er aus dem Vaterlande fliehen müssen. Nun fand er in England nicht nur bei der nahe verwandten und eng befreundeten Königs-familie gastliche Aufnahme, sondern war zugleich Zeuge davon, wie in der gleichen Zeit, wo auf dem Kontinent fast alle Throne ins Wanken geraten waren, das englische Königtum, festgewurzelt im Volksleben, unberührt von den Revo-lutionsstürmen dastand.

Es sind neuerdings zahlreiche Quellen erschlossen über die verhängnisvollen Stunden in der Nacht vom 18. auf den 19. März. Das Ergebnis derselben ist, daß der eine die Verantwortlichkeit dem andern zuschob, während an der unverantwortlichen Stelle keinerlei Entschluß zu stande kam. Daß unter diesen Umständen der energische Mann in der nächsten Nähe des Throns als das schwerste Hemmnis der Revolution aus dem Wege geräumt werden mußte, ist unschwer zu begreifen.

Die furchtbaren Tage und Stunden im Leben des Prinzen, sein Abschied von den Seinigen sowie die verschiedenen Stadien seiner Reise sind heute eben-falls für die geschichtliche Forschung genugsam erhellt. Um so spärlicher fließen die Quellen aus dem Asyl in England. Bisher ist man in dieser Beziehung fast

---

[1] In die Zwischenzeit zwischen beide Reisen fällt der Aufenthalt der Prinzessin von Preußen in England vom 28. August bis 1. Oktober 1846, der für das immer engere Ver-hältnis der beiden fürstlichen Familien ebenfalls hohe Bedeutung gewonnen hat. Vergl. im Leben Bunsens II S. 345.

ausschließlich auf die im Leben Bunsens [1] veröffentlichten Daten angewiesen. Die ehrwürdige Verfasserin berichtet hier zunächst aus ihrer eignen Erinnerung, wie der Prinz am Morgen des 27. März um 8 Uhr völlig unangemeldet angekommen sei, wie aber sofort einige Zimmer im Gesandtschaftspalais für ihn freigemacht worden seien. Nachdrücklich hebt Frau v. Bunsen „die männliche Heiterkeit, die huldvolle Güte, die beständige Rücksicht auf die Bequemlichkeit andrer“ hervor, „welche von Anfang bis zu Ende das Verhalten des Prinzen kennzeichneten.“ Es folgen dann Auszüge aus einer größeren Zahl von Briefen, worin sowohl der Einladungen für den Prinzen im Hause, wie der Gesellschaften, die er auswärts mitmachte, gedacht ist. Mitten darunter aber finden sich immer wieder Bemerkungen, die zumal im Hinblick auf die schwere Sorgenzeit, welche der Prinz damals durchlebte, für seine Charakterentwicklung von Interesse sind. „Mit Würde und männlicher Empfindung nimmt er die täglich neuen Schicksalsschläge aus den Zeitungen auf.“ „Der Prinz erinnert mich sehr an seinen Vater durch den Ausdruck der Wahrheit und Herzlichkeit in seinen Zügen.“ Unter den Ereignissen, welche auf die Umgebung des Prinzen besonderen Eindruck machten, wird die ungestörte Ruhe bei der großen Chartistendemonstration vom 10. April erwähnt. Einladungen nahm der Prinz zuerst von dem Herzog von Cambridge, dann von dem Herzog von Wellington an. Vom 18. bis 20. April war er in Bunsens Begleitung in Osborne. Von einer größeren Tischgesellschaft in der Gesandtschaft wird noch speziell berichtet, wie der Prinz während des Diners die Hausfrau wiederholt über einzelne Personen, ihre Abstammung und ihre Verwandtschaft „katechisierte“.

Daß der Prinz sogar in dieser Zeit der Verbannung nie aufhörte, für die vaterländischen Interessen zu sorgen, beweist ein Brief Bunsens an Stockmar vom 15. Mai, worin es heißt: „Der Prinz thut das Mögliche der deutschen Sache zu helfen, aber Niemand hat Glauben.“

Ueber den Abschied des Prinzen berichtet ein Brief vom 31. Mai, daß am 27., abends spät, die vom Kurier überbrachte Post den Prinzen zu dem Entschluß gebracht habe, sofort abzureisen. „Ich blieb deshalb, um mich zu verabschieden (am 28. früh am Morgen). Der Prinz sprach in höchst gütiger, ja rührender Weise, dankte für empfangene ‚Freundlichkeit‘ und sagte, in keinem andern Orte oder Lande hätte er den Zeitraum von Kummer und Sorge, den er durchgemacht, so gut verbringen können als hier, wo Land und Volk so viel Interessantes geboten, um seinen Geist abzuziehen und zu beschäftigen.“

Weitere Daten über die in England verbrachten zwei Monate ließen sich wohl am ehesten in dem Nachlaß seines ihm auf dem Fuße nachgefolgten und während der ganzen Zeit in seiner unmittelbaren Begleitung verbliebenen Adjutanten, des nachmaligen Generals der Infanterie v. Boyen, erwarten. Aber gerade für jene Zeit läßt uns diese sonst gerade für die persönliche Geschichte des späteren Kaisers so wichtige Quelle im Stich. Bereits aus den kritischen Momenten des

---

[1] Vergl. Band II S. 411—421.

Jahres 1850, welche unſre nächſte Veröffentlichung genauer zu beleuchten im ſtande
ſein wird, bieten die Mitteilungen Boyens wichtige Ergänzungen zu den bisher
bekannten Daten. Aber im Jahre 1848 iſt dies noch nicht der Fall. Der Brief=
wechſel Boyens mit ſeinem Vater, dem von Friedrich Wilhelm IV. aufs neue
zum Kriegsminiſter ernannten Feldmarſchall, hatte mit dem kurz vor dem Aus=
bruch der Revolution erfolgten Tode des letzteren ſein Ende erreicht. Die Briefe
an ſeine, ebenfalls mit der königlichen Familie aufs engſte verbundene Gemahlin
(geborene Prinzeſſin Biron von Curland) beginnen erſt mit dem Jahre 1850.
Briefe des Prinzen von Preußen ſelber ſind natürlich aus einer Zeit beſtändigen
Zuſammenſeins nicht vorhanden. Aber auch ein Tagebuch hat ſich aus dieſer
aufgeregten Zeit nicht gefunden.[1]

Andre briefliche Quellen über den diesmaligen Aufenthalt des Prinzen in
England ſind bisher ebenſowenig erſchloſſen. Einen vollen Einblick in die
außerordentliche Bedeutung, welche gerade dieſe kritiſchen Monate für die Ge=
ſamtentwicklung des erſten deutſchen Kaiſers gewonnen haben, kann natürlich
nur derjenige gewinnen, welchem der damals beſonders rege Briefwechſel der
fürſtlichen Familien ſelber erſchloſſen iſt. Es gilt dies obenan von dem gerade
damals begonnenen vertrauten Verkehr des Prinzen von Preußen mit der eng=
liſchen Königsfamilie. Daß die Zeit zur geſchichtlichen Verwertung dieſes Brief=
wechſels vorerſt noch nicht gekommen iſt, liegt auf der Hand. An dieſer Stelle
darf jedoch wenigſtens eine bezeichnende Aeußerung aus dem erſten Briefe Platz
finden, welchen der Prinz von Preußen noch auf der Rückreiſe — aus Brüſſel,
am 30. Mai 1848 — an Königin Viktoria gerichtet hat. Nach „überaus herz=
lichem Danke" für die unter ſo ernſten Verhältniſſen erwieſene Gaſtfreundſchaft
heißt es dort weiter:

> „Mit ſchwerem Herzen habe ich daher England verlaſſen, nicht wiſſend,
> welcher Zukunft ich entgegengehe! und nur das wiſſend, daß ich der
> Stärkung, Ruhe und Beſonnenheit bedürfen werde, welche der Aufenthalt
> in England und die Anſchauung ſeiner Inſtitutionen mir in vollem
> Maß gewährten."

Sobann aber können hier noch einige andre Briefe zuſammengeſtellt werden,
welche auf die eigne Stimmung des ſchwergeprüften Fürſten in dieſer Zeit ein
helleres Licht werfen. Der erſte Platz gebührt darunter dem ebenfalls auf der
Rückreiſe noch unterwegs geſchriebenen Briefe des Prinzen an Bunſen über die
in der ernſten Prüfungszeit von ihm gewonnenen Eindrücke. Es ſchließen ſich aus
dem gleichzeitigen fürſtlichen Briefwechſel, obenan aus demjenigen zwiſchen Prinz
Albert und Bunſen, die auf den Aufenthalt des Prinzen bezüglichen Stellen

---

[1] Um ſo freudiger darf hier der Hoffnung Ausdruck verliehen werden, daß Herr
Legationsrat v. Tümpling, der bereits durch die Geſchichte ſeines eignen Geſchlechts um
die deutſche Geſchichtsforſchung verdiente Schwiegerſohn des Generals v. Boyen, bald in
der Lage ſein wird, die von ihm bearbeiteten „Erinnerungen aus dem Leben des General=
Adjutanten Hermann v. Boyen" der Oeffentlichkeit zu übergeben. Auch die obigen Notizen
ſind Herrn v. Tümpling zu danken.

an. Den Schluß bilden die seit der Rückkehr des Prinzen nach Deutschland an Bunsen gerichteten Briefe bis zu dem dritten Aufenthalt in England (Juli 1850).[1]

1. Brief des Prinzen von Preußen an Bunsen auf dem Rückwege.

Brüssel, 30. Mai 1848.

Hierbei, bester Bunsen, die zwei versprochenen Briefe für die zwei Königinnen. Dank, herzlichen Dank für die unvergeßliche Zeit, die ich in Ihrem Hause zubrachte und für die Unterstützung, den Rath, den Trost, die Stärkung, die ich bei Ihnen so oft fand. So schwer die Zeit war, so ist doch gewiß kein Land in der Welt im Stande, in solchen Augenblicken Ruhe und Stärkung zu gewähren, als England! — das habe ich in vollem Maaße empfunden! Mögen die dort gefundenen Güter mir in der bewegten Zeit, der ich entgegen gehe, zinstragend sein; dann war dieser unfreiwillig gemachte Aufenthalt keine verlorene Zeit. Ihre Unterstützung mit Rath und That wird Früchte tragen.

Tausend Grüße allen Ihrigen, denen ich zeitlebens verpflichtet bin;[2] mögen

---

[1] Im Juli 1850 war der Prinz wieder 14 Tage in England. Auf diesen letzteren Aufenthalt bezieht sich sein Brief an Bunsen vom 17. Juli 1850. Derselbe steht zugleich mitten inne zwischen der Denkschrift des Prinzen vom 19. Mai 1850 und den (durch die Roonschen und Gerlachschen Denkwürdigkeiten sowie die gleichzeitigen Briefe des Prinzen an Radowitz bekannt gewordenen) Thatsachen über die Haltung des Prinzen im Staatsrat vom 2. November 1850, wird daher im Zusammenhang mit diesen Daten den Gegenstand einer besonderen Veröffentlichung bilden.

[2] Mit welcher unerschütterlichen Treue der Prinz diese Worte bewährt hat, bezeugt das von ihm auf die Nachricht vom Tode Bunsens (gerade einen Monat vor dem Tode König Friedrich Wilhelms IV. und der eignen Thronbesteigung) an dessen Witwe gerichtete Schreiben vom 3. Dezember 1860:

Berlin, 3. Dezember 1860.

Nur wenige Menschen sind berufen und verpflichtet, eine so innige Theilnahme an dem Verlust zu äußern, der Sie und die Ihrigen getroffen hat, als ich! Denn das Jahre lange innige Vertrauen, welches mich mit Ihrem verstorbenen Gatten in Verbindung gesetzt hatte, und das von beiden Seiten mit gleicher Innigkeit und Ausdauer gehalten ward, ist ein Gewinn für mein Leben gewesen, und dieser geht über sein Grab hinaus.

Die Menschheit verliert in Bunsen eines seiner edelsten Herzen, der tieffühlendsten Charaktere. Der König, mit ihm ich und das Vaterland einen glühenden Patrioten. Die Wissenschaft einen der seltensten Geister, die geschaffen wurden. Wer also trauert nicht um ihn?!

Vor allem aber sind Sie es und die Ihrigen, die diesen seltenen Mann nie genug betrauern können, obgleich seine Auflösung nach so viel Leiden eine Erlösung war! Dennoch bleibt Ihr Schmerz nur zu gerecht, — eben darum wird auch der ihn lindern, von dem so Schweres über uns verhängt wird, weil Er es sendet! Möge das Ihr Fall sein!

Mit dem aufrichtigsten Dank für Ihren Brief vom 28. v. M. und mit dem Versprechen, die mir verheißenen Papiere gewissenhaft zu besorgen, verbleibe ich

Ihr und der Ihrigen Allen

treu ergebener

Wilhelm

Regent von Preußen.

ſie mir ein liebevolles Andenken bewahren. Die herzlichſten Grüße an Löwenſtein.

Ihr treu ergebener

Prinz von Preußen.

2. Auszüge aus dem fürſtlichen Briefwechſel während des Aufenthalts des Prinzen in England.

Bunſen an König Friedrich Wilhelm IV.
25. März 1848, Nachſchrift 27. März.

Gottlob, der Prinz von Preußen iſt ſicher unter dem Dache der Geſandtſchaft. Er iſt noch erſchüttert, aber klar über ſeine und der Monarchie Stellung.

*

Bunſen an Prinz Albert 27. März 1848.[1])

Graf Kielmannsegge theilt mir die Aengſte ſeines Königs mit über die Proklamation Friedrich Wilhelms IV., und ich habe ihm gerne zugeſagt, den Prinzen von Preußen zu bitten, dem Oheim (der große Stücke auf ihn hält) einige beruhigende Worte zu ſenden.

Hinſichtlich des edlen Prinzen ſelbſt erwarte ich ſtündlich die Mittheilungen von Berlin. Er kann weder direkt noch über Frankfurt, München und Wien zurückkehren, ehe die Stimmung in Berlin ſelbſt gegen die Garden (mit welchen er im Geiſte identificirt wird) ſich umgewendet, hoffentlich iſt der große Trauertag ein Verſöhnungstag geblieben.

*

Prinz Albert an König Leopold von Belgien.

28. März 1848.

Geſtern empfing ich [2]) den armen Prinzen von Preußen, der außerordent

---

[1]) Die bereits im Jahre 1847 äußerſt eifrige Korreſpondenz beider, aus welcher ſpäter weitere Mitteilungen gemacht werden ſollen, hat ſeit dem 23. März 1848 — dem erſten vertraulichen Bericht über die Ereigniſſe des 18. und 19. März — einen beſonders lebhaften Aufſchwung genommen.

[2]) Die Vorbereitung des feierlichen offiziellen Empfangs iſt in einem Privatbriefe Lord Palmerſtons an Bunſen dahin geſchildert:

C. G. 27. March 1848.

My dear Bunsen,

The Prince Albert will receive the Prince of Prussia at the Palace to-day at four o'clock in uniform, and He wishes you to accompany the Prince. One of the Queen's Carriages will be sent for His Royal Highness, with an Officer of the Queen's Household. I shall be in attendance to have the Honor of presenting the Prince of Prussia.

Yours sincerely

To Chev. Bunsen. Palmerston.

lich angegriffen ist über alles, was in Berlin vorging. Er fiel als Opfer der Wut gegen die Truppen. Leute wie er kann Deutschland jetzt nicht entbehren.

*

Prinz Albert an Fürst Leiningen.

30. März 1848.

Der arme Prinz von Preußen ist von einer Partei, welche die besten Fürsten gerne aus dem Wege räumte, schändlich verleumdet worden. Er ist hier. Man kann sich keine besseren Ansichten und Vorsätze wünschen als die, so den Herrn in diesem Augenblicke beseelen: wahrhaft patriotische. Solch einen Ehrenmann, und noch dazu den Erben Preußens, können wir in Deutschland nicht entbehren. Thue deinerseits alles, um die Bethörten über ihn aufzuklären. Er war nicht für Aenderung, ist aber treu und wird beim Neuen stehen und fallen, wie er das beim Alten zu thun bereit war.

*

König Friedrich Wilhelm IV. an Prinz Albert.[1]

3. April 1848.

Theuerster lieber Prinz!

Euer Königlichen Hoheit Brief nach der Ankunft meines armen, edlen Bruders Wilhelm war mir wie der Spiegel meiner eigenen Empfindung ...

*

Bunsen an Prinz Albert.[2]

3. Mai 1848.

Ich habe dem Prinzen Ihre ermuthigende Ansicht für Ihn wegen der Vertretung Preußens im Triumvirate mitgetheilt, die uns alle sehr glücklich macht. Er dankt Euer Königlichen Hoheit herzlich dafür. Ein Gleiches bitte ich thun zu dürfen dafür, daß Euer Königliche Hoheit mit so sichtbarem und fühlbarem Erfolge die deutsche Sache hinsichtlich Schleswigs vertreten haben. N.S. Länger als den 13. (Sonnabend, wo er bei Peel angenommen) oder 15. wird der Prinz von Preußen gewiß nicht bleiben. Ich erwarte die Antwort aus Berlin am 12. oder 13. Eine Demonstration der pommerischen Stände findet am 10. statt.

*

Bunsen an Prinz Albert.

Mai 1848.

Kein Courier ist angekommen. Aber das Ministerium ist für des Prinzen Rückkehr vor dem 20. Die Prinzessin scheint schwankend, zweifelhaft. Der

---

[1] Der Brief des Prinzen Albert, auf welchen sich die Antwort des Königs bezieht, dürfte besonders wichtige Daten über die ersten Tage des Aufenthalts des Prinzen von Preußen in England enthalten.

[2] Die in diesem Briefe weiter enthaltenen Gedanken über die zukünftige Reichsverfassung berühren sich eng mit dem Briefe Dahlmanns an den Prinzen Albert vom 28. April 1848.

Prinz war gestern Abend sehr bewegt beim Gedanken des Abschiedes von diesen fünfzig Tagen der Ruhe, welche Ihrer Majestät und Euer Königlichen Hoheit Güte und Freundschaft ihm aus einem Exil geschaffen. Erlauben Sie, gnädigster Herr, dem treuen Diener des Königshauses eine Wiederholung des ehrerbietigsten Dankes und persönlich meiner unverbrüchlichen Ergebenheit!

3. Briefe des Prinzen von Preußen an Bunsen seit seiner Rückkehr nach Deutschland.

Die nachstehend mitgeteilten Briefe haben jeder für sich ein gewisses Interesse. Aber sie reichen natürlich nicht aus, ein zusammenhängendes Bild von der Stellung des Prinzen in diesen Jahren zu gewähren. Man muß sich vielmehr auf der einen Seite stets die weltgeschichtlichen Thatsachen vor Augen halten: in der gleichzeitigen kriegerischen Niederwerfung der Revolution durch den Prinzen. Auf der andern Seite ist sein Verkehr mit Bunsen in dieser Zeit viel weniger ein brieflicher als ein persönlicher gewesen. Der zweimalige Aufenthalt Bunsens in Deutschland bot Anlaß zu direktem Gedankenaustausch. Daran schloß sich der indirekte Verkehr, der durch mehrfache Audienzen des nunmehr verstorbenen Herrn Georg v. Bunsen in Coblenz vermittelt war.

Aus dem Jahre 1848 liegen zunächst die beiden folgenden Briefe vor:

Babelsberg, 1. Oktober 1848.

Nicht wissend, ob die aimable Lady Dufferin in London ist, erlaube ich mir, Ihnen die Einlage zuzusenden, um sie nebst Paket derselben zukommen lassen zu wollen.

Uns geht es hier immer beim Alten. Pfuel und die Seinigen sollten dem quienenden Zustand ein Ende machen. 35000 Mann standen bereit, um seinen Worten Nachdruck zu geben, und siehe da — er wechselt die Farbe, und wir sind schlimmer daran wie jemals, denn wie unsere Provinz und die Armee diesen Wühlereien nochmals ohne Impuls von Oben widerstehen soll, begreift kein Mensch! In Schlesien wird in diesen Tagen der Bürgerkrieg ausbrechen, galizische Zustände sind schon eingetreten! Der Sieg in Frankfurt am Main hat seine Früchte getragen; Energie folgte ihm auf dem Fuße, und Preußen ist bereits moralisch mediatisirt, weil man nach Frankfurt a. M. und nicht nach Berlin als dem Erretter sieht. Hätte Pfuel am 25. seine Aufgabe verstanden, wie ständen wir heute da!!

Tausend Liebes Ihrer Familie!

Ihr

Prinz von Preußen.

Babelsberg, 11. Oktober 1848.

Hier kömmt wieder ein Billet für eine aimable englische Dame! Miß Emily Rumbold, Pflegetochter Delmars, hat mir ihre Verlobung mit einem Mr. Cavendish angezeigt. Ihre Adresse habe ich zwar marquirt, indessen nicht wiſſend, ob die Holde noch Rumbold oder ſchon Cavendiſh iſt, ob noch in London oder ſonſt wo, ſo ſende ich Ihnen die Einlage wiederum, die Spur der Schönen aufzufinden!

Hier iſt Alles beim Alten. Wien wird ſeinen entſetzlichen Reflex auf Berlin auszuüben nicht verfehlen; da indeſſen das neue Miniſterium, wie die alten, durch Conceſſionen leben will, ſo werden wir langſam untergehen — ohne Ehre! —

Ich ſehe ſehr ſchwarz!

Ihr

Prinz von Preußen.

Während des Sommers 1849 hat ein reger brieflicher Verkehr zwiſchen dem Prinzen von Preußen und dem Prinzen Albert ſtattgefunden. Man erſieht dies ſchon aus den Mitteilungen daraus in den Briefen von und an Bunſen. Ebenſo beziehen ſich ſowohl Bunſen in ſeinem Schreiben an Prinz Albert vom 10. Juli wie Prinz Albert ſelbſt in der Antwort vom 13. Juli auf einen uns nicht vorliegenden Brief des Prinzen von Preußen an Bunſen. Aber der innere Zuſammenhang, in welchem der Inhalt desſelben zu den übrigen Briefen ſteht, tritt nichtsdeſtoweniger deutlich zu Tage, wenn man einfach die nachſtehenden Briefe miteinander verbindet.

Bunſen an den Prinzen von Preußen.

London, 25. Juni 1849.

Ew. Königliche Hoheit

erhalten in den Beilagen Auszüge aus meinen geheimen Berichten vom 16., 20., 25. d. M. über die Meldungen und Schritte der engliſchen Agenten an den Höfen von Hannover, Sachſen, München und Karlsruhe.

Meine Quelle iſt ebenſo geheim als authentiſch. Ew. K. Hoheit errathen ſie, ohne daß ich ſie nenne.

Die hier enthüllten Thatſachen bedürfen keiner Erläuterung.

O wie mir das Herz blutet, wenn ich ſehe, wie meine Befürchtungen ſich mehr als bewähren, meine Vorherſagungen ſich mehr als erfüllen! Wenn ich nur noch glauben könnte, daß ſolche Thatſachen, ſolche Enthüllungen dem theuern Herrn die Augen öffneten und zu entſprechendem, folgerichtigem, freudigem und kräftigem Handeln anſpornten! Aber dieſe Hoffnung, dieſer Glaube iſt mir entſchwunden!

Meine einzige Hoffnung beruht auf der unwiderſtehlichen Macht der Ereigniſſe, auf der makelloſen Redlichkeit der preußiſchen Politik, auf der Unzerſtörbarkeit der im Herzen des deutſchen Volkes gegründeten Einheit, auf der Tapferkeit und Unbeſiegbarkeit des preußiſchen Heeres. Durch die letztere und durch das entſchloſſene Handeln und Vorgehen Ew. K. Hoheit allein iſt der ſchlau berechnete Plan des Reichsverweſers geſcheitert. Wie traurig, daß der edle Erzherzog ſo endigt!

Nic t kann uns retten — denn von Rettung handelt es ſich — als

Festhalten an der deutschen Sache, am deutschen Volk und Vaterlande. Diese Stütze ist stark erschüttert; gelingt es, sie jetzt zu befestigen, so ist der Gewinn sehr groß, daß Preußen die hohe und heilige Sache Deutschlands getrennt hat von den revolutionären und zerstörenden Elementen, welche sich ihr angehängt hatten. Aber es ist die eilfte Stunde! Es muß deshalb gelingen! Württemberg muß sich jetzt anschließen. Der König ist, aus verletzter Eitelkeit und aus Eifersucht gegen Preußen, an Oesterreich verkauft; Römer ist eigentlich Republikaner und war für ein Direktorium. Die Diagonale zwischen beiden Richtungen ist Anschließen an Preußen. Die Schwaben werden auch dafür sein, sobald sie sich klar werden. Die einzige Herrlichkeit des preußischen Heerwesens ist auch hier Gegenstand allgemeiner Bewunderung. Jedermann muß ja mit Händen greifen, wo der Schwerpunkt eines einigen, „den Frieden der Welt erzwingenden" Deutschlands liegt. Preußens und Deutschlands Sache ist nun Eine geworden: niemand wird sie auseinanderreißen. Aber das Haus Wittelsbach spielt eine für es selbst höchst gefährliche, dabei treulose Rolle. Schwarzenberg thut alles, um das Haus Habsburg zu verderben.

Die edle Königin und Prinz Albert sind der Sache der deutschen Einheit, und also der preußischen Hegemonie, von Herzen ergeben, und Gott wird sie dafür segnen.

In treuer Anhänglichkeit, Ew. K. H. unterthänigster

Bunsen.

*

Bunsen an Prinz Albert.

London, Dienstag Nachmittag, 10. Juli 1849.

Ew. Königliche Hoheit

stehe ich nicht an, das Schreiben des Prinzen von Preußen für Ihre persönliche Kenntnißnahme vorzulegen, welches Wyner mir überbracht hat. Es ist die Antwort auf eine ganz vertrauliche Mittheilung über das unweise, unpatriotische und treulose Benehmen der Königlichen Höfe, in Beziehung auf die große deutsche Verfassungs-Angelegenheit. Der Prinz beklagt dies, meinte aber zugleich, die in Berlin vereinbarte Verfassung sei so liberal, daß man sie doch nicht durchführen könne. Ich vermuthe, daß dieser Ausdruck sich auf die Grundrechte bezieht, denn das Wahlgesetz ist ja nur provisorisch, und die parlamentarische Einrichtung, mit einem sehr stark organisirten, durch den Reichsrat verstärkten Staatenhause, ist ja umgekehrt die einzige konservative in Deutschland, neben den neuen Staatenverfassungen, und namentlich neben der vom Könige selbst unter Brandenburgs Ministerium verliehenen.

Endlich, wären die in Berlin zugestandenen Grundrechte, welche nur feststellen, was in Belgien und Frankreich längst besteht, und (mit Ausnahme der Pairs) in England noch länger, — doch wirklich noch zu liberal für Deutschland — kommt es denn jetzt in dieser Krise auf Leben und Tod darauf an? Hängt die Ausführbarkeit davon ab?

Ernſt ſchreibt mir', daß die Badenſchen Bürger nicht weniger als freundlich gegen die preußiſche Politik ſind, und dagegen die Umgebungen Gröbens
und des Prinzen, beſonders die erſtere, ganz im Sinne der Kreuz-Zeitung reden.
„Gagern und Schlöſſel ſind beide gleich ſchuldige Hochverräther" und dergleichen.
Nimmt man dazu, daß der republikaniſche, anti-preußiſche Römer dem falſchen
Schwabenkönige in die Hände arbeitet, ſo kann nicht die Zerklüftung Deutſchlands abwehren als die Unmöglichkeit, einen ſüddeutſchen Sonderbund zu bilden,
mit oder ohne Oeſterreich.

Zu Folge der Nachrichten, welche Samwer aus Berlin hat, iſt das Miniſterium feſt entſchloſſen, ermuthigt durch die Gothaer Beſchlüſſe, an der Vereinbarung vom 28. Mai feſtzuhalten.

Ich ſelbſt habe noch keine Silbe aus Berlin.

Mit ehrerbietigſter Ergebenheit und dankbarer Anhänglichkeit erſterbe ich
Ew. K. Hoheit unterthänigſter

Bunſen.

*

Prinz Albert an Bunſen.
Verehrteſter Herr Geheimer Rath!

Ich habe Ew. Excellenz Brief richtig erhalten und ſchicke die Einlage mit
meinem verbindlichſten Danke wieder zurück. So leid es mir thut, daß der Prinz
von Preußen die neue Drei-Königsconſtitution für zu liberal anſieht, ſo
freut mich doch das Ehrenwerthe ſeiner Geſinnung, das ſich wieder in dem
Motive kund giebt, warum ihm die Conſtitution zu liberal iſt, weil er nämlich
fürchtet, ſie wird nicht von den Regierungen gehalten werden. Da mag er nicht
unrecht haben. Ich werde ihm dieſer Tage ſchreiben . . .

Ewig Ihr getreuer

Albert.

Osborne, 13. July 1849.

Aus den letzten Monaten des Jahres 1849 und dem Anfang von 1850
liegen noch die nachſtehenden Briefe des Prinzen von Preußen an Bunſen vor.
Da ihr Inhalt keiner Erklärung bedarf, teilen wir ſie hier ohne weitere Bemerkung
mit, um ſobann den Brief vom 17. Juli 1850 zum Gegenſtand einer beſonderen
Veröffentlichung zu machen.

Frankfurt a. M., 11. September 1849.

Herrn Meyers Rückkehr nach England giebt mir Gelegenheit, Ihnen dankend
für Ihr Schreiben vom 26. July zu antworten. Ganz ſo ſchlimm, als Sie damals die deutſchen Verhältniſſe kommen ſahen, ſind ſie doch noch nicht geworden.
Im Gegentheil, die offene Art und Weiſe, wie unſer Verhalten gegen Deutſchland und Oeſtreich in unſeren Kammern dargelegt worden iſt, hat uns viel Stimmen
gewonnen, und es kommt jetzt nur darauf an, raſch mit der Convocation des
Reichstags vorzugehen. Dies, wie Sie es wünſchten, ſchon im Auguſt zu thun,
war wohl nicht ganz möglich, weil noch zu viel Einzeln-Staaten mit ihrem Bei-

tritt im Rückstande waren; jetzt aber, wo die Hauptmasse beisammen ist, muß keinen Moment mehr gezögert werden, abstraction faite von Bayern und Würtemberg! Um aber zum Ziele zu gelangen, muß Waffenstillstand zwischen Preußen und Oestreich sein, damit deren Bruch nicht das Triumph-Geschrei der Revolution werde. Darum muß das intentionirte neue Centrum rasch geschaffen werden, wobei Preußen in Allem pari mit Oestreich gehen muß. Unter diesem Waffenstillstand müssen wir unser engeres Bündniß zu Stande bringen, während Oestreich es bekämpfen wird; indessen der Waffenstillstand giebt doch die Garantie, daß, mit Geschick operirt, wir eher zu Stande kommen und an Sympathien und Kraft gewinnen, ehe Oestreich sich zum förmlichen Bruch entschließt. Agiren wir so, dann gewinnen wir das Spiel, und Oestreich kann an einen Bruch nicht mehr denken.

Da haben Sie meinen Rahmen, in welchem ich die Arbeit sich vollenden sehen mögte; wie viele falsche Farben dies Gemählde noch zu ertragen haben wird, ist nicht zu ermessen. Aber man muß den Mut nicht verliehren, doch nichts überstürzen, die Zeit ist die beste Lehrerin!

Mit rechter Bangigkeit sehen wir der Nachricht über die Königin Wittwe entgegen, ihr Scheiden würde mir unendlich nahe gehen, da ich ihre mütterliche Theilnahme im vorigen Jahre nie vergessen kann!

Lady Dufferin habe ich die überraschende Freude gehabt, in Baden zu begegnen. Sie wurde gerade eben an dem Tage abgerufen, durch die Nachricht einer schweren Krankheit ihrer Mutter; seitdem weiß ich nichts mehr von ihr.

Ich bin 14 Tage hier gewesen, weil meine Anwesenheit zur Zeit der Rückkehr des E. H. Johann sehr nöthig mir schien. Seine Intriguen und die seines noblen Ministeriums tragen so sehr die Farbe des Zornes über eigene Schwäche, daß sie nicht gerade gefährlich sind; doch muß man fortwährend die Augen auf dem Tisch haben. Ich habe hier sehr angenehme Stunden im Cowleyschen Hause zugebracht. Er versteht die deutsche Frage sehr gut. Sollten Sie die alten Herzöge von Wellington und Westmoreland sehen, so grüßen Sie dieselben bestens von mir.

Tausend Liebes Ihrer Familie.

Ihr

Prinz von Preußen.

Carlsruhe, 31. Oktober 1849.

Herzlichen Dank für Ihr freundliches Schreiben mit der Bestellung der Theilnahme der theuern leidenden Königin Adelheid, bei meiner Ankunft in Berlin. Lebt die theure Frau noch, so lassen Sie ihr doch ja wissen, daß ich auf das Tiefste gerührt gewesen bin, daß sie trotz ihres Leidens meiner mit so warmer Theilnahme gedacht hat, was, wenn es möglich wäre, mich noch inniger an sie gefesselt hat! Warum müssen so reine Seelen so schmerzhaft dies Leben mit dem freilich bessern vertauschen! Ewig werde ich die erhabene Königin zu den trostreichen Erscheinungen des Jahres 1848 für mich zählen!

Ich sprach gestern Stockmar lange in Frankfurt a. M. Lassen Sie sich von unserer Unterredung erzählen. Wir sind einig über das sehr kranke Deutschland. Aber je schwerer die Krankheit, je länger die Convalescenz, dafür diese aber auch um so dauernder. Dieß ist mein Bild unserer Zustände, daher bin ich auch gar nicht muthlos, wenn die Dinge langsam und mit vielen Entraven vermischt vorschreiten, wenn sie nur vorschreiten. Und daß sie das thun, ist denn doch nicht zu läugnen, in Preußen sowohl als in Deutschland. Gefährlich für uns wäre natürlich eine neue Episode in Paris, die fast heranzurücken scheint. Wir müssen daher sehr auf unserer Acht sein, um in solchem Moment nicht überrascht zu werden durch die Rückschläge in Deutschland, die nicht ausbleiben können.

Tausend Liebes Ihrer Familie; einliegendes Band ist für Ihren Sohn Ernst; die Badenische Medaille dazu erfolgt im Januar.

Ihr

Prinz von Preußen.

Berlin, den 5. Dezember 1849.

Wie sehr habe ich mich gefreut, Ihren Sohn bei mir zu sehen und Ihren Brief durch ihn zu empfangen. Er überbringt Ihnen diese Zeilen und wird seine Wahrnehmungen von hier mittheilen.

Das letzte Votum der zweiten Kammer in der deutschen Frage ist sehr encourageant für das Ministerium, indem es ihm 70 Stimmen brachte, die größtentheils Abfälle des Portefeuille-lüsternen Centrums sind; dies ist sehr bezeichnend; Beckeraths Antrag gleicht einem schlecht verkappten Mißtrauens-Votum; daß er und seine Parthei damit durchfiel, giebt dem Ministerium neue Kraft, da jene Partei, die der Centren, die einzige Gefahr bringende für das Ministerium ist. Zuweilen beweisen die Kammern viel Takt und Conservatismus; zuweilen freilich stark das Gegentheil. Die Portefeuille-Jäger können auf keinen Anhang rechnen, wenn sie unverschämt vorgehen; diese Leute, die Pauls-Kirchner und die incapablen Individuen der drei ersten Ministerien, sind durch ihren eigenen Schaden nicht klug geworden!

Oestreichs Sprache ist allerdings sehr ernst und unangenehm, dennoch sehe ich darin nur die letzten Schreckschüsse, um uns vom Reichstag abzuhalten. Siehet es erst, daß wir uns nicht fürchten, so wird es andere Saiten aufziehen. Das ist meine Hoffnung. Ein Krieg wäre das Traurigste, was wir zwischen uns und Oestreich erleben könnten. Doch werden wir ihm nicht entgehen, wenn wir ungerecht angegriffen werden. Sachsen scheint der Zankapfel werden zu sollen. 60,000 Oestreicher stehen ihm in Böhmen zu Gebote, vermuthlich, weil unsere Hülfe im April schon vergessen ist! Da wir also nicht zur Hülfe angerufen werden dürften, wenn es in Dresden wieder mißglückt, so stehet eine Oestreich. Armee 15 Meilen von Berlin, bereit, die zwei Hälften Preußens zu trennen. Es soll ein Widerspiel für Baden sein. Was werden wir thun können?

Protestiren wir oder handeln wir gemeinschaftlich ohne Aufforderung, so heißt das, Baden auch durch Oestreich occupirt sehen. Die Sache kann ernst in ihren Folgen werden.

Ich ersuche Sie gütigst die Einlage besorgen zu wollen. Der unadressirte kleine Brief ist für die Delmars-Pflegetochter, verheiratete Cavendish; da ich ihre Adresse nicht weiß, so bitte ich Sie, dieselbe auf das Couvert schreiben zu wollen, da ich nicht weiß, ob sie Lady oder Mistreß ist.

Ihrer Familie sage ich 1000 herzliches. Mit Bangigkeit sehen wir den Nachrichten von der Königin Wittwe entgegen!

Ihr

Prinz von Preußen.

Prinz Albert antworte ich nächstens auf seinen sehr interessanten Brief. Ich gehe am 7. nach dem Rhein ab.

Coblenz, 7. März 1850.

Auf drei Ihrer Briefe habe ich zu antworten. Im ersten zeigten Sie mir freundlichst die Verlobung Ihrer Tochter an, zu der ich meine herzlichsten Glückwünsche anzunehmen bitte. Es scheint, daß das schöne Gut bei Bristol,[1] seitdem ich dem Römer — das Engels-Köpfchen zudachte, das aber sein Bruder heimführte — für Ihre Familie eine Schatzgrube im wahren Sinne des Wortes geworden ist, das heißt moralisch genommen.

Im zweiten Briefe sprechen Sie Ihre und der Königlichen Familie Theilnahme an einer Feuersbrunst aus, bei der mich die gütige Vorsehung wiederum vor größerem Schaden gnädig bewahrte. Ich kann nur tief dankbar sein für so viele Beweise Ihrer Theilnahme.

Ihr Raisonnement über die Athener Episode scheint mir sehr richtig. Dazu kommt, daß man sich über den Eindruck solchen Benehmens auf Griechenland völlig verrechnet hatte. Die rasche Annahme der bons offices durch Frankreich scheint zu beweisen, daß man sich schnell aus dem mauvais pas zu ziehen wünscht. Wellingtons Aeußerung über Deutschland ist treffend. Heute erhielt ich die erste bestimmte Andeutung des 4- oder nur 3-Königs-Projekts. Es wird sehr schwer sein, damit eine Verständigung zu Stande zu bringen, doch man muß die Sache ruhig, besonnen und ohne vorgefaßte Meinung ansehen und prüfen. Der Ausgang der gewaltigen Krise in Berlin vom 7. Januar bis 6. Februar ist ein schöner Beweis der Festigkeit des Königs, des Muthes des Ministeriums. Der Patriotismus der Kammern, die im Moment großer Gefahr ihren Eigenwillen, Eigensinn und Eigenliebe zu Opfer brachten — das kann einige Zuversicht für die Zukunft Preußens geben.

---

[1] Die Nichte des Hauses hatte sich mit Bunsens ältestem Sohn, der Neffe und Erbe mit Bunsens Tochter verlobt.

Ihren Kaufantrag Ihres Hauses in London habe ich warm beim Könige unterstützt; wenn nur Geld vorhanden ist!

Anbei sende ich Ihnen einen Brief für Lady Dufferin, der hoffentlich rascher in ihre Hände kommen wird, als der letzte, der ihr, wie sie mir schreibt, vier Wochen lang durch Irland und England nachgereiset ist. Meine sehr verspätete Antwort an Prinz Albert hat sich mit Ihrer Mahnung glücklich gekreuzt.

Ihr

Prinz von Preußen.

Josef Viktor v. Scheffel über Visionen und Vorahnungen.

Eine Erzählung

von

Nataly v. Eschstruth.

I.

Wir leben in dem Zeitalter der Entdeckungen und Lösungen großer Rätsel. Wer hätte sich vor fünfzig Jahren etwas von der Existenz des X=Strahls, von all den Wundern der Elektricität, von lebenden Photographien, von Bazillen und Serums träumen lassen? Und nun sind ein paar geniale, große Männer erstanden, welche die Schleier von den „verhüllten Bildern" gezogen, welche die Geheimnisse entdeckt haben, welche seit Jahrtausenden und Abertausenden unerforscht in ihrer Verborgenheit schlummerten. Der Menschengeist aber ist am fin de siècle noch lange nicht am Ende seines Forschungsdranges angelangt.

Im Gegenteil, die märchenhaften Erfolge der großen Gelehrten haben ihn wachgerüttelt und ihn thatendurstiger wie je auf die große Rennbahn gedrängt, deren Preis und Ziel Erfindung und Erfolg heißt!

Eine fieberische Ungeduld gärt in den Köpfen, tiefer und immer tiefer einzudringen in das Wunderreich der Schöpfung, immer neue Dinge zu erforschen, immer neue Schleier zu lüften, immer Erstaunlicheres, Wunderbareres, Unfaßlicheres zu entdecken!

Himmel und Erde sind nicht mehr sicher vor dem Spürsinn der modernen Menschen; drei Dimensionen genügen ihrem Wissensdurst nicht mehr — sie strecken kühn die Hände selbst nach der vierten aus und versuchen zu haschen und festzuhalten, was bisher selbst den Geschicktesten und Eifrigsten durch die Finger schlüpfte —, sie wollen nicht mehr glauben und vermuten, nein, sie wollen sehen und beweisen!

Was? Daß es mehr Dinge zwischen Himmel und Erde giebt, als sich unsre Schulweisheit träumen läßt.

Welch ein weites, unergründliches, noch so völlig unerforschtes Gebiet in dem unendlichen Reich der Natur! Warum blieb es allein noch verschlossen, während tausend andre Riegel gesprengt, tausend andre Thüren aufgethan wurden? Gerade jenes geheimnisvolle Reich, auf welches alle Menschenaugen voll banger, scheuer Sehnsucht gerichtet sind, zu welchem so mancher Seufzer emporschallt, an welches so ungezählte, brennende Fragen gerichtet werden, so oft, wie ein liebes Auge sich im Tod geschlossen, so oft, wie ein Grab gegraben ward.

Der Tod ist die natürliche Folge alles Lebens, und dennoch wehrt und sträubt sich alles Leben dagegen wie vor der grausamsten Unnatur!

Wohin nach dem Tode? Was dann?

Keine Frage beschäftigt den Menschengeist mehr denn diese. Seit der erste Mensch die Augen zum ewigen Schlaf geschlossen, hat die trauernde Liebe geseufzt: Was ward aus ihm?

Im Palast und in der Hütte steht das drohende Gespenst, der Tod, gleich furchtbar und rätselhaft an der Thür — König und Bettler liegen in gleicher Todesangst auf dem Sterbebett, und jeder heftet den Blick voll bebender Erwartung zum Himmel, dessen Thür so fest und ewig verschlossen bleibt, daß aller Menschenwitz und alle Klugheit vergeblich daran rütteln. Je hartnäckiger aber der Quell des Lichts verschlossen bleibt, desto brennender wird der Durst, aus seiner Flut der Erkenntnis zu schlürfen, desto nagender das Verlangen, Unerreichbares zu erreichen.

So lange Menschengedanken zurückreichen, zeigt sich das Streben, einen Blick in das Jenseits zu werfen. Die Hexe von Endor war nicht die erste, welche vor den Augen sehnender Ungeduld und trotzigen Verlangens die Schleier einer andern Welt lüften wollte; Zauberer und Sybillen haben ihr Wesen getrieben und ihre Macht über den leicht empfänglichen Sinn der Mitmenschen ausgeübt, solange es Geschöpfe gab, welche weiter dachten als bis an das Grab.

Was Wunder, wenn die Gelehrsamkeit des neunzehnten Jahrhunderts, welche so viel Unmögliches schon möglich gemacht, die Spielerei des Geisterbeschwörens in bittern Ernst verwandeln und auch in jene Finsternis der Grabesnacht Licht bringen will.

Der Glaube, welcher bisher die einzige Brücke über den Abgrund zwischen dort und hier schlug, genügt der aufgeklärten Jetztzeit nicht mehr — die Stimme der Propheten verklingt in dem Lärm der klugen, geschäftigen Welt, welche keine Zeit mehr zum Grübeln und Sinnen, zum frommen Sichversenken in heilige Glaubenstiefen hat, welche nur nachsehen und es bewiesen haben will — daß es noch Dinge zwischen Himmel und Erde giebt.

Wie gewaltig dieser Zug nach Enthüllungen durch das fin de siècle geht, beweist der Spiritismus, welcher üppiger und erfolgreicher emporwächst wie je, welcher von Amerika herüberwuchert, und dessen Bedeutsamkeit durch Betrug

und Humbug erwiesen wird, welche als Unkraut zwischen dem Weizen auf-
sprossen.

Die Gelehrsamkeit bemächtigt sich der brennenden Frage — die Wissenschaft
gewinnt Interesse dafür, wie lange noch — und ein neuer, gewaltiger X-Strahl
flammt auf, welcher die Dunkelheit zerreißt und der Menschheit endlich Antwort
auf die sehnlichste aller Fragen giebt: „Was wird aus uns?“

Als ich vor Jahren den Novellenband „Sternschnuppen“ veröffentlichte,
welcher eine Reihe von Spukgeschichten mit natürlicher Auflösung enthält, ward
ich mit unzähligen Zuschriften bestürmt, die mir bewiesen, daß die große
Menge ein ganz besonders lebhaftes Interesse an diesem Thema nimmt. Obwohl
es manche mit Genugthuung zu erfüllen schien, daß jedweder Spuk eine natürliche
Ursache haben und schließlich aufgeklärt werden müsse, neigte doch die Mehrzahl
der Leser der Ansicht zu, daß die unaufgeklärten Gespenstergeschichten die
aufgeklärten bei weitem überstiegen. Man hat mich seit jener Zeit ununterbrochen
mit Bitten heimgesucht, der Gerechtigkeit Genüge zu thun und nun auch eine
Anzahl Spukgeschichten zu veröffentlichen, welche den Erweis brächten, daß nicht
alles Unfaßliche mit der Vernunft zu erfassen sei.

Gespenstergeschichten werden zu Tausenden erzählt, und wenn das große
und kleine Ehrenwort jeder alten Scheuerfrau und Kindermuhme eine Brücke
wäre, so wandelten wir längst im goldnen Licht und wüßten es ganz genau,
daß „nachts um die zwölfte Stunde“ rasselnde Totengerippe auf dem Kirchhof
tanzen — arme Sünder ihren Kopf unter dem Arm spazieren tragen und bleiche
Ahnfrauen ruhelos durch alte Schlösser wandeln.

Solche Gespenstergeschichten entbehren aber wohl für dasjenige Publikum,
welches dieses Thema ernst behandelt sehen möchte, jedweden Interesses, und so
habe ich denn nach Gewährsmännern ausgeschaut, deren Persönlichkeit der beste
Bürge für ihre Worte ist.

Ihre Erlebnisse will ich wiedergeben, so, wie ich sie selber vernommen, und
den Anfang mit einer Episode aus dem Leben Josef Viktor v. Scheffels
machen, welche noch wenig bekannt sein und darum doppeltes Interesse erwecken
dürfte.

— — — Der erste Schnee wirbelte durch die Luft, als der Zug, der
meinen Vater und mich zum erstenmal als Gäste nach der Seehalde brachte,
auf dem Bahnhof von Radolfzell einfuhr. Die kraftvoll hohe Gestalt des Alt-
meisters stand auf dem Perron, der graue Kragenmantel vom Wind gezaust,
der breitkrempige Filzhut zum Schutz gegen die ungestüm tanzenden Flocken
niedergebogen.

Lachend grüßte er uns entgegen, und die Fahrgäste, welche ihn erkannten,
brachten ihm ein jubelndes Hurra, das sich von Fenster zu Fenster den ganzen
Zug entlang fortpflanzte.

Doppelt traulich und behaglich bei dem unwirtlichen Wetter winkte uns die
schmucke Seehalde vom Ufer des Sees zu — und je drohlicher der Sturm sie
umpfiff und die Lichter auf dem festlich geschmückten Eßtisch flackern ließ, um so

heiterer saßen wir in kleiner Runde und genossen die unvergeßlichen Stunden dieses Zusammenseins.

Die Uhr verkündete die elfte Stunde, als wir uns endlich „gute Nacht" wünschten und Scheffel seine „wegmüden, armen Wandersleut" persönlich nach den Logierzimmern geleitete. Dieselben lagen im ersten Stock, und zwar hatte der Dichter des „Ekkehard" ein helles, luftiges Eckzimmer für mich und das direkt daneben liegende Stübchen für meinen Vater bestimmt.

Scherzworte flogen noch hin und her, dann ein fester Händedruck: „Nun träumen Sie unter meinem Dach höflicherweis von all meinen Romanhelden, die es Ihnen angethan haben, Fräulein Nataly!" neckte Meister Josephus, und dann schloß sich die Thür — wir waren allein.

Während die Handkoffer ausgepackt wurden, plauderten Vater und ich noch in angeregtester Weise, dann pfiff der alte Soldat „Retraite", und auch seine Thür schloß sich.

Ich war sehr müde und schlief sogleich ein und hatte wohl auch recht fest und tief geschlafen, als ich plötzlich ohne jede Veranlassung erwachte. Es war eine mondhelle Nacht; ich erkannte jeden Gegenstand im Zimmer genau, und als meine Blicke schlaftrunken umherschweiften, hafteten sie plötzlich voll Entsetzen und Grausen auf der gegenüberliegenden Wand.

Als ich mich schlafen legte, hatte dort ein zweites Bett, mit weißer Decke überhangen, gestanden, jetzt aber — ich fühlte, wie mir der kalte Schweiß auf die Stirn trat — stand dort ein hoher, schwarzer Sarg, zu dessen Häupten und Füßen Lichter brannten, ja ich sah deutlich, daß auf dem Totenschrein blanke Waffen und ein Ordenskissen lagen.

Ich stieß einen Schrei des Entsetzens aus und starrte wie gebannt auf das Unfaßliche, Entsetzliche — als auch schon die Thür aufgestoßen ward und mein Vater mit der Frage, was passiert sei, hereinstürmte.

„Ein Sarg! ein Sarg!" stöhnte ich auf, Papa aber faßte das Feuerzeug auf meinem Tisch und zündete Licht an.

„Wo ist ein Sarg?" fragte er höchlichst überrascht.

Ja, wo war er?

Gegenüber an der Wand stand still und friedlich das weißgedeckte Bett, kein Kandelaber, keine Waffe, kein Ordenskissen ...

„Kind, du hast geträumt! Ich sage es ja, Meister Scheffel hat ein viel zu opulentes Souper servieren lassen, und der alte Wein! — Na, hier trink ein Glas Wasser und schlaf weiter!"

Ich trank gehorsam das Glas aus, aber schlafen konnte ich nicht wieder. Ich ließ das Licht brennen und überlegte, ob ich wirklich nur geträumt haben könne. Nein, gewiß nicht, ich war fest überzeugt davon, ich hatte den abscheulichen Spuk viel zu deutlich gesehen.

Wie hätte ich auch auf solch einen absonderlichen Gedanken kommen sollen?

Wir hatten uns so lustig und vergnügt unterhalten, während des ganzen

Tages nicht ein einziges Mal das Thema „Spuk" berührt, wie sollte ich ohne jede Veranlassung plötzlich Gespenster sehen?

Und doch mußte es — konnte es nur ein Alpdruck gewesen sein, was sollte der Sarg hier in dem traulichen Fremdenzimmer der modernen, neu erbauten Villa? Wir befanden uns ja in keinem Spukschloß, in dessen Mauern der Tod schon seit Jahrhunderten Einkehr gehalten, gottlob, hier in der Seehalde regierte noch das blühende Leben!

Solche Gedanken und das Glas Wasser thaten endlich doch ihre Schuldigkeit, und die anstrengende Schwarzwaldreise forderte wohl auch ihr Recht, ich schloß die Augen und schlief weiter.

Als ich jedoch am nächsten Morgen erwachte und das Stubenmädchen eintrat, lautete meine erste Frage: „Josephine, wer hat zuletzt dort in jenem Bett geschlafen?"

„In jenem dort? Ei, der Herr Excellenz v. F. aus Karlsruhe!" knixte die Kleine und berichtete, wie Herr v. F. und Frau Gemahlin jüngst zum Besuch da gewesen seien und wie schrecklich gern der alte Herr hier gewohnt habe. Er werde wohl auch bald wiederkommen, denn Sehnsucht nach der Seehalde habe er immer.

Der alte Excellenz v. F.! O, nun war ich ganz beruhigt und fest überzeugt, daß mich nur ein böser Traum geängstigt hatte, denn vor vier Tagen war ich noch in Karlsruhe, im Elternhaus des Dichters Heinrich Vierordt, mit dem charmanten alten Offizier zusammengetroffen, hatte ihn so frisch und lebensfroh an der Seite seiner jugendschönen, geistreichen Frau gesehen, daß der Gedanke an sein Ableben wie etwas ganz, ganz Fernes, Undenkbares erschien.

Als wir uns an dem Kaffeetisch versammelten, begrüßte mich Meister Josephus mit etwas besorgtem Gesicht.

„Nun, Fräulein Nataly, sind Sie heute nacht etwa krank gewesen? Mir war es, als ob ich sprechen und Schritte in Ihrem Zimmer gehört hätte!"

Vater lachte: „Viel Lärm um nichts! Mein vernünftiges Mädel begann plötzlich Gespenster zu sehen, welche bei Kerzenlicht absolut nicht zu entdecken waren!"

„Gespenster? Ei der Tausend, in meiner Seehalde, die sich sonst stets zu aller Zufriedenheit aufgeführt hat, spukt es plötzlich? Nun, da bin ich begierig, was Sie geschaut haben mögen! Schnell, erzählen Sie, Jungfer Dichterin, derweilen Ihr Kaffee sich ein wenig verkühlt."

Ich ward sehr rot und verlegen und wollte nicht mit der Sprache heraus: „Es war ja nur ein thörichter Traum, Meisterchen, und Träume sind Schäume, gar nicht wert, daß man sie der Ehre würdigt, von ihnen zu sprechen!"

„Nun, ich meine, bei einem solch absonderlichen Gespenstertraum kann man schon eine Ausnahme machen!" nickte Meister Josephus bedächtig, „mich interessieren die Träume allemal, weil sie ein gar so närrisches und oft recht konvexes Spiegelwerk unsrer Gedanken sind! Lassen Sie uns erfahren, was in solch einem Poetenköpfchen für nächtige Bilder umherschwirren!"

Da erzählte ich — und seltsam, Scheffel lachte mich nicht aus, wie ich gefürchtet hatte.

Er wiegte nur nachdenklich das ergraute Haupt, und seine lieben, ehrwürdigen Züge spiegelten ein Gemisch von Sorge und Sinnen.

„Welch ein übles Traumgesicht!" sagte er, „wie kommen Ihre jungen, lachenden Augen dazu, einen Sarg zu sehen? — Hm ... Sie bringen das Phantom mit unserm lieben alten F. in Verbindung? Nun, dann hat es, so Gott will, keine böse Vorbedeutung; da, hier! Gestern schreibt mir meine liebe Freundin noch gar heiter und guter Dinge und berichtet nur Erfreuliches von ihrem Gatten!"

Ich versicherte auch meinerseits, Excellenz v. F. noch vor wenig Tagen frisch und lerngesund gesehen zu haben, und Vater lenkte das Gespräch ab und versicherte, in dem Sarg habe nur der schwere Lachs gelegen, welchen wir gestern abend als Mayonnaise verspeist hatten, der habe Rache geübt für solch ein unfreundliches Beginnen! Er knüpfte eine Frage über die Fischerei im Bodensee daran, und nach wenigen Minuten war der nächtliche Spuk vergessen und ward auch nicht wieder erwähnt. Am Nachmittag reisten wir nach Sigmaringen weiter, abermals von Scheffel zur Bahn geleitet, und nur unter der festen Zusicherung entlassen, auf der Rückreise abermals Station in der Seehalde zu machen.

Wir versprachen es und hielten auch von Herzen gern Wort.

Wiederum hielt der Zug in Radolfzell, und auch dieses Mal stand Freund Scheffel, auf seinen Stock gestützt, zu unserm Empfang bereit. Unvergeßlich aber wird mir der Ausdruck seines Gesichts bleiben.

Kein heiteres, schalkhaft liebenswürdiges Lächeln, ernst, um Jahre älter aussehend, mit kummervollem Blick schaute er mir in die Augen und streckte mir beide Hände entgegen: „Wissen Sie's schon?" fragte er anstatt jeder Begrüßung.

„Nein! Um Gottes willen ... ein Unglück?"

„Der alte Excellenz v. F. ist tot — Ihr Traum ist leider Gottes doch kein Schaum gewesen —, er ist in selbiger Nacht zu Tode erkrankt."

Ein kalter Schauder überrieselte mich. Unsre Bestürzung war groß, und während des ganzen Wegs zur Seehalde drehte sich das Gespräch um diesen Trauerfall, welcher Scheffel ganz besonders schmerzlich zu erregen schien.

Stets von neuem gedachte er des unheimlichen, spukhaften Traums und setzte zuletzt leise und nachdenklich hinzu: „Wenn es wahrlich nur ein Traum gewesen."

Mit Mühe gelang es, während des Mittagmahls die alten Geister der Heiterkeit und des Frohsinns zu citieren. Der Altmeister hörte mich so gern lachen und behauptete, „selbes Lachen stecke ihn unrettbar an!" Heute mußte es sich bewahrheiten, und es glückte mir auch, tagsüber die trüben Gedanken von ihm fern zu halten.

Als wir aber abends in Scheffels Arbeitszimmer saßen und der Seewind kalt und seufzend um die Fenster strich, da stützte Meister Josephus die Stirn abermals traurig sinnend in die Hand und sagte ganz unvermittelt: „Also Sie

auch, Fräulein Nataly! Es ist ganz wunderbar, just als ob wir armes Dichter-
völklein dazu auserlesen wären, mehr zu sehen und zu erleben, als der andern
Schulweisheit sich träumen läßt! Mag's die besonders lebhafte Phantasie, das
äußerst erregte und wohl auch stärker ausgebildete, vielleicht auch überstraff ge-
spannte Nervensystem der Poeten sein, daß sie mit ihren Gedanken in fremde
Welten hineinragen und unbewußt durch das Schlüsselloch der Ewigkeit lugen,
ich weiß es nicht! Aber wundersam ist's, daß auch Sie, fröhliches, sechzehn-
jähriges Kind, solch ernste Vorahnungen haben! Just als ob's die Geister besonders gern mit der Jugend hielten — ich war ja damals auch noch ein lebensfrohes Bürschchen, als ich etwas Aehnliches, unerklärlich Seltsames erlebte —,
nachher, im späteren Leben, habe ich nie wieder Geister geschaut."

Er sprach leise, wie in Gedanken, und atemlos vor Ueberraschung starrte
ich ihn an. „Sie selber haben einmal etwas Uebernatürliches erlebt? O bitte,
bitte, lieber, bester Meister, erzählen Sie!"

Sein Blick richtete sich ernst, beinahe forschend auf mein Gesicht. „Ich habe
nie gern darüber gesprochen, Fräulein Nataly, die Leute lachen über die Ge-
spensterseher, und wer nicht selber mal ein Aehnliches erlebt hat, der glaubt gar,
man wolle ihm ein Märlein auftischen."

„Habe ich denn nicht soeben noch den Beweis geliefert, daß ich Aehnliches
erlebte?"

Er lächelte. „Wohl wahr, darum wäre ich wohl gar im stande, Ihnen
mit gleichem Spuk aufzuwarten, bin heute just in der Stimmung dazu! Die
Gedanken an damals kommen mir immer wieder — wie die Mückenschwärme,
welche man auch vergeblich scheucht! Nun — und Sie, lieber Major, werden
auch nicht allzu ketzerisch über den alten Poeten herziehen, wenn Ihr Husarenherz
auch nicht mit dem des ehemaligen Studentleins in einem Takte schlagen wird."

Vater versicherte, daß wohl der heutige Tag dazu angethan sei, jeden
Zweifel an Absonderlichem verstummen zu lassen, und so füllte Scheffel noch
einmal die Gläser, lehnte sich nachdenklich in den Sessel zurück und strich mit
der Hand über den Kinnbart. Die Augen wie in weite Fernen geradeaus gerichtet, mit einem Gesichtsausdruck, welcher sein sonst so frisch blickendes,
liebenswürdig heiteres Antlitz vollständig veränderte, begann er mit gedämpfter
Stimme:

Es war im Jahr 18**, als ich, ein junges, lebensfrohes Bürschchen, die
Akademie zu H. bezog. Das Allzuviel der Freundschaft war mir nie sympathisch
gewesen, darum beschränkte ich meinen Verkehr auf nur wenige, aber desto liebere
und treuere Gesellen, von welchen namentlich der eine mir besonders nahe trat.
Nennen wir ihn jetzt Karl — der Name thut ja nichts zur Sache, und falls
Fräulein Nataly diese Geschichte später einmal der Welt erzählt, so möge
Diskretion walten.

Besagter Karl war mir wohl so angenehm im Verkehr, weil er in allen
Dingen das ganz direkte Gegenteil von mir war.

Dieweil bei mir Lebenslust und Frohsinn fast überschäumten und ich die

Studienzeit durch die rosigen Brillen des Gaudeamus anschaute, war Freund Karl ein stiller, beinahe etwas kopfhängerischer Bursch, dem das Arbeiten und Lernen als heilige Pflicht erschien und welcher wohl in unsern Augen als ärgster und verächtlichster Philister gegolten haben würde, hätten wir nicht den Grund zu seinem altväterischen Wesen nur allzugut gekannt.

Er war krank.

So gut ihn die frischen roten Wangen kleideten, wußten wir doch, was ihre hektische Art besagen wollte, wenn wir den armen Jungen husten hörten.

Dazu kamen Verhältnisse, welche seine empfindsame Seele schon seit Jahren schwer belasteten.

Er war das einzige Kind einer Witwe, welche der früh verstorbene Vater, ein Ministerialbeamter, in geordneter, aber nicht allzu glänzender Vermögenslage zurückgelassen hatte.

Karls ganzes Streben und unermüdliches Lernen galt der Zukunft der Mutter.

Er wußte, daß er die schwere Krankheit des Vaters geerbt, und er sagte sich, daß er nicht allzulange Zeit habe, der unglücklichen Frau eine Stütze zu sein.

Daher sein philisterhaft solides Leben, sein großer, heiliger Ernst dem Studium gegenüber. Ich hatte eine tiefe, herzliche Verehrung für den vortrefflichen jungen Mann, und manch traute, wohl einflußreiche Stunde verlebte ich in der kleinen Wohnung der Frau Rat, welche selbstverständlicherweise mit dem Sohn zusammenlebte.

Was wir übermütigen Gesellen Freuden und Vergnügungen nannten, Pauken, Biertrinken, Kommerse und lustige Scholarenfahrten ins Land, das existierte nicht für den kranken Genossen, nur eine einzige Erheiterung gönnte er sich — er besuchte die Studentenbälle und Tanzkränzchen, welche wir des öfteren veranstalteten.

Da ich das Tanzen für einen Lungenkranken recht schädlich erachtete, erstaunte mich dieser Leichtsinn des Freundes gewaltig, bis ich ihn nach schärferer Beobachtung zu deuten wußte. Karl tanzte nur einen einzigen Tanz, den Walzer nach dem Abendessen, und diejenige, mit welcher er tanzte und soupierte, war stets dieselbe.

Ein herziges, frisches junges Mädchen, sanft und lind wie ein Frühlingshauch, herzensgut und freundlich wie ein Schutzengel, welcher mit holdem Antlitz Genesung in die Seele der Kranken lächelt. Einmal habe ich Karl mit Fräulein Gretchen geneckt, dann nicht wieder.

II.

Er sah mich mit seinen schwermütigen Augen so unbeschreiblich an, daß es mir durch Mark und Bein ging.

„Ich habe sie lieb, Josef!" sagte er leise, „du bist mein Freund, ich will

fein Geheimnis vor dir haben!" Und er legte meinen Arm in den ſeinen und
ſchritt langſam mit mir im Zimmer auf und ab.

Dabei that er mir ſein Herz auf, ſein junges, liebewarmes Herz, welches
ſo zuverſichtlich auf das Glück hoffte.

Die Liebe und Hoffnung erhielten ihn geſund und ſtählten ſeinen Körper
und ſeine Seele zur Arbeit, ſo wähnte er. Gretchen wußte um ſeine Gefühle
und teilte ſie, auch die Mutter hütete im Herzen voll ſtillen Glücks das Geheimnis
ihres Sohnes.

Noch ein paar Jahre Geduld, noch ein paar Jahre ſchaffen und ſtreben,
und er wird die Geliebte als trautes Weib in ein beſcheidenes Neſtchen heim-
führen.

Bei dem nächſten Tanzkränzchen beobachtete ich voll wehmütiger Rührung
dieſen jungen Liebeslenz, auf deſſen Knoſpe ſchon ein ſo herber, unbarmherziger
Rauhreif ſchwerer Sorge fiel.

Neben dem Ofen befand ſich ein ſtilles Plätzchen zu zwei Sitzen, welches
die Liebenden ſtändig zu dem ihren erwählten. Da ſaßen ſie während des
Tanzes, ungeſtört und unbeobachtet, und ſchwelgten in dem ſüßen Glück ihres
geheimen Herzensbundes.

Der Winter kam, rauher und ſtürmiſcher wie je zuvor, und Karl huſtete
mehr denn je, und eines Tages blieb ſein Platz im Kolleg leer.

Ich eilte ſofort in die Wohnung der Frau Rat und fand die alte Frau
zwar in Sorge, aber doch ganz zuverſichtlich und vertrauensvoll.

Karl lag an ſtarker Erkältung zu Bett. Ein tüchtiger Schnupfen und
Huſten, ſonſt nichts. In der Nacht trat Fieber auf und währte etliche Tage,
da ſeine Höhe aber nicht beängſtigend war und es am vierten Tage wieder
ſchwand, ſo nahmen wir die Erkrankung nicht allzu ſchwer.

Karl fühlte ſich auch nach acht Tagen wieder leiblich wohl, verließ das
Bett und ſaß behaglich plaudernd im Lehnſtuhl am Ofen, als ich zum gewohnten
Beſuch wieder bei ihm eintrat.

„Hurra! Der Dachs hat den Bau wieder verlaſſen!" rief er mir ſehr heiter
gelaunt entgegen; „ich hoffe übermorgen ſchon wieder ausgehen zu können!"

„Wenn das gelinde Wetter anhält, mein Junge," wandte Frau Rat lächelnd
ein, „du weißt, was der Doktor geſagt hat!"

„Doktorenweisheit! Wehe dem, welcher ſich zu ihrem Sklaven macht!" rief
der Kranke mit beinahe übermütigem Ton. „Nein, nein, Mutterchen, ich laſſe
mich nicht eine Stunde lang unnötig einſperren! Und nun laßt uns Kaffee
trinken, Joſephus muß die Kehle anfeuchten, ſonſt erzählt er ſchlecht!"

Die alte Dame verließ das Zimmer, und kaum, daß die Thür ſich hinter
ihr geſchloſſen, faßte Freund Karl jählings meine Hand und ſtammelte:

„Iſt es wahr, daß am nächſten Samstag das erſte Tanzkränzchen ſtatt-
findet?"

Ich nickte. „Willſt du etwa leichtſinnigerweiſe bei demſelben erſcheinen?"

„Und ob ich es will! Ach Joſef, ich habe meiner kleinen Margaret ſo

viel zu sagen wegen des Onkels, weißt du! Hat er mich wahrlich zum Erben
eingesetzt, kann ich ja schon als Referendar heiraten! Und siehst du, des Sams-
tags wegen freue ich mich doppelt, daß es mir wieder so viel besser geht."

„Hast du Fräulein Gretchen bereits engagiert?"

„Das habe ich ein für allemal. Der Tischtanz ist mein. Laß uns wieder
zusammen eine Ecke bilden während des Essens, arrangiere alles wie sonst,
Josef, ich werde mich diesmal nicht viel darum kümmern können!"

Ich versprach, und das Gespräch nahm eine andre Wendung, als Frau
Rat mit dem Kaffee erschien.

Es war dies an einem Dienstag; Freitag wollte Karl das Kolleg wieder
besuchen und Samstag mit seiner Margaret tanzen.

Vergeblich schaute ich Freitag in der Universität nach ihm aus, und von
böser Ahnung erfüllt, begab ich mich sogleich in seine Wohnung.

Ich fand den armen Freund erschreckend bleich und matt auf dem Sofa
liegen und erfuhr durch seine Mutter, daß ganz plötzlich wieder ein heftiger
Bluthusten aufgetreten sei.

So gut ich es bei meiner Bestürzung vermochte, tröstete ich die weinende Frau
und versuchte alsdann, den sehr niedergeschlagenen Karl ein wenig aufzuheitern.

Er schüttelte wehmütig den Kopf.

„Ich werde morgen abend nicht bei euch sein können; hast du schon eine
Dame zum Tischwalzer engagiert?"

Ich verneinte.

Da umschloß er mit fieberheißer Hand die meine.

„Dann thu mir den Gefallen und tanze mit Gretchen!" bat er. „Dir vertraue ich sie am liebsten an! Du wirst ihr von mir und dem Onkel erzählen,
alles, was ich dir jetzt auftragen werde, — ja?"

Da kam mir der Schalk. „Höre," sprach ich, „die kleine Margaret ist ein
herziges Wesen und gefällt auch andern Leuten gut! Zum Teufel mit der
Freundschaft! — Ich werde einmal im Trüben fischen und dir dein Bräutlein
abspenstig machen, gar so abgeneigt ist sie mir längst nicht!"

Ich hatte lachend und im Scherz gesprochen, aber ich erschrak über die
Wirkung meiner Worte. Glühende Röte stieg in Karls leichenblasse Wangen,
sein Blick flammte so drohend und leidenschaftlich auf, wie ich ihn nie zuvor
gesehen.

„Josef! — Mensch!" flüsterte er mit heiserer Stimme. „Wenn du zum
Verräter an mir werden würdest! Bei meiner ewigen Ruhe — ich schwöre
dir's — bei dem ersten Wort, welches du in deinem Interesse zu ihr sprichst,
stehe ich zwischen euch — und sollte ich aus dem Grabe steigen!"

Ich lachte hell auf und versicherte ihm so heiter meine absolute Ungefähr-
lichkeit, daß er sich schnell beruhigte.

„Nun höre, was du ihr sagen sollst," fuhr er leise fort, nachdem ein heftiger
Hustenanfall ihn minutenlang geschüttelt, und mit kurzen, abgerissenen Sätzen
informierte er mich.

Ich war damals jung und sorglos, ich hielt Karl für krank, aber nicht für todkrank, dieser Gedanke lag uns allen noch sehr, sehr fern.

Der Samstag kam.

Karls Wohnung lag in derselben Straße wie unser Tanzlokal, nur wenige Häuser von demselben entfernt.

Ich sprach zuerst noch einmal bei dem Kranken vor und fand ihn überraschend wohl. Er schritt im Zimmer auf und nieder und blickte mir mit seltsam schalkhaftem Lächeln entgegen.

Als ich wieder ging, drohte er mir scherzend mit dem Finger: „Daß du ihr nicht den Hof machst! Ich drehe dir den Hals um! — Verstanden?"

Ich zuckte übermütig die Achseln. „Ich beschwöre nichts!" rief ich lachend zurück und stürmte die Treppe hinab.

Der Tischtanz kam. Ich hatte mich während des Essens ganz nach Vorschrift mit Fräulein Gretchen unterhalten, und nun führte ich sie in den Saal und flog nach den Walzerklängen mit ihr dahin. Dann führte ich sie zu dem Ofeneckchen.

„Es muß alles ganz so sein wie sonst!" lachte ich, „nun werde ich versuchen, ob ich Ihnen ebensogut die Cour machen kann wie Karl!"

Sie ward rot und sah in diesem Augenblick reizender aus wie je. Ganz unwillkürlich rückte ich ihr ein wenig näher und hub an, sie zu necken:

„Wissen Sie auch, Fräulein Gretchen, daß ich Karl angedroht habe, ich wolle Ihnen heute gewaltig den Hof machen? Wie wär's, wenn ich Wort hielte?"

Kaum daß ich die Worte über die Lippen gebracht, fühlte ich einen heftigen Schlag auf die Schulter, und als ich mich jählings umwandte, entfuhr ein leiser Schrei der Ueberraschung meinem Munde.

Hinter mir stand mein Freund Karl, die weit aufgerissenen Augen starr auf mich geheftet.

„Karl," stammelte ich, „du hier?!" Und dann fiel mein Blick auf seine Gestalt, und ein Schrei des Schreckens rang sich abermals von meinen Lippen.

Wie sah er aus! Im Ballanzug, dem Rock und der weißen Weste, stand er vor mir, aber Weste und Vorhemdchen waren von Blut überströmt, und über seine Lippen sickerten die dunkeln Tropfen unaufhörlich weiter.

„Allmächtiger Gott — Karl!"

Aber was war das? — Vor meinen Augen zerrann die Gestalt des Freundes, und statt seiner drängten näherstehende Herren und Damen herzu und lachten hell auf und riefen mich staunend an:

„Haben Sie Visionen, Scheffel? — Mit wem in aller Welt sprechen Sie denn?"

Ich stand wie gelähmt. „War soeben nicht Karl X. hier?" rang es sich von meinen Lippen.

„Unsinn! Kein Mensch war hier!"

Aufs höchste erregt, wandte ich mich zu meiner Tänzerin. „Aber Sie haben ihn doch auch gesehen, Fräulein Gretchen?"

Das arme Kind sah leichenblaß aus.

„Nein — ich sah niemand — es war keiner da, zu dem Sie sprachen!"

Ich ward sehr erregt. „Unsinn! Ich soll mystifiziert werden! Ihr alle steckt hinter dem Komplott! Aber jetzt Scherz beiseite, saht ihr nicht, wie der Unglückliche aussah? Er war über und über von Blut überströmt!"

An den Blicken der Umstehenden sah ich jetzt, daß man mich für verrückt oder betrunken hielt; ehe aber ein weiteres Wort fiel, drängte sich ein Kellner durch die Tanzenden und rief mir mit bestürzter Miene zu:

„Ach, Herr Scheffel! Die Frau Rätin X. läßt dringend bitten, einmal herüber zu kommen, es ist ein Unglück passiert!"

Wie ich über die verschneite Straße und die beiden Stiegen emporgekommen bin, weiß ich selber nicht mehr. Als ich in Karls Zimmer trat, lag der Unglückliche vor mir auf dem Fußboden, ganz so, wie ich ihn soeben als spukhafte Erscheinung vor mir gesehen, im Ballanzug, von Blut überströmt.

Später, nachdem wir den teuern Toten zur ewigen Ruhe gebettet, gab mir die beklagenswerte Mutter Aufschluß über das Seltsame.

Karl hatte sich an dem unglückseligen Samstag so auffallend viel wohler gefühlt, daß er beschloß, einen kleinen Scherz auszuführen.

Alles Flehen und Bitten der Mutter half nichts.

„Ich tanze ja nicht! Ich will sie nur in der Ofenecke überraschen und Josef ‚eins versetzen', wenn er galant wird!"

In großer Hast hatte er sich angekleidet, und mag es eine heftige Bewegung oder die Aufregung veranlaßt haben, ein Blutsturz trat plötzlich ein und zwar mit solcher Heftigkeit, daß der Kranke inmitten des Zimmers zusammenbrach.

Die schwache alte Frau vermochte nicht, ihn auf das Bett zu schaffen; sie kniete neben ihm und hielt seinen Oberkörper in den Armen.

Da habe sich der Sterbende noch einmal aufgerichtet. „Jetzt — jetzt — hörst du ... er sitzt neben ihr ... er sagt ihr ..." und dann sei sein Körper steif und eiskalt geworden, er habe die Hand wie zum Schlag erhoben — sekundenlang geradeaus gestarrt und wäre hierauf mit einem tiefen Seufzer tot vornüber gesunken.

Es war der Augenblick, als ich auf solch unerklärliche Weise den unglücklichen Freund im Ballsaal vor mir sah. — —

Scheffel machte tief atmend eine Pause und strich mit der Hand über Stirn und Augen.

Das ist eine wahre Begebenheit, ein Spuk, welchen ich selbst erlebte, und ich hatte nicht geträumt.

— — — — — — — — — — — — — — — —

Ich verhehle nicht, daß die Erzählung aus dem Munde dieses Gewährsmanns tiefen Eindruck auf mich machte und die Unterhaltung begreiflicherweise längere Zeit bei diesem Thema festhielt.

Scheffel bekundete viel Interesse dafür. Ich bin so gar nicht phantastisch und hellseherisch beanlagt, sagte er, habe auch während meines ganzen Lebens nie 〈 Uebernatürliches wieder geschaut oder gehört, darum ist mir jenes᾽ zweite Gesicht, welches ich im Ballsaal hatte, doppelt unbegreiflich. Man wird vielleicht sagen, ein Poet ist schon von Natur ein viel sensibler und einbildungsreicher beanlagtes Wesen als andre Sterbliche, dem aber kann ich ein andres Vorkommnis, welches ein guter Freund von mir erlebte, entgegenstellen. Sein Wort bürgt mir für die absolute Wahrheit seiner Erzählung, denn Freund S. ist eine Persönlichkeit, welche jedweden Zweifel ausschließt. Eine Soldatennatur par excellence, sehr realistisch, nüchtern und ehrlich denkend, grad aus bis zur Derbheit, leicht mißtrauisch jedem gemachten Wesen gegenüber, von echter Landsknechtsfrömmigkeit, welche nicht viel Worte macht und keinen Kultus zur Schau trägt und im rechten Moment doch ein Stoßgebetlein aus tiefstem Herzensgrunde stammelt.

S. war Kavallerist und ward während des Feldzugs 1870/71 besonders viel kommandiert, Jagd auf Franctireurs zu machen.

Seine Umsicht, Kaltblütigkeit und oft ein an Tollkühnheit grenzender Mut befähigten ihn ganz besonders zu diesem aufreibenden und gefährlichen Dienst.

Später erzählte er mir persönlich folgendes Ereignis:

„Es war eine warme, mondhelle Nacht, als ich mit etlichen besonders zuverlässigen Leuten meiner Schwadron das Wagstück unternahm, die Stellung des Feindes auszukundschaften.

„Das Terrain war uns nur in großen Strichen bekannt; wir wußten, daß sich vor uns ein mäßig großer Wald, hinter demselben freie Wiesen und Ackerland — und angrenzend an dieses ein Gehöft befand, in welchem wir den Hauptschlupfwinkel und die Munitionskammern der Franctireurs vermuteten.

„Der Wald erwies sich jedoch tiefer und beschwerlicher passierbar, als wir dachten, und obwohl wir die menschenmöglichsten Vorsichtsmaßregeln beobachteten, wurden wir doch öfters durch Geräusche und Wahrnehmungen beunruhigt, als ob wir vom Feind umschlichen und beobachtet würden.

„Wir überlegten schon, ob es unter diesen Verhältnissen ratsam sei, bei dem hellen Mondlicht das schützende Waldesdunkel zu verlassen, als ein heraufsteigendes Wetter den Himmel überzog und alles Licht in tiefste Finsternis tauchte.

„Wir hatten die Lisière erreicht und hielten einen Augenblick ratlos still, auf die grabesstille, stockdunkle Ebene hinausblickend.

„Der Wind fuhr rauschend durch die Baumkronen und jagte heulend über das flache Land, Regentropfen klatschten hernieder, und Nachtvögel strichen mit heiserem Schrei über uns hinweg.

„Man sah nicht mehr die Hand vor Augen, und es schien eine Unmöglichkeit, den Weg nach dem Gehöft aufzufinden. Schon wollte ich mich mißmutig entschließen, den Rückweg anzutreten, als plötzlich in ziemlicher Entfernung ein Licht aufblitzte.

„Das Haus! — Hurra — dort liegt das Haus!' raunte mir ein Ge=
freiter zu, und ich nahm das Fernglas und forschte eifrig nach der Wahrheit.

„Richtig, das Licht schien durch Glas, — die Fensterscheibe, und verdunkelte
sich zeitweise, als ob Schatten vor demselben hin und her glitten.

„Die Stube war sicherlich von Feinden besetzt.

„Wir frohlockten. Das dunkle Wetter begünstigte unsre Annäherung, der
Sturm und Regen übertönte die Hufschläge, wir hatten die beste Aussicht, uns
unbemerkt heranbirschen zu können.

„So ritten wir los, erst vorsichtig prüfend, dann, als sich der Boden als
hochbegraste, sammetweiche Wiese zeigte, dreister werdend und schärfer aus=
greifend.

„So ging es eine gute Weile leise und schnell vorwärts, dann ward der
Boden plötzlich härter und knirschte hie und da wie loses Geröll.

„Dennoch ritten wir scharf zu, denn das Licht rückte näher und näher
und mußte nach unsrer Berechnung in spätestens zehn Minuten erreicht sein.

„Auffällig schien es, daß weder Gartenland, noch Acker oder Zäune die
Nähe des Gehöftes anmeldeten, doch war es wohl möglich, daß sich diese An=
zeichen nach der entgegengesetzten Seite befanden, während die Front des Hauses
nach der freien Heide hinausblickte.

„Das Licht stand unbeweglich und brannte inmitten des sausenden Sturmes
ruhig und hell.

„Ich ritt als erster meinen Leuten voran, den Blick starr auf die Flamme
gerichtet, deren heller Schein noch mehr gegen die Dunkelheit blendete.

„Plötzlich schrak ich zusammen und zwar so jäh, daß ich ganz unwillkürlich
mein Pferd zurückriß und dadurch auch die mir nachfolgenden Reiter aufhielt.

„Mit weit aufgerissenen Augen, die Haare in jähem Grausen gesträubt,
starrte ich auf eine weiße Frauengestalt, welche plötzlich aus der Finsternis auf=
tauchte und die Arme in angstvoller Abwehr nach mir ausstreckte, — meine
Mutter!

„Wahrlich und leibhaftig meine Mutter, welche doch schon seit drei Jahren
daheim auf deutschem Friedhof schlummerte.

„Ich sah sie genau — jeden Zug ihres lieben, trauten Gesichts, ihre
Augen, ihren Mund, ihre Gestalt in dem weißen Totenhemd, ganz so, wie ich
sie zum letztenmal voll verzweifelnden Schmerzes angeschaut, ehe der Sarg für
immer geschlossen ward.

„Und nun plötzlich stand sie vor mir in stockdunkler Nacht — im fernen
Feindesland, auf einsamer Heide.

„‚Mutter!' schrie ich auf — ‚Mutter!'

„Der Gefreite faßte mich entsetzt am Arm: ‚Um Himmels willen — Herr
Rittmeister —!'

„Da zerrann die wundersame Erscheinung vor meinen Augen. Noch einmal
winkte sie mir mit allen Zeichen großer Angst zu: ‚Zurück! Zurück!' und dann
umgähnte mich abermals die schwarze Finsternis.

„Keines Wortes mächtig, saß ich im Sattel. Ich fühlte, wie das Pferd unter mir zitterte und aufschnaufend zurückdrängte.

„Herr Rittmeister...'

„Hackert — haben Sie nichts gesehen?' rang es sich endlich keuchend von meinen Lippen.

„Nein, Herr Rittmeister... was...?'

„Und ihr andern saht auch nichts?'

„Nein, Herr Rittmeister!' flüsterte es betroffen im Kreise.

„Ich richtete mich entschlossen auf. „Halt! — Keinen Schritt weiter! — Es droht uns eine Gefahr. — Hackert, halten Sie mein Pferd!' Ich sprang zur Erde. „Lassen Sie mich ein paar Schritte vorgehen!'

„Unter meinen Sohlen knirschte loses Steinicht, es bröckelte ab, und ich hörte, wie ein Stück fortrollte und dann polterte, als stürze es einen tiefen Abgrund hinab.

„Was war das?

„Als ich unschlüssig stehe und zaudere, noch einen Schritt vorwärts zu thun, bricht der Mond mit hellem Strahl durch das Gewölk, und ich blicke vor mich nieder in die gähnenden Tiefen eines Steinbruchs, während drüben, am jenseitigen Rand desselben, eine Laterne aufgehängt ist.

„Eine Falle, welche uns die Franctireurs gestellt haben.

„Einen Augenblick rinnt es wie kaltes Grauen durch meine Glieder, — noch zwei Schritt weiter, und wir lagen zerschmettert in der Tiefe.

„Ich sprang zurück auf mein Pferd. — ,Kehrt! Wir sind an Steinbrüchen!' rufe ich leise, und meine wackeren Reiter, welche das Entsetzliche gleich mir geschaut, reißen die Pferde herum.

„Da knattert es jenseits des Steinbruchs. Kugeln pfeifen über uns hinweg, meinem Gefreiten schlägt die eine gegen den Karabiner, dennoch hat er denselben schon an der Backe und giebt gleich uns Feuer.

„Zweimal schießen wir in die Dunkelheit hinein, der Mond versteckt sich wieder, wir sehen keinen Feind mehr und jagen nun durch Sturm und Regen dem schützenden Wald wieder zu.

„Erst später, als wir wieder wohlbehalten bei den Unsern angelangt sind, überkommt mich die Erinnerung an das soeben Erlebte mit elementarer Gewalt. Ich öffne meine Brusttasche, blicke auf das Bildchen meiner lieben seligen Mutter, presse das Antlitz darauf und weine wie ein Kind. Eine Erklärung für die rätselhafte gespenstische Erscheinung habe ich nie gefunden, nur die, daß ich schon während Lebzeiten der Mutter stets ihr Sorgenkind gewesen, über welches sie ganz besonders treu und liebevoll schützend ihre Hände gebreitet!"

Soweit mein Freund, ein Mann, der nie gelogen hat, und welchem ich dieses Erlebnis Wort für Wort glaube. Möglicherweise habe ich es Ihnen nicht mit der vollen, militärischen Genauigkeit erzählt, lieber Major, — ich bin kein Soldat! — aber die Hauptsache gab ich wohl wahrheitsgetreu wieder; sie hat mich oft beschäftigt in Gedanken, und ich habe mich der seligen Bestätigung gefreut, daß auch das Grab der Mutterliebe noch keine Schranke setzt; unter vielen Tausenden ist aber wohl nur einer, dem sich solches in Stunden höchster Gefahr und Not offenbart!

Jahre sind vergangen, seit Meister Scheffel mir in der Seehalde gegenübersaß und das Haupt sinnend in die Hand stützte mit der grüblerischen Frage: War's ein Spuk? — und giebt es wahrlich auserwählte Menschen, welche schon mit irdischen Augen Dinge sehen, vor denen — andern gegenüber — noch die Schatten des Todes lagern? Ist das Grab eine Thüre — und wohin führt dieselbe? Zuvor in eine Zwischenwelt, oder allsogleich vor das Angesicht des ewigen Gottes?

Cypressen rauschen über der Gruft des teuern Meisters; er durchschritt die Todespforten und erhielt Antwort auf seine Frage.

Die heutigen Konservativen in England und Deutschland.

Von

v. Helldorf-Bedra.

I.

Vor einiger Zeit ging mir die Uebersetzung eines Artikels der „Quarterly Review" vom April 1895 zu: „Der heutige Konservatismus", der, wenn auch nicht von neuestem Datum, doch durch seinen Inhalt und die Art der Darstellung für die Kenntnis englischer Parteiverhältnisse nicht nur, sondern durch manche Analogien und die Anregung zu Vergleichungen auch für unsre Parteiverhältnisse von so großem Interesse ist, daß eine Mitteilung von Wert erscheint.

Der Aufsatz ist mehrere Monate vor dem letzten Wahlkampf geschrieben, in welchem die vereinigten Torys und Unionisten, die unter der Bezeichnung „die heutigen Konservativen" zusammengefaßt werden, einen entschiedenen Sieg errungen haben, und er sagt denselben mit voller Bestimmtheit voraus. „Es ist ein Faktum, daß unter dem Household-Wahlrecht der heutige Konservatismus die Ursache der Majorität ist; und die Ursachen kennen zu lernen, welche diesen Umschwung im Gefühl der öffentlichen Meinung hervorgebracht haben, ist für alle von Bedeutung, welchen die Ideen am Herzen liegen, deren Vorkämpfer der Konservatismus ist." Der Aufsatz will „einige der politischen, sozialen und ökonomischen Ursachen angeben, welche den Konservatismus, wie wir ihn heute verstehen, zum Bekenntnis eines großen und noch wachsenden Teiles unsers Volkes gemacht hat."

Vor einem Menschenalter schien die Herrschaft der liberalen Partei dauernd begründet, sie schien aller überwiegenden Kräfte sicher zu sein. Dennoch haben die Ursachen, welche diese Kräfte allmählich loszulösen begannen, schon damals gewirkt und allmählich einen großen Teil der Anhänger des Liberalismus von diesem fort und zum Konservatismus geführt. Den ersten Stoß seit dem Wider- ruf der Korngesetze erlitt das politische Supremat des Liberalismus bei den Wahlen 1874. Aber dieser erste Erfolg war ein vorübergehender, da 1880 trotz Lord Beaconsfields erheblicher Erfolge in der auswärtigen Politik die Liberalen unter Gladstones außerordentlich geschickter Führung und Benutzung der anti- türkischen Agitation wiederum siegten. Den letzten ungleich größeren Erfolg der konservativen Seite, welchen der Verfasser richtig voraussagt, hält er für die Folge eines dauernden Umschwungs der öffentlichen Meinung und der jetzigen konservativen Auffassung und Taktik, für welche vor allen andern Lord Randolph Churchill, der kurz vorher verstorben war und den Sieg seiner Sache nicht erlebte, bahnbrechend geworden sei. Dieser eigentümlich beanlagte Staatsmann, dessen Bedeutung von vielen erst allmählich gewürdigt wurde, besaß einen hervor- ragenden politischen Instinkt, „er wußte nicht allein, was die Genossen seiner Klasse über einen vorliegenden Gegenstand dachten, sondern auch das, was das große Publikum darüber denken würde," — man wird da unwillkürlich an eine der hervorragenden Eigenschaften unsers Alt-Reichskanzlers erinnert — er ver- stand es vortrefflich, volkstümliche Saiten anzuschlagen, und kein einziger allein- stehender Mann that so viel, um das über den Haufen zu werfen, „was wir ‚Gladstonekultus‘ nennen möchten". Vielfach geschmäht, verurteilt, lächerlich ge- macht, hat er es dennoch verstanden, sich zum Vorkämpfer eines zukünftigen Konservatismus zu machen, der neuen Ideen, die in den Klassen mächtig geworden waren, deren Hinzutritt zur konservativen Sache dieser so viel Lebenskraft gegeben hat. Wir kommen auf diese Ideen zurück und übergehen die vielfach äußerst interessante Darstellung des Mitwirkens der verschiedenen englischen Staats- männer bei der Partei-Entwicklung der letzten Zeit, um uns der sachlichen Dar- stellung der Vorgänge zuzuwenden, die nach tiefem Niedergang zu dem politischen Umschwunge zu Gunsten der konservativen Sache geführt haben. Wir geben sie thunlichst mit den Worten des Artikels und werden sie mit kurzen Bemerkungen begleiten.

Zunächst wird die Stellung geschildert, welche die konservative Partei in der öffentlichen Meinung bis vor kurzem hatte:

Man braucht nicht viel über sein mittleres Lebensalter gekommen zu sein, um sich der Tage zu erinnern, in denen der Konservatismus selbst von seinen eignen Anhängern als eine in Verfall geratene, wenn nicht sogar sterbende Sache angesehen wurde. Die große Reformbill, Katholikenemanzipation und der Widerruf der Korngesetze hatten de facto die alte Torypartei zerrissen, ebenso wie spätere Ereignisse das Verschwinden der Whigs veranlaßten. Parteien, welche eine Uebergangsperiode durchmachen, sind sich selten des

Umschwunges bewußt, der sich vollzieht; und bis zur Zeit, die als die des Krimkrieges bezeichnet werden mag, wurden die Konservativen — um einen Namen zu gebrauchen, den sie
sich damals hauptsächlich selbst gaben, der von ihren Gegnern aber ignoriert wurde — nicht
bloß in der öffentlichen Meinung, sondern nach ihrer eignen Ueberzeugung mit den alten
„Torys" identifiziert. Sie hofften auf Unterstützung vom Grundbesitz, vom Landedelmann,
von der Hochkirche, von den Besitzern großer Herrschaften und Vermögen, von den Klassen,
welche vornehm und gewöhnlich tonangebend sind, und von den Pächtern, welche noch fest
an dem Glauben hielten, daß die Schutzzölle doch noch einmal hergestellt werden würden.
Die Liberalen andrerseits hatten für sich eine nicht unbedeutende Anzahl der großen und
Grafschaftsfamilien, welche dem alten Glauben der Whigs anhingen, die industriellen Interessen,
die Körperschaft derer, welche der Staatskirche nicht anhingen, also der Sektierer, die weitaus
größte Zahl der kleinen Gewerbetreibenden, einen sehr großen Teil der Geschäftsleute und
der unteren Mittelklasse und die Hauptmasse der verhältnismäßig kleinen Zahl der Arbeiter,
welche nach den gesetzlichen Bestimmungen von 1832 wahlberechtigt waren. Unter den so
gegebenen Verhältnissen waren notwendigerweise die Konservativen die Partei der Vergangenheit, die Liberalen die Partei der Zukunft.

Für jeden, der mit nur gewöhnlicher Voraussicht begabt ist, war es klar, daß die
Ursachen, welche der Fortentwicklung der Demokratie in England Vorschub leisteten — das
Wachsen des Handels, die Fortschritte der Wissenschaften, die Verkehrserleichterungen — auch
der Macht der Klassen Vorschub leisten mußten, welche damals die Unterabteilungen des
Liberalismus bildeten, und den Einfluß derjenigen Klassen schwächen mußten, welche damals
das Rückgrat der Konservativen bildeten. Der Instinkt, welcher die Mehrzahl der Menschheit
veranlaßt, sich der Seite zuzuneigen, welche die meisten Chancen hat, mußte somit zu Gunsten
der Partei des Fortschritts sprechen. Und außerdem: in den Sternen war nichts Gutes für
die Konservativen zu lesen. Das Auftreten des Freihandels traf ziemlich genau mit der
Einführung der Eisenbahnen, Seedampfer und Telegraphen zusammen, und der ungeheure
Aufschwung, der damit unserm industriellen und kommerziellen Wohlstand gegeben war,
wurde durchaus nicht eben unnatürlicherweise der Widerrufung der Korn- und Schiffahrts-
gesetze zugeschrieben, Maßregeln, welche durch die Liberalen empfohlen und verteidigt waren
und denen die Konservativen, bis Peel nachgab, mit aller Kraft widerstanden. Ebenso
stärkten die Kämpfe, welche die Zeiten der Revolutionen auf dem Kontinent bezeichnen, die
Sache der Liberalen zu Haus. Mit Recht oder Unrecht sympathisierte die Mehrzahl der
Engländer, und ohne Rücksicht auf die Parteien, mit den Anstrengungen Italiens, die Fremdherrschaft abzuschütteln, Ungarns, seine historische Unabhängigkeit wieder zu gewinnen, und
Deutschlands, um der souveränen Selbstherrschaft der Fürsten eine konstitutionelle Regierungs-
form zu substituieren; und diese Sympathie mit dem ausländischen Liberalismus stärkte den
Einfluß des Liberalismus auf die öffentliche Meinung zu Hause.

Das Vierteljahrhundert zwischen 1840 und 1865 wird man nicht unrichtig als einen
Zeitabschnitt bezeichnen, während dessen der Liberalismus in England eine unbestrittene
Herrschaft hatte.

Wir glauben nicht, daß diese Behauptung ernstlich bestritten werden kann, wenn man
unter Liberalismus nicht sowohl die bloße Partei-Organisation versteht, als vielmehr den
Ton und Gehalt des Gefühles in der Oeffentlichkeit, das den Gang der Dinge in politicis
beherrschte.

In der Zeit, deren wir gedachten, war die City eine Hochburg des Liberalismus; die
von der Hauptstadt Erwählten waren fast ohne Ausnahme Radikale. Die großen Industriezentren im ganzen vereinigten Königreiche folgten dem Londoner Vorbilde. Selbst noch
bis zum Schluß des sechsten Jahrzehnts unsers Jahrhunderts war die Tagespresse Londons,
welche damals bei weitem mehr als jetzt die allgemeine Meinung im Lande vertrat, mehr
oder weniger liberal in der Politik. Der „Morning Herald" war fast der einzige dauernde
Anwalt des Konservatismus. Die „Times", „Morning Chronicle", „Daily News", „Daily

Telegraph", „Morning Star", „Morning Advertiser", die „Sun", der „Globe" und so weiter
waren alle in ihrer Art Stützen der Liberalen im Gegensatz zu den Konservativen. Die
Tageslitteratur war nahezu ganz liberal im Ton gehalten, und den wenigen Schriftstellern,
welche, wie Carlyle, den Theorien der Manchesterschule opponierten, kam es nicht in den
Sinn, ihren Antagonismus so weit zu treiben, daß sie sich mit den Konservativen identifizierten — der Partei der Squires, der Pächter, der Pastoren und der ländlichen Wählerschaften; der Partei, welche die veralteten Traditionen einer geschlagenen Sache vertrat
oder doch als Vertreterin derselben angesehen wurde.

Die Aehnlichkeit der Zustände und Entwicklung wird für jeden hervortreten,
der eine längere Reihe von Jahren die Geschicke der konservativen Partei in
Preußen und im Deutschen Reich mit durchlebt hat. Er wird sich jener Zeit
der Hochflut des alles beherrschenden Liberalismus erinnern und des Zustandes
der konservativen Partei des preußischen Landtages, als sie auf den erweiterten
Boden des Reichstags hinübertrat. Als hervorragendster der wirtschaftlichen
Vorgänge, welche die Verhältnisse der politischen Parteien berührten, wird der
Niedergang der Macht und Autorität der ländlichen Interessen bezeichnet.

Selbst der jüngste unsrer Leser wird sich der Zeit erinnern können, wo Grundbesitz
eine fast unerläßliche Bedingung gesellschaftlicher, wenn nicht sogar politischer Bedeutung
war. Leute, die Gold gemacht hatten, fühlten, daß die beste, wenn nicht einzige Verwendung
ihres Reichtums die war, festen Fuß unter Englands Grundbesitzern zu fassen. Die Edelleute mit Herrschaften waren eine Kaste für sich, aber eine solche, zu der der Zutritt durch
Besitz großer Liegenschaften wesentlich erleichtert wurde. Es war nicht allein so, daß Grund
und Boden als sicherste und festeste Kapitalsanlage angesehen wurde, sondern derselbe gab
auch seinen Besitzern Zutritt zur Squireschaft (Landedelleuten, Herren mit befestigtem Grundbesitz). Die Squires waren die tonangebenden Führer der lokalen Gesellschaft, die Admini-
stratoren der lokalen Verwaltung, die Aristokraten des Distrikts, in dem sie lebten. Als die
Eisenbahnen noch in der Kindheit, war der Squire der große Mann in seiner Gemeinde,
oft beliebt bei seinen Nachbarn, gewöhnlich geachtet und immer gefürchtet. Zu unsrer Aufgabe gehört es nicht, irgendwie der Verdienste oder Nachteile einer Klasse zu gedenken,
welche allmählich aus ihrer Lebensstellung verdrängt wird; das aber sind wir verpflichtet
zu sagen, daß, wenn die Squires auch oft eng von Begriffen waren, bigott in ihren Vorurteilen und geneigt oder veranlaßt, alles von ihrem Standpunkt aus zu betrachten, sie
doch in ihrer Gesamtheit in besonderer Art freundliche, aufrichtige und wohlwollende Leute
waren, die vollauf das Vertrauen verdienten, welches ihre ärmeren Nachbarn in sie setzten.
Unter der Herrschaft des Grafschafts- und Gemeinderechts können die lokalen Angelegenheiten vielleicht mit mehr Logik und Intelligenz verwaltet werden. Aber wir werden uns
Glück wünschen können, wenn sie ebenso ehrlich und redlich, ebenso sparsam und im ganzen
in einem ebenso liberalen Sinn verwaltet werden als durch den Landedelmann Englands.

Während einer geraumen Zeit nach dem Widerruf der Korngesetze machte sich die
Wirkung dieser Maßregel noch bemerkbar. Das plötzliche Wachstum des kommerziellen
Reichtums, das durch die Eröffnung neuer Märkte und neuer Verkehrsmittel veranlaßt
wurde, vermehrte die Zahl derer, welche Land erwerben wollten; und dem unveränderlichen
Gesetz von Angebot und Nachfrage folgend, hob sich der Marktpreis des Grundes und Bodens.

Der Freihandel basiert auf dem Prinzip, daß das Interesse des Konsumenten wichtiger
ist als das des Produzenten.

Hieraus folgt als notwendiges Korrelat, daß von Rechts wegen jedes Land jedes
andre mit den Produkten versorgen sollte, welche es am billigsten herstellen kann. Wenn
also ein andres Land es erreicht, daß es Getreidebau und Viehzucht in solchem Ueberfluß
betreiben kann, daß es seinen Weizen und sein Fleisch zu billigeren Preisen auf englischen
Märkten verkaufen kann, als unsre heimischen Produkte haben müssen, um Ueberschuß zu

liefern, so ist der Nieder- und Untergang der britischen Landwirtschaft eine mathematisch erwiesene Notwendigkeit. Was geschah, mußte geschehen. Seit vielen Jahren ist Ackerbau und Viehzucht in England ein nicht rentierendes Geschäft. Da der Boden keine Rente abwarf, konnten die Pächter den Pacht nicht mehr bezahlen, und die Grundbesitzer befanden sich verringerten und sich verringernden Einnahmen gegenüber. In einer alten und mit verwickelten Verhältnissen durchsetzten Gesellschaft, wie die unsrige, wirken Veränderungen nur langsam, aber diese sind um so vollständiger, weil sie sich langsam vollziehen, und das häßliche Faktum kann nicht bestritten werden, daß die britische Landwirtschaft — die letzte Quelle, aus welcher unsre ländlichen Herren ihre Einnahmen zogen — schon seit längerer Zeit nur mit Verlust betrieben ward. Die Herren auf dem Lande haben einen langen Kampf brav gekämpft Sie haben männlich gestritten, um ihre Stellung zu bewahren; die Verhältnisse erwiesen sich aber als zu stark für sie, im ganzen vereinigten Königreich verkaufen oder vermieten sie ihren Besitz; die altgewohnten Beziehungen zwischen dem Grundherrn und dem Eingesessenen gehörten damit der Vergangenheit an. Entweder die Gutsbesitzer sind dem homo novus gewichen, oder ihr Heim ist auf reiche Handelsleute übergegangen, welche einen Landbesitz wegen der Jagd brauchen und keine näheren Beziehungen zu den Eingesessenen haben als der Hotelbewohner zu dessen Dienerschaft oder den Kellnern.

Wir haben hier nicht abzuwägen, wie viel Gutes oder Schlechtes in dieser allmählichen Entfernung der Klasse der Herren auf dem Lande aus ihrer alten bevorzugten Stellung liegen mag. Das, was uns hier beschäftigt, ist, daß diese Veränderung materiell den politischen Einfluß eines guten Teils einer unsrer Klassen vermindert hat, welche bisher den festen Halt, das Rückgrat der konservativen Partei ausmachte.

Die Squires haben in vielen Fällen ihren Besitz aufgegeben, in noch mehreren Fällen sind sie zu Unbekannten als Eigentümer des Besitzes geworden, die wenig oder keine Beziehungen mehr zu den Eingesessenen haben, und in allen Fällen, mit sehr seltenen Ausnahmen, sind sie verarmt und gezwungen, die Ausgaben zu beschränken, mit denen sie von alters her so liberal zum Wohle ihrer ärmeren Nachbarn beitrugen. Dadurch hat ihre persönliche Autorität eine bedeutende Einbuße erlitten. Die Zeiten sind vorüber, wo die Repräsentation der Grafschaften de facto in den Händen weniger lokaler Magnaten war, wo es ein großer Vorzug war, Mitglied der Grafschaftsverwaltung zu sein, und wo, selbst wenn die Grafschaft nicht ganz auf seiten der Konservativen stand, die bedeutende Majorität ihrer Vertreter, ob sie Torys oder Whigs genannt wurden, Männer mit bedeutendem Landinteresse waren, entschiedene Vorkämpfer der Rechte des Eigentums und feste Opponenten gegen jede sozialistische Gesetzgebung. Der Wechsel in der Stellung der Agrarpartei ist, wie wir hinzufügen müssen, nicht vorübergehenden, sondern dauernden Verhältnissen zuzuschreiben.

Die ganze Tendenz der modernen Gesetzgebung und der demokratischen Prinzipien besteht darin, Privilegien der Squires zu beseitigen, ihre Autorität zu beschneiden und ihren Einfluß als den einer besonderen Klasse abzuschwächen. Solange unser Nationalcharakter unverändert bleibt, werden reiche Leute Wohnungen auf dem Lande haben, Anteil an den Beschäftigungen und Vergnügungen des Landlebens nehmen und wenigstens zeitweise auf dem Lande leben. Aber die neue Klasse der Grundbesitzer hat weder die Kraft noch den Willen, in die Stellung des „guten alten englischen Gentlemans der alten Zeit" einzutreten.

Eine Analogie der wirtschaftlichen Vorgänge auch in Deutschland wird sich nicht bestreiten lassen. Es kommt hier nur darauf an, ganz objektiv das Thatsächliche festzustellen, nämlich den auch hier thatsächlich eingetretenen Niedergang der Macht und Autorität der ländlichen Interessen, wenigstens relativ, im Vergleich mit andern Interessen.

Die Verhältnisse der Verteilung des Grundbesitzes und der Bodenbewirtschaftung sind in Deutschland sehr wesentlich von denen in England verschieden;

und der Uebergang aus den mittelalterlichen Zuständen, sowohl hinsichtlich der wirtschaftlichen Gebundenheit wie hinsichtlich der politischen Einrichtungen zu dem jetzigen modernen Zustand, ist in Deutschland später eingetreten und hat sich schneller, und man möchte sagen prinzipieller vollzogen. — Wir fassen hier wesentlich die Verhältnisse im preußischen Staat ins Auge, dessen Entwicklung teils charakteristisch, teils vorbildlich für das übrige Deutschland gewesen ist. Die preußische Landeskulturgesetzgebung, die in ihren Anfängen und Grund- gedanken an den geistigen Aufschwung der Befreiungskriege anknüpft, war eine Reform von großartigster und für lange Zeiten maßgebender Bedeutung, die in ihrem vollen Wert erst später und bei einem weiten Blick über die ganze Kultur- entwicklung richtig geschätzt wird. Ihre Durchführung war so nur in einem Staatswesen von so gefestigter innerer Kraft, wie dem preußischen, und nur bei der bewährten Tüchtigkeit des altpreußischen Beamtentums möglich, es war eine Kraftleistung ersten Ranges, und von der Last der Arbeit, die von mehreren Generationen bei diesem Werk getragen wurde, haben nur wenige der noch Lebenden eine entsprechende Vorstellung. Diese großartige Reform hat die Weiter- entwicklung auf gesetzlichem Boden, den Fortbau auf der historisch entwickelten Grundlage möglich gemacht. Das lehrt ein Blick auf das Trümmerfeld, welches die wirtschaftlichen und sozialen Umwälzungen des letzten Jahrhunderts auf agrarischem Gebiet in manchen der andern Länder hinterlassen haben, und die schweren Gefahren und Kämpfe, die in andern auf dem gleichen Gebiete aus- sichtlich noch zu überwinden sind. — Nur wenige erinnern sich jetzt noch des Zustandes der Bewirtschaftung größerer Landgüter in jener Zeit, in der die Mehrzahl der nötigen Arbeiten in den mittelalterlichen Formen gebundener Arbeit (Fronden, Spann- und Handdienste, Hörigkeit und so weiter) verrichtet wurden. Die politische Stellung, welche in jener Zeit der Großbesitz, die Besitzer der bevorrechteten Güter (Rittergüter und so weiter) einnahmen, auf Grund der mittelalterlichen Staatsorganisation, auf Grundlagen, die längst durch die Ent- wicklung des Staatslebens, der Gesellschaft beseitigt waren, ist damals zugleich mit vielen nicht mehr lebensfähigen wirtschaftlichen Einrichtungen beseitigt oder gründlich verändert worden, nicht überall ohne Härten im einzelnen und nicht ohne lange dauernde Verstimmung zwischen den Beteiligten. Aber jene Gesetz- gebungs- und Verwaltungsarbeit, die der Umgestaltung der agrarischen Verhält- nisse sich unterzog, hat einerseits den Großbesitzer zum freien Herrn seines Bodens gemacht und ihm die Möglichkeit gegeben zur Durchführung rationeller Boden- bewirtschaftung und intensiver Kultur; sie hat damit die Grundlagen erhalten für aristokratische Existenzen auf dem Boden des gemeinen Rechts und freien Eigentums, deren ein gesundes Volksleben und eine gesunde Entwicklung nicht entbehren kann. Andrerseits aber hat jene Gesetzgebung einen Bauernstand teils erhalten, teils geschaffen, der in freier Bewirtschaftung seines Eigentums eine gesicherte wirtschaftliche Existenz findet. Gerade in diesem letzteren, in der Existenz des wirtschaftlich selbständigen Bauernstandes, der in Deutschland reichlich siebzig Prozent des landwirtschaftlich benutzten Bodens sein eigen nennt, liegt einer der am schwersten wiegenden Unterschiede zwischen deutschen und englischen Zuständen.

Die wirtschaftlich günstige Lage, deren sich die deutsche Landwirtschaft bis in die Mitte der siebziger Jahre erfreute, war nicht bloß eine Folge langer friedlicher Zeit nach furchtbaren Kriegsstürmen, während England seit dem abenteuerlichen Zug des letzten Prätendenten vor einhundertundfünfzig Jahren keinen Feind auf eignem Boden gesehen hatte, sondern zum großen Teil auch eine Folge jener Landeskulturgesetzgebung.

Die Depression, unter welcher der landwirtschaftliche Betrieb jetzt leidet, ist, von einem weiteren Gesichtspunkt betrachtet, eine Folge der Entwicklung des Verkehrs und der Technik, der in früheren Zeiten ungeahnten, das ganze Wirtschaftsleben der Nationen und den Weltverkehr umgestaltenden Fortschritte auf diesem Gebiet und ihrer Einwirkung auf die Zustände der menschlichen Gesellschaft.

Wirtschaftliche Umwälzungen, die wie eine Naturgewalt sich unwiderstehlich geltend machen, die der Gesetzgebung und Wirtschaftspolitik neue und schwer zu bewältigende Aufgaben stellen, die aber in letzter Instanz doch der Befriedigung allgemeiner menschlicher Bedürfnisse dienen oder dienstbar gemacht werden können, und die Bedingungen einer Korrektur wiederum in sich tragen, die mit dem gesteigerten Können auch allmählich gefunden werden wird.

Der Einfluß, welchen die wirtschaftliche Entwicklung einer langen Zeitperiode nach derselben Richtung hin auf die politischen und Parteiverhältnisse übt, muß sich naturgemäß in gleicher Richtung geltend machen. Auf sehr wesentliche Unterschiede der Zustände und Entwicklung in Deutschland gegenüber der in England haben wir hingewiesen; Unterschiede, die unsre Verhältnisse keineswegs in ungünstigerem Lichte erscheinen lassen. Wenn wir hier noch der Einwirkung der englischen Korngesetze gedenken, deren Einfluß auf die Gestaltung der dortigen politischen Entwicklung in jenem Aufsatz drastisch geschildert wird, so geschieht dies nur, um darauf hinzuweisen, daß bei einer Betrachtung der Entwicklung in längeren Zeiträumen und nach höheren Gesichtspunkten eine schärfere Unterscheidung nötig wird, zwischen Erscheinungen, die aus allgemeinen oder dauernden Ursachen folgen, und denen des Augenblicks, und daß in den Rahmen dieser Besprechung nicht der Ton der politischen Diskussion paßt, der jetzt im täglichen Parteikampf gehört wird.

Nach dieser Tonart würde es ja sehr nahe liegen, die englischen Korngesetze, welche die Konsequenz der Freihandelspolitik zogen, mit der vor einigen Jahren erfolgten Ermäßigung der Getreidezölle in Deutschland in Parallele zu stellen. In Wirklichkeit liegen die Verhältnisse anders. In England, wo weit früher die Errungenschaften der Technik und des Verkehrs zu einem gewaltigen Aufschwung der Industrie und des Handels geführt hatten, die volle Preisgebung der landwirtschaftlichen Interessen in jener Gesetzgebung, gegenüber dem überwiegenden Interesse der andern Kreise — in Deutschland dagegen, wo bis gegen die Mitte der siebziger Jahre in landwirtschaftlichen Kreisen der Freihandel als Glaubensbekenntnis feststand, der Umschwung zu einer Schutzzollpolitik, die es versucht, den Interessen der Landwirtschaft und Industrie gleichmäßig gerecht zu werden. Es würde eine starke Uebertreibung sein, die Herabsetzung der Zölle auf die wichtigsten Körnerfrüchte von fünfzig auf fünfunddreißig Mark und die Bindung der Zölle für eine kurze Zeitperiode, die mit dem Abschluß von Handels= verträgen in notwendigem Zusammenhang stand, mit jener Maßregel der eng= lischen Gesetzgebung auf gleichen Boden zu stellen. Es ist notwendig zu unter= scheiden zwischen diesen Kämpfen um ephemere Dinge und den dauernden Erscheinungen, zu denen wir zweifellos die allgemeine Preisverminderung mensch= licher Nahrungsmittel rechnen müssen, die in der Hauptsache in der gestiegenen Verkehrsmöglichkeit ihren Grund hat, und die durch Verschiebung der wirtschaft= lichen Verhältnisse für alle alten Kulturstaaten von höchstem Interesse ist, die nicht über große Strecken jungfräulichen Bodens und noch ungehobene Natur= schätze verfügen.

Wenngleich hiernach Deutschland in seinen Agrarverhältnissen in vielen Beziehungen günstigere Verhältnisse hat als England, so muß doch als Ergebnis der wirtschaftlichen Entwicklung auch für Deutschland anerkannt werden, daß die Bedeutung der ländlichen Interessen wenigstens relativ vermindert ist. Die Bodeninteressen, die Interessen des Grundbesitzes im weitesten Sinne, mit denen die Erzeugung der notwendigsten Nährstoffe, der Rohstoffe für den größten Teil der Industrie, die wichtigsten Fragen der Bevölkerungsverteilung, ja der ganzen sozialen Verhältnisse im engsten Zusammenhange stehen, werden jederzeit der wichtigste Gegenstand der Fürsorge für Gesetzgebung und Verwaltung bleiben, in noch erhöhtem Maße, wenn man sich vergegenwärtigt, daß der jetzige Zustand, in dem die Kulturstaaten Europas die Haupterzeuger der Industrieprodukte und der Handelsplatz des größten Teiles der Erde sind, denn doch im Laufe der Zeit sich ändern könnte. Man mag es beklagen, daß neben den Fortschritten auf dem Gebiet der Technik, des Verkehrswesens, auch die Gesetzgebung und Verwaltung in den letzten Menschenaltern einseitig den Aufschwung von Industrie und Handel begünstigt und beschleunigt, den Zuzug zu den großen Städten, die Anhäufung einer Arbeiterbevölkerung mit nicht genügend gesicherten Verhältnissen in Industriebezirken begünstigt und damit vielfach Zustände gefördert haben, die als schwere Uebelstände für den Betrieb der Landwirtschaft empfunden werden. Aber man wird die Thatsache anerkennen müssen, daß in den letzten Menschen= altern ein gewaltiger Umschwung der Verhältnisse stattgefunden hat.

Noch in den fünfziger Jahren bildete der Grund und Boden, das Ein= kommen aus seiner Bewirtschaftung und den Erwerbszweigen, die in unmittel= barster Beziehung zur Bodenbewirtschaftung standen, den weitaus größten Teil des Nationalvermögens, des Einkommens aller Staatsangehörigen. Seit jener Zeit sind Milliarden an Vermögen im industriellen Betrieb und Handel erworben worden, in industriellen Anlagen, in städtischem Grundbesitz angelegt. Der Wert des Vermögens, des immobilen wie des mobilen, in den Städten hat sich ver= vielfacht. Die Statistik, die Steuerlisten weisen unwiderleglich nach, in welchem

Maße sich die Leistungsfähigkeit der landwirtschaftlichen Kreise im Vergleich zu der der andern Erwerbskreise verschoben hat. Große Landstriche sind zu dicht bevölkerten Industriebezirken geworden, ein neuer Arbeiterstand ist entstanden, nicht nur ein gewerblicher, auch ein landwirtschaftlicher, eine notwendige Folge der veränderten Agrarverhältnisse. Ein erheblicher Prozentsatz der Bevölkerung ist auf industriellen Erwerb, zu einem großen Teil auf das Bestehen der Exportindustrie angewiesen. Das sind Thatsachen, denen gegenüber die Erörterung über Ackerbau- und Industriestaat müßig erscheint, es sind eben Thatsachen, die man vielleicht bedauern kann, aber mit denen der Politiker rechnen muß.

Daß die aristokratischen Elemente des Landes in jeder konservativen Partei eine bedeutende Stellung einnehmen, und daß das hier in Deutschland und besonders in Preußen ebenso der Fall ist, wie in England, liegt in der Natur der Dinge.

Wir sprechen hier nicht von der Aristokratie in dem Sinne, in dem das Wort in der Regel in geselligem Verkehr gebraucht wird, in denen der gothaische Almanach als Wegweiser dienen mag, sondern von den aristokratischen Elementen, deren Einfluß und Bedeutung auf einer realen, gefestigten, wirtschaftlichen und sozialen Grundlage ruhen, die sich weder hier noch in England vollständig mit dem „Adel" decken, die sich überall und jederzeit finden und bilden werden, solange im Staats- und Gesellschaftsleben noch Platz bleibt für Geltendmachung persönlicher Eigenschaften und die Möglichkeit, Güter zu vererben und den Familienzusammenhang zu erhalten. Mit der englischen Aristokratie lassen sich die aristokratischen Elemente in Deutschland nicht wohl vergleichen, sie haben nie wie jene seinerzeit, fast ausschließlich den ländlichen Grund und Boden beherrscht; sie haben nicht eine politische Geschichte von Jahrhunderten hinter sich, in denen in England schon ein Verfassungsleben bestand. Aber sie sind immerhin von nicht zu unterschätzender Bedeutung, weniger im Süden und Westen von Deutschland, wo viele alte und teilweise dem hohen Adel angehörige Familien zwar einen erheblichen Familienbesitz bewahrt haben, der aber doch nur einen geringen Bruchteil des Grundes und Bodens bildet, als im Norden und Osten, vor allem in den östlichen Provinzen der preußischen Monarchie. Hier bildet der Großgrundbesitz, der in mehreren Provinzen die Hälfte des Grundes und Bodens besitzt, das, was nicht ohne gehässige Nebenbedeutung als „Junkertum" bezeichnet wird, ein wirtschaftlich und sozial bedeutendes Element der Bevölkerung; nicht, wie teilweise in England, dem wirtschaftlichen Leben durch die Verpachtung des Besitzes entfremdet, sondern selbst wirtschaftend, im praktischen Leben stehend und durch alte historisch erwachsene Beziehungen in nahem Zusammenhang mit wichtigen Grundelementen der monarchischen Stellung, mit Armee und Beamtentum. Diese Elemente waren die wesentlichen Träger der konservativen Partei, die sich in Deutschland, zumeist in dem führenden Staate, in Preußen, entwickelte, und die konsequente Feindschaft, mit der der Liberalismus aller Schattierungen sie seit jeher behandelt hat und noch behandelt, ist ein Zeugnis für ihre noch immer nicht zu unterschätzende Bedeutung. Es läßt sich nicht verkennen, daß auch in Deutschland die wirtschaftliche Entwicklung ihnen nicht günstig gewesen ist. Wir

denken hier nicht bloß an das, was zunächſt fühlbar empfunden und kurzſichtig
allein beachtet zu werden pflegt, an den allgemeinen Druck, der aus weit wirkenden,
allgemeinen Urſachen entſprungen, auf dem Betrieb der Landwirtſchaft laſtet,
ſondern vor allem an die ſchwere Verſchuldung eines Teiles des ländlichen
Großbeſitzes, die vielfach mangelnde Sicherheit der Vererbung in der Familie,
die mit der Auflöſung der ehemaligen Lehensverhältniſſe, dem dadurch ver=
änderten Erbrecht, den unter lange Zeit hindurch ſteigenden Bodenpreiſen ſtatt=
findenden Erbteilungen, der Erſchöpfung natürlicher Hilfsquellen (Waldwirtſchaft
und ſo weiter) in nächſtem Zuſammenhang ſtehen. Die Verdrängung der ariſtokra=
tiſchen Elemente aus der lokalen Verwaltung iſt hier nicht in demſelben Maße
wie anſcheinend in England eingetreten. Dazu iſt der deutſche Großbeſitzer zu
feſt auf dem Lande eingeſeſſen, wo er ſeiner Mehrzahl nach lebt und ſelbſt
wirtſchaftet, nicht bloß als wohlwollender Grundherr einen zeitweiſen Sommer=
aufenthalt nimmt. An Stelle der früheren aus mittelalterlichen Verhältniſſen
ſtammenden ländlichen Verfaſſung iſt die Selbſtverwaltung in den kleineren Kreiſen
getreten, die dem Großbeſitz ein reiches Feld der Bethätigung auf moderner
Grundlage bietet, vor allem in Preußen, wo der konſervative Grundgedanke
dieſer Geſetze, die teilweiſe nicht ohne Kampf gegen die Elemente durchgeführt
wurden, denen er weſentlich dienen konnte, noch vielfach des gehörigen Ver=
ſtändniſſes ermangelt. Zweifellos aber bleibt es, daß die Bedeutung dieſer
ariſtokratiſchen Elemente jetzt nicht mehr derjenigen gleichkommt, die ſie vor fünfzig
Jahren war oder hätte ſein können, wenn das politiſche Verſtändnis, ſie zu
organiſieren und zu gebrauchen, vorhanden geweſen wäre.

Der Beſitz eines recht anſehnlichen Rittergutes, auch bei beſtem, nicht durch
Schulden gedrücktem Verhältnis, gewährt jetzt nicht mehr die wirtſchaftliche und
ſoziale Stellung, den Einfluß auf die Umgebung, den er in jener Zeit gewährte,
oder er muß mindeſtens durch erhebliche perſönliche Tüchtigkeit und Arbeit erkauft
werden. Dazu iſt zu viel nebenher aufgewachſen, ein reich gewordenes Bürgertum,
induſtrielle Magnaten, mit deren Einfluß auf weite Kreiſe der Grundherr ſich
nicht meſſen kann, ganze neuerwachſene Bevölkerungsſchichten, die ſeinem Einfluß
entzogen ſind.

Wir kommen alſo nach dieſer Betrachtung zu dem Reſultat, daß in Deutſch=
land ein Niedergang der Macht und Autorität der ländlichen Intereſſen ſtatt=
gefunden hat, wie unſer Aufſatz ihn für England behauptet; und dies zu be=
gründen und zugleich mit einigen weſentlichen Abweichungen in dem Charakter
der Verhältniſſe hinzuweiſen, war unſre Aufgabe.

Zu den Urſachen, welche in England den Niedergang der konſervativen
Partei herbeiführten, führt der Aufſatz noch zwei an, die auf beſonderen, Eng=
land eigentümlichen Verhältniſſen beruhen; nämlich die Veränderung in den
Verhältniſſen der Hochkirche, und in den Verhältniſſen zwiſchen Grundherr und
Pächtern. Der perſönliche Einfluß der Geiſtlichkeit iſt vielleicht nicht geringer
geworden als vorher, aber das Verhältnis zu den ländlichen Intereſſen und der
dieſe weſentlich vertretenden Partei iſt verändert worden.

Früher stand die Hochkirche in engem Anschluß an die Squirescraft. Das Patronats-recht und damit das Einkommen der Geistlichen befand sich zumeist in den Händen der ländlichen Herren oder von Körperschaften, in denen ihr Einfluß überwog. Die Geistlichkeit ging fast ganz aus den Grafschaftsfamilien hervor oder war in vielen Beziehungen mit ihren Anschauungen und Ueberzeugungen und — wenn man so sagen will — mit ihren Vorurteilen erfüllt. Da sie ihren Unterhalt in einer oder der andern Gestalt vom Grund und Boden erhielten, lag ihnen das Wohl der landbesitzenden Klasse am Herzen. Wir sagen nicht, daß der Durchschnittsgeistliche der Squireperiode eine so durchaus geistlich gerichtete Persönlichkeit war wie sein heutiger Nachfolger; wir sagen aber, daß seine Be-ziehungen zum Grund und Boden, das heißt zu allem, was seine Gemeindemitglieder interessierte, dem Landgeistlichen einen politischen Einfluß verlieh, der bei seinen Nachfolgern nicht zu finden ist und nicht vorhanden sein kann, deren Sinn vielmehr mit den Dingen des eignen Berufs erfüllt ist. Die weitere Verbreitung der Bildung in den verschiedenen Ständen, das Wachstum des kommerziellen Reichtums im Vergleich zum landwirtschaftlichen, das Wachsen der Landstädte und der Rückgang der Dörfer, die Ausdehnung der Universitäten (Erleichterung des Studiums auf denselben) und die Verkürzung der Patronatsrechte, dies alles hat sich mit der Erneuerung des geistigen Lebens in der Kirche verbunden, um die gesamte Geistlichkeit viel weniger als Kaste erscheinen zu lassen, als sie zu Anfang der Regierung der jetzigen Königin war. Einerseits durch die ritualistische Bewegung, anderer-seits durch den häufiger vorkommenden Austritt aus der Staatskirche zu den Sekten, war die Geistlichkeit der letzteren in vielen Punkten mehr in Uebereinstimmung mit der Partei des Fortschritts als mit den ländlichen Interessen; und selbst bis zur Zeit des Schisma über Home Rule war der große persönliche Einfluß Mr. Gladstones wahrscheinlich ebenso mächtig in den Kreisen der Geistlichkeit der Hochkirche wie in denen der Reihen der Sektierer.

Die Verhältnisse der Pächter spielen in England, wo ein überwiegender Teil des Grundbesitzes Großbesitz und durch Verpachtung genutzt ist, eine größere Rolle als in Deutschland; sie sind dort von wesentlicher Bedeutung.

Solange der Preis der Landesprodukte hoch genug blieb und der Pachtzins aufkam, waren diese Pächter die festen Stützen der ländlichen Interessen und jener politischen Prin-zipien, mit denen diese Interessen identifiziert wurden. Durch altes Herkommen, durch alte Beziehungen, durch Einmütigkeit der Ueberzeugungen und Interessen waren die Herren des Grundes und Bodens und ihre Pächter eng miteinander verbunden. Nichts konnte der Regel nach befriedigender sein als das Verhältnis der Zahler und Empfänger des Pacht-zinses unter dem alten System. Man kann wohl sagen, daß der Pächter auf der Seite des Grundherrn stimmte, der Arbeiter, wenn er wahlberechtigt, stimmte nach den Wünschen des Pächters. Alle drei ackerbautreibenden Klassen betrachteten die Torypartei als ihren natür-lichen Vorkämpfer gegenüber der Freihandelspolitik der Liberalen, und selbst wenn sie wenig Hoffnung hegten, die Eingangszölle erhöht zu sehen, so waren sie doch die Freunde der Politiker, welche den Freihandel nur als unwillkommene Notwendigkeit angenommen hatten, aber nicht als eine Wohlthat oder einen Segen an sich. Als aber die Preise zu sinken anfingen und damit der Pachtzins, gerieten die Interessen der Grundherren und ihrer Acker-bauer in Gegensatz. Der Grundherr konnte sein gewohntes Einkommen nur dadurch er-halten, daß er seinen Aufwand in Gestalt von Nachlässen, Geschenken und Wohlthätigkeit auf der Herrschaft einschränkte. Der Pächter konnte seinen Zins nur zahlen, indem er weniger Arbeiter beschäftigte, dieselben geringer bezahlte und geringeren Lohn für weniger gute Arbeit gab. Und außerdem, nachdem die alten Güter in neue Hände übergegangen waren, lösten sich die alten persönlichen und wohlwollenden Beziehungen und die Bande, welche seither zwischen Herrenhaus, Pächterhaus und Arbeiterhaus bestanden hatten, ohne bösen Willen von irgend einer Seite. Es war ganz natürlich, daß in der Zeit der ver-armenden Grundherren, der bedrängten Pächter und unzufriedenen Bauern die Theorien der Reformatoren der Lohn- und Pachtverhältnisse in den lediglich Landwirtschaft treibenden

Distrikten offene Ohren finden mußten; und selbst wenn die Einführung des Haushalts-
wahlrechts nicht stattgefunden hätte, so ist doch mit ziemlicher Bestimmtheit anzunehmen,
daß die ländlichen Wählerschaften zurzeit aufgehört haben würden, Hochburgen des Konservatismus zu sein, wofür sie in der Zeit kurz vor der Mitte dieses Jahrhunderts gehalten
wurden.

Man wird erkennen, von welch großer Bedeutung es ist, daß in Deutschland der größte Teil des Grundbesitzes in den Händen eines im großen und
ganzen wohlerhaltenen selbständigen Bauernstandes sich' befindet, dessen England
entbehrt. Die Existenz desselben, das Vorhandensein einer großen Zahl kleiner
ländlicher Besitzer, die ganze Stufenleiter sozialer Existenzen, die sich so bildet,
ist eine wesentliche Schutzwehr gegen das Eindringen der Sozialdemokratie in
die großen Massen des Standes der ländlichen Arbeiter, eine Gefahr, die nicht
hoch genug veranschlagt werden kann und die durch mißliche wirtschaftliche Verhältnisse, welche einen Druck auf die ländlichen Löhne üben' und die intensive
Bewirtschaftung des Bodens erschweren, zweifellos sehr erhöht wird.

Die Pflege richtigen Verständnisses zwischen Großbesitz und Bauernstand,
auf dem Boden der gemeinsamen Grundinteressen, die richtige Behandlung der
Verhältnisse des ländlichen Arbeiterstandes, vor allem von seiten des größeren
Besitzes, sind daher Aufgaben von höchster politischer und sozialer Bedeutung.

Die Verhältnisse liegen in diesen Kreisen bei uns noch nicht so, wie sie der
Artikel für England schildert, aber immerhin sind das Eindringen der Sozialdemokratie in Kreise der ländlichen Arbeiter, die Gefolgschaft, welche die Agitation
der Fortschrittspartei in verschiedenen gerade ganz ländlichen Distrikten gefunden
hat, — wir denken an Mecklenburg, Holstein und verschiedene Kreise in Pommern
— nicht unbedenkliche Sturmzeichen.

Neben diesen Umwandlungen, welche die Stellung der alten konservativen
Partei in England erschütterten, weist der Aufsatz auf einige Umstände hin, welche
den Liberalismus förderten.

Gewiß, es waren bedeutende Vermögen in den Tagen des alten toryistischen Ueber-
gewichts durch Handelsgeschäfte gemacht worden. Sie waren aber verhältnismäßig gering
an Zahl, und ihre Eigentümer wurden bald von der dominierenden Kaste der Landbesitzer
absorbiert. Aber von der Einführung der Eisenbahnen und Telegraphen und des Freihandels datiert die ungeheure numerische Zunahme der Vermögen, die durch Handels-,
Industrie- und Manufakturunternehmungen erworben wurden, — die frappanteste soziale
Erscheinung unsers Jahrhunderts. Der „neue Reiche" wurde seitens der alten grund-
besitzenden Aristokratie mit Ungunst, selbst wohl mit Widerwillen angesehen, und in ihrer
Gesamtheit trieb sie der Strom in die Reihen der Liberalen.

In Deutschland lagen ja die Verhältnisse vielfach anders. Die Freihandels-
frage spielte diese Rolle nicht, — und man wird sich erinnern, daß bis zum
Ende der siebziger Jahre der Freihandel in konservativen und agrarischen Kreisen
fast als Dogma angesehen wurde. — Aber jedenfalls hat auch in Deutschland
die überwiegende Masse des in Industrie und Handel reich gewordenen Bürger-
tums sich den liberalen Auffassungen zugeneigt, und die Abgeschlossenheit gesellschaftlicher Kreise hat das Ihre dazu beigetragen, diejenigen homines novi, die
ihrer natürlichen Stellung nach der konservativen Seite zugehörten, davon fern

zu halten. Wichtiger ist für Deutschland das, worauf dann weiter hingewiesen wird: „daß sich die intellektuelle Bewegung, welche die erste Hälfte der Victorianischen Aera bezeichnet, fast ausschließlich dem Liberalismus zuwandte."

Die Persönlichkeiten, welche die Litteratur unsrer Zeit verherrlichen — Tennyson und Browning in der Poesie, Macaulay, Froude und Carlyle in der Geschichte, Mill in der Nationalökonomie, Dickens, Thackeray, George Elliot, Trollope, Reade, Kingsley und Lever als Romandichter — alle waren politisch, wenn nicht bestimmt ausgesprochene Liberale, so doch ebenso bestimmt n i c h t ausgesprochene Konservative. Sie waren alle Repräsentanten des Gefühls, das wohl heutzutage von niemand mehr verstanden wird, daß die Welt in der Periode, die in der Weltausstellung von 1851 kulminierte, sich am Vorabend einer neuen und besseren Zeit befände. Dieses Gefühl durchdrang die ganze Litteratur jener Tage und beeinflußte bis zu einem gewissen Grade die Gemüter d e r Leute, die i h r e r s e i t s wiederum ihre Zeitgenossen beeinflußten. Durch die ganze Periode, von der wir sprachen, können wir uns des Namens auch nicht eines Autoren von unbedingter Popularität oder eines solchen, der sich nur der Gunst des Publikums erfreute, erinnern, der, mit der zweifelhaften Ausnahme Carlyles, ein bestimmt ausgesprochener Konservativer gewesen wäre.

So kam es, daß in dieser Zeit Leute, die die Wahl ihres Lebensberufes vor sich hatten — auch die Geschäfts- und Berufsleute überhaupt, und so gut wie alle jungen Leute in allen Lebensstellungen — der Regel nach Liberale waren. Ihre Ueberzeugungen waren vielleicht nicht die tiefgehendsten, sie trugen aber alle dazu bei, den Strom anschwellen zu lassen, der in Richtung von Reform und Fortschritt dahinrollte.

Als John Bright die Konservativen seiner Zeit die „dumme Partei" nannte, fehlte es ihm wohl etwas sehr an der gewöhnlichen Höflichkeit, er sprach aber ein Gefühl aus, das in der öffentlichen Stimmung Wiederhall fand. Es muß ebenso zugestanden werden, daß die Liberalen in der Politik nach allgemeiner Meinung den Vogel abschossen. Die Konservativen hatten einen Mann von Genie, Disraeli, und einen Mann von Talent, den „Ruprecht der Debatte", wer aber war unter den andern Notabilitäten der konservativen Partei zu vergleichen mit den Lords Russel, Palmerston, Granville, Clarendon, den Herren Gladstone, Bright, Sir George Cornewall Lewis, Sir William Molesworth, Sir James Graham und andern von geringer Bedeutung? Erst gegen Ende seiner langen Laufbahn konnte Mr. Disraeli die Vorurteile überwinden, die ihm entgegenstanden; dann erst wurde er als ein großer Staatsmann angesehen. So kam es, daß in dem Zeitabschnitt, den wir besprachen, industrieller Reichtum, allgemeine Sympathie und geistige Thatkraft im allgemeinen nur auf seiten der Partei zu finden waren, deren Schlagwort „Reform" war.

Wir glauben nicht zu irren, wenn wir sagen, daß in Deutschland der Einfluß der liberalen Auffassung, die auf allen geistigen Gebieten in derselben Zeitperiode herrschte, noch einen ungleich stärkeren Einfluß geübt hat als in England. Der mehr theoretisch als praktisch angelegte Nationalcharakter, der stärkere Einfluß der Bildungsanstalten mögen dazu beigetragen haben. — In der Litteratur, auf allen Lehrstühlen, von den Gymnasien bis zu den Universitäten, herrschte die politisch-liberale Auffassung fast ausschließlich, sie beherrschte mit wenig Ausnahmen die ganze Presse, und mehrere Generationen sind unter ihrem Einfluß herangewachsen. — Das steht in engem Zusammenhange mit der Entwicklung des öffentlichen Lebens in Deutschland, mit dem Zeitpunkt, in dem sie anfing, dem nahen Zusammenhang mit den Freiheitskämpfen zu Anfang des Jahrhunderts und dem allmählichen Erwachsen des nationalen Gedankens, — und wir werden nochmals auf diesen Zusammenhang zurückkommen. — Der Liberalismus war in politischer Schulung und Entwicklung in Deutschland den

Konservativen um mehr als ein Menschenalter voraus. — Wer sich der ersten Zeiten des deutschen Reichstages erinnert, wird vielleicht das Körnchen Wahrheit finden, welches jene Bemerkung John Brights enthält, deren Grobheit dort gerügt wird.

Der Aufsatz wendet sich nun den Gründen zu, die nach langem Niedergang der konservativen Seite wiederum das Aufsteigen derselben herbeiführten. Als der Zeitpunkt, in welchem die Flutwelle des Liberalismus sich der Ebbe zuneigte, wird das Jahr 1870 bezeichnet, und es ist von Interesse, daß hier dem Kriege zwischen Frankreich und Deutschland eine erhebliche Einwirkung beigemessen wird.

Der französisch-italienische Feldzug 1859, die schleswig-holsteinische Campagne und der Konflikt zwischen Preußen und Oesterreich 1866 hatten den während der vierzig Friedensjahre in unserm Lande so weit verbreiteten Glauben, daß Angriffskriege Ueberlieferungen aus überstandener böser Zeit seien, kaum erschüttert. Diese Kriege waren wenigstens offiziell, um des Nationalitätsprinzips willen unternommen worden, und dies Prinzip war eins der liebsten Dogmen des orthodoxen Liberalismus. Beim Beginn der Parlaments-Session von 1870 wurde der Friede als gesichert angesehen, und die Uebergewalt der liberalen Partei unter der Führung des sich damals auf dem Gipfel seiner Macht befindenden Gladstone schien bei uns ebenfalls gesichert. Der Ausbruch des deutsch-französischen Krieges traf England wie ein Donnerschlag. Wir gedenken hier nicht weiter seiner Wirkung auf Englands Stellung und seiner Beziehungen zu den fremden Mächten, sondern nur seiner Wirkung auf das Gefühl in der Nation. Der ganze Bau von Vorstellungen, auf dem das Glaubensbekenntnis des Liberalismus ruhte, wankte und fiel. Plötzlich erschien es uns als klar erwiesen, daß Fortschritt der Wissenschaft und Bildung und Errungenschaften der Kultur die menschliche Natur gelassen hatten, wie sie immer gewesen war und immer sein mußte. Die Belagerung von Paris und die Herrschaft der Kommune gab dem optimistischen Tone in der Denkungsweise, der die Mitte unsers Jahrhunderts charakterisierte, damals den Todesstoß; und mit diesem Wechsel im Gefühl der öffentlichen Meinung verlor der Glaube an den Fortgang des liberalen Fortschritts, als Universalmittel für alle Uebel der Menschheit, seinen Halt wie Anhang in dem Publikum. Leicht könnte man die unmittelbare Wirkung und Kraft dieses Wechsels der allgemeinen Anschauung überschätzen. In allen Ländern, und in unserm Lande mehr als sonstwo, behalten Bezeichnungen noch lange Kurs, nachdem die von ihnen repräsentierten Ideen ihnen verloren gegangen, dennoch kann nicht bestritten werden, daß der allgemeine Rückgang des öffentlichen Glaubens an die errettende Kraft des Fortschritts eine der Hauptursachen einer konservativen Reaktion gewesen ist. Wenn die Menschheit dahin käme, zu glauben, daß die Errungenschaften der Medizin Epidemien zu einer Sache der Vergangenheit gemacht hätten, und dann plötzlich die Welt doch von der Pest befallen würde, so würde eine Reaktion im Bereich der Heilkunde statthaben, ähnlich der im Bereich der Politik erlebten.

Als wesentlichster Grund des Umschwunges wird es bezeichnet, daß die Liberalen, die sich immer als die erwählten Vorkämpfer der Konstitution fühlten, vor dem Haushaltungswahlrecht (also der alsdann eingetretenen Erweiterung des Wahlrechts) nahezu alle Reformen durchgesetzt hatten, die ihnen am Herzen lagen. — Die Mittelklassen — die Geschäftsleute, Kaufleute und Industriellen, die Klein-Handelsleute, die der Regel nach nicht hochkirchlich waren, und die höhere Klasse der Handwerker, welche unter dem 10 Pfund-Wahlrecht schon das Stimmrecht besaßen, bildeten die große Masse, — Reih' und Glied der liberalen Partei. Alle Reformen, welche mit Recht oder Unrecht diese Mittelklassen

interessierten, waren Gesetze des Landes geworden. Jede weitere Reform von
größerer Bedeutung mußte daher entweder revolutionären oder sozialistischen
Charakters sein; und die große Masse der Mittelklassen widerstrebte ebensowohl
der Revolution wie dem Sozialismus. Damit trat ein Zersetzungsprozeß der
liberalen Partei ein, der sich nicht nur auf die bisherigen Führer, sondern auf
die ganze Masse der Partei erstreckte; die Zeit mußte nahen, wo die Whigs
von ihren radikalen Bundesgenossen abfallen und zu den Konservativen gravi-
tieren mußten.

Die Liberalen waren damals noch die Herren der politischen Situation,
aber:

es liegt nicht in der menschlichen Natur, daß eine dominierende Klasse sich jemals bemühen sollte, sich ihrer eignen Herrschaft zu entkleiden. Selbst die glühendsten Altruismus-
gläubigen würden kaum bestreiten, daß die Menschen jemals so emsig sind, Vorteile für
andre zu erringen wie für sich selbst. Somit ist es keine unerhörte Zumutung an die Aufrichtigkeit des Liberalismus der Mittelklassen, wenn wir sagen, daß ihr Eifer für Reform
sich abkühlte, als sie bemerkten, daß ein Weitergehen in derselben Richtung nicht allein ihre
eigne Bedeutung nicht vermehren würde, sondern bestimmt zur Verminderung derselben
beitragen müsse. Und diese latente und unbewußte Abnahme ihres Reformeifers war außerdem nicht ausschließlich oder auch nur hauptsächlich egoistischen Betrachtungen zuzuschreiben.
Es gehörte keine große politische Intelligenz dazu, um einzusehen, daß irgendwelche Ausdehnung des Wahlrechts den Massen eine höchste Gewalt bei dessen Ausübung verleihen
werde. Diese Aussicht wurde von der Mittelklasse aus allgemeinen wie persönlichen Gründen
mißgünstig betrachtet. Der Gedanke, daß das Schicksal des Landes den Händen der zahlreichsten, unwissendsten, am wenigsten wohlhabenden und deshalb am wenigsten unabhängigen
Klasse anvertraut werden sollte, beleidigte den gewöhnlichen Mutterwitz der Mittelklasse
Englands trotz ihrer liberalen Neigungen. Der kleine Handelsmann, der kleine Arbeitgeber,
sie sahen den Arbeiter von unten, nicht von oben, so wie er ist, nicht wie er sein sollte; und
von diesem Standpunkt aus betrachtet, konnte sich das Stimmrecht des Handwerkers und
Arbeiters dem Durchschnittswähler nicht empfehlen, der für den Liberalen mehr nach Her-
kommen, Gewohnheit und Vorurteil, als nach reiflicher Ueberlegung und nach Ueberzeugung
stimmte. Man sollte sich auch erinnern, daß das Wachsen der Handwerksverbände (Trade
Unions) und die daraus folgende Zunahme der Strikes mit Schrecken von der großen
Mehrheit der unteren Mittelklasse wahrgenommen wurde, während das Umsichgreifen der
sozialistischen Ideen, die den Gewerksverbänden zu Grunde liegen, die Interessen des kleinen
Arbeitgebers und Arbeitnehmers bedrohten, — man glaubte wenigstens an diese Bedrohung.
Je mehr deshalb die liberale Sache mit den demokratischen Theorien vom Recht der Arbeit
indentifiziert wurde, desto mehr verlor sie die Sympathie des kleinen Kapitalisten, dessen
Vermögen aus seinem im Geschäft angelegten Betriebskapital und aus dem Wohlwollen
seiner Kunden besteht.

Die Geschäfts- und Handelsklasse teilte die Furcht nicht, daß der Arbeiter die Haupt-
macht im Distrikt erlangen könnte, wie sie von ihren bescheidener situierten Gesinnungs-
genossen empfunden wurde. Andrerseits würdigten die ersteren bei weitem mehr als letztere
das Abnehmen dessen, was „Reichssinn" in der auswärtigen Politik der liberalen Partei
genannt werden mag. Liebe zum Vaterland, wir sind glücklich, dies behaupten zu können,
ist das fast universelle Attribut jedes Engländers. Um aber völlig die Ueberlieferungen, Ziele
und Bestrebungen zu würdigen, welche das ausmachen, was Vaterlandsliebe heißt, dazu
gehört ein gewisses Maß von Intelligenz wie auch Freisein von der Sorge ums tägliche
Brot, welche der Regel nach nur in der gebildeten und wohlhabenden Klasse zu finden sind.

Wie wir sahen, waren vor einem Vierteljahrhundert diese Klassen in den Städten liberal in

der Politik, aber Liberale der Palmerstonschen, nicht der Gladstoneschen Schule. Den Liberalen
dieser Denkungsart konnte die auswärtige Politik der Gladstoneschen Herrschaft und Ver-
waltung nicht gefallen. Das Glaubensbekenntnis der Nichtintervention; die Zaghaftigkeit,
unsern Reichsverpflichtungen irgend etwas hinzuzufügen; der schlecht versteckte Wunsch, die
Ausdehnung des britischen Reichs eher zu verringern als zu vergrößern; die auftauchende
Gleichgültigkeit gegen die Interessen des britischen Reichs — alles beleidigte die hierfür
Empfänglichen einer Klasse, welche, wenn auch liberal dem Namen nach, doch in erster
Linie Anhänger des Reichsbegriffs, dann erst Liberale waren.

Selbst in der unteren Mittelklasse, deren Liberalismus von zäherer Natur war, —
der der Schreiber, kleinen Kaufleute und Ladenbesitzer — hatte der Zersetzungsprozeß schon
zu wirken angefangen. Soziale Unterschiede werden von der Menschheit in umgekehrter
Proportion zu ihrem wahren Recht und Inhalt geschätzt. Dem glücklichen Teil der Welt,
welcher für sein tägliches Brot nicht vom Tagelohn abhängt, erscheint der soziale Abstand
zwischen einem Schreiber und einem Handwerker vielleicht sehr klein. Aber die Standes-
gefühle werden nirgend so zur Schau getragen wie in den Klassen, welche Unterhalt durch
die niedrigste Kopfarbeit erwerben, im Hinblick auf ihre eigne Ueberlegenheit im Verhältnis
zu der Klasse, welche für Handlangerdienste Lohn empfängt. Der soziale Unterschied zwischen
einem Herzog und einem Bürgerlichen ist geradezu bedeutungslos im Vergleich zu dem
zwischen einem Schreiber in schwarzem Rock und einem Arbeiter in Jacke oder Bluse. Denen,
welche etwas von den Nuancen des sozialen englischen Lebens in den niederen Schichten
der Gesellschaft wissen, wird es leicht begreiflich sein, daß die Errungenschaften der Arbeiterklasse den liberalen Eifer der Schreiber, Ladenbesitzer und Detailverkäufer erschüttert haben,
der Klasse, in welcher die Zugehörigkeit zu den Sekten noch immer sehr zahlreich vertreten
ist und früher noch zahlreicher und mächtiger war als jetzt.

Wir geben diese Darstellung der englischen Verhältnisse wörtlich, weil sie
von hohem Interesse ist und viele Analogien in unsern Verhältnissen sich
finden, neben wesentlichen Abweichungen. Vor allem hat die Ausdehnung des
Wahlrechts in England viel später als in Deutschland stattgefunden, wo sie im
Zusammenhang mit der Entstehung des Reiches noch während des Anschwellens
der liberalen Hochflut und vor der stärkeren Entwicklung der Sozialdemokratie
stattfand. In der Bezeichnung der verschiedenen Klassen der Bevölkerung läßt
sich manches nicht ganz mit den bei uns üblichen Begriffen in Uebereinstimmung
bringen, so wenn hier Handwerker und Arbeiter nebeneinander genannt werden.
Immerhin sind die Bemerkungen über die Auffassung und Wirkung der sozialistischen Lehren in den verschiedenen Klassen von psychologischer Bedeutung,
obwohl bei uns der für ideale Momente zugänglichere Charakter und bei ge-
ringerem Verständnis für wirtschaftliche Fragen, infolge viel späteren Erwachens
des öffentlichen Lebens, weit verbreiteter Haß gegen das Kapital und andres
(wir denken zum Beispiel an den Antisemitismus) manches anders gestalten.

Die Erwähnung der „Sekten" als ehemals starker Stützen des herrschenden
Liberalismus findet ihre Erklärung in einer weiteren Auseinandersetzung über
die kirchlichen Verhältnisse. Der Gegensatz zwischen diesen hier „Sekten" genannten,
nicht der Hochkirche zugehörigen Elementen des protestantischen Englands und
der Hochkirche, ihre politische Hinneigung zum Liberalismus waren ein notwendiges Ergebnis der ganzen englischen Geschichte.

Es bedarf keiner Ausführung, daß trotz des politischen Liberalismus, dem
diese Sekten zuneigten, sie in keiner Weise mit dem zu identifizieren sind, was

in Deutschland im kirchlichen Sinn als liberal bezeichnet wird. Es wird nun konstatiert, daß in neuerer Zeit der politische Einfluß der Hochkirche entschieden gewachsen ist, während sich der der Sekten vermindert hat.

Leute, die auf dem Boden einer allgemeinen Kirche (broad church) stehen, werden diesen Umschwung gewiß dem vermehrten Eifer und der vermehrten Treue der Geistlichkeit unsrer Nationalkirche zuschreiben und dem Umstande, daß die Sekten ihr Dienste leisteten, indem sie etwas dazu beigetragen haben, ihre geistliche Thätigkeit mehr in Uebereinstimmung mit den Gefühlen des Publikums zu bringen. Diese Erklärung ist richtig genug, soweit sie reicht; - aber sie läßt eine wichtige Betrachtung außer Ansatz. Ohne auf eine kirchliche Kontroverse einzugehen, können wir das ohne Besorgnis vor Widerlegung feststellen, daß die ganze Richtung des modernen Gedankens während des letzten und längsten Teils des jetzt endenden Jahrhunderts der gewesen ist, die Grenzen der theologischen Spekulation zu erweitern. Die Menschheit hat, mit oder ohne Grund, gelernt, den spezifischen Dogmen weniger Wert beizulegen und weniger fest an jenen Bekenntnissen zu halten, welche lehrten, daß der Glaube an gewisse Punkte der Lehre erforderlich sei zum Seligwerden. Die Bewegung gegen das Dogma war auf dem Kontinent noch lebhafter als in England; aber auch hier trat ihre Wirkung sehr bestimmt hervor. Wir möchten glauben, daß Atheismus und aufrichtig eingestandener Unglaube jetzt viel weniger allgemein sind als vor sechzig, siebzig Jahren. Andrerseits ist Gleichgültigkeit gegen Dogmenglauben unendlich mehr bei wirklich kirchlich gesinnten Menschen zu finden. Der verstorbene Mr. Brablaugh war ein Anachronismus in unsrer Zeit, und ebenso werden Dean Stanley und Mr. Jowett Anachronismen in der Zeit ihrer Großväter, wenn nicht schon in der ihrer Väter gewesen sein. Indem wir dies bemerken, liegt es uns fern, irgend ein Urteil über den Wert der Kämpfe um Kontroversen zwischen den Verteidigern und Angreifern der dogmatischen Bekenntnisse auszusprechen. Wir erwähnen den Niedergang des Dogmenglaubens nur als eine Thatsache, welche einen wichtigen Einfluß auf die politische Macht der Hochkirche und der Sekten gehabt hat. Es ist klar, daß, wenn, wie wir behaupten, eine allgemeine Abschwächung des Gewichts statt-fand, welches das Dogma früher für die Vorstellungen im Volke hatte, dann auch dieser Umschwung zu Gunsten der Kirche im Gegensatz zu den Kapellen (Sekten) ausschlagen mußte. Jedenfalls besteht die raison d'être jeder Sekte darin, daß die Glaubenssätze, die sie ihren Anhängern auferlegt, Dinge von der höchsten Wichtigkeit sind, wenn nicht sogar unerläßlich zum Seligwerden. Wenn daher das Gefühl im Volk mehr oder weniger gleichgültig gegen kirchlich-dogmatische Lehren wird, so fällt der Grund fort, weshalb jemand einer besonderen Sekte angehören soll. Da im übrigen alles gleichwertig ist, so zieht die Hochkirche mit ihrer einfachen Verständlichkeit, ihrem feierlichen Ritus, ihrer Freiheit von kirchlicher Tyrannei — komme sie von seiten der Geistlichen oder Aeltesten — auch abgesehen von irgend welchem bestimmteren Glauben an ihre Dogmen, eine große Menge von Anhängern aus der großen Kategorie von Menschen an sich, welche, wenn sie sich auch nicht viel ums Dogma kümmern, doch irgend eine Form des Gottesdienstes und des Religionsunterrichts sehr hoch schätzen. Um es bestimmt und klar auszusprechen: das Wachstum dessen, was unsre Voreltern Indifferentis-mus genannt haben würden, hat die englische Kirche noch viel mehr zu einer Nationalkirche gemacht, als sie es seit den Zeiten Wesleys jemals gewesen ist. Es ist eine feststehende That-sache, daß, während die Hochkirche täglich an Zahl ihrer Anhänger und an Einfluß zunimmt, alle beachtenswerten Sekten der Zahl nach abnehmen, weniger Zuzug erhalten und ihre Autorität verlieren. Eifrige Anhänger der Sekten wollen selbstverständlich diese Erklärung dafür nicht zugeben und schreiben das Wachsen der Staatskirche gesellschaftlichen Einflüssen zu. In der That ist dies der Grund, mit dem sie ihren Kreuzzug gegen die Hochkirche rechtfertigen. Dieser Kreuzzug ist es wiederum, der die große Masse der Sekten-Geistlichen veranlaßt hat, als Wahlagenten der liberalen Partei aufzutreten. Aber das Gewicht dieses Auftretens beruht auf der Macht über ihre Gemeinden, in andern als sektiererischen An-gelegenheiten; und in dem Zeitabschnitt, den wir untersuchten, mußten die Führer der Sekten schmerzlich gewahr werden, daß diese Macht viel von der ihr früher innewohnenden Kraft verloren hatte.

Die kirchlichen Verhältnisse in Deutschland liegen wesentlich anders, ganz abgesehen von dem bedeutenden Teil der Deutschen, die der römischen Kirche angehören, auch im protestantischen Deutschland. Dessenungeachtet sind einige dieser Betrachtungen auch für uns nicht ohne Wert. Hier kam es dem Verfasser, der an einer früheren Stelle betont hatte, daß diese Hochkirche nicht mehr eine der festen Stützen der alten konservativen Partei sei, wesentlich darauf an, in dem verminderten Einfluß der Sekten auf eine der Ursachen hinzuweisen, die den Liberalismus schwächten. Es wird der Anfang der Ebbe geschildert, die nach der Hochflut eintrat, zunächst ohne dem großen Publikum zum rechten Bewußtsein zu kommen, in der ganze Klassen der Bevölkerung, die bisher feste Stützen des Liberalismus waren, anfingen, der konservativen Richtung zuzutreiben. Das ist die Zeit, in der, wie eingangs erwähnt, wesentlich Lord Randolph Churchill die Auffassung und Taktik der konservativen Seite mit seinem Verständnis für die kommende Entwicklung beeinflußt hat. Diese Ideen, die an die bedeutende Erweiterung des Wahlrechts anknüpfen, werden nun wie folgt dargestellt.

Daß seit unsern neuen Wahleinrichtungen die oberste Gewalt aus den Händen der Klassen in die der Massen übergegangen ist, daß diese Uebertragung dauernd ist und mit der Zeit immer mehr Gestalt gewinnen wird, daß im Getriebe des täglichen Lebens der Mensch hauptsächlich von den Interessen seiner Klasse geleitet wird, — welche diese auch sein mag — und daß deshalb, wenn der Konservatismus eine herrschende Macht bleiben soll, er die Massen überzeugend belehren muß, daß ihre Klasseninteressen mit dem Erfolge der konservativen Partei identisch sind. Wir können durchaus verstehen, daß ihre Anschauung der politischen Situation den Konservativen der älteren Generation zuwider sein mußte. Aber wir können nicht sehen, wie irgend jemand, der die Sachen nimmt, wie sie sind, eine andre Ansicht haben kann. Ob man recht oder unrecht that, als man den Massen die höchste Gewalt übertrug, kann wohl eine offene Frage bleiben; — da es aber geschah, so folgt mit logischer Konsequenz, daß wir die Massen hinter uns haben müssen, wenn wir Macht behalten wollen; und wir dürfen unsre Augen nicht der einfachen Wahrheit verschließen, daß die Massen nicht durch abstrakte Argumentationen zu bewegen und zu beeinflussen sind, sondern durch einen Appell an die Interessen, Ideen und Gefühle ihrer Klassen. Diese Schlußfolgerung ist in der That doch so klar, daß es keiner großen politischen Begabung bedarf, sie als richtig anzuerkennen. Das, was nach unserm Gefühl Lord Randolphs besonderen Anspruch auf Anerkennung und Auszeichnung ausmacht, liegt in der Schärfe seines Geistes, mit der er die Triebkräfte erriet, durch welche der Hang großer ins Gewicht fallender Klassen im Volk zum Liberalismus auf den Konservatismus übertragen werden konnte.

Das ländliche Interesse hat aufgehört, der dominierende Faktor in Englands innerer Politik zu sein. Deshalb ist es unmöglich, die Verteidigung der ländlichen Interessen als das alleinige Rückgrat einer konservativen Politik ansehen zu wollen. Die Kirche ist heutzutage als politischer Faktor von größerer Bedeutung als zuvor. Aber diese Zunahme ihres Einflusses ist nur ihrer geistlichen Entwicklung und der Abnahme der Sektenanhänger, nicht ihrer Verbindung mit dem Lande und Landedelmann, zuzuschreiben. Das Verlangen nach Landbesitz ist nicht mehr der Hauptwunsch der Leute, welche durch Handel oder Industrie Geld gemacht haben. Andrerseits ist das gesellschaftliche Prestige der landbesitzenden Klasse wenig, wenn überhaupt, geschädigt. Aus diesen gegebenen Verhältnissen folgt, daß die Klassen, welche in London und allen unsern Industriezentren als Repräsentanten des Eigentums in den Vordergrund treten, kein besonderes Interesse an der Unterstützung der Rechte des großen Grundbesitzers haben können; sie haben aber das bestimmte Verlangen, sich mit den ländlichen Interessen und mit der Staatskirche zu verbinden. Wenn deshalb die Sympathie der städtischen Mittelklassen auf der Seite der Konservativen gefunden werden und stehen soll, so ist es nach Lord Randolphs Ansicht nutzloses Beginnen, mit demselben Programm vor sie zu treten, welches so lange für die konservative Partei genügte, als sie naturgemäß mit dem ländlichen Interesse identisch war. Leute, die kein Wild halten, deren Beschäftigung ihnen verbietet, sich dem Sport zu widmen, von denen kann nicht erwartet werden, daß sie ein lebendiges Interesse an den „Wildgesetzen" haben sollen. Leute, die in Städten oder Vorstädten wohnen und ihr Geschäft dort haben, werden den Fragen der Grafschafts- verwaltung ziemlich gleichgültig gegenüberstehen. Leute, die nur Feiertags aufs Land gehen oder um dort Freunde zu besuchen, werden sich nicht so wie der Landedelmann für die Lokalschulen, die Verteilung der Wohlthätigkeitsgaben und Beziehungen zwischen Bauer, Geistlichen und der Squireschaft auf dem Lande bekümmern; sie fühlen sich auch nicht mal davon berührt. Ihre Stellung in allen diesen Beziehungen ist selbstverständlich eine neu- trale; und die Frage, ob diese Neutralität für die Sache des Konservatismus freundlich ausfallen wird oder nicht, wird davon abhängen, inwieweit ihre persönlichen Interessen mit dem allgemeinen Erfolge der konservativen Partei identisch sind. Diese Interessen sind jedoch ebensowohl materielle wie solche der Zuneigung, und jedem, der einigermaßen mit der Mittelklasse unsers Landes bekannt ist, ist es bewußt, daß der Wunsch, auf freundschaft- lichem Fuß mit den Landedelleuten zu stehen, unter ihnen noch mehr vorherrscht, als in sonstigen kommunalen Gemeinschaften. Dieser Wunsch, gleichviel ob er lobenswert ist oder nicht, ist ein Faktum, von dessen Existenz der praktische Politiker verpflichtet ist, Kenntnis zu nehmen.

Es wird hier als ein Zeichen des Umschwunges des Gefühls in der Oeffentlichkeit erwähnt, daß eine gesellschaftliche Einrichtung, die Stiftung der Primrose-Liga, wesentlich dazu beigetragen habe, die gesellschaftlichen Schranken wegzuräumen, die früher zwischen dem Landedelmann und den wohlhabenden Geschäfts- und Handelsklassen bestand.

Die Hauptsache, nachdem die liberale Politik sich in der öffentlichen Meinung mit dem Gegensatz gegen die Rechte des Eigentums identifizierte, war:

die Solidarität der materiellen Interessen aller Klassen von Besitz untereinander; gleichviel, ob der Besitz klein oder groß, vererbt oder selbst erworben, vom Grundbesitz oder vom Handel stammte oder von gewerblicher Arbeit. Es ist immer leicht klug zu sprechen nach einem Ereignis; und heutzutage kann jedermann sehen, daß notwendiger- weise die liberale Partei die Unterstützung ihrer wohlhabenden Anhänger verlieren mußte, sobald die liberale Politik sich in der öffentlichen Meinung mit dem Gegensatz gegen die Rechte des Eigentums identifizierte. Lord Randolphs beachtenswerter politischer Instinkt, dessen wir vorhin gedachten, ermöglichte es ihm, sich das vorzustellen, was andre und erfahrenere Politiker nicht sahen; die natürliche Folge der Dinge mußte die sein, daß der Liberalismus in immer offener Feindseligkeit zu den Interessen des Eigentums treten mußte und daß, sobald diese Feindseligkeit offenkundig wurde, die besitzenden Klassen natur- gemäß zum Konservatismus hintreiben mußten. Die Schärfe der Empfindlichkeit, mit der jede Klasse irgend einem Angriff auf ihr Eigentum begegnet, steht der Regel nach in ent- gegengesetzter Proportion zur Größe ihres Besitztums. Mit andern Worten: die be- stimmtesten, festesten und am wenigsten von der Sache abweichenden Stützen des Rechts des Eigentums werden zunächst nicht unter den Magnaten und Millionären zu suchen sein, sondern unter den kleinen Leuten, denen der Verlust oder die Verringerung ihrer verhältnis- mäßig kleinen Einkünfte gleichbedeutend mit Mangel ist oder mit Ruin.

Lord Churchill, der hauptsächlich diese Ideen vertrat, war es, der sich zuerst nach jenen Klassen umsah, deren Anschluß den Verlust mehr als erseßen konnte, welcher durch die Verminderung des Einflusses der ländlichen Interessen entstanden war; er war es, der darauf hinwies, daß jede Vermehrung der Männer, welche eine auch noch so kleine Kapitalsanlage im Lande besißen, die schon dauernd vorhandene Kraft anwachsen läßt, die zu Gunsten des Konservatismus wirkt, und daß in England mehr als bei andern Völkern die trennende Wirkung, welche Verschiedenheit des Ranges der Lebensstellung und Beschäftigung herbeiführen, weniger stark wirkt als die einigende eines starken Nationalgefühls, das gleichmäßige Fühlen und Denken über alles, was England betrifft. Sein Verdienst war es, daß er diese Gedanken gerade in dem Zeitpunkt geltend machte, wo sie wirksam werden und die Sache fördern konnten, deren Sieg er nicht mehr erlebte.

Die neue konservative Auffassung, die sich unter Anregung dieses staatsklugen Mannes bildete, wird wie folgt charakterisiert:

Festhalten was gut, Verteidigung des Rechts der persönlichen Freiheit und des privaten Besißes, Erhaltung der gut bewährten Einrichtungen, Beförderung der Einflüsse, welche die Herrschaft von Geseß und Ordnung sichern, allerwege die Ehre und das Beste des Landes aufrechterhalten, das ist die Pflicht aller wahren Konservativen zu allen Zeiten und unter allen Verhältnissen gewesen und muß es sein. Die einzelnen Gegenstände aber, welche besonders der Erhaltung wert sind, müssen sich mit den in stetigem Wechsel begriffenen Zuständen des Landes verändern. Der höchste und bedeutungsvollste dieser Zustände ist die Verteilung der politischen Macht.

Wir haben jeßt durch die jüngste Geseßgebung, für welche Konservative und Liberale gleich verantwortlich sind und welche, gleichviel ob sie weise oder unweise, faktisch unwiderruflich ist, die Herrschaft der Zahlen etabliert. Wenn daher konservative Ideen die Regierung des Landes dominieren sollen, so muß dies dadurch geschehen, daß sie sich der Billigung einer zahlreichen Majorität erfreuen. Es versteht sich von selbst, daß diese Mehrheit in diesem wie in jedem andern Lande nicht aus den wohlhabenden und noch weniger aus den gebildeten Klassen allein bestehen kann. Oder um dieselbe Wahrheit mit klaren Worten zu sagen, die konservative Partei kann nicht hoffen, fest standzuhalten, wenn ihre Politik sich der Zustimmung sowohl der Massen wie der Klassen nicht erfreut. Der fundamentale Glaubenssaß des Konservatismus ist, daß die Interessen, welche allen Klassen im Volk gemeinsam sind — die Erhaltung von Geseß und Ordnung, der Religion, der persönlichen Freiheit, politischen Ehrlichkeit und des privaten Eigentums — unendlich viel stärker und allgemeiner sind als die miteinander streitenden Interessen besonderer einzelner Klassen, nach welchen der Liberalismus der jüngsten Zeit gelernt hat, sich umzusehen, um von ihnen Unterstüßung zu erlangen.

Es wird ausgeführt, daß die Politik der Konservativen zwar die Entfremdung derjenigen Klassen, die bisher das Rückgrat der Partei bildeten, vermeiden, aber vor allem die Sympathien der Klasse gewinnen müsse, die, durch die veränderten Verhältnisse dem Liberalismus entfremdet, der konservativen Auffassung sich zuneigen.

Es liegt nicht in der menschlichen Natur, von solchen zum Beispiel, die mit dem Lande nicht durch ihre ganze Lebensstellung verbunden sind, dasselbe Interesse für alle dieses berührenden Fragen zu erwarten, wie von solchen, bei denen dies der Fall ist; bei jenen findet nur die Notwendigkeit, die Rechte des Eigentums zu beschirmen, nicht die Bevorzugung des ländlichen Eigentums vor andern, ein Verständnis.

In der Parteipolitik geradeso wie im Handel muß man diejenige Ware im Schaufenster auslegen, welche Kunden anlockt; und selbst Leute, die sehr wohl die Notwendigkeit einsehen, die Rechte der Kirche und des Landes unverletzt zu erhalten, werden gewahr werden müssen, daß die Pflicht, die Interessen des Squires (Rittergutsbesitzers) und der Pastoren zu verteidigen, nicht als Signal zum Sammeln für die Klassen ausgewählt werden kann, welche der Regel nach kein Land besitzen und die, wenn sie sich überhaupt um die Kirche kümmern, sich vielmehr um ihr geistiges Können als um ihren materiellen Inhalt kümmern.

Für die Mittelklassen, welche in diesen letzten Jahren ihren Glauben an den Liberalismus verloren haben und deshalb dem Konservatismus zutreiben, ist das Land nur insofern von Bedeutung, als es die Rechte des Eigentums — die Kirche nur insoweit, als sie das Prinzip der Religion vertritt. Aber die besonderen Privilegien, deren sich das Land und die Kirche erfreuen, oder von denen vorausgesetzt wird daß sie sich ihrer erfreuen, sind für sie wesentlich gleichgültige Dinge.

Alle bedeutenden politischen Reformen, die mit unsrer bestehenden Verfassung verträglich, sind schon verwirklicht worden.

Jeder fernere große Schritt in der Richtung der Demokratie muß notwendigerweise von revolutionärem Charakter sein, und für jetzt bilden die Gegner der Revolution, gleichviel, welcher ihr Parteiname ist, eine überwältigende Majorität im Lande im Vergleich zu ihren Vorkämpfern. Und außerdem hat Erfahrung die Massen gelehrt, der durchschlagenden Wirksamkeit rein politischer Reformen zu mißtrauen. Handwerker und Arbeiter haben Einsicht genug, um wahrzunehmen, daß unter einem dreijährigen Parlament, das aus bezahlten Mitgliedern bestände, ihre eigne Lage unverändert bleiben würde. Die Tage sind vorüber, wo die Massen zur Leidenschaft durch die sieben Artikel der Charte erregt werden konnten. Soziale Reformen sind heutzutage die einzigen, welche irgend welchen populären Enthusiasmus erwecken. Den Führern der Liberalen entgeht dies nicht, und der Selbsterhaltungstrieb zwingt sie — wissentlich, mitunter öfters noch unwissentlich — Maßregeln vorzubringen, welche auf die soziale Umgestaltung der Gesamtheit durch eine Gesetzgebung hinzielen, welche beabsichtigt, die Massen auf Kosten der Klassen zu begünstigen. Die Erweiterung des Wahlrechts hat die relative Macht der Massen bedeutend ausgedehnt, namentlich die der landwirtschaftlichen Arbeiter, und für sie hat ein sozialistisches Programm sehr große Anziehungskraft. Alle Menschen sind schlechte Richter in ihrer eignen Sache, und die Arbeiter würden mehr als Menschen sein, wenn sie den Agitatoren, die ihnen sagen, daß durch Gesetzgebung ihre Arbeit lukrativ und ihr Leben leicht und behaglich gemacht werden könnte auf Kosten des Kapitals, taube Ohren leihen wollten. Es ist dieser Glaube an eine kommende, durch Rekonstruktion der Gesellschaft auf einer neuen Grundlage bessere Zeit, welcher für das schnelle Wachstum des Liberalismus in den Grafschaften in Rechnung zu setzen ist, die als Hochburgen des Toryismus angesehen wurden. Glücklicherweise für das Land haben jedoch die sozialen Tendenzen des Neuliberalismus, auch wenn er die unwissenden und Tagelöhnerklassen auf dem Lande für sich gewonnen, die intelligenten Klassen des Handels- und Handwerkerstandes in den Städten sich entfremdet. In England ist der Same des Sozialismus auf steinigen Boden gefallen; der Charakter unsers Volkes, sein praktischer, gesunder Sinn, seine Abneigung gegen abstrakte Spekulation, sein stark ausgeprägter Individualismus, seine Liebe für gesellschaftliche Bevorzugung und seine Achtung vor Gesetz und Autorität — alles trägt dazu bei, es weniger empfänglich für das sozialistische Evangelium zu machen als die Völker andrer Länder. Wir sagen nicht und kein vernünftig denkender Mensch könnte sagen, daß der Sozialismus nicht eines Tages, und früher oder später, einen dominierenden Faktor in unsern inneren Angelegenheiten bilden könnte, aber wir sagen, daß dieser Tag in England später als sonstwo kommen wird. Zurzeit ist der Gewinn, den der Liberalismus durch seine Annäherung an den Sozialismus gemacht, weit mehr noch als bloß überw o g e n durch die Verluste, die ihm aus eben diesem Grunde erwachsen sind. Es ist offenbar, daß das Ueberhandnehmen der Strikes, die Anmaßungen der „neuen Verbindungen“ (der Arbeit), die vorgeschrittenen Theorien der fortschrittlichen Partei, die Sprache der Arbeiter. organe, die Ungeheuerlichkeiten der Hydepark- und Trafalgarsquare-Agitatoren alle die Klassen mit Schrecken erfüllten, die etwas zu verlieren haben; und im übrigen sind alle Klassen der Besitzenden, wenn nicht zahlreicher, so doch unendlich viel besser organisiert und mächtiger als die der Nichtbesitzenden. Es erfordert keine besondere Intelligenz, um wahr- zunehmen, daß die Angriffe auf eine besondere Kategorie des Eigentums nur durch An- wendung von solchen Prinzipien durchgeführt werden können, welche zu künftigen Angriffen auf jede andre Art des Eigentums führen würde.

Die Solidarität der Interessen aller Eigentumsbesitzer ist nach unserm Urteil die Hauptursache, welche die konservative Reaktion, die sich während des letzten Vierteljahr- hunderts geltend machte, zuwege gebracht hat. Diese Solidarität der Oeffentlichkeit zu Gemüte zu bringen, zu zeigen, daß die Verteidigung des Eigentums das gemeinsame Interesse aller ist, die etwas zu verlieren haben, ist nach unsrer Ueberzeugung die Pflicht aller, welche das Vorherrschen des Konservatismus als erforderlich für des Landes Wohl- fahrt ansehen.

Es könnte wohl gesagt werden, daß diese Anschauung des Konservatismus von materiellem, wenn nicht von selbstsüchtigem Charakter sei. Wir würden die Ersten sein, zu- zugeben, daß jede große Partei und die konservative Partei noch insbesondere an andre und höhere Gesichtspunkte als diejenigen der persönlichen Furcht vor Verlust oder Hoffnung des Gewinns appellieren muß. Dennoch, wenn ein Baumeister eine Maschine aufstellen will, so sind es in erster Linie Natur und Stärke der bewegenden Kraft, die sie in Betrieb setzen soll, die er in Rechnung stellen muß. Was für die Mechanik w a h r, ist auch richtig in der Politik, und das erste, was bei allen Plänen für die Aufstellung und die Herstellung der konservativen Partei in Betracht kommt, muß die Beschaffenheit, der Charakter der Kraft sein, auf welcher die Partei künftig beruhen soll. Ob zum Besseren oder zum Schlechteren — wir leben unter demokratischen Einrichtungen und werden unter ihnen leben müssen. Wenn wir also wünschen, daß konservative Ideen den Gang der Gesetzgebung leiten sollen, so müssen wir der numerischen Majorität der Wählerschaft gewiß sein können. Der einzige Weg aber, auf dem wir hierzu gelangen können, ist der, die Sympathie der Klassen auf unsre Seite zu ziehen, welche dem Liberalismus durch seine allmähliche Assimilierung mit dem Sozialismus entfremdet worden sind; und um ihre Sympathie zu erwerben, müssen wir in unserm politischen Programm in vorderste Reihe stellen: die Verteidigung des Privatbesitzes und die persönliche Freiheit.

Es giebt indessen keinen Grund, weshalb der Neukonservatismus sich darauf beschränken sollte, den Fortgang des Sozialismus zu beschränken oder zu verhindern. Im Gegenteil, es ist Grund dafür vorhanden, daß er andre Ziele und weitere Zwecke umfassen und ein- begreifen sollte. Die von uns gemeinten Klassen, die für unsern gegenwärtigen Zweck am besten bezeichnet werden mögen als Bürger, die ihr tägliches Brot nicht durch Handarbeit erwerben und welche der Regel nach etwas mehr zu ihrem Unterhalt haben als ihren Tage- lohn, werden von andern Gedanken beseelt und bestimmt als durch den Wunsch, ihr Eigen- tum vor Plünderung, ihre Rechte gegen Einbruch zu bewahren. Sie wünschen, als Ge- samtheit betrachtet, eine wirksame und sparsame Verwaltung, sie legen außerordentlichen Wert auf die Erhaltung von Gesetz und Ordnung; sie wünschen die Beseitigung von Miß- bräuchen, sie haben keinen besonderen Geschmack an besonderen Privilegien irgend welcher Art; sie sind stolz auf ihr Vaterland und halten fest an dem Glauben, daß Englands Wohl- fahrt nicht allein von der Aufrechterhaltung seiner bestehenden Verfassung abhängt, sondern auch von der Fortentwicklung des britischen Reichs und der daraus resultierenden Ausbreitung unsers Handels. Es sollte für die Konservativen, wie uns scheint, nicht schwierig sein, zu zeigen, daß Sparsamkeit, durchgreifende Verwaltung, Abstellung der Mißbräuche, Abschaffung von Privilegien, die sich überlebt haben, und die Erfüllung der Mission des britischen Reiches in der Welt Dinge sind, die wahrscheinlich unter der Herrschaft des Neukonservatismus eher erreicht werden können als unter der des bisherigen Liberalismus; und wenn dies gezeigt wird, werden sich die Klassen, deren Botum, wie wir vermuten, in kurzer Zeit die konservative Partei wieder an das Ruder bringen wird, dauernd der Partei durch andre und höhere Gesichtspunkte als die des gewöhnlichen, gemeinsamen Interesses verbunden fühlen.

Es wird alsdann als ein verhängnisvoller Fehler bezeichnet, und das nicht allein als Prinzipienfrage, sondern als eine Sache der Politik, wenn die Konservativen in der Absicht, die Stimmen der Arbeiterklasse zu gewinnen, dem Beispiel der Liberalen folgen und die Unterstützung der Arbeiterklasse durch die Aussicht auf sozialistische Gesetzgebung erkaufen, dagegen sei es sehr wohl möglich, auch in dieser Klasse, oder wenigstens deren oberen Kreisen es klar zu machen,

daß sie alle Pläne zur Verbesserung ihrer Lebenslose, insoweit als diese Pläne sich in Uebereinstimmung mit der Erhaltung des Privateigentums und der persönlichen Freiheit befinden, der gewissenhaften und ernst gemeinten Fürsorge der konservativen Partei empfehlen können.

Eine feste Ueberzeugung, daß jedermanns Recht zu seinem Eigentum und zur Freiheit seiner Handlungsweise die Basis jeder gesunden Gesetzgebung ist, ist durchaus nicht unvereinbar mit der Verbesserung der Verhältnisse, unter denen Arbeiter und Ackersmann ihren Unterhalt zu verdienen haben. Kein vernünftiger Mensch kann bezweifeln, daß die Legislative viel thun kann, um die Massen mit besseren Wohnungen zu versehen, ihnen eine bessere Existenz und weniger drückende Arbeit zu verschaffen und eine sichere Vorsorge für ihr Alter und für Krankheitsfälle zu treffen. Alle die Maßregeln, die auf diese oder ähnliche Dinge sich beziehen, sind nicht oder brauchen wenigstens nicht Parteisache zu sein, und es giebt viele Gründe im Wesen der Dinge, die darauf hinweisen, daß sie unter einem konservativen Regime besser als unter einem liberalen durchgeführt werden könnten. Wenn auch die Arbeiterklasse Englands und besonders die landwirtschaftlichen Arbeiter von Natur dem ausgesetzt sind, daß sie sich sozialistischen Doktrinen zuneigen, so ist doch ein hoher Grad von gesundem Sinn in ihnen, wie in jeder andern Kategorie ihrer Landsleute.

Dieser gesunde Sinn reicht hin, um sie zu Zweiflern an allen Projekten zur Reorganisation der Gesellschaft zu machen, durch welche die Arbeit Herrin des Kapitals wird, und diese ihre Zweifel genügen, um sie im Lauf der Dinge davon zu überzeugen, daß sie eher von der Partei etwas zu erwarten haben, welche das Kapital repräsentiert, als von der, welche dem Kapital feindlich ist. In der zuverlässigen, an starke Arbeit gewöhnten, auch widerstandsfähigen und pfiffigen Arbeiterschaft Englands lebt der Kern einer mächtigen konservativen Partei, und diesen Kern zur Entwicklung zu bringen, sollte die Hauptwirksamkeit der Neukonservativen sein.

Der Aufsatz weist in seinem Schlußsatz noch auf einen verhängnisvollen Fehler der Liberalen hin, "seitdem sie sich mit Homerule identifizierten, hörten sie auf, eine nationale Partei zu sein", und spricht die Hoffnung aus, daß die bevorstehende Wahl den Umschwung zur konservativen Seite bestätigen (was bekanntlich weit über Erwarten eingetreten ist), und daß es gelingen werde, diesen Umschwung zu einem dauernden zu machen, "soweit Dauerndes unter demokratischen Institutionen überhaupt erreichbar ist." (Fortsetzung folgt.)

Eine Lohengrin-Erinnerung.

Von
Eugen Lindner (Weimar).

Die Festtage, welche man in Weimar gelegentlich der Enthüllung des Herder-
denkmals im Jahre 1850 feierte, fanden einen würdigen Abschluß in einer
am Geburtstage Goethes stattfindenden Theatervorstellung. Der Theaterzettel
lautete:

Weimar. Hoftheater. Den 28. August 1850.

Zur Goethefeier.

Prolog von Franz Dingelstedt, gesprochen von Herrn Jaffée.

Hierauf zum ersten Male:

Lohengrin.

Romantische Oper in drei Akten von Richard Wagner.

Wahrlich, eine seltene, herrliche Vereinigung, diese den Manen der großen
Weimarer Dichter geltende Huldigung und die Erstaufführung eines neuen
Werkes des geächteten, schwer befehdeten Meisters Wagner!

Freilich, von der unerhörten Bedeutung dieses Werkes hatte man auch in
Weimar — Liszt und seine Freunde natürlich ausgenommen — wenig Ahnung.
Der Prolog Dingelstedts galt nur der Erinnerung an die verflossenen Festtage,
und seine einzige Anknüpfung an „die neue Oper" waren die allegorischen
Figuren, in denen er Karl August und seine Dichter feierte: König Artus und
seine Tafelrunde.

„Es sank das Sternbild, das so hell geschienen,
Der König Artus, samt den Paladinen;
Wir aber suchen, die zu spät Geborenen,
Den heil'gen Gral, den rätselhaft verlorenen."

So suchte klagend der Herr v. Dingelstedt; währenddessen aber hatten sie
sich versammelt, im Orchester, hinter den Coulissen, klopfenden Herzens — alle
die wackeren Streiter, die bereit waren, für ihn zu kämpfen, für ihn, der „vom
Gral zu uns dahergesandt". Die hofrätliche Nase witterte noch keine Morgen-
luft und merkte nicht im geringsten, daß da einer von der Bühne sprach, welcher
einzig berufen sein sollte, dem deutschen Volke hehr und herrlich wiederzuschenken:
den heiligen Gral und seine Ritter — ein Weihegeschenk der Kunst!

Wenn schon ein so gewiegter Kunstkenner wie Dingelstedt noch nichts von
der göttlichen Abstammung des Gralsritters ahnte, kann man es da dem guten
Weimarer Publikum verargen, wenn es im Lohengrin nic t andres als „eine
neue Oper" sah, welche „einen rührenden Text und sehr viele hübsche Melodien
habe, im übrigen aber furchtbar schwer und entschieden viel zu lang sei?"

Obwohl die Presse hier begeistert für das Werk eintrat — das Publikum sprach „auf der Eselswiese" in der Zeitung seine Wünsche nach dem guten, lieben Meyerbeer oft und drastisch aus.

Daß sich „Lohengrin" damals trotzdem in Weimar auf dem Spielplan gehalten hat, ist eigentlich nur dem Großherzog Karl Alexander und Liszt zu danken, deren energischem Eintreten für das Werk schließlich auch das Publikum nicht widerstehen konnte. Eine Konzession glaubte man aber der Laienmasse doch machen zu müssen: es sollte gestrichen werden, und Liszt und Regisseur Genast rieten Wagner selbst dazu. Das war aber eine heikle Sache, denn Wagner hatte aus Thun am 2. Juli 1850 an Liszt die große Bitte gerichtet: „Gieb die Oper, wie sie ist, streiche nichts!"

Den einzigen Strich hatte Wagner selbst angegeben, er betrifft den letzten Teil der Erzählung des Lohengrin (III. Akt, Schlußscene) und beweist uns, wie fein der Meister die dramatische Wirkung abzuwägen wußte.

Laut Manuskript schließt nämlich die vielbewunderte Erzählung:

„In fernem Land, unnahbar euren Schritten" rc.,

nicht wie allgemein bekannt:

„sein Ritter ich — bin Lohengrin genannt,"

sondern setzte sich folgendermaßen fort:

Chor: „Wie wunderbar ist er zu schauen,
Uns faßt vor ihm ein selig Grauen."

Lohengrin: „Nun höret noch, wie ich zu euch gekommen:
Ein klagend Tönen trug die Luft daher,
Daraus im Tempel wir sogleich vernommen,
Daß fern wo eine Magd in Drangsal wär'.
Als wir den Gral zu fragen nun beschickten,
Wohin ein Ritter zu entsenden sei —
Da, auf der Flut wir einen Schwan erblickten,
Zu uns zog einen Nachen er herbei.
Mein Vater, der erkannt des Schwanes Wesen,
Nahm ihn in Dienst[1]) nach des Grales Spruch:
Denn wer ein Jahr nur seinem Dienst erlesen,
Dem weicht von dann ab jedes Zaubers Fluch.
Zunächst nun sollt' er mich dahin geleiten,
Woher zu uns der Hilfe Rufen kam,
Denn durch den Gral war ich erwählt zu streiten,
Darum ich mutig von ihm Abschied nahm.
Durch Flüsse und durch wilde Meereswogen,
Hat mich der treue Schwan dem Ziel genaht,
Bis er zu euch daher ans Ufer mich gezogen,
Wo ihr in Gott mich alle landen saht."

Dies war der von Wagner zuerst geschriebene Schluß der Erzählung.

Inzwischen hatte er aber selbst die völlig berechtigte Ueberzeugung gewonnen, daß dieser Schluß die dramatische Wirksamkeit des Hauptmomentes dämpfen muß. Das Verbot: „Nie sollst du mich befragen" ist der Knotenpunkt des

---

[1]) Wörtlich nach der Weimarer Partitur.

Konfliktes; iſt dieſer gelöſt — und das iſt er durch die Gralserzählung bis zum Schluſſe: „Sein Ritter ich — bin Lohengrin genannt" — ſo erſcheint alles andre als überflüſſiges, den mächtigen Eindruck nur hemmendes Beiwerk.

Mit welcher Penibilität Wagner damals ſein Manuſkript durchgeſehen hat, zeigen eine Maſſe kleiner Veränderungen in der Partitur und im Text; am deutlichſten kommt dies aber wohl in einem Schreiben zum Ausdruck, welches in dem gedruckten „Briefwechſel zwiſchen Wagner und Liszt" (Leipzig, Breitkopf & Härtel) nicht enthalten iſt.

Seite 73 dieſes genannten Werkes enthält nur einen Brief Wagners (38.), in welchem nach unſerm Schreiben, welches der Meiſter für verloren gegangen glaubte, geforſcht wird. Daſſelbe war aber wohlbehalten in Liszts Hände gelangt und von ihm ſofort Herrn Muſikdirektor C. Götze [1]) übergeben worden, damit dieſer die von Wagner gewünſchten Aenderungen in der Partitur einzeichne. Der Meiſter ſchrieb:

Zürich, 1. Auguſt 1850.

Lieber Liszt!

Hiermit ſchicke ich Dir noch einen Takt zu Lohengrin; ſei ſo gut und laß ihn in Partitur und Stimmen — dritter Akt, letzte Scene, gerade nach dem Sprunge, den ich Dir angegeben habe — einſchalten.

Sonderbar, wie dumm man mitunter iſt! Stets waren mir die zwei Takte ritournel nach dem Schluſſe der Erzählung des Lohengrin nicht recht; ich zerbrach mir den Kopf — und nach Jahren endlich fällt mir ein, daß hier ganz einfach ein Takt zu wenig iſt!

Sobald alſo Lohengrin geſagt hat:

„Sein Ritter ich bin Lohengrin geſannt!"

treten die hier beiliegenden drei Takte ein, wofür natürlich die zwei Takte in der Partitur, pag. 365 [2]), ausfallen.

Liebſter, ich bitte Dich recht ſehr, es veranſtalten zu wollen, daß mir eine Korrektur des Textbuches vor dem Drucke hierher geſchickt werde, es iſt ja jetzt noch Zeit; man ſchickt es mir sous bande mit der Poſt, und der ganze Zeitverluſt ſind zehn Tage. Ich habe ſchon ſo viel an Druckfehlern gelitten, daß ich mich diesmal gern genau verſichern möchte! — Einen Brief an Herrn v. Zigaeſar lege ich bei; er enthält nicht als eine dankende Antwort auf den Brief, den ich zuletzt mit dem Deinigen erhielt. (Geld hat er mir noch nicht geſchickt, davon erwähne ich natürlich jedoch nichts gegen ihn!) Schreibe mir bald einmal wieder, Du beſter Freund! Du machſt mir damit ungeheure Freude!

Grüße ſchönſtens — links und rechts — und behalte lieb

Deinen

Richard Wagner.

(Zum Abendſtern. Enge. Zürich.)

---

[1]) Deſſen Sohn, Herrn Dr. med. Götze wir die freundliche Zurverfügungſtellung des Manuſkriptes dieſes Briefes danken.

[2]) Natürlich der geſchriebenen Weimarer Partitur.

Nun nehme man den Klavierauszug zur Hand und sehe sich Seite 238 den heutigen Schluß der Erzählung an; die drei Takte „ritournel" bringen also die gewünschte Aenderung, und die früheren zwei Takte? — sind genau der erste Takt, und im zweiten Takte wird vom Quartsextaccord gleich auf die jetzt im dritten Takte stehende Accordfolge in Achteln geschritten!

Eine so geringfügige Aenderung — und dem Meister hat der eine fehlende Takt Kopfzerbrechen gemacht? Ja, man spiele sich die Stelle in der ersten Schreibart (also mit Auslassung des mittelsten Taktes) nur einigemale durch, und wird dann merken, wie unendlich sein empfunden die Einfügung dieses einen Taktes ist.

Nach dem großen FF-Einsatze des Orchesters konnte das decrescendo nur eines Taktes sich bis zum ruhigen Fis-moll-Eintritt des Ensembles nicht genügend klären, zudem wollte Wagner aber wohl auch den packenden Eindruck, den Lohengrins Enthüllungen auf die Edelleute und so weiter hervorbringen mußte, voll austönen und langsam zu tiefer Ergriffenheit übergehen lassen.

Wir haben hier nur eines der unzähligen Beispiele, mit welcher peinlichen Gewissenhaftigkeit der große Bayreuther arbeitete, und man kann sich daher seine Entrüstung denken, als ihm der Weimarer Regisseur Genast im Auftrag Liszts zumutete, „im Interesse des Werkes" größere Striche vorzunehmen. Wagner gestand seinen Freunden zu, mit dem Lohengrin zu machen, was sie wollten, mit Auslassungen aber sei er von ihm aufgegeben.[1]) Trotzdem machte Liszt damals einige Striche, und wir kommen nun zu der schwierigen Frage, ob er recht damit gethan hatte.

Wenn wir bedenken, daß zu gleicher Zeit Rossinis und Meyerbeers Melodien siegreich über alle deutschen Bühnen rauschten, daß man im allgemeinen noch kein Verständnis für die großartigen Formen der letzten Beethovenschen Werke hatte, so wird es begreiflich erscheinen, daß das Publikum zunächst den anspruchsvollen Intentionen Wagners völlig ratlos gegenüberstand und es thatsächlich „die große Anzahl neuer, bestrickender Melodien" (wie ein damaliger Kritiker schrieb) nicht vermochte, das Werk auf dem Spielplan zu behaupten, wenn nicht Striche gemacht worden wären.

Um den Lohengrin nicht seinen begünstigteren Konkurrenten aufopfern zu müssen, entschloß sich Liszt zu einigen Konzessionen dem gegen die „Längen" energisch Front machenden Publikum gegenüber; sicher aber in der Absicht, das Werk, nachdem es durch öftere Aufführungen auch mehr Verständnis erzwungen haben würde, in seiner ursprünglichen Gestalt wieder vorzuführen. Seine edle und reine Absicht hat sich auch erfüllt: das Werk hielt sich, fand mehr Verständnis und wird nun auch ohne Strich aufgeführt. — Ob damit, selbst heute noch, Wagners Dramen im allgemeinen ein Gefallen geschieht, ist eine andre Frage!

---

[1]) Siehe: „Aus dem Tagebuche eines alten Schauspielers" von E. Genast. 4. Teil. Seite 143. Leipzig, Günther.

Wenn der Meiſter jetzt an den kleineren Theatern „Tannhäuſer“, „Lohengrin“ — ſogar die „Meiſterſinger“, mit einem Apparat von 24 bis 30 Mann im Orcheſter und 12 bis 16 Perſonen im Chor, ungeſtrichen hören könnte, würde er vielleicht anderer Meinung ſein.

Ich habe an verſchiedenen kleinen Bühnen manche verhältnismäßig recht gute Wagnervorſtellung gehört — der Dirigent zeigte Verſtändnis für die Intentionen des Meiſters, das Perſonal wirkte mit aufrichtiger Begeiſterung, aber — die großen Maſſenwirkungen verſagten. Der Hans Sachs war geſanglich und darſtelleriſch recht brav, aber vor der Anrede im letzten Akte war er fertig — es fehlten eben überall die Mittel, dieſen höchſt geſteigerten Anforderungen gerecht zu werden, und wo das der Fall iſt, ſollte man doch lieber etwas ſtreichen, als die beabſichtigten Wirkungen Wagners zu verkümmern, reſpektive ſie ins Gegenteil zu verkehren.

An den großen Theatern iſt ja der umfangreiche, den Wagnerſchen Werken nötige Apparat meiſt vorhanden; aber ſelbſt da haben wir ſelten einen ungetrübten Genuß von einer „ungeſtrichenen“ Aufführung. Die Künſtler ſind von der laufenden Arbeit des Repertoires oft ermüdet und das Publikum großenteils von des Tages Laſt und Mühe zu abgeſpannt, um aufmerkſam den ſteilen Pfaden des Meiſters 4 bis 5 Stunden folgen zu können.

Man nennt es eine Pietätloſigkeit, die Werke Wagners nicht ungeſtrichen aufzuführen — iſt es aber nicht eine größere Pietätloſigkeit, wenn ſie ungeſtrichen von einem überarbeiteten Perſonale in Cyklen hintereinander herausgehetzt werden?

Selbſtverſtändlich ſoll und muß das Publikum die mächtigen Schöpfungen Wagners in ihrer Urgeſtalt kennen lernen, aber man ſollte dazu nur Gedenktage — etwa den Geburts- und Todestag des großen Meiſters — ausſehen. Im übrigen leſe man die Klavierauszüge durch, und wer das nicht kann, der gehe nach Bayreuth!

Menſchliche Pygmäen der Steinzeit.

Von

Prof. Dr. L. Büchner.

Die weitverbreiteten Sagen von menſchlichen Rieſen und Zwergen der Vorzeit haben ſich bekanntlich bezüglich der erſteren als Märchen erwieſen. Was man früher als knöcherne Ueberreſte eines ehemaligen menſchlichen Rieſengeſchlechts anſah, hat ſich bei genauerer Unterſuchung als Knochenreſte vorweltlicher Tiere (Mammut, Nilpferd und ſo weiter) herausgeſtellt. Die griechiſche

Mythe von den ehemaligen himmelstürmenden Giganten, welche durch solche Funde erzeugt oder wenigstens unterstützt wurde, hat damit ihren Charakter als Sage gekennzeichnet.

Auch bezüglich der menschlichen Zwerge waren die Gelehrten lange Zeit derselben Meinung. Man wußte allerdings, daß einzelne zwerghafte oder in der normalen Entwicklung zurückgebliebene Menschen allerorten vorkamen; aber man hielt dieselben, solange keine wirklichen Zwergrassen entdeckt waren, mit vollem Recht für Produkte der Degeneration oder Entartung normal menschlicher Bildung. Dieses hat sich nun vollständig geändert, seitdem solche Rassen in den dichten Waldwildnissen Zentralafrikas vor nicht langer Zeit aufgefunden worden sind. Die Namen berühmter Afrikareisenden und Afrikaforscher, wie Krapf, Hartmann, Schweinfurth, Wolff, DuChaillu, Emin Bey, Stanley, Stuhlmann, Junker und so weiter, verknüpfen sich mit diesen hochinteressanten Entdeckungen, welche die Mehrzahl der genannten Entdecker auf die höchst wahrscheinlich gegründete Vermutung gebracht haben, daß ganz Afrika von der Südgrenze der Sahara bis zum Kap der guten Hoffnung ursprünglich von diesen wilden, nomadisierenden, zwerghaften Jägervölkern, welche an verschiedenen Stellen verschiedene Namen (Acca, Batuas, Dolos, Obongos und so weiter) führen, bewohnt gewesen sei.

Inzwischen hat man aber auch in Asien, Amerika, auf dem Inselarchipel, ja selbst in Europa (zum Beispiel in Sizilien, Rußland und so weiter) die Anwesenheit von Ueberresten jener ehemaligen Zwergbevölkerung oder von Zwergrassen nachgewiesen, welche sich, ähnlich wie in Afrika, neben den großen Rassen bis auf den heutigen Tag erhalten haben, und welche man unter dem allgemeinen Namen der menschlichen Pygmäen oder Nannocephalen (Kleinköpfige) zusammenfaßt. Als eine besondere Varietät des Pygmäentypus können die Japaner betrachtet werden, welche zumeist aus verhältnismäßig kleinen Leuten bestehen, wenn sie auch lange nicht die Kleinheit der eigentlichen Zwergrassen (4 bis 4½ Fuß) erreichen. Im Durchschnitt bleibt die Körpergröße der Pygmäen um 300 Millimeter hinter derjenigen normal großer Menschen zurück. Auch zeichnen sie sich durch schlanke, zierlich geformte Knochen aus. Daß dieselben keine Abnormität des menschlichen Typus bilden, sondern eine Rasse oder eine anatomisch mit bestimmten Merkmalen ausgestattete Varietät des Menschengeschlechts, steht, wie noch gezeigt werden wird, außer Zweifel.

Unter solchen Umständen erscheint selbstverständlich eine Entdeckung des Vorhandenseins solcher Rassen auch in der Urzeit vom höchsten wissenschaftlichen Interesse und zwar dieses um so mehr, als bekanntlich die Auffindung zuverlässiger Reste des vorhistorischen Menschen zu den Seltenheiten gehört. Eine durch viele Jahrtausende sich erstreckende menschliche Niederlassung aus jener Urzeit wurde durch Zufall bei dem sogenannten Schweizersbild in der Nähe von Schaffhausen in der Schweiz zwischen den Jahren 1892 und 1896 entdeckt und wissenschaftlich erforscht. Ihr Alter ist ein sogenanntes postglaciales, das heißt herrührend aus einer Zeit, welche auf den letzten Vorstoß des großen Rheingletschers

auf das Alpenvorland folgte. Uebrigens muß nach dem Rückzug des Eises ein
langer Zeitraum verflossen sein, bis sich im Thal und auf den Höhen durch
Verwitterung eine, wenn auch kümmerliche Humusschichte für Pflanzen von
niedrigstem Wuchs gebildet hatte und bis eine entsprechende Tierwelt sich von
der spärlichen Pflanzendecke nähren konnte. Erst dann ließ sich der nur von
der Jagd lebende Mensch vorübergehend an dieser Stelle nieder, welche durch
einen mächtigen, aus der Ebene aufragenden und an seinem Fuße etwas über-
hängenden Felsen gegen klimatische Einwirkungen möglichst geschützt war. Dieselbe liegt übrigens nicht weit von einer früher bekannten berühmten Fundstelle
vorhistorischer Ueberreste aus dem sogenannten Keßlerloch bei Thayningen in
der Nähe von Schaffhausen.

Den Namen Schweizersbild erhielt die Stelle davon, daß ein Mann Namens
Schweizer daselbst vor Jahren ein Heiligenbild auf seine Kosten hatte errichten
lassen. Daß der Mensch der Urzeit ebenda Schutz vor klimatischen Unbilden
suchte, erklärt sich mit Leichtigkeit daraus, daß das Klima um jene Zeit ein kaltes
und rauhes, ähnlich demjenigen Nordsibiriens war, wie nach Schluß der Eiszeit
nicht anders zu vermuten und durch die gefundenen Ueberreste einer arktischen
Fauna oder Tierwelt bewiesen ist. Merkwürdigerweise sind die geologisch-
paläontologischen Verhältnisse an dem Schweizersbild so klar und übersichtlich,
daß man sie fast schematisch nennen könnte. Zu unterst auf dem Bachschotter
liegt die ca. fünfzig Centimeter dicke Kulturschicht des paläolithischen Menschen,
der bereits, nach den gefundenen Feuerstellen zu schließen, den Gebrauch des
Feuers kannte, sich aber wohl nur vorübergehend daselbst aufhielt.

Von da an geschah (in der Richtung nach oben) eine allmähliche Aenderung
des Klimas, welche das Entstehen einer subarktischen Steppenfauna mit ent-
sprechender Flora zur Folge hatte, während eine eigentliche Steppenfauna erst
in der darauffolgenden „gelben Kulturschicht" angetroffen wurde. Von menschlichen Kunsterzeugnissen fanden sich große Mengen paläolithischer, das heißt
roher, durch Druck oder Schlag hergestellter Feuersteinwerkzeuge, zu denen die
nicht weit davon gefundenen Silex- oder Kieselsteinknollen des Juragebirgs das
Material geliefert hatten; ferner allerhand aus Horn oder Knochen hergestellte
Werkzeuge. Alle größeren Tierknochen waren ohne Ausnahme zerschlagen, um
das kostbare Mark daraus zu gewinnen. Weitaus am zahlreichsten vertreten
fanden sich die Knochen des Renntiers; weiter fanden sich Knochen von Bär,
Wolf, Fuchs, Hirsch, Reh, Bison, Wildschwein, Wildpferd, Hamster und so weiter
neben denjenigen von allerhand Vögeln und Nagetieren. Die eigentlich arktische
oder winterliche Fauna war um die Zeit der „Steppenfauna" bereits zurückgetreten, so daß in dieser Zeit auf das Vorherrschen eines etwas wärmeren
Klimas, ähnlich demjenigen des südwestlichen Sibirien, geschlossen werden darf.
Damit vermehren sich auch die daselbst gefundenen Einschlüsse menschlicher Thätigkeit bis zu einer Zahl von ca. 14 000 Feuersteininstrumenten und 1300 Artefakten
aus Knochen oder Horn (meist vom Renntier). Klopfsteine, Schleudersteine, Ambosse,
Hämmer aus Stein fanden sich neben künstlich aufgebauten Herden aus Stein-

platten, Schiefern und so weiter mit angebrannten Knochen und großen Haufen von Asche oder Kohle. Auch fehlte es nicht an allerhand, aus Muscheln oder Zähnen hergestellten Schmuckgegenständen neben mit Farbstoffen (zum Bemalen des Körpers) angefüllten Schalensteinen, sowie an meist aus Vogelknochen hergestellten Musikinstrumenten und rohen Zeichnungen auf Steinplatten oder Skulpturen. Dagegen wurde in den hierher gehörigen Schichten kein einziges geschliffenes Steinwerkzeug sowie keine Spur von Töpferei gefunden, so daß der ganze, vorstehend beschriebene Zeitabschnitt noch in die Zeit des paläolithischen Menschen (älteste Steinzeit) gerechnet werden muß, wobei selbstverständlich das Bewohnen der Stelle durch Menschen mit Eintritt des wärmeren Klimas stetig zugenommen hatte.

Ein Rückgang der Bewohnbarkeit muß wieder während der Zeit des nun folgenden Abschnitts, der sogenannten, aus gelben Kalktrümmern bestehenden Brecciensichicht, stattgefunden haben, deren Dauer bei einer Mächtigkeit von 80 bis 120 cm. von den Entdeckern auf 8000 bis 12000 Jahre geschätzt wird, während die darunter liegenden Schichten eine Dauer von ebenfalls 8000 Jahren umfassen mögen, und während das chronologische Alter der ganzen Ablagerung bei einer Mächtigkeit von 240 bis 290 cm. auf einen Zeitraum von 24000 bis 29000 Jahren geschätzt wird.

Jedenfalls fand während der Dauer der Brecciensichicht, welche die Zwischenzeit zwischen der älteren und jüngeren Steinzeit darstellt, eine zwar langsame, aber entschiedene Besserung des Klimas mit entsprechendem vollständigem Wechsel der Fauna und Flora statt. Es war die Zeit des Uebergangs von der Steppe zum Wald und damit zum Auftreten größerer Mengen von Waldtieren. Die Ueberreste menschlicher Thätigkeit aus dieser Zeit sind verhältnismäßig so wenig zahlreich, daß auf ein nur vorübergehendes Bewohnen der Stelle durch Menschen während der geschilderten Zwischenzeit geschlossen werden muß.

Dieses Verhältnis änderte sich wieder vollständig während der Bildung der nun folgenden vierten grauen oder neolithischen oder eigentlichen Kulturschicht, deren Bildung bei einer Mächtigkeit von 30 cm. einen Zeitraum von 4000 Jahren erfordert haben mochte. Sie gehört unter die allgemeine Rubrik der jüngeren, durch geschliffene Steinwerkzeuge charakterisierten Steinzeit. Zwar findet sich nur ein Teil der gefundenen Steinwerkzeuge in geschliffenem Zustande, während der weitaus größte Teil noch ganz dem Typus der Instrumente aus der paläolithischen Zeit angehört. Dagegen fanden sich sehr viele Feuerstellen und rohe, unglasierte, ohne Töpferscheibe nur mit der Hand gemachte Töpferwaren. Die überaus reichhaltige Fauna der grauen Kulturschicht, unter welcher übrigens merkwürdigerweise der Hund fehlt, ähnelt nach Studers Untersuchungen ganz derjenigen der ältesten steinzeitlichen Pfahlbauten, so daß man daraus sowie aus der geringen Anzahl geschliffener Steinwerkzeuge auf ein verhältnismäßig sehr hohes Alter der neolithischen Schicht des Schweizersbildes schließen darf. Sie bildet wahrscheinlich ein Bindeglied zwischen der rein paläolithischen Zeit und der ältesten Periode der Pfahlbauten. Die Artefakte aus Knochen

und Horn, spärlich, aber gut gearbeitet, sind fast nur aus den Gebeinen und
Geweihen des Edelhirschs hergestellt, im Gegensatz zu den älteren aus der Zeit
und den Knochen des Renntiers.

Zu oberst und unmittelbar über der neolithischen Schicht liegt eine der
Gegenwart angehörige Humusschicht von ca. 40 cm. Mächtigkeit, welche zu
ihrem Zustandekommen ebenfalls eine Dauer von ca. 4000 Jahren voraussetzt.
Diese Schicht enthält allerhand Ueberreste aus älterer, neuerer und neuester Zeit,
welche zum Teil bereits der Metallzeit angehören. Wandernde Horden hatten
auch in der geschichtlichen Zeit hier ihre Feuer angezündet und ihre Jagdbeute
verzehrt. Bildete doch der Felsen noch vor wenigen Jahren einen Lieblings-
aufenthalt wandernden Volkes, namentlich wandernder Zigeunerhorden oder
birschender Jäger der Neuzeit, welche der Felsen beschirmte. Und heute noch
dient der Felsen der heranwachsenden Jugend Schaffhausens als beliebter
Tummelplatz. —

Das Hauptinteresse bei dieser, die chronologische Reihenfolge der einzelnen
Abschnitte in der Existenz des vorgeschichtlichen Menschen so deutlich illustrierenden
Niederlassung am Schweizersbild nehmen natürlich die gefundenen Ueberreste
des Menschen selbst in Anspruch. Diese Ueberreste wurden sowohl in der neolithischen, wie bereits in der gelben Kulturschicht angetroffen. Trotzdem darf mit
Bestimmtheit gesagt werden, daß die letztgenannten Ueberreste nicht dieser Schicht
selbst angehören, sondern dadurch in dieselbe geraten sind, daß die Bewohner
des Schweizersbildes in der neolithischen Periode ihre Toten in die darunter
liegenden Schichten einbetteten. Es fanden sich im ganzen die Skelette von
neun Personen normalen Wachstums und von fünf Pygmäen, durch deren
Entdeckung Europa in die Reihe der Kontinente eintritt, welche Pygmäen aufweisen. Professor J. Kollmann in Basel, einer der angesehensten Anatomen
der Gegenwart, hat diese Pygmäenreste einer gründlichen Untersuchung unterworfen und das Resultat dieser Untersuchung in einer vortrefflichen Abhandlung
niedergelegt, welche einen Teil der großen, auf Kosten der allgemeinen schweizerischen Gesellschaft für die gesamten Naturwissenschaften mit Subvention des
Bundes im Jahre 1896 veröffentlichten ausführlichen Beschreibung des Schweizersbildes nach den verschiedenen Seiten seiner Beurteilung durch eine Reihe von
elf verschiedenen Gelehrten (Stuber, Nehring, Kollmann, Penck, Gutzwiller, Früh,
Meister, Hedinger, Nüesch, Schötensack, Bächtold) bildet. Er konstatiert zunächst
die äußerst günstigen Verhältnisse für Erhaltung der Knochenreste an dieser
Stelle, welche aber nicht aus paläolithischer, sondern nur aus dem älteren Abschnitt der neolithischen Zeit herrühren. Darunter fanden sich außer normal
großen Menschen von ca. 1600 Millimeter Höhe vier bis fünf Pygmäen-
individuen, deren Körpergröße durchschnittlich um 300 Millimeter unter obigem
Maß zurückblieb. Auch die Schädel waren verhältnismäßig klein und blieben
im Durchschnitt um 2 bis 300 Kubikcentimeter hinter dem Kubikinhalt normaler
Schädel zurück, waren aber gerade so wie bei den großen Rassen teils mesocephal,
teils dolichocephal, so daß es also schon zu jener Urzeit Lang- wie Breitgesichter

gegeben haben muß. Aus der Kleinheit der Schädelkapsel kann man aber nicht auf Geistesschwäche schließen, da dieselbe durchaus im Verhältnis zu den übrigen, wohlgebildeten Stelettteilen steht. Dieselben zeigten in keiner Weise krankhafte Verhältnisse, so daß die gefundenen Pygmäen nicht als abnorme Zwerge, sondern als eine anatomisch mit bestimmten Merkmalen ausgestattete Varietät des Menschengeschlechtes zu betrachten sind. Dieselben sind nach Kollmann wahrscheinlich Ueberreste einer menschlichen Zwergrasse, welche den europäischen Kontinent vor Ankunft der hochgewachsenen Rassen bevölkerte, und repräsentieren die Formen einer früheren Schöpfungsgeschichte der Menschheit als derjenigen der hochgewachsenen Varietäten. Sie können zugleich als Zwischenglieder zwischen der menschlichen Grundform und den heutigen Rassen betrachtet werden. Sein Endurteil über die Pygmäen faßt Kollmann in den Worten zusammen:

„Wenn die Zwergrassen Vorläufer der großen Rassen sind, wie als sehr wahrscheinlich angenommen werden muß, so bilden sie ein Zwischenglied der Menschheit, welches die Kluft zwischen uns und noch weiter zurückliegenden Stammeltern wenigstens teilweise ausfüllt, und der Stammbaum des europäischen Menschen erhält eine reichere Zusammensetzung, als dies jemals früher geahnt wurde.“

Jedenfalls eröffnet uns die merkwürdige Entdeckung an dem Schweizersbild im Verein mit den Aufschlüssen moderner Völkerkunde einen Blick in die Tiefen unsrer menschlichen Vergangenheit, von deren Dasein man bisher keine Ahnung hatte. Aller Wahrscheinlichkeit nach wird die Entdeckung keine vereinzelte bleiben, sondern durch spätere Funde ihre Ergänzung finden. Die Ehre der ersten Entdeckung und nachfolgender höchst fleißiger Durchforschung gebührt ohne Zweifel Herrn Dr. Jakob Nüesch in Schaffhausen, welcher das oben erwähnte Sammelwerk redigiert und seine eigne, demselben einverleibte Abhandlung unter dem Titel „Die prähistorische Niederlassung am Schweizersbild bei Schaffhausen. Die Schichten und ihre Einschlüsse“ als Separatabdruck bei Georg und Co. in Basel (1896) hat erscheinen lassen. Dieselbe bietet solchen, welche sich das große Sammelwerk zu verschaffen nicht im stande sind, genügende Information über das Wesentliche der interessanten Entdeckung, deren Einzelergebnisse Herr Dr. Nüesch in dem Vorwort, das er dem Sammelwerk beigegeben hat, folgendermaßen charakterisiert:

1. Konstatierung einer Aufeinanderfolge einer Tundren-, Steppen- und Waldfauna an demselben Platz in einer Vollständigkeit, wie eine solche von keinem andern Ort aus der Pleistocänzeit bis jetzt bekannt ist.

2. Nachweis aller dieser Faunen als postglacial und damit postglacialer Klimaschwankungen.

3. Beweis der Gleichzeitigkeit der Existenz des paläolithischen Menschen mit den beiden älteren dieser postglacialen Faunen.

4. Erste Auffindung einer ansehnlichen Begräbnisstätte aus der neolithischen Zeit auf dem Lande und einer bisher in Europa aus dieser Zeit noch nicht bekannten fossilen menschlichen Rasse von kleinem Wuchs oder sogenannter Pygmäen.

5. Kenntnis einer klaren Aufeinanderfolge der einzelnen Erdſchichten, welche es möglich machte, über das abſolute Alter der ganzen Niederlaſſung ſowie der einzelnen Ablagerungen annähernde Zahlenwerte abzugeben.

6. Nachweis der verſchiedenen, aufeinanderfolgenden Kulturepochen von der älteſten Steinzeit bis zur Gegenwart.

Daß dieſe Reſultate nur durch Aufwendung der allergrößten Sorgfalt und peinlichſten Umſicht bei den Ausgrabungen, ſowie mit Hilfe der dabei erforderlichen Sach- und Fachkenntnis und eines ganz enormen Koſtenaufwands erlangt werden konnten, erſcheint ſelbſtverſtändlich. Auch haben dieſelben und die Verbienſte der dabei beteiligten Forſcher in den gelehrten und Fachkreiſen des In- und Auslandes gebührende Anerkennung gefunden. „So lange man ſich mit Anthropologie und vorhiſtoriſcher Urgeſchichte des Menſchen beſchäftigen wird," ſo ſchreibt Dr. Hoernes in Wien, Verfaſſer der „Urgeſchichte des Menſchen", an Dr. Nüeſch, „ſo lange wird Ihr Buch eine Fundgrube ſein und genannt werden." Profeſſor I. Ranke nennt es eine Großthat eines ſchweizeriſchen Forſchers; und Profeſſor Géckie ſagt von dem Buch: „Es iſt der weitaus wichtigſte Beitrag zur Geſchichte der Quaternärepoche, welcher ſeit Jahren erſchienen iſt" — während Profeſſor Bulliéty in Genf an den Verfaſſer ſchreibt: „Ich weiß wirklich nicht, was ich am meiſten bewundern ſoll, ob das Glück, das Sie bei Ihren Nachforſchungen ſo ſehr begünſtigt hat, oder die Energie, welche Sie dabei entwickelt haben."

Eine erſte Auswahl aus den mehr als zwanzigtauſend einzelne Stücke betragenden Fundgegenſtänden wird in das ſchweizeriſche Landesmuſeum nach Zürich kommen und daſelbſt wohl eine ſeiner größten Sehenswürdigkeiten bilden.

Aus Schmerlings Leben.

Von

Fritz Lemmermayer.

(Schluß.)

In Oeſterreich ſteigerten ſich die Uebel unaufhaltſam, und endlich brach das ungeſunde und unnatürliche Syſtem zuſammen. Wieder wurde der Name Schmerlings populär; die Herzen der freigeſinnten Männer flogen ihm zu, man ſah in ihm den Retter in der allgemeinen Not, und als er, ſechsundfünfzigjährig, am 13. Dezember 1860 als Staatsminiſter zur Regierung berufen wurde, tönte ihm ein Jubel entgegen, wie er nur ſelten einem Miniſter zu teil ward. In den Tagen allgemeiner Auflöſung und Unordnung übernahm er eine weltgeſchichtliche Rolle. Große Hoffnung ſchöpften die Deutſchöſterreicher, als er in einem Rundschreiben an die Statthalter freie Religionsübung, Schutz der bürgerlichen und politischen Rechte im Geiste geregelter Freiheit, Schutz der Nationalitäten, Preßfreiheit, Trennung der Justiz von der Verwaltung, Kontrolle der Oeffentlichkeit, Autonomie der Gemeinden als sein Programm verkündigte. Durch eine liberale Verfassung mit dem gewöhnlichen Apparat des Konstitutionalismus wollte er das alte, dem Bankerott nahe Oesterreich verjüngen, das bunte österreichische Ländergewirr in einen Einheitsstaat umschaffen und in Deutschland die alte dominierende Stelle behaupten. Mit Mut und Zuversicht ging Schmerling an die Herkulesarbeit. Er nahm die Dinge nicht allzuschwer: die Heilung konnte ja nicht so schwierig sein, da in Oesterreich während des ganzen Jahrhunderts jede Thorheit, die menschenmöglicherweise begangen werden konnte, begangen wurde, und der Staat noch immer nicht zusammengebrochen war. Am 26. Februar 1861 erschien die neue Verfassung. Es begann nun unter Wirren und Kämpfen die konstitutionelle Aera, von Schmerling inauguriert. Gewiß, es war ein bedeutungsvoller Schritt, der hier geschah, der gute Wille war durchaus anzuerkennen, aber sofort erhoben sich Schwierigkeiten von allen Seiten.

Es darf nicht vergessen werden, daß zum erstenmal im Habsburger Reiche der Versuch einer konstitutionellen Führung der Staatsgeschäfte unternommen wurde. Alle Vorbedingungen hierfür fehlten; es mangelte die äußere Form und Erfahrung bei den Menschen, die Abgeordneten hatten keine politische Schulung. Der langjährige Druck, der auf der Bevölkerung gelastet hatte, erzeugte in der Volksvertretung eine große Reizbarkeit und Empfindlichkeit, bei der Regierung wieder eine gewisse Voreingenommenheit; denn es hatte sich die Regierung mit dem praktischen Wirken des parlamentarischen Systems noch nicht befreundet. So entstanden aus geringfügigen Anlässen Reibungen und Differenzen.

Zudem hatte das Februar-Patent seine schweren Fehler. Schon die indirekte Wahl in den Reichsrat aus den Landtagen war eine Quelle der schlimmsten Verfassungskämpfe und bewirkte, daß die einzelnen Kronländer, föderalistischen Bestrebungen nachjagend, sich jeweilig gegen das Reich kehrten und den Reichsrat unausgesetzt in Frage stellten. Ein andrer verhängnisvoller Fehler war der, dem Großgrundbesitze in dem Vertretungssystem eine große, zum Teil entscheidende Rolle zuzuweisen, ganz im Gegensatze zu den Resultaten und Lehren der geschichtlichen Staatenbildungsprozesse. Endlich hatte Schmerling keinen Respekt vor den historischen Rechten Ungarns — während er den „historisch-politischen Individualitäten" der cisleithanischen Länder so weit seine Huldigung darbrachte, daß er der Reichsgesetzgebung die Landesgesetzgebung gegenüberstellte und von den siebzehn Landtagen die Zusammensetzung der Reichsvertretung abhängig machte. Das brachte denn auch die erste Abkühlung in den Jubel, mit welchem die Berufung Schmerlings begrüßt wurde.

Auch sonst sind Fehler und Irrtümer geschehen. Und von dem einen, allerdings großen Gedanken beseelt, die Gesamtmonarchie als Einheitsstaat verjüngt aufzubauen, ging er zu akademisch vor und mit zu geringer Berück-

sichtigung der Zeitbedürfnisse. Die Politik „von Fall zu Fall", Bismarcks,
seines Gegners, weise Maxime, war die seinige nicht. Auch ließ er die feste
und sichere Hand, die Kraft und Energie vermissen, wodurch seine Wirksamkeit
in Frankfurt ausgezeichnet war. Der Geist des Zögerns und Zauderns war
über ihn gekommen. Mit halben Mitteln und auf halben Wegen ward die
parlamentarische Bahn beschritten. Obwohl sich Schmerling den Josephinischen
Grundsatz: „Alles für das Volk" zu eigen gemacht hatte, so fehlte dem Februar-
patent doch jeder freiheitliche und volkstümliche Zug, und sein Schöpfer versäumte
den ersten Augenblick des Enthusiasmus, um aus den freisinnigen Elementen
beider Reichshälften eine starke Partei zu bilden. Das nächste Ergebnis war:
völlige Entfremdung und Erbitterung zwischen Oesterreich und Ungarn.

Der ungarische Landtag weigerte sich, seine Vertreter in das Parlament
nach Wien zu senden, ja noch mehr, er protestierte gegen die Gültigkeit der Beschlüsse des Reichsrats in ungarischen Angelegenheiten und forderte als erste
Bedingung seiner Mitwirkung an dem Verfassungswerke die Anerkennung der
Gesetze von 1848. Diese Forderung wurde in Wien rundweg abgeschlagen und
die Erklärung gegeben, daß die von Ungarn verlangte „Rechtskontinuität" durch
die Revolution verwirkt, daß in einem neu eroberten Land auch ein neues Recht
einzuführen sei. Auch sonst zeigten sich starke Minderheiten, zweifelhafte Mehrheiten, Sezessionsgelüste.

Darauf war man in Wien gefaßt. Am 1. Mai 1861 wurde der Reichsrat
in dem in aller Eile gezimmerten Bretterhause vor dem Schottenthor, vom
Volksmund „Schmerlingtheater" genannt, eröffnet. Es war ein Rumpfparlament,
denn es fehlten die 120 Abgeordneten aus Ungarn, Siebenbürgen und Kroatien
wie die 20 Abgeordneten aus Lombardo-Venetien. Ungarn hatte mit zielbewußter Energie den Kampf um seine Verfassung aufgenommen; Franz Deak,
der berühmte Patriot, war der Führer. Schmerling unterlag im Kampfe mit
Ungarn. Sein geflügeltes Wort „Wir können warten" — es wurde von den
Ungarn gegen ihn selbst angewendet: sie warteten, bis spätere Ereignisse ihre
Verfassung wieder herstellten.

Schmerlings Art war, stets nach einem abgeschlossenen Plane zu handeln,
ohne Berücksichtigung von Umständen und Verhältnissen, wobei ihm freilich stets
ein großes und mächtiges Oesterreich vorschwebte. Charakteristisch ist sein Ausspruch: „Ich bin indolent in kleinen Dingen, die mich langweilen, aber für alles
Große bin ich immer zu haben." Aber in den politischen Strömungen und in
den Strebungen der Völker sind es nur selten die großen Ideen und Ziele, die
den Ausschlag geben, sondern vor allem die Sonderinteressen, die kleinen Wünsche,
die Alltagsnöten, welche schreiend Befriedigung erheischen.

In die Zeit der Staatsministerschaft Schmerlings fällt der Fürstentag zu
Frankfurt im Jahre 1863 unter dem Vorsitz des Kaisers von Oesterreich. Es
ist nun ein weitverbreiteter Irrtum, wenn behauptet wird, der Fürstentag sei der
Initiative Schmerlings entsprungen. Dieser Fürstentag war vielmehr ein Werk
der katholischen großdeutschen Gruppe Biegeleben-Heinrich Gagern. Schmerling

wußte bis in die spätesten Stadien von der ganzen Sache nichts und war auch
sehr gekränkt darüber, daß er vom Kaiser zur Reise nach Frankfurt nicht eingeladen wurde. Die Ergebnisse des Fürstentages waren bekanntlich für Oesterreich sehr ungünstig, und Schmerlings Stern geriet ins Sinken. Schwierigkeiten
auf allen Seiten, Mißstimmung überall, sogar im Lager der eignen Partei.
Die Reformarbeiten gerieten ins Stocken. Die Faktoren, welche in der absoluten
Zeit den weitestgehenden Einfluß auf die Staatsgeschäfte ausgeübt hatten, wollten
sich in die ihnen durch die Verfassung auferlegten Beschränkungen nicht fügen,
und so ward vielleicht gegen die Erkenntnis und den Willen Schmerlings der
Konstitutionalismus zu einem Scheinkonstitutionalismus; es war, wie Berger mit
einem scharfen Worte sagte, „der Absolutismus mit dem Feigenblatte“. Insbesondere scheiterte jeder Versuch, das Konkordat zu beseitigen. Die Kurie beharrte auf ihrem Schein. Nichts wurde Schmerling mehr verübelt, als daß er
zu schwach war, das Reich von dem verhaßten Vertrag zu befreien, welcher von
den Oesterreichern als Demütigung empfunden werden mußte, weil der Staat
seine Souveränitätsrechte zu Gunsten einer fremden Macht aufgegeben hatte.
Die Finanzvorlagen des Jahres 1865 ließen in einen tiefen Abgrund blicken.
Der Zwiespalt mit Ungarn wurde immer klaffender, so daß sich der Monarch,
welcher den Stein des Sisyphus Jahr um Jahr redlich gewälzt hatte, zu einem
persönlichen Eingriff entschloß. Er reiste nach Pest, wurde glänzend empfangen
und verkehrte mit den hervorragenden Männern der Opposition. Alles das
waren Anzeichen des thatsächlich vollzogenen Umschwunges. Die Festglocken in
Ungarns Hauptstadt waren die Sterbeglocken für das Kabinett Schmerling. Er
und seine Kollegen gaben am 27. Juni 1865 ihre Entlassung ein. Schmerlings
Parlament erwies sich als ohnmächtig in den Stunden der Gefahr. Sein Nachfolger, Graf Belcredi, suspendierte höchst radikal die ganze Februarverfassung.
Es war ein neuer Staatsstreich, mit dem man wieder bei dem alten Absolutismus
angelangt war. Nur so viel war klar, daß, wenn in Oesterreich noch länger
mit Verfassungssistierung und Staatsstreich fortregiert wurde, es für die sogenannten Staatsmänner hierselbst bald nicht mehr viel zu regieren gab.

Schmerlings Zeit war denn doch eine bessere und einsichtsvollere. Wie
berechtigt auch manche Einwände gegen sein Werk sind, es war doch der Anfang,
der mühevolle Anfang eines neuen Lebens, der die Geister erweckte und aller
Sympathie wert war. Schmerling besaß die Fehler seiner Tugenden. Sein
Charakter war zu fest und zu stolz, um den geraden Weg zu verlassen; er verschmähte es, Konzessionen nach oben oder unten zu machen; und er war zu
ehrenhaft, um zu den üblichen diplomatischen Intriguen zu greifen. Er verfolgte
gradaus sein Ziel, und ward ihm die Verfolgung und Erreichung desselben
unmöglich gemacht, so schwenkte er nicht ab, sondern verzichtete resigniert auf
seinen Posten.

Indessen nahmen in Oesterreich die Ereignisse ihren Gang und erwiesen
sich, wie so häufig in der Weltgeschichte, mächtiger als die Klügeleien und
Kombinationen der Politiker. Die Katastrophe von 1866 war stark genug, um

auch die harthörigſten Schläfer aufzurütteln. Die tiefen Schäden des Reiches
lagen klar vor den Augen der Welt. Der Abſolutismus zeigte ſich wieder einmal
in ſeiner ganzen Ohnmacht, man ſah ſich auf neue Bahnen gedrängt. Der
ehemalige ſächſiſche Miniſter Beuſt, der Antipode Bismarcks, wurde nach Wien
berufen, er brachte 1867 den Ausgleich mit Ungarn zu ſtande — der Dualismus
war eine vollendete Thatſache. Ein ſchwerer Schlag für Schmerling. Er, der
Kämpfer für den Einheitsſtaat, mußte erleben, daß ſein Ziel eine Fáta Morgana
war, die ins Nichts zerfloß. Es war ſein Schickſal, Unerreichbares anzu-
ſtreben. Er war als Politiker Idealiſt und wurde beſiegt von der harten
Realität der Thatſachen. Er ſcheiterte in ſeiner äußeren wie inneren Politik.
In Frankfurt kämpfte er für die Vorherrſchaft Oeſterreichs in Deutſchland,
in Oeſterreich für die Aufrichtung des zentraliſtiſchen Staates — und das
Reſultat war, daß Oeſterreich aus Deutſchland ausſchied, daß in Oeſterreich der
Dualismus durchgeführt wurde.

Unthätig aber blieb Schmerling nicht, nachdem der Donner der Kanonen
bei Königgrätz jede Hoffnung auf die Führerrolle Oeſterreichs in Deutſchland
vernichtet hatte. Der Staatsmann hatte ſeine Rolle ausgeſpielt im großen Theater
der Welt, aber dem Patrioten mit dem aufgeklärten Geiſte und dem warmen
Herzen eröffnete ſich ein Feld erſprießlicher Wirkſamkeit. Schmerling wurde
Präſident des oberſten Gerichtshofes und blieb faſt ein Menſchenalter hindurch
der oberſte Wächter des ungebeugten Rechtes. Hier fand er ſeinen eigentlichen Beruf.
Getreulich ſtand er Wacht, und als der frühere Juſtizminiſter Prazak eine Verordnung erließ, dazu beſtimmt, ein altes Bollwerk der Deutſchen: die interne
deutſche Amtsſprache bei den Oberlandesgerichten von Prag und Brünn, zu zertrümmern, da erhob ſich der greiſe Schmerling im Herrenhauſe, dem er ſeit
1867 als lebenslängliches Mitglied angehörte und deſſen Präſident er ſpäter
war, und beantragte die Einſetzung einer Kommiſſion, um die Rechtmäßigkeit der
Verordnung zu prüſen. Dieſer Keulenſchlag ſtreckte Prazak zu Boden — er
war fortan ein toter Mann. Im Herrenhauſe war Schmerling, wie immer, ſeinen
Ueberzeugungen treu, der Führer der Verfaſſungspartei im Kampfe gegen die
föderaliſtiſchen Beſtrebungen. Was ihn von andern Politikern unterſchied, war,
daß er auch nach ſeiner aktiven politiſchen Thätigkeit, obwohl ſie zu keinem
Siege führte, die Achtung und Anerkennung aller ſich erhielt, und darin iſt
kein andrer öſterreichiſcher Staatsmann ihm vergleichbar. Auch vor der neuen
Generation ſtand er als Mann von Ehre und Charakter, und die alten Kampf-
genoſſen blieben ihm treu zur Seite, hierunter Graf Anton Auersperg, der einſtmals hochgefeierte Dichter Anaſtaſius Grün.

Vor uns liegt ein Teil der Korreſpondenz beider Männer, aus welcher
einige intereſſante Auszüge mitgeteilt werden mögen.

Als Schmerling Staatsminiſter war, wurde Anaſtaſius Grün vom Kaiſer
zum Herrenhausmitglied ernannt. Darauf bezieht ſich das folgende Schreiben
des Dichters an den Miniſter, datiert aus Laibach vom 15. März 1863:

„— — Mein Innerſtes iſt zu tief durchdrungen von monarchiſch-konſtitutio-

nellem Geiste, als daß ich gegen. die Huld meines Kaisers unempfindlich und
undankbar sein und — wäre es überhaupt statthaft — den Versuch machen
wollte, die mir verliehene Würde abzulehnen, weil sie unverkennbar für mich
zugleich eine Bürde ist. Zudem wäre der Moment, in welchem nur mein Dank
zum Ausdruck kommen sollte, der allerunpassendste, um meine Bedenken über
Auszeichnungen für parlamentarische Haltungen zu wiederholen. Aber das kann
ich nicht verschweigen, daß ich nunmehr als Folge davon mit doppelt ängstlicher
Treue und Sorgfalt meine bisherige Unabhängigkeit zu wahren haben werde;
dieses kostbare Gut, ohne welches ich den höheren Interessen, denen ich gern
meine bescheidenen Dienste widme, mit einigem Erfolg zu dienen nicht mehr vermöchte. Darum darf ich mir auch die Gefahren nicht verhehlen, welche eine
solche Auszeichnung in sich birgt und welche nur durch Ausdauer, Selbstsicherheit
und Takt glücklich zu bestehen sind, Eigenschaften, die wenige Sterbliche in dem
Grade vereint besitzen wie Eure Excellenz, weshalb ich in Ihnen nicht nur den
hochragenden Genossen in meiner neuen Würde, sondern auch ein leuchtendes
Vorbild verehre, dessen Beispiel, soweit ich ihm nachzukommen vermag, mich
davor bewahre, daß mir nicht etwa gar — und vielleicht durch eigne Schuld —
zur Unzier werde, was mir als Auszeichnung zugedacht war.

„Ihnen aber, mein hochverehrter Freund und Gönner, dessen alterprobter
gütiger Gesinnung für mich ich volles Vertrauen und redliche Darlegung meiner
Bedenken und Zweifel schuldig zu sein glaubte, Ihnen vor allem meinen herzlichen, warmen, durch nichts zu verkümmernden Dank! Denn Sie allein haben
— ich fühle es mit aller Kraft meiner Ueberzeugung — das Auge des Monarchen
auf meine Person und mein redliches Streben geleitet und mir, vielleicht gegen
mächtige Widersacher, jene Auszeichnung zugewendet, die für mich doch auch eine
Seite reiner Freude hat, nämlich die, daß dadurch mir nahestehenden lieben
Angehörigen eine größere Freude bereitet wird als mir selbst. Gott segne und
erhalte Sie zum Segen und zur Ehre Oesterreichs und zur Beruhigung aller,
denen dessen Blühen und Gedeihen am Herzen liegt! Mir aber bleibe noch
ferner Ihre freundliche Gesinnung bewahrt, welche mir, seit ich die Ehre habe,
Ihnen bekannt zu sein, jederzeit zum Stolz und Glück gereichte.

„Mit dem erneuten Ausdrucke unwandelbarer Verehrung
Euer Excellenz treu ergebener Freund und Diener
Ant. Auersperg.“

Im Laufe der Jahre waren sich die beiden Männer menschlich näher getreten. Aus ihren Briefen spricht tiefe Unzufriedenheit mit den Zuständen. Am
11. Juni 1870 schrieb Schmerling aus Wien:

„Lieber Freund!

„Gestatte, daß ich, wie in früheren Jahren, auch heuer zu Deinem Namens-
feste Dich herzlich begrüße und Dir sage, wie ich lebhaft wünsche, es möge Dir
noch eine lange Reihe glücklicher Jahre beschieden sein, und wir mögen uns noch

lange in dem Gedanken freuen, daß der ewig grüne Lorbeer an Deinem Haupte
blühe.

„Erhalte mir Deine Freundſchaft, die mich ebenſo beglückt als ſtolz macht.

„— — Ueber unſere Zuſtände ſchweige ich, um den Namenstag nicht zu
trüben. Eines iſt gewiß: Regierung und Bevölkerung wetteifern, um die Verwirrung und Anarchie zu vermehren, die ſchon arg genug ſind. — —“

Grün ſchrieb von ſeinem Schloſſe Thurn am Hart am 12. Juni 1870:

„— — Was iſt ſeit unſerem Zuſammenſein aus unſerem lieben, ſchönen
Oeſterreich geworden? Was wird noch daraus werden, bis wir uns wieder-
ſehen?! Im Gebirge hat der Auerhahn gebalzt, und in den Niederungen brauen
ausländiſche Abenteurer und inländiſche Phantaſten an einem Rettungselixir für
das arme Reich — vom Schuß der Hexe getroffen, ſinkt Graf Beuſt ohnmächtig
in die Arme des Dr. Rechbauer, der ihm ſein Riechfläſchchen mit den wunder-
ſamſten und penetranteſten Eſſenzen an die Naſe hält. Im ſeligen Taumel des
genoſſenen politiſchen Fuſels würfeln indeſſen Czechen und Polaken, Gaugrafen
und Schwarzröcke, Welſche und ſogar die urkomiſchen Slovenen um die der-
einſtigen Fetzen des altehrwürdigen Kaiſermantels! Daß Gott erbarme! Ich
breche ab, es iſt ein zu trauriges und unabſehbares Thema!“

Wir bemerkten, daß jene „urkomiſchen Slovenen“ das Denkmal Grüns in
Laibach in wildem Deutſchenhaſſe wiederholt mit Unrat beſudelt haben. Das
Deutſchtum aber wurde überall in Oeſterreich zurückgedrängt — nicht zuletzt
darum, weil ſeine Hüter und Schützer von der liberalen Partei zu ſchwach und
ohnmächtig waren, um einen Damm zu errichten gegen die Ueberflutung der
Slaven und Magyaren. In jenen Zeiten wurden die Uebel großgezogen, an
denen jetzt das nationale und wirtſchaftliche Leben krankt.

Am 21. Januar 1871 ſchrieb Grün aus Graz:

„Vor allem Glück und Heil Dir in dem neu begonnenen Jahre! Du er-
innerſt Dich wohl noch unſeres Geſprächs über die Frage, in welcher Weiſe
auch das Herrenhaus den heranrückenden achtzigſten Geburtstag ſeines illuſtren
Mitgliedes Grillparzer zu feiern vermöchte? Ich weiß nicht, was darüber ſeither
beſchloſſen und vielleicht ſchon ins Werk geſetzt worden iſt; jedenfalls aber
bleibt es für mich eine wahre Herzensangelegenheit, dem Ehrenakte, welchen die
anderen Kollegen einem der edelſten und verdienſtvollſten Oeſterreicher aus dieſem
ſo ſeltenen Anlaſſe zugedacht haben, meinerſeits nicht ferne zu bleiben. Sollte
ein ſchriftlicher Glückwunſch beliebt worden ſein, ſo bitte ich Dich, auch meinen
Namen an die Reihe der Unterfertiger anzuſchließen. Sollte aber eine Mani-
feſtation anderer Art beſchloſſen worden ſein, ſo bitte ich um eine kurze Andeutung darüber und um Deine Anſicht, damit ich wiſſe, in welcher Weiſe ich
mich daran beteiligen könnte — —“

Ein Brief Schmerlings vom 10. September 1871 enthält folgende charakteriſtiſche Stellen:

„Lieber Freund!

„Verzeihe, daß ich mit diesen Zeilen Deine ländliche Ruhe störe. Aber die Zeit ist derart, daß wohl keiner von uns in der Stimmung ist, nur an die schöne Natur zu denken, und so wird mein Schreiben gerechtfertigt sein.

„Dank dem ungeheueren Blödsinne des Großgrundbesitzes in Brünn und Linz wird das künftige Abgeordnetenhaus die Herrschaft der Umsturzpartei zeigen; Czechen und Römlinge werden den Ton angeben. Ja, die Majorität wird da sein, die Verfassung beliebig zu ändern, wenn denn nicht doch noch mehreren bethörten Großgrundbesitzern die Augen aufgehen und in die saubere Gesellschaft bei Teilung der Beute Uneinigkeit kommt.

„Aber auf das rechne ich nicht, sondern glaube, daß die Beschlüsse auf Aenderung, das heißt Annullierung der Verfassung auch an das Herrenhaus gelangen. Wird dort nicht Halt geboten, so sind wir am Ende des Anfanges des Unterganges Oesterreichs. Denn kommt man endlich zur Ueberzeugung, daß der betretene Weg ein unheilvoller sei, so ist der Auflösungsprozeß schon vorüber.

„Ich glaube, es ist daher patriotische Pflicht, alles aufzubieten, um eine kräftige Opposition im Herrenhause zu schaffen. Damit soll aber nicht gewartet werden, bis die Session des Hauses beginnt, sondern die Zeit bis dahin muß benützt werden —"

In Anastasius Grüns Antwort vom 13. September 1871 heißt es unter anderm:

„— — Ich begreife und teile von ganzer Seele den patriotischen Schmerz, welcher aus Deinen Zeilen spricht. Welchem Patrioten, ja welchem ehrlichen Manne muß nicht der Grimm durch die Adern rollen, die Schamröte ins Angesicht steigen, wenn er die Rotte, die sich heute .... nennt, und deren Anhang wirtschaften sieht! Du hast recht, es ist Pflicht, insbesondere des Herrenhauses, sich diesem staatsverderblichen Treiben mit dem Aufgebote aller Kräfte entgegenzustemmen. Ich schätze es mir zur Ehre, Deinem Rufe zur Mitwirkung Folge zu leisten, und stelle mich ganz zur Verfügung — —"

Schmerling forderte den Freund auf, mit ihm, Lichtenfels und dem Fürsten Karl Auersperg ein Komitee zu bilden, um die Organisation und Aktion der „österreichischen Verfassungspartei", deren Gegner immer zahlreicher wurden, zu bilden; er wollte einen „Kampf bis zum Aeußersten", „Kampf mit allen Mitteln". Doch scheiterte die Sache, da sich Fürst Auersperg weigerte, dem Komitee beizutreten.

Am 24. September 1871 schrieb Schmerling an Grün unter anderm folgendes:

„Da ich zu ferne stehe, so enthalte ich mich der Kritik der Aktion der Verfassungspartei, und ob es nicht klüger gewesen wäre, nicht mit dem äußersten Schritt zu beginnen. Aber was ich entschieden mißbillige, ist das Buhlen um die ungarische Hilfe. Die Ungarn rühren sich nur, wenn es ihr Interesse erfordert, und dann werden sie es thun, ohne daß man sie bittet. So aber werden wir uns kompromittieren, wenn die Ungarn unthätig bleiben; treten sie aber auf, so werden sie jedes Resultat als ihr Werk erklären, und wir werden noch mehr ihre Vasallen. Damit will nicht gesagt sein, daß man nicht mit den Ungarn Fühlung nehmen kann. Ich selbst hatte Gelegenheit, mit drei einflußreichen Herren der Deak-Partei zu sprechen; es geschah aber, um die Zustände in Kroatien und die slavische Bewegung überhaupt zu erörtern, und die Herren erklärten unaufgefordert, die Gefahr für Ungarn zu erkennen, und mißbilligten die Politik Hohenwarts auf das entschiedenste. Das ist für den Moment gewiß genügend."

Diese Briefstelle ist gegenwärtig, wo es sich für Oesterreich um eine Erneuerung des Ausgleichs mit Ungarn handelt, besonders bedeutungsvoll. Es ist bekannt, daß bisher Oesterreich das Lehrgeld hat zahlen müssen.

Schmerling befand sich fortan stets in der Opposition. Ein Ministerium nach dem andern, ob es sich nun Beust, Hohenwart oder Taaffe nannte, wurde von ihm bekämpft, seinen alten, unerschütterlichen Grundsätzen gemäß. Aber der politische Gegner war für ihn nicht auch der persönliche. Für ihn, den bureaukratischen und ritterlichen Charakter, war das politische Leben nicht unzertrennlich verbunden mit Entstellung und Verdrehung der Thatsachen und mit der Verleumdung des Gegners. Seiner Kampfesweise fehlte nicht eine gewisse Noblesse, ohne daß sie dadurch ihre Schlagkraft eingebüßt hätte. So geschah es, daß die Männer, welche im Widerstreit der Meinungen sich öffentlich mit gezogener Klinge gegenüberstanden, im Privatleben freundlich und friedlich miteinander verkehrten. Sogar Graf Beust, der Nachfolger Schmerlings im Staatsministerium und sein Antagonist, hing an ihm mit verehrungsvoller Ergebenheit.

Wir besitzen ein ungedrucktes Gedicht, welches Beust seinem Freunde am 22. August 1885, dem achtzigsten Geburtstag Schmerlings, gewidmet hat. Vorher war in Wien die Anregung gegeben worden, dem Platz vor dem neuen Parlamente Schmerlings Namen zu verleihen, was aber abgelehnt wurde. Darauf bezieht sich das Gedicht. Es lautet:

In Aussee, in der grünen Steiermark,
Da feiern wir des Mannes Ehrentag,
Der, wie im Denken so im Handeln stark,
Den Mühen des Berufes nie erlag.
Die Zeiten, da er wirkte, blieben sich nicht gleich,
Er aber kannte eines nur — sein Oesterreich!

Ein Schmerlingsplatz! Das war nicht übel ausgedacht —
Für viel des Guten ja hat Schmerling Platz gemacht.
Doch wenn statt dessen jetzt man kommt zu gratulieren,
So wird das unsern Jubilar nicht minder rühren.
Er kennt sein Wien und weiß, wie gern man dort vergißt,
Was einstens war, nicht aber auch auf das, was ist.

Und bleibt dem Platz des Reichsrats Name nur gewahrt,
So ist sein eigner Name eng damit gepaart.

Auch Graf Taaffe, der „Versöhnungsminister", hat im persönlichen Umgang den greisen Schmerling fast mit der Ehrerbietung eines Sohnes behandelt, und dennoch hatte Taaffe im Herrenhaus keinen heftigeren Gegner als ihn. Der Kampf gegen das System Taaffe war der letzte in Schmerlings bewegtem Leben. Er sammelte während der Aera Taaffe im Herrenhause eine eigne Vereinigung der „Verfassungstreuen" um sich, deren Obmann er bis zu seinem Hinscheiden blieb. Im Namen dieser Partei hat er in der Pairskammer eine Reihe wirkungsvoller Reden gehalten, die sich stets durch patriotischen Geist und strenges Festhalten an der Einheit des Staatsgedankens auszeichneten.

Als Redner war Schmerling allezeit hervorragend. In der Form vollendet, enthielten seine Reden auch inhaltlich immer etwas Bedeutsames, was der Polemik reiche Anregung bot. Dabei kam ihm seine klangvolle, weithin vernehmbare Stimme sehr zu statten. Die elegante Gestalt war hoch aufgerichtet, und aus seinem scharf geschnittenen Gesichte, von einem Backenbart umrahmt, blitzten die Augen im Feuer der Begeisterung. So haben ihn die Wiener, seine Landsleute, gekannt, denen er wie ein lebendiges Denkmal ihrer Geschichte von Metternich bis Taaffe erschien — gekannt und verehrt. Und als er am 24. Mai 1893 in seiner geliebten Vaterstadt verschied, ungebeugt von einer Last von achtundachtzig Jahren, war die Trauer allgemein und ernst.

Der Erfolg in den großen, völkerbewegenden Sachen hat sich nicht an seine Person geheftet. Aber wo ist in Oesterreich der Staatsmann, von dem man behaupten könnte, er hätte dauernden Erfolg gehabt? Schmerling, zu sehr Bureaukrat und Doktrinär, hat viel geirrt, er hat oft seine Zeit nicht verstanden. Gerade in den Grundanschauungen dessen, was für sein Vaterland und für Europa sich mit Naturnotwendigkeit gestalten mußte, hat er sich verhängnisvollen Täuschungen überlassen. Heute ist Oesterreich-Ungarn eine dualistische Monarchie, anstatt der zentralistischen, wie sie Schmerling im Sinne hatte. Heute ist das alte Habsburgerreich aus Deutschland ausgeschieden und hat seine italienischen Besitzungen verloren, anstatt daß es an der verblaßten Kopie des Reiches Karls V. eigensinnig festgehalten hätte, wie Schmerling es durchaus für notwendig hielt. Er selbst fand im deutsch-österreichischen Bündnis einigen Trost für die verlorene Stellung Oesterreichs in Deutschland.

Aber wenn man zurückblickt auf das Grab von Schmerlings Träumen, darf man nicht vergessen, daß ihn das Schicksal auf die verantwortlichsten Posten in solchen Lagen stellte, wo alles im Gären und Rollen war, daß er an der Schwelle stand der alten und der neuen Zeit. Man wird sich erinnern, daß kein größeres Ereignis an seinem nimmer ruhenden Geiste spurlos vorübergegangen ist und daß er sich in allen Lebenslagen seine ehrliche Natur, seinen männlichen Sinn, seinen lauteren Charakter und seinen feurigen Patriotismus bewahrt hat. Erinnern wird man sich vor allem daran, daß ihm die unendlich schwierige Aufgabe zufiel, den österreichischen Staat aus dem Absolutismus in konstitutionelle Formen zu überführen. Und wenn in seiner Schöpfung, dem Februar-Patent, auch nicht das Ideal einer Verfassung zu suchen ist, so bleibt er dennoch der Vater des Parlamentes.

Russische Pläne und englische Beklemmungen.

Von

M. v. Brandt,

Kgl. Gesandter a. D.

Wenn Fürst Uchtomski bei der ihm vom Kaiser von China am 28. Mai dieses Jahres erteilten Audienz von der hundertjährigen Freundschaft gesprochen hat, die das große Reich der Söhne des Himmels mit dem russischen Reiche verbinde, so hat er dabei gewiß gern vergessen, daß diese Freundschaft für China eine etwas kostspielige gewesen und demselben zum Beispiel noch 1858 durch den Vertrag von Aigun das linke Ufer des Amurs gekostet hatte. Der Wahrheit näher kam der Fürst jedenfalls mit der Behauptung, daß von allen Nationen, die enge Beziehungen mit dem Osten verknüpften, die Russen allein dem Blute und Geiste nach Asien verwandt seien; er hat damit vielleicht unbewußterweise den wahren Grund der Erfolge getroffen, die die russische Politik, seitdem das Reich sich von den im Krimkriege erlittenen Schäden erholt, überall in Asien über den englischen Nebenbuhler davongetragen hat. Denn über diese Nebenbuhlerschaft, wie über die in Korea, in China, in Hinterindien, an der Nordgrenze Indiens, in Persien, in Abessinien und in der Türkei durch die Russen oder ihre französischen Freunde davongetragenen Erfolge kann auch die besondere Wärme des von Herrn von Staal bei dem achtundsiebzigjährigen Geburtstage der Königin Viktoria ausgebrachten Toasts und die bedeutungs- volle Thatsache, daß die englische Musik bei dieser Gelegenheit nur die russische Nationalhymne gespielt habe, nicht hinwegtäuschen.

Das von England zum Kriege gegen Japan aufgestachelte China ist aus Korea hinausgeworfen worden, aber nicht Japan, mit dem England im letzten Augenblicke anzubändeln suchte, ist an Chinas Stelle getreten, sondern Rußland; in Hinterindien hat sich ein französisches Reich von circa 750 000 qkm gebildet, und wenn die von dem französischen Gesandten in Kwangsi und Yünan erlangten Eisenbahnkonzessionen sich auf dem Papier auch besser ausnehmen dürften als bei einem eventuellen Versuch der Uebertragung ins Praktische, so deuten sie doch ebenso unzweifelhaft auf einen Niedergang englischen diplomatischen, finanziellen und industriellen Einflusses in Peking, wie die Gründung der russisch-chinesischen Bank daselbst und der versuchte Abschluß des jüngsten Eisenbahn-vertrags mit einem belgischen Syndikat. An der Nordgrenze Indiens dauern die dort chronischen Konflikte mit den unabhängigen Stämmen fort, und wenn der neueste Zusammenstoß mit den Waziris auch wenig mehr bedeutet als eine neue Auflage früherer mehr kostspieliger als wirkungsvoller Expeditionen, so stehen die Schwierigkeiten, denen England dort auf Schritt und Tritt begegnet, doch in einem bedenklichen und bedeutungsvollen Gegensatz zu der Leichtigkeit, mit der Rußland sich auf der Hochebene des Pamir festgesetzt und der Ueber-gang der Chanate Roschan und Schagnan wie eines Teils von Wakhan unter die Herrschaft des Emirs von Buchara, dem Rußland dieselben übergeben, sich abgewickelt hat. Der Mißerfolg der englischen Mission nach Abessinien ist be-kannt, und auch in der Frage der persischen Eisenbahnen neigt sich das Zünglein stark nach der russischen Seite, wie denn überhaupt russischer Einfluß im Reiche des Schahs während des letzten Jahrzehnts dem englischen mehr als die Wage gehalten hat. Auch bei dem türkisch-griechischen Konflikt hat sich das Zurückgehen der Bedeutung Englands im Rate der Großmächte fühlbar gemacht, und es ist wohl dieser Thatsache zuzuschreiben, wenn dasselbe die diesmal ausnahmsweise geraden Wege der Diplomatie verlassen und sich auf die krummeren der nationalen Hetzarbeit begeben hat.

Ueber die Thatsache des Ueberwiegens des russischen Einflusses überall da, wo derselbe sich dem englischen gegenüber befindet, kann also auch derjenige kaum im Zweifel sein, der den Lauf der Zeitgeschichte nur oberflächlich verfolgt, weniger klar treten die Ursachen dieser Erscheinung hervor. Sie dürften auf russischer Seite darin zu suchen sein, daß man dort weiß, was man will und wie man es will, und daß man in der Ausführung gefaßter Pläne weder durch Rücksichten auf parlamentarische Schwierigkeiten noch durch finanzielle Bedenken behindert wird. Wer die russische Politik in Ostasien aufmerksam beobachtet hat, wird sich sagen müssen, daß das Vorgehen derselben in der Frage der Retrozession von Liaotung, die Uebernahme der Garantie für die russisch-französisch-chinesische Anleihe von 1895, die Gründung der russisch-chinesischen Bank in demselben Jahre und die Staatsgarantie des Kapitals und der Zinsen der von dieser Bank für den Bau des mandschurischen Teils der transsibirischen Bahn auszugebenden Obligationen Meisterstücke weitsehender zielbewußter Staatskunst waren, die bei dem Vorhandensein eines parlamentarischen Systems — man braucht dabei nicht einmal an einen parlamentarisch regierten Staat zu denken — einfach unmöglich gewesen wären, denn während der Zeit der Erörterung und Annahme solcher Maßregeln wären dieselben längst durch die Schritte andrer Mächte durchkreuzt worden. Der Ankauf der Suezkanalaktien des Khedive durch England kann kaum als ein Beweis für das Gegenteil angeführt werden, denn ein ähnliches Zusammentreffen günstiger Umstände dürfte sich kaum wiederholen, und die heutigen englischen Staatsmänner besitzen weder die Entschlossenheit noch den Blick Disraelis.

Das Verständnis der Eigentümlichkeiten des asiatischen Charakters, der, von äußeren Formen und dem Einfluß religiösen Fanatismus abgesehen, von den Ufern des Kaspischen Meeres bis zu denen des Stillen Ozeans derselbe ist, wird dem Russen dadurch sehr erleichtert, daß er sich selbst trotz aller europäischen Tünche als Asiat fühlt und daher die andern Asiaten besser zu verstehen und zu behandeln im stande ist, wie auch selbst dem Herzen derselben näher kommt und verständlicher wird als der Engländer, der seinen asiatischen Unterthanen gegenüber nie die Ueberlegenheit des Europäers ablegen kann und ihnen daher stets fremd und unsympathisch bleibt.

Der Uebergang der Herrschaft der ostindischen Compagnie an die englische Krone ist oft, und nicht unberechtigterweise, als ein kultureller Fortschritt angesehen und gefeiert worden, und dies trifft auch insofern zu, als die Krone unzweifelhaft eine mildere und gerechtere Herrin ist, als John Company dies war. Trotzdem bezeichnet dieser Uebergang insofern einen Rückschritt, als die Verwaltung Indiens aus den Händen mit den Zuständen und Bedürfnissen des Landes bekannter, mit den Anschauungen desselben verwachsener Männer im günstigsten Falle an solche übergegangen ist, die ohne vorgefaßte Meinung mit der Absicht, von den Thatsachen zu lernen und sich durch dieselben belehren zu lassen, an ihnen bis dahin fremde Verhältnisse herantreten. Thatsächlich indessen liegt die Sache so, daß die große Mehrheit des Parlaments nichts von den Sachen versteht, über die zu entscheiden dasselbe berufen ist, und daß die „Faddisten", die „Steckenpferdreiter", die ihre Kenntnisse von Land und Leuten aus einem mehrwöchentlichen oder monatlichen Aufenthalt in Indien geschöpft haben, immer größeren und unheilvolleren Einfluß auf die Geschicke des Landes erworben haben.

Drei Ursachen sind es vor allem, die die englische Herrschaft in Indien bedrohen. Die immer zunehmende Armut der Bevölkerung, die nicht durch direkte Maßregeln der indischen Regierung hervorgerufen wird, sondern dadurch, daß dieselbe sich in immer höherem Maße gezwungen sieht, das einheimische Element zur Besetzung der niederen Stufen der Verwaltung heranzuziehen und daß dasselbe nicht allein zur Ausfüllung solcher Stellen unfähig ist, sondern im Verein mit den Wucherern, die fast überall in Indien die ackerbauende Klasse bis aufs Blut aussaugen, dieselbe im eignen Interesse nach jeder Richtung hin bedrückt. Eine andre Ursache ist, daß man aus falscher Sparsamkeit nicht allein die Stellung der englischen Richter, was Einfluß und Emolumente anbetrifft, von Jahr zu Jahr herabgedrückt und erniedrigt hat, sondern daß man auch sehr wesentlich zum Aufhören des Studiums des Hindu- und mohammedanischen Rechts beigetragen und vielfach die eingebornen Berater und Beisitzer abgeschafft hat, so daß es heute nichts Seltenes ist, Gerichtshöfe über Erbschafts-, Nachfolge- und Heiratsfragen der Eingebornen sowie über religiöse Usancen derselben entscheiden zu sehen, denen jede Kenntnis der Materie abgeht. Die größte Gefahr für die englische Herrschaft in Indien liegt aber in dem Zustande der eingebornen Armee. Zur Zeit der Herrschaft der indischen Compagnie besaß jedes eingeborne

Infanterieregiment fünfundzwanzig, jedes Kavallerieregiment zweiundzwanzig englische Offiziere, während heute die Zahl solcher Offiziere auf vier bis fünf herabgesunken ist, und diejenigen, die acht englische Offiziere für jedes eingeborne Regiment fordern, schon für gefährliche Neuerer angesehen werden. Die Ursachen dieses Zurückgehens der Zahl der englischen Offiziere bei den eingebornen Truppen muß in der immer mehr herabgesetzten und bei dem Fall des Silbers sich noch ungünstiger gestaltenden Besoldung der Offiziere, wie darin gesucht werden, daß eine große Anzahl derselben die Armee nur als ein Uebergangsstadium und den Dienst in derselben als Mittel zur Erlangung einer besser bezahlten Zivilstellung ansehen. Daß der Zusammenhang der Truppen in sich darunter schwer leidet, ist natürlich, noch nachteiliger auf den Geist der ganzen Armee wirkt aber, daß die immer zunehmende Ausdehnung des indischen Reichs — seit 1876 ist dasselbe um fünfundsiebzigtausend Quadratmeilen (englisch) gewachsen —, die Regierung genötigt hat, zur Vervollständigung der Armee auf Elemente, wie zum Beispiel Beludchi, Pathan und Angehörige andrer nördlicher Stämme, die sich in vielen Fällen als durchaus unzuverlässig erwiesen haben, zurückzugreifen, während gleichzeitig die Truppen der Armeen von Madras, Bombay und Hindustan, sehr gegen ihren Wunsch und zum Teil gegen ihr Recht, zum Dienst in den nördlichen ungesunden Gegenden, wie Beludchistan und Afghanistan, oder in überseeischen Ländern herangezogen worden sind.

Nimmt man zu diesen Ursachen die Thatsache, daß der Sold des Sepoys absolut ungenügend ist, um diesen und seine Familie zu erhalten, sowie daß nicht allein eine sehr erhebliche thatsächliche Vermehrung der etatsmäßig auf 148500 Mann festgesetzten regulären eingebornen Armee durch die Schaffung einer militärischen Polizei, Grenztruppen, Miliz, Reserven und so weiter gegenüber der englischen in Indien stationierten Armee von 72000 Mann stattgefunden hat, sondern auch ein nicht unerheblicher Teil der eingebornen Truppen, namentlich im Punjab, ihre Kantonierungen in ihren Rekrutierungsdistrikten hat, also von der Unzufriedenheit der bürgerlichen Bevölkerung leicht angesteckt werden kann, so wird man die Besorgnis verstehen, mit der mit Land und Leuten in Indien vertraute Personen der weiteren Entwicklung der Verhältnisse entgegensehen. Eine nicht zu unterschätzende Gefahr liegt auch in der untergrabenden Thätigkeit der meistens aus Bengalen stammenden Leute, die auf von den Engländern gegründeten Schulen und Universitäten erzogen, alle Laster der eignen Zivilisation behalten und von der fremden nur so viel aufgenommen haben, um sich die Unterstützung radikaler Schwärmer in England zu sichern und mit ihnen vereint auf den Umsturz der englischen Herrschaft in Indien hinzuwirken. In der Hungersnot und der Pest des letzten Jahres, mehr aber noch in den zu der Unterdrückung der letzteren seitens der Regierung ergriffenen Maßregeln, durch die religiöse Empfindlichkeiten und materielle Interessen vielfach berührt und geschädigt werden mußten, hat diese Partei mächtige Bundesgenossen gefunden. In Rußland ist man sich dieser Umstände ebenfalls wohl bewußt, nur daß man sie dort vielleicht kühler und sachlicher beurteilt, als das in England geschieht, wo die öffentliche Behandlung

ſolcher Fragen dieſelben bewußter- oder unbewußterweiſe meiſtens in einem mehr
den Wünſchen der Maſſen und den emotionellen Bedürfniſſen des Augenblicks
als den wirklichen Thatſachen entſprechenden Lichte erſcheinen läßt. Darüber
iſt man ſich aber auch in England in den leitenden Kreiſen klar, daß die Schaffung
neuer Verbindungs- und Aufmarſchlinien, wie die transkaſpiſche und trans-
ſibiriſche Eiſenbahn, ſolche ſind, und die Dienſtbarmachung eingeborner Bevölkerungen für ruſſiſche Intereſſen, wie dies Rußland in Zentralaſien bereits
gelungen iſt und jetzt von ihm in der Mongolei und Mandſchurei, in Korea
und in China verſucht wird, die engliſche Weltherrſchaft mit um ſo ernſteren Gefahren bedroht, als Rußland mit großer Vorausſicht ſeine ſich ſtets mehrenden
Angriffspunkte gegen die engliſchen Intereſſen ſo zu legen weiß, daß dieſelben den
engliſchen Flotten unerreichbar bleiben müſſen.

Die Freihaltung der Seeverbindung mit Indien iſt daher für England heute
mehr als je eine Lebensfrage. Daß der Suezkanal für einen ſolchen Zweck
kaum ernſthaft in Betracht kommen dürfte, iſt den engliſchen Staatsmännern
wohl längſt klar geworden. Abgeſehen davon, daß der Kanal leicht durch das
Verſenken einiger Schiffe, durch die Exploſion eines Torpedos auf Wochen
und Monate hinaus unpaſſierbar gemacht werden könnte, muß die Möglichkeit
ſeiner praktiſchen Benutzung für England davon abhängen, daß dasſelbe die
Herrſchaft im Mittelländiſchen Meere ſich zu bewahren weiß. Die zu dem
Zwecke mit Italien angeknüpften Beziehungen dürften durch den Niederbruch der
italieniſchen Kolonialpläne im Roten Meere, der von einem Teil der deutſchen
Preſſe bedauerlicherweiſe in durchaus mißverſtändlicher Auffaſſung der allgemein-
politiſchen Bedeutung der Frage mit Befriedigung aufgenommen worden iſt, eine
ſehr erhebliche Lockerung erfahren haben, es iſt daher durchaus richtig und leicht
verſtändlich, daß man in England dem Seewege um das Kap in der letzten
Zeit wieder größere Aufmerkſamkeit zugewendet hat. In thörichter und oberflächlicher Weiſe hat man in England in den deutſchen Beſitzergreifungen in
Afrika eine Gefahr für die engliſche Vorherrſchaft in Südafrika erblicken wollen,
ſtatt in ihnen einen doch durchaus den heutigen Zielen und Mitteln der engliſchen Politik entſprechenden, zwiſchen die engliſche und franzöſiſche Intereſſen-
ſphäre geſchobenen Pufferſtaat zu ſehen. Ein Teil des Lärms, der in der
letzten Zeit aus Veranlaſſung des Transvaalzwiſchenfalls in England von
offizieller Seite geſchlagen worden iſt, darf wohl auf das Bedürfnis zurückgeführt
werden, für die als notwendig erkannte Vermehrung der Flotte Stimmung zu
machen, es iſt aber bedauerlich, daß auch von deutſcher Seite manches geſchehen
iſt, was den thatſächlichen Verhältniſſen wenig Rechnung trug. In der Verurteilung Cecil Rhodesſcher Methoden und des Jameſonſchen Flibuſtierzugs
ſtimmt wohl alles überein, man darf dabei aber nicht aus den Augen verlieren,
daß mit dieſen Auswüchſen engliſcher Ueberhebung die Frage der Schwierigkeiten zwiſchen Uitlanders und Buren nur ſehr oberflächlich zuſammenhängt. Daß
dieſe Frage im Laufe der Zeiten und in ganz natürlicher Weiſe gegen die Buren
entſchieden werden muß, liegt ſchon deswegen auf der Hand, weil dieſelben einer-

seits keinen Zuwachs an Zahl erhalten können, während das ausländische Element sich durch Einwanderung fortwährend vermehrt und andrerseits primitive Staatswesen, wie die Burenrepublik doch ein solches ist, bei dem Versuch der Aufrechterhaltung einer oligarchischen Regierungsform überall und zu allen Zeiten an den einer solchen innewohnenden Lastern zu Grunde gegangen sind. Zu der Ueberzeugung wird man allmählich trotz des Geschreies eines Teils der Presse auch in Deutschland kommen und in der Unterstützung der berechtigten Ansprüche der Uitlanders ein viel zweckentsprechenderes Mittel zur Erhaltung der Unabhängigkeit Transvaals sehen als in der Strammmachung des letzteren. Auch in England fängt man an, einzusehen, daß eine Verständigung mit Deutschland in der südafrikanischen Frage den thörichten Drohungen vorzuziehen ist, die, wenn überhaupt einen Erfolg, nur den haben könnten, Deutschland in die Arme der Gegner Englands zu treiben. Dazu hat das letztere aber um so weniger Veranlassung, als diese Gegner ohnehin bereits mächtig und rührig genug sind, und auch der Versuch, sich eines weitern möglichen Feindes durch den Abschluß eines englischamerikanischen Schiedsgerichtsvertrags zu entledigen, selbst für den Fall, daß es gelingen sollte, einen solchen Vertrag so zu formulieren, daß derselbe auf beiden Seiten des Ozeans Annahme fände, die Thatsache damit doch nicht aus der Welt schafft, daß, solange die englische Fahne über Kanada weht, ein wirkliches Einverständnis zwischen England und den Vereinigten Staaten nicht zu erzielen ist.

Adelaide Ristori.

Von

Leone Fortis.

(Schluß.)

Ehe die Ristori abreiste, versorgte sie sich mit Empfehlungsbriefen an Jules Janin, den berühmten Kritiker der „Débats", den intimen Freund und warmen Bewunderer der Rachel.

Kaum in Paris angekommen, beeilte sie sich, sie bei dem Adressaten abzugeben, indem sie ihn um die Ehre bat, von ihm der Rachel vorgestellt zu werden; sie brenne danach, sie kennen zu lernen, und wolle sie (so schreibt die Ristori) als Kollegin um ihre Unterstützung bei dem schwierigen Experiment bitten. Aber die Rachel, die den Schlag, den die rebellischen Pariser Kritiker für sie vorbereiteten, ahnte, hatte ihre Verträge mit der „Comédie Française" gelöst und sich bereits in eine ihrer Villen zurückgezogen, wo sie den für ihr neues, amerikanisches Engagement bestimmten Tag erwartete. Dadurch glaubte sie offenbar, den Triumph, der sich ihrer Nebenbuhlerin vorbereitete, zu dämpfen, vielleicht

auch, daß man sie zurückwünschen und zurückrufen werde, wobei sie das Sprich-
wort ihres Hauses vergaß: Les absents ont toujours tort.

Die Ristori besteht also auf der Vorstellung — Jules Janin spielt den
Diplomaten, sagt weder ja noch nein, und die Ristori thut desgleichen, indem
sie sich von ihm einreden läßt, daß die Nerven der großen Künstlerin nicht erregt werden dürfen, daß es unpassend wäre, zu ihr zu gehen, ohne sie vorher
zu benachrichtigen, und daß ein Brief ohne vorhergehenden Besuch wie die tollkühne Anmaßung, sie als Gleichstehende zu behandeln, aussehen könne. Also
keine Vorstellung, keine persönliche Bekanntschaft.

Die erste Eisschicht zwischen den zwei berühmten Rivalinnen hatte sich bereits gebildet. Die Freunde der beiden Parteien beeilten sich wie gewöhnlich,
so viel Eis darauf zu legen, als nötig war, um sie zu konservieren und zu
festigen; eine gute Dosis trugen dazu bei: Janin, mit dem weiter oben citierten
Vergleich zwischen den zwei Tragödinnen, Dumas, indem er die Rachel zur
Ristori in die Schule schickte, und Legouvé, indem er noch vor der Vorstellung
die Darstellung lobte, welche die Ristori seiner von der Rachel zurückgewiesenen
„Medea" gab.

Außerdem begannen die Bewunderer der Ristori von neuer und von alter
Kunst zu reden, von der italienischen Schule, die mit der griechischen Plastik die
Natürlichkeit und Einfachheit der Haltung zu vereinigen dachte, von „akademischen
Konventionalismen", die die Wahrheit verdunkeln, und dadurch entstand sowohl
auf seite der Ristori wie auf seite der Rachel Gereiztheit.

Die Rachel, die sich nicht aus ihrer Villa gerührt hatte, um die Ristori als
Francesca und Rosamonda zu hören, geht statt dessen zu den Italienern, als
„Il Burbero benefico" gegeben wird.

Warum gerade zu dieser Komödie, in der die Rolle der ersten Schauspielerin
thatsächlich eine untergeordnete ist? Konnte das der Rachel unbekannt sein,
nachdem der „Bourru bienfaisant" Goldonis, französisch geschrieben, seit so
vielen Jahren und noch heute auf dem Repertoire der „Comédie Française" steht?

Es war also eine künstliche Wahl. „Ich komme," schien sie zu sagen, „um
die italienische Truppe zu hören und nicht die Künstlerin, noch weniger die
Tragödin und Rivalin, um die ich mich wenig schere." Gewiß war das die
Auslegung, welche die Ristori dieser wunderlichen Laune geben mußte.

Statt aller Antwort wiederholte die Ristori die Mirra, als wolle sie zur
Rachel sagen: „Komm und sieh mich als Mirra, wenn du mich kennen lernen
willst"; aber sie bot ihr keine Loge an, damit sie, wie die Ristori schreibt, „nicht
annehmen könne, daß ich sie zur Zeugin einer meiner Triumphe haben wolle."

Ein zartes Gefühl, das, wie alle Gefühle und Gedanken der Menschen,
besonders der Frauen und Künstler zwei Gesichter hat: in diesem Fall das des
Zartgefühls und das des Hochmuts.

Die Rachel sah nur eines dieser Gesichter, das beleidigende, und unter dem
Einfluß dieses Eindruckes geht sie in die Vorstellung der Mirra, aber sie ist
unruhig, nervös, gereizt, und um der Neugierde der Zuschauer zu entgehen, hält

fie fich im Hintergrunde ihrer Loge verborgen, während ihre Hände krampfhaft das Textbuch der Tragödie zerknittern. Gerade in dem Augenblick, als der Beifall des Publikums am frenetischsten ist, läßt fie fich in einer Art nervöser Krife die Worte entschlüpfen: „Cette femme me fait mal, je n'en peux plus!" und stürzt aus dem Theater, ehe noch jener letzte Akt beginnt, in dem fie, wie Dumas ihr geraten hatte, die Ristori studieren foll. Gleichzeitig kündigt fie der Comédie Française an, daß fie an der Vorstellung zu Ehren Corneilles teil= nehmen werde (was fie zuerst verweigert hatte) und die Rolle der Camilla in den „Horatiern und Curiatiern" übernehme.

Die Ristori hingegen macht es fich zur Pflicht, diefer Vorstellung nicht fern zu bleiben: fie begibt fich in großem Pomp in die ihr von Arsène Houssaye, dem damaligen Direktor der „Comédie Française", angebotene Loge, fett fich an die Brüstung, recht in Sicht, richtet das Opernglas auf die Bühne und befonders die Rachel und läßt fie nicht mehr aus den Augen, außer um bei allen hervorragenden Punkten der Rolle Camillas, befonders bei der berühmten Schmähung, in der die große französische Künstlerin wirklich unüber= trefflich war, in die Hände zu klatschen.

Eine derartige charakteristische Episode diefes künstlerischen Duells erzählt P. A. Fiorentino mit fatirischem Anstand und feiner Ironie im „Constitutionnel."

In diefem Artikel bringt er die zwei berühmten Rivalinnen in den zwei refpektiven aufeinander folgenden Vorstellungen, denen fie beiwohnten, auf die Scene.

„La veille, on n'avait pas vu Mlle. Rachel donner le moindre signe d'approbation; mais ce n'était, comme on le pense bien, ni dépit, ni froideur, ni oubli des plus simples bienséances dont l'hospitalité, à défaut de tout autre motif lui aurait fait un dévoir; c'était une attention plus concentrée, un intérêt plus soutenu, une curiosité plus ardente qui empêchaient et para= lysaient chez elle toute manifestation extérieure. En admettant qu'il soit vrai, ce dont nous ne saurions répondre que Mademoiselle Rachel n'ait pas applaudi une seule fois visiblement, cela ne prouve pas qu'elle n'ait pas été frappée de la beauté et du talent, je ne dirais point de sa rivale, mais de son illustre soeur. Chacun de nous a sa façon d'exprimer ce qu'il sent et on est plus ou moins demonstratif. Mademoiselle Rachel applaudissait en dédans et la preuve, c'est qu'elle était si émue et si souffrante, qu'elle a dû se retirer avant la fin du spectacle."

Aber trot des warmen Beifalls muß die Bewunderung der Ristori für die Rachel nicht fo vollständig gewesen fein, wie fie dem Parifer Publikum be= weifen wollte.

In der That finden wir in ihren Memoiren ein Urteil über die große französische Künstlerin, das dies bestätigt, denn inmitten der Worte der Be= wunderung findet fich die herbste und gerechteste Kritik, die je an der Rachel geübt wurde.

Sie lautet:

„Wie schätzte ich seit jenem Abend das Urteil unparteiischer Kritiker, die behaupten, daß zwischen uns keine Berührungspunkte bestehen, durch die die eine der andern schaden könnte. Wir verfolgen zwei total entgegengesetzte Wege, haben zwei verschiedene Arten des Ausdrucks. Sie vermochte mit ihrem, wenn auch akademischen Feuer zu begeistern, so schön war ihre Diktion und so statuenhaft ihre Haltung. In den leidenschaftlichen Situationen war ihr Ausdruck, ihre Art der Gebärde, alles von den abgezirkelten Normen der traditionellen, französischen Schule geregelt; nichtsdestoweniger war die Macht ihrer Stimme, der Zauber ihres Blickes so groß, daß man sie bewundern und ihr Beifall klatschen mußte.

„Wir hingegen geben in der Tragödie nicht zu, daß unsre Leidenschaft auf den Kulminationspunkten der Leidenschaften unsre Miene nicht verändert; und in der That ist es, wenn man von unerwartetem Schmerz oder von plötzlicher Freude betroffen wird, vielleicht nicht ein natürlicher Instinkt, mit der Hand plötzlich an den Kopf zu fahren und sich infolgedessen die Haare zu zerraufen? Nun denn, in der italienischen Schule halten wir daran fest, daß eines der Hauptziele der Darstellung sei, die Natur, wie sie sich zeigt, lebendig und wahr wiederzugeben."

Wie man sieht, ist das Zerraufen der Haare, einer der künstlerischen Behelfe der Duse, dessen Mißbrauch man ihr jetzt in Paris zum Vorwurf macht — nicht ganz ihre Entdeckung.

Uebrigens wurden auch bei diesem Künstlerkrieg Vermittlungsversuche gemacht, um den Frieden oder wenigstens einen Waffenstillstand herbeizuführen, so wie es jetzt bei der Orientfrage geschieht; aber einer nach dem andern mißlang.

So erstand der Plan zu einem nächtlichen Bankett in den Gärten Arsène Houssayes, die wegen gewisser, vielleicht etwas zu phantastischer Abendmahlzeiten, zu denen er die Kunstwelt und die ihr Nächststehenden einzuladen pflegte, berühmt waren; aber die Ristori lehnte die Einladung ab, nachdem ihr Gatte die Liste der Eingeladenen durchgesehen hatte.

Ein weiteres Mittel war eine diplomatische Mission, welche die Rachel der Madame Obe, der französischen Modistin der Kaiserin Eugenie, anvertraut hatte, welche, wie es scheint, das Privilegium besaß, alle Herrscherinnen der Welt und der Bühne zu schmücken — ein Versuch, der mißlang, weil man die Ristori bewegen wollte, den ersten Schritt zu machen. Darin konnte sich Francesca da Rimini wohl ergeben, aber Mirra und Maria Stuart hatten das Recht, sich dagegen aufzulehnen.

Alles endete mit einer Visitenkarte, mit welcher die Rachel der Ristori eine Loge zur Vorstellung der „Phädra" mit den Worten „A Mme. Ristori sa camarade Rachel" sendete, worauf die Ristori mit einer Visitenkarte antwortete, die sie Phädra in die Garderobe schickte.

Die Rachel fühlte den Aerger, den Schimpf dieser Niederlage um so tiefer, als er auf sie selbst fiel.

Wie man aus der flüchtigen historischen Skizze dieses Duells ersieht, nimmt jenes andre Duell, das in diesen Tagen zwischen der Bernhardt und der Duse stattfand, einen ganz andern Fortgang, ohne daß es deswegen aufhört, ein Duell zu sein. So sehen wir, daß die Bernhardt sich rühmt, daß es ihre Idee war, die Duse nach Paris kommen zu lassen, und daß sie sich aus dieser künstlerischen Großmut ein geschicktes Reklamemittel macht, um den Widersachern jede Möglichkeit zu entziehen, die ihren Ruhm verdunkeln könnte. Sie überläßt der Duse ihr Théâtre de la Renaissance, wohnt den ersten Vorstellungen der „Kameliendame" bei, klatscht in die Hände, gratuliert ihr in der Garderobe; aber um sich auch nicht einen Tag vergessen zu lassen, tritt sie am Abend darauf im selben Theater in der „Samaritaine" auf, und da der große Erfolg der Duse am ersten Abend sich speziell auf den vierten Akt der „Kameliendame" konzentrierte, — gerade jenen Akt, in welchem der berühmte Kritiker der „Temps", Sarcey, in seinem ironischen Artikel über die Duse die Interpretation der italienischen Künstlerin höchst lebhaft tadelt, während er die der Bernhardt lebhaft lobt — beeilt sich die Bernhardt, für die zu Gunsten des Monumentes von Dumas Sohn bestimmte Vorstellung gerade den vierten Akt dieses Stückes zu wählen. Offenbar that sie das nur, um zu beweisen, daß sie die Vergleiche nicht fürchtete, selbst nicht in diesem gefährlichen Moment, und um eine große Ueberlegenheit an den Tag zu legen.

Sie leidet nicht, wie die Rachel, sie giebt nicht, wie diese, ihren Nerven nach, sondern bringt offenbar die Nerven ihrer Mitbewerberin in Aufruhr und gewinnt dabei in doppelter Weise: indem sie dem Publikum ihre eigne Ueberlegenheit aufzwingt, die ostentativ eine Art Vormundschaft über die eigne Rivalin ausübt, und indem sie den Wert derselben mit der innern Erregung des gefürchteten und unerwünschten Vergleichs verringert. Die Bernhardt ist daher geschickter, die Rachel war aufrichtiger.

In dem oben citierten Artikel Sarceys im „Temps" ist derselbe gegen die Duse sehr streng, sogar sehr grausam. Er findet in ihr nicht wie in der Doche und in der Bernhardt die Courtisane der großen Welt, wie sie Dumas seiner Meinung nach geschaffen hat, und giebt das Urteil ab, daß die Duse während des ganzen Stückes ein gutes Mädchen, eine anmutige, nicht allzu lärmende Grisette ist, die ihre Geliebten bloß dadurch ruiniert hat, daß sie sich von ihnen ihre Maccaroni bezahlen ließ.

Dies ist sicherlich eine Seltsamkeit, vielleicht eine Pose des großen französischen Kritikers, dessen Herbigkeit in seltsamem Mißklang zu der lyrischen Begeisterung fast aller Pariser Zeitungen steht. Auf jeden Fall dient dies als Beweis, daß die Duse viel diskutiert ward, was den Verdienst der Künstlerin nicht verringert, sondern sogar erhöht; aber es folgt daraus ein bedeutender Unterschied von dem Erfolg der Ristori, die gleich von der ersten Vorstellung an rückhaltlose Bewunderung errang, und zwar nicht nur die aller Kritiker, sondern auch die aller unbestrittenen französischen Litteraten.

Um sich davon zu überzeugen, braucht man nur die von der Ristori am Ende ihrer Memoiren veröffentlichten Dokumente durchzulesen, auf die ich bereits weiter oben verwiesen habe. Wir finden darin die glänzendsten Namen versammelt, welche die französische Litteratur in der Mitte unsers Jahrhunderts berühmt machten.

Wir finden darin ein Gedicht Alfred de Mussets, dessen Schluß wir gern hierher setzen, zum Teil auch, weil er unser Land ehrt:

> „Quelqu'un m'avait bien dit que malgré la misère,
> La peur, l'oppression, l'orgueil humilié,
> D'un grand peuple vaincu le genou jusqu'à terre
> N'avait pas encore plié.
>
> Que ces dieux de porphyre et de marbre et d'albâtre
> Dont le monde romain autrefois fut peuplé,
> Etaient vivants encore, et que dans un théâtre
> Une statue antique un soir avait parlé. —“

Wir finden außer den bereits citierten Bruchstücken begeisterte Schreiben der Sand, Alexandre Dumas', Eugen Scribes, Alphonse de Lamartines, Legouvés, Henri Martins und Alfred de Vignys, der eine Art seiner poetischen Madrigale mit folgenden Versen schließt:

> „La France s'est levée, elle vous a loué,
> Comme la femme forte, heureuse et devouée,
> Fille du beau pays où resonne le: Si!“

Wir erwähnen dabei gar nicht die berühmtesten Kritiker jener Zeit, wie Paul de Saint-Victor, P. A. Fiorentino, Mery, Theophile Gauthier und Jules Janin, von dem Regaldi schreibt, er habe den Künstlern so viel Furcht eingeflößt, daß sie, wenn sie die zwei J. J. sahen, mit denen er seine Artikel zu zeichnen pflegte, zwei geladene Pistolen auf ihre Brust gerichtet zu sehen meinten.

Außerdem finden wir hier berühmte Namen aus allen Ländern, wie den General Narvaez, Martinez de la Rosa und sogar Garibaldi.

In dieser Sammlung finden wir auch einen Brief Cavours, den wir vollständig wiedergeben wollen, weil er ziemlich wenig bekannt ist und weil er beweist, wie die Ristori die Kunst in den Dienst der großen und edeln Diplomatie des Patriotismus zu stellen wußte.

Der Brief lautet:

Turin, 20. April 1861.

„Liebe Frau Marchesa!

Ich bin Ihnen sehr dankbar für den interessanten Brief, den Sie mir nach Ihrer Rückkehr aus Petersburg schrieben. Wenn Sie den Fürsten Gortschakow nicht bekehrten, ſo muß man ſagen, daß er ein unbußfertiger Sünder iſt, da die Argumente, die Sie mit ſolchem Geſchick zur Unterſtützung unſrer Sache vorzubringen verſtanden, mir unwiderſtehlich dünken. Aber ich ſchmeichle mir, daß, wenn der Fürſt ſeine Bekehrung nicht in Ihrer Gegenwart zeigen wollte, Ihre Worte in ſeiner Seele einen Keim zurückgelaſſen haben werden, der ſich entwickeln und gute Früchte ergeben wird.

Setzen Sie in Paris Ihr patriotiſches Aposteltum fort. Sie müſſen ſich inmitten von zu belehrenden Ketzern befinden, denn, wie man mir verſichert, iſt die „Plebs" der Salons uns ſehr feindlich. Es iſt heutzutage Mode in Frankreich, papiſtiſch zu ſein, und zwar um ſo mehr, je weniger man an die Prinzipien glaubt, die das Papſttum repräſentiert. Aber wie alles, was Mode iſt und nicht auf Wahrheit beruht, ſo werden auch dieſe Vorurteile nicht von Dauer ſein, hauptſächlich, wenn Perſonen, die wie Sie in hervorragendem Grade die Gabe beſitzen, Herzen zu rühren, die Wahrheit inmitten jener Geſellſchaft predigen werden, welche trotz vieler Fehler das Genie und die Tugend mehr als jede andre zu ſchätzen weiß.

Ich beglückwünſche mich zu dem glänzenden Erfolge, den Sie auf der franzöſiſchen Bühne errungen haben. Dieſer neue Triumph verleiht Ihnen eine unwiderſtehliche Gewalt über das Pariſer Publikum, das Ihnen für den Dienſt, den Sie der franzöſiſchen Kunſt erweiſen, ſehr dankbar ſein muß. Bedienen Sie ſich dieſer Gewalt zum Wohle unſers Vaterlandes, und ich werde in Ihnen nicht nur die erſte Künſtlerin Europas acclamieren, ſondern auch die wirkſamſte Mitarbeiterin der diplomatiſchen Unterhandlungen.

Ihr ergebenſter

C. Cavour."

Der Pariſer Triumph war es, der die Riſtori weltberühmt machte, und ihr Ruhm durcheilte, ſich hoch aufſchwingend, binnen kurzem beide Welten.

In der That begannen mit dem Pariſer Erfolg jene glücklichen, ſchwindelerregenden künſtleriſchen Tourneen, die ſie in zwei Jahren die Reiſe um die Welt machen ließen, auf denen ſie die Bewunderung aller hervorragenden Männer der Kunſt, der Litteratur, der Politik, ſelbſt der Militärwiſſenſchaften in allen Ländern, die ſie durchzog, errang.

Auf dieſen Tourneen erlebte ſie die mannigfaltigſten, ſeltſamſten Abenteuer, Begebenheiten und Anekdoten.

Wir ſehen ſie thatſächlich in Madrid das Leben eines zum Tode verurteilten Soldaten retten, indem ſie ſich während des Zwiſchenaktes einer ihrer Vorſtellungen der Königin Iſabella in der königlichen Loge zu Füßen warf; wir ſehen ſie in Honolulu, auf einer der Sandwich-Inſeln, mit dem König Kalakaua frühſtücken — ein Frühſtück, bei dem ſie, ſtatt die Eingeborenen des Landes in ſtachelige Felle gehüllt und halb nackt zu finden, Adjutanten in vollſtändiger und eleganter europäiſcher Uniform antrifft, während die Höflinge und der König ſelbſt im Frack, Cylinder und weißer Krawatte ſind. Dann treffen wir ſie in ben Vereinigten Staaten, wo sie mit dem berühmten Edwin Booth englisch und mit einer hervorragenden deutschen Truppe italienisch spielt.

Auf diesen Tourneen, die thatsächlich mit der Blitzesgeschwindigkeit der Elektricität ausgeführt wurden, durcheilte sie in sieben Jahren zweiundfünfzig Städte der neuen Welt, indem sie eine Furche von Licht und Beifall hinter sich zurückließ. Mit gutem Rechte konnte sie sich rühmen, der italienischen dramatischen Kunst die gesamte Welt geöffnet und den Namen Italiens selbst in diesen Zeiten, da alles Licht erlischt, in der Zeit der Entmutigung und Verzagtheit, in hellstem Lichte erstrahlen gemacht zu haben.

Aus meiner Jugend.

Erinnerungen

von

Rudolf von Gottschall.

(Schluß.)

II.

Dahin alle studentische Romantik, dahin der Sammetrock, die offene Brust, der weit übergeschlagene weiße Kragen, dahin vor allem die schönen, lang- herunterwallenden Haare — sie fielen als ein schmerzliches Opfer auf dem Altare des Vaterlandes! Kaum erkannte ich mich wieder, als ich mich im Spiegel sah — regelrechte Haarschur und ein Gesicht wie alle Gesichter in Reih' und Glied, vielleicht ein etwas andres Profil, das aber beim Kommando „Richt euch" für den Zugführer hinter den andern Profilen verschwand, und Augen, die nur da sind, um nach rechts oder links geworfen zu werden.

Da stand' ich in der grünen Uniform der Gardeschützen, bei einem in mancher Hinsicht bevorzugten und von den Einjährig-Freiwilligen aufgesuchten Corps, das zum Teil aus Soldaten bestand, die in dem Kanton Neuchatel angeworben worden waren. Denn dieser Kanton, der später dem König Friedrich Wilhelm IV. so große Sorge machte, ertrug damals noch geduldig die preußische Oberhoheit. Auch Offiziere, die aus der französischen Schweiz stammten, darunter einige, die der deutschen Sprache wenig mächtig waren, befanden sich bei dieser Truppe.

Die Kaserne des Gardeschützenbataillons befand sich fast am Ende der unabsehbar langen Köpenicker Straße, nicht allzuweit vom Schlesischen Thor. Gegenüber, wo sich jetzt zahlreiche Häuserviertel erheben, Kasernen, Schulen, Krankenhäuser und der Görlitzer Bahnhof, war freies, offenes Feld. Das kam unsern Uebungen zu gute, die wir zum Teil gleichsam vor der Hausthür abhalten konnten. Vor allem fanden die Signalübungen auf diesem Köpenicker Felde statt, und ich konnte dabei beobachten, daß das musikalische Gehör, trotz der unzähligen Gesangvereine und der noch unzähligeren Konzertbesucher bei der Mehrzahl der Sterblichen keineswegs so ausgebildet ist, wie man in der Regel annimmt. Denn die Signale, diese militärischen Leitmotive, wollten sich ebensowenig den deutschen wie den französischen Rekruten einprägen; besonders „Links" und „Rechts" wurde von ihnen häufig genug verwechselt, und während die einen in der Richtung nach dem noch nicht bestehenden Berlin S.O. marschierten, wandten sich die andern gen Berlin N.W., und es dauerte geraume Zeit, bis sich die Kommandos durch die Hörner so in Fleisch und Blut der Krieger verwandelt hatten, daß keiner mehr dem andern den Rücken drehte. Am leichtesten wurde noch das Signal „Sammeln" verstanden, weil da jeder schon von selbst wußte, was er zu thun hatte und was damit ausgedrückt sein konnte: freilich bei dem Zurückziehen der vorgeschobenen Schützen nach dem „soutien" herrschte oft eine heillose Konfusion; keiner fand seinen Platz, und in lichter Verzweiflung stand unser kleiner Hauptmann vor dem durcheinanderwimmelnden Ameisenhaufen. Das wurde erst allmählich gelernt. Doch ich greife vor in meiner Schilderung, noch bin ich nicht so weit in jene Geheimnisse der Kriegskunst vorgedrungen; noch exerziere ich auf dem Kasernenhof, lerne die Kniee beugen und strecken auf das Kommando des Unteroffiziers. Abgesehen von den Kommandorufen herrschte eine feierliche Stille im Hofe, die Ahnung künftiger Parademärsche schwebte in der Luft. Wenn wir uns ein wenig „rühren" durften, so schweiften unsre Blicke bisweilen hinüber zu dem Rekrutenlieutenant, der im Hofe, wie es uns schien, in stiller Verzweiflung hin und her spazierte und der es fast immer krampfhaft vermied, den Unteroffizieren ins militärische Handwerk hineinzusprechen, und dessen Gedanken ganz gewiß nicht bei unsern Fußspitzen verweilten, sondern bei der Kneiperei der vorausgehenden Nacht, bei dem zweifelhaften Bestand seines Portemonnaies oder bei der Lust, die ihm am Abend in Aussicht ist und ohne die nach Egmont das Leben nicht des An- und Ausziehens wert ist.

Bald machten wir indes Fortschritte; wir entwickelten uns zur bewaffneten Macht.

Das Gewehr kam an die Reihe, das vor den Infanteriegewehren große Vorzüge hatte, wie schon das Volkslied auf den mörderischen Bürgermeister Tschech, der im Sommer desselben Jahres auf König Friedrich Wilhelm IV. geschossen hatte, sinnig andeutete:

> „Neuchateler stehn umher,
> In der Hand ihr klein Gewehr!"

Ja, es war klein und leicht zu handhaben und nie mit einem Bajonett beschwert, so daß wir die Griffe rasch und leicht erlernten, das Gewehr „auf" und „ab" nahmen und präsentierten mit einem „Tempo" und einem „Schick", welcher dem Wachtmeister in „Wallensteins Lager" Freude gemacht hätte. Wir waren lange vor der Zeit, welche zur Ausbildung der Rekruten bestimmt ist, fix und fertig. Das war auch die Ueberzeugung unsers Unteroffiziers; aber

nicht einmal die Frühſtückspauſen, ſo wertvoll ſie für dieſen und ſo koſtſpielig
ſie für uns waren, durften wir verlängern; immer wieder ſtanden wir im Kaſernenhof und machten unſre Griffe. So leicht uns dies jetzt fiel, ſo war uns doch
wehleibig ums Herz. Die Zeit, die ſchöne, die unerſetzliche Zeit — wie gähnte
ſie uns endlos in dieſem öden Soldatenwinkel an, während wir im Univerſitäts-
gebäude „Unter den Linden‟ hätten Collegia hören oder im ſtillen Gemach bei den
Büchern ſitzen können, bei den Pandekten, bei Hegel und bei ſo vielen neuen
Schriften, von denen die Zeitungen ſprachen.

Bei meiner Compagnie ſtanden zwei Schickſalsgenoſſen, junge, gleichalterige
Studenten, welche gleich mir mehr oder weniger von den Hallen der Alma mater
abgeſperrt waren. Der eine war ein fleißiger Theologe, der andre hat ſich ſpäter
als Geſchichtsſchreiber einen angeſehenen Namen gemacht. Der junge Studioſus
philoſophiae mit der Brille, der neben mir ſeine Fußzehen ſtreckte und das kleine
Gewehr ſchulterte, hieß Reinhold Pauli und war mir ein treuer Kamerad im
Kaſernenhof und ſpäter beim Feldbienſt und Manöver; er war lebendigen Geiſtes,
angenehm und friſch im Umgang, unſchätzbar in dieſen Verhältniſſen, wo man
ſich ſeinen Nächſten nicht wählen kann. Ich freute mich ſpäter ſehr, als ich von
ſeinen wiſſenſchaftlichen Erfolgen, ſeiner Profeſſur in Göttingen hörte; ſeine
Monographie über „Simon von Montfort‟, die Bände, mit denen er Tappen-
bergs engliſche Geſchichte fortſetzte, flößten mir lebhafte Teilnahme ein. Als ich
den „Neuen Plutarch‟ bei Brockhaus herausgab, wandte ich mich an ihn mit
der Bitte um eine Biographie Oliver Cromwells — und er erfüllte meinen
Wunſch — es war eine vortreffliche, mit markigen Zügen ausgeführte Arbeit,
die dem Unternehmen zur Zierde gereichte.

Damals behielten wir unſern guten Humor auch in ſchwierigen Zeiten;
wir avancierten zuſammen zum Vize-Unteroffizier und Unteroffizier und waren
bei den notwendigen Begießungen, ohne welche ſich kein militäriſches Wachstum
denken läßt, flotte Gaſtgeber für die betreßten Kameraden. Auch ernſte Gänge
machten wir gemeinſam; ſo leiſteten wir gemeinſam in einem Saale des alten
Schloſſes dem Könige den Fahneneid.

Ein ſehr junger Lieutenant, der aber nicht bei meiner Compagnie ſtand,
überraſchte mich durch ſeine litterariſchen Kenntniſſe und Neigungen, um ſo mehr
als er erſt vor nicht ſehr langer Zeit das Kadettenhaus verlaſſen hatte. Auch
als Leibpage des Prinzen Wilhelm von Preußen hatte er kaum derartige Anregungen erhalten; doch er kannte die jungdeutſchen Autoren und ſprach mit mir
über Gutzkow und Mundt manches verſtändige Wort. Auch für Frau Birch
und die Theaterſchriftſteller intereſſierte er ſich lebhaft. Damals hätte ihm wohl
niemand angeſehen, daß er einer der bekannteſten und beliebteſten werden würde.
Es war Guſtav v. Moſer — und ich habe ihn im Verdacht, daß er die im
„Veilchenfreſſer‟ verwerteten Studien auf dem Kaſernenhof der Köpenickerſtraße
gemacht und daß ihm bei dem Bild des Einjährig-Freiwilligen Referendarius
v. Feld dieſer oder jener von uns vorgeſchwebt hat. Beſonders anfangs mögen
wir uns in den Uniformen ziemlich linkiſch benommen haben, und die naiven

Darsteller des kurzsichtigen Referendarius hätten vielleicht an uns geeignete Vorbilder gefunden.

. Unser Hauptmann war pflichtgetreu bis zur Peinlichkeit, von unermüdlicher
ängstlicher Fürsorge für seine Compagnie, aber bei aller Gewissenhaftigkeit wohlwollend gegen alle seine Untergebenen. Wir Freiwilligen machten ihm oft das
Leben schwer durch einen Mangel an Pünktlichkeit, der zwar nie ein Versäumnis
zur Folge hatte; aber wir erschienen immer im allerletzten Moment, ganz knapp
vor dem Abmarsch, und mußten uns mehrfach wohlgemeinte Mahnungen gefallen
lassen. Wir hatten in unsern Mußestunden naturgeschichtliche Studien über unsre
Compagniechefs gemacht und waren zur Einsicht gekommen, daß dieselben in
zwei Spezies zerfallen: Schneider und Korporale. Der unsrige gehörte zu der
ersten Sorte, welche sich mit den Falten in Hosen und Jacken, mit dem ganzen
Sitz der Anzüge angelegentlich beschäftigt; das war auch alles in unsrer Compagnie tadellos, und auch mein Waffenrock saß mir besser, als mir jemals ein
Zivilrock gesessen — dank der sachverständigen Kritik des Hauptmanns, der nicht
eher ruhte, als bis der Schneider sein Machwerk in ein korrektes Meisterwerk
verwandelt hatte. Von der zweiten Spezies der Compagniechefs, den Korpo-
ralen, gab es auch bei uns mehrere Exemplare; sie kreischten den ganzen Tag
auf dem Exerzierplatz herum: Füße gestreckt! Oberleib fest! Auf den Takt hören!
Mit mehr Zug heraus! und wie die andern klassischen Ausdrücke des langsamen
Marsches heißen mögen, welchen niemals ein Sterblicher in seiner ganzen Tiefe
ergründet hat. Die sorgenvollen und hypochondrischen Mienen unsers Hauptmanns stimmten mich oft wehmütig; ich mußte meines Vaters gedenken; denn
aus der Knabenzeit war mir noch in der Erinnerung, welche Sorge diesem die
sogenannte Kammer bereitet hat, und so war auch der Kopf unsers Compagniechefs voll lauter Stiftstiefeln, Tornister, Hosen, ersten und zweiten Mänteln,
und wie meinen Vater mochten auch ihn diese Montierungsgegenstände, wenn einmal ihre Qualität oder Quantität etwas zu wünschen übrig ließ, wie unheimliche
Geister in seinen Träumen verfolgen.

Collegia hatte ich angenommen und bezahlt, ein unfreiwilliges Geschenk an
die Herren Professoren, denn hören konnte ich sie nicht. Nur sehr ausnahmsweise tauchte meine Schützenuniform in den Hörsälen auf. Meine Collegia fielen
alle vormittags, und da hatten wir Dienst, und damit wir ja nicht durch über-
flüssige Gelehrsamkeit von den Aufgaben des praktischen Dienstes abgelenkt wurden,
mußten wir auch noch immer zum Appell erscheinen, wo wir höchst überflüssig
in unsers Nichts durchbohrendem Gefühle dastanden. Hatten wir einmal eine
freie Stunde, so konnten wir bei den damaligen Verkehrsverhältnissen Berlins
nicht rechtzeitig in die Collegia kommen, denn das akademische Viertel war immer
längst vorüber, wenn wir vom Ende der Köpenicker Straße aus die Linden erreicht hatten; der Gefahr des Zuspätkommens setzten wir uns indes doch aus
ohne große Strupel, denn unsre Uniform war unsere Entschuldigung. Ein
mühseliger Omnibus ging damals vom „Brandenburger Thor" bis zur Alten
Jakobsstraße und zwar in sehr weitgegriffenen Zwischenräumen! Die Droschken

aber waren uns zu teuer und waren draußen auch nicht zur Hand. Das scheidende Jahrhundert, welches in Berlin die Taxatordroschken erster Klasse sieht, wird es nicht begreifen, daß damals eine Schützenuniform, wenn sie am späten Abend am Brandenburger Thor auftauchte, die Droschkenkutscher in die Flucht jagte, besonders wenn unser dicker Lieutenant v. Merveilleux erschien, der dort in der Nähe der Rosse bändigenden Viktoria abends oft sein Wesen trieb. Wir haben also nur gelegentlich von der Berliner Gelehrsamkeit kosten können. Da hörte ich Freiherrn v. Richthofen, den grünlichen Erforscher der altfriesischen Rechtsquellen, der über deutsches Privatrecht las, den jungen Dozenten Gneist, den später so berühmten Politiker, dessen klarer, lebendiger Vortrag über Staats- und Verwaltungsrecht etwas so Anziehendes hatte, daß ich doppelt bedauerte, mich nur mit einigen Vorlesungen begnügen zu müssen. Auch bei dem Historiker Leopold Ranke hospitierte ich; er war damals ein Mann in seinen besten Jahren und bereits viel genannt. So viel ich mich noch besinne, hatte sein Vortrag keinen hinreißenden Fluß der Rede, aber er wirkte die Fäden der Diplomatie früherer Jahrhunderte ruhig und sorgfältig auseinander. Wie sich der große Historiker räusperte und spuckte, war nicht gerade schwer, ihm abzugucken, da dies sehr beliebte Interpunktionen seines Vortrages waren, und meinem durch unsers Hauptmanns fortwährende Kleidermusterungen geschulten Schneiderverstand kam es vor, als ob die Hosen des Geschichtsprofessors viel zu kurz wären. Gewiß sehr unwürdige Erinnerungen gegenüber einer Persönlichkeit von Rankes Bedeutung — doch sie sind auch weniger charakteristisch für ihn als für mich, der in jener Zeit auf Aeußerlichkeiten dressiert war. Leider war mir bei dieser Dressur keine Zeit gelassen, einen so ausgezeichneten Gelehrten näher kennen zu lernen.

Außerhalb der Kaserne hatte ich natürlich regen geselligen Verkehr, am meisten mit Offizieren. Von Mainz her kannte ich einen Lieutenant Buschbeck, der damals beim Hauptmann v. Greiffenberg Italienisch studierte, um sich für eine Reise nach Italien vorzubereiten. Wenn ich gerade englische Stunde hatte, kam er oft als Störenfried und klopfte so energisch an, daß Greiffenberg gleich seinen Mann erkannte. „Chi batte, chi bussa?" rief er dann bisweilen etwas ärgerlich, und herein trat eine kräftige Hünengestalt von blühender Gesichtsfarbe, eine echte Vollblutnatur, etwas Ueberlegenes und Sarkastisches in seinem ganzen Wesen. Er war nun nach Berlin versetzt worden als Lehrer am Kadettenhause. Inzwischen hatte er seine Reise nach Italien gemacht und hegte eine Schwärmerei für das Land, wo die Zitronen blühen, die bei seiner sonstigen Nüchternheit auffallen mußte. Er hatte sein feines Verständnis für die Kunst in Italien noch besonders geschult. Buschbeck führte mich in einen kleinen Kreis von Offizieren ein, der ein wissenschaftlich ästhetisches Kränzchen bildete. Sie waren alle Lehrer an der Kadettenschule: Ollech, später General, schwerverwundet in

Böhmen in dem deutsch-österreichischen Kriege, eine energische Natur von großer Willensstärke; v. Kalkstein, den ich später als Rittergutsbesitzer in Ostpreußen wiederbegrüßte, ein sehr liebenswürdiger, sanfter Herr; gelegentlich hospitierten auch einige jüngere Offiziere. In diesem Kreise las ich meinen „Robespierre" mit vielem Beifall vor, ohne den geringsten Anstoß zu erregen; es waren durchaus vorurteilsfreie Männer, welche sich auf den weltgeschichtlichen Standpunkt stellten. Vor allem wurde Dantes „Divina comedia" gelesen und kommentiert — und das war Buschbecks Stärke. Bei ihm zu Hause setzte ich diese Studien fort; er hatte die sorgfältigsten Zeichnungen der Danteschen Hölle mit allen ihren Trichtern entworfen, mit der Sorgfalt, mit der er militärische Pläne und Karten zeichnete, und er wußte darin so gut Bescheid wie ein Fourier, der die Quartierbillette für die Mannschaften austeilt. Ich hatte mich bald in die Terzinen Dantes hineingelesen, und die feurigen Frühstücksweine, die mir bei diesen italienischen Studien vorgesetzt wurden, halfen meiner Phantasie, Dantes „Hölle" mit schreckhaften Flammen zu beleuchten.

Natürlich bewegte ich mich nicht bloß in Offizierskreisen, sondern auch in schriftstellerischen. Von den jungdeutschen Autoren lebte damals Theodor Mundt in Berlin; schon auf dem Mainzer Gymnasium hatte ich seine Weltheilige, seine Madonna, kennen lernen und seine jean-paulisierenden „Modernen Lebenswirren" und mich dafür wie für alle Schriften der jungen Richtung begeistert. Von der Achterklärung des Deutschen Bundes betroffen, hatte Mundt doch später seinen Frieden mit der preußischen Regierung gemacht und war als Dozent an der Berliner Universität zugelassen worden. Ein vielseitig gebildeter, geistreicher Kopf, ein sehr stilgewandter Schriftsteller, hatte er besonders in seinen „Spaziergängen und Weltfahrten" in glänzenden Schilderungen und Charakteristiken umfassenden Weltblick und blendende Darstellungsgabe gezeigt und sich so meine vollen Sympathien erworben. Ich lernte ihn persönlich kennen; er war kein von Visionen angekränkelter Madonnenschwärmer; er hatte eine frische, glatte — ich möchte sagen — runde Persönlichkeit, nichts Schroffes, Eckiges, etwas weich sich Anschmiegendes, und gerade das machte den Verkehr mit ihm sehr angenehm. Daß ihm die Schärfe fehlte, die einem Gutzkow eigen war, mochte seinen Schriften zum Nachteil gereichen; doch dem persönlichen Umgang mit ihm kam es sehr zu statten. Einer Zeit, in welcher Fürst Pückler glänzte, mußte Theodor Mundt, der als Weltwanderer und moderner Lebens- und Sitten-Schilderer eine gewisse Verwandtschaft mit ihm hatte, als ein hervorragender Schriftsteller gelten, ganz abgesehen von der Auszeichnung, die ihm der Deutsche Bund durch das auf ihn geschleuderte Interdikt verschafft hatte. So mochte ich, wenn ich mit ihm in der Umgegend Berlins spazieren ging, einer Umgegend, die jetzt schon längst mit Häuservierteln besetzt und der Hauptstadt einverleibt ist, mich der Faustverse erinnern:

„Mit Euch, Herr Doktor, zu ſpazieren,
Iſt ehrenvoll und iſt Gewinn!"

Mundt war verheiratet; ſeine Gattin, die damals noch nicht dreißig Jahre
alt war, hatte ſich ebenfalls ſchriftſtelleriſch verſucht, wenngleich dieſe Verſuche
ihr nur unter den Leſern und Leſerinnen der Leihbibliotheken einen Namen ver-
ſchafft hatten. Klara Mühlbach war eine Mecklenburgerin; ſie hatte auch geiſtig
ein kräftiges, etwas derbes Naturell, und wenn ihr Talent ein Edelſtein war,
ſo war er anfangs noch ziemlich ungeſchliffen. Noch hatte ſie nicht jene Rieſen-
romane geſchrieben, die in mehreren Abteilungen und in mehr als zwanzig
Bänden einen Friedrich den Großen oder einen Joſeph II. für das Leſepublikum
zurechtmachten und als auseinandergefaſerte Memoiren in lebendiger Darſtellung
zur Modelektüre gehörten; noch befand ſie ſich in ihrer jugendlichen Sturm-
und Drangepoche; ſie ſchrieb den „Zögling der Natur" und ähnliche Werke;
ſie war eine etwas verwilderte Georges Sand, emanzipiert wie dieſe, aber Holz-
ſchneiderin, wo dieſe Kupferſtecherin war; ſie häufte ungeniert Sittlichkeits-
verbrechen und Greuel jeder Art in ihren Werken. Wären dieſe nicht ganz vergeſſen, ſie müßten heutigentags wegen ihres oft kraſſen Naturalismus vielen
jüngſtdeutſchen Schriften Konkurrenz machen. Doch Klara Mühlbach war nichts
weniger als eine feueräugige Amazone, als eine neufranzöſiſche Demimonde-
dame von koketter Beweglichkeit, mit herausforderndem Weſen; ſie machte den
Eindruck einer behaglichen deutſchen Hausfrau, neigte ſchon damals zur Körperfülle, und das Phlegma ſchien bei ihr den Spiritus zu überwiegen. Einen Ehrgeiz hatte ſie indes: ſie wollte ein Haus machen wie die Pariſer Schriftſtellerinnen
von Ruf; in ihrem Salon ſollten ſich alle geiſtigen Notabilitäten Berlins ver-
ſammeln, und da auch Fürſt Pückler bisweilen dort erſchien und Varnhagen
von Enſe, ſo konnte es nicht fehlen, daß auch die jüngeren Berühmtheiten und
ſolche, die es werden wollten, ſich gern dort einfanden.

Auch ich folgte mehrmals den Einladungen und trug einmal dort aus dem
Gedächtnis mehrere Scenen meines „Thomas Münzer" vor, deren Manuſkript
ich verloren hatte und ſpäter neu in verbeſſerter Auflage niederſchrieb. Ein
junger Neuchateler, der in ſeiner grünen Schützenuniform Trauerſpiele vortrug —
das war wenigſtens etwas Neues, und man beachtete wohlwollend den Jüngling,
der den alten Spruch „Inter arma silent Musae" Lügen ſtrafte. Unter meinen
Zuhörerinnen befanden ſich viele Damen des Varnhagenſchen Kreiſes, denen ich
ſpäter näher treten ſollte.

Oefters war auch Feodor Wehl zugegen, ein junger Schriftſteller, nur
wenige Jahre älter als ich; er war damals ein bekannter Feuilletoniſt, der ſich
an franzöſiſchen Muſtern gebildet; ſeinen „Berliner Weſpen" fehlte der böſe
Stachel nicht, und eine unvorſichtige Aeußerung, in welcher die Gerichte eine
Majeſtätsbeleidigung ſahen, hatte ihm eine mehrmonatliche Feſtungshaft in Magde-
burg zugezogen. Er war indes durchaus kein ſcharfer oder energiſch zugreifender
Kopf; er hatte etwas Sanftes und Weiches, zugleich etwas Feines und Elegantes.
Seine Wohnung war ſtets aufs zierlichſte ausgeſtattet; es fehlte da nicht an

reichbeſetzten Nipptiſchen mit Figürchen aller Art; böſe Zungen behaupteten,
ſeine Einrichtung hätte etwas Altjungferliches. Wehl war ein feines, ſinniges
Talent; mir iſt er ſtets ein lieber Freund geblieben, und unſer Briefwechſel, der
Jahrzehnte hindurch andauerte, legt das beſte Zeugnis ab für dieſe unwandelbare
Freundſchaft.

Auch der feurige Ungar Karl Beck hielt ſich in dieſer Zeit in Berlin auf,
obſchon er ſich „Unter den Linden" niemals heimiſch fühlen konnte. Die liberale
Bewegung in Preußen hatte ihn hierher gezogen. Herweghs glänzender
Triumphzug, ſeine Audienz bei Friedrich Wilhelm IV. hatten Aufſehen erregt.
Die Gemüter waren auf den Ton der politiſchen Lyrik geſtimmt. In der That
hatten auch die Beckſchen Gedichte das Glück oder Unglück, konfisciert zu werden,
doch wurden ſie auf Befehl des Königs freigegeben.

In der Uniform vom Köpenicker Felde kommend, beſuchte ich oft den
ungariſchen Poeten mit den großen blauen Augen in ſeinem Zimmer, wo ich
ihn in der Regel, auf dem Sofa liegend und die Pfeife rauchend, in eine In=
tuition verſunken traf, der er ſich oft ſtundenlang hingeben konnte, auf dem Tiſche
neben ſich außer dem Alten Teſtament höchſtens einen Korrekturbogen ſeiner
Gedichte. Er hatte von der Miſſion des Dichters die höchſte Meinung; er faßte
ſie auf als ein altteſtamentariſches Prophetentum, welchem Gott in der Wüſte
die höchſten Offenbarungen ſpendete. Keine Studien, keine Bücher, nichts Ab=
lenkendes; das führte nur zur Nachahmung; nichts von vielgeſchäftiger Publiziſtik
und Journaliſtik; der Dichter ſollte einſam nur ſeinem Genius leben. Hier in
Berlin 1844 gab Beck eine Geſamtausgabe ſeiner Gedichte heraus; das war
zugleich eine Probe für die Selbſtkritik des Dichters; kaum der dritte Teil der
„Gepanzerten Lieder" und des „Fahrenden Poeten" fand Aufnahme in die
Sammlung. Er war ebenſo aufopferungsfähig wie ſorgfältig in der Feile und
Verbeſſerung; er konnte oft über ein paar Zeilen ſtundenlang brüten, bis er ſie
in die rechte Form gegoſſen.

In ſchroffem Gegenſatz zu dieſem ſtill ſchaffenden Dichter ſtanden die beweg=
lichen Publiziſten und Journaliſten, die man in den Cafés und Konditoreien
traf: Dr. Meyen, Dr. Rutenberg und Genoſſen, Radikale, welche ſchon damals
die Ziele der politiſchen Bewegung weit hinaus geſteckt hatten; Dr. Meyen, ein
ſehr gutmütiger Schwärmer, der dabei die Revolution nur ſo aus dem Aermel
ſchüttelte, Rutenberg, mit einer ſcharfgeſchliffenen journaliſtiſchen Klinge, ein
tapferer Kämpe in Korreſpondenzen und Leitartikeln.

Eine andre litterariſche Gruppe, bei der ich nur ſelten hoſpitierte, die mir
aber trotzdem dienſtliche Unannehmlichkeiten zuzog, waren die Berliner „Freien",
allerdings von größerer geiſtiger Bedeutung als die ſchlagkräftigen Tages=
ſchriftſteller, aber übel berufen in der öffentlichen Meinung wegen ihres heraus=
fordernden Cynismus. Der Häuptling dieſer ganzen Schar war Bruno Bauer,
früher theologiſcher Dozent in Bonn, dem aber das Recht, Vorleſungen zu
halten, wegen ſeiner ketzeriſchen Lehren entzogen worden war, in ſeiner Kritik der
evangeliſchen Synoptiker über David Strauß hinausgehend, ein Mann von

tüchtiger wissenschaftlicher Bildung, kenntnisreicher Gelehrter und scharfer Kopf,
aber dem Cynismus verfallen wie alle seine Genossen, wenngleich ihm die wüste
Renommage nicht zu Gesicht stand, denn sein eigentliches Wesen war doch wissenschaftlicher Ernst. Es ist zu bekannt, daß der Magister, wenn er über die Schnur
schlägt, Cyniker wird; da er alles gründlich betreibt, so wird bei ihm die Frivolität
zur Rohheit. Im Wesen der kritischen Kritik, die Bruno Bauer vertrat, lag ja
die Konsequenzenmacherei bis aufs äußerste. Alles Halbe wurde totgeschlagen,
überall eine Schranke nachgewiesen und darüber in wilder Jagd hinweggesetzt.
„Die Toten reiten schnell," sagte damals ein geistvoller Gegner. Bruno Bauer
war mir ein interessanter Charakterkopf — noch vor kurzem hatte ich seine
„Posaune des jüngsten Gerichts über Hegel, den Antichristen und Atheisten"
gelesen, wo er unter der Maske eines Orthodoxen, der auf die preußischen
Staatsphilosophen das Anathem schleudert, nachzuweisen sucht, daß im Grunde
die Jüngst-Hegelianer, besonders die radikalen Kritiker, nur dasselbe sagen, was
Hegel gemeint hat. Es wäre aber vergeblich gewesen, den Meister und seine
Jünger in ernste Gespräche zu verwickeln. Bruno Bauer war im ganzen schweigsam
und warf nur gelegentlich etwas explodierendes Dynamit seiner „absoluten Kritik"
in das geistige Getümmel der meist viel jüngeren Genossen. Wovon sollten sie
auch sprechen, da sie über alles hinaus waren, was andre Sterbliche interessierte?
Es waren ja die „Freien", die ihre Sache auf nichts gestellt hatten. Bisweilen
war's so still bei ihnen wie in einer Herrnhuter Gemeinde, nur daß sie sich nicht
in die Bibel, sondern in den Gerstensaft, der vor ihnen stand, in stiller Ver-
zückung vertieft zu haben schienen. Dann aber wieder herrschte ein lärmender
Radau, besonders wenn Edgar Bauer, der jüngere Bruder des Theologen, das
Wort ergriffen hatte; ein echter Berliner Gamin, bei dem die „kritische Kritik" bisweilen einen schnodderigen Charakter annahm und der alle Autoritäten, vergangene,
gegenwärtige und künftige, mit einem verächtlichen Ruck beiseite schleuderte, etwa
wie einer, der ein Talglicht mit den Fingern geschneuzt hat und das abgebrannte
Restchen unter den Tisch wirft. Dann wandte er sich wieder seinem gerade
Dienst thuenden Liebchen zu, das weder von den Synoptikern noch von der
ganzen Weltgeschichte eine Ahnung hatte, aber dem kritischen Schlagadobro mit
zärtlichen Blicken aufwartete. Damals war es Mode, und nicht bloß in diesem
Kreise, Analogien mit der großen französischen Revolution hervorzusuchen, über
welche gerade die Gebrüder Bauer eingehende Studien gemacht, die sie in größeren
Werken veröffentlicht hatten. Da war natürlich Bruno Bauer Robespierre, der
konsequente Denker und unnahbare Mensch, und Edgar Bauer spielte die Rolle
des kecken, schlagfertigen Camille Desmoulins. Er brauchte zwar nicht das
Schafott zu besteigen; aber eine mehrjährige Festungshaft wurde bald darauf
über ihn verhängt, durch welche offenbar, um mit Mephisto zu sprechen, „der
Lümmel zahm wurde". Jahrelang traten die Gebrüder Bauer, nachdem die
Kritik ihre letzten Trümpfe ausgespielt hatte, ins Dunkel zurück, bis sie wieder
auftauchten als Mitarbeiter der „Kreuzzeitung" und des Wagnerschen Staats-
lexikons. Bruno Bauer hat noch einige geistvolle Monographien, wie diejenigen

über „Rußland und das Germanentum" und ſpäter über die „Bismarckſche Aera"
veröffentlicht, doch Edgar iſt ſogar ganz in das orthodoxe Lager übergegangen.
Das war das Ende der Junghegelſchen Poltergeiſter, die im Verein der „Freien"
ihr Weſen trieben.

Doch es waren außer den tonangebenden Führern noch manche gute Köpfe
in dieſem Kreiſe. Ihre Namen ſind jetzt meiſt vergeſſen, wie derjenige Buhls,
der in ſeiner Schrift: „Ueber die Herrſchaft des Geburts- und Bodenprivilegiums
in Preußen" ſich als ein tüchtiger Kenner des preußiſchen Staatsrechts und als
ein Schriftſteller von einſchneidender Logik bewährt hat. Einer der Stillſten, der
aber in der Gegenwart wieder von den Toten auferweckt, eine weiterreichende
geiſtige Wirkſamkeit ausübt, war Dr. Kaſpar Schmidt, der unter dem Pſeudonym
Max Stirner das Werk „Der Einzige und ſein Eigentum" herausgegeben hatte.
Er war Oberlehrer an höheren Berliner Unterrichtsanſtalten geweſen und hatte
ſich zur Ruhe geſetzt; ich weiß nicht, ob freiwillig oder auf einen Wink von
oben. Mit ſeiner Gattin, Marie Daenhard, die den Kneipnamen Marius Daenhardius führte, war er häufig in der Geſellſchaft der Bauer; ſie trank Bier,
rauchte Zigarren und war wie die andern Damen dieſer Geſellſchaft gefeit und
gepanzert gegen die ſchlimmſten Waffen des Cynismus. Darin beſtand aber
ihre ganze Emanzipation. Im übrigen machte das Schmidtſche Ehepaar den
Eindruck einer ſoliden bürgerlichen Ehe; da war von etwas Demimonderiſchem
in keiner Weiſe die Rede. Ich beſuchte ſie auch öfter in ihrer Wohnung und
wurde der Vertraute ihrer Privatangelegenheiten und finanziellen Spekulationen.
Da hatten ſie ihr kleines Vermögen gleichſam in Ziegenmilch angelegt und einen
kleinen Stall mit ſolchen Milchſpenderinnen angefüllt. Um das Befinden dieſer
Damen, von denen manche bei der Stallfütterung nicht recht gedeihen wollten,
drehte ſich oft die Unterhaltung; denn ſie waren ein „Eigentum" des „Einzigen",
das dieſem oft viele Sorgen machte. Auch ging ich öfter mit Marius Daenhardius und dem Einzigen im Tiergarten ſpazieren, nicht ohne mit ihm über
einige ſeiner kühnſten Paradoxen zu rechten. Das Buch hatte damals viel Aufſehen gemacht, war längere Zeit verſchollen, hat aber jetzt neue Jünger und
Herausgeber gefunden. Das iſt wohl begreiflich, denn Stirner berührt ſich oft
in auffallender Weiſe mit dem geiſtſprühenden Originaldenker, der einen Teil
unſrer Jugend für ſich erobert hat, mit Nietzſche. Sieht man genauer hin, ſo
wird man in dem „Uebermenſchen" Nietzſches den „Einzigen" Stirners wohl
erkennen können, welcher „der ſterbliche Schöpfer ſeiner" ſich trotzig gegen die
höheren abſoluten Mächte wehrt, deren Reich ihm ein Reich der Geſpenſter iſt.
Wenn Nietzſches „Uebermenſch" jenſeits von gut und böſe ſteht, ſo ſteht der
„Einzige" Stirners dieſſeits von gut und böſe, und die Ethik iſt für beide eine
preisgegebene Provinz. Nur in der Form iſt Stirner ſyſtematiſch, während
Nietzſche aphoriſtiſch iſt. — Im ganzen iſt es dem Einzigen mit ſeinem Eigentum
ſchlecht ergangen: er mochte den Weltgenuß noch ſo ſehr als Selbſtgenuß hin-
ſtellen, er iſt zu beiden wenig gekommen, und auch Marius Daenhardius hat ſich,
wie ich aus einem ſpäteren Briefe erfuhr, mühſam durchs Leben ſchlagen müſſen.

Mein im ganzen spärlicher Verkehr mit den „Freien" wurde indes doch bemerkt. Eines schönen Tages wurde ich vor den Oberstlieutenant citiert im Ordonnanzanzug; es war etwas Wichtiges eingelaufen, ein Schreiben vom Kriegsministerium, das sich mit meiner so subalternen Persönlichkeit beschäftigte. Der Kriegsminister war von der Polizei auf frühere Gedichte von mir aufmerksam gemacht worden und hatte dem Kommandeur unsers Bataillons befohlen, mich beobachten zu lassen und im Notfall unter strengere Kontrolle zu stellen. Das teilte mir dieser höchst undiplomatisch mit, als ehrlicher Soldat, der für die geheime Polizei kein Talent besitzt. Er habe mich nun beobachten lassen, und man habe ihm mitgeteilt, daß ich mit einigen zu freisinnigen Gelehrten Umgang habe; ich solle solchen Umgang vermeiden, sonst würde er genötigt sein, eine strengere Kontrolle eintreten zu lassen; ich erklärte nun, daß ich hauptsächlich mit königlichen Offizieren umgehe, nannte Buschbeck, Ollech, Kalkstein, Namen von bestem Klange, denn sie waren nicht nur Lehrer an der Kadettenschule, sondern auch zum Teil Lehrer der Prinzen. Das stimmte sofort meinen Chef milde, und er zerschmolz in eine gemütliche Sittenpredigt, zu der er sich offenbar vorbereitet hatte, denn sie war wohlgesetzt und tadellos mit Ausnahme des Berliner „sind", das sich für „sein" bisweilen einschlich. Nur ließ er sich zu sehr auf allgemeine Fragen ein, sprach über Poesie, Philosophie, Politik, wovon er natürlich als mein Vorgesetzter mehr verstand als ich. Ich stand in militärischer Haltung, den blitzenden Helm auf dem Kopf voll Gedanken, ohne mich im geringsten zu einer Offenbarung meiner Ueberzeugungen zu verstehen, obschon der Oberstlieutenant mehrmals anklopfte und innehielt; ich erwiderte bloß „sehr wohl" und „zu befehlen", mit der nötigen militärischen Kürze, was sich spaßhaft genug machte.

Die Sache schlug indessen ganz zu meinen Gunsten aus; der Oberstlieutenant wandte sich an Kalkstein und ersuchte ihn um Auskunft über mich, und dieser, ein sehr gewandter Stilist, antwortete in einer längeren Epistel, die voll meines Lobes war, dabei aber das punctum saliens, die politischen Anschauungen, gar nicht erwähnte! Der Oberstlieutenant gewann die schmerzliche Ueberzeugung, daß er mir Unrecht gethan, schickte jenen Brief mit einem glänzenden militärischen Zeugnis an das Kriegsministerium — und seitdem ruhten alle Wälder!

Ich glaube indes wirklich, daß ich das Zeugnis verdient habe; ich war sehr pünktlich und gewissenhaft im Dienst und zeigte bei den Felddienstübungen einiges militärische Verständnis, das ich mir schon in Coblenz beim Studium der Werke aus der Brigadebibliothek erworben. Dies trat natürlich immer mehr hervor, je höher ich auf der Leiter soldatischer Beförderung aufrückte. Nach einem halben Jahre war ich wie meine andern einjährigen Kameraden Unteroffizier und konnte mit Stolz durch die Straßen der Stadt Berlin spazieren; denn die größten Gardisten mußten an die Mütze greifen, wenn ich mit meinen blanken Tressen ihnen begegnete. Jetzt kommandierte ich die Wachen, vor denen ich früher Posten stand — und dies war an sehr kalten Tagen keine Sinekure gewesen. Ich besinne mich, daß ich als Schildwache vor der Bank, vor Kälte

klappernd, zwei Stunden hin und her ging. Und dabei hatte ich noch andre
Beängstigungen; denn einer meiner Stiefel trug ein ziemlich zerrissenes Ober-
leder zur Schau, und wenn ich vor einem vorübergehenden Lieutenant schulterte,
hegte ich immer bange Befürchtungen, sein Blick möchte auf meine defekte Fuß-
bekleidung fallen. Doch die Herren hatten alle außerdienstliche Gedanken und
kümmerten sich weder um die zerrissenen Stiefel noch um die erfrorenen Nasen
der Schildwachen. Bei einer sibirischen Kälte mußte ich vor der Spittelmarkt-
wache als Posten vor dem Gewehr auf und ab spazieren. Drinnen aber stand
eine dampfende Bowle auf dem Tisch, und mildthätige Kameraden kamen heraus
und labten mich in aller Eile mit dem erquickenden Trank; da kam aber doch
ein Lieutenant allzu rasch um die Ecke und fuhr auf diese Samariterdienste mit
einem Donnerwetter los, das um so kräftiger war, als unsre Kommißmäntel
nicht die Abzeichen des Einjährig-Freiwilligen trugen und wir daher ganz wie
andre gemeine Soldaten behandelt wurden. Auch an Irrtümern und Miß-
verständnissen fehlte es nicht. So rief ich einmal als Posten vor dem Gewehr
am Kottbuser Thore die Wache heraus, als der Polizeipräsident in Uniform
vorüberritt — ich hielt ihn für einen General.

Ueber diese Abenteuer der Schildwachen war ich nun als Unteroffizier
erhaben — da kommandierte ich die Wachen selbst und hatte besonders mehrfach
die Kasernenwache unter mir. Da saß ich nun im Wachlokal, studierte des Nachts
bei einer Beleuchtung, die sich sehr zu ihrem Nachteil von Gas und elektrischem
Licht unterschied, die römische Rechtsgeschichte. In diesem Studium wurde ich
oft von den Offizieren unterbrochen, die in der Kaserne wohnten und spät oder
früh dorthin zurückkehrten. Noch die Kommentare des Gajus im Kopf, öffnete
ich ihnen das Thor, ihnen und gelegentlich auch halbverschleierten Damen, die
sie mit sich hatten und die sie weder per aes et libram noch durch confarreatio,
wie es bei meinen alten Römern Brauch war, zu heiraten gedachten.

Die Felddienstübungen, wo wir bisweilen die selbständige Führung kleiner
Abteilungen hatten, waren mir am willkommensten; auch der Ausmarsch über
die Felder und durch die Wälder versetzte uns meistens in eine frische und fröh-
liche Stimmung, um so mehr, als wir jetzt unsern Offizieren näher standen und
uns besonders mit den französischen unterhielten. Da war Lieutenant v. Mandro,
ein echter schweizerischer Gentleman, vor allem aber Lieutenant v. Merveilleur,
ein wohlbeleibter Offizier, der immer durch Berlin mit einer reglementswidrig
aufgeknöpften Uniform patrouillierte, da ihm das Bedürfnis, recht ungeniert frische
Luft zu schöpfen, über alle andern Rücksichten und Pflichten ging. Er sprach
nur gebrochenes Deutsch, das oft recht drollig klang, und war von einer erstaunlichen Gutmütigkeit. Alle Wünsche der Compagnie wurden ihm anvertraut
und von ihm dem Hauptmann mitgeteilt. „Kapitän, die Leut' will nit mehr
exerziere —", das war eine seiner Liebesbotschaften, die bei unserm Compagniechef
keineswegs eine sehr freundliche Aufnahme fanden.

Kommandeur des Gardecorps war damals der Prinz von Preußen, der
spätere Kaiser Wilhelm I. Bei größeren Uebungen war er oft zugegen, und

wenn er an uns vorüberritt, rief er uns seinen französischen Gruß zu: „Bon jour, tirailleurs!" Wir wußten, was wir darauf zu erwidern hatten, und mit schöner Einstimmigkeit riefen wir: „Bon jour, altesse royale!" Der Prinz von Preußen mochte mit seinen Tirailleurs im ganzen wohl zufrieden sein; nur in einer Hinsicht hegte er gegen uns ein sehr begründetes Mißtrauen: es galt unserm Parademarsch. Wir waren bei den Paraden immer die letzten, und ich besinne mich noch, wie der Prinz bei einer Parade, die er auf dem Köpenicker Felde abnahm, kurz ehe wir an die Reihe kamen, das Paradefeld verließ, so daß wir unsern Abscheu vor den geraden Linien und unsre Vorliebe für die Kurven beim Vorübermarschieren ohne Hoffnung auf seine Anerkennung nur zu unsrer eignen Beruhigung an den Tag legen konnten.

Ein Schatten fiel indes auf meine soldatische Laufbahn — das war der für einen Einjährigen doppelt empfindliche Geldmangel. Meine Tante hatte mich ganz im Stich gelassen, und auf ihre Versprechungen hatte ich gebaut, als ich mein sterbliches Teil in doppeltes Tuch kleidete. Ich hatte Compagnieschulden, die immer mehr anwuchsen — das brachte mich oft zu stiller Verzweiflung. Ein liebenswürdiger Feldwebel stundete mir möglichst lange, was ich an die Kammer und sonst an die Compagnie zu zahlen hatte. Dann griffen mir gute Bekannte und Freunde, besonders ein reicher feingebildeter Banquierssohn, unter die Arme — und entscheidende Rettung brachte mir dann das Honorar für die zweite Auflage meiner „Zensurflüchtlinge", das aus der Schweiz einlief in höchst überraschender Weise gerade, als die Leere meiner Kasse mir unheimlich zu Kopf gestiegen war und ich fast vor horror vacui Schwindel bekam. Inzwischen hatte auch mein „Robespierre" mit kleinen Aenderungen die Zensur passiert, und ich erhielt vom Graf Reichenbach ein Honorar, das allerdings meine späteren Honorare für dramatische Buchausgaben wesentlich überschritt.

In weitester Entfernung von unsrer Kaserne, nicht weit von Moabit, in der Nähe der Charité, wohnte ein kranker Student, der durch einen Markschwamm im Gesicht dem sicheren Tode geweiht war. Tag und Nacht saß er in seinem Lehnstuhl, ein aufgegebener Mann. Ich besuchte ihn mit einigen gemeinsamen Bekannten; er bedurfte in jeder Hinsicht der Pflege und Unterstützung. Da hatte sich eine stets hilfsbereite Dame eingefunden, die sich auch in litterarischen Kreisen eines großen Rufs erfreute. Am Lehnstuhl des kranken Studenten machte ich ihre Bekanntschaft; sie tröstete ihn, plauderte mit ihm und mit uns in harmloser, oft geistreicher Weise. Es war eine fast sechzigjährige Dame, doch von großer geistiger Frische. Frau v. Arnim, Bettina, das Kind, die Vertreterin einer Schwebereligion, die einst um den Zaubergreis „Goethe" ihre magischen Kreise zog, die vor kurzem durch ihre Schrift: „Das Buch gehört dem Könige" diesem die soziale Frage nahegelegt und jedenfalls Frauenstolz vor Königsthronen bewiesen hatte — hier waltete sie in stiller werkthätiger Liebe, und hier zeigte sie ihr mitleidiges Herz im schönen Licht. Auch eine andre junge Samariterin, die in der Nähe wohnte, hatte sich des armen Studenten angenommen: es war Louise Aston, die später im schleswig-holsteinischen Krieg sich als Krankenpflegerin auf den Schlachtfeldern bewährte.

Als Louise Aston, eine junge schöne Frau, nach Berlin gekommen war, umgab sie bereits ein Sagengewölk, eine gewisse Emanzipationsglorie. Was sie selbst erzählte, wurde ergänzt durch die mit trockenem Witz vorgetragenen Mitteilungen eines alten Buchhalters, der bei ihrem früheren Gatten angestellt gewesen. Louise Aston, eine geborene Hoche, war eine Verwandte des berühmten französischen Revolutionsgenerals und Tochter eines Konsistorialrats, der in jungen Jahren nach Deutschland emigriert war. Auf den Wunsch ihrer frommen Eltern wurde sie schon mit sechzehn Jahren die Frau eines Engländers Aston, eines reichen Fabrikbesitzers, der sie bei der Durchreise gesehen und von ihrer Schönheit entzückt war. Sie aber liebte ihn nicht, und es dauerte einige Zeit, ehe ihre Eltern, von den Reichtümern des wenig gebildeten Mannes geblendet, ihren Widerstand gebrochen hatten. Nun wirtschaftete sie genial und übermütig mit den Schätzen ihres Gatten, ging oft mit einem Gefolge von Freundinnen auf Reisen und machte eine Masse jugendlicher, fast studentischer Streiche, ohne sich dabei etwas zu vergeben, denn sie war zwar kokett, aber prüde dabei! In Göttingen ritt sie mit ihren Damen und den Studenten spazieren oder lud die letzteren, und zwar en masse, zu sich zu Kaffee. Da standen die Collegia bisweilen leer, denn die Studenten ließen es sich gern gefallen, von einer liebenswürdigen jungen Dame traktiert zu werden. Das Universitätsgericht wandte sich an Aston und bat ihn, seine Frau zurückzurufen, da dieselbe die ganze akademische Jugend verführe. Als der König von Hannover gestorben war und alles in tiefer Trauer ging, ließ sie sich mit ihren Begleiterinnen scharlachrote Kleider machen und kutschierte so durch die Straßen. Einmal schrieb sie gleichzeitig Briefe an zehn Verehrer, darunter befand sich ein Rittmeister, ein Geistlicher, ein Hofschauspieler, ein Student, ein Gastwirt, die sie alle zum besten hatte. Der ganze Briefwechsel wurde bei ihrem späteren Scheidungsprozeß zu den Akten gegeben, zum größten Amusement des Gerichts. Als sie mit Aston in Carlsbad war, interessierte sich Fürst Metternich für sie und lud sie beide auf seine Güter ein, wo Aston Maschinen bauen sollte, doch dieser hielt es für besser, den Auftrag abzulehnen. Auch ein preußischer Prinz gehörte in Carlsbad zu ihren Verehrern — diese Episode aus ihrem Leben hatte sie in Aufzeichnungen geschildert, aus denen später ein Roman gestaltet wurde. Die Ehe mit Aston war indes eine tiefunglückliche; mehrmals verließ sie ihn, einmal mit Zurücklassung eines Briefes, in welchem sie auf immer von ihm Abschied nahm; er ließ sie drei Tage lang in der Elbe suchen. Ein Jahr lang hielt er sie darauf als eine Wahnsinnige bei sich eingesperrt und verbannte sie dann auf seine Güter am Harz, wo er Bergwerke bei Sorge und Elend hatte. Da ritt sie fast jeden Morgen auf den Brocken, um von dort den Sonnenaufgang zu sehen, — und ein leidenschaftlicher Verehrer folgte ihr dorthin in ihre Einsamkeit. Obschon

sie sich keiner Untreue schuldig machte, gab dies doch den Anlaß zu einer Ehe-
scheidungsklage, die zu ihren Gunsten ausfiel; doch sie selbst wollte die Ehe
geschieden sehen und klagte nun ihrerseits mit mehr Erfolg. Aston wurde verurteilt, ihr eine Pension zu zahlen. In der Regel lebte sie nun bei einer Schwester
in Züllichau, doch im kleinstädtischen Philistertum konnte sie sich nicht behaglich
fühlen, und so oft es anging, kam sie nach Berlin hinüber. Das war nun
Wahrheit und wohl auch Dichtung aus ihrem Leben — welche von beiden überwog, das prüften wir nicht genau; wir standen alle unter dem Einfluß einer
anmutigen und in vieler Hinsicht genialen Persönlichkeit.

Die damalige Emanzipation der Frauen, welche schon die Jungdeutschen
auf ihre Fahne geschrieben hatten, unterschied sich wesentlich von der heutigen,
welche praktische Ziele verfolgt: eine bessere Stellung der Frau im bürgerlichen
Leben, Gleichstellung von Mann und Frau, Erweiterung ihrer Erwerbsthätigkeit.
So praktisch war man nicht in jener Zeit, wo man auch in der Politik schönen
Idealen nachjagte. Die „freien Bahnen" waren damals anders als die heutigen,
wenn sie sich auch in vielen Punkten berühren mochten. Es galt vor allem den
Protest gegen die Zwangsehen und das Eintreten für das freie Recht des Herzens
und der Leidenschaft.

Georges Sand galt damals für die Hohepriesterin dieser Emanzipation, die
sie in ihren Romanen nicht ohne Kühnheit verherrlichte, und Louise Aston schien
die Rolle einer deutschen Georges Sand spielen zu wollen. Jene hatte sich von
einem rohen Manne geschieden, auch die Aston hatte eine unglückliche Ehe mit
einem ihr verhaßten Manne hinter sich. Bisweilen, doch selten, zog sie auch
Männerkleider an wie die Pariser Aurora; doch mochte sie noch so heraus-
fordernd auftreten — es geschah stets mit Grazie und einer gewissen Vornehmheit.
Sie war weit davon entfernt, ein polterndes Mannweib zu sein: im Gegenteil,
sie hatte etwas Sanftmütiges und Feines in ihrem Wesen; sie erschien stets in
geschmackvoller, eleganter Toilette; sie machte den Eindruck einer Dame, und wenn
sie einmal bei den „Freien" erschien, so erhoben sich alle diese Cyniker, deren
Frauen und Dirnen mit der Mode auf gespanntem Fuße standen, zu höflicher
Begrüßung von ihren Stühlen.

Meine schwärmerische Jugendliebe in Breslau, die ich treu im Herzen getragen, war in Berlin erloschen: das Mädchen, dem sie galt, hatte ich wieder-
gesehen, doch der Eindruck war nicht mehr derselbe, und sie selbst hatte auch in
der langen Zwischenzeit, einer Zeit unsrer gänzlichen äußeren Entfremdung, einem
andern Sterblichen ihre Neigung zugewendet. Wohl erschien ich noch oft in
Krolls Wintergarten, einem aufblühenden Etablissement, welches auf die Berliner
große Anziehungskraft ausübte; doch mich interessierten mehr die Konzerte und
das Publikum und der innere wirtschaftliche Betrieb, da ich in alle Räume, auch
in die Küche, Zutritt hatte und das energische Walten der ältesten Tochter des
Hauses in der Nähe studieren konnte. Auch war ich jetzt ein Schützling des
alten Herrn Kroll geworden und machte auf seinen Wunsch ein Gedicht zur
Feier des Schlesierfestes, das in seinen Räumen stattfand, und vor meinem Aus-

marsch zum Manöver zeigte die Familie in jeder Hinsicht die liebevollste Fürsorge für meine Verproviantierung; doch verblaßt war das anmutige Bild meiner
Träume und ich selbst mißtrauisch geworden gegen alle „blöde Jugendeselei".
Da trat Louise Aston ein in mein Leben, erweckte in mir eine glühende Leidenschaft, um so mehr, als sie meinem eignen Emanzipationsdrang auf allen Gebieten
des geistigen und sittlichen Lebens entgegenkam und mir das Ideal eines schönen,
freien, nicht in der Ehe einphilisterten Weibes war, wie es damals den jungdeutschen Phantasien und nicht bloß den meinigen vorschwebte. Sie erschien
mir als eine moderne Aspasia — natürlich konnte sie in einer, dem Hellenismus
so fernstehenden Zeit nicht in selbstgenügsamer Harmonie dahinleben, sondern
nur im Widerspruch mit der herrschenden Sitte. Wie viel eines jungen Dichters
Phantasie auf den Gegenstand seiner Neigung überträgt und wie schwer nachher
zu sondern ist, was diesem selbst oder jener Phantasie angehört, das bedarf wohl
nicht der Erwähnung; jedenfalls ist in jener Epoche meines Lebens für viele
spätere leidenschaftliche Accorde meiner Muse der Grundton angeschlagen worden.
Louise Aston hatte, so groß auch der Zauber war, den ihre Persönlichkeit auf
mich ausübte, zugleich etwas Unpersönliches; ihr Name vertrat die Emanzipation
der Frauen, und so konnte ich auch in die unter ihrem Namen herausgegebenen
„Wilden Rosen" sehr viel Eignes mit einschmuggeln. Diese Gedichte beginnen
mit den Versen:

> „Ich begrüße euch, ihr Rosen,
> In der Freiheit milder Pracht,
> Eingewiegt von Sturmestosen,
> Großgesäugt vom Tau der Nacht.
> Nicht im traulichen Gehege,
> In des Gartens Mutterschoß;
> Ohne eines Gärtners Pflege
> Ward das Kind der Berge groß!"

Und durch alle diese Lieder ging der Protest gegen den gesellschaftlichen
Zwang, der die Rechte des Herzens einschränkt, und steigerte sich bis zur Dithy-
rambik der Orgie:

> „Schlagt die Gläser all in Scherben!
> So vergeh' die alte Welt!
> So mag sterben und verderben,
> Was das Herz in Fesseln hält!"

Der Mrs. Louise Aston waren meine beiden Liebesdithyramben „Madonna"
und „Magdalena" gewidmet, ein sehr dünnes Gedichtheftchen, das im Jahre
1845 in Berlin erschien und viel von sich sprechen machte. Abgesehen von einer
gewissen Renommage, welche mit der Sünde prahlte und trotzig den Vertretern
der herrschenden Weltanschauung den Handschuh hinwarf, hatten diese Gedichte
einen frischen Zug, die Wärme des eignen Erlebnisses und nichts Zu-
sammengequältes, auch waren sie in die gewähltere Kunstform der Otave

23*

rime und Sonette eingekleidet worden. Einzelnen Strophen fehlte es nicht an
Prägnanz:

> „Wer viel geliebt, dem wird auch viel vergeben,
> Der Born der Gnade ist unendlich reich!
> Wir sind begnadigt schon in diesem Leben,
> Wir sind auf Erden schon den Sel'gen gleich!"

Außer „Madonna" und „Magdalena" hab' ich in Berlin einige Akte meines
Dramas „Thomas Münzer" gedichtet, ein Drama, welches als das Schmerzenskind dieser Jahre betrachtet werden muß, denn sowohl in den oberschlesischen
Wäldern von Winosbel hab' ich daran gearbeitet wie in der Schützenuniform
in der Köpenicker Straße von Berlin. Das Drama ist nie im Buchhandel erschienen, nie zur Aufführung gebracht worden, ich hab' es nur mehrmals vor
größeren Versammlungen vorgelesen. Es steht wesentlich hinter „Robespierre"
zurück; es fehlt ihm die Einheit des Tons und des Stiles, welche das Revolutionsdrama besitzt. Daß Jamben und Prosa wechseln, mochte noch hingehen,
aber den lyrischen Jamben fehlt oft Mark und Kraft; sie sind zum Teil konventionell im Stil der Raupachschen Dichtungen. Die Prosa ist martiger; aber
das Grauenhafte verfällt bisweilen ins Burleske. In der Handlung ist zu viel
äußerlicher Sturm und Drang, zu viel Mord und Brand. Im ersten Akt wird
eine Kapelle in Brand gesteckt, im letzten ein Kloster. Und was den Helden
betrifft, so ist er zwar viel thatkräftiger als Ulrich von Hutten; er ist ein Führer
im Kampf; aber das giebt ihm bis zum tragischen Untergang nur eine epische
Glorie. Der unvermeidliche Nachdruck ruht auf den Gesinnungen und Ueberzeugungen; die Rhetorik wiegt vor, und an schwunghaften und schlaghaften
Stellen fehlt es in den Reden meines Thomas Münzer nicht. Im ersten Akt
wird er als Leiter einer Volksbewegung in Allstedt von dem Rate verbannt;
im zweiten erscheint er bei den Bauern des Schwarzwaldes, mit denen er sich
verbrüdert; im dritten stürzt er den Rat von Mühlhausen; im vierten richtet er
den Grafen von Hohenstein; im fünften findet die Schlacht von Frankenhausen
und das Gericht über den Bauernführer statt. Die freie Erfindung ist nicht
ohne dramatisches Leben. Johannes, ein begeisterter Jünger des Münzer, liebt
Bertha, Gräfin von Hohenstein; er wird der Münzerschen Sache untreu und
folgt ihr nach, als Page verkleidet. Herzog Heinrich von Braunschweig will
Bertha gegen ihren Willen entführen. Johannes, der dabei behilflich sein soll,
verrät ihr die böse Absicht; sie ruft ihren Bruder, den Grafen von Hohenstein,
zu ihrem Schutz auf. Dieser liebt Franziska, Münzers Schwester, die ihn für
die Sache ihres Bruders zu gewinnen suchte. Jetzt hat er Anlaß zum Bruch
mit dem Fürsten und geht in das Lager der Münzerischen über. Doch sein
Ritterstolz gerät in fortwährenden Konflikt mit den Bauern, und als er ihre
Sache für verloren hält, unterhandelt er auf eigne Faust mit dem Fürsten und
will Münzer gefangen nehmen. Der Plan wird entdeckt und Hohenstein zum
Tode verurteilt. Hier war ein mehr dramatischer Konflikt geboten, doch nicht

scharf genug ausgeprägt. Münzers Liebe zur Schwester mußte tiefer angelegt sein, dann würde die Scene ergreifender wirken. Johannes zündet inzwischen das Kloster an, in welches Bertha geflüchtet, und kehrt dann mutig zu dem tobgeweihten Münzer zurück. Am meisten dramatisch und theatralisch wirksam ist die Scene, in welcher Münzer den versammelten Rat von Mühlhausen auseinandersprengt; das beste Charakterbild aber dasjenige Pfeifers, der, ein entlaufener Mönch, als Genosse Münzers die wildesten Gelüste des Pöbels teilt und ein Anarchist de pur sang ist.

Auch ein Gedicht an die „Lichtfreunde" hatte ich verfaßt und trug es bei einem Festdiner, welches zu Ehren des Dr. Brüggemann, der nach Köln abreiste, um die Redaktion der „Kölnischen Zeitung" zu übernehmen, veranstaltet worden war. Von meinem damaligen philosophisch-radikalen Standpunkte aus erschien mir die freireligiöse lichtfreundliche Bewegung als „matte Limonade", und so stellte ich mit herausforderndem Trotz in diesem Gedicht dem Licht das Feuer gegenüber:

> „Fort mit euren frommen Kerzen,
> Schwaches Licht für schwache Herzen!
> Matter Glanz für matten Geist!
> Zu dem Feuer laßt uns beten,
> Das mit flammenden Kometen
> Durch der Zeiten Himmel kreist!"

Das Gedicht erregte damals einiges Aufsehen, und der Dr. Maucker, Privatdozent, auch dramatischer Dichter, der später ein großes Alexanderdrama verfaßte, schrieb ein Gegengedicht, das in den Blättern veröffentlicht wurde. Mir selbst schadete meine lyrische Feueranbetung nicht in meiner militärischen Laufbahn: es kam mir und uns allen zu statten, daß wir außer dem Dienst in Zivil gehen durften, eine Erlaubnis, wovon wir natürlich den ausgiebigsten Gebrauch machten, wenn wir es nicht vorzogen, uns bei den soldatischen Größen der hochgewachsenen Gardisten unsre hohe militärische Würde und die Bedeutung unsrer Treffen zum Bewußtsein zu bringen.

Doch das waren immer Ausnahmen — sonst hörte für uns mit der Köpenicker Straße der militärische Bann auf, und wir stürzten uns in schlichter bürgerlicher Tracht in das bunte Leben der Königsstadt. Ich wurde überhaupt nicht mehr beobachtet, sonst hätte man doch einigen Verdacht schöpfen müssen, als ich meine Schritte in das Hotel zur Stadt Brandenburg auf dem Gendarmenplatz lenkte, wo sich plötzlich zwei staatsgefährliche Subjekte eingefunden hatten. Es waren zwei der berühmtesten Abgeordneten der badischen Kammer, der alte Itzstein, der liberale Patriarch des Rheingaus, und der Advokat Hoecker, ein jugendlicher, feuriger Fortschrittsmann; ich war zugegen, als sie vergeblich mit der Polizei verhandelten, die ihre Ausweisung aus Berlin beschlossen hatte. Sie waren auf der Durchreise nach Stettin und hatten nichts weiter verbrochen, als daß sie der Linken der badischen Kammer angehörten. Es waren zwei Charakterköpfe, die mich lebhaft interessierten, zwei parlamentarische Größen, und solche gab es

damals in Preußen noch nicht. Der Verkehr mit ihnen war jedenfalls bedenk=
licher als derjenige mit den „Freien", welche übrigens gegen die konstitutionelle
Bewegung in Süddeutschland eine souveräne Verachtung hegten, oder mein
geselliger Verkehr im „Rütli", wo ein sehr übermütiger Ton herrschte. Er war
die Geburtsstätte des „Kladderadatsch"; die künftigen Gelehrten desselben bereiteten
sich hier in Vers und Prosa auf ihren späteren Beruf vor, und auch der be=
kannteste Zeichner entwarf hier seine ersten, oft sehr ergötzlichen Karikaturen.
Auch Titus Ulrich, der Dichter des Hoheliedes, ein gemütlicher Schlesier von
schönem Talent, der damals an radikalen Anwandlungen litt und in seinen Versen,
wie später Freiligrath, die Landwehrzeughäuser stürmte, nachher aber auf dem
Intendanzbureau des Hoftheaters lange Jahre als sehr friedlicher und tüchtiger
Beamter und ästhetischer Ratgeber saß, fand sich oft im „Rütli" ein. Erwähnen
will ich noch, daß ich mich einmal in den „Tunnel" verirrte, wo die alte Garde
der Berliner Litteraten ihre ästhetischen Ketzergerichte abhielt, wo die Gemeinde,
die sich um Ludwig Tieck versammelte und in Ernst Raupach ein hochangesehenes
Mitglied verehrte, ihre poetischen Weihestunden verlebte. Sie bestanden aller=
dings darin, daß jedes vorgetragene Gedicht von den andern Mitgliedern des
Zirkels grausam zersetzt wurde und zwar mit dem anatomischen Messer einer
veralteten Poetik. Ich teilte das allgemeine Schicksal; was ich vortrug, wollte
nicht munden, und meine einzige Genugthuung bestand darin, daß trotzdem eines
der Vereinsmitglieder einen erquickenden Trank bei mir bestellte; denn wegen
meiner kurzen Haare und meines Fracks, den ich für die feierliche Hinrichtung
angezogen, wurde ich von diesem für einen Kellner gehalten.

Inzwischen nahte der glänzende Abschluß meines Dienstjahres, das große
Manöver des Gardecorps, und ich habe es tapfer mit durchgemacht, obschon ich
bisweilen übermüdet war und mich mühselig mit fortschleppte. Die Vorzüge des
Alkohols und seine stärkenden Wirkungen lernte ich bei dieser Gelegenheit durch
manchen guten Schluck aus meiner Manöverflasche kennen; doch habe ich zeit=
lebens Schnäpse und Liqueure möglichst gemieden. Unser Nachtquartier waren
öfters Scheunen der Bauern; bisweilen biwakierten wir unter freiem Himmel
am Lagerfeuer, zusammen mit den Offizieren, von denen der eine, ein Herr
v. Gersdorf, uns soldatische Abenteuer aus dem Kaukasus erzählte, wo er den
Gebirgskrieg mitgemacht. Wenn wir uns dann morgens beim Weckruf der Trom=
peten erhoben und das Stroh aus den Augen rieben, fühlten wir uns nicht
sonderlich erquickt; bei Regenwetter räumten uns die Offiziere ein Plätzchen in
ihren Zelten ein. Viele glänzende soldatische Bilder sind in meiner Erinnerung
haften geblieben. In der Regel plänkelten wir auf den Flanken des Heeres,
oft auf den Hängen der Waldhügel, und hatten einen Ueberblick über die ganzen
kriegerischen Vorgänge in den Thalebenen unter uns. Da sahen wir einen
glänzenden Chok der Gardekavallerieregimenter, die gegeneinander ansprengten,
einen Chok, von dem die Erde dröhnte, und auch die Erstürmung eines Guts=
hofs auf einer Höhe durch den Bajonettangriff der Infanterie machte einen
bedeutenden Eindruck. Die Rückmärsche nach Berlin waren sehr ermüdend; ich

fand bei meiner Ankunft am Vormittag eine Einladung zu Theodor Mundt vor
und beſchloß, ſie anzunehmen und, nachdem ich als rauher Krieger meine
Schuldigkeit gethan, mich wieder als friedlicher Bürger der Gelehrten- und
Litteratenrepublik im Salon zu bewegen. Ich warf mich aufs Lager, um bis
zum Abend zu ſchlafen. Ich erwachte in der Dämmerung und eilte zu meinem
Kleiderſchrank, um meinen Salonfrack hervorzuſuchen. Die Uhr zeigte ſchon
auf halb acht. Als ich mit meiner Toilette beſchäftigt war, klopfte es an die
Thür, und zu meiner großen Ueberraſchung erſchien das Dienſtmädchen mit dem
Kaffeebrett. Sie brachte den Frühſtückskaffee; es war halb acht Uhr morgens,
und ich hatte nach meinen Heldenthaten eine erſtaunliche Schlafleiſtung vollbracht.

Nicht lange darauf beſtand ich mein Landwehrlieutenantsexamen mit einer
guten Nummer. Die Exercitien und Kommandos auf dem Kaſernenhof gingen
aufs beſte von ſtatten, und was die ſchriftlichen Arbeiten betrifft, ſo betrafen ſie
eine Feldbienſtübung, und ich hatte auf gegebenem Terrain die Vorpoſten zu ſehr
in die Sümpfe vorgeſchoben; doch der Hauptmann, der unſre Arbeiten über-
wachte und gelegentlich anſah, deutete noch rechtzeitig dieſen Mißgriff an und ich
rettete meine Soldaten aufs Trockene, ehe ſie ganz im Moraſt verſunken waren.
Was das beigefügte Kärtchen betrifft, ſo bewies ich nicht den geringſten Beruf
für einen Kartographen.

Nun galt es aber, zum juriſtiſchen Doktorexamen die letzten Schritte zu
thun; ich beſchloß, dasſelbe in Königsberg zu machen. Das Kultusminiſterium
war diesmal ſehr entgegenkommend und rechnete mir das Semeſter in Breslau
an, obſchon ich dort nicht immatrikuliert geweſen war.

Die Königsberger Fakultät ließ mich zum Examen zu; da gab es zunächſt
zwei harte Nüſſe zu knacken, zwei größere lateiniſche Arbeiten, eine aus dem
römiſchen, eine aus dem kanoniſchen Recht. Die letztere hatte ein kurioſes Thema;
ſie handelte „de presbytero non baptizato", und dieſer nicht getaufte Prieſter
machte mir einiges Kopfzerbrechen, obſchon das corpus juris canonici mir mit
einem ganzen Titel zu Hilfe kam. In die Geheimniſſe dieſes corpus juris vertiefte ich mich auf der königlichen Bibliothek, deren Bücherſchätze ich für meine
beiden Arbeiten benutzte.

Ich blieb, nachdem ich die grüne Uniform abgelegt, noch zwei Monate in
Berlin, um die freie Luft der Reſidenzſtadt ohne jede Beimiſchung mit Kommiß-
geruch zu genießen und um dem geſellſchaftlichen Verkehr mich als ein Glücklicher hinzugeben, dem keine Stunde der Kaſernenuhr ſchlägt.

Als ich meine beiden Arbeiten, von denen jede einen anſehnlichen Umfang
hatte, in einem, wie ich glaubte, tabelloſen Latein vollendet hatte, da ſtieg ich in
die Poſtſchnecke, die mich durch die Tuchelſche Heide nach Königsberg tragen
ſollte. Der Tage drei und drei der Nächte mußten dieſem Reiſevergnügen in
dem alten raſſelnden Kaſten geopfert werden.

So lag ein merkwürdiges Jahr meines Lebens hinter mir, das die ſchroffſten
Kontraſte bot: auf der einen Seite die ſtrengſte ſoldatiſche Pflichterfüllung mit

regelmäßigem Avancement und besten Zeugnissen, auf der andern den Verkehr in jenen Kreisen, in denen die vollste Emanzipation des Geistes und des Herzens auf der Tagesordnung stand. So war ich zwischen der Scylla einer straffen Disciplin und der Charybbis ungezügelter Leidenschaft des Denkens und Fühlens, ohne Anstoß zu nehmen, glücklich hindurchgeglitten.

Naturwissenschaftliche Revue.

Physiologische Optik. — Lokalisation der geistigen Vorgänge. — Höhlenfauna. — Pracht-finken. — Einheimische Stubenvögel. — Einheimische Finkenvögel. — Schädliche Vögel. — Reptilien und Amphibien der österreichischen Staaten. — Katzenbuch. — Staubengewächse. — Lehrbuch der Botanik. — Der Pflanzenfreund. — Bäume und Sträucher des Waldes. — Alpenflora. — Afrikanische Bestandteile der Schweizer Flora. — Insektenfressende Pflanzen. — Zersetzung organischer Stoffe und Humusbildung. — Geologisches über Salpeterbildung vom Standpunkt der Gärungschemie. — Plantagebau in Kamerun. — Geologie der deutschen Schutzgebiete. — Unsre Heimat in der Eiszeit. — Menschenspuren im Interglacial. — Das Sumpferz. — Die Erdrinde. — Javas Feuerberge. — Aus China. — Samoa. — Deutsch-Südwestafrika. — 1001 Tag im Occident. — Das heutige Rußland. — Das heutige Griechenland. — Reisebilder aus dem Orient. — Der Gotthard. — Wissenschaftliche Ballon-fahrten. — Wunder des Himmels. — Handwörterbuch der Astronomie. — Strahlende Sonnen. — Mikroskopische Analyse. — Geschichte des Eisens. — James Watt. — Philipp Melanchthon. — Misrachi. — Grundlagen unsrer Herrschaft über die Zahlen. — Der heutige Stand des Rechenunterrichtes in der Volksschule.

Nachdem Kant gezeigt hatte, daß aller unsrer Erkenntnis eine Kritik der Art und Weise, wie sie erhalten sei, vorausgehen müsse, wenn sie wirklich objektiven Wert haben sollte, da schien es nicht anders möglich, als daß die Philosophie mit Eifer den ihr so gewiesenen Weg betreten würde, daß eine neue Epoche für sie anbrechen müsse. Indessen erwies sich diese Aussicht als trügerisch. Die Philosophie lenkte nach Kant sogleich wieder in ihre alten Bahnen ein, und die große That des Königsberger Weisen wäre wirkungslos geblieben, wenn nicht die Naturwissenschaft sich die gegebene Anregung zu eigen gemacht hätte. Schien doch der Kritik unsers Erkenntnisvermögens vor allem eine solche vorausgehen zu müssen, welche sich Rechenschaft gab über die Art, wie unser Denken seinen Inhalt bekomme. Dazu mußte aber in erster Linie die Natur unsrer Sinne ergründet werden, und es war Helmholtz, der diese Arbeit unternahm, zu ihrer Lösung als Physiker, Mathematiker und Physiolog gleichmäßig befähigt. In zwei großen Werken, dem Handbuch der physiologischen Optik und der Lehre von den Tonempfindungen, legte er die erhaltenen Ergebnisse nieder, die nur wenig der Aufklärung Bedürftiges auf den betreffenden Gebieten noch bestehen ließen. Erschien von dem letztern, weniger umfangreichen Werke schon vor längerer Zeit die zweite Auflage, so ist diese für die physiologische Optik[1]) erst vor kurzem notwendig geworden. Doch war es dem

---

[1]) H. von Helmholtz. Handbuch der physiologischen Optik. 2. Aufl. Hamburg und Leipzig, Leopold Voß. 51 M.

.großen Forscher nicht vergönnt, sie selbst bis zum Ende zu bearbeiten. Sein am 8. September 1894 erfolgter Tod nahm ihn mitten aus seiner Arbeit, die erst zum Teil vollendet war. Das übrige ist mit wenigen Zusätzen, die sein Schüler Arthur König, der auch die Herausgabe besorgte, einfügte, der ersten Auflage entnommen. Ihm verdankt man auch die fast zweihundert Seiten umfassende Uebersicht über die gesamte physiologisch-optische Litteratur bis zum Jahre 1894, die der neuen Auflage einen erhöhten Wert verleiht. Helmholtz' Bedeutung hat kein Geringerer, wie der nun auch von uns geschiedene Du Bois-Reymond vor kurzem von neuem dargelegt. Er hatte wohl recht, wenn er zum Schlusse die Befürchtung aussprach, daß eine Erscheinung wie die seines Freundes wohl niemals wieder möglich sein dürfte.

So waren die Funktionen und Fähigkeiten unsrer Sinne erforscht und klar gelegt. Es blieb noch übrig, den Anteil, den das Gehirn an unserm Geistesleben nimmt, festzustellen. Mit dieser Aufgabe, von der freilich dahinsteht, ob uns je ihre Lösung beschieden sein wird, ist die Wissenschaft nunmehr eifrig beschäftigt. Namentlich hat Flechsig[1]) in einer schön geschriebenen Abhandlung gezeigt, daß sich im Aufbau des Geistes die Architektur der Großhirnrinde wiederholt, durch deren Vermittlung zunächst Sinnesempfindungen zu stande kommen. Sie sind streng lokalisiert, und da sich die Sinnesleitungen zuerst entwickeln, so lassen sie sich im Gehirne des Neugeborenen völlig isoliert auffinden. Zwischen den ihnen gehörigen Sphären liegen aber andre Rindengebiete, welche die Erregung jener Sphären associieren, die Vorstellungen äußerer Gegenstände und deren Wortklangbilder sammeln und verknüpfen. Sie vermitteln also das positive Wissen und sind somit der Träger dessen, was die Sprache Geist nennt.

So viel neue Erkenntnisse, so viel neue Rätsel, von denen es dahingestellt bleibt, ob sie jemals ihre Lösungen finden werden! Das Geheimnisvollste aber ist das Offenbarste, nämlich die Entwicklung dieses unsers kostbarsten Organes aus viel weniger leistungsfähigen, ja aus den allerunscheinbarsten Anfängen in der Reihe der Lebewesen. Können wir diese Entwicklung des Gehirns auch noch nicht in ihren Einzelheiten verfolgen, so ist das doch bereits möglich bei der Beobachtung leichter zugänglicher Organe, wie die Vordergliedmaßen der höheren Wirbeltiere, deren Fortbildung Braun[2]) in interessanter Darstellung klarlegt. Mit Staunen verfolgt man, wie Knochen verwachsen, verschwinden, in geringem Maße beim Menschen, viel ausgiebiger bei den Huftieren, wie auf solche Weise aus derselben Wurzel so verschiedene Gebilde wie unsre Hand und der Vorderfuß des Pferdes entstehen. Andrerseits giebt es aber auch Fälle, wo hoch entwickelte Organe wieder Rückbildungen erfahren. Dabei liegen die Verhältnisse freilich nicht immer völlig klar. So hatte man die meist augenlosen Höhlentiere von Tieren, die Augen besaßen, herleiten zu müssen geglaubt. Nun zeigt aber Hamann,[3]) daß viele dieser Tiere oberirdische, aber trotzdem augenlose Verwandte haben, und weist umgekehrt darauf hin, daß ein großer Teil der zur europäischen Höhlenfauna gehörigen Tiere wiederum Augen hat. Wozu sollten sie diese aber anders benutzen als zum Sehen, und so hält der genannte Forscher es für möglich, daß die Höhlenwände und -decken doch etwas Licht hindurchließen, welches, für uns nicht mehr wahrnehmbar, für jene noch genügende Helligkeit gebe. Seien demnach die Augen bei einigen dieser Tiere rückgebildet, so sei daran nicht die Dunkelheit schuld, sondern die Möglichkeit, das Auge durch ein andres Sinneswerkzeug zu ersetzen, wie man denn beobachten kann, daß solche augenlose Tiere doch auf gewisse Entfernungen hin Wahrnehmungen machen können. Man erstaunt über die verhältnismäßige Menge der in Höhlen vorkommenden

[1]) Flechsig. Lokalisation der geistigen Vorgänge, insbesondere der Sinnesempfindungen. Leipzig. Veit & Co. 1,60 M.

[2]) Braun. Die Umformung der Gliedmaßen bei den höheren Tieren. Nr. 238 der Sammlung der von Virchow & Wattenbach herausgegebenen gemeinverständlichen wissenschaftlichen Vorträge. Hamburg. Verlagsanstalt und Druckerei. A.-G. (vormals J. Richter). 80 Pfg.

[3]) O. Hamann. Europäische Höhlenfauna. Jena, H. Costenoble. 14 M.

Arten, die in ihrer Ernährung in letzter Instanz auf solche Pflanzenstoffe angewiesen sind, welche, im Licht gewachsen, in die Dunkelheit gelangten; denn außer einigen Pilzen vegetieren keine Pflanzen in den Höhlen.

Schön sind die Tiere freilich nicht, die fern vom goldenen Licht ihr Leben verbringen. Was nützte ihnen auch eine Farbenpracht, die doch nie gesehen wird! Das menschliche Auge aber schwelgt in dem heiteren Reiche der Farben, und so wählt sich der Liebhaber zu Stubengenossen mit Vorliebe die Prachtfinken Südasiens, Afrikas und Australiens, denen außer ihrem prachtvollen Gefieder die Tugend der Genügsamkeit zukommt. Seit die Matrosen gefunden haben, daß sie die letztere zur Seereise unter Verhältnissen, die andre Tiere nicht ertragen würden, befähigt, kommen die schönen Tierchen in Menge auf den europäischen Markt und bei dem billigen Preis oft in den Besitz von gänzlich Unerfahrenen. Für diese ist es ein Bedürfnis, sich über ihre Namen, Lebensweise und so weiter Rats zu erholen. Den aber giebt das Buch von Kloß[1]) in ausreichender und verständlicher Weise, indem es sich über Eingewöhnung, Ernährung und Krankheiten der niedlichen Geschöpfe verbreitet. Aber ähnliche Bedürfnisse empfindet der, welcher unsre einheimischen Sänger zu liebenswürdigen Stubengenossen erwählt. Ueber ihre Haltung unterrichtet ihn die kleine Schrift von G. Müller[2]) oder in eingehenderer Weise das Buch von Zürn,[3]) während die Pflege der einheimischen Finkenvögel insbesondere Walter[4]) behandelt. Es kann nicht genug hervorgehoben werden, daß derjenige, der den Vogel seiner Freiheit beraubt, ihm als Ersatz dafür unbedingt für Verhältnisse sorgen muß, in denen er, gesichert vor Feinden und Unbill aller Art, sein Leben zur Freude seines Besitzers zu führen im stande ist. Wie oft aber geschieht dies nicht, in den bei weitem meisten Fällen aus Unkenntnis, und so ist es sehr erfreulich, die Mittel namhaft machen zu können, die solchen Fehlern vorzubeugen bestimmt sind.

Aber nicht nur die gefangenen, auch die Vögel, die uns in der Freiheit begegnen, wollen wir kennen lernen, und diesem Wunsch kommen die mit schönen Abbildungen versehenen Bücher Köhlers[5]) zu Hilfe. Der Beschreibung und Abbildung der nützlichen Vögel, von der eine frühere Revue berichtete, hat er nun die der schädlichen Vögel folgen lassen, nicht etwa um zu ihrer Verfolgung anzureizen, sondern um das Interesse für sie zu erwecken, von denen kaum eine Art schlechthin schädlich ist. Sie werden in schönen, naturgetreuen Abbildungen vorgeführt; schade, daß auch, wie bei dem frühern Werke, der Naturwahrheit der Bilder in sehr vielen Fällen durch das Weglassen der Schlagschatten Eintrag geschehen ist. Namentlich zur Benutzung in Schulen, die nicht über viel Mittel verfügen, wird das hübsche Werk sich besonders eignen.

Nicht minder wichtig ist es, die Reptilien und Amphibien, denen wir draußen begegnen, kennen zu lernen, um so mehr, als uns einzelne von ihnen, wie die Vipern, verhängnisvoll werden können. Dazu leitet in vorzüglicher Weise die von Werner[6]) verfaßte Schilderung der Vertreter dieser Tiergruppe an, welche die österreichischen Staaten bewohnen. Sie enthält alle dazu gehörigen Bewohner Deutschlands; daneben eine Menge andrer und ist noch besonders dadurch überaus brauchbar, daß sie auch Anweisung für ihren Fang und ihre Haltung in der Gefangenschaft giebt.

Viele dieser Tiere teilen mit den Katzen das Schicksal eines durch der Parteien Haß und Gunst entstellten schwankenden Charakterbildes. Sind die einen von der Falschheit Leiseschlichs überzeugt, so verehren andre — nach dem uralten Vorbild der Aegypter —

---

[1]) Fr. Kloß. Die Prachtfinken. Leipzig, Expedition der Geflügelbörse (K. Freese).

[2]) G. Müller. Die beliebtesten Stubenvögel. Leipzig, A. Twietmeyer, 1,50 M.

[3]) Zürn. Die einheimischen Stubenvögel. Leipzig, Expedition der Geflügelbörse (K. Freese). 2 M.

[4]) Walter. Unsere einheimischen Finkenvögel. Leipzig, A. Twietmeyer.

[5]) Köhlers schädliche Vogelarten. Gera-Untermhaus, Fr. Eugen Köhler.

[6]) Werner. Die Reptilien und Amphibien Oesterreich-Ungarns und der Occupationsländer. Wien, A. Pichlers Witwe und Sohn.

diese Tiger im Kleinen mit abgöttischer Schwärmerei. Das ist freilich erklärlich genug. Während der Hund der getreue Sklave des Menschen geworden ist, sich bis zum Aufgeben seiner Eigenart unterordnet, bewahrt die Katze eigensinnig ihre Selbständigkeit und vergilt Gleiches mit Gleichem, indem sie den Menschen, der sie benutzt, auch ihren Wünschen unterzuordnen sucht. Man muß ihr oft den Willen lassen, wenn man mit ihr in Frieden auskommen will, aber sie entschädigt durch ihre Schönheit und die Liebenswürdigkeit, die sie entfalten kann. Hierfür legt Bungart[1]) in seinem illustrierten Katzenbuch Zeugnis ab. Hätte er auch hinsichtlich der beigebrachten Anekdoten kritischer verfahren müssen, so wird sich jeder an den schönen Abbildungen freuen, an den liebevollen Schilderungen ergötzen, wenn es ihn auch überraschen wird, einer Viverra in einem die Katzen behandelnden Buch zu begegnen.

Tiere halten und fangen ist freilich meist recht mühsam. So wird man sich nicht wundern, daß sich so viele Menschen in ihrer Freude an der Natur lieber an Blumen und Pflanzen halten. Viel geringer sind die Ansprüche, die die Kinder der verjüngten Au an ihren Wirt machen, und doch bringen sie, an denen jede kleinste Einzelheit, jede Krümmung des Blumenblattes, jeder Einschnitt in die Blattfläche für ihre Lebensäußerung von Bedeutung ist, so viel in seiner Zweckmäßigkeit Wunderbares zur Anschauung, daß des Staunens kein Ende ist. So sind alle Werke stets willkommen, welche Anweisung zum Halten der Pflanzen geben oder die Möglichkeit gewähren, sie genau kennen zu lernen.

Den ersten Zweck verfolgt hinsichtlich der Staudengewächse das hübsche Buch von Grabbe,[2]) deren Kultur und Pflege es lehrt, und von denen 24 Tafeln sehr gute Abbildungen geben. Eine Uebersicht des natürlichen Systems läßt ihre Stellung in demselben erkennen, vorgeführt werden sie nach ihrer Verwendbarkeit für Beete, im Rasen, als Einfassungen und so weiter. So wird der Gartenliebhaber wie der Gärtner zu diesem Werke als schätzenswertes Hilfsmittel greifen. Zwei Lehrbücher von Meyer[3]) und von Lutz,[4]) letzteres bereits in zweiter Auflage, dienen zur Orientierung auf botanischem Gebiete, ersteres für Landwirtschaftsschulen und andre höhere Lehranstalten, letzteres auch für den Liebhaber bestimmt. Denn Meyers Schrift verbreitet sich in kurzer, klarer Darstellung über Morphologie und Anatomie der Pflanzen ebenso, wie über deren Systematik, nimmt auch besonders Rücksicht auf die angebauten und die unter diesen als störende Unkräuter vorkommenden Pflanzen, sie in zahlreichen sehr schönen Abbildungen vorführend, während das Lutzsche Buch viele meist gut kolorierte Abbildungen bietet und Anleitung zum Sammeln, Trocknen und Aufbewahren im Herbarium giebt. Der Forstmann wiederum, wie der sich für die Bäume und Sträucher des Waldes interessierende Laie wird die Fortsetzung des großen Werkes von Hempel und Wilhelm[5]) über diese herrlichen Gewächse, die alles über sie Wissenswerte beibringt und von selten schönen farbigen Tafeln begleitet ist, mit Freuden begrüßen. Die unsrer heutigen Revue vorliegende 10. bis 15. Lieferung behandelt die Erlen, Birken, Haseln, die Weiß- und Rotbuche und die Edelkastanie, die Eichen, Walnüsse und Pappeln. Da auch die weniger bekannten Holzarten und deren mögliche Benutzung, wie die längst nutzbar gemachten, ausführlich besprochen werden, hinsichtlich welcher man gegenwärtig bestrebt ist, den Kreis ihrer Verwendbarkeit zu erweitern, so muß das auch in seiner Fortsetzung früheres Lob verdienende Werk auf das wärmste empfohlen werden. Das nämliche gilt von der Fortsetzung der Alpenflora,[6]) des von Palla

[1]) Bungart. Illustriertes Katzenbuch. Berlin, Paul Parey.
[2]) Grabbe. Unsre Staudengewächse. Stuttgart, E. Ulmer. 3,60 M.
[3]) G. Meyer. Lehrbuch der Botanik. Berlin, Paul Parey. 2 M.
[4]) Lutz. Der Pflanzenfreund. 2. Aufl. Stuttgart, C. Hoffmanns Verlagsbuchhandlung (A. Bleil).
[5]) Hempel & Wilhelm. Die Bäume und Sträucher des Waldes. Wien, Ed. Hölzel, 10.—15. Lieferung, jede zu 2,70 M.
[6]) Atlas der Alpenflora. 2. Aufl. 6. und 7. Lieferung. Graz. In Kommission der Lindauerschen Buchhandlung in München.

rebigierten Atlasses, dessen 96 Tafeln in prachtvoller Darstellung unter Angabe des lateinischen und deutschen Namens, ihres Standortes und ihrer Blütezeit ebensoviele Pflanzen bringen. Die Herausgabe des schönen Werkes ist kein geringer Ruhmestitel des Vereines, der schon so viel Tüchtiges geleistet hat, und verpflichtet den Alpenwanderer wie den Botaniker in gleicher Weise zu größtem Danke. Daß gerade die Alpenflora eine der allerinteressantesten ist, nicht nur der vielen seltenen Pflanzen wegen, sondern auch um des Einblickes willen, den sie uns in längst vergangene Zeiten gewährt, haben diese Revuen oft genug hervorgehoben. Aber das nämliche gilt von der Schweizer Flora überhaupt. Sie hat Christ[1]) zum Gegenstand einer Untersuchung gemacht, deren Zweck ist, die afrikanischen Bestandteile in ihr nachzuweisen. Dreierlei Bestandteile fremder Herkunft lassen sich in ihr erkennen: ein erster, welcher Steppenpflanzen aus den Plateauländern der alten Welt umfaßt, ein zweiter, der auf den Himalaja und die südasiatischen Gebirge als Heimat hinweist, und ein dritter, der aus Afrika stammt. Der letzte gehört einem die Küsten des schwarzen Weltteiles umziehenden Gürtel an und erreicht am Kap seine höchste Entfaltung. Die einzelnen als Beweis dienenden Pflanzen werden angeführt, es sind Vertreter einer sehr alten Flora, die in Beziehung steht zum allerältesten Florenreiche der Erde, zum australischen.

Die Gestalt der gegenwärtigen Flora läßt sich nur begreifen aus einer langsamen Entwicklung, die, nimmer still stehend, sich über die ungeheuern Zeiträume erstreckt. So erklärt sich die Unsicherheit neuer bei scharfer Abgegrenztheit alter Arten, nur so läßt sich die vorhin angeführte Thatsache verstehen, daß jedes auch noch so kleinste Teilchen des Pflanzenkörpers einen bestimmten Zweck zu erfüllen hat. Der Leser dieser Revuen kennt die Beziehungen der Insekten zur Pflanzenwelt. Sieht man einen Schmetterling, eine Biene den Honig einer Blüte ausbeuten, Raupen und Larven die Blätter einer Pflanze abfressen, so erscheint uns diese als der wehrlose, leidende Teil, der alles über sich ergehen lassen muß. In wie vielen Fällen aber ist in Wirklichkeit nicht die Pflanze, sondern das Insekt der dumme Betrogene, den jene durch Anbietung von Nahrung zwingt, ihren Zwecken dienstbar zu sein. So wird sie aus dem leidenden zum leitenden Teil, ja es giebt unter den Pflanzen wahre Wüteriche, die harmlose kleine Tierchen in fürchterliche Fallen locken, wo sie elend zu Grunde gehen und dann von der Mörderin ausgesaugt werden. Diese insektenfressenden Pflanzen behandelt Salomon[2]) in einer anziehenden kleinen Schrift, die ihr Leben und ihre Fangvorrichtungen schildert, dann in einem Anhang die Familie der Marcgraviaceen anschließt, von denen einzelne Arten sich sogar so hochstehender Tiere wie der Kolibris zur Uebertragung des Blütenstaubes bedienen. Da die Insektenfresser aber keineswegs immer bei Fleischnahrung besonders gut gedeihen, so läßt sich dazu noch nicht einmal in ausreichender Weise ihre Mordlust begründen.

Im allgemeinen nähren sich die höheren Pflanzen von anorganischen Stoffen. Nur in dieser Form können sie ihre Nahrung aufnehmen, und gehörten diese Stoffe einem andern Tier- oder Pflanzenkörper an, so müssen sie erst durch Verwesung oder Fäulnis in die anorganische Form übergeführt werden. Nun ist es aber nicht einerlei, in welcher Beschaffenheit ihnen diese Nahrung geboten wird. So können sie namentlich den Stickstoff nur aus seinen Verbindungen aufnehmen, nicht wie einige niedere Organismen aus der Luft, deren besondere Fähigkeit sich jene nicht selten, wie der Leser weiß, zu nutze machen. Solche kleinsten Organismen sind aber nun auch bei der Verwesung und Fäulnis thätig, sie beschleunigen den Vorgang und sind so namentlich für die Landwirtschaft von außerordentlicher Wichtigkeit. Diese Verhältnisse setzt Wollny[3]) in einem größeren Werke auseinander, dessen Kenntnis-

---

[1]) R. Christ. Ueber afrikanische Bestandteile in der Schweizer Flora. Vortrag J. A. aus den Berichten der schweizerischen botanischen Gesellschaft. Bd. VII. Bern, J. Wyß. 0,60 M.

[2]) R. Salomon. Die Gattungen und Arten der insektivoren Pflanzen, ihre Beschreibung und Kultur. Leipzig, Hugo Voigt. 1 M.

[3]) E. Wollny. Zersetzung der organischen Stoffe und die Humusbildung mit Rücksicht auf die Bodenkultur. Heidelberg, C. Winter. 16 M.

nahme demnach für den Landwirt von größter Bedeutung sein wird. Nicht nur die Zersetzung und die sie bewirkenden niederen Organismen, wobei übrigens auch die Regenwürmer eine umfassende nützliche Thätigkeit entwickeln, sondern auch die Produkte dieser Zersetzung und ihre Aufspeicherung im Humus wird beleuchtet, endlich gezeigt, wie der Landwirt es in der Hand hat, diese Prozesse zu beeinflussen, sei es zur vorteilhafteren Benutzung der organischen Düngestoffe, sei es zur Aufbewahrung der Futtermittel.

Ob nun an der Entstehung der Salpeterarten, der sich die Pflanzen zu ihrer Nahrung bedienen, die in der Luft bei Blitzschlägen gebildete Salpetersäure Anteil nimmt, oder sie nur der Thätigkeit von Mikroorganismen entstammt, das ist noch eine offene Frage. Allerdings nicht für Plagemann,[1] der in einer überaus weitläufig und undurchsichtig gehaltenen Arbeit nur die Organismen dafür verantwortlich machen will. In solchem Maße soll ihre Wirksamkeit von Bedeutung sein, daß sie an der Bildung geologischer Formationen den wichtigsten Anteil nehmen, und daß eine neue Wissenschaft diese Verhältnisse behandeln muß, die er Geozymologie nennt. Die erste Probe derselben, die Erklärung der Entstehung der gewaltigen Chilisalpeterlager, dürfte nicht recht gelungen sein. An den Anden, in denen er entstand, soll ihn Wasser zusammengeschwemmt haben, aber der Leser erfährt nicht, warum dies nur in dem einen und bei diesem nur an einer so wenig ausgebreiteten Stelle der Fall war.

Daß die Bodenbeschaffenheit bei Kultur der Pflanzen von ausschlaggebender Bedeutung ist, geht auch aus den Untersuchungen Wohltmanns[2] über den Plantagebau in Kamerun hervor, dem er eine gute Zukunft verheißt. Der Boden ist dort durch Verwitterung von uralten Gesteinen, Granit, Gneis, kristallinischem Schiefer und Sandsteinen, zum Teil durch Zersetzung von Basalt und Grünstein entstanden. Während das Zersetzungsprodukt jener, der Laterit, nur mäßige Fruchtbarkeit zeigt, ist dasjenige dieser der ergiebigsten einer und eignet sich namentlich zum Anbau von Kakao. Raubbau ist dort das Richtige, da sich namentlich der Stickstoffgehalt rasch ersetzt. Eine Anzahl Lichtdrucke nach Photographien, die namentlich auch die einheimischen Viehrassen darstellen, sind beigegeben. Ausgiebiger behandelt Stromer von Reichenbach[3] die Geologie der deutschen Schutzgebiete, die den gemeinschaftlichen Charakter von Hochplateaus mit erhöhtem Rande tragen, vor welche sich niedriges Vorland lagert. Noch freilich fehlt es vielfach an genauen Angaben, doch ist es nach den vorhandenen bereits möglich, sich ein einigermaßen zutreffendes Bild zu machen. Die Geologie des ganzen südlichen Teiles von Afrika ist sehr eintönig. Leider spielt der Laterit eine große Rolle, über das Vorkommen nutzbarer Mineralien aber sind wir noch kaum unterrichtet. Merkwürdig ist die Spalte, die vom Schire bis zum Nyassa Ostafrika durchzieht und deren Fortsetzung das Rote Meer und die Jordansenkung bildet. Sie ist nicht sehr alt und entstand erst, als die nilotische Fauna bereits differenziert war. Eisspuren finden sich nicht, wohl aber scheint, wie auch in der Jordanniederung, sich die Eiszeit nur als ein Zeitraum gesteigerter Feuchtigkeit gezeigt zu haben.

In unsrer Heimat sah es damals freilich anders aus wie heute. In einem lesenswerten Vortrag schildert uns Wahnschaffe[4] ihre damalige Gestalt. Er zeigt, wie früher ganz Norddeutschland, sowie jetzt Grönland, unter Gletschern begraben lag, die von Skandinavien kamen und bis zum Harz und Riesengebirge reichten. Abschmelzend gaben sie den großen Flüssen Norddeutschlands ihre Richtung zur Elbmündung. Später erst durchbrachen diese, dem vom Eisrande kommenden Schmelzwasser folgend, den baltischen Höhenzug. Die als Findlinge bekannten fremden Gesteine wurden durch das Eis transportiert. Doch wichen

[1] A. Plagemann. Geologisches über die Salpeterbildung vom Standpunkte der Gärungschemie. Hamburg, G. W. Seitz Nachf, Besthorn Gebr.

[2] J. Wohltmann. Der Plantagebau in Kamerun und seine Zukunft. Berlin, F. Telge. 2 M.

[3] Stromer von Reichenbach. Geologie der deutschen Schutzgebiete. München, Oldenbourg. 7,50 M.

[4] F. Wahnschaffe. Unsre Heimat zur Eiszeit. Berlin, R. Oppenheim (G. Schmidt).

die Gletscher während der sogenannten Interglacialzeit, allerdings um später wiederzukehren, weit zurück und ermöglichten auf dem von ihnen freigegebenen Raume Pflanzen= und Tier= leben, jenes dem gegenwärtigen ähnlich, dieses jetzt ausgestorbene oder aussterbende Riesen= formen aufweisend. Doch auch Menschen belebten ihn, wenigstens hat D a m e s [1]) neuerdings ein in interglacialen Kiesablagerungen bei Rixdorf begrabenes Schulterblatt eines Pferdes gefunden, welches unzweifelhafte Spuren der Bearbeitung durch Menschenhand aufweist.

Wie nun bei uns den angebauten Pflanzen stickstoffhaltiger Dünger zugeführt werden muß, so bedürfen sie auch mineralischer Stoffe, wenn sie genügend wachsen sollen. Dazu gehört unter anderm der Phosphor, von dem die beste Thomasschlacke 18 Prozent als Phos= phorsäure enthält. Sie ist auch im S u m p f e r z oder Raseneisenstein vorhanden, dessen Entstehung durch den Lebensprozeß des Torfmooses ein Vortrag von K l e b s [2]) schildert. Namentlich die östlichen Provinzen von Preußen sind reich daran, und man hat das Erz früher auch hier und da verhüttet. Das ist jetzt freilich durch die Konkurrenz Westfalens und der Rheinlande mit Vorteil nicht mehr möglich; wohl aber dürfte er sich zur Düngung eignen, da er etwa 9 Prozent Phosphorsäure enthält. Das Eisen würde dabei nichts schaden, wenn es in durchlässigen und gut durchlüfteten Boden kommt, mit dem ebenfalls vorhandenen Wiesenkalk aber könnte man das Sumpferz aufschließen. Auch zur Herstellung von Ziegeln, wofür geeignetes Material ja im Osten vielfach fehlt, wäre diese Mischung zu brauchen.

So greift die Geologie oft genug in die praktischen Betriebe ein. Ihr Studium ist aber auch in andern Hinsichten unternehmenswert; das beweist der Abriß dieser Wissen= schaft, den S c h w i p p e l [3]) gegeben hat und der die einschlägigen Verhältnisse kurz, aber ausreichend und klar schildert, wenn man auch nicht versteht, warum der Verfasser die vielen Zusätze und Berichtigungen nicht in dem Werke vor dessen Druck angebracht hat. Auch das Verständnis und die Würdigung lesenswerter Reisebeschreibungen, die heute vorliegen, wird sie erleichtern. So zunächst die Schilderung von J a v a s F e u e r b e r g e n von K r o n e c k e r, [4]) die die Besteigung des 2380 Meter hohen, noch thätigen Vulkans Bromo und seine merk= würdige Gipfelgestaltung mit Wort, Bildern und Karten vorführt; sodann die der Reise, die O b r u t s c h e w [5]) zur geologischen Untersuchung der Mongolei unternahm, die überreich an interessanten Abenteuern und Schilderungen von Land und Leuten ist, wenn die letzteren auch nur schmutzige Chinesen sind. Sind doch jene Gegenden nur wenig bisher besucht worden. Man muß anerkennen, wie gut der Russe unsre Sprache handhabt, in unsrer Litera= tur bewandert ist, und so sei ihm um der vielen richtigen Citate willen verziehen, daß er den Schillerschen Vers von den bauenden Königen und den zu thun habenden Kärrnern — Schopen= hauer zuschreibt. Das vielumstrittene S a m o a und seine Bewohner stellt uns — zu unserm aufrichtigen Schmerze als Schwanengesang — E h l e r s [6]) dar. Wer von unsern Lesern kennte nicht die scharfe Beobachtungsgabe, die lebhafte und interessante Art zu erzählen des in Guinea zu Grunde gegangenen kühnen Reisenden! Hat auch dies sein letztes Werk, welches bereits in 3. Auflage vorliegt, etwas Zerstreutes, Unabgeschlossenes, so wird doch seine Lektüre jedem Deutschen dringend zu empfehlen sein, dem die Verhältnisse auf jener Perle der Südsee am Herzen liegen. Sie, die von Rechts wegen uns gehören müßte, steht dank einer unheilvollen Politik auf dem Punkte, uns entwendet zu werden.

Günstiger haben sich die Verhältnisse in Südwestafrika gestaltet, obwohl es dort auch bedenklich gärte. Diese und die Ereignisse, welche mit der Niederwerfung Hendrik Witbois

---

[1]) W. D a m e s. Neues Jahrbuch für Mineralogie, Geologie und Paläontologie, 1896, Bd. 1, S. 224.

[2]) K l e b s. Das Sumpferz (Raseneisenstein unter besonderer Berücksichtigung des in Masuren vor= kommenden). Vortrag. Königsberg i. Pr. Gräfe & Unzer.

[3]) S c h w i p p e l. Die Erdrinde. Wien, A. Pichlers Witwe & Sohn. 1,40 M.

[4]) K r o n e c k e r. Von Javas Feuerbergen. Oldenburg, Schulzesche Buchhandlung (A. Schwartz).

[5]) W. O b r u t s c h e w. Aus China. 2 Bände. Leipzig, Duncker & Humblot. 16 M.

[6]) O. E. E h l e r s. Samoa. 3. Aufl. Berlin, H. Paetel.

endete, hat v. Bülow[1]) als Augenzeuge in einem Buche geschildert, das binnen zwei Jahren ebensoviele Auflagen erlebt hat. In anschaulichster Weise schildert er Land und Leute des Schutzgebietes und seine politische und wirtschaftliche Lage, legt in unparteiischer Weise die Verhältnisse auseinander, die in so gefährlicher Weise verwirrt waren, bis es dem energischen und maßvollen Auftreten Leutweins gelang, Witbooi zu einem Frieden zu zwingen, der bis dahin, wie man erwarten durfte, ein dauernder geblieben ist. Es sind interessante Erlebnisse, welche an uns vorüberziehen, Jagd und Krieg, eben der gegen Witbooi, wechseln mit der Beschreibung schwieriger Fahrten, und wer das Buch gelesen hat, legt es aus der Hand mit der Empfindung, daß auch in diesem uns so wichtigen Gebiete viel gefehlt ist, was schwerlich wird wieder eingebracht werden können — man denke daran, daß der Haupteingang zum Gebiet, die Walfischbai, englisch ist — daß aber auch hier, wenn man des Verfassers Vorschläge befolgt, bescheidene Erfolge zu erzielen sind, die dem Mutterlande zu gute kommen werden. Er selbst hat sich beim Schießen auf Vögel so unglücklich verwundet, daß er, des Augenlichtes beraubt, leider nicht im stande sein wird, selbst mit Hand anzulegen.

Klärt uns dieses schöne Werk über afrikanische Verhältnisse auf, deren volles Verständnis die Zeitungsnachrichten, die wir zahlreich genug erhielten, nicht geben konnten, so leisten uns drei Bände von v. Hesse-Wartegg,[2]) die den Titel: 1001 Tag im Occident führen, dasselbe für Nordamerika, das Land, in dem Neger, Indianer und Weiße nun schon Jahrhunderte, wenn auch nicht immer friedlich, zusammenleben, das Menschenrassen, zu denen sich als vierte nun in den andrängenden Chinesen der mongolische gesellt, das Land, in dem höchste Kultur neben rohester Unkultur zu finden ist, das Land, das sich Deutschland immer feindseliger gegenüberstellt, obwohl es nicht den schlechtesten Teil seiner Bürger unserm Vaterlande verdankt. Es sind einzelne im Feuilletontone gehaltene Abhandlungen, wohl geeignet, uns die Verhältnisse, die drüben herrschen und die uns zum Teil im höchsten Grade fremdartig berühren, verständlich zu machen. Aber der Leser muß — er wird es nicht bereuen, selbst nachsehen. Neger, Cowboys und Indianer, die Prairien, Neufundland und die Goldländer Kaliforniens, Temperenzler, Juden, Chinesen und Trapper ziehen in solcher Mannigfaltigkeit an seinem geistigen Auge vorüber, daß es unsrer Revue unmöglich ist, hier einzelnes anzugeben.

Daß auch die Petroleumdistrikte durchwandert werden, versteht sich von selbst. In die am Kaspisee führt uns ein Buch von Stern,[3]) das allerdings nur aus gelegentlichen Bemerkungen erkennen läßt, daß der Verfasser selbst dort war. Ein großer Teil des Werkes ist aus älteren Schriftstellern wörtlich citiert. Neben den Petroleumfeldern behandelt es die Trachten und die Frauen im Kaukasus und die Parsentempel; es enthält die Geschichte der Apostelin Nina, das Märlein vom Alexander, schildert uns die Juden im Kaukasus, wo mächtige Fürsten ihres Bekenntnisses geblüht haben sollen, und unter dem vielen wird es ja wohl auch jedem etwas bringen. Das heutige Rußland schildert der Berichterstatter der „Neuen Freien Presse" Schütz[4]) in eingehender Weise. Das Buch ist trotz der Kühle, mit der die Deutschen bei großer Wärme für die Juden behandelt werden, sehr lesenswert. Es bringt vieles, was geeignet ist, zum Verständnis so mancher Vorgänge des großen Nachbarreiches hinzuleiten. Wenn die Russen freilich auf den innigen Zusammenhang des hellenischen Volksgeistes, der in Byzanz fortlebte (!), mit den politischen Einrichtungen Rußlands hinweisen, werden sie namentlich bei den Neugriechen selbst wenig Verständnis dafür finden. Diese schildert das allgemein lesenswerte, schön geschriebene Buch von

---

[1]) F. J. v. Bülow. Deutsch-Südwestafrika. Drei Jahre im Lande Hendrik Witbois. 2. Aufl. Mit zahlreichen Abbildungen und zwei Karten. Berlin, Mittler & Sohn. 6 M.

[2]) E. v. Hesse-Wartegg. 1001 Tag im Occident. 3 Bände. 2. Ausgabe. Dresden und Leipzig C. Reißner. 6 M.

[3]) B. Stern. Zwischen Kalpi und Pontus. Breslau, S. Schottlaender. 4 M.

[4]) Fr. Schütz. Das heutige Rußland, Momentenaufnahm. Leipzig, Duncker & Humblot. 3,60 M

Deschamps,[1] das nach den Ereignissen der jüngsten Zeit von besonderem Interesse ist.
Wenn es sich auch den Deutschen gegenüber der größten Gehässigkeit befleißigt, so hat der
Uebersetzer sehr recht gehabt, diese Stellen nicht zu unterdrücken. Man ist in Deutschland
glücklicherweise in der Lage, darüber hinwegsehen zu können und gleichwohl die lebendigen
Schilderungen der Erlebnisse des Verfassers und vor allem der Natur jenes herrlichen
Landes zu genießen. Hat doch auch das Geschick bereits dafür gesorgt, daß die Aehnlichkeit
der Griechen und Franzosen, auf die der Verfasser so oft mit Stolz hinweist, auch in dem
letzten Kriege, mehr, wie den Nachkommen des Leonidas lieb sein mochte, hervortrat!

Eine Reise in den Orient, die er unter Stangenscher Führung machte, schildert
in ebenso anschaulicher wie anspruchsloser Weise Ritter.[2] Griechenland, Aegypten und
Palästina werden besucht. Athen, Kairo, sein Museum und die Pyramiden, die Bevölkerungs-
verhältnisse im Heiligen Lande, in dem auch einige ganz deutsche Dörfer erfreulichen Eindruck
machen, werden betrachtet, das Tote Meer und seine eigentümliche Umgebung, die vielen
Erinnerungen an die in der Bibel geschilderten uralten Zeiten, treten dem Leser vor Augen,
und mit tiefer Beschämung empfindet er, daß in der heiligen Grabeskirche muselmännische
Soldaten den Frieden zwischen den griechischen und lateinischen Christen aufrecht erhalten
müssen. Gute Abbildungen gereichen dem Werkchen zur besonderen Zierde.

Aber auch näher liegendes Gute darf nicht übergangen werden, die Schilderung des
Gotthards und seiner Umgebung, die wir Spitteler[3] verdanken. Hat das elegant
ausgestattete Buch in erster Linie Interesse für den Reisenden, dem es die Eisenbahnfahrt
und die in Verbindung mit ihr zu machenden Fußwanderungen schildert, so ist doch auch von
weitgehender Bedeutung die Geschichte der Benutzung des Passes. Von 1200—1700 nur auf
der stiebenden Brücke zu passieren, wurde 1707 der Zugang zum Passe durch die Herstellung
des Urnerloches, eines Tunnelzwergs, der nun durch den gewaltigen Gotthardtunnel seinen
Ruhm und seine Bedeutung gänzlich verloren hat, ein viel bequemerer. Eine genaue Karte
unterstützt in wirksamer Weise das Verständnis der Schrift, die sich auch über die großartige
Gebirgsnatur und den so merkwürdigen Föhn verbreitet. Obwohl sich nicht überall auf
gleicher Höhe haltend, wird sie geeignet sein, unrichtige Anschauungen durch richtigere zu
ersetzen, über weniger Bekanntes genau zu unterrichten.

Seit diese und andre Höhen dem Beobachter zugänglich gemacht worden sind, hat die
Physik der Atmosphäre manche wichtige Bereicherung erfahren, doch können sich die so gewonnenen Beobachtungen nicht im entferntesten mit denen messen, welche in oder mit dem
Luftballon erhalten sind. Es hat deshalb Polis[4] den solchen Fragen nicht gleichgültig
Gegenüberstehenden einen ganzen Dienst dadurch erwiesen, daß er die Bedeutung der
wissenschaftlichen Ballonfahrten auseinandersetzte. Wie viel hört man davon und
wie wenig orientiert ist man über die damit verfolgten Zwecke! Diesem Uebelstand hilft
der Vortrag ab. Er zeigt, wie Helmholtz' Annahme der Wogenwolken, Hanns Theorie
der Entstehung der Cyklone nicht durch lokale Erwärmungen, sondern infolge des Aus-
tausches der Luft zwischen Polen und Aequator bestätigt wurden, stellt fest, daß zwei Cyklone
übereinander vorkommen können, schildert die elektrischen Verhältnisse, die physiologischen
Einflüsse der großen Höhen. Die Beschreibung der Ausrüstung des Ballons läßt erkennen,
wie große Schwierigkeiten zu überwinden waren und noch sind, um die Erkenntnisse an-
zubahnen, deren Weiterbildung wir einstweilen erst ahnungsvoll gegenüberstehen. Freilich
ergiebt sich auch die Folgerung, daß der Andréesche Plan, den Nordpol im Luftballon zu
erreichen, wenig Aussicht auf Gelingen hat.

---

[1] G. Deschamps. Das heutige Griechenland. Nach der 5. Aufl. des von der Akademie gekrönten
Originals übersetzt v. P. Martus. Großenhain i. S., Herm. Starke (C. Plasnid). 4 M.

[2] Ritter. Reisebilder aus dem Orient. St. Gallen, E. Fehr. 2 M.

[3] Spitteler. Der Gotthard. Frauenfeld, J. Huberc Verlag. 2,40 M.

[4] Polis. Ueber wissenschaftliche Ballonfahrten und deren Bedeutung für die Physik der Atmosphäre.
Aachen, Naturwissenschaftliche Gesellschaft.

Da uns diese Betrachtungen bereits recht weit von der Erde hinweggeführt haben, so wird es gut sein, sogleich auch einen Blick auf den Himmel zu werfen. Da empfiehlt sich als zuverlässiger Führer das von Weiß[1]) nunmehr in 8. Auflage herausgegebene Werk Littrows, welches die Wunder des Himmels behandelt und dessen Schluß uns vorliegt. Die Beendigung des Abschnittes über die Sonne, die Betrachtung der Planeten, Kometen, Sternschnuppen und Nebelflecke, die physische und beobachtende Astronomie bilden den Inhalt der 27 neuen Lieferungen. Namentlich interessant sind die Mitteilungen über die intramerkurialen und die kleinen Planeten, deren Zahl sich, seit sie auf photographischem Wege aufgefunden werden, ungemein vermehrt hat. Trotzdem fehlt es ihnen an Masse, um die Unregelmäßigkeiten der Marsbahn zu erklären, während die Störungen des Merkurs die Annahme jener erstgenannten Körper zu fordern scheinen. Daß diese gleichwohl nicht vorhanden sind, läßt sich mit Sicherheit behaupten, und so bleibt nichts übrig, als mit Weiß eine Modifikation der Newtonschen Gravitation oder mit Harzer[2]) das Vorhandensein für uns unsichtbarer Massen in der Nähe der Sonne und zwischen Mars und Jupiter zu fordern, hinsichtlich derer man an Kometen oder meteorische Körperchen zunächst zu denken haben würde. Man kann gespannt sein, wie sich diese Schwierigkeit dermaleinst lösen wird. Vom Handwörterbuch der Astronomie[3]) liegen die 8. und 9. Lieferung vor, in denen Herz den Gnomon, den Jakobstab und die Kometen und Meteore, Schur das Heliometer, Valentiner den Heliotrop, das Horizontalpendel und die Interpolation behandeln, Gerland den Artikel Kosmogonie beginnt. In ausführlicher, allgemein verständlicher Weise behandelt Agnes Giberne[4]) die Anwendung der Spektralanalyse auf die Himmelskörper und das Sternenuniversum. Eine Plauderei über die Geschichte der Astronomie schickt die Verfasserin voraus; anders ist der an Wiederholungen reiche, jedes tieferen Eingehens bare, von schiefen Anschauungen durchaus nicht freie Abschnitt wohl kaum zu nennen.

Von den noch vorliegenden Werken ist das eine einer ganz neuen Wissenschaft gewidmet, die übrigen beschäftigen sich mit der Geschichte technischer und mathematischer Dinge. Jenes ist das 4. Heft der organischen mikrochemischen Analyse, in welchem ihr Schöpfer Behrens[5]) die Karbonide und Karbonsäuren behandelt. Zu jenen gehört der Harnstoff, das Kreatin, sodann das Kaffein und Theobromin, deren Auffinden in Pflanzenteilen gelehrt wird, zu diesen zählen die verschiedensten Säuren, wie Essigsäure, Milchsäure, Zitronensäure und so weiter, ferner das Asparagin der Spargeln, Kumarin des Waldmeisters, Tannin der Eichenrinde und andre, deren verschiedene Reaktionen durchgenommen werden. Es wird den Leser interessieren, daß Törner[6]) neuerdings die Röntgenstrahlen zum Nachweis von Fälschungen einer Anzahl der jene Stoffe enthaltenden Waren benutzt hat.

Die neue Lieferung der Geschichte des Eisens von Beck[7]) behandelt die Eisenindustrie in den einzelnen Ländern in der zweiten Hälfte des vorigen Jahrhunderts, namentlich in Preußen, wo sie Friedrich der Große nach Kräften förderte, Graf Reden die oberschlesische Montanindustrie schuf, während die rheinisch-westfälische um die Mitte des Jahrhunderts mit Verschmelzen von Raseneisenstein ganz im kleinen ihren Anfang nahm. Weiter werden die Fortschritte der Eisenindustrie in Belgien, Lothringen, Frankreich, wo Réaumur ihr seine Thätigkeit zuwandte, Italien und Spanien geschildert. Den Mann aber,

---

[1]) Littrows Wunder des Himmels. 8. Aufl. Neu bearbeitet von E. Weiß. Berlin, Ferd. Dümmler. 14,40 M.

[2]) A. Berberich. Naturwissenschaftliche Rundschau. XII. S. 285.

[3]) Encyklopädie der Naturwissenschaften. Breslau, E. Trewendt.

[4]) Agnes Giberne. Strahlende Sonnen. Mit einem Vorwort von Mrs. Huggias. Deutsch von E. Kirchner. Berlin, Siegf. Cronbach. 4,50 M.

[5]) Behrens. Anleitung zur mikrochemischen Analyse der wichtigsten organischen Verbindungen. 4. Heft. Hamburg, Leopold Voß. 4,50 M.

[6]) Törner. Chemiker-Zeitung XXI. S. 429.

[7]) Beck. Geschichte des Eisens. 3. Abt., 6. Liefg. Braunschweig, Fr. Vieweg & Sohn. 5. M.

deſſen Genie zunächſt der engliſchen, dann der Induſtrie aller Länder zu mächtigem Aufſchwung verhalf, James Watt, hat Ernſt[1]) zum Gegenſtand einer intereſſanten Arbeit gemacht. So oft Watts Leben und Wirken geſchildert iſt, man vertieft ſich immer wieder gern in die Betrachtung dieſes Lebens voll Mühe und Arbeit, welches endlich von dem verdienten Erfolg gekrönt wurde, und ſieht mit Staunen, wie ſo manche ſeiner Vorſchläge erſt in der neueſten Zeit zu voller Würdigung gelangten.

Um einige Jahrhunderte weiter zurück führt die Würdigung Melanchthons als Mathematiker und Phyſiker von Bernhardt.[2]) Bereits 1865, gelegentlich des dreihundertjährigen Todestages des großen Reformators, verfaßt, iſt die kleine Schrift, mit einem neuen Umſchlage zur Feier ſeines vierhundertjährigen Geburtstages verſehen, von neuem zum Zeugnis für ihn geworden. Neues hat Melanchthon nicht in den genannten Wiſſenſchaften geſchaffen. Seine Größe lag darin, daß es ihm gelang, dem gewaltigen Werke Luthers die wiſſenſchaftliche Grundlage zu geben, und dazu war er bemüht, das Vorhandene auch auf mathematiſchem und phyſikaliſchem Gebiete zuſammenzufaſſen und es durch Wort und Schrift zum Gemeingut aller zu machen. Die Darſtellung dieſer Bemühungen bewahrt der allerdings etwas trocken geſchriebenen Schrift auch jetzt noch ihren Wert.

Nur wenig früher entfaltete in Konſtantinopel hinſichtlich des Rechnens der Oberrabbiner Misrachi[3]) eine ähnliche, wenn auch weitaus beſchränktere Thätigkeit, die in der Abfaſſung eines Rechenbuches gipfelte. Nicht am wenigſten intereſſant ſind die eingekleideten Aufgaben, nicht ſowohl deshalb, weil einige aus dem 1800 vor Chriſtus verfaßten ägyptiſchen Papyrus Rhind ſtammen, als vielmehr, weil ſie uns einen Einblick in das Leben und Treiben der Zeitgenoſſen Misrachis geſtatten. Aber auch das geht daraus hervor, daß unſre Art zu rechnen durchaus nicht ſo leicht iſt, daß ſie erſt ſeit etwa dreihundert Jahren in der Weiſe, wie wir es gewohnt ſind, geübt werden kann. Was uns in den Stand ſetzt, die Zahlen zu beherrſchen, unterſucht Altmannſpacher[4]) und kommt zu dem Ergebnis, daß uns die Gruppenbildung geſtattet, große Zahlen im Gedächtniſſe zu behalten, ſobann die Bildung von Reihen ungleicher, leicht unterſcheidbarer Einheiten, deren Folge wir uns feſt einprägen. Dazu ſind die Buchſtaben des Alphabets wohl geeignet, wie ſie die Römer ja auch benutzten. Unſer oder beſſer das indiſche Zahlenſyſtem iſt aber viel zweckmäßiger, da durch die Bedeutung, die der Stellung der Zahlen beigelegt worden iſt, bekanntlich alle Operationen ungemein vereinfacht werden. Ob man dabei, wie wir es thun, zehn einzelne Zeichen zu Grunde legt, ob man fünf oder zwölf nehmen würde, iſt gleichgültig, eine unabweisliche Bedingung, dieſer Art zu rechnen, iſt aber die Einführung eines Zeichens für die Null. Wie nun die großen Schwierigkeiten, die dem Lehren der Kunſt des Rechnens entgegenſtehen, überwunden werden müſſen, zeigt Griesmann,[5]) indem er ſich namentlich mit Recht gegen die elementaren Rechenbücher wendet, welche noch die alten Maße und Gewichte zu Uebungsaufgaben benutzen und die Erleichterung, welche die Dezimalbrüche gewähren, noch nicht genügend zur Anwendung bringen. Auch darin ſtimmen wir ihm vollſtändig bei, daß nicht nur Zinsrechnung, ſondern auch Effekten- und Diskontorechnung beſprochen und das Weſen des Wechſels erklärt werden müſſe. Denn es iſt ja doch zu erſtreben, daß künftighin die kleinen Beſitzer nicht mehr wie jetzt ſo oft auf unredliche Weiſe, ſei es durch Mitbürger, ſei es durch Staaten, die ihre Verhältniſſe aufzubeſſern wünſchen, ausgebeutet, das deutſche Kapital fremden, wenn nicht gar Deutſchland feindlichen Zwecken dienſtbar gemacht werde.

[1]) Ernſt. James Watt und die Grundlage des modernen Dampfmaſchinenbaus. Berlin, J. Springer. 2 M.

[2]) Bernhardt, Ph. Melanchthon als Mathematiker und Phyſiker. Wittemberg, F. Wunſchmann. 1 M.

[3]) Wertheim. Die Arithmetik des Elias Misrachi. Braunſchweig, Fr. Vieweg & Sohn. 3 M.

[4]) Altmannſpacher. Die Grundlagen unſerer Herrſchaft über die Zahlen. Leipzig, Dürrſche Buchhandlung. 1 M.

[5]) Griesmann. Der heutige Stand des Rechenunterrichts in der Volksſchule. Leipzig, Dürrſche Buchhandlung. 0,80 M.

Berichte aus allen Wissenschaften.

Philosophie.

Das wahre Gesicht des Uebermenschen.

Philosophische Ideen haben nicht häufig das Glück, so populär zu werden, wie Nietzsches Wort und Idee vom „Uebermenschen", obwohl beides, Wort und Begriff, durchaus keine Erfindung des Mannes darstellt, der „niemandem nie nichts nachgemacht". Der Ausdruck „Uebermensch" findet sich bekanntlich bereits bei Goethe in der „Zueignung",[1] ferner im Faust in den Worten des Erdgeistes.[2] Man hat Nietzsche vorgeworfen, daß er nirgends klar angebe, was er sich unter dem Uebermenschen denke, seinem Idealbild der Zukunft, das nach ihm der „Sinn der Erde" ist, dessen einst die Erde werden soll — meines Erachtens mit Unrecht. Nietzsches Uebermensch ist losgelöst von der Herde, ohne Gemeinsamkeitsgefühl, ohne Mitleid für andre, nur darauf bedacht, die in ihm liegenden Kräfte ohne Maß und ohne Zügel zur Geltung zu bringen. Nietzsche selbst bezeichnet ihn ja als die einsam schweifende, blonde Bestie, als schönes Raubtier. Die Herrscher- und Tyrannennatur dieses Raubtiers ist nichts weiter als ein notwendiges Ergebnis dieser Auffassung, eine Konsequenz des einmal gefaßten Gedankens, denn wenn ein Mensch fremd wandeln will vor den andern, wenn er die Gefühle seiner Mitmenschen nicht teilt, an ihrer Freude und an ihrem Schmerz keinen Anteil zu nehmen vermag, so bleiben ihm nur zwei Möglichkeiten — Verbannung auf den einsamen Herrscherthron oder in die Einsiedelei. Weit weniger als Nietzsche hat Goethe für die Ausgestaltung seines Bildes vom Uebermenschen gethan. Bei Goethe empfängt man nur die unbestimmte Vorstellung, daß damit eine alle andern weit überragende Persönlichkeit, ein Heros, ein Zwitterding zwischen Gott und Mensch gemeint ist, während Nietzsche seine Gestalt geradezu als Kultur- und Entwicklungsziel aufstellt.

Selbstverständlich ist der Uebermensch heute das Ziel aller derjenigen, die ein besondres geistiges Kraftgefühl wirklich in sich tragen, tragen möchten oder doch für andre zur Schau tragen. In der Politik ist der Uebermensch eingedrungen, da es zu allen Zeiten Personen gegeben hat, denen nichts willkommener ist, als wenn sie ihren ererbten brutalen Trieben ein wissenschaftliches Mäntelchen umhängen können, so daß sie diese, die sie sonst scheu verhüllen müssen, mit glänzenden Namen und Worten „Sich ausleben," „Jenseits von Gut und Böse" „Herrenmoral" belegen dürfen, so läßt sich vermuten, daß in den nächsten Jahrzehnten der Versuch häufiger gemacht werden wird, diesen Uebermenschen ins Praktische zu übersetzen. Scheint doch die neue Lehre vortrefflich als Fortsetzung und Ergänzung des Darwinismus dienen zu können, aus welchem die oben bezeichneten Seelen sofort mit merkwürdigem Instinkt den „Kampf ums Dasein" und das Ueberleben der Passendsten, Stärksten, Tüchtigsten als wissenschaftliche Stütze für ihr egoistisches Thun und Treiben herausfanden. Auch die sogenannten Praktiker, selbst die hartgesottensten Verbrecher können nun einmal eine Theorie für ihr Handeln, eine „Ratio" ihrer Thätigkeit nicht entbehren. Dem gegenüber erscheint es angebracht und nützlich, einmal dem Nietzsche'schen Uebermenschen mit der Leuchte der Wissenschaft vor das Antlitz zu treten und zu untersuchen, ob er wirklich eine Entwicklung, einen Fortschritt, ein Kulturziel vorstellt oder vielleicht das Gegenteil.

Wir stellen uns vor, daß die Menschen der Urzeit wild, einsam lebend und kampfesfroh waren. Wir finden als Kulturüberbleibsel aus grauer Vorzeit zuerst und zumeist

---

[1] Der Morgen kam rc. . . . kaum bist du sicher vor dem größten Trug . . . . so dünkt du dich schon Uebermensch genug.

[2] Welch erbärmlich Graun faßt Uebermenschen dich.

Waffen. Mehr als je hieß je in der Urzeit Mensch sein, Kämpfer sein. Mit den wilden Stürmen der Wälder, mit Blitz und Donner, mit wilden Tieren, mit seinesgleichen und am meisten mit seiner eignen Furcht und geistigen Schwäche hatte der Urmensch zu kämpfen sein Leben lang. Aber der scheue Höhlenmensch, der einsame Nomade lernte allmählich den Wert der Vereinigung mit seinesgleichen kennen. Er lernte, der Erde ihre Frucht abzugewinnen, er wurde seßhaft und friedfertig. Weil er die Vorteile der Gemeinsamkeit auch für den einzelnen begriff, bändigte er langsam seine bis dahin überwiegenden feindseligen Triebe, er hörte auf mißtrauisch, tückisch, verräterisch zu sein. Er pries nicht mehr den wilden Krieger und Mörder, sondern den friedlichen, versöhnlichen Mann, den Vater des Gesetzes, den weisen Richter des Friedens. Er fing an, sich an Erwerb, Gewinn und Eigentum zu freuen. Seine geselligen Triebe hatten den Sieg über seine tierischen, isolierenden davongetragen, die gesellige Zentripetalkraft überwog allmählich die zentrifugale.

Allein wie diese Erkenntnisse der Gesetzlichkeit und Geselligkeit zuerst nur Eigentum weniger Bevorzugter gewesen waren, so drangen sie in die Massen der Völker nur langsam ein. Immer wieder gab es Rückfälle in tierische Wildheit der Urzeit, gab es friedlose, unstete, schweifende Seelen, Kainnaturen, die auf der Welt nichts sahen als nur sich selbst, die darum Friedensstörer, Gesellschaftsverbrecher werden mußten. Meistens waren es kraftvolle, trotzige Gesellen, denen mit der Furcht vor den Göttern nicht beizukommen war wie gewöhnlichen Sterblichen, die sich vielmehr ihnen gleich, ihnen ebenbürtig dünkten, den Blitz und Donner Jupiters meinten niederdonnern zu können. In wildem Kampfe suchten sie ihre Kraft dem Zaum und Zügel der Gesellschaft zu entziehen, sie wollten kein Gesetz anerkennen als das ihrer eignen Person und ihrer Triebe, niemand wollten sie gehorchen. Aber die vielen Kleinen erwiesen sich fast stets mächtiger als die Heroen. Sie erlagen und wurden gebändigt, Verbrecher hieß man sie. · · Das ist der Sinn des Kampfes der Giganten und Titanen gegen die olympischen Götter, welche Götter des Friedens, der Gastlichkeit, Schützer des häuslichen Herdes, Erbauer von Städten, Lehrer des Ackerbaus waren. Das ist auch der Sinn der griechischen Tragödie. Große, gewaltige Personen, die, ihre Kräfte überschätzend, den Kampf gegen die noch gewaltigere, gesellschaftliche also sittliche Weltordnung aufnehmen und erliegen. Sagte doch schon Aristoteles in seiner Poetik von der Tragödie, die in ihr Handelnden müßten Größe aufweisen!

Bei aller physischen und organischen Kraft verraten die tragischen Helden und Titanen eine geistige Schwäche, eine mangelnde Fähigkeit, Bilder von der Außenwelt in sich aufzunehmen und sich mit dieser Außenwelt abzufinden, sich ihr anzupassen. Sie begreifen auch nicht, daß sie ohne diese Anpassung nicht leben können. Gerade auf diesem Mangel beruht die ungeheure Ueberschätzung ihrer Kraft und Bedeutung, sie beachten die Hindernisse nicht, weil sie sie nicht wahrnehmen, eine gewisse Stumpfheit der Sinne und des Geistes läßt sie blind voranstürmen, oft eine Bedingung des Sieges, aber ebenso oft des Unterganges. —

Wir sehen, daß Geselligkeit, Gemeinsinn, Mitleid, Anteil am Nebenmenschen im Laufe der Kultur beständig zunehmen, aber andrerseits bemerken wir auch, daß der Urtypus der Menschheit, der Mensch, in dessen Hirn und Denken die Außenwelt und also auch die übrigen Menschen nicht vertreten sind, immer wieder auftaucht. Die Vertretung der Außenwelt in unserm Gehirn macht das Gewissen aus. Gewissenlosigkeit ist ein psychischer Defekt! Und wir erleben noch eine sehr merkwürdige Erscheinung. Wenn ein Mensch in die Nacht des Wahnsinns verfällt, wenn sein früher kompliziertes Denken zurückfällt auf einfachere kindliche oder vorzeitliche (atavistische) Formen des Denkens, dann tauchen auch die früheren Ziele und Triebe der Urzeitmenschen übermächtig in ihm auf. Da er ihnen nichts von Gemeinsamkeitsvorstellungen entgegenzusetzen hat, so erscheinen ihm die atavistischen Ideen als Ideale, er bemerkt den Zwiespalt zwischen Gesellschaft, in der er lebt, und seinen Ideen, hält aber seine Denkgrundlagen für die allgemeinen und richtigen und die entgegengesetzten für falsch. Ist er zufällig Lehrer und Schriftsteller, so wird er mit jener Hartnädigkeit und Einseitigkeit, welche die Irren auszeichnet, für seine Ideen in Wort und Schrift eintreten. Dabei kommt dem geisteskranken Schriftsteller der Irrtum der Menschen zu statten, daß sie wie Polonius meinen, wenn einer toll sei, so sei er eben weiter nichts als toll, das heißt toll in allen Dingen. Das ist wissenschaftlich falsch. Irre können ein vortreffliches Gedächtnis, einen packenden Stil, eine glänzende Schreibweise haben. Lombroso[1]) sagt hierüber: „Diese kranken Genies haben einen ihnen eigentümlichen Stil, leidenschaftlich, bebend, blühend, der sie von allen andern Schriftstellern unterscheidet, vielleicht weil er sich nur unter den Eingebungen des Wahnsinnes bilden konnte.“ Und weiter (S. 337): „Der blühende, lebendige Stil aller dieser Größen, die Klarheit, mit der sie ihre allerunsinnigsten Phantastereien darlegen, wie die liliputanische Akademie oder die Schrecken des Tartarus, zeigen an, daß sie mit der Zuversicht des Verblendeten alles sehen und berühren, was sie schreiben.“

Der Uebermensch in Nietzsches Sinn, der Verächter der Gesellschaft, der Höhner des Herdenmenschen, das einsam schweifende Raubtier ist also entweder ein Wahnsinniger oder ein Rückfall, ein atavistischer Typ, der in die Zeit des allgemeinen Kampfes von Mensch gegen Mensch hineingehört, die schon zur Blütezeit der griechischen Tragödie sagenhaft geworden war. Wie bezeichnend, daß Nietzsche sich gerade von diesen Darstellungen der Auflehnung einzelner gegen die Gesellschaft in der griechischen Tragödie angezogen fühlt! Dort merkte er Geist von seinem Geist. Und wie diese Uebermenschen Rückfälle in überwundene Entwicklungsstufen der Menschheit darstellen, so wirken sie auch stets reaktionär, wo sie zur Herrschaft gelangen. Sind ihnen die Umstände günstig, so dringt ihre große geistige Energie leicht an die Spitze der Gesellschaft, wie der Fall Napoleons beweist. Auch Wallenstein, wie ihn Schiller darstellt und Karl Werder aufzufassen deutet, war ein Uebermensch, im Geiste Schillers wohl vom Auftreten Napoleons in seiner Konzeption beeinflußt. Seltsam ist, daß der Dichter des Wallenstein ausspricht: „Er fühlt, daß ihn kein Wahn betrogen, als er aufwärts zu den Sternen sah.“ Freilich ist es ein Wahn, der ihn treibt und vernichtet, ein Wahn, daß er mit dem Schicksal im Bunde sei, das ihm Fragen freistelle. Auch dieser Zug könnte von Napoleon entlehnt sein, der sich mit Vorliebe als Kind der Vorsehung bezeichnete. Richard III., Coriolan sind Typen des Uebermenschen bei Shakespeare. Sie gehen zu Grunde und müssen zu Grunde gehen an ihrem Widerspruch gegen die Einrichtungen der Natur, die den Menschen gedacht hat als Zelle im Gesellschaftsorganismus. Die Tyrannei der Uebermenschen, die alles nach ihrem Bedarf und Wunsch regulieren und formen wollen, würde die Variabilität der Rasse zeitweilig aufheben und eine zu große Uniformität im Denken erzeugen. An dem einen Uebermenschen Napoleon laboriert Frankreich noch heute.[2])

Darum, meine ich, ist der Uebermensch nicht der Sinn sondern der Unsinn der Erde. Zu der aufgehobenen Variabilität — die nur bei Freiheit der Entwicklung eintritt und beständig zunimmt zum Segen der Zivilisation und zum Glück der Nationen, die ihr huldigen — gehört notwendig ein Tyrann, ein Unterdrücker. Die allgemeine Gleichheit

---

[1]) Genie und Irrsinn. Reclamsche Ausgabe. Uebersetzt von A. Courth. S. 324. Vergl. auch ebendort S. 199.

[2]) Von Napoleon I. sagt ganz entsprechend Lanfrey (Histoire de Napoléon I. Rupture avec la Prusse. Schluß des Kapitels I). Denkt man an das wundervolle Instrument (sein Heer!), das er in Händen hatte, und an den unwürdigen Gebrauch, welchen er von ihm so lange straflos machen konnte, so fallen einem die Zauberkräfte ein, die in den orientalischen Märchen eine so große Rolle spielen. Solange der Held den Talisman besitzt, gelingt selbst das Unwahrscheinlichste ... er kennt weder Gut noch Böse, er lacht über Unmöglichkeiten ... Die Menschen sind nahe daran, diesen privilegierten, unverletzlichen Sterblichen zum Gott zu erheben, dessen erstaunliches Glück keine Thorheit, kein Verbrechen zu ändern vermag. Eines Tages wird der Talisman zerstört oder geht verloren, und auf einmal ist der Gott verschwunden. Man hat nur noch einen armen Wahnsinnigen vor sich, und man fragt sich, ob dieser vom Schicksal Erkorene nicht vielmehr ein Opfer des Schicksals gewesen ist ...

(das heißt aufgehobene Variabilität, nichts andres) muß einen allgemeinen Maßstab haben, einen offiziellen Meterstod, „wonach sich zu richten". Die Konsequenz der Gleichheit, zugleich auch ihre praktische Voraussetzung ist die Thrannis. Napoleon I. machte aus den Franzosen ebensolche gewissenlose Streber und nach äußerem Glanz (gloire!) gierige Menschen, wie er selber einer war. Freiheit und Gleichheit nebeneinander zu setzen, ist die größte Lüge, die jemals ausgesprochen worden ist. Man könnte ebenso gut Feuer und Wasser als gleichartig nebeneinander setzen. Gleichheit ist in der Natur nirgends vorhanden als in den Produkten menschlicher Willkür, vornehmlich in Zahl und Maß. Zahl und Maß aber sind der Ausdruck menschlicher Kleinheit und Bedürftigkeit gegenüber der Unendlichkeit und Unerschöpflichkeit der Natur.

Pöbelherrschaft und Thrannis gingen schon im Altertum Hand in Hand. Napoleon I. sagte (1814) mit richtiger Kenntnis der Sachlage: „Mein einziger Adel ist der Pöbel der Vorstädte", als man ihm im Beginn seines Niedergangs riet, sich auf die Aristokratie zu stützen. Auch seine Regierung löste eine Pöbelherrschaft ab, aber im Grunde veränderte sich unter ihm nur wenig. Nur die Richtung des Pöbelsinns wurde eine andre, die Zerstörung, die vordem nach innen gerichtet war, ging jetzt nach außen. Derartig defekte Geister können nur zerstören und treten in der Weltgeschichte auch stets dann auf die Bühne, wenn es etwas zu zerstören giebt, wie sich die Würmer zum Leichenschmaus einfinden. Napoleons Leiche hieß: Feudalstaat und Mittelalter.

Die mächtig erregte Volksseele in Frankreich konnte sich nach der Revolution auf einmal nicht beruhigen, genau wie wir bei Shakespeare mit wunderbarer Kunst die greulichen Morde Richards III. und des Macbeth an wilde Kriegszeiten anknüpfen sehen. Nach jedem Kriege toben die niedrigen Instinkte — zu diesen gehört auch die Kriegsleidenschaft — zunächst noch weiter, wenn auch in andrer Form. „Weil ich nicht als ein Verliebter kann kürzen diese feinberedten Tage, bin ich gewillt, ein Bösewicht zu werden." Richard beklagt es, daß die blutigen Waffen jetzt als Trophäen hängen, und führt den Krieg auf seine Weise weiter, gleichwie des Macbeth Mordgedanken nach der Schlacht mit Naturnotwendigkeit neue Objekte suchen und finden müssen.

Einige Uebermenschen verraten ein Bewußtsein ihrer schiefen Stellung innerhalb der Menschheit oder gelangen doch im Laufe ihrer Entwicklung dazu. Coriolan erklärt dem Flehen seiner Mutter gegenüber in Selbstanklage: „Hier stehe ich, als ob der Mensch sein eigner Schöpfer wär' und niemand seinen Ursprung dankte." Richard III.: „Ich muß verzweifeln, keine Seele liebt mich, und sterbe ich, wird niemand mich beweinen." Wallenstein gelangt nicht zu einer Erkenntnis seiner ὕβρις, seines Frevels an der Menschheit, ebensowenig Napoleon I., der nicht begriff, wie man ihm Verbrechen vorwerfen konnte. „Menschen von meiner Art begehen keine Verbrechen", war seine Antwort auf diese Vorwürfe. Mit großer Feinheit hat Schiller die Rächer der Gesellschaft am Wallenstein so klein, so niedrig gemacht — den Wiener Hof und die Jesuiten — eben weil sie nur Werkzeuge sind in der Hand einer höhern Macht. Können Werkzeuge anders beschaffen sein?

Lombroso bemerkt bei der Besprechung der Graphomanie, der Schreibwut Wahnsinniger, daß ihre Ziele und Gedanken einen Rückfall in Urzustände der Menschheit darstellen, ihr Denken wird wieder embryonal, wie der sich entwickelnde Embryo durch die Stadien der früheren Tierheit hindurchgeht. Sie malen Bilder, Hieroglyphen, Sprachzeichen statt der Buchstaben, denn schon die erste Buchstabenschrift war eine Stenographie. Die Tendenz zum Zerfall der Vorstellungen ist in Nietzsches Schriften deutlich. Er liefert kein System, kein Lehrgebäude, nur einzelne Bausteine.

Man hat die Sozialdemokraten vielfach verspottet, weil sie in Nietzsche, dem „Aristokraten", ihren geistigen Führer sehen. Mit grobem Unrecht! Gemeinsam ist beiden der Drang zum Zerstören. Ein Gefühl gegenseitiger Ergänzung, wie es zwischen Thrann und Gleichheitspöbel bestehen muß, führt sie zusammen. Nietzsche, in Verkennung seines Wesens, haßte die Sozialdemokraten und nannte sie Tölpel.

Nietzsches Uebermensch ist kein Aristokrat, sondern ein Parvenu, ein Empor-
kömmling schlimmster Sorte. Er benimmt sich in seiner Schilderung auch wie ein solcher.
Er ist ein Sklave, der die Ketten zerbrochen hat und nun seinerseits die andern knechtet.
Jeder freigewordene Sklave würde das gleiche thun.

Eine fremde, von der eignen grundverschiedene Individualität achten, als gleich-
berechtigt anerkennen und behandeln, kann nur der wahre Aristokrat, der selbst eine Persönlichkeit, ein Zentrum und eine Ursache ist, und da er seinerseits andre achtet, auch für sich
Achtung verlangen kann. Ein solcher Aristokrat muß für jeden bessern Menschen ein Gegenstand der Verehrung sein.

Die Gegenwart ist aus verschiedenen Gründen dem Nietzscheschen „Ideal" vom
Uebermenschen sehr günstig. Es wird doppelt gefährlich durch die wundervolle Sprache des
Zarathustra. Man muß diese Keime des Wahnsinns und Rückschritts zertreten, ehe sie
emporwachsen und zum Fluche der Zeit werden, wenn Tolle die Blinden führen. Oder
deutet das Auftreten dieses Zerstörers darauf hin, daß unsre Kultur eine Leiche birgt, die,
zur Zersetzung reif, ihrer Würmer harrt?

Berlin.   Dr. Fr. Rubinstein.

Litterarische Berichte.

**Aus dem Leben König Karls von Ru-
mänien.** Aufzeichnungen eines Augenzeugen. Dritter Band. Stuttgart,
J. G. Cottasche Buchhandlung Nachfolger. 1897.

Das vorliegende Werk ist eines der wert-
vollsten für die Geschichte der orientalischen
Frage, in welcher der letzte russisch-türkische
Krieg eine hervorragende Rolle spielt. Der
Anteil Rumäniens an diesem Kriege war
von entscheidender Bedeutung für die russischen Erfolge. — In der Heeresleitung der
russischen Armee traten solche Mängel zu
Tage, daß selbst General Totleben seine Unzufriedenheit mit derselben äußerte. — Fürst
Anton von Hohenzollern schrieb am 1. März
1877 einen Brief an den König Karl von
Rumänien, welcher im vorliegenden dritten
Bande wiedergegeben ist. In diesem Briefe
sagt Fürst Anton von Hohenzollern: „Rußland wird schwerlich große Erfolge erringen
— sollten es auch einige militärische sein, so
werden es jedenfalls keine wichtigen politischen sein dürfen; die Armee und das groß-
slavische Element werden sich mit einem
bißchen gloire begnügen müssen, während
Kaiser Alexander sich glücklich schätzen dürfte,
in friedliche und normale Verhältnisse zurückzukehren und einer Bewegung Herr zu werden, die für Rußlands Zustände von höchster

Gefahr ist. Das einzig greifbare Resultat
der russischen Initiative dürfte sein, daß das
schutzherrliche Verhältnis der Pforte zu Rumänien sich in ein solches von Rußland zu
Rumänien umwandelt." In diesem Briefe ist
die damalige Lage klar ausgedrückt, wenn
auch Rumänien nicht in Abhängigkeit zu
Rußland kam, sondern glücklicherweise seine
Selbständigkeit durch seine Waffenerfolge und
durch die diplomatische Kunst seines Fürsten
und seiner Staatsmänner erreichte. — Rumänien hat sich seit dieser Zeit zu dem
mächtigsten und blühendsten Balkanstaat
emporgeschwungen und bildet einen starken
Schutzwall gegen abenteuerliche Gelüste auf
der Balkanhalbinsel. — Den Lesern der
„Deutschen Revue" sind eine Reihe von Ab-
schnitten aus diesem Memoirenwerk bekannt,
welches zuerst in dieser Zeitschrift zu erscheinen begann. Für jeden Staatsmann
und Historiker ist dieses Werk eine wahre
Fundgrube; es bietet einen reichen Schatz
bisher noch ungedruckter und wichtiger
Dokumente für die Geschichte des russisch-
türkischen Krieges und der orientalischen
Frage. — Warme Anerkennung und Dank
gebührt dem Bearbeiter dieser reichen Sammlung diplomatischer und andrer Schriftstücke,
welche er mit vortrefflichen Kommentaren begleitet und zu einem Ganzen gestaltet hat.

— Wir behalten uns vor, später noch weiter auf dieses hervorragende Memoirenwerk zurückzukommen.

Die Grenzen der naturwissenschaftlichen Begriffsbildung. Eine logische Einleitung in die historischen Wissenschaften. Von Heinrich Rickert. Erste Hälfte. Freiburg i. B., J. C. B. Mohr.

Das Buch will über Wesen und Wert der historischen Wissenschaften Klarheit schaffen. Zu diesem Zweck bestimmt die bisher vorliegende erste Hälfte die Grenzen der Naturwissenschaft, indem von der Eigenart der naturwissenschaftlichen Begriffsbildung ausgegangen wird. Die naturwissenschaftliche Betrachtungsweise, welche die Mannigfaltigkeit der erlebten Wirklichkeit auf einfache Dinge zurückführt, ist nicht an die Grenzen der Körperwelt gebunden, sie kann auch durchaus auf seelische Vorgänge angewendet werden. Anderseits kann auch die geschichtliche Auffassung auf körperliche Gegenstände und Prozesse gerichtet werden. Es besteht also — rein logisch betrachtet — zwischen den sogenannten Natur- und Geisteswissenschaften kein Gegensatz der Objekte, sondern ein Gegensatz der Methoden; immerhin giebt es neben Gebieten, die beiden Verfahrungsweisen zugänglich sind, solche, die nur die eine oder die andre auf sich anzuwenden erlauben. — Eine Beurteilung des Werkes behalten wir uns bis zu dem Zeitpunkt vor, wo es vollständig vorliegen wird. M. D.

Die kaiserliche Politik auf dem Regensburger Reichstag von 1653—1654. Von Dr. phil. Albert v. Ruville. Berlin, J. Guttentag.

Unter Benutzung des ihm seitens des Wiener Haus-, Hof- und Staatsarchivs sowie des Berliner Geheimen Staatsarchivs zur Verfügung gestellten reichhaltigen Materials hat der Verfasser eine eingehende Darstellung der von dem habsburgischen Reichsoberhaupt Kaiser Ferdinand III. auf dem im Dezember 1652 in Regensburg zusammengetretenen und am 17. Mai 1654 verabschiedeten Reichstage verfolgten politischen Ziele gegeben. Diesem Reichstag war die große Aufgabe zugefallen, den Bestimmungen des westfälischen Friedens reichsrechtliche Sanktion zu verleihen, dieselben authentisch zu erklären und in umfassender Weise zu ergänzen. Den verderblichen Einfluß der Nachbarreiche Frankreich und Schweden abzuweisen und damit aus unserm Staatskörper das Gift auszustoßen, welches ihm zu Münster und Osnabrück samt der heilenden Arznei eingeflößt worden war, ist damals leider nicht gelungen. Dagegen ermangeln, wie der Verfasser ausführlich nachweist, so ziemlich alle Beschuldigungen, welche gegen Ferdinands Reichstagspolitik

erhoben worden sind und noch heute erhoben werden, der Begründung. Unrichtig ist demnach auch die in neueren Geschichtswerken mehrfach sich findende Behauptung, der Kaiser sei aus den Kämpfen des Reichstags im ganzen als Sieger hervorgegangen und habe seine Ziele erreicht. Diese Ansicht beruht auf einer Verkennung der kaiserlichen Intentionen, auf der irrigen Meinung, Ferdinand habe die Verworrenheit der damaligen staatsrechtlichen Zustände zu erhalten gewünscht. Was er in Wahrheit erstrebte, das hat er nur zum geringsten Teile erreicht. Das geplante Regierungssystem kam nicht zu stande, und ebensowenig gelang es, die auf Lockerung des Reichszusammenhangs hinzielenden Fragen aus der Welt zu schaffen, obwohl ihre ausdrückliche Beantwortung im antinationalen Sinne verhütet worden ist. Nur wenige Aufgaben wurden wirklich zur Lösung gebracht, und auch ihre Lösung blieb zum Teil illusorisch, weil es der Zentralgewalt an Macht gebrach, das Beschlossene wirklich in allen Punkten zur Durchführung zu bringen. Für die gut deutsche Gesinnung Kaiser Ferdinands III. legt auch die vorliegende Publikation ein neues Zeugnis ab. —g—

Ludwig XVII. Eine historische Streitfrage und ihre Lösung. Von Dr. Wilhelm Gabler. Prag. Fr. Rivnac.

Von den 37 im Laufe der Jahre in Frankreich aufgetauchten „falschen Kronprinzen", welche sich für den laut offizieller Darstellung am 8. Juli 1795 im Tempelgefängnis zu Paris gestorbenen Dauphin Ludwig Karl ausgaben, hat der nach langjährigem Aufenthalt in Deutschland, meist in der Mark Brandenburg, am 26. Mai 1833 nach Paris gekommene Uhrmacher Naundorf von Anfang an die größte und nachhaltigste Beachtung gefunden. Er trat auf unter dem stolzen Titel eines Herzogs von der Normandie und verlangte von den Behörden unter Verzichtleistung auf den Thron seiner Vorfahren lediglich die Prüfung und Anerkennung seiner Ansprüche auf Namen und Familie sowie auf seine staatsbürgerliche Erbschaft. Wie bekannt, sind alle seine Bemühungen erfolglos geblieben, nur der auf ausdrückliche Anordnung der holländischen Regierung ausgestellte Totenschein und die Aufschrift auf dem Grabstein des Kirchhofes zu Delft, wo Naundorf am 10. August 1845 starb, nennen ihn Ludwig XVII. Die durch Jules Favre in den Jahren 1851 und 1874 vor den Pariser Zivilgerichten geltend gemachten Forderungen seiner Nachkommen wurden abgewiesen auf Grund der Akten von 1795, wonach die Befreiung des Dauphin aus dem Gefängnis als ein Ding der Unmöglichkeit bezeichnet und sein daselbst erfolgter Tod als festgestellt angenommen wurde. Für diese Annahme sind hauptsächlich auch Beauchesne und Chantelauze eingetreten, während Gruau de la Barre, Otto Friedrichs („Un crime politique") und jetzt wieder Wilhelm Gabler die Identität Naundorfs mit dem Sohne Ludwigs XVI. als unzweifelhaft darzustellen versuchen. Denn nicht die Lösung einer historischen Streitfrage, wie der Verfasser seine Arbeit allzu optimistisch zu nennen beliebt, ist das vorliegende Buch, sondern, wie alle übrigen Werke und Studien über diesen Gegenstand, der Versuch einer solchen. Wenn sich der Autor für die Richtigkeit seiner Ausführungen ganz besonders auf die im Jahre 1836 in London unter dem Titel: „Abrégé de l'histoire des infortunes du Dauphin, fils de Louis XVI." erschienene Autobiographie Naundorfs beruft, welche er als ein selten gewordenes Buch bezeichnet, so ist hier festzustellen, daß der Inhalt dieser Memoiren schon von Gruau de la Barre in seinem vierbändigen Werk: „Intrigues dévoilées ou Louis XVII., dernier roi légitime de France" (1846—48) aufgenommen worden ist und somit diese Quelle den Vorzug der Neuheit für sich nicht in Anspruch nehmen kann. Daß wir mit der seltsamen Persönlichkeit Naundorfs heute noch vor einem Rätsel stehen, wie die Geschichte deren so manche aufweist, ist trotz alledem nicht zu leugnen, und wenn die offizielle „Preußische Staatszeitung" in ihrer Nummer vom 30. Mai 1836 schrieb: „Alle Versuche, welche zu dem Zwecke gemacht wurden, um die Familie und den Geburtsort des H. Naundorf sicherzustellen, blieben insgesamt ohne befriedigendes Resultat", so ist dies, ebenso wie das in dem Buche eingehend dargestellte, zum mindesten höchst eigentümliche Verhalten der preußischen und französischen Behörden dem Prätendenten gegenüber, allerdings wohl geeignet, die von Gabler für die Unanfechtbarkeit seines Standpunkts versuchte Beweisführung nicht unerheblich zu unterstützen. Hgn.

Studien und Phantasien. Von C. v. Rappard. München, Verlagsanstalt F. Bruckmann A.-G. 1897.

Eine Reihe interessanter Studien und Phantasien enthält die vorliegende Mappe, welche im ganzen viel Talent und eine reiche Erfindungsgabe zeigen, aber in der künstlerischen Durchführung doch noch manche Mängel enthalten. — Die Hauptaufgabe des Künstlers ist es nicht nur, einen interessanten Stoff wiederzugeben, sondern ihn auch künstlerisch durchzuarbeiten. Originell sind die Studien oder Phantasien der begabten Künstlerin über „Die französische Revolution", über den „Fliegenden Holländer", über die „Symphonie" und andres, aber die Sucht nach Originalität, welche die meisten modernen Künstler beherrscht, schädigt oft die künstlerische Vertiefung. Das Auge muß sich an solche moderne Kunstschöpfungen erst gewöhnen, es fehlt ihnen die Ruhe, Harmonie und natürliche Einfachheit, durch welche die alten Meister so wohlthuend erhebend und begeisternd auf die Kunstliebenden einwirkten. — Die Erhabenheit und Vornehmheit in der Kunst liegt nicht in originellen und gesuchten Effekten, sondern in der nicht gesuchten, natürlichen und tiefempfundenen Wiedergabe eines großen oder schönen Stoffes. Nach weiteren Studien wird die begabte Künstlerin vielleicht auch diesen Weg betreten, um noch Schöneres zu schaffen. Die Reproduktionen der vorliegenden Studien sind vortrefflich ausgeführt.

In Nacht und Eis. Die norwegische Polarexpedition 1893—1896. Von Fridtjof Nansen. Mit einem Beitrag von Kapitän Sverdrup, 207 Abbildungen, 8 Chromotafeln und 4 Karten. Autorisierte Ausgabe. Leipzig, F. A. Brockhaus.

Wenige Werke sind wohl noch mit der gleichen Spannung erwartet worden wie der vorliegende Bericht über die kühne Polarfahrt Nansens. War auch vor dem Erscheinen der beiden Bände durch vorläufige Anzeigen und namentlich die Vorträge Nansens das Wichtigste über die Ergebnisse der denkwürdigen Expedition in weitere Kreise gedrungen, so läßt sich doch jetzt erst, nachdem wir eine ausführliche Darstellung über das ganze Unternehmen erhalten, die volle Tragweite desselben ermessen. Nachdem sich der erste Sturm der Begeisterung nach dem Wiederauftauchen Nansens und der Gefährten von der „Fram" etwas gelegt hatte, trat hier und da wohl eine gewisse Ernüchterung ein, und man war, in gewissen Kreisen wenigstens, halb und halb geneigt, die Fahrt, wenn auch nicht für eine verfehlte, so doch für eine durchaus nicht so wichtige und ergebnisreiche zu halten, wie man es sich anfangs vorgestellt. Nichts könnte indes irrtümlicher sein als eine derartige Anschauung; davon überzeugt uns fast jede einzelne Seite der vorliegenden beiden Bände. Wie wenig es vorschlagen konnte, ob die von Nansen vermutete Strömung wirklich über den Pol führe, darüber hatte sich der Veranstalter der kühnsten von allen bisher unternommenen Polarexpeditionen schon lange vor dem Antritte der Fahrt in einer Sitzung der Graphischen Gesellschaft zu Christiania im Februar 1890 ausgesprochen. Er beabsichtige, so sagte Nansen damals, nicht auszuziehen, um den mathematischen Punkt zu suchen, der das Nordende der Erdachse bilde — denn dieser Punkt habe an sich nur geringen Wert — sondern, um Untersuchungen in dem großen unbekannten Teile der Erde anzustellen, der den Pol umgebe, und diese Untersuchungen würden nahezu die gleiche große wissenschaftliche Bedeutung haben, ob die Reise über den mathematischen Pol führe oder ein Stück davon entfernt bleibe. Es hat daher nur wenig verschlagen, daß die zwischen dem Pol und Franz-Josephs-Land in der Richtung nach Grönland führende Strömung Nansen nicht so weit nordwärts gebracht hat, wie er vermuten zu können glaubte; das Ziel der Fahrt wurde dennoch in nahezu vollkommener Weise erreicht, da hinfort über die Beschaffenheit der Nordpolregion kein Zweifel mehr herrschen kann. In dieser Hinsicht ist das wichtigste Ergebnis der Fahrt die Feststellung, daß entgegen der bisher gehegten Vorstellung die Gegend um den Pol in weiter Ausdehnung von einer Tiefsee bedeckt wird, und zwar von einer Tiefsee mit verhältnismäßig warmer Unterströmung. Es ergiebt sich sonach für die Erdgestalt eine ganz neue Anschauung: das von uns bewohnte, an seinen Polen abgeplattete Sphäroid weist für die Endpunkte seiner Achse gegensätzliche Verhältnisse auf, im Norden eine Senkung, die von einem mit ewigem Treib- und Packeis bedeckten Meere ausgefüllt wird, und im Süden eine Hebung in Gestalt eines vergletscherten Hochlandes. Nansen hat die Entdeckung von der Gestalt der Nordpolregion zum Teil auf der Drift mit seiner „Fram“ gemacht, zum Teil auf dem mit nur einem Gefährten unternommenen waghalsigen Vorstoß nach dem engern Polar-

gebiet. Man hat das letztere Unternehmen wohl als ein zweckloses und überflüssiges getadelt, allein mit Unrecht, denn es war das letzte Glied, das in die Kette der bis dahin gemachten Wahrnehmungen eingefügt werden mußte, um über die Bedeutung der letzteren volle Gewißheit zu bekommen. Gerade über diesen Punkt giebt die Lektüre des Buches in einer Weise Aufschluß, die jeden Zweifel beseitigt. Das Buch Nansens hat indes nicht nur einen wissenschaftlichen Wert, es ist ein Musterbild von anschaulicher Schilderung und liest sich dank seiner meisterlichen Darstellung zum Teil so flüssig und spannend wie ein Roman. Von hohem Interesse ist namentlich die Beschreibung des Lebens und Treibens an Bord der „Fram“ während der endlosen, nahezu 500 Tage betragenden Winternacht. Elektrisches Licht, von einer auf dem Schiffe aufgestellten Windmühle erzeugt, verscheuchte das Dunkel und leuchtete zu reger, wissenschaftlicher Arbeit, zu Messungen und Beobachtungen am Himmel, auf dem Eise und in der See. Dabei fehlte es nicht an Episoden, die dem Humor zu seinem guten Rechte verhalfen und den Beweis dafür erbrachten, daß das kernhafte Menschengemüt sich jeder Lage zu fügen weiß, wenn nur ein hoher, edler Zweck ihm voranleuchtet.

                                                              h.

Eingesandte Neuigkeiten des Büchermarktes.

(Besprechung einzelner Werke vorbehalten.)

Aus dem Leben König Karls von Rumänien. Aufzeichnungen eines Augenzeugen. Dritter Band. Stuttgart, J. G. Cottasche Buchhandlung Nachfolger. M. 8.—

Baumgarten, Hermann, und Ludwig Jolly. Staatsminister Jolly. Ein Lebensbild. Tübingen. H. Lauppsche Buchhandlung. M. 4.75.

Bode, Wilhelm, Die Berliner Akademie. Gedanken bei der Feier ihres 200jährigen Bestehens. Berlin, F. Fontane & Co. 50 Pf.

Brandt, M. von, Ostasiatische Fragen. China. Japan. Korea. Altes und Neues. Berlin, Gebrüder Paetel. M. 7.—

Butler, William Allen, Zwei Millionen und Nichts anzuziehen. Amerikanische Gedichte. Übersetzt von Eduard Dorsch. Herausgegeben von Karl Knortz. Zürich und Leipzig, Karl Henckell & Co.

Cuba unter spanischer Regierung. Landesgesetze und statistische Daten der Insel. Vom königlichen Kolonial-

Bureau in Madrid zusammengestellt und herausgegeben. Autorisierte Uebersetzung von Edmund Carl Preiß. New York.

Dornblüth, Dr. Otto, Die geistigen Fähigkeiten der Frau. Rostock, Wilh. Werthers Verlag. 90 Pf.

Freytag, Gustav, Gesammelte Werke. Zweite Auflage. (6.—10. Tausend) 9. 10. u. 11. Band. Leipzig, S. Hirzel.

Grünhagen, Prof. Dr. C., Zerboni und Held in ihren Konflikten mit der Staatsgewalt 1796—1802. Nach archivalischen Quellen. Berlin, Franz Bahlen. M. 6.—

Hanstein, Dr. Adalbert von, Ibsen als Idealist. Vorträge über Henrik Ibsens Dramen, gehalten an der Humboldt-Akademie zu Berlin. Mit dem Bildnis Henrik Ibsens. Leipzig, Gg. Freund. M. 4.—

Hart, Julius, Geschichte der Weltlitteratur. Heft 1. (Vollständig in 40 Heften.) Neudamm, J. Neumann. 30 Pf.

Hecker, Dr. Oskar, Die italienische Umgangssprache in

ſyſtematiſcher Anordnung und mit Ausſprachehilfen. Braunſchweig, George Weſtermann. Geb. M. 4. —

Heinze, Paul, und Anna Heinze. Aus Dur und Moll. Gedichte. Leipzig, Breitkopf und Härtel. M. 3.50.

Hermann, Georg, Modelle. Ein Skizzenbuch. Berlin, F. Fontane & Co. M. 1. —

Hoffmann, E. T. A., Doge und Dogareſſa — Signor Formica. Zwei italieniſche Novellen. Neue Ausgabe für Bücherliebhaber. Berlin, Fiſcher & Franke. Gebunden M. 6. —

Häuſigkeitswörterbuch der deutſchen Sprache. Feſtgeſtellt durch einen Arbeitsausſchuß der deutſchen Stenographenſyſteme. Herausgegeben von F. W. Kaeding. Lf. 1. 2. Berlin, E. S. Mittler u. Sohn. Kommiſſionsverlag.

Jauitſchek, Maria, Die Amazonenſchlacht. Leipzig, Verlag Kreiſende Ringe (Max Spohr).

Jugend. Münchner illuſtrierte Wochenſchrift für Kunſt und Leben. II. Jahrgang 1897, Nr. 27 bis 32. München und Leipzig, G. Hirths Verlag.

Kawerau, Waldemar, Hermann Sudermann. Eine kritiſche Studie. Magdeburg u. Leipzig, Walther Niemann. M. 3. —

Knille, Otto, Wollen und Können in der Malerei. Berlin, F. Fontane & Co. M. 2. —

Kohl, Horſt, Bismarckbriefe 1836—1872. Sechſte, ſtark vermehrte Auflage. Mit einem Paſtell nach F. v. Lenbach und vier Porträts in Zinkdruck. Bielefeld und Leipzig, Velhagen und Klaſing. Gebunden M. 6. —

Kohn, E., Judith Löbrach. Roman. Straßburg i. E., Joſef Singer.

Kretzmann, Friedrich Karl, Gedichte. Stuttgart, Greiner und Pfeiffer.

Krüger, Herm. Anders, Sirenenliebe. Ein Riviera-Roman. Leipzig, Alfred Janſſen. M. 3. —

Köhler-Hauſen, F. E., Kleine Geſchichten. Leipzig-Reudnitz, Auguſt Hoffmann. M. 1. —

Lenk, P. O., Wer iſt Gott? Leipzig, Bernhard Richters Buchhandlung. 80 Pf.

Lübke, Hermann, Volkslieder der Griechen. Freiheits-, Helden- und Liebeslieder aus Kreta, Cypern, Epirus und dem freien Griechenland. In deutſcher Nachdichtung. Zweite Auflage. Berlin, G. Calvary & Co. M. 2.50.

Michael, Emil, S. J., Geſchichte des deutſchen Volkes ſeit dem dreizehnten Jahrhundert bis zum Ausgang des Mittelalters. Zweite unveränderte Auflage. 3. Lfg. Freiburg i. B., Herderſche Verlagsbuchhandlung. M. 1. —

Muret-Sanders, Encyklopädiſches Wörterbuch der engliſchen und deutſchen Sprache. Große Ausgabe. Teil II. (Deutſch-engliſch). Lfg. 2. Berlin, Langenſcheidtſche Verlagsbuchhandlung. M. 1.50.

Naumann, Guſtav, Kennſt du das Land? Band IV. Rom im Liede. Eine Anthologie. Leipzig, G. G. Naumann. M. 2.50.

Neubürger, Ferdinand, Die Geſchichten der ſechs Ehrenfeſten. Mit Bildern von Hans Ströſe in München und andern. Deſſau, Paul Baumann. M. 2.50.

Paſtor, Willy, Wana. Roman. Leipzig, Verlag Kreiſende Ringe (Max Spohr).

Palotai, Rudolf, Ein Blick auf unſere wirtſchaftlichen Beziehungen zu Oeſterreich. Budapeſt, Karl Grill. 40 kr.

Paſinii, Petri, Adriades. Venetiis, Typis Fratr. Viſentini.

Penzler, Joh., Fürſt Bismarck nach ſeiner Entlaſſung. Leben und Politik des Fürſten ſeit ſeinem Scheiden aus dem Amte auf Grund aller authentiſchen Kundgebungen. Erſter Band. 20. März 1890 bis 11. Februar 1891. Leipzig, Walther Fiedler.

Prévoſt, Marcel, Der verſchloſſene Garten. Roman. Autoriſierte Ueberſetzung aus dem Franzöſiſchen von Hedwig Landsberger. Paris, Leipzig, München, Albert Langen.

Prévoſt, Marcel, Fleurette. Autoriſierte Ueberſetzung von Emil Ziſarſky. (Kleine Bibliothek Langen, Bd. VIII.) Paris, Leipzig, München, Albert Langen. M. 1. —

Rack. Dr. L., Wanderſport. Praktiſches und hygieniſches Vademecum für Wanderer und Radfahrer. Berlin, Boas und Heſſe. M. 1. —

Reber, F. von, und A. Bayersdorfer, Klaſſiſcher Skulpturen-Schatz. 1. Jahrgang. Heft 8 bis 14. München, Verlagsanſtalt F. Bruckmann A.-G. à 50 Pf.

Reichenau, von, Einfluß der Kultur auf Krieg und Kriegsrüſtung. Berlin, E. S. Mittler und Sohn. M. 1.75.

Reichesberg, Dr. N., Weſen und Ziele der modernen Arbeiterſchutz-Geſetzgebung. Bern, Stämpfli & Cie. 80 Pf.

Rigutini, Giuſeppe, u. Oskar Bulle, Neues italieniſch-deutſches und deutſch-italieniſches Wörterbuch. Zwölfte Lieferung. Leipzig, Bernhard Tauchnitz. M. 1. —

Robrau, Paul, Abſchied und andre Novellen. Leipzig, L. Staadmann.

Ruland, Dr. W., Die Handelsbilanz. Eine volkswirtſchaftliche Unterſuchung. Mit einem Vorwort von Dr. H. von Scheel. Berlin, Otto Liebmann. M. 1.50.

Ruland, Dr. Wilhelm, Kleiſt's Amphitryon. Eine Studie. Berlin, J. Harrwitz Nachfolger. M. 1. —

Saar, Ferdinand von, Novellen aus Oeſterreich. Erſter Band: Innocens. — Marianne. — Der Steinklopfer. — Die Geigerin. — Das Haus Reichegg. — Vae victis! — Der „Excellenzherr“. — Tambi. Heidelberg, Georg Weiß. M. 4.80.

Schenckendorff, E. von, Denkſchrift über die Einrichtung deutſcher Nationalfeſte. Leipzig, R. Voigtländers Verlag.

Schlaf, Johannes, Sommertod. Novelliſtiſches. Leipzig, Verlag Kreiſende Ringe (Max Spohr).

Sighele, Prof. Seipio, Pſychologie des Auflaufs und der Maſſenverbrechen. Autoriſierte deutſche Ueberſetzung von Dr. Hans Kurella. Dresden und Leipzig, Carl Reißner.

Sigismund, Berthold, Kind und Welt. Für Eltern und Lehrer, ſowie für Freunde der Pſychologie mit Einleitungen und Anmerkungen neu herausgegeben von Dr. Ufer. Braunſchweig, Fr. Vieweg u. Sohn.

Stein, K. Heinrich von, Vorleſungen über Aeſthetik. Nach vorhandenen Aufzeichnungen bearbeitet. Mit H. v. Steins Bildnis. Stuttgart, J. G. Cottaſche Buchhandlung Nachfolger. M. 3. —

Sterck, Karl, Otto von Leixner. Eine Studie. Berlin, Schall und Grund. M. 1. —

Treumann, Joſ., Im Land des Yankee-Doodle. Neue Humoresken aus dem amerikaniſchen Leben. München, Auguſt Schupp.

Tſchechoff, Anton, Ein Zweikampf. Erzählung. Autoriſierte Ueberſetzung aus dem Ruſſiſchen von Korfiz Holm. (Kleine Bibliothek Langen. Bd. VII.) Paris, Leipzig, München, Albert Langen. M. 1. —

Viebig, C., Rheinlands-Töchter. Roman. Berlin, F. Fontane & Co. M. 6. —

Veus, S. E., Vergleichende Ueberſicht (Vollſtändige Synopſis) der vier Evangelien in unverfälſchtem Wortlaut. (Luther-Ueberſetzung, Revidierte Ausgabe Halle 1892). Leipzig, P. van Dyk. M. 2.40.

Vortragskurſe, Ethiſch-ſozialwiſſenſchaftliche. Bd. V: Dr. Emil Reich, Volkstümliche Univerſitätsbewegung. Bern, Steiger & Cie.

Waffermann, Jakob, Die Juden von Zirndorf. Roman. Leipzig, München, Paris. Albert Langen. M. 4.50.
Wedekind, Frank, Die Fürstin Russalka. Paris, Leipzig, München, Albert Langen. M. 3. —
Welschinger, Henri, Le roi de Rome (1811—1832).

Avec un portrait d'après Isabey. Paris, E. Plon, Nourrit et Cie.
Wilbrandt, Adolf, Hildegard Mahlmann. Roman. Stuttgart, J. G. Cottasche Buchhandlung Nachfolger. M. 3.50.

Rezensionsexemplare für die „Deutsche Revue" sind nicht an den Herausgeber, sondern ausschließlich an die Deutsche Verlags-Anstalt zu richten.

Redaktionelles.

Der neueste große Roman von Ida Boy-Ed erscheint gegenwärtig unter dem Titel „Die Flucht" in „Ueber Land und Meer". Ebendort wird auch eine Berliner Skizze „Der Omnibusonkel" von Max Kretzer veröffentlicht, während in der „Deutschen Romanbibliothek" ein Roman aus den Tagen des Kaisers Tiberius „Der neue Gott" von Richard Voß zum Abdruck gelangt. Daneben laufen noch die slavonische Dorfgeschichte „Der Herr Rotarius" von Viktor v. Reisner und eine Novelle „Honni soit qui mal y pense" von Heribert Bauer. In „Aus fremden Zungen" erscheint das neueste Werk Pierre Lotis „Ramuntcho", in welchem er das Land, die Sitten und das Wesen des Baskenvolkes schildert. Die Sprache ist von hoher Schönheit, die ganze Darstellung von einer Pracht des Kolorits, wie sie unter den lebenden Dichtern nur Loti hervorzuzaubern vermag. Hieran schließt sich von J. A. Gontscharow: „Diener". Vier Porträts (aus dem Russischen), von Erna Juel-Hansen: „Die Geschichte eines jungen Mädchens" (aus dem Dänischen) und von W. G. v. Nouhuys: „Verhaftet" (aus dem Holländischen). Ungewöhnliches Interesse wird namentlich das neue Werk „Gleichheit" von Edward Bellamy erregen, das in einem der nächsten Hefte von „Aus fremden Zungen" zu erscheinen beginnt. „Gleichheit" behandelt denselben Stoff wie Bellamys vor fast zehn Jahren erschienenes Werk: „Rückblick aus dem Jahre 2000"; es ist eine unmittelbare Fortsetzung desselben und enthält, gewissermaßen als Kommentar dazu, in 38 Kapiteln eine erweiterte, detaillierte und vertiefte Schilderung des Bellamyschen Zukunftsstaates, die in Bezug auf alle die Gegenwart beschäftigenden wichtigen sozialen Fragen eine Fülle neuer Anregungen bietet. Das erste Heft dieser drei Zeitschriften (Deutsche Verlags-Anstalt in Stuttgart) ist durch jede Buchhandlung und Journal-Expedition zur Ansicht zu erhalten.

Verantwortlich für den redaktionellen Teil: Rechtsanwalt Dr. A. Löwenthal in Frankfurt a. M.

Unberechtigter Nachdruck aus dem Inhalt dieser Zeitschrift verboten. Uebersetzungsrecht vorbehalten.

Herausgeber, Redaktion und Verlag übernehmen keine Garantie bezüglich der Rücksendung unverlangt eingereichter Manuskripte. Es wird gebeten, vor Einsendung einer Arbeit bei dem Herausgeber anzufragen.

Druck und Verlag der Deutschen Verlags-Anstalt in Stuttgart.

Deutsche Revue

über das

gesamte nationale Leben der Gegenwart.

Herausgegeben

von

Richard Fleischer.

Zweiundzwanzigster Jahrgang. — Vierter Band.
(Oktober bis Dezember 1897.)

Stuttgart und Leipzig.
Deutsche Verlags-Anstalt.
1897.

Inhalt

des

Vierten Quartal=Bandes des Jahrgangs XXII

(Oktober bis Dezember 1897).

———

Deutsche Revue

Herausgegeben
von

Richard Fleischer

Inhalts-Verzeichnis

Stuttgart Deutsche Verlags-Anstalt Leipzig

1897

Preis des Jahrgangs 24 Mark.

Rudolf Lindau über den Fürsten Bismarck.

Aufzeichnungen aus den Jahren 1878 und 1884.

Mitgeteilt von

Heinrich v. Poschinger.

Mit der Größe Bismarcks hat seine Unnahbarkeit so ziemlich Schritt gehalten. Vor seinem Eintritt in den Staatsdienst war sein Verkehr ein eben so freier und ausgedehnter wie der andrer konservativer Abgeordneter. Als Gesandter in Frankfurt a. M. und St. Petersburg standen die Thüren seines Salons weit offen; sein Haus galt für gastlicher als das des gastlichsten unter seinen Kollegen. Nach der Ernennung zum Minister-präsidenten mußte sich Bismarck aber schon mehr und mehr von der Geselligkeit zurückziehen; die Flut der Geschäfte der innern und auswärtigen Politik, die bis 1866 über ihn hereinbrach, zwang ihn in Bezug auf seine Zeiteinteilung zur größten Oekonomie. Die Geschäfte nahmen ihn damals täglich zehn bis zwölf und häufig noch mehr Stunden in Anspruch. Erst von Königgrätz ab datiert sein eigentliches Prestige; von jetzt ab war Bismarck der Mann, an den sich alles herandrängte. Die jahrelangen Arbeiten für das Gelingen seines großen Werkes: die Einigung Deutschlands, Arbeiten, wie sie kein zweiter Staatsmann aufweisen mag, hatten aber seine Gesundheit untergraben; es beginnen seine längeren Abwesenheiten auf dem Lande, 1867 erstmals in Varzin, in Berlin aber erneuerten sich die aufregenden Arbeiten, und es kamen hinzu die Sorgen um die Einrichtung und den Ausbau des Norddeutschen Bundes, die Angliederung der neuen preußischen Provinzen und das Inschachhalten der durch Sadowa erweckten französischen Aspirationen. Bismarck hatte jetzt in vier parlamentarischen Körperschaften zu erscheinen: im Reichstag, Zollparlament, Herrenhaus und Abgeordnetenhaus. Zu dem Vorsitz im Staatsministerium war jener im Bundes-rat hinzugekommen. Wir kennen aus dieser Periode eine Fülle staatsmännischer Akte Bismarcks, aber über Bismarck als Mensch haben damals nur wenige Gelegenheit gehabt, Beobachtungen zu sammeln, und wer dies ausnahmsweise konnte, dem fehlte vielleicht die Gabe, die gewonnenen Eindrücke wiederzugeben. Erst nach Ausbruch des Krieges mit Frankreich wurde Bismarck wieder zugänglicher, fein diplomatifcher und fonftiger Generalftab mußte ihm die Familie erfeßen, und Moritz Bufch verdanken wir es, daß uns die Geftalt des Gründers des Deutfchen Reichs demnächft auch menfchlich näher gerückt wurde. Von den fpäteren Leuten Bismards hat bisher keiner etwas über den Herrn und Meifter veröffentlicht. Am meiften Material befißen die Vorftände der Reichskanzlei v. Tiedemann und Dr. v. Rottenburg, von denen wir wohl hoffen dürfen, daß fie bereinft ihre Erinnerungen herausgeben. Nächft diefen beiden Beamten hat Bismard, wenn man von den Miniftern und Staatsfekretären abfieht, am meiften mit den Beamten des Auswärtigen Amts[1]) dienftlich und außerdienftlich verkehrt. Am nächften unter ihnen ftand ihm Lothar Bucher; aus feinem litterarifchen Nachlaß ift aber für unfern Zweck nichts zu erwarten. Eine von Bucher ganz verfchiedene und eigenartige Stellung nahm unter den Kollegen in der Wilhelmftraße Rudolf Lindau ein, der Bruder von Paul Lindau. Geboren am 10. Oktober 1829 in Garbelegen, machte derfelbe feine höheren Studien in Frankreich und erwarb fich dafelbft in der franzöfifchen Sprache Kenntniffe, die ihm für feine fpätere litterarifche und dienftliche Stellung von größtem Werte waren. 1860 zog er als Kaufmann nach Japan, vermittelte einen Handels- vertrag zwifchen Japan und der Schweiz und wurde, wohl zum Lohne hierfür, zum fchweizerifchen Generalkonful ernannt. Alsdann verweilte er mehrere Jahre in China, Cochinchina und Amerika und legte dafelbft durch erfolgreiche Thätig- keit in der Seideninduftrie den Grundftock zu einem anfehnlichen Vermögen, mit dem er fich nach Frankreich zurückzog. Den Krieg gegen Frankreich machte Lindau als Sekretär des Prinzen Auguft von Württemberg und Berichterftatter des „Staatsanzeigers" mit. Nach dem Friedensabfchluß wurde er der deutfchen Botfchaft in Paris attachiert und 1878 in die politifche Abteilung des Aus- wärtigen Amts berufen, nachdem er durch feine umfichtige Berichterftattung Bismards Aufmerkfamkeit auf fich gelenkt hatte.[2]) Von da ab arbeitete er in einer Vertrauensftellung beim Fürften Bismard bis zu deffen Ent- laffung, avancierte 1880 zum Wirklichen Legationsrat, 1885 zum Geheimen Legationsrat.

Ich bin weit entfernt davon, Rudolf Lindau als Mitarbeiter Bismards mehr Bedeutung beimeffen zu wollen, als feinen fämtlichen Kollegen in der politifchen Abteilung gebührt; ob der Kanzler aber einem diefer Herren mehr perfönliches Wohlwollen fchenkte als Rudolf Lindau, möchte ich bezweifeln. Diefes Wohlwollen verdankte Lindau in erfter Linie feiner Befcheidenheit, oder

---

[1]) Aus dem innern Dienft kann man die Geheimräte, welche das Glück hatten, ihm Vortrag zu erftatten und im kleineren Kreife zu Tifch gezogen zu werden, an den Fingern aufzählen.

[2]) Im Handbuch für das Deutfche Reich 1874 bis 1877 figuriert Rudolf Lindau als Attaché für Handelsangelegenheiten bei der Botfchaft in Paris unter dem Fürften Hohenlohe. Im Handbuch für das Jahr 1879 und 1880 erfcheint er als kommiffarifch beim Auswärtigen Amt befchäftigt mit dem Titel eines Legationsrats. Seit 1891 ift Lindau Vertreter des Deutfchen Reichs bei der Verwaltung der türkifchen Staatsfchuld in Konftantinopel.

richtiger der Selbsteinschätzung seines geschäftlichen Wertes für den Fürsten Bismarck, sodann aber dem Zauber seiner Persönlichkeit, dem sich niemand zu entziehen vermag. Rudolf Lindau ist ein geistvoller und angenehmer Causeur, in dessen Gesellschaft nach des Tages Arbeit und Mühe bei einem Glase Bier nebst Zigarre sich trefflich plaudern läßt. Man konnte, wenn er die Thüre hinter sich schloß, nicht sagen, großartige Gesichtspunkte gehört, einen Blick in neue Bahnen oder Welten gethan zu haben, aber Lindau hatte gewiß manches gesagt, woran man auch schon gedacht hatte, und er wußte aus Sphären zu erzählen, die Bismarck interessierten. Es giebt Menschen, die einem auf die Nerven gehen. Bei Lindau ist das gerade Gegenteil der Fall; er wirkt beruhigend auf die Nerven; das fühlte auch Bismarck, und deshalb zog er ihn gern in sein Haus. Rudolf Lindau würde es als einen taktlosen Mißbrauch des Vertrauens betrachtet haben, mit dem er beehrt wurde, wollte er von dem, was er dort gehört und wahrgenommen, außerhalb des Hauses sprechen; er hätte aber die Diskretion zu weit getrieben, wollte er es sich versagen, einige Notizen über den größten Staatsmann dieses und aller früheren Jahrhunderte niederzuschreiben, Bismarcks Persönlichkeit und Charakter unter die Lupe zu nehmen und demnächst zu beschreiben.

Mit Erlaubnis des Verfassers will ich im Nachstehenden versuchen, das interessante Bild, das Lindau von Bismarck gezeichnet hat, auch dem Leserkreise der „Deutschen Revue" zugänglich zu machen. Um dem folgenden Urteil Rudolf Lindaus gerecht zu werden, bitte ich zu erwägen, daß dasselbe im August 1878 gefällt wurde, also kurz nach Beendigung des Berliner Kongresses (17. Juni bis 13. Juli 1878), nach Auflösung des Reichstags auf Grund des Nobilingschen Attentats, um die Zeit, als Bismarck anfing, zu seinen bisherigen Erfolgen noch den neuen hinzuzufügen, Deutschland auch in wirtschaftlicher Beziehung in den Sattel zu heben, nachdem das Delbrück-Camphausensche Freihandelssystem gründlich abgewirtschaftet hatte.

1. Aeußere Beschreibung der Persönlichkeit Bismarcks.

Er ist ein kraftvoller Mann. Das fällt jedem sogleich auf, der ihn zum erstenmal sieht. Er ist sehr groß und von enormer Schwere, aber nicht unbehilflich. Jeder Teil seiner gigantischen Gestalt ist wohlproportioniert — der große runde Kopf, der massive Nacken, die breiten Schultern und die kräftigen Gliedmaßen. Er ist jetzt über dreiundsechzig, und die Lasten, welche er zu tragen hatte, sind ungewöhnlich schwer gewesen; aber obgleich sein Schritt langsam und schwer geworden ist, so trägt er sein Haupt hoch — wobei er sogar auf die, welche so groß wie er selbst sind, herabsieht — und seine Haltung ist noch aufrecht.

Während der letzten Jahre hat er an häufigen und schweren körperlichen Schmerzen gelitten, aber niemand konnte ihn für einen alten oder zu bemitleidenden

Mann ansehen. Im Gegenteil, jeder, der ihn sieht, fühlt,, daß Fürst Bismarck noch immense physische Kraft besitzt.

Die Photographie hat seine Gesichtszüge allbekannt gemacht. Es ist ein ungewöhnliches Gesicht, welches überall die Aufmerksamkeit auf sich ziehen würde, selbst wenn man nicht wüßte, daß es einem Manne angehörte, dessen Thaten unsre moderne Welt geändert haben. Es ist ein unvergeßliches Gesicht — durchaus nicht ein schönes, aber noch weniger ein häßliches Gesicht. Es war auffallend heiter, voller Humor, sogar voller lustiger Possen in längstvergangenen Tagen. Es ist jetzt ernst geworden, fast feierlich, mit einem Ausdruck unbeugsamer Energie und Furchtlosigkeit.

Die kahle runde Stirn — ein Gegenstand der Bewunderung für den Phrenologen[1]) — ist von ganz ungewöhnlichen Dimensionen; die großen hervorstehenden blauen Augen sehen aus, als ob sie ohne Blinzeln in die Sonne blicken könnten. Sie sind nicht leicht beweglich, sie wandern langsam von einem Gegenstande zum andern, wenn sie aber auf einem menschlichen Antlitz ruhen bleiben, werden sie so intensiv forschend, daß viele, wenn sie diesem durchdringenden Blick unterworfen sind, sich unbehaglich fühlen; und alle, selbst Bismarck Gleich= oder Höherstehende, werden gewahr, daß sie einem Manne gegenüberstehen, mit dem nur ein ehrlich Spiel zu empfehlen ist, da er wahrscheinlich die schlausten Kniffe entdecken werde. Seine dicken, wohlgeformten Augenbrauen sind besonders lang und buschig; sie tragen nicht wenig zu dem ernsten und zeitweilig etwas grimmigen Ausdruck seines Gesichtes bei. Von der Nase ist nichts Besondres zu sagen, als daß sie nicht so lang ist, wie bei dem Gesicht erwartet werden könnte; das Kinn ist groß und massiv.

Fürst Bismarck hat einmal von sich gesagt, daß er „der bestgehaßte Mann in Europa" wäre. Er hat in der That viele wütende Feinde in verschiedenen Teilen der Welt: mit seinem Vaterlande zu beginnen, unter den Partikularisten, den Ultramontanen und Sozialisten, und dann weiter in Rom, in Oesterreich, in Frankreich. Man hat nicht oft gehört, daß er sich darüber beklagt; indes kann ein heller Verstand nicht von einer solchen Thatsache Kenntnis besitzen, ohne darüber Trauer zu empfinden. Fürst Bismarck ist durchaus kein leichtherziger Mann. Kummer und Sorge haben sich bei ihm aufgehalten. Sie werfen einen Schatten auf seine Stirn und machen sich fühlbar im Klange seiner Stimme, in der häufigen Bitterkeit seiner stockenden Rede. Er ist nicht mehr jung; er anerkennt völlig die Thatsache, daß der beste Teil seines Lebens dahin ist, daß seine größten Kämpfe ausgefochten sind, und im Innern seines Herzens mag er das Gefühl haben, daß, während er für die Größe seines Landes vieles vollbracht, er nur wenig für sein eignes Glück gethan habe. Bisweilen, wenn er unter seinen persönlichen und vertrauten Freunden sitzt — er hat deren neben seiner Familie fünf oder sechs — von allem Zwange befreit, seine lange Pfeife

---

[1]) Den Durchmesser von Bismarcks Schädel habe ich in Band I. der „Neuen Tischgespräche :c." S. 119 angegeben.

raucht, den Kopf seines geliebten Hundes streichelt und der in gedämpftem Tone
um ihn herum geführten Unterhaltung gleichgültig zuhört, da läuft über sein
kaltes Gesicht etwas wie ein leiser durchsichtiger Schleier, hinter welchem seine
harten Züge weich werden und einen nicht vorhergesehenen Ausdruck gedanken-
voller Schwermut annehmen.

2. Bismarcks inneres und Familienleben. Nach dem Blindschen Attentat.

Im ganzen ist Otto v. Bismarck, ein Kind der Mark, wo seine Familie
seit dem dreizehnten Jahrhundert bekannt ist, durch und durch ein Deutscher.
Obgleich einer der größten Männer der That, die die Welt je gesehen, trägt er
in seiner Brust eine verborgene Aber tiefen Gefühls; und obgleich dies Gefühl
sicherlich nicht von jener Art ist, welche die krankhafte Sentimentalität hervorbringt, und es schwer zu glauben ist, daß der junge Bismarck je seine
Klagen an den Mond richtete, so befähigt es ihn doch, alles sein zu empfinden,
was ein fühlendes Herz während des Ganges durch das Leben zu ertragen hat.

Seine Liebe zu Weib und Kindern ist groß, und diese tragen für ihn
in einer Weise Sorge, welche beweist, daß die tiefste Zuneigung sie mit dem
Familienhaupte verbindet. Sie sehen alle diejenigen, welche dem Fürsten Arbeit,
Störung und Schwierigkeiten bereiten, als persönliche Feinde an; sie beschützen
seinen Schlaf, seine Ruhe, seine Mußezeit sogar als die wertvollste Sache der
Welt. Ist er krank, so pflegen sie ihn mit unermüdlicher Sorgfalt; seine leisesten
Wünsche sind strengbefolgte Gesetze; sie sind erfreut, wenn er Freude hat,
und wenn es jemand gelungen ist, den Fürsten zu belustigen oder ihn gar
zum Lächeln zu bringen, so kann man versichert sein, daß die Fürstin und
ihre Kinder ihm danken, als wenn er ihnen einen persönlichen Dienst geleistet hätte.

Was den Fürsten anbetrifft, so hat er während seines Lebens Beweise
nicht nur einer treuen und ehrlichen Liebe zu der von ihm erwählten Ehefrau
und zu den Kindern, welche sie ihm geboren hat, sondern auch einer delikaten,
man kann sagen ritterlichen Zärtlichkeit gegen dieselben gegeben. Die Jahre
haben darin nichts geändert. Wer zum vertraulichen Verkehr mit der Bismarckschen Familie zugelassen worden ist, vermag über den herzlichen und zugleich
würdevollen Charakter des Verhältnisses zwischen dem Fürsten und der Fürstin
zu urteilen. Hunderte von Stellen könnten zur Bestätigung hierfür aus den
Briefen Bismarcks an seine Frau, von welchen einige veröffentlicht worden sind,
angeführt werden. Es mag genügen, hier sein Verhalten in ihrer Gegenwart
zu erwähnen, einige Minuten, nachdem der verwegene Angriff gegen sein Leben
von Julius Cohen — besser bekannt als Blind, nach dem Namen Carl Blinds,
der ihn als Sohn adoptiert hatte — gemacht worden war.[1]

---

[1] Vergl. über dieses Attentat meine Werke: „Neue Tischgespräche" Band I S. 26 und
„Bismarck und die Parlamentarier" Band I. S. 81, 82.

Es war im Jahre 1866. Bismarck — damals Graf Bismarck — kehrte aus dem Palais zurück, wo er zum Besuche des Königs gewesen war. Während er die breite „Unter den Linden" genannte Straße Berlins passierte und ganz nahe der Stelle war, wo Höbel und Nobiling inzwischen die Attentate gegen Kaiser Wilhelm unternommen haben, hörte er plötzlich einen dicht hinter sich abgefeuerten Schuß. Er drehte sich rasch um und sah einen jungen Menschen, der mit einem rauchenden Revolver auf ihn zielte. Er schritt sofort auf den Mann zu und ergriff den Arm, welcher den Revolver hielt, während er mit der andern Hand nach der Kehle des Mörders griff. Blind aber hatte Zeit gehabt, seine Waffe in die linke Hand gleiten zu lassen, und feuerte nun drei Schüsse schnell hintereinander ab. Bismarck fühlte sich an der Schulter und an einer Rippe verletzt, hielt aber seinen wütenden Angreifer fest, bis einige Soldaten hinzukamen und ihn festnahmen. Darauf wanderte Bismarck in frischem Schritt nach Hause und erreichte sein Haus lange bevor irgend jemand dort wissen konnte, was vorgefallen war.

Die Gräfin hatte einige Freundinnen zum Besuch, als ihr Gemahl in das Empfangszimmer trat. Er begrüßte alle in freundlicher Weise und bat um Entschuldigung für einige Minuten, da er ein bringendes Geschäft zu erledigen habe. Er ging darauf in das nächste Zimmer, wo sein Schreibtisch stand, und schrieb eine Mitteilung über den Vorfall an den König. Nach Erledigung dieser Pflicht kehrte er in das Empfangszimmer zurück und machte einen seiner kleinen ständigen Scherze, indem er seine eigne Unpünktlichkeit ignorierte und zu seiner Frau sagte:

„Nun, giebt es heut' bei uns kein Mittagessen? Du läßt mich immer warten."

Er setzte sich zu Tisch und sprach den ihm vorgesetzten Gerichten tüchtig zu; erst nach dem Essen ging er auf die Gräfin zu, küßte sie auf die Stirn, wünschte ihr nach alter deutscher Weise „Gesegnete Mahlzeit" und setzte dann hinzu:

„Du siehst, ich bin ganz wohl."

Sie blickte ihn an. „Ja," fuhr er fort, „du mußt nicht ängstlich sein, mein Kind. Jemand hat nach mir geschossen, aber es ist nichts, wie du siehst."

3. Bismarcks Herzensgüte. Liebe zur Natur.

Bismarck war der Abgott seiner Bauern, solange er unter ihnen in Kniephof und Schönhausen verweilte. Obgleich sein Leben mit außerordentlicher Genauigkeit von seinen Freunden sowohl als von seinen Feinden durchforscht worden ist, so ist niemals etwas zum Vorschein gekommen, das ihn in einem andern Lichte als in demjenigen eines gütigen Herrn erscheinen ließe. Er ist in keiner Weise das, was manche Leute „streng, aber gerecht" nennen, was aber in den meisten Fällen einfach „sehr streng" bedeutet. Er war immer wahrhaft gütig gegen alle, welche ein Recht hatten, sich um Hilfe an ihn zu wenden.

Eines Tages besichtigte er die Deiche von Schönhausen. Er kam zu einer Stelle, wo Ausflüsse aus der Elbe ein großes Stück Land bis zu einem Fuß Tiefe überschwemmt hatten. Er mußte hinüber, da er aber für diesen Fall nicht angekleidet war, so sah er sich nach einer passenden Uebergangsstelle um. Ein in der Nähe angelnder Bauer aus Schönhausen sah seine Verlegenheit.

„Steigen Sie auf meinen Rücken," sagte er zu dem jungen Bismarck, welcher damals ungefähr vierundzwanzig Jahre alt war, „ich will Sie hinübertragen."

„Ihr wißt nicht, was Ihr anbietet," antwortete Bismarck lachend, „ich hab' ein höllisches Gewicht."

„Thut nichts," versetzte der Mann. „Wir alle würden Sie überall durchtragen, wenn Sie auch noch ein Teil schwerer wären."

Bismarck hat sich in Bezug auf sein gütiges Wesen gegen Personen niedern Standes nicht geändert. Während unter den hohen Persönlichkeiten, welche sich ihm nähern — Geheimräte, Minister, Botschafter, sogar Prinzen — sich viele befinden, welche sich bis zu einem fast unglaublichen Grade vor ihm fürchten und buchstäblich vor ihm zittern, sprechen seine alten Diener von ihm und zu ihm mit jener besondern achtungsvollen Vertraulichkeit, welche nur zwischen einem gütigen Herrn und anhänglichen Dienern besteht.

Im Jahre 1877, als Bismarcks Lieblingshund „Sultan" im Absterben lag, wachte er neben dem armen Tiere mit einem so tiefen Kummer, daß Graf Herbert, des Fürsten ältester Sohn, endlich seinen Vater wegzubringen versuchte. Der Fürst machte einige Schritte nach der Thür zu, aber beim Umsehen begegneten sich seine Augen mit denen seines alten Freundes. „Nein, laß mich allein," sagte er und ging zu dem armen Sultan zurück. Als der Hund tot war, wendete sich Bismarck zu einem in der Nähe stehenden Freunde und sagte: „Unsre alten deutschen Vorväter hatten eine freundliche Religion. Sie glaubten, sie würden nach dem Tode in den himmlischen Jagdgründen alle die guten Hunde wieder antreffen, welche ihre treuen Gefährten im Leben gewesen waren. — Ich wünsche, ich könnte das glauben."

Bismarcks Liebe zu seinen Hunden[1]) kann bis in seine früheste Jugend verfolgt werden und ist ganz besondrer Art. Sie gleicht nicht im geringsten dem gewöhnlichen Wohlgefallen, das die meisten Menschen für ein Lieblingstier zu empfinden vermögen. Sie ist eine wirkliche Zuneigung, tief in seinem Herzen wurzelnd und eng mit jener Güte verbunden, welche er gegen alle beweist, auf deren Treue er sich verlassen kann und die auf ihn um Schutz blicken.

Ein andres, durchaus deutsches charakteristisches Kennzeichen des Fürsten Bismarck ist seine Liebe zur Natur und besonders zu den Wäldern. In vielen seiner Briefe an seine Frau aus Biarritz, Fontarabia, San Sebastian und andern Orten spricht er auch mit Enthusiasmus von der Schönheit der See. „Mein

---

[1]) Vergl. hierüber Band I. der „Neuen Tischgespräche" S. 100, 169, 173.

Gewiffen fchlägt mir," fagt er in einem diefer Briefe, „daß ich alle diefe Schönheit für mich genieße — daß ich fie ohne Dich fehe."

Wenn Bismarck auf dem Lande ift, ift fein größtes Vergnügen, lange Ritte
und Spaziergänge, häufig ganz allein, durch die dichten Wälder zu machen; die
mit ihm zufammen Lebenden haben bemerkt, daß er niemals in befferer Stimmung
ift, als wenn er von einem diefer Befuche bei „feinen alten Freunden", wie
er die Bäume nennt, zurückkehrt. Ift er in Berlin mit Arbeit und Verantwortlichkeit überbürdet, fo ift feine Haupterholung, aus der Stadt zu gelangen und
Frieden und Ruhe in dem nahen Walde zu fuchen. In Berlin, im Radziwillfchen
Palafte, wo der Fürft jetzt wohnt, — dem nämlichen Palais, wo der Berliner
Kongreß feine Sitzungen abgehalten hat — hat des Fürften Amtszimmer Aus-
ficht auf einen fchönen alten Park, der fich hinter dem Haufe ausdehnt. Bismarck
fitzt hier gern allein nach heißen politifchen Erörterungen; in der fanften Mufik
der Bäume fcheint er einen befänftigenden Balfam für feine überreizten Nerven
zu finden.

Als er im Jahre 1878 darauf beftand, fich vom Amte zurückzuziehen, trotzdem ihm viele wichtige Zugeftändniffe gemacht worden waren, gebrauchte er ein
Argument, welches nicht leicht zu bekämpfen war.

„Die Gefchäfte werden mich in Berlin zurückhalten," fagte er. „Ich haffe
die Wilhelmftraße. Ich habe nicht mehr viele Jahre zu leben; ich möchte fie
lieber in der Nähe meiner Bäume zubringen."

Des Kanzlers Entlaffungsgefuche find oft von „kundigen Leuten" befpöttelt
worden. Diefe kennen Bismarcks Privatcharakter wenig, fonft würden fie nicht
daran zweifeln, daß er fich wirklich nach Frieden und Ruhe fehnt. Er ift ein
fehr ehrgeiziger Mann gewefen, aber fein klares Urteil, das der erftaunlichfte
Erfolg im Leben nicht hat trüben können, fagt ihm, daß er über die Stellung,
welche er feit dem Schluß des franzöfifchen Krieges einnimmt, nicht hinaus kann.
Der Fürft hat keinerlei perfönliches Intereffe mehr an dem Verbleiben im Amte;
wenn er verbleibt, fo ift es hauptfächlich aus Liebe und Achtung für feinen
Königlichen Herrn.

4. Bismarcks Loyalität gegen das Herrfcherhaus. Sein Pflicht-gefühl.

Ausländer können fich kaum vorftellen, wie tief die Loyalität gegen die
Hohenzollern in allen preußifchen Familien und in der Bismarckfchen insbefondere
wurzelt. Dies Gefühl ift durch neuzeitige Einflüffe nicht geändert, es gehört
dem Mittelalter an. Der richtige preußifche Junker — und Bismarck ift ftolz
darauf, ein folcher zu fein — blickt auf feinen König als auf feinen Souverän
„von Gottes Gnaden", der Gewalt hat über das Leben und Blut feiner treuen
Vafallen. Oft hat Graf Bismarck — wie fpäter Fürft Bismarck — nicht mit
dem König übereingeftimmt, und viel öfter, als das Publikum glaubt, ift Bismarck derjenige gewefen, der nachgegeben hat. Wenn er vom Könige fpricht,

so sagt er „Seine Majestät", ein Ausdruck, welcher durchaus nicht allgemein gebräuchlich ist, und die Worte werden niemals ohne die tiefste Ehrfurcht ausgesprochen.

„Ich kann niemals vergessen," sagte Fürst Bismarck einstmals, „daß Seine Majestät in Befolgung meines Rates zweimal seine Krone gefährdet hat. Er geruhte meinen Rat anzunehmen, als er in den Krieg mit Oesterreich ging, und vier Jahre später, als es zum Kriege mit Frankreich kam. Er mußte vollkommen, als er dies that, daß alles, was er in der Welt galt, auf dem Spiele stand. Aber er vertraute mir unbedingt. Aus diesem Grunde allein würde ich ihm nach meinen besten Kräften dienen, solange meine Dienste von ihm verlangt werden."

Nur um den alten Kaiser zufriedenzustellen, willigte Bismarck im Jahre 1878 ein, im Amte zu verbleiben. Seine Gesundheit verbot ihm indes, seine Arbeit in dem Umfange fortzusetzen, wie er es bis dahin gethan. Es wurde ihm ein langer Urlaub bewilligt. Graf Stolberg-Wernigerode wurde zum stellvertretenden Reichskanzler ernannt, und man kam überein, daß die Leitung der gewöhnlichen Geschäfte erfahrenen Staatsmännern wie v. Bülow und Camphausen überlassen werden sollte. Es wurde indes bestimmt, daß alle außergewöhnlich wichtigen Fragen Bismarck selbst zur Entscheidung vorgelegt werden sollten. Sein Versprechen, persönlich wichtige Geschäfte zu besorgen, gelangte in der Form eines merkwürdigen Gleichnisses zum Ausdruck.[1]

„Wenn ein Mann früh morgens auf die Jagd geht," sagte er bei einem seiner parlamentarischen Empfänge, „beginnt er auf alle Arten Wild zu schießen und ist leicht bereit, einige Meilen über schweren Boden zu gehen, um auf einen wilden Vogel zum Schuß zu kommen. Wenn er aber den ganzen Tag lang umhergegangen ist, wenn seine Jagdtasche voll ist und er sich nahe seiner Behausung befindet — hungrig, durstig, mit Staub bedeckt und todmüde — verlangt er nur noch Ruhe. Er schüttelt mit dem Kopfe, wenn der Jagdhüter ihm sagt, er brauche nur wenige Schritte zu machen, um auf einige Feldhühner auf dem angrenzenden Felde, ganz nahe dem Hause, zu stoßen. ‚Ich habe genug von diesem Wild‘, sagt er. Aber kommt jemand und sagt zu ihm: ‚In dem dichtesten Teile des Waldes dort drüben können Sie auf ein Wildschwein ankommen,‘ so werden Sie sehen, daß dieser müde Mann, wenn er Jägerblut in seinen Adern hat, seine Müdigkeit vergißt, sich aufrafft, losgeht und in den Wald eindringt, nicht eher befriedigt, als bis er das Wild gefunden und erlegt hat. Ich bin wie dieser Mann. Ich bin seit Sonnenaufgang auf zur Jagd gewesen. Es wird jetzt spät. Ich habe ein schweres Tagewerk vollbracht, und ich bin müde. Andre Leute mögen auf Hasen und Rebhühner schießen; ich

---

[1] Vergl. über dieses Gleichnis auch mein Werk „Fürst Bismarck als Volkswirt" Bd. I. S. 111; den Artikel des „Berliner Tageblatts" vom 9. April 1877 „Die müden Jäger", abgedruckt bei Hahn, „Fürst Bismarck. Sein politisches Leben" Bd. III. S. 320, und die „Post" vom 17. April 1877. Kohl, Bismarck-Regesten, erwähnt das Gleichnis Ende März 1877.

habe genug von dieser Art Wild ... Aber, meine Herren, wenn ein Keiler zu erlegen ist, lassen Sie mich davon wissen, ich will in den dichtesten Wald gehen und ihn zu erlegen versuchen."

Er hat sein Wort gehalten. Er hat gänzlich in Varzin und Friedrichsruh gelebt, solange nur kleine Vögel über den politischen Horizont hinzogen; sobald aber der Kongreß zusammentrat, war Bismarck zum Präsidieren da. Und wir können sicher sein, daß er das Schlachtfeld nicht verlassen wird, solange der Kampf gegen den Sozialismus in Deutschland wütet.

5. Bismarcks Verhältnis zu Frauen.

Frauen scheinen besonders wenig Einfluß auf Bismarck ausgeübt zu haben. Es giebt eine alte Geschichte, wonach er einmal vor seiner Verheiratung verliebt gewesen sein soll; aber die Geschichte ist so schwankend, daß wir billig bezweifeln können, daß sie auf einer sichern Grundlage beruht. Es ist mehr als wahrscheinlich, daß er nicht ganz der süßen Jugendkrankheit, genannt „Liebesfieber", entronnen ist, aber er hatte sie sicherlich in milder Form, und sie ging bald vorüber. Auf alle Fälle hinterließ sie keine Spuren. Thatsache ist, daß er im Alter von zweiundbreißig Jahren heiratete und daß seit dieser Zeit niemand — selbst sein ärgster Feind nicht — versucht hat, den leisesten Argwohn auf seinen Charakter als Ehemann oder Vater zu werfen. Sein Familienleben ist vollkommen rein gewesen, und es ist allen in seiner Umgebung wohlbekannt, daß er eine unbeugsame Strenge gegen alle Uebertreter des sechsten Gebots zeigt. Während er gegen die meisten jugendlichen Extravaganzen und Streiche, von welchen seine eignen Jugendjahre voll waren, nachsichtig ist, kann er Libertins nicht ausstehen, welche ihm einen an Ekel grenzenden Widerwillen einzuflößen scheinen. Obgleich Bismarck immer freundlich und höflich in weiblicher Gesellschaft ist, hat er niemals eine der zahlreichen Schönheiten, denen er im Leben begegnet, derartig ausgezeichnet, um auch nur den Verdacht zu erregen, daß er irgend einer Frau besondere Aufmerksamkeit geschenkt oder gar den Hof gemacht habe. Er hat warme und hochgeachtete Freundinnen — worunter die Großfürstin Helene von Rußland gerechnet werden muß — gehabt, aber die einzigen Frauen, welche allem Anschein nach Raum in seinem Herzen gefunden und dasselbe besessen haben, sind seine Mutter, seine Schwester, seine Frau und seine Tochter.

Bismarcks Mutter, Louise Wilhelmine Menken, war im Jahre 1789 geboren und heiratete im Jahre 1806, erst sechzehn Jahre alt. Sie starb am 1. Januar 1839, ohne Augenzeuge der Größe ihres Sohnes gewesen zu sein. Sie gebar ihrem Manne Karl Wilhelm Ferdinand v. Bismarck (geboren 1771, gestorben 1845) sechs Kinder, von denen drei: Ferdinand, Johanna und Franz als Kinder starben, während die drei andern: Bernhard (geboren 1810),[1] Otto (geboren 1815) und Malvine noch am Leben sind.

---

[1] Inzwischen auch gestorben.

Malvine, Bismarcks jüngste und allein noch lebende Schwester, wurde 1827 geboren und heiratete im Jahre 1844 den Freiherrn Oskar v. Arnim-Kroechlen-dorff. Die Beziehungen zwischen dieser Dame und ihrem Bruder Otto sind immer besonders herzlicher Natur gewesen. Er pflegte sie, wenn sie beide zu Hause waren, mit einer zarten Rücksicht zu behandeln, welche studierende Brüder selten gegen ihre jüngern Schwestern zeigen. Diejenigen, welche sich erinnern, sie als junge Leute zusammen gesehen zu haben, sagen, daß er so freundlich und rücksichtsvoll gegen sie war, als wenn sie seine Braut gewesen wäre. Als sie heiratete, schrieb er einen Brief an sie, der eine komische Mischung von Scherz-haftigkeit und Bedauern ist. „Es ist sehr unnatürlich und egoistisch," sagt er, „daß Mädchen, welche Junggesellen zu Brüdern haben, in unbedachter Weise hingehen und sich verheiraten, gerade als ob sie nichts andres in dieser Welt zu thun hätten, als ihren eignen Neigungen zu folgen." In diesen Briefen giebt er ihr allerlei Arten von zärtlichen Namen, und selbst wenn er bei schwerster Arbeit auf seinem segensreichen Wege ist, und wenn alle ihm sich Nähernden vor dem Ausdruck fast schrecklicher Strenge auf seinem Gesicht Scheu empfinden, bleiben seine Briefe an „seine geliebte Schwester, seine liebste Malvine, liebe Kleine" unverändert freundlich und sind oft voll von ausgezeichnet gutem Humor. Er macht Scherze über wichtige Angelegenheiten, über Menschen, die sich sehr groß dünken, und über sich selbst. Wenn aber seine Schwester Kummer hat, findet er wundervoll treffende Ausdrücke eines zarten und tiefen Mitgefühls, und durch die ganze Korrespondenz läuft sozusagen ein ununterbrochener Faden einer tiefen brüderlichen Liebe.

Bismarcks Gemahlin, Johanna von Puttkamer, aus einer alten adligen pommerschen Familie, wurde im Jahr 1824 geboren. Er machte ihre Bekannt-schaft bei der Hochzeit eines Freundes, wo sie als Brautjungfer fungierte, und zwei Jahre später — im Jahre 1847 — hielt er um ihre Hand an. Ihre Familie war anfangs nicht zur Annahme seines Antrages geneigt.

Zu dieser Zeit genoß Herr v. Bismarck eines etwas sonderbaren Rufs. Er hatte den Beinamen „der tolle Bismarck" und hatte diesen Titel durch seine zahlreichen Duelle, seine verwegenen Reiterstücke und einige weitverbreitete Anek-boten über sein Verhalten gegen Professoren, Bürgermeister und andre Respekts-personen, die die deutschen Studenten „Philister" nennen, erlangt. Aber mehr noch verdankte er seinen Beinamen den sehr geräuschvollen Gelagen, welche er mit einer Anzahl junger Männer in Kniephof und Schönhausen abzuhalten pflegte.

Ruhigen, achtbaren, religiösen Leuten wie den Puttkamers schien er nicht ein passender Freier für ein einziges geliebtes Kind. Bismarck indes brachte die Frage schnell ins reine. Er ging zu Fräulein Johanna, und nachdem er sich durch einen Blick vergewissert, daß sie auf seiner Seite war, schloß er sie in die Arme und sagte, sich zu ihren erstaunten Verwandten wendend: „Was Gott zusammengethan, soll der Mensch nicht scheiden."

Die Fürstin Bismarck hat sich die ganze Einfachheit ihrer Jugend bewahrt.

Sie iſt das vollkommene Muſter einer deutſchen Hausfrau im beſten Sinne
des Wortes. Sie iſt ſehr ruhig, trägt ihre Würden als das natürlichſte Ding
von der Welt, hält feſt an den alten Freunden beſcheidenerer Tage und hat nur
einen großen Lebenszweck — ihren Mann und ihre Kinder glücklich zu machen.
Sie ſorgt für ſie in ruhiger, mütterlicher Weiſe, und ihre gelaſſene Heiterkeit
und Geduld, welche Bismarck immer ein ruhiges Heim geſichert haben, haben
ſicherlich zu ſeinem Erfolge im Leben beigetragen. „Sie hat mich,“ ſagte er
einſt zu einem Freunde, „zu dem gemacht, was ich bin.“

Fürſt Bismarck hat drei Kinder — Marie, Herbert und Wilhelm. Graf
Herbert iſt in den diplomatiſchen Dienſt getreten und iſt jetzt ſeines Vaters
Privatſekretär; ſein Bruder hat die Rechte ſtudiert. Beide Brüder werden
wahrſcheinlich dieſes Jahr in das Parlament eintreten.[1]

Gräfin Marie ſoll ihres Vaters Lieblingskind ſein und ihm am meiſten
im Charakter ähneln. Sie war vor zwei Jahren mit dem Grafen Eulenburg
verlobt; aber ihr Verlobter wurde während eines Aufenthalts in Varzin krank
und ſtarb plötzlich am typhöſen Fieber. Dieſes tragiſche Ereignis brachte eine
Zeitlang tiefe Betrübnis über die Bismarckſche Familie.

6. Charakteriſierung von Bismarcks privater und amtlicher Korreſpondenz.

Wir haben ſchon verſchiedene Briefe des Fürſten Bismarck erwähnt. Aus
ſeiner Korreſpondenz könnte eine ſehr merkwürdige Blumenleſe gehalten werden,
denn er iſt ein vollendeter Briefſchreiber. Seine Schrift iſt ungewöhnlich groß,
kühn und beſtimmt. Sie ſieht nicht aus wie die Hand eines Mannes, der
ſchnell ſchreibt. Es iſt wahrſcheinlich, daß er ſchreibt, wie er ſpricht, eher
langſam, immer nach dem möglichſt klaren Ausdruck ſeines Gedankens ſuchend.
Beſonders ſind ihm Unklarheit und Abſchweifungen zuwider. Er weiß, bevor
er irgend etwas ſchreibt oder ſpricht, genau, was er zu ſagen hat, und iſt nicht
eher zufrieden, als bis er die genaue Uebertragung ſeiner Gedanken in Worte
gefunden hat. Daher ſein Stocken in der Rede, und daher wahrſcheinlich eben=
falls ſeine Langſamkeit im Schreiben. Sein Stil indes enthält kein Zeichen
von Unſchlüſſigkeit; er iſt klar und fließend.

In ſeinen Privatbriefen iſt Bismarck witzig, voll munteren, aber nicht ſar=
kaſtiſchen Humors, ein ſcharfer Beobachter von Menſchen und Dingen und ein
Richter, der alles Niedrige, Gemeine verachtet. Seine Briefe enthalten ſelten
etwas andres als Thatſachen und Beſchreibungen, er überläßt ſich kaum je den
Gefühlen. Hin und wieder indes begegnet man einer kurzen Stelle, welche
echtes, die Tiefe ſeines Herzens zeigendes Gefühl verrät. Seine Bilder und
Vergleiche ſind meiſt ſehr gut und manchmal außerordentlich humoriſtiſch.

---

[1] Zunächſt wurde 1878 nur Graf Wilhelm Bismarck in den Reichstag gewählt.
Vergl. „Fürſt Bismarck und die Parlamentarier“ Bd. II. S. 283 und Bd. III. S. 268.

Bismarcks amtliche Korrespondenz zeichnet sich durch ihre Klarheit aus. Er läßt keinen Zweifel darüber, was er sagen will, und er ist so bündig, daß es schwer sein würde, aus seinen längsten Depeschen auch nur wenige Worte auszustreichen, ohne dem Sinn des ganzen Dokuments Eintrag zu thun. Er hat eine starke Abneigung gegen Uebertreibungen, und selten brauchte er einen Superlativ irgend welcher Art. Gebraucht er aber einen starken Ausdruck, so kann man sicher sein, daß es seine feste Meinung ist — so wenn er sagte: „Nach Kanossa gehen wir nicht."

Neuerdings hat Fürst Bismarck es aufgegeben, seine Depeschen selbst zu schreiben. Nur bei wichtigen Anlässen greift er jetzt zur Feder. Manchmal schreibt er gewisse kurze in einer Depesche zu verwendende Sätze mit Bleistift nieder. Er thut dies nur, wenn er wünscht, seine Meinung über einen Punkt in den von ihm selbst gewählten Worten wiedergegeben zu sehen. In den meisten Fällen aber begnügt er sich damit, seinen Sekretären, welche für ihre Arbeit gut geschult sind, wenige mündliche Instruktionen zu erteilen, wobei er entweder im Zimmer auf und ab geht oder an seinem Schreibtisch sitzt und mit einem Falzbein spielt. Der anwesende Beamte, oft selbst ein Funktionär von hohem Range, hört zu, während der Kanzler spricht, und notiert sich seine Worte. Das Gesicht des Fürsten Bismarck ist bei dieser Art der Arbeit sehr merkwürdig. Wenn er zu einer solchen Zeit gemalt werden könnte und dem Bilde ein abstrakter Name gegeben würde, so würde es zu benennen sein: „Konzentration der Gedanken."

Wie alle Menschen, welche Großes vollbracht haben, hat Bismarck die Fähigkeit, in einem gegebenen Augenblick seine ganze Geisteskraft auf einen einzelnen Punkt zu konzentrieren, und es ist wundervoll, wie klar und gut er dann diesen einen Punkt sieht. Er könnte sicherlich nicht ein halbes Dutzend Briefe auf einmal diktieren, wie von Cäsar und Napoleon I. erzählt wird; es ist sogar wahrscheinlich, daß er es als eine Art von Humbug ansehen würde, gut geeignet, die Zuschauer in Erstaunen zu setzen, aber von geringem Zweck für die Beschleunigung der Arbeit. Bismarck hat oft die Ansicht ausgesprochen, daß eine Sache nicht gut gemacht ist, wenn sie nicht so gut wie möglich gethan ist, und daß keine Sache, selbst die unbedeutendste, so gut wie möglich geleistet werden kann, wenn nicht die ganze Aufmerksamkeit darauf verwendet wird. Aber während er dagegen ist, mehr als eine Sache zur selben Zeit zu thun, vermag er schnell von einer Sache zur andern überzugehen. Gerade wie sein Auge, welches an dem Gegenstande, auf dem es ruht, befestigt zu sein scheint, deswegen nicht lange auf demselben Punkte beharrt, so sieht und durchschaut sozusagen sein Geist eine besondere Frage, verläßt sie aber plötzlich und gänzlich, sobald die Aufmerksamkeit durch einen andern Gegenstand erfordert wird. Die Gründlichkeit der Bismarckschen Depeschen, welche selten irgend einen Teil einer Frage unbeleuchtet lassen, ist dem Umstande zuzuschreiben, daß er sich durch Uebung angewöhnt hat, dem gerade vorliegenden besondern Gegenstande ausschließlich seine Aufmerksamkeit zu schenken.

7. Bismarck als Redner.

Viele von Bismarcks Besonderheiten als Schriftsteller sind auch bei ihm als Redner zu bemerken. Es mangeln ihm einige Eigenschaften, welche als unentbehrlich für einen Redner gelten. Er spricht nur leise, er stockt thatsächlich — wenigstens bei Beginn seiner Reden — bei jedem dritten oder vierten Wort; man könnte vermuten, er hätte organische Schwierigkeiten bei dem Aussprechen seiner Worte zu überwinden. Er neigt sich etwas nach rückwärts und vorwärts, er dreht mit den Daumen und blickt von Zeit zu Zeit auf ein Stück Papier, auf welchem er sich einige Notizen vor dem Sprechen gemacht hat. Jemand, der ihn nicht gut kennt, würde er sicher verwirrt erscheinen — nein, sogar eingeschüchtert. Aber das ist nicht der Fall. Er zieht diejenigen, welche ihm zuhören, durchaus in Betracht, aber er ist wahrscheinlich durch ihre Anwesenheit weniger gestört als irgend ein andrer öffentlicher Sprecher. Er ist mit Leib und Seele bei der Arbeit, er hat das Bedürfnis, alles zu sagen, was er über die Sache denkt, und macht sich dabei wenig Sorge, ob seine Sprechweise angenehm ist oder nicht. Hält er mal inne, so fühlen seine Zuhörer, daß sie doch etwas Anhörenswertes vernommen haben und daß jedes Wort, das Bismarck gebraucht und das er sich so viel Mühe gegeben hat, zu finden, das richtige, direkt die Frage treffende war. Jemand unterbricht ihn; er geht nicht schnell wie der Blitz darauf ein, sondern nach einigen Sekunden — die Zeit zur Erwägung dessen, was er soeben gehört — da kommt eine vernichtende Antwort, welche schwer auf den Unterbrecher niederfällt und nicht selten ein Gelächter auf seine Kosten erregt.

Nach einer Weile wird er bei der Sache wärmer, und der Schluß einiger seiner Reden ist sehr gut, selbst vom ausschließlich rhetorischen Standpunkte aus. Der größte Teil dessen, was er in der Debatte gesprochen, liest sich gut; es ist voll von gesundem Menschenverstand und Logik und gänzlich frei von hoch=tönenden leeren Phrasen. Wäre das, was Bismarck sagt, nicht gut und wirksam, so würde ihm niemand Aufmerksamkeit schenken; aber im allgemeinen erscheint das, was er sagt, von vornherein so gewichtig, daß, obgleich er kein brillanter Redner ist, keinem Redner aufmerksamer zugehört wird. Dies war bereits der Fall, ehe er ein großer Mann wurde. Im Jahre 1848, als seine Gegner ungehindert über den preußischen Junker zu spötteln pflegten und er nur wenig Einfluß besaß, ermangelte keine seiner Reden im preußischen Parlamente, mehr oder weniger Aufmerksamkeit zu erregen.

8. Bismarcks persönlicher und politischer Wagemut.

Man mag Bismarck lieben oder hassen, so muß doch jeder anerkennen, daß er in geistiger Hinsicht dasselbe ist wie in physischer, ein kraftvoller Mann. Er selbst weiß das wohl und verläßt sich bis zu einem außerordentlichen Grade auf seine eigne Kraft. Daher sein Wagemut, der auch einen so hervorstechenden Zug in seinem Charakter bildet.

Bismarcks Leben ist voll von authentischen Anekdoten hinsichtlich seiner außerordentlichen Furchtlosigkeit. Als Kind scheint er nicht gekannt zu haben, was Gefahr ist. Seine Mutter ist in beständiger Angst um ihn: wenn er nicht ertrinkt, so wird er sicher den Hals brechen. Es begegnen ihm viele Unfälle, und er entkommt oft mit genauer Not, aber irgendwie entkommt er stets. Als er älter wird, wird er vorsichtiger, aber noch immer kennt er keine Furcht. Nichts schreckt ihn zurück. Er liebt seine Lehrer, wenn sie ihn freundlich behandeln, und in diesem Falle finden sie ihn gelehrig, fleißig sogar; aber er lehnt sich auf gegen diejenigen, welche ihn durch Strenge zu zwingen versuchen, und sie können niemals irgend welche Autorität über ihn erlangen.

In Göttingen, wohin er zum Studium der Rechte ging, wurde er noch am Tage seiner Ankunft in vier Duelle verwickelt, weil er die Achtung, welche ein Fuchs den älteren Studenten schuldet, ganz vernachlässigte und vier derselben, welche sich die Freiheit genommen hatten, über ihn zu lachen, kühl und mit Bedacht beleidigte.

Während seines Militärdienstes rettete er seinen Diener mit Gefahr des eignen Lebens vom Ertrinken. Für diese That erhielt er eine Medaille, welche viele Jahre seine einzige Dekoration war. Er trägt sie noch, und es wird erzählt — und wir glauben es gern —, daß er darauf ganz ebenso stolz ist als auf die zahllosen Ordensbänder, Kreuze und Sterne, die jetzt seine Brust bedecken. Eine österreichische Excellenz fragte ihn eines Tages in Frankfurt, was diese ärmliche Medaille vorstelle. „Ach," versetzte Bismarck kühl, „ich rette gern Leute vom Ertrinken, wenn ich dazu Gelegenheit habe. Dafür erhielt ich diese Medaille."

Nach 1848 entfaltete sich Bismarcks Mut auf andern Gebieten. Er gehörte zu den ersten und sicherlich zu den bedeutendsten derjenigen Männer, welche, während alle rings umher von der Revolution mit fortgerissen wurden oder an der Möglichkeit des Widerstandes gegen dieselbe verzweifelten, kühn dagegen auftraten und offen dagegen agitierten. Er ergriff die Leitung der reaktionären Partei und wurde sehr unpopulär. Die liberale Presse in Preußen griff ihn mit großer Heftigkeit an. Im Parlamente begegnete er heftiger Opposition. Er verlor selten seine Gemütsruhe, aber er nahm niemals ein einziges Wort von seinen Angriffen auf die Revolution zurück. Als einige Anspielungen auf das Schicksal, das diejenigen allgemein erwarte, welche sich den Forderungen eines großen Volkes nach Freiheit zu widersetzen versuchen, gemacht wurden, zuckte er lediglich mit den Schultern. Er ist der Ansicht, daß „der Tod auf dem Schafott ein sehr ehrenhafter Tod sein kann".

Als er sich um die Wahl in Rathenow bewarb, fragte ihn ein alter Bauer, ob er dächte, daß es zweckmäßig sei, „gegen diese Berliner Demokraten zu kämpfen?"

„Es ist besser, Hammer zu sein als Ambos," versetzte Bismarck, „wir wollen sie auf alle Weise angreifen." Dies ist Bismarcks Politik durchs ganze Leben gewesen. Sobald er einen Gegner vor sich sieht, beginnt er den Angriff. Er hat immer so gehandelt, daß er der Hammer war.

Als er im Begriff war, Rathenow zu verlaſſen, umringte ein Volkshaufen den Wagen, in welchem er mit ſeinem Freunde Herrn v. Stechow ſaß. Man warf mit Steinen nach ihm, und ein Stein traf ihn an der Schulter. Er erhob ſich, nahm den in den Wagen gefallenen Stein auf und ſchleuderte ihn auf die Menge zurück. Es war ein großer Haufen gegen zwei Mann; aber niemand wagte, Bismarcks Wagen aufzuhalten.

Im Jahre 1851, als die Flut der politiſchen Leidenſchaft noch ſehr hoch ging, trat Bismarck eines Tages in ein Gaſthaus in Berlin, um ein Glas Bier zu trinken. Ein Mann in ſeiner Nähe, der ſich durch die Anweſenheit ſeiner Freunde unterſtützt fühlte, begann über ein Mitglied der königlichen Familie zu ſchimpfen. Bismarck ſah ihn an und ſagte ruhig: „Wenn Sie dieſen Raum nicht verlaſſen haben, bevor ich mein Bier aus habe, ſo werde ich dieſen Krug auf Ihrem Kopf zerſchlagen.“ Dann leerte er bedächtig ſein Glas, und da der Mann die Warnung nicht beachtete, führte er ſeine Drohung aus. Er ging auf den Burſchen zu und ſchlug ihm mit dem Glas auf den Kopf, bis er heulend zu Boden fiel. Dann fragte er den Kellner: „Was koſtet das Glas?“ bezahlte es und ging gemächlich davon, ohne daß einer ihn zu beläſtigen gewagt hätte. Zu dieſer Zeit war er ſchon ein Mann von politiſcher Stellung und der an‐ erkannte Führer der konſervativen Partei; aber getreu ſeinem Grundſatz nahm er ſtets die Offenſive, indem er ſeine Gegner, wo immer er ſie traf, mit allen Waffen angriff.

Bismarcks Haltung im Parlament war natürlich viel vom Hofe bemerkt worden. Der König Friedrich Wilhelm IV. hatte ein großes Gefallen an dem „Junker“ gefunden, und als die Stelle des preußiſchen Miniſters in Frankfurt frei wurde, gedachte er ſie Bismarck anzubieten. Er war indes doch ein wenig überraſcht, als der letztere, ohne Zeit zur Ueberlegung zu erbitten, ſich zur An‐ nahme des Vorſchlags des Königs bereit erklärte.

„Aber Sie wiſſen doch, daß es ein ſehr ſchwieriger Poſten iſt und daß er große Verantwortlichkeit bringt?“ ſagte der König.

„Eure Majeſtät können mir auf alle Fälle die Gelegenheit bieten,“ erwiderte Bismarck; „wenn ich nicht Erfolg habe, kann ich ja jederzeit zurückberufen werden.“

Die Stellung, welche er mit einemmal in Frankfurt übernahm, verurſachte dort großes Erſtaunen. Oeſterreich war zu der Zeit die leitende Macht im Bundestag, und die kleineren deutſchen Staaten duldeten dies nicht nur als geſetz‐ mäßig und unvermeidlich, ſondern ſie begünſtigten thatſächlich die Anſprüche Oeſterreichs; denn ſie ſahen in dem Hauſe Habsburg ihren natürlichen Beſchützer gegen die Hohenzollern. Der letzte Vertreter Preußens bei dem Bunde hatte dafür keine Empfindung beſeſſen und ruhig eingewilligt, eine niedere zweite Rolle zu ſpielen, indes Graf Thun, der öſterreichiſche Bundestagsgeſandte und der Präſident der Verſammlung der Geſandten, unverkennbar Nummer eins war. Dies war ſo weit gegangen, daß Bismarcks Vorgänger wie ſeine übrigen Kollegen dem Grafen Thun geſtattet hatten, als einziger während der Ausſchußſitzungen zu rauchen. Keine Rückſicht konnte Bismarck abhalten, dagegen zu proteſtieren. Er nahm eine Zigarre aus der Taſche, bat den Grafen Thun zu deſſen Entſetzen um Feuer und paffte frei weg, lange nachdem der öſterreichiſche Miniſter ſeine Zigarre weggeworfen hatte. Das war nur eine Lappalie, aber dieſe Lappalie verlangte mehr Mut, als irgend einer ſeiner Kollegen beſaß, und Bismarck erlangte dadurch eine perſönliche Stellung, deren ſich ſein Vorgänger nie erfreut hatte.

Wir haben dieſe Geſchichten wiedergegeben, obgleich ſie an ſich unwichtig ſind, weil wir es für intereſſant gehalten haben, zu zeigen, daß Bismarcks „hiſtoriſche" Kühnheit — wenn ein ſolcher Ausdruck gebraucht werden darf — ihren Urſprung in ſeinem natürlichen, angeborenen Wagemut hat. Es iſt nicht ſchwer, eine furchtloſe Stirn zu zeigen, wenn man ſicher iſt, der Stärkſte zu ſein; Kühnheit kann in ſolchen Fällen mit Arroganz und Inſolenz verwandt ſein. Aber es iſt ſehr verſchieden, wenn ein Mann, allem Anſchein nach der ſchwächere Teil, zur Verteidigung deſſen, was er für richtig hält, mächtigen Feinden mutig ins Geſicht ſieht. Bismarck iſt niemals verzagt geweſen. Er hat nicht erſt begonnen, laut und ſtolz zu ſprechen und aggreſiv zu werden, ſeit er ein großer Mann geworden; im Gegenteil, er hat ſich zu dem, was er jetzt iſt, erhoben, weil er kühn und ſtolz ſprach und handelte, als er nur eine ſehr kleine Perſönlichkeit war. Er hatte zu jener Zeit nicht mehr Furcht vor ſeinem Pferde, ſeinen Lehrern, den älteren Studenten, die ihn ducken wollten, vor dem Ertrinken, vor einem Volkshaufen, als er ſich in ſpäteren Jahren vor einem nach ihm ſchießenden Mörder, vor parlamentariſchen Mehrheiten, vor dem Haß einer großen politiſchen Partei und ſchließlich vor großen Nationen, die die Waffen gegen ſeine Politik erhoben, fürchtete. Er hat Gefahren jeder Art, obgleich er nicht blind dagegen war, mit demſelben unerſchütterlichen Mute Trotz geboten.

Er war nicht entmutigt, als er von ſeinen Landsleuten Verräter genannt wurde, noch als ſie ihn anklagten, die preußiſche Verfaſſung verletzt zu haben; er zeigte ſich beſonders heiter in jenen ereignisvollen Tagen, als Wilhelm I. auf ſeinen Rat zuerſt in den Kampf mit Oeſterreich und dann mit Frankreich ging. Preußen hat ſich ſtärker erwieſen als eins von dieſen Reichen, aber man ſollte berückſichtigen, daß, als es ins Feld zog, faſt allgemein ſelbſt bei ſeinen Freunden der Glaube herrſchte, daß es geſchlagen werden würde. Aber Bismarck war mit jenem grenzenloſen, beinahe an Tollkühnheit ſtreifenden Optimismus begabt, ohne welchen keine große That je vollbracht worden iſt, dem Optimismus, welcher Kühnheit giebt und der zu allen großen Eroberern gehört, zu Alexander, Cäſar und Napoleon. Er hoffte ſicherlich, das Spiel, welches er ſpielte, zu gewinnen, aber er konnte ſich nicht verbergen, daß alles mit ihm vorbei ſei, wenn er es verlor. Wie ein Menſch, der immer Willens iſt, ſeine Einſätze zu verdoppeln, und welcher, obgleich er lange Zeit ununterbrochen Glück gehabt hat, nichtsdeſtoweniger bei jedem neuen Spiel wieder und wieder ſein ganzes Vermögen auf eine einzige Karte ſetzt, ſo hat Bismarck höher und höher geſpielt. Was wäre Fürſt Bismarck jetzt, wenn nach Düppel Preußen bei

Sadowa, oder nach Sadowa bei Gravelotte geschlagen worden wäre? Er
bedachte dies, aber er scheute nicht davor zurück. Der arme Gutsbesitzer, der
Junker, welcher Schulden machen mußte, um in der Stadt leben zu können,
wurde allmählich ein einflußreicher Politiker, ein parlamentarischer Führer,
Minister in Frankfurt, St. Petersburg, Paris; Ministerpräsident, Kanzler,
Graf, Fürst, aber er blieb immer bereit, seinen Gegnern neue Chancen zu geben,
ihn zu zerdrücken und zu vernichten, und es ist unsre feste Meinung, daß
er im gegenwärtigen Augenblick, wo er auf dem Gipfel der Macht steht und sozu=
sagen das Schicksal der Welt lenkt, den Handschuh aufnehmen würde, wenn er
ihm zugeworfen wäre, alles, was er besitzt, alles, was er gewonnen, riskieren
und kühn und furchtlos mit aller Macht, mit allen seinen Waffen kämpfen würde,
wie er es stets gethan.

Von dem Marschall Soult wird eine Geschichte erzählt. In einer Schlacht,
wo eine starke Position von seinen Truppen zu nehmen war, die schon ver=
schiedenemal zurückgeworfen waren und zauderten, einem neuen Befehl zum
Angriff zu gehorchen, soll Soult vor die Front getreten und seinen Soldaten
zugerufen haben: „Ihr fürchtet euch? Was habt ihr zu verlieren? Ihr könnt
nur gewinnen. Ihr seid nichts und habt nichts. Ich bin Marschall von Frank=
reich; ich habe zweihunderttausend Franken im Jahre; ich kann nichts gewinnen,
aber alles verlieren — ich fürchte mich doch nicht. Vorwärts, folgt mir!" Und
er führte den Weg und gewann die Schlacht.

Ein solcher Mann ist Fürst Bismarck. Er hat nichts mehr zu gewinnen;
er kann alles, was er besitzt, verlieren, und das ist immens viel; aber er er=
scheint vor der Front, wenn irgend Gefahr da ist — und er hat keine Furcht.
Das sollte berücksichtigt werden, wenn man ihn beurteilt. Das Glück hat ihn
nicht verdorben, oder vielleicht müssen wir eher sagen, hat ihn nicht geändert.
Er ist nicht übermütig geworden. Er ist nie Ambos, immer Hammer gewesen.
Er ist in dieser Beziehung jetzt, was er vor vierzig Jahren war; nur empfand
man damals seinen Willen nicht über Schönhausen und Kniephof hinaus, während
er jetzt auf der ganzen Welt gefühlt wird.

9. Bismarcks Reserviertheit und Belästigung.

Ein Mensch kann sich nicht ungestraft über die große Mehrzahl seiner Mit=
geschöpfe erheben. Er erlangt unvermeidlich einen überhohen Begriff von seinem
persönlichen Werte und ist verleitet, sich gleichzeitig eine nur geringe Meinung
von der Menschheit im allgemeinen zu bilden. Ein Mensch, welcher trotz mannig=
facher Hindernisse große Dinge vollbracht hat, ist geneigt, zu glauben, daß er
immer recht hat, und daß diejenigen, welche ihm opponieren, sich im Unrecht
befinden.

Außerdem ist auch zu erwägen, daß in der Regel die Menschheit nicht viel
Stolz und Selbstachtung besitzt und daß die meisten Menschen betteln gehen — nach
Brot, nach Geld, Titeln, Begünstigungen, sogar nach bunten Bändern für das
Knopfloch ihres Rockes. Die Bettelei ist mehr verbreitet in der Welt als Lügen=

haftigkeit, und niemand hat darunter ſo viel zu leiden, wie diejenigen, welche, nachdem ſie ſelbſt durch Energie, Kühnheit und Selbſtvertrauen ſich eine hohe Stellung erwarben, aus dieſem Grunde einen beſonders unbarmherzigen Wider- willen gegen Bettler empfinden.

Die an einen Mann wie Fürſt Bismarck gelangenden Bettelbriefe können thatſächlich nach Tauſenden gerechnet werden. Vor einiger Zeit, als der Kanzler krank in Varzin war, wurden alle an ihn gerichteten Briefe, welche nicht ſtreng privater Natur waren, nach Berlin zurückgeſandt, um dort geleſen und beant- wortet zu werden. Der größte Teil dieſer Briefe enthielt „gehorſamſte Geſuche", jedoch kaum einer dieſer Bettelbriefſchreiber hatte irgend einen Anſpruch an den Fürſten. Einer der Beamten, deren Geſchäft es war, dieſe Geſuche zu leſen — ein ordnungsliebender Mann und augenſcheinlich ein Liebhaber der Statiſtik — machte ſich das Vergnügen, eine Liſte aller Geſuche, nur ſoweit ſie Geld betrafen, ſich aufzuſtellen. Sie beliefen ſich auf zehn Millionen Mark. Der Fürſt lachte nicht, als man ihm dies erzählte, ſondern zuckte die Schultern mit einem Blicke bitterer Verachtung. Andrerſeits iſt es natürlich, daß ruhige anſtändige Leute von Selbſt- achtung, welche nichts vom Fürſten verlangen und ihn nicht mit ihren Privat- angelegenheiten zu ſtören wünſchen, niemals mit ihm in Berührung kommen, ſofern ſie nicht in irgend einer amtlichen Beziehung zu ihm ſtehen oder ein wirkliches Geſchäft ſie zu ihm führt. So iſt es ganz natürlich gekommen, daß Fürſt Bismarck einen großen Teil der niedrigen Seite der menſchlichen Natur ſieht, und es überraſcht kaum, daß er ſkeptiſch und ſogar miſanthropiſch geworden ſein ſoll. Seine Erfahrung beweiſt, daß die Menſchen in der Regel — eine Regel, welche glücklicherweiſe viele Ausnahmen erleidet — nicht den richtigen Stolz beſitzen, daß ſie geneigt ſind, ſich wegen ganz geringer Dinge zu demütigen; daß es viele Prahler unter ihnen giebt, und daß dieſe ſelben Prahler leicht über- tölpelt werden können. Bismarck iſt es ſicherlich wohl bewußt, daß es viele ſehr ehrenwerte Leute in der Welt giebt, aber die Erfahrung hat ihn gelehrt, daß es ſein Mißgeſchick iſt, mit einer verhältnismäßig kleinen Zahl derſelben Verkehr zu haben. Er hält feſt zu den wenigen Männern und Frauen, denen er vertraut, weil er ſie als ſeine wahren Freunde kennt, aber er iſt argwöhniſch gegen Fremde. Sein erſter Gedanke, wenn er ein neues Geſicht ſieht, mag natürlich ſein: „Nun, was verlangt dieſer Mann von mir?" Dies erklärt, warum er allgemein ge- fürchtet iſt, obgleich ſeine intimen Freunde ſeine Freundlichkeit und Liebens- würdigkeit hoch rühmen.

10. Bismarcks Geſundheit und Leben auf dem Lande.

Fürſt Bismarcks Geſundheit iſt ſeit einiger Zeit dahin. Er iſt mit ſeiner Kraft nicht haushälteriſch umgegangen und hat nie, was man vom hygieniſchen Standpunkte eine rationelle Lebensweiſe nennt, geführt. Seine Nerven, welche überangeſtrengt worden ſind, ſind empfindlich geworden. Sein Schlaf iſt nicht gut: er geht zu abnorm ſpäter Stunde zu Bett und findet oft erſt Ruhe, wenn die

Sonne über dem Horizont steht.[1]) Unter diesen Umständen bekommt ihm das
Leben auf dem Lande, wo er niemand sieht, außer Mitgliedern seiner Familie
oder einigen Freunden, die entweder als Gäste eingeladen sind oder ihm als
Sekretäre dienen, am besten. Seine Besuche in Varzin und Friedrichsruh sind
allmählich länger und länger geworden. Es ist wahrscheinlich, daß dies so weiter
geht und daß er sein ereignisvolles Leben als der „Einsiedler von Varzin"
enden wird — eine Bezeichnung, welche bereits auf ihn angewendet worden ist.

Wenn Bismarck auf dem Lande ist, führt er das Leben eines Gutsherrn
der alten Schule. Er sieht sorgfältig nach seinem Eigentum, nimmt großes
Interesse an seinen Bauern, reitet, jagt und ist kein Freidenker. Er hat sich
immer — ohne Ostentation, aber mit großem Ernste — als religiöser Mann bekannt. „Das Leben würde nichts wert sein," schreibt er an seinen Schwager,
„wenn es mit dem Tode hienieden zu Ende wäre." Und in einem andern seiner
Briefe findet sich folgende Stelle: „Ich begreife nicht, wie ein Mensch, der über
sein eignes Dasein nachdenkt, die Bekümmernisse und Sorgen dieses Lebens
ertragen kann, wenn er nicht einen festen Glauben an Gott hat."

11. Schlußbetrachtung.

Auf vorstehenden Seiten haben wir versucht, die Umrisse des Bismarckschen
Charakters zu skizzieren. Wir behaupten nicht, den Gegenstand erschöpft zu
haben. Der Charakter eines Menschen ist eine wunderbar komplizierte Sache —
eine merkwürdige Mischung von guten und bösen, großen und niedrigen Dingen.
Befremdliche und sogar unerklärliche Widersprüche verwirren den Beobachter,
und wer in seiner Beschreibung vollständig zu sein strebt, muß immer fehlgehen.
Es ist unmöglich, bei solchen Dingen „die ganze Wahrheit" zu sagen. „Nur
die Wahrheit" kann jemand sagen, der Auswahl trifft; wir haben versucht, um
jeden Preis diesen Teil der Pflicht eines ehrenwerten Zeugen zu erfüllen.
Bismarck kann noch einmal kämpfen müssen. Wer kann sagen, daß er wieder
siegreich sein wird? Aber wenn er seiner Vergangenheit treu bleibt — und
es kann kein Zweifel sein, daß er es wird —, wird er niemals nachgeben. Er
wird bis zum Äußersten kämpfen für das, was er als das Richtige betrachtet;
und wenn er fällt, bevor der Tag gewonnen, so wird es nach einem furchtbaren
Ringen, nachdem er seinen Feinden schwere Wunden beigebracht hat, und mit
dem Gesichte gegen den Feind sein. Seine Grabschrift sollte lauten: „Er war
ein kraftvoller und furchtloser Mann."

---

[1]) Es ist das Verdienst Schweningers, wofür ihm die deutsche Nation nicht genug
danken kann, Bismarcks Leben rationell gestaltet zu haben. Seine Gesundheit ist heute
nach fast zwanzig Jahren, befestigter als im August 1878, da Lindau obiges schrieb.
(Schluß folgt.)

Zwischen den Welten.[1)]

Von

Alexandre Ular.

„... ihre Liebe aber war auf verschiedenen
Sternen gewachsen."

München, ben 12. Juni.

Meine wundervolle Paula!

Die vierzehn Tage, in denen ich Dich nun nicht mehr gesprochen und Deine
beruhigende Nähe gefühlt habe, sind mir zu einer wahren Hölle geworden
— und ich will Dir sagen, warum. Denn erst, wenn Du weißt, was Deine
Gegenwart für mich bedeutet, wenn Du weißt, daß ohne Dich meine Existenz
nur noch wie eine Abendlandschaft ist ohne untergehende Sonne, so grau, so
ohne all die golbigen Farbennuancen und die endlos langen Schatten, die sich
behaglich zu recken scheinen und dann ganz allmählich und sanft in Schlummer
zerfließen, dann kannst Du vielleicht verstehen, welch ein elender Mensch ich jetzt
bin, trotzdem Du mir wie eine ferne, milde, schneeweiße Sonne den Ausweg aus
meinen Finsternissen zeigst, beren Schwärze Du niemals wirst ahnen können.

Ich weiß schon, wenn Du diese sentimentale und zugleich doch so ernst=
hafte Einleitung liest, dann wird wieder jenes fast diabolische zustimmende Lächeln
um Deinen kleinen Mund herum huschen, jenes Lächeln, das Du doch nie ver=
bergen kannst, wenn Du aus Rücksicht etwas als große Neuigkeit hinnimmst,
das Du selbst schon seit langem herausgefunden hast. Aber diesmal wirst Du
mit Deinem Lächeln doch — zum ersten Male vielleicht — im Irrtum sein;
denn wie es möglich ist, daß ich jetzt zugleich ernst und sentimental sein kann,
das kannst Du noch nicht wissen.

So wie jetzt habe ich, glaube ich, noch niemals geliebt. Du bist die erste,
die mir als Friedensengel und nicht als blutgieriger Dämon erscheint ... Und
ich habe den Frieden so nötig. — O, diese himmlische Ruhe nach den unendlichen
Irrfahrten! O, diese süße, wiegende Stille in mir und um mich, seitdem Deine

---

[1)] Anmerkung der Redaktion. Der Brief, mit dem uns die vorstehende, in deutscher
Sprache abgefaßte Novelle des französischen Schriftstellers zugegangen ist, erscheint uns
interessant genug, um ihn unsern Lesern mitzuteilen. Er lautet:
Monsieur, j'ai l'honneur de vous envoyer en même temps que ces quelques
lignes le manuscrit d'une nouvelle „Zwischen den Welten", pour laquelle j'ai préféré
la langue allemande parce qu'elle me semble plus capable d'exprimer les choses
sévères et touchantes que j'y ai dépeintes que l'idiome un peu trop élégant et léger
de mes compatriotes. Ce petit récit que j'ai lu à quelques littérateurs de mes amis,
a obtenu un grand succès auprès d'eux, qui tous connaissent l'aventure d'un des
plus illustres romanciers de notre temps qui est quelque peu le sujet de cette étude
psychologique et paysagiste.

sonnige Seele die finsteren Eiswände wegtaut, die mich erstarren und doch nicht
sterben ließen! ...

Ach, wenn Du wüßtest, wie müde ich bin — so furchtbar und wundervoll
müde; denn meine Müdigkeit erlaubt mir das Einssein mit Dir! — Bist Du
vielleicht nur ein Spiegelbild, eine Projektion aus einer andern Welt? ...

Unter Deinem Einfluß wird alles so anders. Ich fühle, wie ich aus allem
herausgelöst werde, was ich früher war und zu sein glaubte — und das so
ohne Schmerz, mit der Empfindung, von einer langen, schweren Krankheit zu
genesen, gar nicht wie sich sonst immer eine Trennung, ein innerer Abschied auf
Nimmerwiedersehen in mir vollzogen hat. Das war stets, wie wenn ich auf
einer sonnigen Landstraße in der Ebene eilends und erfreut über meine unheimliche Geschwindigkeit dahinfuhr und ich plötzlich dicht vor mir einen entsetzlichen
schwarzen Abgrund erblickte. Dann hatte ich — ob ich gleich einige Spannen
vom Rande zu halten vermochte — doch das Gefühl, als stürzte ich in immer
rasenderer Eile in eine unendliche Tiefe hinab, wo es immer wärmer wird und
immer schwärzer. Mein Kopf drohte dann zu zerplatzen vor Hitze; die Augen
erschienen mir glühend und wie von einem krampfhaften inneren Druck nach
außen gepreßt; meinen Körper empfand ich als vollkommen leer, und nur im
Halse ein fürchterliches Brennen, als ob eine Flamme zischend durch einen in
Todesangst zusammengepreßt gehaltenen Mauerriß sticht und nun Herrin aller
jenseits der Mauer aufgespeicherten Kostbarkeiten zu werden droht. Ja, ich hatte
sogar das Gefühl, als würde ich von der Schnelligkeit des Sturzes zerrissen,
als fiele der untere Teil meines Körpers schneller, und die Schultern hätten
nicht mehr die Last meiner Arme und Hände zu tragen. — O, dieses Gefühl
des Zerrissenwerdens und Hinabsausens ist fürchterlich.

Glaubst Du, daß solche innere Trennungen auf ewig, solche große teilende
Abschnitte des Lebens auch anders als so plötzlich kommen können? Ich glaube
es nicht; ich habe es nie anders erfahren. — Aber jetzt glaube ich, daß ein
solcher Abschied, so plötzlich er erzwungen wird, doch anders auf uns wirken
kann. Das habe ich jetzt gesehen, als ich die ganze Reinheit und Unberührtheit
Deiner Schmetterlingsseele entdeckte, die mich mit ihren farbenreichen, sanften,
zärtlichen Flügeln so lange gaukelnd verführte, bis ich mich in einem unbekannten,
herrlichen Lande wiederfand, dessen Dasein ich verlacht und verflucht hatte.

Vielleicht weißt Du es nicht, daß auch dieses leicht- und schwersinnige
Hinüberflattern in Dein Reich voll sonniger, klarer Höhenluft, erhabener Gletscher,
eisiger, zackiger Gipfel und lieblicher grüner Matten mit Blumen in tausenderlei
Farben — daß diese Auswanderung auch einen solchen Abschied auf ewig bedeutet? — daß Du mich aus einem Leben in ein andres geleitet hast, wie
das Erwachen uns aus dem Traumland in die bessere Wirklichkeit zurückführt?
— daß ich jetzt an jenes Leben nur noch mit einem geheimen fürchterlichen und
wütenden Entsetzen zurückdenke, dem Entsetzen dessen, der das „zweite Gesicht"
kennt und sich selbst hat tot daliegen sehen, kalt, aufgedunsen, von Würmern
angefressen und stinkend vor Fäulnis ...

Ich möchte wohl wissen, ob Du in dem hellen, schleierhaften Schimmer Deiner — darf ich es sagen? — mystischen Weltanschauung im stande bist, Dir einen Menschen vorzustellen, der alles Entsetzliche, Grauenhafte, Scheußliche und Ekelhafte, das das Leben nur mit sich bringen kann, mit einer fürchterlichen, sicherlich perversen Leidenschaft aufsucht; zuerst aus der höchst fragwürdigen Vorliebe, die der Starke für alles hat, das ihm antipolar ist, später aber aus der verzweifelnden Haltlosigkeit, welche ihn packt, wenn er einzusehen vermeint, daß alle Fundamente seiner intellektuellen und moralischen Stärke nur lang-weilige Illusionen sind. — Ja, das ist das richtige Wort! Der Wille zum Bösen aus Langweile... Siehst Du, dieser Mensch bin ich — oder war ich, ehe Du mich geheilt hast.

Du entsetzest Dich über mich, nicht wahr? — oder Du glaubst es nicht? — Aber es ist so, und ich will Dir jetzt auch sagen, wie solche Menschen zu stande kommen — die Du haßt... wie nanntest Du sie noch? — Ich wollte damals nicht auf das Thema eingehen, an dem Abend, als die Alpenkette in wunderbarer Glut dalag und der bläuliche Schein, der sich ins Thal herab-senkte, uns so traurig stimmte, so still und so rasend traurig darüber, daß es Dinge giebt, die wir nicht erreichen können — und die uns doch die liebsten sind...

Jetzt möchte ich wieder in Verzweiflung aufschreien wie damals, vor zwanzig Jahren, als das in seiner Alltäglichkeit beinahe lächerliche Ereignis eintrat, welches vor mir die Pforte zum „Leben" — ich könnte gleich genauer sagen: zur Hölle — aufstieß. Natürlich die alte Geschichte von dem geliebten Mädchen, das einen andern Geliebten hat... Aber ich war erst zwanzig Jahre alt. Ich glaube, ich versuchte damals alles, um den drohenden Zusammenbruch meiner Psyche abzuwenden, den ich immer weiter herannahen fühlte. So lächerlich es klingen mag — aber was ist bei einem zart organisierten Menschen nicht möglich? Ich bin an jener Kinderei zu Grunde gegangen, und das in dem Momente, wo alles darauf ankam, meine Vitalität unbeeinträchtigt zu lassen — als mein Vater starb. Aber in dem Augenblick, als das letzte und kräftigste Mittel, das ich gegen psychische Verdauungsstörungen anzuwenden wußte, versagte, als ich nicht mehr arbeiten konnte, da brach ich zusammen und legte dieses segensreichste Stimulans zum „guten Leben" ad acta, bis Du es endlich wieder fandst, um mich dadurch nach zwanzig entsetzlichen Jahren zu einem neuen Leben zu er-wecken.

Damals ergriff mich die Langweile am Leben, jenes schleichende, brennende Gift, welches, schlimmer als alle physischen, den Menschen selbst an seinem Kern packt, und zwar immer dann, wenn er am glücklichsten zu sein glaubt; ich war damals zufrieden im Gefühl der „Entsagung"... Langweile als venerische Krankheit der Seele — sollte das stimmen? — Jedenfalls ist die Vergiftung gleich tragisch — und gleich komisch — und gleich zerstörend.

Du kennst nicht die Langweile aus Unfähigkeit zum Arbeiten und wirst es deshalb auch kaum verstehen, was es heißt, zu denken, ohne zu verdauen; es ist

ungefähr ſo, als ob man einen ſtark ſtrömenden Fluß hinaufrudern will und
rudert wie im Traume immer zu, ohne daß man merkt, wie man den Strom
gar nicht überwindet, ſondern immer weiter ſtromabwärts getrieben wird, bis man
— o Ironie! — an einem Brückenpfeiler zerſchellt. So ging es mir damals.
Und der Brückenpfeiler, an dem mein Boot ſcheiterte, während die Waſſer mich
mit zerſchlagenem Körper weit, weit hinabriſſen — das war der „Glaube an
das Gute" . . .

Von da an war ich — ich will nicht den Spielball der Wellen citieren — —
der Menſch, der ſo fett iſt, daß er ſtets oben ſchwimmt und nicht ertrinken kann,
was ihn jedoch nicht hindert, ſich an jedem weiteren Pfeiler, der im Fluſſe ſteht,
ein weiteres Glied zu zerſchlagen. — Die Sache iſt eigentlich ſehr komiſch —
aber ſie thut einem noch nachträglich weh.

Was bei dieſen immer häufigeren Verſtümmelungen von mir übrig blieb,
das errätſt Du allein; denn Du weißt, daß ich ein „perverſer Myſtiker und
fürchterlicher Viveur" geweſen bin: das ſind ja Deine eignen Worte, nicht wahr?
— Aber ich glaube, dieſer Viveur ſieht etwas anders aus als die meiſten andern.
Denn ich war Viveur nicht aus Dummheit und gleichſam durch meine Lebens=
umſtände genötigt, wie es die Regel iſt, ſondern mit dem vollen Bewußtſein von
dem, was ich that, ſozuſagen als Logiker, der ſeine Konſequenzen aus allem
zieht und ſo auch aus der ſchlimmſten geiſtigen Krankheit, dem Peſſimismus
aus nervöſer Langweile. Alle Symptome und Folge-Erſcheinungen dieſer Krank=
heit ſind von einem und demſelben Phänomen begleitet, welches vielleicht als
einziges noch im ſtande iſt, Mitleid zu erwecken — das iſt eine ſchwermütige
Müdigkeit; und die kommt daher, daß man beinahe immer das tötende Bewußt=
ſein mit ſich herumträgt, man gehöre eigentlich zu den wertvollſten Menſchen
— wenn man geſund wäre.

O, man empfindet ganz deutlich, daß man krank iſt! — Aber dieſe Krank=
heit erzeugt ein wollüſtiges Gefühl . . . wie das Opium. Und iſt es nicht bekannt,
daß Wolluſt alle andern Inſtinkte tötet? — Ich ſpreche es aus, was Dich viel=
leicht für immer von mir trennt — in Deiner Reinheit: Das war die Wolluſt im
Böſen. —

Du ſiehſt, daß ich mich durchaus nicht ſchäme, Dir das einzugeſtehen. Denn,
ſei eine Krankheit noch ſo ekelhaft, man braucht ſich ihrer nicht zu ſchämen,
wenn man ſie nicht ſelbſt verſchuldet hat. — Ich ahne wohl, daß ich Dir jetzt
wieder ganz fremd erſcheinen werde: Du kannſt das nicht begreifen, und das
gehört mit zu dem Schönſten, das Du an Dir haſt. Ich glaube nicht, daß
Du eigentlich weißt, was „Wolluſt" und was „Böſe" iſt. Aber Du kennſt das
Wort „Entartung", und Du fühlſt vielleicht, daß jene Krankheit, an der ich litt,
die letzte und entſetzlichſte Stufe davon darſtellt: wo nicht mehr die gering=
fügigſte Handlung möglich iſt ohne einen verdächtigenden Seitenblick.

Das Vergnügen wird zur Qual; alles gewinnt einen düſteren, ſchauder=
vollen Hintergrund und einen trüben, unheimlichen Aſpekt — Glühwürmchen in
einer feuchten Tropfſteinhöhle. Und die Liebe iſt das blutdürſtige Ineinander=

feſtſaugen zweier Vampyre, und das ganze Leben wie ein einziger fürchterlicher Krampf, der nur von Stunden gänzlicher Apathie unterbrochen wird. Und die Stunden der Apathie werden immer kürzer, und die wollüſtige Gier nach immer heißerem, unnatürlicherem, raffinierterem Genuß wird immer ſtärker und droht einen zu erſticken. Und aus dieſem wirbelnden, kreiſchenden Fieber tönt doch noch immer fürchterlich leiſe und dumpf das grauſige Stöhnen nach Freiheit, Licht, Erlöſung . . .

Aber wozu erzähle ich das alles? Ich wollte Dir ja nur ſagen, daß Du meine Göttin geworden biſt, mein „rettender Engel“, meine Fata Morgana, meine Viſion aus dem Jenſeits — und wie lieb ich Dich habe, und wie ich Dich lieb habe — wie eine Illuſion, mit der man auf ewig zuſammenfließen möchte; wie eine Wolke die andre, die ineinander verſchmelzen, und niemand kann mehr unterſcheiden, welche es iſt. — Glaubſt Du nicht, daß ein Seelen-eins-ſein möglich iſt . . . meine Taube, die mir den Weg durch die gefährlichſten aller Symplegaden zeigte? . . .

Wie Du das gemacht haſt; wie ich Dich kennen gelernt habe; wie alles das, wie jener ungeheure Abſchied vor ſich gegangen iſt, von dem allem habe ich keine Ahnung. Aber das weiß ich, daß ich damals auf dem verlorenſten Felsgipfel ſtand, von wo aus es nur zwei Wege giebt, dem in ſeiner Unheim-lichkeit erhabenen Grat, der rechts unendlich tief und ſenkrecht in die ſchwarze Schlucht des Nichts abfällt, während links faſt ebenſo ſteil der Abhang in ein grünes Thal hinabreicht — das aber wegen ſeiner Tiefe ſchwarz ausſieht wie das andre. — Hier führteſt Du mich ſanft hinab, und ich fühlte keinen Sturz — und jetzt lebe ich wieder in Deiner Sonne und liebe Dich in Deiner Milde. —

O, wie Du mich glücklich gemacht haſt! — welchen Frieden Du mir gegeben haſt! und wie ich Dir dankbar bin für die müde Seligkeit, die Du mir ſchenkſt: die Seligkeit des geretteten Greiſes, der nichts mehr wünſcht als ſtille Seelen-gemeinſchaft! — Und das haſt Du gethan mit Deiner herrlichen Kunſt und Deiner Perſönlichkeit, die mir wie aus einem Jenſeits entgegenſchwebt . . .

So wie Dich habe ich noch niemand geliebt, ſo rein und engelgleich, über-ſinnlich und doch brünſtig . . . und dieſe reine Brunſt, myſtiſch und gewaltig, läßt mich nicht fern von Dir bleiben . . .

Ich ſtehe ganz unter Deinem Bann, meine zierliche, durchſichtige, kleine Göttin . . . Darf ich die Fata Morgana wieder vor meinen leiblichen Augen erſtehen ſehen?

Es iſt ſo wunderſchön im Hochgebirge! . . .

Dein

Ferdinand.

NB. Dein herrliches Manuſkript bringe ich mit.

Er las den Brief noch einmal durch. War es überhaupt möglich, ihn ab-
zuschicken? Würde sie nicht lachen oder sich verletzt fühlen von seinen sentimen-
talen Ekstasen und der tiefen, sehnsüchtigen Unruhe, die aus jeder Zeile sprach?
Konnte sie diese Selbstvivisektion, diese Zerfaserung und Bloßlegung seiner
geheimen Aengste und Hoffnungen nicht brutal und unbescheiden finden?

Er begriff es eigentlich selbst nicht, wie er diesen pöbelhaften Brief hatte
schreiben können — er schämte sich beinahe vor sich selber wegen seiner Ge-
schwätzigkeit. Ja, er empfand jene Sätze geradezu als eine Beleidigung gegen
sich selbst, als eine freverische und unkluge Profanierung seines Wesens. Und
trotzdem fühlte er deutlich eine weite stille Ruhe auf sich herabschweben, wie er
sie wohl noch nie kennen gelernt hatte: die Ruhe des einsam Gewesenen, der
weiß, daß er nicht einsam zu sterben braucht.

Und wenn er sich Paula vorstellte, die kleine, bleiche, schwache Gestalt mit
ihrer müden Schönheit, wie sie ihn ansah mit den Augen, die all das viele Licht,
das durch die durchsichtige Haut in ihren Körper scheinen mußte, wieder aus-
strahlten, nur viel milder, ruhiger, gedämpfter — dann wußte er, daß ihre Mit-
wisserschaft um sein früheres Elend und sein zukünftiges geheimes Glück nichts
ändern konnte an dem Verhältnis der inneren Liebe, welches sie beide verband
wie der unterirdische Draht zwei strahlende Kuppeln. Und sie strahlten beide
durch eine Kraft, über deren Wirkungsweise sie sich keine Rechenschaft ablegen
konnten; es war das felsenfeste Vertrauen von etwas Großem, Stillem, Jen-
seitigem, das Gefühl der Einheit in dem Suchen nach der Ruhe und den Leidenschaften eines Seelenlebens „au-delà du cerveau", eines Zustandes, in welchem
die Erinnerung an die gehemmte irdische Existenz gewichen ist vor der visionären
Empfindung einer unbeschränkten Freiheit und Unberührtheit vom Schlechten.
Und dieses mystische Ziel von hoher Wünschbarkeit, das den beiden gemeinsam
geworden war, erwirkte eine Liebe, die sehr verschieden war von der alltäglichen,
eine Liebe, in der das Aesthetische ins Religiöse, das Sexuelle ins Metaphysische
umgedeutet war. Eine solche Liebe ist nicht von dieser Welt — aber ist sie von
einer andern?

Das Hotel, in dem Paula und das gute alte Tantchen zusammen wohnten,
lag wirklich wundervoll. Die Aussicht vom Balkon, auf dem sie gewöhnlich
saßen, — Tantchen konnte nicht mehr so viel gehen — umfaßte beinahe alles,
was das Hochgebirge an Schönheiten zeigt und verheimlicht. Aber Paula entdeckte sehr leicht ... Im übrigen war das Hotel ein Hotel wie alle andern
auch, mit vielen Touristen und viel Lärm und mit ursprünglich ganz hübschen
Möbeln, die aber, trotzdem sie schon etwas verschossen waren, kein Zimmer so
recht wohnlich und gemütlich machen konnten. Das besorgte aber Tantchens
Gegenwart allein schon.

Sie trug immer ein schwarzseidenes Kleid und ein kleines schwarzes Spitzen-
häubchen und eine schneeweiße Allongeperücke, denn Tantchen war schon über

siebzig Jahre alt. Wenn sie saß, hatte sie immer ein kleines Tabourett neben sich stehen, das ihr Paula hinsetzte, wo sie es haben wollte. Auf dem lag ihre Lorgnette, ihr weißes feines Spitzentaschentuch und irgend ein hübsch eingebundenes Buch, in dem sie aber nie las.

So saß sie manchmal stundenlang und blickte mit ihren liebevollen, freundlichen Augen auf Paula, wenn sie dasaß und schrieb; und sie glaubte, sie könnte jeden Satz, den Paula dachte, jeden Vers, den sie niederschrieb, auf ihrem Gesichte lesen, so fein spiegelte sich die große Seele in ihren kleinen Zügen. — Ach, Tantchen war ganz verliebt in sie, in den kleinen, schmalen Kopf mit den schweren schwarzen Haaren, die den zierlichen Hals fast abzubrechen drohten, wie die allzureichlichen Aepfel den Zweig, und in die kleinen weißen Hände mit den rosigen Nägeln, und in die ganze duftige, zerbrechliche Figur, die, wie Tantchen sagte, jeden Augenblick in Licht und Luft zerfließen könnte; deshalb mußte man immer auf sie aufpassen. — Und stolz war Tantchen auch; ja, sie bewunderte „ihre Kleine" sogar, denn wer hätte geglaubt, daß in diesem zarten Köpfchen, von dem man ja fast nichts sah als die schwarzen Sternenaugen, und wo an den Schläfen die vielen Aederchen blau durchschimmerten — daß in diesem kleinen, viel zu durchsichtigen Raume so große, massive Gedanken entstehen, und daß diese schlanken, zerbrechlichen Mädchenfinger eine so gewaltige Schrift schreiben konnten?

Tantchen meinte, das nähme sicher kein gutes Ende; das wäre wieder einmal ein Unverstand vom Schöpfer gewesen, einen so kostbaren Inhalt in eine so winzige, unsolide Schale zu thun; aber gerade darauf war sie stolz; denn jetzt leuchtete der Inhalt überall durch, und die ganze Gestalt erschien eigentlich nur als eine Seele, die eine menschliche Form angenommen hat.

Manchmal lächelte Tantchen, wenn diese Form besonders fein und milde schimmerte; dann überlegte sie sich, ob es wohl einen Mann geben könnte, der diesen duftigen Schmetterling zu lieben vermöchte; und wenn Paulchen bei ihr saß und ihr vorlas, was sie eben niedergeschrieben hatte über die mystische Macht der Allliebe und über die wundervolle Aufopferung des Lebens zur Erlösung des Nächsten, dann sah Tantchen beinahe schwermütig drein; dann fragte sie sich, ob dieses über alle rein irdischen Dinge anscheinend so weit hinausgegangene Mädchen wohl im stande wäre, einen Mann zu lieben — so, wie sie selbst geliebt hatte.

Ihr Verhältnis zu Frey verstand sie überhaupt nicht. Sie begriff nicht, wie ein Geschöpf, das ganz aus Sonnenschein und hingebender Milde zusammengesetzt zu sein schien, an einem so dämonischen, unheimlichen, finsteren Menschen Gefallen finden konnte — und an eine „esoterische Liebe" glaubte sie nicht. Eine ungeheure düstere Gewalt steckte in dem Menschen; als sie ihn gesehen hatte, glaubte sie erst an die Möglichkeit eines Faust und eines Don Juan. Und was wollte dieser mächtige Magier, der sogar ihre Ruhe beeinflußt und sie in seinen Bann gezogen hatte, mit ihrem tauigen, sonnigen kleinen Edelweiß machen? — Stand da eine jener erschütternden Katastrophen bevor, welche immer

eintreten, wenn zwei Gegensätze, die an verschiedenen Polen standen, von unüberwindlicher magischer Anziehungskraft getrieben, aufeinander losstürzend sich
gegenseitig verschlingen und alles um sich her in der Gewalt der Umarmung
zersprengen? — Tantchen fürchtete sich manchmal ...

Sie wollte der Sache doch auf den Grund kommen.

Tantchen kannte Freys Schrift sehr gut. Sie hatte einmal ein paar Gedichte
von ihm im Manuskript gelesen, die sie zwar nicht recht verstanden hatte, durch
die sie aber in einen so sonderbaren Zustand der dumpfen Ergriffenheit gekommen war, daß es ihr ganz unvergeßlich blieb.

Sonderbar! ...

Ja, wenn es nur eine rechtschaffene Liebe gewesen wäre; aber was es war,
das war ihr ganz unklar. — Aber jetzt wollte sie fragen, was in diesem dicken
Brief stände, der da eben gekommen war.

Während Paula ihn las, beobachtete Tantchen sie, so gut es ging — aber
es fing schon an, dämmerig zu werden, und der Balkon lag gerade im Schatten,
und außerdem saß Paula am andern Ende, und Tantchen sah nicht mehr gut;
und die Lorgnette zu gebrauchen genierte sie sich.

Der Brief mußte sehr lang sein, und es mußten sehr ernsthafte Sachen
darin stehen. Denn manchmal saß Paula eine ganze Weile zurückgelehnt in
ihrem Korbstuhl, ließ die Blätter auf ihren Schoß sinken und blickte so feierlich
mild und träumend in die Ferne, daß Tantchen kein Wort zu sprechen wagte.

Jetzt war wieder solch ein Abend wie damals, als er sich weigerte, über
jene Klasse von entarteten Menschen zu reden, die sie mehr haßte als alle andern.
Und nun redete er doch davon — und aus eigner Erfahrung. Wieder er-
glühten die eisigen Spitzen der Berge in brennendem, langsam ergrauendem Rot,
wieder senkten sich die milden blauen Schleier, welche die Finsternis der Nacht
vor der in Lebenspracht erglänzenden Natur verbergen wollen. Und wieder
lullte die wogende, schwermütige Wärme der aufsteigenden Nacht die Gedanken
ein in den süßen und doch so traurigen Halbschlummer, in dem wir nichts
erleben als dämmernde, vorüberhuschende, sehnsüchtige Gefühle und die bald
neckischen, bald düsteren Phantasien der liebenden Hoffnung und Furcht ...

Tantchen erschrak sehr. Sie sah in Paulas Augen Thränen stehen — und
das waren keine Thränen des Schmerzes oder der Freude. Sie schüttelte langsam
und etwas betrübt den Kopf und nahm den Roman in hübschem Einband; aber
sie las nicht, sondern legte die Hände in den Schoß und blickte nicht mehr nach
Paula hinüber. Denn sie durfte nicht sprechen; sie war zu wohl erzogen und
zu sehr an alte, ehrwürdige Patrizieretikette gewöhnt, als daß sie hätte merken
lassen, daß ihre sanfte, stets freundliche Stimme zitterte ... Der Abend war zum
Traurigwerden schön — und Tantchen entdeckte immer neue lustige und wehmütige Beziehungen zwischen ihrem Lebensabend und der Stunde der unter-

gehenden Sonne. Aber das kleine junge Paulchen konnte das doch nicht verstehen. Warum sie wohl so ergriffen war? . . .

Als Paula den Brief zu Ende gelesen hatte, sah sie noch lange mit halb-
verschleiertem, trübem Blick zu den rosigen und goldigen Schäfchen empor, die
hoch über den Bergen langsam und ruhig dahinzogen, wie wenn sie noch eine
weite, weite Reise vorhätten und schon aus unabsehbaren Fernen kämen. —
War so nicht auch der Weg, den seine Seele gegangen war, unendlich lang und
in Höhen, die der einfache Mensch nicht kennt? War diese wundervolle Abend-
stille nicht wie die Stille seiner Seele, die jetzt wie durch klaren Aether dahin-
schwebte — über allen Wolken und Winden? —

O, und doch! — Dieser Abend war anders als jener, wo sie zusammen
dort standen und keiner ein Wort sprach und ihre Seelen doch ineinander
überflossen, wie die Strahlen zweier Sterne durch den eisigen, finsteren Raum
einander zufliegen und kosen. — Es war anders — und sie wußte nicht, was
anders war. Heute hätte sie nicht mit ihm so stehen können, ohne ihn zu berühren und anzuschauen — und das machte die Schläge ihres Herzens zittern,
wie sie nie gezittert hatten . . . wie in freudiger Angst. Und sie wußte nicht,
wann ein Mensch sich über seine Angst freuen kann . . .

Und nun ängstigte sie sich über diese Angst. Sie fühlte, wie in ihr langsam
und ganz schmerzlos irgend etwas gleichsam zerriß — und das war der un-
durchsichtige, feste Schleier, der sie bisher vor allen zudringlichen Blicken von
außen geschützt und ihr Inneres in Einheit und Unberührtheit zusammengehalten
hatte. Es war das Vertrauen in ihre Unverletzlichkeit. Die unvergleichlich ruhige
und edle Harmonie ihrer Seele war an einer gefährlichen Stelle getroffen, und
nun konnten alle zersetzenden, ängstigenden, beunruhigenden Gefühle, nun konnte
alles, was den Menschen unglücklich machen kann, in ihr Gemüt hineinschleichen.

Sie durchlebte in diesen wenigen Augenblicken so plötzlich, daß es keine
Abwehr gab, das Fürchterlichste, was sie sich hatte denken können, den Zusammenbruch ihres ganzen mühseligen Gebäudes von innerer Einheit, von Harmonie
und Ruhe, des Gebäudes, welches sie in jahrelanger Arbeit glaubte Stein für
Stein errichtet zu haben nach eignem Grundriß — doch sie hatte es eigentlich
nicht errichtet, sondern Stein für Stein in sich entdeckt. — Und sie erlebte diesen
Zusammenbruch so plötzlich, daß sie ihn gar nicht empfand und alles Fürchterliche, ohne in ihr Bewußtsein zu treten, vorüberging, ebenso, wie tief unter der
Oberfläche der Erde feurige, flüssige Massen toben und wir doch ruhig und ohne
es zu merken oben am Licht dahinleben können.

Erschüttert und bewundernd zugleich sah sie jetzt auf ihn, der so Ungeheures
durchgemacht hatte und nun durch sie in sein Paradies gelangt war. — O, wie
sie ihn liebte! — Wie sie sich immer wieder die reine Seelengemeinschaft vor-
phantasierte, in der sie lebten oder in Zukunft leben wollten! — Ja, es war
doch jene verspottete heilige Einheit möglich, die Einheit, welche eine Vorstufe
bildet zu der Seligkeit der Seligkeiten, der Auflösung in die Allseele . . . Sie
wollten es beweisen an sich! Sie wollten diese Einheit leben! . . . O, wie sie

ihn liebte! — wie ſie ſich dieſes Leben vorſtellte! — mit ihm ... an ſeiner
Seite ...

Sie ſtrich ſich mit der Hand über die Stirn, wie wenn ſie aus einem
Traum erwachen wollte ... An ſeiner Seite ... Ja, ſie ſah ihn, ſah ſeinen
Körper, ſein gewaltiges Haupt, ſeinen ſchwarzen, unheimlichen Bart, und die
dämoniſchen, ſo fürchterlichen, ſo ſanften Augen. Sie ſah dieſes zukünftige Leben;
ſie ſah es nicht ohne ſeine körperliche Gewalt; ſie ſah nicht die Seeleneinheit —
ſondern ein körperliches Zuſammenſein. Sie fühlte gleichſam mit einer ver-
zehrenden, glühenden Sehnſucht die ganze Süße ſeiner Gegenwart voraus. Sie
ahnte das zarte Streicheln ſeiner Hand, den zärtlichen Flüſterton ſeiner Stimme
und erſchauerte in der Empfindung ganz unbekannter, unausſprechlicher Wonnen.

O, wie ſie glücklich war! — Wie dieſer traurige Brief ſie jetzt fröhlich und
ſtill machte! — O, daß er doch käme und ſie ſelig machte, ſie, die ihn ſo unendlich, ſo heilig, ſo inbrünſtig liebte! ...

Wir träumen über die ſchwärzeſten Abgründe des Lebens hinweg und
merken es nicht. Wir rufen jauchzend aus: „Schien je die Sonne goldiger?
— War das Meer jemals glätter?“ — und fahren in finſterer Nacht über
fürchterliche, zerriſſene Schluchten und Felszacken dahin. — O, daß wir blind
würden, damit wir hellſehen lernten ...

„O Tantchen, wie goldig iſt das Leben ...“

*

Jetzt wußte Tantchen, daß ihre kleine Paula ſie gern verlaſſen und dem
unheimlichen, ernſten, finſtern Manne folgen möchte. Und ſie wurde ſo betrübt
darüber, daß ſie ſich einredete, es wäre gar nicht wahr; denn ſie ſchämte ſich,
betrübt zu ſein.

Als Paula den Brief ſorgfältig in das geheimſte und von ihr am ſeltenſten
benutzte Fach des Schreibtiſches eingeſchloſſen hatte und dann langſam und
beinahe ſchamhaft auf den Balkon zurückkam, da rief Tantchen ſie zu ſich, und
ſie mußte ſich ganz dicht neben die liebe, alte „zweite Mama“ ſetzen und ihr
die Hand geben, gerade ſo, wie ſie es als kleines Mädchen immer gethan hatte.

Und dann ſtreichelte Tantchen die feine, weiche Hand und ſah dem „Kinde“
recht beſorgt und prüfend in die Augen. Die guckten ſie aber ganz groß und
in unſchuldigem Glück an, ſo daß Tantchen ſich wieder einmal verliebte. Aber
dann faßte ſie ſich ein Herz und ſagte ganz leiſe und ruhig:

„Der Brief war wohl ſehr ſchön, den du bekommen haſt?“

Paulchen ſah weg! — Das hatte Tantchen noch nie an ihr geſehen; da
mußte etwas vorgefallen ſein. Tantchen freute ſich beinahe. Sie behielt doch
recht!

„Nun, und dein Verhältnis zu Herrn Frey?“

Paulchen antwortete noch immer nicht. Aber ſie blickte Tantchen mit einem
ſo rührend hilfloſen Blick in die Augen, daß ſie beinahe ganz mitleidig geworden
wäre und gar nichts mehr geſagt hätte.

„Du hast ihn wohl sehr lieb, nicht wahr? — Und er dich auch?"

„Ach ja..."

„Und wie du glücklich und ängstlich dabei aussiehst, wenn du das sagst!"

Tantchen drohte mit dem Finger — aber das that sie immer, wenn ihr etwas ganz außerordentlich gefiel. Paula fing an, ganz leise zu lachen, und Tantchen versuchte ein böses Gesicht dazu zu machen. Aber das wäre ganz umsonst gewesen...

„Du, Paulchen, aber ein solches Liebespaar habe ich noch nie gesehen. Ist das jetzt so modern?"

Ihre Stimme zitterte doch etwas; denn sie war vor der Antwort bange. Sie dachte an die Zeit zurück, vor mehr als fünfzig Jahren, wo sie so ähnlich bei ihrer Mutter saß; und sie verglich in Wehmut und Besorgnis zwischen einst und jetzt. Wie sie beide damals verliebt gewesen waren, vergnügt und toll, und dann doch wieder so still und zart und traurig! Konnte man nicht mehr so lieben wie damals? —

Paula gab keine Antwort. Aber sie schien unruhig zu sein, wie als ob sie von einem Vorwurf getroffen wäre, gegen den sie sich nicht zu wehren wagte. Vielleicht war sie sogar etwas beleidigt... Das böse Tantchen freute sich darüber. War sie vielleicht gar zu stolz, etwas zu antworten? — Das gefiel Tantchen.

„Du willst mich also verlassen?... Und ich möchte so gern allein bleiben..."

Paula guckte sie ganz erschrocken an. Aber Tantchen lächelte so sonderbar.

„Hat er denn schon mit dir davon gesprochen?"

Paula wurde plötzlich abwechselnd rot und blaß. Sie fing an zu zittern und stand hastig auf, so daß Tantchen aber nun wirklich ängstlich zu ihr aufblickte und ihr recht unglücklich nachsah. Paula beugte sich über die Brüstung des Balkons und schaute lange, lange Zeit in das schwarze Thal hinab, von wo das Rauschen des niederwärts stürzenden Gebirgsbaches geisterhaft heraustönte. Tantchen hätte so gern gesehen, was alles sich jetzt auf dem seinen Gesichtchen abspiegelte, aber es war schon zu dunkel, und so wartete sie geduldig, bis Paulchen wiederkam und ihr die Hände gab und leise, ganz leise und beinahe traurig sagte:

„An so etwas haben wir noch niemals gedacht, noch niemals..."

Sie schüttelte langsam und sinnend den Kopf und blieb regungslos stehen.

Wo ihre Gedanken jetzt wohl weilen mochten? — Tantchen blickte sehr ernst in die blaue, klare Nacht hinaus, und es kam ihr ein sonderbarer, halb schwermütiger und halb komischer Gedanke: sie bedauerte alle die vielen Seelen, die vielleicht da oben auf den Sternen wohnten, körperlos und selig... kannten sie die Liebe?... Aber Paulchen hatte doch einen Körper, wenn auch nur einen kleinen und zerbrechlichen... Immer besser als gar nichts, dachte Tantchen. Jetzt konnte sie sogar lachen, und sie lachte auch über ihre Sehnsucht nach einem jungen Körper und ihrer Vergangenheit und Jugend. — Und dann sagte sie ganz ruhig, obschon mit einer geheimen Bewegung:

„Das habe ich wohl vermutet. — Aber, mein liebes Paulchen, wie habt ihr euch denn lieb? — Steht ihr euch denn nicht als Mann und Frau gegen- über?"

Paula stand ganz hilflos und mit einem ratlosen Kopfschütteln da. — Wie konnte man eine solche Frage stellen?

„Ich weiß es nicht, ich weiß es wirklich nicht," sagte sie halb erstickt, wie wenn sie bei dem fruchtlosen Nachdenken ein dumpfes, zusammenpressendes Kopf- weh ergriffen hätte.

„Und du glaubst, daß ihr euch s o lieben könnt — körperlos, ohne Mann und Frau zu sein? — Daß ihr auf dieser Erde zusammen leben könnt, ohne euch mit leiblichen Augen zu sehen, mit leiblichen Sinnen zu fühlen? — Paulchen, mein armes, kleines Paulchen ... Und er wird also nicht kommen und dich holen und zu seiner rechtmäßigen Frau machen, wie es sich in unsrer Familie immer geziemt hat ... und du willst als Erbengeschöpf immer einsam bleiben bei ihm und niemals das wonnige Glück genießen ..."

Da kniete Paula plötzlich vor Tantchen nieder und legte den Kopf in ihren Schoß und weinte bitterlich und schluchzte so — so, als sollte ihre ganze kleine, zarte Seele mit dahinfließen in dem heißen Strom, der alles fortriß, was ihr so lieb gewesen war ...

Als sie von ihrem Morgenspaziergang zurückkehrte, den sie jeden Tag allein unternahm, während Tantchen auf dem Balkon die Zeitung las, hatte diese, wie sie schon vom Portier erfuhr, Besuch von einem Herrn. — Wer konnte das nur sein? Sie lief schleunigst die Treppe hinauf und horchte an der Thür; und da fing sie so an zu zittern, daß sie kaum noch aufrecht stehen konnte. — Wie kam er nur hierher — und warum? Zwar, er hatte ja gefragt, ob er wiederkommen dürfte; aber sie hatte ja noch gar nicht geantwortet.

Nachdem sie sich etwas Mut gefaßt hatte, trat sie ein. Tantchen und Ferdi- nand saßen einander gegenüber und schienen sich sehr angelegentlich und ernst zu unterhalten. Als er sie sah, schienen seine Augen aufzuleuchten; er erhob sich und reichte ihr die Hand und blickte sie mit dem halb schwermütigen, halb freudigen Blick an, den sie nie hatte ertragen können, weil er so traurig war. Sie konnte ihm kein Wort zur Begrüßung sagen, sondern stand mit gesenktem Kopf und schlaff herabhängendem Arm vor ihm wie ein Bonze vor seinem Gott, zu dem er nicht aufzublicken wagt.

„Ja, jetzt bin ich also schon wieder da. Die Großstadtluft bekommt mir nicht ..."

Paula zermarterte sich das Gehirn nach einer Antwort, aber sie brachte nichts heraus. Er lächelte.

„Mein Arzt hat mir vorgeschrieben, wieder ins Gebirge zu gehen ..."

Tantchen wollte Frühstück besorgen.

„Paula, du bist mir nicht böse, daß ich wiedergekommen bin? — Aber

ich konnte nicht mehr fern von dir bleiben. Dein wundervolles Werk hat mich
so sehnsüchtig gemacht nach deiner felsenfesten Ruhe, und ich bin so schutzbedürftig.
Nur bei dir bin ich jetzt vor einem Rückfall in das Chaos sicher, das du nun
kennst. Nicht wahr? — Und du hast mich nicht verachten oder hassen gelernt,
daß ich noch Anspruch auf Glück mache? — Du verabscheust mich nicht, daß
ich mich wie in Todesangst an das Letzte, Liebste klammere, das mich retten kann
und das ich vielleicht mit in den Abgrund ziehe, aus dem ich empor will? Du
verlachst mich nicht, daß ich so feige bin und nicht einmal auf dem Wege zur
Seligkeit allein vorwärts zu gehen wage? — und doch so glücklich werden
möchte?"

"O, wir werden noch glücklich werden! — Sicher, wir werden es noch —
wir beide . . ."

"Durch unsre Liebe, diese reine Liebe, die ich erst jetzt, beinahe als Greis,
kennen lerne und durch all die Jahre gesucht habe — diese heilige, körperlose
Liebe der Seelen, in der ich dich anbete — und das wunderbare, wollüstige
Ineinanderfließen unsrer Seelen, das uns vorbereitet auf jene unendliche Einheit, in der wir einstmals aufgehen wollen und deren Vision uns schon hier
auf Erden glücklich macht. Diese Vision — werden wir sie erreichen? — werden
wir glücklich sein?"

Langsam, wie fasciniert durch den weichen, dumpfen, fast flüsternden Klang
seiner zitternden Stimme, wiederholte sie die letzten Worte: ". . . glücklich sein . . ."
und blickte zum Fenster hinaus, über das grüne Thal und die düsteren, tannen-
bewachsenen Berge und die bläulichen, starren Gletscher, immer weiter, immer
höher in die unendliche Ferne, in den blitzenden, klaren Aether, der diesen un-
gefügen, braunen, plumpen Riesenball umfließt, und weiter, immer weiter —
und sie erreichte die Pforte jenes Reiches nicht wieder, in das sie immer geflohen
war, wenn sie sich losgelöst gefühlt hatte von dem klebrigen, schweren Grunde,
auf dem die Menschenmassen kriechen; sie sah die Vision nicht mehr; sie begriff
nicht mehr jenes schemenhafte Wesen, das sie gestern noch über alles geliebt
hatte, jene "körperliche Einheit". Sie begriff es nicht — nein, sie vergaß auch
es zu suchen; es war, als habe sie Nepenthe geschlürft und als trennte eine un-
durchbringliche Mauer sie von der Welt, in der sie früher gelebt hatte. Wie
Siegfried seine Gedanken vergebens anstrengt, um seine geliebte Brunhild sich
vorzustellen, so war auch vor ihrem Auge alles verlöscht, was sie dort, jenseits
dieser Welt, gesehen hatte — und sie wußte nicht, daß sie dort ihr Glück hatte
liegen lassen.

Und jetzt verstand sie nicht — verstand nicht wie ein kleines Kind, dem
man von Doppelsternen und Mitternachtssonnen redet, und das zwei Löcher in
der Thür, die das Licht ins Zimmer fallen lassen, für Doppelsterne hält und
nach dem Nachtlicht greift, weil es die Mitternachtssonne haben möchte . . .

". . . glücklich sein . . ."

Ferdinand sah träumend und gleichsam verklärt auf sie nieder, die nirgends
fand, was er ihr zeigte, und traurig und hilflos dastand wie ein Blinder, der

das „Schweigen im Walde" ſchauen ſoll und nicht ergriffen ſein kann von der
himmliſchen, tiefſinnigen Stille, die über den Wald ausgegoſſen iſt, und dem vor
Ruhe zitternden fabelhaften Tier, das in ſehnſüchtiger Einſamkeit ſeinen Frieden
zu erträumen ſcheint.

„Glaubſt du nicht, daß wir ſie finden werden, die Viſion? — Willſt du ſie
mit mir ſuchen? — O, dann werden wir ſie ſchauen! — Wir werden ſie erreichen . . ."

„Ja, ich — glaube, wir werden ſie erreichen."

Sie ſprach das langſam und von einem tiefen, bedeutſamen Atemholen
unterbrochen, welches all ihre ſchwache Unfähigkeit und all ihre Angſt um das
vergeblich Geſuchte enthielt.

„Ich glaube es . . ."

„Und du willſt es mit mir gemeinſam ſuchen und erleben, dieſes Glück? —
Du willſt jene göttliche, myſtiſche Einheit mit mir leben, welche die Rettung aus
der Sinnenwelt in die Ewigkeit bedeutet?"

Paula ſchlang beinahe krampfhaft die kleinen Hände ineinander und blickte
dabei mit einem ſo ſeligen und doch ſo unbeſtimmt fürchtenden Lächeln zu ihm
auf, wie es nur das Gefühl der vollſtändigen hilfloſen und freudigen Ergebung
hervorzuzaubern kann. Aber er ſah es nicht. Er ſah nicht dieſen kleinen, zerbrechlichen Körper, der da vor ihm bebte; er ſah nicht die fieberhafte Spannung,
die dieſe ſchamhafte, reine Hülle zu zerreißen drohte. Auf ſeine Augen hatten
ſich die Schleier des Ewigen geſenkt, welche ihn für alles Irdiſche, das er zu
nahe, zu blendend und zu düſter geſehen hatte, blind machten, und ſeinen Blick
nach innen kehrten in die mildere, weißere Welt, welche er damals plötzlich entdeckt hatte, als alles in ihm zuſammenbrach und die Trümmer ſeiner früheren
Welt von ihrer liebenden Hand ſo ohne alle Mühe und wie unbewußt entfernt
wurden.

Er ſah vor ſich gleichſam ein ſonniges, einſames Land, in welchem niemals
ein Wind wehte und in welchem kein lebendes Weſen wohnte, wo ewig die
ruhige, klare Stille der Stunde herrſcht, wann die Sonne im Mittag ſteht;
wenn die Lichtwellen ſich wiegen und alles ſo goldig erſcheint, ſo überweltlich
goldig, daß man ſich ſelbſt auf ewig vergeſſen möchte, und wie in einem wachen
Schlummer liegt. — Dieſes Land der Sehnſucht, über allem Dieſſeits . . . dieſer
wache Schlummer jenſeits von allem Sinnlichen . . . dieſe Reiſe zu jenem wunderbaren Ziel . . . dieſe einſame Seelengemeinſchaft . . . und dieſe gemeinſchaftliche
Seeleneinſamkeit . . . und dieſer Rückblick auf das Chaos . . . dieſes ſtille, ſelige
Lachen . . .

„Ich . . . ich weiß nichts. — Ach, ich habe dich ja ſo furchtbar lieb! . . ."

Sie ſtand noch eine kurze Weile mit verſchlungenen Händen und mit Thränen
in den Augen ſo da. Und als ſie dann ſein ruhiger, beinahe ſchwärmeriſcher
Blick traf, der ſo viel aus einer fernen, unſichtbaren Welt erzählte — und ſo
wenig, ſo unendlich wenig aus dieſer, da überlief ſie ein heißes Zittern, und ein
plötzliches Gefühl der Oede und des Unbefriedigtſeins verbreitete ſich in ihrem

Herzen. Sie lief auf den Balkon hinaus und warf sich in einen dort stehenden Sessel und schlug die Hände vors Gesicht und weinte heftig und zuckend. — Das war nicht das Weinen des Glücks, der Freude über seine große, heilige Liebe; das war das Weinen des Schmerzes und beinahe der Verzweiflung über eine unverdiente Beleidigung, die einen für immer vernichtet, und nicht wieder zurückgenommen werden kann. — Aber sie wußte nicht, warum sie weinte …

Ferdinand war zusammengezuckt und lächelte dann vor sich hin, wie ein Mensch, dem soeben ein großer innerer Glücksfall widerfahren ist. Er sah mit einem unbeschreiblich rührenden, milden Blick auf die niedergebeugte feine Gestalt, die da draußen im strahlenden Morgensonnenschein saß und die in diesem Augenblick sicherlich mit einem Kapitel ihres Lebens abschloß. Sein Gesicht hatte gar nichts Dämonisches mehr in dieser Stimmung; vielmehr hatte der Kontrast zwischen der gewaltigen Form des Kopfes, den schwarzen Haaren, der bleichen Hautfarbe und der wunderbaren Ruhe und Weltentrücktheit, die jetzt aus seinen Augen sprach, beinahe eine Wirkung des Erhabenen, Heiligen. — Ob er das Weinen seiner Seelengefährtin zu deuten wußte, daß er so lächelte? Ob er empfand, welcher Art dieser Abschluß war, den sie durchmachte? — ob freudig oder traurig? …

Er ging ihr ganz langsam nach und stellte sich neben sie und strich mit seiner Hand über ihre vollen, weichen, schwarzen Haare und sagte ganz leise und mit träumerischem Klang: „Meine liebe, liebe kleine Paula …" und ließ seine Hand auf ihrer Schulter ruhen und stand ganz still und unbeweglich, bis sie sich aufrichtete und unter Thränen lächelte und sagte:

„O, ich bin recht kindisch, nicht wahr? — Aber ich habe dich ja so lieb — und ich war mit einem Male so traurig — und ich weiß gar nicht warum —"

Ferdinand schaute auf den Wasserfall, der sich wie ein silberner Streifen den steilen Berg hinabschlängelte im hellen Sonnenschein, und sagte, ohne sie anzusehen:

„Aber du bist glücklich?"

Paula betrachtete ihn beinahe erschrocken und antwortete nach einer zögernden Pause halblaut und ängstlich:

„Ja; hast du mich lieb? So recht lieb … wie sich nur zwei Menschen lieben können?"

„So rein, so heilig, so groß, wie ich es für unmöglich hielt zu lieben —" noch immer blickte er in die Ferne.

Paula stand auf und stellte sich neben ihn, ganz, ganz dicht, und sah ihm von unten in die Augen, und die Augen sprachen von einer Sehnsucht nach Liebe und Berührung, und der süße Körper bebte in der Erwartung von irgend etwas Unbestimmtem, das jetzt erfolgen mußte. So stand sie ganz dicht bei ihm, und ihre Schulter war ihm etwas zugedreht, wie sehnsüchtig nach seiner Umarmung, und ihre Arme hingen schlaff herab, als könnten sie gar niemand Widerstand leisten, und ihre Haut war sanft gerötet und fiebrig, wie vor Scham, die

3*

darauf wartet, berechtigt zu werden. Und ihre Augen glänzten feucht vor Erwartung und Freude.

Und so standen beide. Und er schaute noch immer hinaus in die sonnen-
strahlende Welt, unbeweglich und in fernes Glück versunken; und er wußte nicht,
daß er neben sich eine Seele und einen Körper verdorren ließ, und flüsterte
zitternd und träumerisch:

„Wir werden sie doch noch erreichen, unsre Vision ...."

(Schluß folgt.)

Kranke Dichter und Krankendichtung.

Von

Dr. J. Sadger, Nervenarzt in Wien.

Zu den gangbarsten, gläubigst nachgesprochenen Schlagworten, gehört die
zunehmende „Entartung" unsers Jahrhunderts, sowie die „Zeithysterie",
die ganze Völker befallen soll. Versuchen wir es, diesen Lieblingsworten moderner
Kritiker ein wenig an den Leib zu rücken. Was heißt das zunächst: Zeithysterie?
Es sollen alle oder doch zumindest die große Mehrheit sämtlicher Leute, die zu
einer gewissen Zeit, sagen wir: fin de siècle, leben, von Hysterie ergriffen sein.
Ist dies nun richtig, ja auch nur im entferntesten nachgewiesen? Man darf
mit ruhigem Gewissen antworten: Nein! Wäre ja ein solcher Nachweis schon
technisch undurchführbar! Einem jeden Fachmann ist es wohlbekannt, wie mühsam
bei nicht markanten Fällen eine sichere Diagnose der Hysterie oft aufzubauen ist,
und nun denke man sich diese Arbeit bei den Tausenden und Millionen eines
Volkes wiederholt, und man wird begreifen, daß eine solche Leistung kaum durchzuführen ist. Sie ist auch meines Wissens niemals versucht, die Richtigkeit jenes
Schlagwortes niemals nachgeprüft worden. Man hat sich dieser Arbeit in durchaus unwissenschaftlicher Weise dadurch entschlagen, daß man die Hysterie zu-
sammenwarf mit einer Reihe andrer Begriffe, zumal der „Neurasthenie", der
„Nervosität", der „Belastung" und „Entartung", ja vielfach sogar mit solchen
Dingen, die von Krankheit überhaupt nichts mehr an sich haben, sondern Charakteranlage, Erziehungsmängel oder gar nur platte Nachahmung darstellen. Und
was die zunehmende „Entartung" des Jahrhunderts betrifft, so ist dieselbe ebensowenig zu begründen wie das obige Schlagwort von der „Zeithysterie". Vorerst,
was ist denn eigentlich „Entartung", wie grenzt sich dieselbe von andern ähnlichen Zuständen ab, was sind ihre kennzeichnenden, pathognostischen Symptome?

Seitdem Morel 1857 zum ersten Male eine Reihe von Erscheinungen unter dem Namen der dégénérescence zusammenfaßte, haben sich, außer einer erklecklichen Anzahl kleinerer, vornehmlich Magnan, Lombroso und Maudsley mit deren Bilde näher beschäftigt. Aber merkwürdigerweise hat nicht bloß jeder der Genannten andre Namen und Bezeichnungen gewählt — das wäre ja aus menschlichem Originalitätsbedürfnis leicht erklärbar —, sondern die Morelsche Entartung auch anders beschrieben. Es scheint also, daß jeder Autor anders gesehen und zur Degeneration bald diesen, bald jenen Symptomenkomplex zu rechnen sich bemüßigt glaubte. Beweist schon diese Erscheinung, wie fließend und unsicher der Begriff der Entartung selbst heutzutage ist, so wird diese Unsicherheit noch wesentlich dadurch verstärkt, daß eine Reihe von Symptomen, die der genaueste Beschreiber Valentin Magnan als bezeichnend angegeben, heute bereits mit aller Sicherheit ausgeschaltet werden müssen. So wissen wir zum Beispiel von allen Phobien und Manien, daß sie auch bei sonst Normalen vorkommen können, selbst aber bei Nervösen, nur wenn die spezifischen Ursachen vorhanden sind. Entartung ist da also niemals die Wurzel, sondern im günstigsten Falle Hilfsursache. Des weiteren erscheint mir eine große Anzahl körperlicher „Entartungszeichen" sehr problematisch und ihre Bedeutung gewaltig übertrieben. Ich fand zum Beispiel Plattfüße, große Mäler, vorzeitige Runzeln und dergleichen „Degenerationssymptome" mehr durchaus nicht selten bei völlig Gesunden und gesund Gebliebenen. Und endlich, wo ist die Grenze zwischen „Entartung" und „Belastung"? Was ist ein „héréditaire", ein „héréditaire dégénéré" und was ein „dégénéré" schlechtweg? Ein jeder Autor denkt sich da ein andres, und gar nicht selten werden all diese Begriffe in einen einzigen Topf zusammengeworfen. Das alles sind Thatsachen, die nach Klärung und Scheidung förmlich schreien, vor allem aber uns kritisch machen müßten im Gebrauch solch halbverstandener Begriffe.

Doch sehen wir von der mangelnden Begriffsbegrenzung ab, und denken wir uns als Kern der Degeneration nur jenen Komplex von Phänomenen, die von den meisten Autoren eingeräumt werden. Haben wir auch selbst in dieser engen Begrenzung ein Recht, von einer zunehmenden Entartung zu sprechen? Ich halte mich auf Grund meiner eignen Forschungen für berechtigt, diese Frage mit einem runden Nein! zu beantworten. Vermag ich doch selbst die Zunahme der „Nervosität" nur unter der Bedingung einzuräumen, daß man diesen Begriff auf das allerengste faßt und von der Nervosität im speziellen die Neurasthenie und Hysterie sorgfältig abtrennt. Es ist, von meinen ärztlichen Erfahrungen abgesehen, vornehmlich die Beschäftigung mit Dichtern gewesen, die mir den Glauben an das Ueberhandnehmen der Entartung gründlich genommen hat. Um es rundheraus zu sagen: Die wirklich kranken Dichter sind in unsern Tagen relativ gewiß nicht häufiger gesät, als dies in früheren Jahrhunderten der Fall war. Und selbst absolut genommen, wäre die Zahl derselben schwerlich größer, so man jetzo den Poetentitel nicht gar so liberal an Hinz und Kunz vergeben möchte. Freilich, wenn ein jeder, der im Kürschner steht, sich darum schon einen Schriftsteller heißt und heimlich wohl gar einen Dichter träumt, dann fehlt es uns

nicht an kranken Poeten. Von wirklich namhafteren Dichtern hingegen sind in
Deutschland nur wenige krank, nur wenige belastet. So giebt es zum Beispiel
seit einem Vierteljahrhundert keinen einzigen unter ihnen, der an krankhafter
Veranlagung einem Kleist oder Grillparzer auch nur annähernd die Stange
hielte. Nicht viel anders liegen die Verhältnisse in den übrigen Ländern. Ist
es da nicht auffallend, daß gerade so ungewöhnlich pathologische Naturen wie
Rousseau und Lord Byron just zu einer solchen Zeit lebten und blühten, da
die moderne Entartung gar nicht oder doch nur in geringstem Maße bestanden
haben — soll? Ja, wer ein Freund von Paradoxen ist, der könnte mit einem
Schein von Recht behaupten, die steigende Erkenntnis der Degeneration habe
verhängnisvoll gewirkt auf das Vorhandensein ihrer schwersten Formen. Trotz
dieser unleugbaren Thatsachen erhält sich die Mähr von der zunehmenden Entartung nicht bloß in Kreisen berufsmäßiger Kritiker, sondern selbst in der Masse
des Publikums, das in seinem Unterbewußtsein oft weitaus richtiger empfindet
als all seine zünftigen Leithammel und Führer. Eine solche Erscheinung verdient
Beachtung und muß in ihren psychologischen Wurzeln geklärt werden, um nicht
zu falschen Schlüssen zu verleiten.

Als der Darwinismus zu Anfang der sechziger Jahre seinen Siegeslauf
begann, da waren es zu Beginn nur die engsten naturwissenschaftlichen Kreise,
die pro und contra sich eifrig erhitzten. Höchstens, daß der Klerikalismus die Abstammung des Menschen vom Affen zum hochwillkommenen Schlagworte nahm.
Bald aber wurden die genialen Thesen des britischen Naturforschers befruchtend
und betauend für zahllose Lebens= und Wissenszweige, ja selbst für die scheinbar
fremdesten Disciplinen. Auch die Dichtung hatte, so paradox dies im ersten
Augenblicke klingt, ein gut Teil neuer Ideen abbekommen. Wenn die Autoren
beispielsweise mit besonderem Interesse das Milieu zu studieren, Charaktere und
krankhafte Erscheinungen auf Entwicklung und Prämissen zu prüfen begannen,
so erkennt jeder Fachmann in diesen Bestrebungen Darwins Prinzipien der Vererbung und Anpassung. Dieser naturwissenschaftliche Einfluß ist heute nicht nur
nicht schwächer geworden, sondern beherrscht sogar schon die Kritik und Dichtungs=
geschichte. Und meines Bedünkens besitzen wir heute zweifellos das Recht, von
einem „Darwinismus in der Litteratur" zu sprechen. Man muß bekennen, die
Dichtkunst hat sich dankbar erwiesen, das Pfund, das sie empfing, mit Wucher-
zinsen zurückgegeben. Denn erst durch sie ward der Darwinismus, oder besser
gesagt, der Kern seiner Lehren den großen Massen wirklich geläufig, und was
früher die sogenannten Gebildeten entzückte, war bald im Munde aller. Ich
stehe nicht an, es rundweg zu erklären, daß beispielsweise Ibsens „Gespenster"
die Vererbungsthese populärer gemacht haben als sämtliche Bücher und
Schriften des Darwinismus. Denn ein Buch lehrt einzelne, der lebendige Vortrag im besten Falle ein paar hundert. Aber jeder einzelne Theaterabend sprach
zu Tausenden und Abertausenden, sprach nicht zu ihren Ohren und Augen allein,
auch zu Herz und Verstand, zum Fühlen wie zum Denken, er nahm ihren
ganzen Organismus gefangen. Der biedere Philister, den nie im Leben ein

höheres Buch zum Lesen gereizt hat, erfuhr nun in packendster, eindringlichster Darstellung, daß das biblische Wort von den Sünden der Väter auch eine wissenschaftliche Basis besitze. Wie hochwillkommen aber mußte die Gelegenheit zu solchen Stoffen erst den Dichtern kommen und ihrem leichtbegreiflichen Wunsche, ein Neues, noch nicht Erschöpftes zu schaffen! Wir sind hier unversehens bei einem entscheidenden Punkte angekommen. Die Darstellung von Kranken, die Zeichnung pathologischer Zustände war etwas Neues. Für das nun massenweise Auftreten litterarischer Krankengeschichten war also nicht die Entartung der Autoren bestimmend und maßgebend, sondern aufgesaugte Vererbungslehren und physiologisches Originalitätsbedürfnis!

Und thatsächlich war vor noch nicht gar zu langer Zeit dieses Wühlen im Kranken etwas durchaus Neues. Und nun manifestierte sich ein merkwürdiger Gegensatz. Von den deutschen Dichtern des Jahrhunderts von 17 bis 1870 wissen wir und können es biographisch beweisen, daß ein bedeutender Prozentsatz just der besten und größten schwer „belastet", also von Haus aus krank gewesen ist. Aber in ihren Dichtungen ist herzlich wenig davon zu spüren. Selbst von den beiden stärkst Belasteten, Kleist und Grillparzer, wüßte ich keine andern Krankenproben anzuführen als den schwachsinnigen „Armen Spielmann", den Sonderling Ferdinand im „Bruderzwist" und die Nachtwandlerstudie im „Prinzen von Homburg". Nicht selten war damals also der Dichter krank, aber selbst die Kranken zeichneten nur Gesunde. Die Modernen hingegen sind meist Gesunde oder doch zumindest Unbelastete, aber was sie schildern, sind fast nur Kranke. Moritz Gottlieb Saphir hat von den Poetlein seiner Tage witzig gespöttelt, sie glaubten, unglücklich lieben zu müssen, um glücklich zu dichten, derweilen aber liebten sie glücklich und dichteten unglücklich. Die modernen Poeten wähnen krank zu sein und gesund zu dichten; in der Regel aber sind sie gesund und dichten nur von Kranken. Schon daraus also ersehen wir, wie falsch es ist, von pathologischen Erzeugnissen Rückschlüsse zu machen auf die Natur der Autoren.

Und um so verkehrter dünkt mich ein solches, da bezeichnenderweise nur die wenigsten unter ihnen Krankhaftes richtig zu zeichnen wußten. Selbst ein so mächtiges Genie wie Henrik Ibsen hat, wie ich vor Jahr und Tag es andern Ortes ausgeführt habe, weit mehr pathologisch phantasiert und Symptome erdichtet, als thatsächliche Aeußerungen wahrhaft beschrieben. Und was soll man erst von den Halb- und Viertelgöttern des Naturalismus sagen? Beschränken wir uns da zunächst auf die deutschen Dichter, so hat überhaupt nur „das Genie" unter ihnen, Gerhart Hauptmann, sich an größere Aufgaben und Themen herangewagt. Die andern hingegen begnügten sich sämtlich, den Alkoholismus und die Paralyse litterarisch auszuschroten, also jene beiden Psychosen, die als die verbreitetsten gewissermaßen in allen Straßen zu studieren sind. Zumal der erstere ward von den Naturalisten gar bald zum Hätschelkinde aufgepäppelt. So unbedeutend konnte gar kein Dichterling sein, daß er nicht ein oder den andern Säufer liebevoll behandelte. Die Dramen jener halbvergangenen Zeit, die trugen nicht selten den

Stempel der Mode prangend an der Stirne. „Im Suff"; der bezeichnende Titel eines derselben, wäre als Gattungsname wohl zu gebrauchen. Ach ja, es war eine goldene Zeit für alle Besoffenen, ein Aufblühen alkoholistischer Romantik, das schwerlich jemals so herrlich wiederkommt. Wenn man ehedem die Trunkenbolde zur Ausnüchterung in den Polizeiarrest oder bei aggressivem Verhalten ins Narrenhaus sperrte, jetzt bedichtete man sie bloß und brachte sie begeistert auf die — „Freie Bühne". Wollte nun jemand aus solchen Produkten etwa schließen, daß all ihre Schöpfer auch fleißig gesoffen, so würde er in dieser Allgemein- heit sicherlich irren. Auch hier belehrt uns ein Beispiel der Vergangenheit, daß Grabbe, der belastete Alkoholist, der dem Schnapsteufel sein Genie geopfert, doch keineswegs ein Dichter der Trunksucht war. Noch schärfer tritt dieser Gegensatz zwischen Autor und Werk in einem zweiten Punkte hervor. Ich habe oben bereits angedeutet, daß zwar die Neurasthenie und Hysterie in unsern Tagen nicht häufiger geworden, wohl aber infolge mannigfacher Schädlichkeiten, zumal in der Großstadt, die einfache Nervosität, le névrosisme. Und wenn der Mensch schon gar nichts andres als ein „Zeitgenosse", dann war er mindestens auch noch „nervös". Es war rein zum Verzweifeln, der simpelste Hausknecht wollte schon nervös sein! Das erforderte dringend und gebieterisch Abhilfe. Und da es doch nicht anging, den überbegabten Edelneurastheniker zusammenzuwerfen mit der ganzen übrigen misera plebs nervosa contribuens, so schuf man sich eine neue Bezeichnung und nannte sich fortab „fein" nervös. Ich glaube zwar, die Naturalisten, die mit diesem Wörtchen in ihren Dramen so eifrig flunkerten, sie wären in bitterste Verlegenheit gekommen, so einer sie um genaue Definition gebeten hätte, da es ja bekanntlich eine „ordinäre" Nervosität zum Unterschied von der „feinen" durchaus nicht giebt. Aber das Signum der geistigen Vornehmheit war mit diesem Schlagwort endlich gefunden. Vor allem galt es nun, „Nerven" zu besitzen, Nerven wie ein hysterisches Frauenzimmer, Nerven, die bei den leisesten Aetherwellen wonneschauernd zu vibrieren begannen. Nur beileibe nicht gesund sein und von roten Wangen! Was würde mancher „Moderne" nicht darum geben, wenn er gleich Grillparzer eine wahnsinnige Mutter hätte oder verrückte Brüder oder mindestens doch einen Sonderling zum Vater! Es gab und giebt zur Stunde noch „Dichter", die ihren Eltern niemals verzeihen können, daß sie so heillos gesund geboren. Dünkt ihnen Gesundheit doch ein Zeichen von Plebejertum, um nicht zu sagen, von böser — Entartung! Die Unglücklichen aber, die gleichwohl keinerlei „Nerven" besaßen, die waren nicht faul und — erfanden sich welche. Was that man nicht alles, um Nerven zu „markieren"! Man schrieb „nervöse" Novellen und Ich-Romane, lebte nur mehr von „Sen- sationen" und unterhielt das Publikum von Perversitäten. Wir stehen hier den Wurzeln einer bösen Erscheinung gegenüber, die freilich immer bestand und immer bestehen wird, aber gerade zu jener Zeit einen ungeheuern Aufschwung nahm und leider auch heute noch in mächtiger Blüte steht. Ich meine das Posieren und Heucheln von Dingen, die man nicht ist, nicht thut und nicht empfindet. Haben wir doch sogar schon erlebt, daß man in Schwachsinn und Schweinereien posierte.

Nomina sunt odiosa. Es dünkt mich nicht recht, noch lebende — Schriftsteller an den Pranger zu schmieden. Aber jeder Kenner unsrer modernsten Dichtung kann zahlreiche Poseure mit Fingern weisen. Fast durchweg sind es gesunde Menschen, die sich mit angeschminkten Perversitäten drapieren. Das unerfahrene Publikum freilich wird durch solche Leute und Dichtungsprodukte nur allzuleicht dem Wahnglauben zugeführt, es müsse nur so wimmeln von Entarteten und Schwachsinnigen. Doch ist das liebe Publikum da den Nervengiegerln einfach aufgesessen. Es hat die Pose für Wahrheit genommen und, was eine sorgfältig ausgeklügelte Manier war, für den unverfälschten Ausdruck eines kranken Geistes.

Ich hoffe, gezeigt zu haben, wieso die großen Massen an die „zunehmende Entartung" zu glauben sich bemüßigt fanden. Und ich hoffe weiter, den Beweis erbracht zu haben — und darauf kam es mir ja hauptsächlich an — daß wir mit nichten ein Recht besitzen, von Dichtungen leichthin auf Dichter zu schließen. Denn kranke Poeten schufen Gesundes und durchaus Gesunde krankhaft Entartetes. Niemals also ist es erlaubt, einen Dichter einzig nach seinen Schöpfungen „entartet", also schwachsinnig zu heißen. Denn über Gesund- oder Kranksein der Autoren entscheidet ausschließlich ein einziger Maßstab: die Gesamtheit all ihrer Lebensäußerungen. Von höchstem Wert ist bei noch lebenden eine exakt vollzogene ärztliche Untersuchung, die freilich, um wahrhaft lichtbringend zu sein, auch das kleinste Detail nicht übersehen darf. Und doch ist auch da schon ein Zusammentragen jedweden biographischen Materials fast ebenso wichtig als jene Untersuchung. Nur so ist nämlich Einseitigkeit auszuschalten, von der ständigen Erfahrung ganz abgesehen, daß eine Reihe wichtigster Einzelheiten dem Prüfling entfallen oder gänzlich unbekannt sind. Soweit nach eignen Studien zu urteilen ist, kann ich nur sagen, daß mir die Krankheitsbilder von toten Dichtern weit klarer und vollständiger vor der Seele stehen als solche von lebenden. Um so viel reicher ist das Lebensdetail, das lange nach dem Tod erst ruchbar zu werden pflegt. Freilich besitzen wir eine erschöpfende ärztliche Untersuchung eigentlich nur über einen Lebenden. Ich meine das umfangreiche Buch, das Eduard Toulouse im vorigen Jahr über Zola publizierte. Was da an reichen Daten aufgespeichert ist, das konnte mir nur die Ueberzeugung festigen, die „Entartung" der „Modernen" sei blaues Geflunker. Man darf es dreist und ruhig behaupten, so gründlich, so umfassend, so beutehungrig ist nie ein Genie noch ausgeforscht worden wie Emile Zola von jenem Arzte! Was aber ward nach unsäglicher Mühe zu Tage gefördert, nachdem man Herz und Nieren geprüft — diese Wendung läßt sich auch buchstäblich nehmen — nachdem man erforscht hatte, was nur irgend erforschbar war? Die Antwort lautet: Nicht viel mehr als nichts, als die meisten Gesunden auch wohl geboten, sofern man sie ähnlich geplagt und fürchterlich gemustert hätte. Oder soll man wirklich mit Cesare Lombroso, dem Kritiker des französischen Arztes, die breiten Backenknochen des Dichters, seine vorzeitigen Runzeln, sein nächtliches Aufschrecken als Symptome der „Fallsucht" und „Entartung" nehmen? Es ist wahrhaft zum Lachen, was heute schon kühnlich als „Entartung" bezeichnet wird. Wenn die Spannweite von Zolas Armen

1,77 Meter beträgt, seine Höhe aber um 6½ Centimeter weniger - man denke nur, wie schrecklich dieser Unterschied! — flugs ist er für Lombroso ein Epileptiker, flugs ein Entarteter. Aber Zola ist auch sonst noch ein arger Sünder. So empfindet er zum Beispiel die Spitzen des Tasterzirkels links schon beim Abstand von 1 Millimeter, rechts aber, so unglaublich dies manchen wohl klingt, erst in der Entfernung von 2 (!) Millimetern. Kein Zweifel, dies deutet auf geistige Störung! Wenn unser Dichter in den Sumpf der Entartung hinuntergestoßen wird, so ist dies wahrhaftig noch gelinde Strafe.[1] Doch scheint eine Ahnung selbst Lombroso aufgedämmert zu sein, daß all jene Dinge am Ende nicht genügen könnten, um Zolas „Entartung" sicher zu stellen. Drum nimmt er zum Schlusse noch Zuflucht zu Max Nordau, der aus der Analyse der einzelnen Romane des Autors Schwachsinn zu erweisen trachtet. Wie hinfällig solche Schlüsse sind, habe ich oben bereits ausführlich dargelegt.

Mit Ausnahme des einen Zola jedoch ist noch kein lebender Poet umfassend geprüft worden. Wir sind also hier auf Biographisches angewiesen, eine Quelle freilich, die bei noch Lebenden teils gar nicht springt, teils nur sehr dürftig. So kenne ich, um selbst nur bei den Größten zu bleiben, über Ibsen nur zwei, über Tolstoj gar nur einen Biographen.[2] Von den meisten aber ist gar nichts vermeldet, bis auf karge, vielfach verstreute Notizen, die niemand gesammelt und brauchfertig hergerichtet hat. Daß aus solchem Ueberfluß an Mangel keine wissenschaftlichen Theorien abzuleiten sind, erhellt ohne weiteres. Man sieht also, wie

---

[1] Zur besseren Illustration sei hier die ganze köstliche Stelle beigesetzt. (C. Lombroso: Emile Zola d'après l'étude du docteur Toulouse et les nouvelles théories sur le génie, La semaine medicale, 6 janvier 1897): „Eurygnathisme (die breiten Backenknochen), grande envergure, pried préhensile, rides précoces, mancinisme sensoriel (die verschiedene Tastempfindlichkeit an beiden Händen), claustrophobie, sont des caractères fréquents chez les épileptiques." Für kein einziges all der genannten Symptome ist, wie ich ausdrücklich beisetzen will, die Zugehörigkeit zur Epilepsie auch nur irgend bewiesen. Mehrere wie der Eurygnathismus, die große Spannweite, der geringe Mancinismus und die vorzeitigen Runzeln sind meines Erachtens gar nicht pathologisch. Frühzeitige bleibende Runzeln finden sich zum Beispiel bei durchaus gesunden Kindern dann nicht selten, wenn sie der übeln Gewohnheit frönen, die Stirne häufig kraus zu ziehen. Was endlich die Furcht vor geschlossenen Räumen sowie das nächtliche Aufschrecken betrifft, so gehören beide Symptome zum Bilde der Angstneurose (Freud), und es mangelt auch keineswegs an der typischen Aetiologie, der sexuellen Abstinenz (quant à l'appétit sexuel, il eut cependant une grande influence sur la vie psychique). Auch die übrigen Phobien, die Toulouse und Lombroso nennen, gehen auf die gleiche Wurzel zurück, haben also mit Entartung gar nichts zu schaffen. Dasselbe gilt auch für Zolas Zwangsideen, die ja, wie Siegmund Freud für alle diese Vorstellungen überzeugend dargethan, auf sehr frühen sexuellen Erlebnissen fußen.

[2] Und selbst von diesen wenigen giebt eigentlich nur Henrik Jäger brauchbare, wenn auch spärliche Daten. Passarge und noch weit mehr die übrigen Ibsenforscher, wie Reich und Hanstein, sind fast nur Aesthetiker und keine Biographen. Ein Gleiches gilt auch für Raphael Löwenfeld, der vor noch gar nicht langer Zeit die erste und einzige Tolstoj-monographie geschrieben. Vielleicht erst in 30 bis 50 Jahren werden auch diese Dichter biographisch so beleuchtet sein wie heute etwa Heinrich v. Kleist und Nikolaus Lenau.

verwegen es ist, bei den Größten unsrer Zeit „Entartung" zu supponieren. Und um so verwegener dünkt mich dies Beginnen, als das, was ich bei Ibsen- und Tolstojforschern fand, mir auch nicht den Schatten von „Degeneration" bewiesen hat. Auch im persönlichen Verkehre erscheinen die Genannten, erscheinen Zola und andre „Entartete" als durchaus normal, ja mitunter als Recken. Aber selbst wenn dies alles nicht dagegen spräche, so hätten wir noch immer kein Recht, die obige ominöse Diagnose zu stellen. So wenig man befugt ist, in jedem Unbekannten von vornherein einen Verbrecher zu sehen, so wenig auch sicherlich den „Entarteten" und Schwachsinnigen. Hiezu bedarf es triftigerer Gründe als etwa bloß des Mancinismus und ähnlicher abgeschmackter Nichtigkeiten. Dem Laien freilich ist die gewohnheitsmäßige Zeichnung von Kranken gemeinhin gleichbedeutend mit Krankheit des Autors. Und doch existiert bloß ein einziger Fall, wo ein solcher Rückschluß erlaubt und verstattet, der Fall nämlich, wo Leben und Dichterschaffen in eins zusammenfließen. Ich meine die autobiographischen Schilderungen, die einzelne Dichter uns hinterließen. Aber freilich kenne ich deren bloß zwei, die in dieser Richtung verwertbar wären, bloß zwei in der gesamten Weltlitteratur, die „Confessions" und „Dialogues" von Jean Jacques Rousseau und August Strindbergs „Beichte eines Thoren".[1] Höchstens, daß noch in Grillparzers Selbstbiographie ein paar Episoden aufzuspüren, die für des Autors Belastung erweisend und bezeichnend sind. Es dünkt mich durchaus kein bloßer Zufall, daß die beiden andern genannten Poeten just der Geisteskrankheit der Paranoia verfielen, das heißt an Verfolgungs- und Größenwahn litten. Denn nur der intensivste Drang, einmal die eigne Unschuld zu beweisen, dann aber auch die Schwärze der vermeintlichen Verfolgung und ihren Ungrund darzuthun, kann solchen Schöpfungen Pate stehen. Dieser Drang erst läßt sie auch so ausführlich reden, daß unsre Diagnose mit Sicherheit zu stellen ist. Es ist noch besonders hervorzuheben, daß beide Autoren mit deutlich ausgesprochenen Worten, ja mit Nennung ihres Namens von sich selber erzählen. Denn nur in diesem einen Falle, daß der Dichter ganz ausdrücklich von sich selber

---

[1] Ueber Rousseau hat P. J. Möbius eine recht eingehende Monographie geleistet (Möbius, Die Krankheitsgeschichte Rousseaus), in welcher die pathologischen Züge sämtlich nachzulesen sind. „Die Beichte eines Thoren" aber ward von William Hirsch („Genie und Entartung", Seite 236 bis 241) psychiatrisch bereits so erschöpfend zerfasert, daß mir hinzuzufügen nichts mehr übrig bleibt. Die so gewonnene Diagnose aber giebt uns einen neuen, den einzig sicheren Maßstab ab für die ganze litterarische Thätigkeit Strindbergs. Wie männiglich bekannt, gehört der letztere zu den ärgsten Frauenhassern. Fast in sämtlichen Werken zeichnet er nur die Weibhyäne, die den Mann als Gattin, Tochter, ja selbst als Mutter in Wahnsinn, Tod und Verderben jagt. Es ist sein einziges, unablässig variiertes Thema, der Untergang des Mannes durch des Weibes Bosheit. Mich dünkt es höchst wahrscheinlich und plausibel, daß dieser unstillbare Haß seinen Quell in Strindbergs Verfolgungswahn hat. Wer sich selber ständig verfolgt und gehetzt glaubt, wird dies subjektive Empfinden nur allzugerne verallgemeinern. Ich bemerke aber ausdrücklich, daß ich zu meinen Schlußfolgerungen mich einzig nur darum berechtigt halte, weil die Geistesstörung durch jenes autobiographische Selbstbekenntnis sichergestellt ist. Ich schließe also nicht aus den Werken auf die Diagnose, sondern von der Diagnose retrospektiv auf die Gründe des Schaffens.

spricht, sich selber redend und handelnd einführt, ist ein Werk für die Psychose seines Schöpfers schlankweg beweiskräftig. Sonst läßt sich Krankheit wohl vermuten, aber niemals aus Schöpfungen strikte erweisen.

Ich fasse das bisher Gesagte in folgendem Glaubensbekenntnis zusammen: Ich glaube weder an die Zeithysterie, noch an die zunehmende Entartung.

Ich stütze diese Meinung auf das Fehlen fachmännischer Beweise, auf meine eignen Erfahrungen, sowie endlich auf das seltene Vorkommen schwerer „Belastung" unter modernen Dichtern.

Der Glaube des Publikums an jene Schlagworte hat seine Wurzel in zwei Erscheinungen: der massenweisen Produktion von litterarischen Krankengeschichten und dem Posieren der Autoren.

Pathognostisch aber sind nicht die Werke, sondern einzig und allein die Lebensgeschichten.

Die letzteren aber sprechen ganz auffällig gegen die zunehmende Entartung unsers Jahrhunderts.

Der Einfluß der Luftverdünnung bei Hochfahrten mit Hilfe des Luftballons und dessen Benutzung als Expeditionsmittel.

Von

Groß,

Hauptmann der Luftschifferabteilung.

————

Wer jemals einen Einblick in die Geheimnisse, Schönheiten und Schrecknisse einer großartigen Gletscherwelt gethan hat, wo die Sonne vergeblich versucht, die Schnee- und Eisrinde von den zerklüfteten Felszacken zu schmelzen, oder die hoch über den blauenden Thälern heranziehenden Wolken mit einem Schlage über jene Eisriesen herfallen, und der Schneesturm dann dort oben tobt, während die Almen grünen und blühen, den durchzieht wohl eine Ahnung von der Gewalt und der Großartigkeit der hohen Luftregionen, in denen Blitz und Donner regieren und die alles belebende Wärme der Mutter Erde in der ewig sich gleichbleibenden eisigen Temperatur des Weltalls sich auflöst und erstirbt.

Wie den Polarfahrer ein unwiderstehlicher Trieb nach dem eisigen Norden magnetisch zum Pole zieht, so lockt den Luftschiffer der tiefblaue Aether in seine Unermeßlichkeit und in die flimmernden Eiswolken zu sich empor, obwohl er weiß, daß dort oben das Reich des Todes herrscht.

Und doch jagen beide einem Phantome nach, durch dessen Ergründung der Menschheit kein greifbarer Nutzen oder Gewinn gebracht werden kann. Nur der nicht rastende Wissensdrang des Menschen erreicht hierdurch seine Befriedigung; die Männer der Wissenschaft lernen neue Faktoren kennen, mit denen rechnend sie neue Gesetze und Formeln ergrübeln können; das Reich des Verstandes bringt einen mühseligen Schritt weiter vor.

Zwei Wege stehen dem Menschen offen in die höheren Luftschichten der Atmosphäre vorzubringen. Er kann entweder mit unsäglicher Mühe und Anstrengung jene Bergriesen erklettern, deren beeiste Häupter mehr als 8000 Meter über den Meeresspiegel emporragen, oder er vertraut sein Leben einem Luftballon an, der ihn weit bequemer und schneller bis in Höhen hinaufbringt, die noch keines Menschen Fuß kletternd erreichen konnte.

Es ist auffallend, daß uns aus dem Altertume keine Berichte über Ersteigungen hoher Berge überkommen sind, die doch in der Geschichte der historischen Völker auch schon eine wichtige Rolle gespielt haben. Humboldt, unser berühmtester und erster Forscher auf diesem Gebiete, erklärt dieses Faktum sehr treffend, indem er sagt, daß die Alten mehr Scheu und Schrecken als Bewunderung für die Großartigkeit dieser Berge gehabt hätten, auf deren wolkenumhüllten Gipfeln sie ihre Götter thronend glaubten.

Der Hang zum Pittoresken der Natur ist eine moderne Empfindung. Erst gegen Ende des vorigen Jahrhunderts beginnt die Alpenwelt ihren Reiz auf den Menschen auszuüben und kühne Männer zur Ersteigung ihrer höchsten Gipfel zu verleiten, um den Einfluß des verminderten Luftdruckes auf den menschlichen und tierischen Organismus zu studieren.

Bekannt ist die erste Ersteigung des Montblanc durch den Genfer Physiker Saussure im Jahre 1787, bei der er schließlich vor Ermattung, Atemnot und Herzklopfen bis aufs äußerste erschöpft schrittweise den Gipfel erreichte und hier bei jeder geringsten Arbeit den Atem verlor. Das Beispiel Saussures fand bald Nachahmer, so daß heutzutage eine Ersteigung des Montblanc und der übrigen Eisriesen eine Art Sport geworden ist. Von fundamentaler Wichtigkeit für die Erkenntnis des Einflusses der Luftverdünnung sind die Bergbesteigungen A. v. Humboldts in Südamerika, bei welchen derselbe die Höhe von 6000 Meter erreichte. Die größte Höhe, die je Menschen zu Fuß erklommen haben, beträgt 6882 Meter. Es waren dies die Gebrüder Schlagintweit, welche im Jahre 1855 im Himalajagebirge diese erstaunliche Höhe mit unendlicher Energie zu erreichen vermochten.

Wenn wir die Beobachtungen aller dieser Bergsteiger zusammenfassen, so stimmen alle darin überein, daß der Einfluß der Luftverdünnung in diesen großen Höhen sich in Kopfschmerzen, Druck auf die Ohren, Herzbeklemmung, Atemnot, beschleunigtem Puls, einer trägen Mattigkeit und Erlahmung der Energie geltend macht, und daß geringste Arbeit in diesen Höhen die Leiden stark vermehrt. Wir werden hierauf noch zurückkommen.

Die Erfindung des Luftballons brachte in die Erforschung der höheren

Atmosphäre neues Leben und neue Gesichtspunkte. Hier erhebt sich der Mensch ohne Mühe und körperliche Strapazen unmittelbar und in wenigen Stunden in eine Höhe, die er bisher nur unter den allergrößten Anstrengungen in mehreren Tagen nicht einmal zu erreichen vermochte. Der sehr schnelle Wechsel des Luftdruckes beim Auf- und Abstieg läßt die Einwirkung desselben auf den menschlichen Organismus natürlich viel klarer und präziser studieren und erkennen, als bei dem langsamen und durch häufige Rasten unterbrochenen Aufstieg zu Fuß. Es fallen ferner hier alle Einwirkungen von körperlichen Strapazen auf das Wohlbefinden des Menschen fort, der im Korbe des Ballons sitzend sich emporheben läßt, während bei einer Bergbesteigung schwer zu unterscheiden sein dürfte, wie viel der krankhaften Erscheinungen nur auf Rechnung der körperlichen Strapazen zu setzen sind. Ein Vergleich beider Arten des Vordringens in die höheren Luftschichten war daher besonders lehrreich für die Erklärung der Erscheinungen, die man gegenwärtig mit dem Namen „Höhen- oder Bergkrankheit" bezeichnet. In allerneuester Zeit ist bei dem Projekte der Jungfraubahn dieser Krankheit von seiten medizinischer Autoritäten Aufmerksamkeit geschenkt worden, da sich aus Gesundheitsrücksichten Stimmen gegen die Ausführung einer solchen Bahn erhoben. Hierbei zeigte es sich, daß die Ansichten über diese Krankheit noch wenig geklärte sind, obwohl durch die Ballonhochfahrten und die Versuche Paul Berts sowohl der Grund der Krankheitserscheinung als auch deren Bekämpfung durchaus klargestellt sind.

Gehen wir nun auf einzelne Ballonhochfahrten ein, wobei wir nur solche, die Höhen von mehr als 7000 Meter erreicht haben, und deren Berichte als zuverlässig gelten können, behandeln wollen. Die erste, nur zur wissenschaftlichen Forschung unternommene und hierfür besonders ausgerüstete Ballonhochfahrt fällt in das Jahr 1803. Sie wurde von dem belgischen Physiker Robertson und dem Luftschiffer Lhoëst von Hamburg aus unternommen. Ueber die uns hier interessierenden Einflüsse der Luftverdünnung in einer Höhe von ca. 7000 Meter entnehmen wir dem Bericht Robertsons an die Société galvanique folgendes:

„Während der zahlreichen Experimente, die wir ausführten, befiel uns eine Art Angstgefühl und allgemeine Schwäche. Je mehr das Barometer sank, um so stärker wurde das Ohrensausen. Im Kopf fühlten wir einen ähnlichen Schmerz, als wenn man denselben lange Zeit unter Wasser hält. Unsre Brust schien gespannt und ohne Halt, mein Puls war sehr beschleunigt, der meines Begleiters weniger. Jener hatte, wie ich, geschwollene Lippen, blutunterlaufene Augen, alle Adern geschwollen aus der Haut hervorquellend. In der größten Höhe verfielen wir in physische und moralische Apathie; kaum konnten wir uns gegen den Schlaf wehren, den wir als den Vorboten des Todes fürchteten. Weder Speise noch Trank vermochten wir zu uns zu nehmen.

„Von zwei Tauben, die wir mitführten, war die eine tot, die andre schien betäubt. Als ich sie hinabwarf, da sie von selbst nicht abflog, fiel sie wie ein Stein in die gähnende Tiefe, sie vermochte nicht zu fliegen."

Die wissenschaftlichen Ergebnisse dieser Fahrt fanden bei der Akademie der Wissenschaften in Paris Widerspruch. Dieselbe rüstete daher im Jahre 1804 eine Hochfahrt aus, welche der bekannte Physiker Gay-Lussac allein unternahm und hierbei gleichfalls die Höhe von 7000 Meter erreichte. Ueber die körperlichen Beschwerden giebt dieser Gelehrte folgendes an:

„In 7000 Meter angelangt, war meine Atmung sehr belästigt und schwierig, indessen war mein Befinden noch keineswegs beängstigend, so daß ich hätte an den Abstieg denken müssen. Puls und Atem waren sehr beschleunigt, so daß ich gewissermaßen nach Luft, wie ein Fisch auf dem Trocknen schnappte, der Schlund war so trocken, daß ich nichts zu mir zu nehmen vermochte. Sonstige Beschwerden aber fühlte ich nicht."

Wir sehen hieraus, daß der Einfluß der Luftverdünnung nicht auf jeden Menschen gleich stark wirkt, sondern wohl sehr von der Konstitution des Individuums abhängt. So behaupten zum Beispiel auch Barral und Bixio, welche im Jahre 1850 eine Hochfahrt auf 7000 Meter Höhe ausführten, keinerlei körperliche Belästigungen verspürt zu haben.

Mit den Forschungsfahrten, welche in England in den sechziger Jahren dieses Jahrhunderts von dem Meteorologen James Glaisher ausgeführt wurden, beginnt eine neue bahnbrechende Periode auf dem Gebiete der Erforschung der höheren Atmosphäre, deren Ergebnisse die Grundlage für die Anschauung und Gesetze derselben bis in die neueste Zeit bildeten, wo nunmehr durch die deutschen Hochfahrten neue und sichere Aufklärung gebracht wurde.

Gleich bei seiner ersten Fahrt schlug Glaisher alle seine Vorgänger an Höhe, indem er am 30. Juni 1862 die Höhe von 8000 Meter erreichte. Am interessantesten ist seine dritte und gleichzeitig höchste Fahrt, bei welcher Glaisher und sein Ballonführer Coxwell in 8838 Meter[1]) Höhe das Bewußtsein verloren und wahrscheinlich noch bedeutend höher gestiegen sind. Der Bericht Glaishers über diese Fahrt lautet wie folgt:

„Am 5. September 1862 stiegen wir bei bewölktem Himmel und 15 Grad Wärme um 1 Uhr 13 Minuten nachmittags von Wolverhampton auf. Der Ballon trat bald in eine mächtige Wolke, die er 1 Uhr 17 Minuten durchflogen hatte. Kein Wölkchen trübte mehr den dunkelblauen Himmel über uns. 1 Uhr 21 Minuten 3218 Meter hoch, Temperatur 0 Grad, die Erde wird zeitweise durch Wolkenlücken sichtbar. Um 1 Uhr 34 Minuten überschritten wir die Höhe des Montblanc (5200 Meter), die Temperatur war auf — 9 Grad gesunken, es finden sich keine Spuren von Luftfeuchtigkeit mehr.

„Die ersten physiologischen Störungen beginnen sich fühlbar zu machen. Ich bemerkte um 1 Uhr 34 Minuten, daß Coxwell außer Atem ist, was mich nicht wunder nimmt, da er andauernd bei der Führung des Ballons schwer gearbeitet

---

[1]) Wir werden noch sehen, daß diese Höhenangaben, sowie auch die aller seiner Vorgänger infolge mangelhafter Messung der Temperatur, welche bei der Reduktion der Höhe nach der Barometerablesung eine bedeutende Rolle spielt, viel zu hoch sind.

hatte. 1 Uhr 39 Minuten erreichten wir die Höhe des Chimborasso (6437 Meter),
10 Minuten später die des Dhawalagiri (8185 Meter). Die Temperatur ist auf
— 18,9 Grad gesunken. Bis hierher hatte ich meine Beobachtungen ohne Schwierig=
keiten ausführen können, während Coxwell, welcher dauernd zu arbeiten hatte,
sehr ermattet schien. Um 1 Uhr 51 Minuten zeigte das Barometer 11,05 Zoll,
bald darauf nur noch 9³/₄ Zoll, wir befanden uns also in einer Höhe von
ca. 8800 Meter. Plötzlich kann ich nicht mehr die Gradeinteilung meiner
Instrumente und die Zeiger der Uhr erkennen. Ich bitte Coxwell, mir hierbei
behilflich zu sein, doch sehe ich, daß dieser in den Ring hinaufgestiegen ist, um
die Ventilleine klar zu machen, die sich verwirrt hatte. Ich wende noch einmal
meine ganze Energie auf, um die Instrumente abzulesen, indessen fühle ich, daß
eine Ohnmacht mich befällt. Ich stütze mich auf den Instrumententisch, meine
Arme, wie abgestorben, versagen mir ihren Dienst, mein Kopf sinkt auf die linke
Schulter zurück. Ich versuche vergeblich mich aufzurichten, meine Glieder sind
wie gelähmt. Ich sehe Coxwell noch im Ring sitzend, ich will ihn anreden, doch
kann ich nicht mehr sprechen. Plötzlich wird es finster um mich, ich kann nicht
mehr sehen, indessen habe ich noch volle Besinnung. Ich denke an den Tod,
die Gedanken rasen durch mein Gehirn, dann verliere ich die Besinnung. Meine
letzte Beobachtung hatte ich um 1 Uhr 54 Minuten aufgezeichnet, ich nehme an,
daß ich um 1 Uhr 57 Minuten die Besinnung verlor. Plötzlich höre ich die
Worte, ich kann nicht sagen wann, Temperatur, Beobachtung! Ich merke, daß
Coxwell mit mir spricht und mich wecken will. Die Besinnung kehrt zurück, doch
kann ich noch nicht sprechen. Plötzlich sehe ich wieder die Instrumente und meine
Umgebung, ich richte mich auf und spreche mit Coxwell. Dieser erzählt mir,
daß auch er den Gebrauch seiner Arme verloren habe, seine Hände wären ganz
schwarz geworden. Er wäre vom Ringe herabgeglitten, vor Frost fast erstarrt
und habe mich wecken wollen, doch habe er sich nicht von der Stelle rühren
können. Endlich sei es ihm gelungen, mit den Zähnen die Ventilleine zu erfassen
und zu ziehen.[1]

„Um 2 Uhr 17 Minuten nahm ich meine Beobachtungen wieder auf, der
Ballon war in rapidem Fall, die Höhe betrug noch 7200 Meter, die Temperatur
— 18 Grad. Ich nehme an, daß 3 bis 4 Minuten verstrichen, bis ich wieder meine
Instrumente ablesen konnte. Wenn dem so ist, so bin ich um 2 Uhr 4 Minuten
wieder erwacht und 7 Minuten ohnmächtig gewesen. Meine letzte Ablesung machte
ich in 8838 Meter.[2] Als ich ohnmächtig wurde, stiegen wir noch mit einer
Geschwindigkeit von 305 Meter pro Minute; und als ich meine Beobachtungen
wieder aufnahm, fielen wir mit 610 Meter pro Minute, also der doppelten

---

[1] Diese Angabe verdient keinen Glauben, da selbst ein gesunder, kräftiger Mann mit
den Zähnen ein Ballonventil nicht öffnen kann. Bemerkt sei hier, daß Glaisher nie seinen
Ballonführer als wissenschaftlichen Mitarbeiter betrachtet hat.

[2] Das von Glaisher selbst gezeichnete Diagramm giebt nur 8100 Meter Höhe und
— 20,6 Grad Celsius an.

Geschwindigkeit. Dieser Umstand gestattet mir, die Höhe, welche wir erreicht haben müssen, zu berechnen, und zwar auf ca. 11000 Meter.[1]

„Interessant ist auch das Verhalten der bei dieser Fahrt mitgeführten Brieftauben. Die erste Taube, in 4800 Meter freigelassen, breitete die Flügel aus, konnte indessen nicht fliegen, sondern glitt wie ein Stück Papier im Falle nieder. Die zweite, in 6500 Meter Höhe entsendet, überschlug sich dauernd bei dem vergeblichen Versuche zu fliegen und stürzte nieder. Die dritte, in 8000 Meter losgelassen, fiel wie ein Stein hinab. Von den drei übrigen Tauben waren zwei im Käfig gestorben, die dritte erholte sich beim Abstieg, flog ab und erreichte auch Wolverhampton an demselben Tage.“

Glaisher machte noch mehrere Fahrten, bei denen er die Höhe von 7000 Meter erreichte, berichtet indessen nichts über physiologische Störungen hierbei, er giebt an, daß sein Körper sich mehr und mehr an die Ertragung der verdünnten Luft gewöhnt habe.

Von den zahlreichen Fahrten französischer Luftschiffer verdienen nur zwei hier eingehender behandelt zu werden, welche von der Société de la navigation aérienne ausgerüstet und von Männern der Wissenschaft ausgeführt wurden, von denen leider zwei hierbei ihr Leben einbüßten, es sind dies die Fahrten Tissandiers mit Sivel und Crocé Spinelli. Diese Fahrten gaben die Anregung zu einem eingehenden Studium der Einwirkung der Luftverdünnung auf den menschlichen Organismus und zur Erforschung und Prüfung der Mittel zur Vermeidung dieser gefährlichen Erscheinungen. Dieses Studium kam auch uns sehr zu statten bei der Ausführung unsrer Hochfahrten, so daß wir unbeschadet unsrer Gesundheit in Höhen noch exakte Messungen zu machen vermochten, wo Glaisher das Bewußtsein, Sivel und Crocelli das Leben verloren.

Ehe jene drei Männer an die Ausführung ihrer Hochfahrten gingen, ließen sie durch den berühmten französischen Physiker Paul Bert an sich Versuche über den Einfluß der künstlichen Luftverdünnung anstellen. Dieser Gelehrte hatte durch Versuche mit Tieren unter der Glocke der Luftpumpe festgestellt, daß die Verminderung des Luftdruckes an sich nicht der Grund der Krankheits- und Todesursache ist, sondern daß vielmehr der Mangel an Sauerstoff in der verdünnten Luft die Ursache dieser Erscheinungen bildet. Durch Zuführung von sauerstoffreicher Luft während der Luftverdünnung, konnte er die fast toten Tiere unter der Glocke wieder neu beleben und die Luftverdünnung weiter treiben. Nicht zufrieden mit diesen Experimenten, wiederholte Paul Bert diesen Versuch an sich selbst, indem er sich im sogenannten pneumatischen Kabinett der Luftverdünnung aussetzte, und gleichzeitig hierbei ein Gemisch von Sauerstoff und Luft im Verhältnis 70:100 einatmete. Es gelang ihm jedesmal, durch Einatmen dieses Gemisches die sehr bedeutenden Beschwerden, die sich während der Luftverdünnung

---

[1] Es ist fast unbegreiflich, wie ein so bedeutender Gelehrter einen so groben Rechenfehler machen konnte, indem er die Geschwindigkeit beim Aufstieg und Abstieg als eine konstante annimmt. Die Rechnung ist absolut falsch. Es ist viel wahrscheinlicher, daß der Ballon sehr bald in seine Gleichgewichtslage gekommen ist.

zeigten, zu beſeitigen. Hierauf ſetzten ſich Sivel und Crocé Spinelli einer Luftverdünnung aus, die einer Höhe von 7300 Meter entſprach. Hierbei waren die
Krankheitserſcheinungen beider Männer Beſorgnis erregend. Das Augenlicht
erloſch zeitweiſe, die Lippen wurden blau, die Geſichtsfarbe leichenhaft violett,
die Glieder zitterten konvulſiviſch; aber immer wieder konnte durch Zuführung
von Sauerſtoff der faſt normale Geſundheitszuſtand hergeſtellt werden. Bei
einem dritten Verſuch, bei welchem Paul Bert dauernd Sauerſtoff einatmete,
konnte er die Luftverdünnung im Kabinett, ohne weſentlich zu leiden, bis zu einem
Grade treiben, die einer Höhe von faſt 9000 Meter entſpricht. Dieſe Verſuche
ergaben alſo mit abſoluter Sicherheit, daß der Mangel an Sauerſtoff in erſter
Linie die Urſache aller dieſer Leiden iſt, und daß man durch künſtliche Zufuhr
von dieſem Lebensgaſe die Gefahren der Luftverdünnung bis zu einem gewiſſen
Grade vermeiden kann. Und doch ſollten dieſe beiden Männer, die dieſes praktiſch
erprobt hatten, in einer Höhe von ca. 8000 Meter ihr Leben einbüßen, weil ſie
eins nicht bedacht hatten, nämlich, daß ſie in dieſer Höhe den Atmungsſchlauch
dauernd im Munde führen mußten, da ihnen ſonſt plötzlich wie Glaiſher und
Coxwell die Kraft fehlen könnte, die Schläuche zu ergreifen. Die Todesfahrt
dieſer unglücklichen mutigen Männer iſt ſo intereſſant und packend von dem
Ueberlebenden geſchildert worden, daß ich ſie hier in der Ueberſetzung wörtlich
citieren möchte:

„Am 15. April 1875, vormittags 11 Uhr 35 Minuten, erhob ſich der Ballon
,Zénith' von der Gasanſtalt La Vilette zu Paris mit G. Tiſſandier, Sivel
und Crocé Spinelli an Bord. Drei kleine Ballons mit einer Miſchung von
Sauerſtoff und Luft (70 : 100) waren am Ballonringe angebracht mit je einem
Atmungsſchlauche, welcher nach dem Korbe führte. In 4300 Meter Höhe begannen wir Sauerſtoff zeitweiſe zu atmen, nicht weil dieſes erforderlich geweſen
wäre, ſondern mehr um uns zu verſichern, ob dieſe Organe in Ordnung ſeien.
Um 1 Uhr 20 Minuten in 7000 Meter Höhe atme ich Sauerſtoff — ſo berichtet
Tiſſandier — da mir ſchwach wurde, und fühlte ſofort den belebenden Einfluß
dieſes Gaſes. In dieſer Höhe begann Sivel für Augenblicke die Augen zu
ſchließen, ſich zu ſetzen und die Farbe zu wechſeln. Indeſſen lange gab er ſich
dieſer Schwäche nicht hin, er warf weiter Ballaſt und ſetzte ſeine Experimente
fort. Crocé Spinelli ſchien friſch zu ſein, er beobachtete dauernd ſeine Inſtrumente. Eine Pulsmeſſung in 5300 Meter Höhe hatte bei Crocé Spinelli 120
gegen 75—85 auf der Erde und bei Sivel 155 gegen 76—86 ergeben. Die
Zunahme der Herzthätigkeit war alſo ſchon eine recht bedeutende. Von 7000 Meter
Höhe ab konnten wir uns nicht mehr aufrecht erhalten und ſetzten uns. Sivel
für einen Moment erſchlafft, erholt ſich bald wieder, Spinelli bewundert laut die
Schönheit einer Eiswolke, die der Ballon ſoeben durchfliegt. Die Kälte macht
ſich empfindlich geltend, meine Hände ſind erſtarrt, ich will meine Handſchuhe,
die ich in der Taſche habe, anziehen, indeſſen reicht meine Energie für dieſe
geringe Arbeit ſchon nicht mehr aus. Mechaniſch ſchrieb ich mit kaum leſerlicher
Handſchrift in mein Notizbuch: ,Meine Hände ſind erſtarrt, es geht mir gut, es

geht uns allen gut. Nebel am Horizont mit kleinen, rundlichen Cirruswolken. Wir steigen. Crocé atmet schwer. Wir atmen Sauerstoff. Sivel schließt die Augen, Crocé auch. Temperatur — 10 Grad. 1 Uhr 20 Minuten Druck 320 Millimeter. Sivel ist eingeschlafen. 1 Uhr 25 Minuten Temperatur — 11 Grad. Druck 300 Millimeter. Sivel wirft Ballast; Sivel wirft noch mehr Ballast.' Die folgenden Worte sind nicht mehr zu lesen. Sivel hatte sich mit der letzten Anstrengung erhoben, sein Gesicht verklärte ein eigentümlicher Glanz, er wandte sich zu mir und fragte: ‚Welcher Druck?' — ‚300 Millimeter', antworte ich, etwa 7450 Meter Höhe.

„‚Wir haben noch sehr viel Ballast, soll ich werfen?'

„‚Thut, was Ihr wollt,' antwortete ich.

„Er wandte sich zu Crocé und richtete dieselbe Frage an ihn. Crocé nickte nur zustimmend mit dem Haupte. Sivel ergriff hierauf sein Messer und schnitt der Reihe nach drei Sack Ballast ab; wir stiegen darauf rapide. Meine letzte klare Erinnerung reicht bis hierher zurück.

„Crocé hatte sich gesetzt, er atmete Sauerstoff, sein Haupt war auf die Brust gesunken, er schien schwer leidend. Ich hatte noch die Kraft, mit dem Finger auf das Barometer zu klopfen, um die Bewegungen seines Zeigers zu erleichtern; Sivel zeigte mit der rechten Hand nach dem Himmel. Bald darauf verlor ich den Gebrauch meiner Gliedmaßen. Sivel und Crocé sanken zurück in eine Ecke des Korbes. Ich will nach dem Sauerstoffschlauch greifen, doch kann ich den Arm nicht mehr heben. Mein Geist ist noch klar; ich richte meine Augen auf das Barometer, ich sehe den Zeiger auf 290 dann auf 280 sinken. Ich will ausrufen: ‚Wir sind auf 8000 Meter!' — aber meine Zunge ist starr. Plötzlich schließe ich die Augen, sinke zurück und verliere das Bewußtsein.

„Es muß etwa 1 Uhr 30 Minuten gewesen sein. 2 Uhr 8 Minuten wache ich für einen Moment auf. Der Ballon fällt rapide, ich schneide einen Sack Ballast ab und notiere: ‚Wir fallen, Temperatur — 8 Grad, ich werfe Ballast, Druck 315 Millimeter. Wir fallen immer noch. Sivel und Crocé sind ohnmächtig am Boden der Gondel. Wir fallen sehr stark.' Kaum habe ich dies geschrieben, als mich ein Zittern befällt und ich abermals die Besinnung verliere. Wenige Augenblicke darauf fühle im mich am Arm geschüttelt; ich erkenne Crocé, welcher erwacht ist; ob Sivel gleichfalls erwacht war, kann ich mich nicht entsinnen. ‚Werft Ballast,' ruft Crocé, ‚wir fallen rasend!' Doch ich kann mich nicht erheben. Ich entsinne mich, daß Crocé den großen Aspirator löste und über Bord warf, dann stürzte er Ballast und Kleidungsstücke über den Rand des Korbes. Alles dessen entsinne ich mich nur ganz unbestimmt, denn ich fiel in meine Lethargie zurück. Was mag inzwischen geschehen sein? Es ist zweifellos, daß der entlastete Ballon noch einmal in jene hohen Regionen gestiegen ist. Um 3 Uhr 30 Minuten ungefähr öffne ich die Augen wieder, ich fühle mich entsetzlich schwach und wie betäubt, indessen mein Geist ist klar. Der Ballon fällt mit erschreckender Schnelligkeit. Ich rutsche auf den Knieen zu meinen Begleitern hinüber und schüttle sie an den Armen, ihre Namen laut rufend.

Sie sind in der Gondel zusammengebrochen, den Kopf in ihre Reisedecken gehüllt. Ich nehme alle Kraft zusammen, um sie aufzurichten. Sivel hat ein vollständig schwarzes Gesicht, gebrochene Augen, den Mund weit geöffnet, mit Blut überströmt. Crocé hat die Augen geschlossen, den Mund voller Blut. Entsetzt pralle ich zurück. Ich werfe Ballast, die letzten beiden Säcke, denn der Ballon rast nach unten, der Erde entgegen, welche plötzlich erscheint. Ich will den Anker lösen, doch ich finde mein Messer nicht, ich bin wie toll und rufe donnernd: ,Sivel, Sivel!' Der Ballon stürzt mit rasender Gewalt auf die Erde, der Wind erfaßt ihn und schleift ihn über die Felder. Die Leichen meiner unglücklichen Freunde werden im Korbe hin und her geworfen. Endlich um 4 Uhr gelingt es mir, den Ballon zum Halten zu bringen. Indem ich aus dem Korbe steige, verliere ich abermals die Besinnung."

Nach den Angaben der registrierenden Barometer ist der Ballon auf eine rohe Seehöhe von 8600 Meter gestiegen, richtig reduziert mit Berücksichtigung der Temperatur ergibt sich eine Höhe von nicht ganz 7900 Meter. Man kann den unglücklichen Forschern den Vorwurf nicht ersparen, daß sie zu wenig auf einander geachtet haben, und daß sie im Gebrauch des Sauerstoffes unverantwortlich leichtsinnig gewesen sind; denn sie mußten wissen, daß von 7000 Meter Höhe ab dauernd Sauerstoff geatmet werden mußte, um einen so plötzlichen Schwächezustand zu vermeiden. Doch Friede ihrer Asche und Ehre ihrem Andenken, sie sind im Dienste der Wissenschaft wie der Soldat auf dem Schlachtfelde gestorben!

Seit dieser unglücklichen Fahrt im Jahre 1875 ist lange Zeit nichts Bemerkenswertes auf dem Gebiete der Erforschung der höheren Atmosphäre geschehen. Es scheint, als wenn der Tod jener beiden kühnen Forscher abschreckend gewirkt hätte. Erst als im Jahre 1893/94 von seiten des Deutschen Vereins zur Förderung der Luftschiffahrt in Verbindung mit dem königlichen meteorologischen Institut und der Militär-Luftschifferabteilung eine Reihe von Ballonfahrten nach einem genauen Arbeitsplane zur Erforschung der meteorologischen Verhältnisse der Atmosphäre unternommen wurden, nahmen zwei Männer, Herr Berson und der Schreiber dieses, auch den Plan mit in das Programm auf, bis in die höchsten Regionen vorzudringen, um die Messungen Glaishers und Tissandiers sowie ihrer Vorläufer einer Kontrolle zu unterziehen. Es hatte sich nämlich schon bei unsern ersten Fahrten gezeigt, daß die Temperaturmessungen der früheren Luftschiffer viel zu hohe Werte ergeben hatten, da sie mit Instrumenten gemessen waren, welche von der Sonnenbestrahlung sehr stark beeinflußt waren. Wenn zum Beispiel Glaisher in 8883 Meter nur —20 Grad und Tissandier in 7500 Meter Höhe gar nur —11 Grad als Lufttemperatur angegeben hatten, so konnte dieses nach den bisher geltenden Gesetzen der Temperaturabnahme mit zunehmender Höhe unmöglich richtig sein. Die Richtigkeit dieser Gesetze, welche durch die Messungen der meteorologischen Höhestationen bestimmt sind, hatte sich aber durch unsre Messungen mit vollkommenen Instrumenten, welche dem störenden Einfluß der Sonnenbestrahlung nicht unter-

worfen sind, durchaus als richtig bestätigt. Es wurde daher erforderlich, daß
wir den Versuch wagten, die bisher erreichten Höhen ebenfalls zu ersteigen, um
auch hier die richtigen Werte zu finden. Daß hierbei auch ein wenig Ehrgeiz
mit im Spiele war, unsre Vorgänger an Höhe womöglich zu schlagen, will ich
gern zugeben. Die angegebenen Maximalhöhen unsrer Vorgänger sind sogenannte rohe Seehöhen. Dieselben müssen reduziert werden durch die Einführung eines Temperaturfaktors, um die wahre absolute Höhe zu bestimmen.
Wenn wir dieses unter Annahme der von uns in jenen Höhen gemessenen
Temperatur (bei 8000 Meter beträgt die Durchschnittstemperatur ca. — 40 Grad
Celsius und nicht, wie Glaisher angiebt, kaum —20 Grad), so büßen jene
Fahrten wesentlich an Höhe ein. Glaishers letzte Messung liegt hiernach nicht
in 8838 Meter, sondern knapp auf 8000 und Tissandiers Messung nicht in
7500 Meter, sondern auf ca. 7000 Meter. Uns gelang es am 11. Mai 1894,
die Höhe der Glaisherschen letzten Messung um wenige Meter zu überbieten,
Herrn Berson allein aber am 4. Dezember 1894 die Höhe von 9100 Meter
zu erreichen und hier noch sichere Messungen anzustellen. Ohne diese erwähnte
Temperaturreduktion beläuft sich die Höhe der Bersonschen Fahrt auf über
10000 Meter.

Uns Deutschen gebührt also unstreitig wie bei der Bergbesteigung so auch
im Luftballon der Ruhm, die „hochfahrendsten" Männer bisher zu sein.

Was die körperlichen Beschwerden bei unsern Hochfahrten betrifft, so sind
sie namentlich bei der Fahrt am 11. Mai ähnliche, wie die von Glaisher und
Tissandier geschilderten, indessen waren wir durch unsre viel vollkommeneren
Apparate für die Sauerstoffzuführung in der Lage, uns frischer zu erhalten.
Charakteristisch hierfür ist zum Beispiel eine Notiz in meinem Fahrtenbuch, in
8000 Meter Höhe noch leserlich geschrieben: „Wir sind sehr schwach" und eine
Notiz Bersons in 9150 Meter: „Ich befinde mich lächerlich wohl." Wir hatten
uns die Erfahrungen Paul Berts wohl gemerkt, daß die Sauerstoffzuführung
in jenen größten Höhen eine andauernde und nicht unterbrochene sein darf.
Wir ließen von 7000 Meter Höhe an daher den Atmungsschlauch nicht mehr
aus dem Munde. Eine ganz wesentliche Verbesserung unsrer Apparate aber
bestand darin, daß wir den Sauerstoff nicht wie unsre Vorgänger aus einem
Reservoir zu saugen brauchten, eine Arbeit, die unter Umständen die Lunge nicht
mehr leisten kann, sondern daß wir den Sauerstoff in komprimiertem Zustande
in Stahlbehältern mitführten, so daß derselbe unter Druck von selbst in unsre
Atmungsorgane einströmen mußte.

Die psychologisch interessanteste Beobachtung, die wir ähnlich wie Glaisher
und Tissandier machten, scheint mir die Thatsache zu sein, daß in jenen großen
Höhen der Körper nicht mehr dem Willen gehorcht. Der Geist ist noch frisch
und klar, man weiß genau, was man thun müßte, aber — man thut es nicht.
Es ist, als wenn der Zusammenhang des Willens mit den Organen, welche
sonst instinktiv diesen Willen zur That machen, aufgehoben wäre. Als Beispiel
hierfür will ich anführen, daß wir in ca. 8000 Meter Höhe entsetzlich froren —

es waren —37 Grad Celsius — ich fühlte, daß mir die Finger und Oberschenkel zu erfrieren begannen, vor uns lagen die schweren Pelze am Boden des
Korbes, wir wollten sie anziehen, aber wir thaten es nicht. Interessant ist ferner
die Schwäche der Muskeln. Aehnlich wie Coxwell und Glaisher ihre Arme
nicht mehr heben konnten, so vermochte ich mich zeitweise nicht aufzurichten,
nachdem ich einmal zusammengebrochen war. Herr Berson saß auf seinem Sitz-
gurt, sein Kopf war für einen Augenblick auf die Brust gesunken, seine Lippen waren
hellblau, seine Augen geschlossen, als ich ihn durch Schütteln in 8000 Meter
Höhe aufweckte. Auch bei seiner Fahrt allein giebt er an, daß er dauernd gegen
den Schlaf ankämpfen mußte und sich durch lautes Sprechen mit sich selbst wach
erhielt.

Interessant ist ferner der Einfluß der geringsten Anstrengung auf das Wohlbefinden. Schon ein Bücken, das Heben einer ganz geringen Last, ja überhaupt
jede Bewegung und Arbeit erzeugt sofort eine rapide Zunahme der Herzthätigkeit
und Atemnot. So war ich zum Beispiel bei weitem schwächer als Herr Berson,
da ich bei der Führung des Ballons körperlich arbeiten mußte, während letzterer
meist sitzend nur die Instrumente ablas.

Auch der Magen leidet in jenen Höhen. Wir konnten nicht einmal etwas
heißen Thee, den wir gegen die Kälte zu uns nahmen, bei uns behalten; jedes
Essen erzeugte sofort Uebelkeit und Erbrechen.

Inzwischen sind auch die von uns erreichten Höhen um mehr als das
Doppelte überboten worden, allerdings durch unbemannte Ballons, die nur
registrierende Instrumente bis über 20 000 Meter Höhe getragen und hier eine
Temperatur von —80 Grad konstatiert haben. Doch jene toten Instrumente
können nicht das leisten, was der Mensch dort oben beobachtet, deshalb dürfen
wir uns nicht begnügen mit dem, was bisher erreicht worden ist, wir müssen
versuchen, uns selbst noch höher hinauf zu heben.

Diese Frage ist gar nicht so schwer zu lösen, sie ist technisch zweifellos ausführbar, nur die Kosten eines solchen Unternehmens sind so enorme, daß sie für
diesen nur ideellen Zweck schwerlich aufzubringen sein möchten. Wie der Taucher
in der Taucherglocke tief unter der Meeresoberfläche zu arbeiten vermag, so kann
auch der Luftschiffer ganz ähnlich in einem abgeschlossenen Raum in Höhen eindringen, deren Luft ihm sonst das Leben nicht mehr gestatten würde. Es hat
gar keine technischen Schwierigkeiten ein absolut luftdichtes Kabinett aus dünnen
Metallblechen herzustellen, dessen Wände einen Ueberdruck von ca. 1 Atmosphäre
ertragen können. Ein solches Kabinet als Aufenthalt der Luftschiffer gedacht,
kann mit Hilfe des Aluminiums verhältnismäßig leicht konstruiert sein, so daß
der Ballon nicht zu stark hierdurch belastet wird. Das Instrumentarium kann außerhalb angebracht und durch ein Fenster abgelesen werden. Auch die Bedienung
des Ballons läßt sich vom Kabinett aus bewirken, ohne daß hierbei ein Luft-
austausch einzutreten braucht. Die Mitnahme von Luft und Sauerstoff in komprimiertem Zustande bietet keine Schwierigkeiten. Um ein solches Kabinett von
2 bis 3 Menschen auf ca. 20 000 Meter Höhe zu heben, würde freilich ein

Riesenballon von ca. 20000 Kubikmeter Inhalt erforderlich sein — der Ballon Phönix, der uns auf 8000 Meter hob, besaß einen Inhalt von 2600 Kubikmeter — indessen bietet der Bau eines solchen Ballons heutzutage keine wesentlichen Schwierigkeiten mehr.

So hat der Luftballon als einzigstes Expeditionsmittel in vertikaler Richtung in seiner gegenwärtigen Unvollkommenheit immerhin dem Forschungsdrange des Menschen schon wesentliche Dienste geleistet und wird, weiter vervollkommnet, unsre Kenntnis der höheren Luftschichten mehr und mehr noch bereichern und erweitern. Als verfrüht aber muß man es bezeichnen, mit diesem Spielball der Luftströmungen Expeditionsreisen zu unternehmen, die nach einem bestimmten Punkte der Erde, wie zum Beispiel nach dem Nordpol, sich richten sollen. Die tollkühne Fahrt Andrées und seiner Begleiter mit einem Ballon, der nicht einmal als technisch vollkommen bezeichnet werden kann, hängt nur vom Zufall ab. Man kann sie also eigentlich gar nicht eine Expedition nennen, denn dieser Name bedingt die Innehaltung eines bestimmten und gewollten Kurses. Nansen ließ zwar auch sein Schiff „Fram" mit dem Eise treiben, hatte also ebenfalls keinen Einfluß auf seinen Kurs, aber er wußte, daß dieses Eis eine bestimmte Bewegung besitzen mußte, und richtete hiernach seinen Ausgangspunkt ein. Andrée aber hat, ebensowenig wie die berühmtesten Meteorologen, keine Ahnung von den Windströmungen der Polarregion, deren Spielball er ist.

Doch die Fahrt ist angetreten, sie interessiert daher mit Recht, wie jedes kühne Unternehmen, die Menschheit. Es dürfte daher hier am Platze sein, in Kürze die Frage zu beleuchten, inwieweit sich der Luftballon in seiner gegenwärtigen Vollkommenheit oder, besser gesagt, Unvollkommenheit zu Reisen von längerer Dauer eignet, wobei es ganz gleichgültig ist, wohin diese Reisen sich richten sollen, da dieser Punkt nicht von dem Willen des Menschen abhängt. Es ist klar, daß, wenn sich ein Luftballon bauen ließe, welcher sich mehrere Monate lang sicher in der Luft schwebend erhalten könnte, Aussicht vorhanden wäre, irgendwo auf der Erde wieder zu landen, von wo aus mit andern Transportmitteln der Ausgangspunkt einer solchen Irrfahrt wieder erreicht werden könnte. Eine solche Fahrt hätte natürlich überhaupt nur Sinn über Gegenden unsrer Erde, die sonst nicht zugänglich sind, also zum Beispiel über den beiden Polarmeeren, wobei das südliche infolge seiner riesenhaften Ausdehnung kaum in Betracht kommen könnte. Ein solcher Luftballon ist aber technisch nicht ausführbar, nicht nur weil Stoffe, welche wegen ihrer Leichtigkeit hier nur verwendbar sind, nicht absolut gasdicht herzustellen sind, sondern namentlich auch, weil ein Ballon infolge wechselnder Temperatur des Gases und des Luftdruckes nicht horizontal längere Zeit in der Luft schwebend zu halten ist und hierdurch stets Gas verlieren muß.

Die Idee Andrées, welcher diese Gesetze und Eigenschaften sehr wohl kennt, diesen Uebelstand dadurch zu vermeiden, daß er den Ballon dauernd an Schleppseilen über die Erde gleiten lassen will, ist nur auf kürzern Strecken ausführbar, die hier gar nicht in Betracht kommen. Leider hat Andrée schon gleich bei seiner

Abfahrt die Wahrheit dieses Ausspruchs kennen lernen müssen; denn er ist ohne Schleppseil abgefahren und auf ca. 800 Meter Höhe gestiegen. Wenn es ihm auch gelingen kann, seine Reserveschleppseile in Funktion zu bringen und allmählich auf diesen zur Erde hinabzugehen, so muß sich dieses Spiel dauernd wiederholen und diese Einrichtung, auf welche eigentlich sein Unternehmen basiert ist, wird ihm schließlich nur ein willkommener Ballast sein, den er abwerfen wird, sobald die Tragkraft seines Ballons erschöpft ist.

Bisher sind Ballonfahrten von zwei Tagen Dauer ausgeführt worden, bei denen auch ein großer Teil am Schleppseil zurückgelegt wurde. Ich will nicht leugnen, daß sich Ballons, welche eigens für diesen Zweck konstruiert werden, länger noch in der Luft schwebend erhalten lassen werden. Wenn aber Andrée aus dem Umstand, daß sein Ballon nur ca. 50 Kubikmeter Gas durchschnittlich pro Tag verlor, als er gefüllt in der Ballonhalle stand, schließt, denselben so viel Tage in der Luft erhalten zu können, als sein Ballast ein Vielfaches von 50 . 1,1 [1]) = 55 Kilogramm ist, so begeht er hierbei den großen Rechenfehler, daß er die sehr bedeutenden Verluste an Gas, die er durch Erwärmung und Höhersteigen unfehlbar hat, nicht rechnet, und auch nicht bedenkt, daß das im Ballon verbleibende Gas dauernd durch Mischung mit Luft, welche durch die Poren seines Ballons in diesen eindringt, erheblich an Tragkraft einbüßt.

Hoffen wir, daß ein Sturmwind den Ballon erfasse, um ihn möglichst schnell über jene ungangbaren Regionen hinwegzuführen, ehe seine Kraft erschöpft ist; denn nur so kann es jenen tollkühnen Männern gelingen, ihr Leben zu bewahren und uns Kunde von den bisher auch von Nansen nicht erreichten Breiten zu bringen.

Den Luftballon als Expeditionsmittel zu verwenden, ist kommenden Geschlechtern noch vorbehalten. Hierzu muß er erst lenkbar gemacht werden und eine Fahrgeschwindigkeit erhalten, die ihm trotz widriger Winde in wenigen Tagen solche Strecken zurückzulegen gestattet, wie zum Beispiel die des nördlichen Polarmeeres repräsentiert.

---

[1]) 1,1 Kilogramm ist die Tragkraft eines Kubikmeters Wasserstoffgas.

Die heutigen Konservativen in England und Deutschland.

Von

v. Helldorf-Bedra.

(Schluß.)

II.

Ob der Umschwung zu einer konservativen Auffassung in der Mehrheit der englischen Bevölkerung ein dauernder sein wird, kann erst die fernere Zukunft lehren. Daß er gegenwärtig eingetreten ist, haben die letzten Wahlen dargethan. Jedenfalls war die Erörterung der Entwicklung, die dahin geführt hat, und der Mittel, diesen Zustand zu fördern und zu erhalten, nicht nur für die Kenntnis englischer Zustände, sondern auch für richtige Beurteilung der politischen Parteiverhältnisse in Deutschland von hohem Interesse. Der Verfasser erörtert nicht das Programm einer Partei, wie das meist in Deutschland geschieht, wo gewissermaßen ein Glaubensbekenntnis aufgestellt und seine Vorzüge vor allen andern ins Licht gerückt werden, sondern er legt in klarer historischer Objektivität die Elemente und Kräfte dar, auf welche die thatsächlich vorhandene Partei sich stützte, ihre Entwicklung und die thatsächlich eingetretenen Veränderungen in längeren Zeiträumen, und er zieht daraus die notwendigen Folgerungen für die zukünftig zu empfehlende Haltung. Versuchen wir in ähnlicher Weise und mit Hinblick auf die sich vielfach bietenden Analogien die deutschen Verhältnisse zu betrachten.

Die Geschichte des englischen Parlamentarismus ist mehr als zwei Jahrhunderte älter als die unsere. Die parlamentarischen Kämpfe, die Parteien haben infolge der eigentümlichen Entwicklung der englischen Verfassung in dieser langen Zeit, während auf dem Kontinent fast ausnahmslos die kaum beschränkte Monarchie herrschte, die maßgebende Bedeutung für das ganze Staatsleben gehabt. Es ist daher erklärlich, daß die Beschäftigung mit der Politik in diesem Sinne dort schon lange eine Aufgabe war, der die hervorragendsten Geister sich zuwandten, daß sie einen Einfluß auf die Erziehung, auf den Bildungsgang übte. Unser politisches Leben ist noch jung, und die Beschäftigung mit dieser Kunst wird vielfach recht dilettantenhaft betrieben. Wer wenig mehr als die sehr mäßige Gabe besitzt, vor einer mehr oder weniger urteilslosen Masse zu reden, ist geneigt, sich für einen gewiegten Politiker zu halten, mögen seine sonstigen Kenntnisse des Staatslebens, der Gesetzgebung, der Verhältnisse und geschichtlichen Entwicklung auch kaum notdürftigsten Anforderungen genügen. Wir haben daher alle Ursache, auf Urteile englischer Politiker über Parteiverhältnisse und Parteitaktik ein hohes Gewicht zu legen.

Es wird kaum angehen, die beiden großen englischen Parteien der Tories und Whigs, deren gegenseitige Verhältnisse durch zwei Jahrhunderte die englische

Politik beſtimmt haben, ohne weiteres mit konſervativ und liberal in deutſchem
Sinne zu identifizieren. Immerhin finden ſich viele gemeinſame Geſichtspunkte.
Macaulay ſagt bei Beſprechung der Entſtehung der engliſchen Parteien, daß der
Unterſchied zwiſchen denjenigen, die damals im langen Parlament in dieſe zwei
Parteien ſich ſchieden, in einem gewiſſen Sinne immer beſtanden habe, weil er
ſeinen Urſprung in Verſchiedenheiten des Temperamentes, des Geiſtes und der
Intereſſen habe, welche ſich in allen Geſellſchaften finden und nicht nur in der
Politik, auch in der Kunſt, in der Wiſſenſchaft, in praktiſchen Beſchäftigungen
ſich geltend machen. Hierin liegt die Erklärung für die Thatſache, daß in allen
Staaten, wo ein öffentliches Leben beſtand, und zu allen Zeiten Parteien beſtanden haben, die man als konſervative bezeichnen kann, mit gewiſſen gemeinſamen Eigenſchaften, und ebenſo ihnen entgegengeſetzte. Aus dem Ringen zwiſchen
den beiden Kräften ergiebt ſich die Entwicklung des Staatslebens, aus ihrem
richtigen Zuſammenwirken auf der mittleren Linie jeder wirkliche Fortſchritt.

Es iſt wohl richtig, daß die engliſchen Whigs überwiegend die Vertreter
liberaler oder demokratiſcher Forderungen waren, aber liberal oder demokratiſch
in kontinentalem Sinne waren ſie ehedem wohl ebenſowenig, wie man von den
Tories ſagen kann, daß ſie in dieſem Sinne konſervativ waren. Das erklärt ſich
aus der geſchichtlichen Entwicklung Englands, wo der Kampf zwiſchen der
Monarchie und der Volksvertretung ſchon vor Jahrhunderten zu Gunſten des
parlamentariſchen Regiments entſchieden wurde.

In dem Aufſatz, der uns beſchäftigt, wird nicht ein einzigesmal der königlichen Gewalt gedacht oder von Beziehungen der Parteien zur Monarchie geſprochen.

Der Verfaſſer ſpricht von den „demokratiſchen Inſtitutionen“. Die moderne
Entwicklung aber hat die Verhältniſſe der engliſchen Parteien weſentlich um-
geſtaltet, ſie hat ſie in weit höherem Maße als früher dem genähert, was auch
wir in unſern Parteiverhältniſſen als konſervativ und dem entgegengeſetzt anſehen. Das iſt eine Wirkung der prinzipiellen Ideen über Staat und Geſellſchaft,
die zum erſten Male in der franzöſiſchen Revolution zur praktiſchen Ausgeſtaltung
kamen und ihrer konſequenten Fortentwicklung zur ſozialen Demokratie, die in
England erſt viel ſpäter und allmählich ſich geltend machten. Dort war der
Kampf gegen den Mißbrauch der königlichen Gewalt längſt entſchieden, die
nötigen Garantien für bürgerliche Freiheit längſt geſchaffen, die durch viele
Menſchenalter geübte Beteiligung am öffentlichen Leben, das ruhigere Temperament der engliſchen Raſſe, hatten in politiſchen Kreiſen in weit höherem Maße
als anderswo ein Verſtändnis für die geſchichtliche Entwicklung, für die Staats-
notwendigkeit gezeitigt. Daraus erklärt ſich, daß engliſche Politiker und Hiſtoriker
nicht ohne Ueberhebung auf die politiſchen Kämpfe herabblicken, die infolge der
großen franzöſiſchen Staatsumwälzung alle kontinentalen Staaten erſchütterten,
daß ſie England für dagegen geſichert wähnten, daß die engliſche Politik alle
nicht bloß liberale, ſondern direkt revolutionäre Beſtrebungen in andern Ländern
direkt oder indirekt begünſtigen zu dürfen glaubte, ohne eine Rückwirkung auf die

eignen Verhältnisse befürchten zu müssen. Das hat sich als ein Irrtum ergeben. Die universelle Bedeutung der großen Bewegung, die Ende des vorigen Jahr- hunderts mit der französischen Revolution den ersten großen äußeren Erfolg erzielte, der noch immer die ganze zivilisierte Welt durchzittert, liegt darin, daß in ihr die größten Fragen der Staats- und Gesellschaftsordnung auf die Tages- ordnung gesetzt wurden, Fragen, die embryonisch schon überall und zu allen Zeiten hie und da gestellt, die aber in ihrer prinzipiellen Bedeutung erst damals formuliert wurden, erst formuliert werden konnten, weil das eine gewisse Höhe des Kulturzustandes, des allgemeinen Bildungsniveaus voraussetzte; Fragen, bei deren Behandlung und Lösung tiefe Gegensätze der menschlichen Natur mit- wirkten. Es handelt sich nicht nur um die Fragen der Form des staatlichen Regiments, der Staatsordnung, sondern um die Grenzen der Gewalt staatlicher wie kirchlicher Organisation, um das Recht des einzelnen gegenüber der Ge- samtheit, um den Bestand oder die Reform jener Einrichtungen und Rechtssätze, die bisher als grundlegend für den Bestand der Gesellschaft überhaupt betrachtet wurden.

Es war ein Irrtum, zu glauben, daß das gefestigte Staatswesen Englands von dieser Bewegung unberührt bleiben könne, und wenn sie verspätet dort ihre Wellen schlägt, rächen sich vielleicht Versäumnisse und Fehler früherer Zeit: die rücksichtslose Ausbeutung der Gunst der Lage für die Entwicklung von Industrie und Handel, die Versäumnis der Förderung der Volksbildung in den unteren Klassen, der Mangel einer wirklich leistungsfähigen Wehrverfassung und weiser Fürsorge für richtige Gestaltung der agrarischen Verhältnisse.

Die Darstellung der Verhältnisse in jenem Aufsatz ist ein Beleg für die Wirkung, welche das Eintreten dieser Bewegung in England übt, und das, was uns an ihm so lebhaft interessirt, sind die praktischen Konsequenzen für die Parteihaltung, die daraus gezogen werden. Die prinzipiellen Gegensätze werden, ganz anders wie es bei Erörterung solcher Gegenstände in Deutschland üblich, nur streifend erwähnt, so, recht charakteristisch, bei der Darlegung der Einwirkung der Ereignisse von 1870 und 1871.

Der deutsch-französische Krieg, die furchtbaren Kämpfe, in denen die Fran- zosen unter den Augen der Belagerer in Paris sich zerfleischten, übten eine gewaltige Wirkung auf die Stimmung in England. Man begann zu begreifen, „daß Fortschritt der Wissenschaft und Bildung und Errungenschaften der Kultur die menschliche Natur gelassen hatten, wie sie immer gewesen war und immer sein mußte."

Es wird da hingewiesen auf den tiefsten und innersten Unterschied konser- vativer und liberaler Auffassung in allgemeinstem Sinne. Mehr auf der Ober- fläche liegt auf dieser Seite: der rücksichtslose Kampf für erstrebte Ideale, der leicht das Bestehende in seinem Wert unterschätzt — auf jener: das Eintreten für das geschichtlich Gewordene, seine auch wohl von Mitwirkung kurzsichtiger Interessen nicht freie Verteidigung. Der tiefste, innerste Unterschied liegt in der Auffassung der menschlichen Natur. Die konservative Denkweise fordert in richtiger Würdigung des Bestehenden als Produkt der geschichtlichen Entwicklung die richtige Auffassung des Menschen, wie er wirklich ist von Natur und als Produkt von Kultur und Erziehung, nicht als Idealwesen mit theoretisch gedachten gleichen Eigenschaften.

Hieraus in letzter Instanz ergeben sich die richtigen Gesichtspunkte in dem Kampf um die Stellung des einzelnen in Staat und Gesellschaft, der unsre Zeit bewegt.

Es bedurfte längerer Zeit, diese Grundgedanken der Parteiauffassung überhaupt zu entwickeln und weiteren Kreisen zum Bewußtsein zu bringen, und die Gründe sind angedeutet, aus denen in England dies verhältnismäßig später eintrat als auf dem Kontinent, als bei uns, obgleich unser öffentliches Leben erst um Jahrhunderte später sich entwickelte.

Ueber die trostlose Verworrenheit deutscher Parteizustände — so schwer verständlich, verglichen mit den einfacheren Verhältnissen eines längst konsolidierten Staatswesens wie England — wird man billiger urteilen, wenn man sich der gewaltigen Wandlungen erinnert, die für Deutschland die letzten Menschenalter — noch kein volles Jahrhundert — gebracht haben, von der Auflösung des alten Reichs bis zum jetzigen Zustand. Es würde weit mehr als den zulässigen Raum fordern, hier auch nur skizzierend diese Entwicklung zu verfolgen, nur an einige, zum Verständnis der Parteiverhältnisse nötige wichtigere Momente mag erinnert werden. So an die eigentümliche Art, in der die umwälzenden Gedanken von 1789 nach Deutschland übermittelt wurden, zum Teil durch die französische Invasion, der jener erste große nationale Aufschwung der Freiheitskriege folgte, ein idealer Aufschwung zugleich, der, vielfach den leitenden Gedanken der französischen Revolution entgegengesetzt, mit echt christlichen und konservativen Auffassungen durchsetzt war. An jenen vormärzlichen Liberalismus, der zunächst in den konstitutionellen Kämpfen wesentlich der süddeutschen Staaten Parteigestaltung gewann, der viele echt konservative Elemente umschloß, die für die berechtigten an alte deutsche Staats- und Rechtsauffassung anknüpfenden konstitutionellen Forderungen und für die nationale Einheit eintraten, deren Träger wesentlich dieser Liberalismus war. Dann an die teilweise Scheidung der Geister, die mit der revolutionären Bewegung von 1848 eintrat, die zwar mit dem Sieg der monarchischen Elemente und der Erhaltung des morschen bundesstaatlichen Verhältnisses endete, aber überall die Einführung der modernen konstitutionellen Verfassung, der modernen Formen der Staatsverwaltung und Beseitigung der Reste mittelalterlicher Beschränkungen des Eigentums und des wirtschaftlichen Lebens zur Folge hatte. An den langen Verfassungskampf in Preußen, in dem die konservativen Elemente eigentlich zuerst zum Zusammenschluß und festerer Parteigestaltung gelangten, an den sich anknüpfenden Kampf um die Armeereorganisation, oder, richtiger ausgedrückt, um die wirkliche konsequente Durchführung des großen Scharnhorstschen Gedankens; ein Kampf, der von besonderer und typischer Bedeutung war, weil hier der demokratische Staatsgedanke mit einer Monarchie in den Kampf eingetreten war, die nicht wie in andern Staaten, wo er mühelose Siege erfocht, in kurzsichtiger und egoistischer Art gewirtschaftet und ihres hohen Berufes vergessen hatte, sondern mit einer Monarchie, die in einer langen Folge hervorragender Regenten dem wirklichen Staatsgedanken gedient, eine vortreffliche Verwaltung geschaffen und ein Volk zu gewissenhafter treuer Pflichterfüllung erzogen hatte. Wir müssen uns dann der Zeit erinnern, in der eine wunderbare Fügung, das Zusammentreffen hervorragendster Kräfte an leitender Stelle, eines Herrschers von Kaiser Wilhelms großem und reinem Charakter, eines Staatsmanns von Bismarcks weitem Blick und genialer Thatkraft, die Ausnützung der wohlgeschonten und geleiteten Volkskraft es ermöglichten, den jetzigen Bau des Reiches zusammenzuschmieden.

Bismarck, selbst aus den Kreisen jener konservativen Partei hervorgegangen, und nach einem harten Kampf, in dem die Armeereorganisation gegen den Widerstand des gesamten Liberalismus, allein unterstützt von der im Abgeordnetenhaus nur schwach vertretenen konservativen Partei, durchgeführt war, hat es damals mit genialem Blick für die Stimmung des Volksgeistes verstanden, die ganze politische Bewegung auf höhere Ziele zu richten, sie dadurch zu beherrschen und großen nationalen Interessen dienstbar zu machen. Er hat es damals in wunderbarer Weise verstanden, sein großes Werk durchzuführen, hauptsächlich gestützt auf die große Mehrzahl derer, die ihm bis dahin in erbittertem Konflikt als Gegner gegenüber standen. In dieser Zeit, die mit Recht für immer durch seinen Namen gekennzeichnet bleiben wird, sind mit der großen Weltstellung, die das neu erstandene Deutsche Reich errungen hatte, neue weite Gebiete und Aufgaben in den Gesichtskreis des politischen Lebens getreten: die notwendigen Folgen des großen geeinigten Staatswesens auf dem Wirtschafts- und Verkehrsgebiet, die Beziehungen zum großen Weltverkehr, die unmittelbaren Beziehungen zu allen den großen Fragen, welche jetzt die Weltgeschichte beschäftigen. Es ist erklärlich, wenn bei der Schnelligkeit dieser Entwicklung, der Größe und Schwierigkeit der sich drängenden Aufgaben unser Parteileben diesen noch vielfach unsicher und mit mangelhaftem Verständnis gegenübersteht. Es kann nicht ausbleiben, daß die Gewinnung des Verständnisses für feste, allgemeine Zielpunkte in weiteren Kreisen um so schwieriger wird, um so langsamer sich vollzieht, je mehr die gehobene Stimmung jener Zeit des großen nationalen Aufschwungs mit der Generation, die sie getragen, schwindet und mit ihr das Gedächtnis der traurigen Zustände, aus denen man sich emporgerungen, und je mehr andrerseits die den Moment beherrschenden Interessenkämpfe den Blick von größeren allgemeinen Gesichtspunkten ablenken.

Ob die Entwicklung der fürstlichen Stellung in Deutschland, aus einem Verhältnis des Dienstes für höhere Zwecke, darauf hingewirkt hat, der monarchischen Gewalt in deutschen Landen einen andern Charakter als in den meisten andern Ländern zu geben, mögen die Historiker erörtern. Thatsache ist es, daß in allen deutschen Ländern, nicht nur in Preußen, diese Stellung eine festere und volkstümlich begründetere war als anderswo, und daß das vor allem in

Preußen sich ausprägt. Der tiefste Unterschied gegenüber der politischen Entwicklung in England liegt darin, daß hier, daß in dem führenden preußischen Staat eine Monarchie bestand, in lebendiger Machtfülle, in der sich der Staatsgedanke in großartigster Auffassung verkörperte, und von ihr geschaffen und sorgfältig gepflegt, die Armee und Wehrverfassung, die dem König als Kriegsherrn, als Herzog des Volks in Waffen, eine Stellung sicherte, der nirgendwo Gleiches zur Seite gestellt werden konnte.

Während in den meisten andern Ländern die stehenden Heere nur als Stützen des absoluten Regiments, als Mittel zu Verfolgung dynastischer Zwecke gepflegt und von der andern Seite bekämpft werden, ersteht in Preußen in jener Notzeit der Napoleonischen Unterdrückung der großartige Gedanke, der in der Armee das Volk in Waffen zu organisieren versteht, der aus der Heereseinrichtung eines der wirksamsten Mittel der Bildung, der Erziehung, der Disciplinierung der Nation schafft. Die Bedeutung des Gedankens, zunächst nur von äußerlichster Seite, als Machtmittel betrachtet, hat nach der glänzenden Bewährung der preußischen Wehrkraft die Nachahmung fast in allen zivilisierten Ländern angeregt, und damit, vielleicht nicht überall beabsichtigt, aber faktisch, einen der wesentlichsten Fortschritte der Zivilisation. In ihrer idealen Bedeutung wird sie noch längst nicht überall in vollem Maße gewürdigt. In jenem englischen Aufsatz wird an einer Stelle sehr treffend bemerkt:

„Liebe zum Vaterland, wir sind glücklich, das behaupten zu können, ist das fast universelle Attribut jedes Engländers, um aber völlig die Ziele, Ueberlieferungen und Bestrebungen zu würdigen, welche das ausmachen, dazu gehört ein gewisses Maß von Intelligenz, wie auch Freisein von der Sorge ums tägliche Brot, welches der Regel nach nur in den gebildeten und wohlhabenden Klassen zu finden ist."

Man vergegenwärtige sich nun, wie in Preußen und in wachsendem Maße in ganz Deutschland, (denn keine Institution ist mit so propagandistischer Kraft ausgedehnt worden wie die der preußischen Heereseinrichtung) die Vaterlandsliebe, der nationale Gedanke gerade durch die Armee, durch die auch nach dem Ausscheiden aus derselben gepflegte Kameradschaft, gefördert, erhalten und den großen Massen, nicht nur der Minderzahl der Gebildeten und Wohlhabenden vermittelt wird. Jeder, der einigermaßen das Volksleben kennt, muß anerkennen, daß es sich hier um ein ideales Element von höchster Bedeutung handelt, nicht bloß momentaner kriegerischer Begeisterung dienend, sondern auch dem Verständnis der notwendigen Gliederung, Unterordnung, dem Verständnis für Dienst, Treue und rechten Sinn, eine Thatsache auch von hoher sozialer Bedeutung.

Man wird das verstehen, wenn ich an die Aeußerung eines hervorragenden französischen Generals erinnere, der als Hauptmomente der Stärke der deutschen Armee zwei Dinge bezeichnete: die Stellung des Kriegsherrn und die Disciplin der Nation, die auf der militärischen Vorerziehung, die darauf beruhe, daß der Soldat im Durchschnitt in der Armee als Vorgesetzte die wiederfindet, die ihm auch im bürgerlichen Leben als Autorität gegenüberstehen.

So kommt der Eigenart der Armee, den Beziehungen zu der Armee und

der Wehrverfassung in Preußen und Deutschland eine hervorragende politische
Bedeutung zu, und der beste Beweis für diese Bedeutung ist der stets gleiche
Eifer, mit dem alle bewußt demokratischen Elemente jede sich bietende Gelegenheit
benützen, das feste Gefüge derselben und den ihr eigenen und notwendigen Geist
in der Armee zu untergraben oder zu lockern.

Es war kein geringes Verdienst, welches sich die konservative Partei um
des Reiches Gründung dadurch erworben hat, daß sie vor den Kämpfen von
1866 und 1870 fest zur Krone und für die Armeereorganisation eingetreten war,
und man wird eine Verstimmung begreiflich finden, die nach jenen Ereignissen
eintrat, als die Regierung sich vielfach auf die liberalen Elemente stützte, die
man mit voller Berechtigung vorher so heftig bekämpft hatte.

Ehe wir auf die teilweise zersetzende Wirkung, die jene Aera auf die Parteien
übte, weiter eingehen, gilt es einen Blick auf den Zustand der konservativen
Partei zu werfen, wie sie aus den Kämpfen seit dem Jahre 1848 sich entwickelt
hatte. Sie wurde vielfach als Regierungspartei bezeichnet und bekämpft, und
das lag in der Natur der Sache, denn sie trat mit der Regierung in den Kampf
gegen die Neuerungen ein, welche liberale Doktrin und Demokratie forderten.
Es war natürlich, daß sich ihr zunächst alle diejenigen Klassen und Schichten
der Gesellschaft anschlossen, die in naher Beziehung zu dem bestehenden Regiment
standen. Vor allem der Großgrundbesitz in seiner großen Mehrheit, mit seinen
seit langen Zeiten bestandenen nächsten Beziehungen zur Armee und zu der gesamten Verwaltung, die große Masse der Beamten, namentlich der Verwaltungs-
beamten, die in Preußen eine ganz andere, bedeutendere und vielfach selbständigere
Stellung einnehmen als in England, der größere Teil der Geistlichkeit und in
vielen Gegenden ein erheblicher Teil des ländlichen Kleinbesitzes. Wir betonen
ausdrücklich „nur ein Teil" der ländlichen Bevölkerung, denn der Liberalismus
hatte es außerordentlich gut verstanden, die naturgemäß unvermeidlichen Reibungen
zwischen den ehemals bevorrechteten Gütern und der bäuerlichen Bevölkerung
infolge der Landeskulturgesetzgebung und ihrer Durchführung für sich auszu-
nützen.

Die Befreiung des Grundbesitzes von vielfachen Beschränkungen und Lasten,
die aus der Verfassung früherer Jahrhunderte stammten, war in ihren Grundgedanken nicht ein Werk des Liberalismus, sondern der Staatsweisheit der
Regierung, aber sie war durch die Gesetzgebung nach den Ereignissen von 1848
beschleunigt worden. Wer sich jener Zeiten noch erinnert, weiß, welche große
politische Wirkung damals die Aufhebung des Jagdrechts, der gutsherrlichen
Polizei hatte. In den konservativen Kreisen fehlte es nicht an solchen, die
überhaupt der konstitutionellen Staatsform feindlich waren, sich nach der guten
Zeit des wohlwollenden Absolutismus zurücksehnten und auf die vielfachen
Schwächen und Uebelstände hinwiesen, die bei Durchführung so vieler Neuerungen
nicht ausbleiben konnten. Aber es wäre falsch, die ganze Partei, wie sie in
jener Zeit sich bildete, lediglich als Feinde jeder Neuerung, Verfechter ererbter
Vorrechte oder willenlose Werkzeuge der Regierung anzusehen.

Die grundlegenden Gedanken konservativer Staatsauffassung sind damals mit Geist verfochten, begründet und theoretisch gestaltet worden, naturgemäß unter dem Einfluß der Zeit und der herrschenden Zustände. Der noch später in anderm Zusammenhang zu erörternde Umstand, daß mit der politischen Bewegung in Deutschland auch eine kirchlich liberale Bewegung Hand in Hand ging, die kirchlichen Auffassungen, die König Friedrich Wilhelm IV. und seine Umgebung charakterisierten, die geistvollen Theorien eines bedeutenden Rechtslehrers, Stahl, und seiner Freunde, blieben nicht ohne Einfluß auf die Partei und wirkten vielfach trennend von solchen Elementen der Bevölkerung, die sonst ihrer ganzen Stellung und politischen Auffassung nach zur konservativen Partei neigten.

„Gouvernemental" ist und war nach der herrschenden liberalen Auffassung das verächtliche Gegenteil von Selbständigkeit und Manneswürde — ein äußerst wirksames Schlagwort! — Gouvernemental in diesem übeln Sinne ist die konservative Partei auch damals nicht gewesen, aber das ist richtig, daß sie ihre Wahlerfolge weit weniger der eignen Thätigkeit als der Hilfe der Regierung verdankte, und daß die große Masse derer, die damals mit der Partei gingen, das weit weniger thaten, weil sie von der Richtigkeit konservativer Staatsauffassung durchdrungen waren, als weil sie Zutrauen zu einer Regierung hatten, die dieses Vertrauen durch viele Generationen so wohl verdient hatte.

Wer schon vor vierzig Jahren Wahlen mitgemacht hat, wird sich des Zustandes politischer Unschuld erinnern, welche damals in konservativen Kreisen herrschte, während man auf liberaler Seite schon längst in der Kunst, die öffentliche Meinung und Wahlstimmung zu lenken, die nötige Fertigkeit erworben hatte. Man darf nicht vergessen, daß damals der Einfluß der Presse, die Lektüre der Presse namentlich in ländlichen Kreisen noch äußerst gering war.

Die Wahl nach den präsumtiven Wünschen der Regierung, des Königs war keine Bethätigung einer tadelnswerten Gesinnung oder Unselbständigkeit, sondern ein natürliches Resultat eines wohlberechtigten und achtbaren Autoritätsgefühls, denn selbst der erbittertste Gegner muß zugestehen, daß das Regiment der Hohenzollern mit dem der Bourbonen oder Stuarts vor der Revolutionsära jener Länder niemals auch nur die entfernteste Aehnlichkeit gehabt hat.

Aus dem, was über den Zustand der konservativen Partei und über den Einfluß der Armee auf die politische Stimmung gesagt wurde, wird sich unschwer die Erklärung finden, sowohl für den starken Rückgang der konservativen Stimmen während der kurzen liberalen Aera unter der Regentschaft, wie für das auffallende Resultat der Wahlen am Tage von Königgrätz.

Wir wollen in keine Untersuchung darüber eintreten, ob bei der Errichtung und dem ersten Ausbau des neuen Reiches ein größeres Verdienst der konservativen Partei zukam, oder dem großen Teil der liberalen Partei, der sich damals rückhaltlos auf nationalen Boden stellte. Sie haben beide dazu beigetragen, und fast alle wesentlichen Grundlagen sind unter dem Zusammenwirken beider geschaffen worden. Sie waren eben nur Mitwirkende, denn das steht fest, daß weder die eine noch die andre dieser Parteigruppen, noch ihr Zusammenwirken diese gewaltigen Resultate wirklich verursacht hat. Dieses Verdienst steht andern zu, und vor allem Bismarck, der die disparaten Kräfte zu dem großen Ziel zu lenken und mit fester Hand zu führen verstand.

In dem englischen Aufsatz wird die Hochflut des Liberalismus geschildert, welche den ersten Teil der „Viktorianischen Aera" kennzeichnete. Wenn wir einen Zeitpunkt für die analoge Erscheinung in Deutschland angeben wollen, werden wir kaum irre gehen, denselben in den ersten Zeiten des neuen Deutschen Reiches zu finden — in dem ersten Teil der Aera, die mit größerem Recht durch den Namen einer die Zeit beherrschenden Persönlichkeit bezeichnet werden kann. Als sich Bismarck damals wesentlich auf die liberalen Elemente stützte, die in der nationalliberalen Partei des Reichstags eine mehrere Jahre lang ausschlaggebende Stellung einnahmen — geschah es nicht ohne Verstimmung und Widerspruch auf konservativer Seite. Nach dem entscheidenden Sieg im öster= reichischen Feldzug erwarteten und forderten alte Parteifreunde von ihm eine Regierung in konservativem Sinne, und der Hinweis auf die konservativen Erfolge der letzten Wahl zum preußischen Abgeordnetenhaus, schon vor dem Sieg, auf die gewaltigen Erfolge trotz der schärfsten Bekämpfung der Regierungs= politik von seiten des Liberalismus motivierte das hinlänglich. Er mochte recht haben, daß er die Unterlage der konservativen Partei allein für nicht ausreichend tragkräftig hielt. Jedenfalls wandte sich damals, um die Worte des englischen Autors zu brauchen, die intellektuelle Bewegung fast ausschließlich dem Libe= ralismus zu — und hat einer Reihe der wichtigsten und grundlegenden Gesetze jener Zeit ihren Stempel aufgedrückt. Und doch ist das Gesamtresultat der Bismarckschen Aera in der Hauptsache die Zersetzung des Liberalismus — einer der sich langsam vollziehenden Vorgänge, die erst spät in ihrem Zusammen= hang erkannt und aus denen erst noch später die notwendigen Folgerungen gezogen zu werden pflegen.

Unter den Thatsachen, die seit jener Zeit einen hervorragenden Einfluß auf die Parteiverhältnisse übten, ist zunächst der Einführung des allgemeinen und direkten Wahlrechts für den Reichstag zu gedenken, weil es auf die ganze weitere Entwicklung und die Verhältnisse aller Parteien einwirkte. Die ersten Wahlen waren selbst der konservativen Partei nicht ungünstig — der Umschlag der Stimmung nach den großartigen Erfolgen wirkte mit, und vor allem waren die alten Autoritätsverhältnisse zwischen Arbeitgeber und Arbeiter damals noch nicht erschüttert. Das Wahlsystem des preußischen Abgeordnetenhauses hat mit seiner Abgrenzung von Wählerklassen nach den Summen der Steuerleistung oft den Spott herausgefordert, und es ist hierin ein Denkmal der eigentümlichen Geschmacksrichtung der Zeit, die sich willig dem geistlosen Formalismus einer Zahlenabgrenzung unterwirft, aber sich dagegen sträubt, die reellen Verhältnisse des wirklichen Lebens anzuerkennen. Es gab indessen doch den wohlhabenderen und bis zu einem gewissen Grade den intelligenteren Klassen einen verstärkten Einfluß — aber diese gerade standen damals in ihrer Hauptmasse unter der

Herrſchaft der liberalen Strömung. Einer Partei kam das allgemeine Wahlrecht
ſofort zu gute, nämlich der katholiſchen Partei, die ſich als Zentrum organiſierte.
Das war eine Wirkung, die von denjenigen Liberalen, die vor allem ein Wahlrecht
auf breiteſter Grundlage befürwortet hatten, ſchwerlich gehörig vorausgeſehen
wurde. Gleichzeitig wurde der Liberalismus direkt dadurch geſchädigt, daß der
nicht unerhebliche Teil der liberalen Katholiken, die namentlich in den Rheinlanden
reichlich vertreten waren, zum Zentrum überging. Erſt ſpäter hat die Sozialdemokratie dieſes Wahlrecht in ausgedehnteſtem Maße für ſich ausgenutzt. Hätte
man dieſe Wirkungen des allgemeinen Wahlrechts genügend vorausgeſehen, ſo
wäre vielleicht dieſer Schritt unterblieben, der nicht abſolut geboten war. Es
iſt kaum zu bezweifeln, daß Bismarck ſelbſt, wenigſtens zeitweiſe, davon überzeugt
geweſen iſt, daß er damit einen verhängnisvollen Fehler begangen hat; — den
die zufällige Lage der damaligen Verhältniſſe, die Vorgänge der früheren
Verhandlungen über die Reform des Bundestages mehr erklären als entſchuldigen.
Wir halten den direkten Einfluß, den dieſes Wahlrecht auf die Wahlreſultate
übt, namentlich zu Gunſten der Sozialdemokratie, noch nicht für die nachteiligſte
Wirkung desſelben. Der ſchwerſte Schaden liegt darin, daß die Notwendigkeit,
an die Stimmung der breiteſten Maſſen zu appellieren, das geiſtige Niveau des
ganzen politiſchen Lebens herabdrückt, die parlamentariſchen Sitten und die
Preſſe depraviert — und einer Reihe von Eigenſchaften einen Vorſprung
gewährt, die für wirkliche politiſche Befähigung und Intelligenz nur äußerſt
geringe Sicherheit gewähren. Es iſt eine Frage der Zeit, wie lange unſre
Zuſtände dieſe rohe Inſtitution aushalten, aber es iſt nicht unſre Aufgabe, hier
zu erörtern, ob und wie eine Aenderung oder Korrektur herbeizuführen iſt. Hier
kommt es nur darauf an, mit der beſtehenden Thatſache zu rechnen.

Zu den Veränderungen der Zuſtände, die das ganze politiſche Leben beeinflußten, gehört die unendlich geſteigerte Möglichkeit und Schnelligkeit des
Verkehrs und der geiſtigen Mitteilung — zu der die Ausnützung der Naturkräfte,
die Verbeſſerung der Verkehrsanſtalten und der gewerblichen Technik — die
Verbreitung der Preſſe und ihrer Benutzung in allen Schichten der Bevölkerung,
zuſammenwirkten. Neben großen Fortſchritten auch ſchwere Schäden, der ganze
Volkskörper iſt ſenſibler — erregbarer geworden — kleine Schäden ſteigern ſich
leicht, wie im Körper des einzelnen, zu fieberhaft auftretenden Krankheitserſcheinungen, weil die notwendigen Elemente der Ruhe gemindert ſind. In
nahem Zuſammenhang damit und nach gleicher Richtung hin wirkend: eine zunehmende Verflachung der Bildung — der äußerliche Firnis vielfach den Mangel
an Gehalt verdeckend — und durch ein an ſich gutes und humanes Streben,
durch einige vorzügliche Eigenſchaften der Raſſe gefördert — eine ſtarke Ueber-
produktion von Bildung — für deren Verwendung und Beſchäftigung es an
Platz fehlt — und als Reſultat eine große Zahl unbefriedigter Exiſtenzen.

Die Entwicklung der Großinduſtrie, der zunehmenden Arbeitsteilung und
die unausbleibliche Folge einer Beſchränkung und teilweiſen Vernichtung des
kleinen handwerksmäßigen Betriebes hatte ja längſt vor der Bismarckſchen Aera

begonnen — aber sie wurde wesentlich erst fühlbar und auch wesentlich gefördert in jener Zeit, und die großen Kriegserfolge, die Milliarden der Kriegsentschädigung sind nicht ohne Einfluß geblieben. Von größtem Einfluß war es dann, daß neben der Beseitigung aller Schranken der Freizügigkeit, welche die Anhäufung der Arbeitermassen in den industriellen Kreisen, die fast krankhafte Anschwellung der Großstädte förderten, zu den notwendigen Freiheiten auch die möglichste Befreiung der Association des Kapitals von allen Schranken gerechnet und durchgeführt wurde.

Mit diesen großen Veränderungen fällt eine weit wirkende Thatsache zusammen: die Umgestaltung des Weltverkehrs und damit aller Handelsbeziehungen zum Ausland — nicht nur durch die Telegraphie, sondern vor allem durch die verbesserte Ausnutzung der Dampfkraft, die Ersetzung der Segelschiffahrt durch die Dampfschiffe und die dadurch erzielte Schnelligkeit und Verringerung der Frachtkosten.

Das alles tritt für Deutschland fast gleichzeitig ein mit der Notwendigkeit, die Stellung im Weltverkehr zu gestalten und zu behaupten, die mit der endlich erkämpften Einigung des bis dahin politisch zersplitterten Deutschlands unerläßlich war. Die Einigung Deutschlands auch als einheitliches Verkehrsgebiet, die Zusammenfassung in gemeinsamen Zollgrenzen, die Rückkehr zu einer Handelspolitik, die den Schutz der nationalen Arbeit als ihre Hauptaufgabe erkannte, war nicht nur ein Akt von höchster politischer Bedeutung, von weit schauender Voraussicht, sondern auch eine wirtschaftliche Notwendigkeit.

Mit dieser ganzen Entwicklung aber, mit dem Einfluß, welchen die jetzt schnell wirkenden Veränderungen des Weltverkehrs, der Produktion und Konsumtion ferner Länder auf die eignen wirtschaftlichen Zustände üben, treten die Kämpfe um schwer wiegende materielle Interessen in den Vordergrund, mit Recht manche alte Fragen der politischen Doktrin beiseite schiebend — leider aber auch vielfach die Teilnahme mindernd für hochwichtigste Fragen idealer Natur — die doch schließlich für die Schicksale des Menschengeschlechts von entscheidender Bedeutung sind.

Es kann nicht ausbleiben, daß die vielfachen Veränderungen in der Art der Produktion, des Verkehrs manche einzelne Existenzen schädigen und bedrohen, daß der schnelle Wechsel in den Bedürfnissen, die Beweglichkeit der Arbeitskräfte, die so häufig an manchen Stellen Mangel an Arbeitskraft und an andern Mangel an Arbeitsgelegenheit zur Folge hat, zeitweise Notstände hervorruft — und sehr wesentlich haben dabei die Veränderungen und die Veränderlichkeit der Bedürfnisse, der Geschmacksrichtung (man gedenke der Mode, der wachsenden Menge der Saisonartikel — des Schwindens bestimmter Volkstracht und so weiter) mitgewirkt.

Unbefangene Vergleichung mit den Zuständen einer längeren Vergangenheit muß zu dem Resultat führen, daß im großen und ganzen in allen Betriebsarten, in allen Schichten der Bevölkerung, auch bei voller Berücksichtigung der geminderten Kaufkraft des Geldes, die Erträge aus der wirtschaftlichen Thätigkeit ſich erhöht haben, daß dies vor allem von der Klaſſe der Arbeiter gilt. Aber allerdings gleichzeitig haben auch die Anſprüche an das Leben, die Bedürfniſſe eine Steigerung erfahren, — und das gilt für alle, auch die unterſten Schichten, — die jenen Fortſchritt vielfach mehr als aufwiegt. Es wird ſich kaum bezweifeln laſſen, daß jene Steigerung der Anſprüche zu einem ſehr großen Teile an ſich wertloſen Genüſſen und der Befriedigung der Eitelkeit dienen. Das iſt eine weit verbreitete Quelle der Unzufriedenheit, deren Aufdeckung allerdings recht unpopulär und deshalb ſelten iſt.

Man muß ſich dieſes Zuſtandes, des Zuſammenhanges aller dieſer Ver= änderungen und Erſcheinungen erinnern, um das ſchnelle Anwachſen der Sozial= demokratie in dieſem letzten Menſchenalter zu begreifen — und ebenſo das Auf= wachſen aller der ſchnell entſtehenden und wechſelnden Bildungen, von dem Antiſemitismus bis zur neueſten nationalſozialen Bewegung, die im letzten Grunde denſelben Gedanken entſtammen. Sie alle finden in dem Zuſtand der Geſell= ſchaft — und wir müſſen hervorheben: vor allem in dem geiſtigen Zuſtand derſelben — den Nährboden für eine Partei=Agitation, die ſich immer mit mehr Erfolg an die Hoffnung und Phantaſie als an den Verſtand der Maſſe wendet.

Dieſe ganze Bewegung iſt die wichtigſte Erſcheinung der jetzigen Lage, die auf die Parteiverhältniſſe, das ganze politiſche Leben eine zerſetzende Wirkung übt. Für England iſt dieſe Einwirkung, aus der man dort zu Gunſten der konſervativen Partei die Folgerungen gezogen hat, in jenem Aufſatz ſo treffend geſchildert, auch für unſre Verhältniſſe ſo belehrend, daß wir dem nichts hin= zuzufügen haben. Nur auf einiges, was die deutſchen Verhältniſſe beſonders charakteriſiert, möchten wir hinweiſen.

Die Sozialdemokratie beutet für ſich all die Zugkraft aus, die der Gedanke möglichſter Freiheit des einzelnen von allen Schranken ſeit jeher zu Gunſten der Demokratie ausgeübt hat — „Volksfreiheit gegenüber der Staatsbevormundung und Staatsallmacht“, wie der Grundgedanke des Liberalismus in einem demo= kratiſchen Blatt kurz zuſammengefaßt wurde — und doch preiſt ſie eine Staats= und Geſellſchaftsorganiſation als Heilmittel an, die, wenn ſie durchführbar wäre und durchgeführt würde, von individueller Freiheit wenig übrig laſſen dürfte. Aber ſelbſt dieſe ſtarke Zumutung an die Gedankenloſigkeit erweiſt ſich nur als geringes Hindernis der agitatoriſchen Kraft, bei der Stimmung breiter Maſſen, deren Gründe vorher dargelegt wurden. Begünſtigt wird das durch deutſche Charaktereigenſchaften, die einem unklaren Idealismus größere Macht verleihen als bei andern Völkern, bei denen der ruhigere praktiſche Sinn, der ſtarke praktiſche Egoismus in den unteren Klaſſen in höherem Maße entwickelt iſt. Es iſt ein faſt humoriſtiſches Schauſpiel, zu ſehen, wie die alte, rein politiſche Demokratie, die Fortſchritts= und Volkspartei, mehr und mehr von der Sozial= demokratie aufgeſogen wird, obgleich ſie ſich für deren ſtärkſten und prinzipiellſten Gegner hält — und wie ſie teilweiſe in einſeitiger Verfolgung des Gedankens individueller Freiheit zur Rolle einer Schutztruppe für jede Ausbeutungsfreiheit, für das moderne Raubrittertum, herabſinkt.

Kaum zweifelhaft ist es, daß die Sozialdemokratie den Höhepunkt ihrer geistigen Entwicklung überschritten hat — und es kann sein, daß die Bewegung etwas an innerer Kraft verloren hat. Aber es würde ein Fehler sein, die Gefahr der Bewegung zu unterschätzen. Sie ist überaus groß, weil einer that-kräftig und geschickt geleiteten Bewegung gegenüber die große Masse derer, die nicht geneigt sind, die Grundlagen von Staat und Gesellschaft preiszugeben — die noch immer die große, weit überwiegende Mehrheit der Bevölkerung bilden —, in sich uneinig und gespalten ist infolge jenes unpraktischen Idealismus, unklarer Humanitätsgedanken und eines schiefgeleiteten Gerechtigkeitsgefühls. So wird eine so unnatürliche Lage möglich wie die jetzige, in der eine Gruppe, welche ganz offen die Zerstörung des bestehenden Staats- und Gesellschaftsgefüges mit revolutionären Mitteln als ihr Ziel bekennt und mit Ausbeutung aller Leiden-schaften der Masse verfolgt, als legitime Partei anerkannt wird, in der man sie mit allen Mitteln und Freiheiten ausstattet, die von Rechts wegen doch nur dem zustehen sollten, der als notwendige Konsequenz dessen, was ihm der Staat und die Gesellschaft ist, auch die Pflicht anerkennt, nicht auf ihren Um-sturz hinzuarbeiten.

Zu keiner Zeit hat sich die allgemeine Teilnahme in so hohem Maße der Förderung der Wohlfahrt der Arbeiterklasse zugewendet wie in diesen letzten Jahrzehnten. Daß die moderne Entwicklung manche besondere Leiden und Not-stände für die Arbeiterkreise gebracht hat, ist gewiß unbestreitbar, aber ebenso unbestreitbar ist es, daß noch nie eine Zeit so große Verbesserungen in der materiellen und rechtlichen Lage der Arbeiterklasse gebracht wie die jetzige, und in keinem Lande in dem Maße wie in Deutschland. Die Durchführung der Kranken-, Unfall-, Alters- und Invalidenversicherung sind eine so großartige That der Fürsorge für die unbemittelten Klassen der Gesellschaft, daß nichts Aehnliches in andern Ländern und Zeiten ihr an die Seite zu setzen ist. Man würde der großen Masse der Gesellschaft — „der Ausbeuter", nach sozial-demokratischer Bezeichnungsweise — sehr unrecht thun, wenn man nur Angst vor der Sozialdemokratie als Ursache dieser Thaten ansehen wollte. Sie sind in Wirklichkeit getragen von einem gewaltigen Wachstum humaner Auffassung in allen Schichten der Bevölkerung, und wenn ihnen jetzt noch so vielfach dankbare äußere Anerkennung in Arbeiterkreisen fehlt oder nicht laut zu werden wagt — eine tiefgehende Wirkung auf den ganzen Kampf gegen diese Umsturzrichtung üben sie dennoch. Kräftige revolutionäre Bewegungen dürften nicht leicht ein-treten, wenn nicht weit verbreitete wirkliche Notstände vorhanden sind — und das gute Gewissen, welches thätig und mit Opfern geübter Fürsorge entspringt, ist nicht bloß von sittlichem Wert, sondern auch ein wertvolles Moment der Kraft.

Durch jene an sich so wertvolle humane Richtung der Zeit, welche den sozialen Fragen die allgemeine Teilnahme zuwendet, wird auch jene Bewegung gefördert, die unter verschiedenen Namen und in verschiedenen Gruppen sich geltend macht, die man zusammenfassend als den Sozialismus der bemittelten oder gebildeten Klassen bezeichnen könnte.

Sie ist allmählich neben der organisierten und mit großem taktischem Geschick geleiteten Sozialdemokratie erwachsen und befindet sich teilweise in dem Glauben, diese korrigieren zu können, während sie in Wirklichkeit kaum mehr als eine Hilfs=truppe dieser Bewegung bildet. Sie wird zu einer großen Gefahr, weil sie die Einigkeit der natürlichen Gegner der Sozialdemokratie zerstören hilft, die Wider=standskraft der Gesellschaft gegen den revolutionären Umsturz schwächt. Die Unklarheit dieser Bewegung zeigt sich in der schnell wechselnden Bildung von Parteigruppen, deren Ziele weniger in praktisch durchführbaren Reformen als in der phrasenhaften Forderung einer „Sozialreform auf christlicher Grundlage" formuliert werden. Zu ihren charakteristischen Eigenschaften gehört das Hervor=treten jenes politischen Dilettantentums, welches sich besonders häufig in gewissen Berufskreisen findet. Vielleicht eine Folge einer psychologischen, mit der Berufs=thätigkeit zusammenhängenden Entwicklung bei denen, die das Lehren zu ihrem Beruf gemacht, und dem nahe verwandten geistlichen Beruf, der in Deutschland besonders häufig und nicht selten mit einem hervorragenden Mangel an Urteils=fähigkeit über praktische Verhältnisse verbunden ist. Jedenfalls übt diese Be=wegung, durch diesen Umstand gesteigert, eine sehr bedenkliche Einwirkung auf die Heranbildung der Jugend aus, bei der dem natürlichen Idealismus noch keine ausreichende Kenntnis der Wirklichkeit in realpolitischem Sinne korrigierend gegenüber steht.

Die am meisten hervortretende charakteristische Eigenschaft ist die Begründung durch eine besondere christliche Auffassung. Wir finden völlig parallel entwickelt, sowohl in protestantischen wie in katholischen Kreisen, diese christlich=soziale Richtung, die man hie und da wohl, ohne ihr unrecht zu thun, auch als christlich=demokratische bezeichnen könnte. Die Erscheinung ist nicht neu, sie ist schon in verschiedenen Zeiten hervorgetreten und erklärt sich aus der geschichtlichen Entwicklung.

Die weltbewegende, das ganze Kulturleben umgestaltende Kraft des Christen=tums besteht ja gerade darin, daß die Gotteskindschaft aller, daß auch im Ge=ringsten der Bruder, daß die Pflicht, über die Gaben dieser Welt als getreuer Haushalter zu walten, anerkannt wird, und auf diesen erhabenen Gedanken, darauf, daß sie das Gesellschafts=, das Staatsleben durchdringen, beruhen alle Fortschritte der Freiheit und der Menschlichkeit. — Daß die „Religion dem Volke erhalten werde", wie unser großer Kaiser das so schön und einfach aussprach — die Religion, die diese Auffassung trägt und nährt —, erscheint daher als eines der wichtigsten Interessen, welches als unserm ganzen Kulturleben gemeinsam erkannt werden sollte. Sie wendet sich an den Menschen, sie faßt den Menschen in seinem ganzen innersten, sittlichen Wesen — nicht in seiner Eigenschaft als Produzent und Konsument, als Glied im wirtschaftlichen und staatlichen Organis=mus. — Sie soll die Richtlinie geben für sein persönliches Verhalten zum Neben=menschen, auch in wirtschaftlichen Dingen — und sie übt dadurch ihren Einfluß auch auf die politische und wirtschaftliche Gestaltung.

Aber sie will weder. noch kann sie geben die Richtlinie für politische und wirtschaftliche Gestaltung und Organisation, die von den verschiedenen und wechselnden Zuständen und Bedürfnissen der Völker und Zeiten bedingt, die das berechtigte Gebiet weltlicher Staatskunst, der Politik sind, und mit der Bezeichnung „christliche" Sozialpolitik ist demnach für deren Inhalt wenig gewonnen. Der erhabenen Stellung der Religion, ihrem Einfluß im Volke, wird, wie uns scheinen will, schwerlich dadurch gedient, daß sie in den Dienst der Tagespolitik gestellt wird, und die Befürchtung scheint nicht unbegründet, daß die wichtige politische Wirkung, welche religiöse Gesinnung der Bevölkerung mittelbar auch auf die politischen Verhältnisse übt, dadurch mehr geschwächt als gestärkt wird. — Die christliche, die wahrhaft humane Gesinnung aber, die jeder Thätigkeit für soziale Aufgaben und soziale Organisation zu Grunde liegen sollte — allein für ein bestimmtes Gepräge religiöser Auffassung, für eine bestimmte dogmatische Richtung in Anspruch zu nehmen, dürfte doch wohl weder der thatsächlichen Lage noch richtiger christlicher Gesinnung und Duldung entsprechen.

Man hat im Laufe der Zeiten schon oft versucht, aus der Schrift politische Doktrinen zu rechtfertigen, und Doktrinen von verschiedenster Auffassung. Auf protestantischer Seite sollte man sich der Art erinnern, in der unsre Reformatoren dem Versuch dieser Ausnützung seiner Zeit entgegengetreten sind. Auf katholischer Seite hat diese christlich-demokratische Bewegung noch eine andre Seite, die mit dem Herrschaftsgedanken der römischen Politik in naher Beziehung steht, aber, wie es scheint, im protestantischen Deutschland wenig Verständnis findet. — Diese soziale Richtung in protestantischen Kreisen, deren einzelne Gruppen bei der fortdauernden Entwicklung weder sachlich noch persönlich scharf auseinander zu halten sind — wurde seiner Zeit wesentlich von konservativen Kreisen und durch einen Teil der konservativen Presse gefördert.

Die Begründung durch eine spezifisch christliche Auffassung wirkte in konservativen Kreisen erheblich zu ihren Gunsten — und erst die spätere Entwicklung dürfte der Erkenntnis zum Durchbruch verholfen haben, daß, wie vorstehend dargelegt wurde, diese an sich keinerlei Gewähr gegen das Eindringen politisch-demokratischer Tendenzen biete. Es bestand aber auch noch ein tieferer innerer Grund dafür, daß diese Richtung auf derjenigen politischen Seite sich zuerst entwickelte, die dem Liberalismus gegenüberstand. Die Zustände, welche überall die sozialen Fragen auf die Tagesordnung gesetzt haben, stehen in nahem Zusammenhang mit dem Abwirtschaften des Liberalismus oder der liberalen Doktrin auf allen Gebieten.

In jenem englischen Aufsatz wird darauf hingewiesen, daß zu jener Zeit, als die Flutwelle des Liberalismus sich zur Ebbe wendete, alle diejenigen bedeutsamen Reformen durchgeführt waren, „die mit Erhaltung unsrer Konstitution vereinbar waren oder mit Recht oder Unrecht die (damals politisch herrschenden) Mittelklassen interessierten." Das trifft in vollem Maß jetzt auch für Deutschland zu. Alle jene großen politischen Forderungen, die seinerzeit der liberalen Bewegung in Deutschland die Sympathie der überwiegenden Mehrheit sicherten, die nach Garantien gegen Willkür der absoluten Gewalt in konstitutionellen Verfassungsformen, der nationalen Einheit, der Garantien für Unabhängigkeit

der Gerichte, Beteiligung der Bevölkerung bei der Verwaltung eigner Angelegenheiten, der Freiheit politiſcher Diskuſſion und ſo weiter, ſind längſt erfüllt, und
wenn auch hie und da noch über Detailausführung und Abgrenzungen Differenzen
beſtehen, doch in der Hauptſache geſetzlich feſtgeſtellt und von keiner Seite angefochten und bedroht. Auch die Befreiung der wirtſchaftlichen Bewegung von
allen nur irgend entbehrlichen Schranken, die den betriebſamen bürgerlichen
Erwerbskreiſen vor allem am Herzen lag, iſt in weiteſtem Umfange durchgeführt
und die freieſte Bewegung des Verkehrs hergeſtellt und gefördert worden. —
Was jetzt noch an angeblich liberalen Forderungen geltend gemacht wird, ſind
längſt nicht mehr Forderungen jener großen liberalen Maſſe von früher — die
man zuweilen wieder als „liberales Bürgertum“ mobil zu machen ſucht —,
ſondern Forderungen der wirklichen Demokratie, die an dem alten Aberglauben
feſthält, daß alle Gewalt am beſten bei der Maſſe geborgen und von ihr geübt
ſei, die mit den monarchiſchen Inſtitutionen, mit den geſellſchaftlichen Grundlagen
unſers Staatsweſens, wie es wirklich iſt und ſich entwickelt hat, mehr oder weniger
in Widerſpruch ſtehen.

Aber nicht dies allein iſt es, daß das, was an den Forderungen des alten,
ehemals ſo mächtigen Liberalismus berechtigt, mit der Konſtitution unſers Staatsweſens vereinbar war, erreicht, alſo nicht mehr als Ziel- und Vereinigungspunkt
für eine Parteibildung dienen kann — ſondern auch die liberale Doktrin hat
abgewirtſchaftet. Die Entwicklung gerade der letzten Zeit hat es erkennbar, den
weiteſten Kreiſen fühlbar gemacht, daß vieles von dem, was ehedem für jeden
Liberalen als unbeſtreitbare Wahrheit, als notwendige prinzipielle Vorbedingung
jeder Wohlfahrt galt, in Wirklichkeit weder wahr noch unter allen Umſtänden
wohlthätig iſt. — Der Glaube, daß die möglichſte Freiheit des
einzelnen in ſeiner wirtſchaftlichen Thätigkeit, die möglichſte
Förderung des Verkehrs — und wunderbarerweiſe rechnete man zu den
erſtrebenswerten Freiheiten auch die möglichſte Freiheit der Kapitalaſſociation —,
der Glaube, daß die freieſte Konkurrenz das beſte Heilmittel
gegen alle Schäden ſei — der Einfluß, den er auf die Geſetzgebung und Verwaltung geübt, die Beſeitigung von Schranken
und Organiſationen auf natürlicher Grundlage, nicht bloß der
abgeſtorbenen und überlebten — hat ſeine Früchte getragen. —
Die großartigen Fortſchritte, die der Menſchengeiſt in der Erkenntnis und Be-
herrſchung der Natur gemacht, deren Verwendung für techniſche und Verkehrs-
zwecke unſre Zeit charakteriſieren, dienen gewiß im großen und ganzen dem
menſchlichen Fortſchritt, aber daneben doch auch in hervorragender Weiſe der
feſſelloſen Selbſtſucht des Individuums. — Ueberall treten neben zweifelloſen
Fortſchritten und wohlthätigen Wirkungen auch die tiefen Schattenſeiten hervor,
die Kehrſeite der Medaille, die neben den Segnungen der Freiheit auch auf die
Folgen des Mißbrauchs hinweiſt.

Jene ganze ſoziale Bewegung iſt weſentlich von der Erkenntnis veranlaßt
und gefördert, daß die Wege, welche der Liberalismus auf dem wirtſchaftlichen

und sozialen Gebiet empfohlen, sich zum großen Teil als Irrwege erwiesen haben, daß die ganze Auffassung vom Staat, dem der Liberalismus wenig mehr als eine Nachtwächteraufgabe zubilligen wollte, einen ziemlich traurigen Bankrott gemacht hat — und, wie es im menschlichen Leben überall geht, ist man leicht geneigt, nach dem andern Extrem hin zu weit zu gehen —, wie das die moderne sozialistische Richtung thut.

Auch auf politischem Gebiet ist der Glaube an lange Zeit unbestritten herrschende Doktrinen erschüttert. Man würde der großen Masse des Liberalismus unrecht thun, wollte man ihn einer antimonarchischen Tendenz beschuldigen. Aber immerhin gehörte doch die möglichste Beschränkung der Monarchie durch parlamentarische Institutionen, die Behandlung der bewaffneten Macht als eine im Grunde der bürgerlichen Gesellschaft feindliche und gefahrdrohende Einrichtung, zu den grundsätzlichen Tendenzen des Liberalismus. Daß die Zeit der Reichsgründung, daß die ganze Bismarcksche Aera diese Anschauungen wesentlich verändert hat, wird niemand verkennen, der noch in der Lage ist, die Stimmung aus der Konfliktszeit vor 1866 mit der jetzigen zu vergleichen. Dazu kommen die Erfahrungen, die seitdem mit den parlamentarischen Einrichtungen, vor allem im Ausland über ihre Leistungsfähigkeit, über ihren Wert als Garantie für weises Regiment, für Fernhaltung von Mißbräuchen und niedriger Gesinnung gemacht wurden.

Es dürfte kaum übertrieben sein, von einem tiefen Niedergang des Parlamentarismus zu sprechen, von einer herben Enttäuschung über seine Leistungsfähigkeit auf allen Gebieten.

Wenn man von demjenigen Teil der Bevölkerung Deutschlands absieht, dessen ganzer Gedankenkreis unter dem Bann der Sozialdemokratie steht, dürfte die Zahl derjenigen, welche die Durchführung eines parlamentarischen Regiments für möglich halten und von ihr segensreiche Folgen erhoffen, nur noch verschwindend gering sein.

Die Stimmung in Bezug auf diese Fragen der Verfassung, der politischen Organisation hat sich in einem Menschenalter wesentlich verändert, auf allen Seiten. Auch auf der Rechten, auf der die ehemaligen Gegner der konstitutionellen Einrichtungen überhaupt längst ausgestorben sind, wo die Notwendigkeit parlamentarischer Institutionen an sich, mit wirksamen Befugnissen, die Beteiligung der Bevölkerung bei der Verwaltung ihrer Angelegenheiten ebenso voll anerkannt wird wie auf der linken, während auf dieser der Gestaltung nach orthodox-liberaler Doktrin nicht mehr der frühere Wert beigelegt werden dürfte. Eine praktischere Betrachtung dieser Fragen fängt an Platz zu gewinnen, und das schärfere Hervortreten der Kämpfe um materielle, wirtschaftliche Interessen vermindert die Teilnahme für die Fragen politischer Doktrin.

Diese ganze Entwicklung und vor allem das Hervortreten der sozialen Fragen, das gewaltige Anwachsen der Sozialdemokratie hat einen zersetzenden Einfluß auf die bisherigen liberalen Parteien geübt. Der alten politischen Demokratie wird mehr und mehr der Boden von der zugkräftigeren Sozialdemokratie entzogen, und der gemäßigte Liberalismus, die nationalliberale Gruppe, hat selbst keinen rechten Glauben mehr an ihren Liberalismus. Schon vor Jahren hat Bismarck wiederholt den Nationalliberalen gesagt, daß sie die notwendige Schwenkung nach rechts vergessen hätten. Nur zur Bekämpfung des „Junkertums" oder einer „Reaktion", an die niemand denkt, läßt sich eine Partei weder schaffen noch erhalten.

Es mag sein, daß diese Wandlung von den Beteiligten selbst noch nicht überall empfunden wird. Wer die Stimmung nach den Artikeln der Presse, nach den Kundgebungen der Parteien allein beurteilen will, wird leicht fehl gehen, denn das sind ja nur die Erzeugnisse des Kampfes für Erhaltung des alten Parteibestandes, eines Kampfes, der notwendig von der Schürung des Parteifanatismus, der Ausnützung der Fehler der Gegner lebt.

Wenn wir von einer Zersetzung des Liberalismus sprachen, so berechtigt dazu namentlich ein innerer Zusammenhang, der bei der ganzen Wandlung der Auffassung zu Grunde liegt. Es handelt sich überall um die durch praktische Erfahrung sich aufdrängende Erkenntnis eines Irrtums, der allen diesen wirtschaftlichen wie politischen Gestaltungen nach liberaler Doktrin zu Grunde liegt, nämlich der Voraussetzung von Idealmenschen, die nur das wirtschaftlich und politisch Richtige erstreben, aus deren Einzelstreben von selbst die Harmonie erwachsen soll. Es ist ein praktisch geführter Beweis für die überwiegende Richtigkeit konservativer Anschauung, die von einer tieferen und richtigeren Auffassung der menschlichen Natur, wie sie wirklich ist, ausgeht.

Man wird dem gegenüber geltend machen, daß die zersetzende Wirkung der Bismarckschen Aera nicht allein auf die liberalen Parteien sich geltend gemacht habe. Rein äußerlich betrachtet ist dies auch nur teilweise richtig. Die Sozialdemokratie macht entschieden davon eine Ausnahme; es wäre ein bedenklicher Optimismus, den kleinen häuslichen Streitigkeiten zwischen einzelnen Häuptern oder Organen dieser Partei eine solche Tragweite beizumessen; und auch beim Zentrum trifft es nicht zu. Richtig ist, daß die Wirkungen dieses rohen allgemeinen Wahlrechts, die Tonart der Presse und der öffentlichen Diskussion, die es erzogen hat, die Versuchung, der Momentsstimmung der breiten Massen nachjagend Augenblickserfolge zu erstreben, bei allen Parteien sich geltend gemacht haben, und wie wir zu unserm lebhaften Bedauern zugestehen müssen, hat auch die konservative Partei keine Ausnahme davon gemacht.

Aber demungeachtet bleibt das innere Resultat der Entwicklung bestehen: der Mangel praktischer Bewährung der liberalen Theorien, die überall wachsende oder aufdämmernde Erkenntnis, daß nach liberalen Rezepten, die schließlich auf ein Gehenlassen und das Vertrauen auf zunehmende Wirkung von Bildung und Selbsterkenntnis hinauslaufen, weder die Nöten der Zeit zu kurieren sind, die der Bethätigung des menschlichen Egoismus entspringen, noch die Gefahr des Umsturzes zu beseitigen ist, mit der die Sozialdemokratie uns bedroht, die mit dem rücksichtslosesten Terrorismus und der raffiniertesten Verhetzung und Ausnützung jeder Art von Mißvergnügen ihre Ziele verfolgt. Von der Gesetzgebung,

vom Staat wird mit Recht erwartet und gefordert, daß er eingreift, den Mißbrauch des Eigentums, der Bewegungsfreiheit beschränkend, wo der Schutz der
Schwächeren, wo das Wohl der Gesamtheit dies fordert, aber nicht minder auch
zum Schutz des Eigentums und berechtigter wirtschaftlicher Freiheit, wo sozialistische
Agitation und sozialistischer Terrorismus sie bedrohen. Ein energisches Vorgehen in diesem Sinne, eine scharfe Abwehr von Bildungen, die den Bestand,
den Zweck des Staates gefährden, das ist eine notwendige Konsequenz des
Staatsgedankens, und es entspricht völlig einer konservativen Auffassung von
Aufgabe und Pflicht des Staates, dafür einzutreten.

Die Sozialdemokratie ist schon längst eine internationale Erscheinung, eine
alle Kulturvölker bedrohende Gefahr geworden, und die deutsche Sozialdemokratie
rühmt sich nicht mit Unrecht der am besten organisierten und prinzipiellsten Entwicklung. Der ideale Zug des deutschen Nationalcharakters hat dabei, wie bei
dem Anwachsen der neben der Sozialdemokratie herlaufenden, oben charakterisierten
sozialen Bewegung zweifellos mitgewirkt. Ein glücklicher Umstand ist es, daß in
Deutschland auch die entgegenstehenden Kräfte — erhaltenden, konservativen
Charakters möchten wir sagen — und ihre Anlehnung an monarchische Institutionen vorhanden sind, die in der Gesinnung eines überwiegenden Teiles
der Bevölkerung noch eine feste Grundlage haben.

Ganz ähnlich wie in England, wo die Parteiverhältnisse um vieles einfacher liegen, hat diese Entwicklung der sozialen Frage gewirkt, sie hat die Hochflut
des Liberalismus der Ebbe zugeführt, wie dies in jenem Aufsatz nachgewiesen
wird, und das auch für unsre um so vieles verwickelteren deutschen Parteiverhältnisse nachzuweisen, war unsre Aufgabe.

Es wird darauf ankommen, ob diese Lage von der konservativen Partei,
sei es der bestehenden oder einer sich erst neu bildenden begriffen und ausgenutzt
wird; ob man vor allem das begreift, was in jenem Aufsatz als fundamentalster
Satz des Konservatismus bezeichnet wird:

„Daß die Interessen, welche allen Klassen im Volke gemeinsam sind, die Erhaltung
von Gesetz und Ordnung, der Religion, der persönlichen Freiheit, politischen Ehrlichkeit und
des privaten Eigentums unendlich viel stärker und allgemeiner sind als die miteinander
streitenden Interessen besonderer einzelner Klassen."

Wenn es gelingt, die konservativen Elemente auf dieser Grundlage, mit diesen
weiten und idealen Gesichtspunkten, die hinausführen über den trostlosen Streit
um kleinlichste Interessen, zu verständnisvoller Zusammenarbeit zu vereinigen,
würde eine der wesentlichsten Garantien für die Wohlfahrt unsres Staatslebens und für den Bestand unsrer Reichseinheit geschaffen sein, für ein Staatswesen von so eigentümlicher Zusammensetzung, daß es in der That nur unter
sorglicher Schonung der bestehenden, so verschieden gestaltigen Verhältnisse, nur
mit großer Weisheit, nur im rechten, echt konservativen Sinne regiert werden kann.

Zu einer Reaktion in diesem Sinne, die von dem gemeinsamen Interesse
aller Besitzenden, aller, die nicht von der Diktatur der Arbeiterklasse das Heil
erwarten, getragen wird, die im Grunde nur den vernünftigen Staatsgedanken

zur Geltung bringt, reift die Stimmung mehr und mehr heran, einer Reaktion, die allerdings nichts mit dem Gespenst von Reaktion zu thun hat, welches der Liberalismus zur Rettung seiner sinkenden Fahne ausmalt.

Wir würden die vielen feinen und auf unsre Verhältnisse anwendbaren Bemerkungen in jenem englischen Aufsatz nur abschwächen, wollten wir sie nochmals wiederholen oder erläutern. Wir haben auch nicht die Absicht, hier in eine Kritik einzutreten über die bisherige Haltung der konservativen Partei, über das, was verfehlt oder versäumt ist, oder Ratschläge für das praktische Vorgehen zu geben; das ist die Aufgabe der Politiker, die durch ihre Stellung dazu berufen sind. Wir wollen nur noch einige Punkte erörtern, die durch in Deutschland bestehende eigentümliche Verhältnisse einer besonderen Beachtung bedürfen.

Wir haben auf die im Vergleich zu England vielfach günstigeren Verhältnisse des Grundbesitzes, der Bodenverteilung in Deutschland hingewiesen und auf die politische Bedeutung des Bauernstandes sowohl wie des Großbesitzes. Es ist begreiflich, wenn hier weit mehr als dort Vertretung der Agrarinteressen als eine Hauptaufgabe konservativer Politik angesehen wird.

Wir notierten uns aus dem Vortrag eines Politikers der jüngsten Zeit (Pfarrer Naumann) den Satz: „Lebensfähige politische Parteien müssen Interessengruppen sein," und verstehen, wie solche Sätze, bei einem Anschein realpolitischer Wahrheit, in politischen Versammlungen mit Beifall aufgenommen werden können. Es ist ein Körnchen Wahrheit, aber nicht viel mehr, darin. Die Parteibildungen knüpfen sich historisch und naturgemäß an gewisse Klassen der Bevölkerung, jeder Politiker wird das beachten müssen. Aber im Grunde würden Interessenparteien zu einer Negation des Staates führen, es wäre ein Unglück, wenn je eine solche mächtig genug würde, den Staat zu lenken, und es gehört eine Art von manchesterlichem Aberglauben dazu, aus dem Kampf solcher Parteien das Hervorwachsen des Gemeinwohls, der Harmonie zu erwarten.

Die konservative Partei müßte tief herabsteigen von der Höhe, von der Aufgabe, die wir ihr vindizieren möchten, wenn sie zur Parteigestaltung einer Interessengruppe werden sollte in diesem Sinne.

Der Politiker, der überhaupt auf diese Bezeichnung Anspruch machen sollte, kennt für alle Interessen eine unüberschreitbare Grenze, die des Gemeinwohls; sie zu finden, richtig zu bestimmen, ist seine wesentliche Aufgabe.

Wirklich berechtigte Interessen leiden in der Regel durch nichts mehr als durch die einseitige Vertretung derselben, die alle nicht mitinteressierten Elemente zu notwendigen Gegnern macht. Es kommt auf Vertretung der Interessen an, weil und insoweit sie gleichzeitig Interessen der Gesamtheit sind, und wir möchten gerade für die agrarische Bewegung auf die sehr richtigen Bemerkungen hinweisen, die in dem englischen Aufsatz sich finden. Ist eine Partei, die zu beherrschender Stellung sich den Beruf und die Aufgabe zutraut, auf die Zustimmung weiter Volkskreise angewiesen, so darf sie die Interessen einzelner Kreise nur so weit vertreten, als sie wirklich gleichzeitig von allgemeinem Interesse, und in einer Art, die auch diesen weiten Kreisen verständlich ist.

Man wird ferner nicht übersehen dürfen, daß zunächst doch auf die mögliche Macht derjenigen Stimmen zu rechnen ist, die zur Geltung kommen können; und da ist es ein Fehler, als Machtbereich einer einseitig agrarischen Agitation die Gesamtheit der ländlichen Bevölkerung in Rechnung zu stellen. Wir haben Anlaß genommen, die Bedeutung und den Wert der landwirtschaftlichen Interessen in dem ersten Teil unserer Darlegungen einer sorgfältigen Abwägung zu unterziehen, hier möchten wir noch darauf hinweisen, daß die große Zahl der Landarbeiter nur ein sehr bedingt in Rechnung zu setzendes Element ist. Auch auf die bäuerliche Bevölkerung ist keineswegs in ihrem ganzen Bestande zu rechnen.

Wir haben große Gebiete in Deutschland, in denen der Bauernstand mit kleinem, zersplittertem Besitz in sehr bedenklicher Weise in ein demokratisches Fahrwasser geführt ist, und wesentlich durch jene antisemitisch oder sich christlich nennende Richtung, die leider nicht ohne konservative Schuld groß gezogen wurde.

Wer den Charakter der Bauern kennt, mit seinem stark egoistischen Zug, der wird auch die Gefahr nicht unterschätzen, daß denn doch das Ausspielen von wirklichen oder vermeintlichen Interessengegensätzen gegen den Großbesitz, an denen die Gegner das größte Interesse haben, und für die sie keine Mühe scheuen, vielfach Erfolg haben und die Harmonie stören könnte. Es ist ein sehr zu bedauerndes Vorgehen und ein äußerst gefährliches Experiment, wenn jetzt, wie es vielfach von agrarischer Seite geschieht, die Unzufriedenheit gegen die Regierung gewendet und diese selbst für solche Dinge verantwortlich gemacht wird, die sie nicht ändern konnte, oder wegen Vorgängen angeklagt wird, in denen sie in Uebereinstimmung mit der großen Mehrheit der Volksvertretung handelte. Das naive Vertrauen eines großen Teiles der ländlichen Bevölkerung zu der Regierung, zum Landesherrn, das auf der wohlberechtigten Erfahrung guter Fürsorge von alters her beruhte, war ein in die konservative Wagschale fallendes Machtelement, und man sollte von wirklich konservativer Seite Sorge tragen, es zu behüten.

Soll die konservative Auffassung die große Aufgabe im Staatsleben erfüllen, welche die Natur der Dinge und eine durchaus nicht ungünstige Lage ihr zuweist, so muß sie nach einer breiteren Basis sich umsehen, als die ist, welche die einseitige Vertretung agrarischer Interessen bietet. Wir glauben, daß selbst in der gegenwärtig bestehenden konservativen Partei nur noch von wenigen der Glaube geteilt wird, daß man mit einer christlich-sozialen Politik der Sozialdemokratie erfolgreiche Konkurrenz machen und einen wesentlichen Teil der Arbeiterklasse für konservative Politik gewinnen könne. Auch die an und für sich einige, sehr gute und berechtigte Gedanken vertretende Handwerkerbewegung führt keine Hilfstruppen von bemerkenswerter Stärke zu. Man wird sich nach den breiten Schichten umsehen müssen, die jetzt ihre politische Vertretung in der Hauptsache in den liberal gerichteten Mittelparteien gefunden haben, nach allen den Klassen, die in ihrer Existenz von der wachsenden Sozialdemokratie sich bedroht fühlen, die von dieser ganz richtig ebenso wie der ländliche Grundbesitz zu den Aus-

beutern gerechnet werden, nach diesen Klassen, in denen der Glaube an die
liberalen Rezepte jetzt wesentlich erschüttert ist.

Der straffe Corpsgeist, der in dem deutschen Parteiwesen eine Rolle spielt,
erschwert Wandlungen der Art, da aus teils natürlichen, teils zufälligen Gründen
es sich herausgebildet hat, daß bestimmte Erwerbs- und Interessengruppen fast
ausschließlich von bestimmten politischen Parteien vertreten werden. Aber manche
Erscheinungen der neuesten Zeit haben dieses Verhältnis gelockert. Auf dem
Gebiete der wirtschaftlichen und Zollfragen wird so mehr und mehr anerkannt,
daß nur eine Zusammenfassung sowohl der landwirtschaftlichen wie der industriellen
Interessen in dem höheren Gesichtspunkt des Schutzes nationaler Arbeit zum
Ziele führen kann. Sollte es da nicht möglich sein, die gemeinsamen Gesichts-
punkte auch für die sozialen und politischen Fragen zu finden, welche die ganze
Lage beherrschen und von weit tieferer und dauernder Bedeutung sind?

Wir müssen hier des Einflusses gedenken, den noch fortgesetzt die große
Glaubensspaltung des sechzehnten Jahrhunderts auf die inneren Verhältnisse
Deutschlands übt, ein Verhältnis, welches in ähnlicher Weise in keinem andern
Lande, oder wenigstens nicht so tief, eingreift wie in Deutschland, welches seit
mehr als einem Jahrtausend zu dem Schlachtfeld bestimmt scheint, auf dem die
großen Kämpfe der Weltgeschichte zum Austrag kommen. Daß sich mit der
Entstehung des neuen Reiches die große geschlossene und fest organisierte katho-
lische Partei gebildet hat, nehmen wir hier als eine Thatsache hin, ohne die
Gründe, die Frage, ob es so kommen mußte oder vermeidlich war, erörtern zu
wollen; sie muß als Thatsache gewürdigt werden, die auf die Gestaltung der
Parteiverhältnisse in Deutschland den größten Einfluß übt. Der überwiegende
Teil der katholischen Einwohner des Reiches (fast zwei Fünftel derselben aus-
machend) steht unter der Herrschaft dieser Partei, des Zentrums, die in der
straffen Organisation der katholischen Kirche, die in keinem andern Lande eine
so starke und achtunggebietende, auf wirklich kirchliche Gesinnung der Bevölkerung
gestützte Stellung einnimmt wie in Deutschland, ein Machtmittel, einen Zusammen-
halt besitzt, dem keine andre Partei Aehnliches zur Seite stellen kann.

Diese große Partei umfaßt Anhänger von den verschiedensten politischen
und sozialen Anschauungen, zurzeit ist eine starke spezifisch katholisch-demokratische
bezüglich sozialistische Richtung zu beachten, die vielleicht im Laufe der Zeit zu
einem Moment der Zersetzung führt. Die oft widerspruchsvoll erscheinende Politik
der Partei wird man nur verstehen, wenn man bedenkt, daß einerseits der Zu-
sammenhalt der Partei als Hort und Kämpe für spezifische Interessen der
katholischen Kirche höchstes Ziel, daß aber die Macht der menschlichen Interessen,
die den einzelnen bewegen, groß genug ist, auch dem stärksten und entschlossensten
Führer Schranken aufzuerlegen. Man würde den deutschen Katholiken, die dem
Zentrum folgen, unrecht thun, wollte man ihnen in der Gesamtheit Nationalgefühl und Interesse für den Bestand des Reiches absprechen, aber daß für sie
und für die Leitung der Partei noch andre Interessen bestehen, und daß diese
nicht überall mit denen des Reiches sich decken, wird kaum zu bestreiten sein.

Entsprechend dem höchsten Interesse des eignen Parteizusammenhalts ist das lebhafteste Interesse erklärlich, der Partei die entscheidende Stellung zwischen den andern unter einander uneinigen Parteien zu erhalten. Man darf sich nicht wundern, wenn das, was ehemals als Kartellpolitik bezeichnet wurde, auf das lebhafteste und mit Erfolg vor allem von dem klugen Führer des Zentrums bekämpft wurde. Nun hat das Hineinspielen kirchlicher Fragen in die Parteiverhältnisse einen tiefgreifenden Einfluß auf diese geübt, und dieser Einfluß ist nur im Hinblick auf den Bestand und die Tendenzen des Zentrums richtig zu verstehen und zu würdigen.

Es ist schon darauf hingewiesen worden, daß in jener Zeit, in der die Anfänge einer konservativen Partei sich bildeten, unter der Regierung von Friedrich Wilhelm IV., neben der politischen Bewegung eine kirchliche herlief, sowohl in katholischen wie protestantischen Kreisen (Neukatholiken, freie Gemeinden 2c.), die nicht ohne Beziehungen zu der politischen Bewegung war, und eine ähnliche Bewegung knüpfte an die Zeit des vatikanischen Konzils, die Zeit, in der im ersten deutschen Reichstag die katholische Partei sich konstituierte, an den sogenannten Kulturkampf an. Daß der politische Liberalismus in der Hauptsache auch der Verfechter der kirchlich-liberalen Richtung wurde, ebenso wie die konservative Partei der entgegengesetzten, erklärt sich aus den historischen Vorgängen; hat aber zugleich doch seinen tieferen Grund, der mit der Verschiedenheit der politischen Auffassung in notwendigem Zusammenhange steht. Wir haben in Bezug auf die sozialen Fragen dargelegt, daß das Christentum, daß wahre, innerliche christliche Auffassung zwar notwendig eine Einwirkung ausübt, weil die ganze Denkungsweise, die Gestaltung der Verhältnisse jedes einzelnen zu seinem Nebenmenschen von ihr beeinflußt wird, daß aber für die Fragen der Gestaltung und Organisation an sich die entscheidenden Richtlinien nicht auf dem Gebiet der Religion und des Glaubens zu finden sind. Auf politischem Gebiet gilt an sich dasselbe; wir können die Lehren der Geschichte, ja die Erfahrungen, die man noch jüngst an Vorgängen innerhalb der konservativen Partei gemacht, als Beleg dafür anführen. Aber auf diesem Gebiet besteht eine Ausnahme, insofern, als der katholische Glaube nicht nur einen religiösen, sondern einen direkt politischen Inhalt hat in den als Glaubenssatz der katholischen Kirche festgehaltenen Ansprüchen des Papsttums, einen politischen Inhalt, der für die Verhältnisse unsers Deutschen Reiches von höchster Bedeutung ist.

Dem Liberalismus fehlte bei seinem Mangel an historischem Sinn und an richtig zutreffender Auffassung der Menschennatur, wie sie ist, entschieden die richtige Würdigung der Stellung und Bedeutung der Kirche; während die konservative Auffassung, ihrer inneren Natur entsprechend, für die christlichen und kirchlichen Einrichtungen, welche die Träger des religiösen Lebens unsres Volkes sind, wie dies in dem Frankfurter Programm der deutschen Konservativen von 1876 einen so schönen und richtigen Ausdruck fand, ein weit tieferes und richtigeres Verständnis hatte.

Aus dem entscheidenden Einfluß, den zu jener Zeit der liberalen Hochflut

die liberale Auffassung und ihr mangelhaftes Verständnis für die Stellung der
Kirche im Volksleben hatte, erklären sich zum Teil die Fehler, die Mißerfolge
und unser politisches Leben tief schädigenden Folgen der Art, in welcher jener
sogenannte Kulturkampf geführt wurde. Aber verschweigen dürfen wir nicht,
daß auch auf konservativer Seite vielfach für die politische Seite jenes Kampfes
und seines Hintergrundes das volle Verständnis getrübt war. Wenn auch nie
die konservative Partei als solche diese Wege eingeschlagen hat, so hat es doch
nicht an einzelnen, an Gruppen und Blättern gefehlt, die ein Zusammengehen
von Konservativen und Zentrum für möglich und ersprießlich für konservative
und kirchliche Zwecke gehalten haben.

Von allen Seiten hat man nur zu oft übersehen, daß dieselben Maßregeln
auf die katholische und protestantische Kirche eine ganz verschiedene Wirkung
üben, und bei jenen konservativen Hinneigungen zu gemeinsamer Aktion mit dem
Zentrum wurde in bedauerlicher Weise die politische Gesamtlage übersehen, die
zweifellose Thatsache, daß die Grundlagen des Reichs und der preußischen
Monarchie im protestantischen Deutschland liegen.

Bei dem jetzigen Verhältnis der liberalen, der sogenannten Mittelparteien zu
den konservativen Elementen spielt die Stellung zu den kirchlichen Fragen eine
um so erheblichere Rolle, je mehr die politischen Doktrinen des Liberalismus
an Glauben und Zugkraft in der Masse verloren haben. Aber wir haben den
Eindruck, daß hier viel weniger die Stellung zu den inneren kirchlichen Fragen,
die mehr der liberalen oder der positiven Seite zuneigende Richtung von
politischem Einfluß ist als die Stellung zu der großen kirchenpolitischen Frage,
die sich auf das Verhältnis des Papstes und der katholischen Kirche zu dem
weltlichen Regiment in Deutschland bezieht. Wenngleich jetzt, nach Beseitigung
mancher früher bestandenen Schranken, der offene Kampf gegen Christentum und
Kirche überhaupt vielfach äußerlich hervortreten mag, in Wirklichkeit hat die
lebendige innere Teilnahme für kirchliches Leben und Organisation, für Liebes-
werke auf diesem Gebiet, wie uns scheint, in dem letzten Menschenalter mehr zu-
als abgenommen. Gerade die Bedrohung unsrer Staats- und Gesellschafts-
grundlagen durch eine dem Christentum feindlich gegenüberstehende sozialdemo-
kratische Richtung fängt an, in weitesten Kreisen das Verständnis für den Wert
der Kirche und ihrer Lebenskräfte wieder zu fördern. Aber es will uns scheinen,
als ob das Wachstum auf diesem Gebiet am besten gefördert wird, wenn es
dem wüsten Treiben der Tagespolitik möglichst fern gehalten, wenn es von allen
Verständigen und Wohlgesinnten gepflegt wird als Grundlage, als Vorbedingung
unsrer Kultur und Gesittung, und ohne es als Parteisache in Anspruch zu nehmen.

Jene kirchenpolitische Frage aber fordert bestimmte Stellungnahme, und
eine konservative Partei, die sich die Zukunft erobern will, wird ihre Stellung nur
festigen können, sie wird ihre werbende Kraft in den Kreisen, die jetzt einem
niedergehenden Liberalismus noch anhängen, verdoppeln, wenn sie keinen Zweifel
darüber läßt, daß sie in dieser Frage fest und unentwegt auf nationalem
Boden steht.

Der Gedanke, welcher seinerzeit bei der Formulierung der preußischen Verfassungsurkunde zu Grunde lag, die freie Kirche im freien Staat, die Behandlung der Kirche etwa genau so wie die jedes andern erlaubten Vereins, ist ein gründlich liberaler Gedanke, der der Wirklichkeit, den Verhältnissen, wie sie eine tausendjährige Geschichte entwickelt, so wenig Rechnung trägt wie die liberale Doktrin überhaupt. Eine wirkliche Lösung der großen, schwierigen Aufgabe, welche die kirchenpolitischen Fragen der Regierung eines Landes stellen, in dem verschiedene Konfessionen mit so verschiedenen Ansprüchen zusammen in Frieden hausen sollen, eine Lösung, die auch dem wirklichen inneren religiösen Bedürfnis der Katholiken, die zugleich Deutsche sein und bleiben wollen, gerecht wird, ist nur in jenem großen Gedanken hohenzollernscher Politik zu finden, den vor kurzem Professor Zorn in Königsberg in einer so bemerkenswerten, aber in der Presse nicht in wünschenswertem Maß besprochenen Schrift als eigenstes Verdienst dieses Fürstenhauses nachgewiesen hat, in dem Gedanken der Toleranz unter gleichzeitiger voller Wahrung der Staatsautorität über allen. Er sollte in einem Lande, über welches Glaubenskämpfe so unermeßliches und erst nach langer, langer Zeit mit Gottes besonderer Hilfe überwundenes Elend gebracht haben, auf allen Seiten die gebührende Würdigung finden.

Es ist hervorgehoben worden, daß der tiefste Unterschied zwischen den englischen und deutschen Verhältnissen in der hier noch erhaltenen starken Stellung der Monarchie besteht, die in Wirklichkeit der Träger der Regierung und Verwaltung des Landes ist. Die Herstellung der Gesundung des Parlamentarismus, die Beseitigung mancher Uebelstände und Konflikte, die aus der jetzigen Art der Organisation der mitwirkenden Volksvertretung entspringen, die Findung der Formen, die Konflikte beseitigen und das Gefühl der Mitverantwortlichkeit der Volksvertretung und ihrer Mitglieder für das Gesamtwohl stärken und sichern, wird eine wesentliche Aufgabe der Zukunft sein. Aus der Stellung der Monarchie in Deutschland aber und aus der besonderen Stellung, welche eine konservative Partei zu dieser historisch und der Natur der Sache nach einnimmt, folgt für diese auch die Notwendigkeit, in ihrem Verhalten Fehler zu meiden, zu denen nur zu leicht eine Zeit verführt, in der die bestehenden Einrichtungen die Parteien zwingen, an die Stimmung der Masse zu appellieren. Die Aufgabe einer konservativen Partei ist die Vertretung des Staatsgedankens in seiner vollen Ausdehnung und Konsequenz, sie ist die Stütze der Regierung in demselben Gedanken, und die Wahrung der Autorität ist beiden gemeinsames Interesse. Die selbständige Gesinnung bethätige sich in der Form, die dem warnenden Freunde ziemt, nicht in dem Haschen nach der Popularität der Opposition, nach der Ausbeutung des Mißvergnügens, welche keiner mit so schonungslosem Sarkasmus gegeißelt hat wie seinerzeit Fürst Bismarck.

Es giebt kaum etwas andres, was einer konservativen Partei eine so starke werbende, die besten Elemente ihr zuführende Kraft verleihen wird, wie eine Haltung, welche mit sicherem Takt und in vornehmer Form nur durchaus vorwurfsfreier Mittel sich bedient, die Künste der Demagogie verschmähend, dem

Volke nur Wahrheit, nur das Beſte bietet und nach dem Ruhm ſtrebt, die Partei
der ruhigen, anſtändigen Leute zu ſein.

Mögen die Gedanken, die wir im Anſchluß an den ſo beachtenswerten
Aufſatz des engliſchen Autors entwickelt haben, zum Nachdenken anregen und
von benen, welche in den nächſten Kämpfen zu führender Stellung berufen ſind,
in Thaten überſetzt werden.

Aus dem Bunſenſchen Familienarchiv.

Mitgeteilt von

Friedrich Nippold.

(Fortſetzung.)

IV. Die aktive Teilnahme des Prinzen von Preußen an der deutſchen Politik des Jahres 1850.

Die im nachſtehenden mitgeteilten Briefe des Prinzen an Bunſen vom 17. Juli
und 23. Dezember 1850 müſſen mit ſeiner geſamten Thätigkeit während des
Jahres 1850 in Verbindung gebracht werden. Wie jeder neue Einblick in die
Anſchauungs- und Handlungsweiſe des großen Kaiſers ſein Bild immer bedeut-
ſamer heraustreten und zugleich ſeine perſönliche Bedeutung beſtändig wachſen
läßt, ſo gilt dies beſonders von der genaueren Erforſchung ſeiner ſchon lange
vor der eignen Regierung ausgeübten Mitarbeit für die Löſung der deutſchen
Frage. Es giebt kaum eine ungeſchichtlichere Auffaſſung als diejenige, welche
den Kaiſer als Werkzeug und Handlanger eines ſeiner Miniſter erſcheinen
läßt. Wem die Priorität in der Erkenntnis des richtigen Weges zukommt,
wird ſchon keinem Leſer der Denkſchrift vom 19. Mai 1850 zweifelhaft bleiben
können.

1. Denkſchrift des Prinzen von Preußen vom 19. Mai 1850.

Dieſe zuerſt in der „Hiſtoriſchen Zeitſchrift“ von 1893 S. 90/5[1]) veröffentlichte Denkſchrift iſt mit der folgenden Nachſchrift verſehen: „Beiſtimmend ge-

---

[1]) Im engeren Hiſtorikerkreiſe war dieſe Denkſchrift ſchon ſeit 1868 bekannt. Aber das
Recht zur Veröffentlichung ſtand denjenigen, die ſie kannten, ebenſowenig zu, als den vertrauten Militärs, welchen der fürſtliche Verfaſſer ſeine Arbeit bereits 1850 mitgeteilt hatte.
Die zu der großen Gedenkfeier des 22. März 1897 erſchienene Onckenſche Feſtſchrift ruft
jedoch einen intereſſanten Beleg darüber, inwiefern die wichtigen, in dieſer Feſtſchrift veröffentlichten Dokumente dem rechten Manne anvertraut wurden, in Erinnerung. Oncken hatte
ebenſo wie Treitſchke die Denkſchrift vom Mai 1850 vertraulich erhalten. Nicht lange nach

lesen von Prinz Karl, Major Kirchfeld, v. Boyen, v. Schlegel, Rittmeister Graf
Goltz, Hofmarschall Graf Pückler, Generallieutnant v. Lindheim, Graf Perponcher,
Graf Walbersee." Ebenso hat der Prinz persönlich Bunsen eine Abschrift gesandt. Dieselbe war, wie nach mündlichem Bericht des Generals v. Boyen
festgestellt werden konnte, von dem letzteren zu diesem Behuf abgeschrieben. Der
Sohn des von beiden königlichen Brüdern gleich verehrten Feldmarschalls [1]) war
bereits während des englischen Aufenthalts des Prinzen von 1848 sein steter
Begleiter gewesen. Nach der Herausgabe der Biographie Bunsens hat derselbe
die Darstellung der ihm bekannten Ereignisse als durchaus zutreffend erklärt.

Da die Denkschrift bereits im Wortlaut veröffentlicht wurde, kann an dieser
Stelle ein kurzer Auszug genügen. Die Einleitung entwickelt in knappen, inhaltreichen Sätzen zunächst den deutschen Beruf Preußens, sodann sowohl die Folgen
des Wiener Kongresses für Preußen und Deutschland, wie das Gegengewicht
dagegen im Deutschen Zollverein, um schließlich einen kurzen Blick auf den 18.
und 19. März zu werfen.

In Bezug auf den ersten Punkt heißt es klipp und klar: „Preußens geschichtliche Entwicklung deutet darauf hin, daß es berufen ist, einst an die Spitze
Deutschlands zu treten." Desgleichen ist es ein recht eigentliches Kompendium
deutscher Geschichte, was hier über den Wiener Kongreß gesagt wird: „Die Wiener
Kongreßbestimmungen hinsichtlich der Länderverteilung zeigen bezüglich auf

---

1870 schrieb er dem Kollegen, der sie ihm mitgeteilt, ein solches Dokument dürfe nicht länger
unbekannt bleiben; es sei hohe Zeit, daß unser Volk es wirklich erfahre, was der Fürst, der
sein eignes Verdienst so gern hinter dem seiner Gehilfen zurücktreten lasse, persönlich bedeute. Ondens Wunsch scheiterte damals an der Nichtberechtigung zu dieser Herausgabe.
Erst im Jahre 1893 hat v. Sybel die Denkschrift veröffentlichen können. Um so mehr freut
es uns, bei diesem Anlaß konstatieren zu können, wie früh der Biograph des großen Kaisers
die objektiv geschichtliche Anschauung über denselben gewonnen hatte.

[1]) In dem Vorwort zu den „Erinnerungen aus dem Leben des Generalfeldmarschalls
Hermann v. Boyen" ist neben Briefen Friedrich Wilhelms III. und IV. an ihren beiderseitigen Kriegsminister auch der Brief des Prinzen von Preußen an seinen späteren Adjutanten nach dem Tode von dessen Vater mitgeteilt (III. S. X. 1). Es heißt in diesem Briefe
(vom 16. Februar 1848): „Ein großer Mann, ein großer Name ist mit ihm dem Vaterlande
entrückt, aber auf ewige Zeiten ist sein Andenken in den Annalen Preußens verzeichnet.
Ich preise die Zeit, die mich mit dem Verewigten in seinen letzten Lebensjahren in nähere
Stellung brachte, da ich, bei oft divergierender Ansicht, immer den glühenden Patrioten in
ihm erkannte und wir immer Freunde blieben und als solche schieden."
Einen Monat später waren der Schreiber und der Adressat dieses Briefes zusammen
im Exil in England.
Es darf bei diesem Anlaß auch wohl daran erinnert werden, daß schon im Vorwort
zum ersten Bande der Boyenschen „Erinnerungen" die auf ihn bezügliche Rede Kaiser Wilhelms
nach der Rückkehr aus Frankreich, am 31. März 1871, mitgeteilt wird (I. S. IV.), und daß
es mit Bezug auf den gleichen Punkt weiterhin heißt (I. S. XXIV.): „Auf der ersten Reorganisation der preußischen Armee, dem Werke Scharnhorsts und Boyens, hat die zweite
Reorganisation, das eigenste Werk Kaiser Wilhelms des Großen, sich aufgebaut."
Die Vorrede datiert vom 3. August 1889. Damals war diese Bezeichnung noch in keinerlei
offiziellem Erlasse gebraucht.

Preußen deutlich, daß man auf alle Weise diese Entwicklung hemmen wollte. Die
abnorme Einteilung Preußens in zwei getrennte Hälften hatte wohl keinen andern
Grund als den, dasselbe nicht einig und daher nicht mächtig werden zu lassen."
Unmittelbar daran schließt sich das Gegenbild: „Trotz jener Länderzerstückelung
ist jene Absicht vereitelt worden. Preußen hat sich intellektuell gehoben, durch
seine Institutionen dem vernünftigen Fortschritt gehuldigt, durch seine Wehrverfassung eine ungewöhnliche Kraftentwicklung ermöglicht. Daher waren auch die
Augen von ganz Deutschland auf dasselbe gerichtet; es wurde gefürchtet, weil
es beneidet wurde. Der Zollverband bahnte zuerst eine wirkliche politische
Einigung Deutschlands an. Bei jeder Gefahr von außen richteten sich die Blicke
von ganz Deutschland auf Preußen als die rettende Macht (1830—1840)."
Endlich lernen wir die Auffassung des Prinzen von dem berechtigten und dem
unberechtigten Teil der Märzereignisse kennen: „Als 1848 die Revolution in
Frankreich ausbrach und anfing, in Deutschland Anklang zu finden, wendeten sich
die Süd-Staaten desselben durch eine Mission an Preußen, um es an die Spitze
des gesamten Deutschlands zu stellen. Aus Pietät gegen Oesterreich fanden
frühere Insinuationen dieser Art keinen Anklang. Als aber die Nachricht der
Wiener Revolution in Berlin eintraf (16. März), war kein Augenblick zu verlieren: Das Manifest am 18. März morgens kündigte die Intention des Königs
an. Die Katastrophe des 19. März vereitelte alles!"

An der Rekapitulation der weiteren Ereignisse der Jahre 1848 bis 1850
— Frankfurter Parlament, Aufstände in Baden, Pfalz, Sachsen, Dreikönigsbund,
Erfurter Parlament — müssen wir, so lehrreich es auch ist, das eigne Urteil
des späteren Kaisers über alle diese Episoden im einzelnen zu verfolgen, an
dieser Stelle vorbeigehen. Dagegen darf die aus den Prämissen gezogene
Schlußfolgerung nicht fehlen:

„Auf dem betretenen Wege muß Preußen mit den unierten Fürsten vorwärts schreiten, wenn es nicht diese im Stiche lassen will, sich der größten In-
konsequenz schuldig machen und mit Recht alles und jedes Vertrauen vor der
Welt verscherzen will."

Der Hauptwert der diese Forderung begründenden Nachweise liegt jedoch
darin, daß der fürstliche Verfasser sich über die möglichen Konsequenzen seiner
Forderung durchaus klar ist. Das, was im Jahre 1866 sich abgespielt hat,
sieht man hier bereits 1850 ernstlich ins Auge gefaßt:

„Da bisher als Kontraprojekt der Union nur das Münchener vom 17. Februar 1850 bekannt geworden, dasselbe aber durch die öffentliche Meinung
bereits gerichtet ist, so kann Preußen nur auf Durchführung der Union beharren,
trotz aller Drohungen, da Oestreich die Kluft nur zu gut kennt, die zwischen
dem gedrohten und auszuführenden Landfriedensbruch und Bruderkrieg besteht.
Die Entscheidung über diesen Bruderkrieg liegt jetzt in Frankfurt a. M., Oestreich hat einen Gesandten-Kongreß dahin entboten, basiert auf die Bestimmungen
über den Bundestag. Daß diese allseitig als erloschen angesehen worden, seit
Einsetzung des Reichsverwesers und des Interims, bedarf keiner Ausführung.

Dem Proteſt, den Preußen in dieſer Beziehung veröffentlicht hat, haben ſich die
Unions-Fürſten angeſchloſſen, als ſie übereinkamen, Frankfurt a. M. dennoch
zu beſchicken, um keinen Verſuch unbeſchritten zu laſſen, der zur Ausgleichung
mit Oeſtreich und dem übrigen Deutſchland führen könne. Die Unions-Fürſten
erſcheinen in Frankfurt ſolidariſch gegeneinander gebunden. Vermag Oeſtreich
in Frankfurt a. M. nichts Beſſeres vorzulegen als die Union, ſo ſchreitet dieſe
zu ihrer definitiven Konſtituierung, regelt ihre Stellung zu den nicht beigetretenen
deutſchen Staaten, durch Reviſion der Bundesakte von 1815. Tritt Oeſtreich
dieſem Vorhaben dann noch mit Krieg entgegen, ſo wird die Welt entſcheiden,
wer im Recht und wer im Unrecht iſt. Gegen die Vorwürfe, die uns Oeſtreich
in Bezug auf quaest. § 11 macht, wird ihm die Frage vorgehalten werden, ob
es durch ſeine Verfaſſung vom 4. März die Bundesakte nicht auf das ent-
ſchiedenſte verletzt habe, indem es elf Millionen Deutſche aus Deutſchland entfernte; ob es durch eine Kriegserklärung gegen deutſche Lande nicht die erſte
Baſis, auf welcher der Bund beruht, daß nämlich die deutſchen Staaten ſich
untereinander nicht bekriegen dürfen, auf das empfindlichſte verletzt; daß eine
gleiche Verletzung des Bundes ſtattfände, wenn es verlangt, zweiundzwanzig
Millionen Slaven ꝛc. in Deutſchland aufzunehmen? Will Oeſtreich dieſe Bundes-
verletzungen mit gewaffneter Hand durchzuführen ſuchen, ſo wird es den gebührenden Widerſtand finden, das Glück der Waffen wird entſcheiden.

, „Von entſcheidendem Einfluß auf Oeſtreichs Kriegsgelüſte wird die Haltung
von Rußland, Frankreich und England ſein. Es kommt daher jetzt vor allem
darauf an, daß dieſe drei Mächte von Preußens Recht in Bezug auf § 11,
und von Oeſtreichs eben dargeſtelltem Unrecht ſich überzeugen, damit ſie letzteres
vom Kriege abhalten, oder um, wenn dies nicht gelingen ſollte, dieſe drei Mächte
von jeder aktiven und paſſiven Teilnahme an dem Kriege abzuhalten.

„Sollte der Krieg zwiſchen Oeſtreich und Preußen unvermeidlich ſein und
günſtigenfalls beide Großmächte keine andern Alliierten finden als die mit
ihrem Intreſſe verbundenen deutſchen Staaten, ſo iſt die kritiſche Lage Preußens
gegenüber ſeinen an numeriſchem Gehalt überwiegenden Gegnern nicht zu verkennen. Denn wenn auch die in Berlin verſammelten Unions-Fürſten auf die
erſte vom Könige an ſie gerichtete Frage, ob ſie unter den kriegeriſchen Chancen
am Bündnis halten wollten, mit beſtimmten Ja geantwortet haben, ſo iſt doch
die materielle Kraft, die ſie Preußen zuführen, nur gering. Dieſer kritiſchen
Lage iſt nur der Stern Preußens gegenüberzuſtellen, ſeine tüchtige Armee und
ſein Recht, während die öffentliche Meinung bald zu Ungunſten Oeſtreichs entſcheiden wird.“

Daß die Vorbedingung für die hier geforderte Löſung der deutſchen Frage,
die Veränderung in der Stellung Rußlands, Frankreichs und Englands zu den
beiden Rivalen in Deutſchland, im Jahre 1866 erfüllt war, iſt und bleibt das
außerordentliche Verdienſt der genialen Bismarckſchen Staatskunſt. Daß aber
damit nur die vom Prinzen von Preußen lange vor ſeinem ſpäteren Miniſter
(deſſen damalige Anſchauung wir aus ſeinem Briefwechſel mit Gerlach kennen)

gehegten Zukunftsgedanken ausgeführt sind, ersieht man weiter daraus, wie der
Prinz schon damals sowohl das Anrecht auf die Kaiserkrone als das enge
Bündniß mit dem aus dem deutschen Bunde ausgeschiedenen Oesterreich klar ins
Auge gefaßt hat. Ueber das erstere heißt es:
„Mit der Kaiserwahl war Preußen ein Anrecht auf das Haupt Deutsch=
lands zugefallen, d. h. in der Regelung der Zukunft Deutschlands die Initiative
zu ergreifen.“

Mit Bezug auf den zweiten Punkt erklärt der Verfasser, nachdem er
dargethan, wie Oesterreich sowohl durch die Verfassung vom 4. März 1849,
wie durch die Erklärung von Kremsier gezeigt habe, daß es nur Rechte, nicht
Pflichten in Deutschland anerkenne:
„Es konnte daher dem zu einer Gesamtmonarchie erklärten Oestreich nur
eine Stellung neben Deutschland angewiesen werden, welche es aber mit dem=
selben in eine enge Alliance oder Union bringen sollte.“

Es sind dieselben Gedanken, welche Fürst Leiningen schon 1846/47 aus=
geführt hatte, und welche nunmehr von Radowitz als Minister des Auswärtigen
ernstlich an die Hand genommen waren. Aber es ist so gut wie unbekannt geblieben,
mit welcher Energie der Prinz von Preußen in derselben Zeit, wo die Gerlachsche
„Camarilla“ (wie wir aus Gerlachs eignen Denkwürdigkeiten Tag für Tag ver=
folgen können) an dem Sturz von Radowitz arbeitete, diesem Vorläufer der
Bismarckschen Politik sekundiert hat.

Zu der Denkschrift vom 19. Mai gesellt sich nämlich als weiterer Beleg
dafür zunächst der nach dem neuen Aufenthalt des Prinzen in England ge=
schriebene Brief an Bunsen.

2. Brief des Prinzen an Bunsen vom 17. Juli 1850.

Schloß Babelsberg 17/7. 50.

Unmöglich kann ich Perponcher abreisen lassen, ohne Ihnen noch diese
Worte des Danks für alle Ihre Güte während meines Aufenthalts in London
zu sagen. Es war eine ebenso schöne und angenehme als höchst merkwürdige
Zeit; es sind 14 Tage, die in Englands Geschichte einen wichtigen Platz ein=
nehmen, und die mir durch Ihre genaue Kenntniß der Verhältnisse ungemein
lehrreich gewesen sind.

Hier habe ich, was den König und Radowitz betrifft, die deutsche Frage
in der allervortrefflichsten Lage gefunden; der König war niemals fester in seinen
Plänen und Ansichten; er will und wird die Sache der Union nicht aufgeben,
solange man ihn nicht verläßt; wird durch Abfall vieler Staaten der Bund
zum Minimum, so kann das große Verfassungsproject dann nicht mehr Platz
greifen und muß man sich mit der Stipulation des 26. Mai begnügen und den
28. Mai vorerst ruhen lassen. Der Moment, dies auszusprechen, kann nach des
Königs Befehl erst eintreten, wenn die 3 provisorischen Monate abgelaufen sind.
Das Ministerium ist aber nun mit Einemmale umgeschlagen und will diesen

Ausspruch thun, wenn jetzt ausweichende oder abfallende Erklärungen einzelner Regierungen auf die letzte Anfrage eingehen werden!!! Es ist zum Verzweifeln! Ich hoffe immer noch, daß Brandenburg sich eines Andern besinnen wird. Schleinitz ist am meisten für des Königs Ansicht. Manteuffel geht aber so weit, eine Cabinetsfrage daraus zu machen, und seine Collegen schwanken wie Rohr. Meiner Ansicht nach geht die Ansicht des Ministeriums aus der Ermüdung hervor, die ihnen das Hin- und Herziehen der Angelegenheit überhaupt erzeugt. Oestreich hätte also seinen Zweck vollkommen erreicht, aus Ermüdung die Nachgiebigkeit zu erlangen. Das Ministerium sagt, da wir doch zum Fallen lassen des Verfassungsentwurfs und zur Beibehaltung des 26. Mai's kommen müssen, so ist es besser, dies sogleich auszusprechen. Wir, d. h. der König und Radowitz und ich, sagen: erstlich ist dies Müssen noch gar nicht erwiesen (sans modifications), und zweitens wäre dieser sofortige Ausspruch eine Treulosigkeit gegen die unirten Staaten, vor allem aber die unterwürfigste Concession gegen Oestreich, die es seit einem Jahre anstrebt, und eine Degradation Preußens im Auge der Welt, wie sie noch nie dagewesen ist. Der Ausspruch der Großherzogin Stephanie wird alsdann wahr, wenn sie sagt: l'Autriche veut avilir et faire démolir la Prusse. — Der König käme, wenn eine Cabinetsfrage daraus entstände, in große Verlegenheit. Er muß ganz rechts oder sehr links greifen, und Beides ist unmöglich, so daß eine Modifikation oder sogar Beibehaltung des Ministeriums nöthig werden könnte, und damit Aenderung der deutschen Politik, was ich vor Allem suchen werde, zu verhindern. Wie wichtig übrigens die Beibehaltung des Ministeriums Brandenburg für die innere Gesetzgebung ist, begreifen Sie, da nur diesem die Concession auf dem conservativen Boden von den Kammern zu erlangen möglich ist. Das Dilemma ist groß!!

Daß diese Mittheilungen nur für Sie sind, versteht sich, und auch dem Prinzen Albert dürfte wohl nur eine leise Andeutung zu machen sein ... Manteuffel gefällt mir in der ganzen Sache am wenigsten, denn er läßt durch alle Zeitungen die Artikel unwiderrufen gehen, daß er für die sofortige Einsetzung des Définitivum gestimmt habe, während er es gerade ist, der dagegen war und, wie gezeigt, noch viel weiter in seinen Concessionen vorgeht!! Wir bereiten uns militairisch vor für den Fall, daß Oestreich ein einseitiges Interim in Frankfurt a. M. einsetzt und die nicht Beitretenden etwa durch Exekutionen zum Beitritt zwingen will. Gott verhüte dann einen Zusammenstoß, der den Krieg bringen müßte!

Ihr

Prinz von Preußen.

Wie schmerzlich hat mich der Tod des H. v. Cambridge ergriffen! Ihrer ganzen Familie 1000 Herzliches!

3. Die Staatsratssitzung vom 2. November 1850.

Im Juli 1850 sehen wir den Prinzen, in welchem der preußische Staatsgedanke seit dem Großen Kurfürsten und Friedrich dem Großen seine festeste

Inkarnation gefunden hatte, noch mit ſeinem Bruder im Einklang. Auch noch
unmittelbar vor der ſchmachvollen Kataſtrophe, die in dem Wort „Olmütz" ihre
typiſche Zuſammenfaſſung gefunden hat, iſt urſprünglich noch das Gleiche der
Fall. Aber dann folgen in raſchem Fluge der Sturz von Radowitz, der Tod
von Brandenburg, die ſchwere Demütigung Preußens in der heſſiſchen und
ſchleswig-holſteiniſchen Frage. Die Entſcheidung fiel — nach Brandenburgs
Rückkehr aus Warſchau — in den erſten Tagen des November 1850. Für
die Stellungnahme des Prinzen von Preußen in dieſen Tagen kommt obenan
die Staatsratsſitzung vom 2. November 1850 in Betracht. Wir ſind heute in
der Lage, durch die Verbindung der in den Gerlachſchen, Natzmerſchen und
Roonſchen Denkwürdigkeiten über dieſelbe mitgeteilten Thatſachen ſowohl mit den
Briefen des Prinzen an Radowitz wie mit der mündlichen Erzählung des
kompetenteſten Augenzeugen den kritiſchen Moment uns recht eigentlich plaſtiſch
zu vergegenwärtigen.

Hören wir zuerſt Gerlach! Unter dem 28. Oktober hat er wieder einmal,
wie ſo oft, ſein Univerſalrezept niedergeſchrieben, d. h. die Karl Ludwig Hallerſche
Reſtaurationsformel: „Bruch mit der Revolution" (Revolution natürlich im
Hallerſchen Sinne gefaßt). Am 29. berichtet er über eine Konferenz des
Königs mit dem Prinzen, Radowitz und Stockhauſen, unter den üblichen
heftigen Ausfällen gegen Radowitz-Bunſen. Am Abend iſt „der König in
höchſter Aufregung, der Prinz indigniert über den Kaiſer Nikolaus". Am
30. iſt der König in Berlin. Gerlach erhält „Warſchauer Briefe von Münſter
und Rochow", dann ein Abſchiedsgeſuch des Miniſters v. Manteuffel, „er könne
nicht mit einer Politik gehen, die mit den Gothaern anfange und mit den Rothen
endige." Er ſelbſt hat „in einem Briefe an Stockhauſen ein exposé der
Radowitz'ſchen Politik aufgeſetzt, um ihn auf einen ſoliden Angriff und Widerſtand bei der Rückkunft Brandenburgs vorzubereiten." Das Entlaſſungsgeſuch
Otto v. Manteuffels wird nach Rückſprache mit Edwin v. Manteuffel nicht überreicht. Dagegen konferiert Gerlach zweimal an einem Tage mit dem ruſſiſchen Geſandten v. Budberg („außer ſich über Radowitz, durch deſſen Beſeitigung ſchnell
alle Schwierigkeiten gehoben werden würden") und Stockhauſen („erzählte mir
noch, daß der König zuletzt dem Prinzen die Entſcheidung überlaſſen, und daß
dieſer für den Krieg votiert hätte"). Am Abend u. a. noch „Kreuzzeitungs-
Thee".

Ueber den 31. Oktober hat Gerlach wieder allerlei charakteriſtiſche Details
aufgezeichnet. Wir heben daraus nur die Daten über die Rückkehr Brandenburgs, ſowie Gerlachs alsbaldige neue Maßnahmen — in vollſtem Gegenſatz zu
den Forderungen des Prinzen — hervor. „Brandenburg war angekommen und
meine Nachrichten durch Edwin Manteuffel, die von den beiden Miniſtern
Stockhauſen und Manteuffel kamen, gingen dahin, daß Brandenburg ſehr vernünftig und in der Hauptſache mit ihnen einig war. Den Abend hatte ich noch
einen langen Vortrag und ging dann zum Thee. Dem Prinzen von Preußen
bewies ich den Unſinn der franzöſiſch-ruſſiſchen Alliance."

Vom 1. November, von welchem auch die Aufzeichnungen über den vorhergegangenen Tag stammen, heißt es unmittelbar weiter: „Heut ein Brief von
Brandenburg, in dem er einen Minister-Conseil zu morgen verlangt. Als es ihm
der König gewährt, nehme ich mir Urlaub nach Berlin, mit der Idee, die Nacht
dort zu bleiben. An Brandenburg antwortete ich auf seine Anfrage und setzte
ihm dann meine Vorschläge auseinander... Gegen Brandenburg bemerkte ich
außerdem, daß das wirksamste Mittel, die Schwierigkeiten zu beseitigen, die Entlassung von Radowitz wäre." Nachdem dann noch eine Fahrt Gerlachs nach
Berlin mit Besuchen bei Stahl und Stockhausen und die Berufung aller Minister
zum Conseil nach Sanssouci erwähnt sind, hören wir noch über den Abend des
gleichen Tages: „Endlich kommen sie, Brandenburg erklärt sich mit mir einig,
klagt über den König und den Prinzen von Preußen. Manteuffel sagt, der
König habe sich noch nicht entschlossen. Dann zum Souper: Der König sehr
passiv, gegen mich sehr gleichgültig, noch mehr der Prinz, der, als alles auseinander ging, sich noch mit dem Könige in sein Kabinett begab."

Nach dieser „Vorgeschichte" folgt dann endlich die entscheidende Sitzung
vom 2. November, bezüglich deren wir den Gerlachschen Bericht durch den
Roonschen so merkwürdig ergänzen können. In der Gerlachschen Erzählung,
die überdies in dem Zwischengespräch Gerlachs mit dem Könige während der
Unterbrechung des Conseils einen weiteren wichtigen Beitrag zu dem Spiel
hinter den Coulissen (ganz besonders in jener Art von Suggestion, die Gerlach
in solchen Momenten vorzüglich auszuüben verstand) gewährt, heißt es speziell
über die Stellungnahme des Prinzen: „Um 10 Uhr kamen der Prinz von
Preußen und die Minister. Die Konferenz begann in gewöhnlicher Art, so daß
man den König durch die Thüre viel allein reden hörte... Der Conseil wurde
unterbrochen, und die Minister gingen in das andre Zimmer. Der König ließ
mich rufen... Als der Conseil zu Ende war, 2½ Uhr, kam der Prinz von
Preußen zornig heraus, schalt auf die Minister, weil sie nicht mobil machten."

Stellen wir nunmehr diesem Gerlachschen Zeugniß über das Verhalten des
Prinzen das Roonsche (I. S. 240/3) zur Seite! In dem Briefe vom 20. November 1850 wird darüber erzählt:

„Der Prinz hat, nachdem er die längste Zeit die Scheingründe gegen den
Krieg, welche Manteuffel, Stockhausen und Gerlach entwickelten, mit der heftigsten
Unruhe angehört, gesagt: ‚Nein, das kann ich nicht mehr mit anhören, da will
ich ja lieber gleich meinen Abschied nehmen!' Darauf hat er sich wieder hin-
gesetzt, an seinem Handschuh gepflückt und zähneknirschend die Geduld des Königs
bewundert (der bekanntlich auf seiner Seite war), während Manteuffel fortwährend von den Schrecken eines Bruderkrieges und unserem wahrscheinlichen
Unvermögen, den Krieg siegreich zu führen, bozirte. Endlich sagt Stockhausen,
der Kriegsminister: ‚Nun, es ist auch noch sehr die Frage, ob unsere Armee
sich gegen die Oest. schlägt.' Bei diesen Worten springt der Prinz auf und
widerspricht im Namen der Armee einer derartigen Annahme in sehr heftigen
Worten. Hierauf stürzte er hinaus, fiel seinem Adjutanten um den Hals und

ſagte ſchluchzend: ‚Es iſt alles verloren, mit den Männern da drinnen iſt nichts
zu machen.‘“

In dieſem Brief iſt allerdings ein einzelner Irrtum zu korrigieren. Gerlach
hat dem Staatsrate nicht beigewohnt, ſondern nur in der Zwiſchenzeit den König
privatim (in überaus geſchickter Weiſe) bearbeitet.

In allem übrigen iſt der Bericht mit der eignen Erzählung des Prinzen
in voller Uebereinſtimmung. Zugleich aber muß, damit die volle Tragweite des
Momentes gewürdigt werden kann, auch die Roonſche Berichterſtattung ebenſo wie
die Gerlachſche in den Geſamtzuſammenhang ſeiner Denkwürdigkeiten hineingeſtellt
werden. Ueber die damalige Stellung Roons iſt nämlich kurz vorher erzählt:
„Major v. Roon übernahm im Herbſte 1849 wieder die Funktionen als Chef
des Generalſtabs des 8. Armeecorps. Er war glücklich, daß ſomit ſein dienſtliches
Verhältnis zum General v. Hirſchfeld beſtehen blieb. Ebenſo vermehrten ſich die
dienſtlichen und außerdienſtlichen Beziehungen zu S. K. Hoheit dem Prinzen von
Preußen, da dieſer, nach dem Feldzug in Baden zum Militär-Gouverneur für
Rheinland und Weſtfalen ernannt, ſeine dauernde Reſidenz in das Schloß zu
Koblenz verlegt hatte. Es war eine politiſch ſchwer bewegte Zeit. Es iſt auch
kein Geheimnis, daß der damalige Prinz von Preußen in jenen Jahren die
ſchwankende Haltung der Regierung namentlich in den deutſchen Angelegenheiten
und auf dem auswärtigen Gebiete entſchieden mißbilligte.“

In demſelben Zuſammenhange wird noch der damaligen Umgebung des
Prinzen gedacht, die im ausgeſprochenſten Gegenſatze gegen die Gerlachſche
„Camarilla“ ſtand. Es werden Griesheim, Kirchfeld, Fiſcher, Guſtav Alvens-
leben — alle untereinander „in herzlicher Freundſchaft“ — mit Namen genannt.
Ueber ihre gemeinſame Stimmung in dieſer kritiſchen Zeit aber heißt es nach-
drücklich: „Alle dieſe Männer waren vor allem einig in dem heißen patriotiſchen
Streben, die heilloſe Unklarheit der öffentlichen Zuſtände, welche in Folge der
Uneinigkeit und Unentſchiedenheit der maßgebenden Regierungskreiſe noch immer
andauerte, durch den Einfluß des von ihnen ſo hochverehrten Prinzen von
Preußen zu beenden und zugleich die gründliche Reviſion der Bundestagsver-
hältniſſe, eine Auseinanderſetzung mit Oeſtreich, ſowie eine heilſame Reform der
preußiſchen Heeresorganiſation herbeizuführen.“

Den gedruckten Berichten über dieſen dies nefaſtus können wir endlich noch
beifügen, daß der Adjutant, welchem der Prinz „ſchluchzend um den Hals fiel“,
der gleiche Boyen war, deſſen auch Gerlach als in Sansſouci anweſend gedacht
(neben Wrangel, Bobbien und den Miniſtern). In einem Briefe von dem
gleichen 2. November berichtet Boyen ſelber über den Hergang: „Der Prinz
weinte wie ein Kind, daß ich nicht anders konnte, als ihm um den Hals
fallen und ſagen, daß die Ehre ſeines Namens wenigſtens für die Geſchichte
gerettet ſei.“ Ebenſo hat er ſchon eine Reihe von Jahren vor dem Druck
der Roonſchen Denkwürdigkeiten bei Anlaß eines Geſprächs über die oben
berückſichtigte, von ihm abgeſchriebene Denkſchrift den Hergang faſt wörtlich
ſo wie jene berichtet. Nur kamen noch einige bezeichnende Züge hinzu. Als

die beiden im Vorzimmer wartenden Adjutanten „den König durch die Thür viel allein reden hörten," suchte Boyen seinen älteren Kameraden möglichst fern von der Thür zu halten und durch lautes eignes Gespräch jene nicht für ihre Ohren bestimmten Worte weniger vernehmbar zu machen. Als dann der Prinz zur Thür herausstürzte und ihm um den Hals fiel, hat es längere Zeit gedauert, bis derselbe, nachdem sie zusammen weggegangen waren, im stande war, ihm im Zusammenhang von dieser Stunde der tiefsten Schmach zu berichten. Auch vor und bei dem gemeinsamen Mittagessen aber gab es noch ein bezeichnendes Nachspiel. Die Prinzessin hatte, bevor der Prinz selbst zu Tisch kam, von Boyen Bericht über den Hergang gewünscht, worauf dieser erwidert hatte, daß er, weil nicht Mitglied des Staatsrats, darüber nichts berichten könne. Als dann der Prinz selber eintrat, wurde die gleiche Frage an ihn selber gerichtet. „Hat Dir denn Boyen nichts erzählt?" „Nein, der will ja von nichts wissen!" Der Blick, den der Prinz daraufhin dem treuen Diener zuwarf, ist diesem zeitlebens unvergeßlich geblieben. War das persönliche Verhältnis schon vorher ein ungewöhnlich vertrautes, so ist doch die einzigartige Vertrauensstellung der späteren Zeit von Boyen stets auf diesen Tag zurückgeführt worden.

Die Stellung des Prinzen während dieser schweren Krise ist uns aber heute noch von weiterer Seite bekannt: durch die bei Radowitz' hundertjährigem Geburtstag (in der Nationalzeitung vom 6. Februar 1897) veröffentlichten Briefe des Prinzen an ihn. Nachdem, wie Gerlach am 3. November triumphierend berichtet, Radowitz auf seiner Entlassung bestanden hatte, hat ihm der Prinz am folgenden Tage geschrieben:

Babelsberg, 4. November 1850.

Unendlich werthvoll ist es mir, daß Sie mir Ihr Votum sendeten, sowie Ihren Ausspruch der Theilnahme am B. Ich war vernichtet. Gott wird es Ihnen lohnen, was Sie zur Ehre Preußens wollten. Sieht Brandenburgs Zustand nicht wie ein Gericht der Nemesis aus? Doch keine Bitterkeit und kein Hohn beschleicht mich.

Ihr treu ergebener

Prinz von Preußen.

Aus den am gleichen Orte mitgeteilten späteren Briefen des Prinzen ist hier noch das Votum vom 29. September 1851 von Belang:

„Erst handeln, dann raisonnieren, heißt es jetzt. Das Entgegengesetzte haben wir nun 1½ Jahre vergeblich angewandt."

Wieder ein Jahr später, am 11. September 1852, wirft der Prinz ebenfalls einen Rückblick auf die „bei Seite gelegte Politik von 1849 und 1850", um dann fortzufahren:

„Daß man deshalb jedoch Preußens Aufgabe in Deutschland, wie sie seit Friedrich des Großen Zeit sich kundgegeben, nicht vergißt, versteht sich dabei von selbst; aber auch diese Auffassung verlangt nicht eine sofortige Schilderhebung gegen Oestreich. Die großen Ereignisse entwickeln sich langsam; 1850 glaubte

ich mit Ihnen, der Moment ſei gekommen, wo Preußen durch das Schwert ſich
ſeine Stellung in Deutſchland erobern werde. Es ſollte nicht ſein — es war
verfrüht."

Nach dem Tode von Radowiß hat der Prinz in einem Briefe an deſſen
Witwe, vom 30. Dezember 1853, denſelben als einen „Freund" bezeichnet, „den
ich in den ſchwerſten Zeiten, die das Vaterland trafen, erſt vollkommen gefunden
und als ſolchen erfunden habe."

Auch die am gleichen Orte mitgeteilten Briefe Friedrich Wilhelms IV. an
Radowiß (vom 5. und 6. November 1850) bezeugen, wie der König urſprünglich
mit ihm und dem Prinzen übereingeſtimmt hatte. Er hat dann Radowiß nach
England geſandt. Dort iſt der Plan zu der Einladung des Prinzen und der
Prinzeſſin von Preußen zu der Ausſtellung von 1851 gefaßt worden. Daß
dieſer Gedanke in die Zirkel der „Camarilla" nicht paßte, liegt auf der Hand.
Die Intriguen, durch welche die Reiſe verhindert werden ſollte, ſind in dieſer
Revue (November 1895) nach den eigenen Briefen des Königs und des Prinzen
geſchildert.

Eine bedeutſame Ergänzung dieſer Briefe an Radowiß bildet ferner der an
General v. Naßmer gerichtete Brief des Prinzen vom 4. April 1851 (die Ant-
wort auf ein Schreiben Naßmers vom 22. März, zum Geburtstage des Prinzen).
Es heißt hier:

„Jawohl! Es war im November ein zweites 1813, nur vielleicht erhebender,
weil nicht ein ſiebenjähriger fremdherrlicher Druck dieſe Erhebung hervorgerufen
hatte; es war ein allgemeines Gefühl, daß der Moment gekommen ſei, wo
Preußen ſich die ihm durch die Geſchichte angewieſene Stellung erobern ſollte. —
Es ſollte noch nicht ſein. Es muß wohl verfrüht ſein, und ich glaube, wir
ſehen die gehoffte Stellung für Preußen nicht mehr. Ich bin gewiß für den
Frieden und für ein Handinhandgehen mit Oeſtreich, doch beides muß mit Ehren
geſchehen, und wir dürfen uns nicht, wie es geſchieht, an das Gängelband
nehmen laſſen. Unſer jeßiges, momentan feſteres Auftreten wird ſich gewiß auch
wieder in Wohlgefallen auflöſen. Das Kommando, das mir des Königs Vertrauen im November anwies, war recht gemacht, um zu glauben, daß man die
Welt ſtürmen könnte. Ich ſah mit großem Vertrauen den Ereigniſſen entgegen,
obſchon ich die Gegner nicht gering ſchäßte und großen Feldherrn entgegenging.
denn in dem Geiſt, der unſere Armee belebt, lag das Gefühl der Nachhaltigkeit."

Dieſen bereits gedruckten (wenngleich noch nirgends geſammelten) Aeußerungen
des Prinzen können wir aber endlich noch einen längeren Brief an Bunſen
mit einem Rückblick auf die erſten Folgen des Olmüßer Traktats anſchließen,
beachtenswert beſonders durch die Ruhe und Beſonnenheit, mit welcher der
Prinz auch nach einer Zeit größter Erregung alle günſtigen Chancen berechnet:

Berlin, 23. 12. 50.

Die Einlage, um deren gütige Beſorgung ich Sie erſuche, gibt mir Veranlaſſung, Ihnen einige Zeilen zuzuſenden. Eigentlich habe ich auf mehrere

Ihrer Briefe zu antworten; sie trafen mich indessen zu einer Zeit, in welcher wir in solcher Krise lagen, daß eine Meinungsäußerung fast unmöglich war, wenn man nicht in geregelter Korrespondenz sich befindet. Jetzt sehen wir anders in die Zukunft als sonst — ob besser, das muß die Zeit lehren. Der Mann, mit dessen System der König und ich seit dem 26. März 49 gingen, ist bei Ihnen gewesen. Er wird Ihnen die Schilderung des 2. November gemacht haben. Der 6. November gab uns Allen neues Leben — obgleich er ein edles Leben endete, das am gebrochenen Herzen starb! eine so edle Natur, wie die des Grafen Brandenburg, mußte der so frechen Inconsequenz erliegen! Friede seiner Asche! —

Der 29. November zu Olmütz und der 1. Dezember zu Potsdam entschied den Wechsel des Systems Preußens in der deutschen Frage! Da es meinem Charakter zuwider ist, einem Schaukelsystem Beifall zu klatschen, so habe ich mich ganz zurückgezogen von allen Verhandlungen. Daß ich deshalb nicht mit dem Könige und dem Gouvernement gebrochen habe, wird Ihnen einleuchten. Ein solcher Bruch muß Unheil über das Vaterland bringen und darf nur im aller-äußersten Falle eintreten. Ich habe, meinem Charakter getreu, unparteiisch die Stipulationen von Olmütz erwogen. Sie haben uns Dinge gewährt, die wir seit der Errichtung des Pseudo-Bundestags unausgesetzt verlangt hatten, freie Conferenzen und Mitsprechen in allen deutschen Angelegenheiten, — welches uns durch jene Création verweigert war, um Proselyten bei der Union zu machen, Preußen zuletzt zu isoliren oder zum Eintritt in den pseudo Bundestag zu zwingen oder es durch Isolirung, durch Krieg vielleicht — zu demoliren. — Dagegen haben wir die Concession in Hessen gemacht und die Massacre in Holstein in mögliche Aussicht gestellt. Beides sind moralische Schläge ins Gesicht der Armee, die mit bewunderungswürdiger Begeisterung unter die Waffen trat. Dies trat allen Patrioten sofort klar vor die Augen, in der ersten Aufregung übersah man die gute Seite von Olmütz. — Wie natürlich! Jetzt hat sich die Stimmung sehr beruhigt, man wägt unparteiisch ab und trauert nur über die Inconsequenz in Hessen!

Ob uns Dresden etwas Reelles bringen wird, weiß der Himmel! Zurück-weisen durfte man die Conferenzen nicht, da wir sie seit dem May selbst ver-langten. Man scheint ziemlich entschieden von unserer Seite auftreten zu wollen, indessen wie oft hat dieser Schein betrogen. Man sollte jetzt den weiteren Bund möglichst lax constituiren, für den engeren die Stärke reserviren und dessen Constituirung auf dem Prinzipe des 26. May später erst vornehmen. Dieses Canevas ist sehr weitschichtig; geschickte Hände können aber ein schönes Gebild darin einzeichnen!

Empfehlen Sie mich Ihrer ganzen Familie auf das Herzlichste. Sollten Sie die Königin und den Prinzen sehen, so legen Sie mich zu Füßen. Bleibt Frieden, so hoffe ich zur Exhibition zu erscheinen.

Ihr

Prinz von Preußen.

Die preußiſchen Urheber der Demütigung Preußens haben ſelber noch
anders über ihre damalige Thätigkeit urteilen gelernt. Unſre politiſche Litteratur
enthält ſchwerlich etwas Lehrreicheres als die Lehrjahre Bismarcks in Frankfurt
am Main, wie ſie in den Briefen an ſeinen früheren Lehrmeiſter L. v. Gerlach ſich
abſpiegeln. Bismarcks damaliger Freund und ſpäterer Rivale Edwin v. Manteuffel ſagt in einem ſeiner Briefe an Ranke[1]) über die von ihm mit korrigierte
Ausgabe des Briefwechſels des Königs mit Bunſen (Allg. Ztg. 1896, Nr. 113,
Nr. 4):

„Das Unglück damaliger Zeit war eben, daß im Innern des Landes Nach-
ſchwingungen der Märztage Gewalt hatten. So wurden auch die auswärtigen
Fragen vielfach von dem reinen Parteiſtandpunkt beurteilt, und wurde vor allem
der Geſichtspunkt ins Auge gefaßt, ob das konſervative oder das revolutionäre
Prinzip durch die oder die Löſung Vorteil haben könne. Bruch mit Oeſtreich
und Rußland wurde von ſehr tüchtigen Leuten als Aufgeben des Königstums
und Sieg des Jacobinismus angeſehen.

„Hätte ich nicht Ihre Vorträge bei Prinz Albrecht und auf der Univerſität
gehört gehabt, ich hätte auch leicht zu weit gehen können nach der Richtung;
ſo hielt ich feſt, daß die nationale Selbſtſtändigkeit und das Staatsintereſſe niemals dem abſtrakten Prinzip untergeordnet werden dürften.“

Vor allem aber ſind es die Gerlachſchen Denkwürdigkeiten ſelber, aus

---

[1]) In den gleichen Briefen (vergl. Nr. 116, Brief 12) wird ein höchſt bezeichnender
Umſtand berichtet, wie die gleiche Kamarilla, welche den Prinzen von Preußen und Radowitz
bekämpfte, ſeit Jahren ſyſtematiſch an Bunſens Sturz arbeitete:

„Ich erinnere mich, General Rauch zu General Alvensleben ſagen gehört zu haben:
‚Iſt es wahr, daß der König Bunſen gehen laſſen will, wenn du das Miniſterium nimmſt?‘
— ‚Ja.‘ ‚Nun, dann wirſt du doch Miniſter?‘ — ‚Nein.‘ — ‚Da biſt du kein Patriot;
ich kann verſichern, daß, wenn der König zu mir ſagt: Rauch, willſt du dich hier an dem
Baum aufhängen laſſen, wenn ich Bunſen den Abſchied gebe? ſo knüpfe ich ſelber den Kragen
auf und reiche meinen Hals hin. Nimm doch das Miniſterium wenigſtens auf 24 Stunden,
laſſe die Ordre von Bunſens Abſchied zeichnen und nimm dann ſelbſt wieder deinen eignen!‘
Sie glauben gar nicht, welche Kämpfe der König zu beſtehen hatte, um Bunſen zu halten.“

Auch das Urteil Manteuffels über die Urſachen, weshalb dieſe Intriguen nicht früher
zum Ziele führten, iſt — zumal für die Auffaſſungsweiſe des Briefſchreibers ſelber — höchſt
bezeichnend:

„Fragen kann man ſich, warum der König, obgleich er ſah, daß Bunſen ſchon nicht
mehr mit ihm übereinſtimmte, ihn doch immer noch zu Vertrauensaufträgen brauchen wollte.
Mir fällt ein, was mir der hochſelige König da einmal von dem General Williſen geſagt:
er lobte viele Eigenſchaften von ihm, auch wie er ihm ergeben ſei; ‚aber,‘ ſagte er, ‚er iſt
nahe daran, ganz in die Hände der Gott verſuchenden, modernen Liberalen zu fallen; er
ſchwankt am Rande eines Abgrundes, und nur ein Strohhalm ſtützt ihn vor dem gänzlichen
Sturz, der Strohhalm iſt ſein Gefühl für mich, entziehe ich ihm jetzt mein Vertrauen, ſuche
ich nicht immer wieder durch Aufträge ihn zu mir heranzuziehen, ſo ſchwindet der Strohhalm, der ihn noch im Gleichgewicht hält, und er ſtürzt unmittelbar in den Abgrund!‘
Sollte nicht ein ähnliches Gefühl den König trotz aller Ratſchläge von Rauch und
Brandenburg und Alvensleben immer wieder verleitet haben, Bunſen in die Geſchäfte
hineinzuziehen?“

welchen das über seine damalige Thätigkeit ergangene Gericht der Geschichte zu Tage tritt. Als es sich um die Regentschaft des Prinzen handelte, welche seine Partei so lange zu durchkreuzen gesucht hatte, mußte er zu seinem Schrecken erkennen: „Der Prinz beabsichtigt in einen viel schärferen Gegensatz gegen das bisherige System zu treten, als man gedacht hat." Als die Ursache dieses Gegensatzes bezeichnet er selber den Olmützer Traktat. Und er war zugleich durch die Vermittelung der Königin Elisabeth in der Lage, den Brief des Prinzen an den bisherigen Ministerpräsidenten, in welchem letzterem seine Entlassung mitgeteilt wurde, seinem Tagebuch einzuverleiben (II S. 631):

„Ich erkenne es in vollstem Maße an, wie vor allem Sie als Mitglied des damaligen Ministeriums Brandenburg den Thron und das Vaterland von einem schweren Verhängnis erlöset und in Verbindung mit den jetzigen Ministern seit einer Reihe von Jahren unserem jetzt so schwer betroffenen König und Herrn nach bestem Wissen mit Rat und That gedient haben. Ich habe aber auch, als neben der Regierung stehend, mich leider oft nicht in Uebereinstimmung mit den Regierungsmaßregeln befunden und ist Ihnen das nicht unbekannt geblieben, ebensowenig wie den übrigen Staatsministern, da ich stets mit Offenheit und Ueberzeugung mich darüber ausgesprochen habe, wenn sich die Gelegenheit dazu bot. Meine abweichenden Ansichten sind theils principieller, theils formeller Natur, sodaß ich die nöthige Uebereinstimmung mit meinen Ansichten und eine Einmütigkeit des Handelns mit mir bei dem ferner zu beobachtenden Gange der Regierung nicht voraussetzen kann. Unter diesen Umständen habe ich daher beschlossen, ein neues Staatsministerium zu bilden."

Treibende Kräfte im deutschen Heerwesen.

Von
General der Infanterie z. D. v. Blume.

D as deutsche Heerwesen erfreut sich der Anerkennung des In- und Auslandes. Es hat sich im Kriege bewährt und seitdem rüstig fortentwickelt. Dabei waren und sind fortdauernd besondere Schwierigkeiten zu überwinden, die der Herstellung und Erhaltung der Einheitlichkeit und Kraft des Heerwesens in einem Bundesstaate unvermeidlich entgegenstehen und die bei uns durch widrige Volksströmungen und Parteirücksichten noch gesteigert werden. Trotzdem herrschen Einheitlichkeit, frisches Leben und erfolgreiches Streben im deutschen Heerwesen.

Jeder Vaterlandsfreund wird das Bedürfnis empfinden, die treibenden Kräfte zu kennen, auf die diese erfreuliche Erscheinung zurückzuführen ist, denn

beren Erhaltung und Pflege ist von eminenter Bedeutung für die Sicherheit
des Landes und die Zukunft der Nation. Eine erschöpfende Behandlung aller
einschlägigen Fragen ist nun freilich im Rahmen eines Zeitschriftenaufsatzes
nicht möglich. Wohl aber möchten wir die Aufmerksamkeit der Leser auf einige
Einrichtungen in unserm Heerwesen hinlenken, die einen bestimmenden Einfluß
auf dessen Entwicklung ausüben und der Beachtung weiterer Kreise um deswillen
besonders wert erscheinen, weil der ihnen zu Grunde liegende Gedanke sich
vielleicht auch auf andern Gebieten des staatlichen Lebens nutzbar machen ließe.

Eigenartig ist zunächst die Zusammensetzung des preußischen Kriegsministeriums,
der die Organisation der Kriegsministerien von Bayern, Sachsen und Württemberg mit den durch den geringern Umfang ihres Wirkungskreises bedingten Abweichungen entspricht. Bekanntlich beschränkt sich die Thätigkeit des ersteren
nicht auf die preußische Armee und die mit ihr verschmolzenen Bundeskontingente,
sondern es erfüllt auch — zwar nicht verfassungsmäßig, aber doch thatsächlich
— wesentliche Aufgaben einer militärischen Zentralverwaltungsbehörde des Reichs.
Hieraus und aus dem Umstande, daß die Landesverteidigungsinteressen das
ganze Staats- und Volksleben durchdringen, ergiebt sich eine solche Vielseitigkeit
der Aufgaben und Beziehungen des Kriegsministeriums, daß an dessen Arbeitskräfte in Bezug auf Kenntnisse, Einsicht, Erfahrung und Weitsichtigkeit mindestens
ebenso hohe Anforderungen als an die andrer Ministerien gestellt werden
müssen.

Das preußische Kriegsministerium ist in vier Departements und zwei selbständige Abteilungen gegliedert. Die Departements setzen sich aus mehreren
Abteilungen zusammen, deren im ganzen zwanzig bestehen. Ein Unterstaats-
sekretär ist nicht vorhanden. An der Spitze der Departements stehen General-
lieutenants oder Generalmajors, an der Spitze der Abteilungen vier Generalmajors, zehn Stabsoffiziere im Regimentskommandeurrange und fünf Ministerialräte vom Zivil. Die Medizinalabteilung wird vom Generalstabsarzt der Armee
geleitet. Als vortragende Räte sind vierundvierzig Stabsoffiziere und Hauptleute, drei obere Militärärzte und zwanzig Zivilbeamte der Militärverwaltung
thätig. Dazu kommen fünf Offiziere, drei Sanitätsoffiziere und fünf Zivilbeamte
als Hilfsarbeiter, sowie das verhältnismäßig nicht zahlreiche Expeditions-,
Registratur-, Kanzlei- und Hauspersonal.

Diese Organisation bietet die Möglichkeit, dem Krigsministerium die ge-
eignetsten Kräfte aus allen Rangstufen des Offizierkorps zuzuführen und für
die bei ihm zu verwendenden Offiziere einen zweckmäßigen Wechsel zwischen
Bureauarbeit und praktischer Thätigkeit eintreten zu lassen. Die in Ratsstellen
des Kriegsministeriums berufenen Hauptleute treten nach einigen Jahren als
Compagniechefs oder Bataillonskommandeure in die Armee zurück, kommen zum
Teil nach mehrjähriger praktischer Thätigkeit als Abteilungschefs wieder in das
Kriegsministerium, werden dann Regiments- oder Brigadekommandeure in der
Armee, um unter Umständen nochmals als Departementsdirektoren im Kriegs-
ministerium Verwendung zu finden. Aber auch die Departementsdirektoren

beendigen in der Regel ihre Laufbahn nicht in der Schreibstube; man sorgt dafür, daß ihren wichtigen Stellen immer rechtzeitig frisches Blut zugeführt wird.

Der Wechsel zwischen Arbeit im Kriegsministerium und praktischer Thätigkeit ist ebenso segensreich für den Staatsdienst wie für die beteiligten Personen. Verantwortliche Teilnahme an den Arbeiten einer Zentralbehörde erweitert zweifellos den Gesichtskreis. Aber wenn sie, wie es sein muß, mit höchster Anspannung der Kräfte verbunden ist, so nutzen sich diese leicht ab; und ausschließliche Thätigkeit am grünen Tisch auf hoher Zinne trübt auf die Länge der Zeit nur zu leicht den Blick für die Anforderungen des praktischen Lebens. Unfruchtbare Vielschreiberei hoher Behörden und bureaukratische Bevormundung durch sie haben ihren Ursprung fast immer in Verknöcherung der bei ihnen thätigen Arbeitskräfte. Dieser Gefahr wird vorgebeugt, wenn letztere mit der Praxis des Lebens in naher Fühlung erhalten und rechtzeitig aufgefrischt werden.

Wir verkennen hierbei nicht den Wert, den die von älteren Ministerialräten in langjähriger ununterbrochener Thätigkeit an der Zentralstelle gewonnene Erfahrung und Geschäftsgewandtheit hat. Selbst der begabteste Neuling in einem Ministerium bedarf einer gewissen Anleitung und Zeit zum Einarbeiten, bevor er schöpferisch thätig werden kann. Solche Uebergangszeiten sind unbequem für die Vorgesetzten und nehmen deren Kräfte in höherem Maße in Anspruch. Aber die im Kriegsministerium gemachten Erfahrungen sprechen dafür, daß dieser Nachteil aufgewogen wird durch die größere Frische und Leistungsfähigkeit, die sich aus dem häufigeren Wechsel der Personen ergiebt. Wer beim Eintritt in das Ministerium darauf rechnen kann, daß er nach einigen Jahren angestrengter Arbeit unter Anerkennung tüchtiger Leistungen praktischer Thätigkeit zurückgegeben werden wird, geht mit anderm Sinn ans Werk wie der, der voraussichtlich seine Laufbahn in der erlangten Stellung endigt; jener hat wenig Grund, seine Kräfte zu schonen, aber Eile, seine Ideen zu verwirklichen und sich durch tüchtige Leistungen hervorzuthun. Trotz des häufigen Personenwechsels, wenn nicht infolge desselben, erfüllt das preußische Kriegsministerium seine schwierigen, vielseitigen Aufgaben mit verhältnismäßig geringem Personal.

Die Durchführbarkeit des Systems ist allerdings davon abhängig, daß eine gewisse Zahl von Mittelspersonen zwischen dem Minister und den vortragenden Räten vorhanden sei, wie sie das Kriegsministerium in den Departementsdirektoren und den Abteilungschefs besitzt. Denn der Minister kann bei häufigem Wechsel der Räte unmöglich deren Anleitung und Kontrolle unmittelbar und allein ausüben. Bei richtiger Abgrenzung der Geschäftsbereiche und der Verantwortlichkeiten beeinträchtigen solche Zwischenglieder so wenig die Initiative der vortragenden Räte wie die Autorität des Ministers. Erforderlich ist nur, daß die Räte bei Meinungsverschiedenheiten mit dem Abteilungschef und dem Departementsdirektor befugt seien, die Entscheidung des Ministers anzurufen, und daß sie die hierzu erforderliche Charakterstärke besitzen, daß andrerseits Kleinlichkeit, Rechthaberei, Eifersüchtelei und Mißtrauen aus dem dienstlichen und persönlichen Verkehr im Ministerium ferngehalten werden.

Vorbedingung iſt ferner eine entſprechende Regelung der Etatsverhältniſſe. Wenn die Mitglieder eines Miniſteriums in Rang und Einkommen ſo hoch ſtehen, daß ſie überhaupt nicht oder nur mit Nachteil in auswärtige Stellungen verſetzt werden können, ſo wird hiervon abgeſehen werden müſſen. Verlegenheit entſteht daraus namentlich dann, wenn in den Angelegenheiten eines Dezernats, zum Beiſpiel bei einem Miniſterwechſel, eine grundſätzlich veränderte Richtung eingeſchlagen werden ſoll. Mit Perſonenwechſel innerhalb des Miniſteriums läßt ſich in ſolchem Falle nicht immer Hilfe ſchaffen, wenigſtens nicht unter Erhaltung voller Arbeitsfreudigkeit des Verdrängten. Wird aber der bisherige Dezernent in ſeiner Stellung belaſſen, ſo muß der Miniſter ſich mit widerwilliger Förderung ſeiner Abſichten durch ihn begnügen, wenn nicht gegen ſeinen paſſiven Widerſtand ankämpfen. Mindeſtens doch für Fälle dieſer Art müßten die Etats= verhältniſſe die Verſetzung von Miniſterialräten in auswärtige Stellen und die Heranziehung friſcher Kräfte ermöglichen. Läßt ſich dies auf andre Weiſe nicht erreichen, ſo vielleicht dadurch, daß durch das Etatsgeſetz die Ermächtigung zur Fortgewährung der bisherigen Gehaltsanſprüche an eine gewiſſe Zahl auswärts verwandter Miniſterialräte erteilt wird. —

Eine eigenartige und für unſer Heerweſen bedeutungsvolle Einrichtung iſt ferner die Kriegsakademie. Sie iſt eine Fortbildungsanſtalt für Männer, die, in reiferem Lebensalter ſtehend, in ihrem Berufe bereits praktiſche Erfahrungen geſammelt und ſich ſo bewährt haben, daß bei kräftiger Weiterentwicklung ihrer geiſtigen Anlagen und Kenntniſſe beſonders gute Dienſte in der Zukunft von ihnen erwartet werden können.

Zu dieſem Zweck werden alljährlich 133 Offiziere aller Waffengattungen der deutſchen Armee — mit Ausnahme der bayriſchen, die ihre beſondere Akademie in München hat — zur Kriegsakademie in Berlin kommandiert. Die Zahl der ſich um dieſe Gunſt bewerbenden Offiziere iſt ſtets groß, oft zwei= bis dreimal ſo groß wie die Zahl der Aufzunehmenden. Die Bewerber müſſen mindeſtens drei Jahre als Offiziere praktiſchen Dienſt gethan haben; empfohlen aber iſt, die Meldung bis nach erfüllter ſechsjähriger Offizierdienſtzeit zu verſchieben. Die Bewerber ſind alſo in der Regel 22 bis 26 Jahre alt, nicht ſelten bereits verheiratet oder verlobt. Die Auswahl erfolgt auf Grund einer ſchriftlichen Prüfung, zu der nur ſolche Offiziere zugelaſſen werden, die nach ihren Charakter= eigenſchaften, ihren geiſtigen Fähigkeiten und ihrer praktiſchen Tüchtigkeit zu guten Hoffnungen für die Zukunft berechtigen. Die Nichteinberufenen können ſich in einem nachfolgenden Jahre nochmals zur Prüfung melden. In der Prüfung wird das Hauptgewicht auf die allgemeine Geiſtesbildung gelegt; doch ſetzen auch die geforderten Kenntniſſe anhaltend fleißiges Studium voraus.

Die Studienzeit auf der Kriegsakademie währt drei Jahre. Sie wird durch Ferien nur auf je vierzehn Tage zu Weihnachten und Oſtern und auf eine Woche zu Pfingſten unterbrochen. In der Zeit der großen Sommer= und Herbſt= übungen, vom 1. Juli bis 30. September, werden die Offiziere Truppenteilen anbrer Waffengattungen als der eignen überwiesen, um auch deren Dienst praktisch zu erlernen.

Die Vorlesungen, die an der Akademie gehalten werden, liegen teils auf dem Gebiete der militärischen Fachwissenschaften, teils auf dem der allgemeinen Wissenschaft. Die ersteren, von älteren Offizieren, meistens des Generalstabes, gehalten, sind obligatorisch, ebenso die Vorträge über Geschichte und Geographie, Staats- und Völkerrecht, sowie über Verkehrsmittel. Außerdem sind die kommandierten Offiziere verpflichtet, entweder sich den mathematischen Wissenschaften — Mathematik, Physik, Chemie, physikalische Geographie und Geodäsie — oder einer der drei Sprachen: französisch, russisch oder polnisch zu widmen. Daneben wird der Besuch von Vorlesungen an der Universität begünstigt. In den nichtmilitärischen Fächern üben Universitätsprofessoren das Lehramt an der Kriegsakademie aus.

Der Besuch der Vorlesungen, sowohl der obligatorischen wie der selbstgewählten, wird als Dienstpflicht behandelt und streng überwacht. Die kommandierten Offiziere erblicken darin keine Herabwürdigung, sondern nehmen es, obgleich es für sie eines Zwanges gewiß nur in seltenen Ausnahmefällen bedarf, als selbstverständlich hin, zumal der Staat nicht nur die gesamten Unterrichtskosten trägt, sondern ihnen auch ihre Gehälter fortgewährt. Am Schluß jedes Jahreskursus werden schriftliche Prüfungsarbeiten angefertigt.

Der erfolgreiche Besuch der Kriegsakademie gewährt keinerlei unmittelbare Anwartschaft auf Bevorzugung in der weiteren Laufbahn, aber thatsächlich ergänzt sich der Generalstab und das Kriegsministerium fast ausschließlich, die höhere Adjutantur und das Lehrpersonal an den Kriegsschulen überwiegend aus ehemaligen Besuchern der Akademie, und die Mehrzahl der höheren Truppenführer geht aus derselben Kategorie von Offizieren hervor.

Die meisten Besucher der Kriegsakademie haben, bevor sie in den Militärdienst eintraten, die Abiturientenprüfung an einer höheren Lehranstalt abgelegt, sind nach etwa einjährigem praktischem Dienst in den Unterchargen auf der Kriegsschule fast ein Jahr lang wissenschaftlich sehr angestrengt thätig gewesen, haben dann, das Ziel der Konkurrenzprüfung zur Kriegsakademie vor Augen, an ihrer Fortbildung gearbeitet, um endlich sich als herangereifte Männer drei volle Jahre ausschließlich dem ernstesten Studium zu widmen. Sie werden an allgemeiner und fachwissenschaftlicher Bildung den gleichalterigen Männern andrer Berufsstände sicherlich nicht nachstehen. Namentlich dürften die dreijährigen Studien auf der Kriegsakademie reichere Früchte bringen als in der Regel der drei- oder vierjährige Aufenthalt unsrer studierenden Jugend an den Universitäten.

Wir wissen nun sehr wohl, daß die Einrichtungen der Kriegsakademie auf die Universitäten nicht übertragen werden können, daß für die Entwicklung der akademischen Jugend andre Gesichtspunkte in Betracht kommen als für die Fortbildung von Offizieren. Aber die Frage, die wir durch den Hinweis auf die Kriegsakademie angeregt haben möchten, ist die, ob es sich nicht empfiehlt, für strebsame ehemalige Studierende in andern Berufszweigen, nachdem sie reiferes Urteil, sowie einige Erfahrung im praktischen Leben gewonnen haben, zum Beispiel für Regierungs- und Gerichtsassessoren, Fortbildungskurse ähnlicher Art, wenn auch von geringerer Zeitdauer, einzurichten? —

Noch auf einen dritten Punkt möchten wir die Aufmerksamkeit hinlenken: auf die Verteilung der Verantwortlichkeiten im Heere und auf die Entschiedenheit, mit der darauf hingewirkt wird, daß jedem Inhaber einer Dienststelle das seiner Verantwortlichkeit entsprechende Maß von Selbständigkeit gewährt werde.

Bezeichnend ist in dieser Hinsicht die Stellung der kommandierenden Generale. Sie sind nicht, wie in allen andern Armeen, Dienstuntergebene des Kriegsministers. Zwar haben die Generalkommandos in Verwaltungssachen den Anordnungen des Kriegsministeriums Folge zu leisten. Für den kriegstüchtigen Zustand der Truppen aber, namentlich für deren Disciplin und Ausbildung, sind die kommandierenden Generale lediglich und unmittelbar dem Allerhöchsten Kriegsherrn verantwortlich. Von ihm allein haben sie in diesen Beziehungen Weisungen anzunehmen, an ihn auch würden sie sich wenden, wenn etwa vom Kriegsministerium Verwaltungsmaßnahmen verfügt werden sollten, von denen sie Nachteile für die Kriegstüchtigkeit der ihrem Befehle anvertrauten Truppen befürchten. Aehnlich ist das Verhältnis der Generalinspektionen und des Chefs des Generalstabes der Armee zum Kriegsministerium.

Die Stellung des Kriegsministers wird dadurch zweifellos erschwert. Sie ist in ungewöhnlichem Maße von seiner Persönlichkeit und dem Vertrauen des Monarchen abhängig. Woher sollte er sonst das Ansehen gewinnen, dessen er bedarf, um die Armee und die Landesverteidigungsinteressen den andern Regierungs- und den Gesetzgebungsfaktoren gegenüber wirksam zu vertreten?

Aber die grundsätzliche Unabhängigkeit der kommandierenden Generale vom Kriegsministerium in allen andern als den Verwaltungsangelegenheiten ist eine der wichtigsten Einrichtungen unsers Heerwesens. An ihr darf nicht gerüttelt werden. Wie in ihr das so wichtige persönliche Verhältnis des Monarchen zur Armee seinen reinsten Ausdruck findet, so ist durch sie dafür gesorgt, daß das persönliche Element in der Armee, das im Kriege doch den Ausschlag giebt, nicht durch das bureaukratische verdrängt werde, und daß an den Spitzen des Heeres Unabhängigkeit des Charakters im Verein mit Treue und Gehorsam herrsche. Großer Verantwortlichkeit der kommandierenden Generale steht das entsprechende Maß von Selbständigkeit gegenüber.

Unabhängigkeit der obersten Befehlshaber giebt nun zwar an sich keine Sicherheit dafür, daß auch deren Untergebenen das der Größe ihres Wirkungskreises entsprechende Maß von Selbständigkeit gewährt werde, zumal ja die Vereinigung des Prinzips strengster Unterordnung, wie sie im Heere bestehen muß, mit dem der Selbständigkeit der Untergebenen ein sehr schwieriges Problem ist. Es gehört dazu Einsicht, Selbstbewußtsein und Takt der Oberen, Vertrauen erweckende Tüchtigkeit und Zuverlässigkeit der Untergebenen; Einsicht der Oberen in die Bedeutung der Sache, ein Selbstbewußtsein, das kleinliche Besorgnis für die eigne Autorität in ihnen nicht aufkommen läßt, ein Takt, der befähigt, die Zügel in richtiger Weise nachzulassen und anzuziehen; Tüchtigkeit und Zuverlässigkeit der Untergebenen, weil ihnen nur so viel Selbständigkeit gelassen werden kann, wie sie zweckmäßig und unter Wahrung der notwendigen Einheitlichkeit des größeren Ganzen zu verwerten wissen. Die Schwierigkeit der Sache macht es erklärlich, wenn in der Praxis hie und da Verstöße gegen das Prinzip vorkommen. Aber das Prinzip selbst ist Gemeingut der Armee, ihr eingeimpft durch die bestimmtesten Befehle der Könige auf Preußens Thron und gefördert durch die Art und Weise, wie die Heeresangelegenheiten von der Allerhöchsten Stelle geleitet werden. Wiederholt ist in königlichen Ordres ausgesprochen worden, daß kein höherer Offizier in seiner Dienststellung belassen werden könne, der nicht versteht, seinen Untergebenen das ihnen gebührende Maß von Selbständigkeit zu gewähren und sie darin zu schützen.

Und kein Zweifel wird darüber gelassen, daß der Zweck der gewährten Selbständigkeit darin besteht, freudige und verantwortungsbereite Selbstthätigkeit an allen militärischen Dienststellen zu fördern. Immer wieder weisen die Dienstvorschriften hierauf hin; die bezüglichen Anweisungen gipfeln in dem wörtlich in der Felddienstordnung und in den Exerzierreglements aller Waffen wiederholten Satze: „Ein jeder — der höchste Führer wie der jüngste Soldat — muß sich stets bewußt sein, daß Unterlassen und Versäumnis ihn schwerer belasten als ein Fehlgreifen in der Wahl der Mittel." —

Wo gegängelt wird, erstirbt das Verantwortlichkeitsgefühl und die Dienstfreudigkeit, kommt eine frische Initiative nicht auf. Die vortrefflichste Leitung vom grünen Tisch macht aber die Selbstthätigkeit der ausführenden Organe nicht entbehrlich. Das gilt, wie für den militärischen Dienstbereich, so auch für die andern Zweige des Staatsdienstes.

Einiges über Suggestion und Hypnose.

Von

Oskar Vogt.

Als vor einigen Monaten die Aufforderung an mich herantrat, gelegentlich einmal in der „Deutschen Revue" über eins meiner Forschungsgebiete, den Hypnotismus, etwas zu berichten, glaubte ich dieser Aufgabe durch einfache Mitteilung einiger interessanter Erfahrungsthatsachen genügen zu können. Inzwischen hat sich die Sachlage den Lesern dieser Zeitschrift gegenüber für mich etwas geändert. Es ist mittlerweile in der „Deutschen Revue" ein Artikel des Herrn

Ludwig Büchner erschienen, dem ein Aufsatz eines Fachmannes nicht folgen
kann, ohne daß dem ersteren zu Anfang einige Worte gewidmet werden.

Was der Herr Büchner in seinem Artikel als „Dichtung im Hypnotismus"
berichtet, hat mit dem Hypnotismus absolut nichts zu thun. Des weiteren wird
sich Herr Büchner nicht mehr das Verdienst erwerben können, im „Interesse
der Wahrheit" der Lehre von Suggestion und Hypnose Ziele und Wege vor-
zuschreiben. Die Wissenschaft hat diese Arbeit längst vollbracht. Der Artikel des
Herrn Büchner konnte nur aus einer vollständigen Vernachlässigung der wissenschaftlichen Litteratur über den Hypnotismus hervorgehen.[1])

Die Lehre von der Suggestion und der Hypnose ist, das sei zunächst festgestellt, ein Teil der Psychophysiologie.

Wir müssen da zunächst den Begriff „Psychophysiologie" erörtern. Unter
„Psychologie" verstehen wir die Lehre von den Bewußtseinserscheinungen, das
heißt den Erscheinungen, wie sie ein jeder von uns aus sich selbst, aus seiner
sogenannten „inneren Erfahrung" kennt. Unter „Physiologie" verstehen wir die
Lehre von der Art und Weise, wie die einzelnen Organe der lebenden Wesen
„funktionieren", verstehen wir mit einem Wort die Lehre von den Lebensprozessen.
Diese Lehre bildet also einen Teil der Naturwissenschaft, jener großen Disciplin,
die von den Erscheinungen der Außenwelt handelt, von jenen Erscheinungen,
die wir dank einer besonderen Eigentümlichkeit unsrer Empfindungen als objektiv,
das heißt als außerhalb unsers Bewußtseins vorhanden annehmen.

Aus zahlreichen Thatsachen wissen wir nun, daß zu gleicher Zeit, wo wir
Bewußtseinserscheinungen in uns wahrnehmen, gewisse physiologische Vorgänge
in unserm Gehirn stattfinden. So giebt es also Erscheinungen, die eine psychologische und gleichzeitig eine physiologische Betrachtungsweise zulassen. Weiter
wissen wir, daß gewissen psychischen Erscheinungen physiologische Vorgänge
vorangehen, zum Beispiel den Empfindungen periphere Erregungen der Sinnes-
organe. Ebenso folgen physiologische Prozesse den Bewußtseinsphänomenen,
zum Beispiel gewissen Gefühlen physiologische Muskelbewegungen.

Diese Thatsachen veranlassen in Verbindung mit andern Gesichtspunkten, die
zu erörtern hier zu weit führen würde,[2]) uns zur Aufstellung einer Disciplin,
die neben allen psychologischen Erscheinungen die physiologischen Phänomene
so weit berücksichtigt, als sie zu Bewußtseinsvorgängen in Beziehung stehen.
Diese Disciplin ist die Psychophysiologie. Einen Teil derselben bildet die Lehre
von der Suggestion und der Hypnose.

Um nun diesen Teil näher zu definieren, wollen wir mit einem Beispiel

---

[1]) Wer sich näher für die wissenschaftliche Litteratur interessiert, den verweise ich an
Forel, „Der Hypnotismus", Stuttgart, Encke, dritte Auflage, und an die „Zeitschrift für
Hypnotismus 2c.", Leipzig, Barth. In letzterer wird die gesamte wissenschaftliche Litteratur
besprochen.

[2]) Ich verweise hier auf die ausführlichen Lehrbücher: Wundt, Grundriß der
Psychologie, und Wundt, Physiologische Psychologie, Kulpe, Psychologie, Zächen, Leit-
faden der Psychologie 2c.

beginnen. In meiner Geſellſchaft befinden ſich mehrere Perſonen. Ich ſage
plötzlich zu dieſen, obwohl keine Roſe auf dem Tiſche liegt: „Sehen Sie doch
dieſe ſchöne Roſe hier auf dem Tiſche!“ Durch dieſe Worte rufe ich bei allen
Perſonen die Vorſtellung wach, daß ſie beim Blick auf den Tiſch eine Roſe
ſehen würden. Wenn wir nun die verſchiedenen Perſonen fragen, was ſie für
Bewußtſeinserſcheinungen hatten, als ſie nach meinen Worten ihr Auge nun auf
den Tiſch richteten, ſo können wir verſchiedene Antworten erhalten. Die eine
Perſon antwortet: „Ich habe mich ſofort überzeugt, daß Sie nur einen Witz
gemacht hatten.“ Eine zweite Perſon erklärt: „Ich ſah wirklich einen Moment
eine Roſe auf dem Tiſche liegen; erſt ganz deutlich, dann wurde ſie allmählich
undeutlich, um darauf vollſtändig zu ſchwinden.“ Eine dritte Perſon ſieht noch
immer die Roſe. Sie erklärt, eine ſchöne dunkelrote Roſe zu ſehen mit zwei
grünen Blättern. Sie riecht den Duft, ja, ſie nimmt die vermeintliche Roſe (in
Wirklichkeit nichts) in die Hand und ſteckt ſie mir ins Knopfloch.

Wir ſehen in dieſem Beiſpiel, daß die Idee, eine Roſe zu ſehen, zu ganz
verſchieden ſtarken Folgewirkungen geführt hat. Die Folgewirkung meiner Worte
im Bewußtſein der erſten der drei Perſonen war die normale. Bei der dritten
Perſon war ſie am ſtärkſten abnorm. Wo immer aber eine ſolche Folgewirkung an Intenſität das Durchſchnittsmaß überſchreitet, bezeichnen wir ſie als
eine ſuggeſtive. Jedes pſychophyſiſche Geſchehen, das entgegen dem normalen,
dem durchſchnittlichen Ablauf der fraglichen Prozeſſe durch die Vorſtellung von
ſeinem Eintreten hervorgerufen wird, iſt eine Suggeſtiverſcheinung.

So bildet alſo die Lehre von der Suggeſtion jenen Teil der
Pſychophyſiologie, der ſich mit denjenigen pſychophyſiſchen
Phänomenen befaßt, welche als abnorm intenſive Folgewirkungen vorangegangener Vorſtellungen von ihrem Auftreten
folgten.

Aus dieſer Definition geht, das wollen wir gleich jetzt betonen, zur Genüge
hervor, daß es die abnorme Intenſität iſt, welche die Suggeſtionserſcheinungen
charakteriſiert. Sie ſtellen dagegen nichts qualitativ Neues dar.

Unter den Erſcheinungen nun, die man auf ſuggeſtivem Wege hervorrufen
kann, bilden die ſchlafähnlichen Zuſtände eine große Rolle. Sie thun es deshalb,
weil dieſe ſchlafähnlichen Zuſtände ihrerſeits das Zuſtandekommen von weiteren
Suggeſtionen ſehr begünſtigen. Soweit wir nun ſchlafähnliche Bewußtſeins-
zuſtände auf ſuggeſtivem Wege hervorrufen, bezeichnen wir ſie als Hypnoſen.
Die Lehre von der Hypnoſe iſt alſo ein Teil von der Suggeſtions-
lehre, iſt die Lehre von den ſuggeſtiv erzielten ſchlafähnlichen
Bewußtſeinszuſtänden.

Im normalen Wachſein ruft ein genügend ſtarker peripherer Reiz eine
Empfindung hervor, und an dieſe Empfindung ſchließt ſich dann eine Reihe
verwandter, aber nicht ſinnlich lebhafter Erinnerungsbilder an. Im Schlaf-
zuſtand ſind dieſe Vorgänge ſtark gehemmt. Die Reizſchwelle iſt erhöht, das
heißt nur weſentlich intenſive periphere Reize veranlaſſen Empfindungen, und

diese Empfindungen rufen kaum verwandte Vorstellungen wach. Es handelt sich eben um eine starke Herabsetzung der Erregbarkeit der Bewußtseinselemente. Dagegen macht sich eine andre Erscheinung als charakteristisch für den Schlafzustand bemerkbar, das ist die Zunahme der Lebhaftigkeit unsrer Erinnerungsbilder. Im Traume glauben wir zu erleben, was wir uns vorstellen, das heißt aus unsern Erinnerungsbildern komponieren. Diese Lebhaftigkeit der einmal erregten Vorstellungen geht einer Abnahme der Zahl der überhaupt in einer Zeiteinheit erregten Vorstellungen parallel. Was an Extensität verloren geht, wird — wenigstens bis zum gewissen Grade — an Intensität gewonnen. Dieses Charakteristikum der normalen Schlaf- und Traumzustände finden wir nun in der Hypnose wieder. Darauf beruht eben auch, daß sich Suggestionen in der Hypnose leichter verlieren als im Wachen. Wir sehen des weiteren, daß sich diese Eigentümlichkeit unsers Schlafes in der Hypnose um so mehr ausbildet, je mehr sich die Hypnose einem tiefen Schlafe nähert.

Wir sahen, daß diese Zunahme der Lebhaftigkeit unsrer Erinnerungsbilder auf einer Hemmung beruht. Letztere kommt im Schlaf durch das Unlogische des Inhaltes unsrer Träume zum Ausdruck. Aber es giebt hier Ausnahmen. Es giebt Schlafzustände, in denen das Gros der Bewußtseinselemente stark an Erregbarkeit eingebüßt hat, eine Reihe von Bewußtseinselementen aber, die in ihrer Gesamtheit zu irgend einer Leistung erforderlich sind, noch sämtlich eine annähernd normale Erregbarkeit bewahrt haben. Dann kommt die Herabsetzung der Erregbarkeit des Gros der Bewußtseinselemente dieser kleinen Gruppe zu gute, das heißt in dem eingeengten Kreise ist eine abnorme Leistung möglich.[1]) Ich erinnere hier daran, daß so mathematische Aufgaben im Traume gelöst sind, und dann an die motorische Kraft und Geschicklichkeit mancher Nachtwandler.

Nun unterscheidet sich zumeist der von mir durch Suggestion hervorgerufene Schlafzustand einer Person von ihrem gewöhnlichen Schlafe dadurch, daß ich seine Tiefe und seine Ausdehnung willkürlich regulieren kann. Ich kann eine Person einmal so schlafen lassen, wie sie nachts schläft. Dann wieder kann ich einen Schlafzustand hervorrufen, in dem der Schläfer alles hört, was ich sage, dabei aber gegen alle andern Gehörseindrücke taub ist. Schließlich aber kann ich den Schlafzustand auch vollständig eng umschreiben, zum Beispiel ihn ausschließlich auf die Empfindungen eines Armes einschränken. Dann ist die betreffende Person im übrigen vollständig wach, nur der eine Arm schläft, das heißt, er ist für Reize irgendwelcher Art, zum Beispiel Stiche, unempfindlich, und gleichzeitig kann ihn die Person nicht bewegen.

Die Thatsache einerseits nun, daß Träumer in den oben erwähnten Schlafzuständen die Leistungsfähigkeit ihres Wachseins überschreitende Handlungen ausführten, und diejenige andrerseits, daß man in der Hypnose den Umfang

---

[1]) Vergl. O. Vogt, Zur Kenntnis des Wesens und der psychologischen Bedeutung des Hypnotismus. Zeitschr. f. Hypnotismus rc. Bd. 3 und 4.

und die Tiefe des Schlafes willkürlich regulieren kann: diese beiden Thatsachen können uns nun weiter veranlassen, der Frage näher zu treten, ob man nicht durch passende Gestaltung des Schlafumfanges jederzeit einen Zustand gesteigerter intellektueller Leistungsfähigkeit auf suggestivem Wege schaffen kann. Unter gesteigerter Leistungsfähigkeit ist dabei die Fähigkeit zu solcher intellektuellen Arbeit zu verstehen, die in irgend einer Richtung das Normalmaß überschreitet, ohne andrerseits in andrer Richtung etwas einzubüßen, die also an „Güte" gewinnt.

Wir sahen oben, daß es Träumer gegeben hat, die im Schlaf mathematische Aufgaben lösten. Waren solche Träumer aber einerseits nun auch einer besondern intellektuellen Leistung fähig, so war doch andrerseits das Bewußtsein von ihrer eignen Persönlichkeit und dem Verhältnis dieser zur Außenwelt sehr getrübt. Sie hatten zum Beispiel nicht das Bewußtsein, im Bett zu liegen, sondern glaubten sich am Schreibtisch oder in ähnlichen Situationen. Ebenso ist das Bewußtsein der Nachtwandler von unlogischen Traumvorstellungen erfüllt. Solche Traumvorstellungen können natürlich jederzeit eine fragliche intellektuelle Leistung durchkreuzen und so die Logik der letzteren stören. Jedenfalls verliert diese in solchen getrübten Bewußtseinszuständen mehr an Sicherheit, als sie an Intensität gewinnen kann.

Wir müssen also zunächst aus dem Bewußtsein des Individuums jede Traumvorstellung ausschalten. Wir müssen einen Schlafzustand schaffen, in welchem das „Selbstbewußtsein" des Schlafenden klar erhalten ist, das heißt, in welchem der Schlafende über sein eignes Ich, über das, was in seinem Bewußtsein vor sich geht und über die Situation, in der er sich befindet, durchaus klar ist. Alle diesbezüglichen Bewußtseinselemente müssen die Erregbarkeit des normalen Wachseins zeigen.

Aber selbst, wo dieses erreicht ist, ist damit noch durchaus nicht die Garantie für ein richtiges Urteil gegeben. Ich will ein Beispiel anführen: Es kommt zu mir in mein Sprechzimmer eine Patientin, die ich früher öfter hypnotisiert habe. Gleich nach Eintritt in mein Zimmer, das sie zum ersten Male sieht, lasse ich sie sich setzen und die Augen schließen. Ich fordere sie dann auf, alles das zu nennen, was sie auf einem bestimmten Tische an Gegenständen hat liegen sehen. Sie erklärt, gar nicht darauf geachtet zu haben. Sie erinnert sich nur, daß auf dem Tisch ein Kaffeeservice stände, kann aber über die Einzelheiten desselben durchaus keine Auskunft geben. Ich versetze nun diese Patientin, ohne daß sie ihre Augen wieder öffnet, in hypnotischen Schlafzustand. Ich suggeriere speziell einen Bewußtseinszustand, in dem sie über die gegenwärtige Situation durchaus im Klaren ist. Sie weiß, daß sie sich in meinem Zimmer auf einem Stuhl in hypnotischem Bewußtseinszustand befindet. Ich kann mich mit ihr unterhalten wie mit einer Wachen. Dagegen ist sie zum Beispiel gegen anderweitige Gehörseindrücke vollständig unempfindlich. Ich konzentriere jetzt ihre Aufmerksamkeit auf die Einzelheiten jenes Kaffeeservices auf dem Tisch. Und siehe da! Sie macht jetzt eine ganze Reihe richtiger Angaben über die einzelnen

Teile jenes Services, über die gegenseitige Stellung und die Form desselben. Wie ist dies möglich? Bei dem Eintritt der Person in mein Zimmer hat das Kaffeegeschirr Erregungen in ihrem Nervensystem hervorgerufen. Aber da die Patientin zurzeit ihre Aufmerksamkeit auf andre Punkte gerichtet hatte, blieben diese Punkte dunkel bewußt oder ganz unbewußt. Jetzt konzentriert sie nachträglich ihre Aufmerksamkeit auf die ehemaligen Erregungen und vermag so die diesbezüglichen Erinnerungsbilder noch klar zu Bewußtsein zu bringen. — Ich frage sie dann auch nach der Farbe. Hier stockt sie anfangs. Dann aber nennt sie zwei Farben, beschreibt genau die Verteilung derselben an den einzelnen Stücken des Kaffeegeschirrs und erklärt, sich jetzt sicher dieser Farben und ihrer Verteilung zu erinnern. Darauf wecke ich die Versuchsperson. Sie überzeugt sich sofort, daß sie durchaus falsche Farben genannt hat, indem sie dieser Konstatierung gleich hinzufügt: „Natürlich war es falsch; denn ich habe ja die Farben eines Kaffeegeschirrs genannt, wie ich sie auf dem Weg zu Ihnen in einem Laden gesehen habe."

Analysieren wir etwas näher dieses Beispiel: Im normalen Wachsein können wir uns im allgemeinen nur an das erinnern, was zuvor einmal voll bewußt war. Aber in ganz geringem Grade haben wir auch die Fähigkeit, uns zu erinnern an dunkelbewußte Erlebnisse und wieder auch an solche unbewußte Erregungen des Nervensystems, bei denen dieses Unbewußtbleiben einer anderweitigen Inanspruchnahme der Aufmerksamkeit zuzuschreiben ist. Ich gehe zum Beispiel in Gedanken vertieft eine Straße entlang. Plötzlich steigt in mir die Idee auf, du bist eben an einer bekannten Person vorbeigegangen, die du hättest grüßen müssen. Und ich erinnere mich jetzt nachträglich gewisser Einzelheiten. Man hat diese Frage auch experimentell studiert und eine Bestätigung unsrer Angaben gefunden. Diese Fähigkeit nun sahen wir bei der obigen Versuchsperson bedeutend gesteigert. In dieser Richtung ist also die intellektuelle Leistungsfähigkeit jener Patientin an Intensität vermehrt. Dieser Intensitätssteigerung liegt eine weitgehende Schlafhemmung andrer Bewußtseinselemente zu Grunde. Wir sahen nun weiter, daß sich die Versuchsperson bezüglich der Farbe vollständig irrte. Für diesen Irrtum gab sie nach dem Erwachen sofort eine kritische Erklärung. Jener Kritik war sie aber in der Hypnose unfähig gewesen. Warum? Jene an die fraglichen Farben geknüpfte Assoziation, daß sie ein derartig gefärbtes Geschirr in einem Laden gesehen hatte, diese Assoziation gehörte zu den schlafenden Bewußtseinselementen. So haben wir also im vorliegenden Fall, trotzdem keine Traumvorstellungen bezüglich der gegenwärtigen Situation vorhanden waren, eine Intensitätssteigerung der intellektuellen Leistungsfähigkeit nicht ohne Abnahme der Kritik: also noch eine durchaus unbrauchbare Art der Intensitätsvermehrung.

Wir müssen also einen Bewußtseinszustand zu schaffen suchen, der ein volles Wachsein nicht nur aller für das „Selbstbewußtsein" notwendigen psychischen Elemente darstellt, sondern auch alle jene Vorstellungen umfaßt, die dem Individuum eine Selbstkritik seiner intellektuellen Leistung ermöglicht. Diese Kritikfähigkeit darf gegenüber dem normalen Wachsein zum mindesten durchaus nichts einbüßen.

Diesbezügliche eingehende Studien haben mir nun gezeigt, daß man einen den genannten Anforderungen entsprechenden Bewußtseinszustand sehr wohl auf suggestivem Wege hervorrufen kann. In dem obigen Beispiel handelte es sich um eine ungebildete, im logischen Denken und in einer kritischen Selbstbeobachtung durchaus ungeübten Patientin. Macht man dagegen entsprechende Versuche mit Individuen, die logische Klarheit im Denken mit kritischer Selbstbeobachtung verbinden, so kommt man zu durchaus positiven Resultaten.[1]

Solche Bewußtseinszustände zeigen dann die Vorteile einer das Normalmaß überschreitenden Konzentration der psychophysischen Energie. Das Unterscheidungsvermögen für periphere Reize, das Vermögen, Erinnerungsbilder zu wecken, die Fähigkeit, richtige Urteile zu fällen und in passende Worte einzukleiden: alle diese Vermögen nehmen zu. Eine in einem derartigen Bewußtseinszustand befindliche Versuchsperson nimmt bereits Sinnesreize wahr, die im Wachsein noch unbewußt bleiben. Sie unterscheidet noch Nuancen, in Tönen zum Beispiel, die sie im Wachen nicht zu trennen vermag. Ihr steht nicht nur eine größere Reihe von Erinnerungsbildern zur Verfügung, sondern diese zeigen auch eine stärkere Lebhaftigkeit. Eng hiermit in Zusammenhang steht die Thatsache der größeren Sicherheit im Urteil. Parallel mit dieser qualitativen Verbesserung der intellektuellen Leistungsfähigkeit geht eine quantitative Vermehrung. Die Versuchsperson arbeitet schneller und mit geringerer Ermüdung.

Von besonderem Interesse sind hier die Steigerungen des Erinnerungsvermögens. Ich will einige diesbezügliche Beispiele anführen:

Eine mir bekannte Malerin erhielt eines Tages den Auftrag, von einer Gegend zwei Bilder zu malen, in der sie sich vor mehr als zwölf Jahren eine einzige Stunde aufgehalten hatte. Sie erinnerte sich im Wachsein nicht an die Gegend und glaubte so dem Auftrage nicht gerecht werden zu können. Da half ich ihr mit einer Hypnose. In dieser ließ ich die Malerin ihre ganze Aufmerksamkeit auf die Erinnerungsbilder konzentrieren, welche sich auf jenen kurzen Aufenthalt beziehen. Sie erzählt mir jetzt, daß sie sich jetzt äußerst lebhaft erinnert, wie sie nach einem langen Marsche jenen Ort erreicht, wie sie sich ermüdet auf einen Stein gesetzt und vor sich die betreffende Scenerie, die Berge mit einer Burg und über den Bergen heraufziehendes Gewitter beobachtet habe. Die Künstlerin war jetzt im stande, ihrem Auftrage nachzukommen.

Ich will eine weitere Beobachtung anführen, die, wie die vorige, nicht aus den Reihen meiner psychologischen Experimente, sondern direkt aus dem Leben gegriffen ist. Ich traf in der Zeit, wo ich als Arzt in einem Krankenhause thätig war, eines Abends auf der Visite in einem der Säle einen der Patienten

---

[1] Vergl. darüber meinen auf dem Münchener Psychologenkongreß gehaltenen Vortrag: „Die direkte psychologische Experimentalmethode in hypnotischen Bewußtseinszuständen.“ Leipzig, Barth 645.

bereits schlafend. Ich spreche mit den andern Kranken, treffe meine Anordnungen und verlasse den Saal. Ich notiere aber nunmehr genau die Gespräche mit den andern Patienten und meine Anordnungen, da ich mir ein entsprechendes Experiment für den morgigen Tag vornehme. Am andern Tage erklärt mir der Patient, daß ich keine Visite gemacht und daß er eine dementsprechende Wette mit einem andern Patienten eingegangen sei. Ich hypnotisiere jetzt den Patienten und konzentriere seine Aufmerksamkeit auf meinen gestrigen Besuch. Und siehe da! Er erinnert sich nunmehr mit kleinen Unrichtigkeiten aller Einzelheiten meiner gestrigen Abendvisite, ja zahlreicherer Details, als ich ohne besondere Notizen noch wissen würde.

Im ersten dieser Fälle handelt es um die im Wachen unmögliche Reproduktion eines ehemaligen vollbewußten Erlebnisses. Im zweiten Falle waren die nervösen Vorgänge, für die der Patient nachher in der Hypnose Erinnerungsbilder hervorrufen konnte, bei ihrem ersten Auftreten dunkelbewußt, vielleicht auch unbewußt geblieben. Der in der Selbstbeobachtung nicht weiter geübte Patient erklärt, mit der jetzigen Erinnerung an die Vorgänge der gestrigen Abendvisite nicht die Vorstellung zu verbinden, daß diese Vorgänge ihm gestern abend zum Bewußtsein gekommen wären.

Man kann nun aber mit Hilfe in der psychologischen Selbstbeobachtung geübter Versuchspersonen unzweifelhaft nachweisen, daß man Erinnerungsbilder an gewisse Vorgänge kenne, die bei ihrem Auftreten unbewußt geblieben sind. Ich habe den grundlegenden Versuch meines Lehrers Forel[1]) an zahlreichen absolut sicheren Versuchspersonen wiederholt. Der Versuch ist folgender: Auf suggestivem Wege ruft man bei einer im übrigen wachbleibenden Versuchsperson eine vollständige Empfindungslosigkeit eines Armes hervor. Die Versuchsperson empfindet keine Berührungen oder Striche dieses Armes. Man läßt die Versuchsperson jetzt die Augen schließen. Man fordert dann dieselbe auf, ihre ganze Aufmerksamkeit auf den Arm zu konzentrieren und darauf zu achten, ob der Arm berührt werde. Man berührt dann den Arm. Die Versuchsperson erklärt, keine Berührung empfunden zu haben. Man läßt nun noch den Arm wenigstens einige Minuten anästhetisch; dann kann man die Anästhesie wieder beseitigen. Auch jetzt erinnert sich die Versuchsperson keiner Berührung. Darauf versetzt man dann die Versuchsperson in den fraglichen hypnotischen Bewußtseinszustand. Man fordert jetzt die Versuchsperson von neuem auf, darüber nachzudenken, ob sie zuvor an dem Arm berührt worden sei. Man erhält dann die Antwort: „Ich weiß jetzt, daß ich da und da von Ihnen berührt bin. Ich habe es damals nicht empfunden; aber, daß ich trotzdem berührt worden bin, ist mir jetzt durchaus sicher."

Dieser Versuch verdient eine allgemeinere Beachtung. Er zeigt uns, daß gewisse unbewußte nervöse Vorgänge einer späteren Reproduktionsfähigkeit im Bewußtsein gegenüber sich ebenso verhalten wie bewußte Vorgänge. Wir dürfen

---

[1]) Vergl. Forel, „Gehirn und Seele." Bonn 1895.

daraus schließen, daß es für gewisse hirnphysiologische Vorgänge ausschließlich die Intensität ist, welche bestimmt, ob dieser Vorgang von einem Bewußtseins= vorgang begleitet ist oder nicht.

Bekanntlich kann man die philosophische Weltanschauung der großen Mehr= zahl der heutigen Naturforscher als eine monistische bezeichnen. Mein hoch= verehrter Lehrer Ernst Haeckel[1]) glaubt, daß Neunzehntel aller klar denkenden gegenwärtigen Naturforscher dieser Anschauung huldigen. Sie basiert auf dem Prinzip, daß Nichts aus Nichts entstehen kann. Ebenso wenig wie wir einen einzigen Fall kennen, wo sich Materie nicht aus Materie bilde oder wo Kraft nicht eine Umwandlung einer andern Kraft darstelle, ebensowenig kann das Psychische plötzlich aus einem Nichts entstehen. Wenn wir den Stammbaum der Lebewesen bis zu den einzelligen Organismen verfolgen, welcher neurophysiologische Vor= gang sollte da dadurch ausgezeichnet sein, daß ihm ein erster Bewußtseinsvorgang parallel ginge? Und wenn wir umgekehrt aus dem einzelligen Ei ein höheres Lebewesen entstehen sehen, wann sollte da der erste physiologische Prozeß statt= finden, der die ganz neue Eigentümlichkeit habe, gleichzeitig ein bewußter Vorgang zu sein? So sind es vergleichende und entwicklungsgeschichtliche Gesichtspunkte, die uns zu jener monistischen Weltanschauung führen, daß jedem physiologischen und weiterhin jedem materiellen Vorgange ein Etwas parallel geht, das sich in seiner höchsten Intensität als psychisches Phänomen offenbart. Diese philosophische Ansicht erhält durch das obige Experiment eine neue Stütze.

Wir haben im Verlauf unsrer Ausführungen gesehen, daß der Mensch in gewissen hypnotischen Bewußtseinszuständen eine abnorme intellektuelle Leistungs= fähigkeit gewinnt. Nähern wir uns damit aber nicht den Lehren der Spiritisten und Occultisten? Da der Herr L. Büchner in seinem oben citierten Aufsatz diese Gebiete miteinander vermengt, wollen wir darauf zum Schluß kurz ein= gehen.

Der Spiritismus lehrt die Existenz von Geistern. Diese Lehre widerspricht allen unsern Kenntnissen vom Zusammenhang des Psychischen und des Körper= lichen. Wir wissen, daß die „Persönlichkeit" ein Komplex von Bewußtseins= elementen darstellt, der ein gemeinsames Arbeiten einer großen Reihe nervöser Elementarorganismen zur Voraussetzung hat. Da, wo ein Teil dieser durch eine anatomisch nachweisbare Gehirnkrankheit zerstört wird, schwindet auch ein Teil der Persönlichkeit. Diese Erfahrung zeigt aufs deutlichste, daß die isolierte Existenz einer geistigen Persönlichkeit eine Unmöglichkeit ist. Die Psychophysio= logie und damit auch ihre Teildisciplin, die Lehre von der Suggestion und der Hypnose, muß jede Form von Spiritismus a priori als undiskutierbar zurück= weisen.

Nun giebt es noch Occultisten, die den Spiritismus ebenfalls bekämpfen, die aber behaupten, daß es Kräfte gäbe, die uns noch unbekannt seien und die

---

¹) Vergl. E. Haeckel, „Der Monismus."

unter Umständen zwar nicht wirklich „übernatürliche", aber äußerst abnorme Bewußtseinserscheinungen hervorrufen könnten.

Eine derartige Anschauung kann man nicht a priori als unbiskutierbar zurückweisen. Von unserm Standpunkte aus können wir aber folgendes bemerken:

Die Frage, ob es noch „occulte" psychische Phänomene giebt, ist eine Frage der gesamten Psychophysiologie, nicht aber eine solche der speziellen Lehre von der Suggestion und der Hypnose. Das Studium der Suggestion und der Hypnose lehrt uns keine einzige qualitativ neue psychophysiologische Thatsache kennen. Es handelt sich nur um intensivere Phänomene, die aber auch außerhalb des Rahmens der Suggestion und der Hypnose im normalen Schlaf, in krankhaften Bewußtseinszuständen und gelegentlich einmal auch im Wachsein vorkommen. Giebt es andrerseits occulte Phänomene, so werden diese — wie es auch die Occultisten behaupten — außerhalb hypnotischer Bewußtseinszustände vorkommen.

Was nun die Stellung der gesamten Psychophysiologie diesen occulten Behauptungen gegenüber anbelangt, so wird von occultistischer Seite behauptet, die Psychophysiologie nehme dem Occultismus gegenüber eine ähnlich ablehnende Stellung heute ein, wie sie ehedem dem Hypnotismus gegenüber gezeigt habe. Diese Behauptung ist falsch. Die Psychophysiologie hat dem Hypnotismus gegenüber nie eine ablehnende Stellung eingenommen. Unsre Gegner befanden sich in den Reihen der psychologisch ungebildeten Aerzte und Naturforscher. Man kann direkt sagen, je psychologisch gebildeter ein Mensch war, um so mehr Verständnis hat er dem Hypnotismus entgegengebracht. Ein andres Benehmen der Psychologen wäre auch unbegreiflich gewesen. Denn zwischen dem Hypnotismus und dem Occultismus giebt es einen gewaltigen Unterschied. Die hypnotischen Phänomene können wir jederzeit experimentell hervorrufen und so jedem Kritiker vor Augen führen. Die Occultisten geben dagegen selber zu, noch nicht die Wege einer experimentellen Hervorrufung der von ihnen behaupteten Phänomene zu kennen. So lange ist aber der Skeptizismus der Psychophysiologie berechtigt.

Nur unklare Köpfe können den Hypnotismus mit dem Spiritismus und dem Occultismus vermengen. Die Lehre von der Suggestion und der Hypnose umfaßt Thatsachen, die nichts Occultes enthalten, die sich durchaus psychophysiologisch erklären lassen.

Paris, 3 Rue Bonaparte. 30. V. 97.

Die Beziehungen zwischen dem englischen und deutschen Volke.

Von

Sir Richard Temple.

Ich beabsichtige in diesem Artikel kurz darzulegen, was man in England in Bezug auf Deutschland und die Deutschen denkt und empfindet. Ich lasse dabei die diplomatischen Beziehungen zwischen den beiden Ländern oder den beiden Regierungen ganz aus dem Spiel. Ich halte mich lediglich an das, was in England die allgemeine Ansicht ist. Diese Ansicht kann nach deutscher Ueberzeugung richtig oder falsch sein. Aber selbst, wenn sie falsch ist, kann sie, wenn sie nur die bei dem englischen Volke wirklich vorhandene ist, für Deutsche von Interesse sein. Alles, was ich schreibe, soll jedenfalls in der freundschaftlichsten Absicht geschrieben sein.

Zunächst haben die Engländer sich stets mit Deutschland verwandt gefühlt und thun das auch noch, was bezüglich keines andern Landes der Fall ist. Sie wissen, daß sie selbst halbe Deutsche sind. Sie haben nie ihre angelsächsische Abkunft vergessen und wissen, daß die Urheimat ihres Stammes im Grenzgebiet Westfalens und des Teutoburger Waldes liegt. Selbst der Name England bedeutet das Land der deutschen Angeln. Jeder vaterländisch gesinnte Engländer bedauert, wenn er das Schlachtfeld von Hastings besucht, daß seine sächsischen Vorfahren ohne ihr Verschulden von Wilhelm und seinen Normannen geschlagen wurden. Und bis zu dem heutigen Tage ist der gefallene Harald der volkstümlichste der englischen Helden. Im gewöhnlichen Gespräch bezeichnen die Engländer alles, was nicht zum britischen Reiche gehört, entweder als Fremde oder als Amerikaner. Sie machen aber einen Unterschied zwischen Deutschen und andern Fremden, und sie betrachten deutsche oder germanische Stämme nicht mit denselben Augen wie die lateinischen, keltischen oder slavischen Volksstämme. Mit einem Worte, sie erkennen eine Gemeinschaft zwischen sich und den Deutschen an. Sodann haben sie, während sie mit Spanien, Frankreich, Holland, Rußland und andern Ländern tödliche Kämpfe ausgefochten, niemals Deutschland im Kriege gegenübergestanden, und es ist niemals deutsches Blut von Engländern vergossen worden. Dagegen ist oft auf Schlachtfeldern deutsches Blut geflossen, wenn Deutsche und Engländer als Freunde und Verbündete nebeneinander kämpften. Der gegenwärtige Deutsche Kaiser hat bei Gedächtnißfeiern die englische Armee mehr als einmal an diese Thatsache erinnert. Derartige Erinnerungen sind vernünftig und geeignet, das Band internationaler Freundschaft zu erhalten. Noch im Krimkriege traten Deutsche — mit Erlaubnis ihrer Regierung — in britische Kriegsdienste.

Die englische Dynastie ist hauptsächlich deutschen Stammes; für eine englische Prinzessin wird eine deutsche Heirat für das Passendste gehalten. Viele Tausende

von Deutschen leben als Kolonisten in britischen Kolonien, und wenn sie auch
ihre Sprache und ihre deutschen Ideen beibehalten, sind sie doch loyale und
patriotische britische Unterthanen. In England selbst giebt es in den Industriezentren viele Deutsche, und besonders London ist überreich an ihnen. Auf dem
Gebiet der englischen Hauptstadt leben so viele Deutsche, daß sie die Bevölkerung
einer großen deutschen Stadt ausmachen könnten. Dieselben sind in den verschiedensten Geschäftszweigen thätig. Einzelne naturalisieren sich nicht, doch viele,
ja fast die meisten thun das. Viele verheiraten sich auch mit Engländerinnen,
und sobald das der Fall ist, werden sie ganz und gar Engländer. Ein Deutscher,
der längere Zeit in England lebt, nimmt englische Sitten und Gewohnheiten so
willig und so vollständig an, wie es bei den Angehörigen irgend eines andern
europäischen Volksstamms gar nicht möglich wäre. Viele Deutsche haben sich
im englischen Regierungsdienste in Indien und sonstwo ausgezeichnet. Die Ver-
laufsstellen für deutsche Bücher, Zeitschriften und Zeitungen in London und die
Verbreitung deutscher Litteratur daselbst würden Deutsche, die mit den betreffenden
Verhältnissen nicht näher vertraut wären, in Erstaunen setzen.

Andrerseits erkennen die Engländer willig die Aufmerksamkeit an, die man
in Deutschland der englischen Litteratur zuwendet, die Würdigung Shakespeares
und die Verbreitung englischer Bücher, wie sie namentlich von der Firma Tauchnitz
betrieben wird.

Nun sollten doch alle diese Dinge, wie man zu sagen pflegt, „auf den
Frieden hinarbeiten" oder wenigstens den Grund zu einer internationalen Freundschaft und den möglichst besten Beziehungen legen. Glücklicherweise sind diese
Beziehungen niemals durch einen offenen Bruch gestört worden. Doch haben sie
ab und zu eine Trübung erfahren und drohten gelegentlich sich zu einem Bruch
zuzuspitzen.

Ich will kurz diese Dinge auf ihren Grund zurückführen, und wenn meine
Darstellung deutschen Lesern unrichtig erscheint, mögen sie bedenken, daß ich nur
den englischen Standpunkt vertrete, den sie doch kennen lernen wollen, wie
immer er in seinem Werte beschaffen sein mag.

Nach dem französisch-deutschen Kriege gewahrten die Engländer, daß die
deutsche Presse und die deutsche öffentliche Meinung ihnen feindlich waren —
offenbar, weil die Deutschen glaubten, England habe ihnen während des Konfliktes übelwollend gegenübergestanden. Die Franzosen erhoben dieselbe Klage.
Beide Klagen konnten aber nicht richtig sein; bei der einen oder der andern
mußte ein Mißverständnis obwalten. Thatsächlich hatten die großen Mittelklassen
Englands auf seiten Deutschlands gestanden, wenn auch die oberen Klassen sich
nach Frankreich hinneigen mochten. Doch mag das alles sich verhalten, wie es
wolle, die Engländer sahen mit Freuden die Errichtung des Deutschen Reiches
auf Grundlage der deutschen Einheit und unter wirklich deutscher Führung.
Ihre Ansicht entsprach fast ganz und gar derjenigen, welche später so trefflich
in dem berühmten Kapitel über die deutsche Einheit in v. Sybels Geschichtswert
auseinandergesetzt worden ist. Sie hatten stets mit Bedauern gesehen, wie die

alte Kraft Deutschlands sich durch die Teilung und Unterabteilung in viele kleine Einzelstaaten zersplitterte. Sie freuten sich, daß diese Kraft unter einen einzigen kaiserlichen Willen zusammengefaßt und ein Mittelreich zwischen den beiden Großmächten Frankreich und Rußland errichtet werden solle. Der erste Kaiser, Wilhelm, war in England sehr angesehen, Kaiser Friedrich und seine Gemahlin wurden daselbst geliebt. Der gegenwärtige Kaiser Wilhelm wußte sich in kluger Weise mit dem englischen Volke zu stellen und wurde ganz populär. Ein Jahr erschien er in Portsmouth und ein andres in Albershot, und seine Bekanntschaft, die in Marine- und Militärkreisen begann, erstreckte sich bald auf die Gesellschaft im allgemeinen. Seine gesellschaftlichen Besuche in Cowes zu den Jachtfahrten wurden sehr populär. Als er im Jahre 1889 mit seiner kaiserlichen Gemahlin der Stadt London einen förmlichen Besuch abstattete, wurde ihnen ein so feierlicher Empfang zu teil, wie die große Weltstadt ihn nur je gekrönten Häuptern bereitet hat. Die friedliche und freundliche Ansprache, die er bei dem Guildhallbankett hielt, fand die höchste Anerkennung. In allem diesem lag vieles, was die Freundschaft zwischen den beiden Nationen nur befestigen konnte.

Nach Errichtung des Deutschen Reiches kam der Ehrgeiz nach kolonialer Ausdehnung oder Erweiterung. Dieser Ehrgeiz wurde von den Engländern als an sich berechtigt und vernünftig anerkannt. Nichtsdestoweniger empfanden sie seinetwegen eine gewisse Besorgnis, weil die deutsche Kolonisation eine wesentlich auf den Handel gerichtete ist — darin ungleich der französischen, die hauptsächlich politisch ist und selten zu nennenswertem Handel führt.

Eifersucht ist stets und allerorts in der Welt vorhanden gewesen; je unvernünftiger sie gewesen, desto heftiger ist sie geworden. Die Engländer sind nicht die ersten gewesen, die dieses Gefühl empfunden, und werden auch nicht die letzten sein!

Die erste Wolke, welche den Horizont trübte, erhob sich von Neu-Guinea her, als Deutschland sich dort niederzulassen begann. Es ist das eine große, langgestreckte Insel vor der Küste Australiens. Sofort wandten sich die Australier mit Beschwerden nach dem Mutterlande. Schließlich wurde die Insel geteilt, wobei der nach Australien zu gelegene Teil an England fiel. Dann kam die Angelegenheit wegen der Walfischbai, welcher Platz von den Deutschen genommen worden war, während die Engländer meinten, er liege zu nahe bei der Kapkolonie, als daß er von Fremden in Besitz genommen werden könne. Als sie aber die offiziellen Zeitungen studierten, wandte sich ihr Tadel gegen die eigne Regierung und nicht gegen Deutschland. Etwas Aehnliches geschah, als später Deutschland Besitz von Kamerun an der Westküste Afrikas ergriff. In diesen verschiedenen Fällen waren die Engländer unzufrieden mit ihrer eignen Regierung, weil sie der Ansicht waren, ihre Interessen seien nicht mit der nötigen Vorsicht und Promptheit wahrgenommen worden; ein gewisser Unwille erhob sich insbesondere gegen einige Staatsmänner.

Andrerseits war bei den Engländern der Eindruck vorherrschend, daß das Vorgehen und das Verhalten Deutschlands ein freundliches bezüglich Aegyptens

gewesen sei, wo sie einen lang währenden und etwas gefährlichen Zwist mit
Frankreich gehabt hatten. Selbst das Zuwarten Deutschlands in dieser Angelegenheit wurde von den Engländern als günstig erachtet.

Bald darauf folgte eine Reihe von Bewegungen in Ostafrika, die allgemein
als ehrenvoll für den deutschen Unternehmungsgeist angesehen wurden. Allein sie
erstreckten sich bis auf die der Insel Sansibar gegenüber gelegene Küste. Darauf
kam es denn zu einer, wenn vielleicht auch nur indirekten, so doch nicht minder
wirksamen Einmischung in die Angelegenheiten der Insel selbst. Nun würde
wohl im Hinblick auf die innigen Beziehungen, die so lange zwischen England
und Sansibar bestanden hatten, wahrscheinlich ein unparteiischer Deutscher zugeben, daß hier mindestens die Engländer Grund zur Eifersucht hatten. Thatsächlich wurden sie in hohem Grade eifersüchtig. Die Unruhe wurde indes
vorderhand durch eine Teilung der Landgebiete zwischen die deutsche und die
englische ostafrikanische Gesellschaft beschwichtigt. Doch bald entstand eine neue
Schwierigkeit. Die deutsche Gesellschaft begann sich bis Uganda auszudehnen,
das hinter dem Viktoria Njansa liegt und sich bis zu dem berühmten Mond-
gebirge erstreckt. Das wurde für eine Bedrohung der britischen Position in
dieser Gegend angesehen. Die Aufmerksamkeit wurde hierauf namentlich von
Stanley bei seiner Rückkehr von der Expedition durch das „dunkelste Afrika"
gelenkt, und die öffentliche Meinung in England geriet in eine gefährliche
Gärung.

Allein zur rechten Zeit wurde im Jahre 1890 die englisch-deutsche Uebereinkunft veröffentlicht, die sich auf die Anerkennung der englischen Schutzherrschaft
über Sansibar und die Schwesterinsel Pemba durch Deutschland, die Abtretung
der Insel Helgoland von England an Deutschland und die Festsetzung und Be-
richtigung der Grenze der von der englischen und deutschen ostafrikanischen Gesellschaft gleichzeitig in Anspruch genommenen Gebiete erstreckte, wonach forthin
Uganda mit seinen Nebenbesitzungen ein für allemal an England fiel. Einen
Augenblick lang war man in England im Zweifel darüber, ob die getroffenen
Bestimmungen richtig seien oder nicht. Aber Stanley — dem in dieser Hinsicht
das englische Publikum sein Vertrauen schenkte — trat auf und erklärte, sie
seien gut. Daraufhin freute man sich in England, nicht nur, weil eine umfangreiche Gebietsfrage erledigt worden, sondern auch, weil es zu einem Einvernehmen
mit Deutschland gekommen war. Große Bedeutung maß man Lord Salisbury wegen
dieser glücklichen Lösung bei, indem man dieselbe als eine bemerkenswerte Episode
in seiner ruhmvollen Laufbahn betrachtete. In Zukunft, so hoffte man in England, werde es nach dieser umfassenden Abmachung zu keinem Zerwürfnis mehr
mit Deutschland in Afrika kommen können. In Wirklichkeit sind auch die Bestimmungen jenes Uebereinkommens von beiden Seiten ehrlich gehalten worden.

Ungefähr zwei Jahre später traf England Abmachungen mit den Behörden
des Kongostaates wegen Abtretung eines schmalen Landstreifens, wodurch eine
telegraphische Verbindung zwischen seinen Provinzen in Südafrika und seinen
Stationen im Norden, das heißt, von einem Ende des afrikanischen Festlandes

bis zum andern, hätte hergestellt werden können. Daraufhin erhob Deutschland so nachdrücklichen Einspruch, daß England bewogen wurde, von der Abmachung abzustehen. Die Engländer hielten das gewiß für sehr unfreundlich von seiten Deutschlands, doch lag die Sache zweifelhaft und verwickelt, und so sagten sie weiter nichts.

Dann kam es in den letzten Tagen des Jahres 1895 und den ersten des Jahres 1896 zum Staunen Englands, und nicht minder Deutschlands, zu dem bewaffneten Streifzuge Jamesons von britischem Gebiet nach dem Transvaal, der als „Jamesons Einfall" bekannt ist. Aber dieser großen Ueberraschung folgte eine andre, noch größere. Es wurde ein von dem Deutschen Kaiser an den Präsidenten von Transvaal gerichtetes Telegramm veröffentlicht, in welchem ersterer dem letzteren Glück dazu wünschte, daß er diesem Einfall begegnet sei und ihm Halt geboten habe. Die Ausdrücke der Beglückwünschung wurden von den Engländern so aufgefaßt, als hätten sie besagen wollen, Krüger sei glücklicherweise im stande gewesen, das ohne die Hilfe seiner auswärtigen Freunde zu thun, mit dem Nebensinn, daß, wenn es erforderlich geworden, Hilfe aus Deutschland zu haben gewesen sei. Weiter glaubten sie, es sei in jenem Augenblicke eine Bewegung deutscher Blaujacken von der Delagoabai her beobachtet worden.

Dann ereignete sich etwas, was bemerkt zu werden verdient und vielleicht sogar von Deutschland und ganz Europa nicht vergessen werden sollte. Die Engländer gerieten mit einem Male in Aufregung und schienen sofort auf einen Krieg gefaßt zu sein. Die Regierung ließ ein ansehnliches Geschwader in Kampfbereitschaft stellen, das nach der Südostküste Afrikas abgehen sollte. Gleich darauf wurde das Parlament zusammenberufen, und zweifelsohne würde eine große Summe, sagen wir 50 bis 100 Millionen Pfund Sterling, einstimmig bis auf die wenigen entgegenstehenden Stimmen der sogenannten „Kleinenglischen" Partei zu Kriegszwecken bewilligt worden sein. Sofort kam eine Adresse aus Australien, die das Mutterland beschwor, sich jeder fremden Einmischung in Südafrika zu widersetzen. Wäre in Wort oder That irgend ein Schritt von Deutschland unternommen worden, so würde es zu einem Kriege gekommen sein und die traurige Thatsache sich verwirklicht haben, daß zwei verwandte Volksstämme, Engländer und Deutsche, mit dem Schwerte einander entgegengetreten wären. In England lief das geflügelte Wort um, es stehe der Kampf zwischen einem Walfische und einem Elefanten bevor! Glücklicherweise wurde von Deutschland kein weiterer Schritt unternommen; das englische Geschwader lag bei Spithead bereit, stach aber niemals in See. Der Sturm, der gedroht hatte, schien verweht worden zu sein, und vielleicht würde man schon angefangen haben, ihn zu vergessen, wenn nicht die neuerliche parlamentarische Untersuchung über den „Einfall Jamesons" ihn ins Gedächtnis zurückgerufen hätte. Der Wortlaut dessen, was Cecil Rhodes als Zeugenaussage oder zu seiner Verteidigung vorzubringen hatte, lief, wie bekannt, darauf hinaus, daß er das Recht zu einer bewaffneten Einmischung gehabt habe, weil er gewußt habe, daß eine fremde Macht, will besagen Deutschland, in Transvaal eingeschritten sei und mit Präsident

Krüger in Verbindung gestanden habe. Alles das prägte sich dem englischen Gemüt ein. Selbstverständlich wird zugegeben, daß Cecil Rhodes unrecht hatte, als er eine bewaffnete Macht organisierte, um sich derselben möglicherweise im Transvaal zu bedienen. Trotzdem ist er in diesem Augenblicke bei der großen Mehrzahl der Engländer populär. Er konnte nicht gerichtlich belangt oder sonstwie zur Verantwortung gezogen werden, denn die öffentliche Meinung würde es nicht geduldet haben. Doch ist von deutscher Seite nichts Weiteres unternommen worden, und die Engländer, die den Deutschen wohlwollend gesinnt sind, bitten zu Gott, daß nichts Weiteres geschehen möge. Was Präsident Krüger anlangt, so wird sich England mit ihm und den Seinigen schon in der richtigen Weise abzufinden wissen. Hinsichtlich des Briefwechsels, den er früher mit der deutschen Regierung gepflogen, sind die Engländer, wie es auch darum stehen mag, gewillt, Geschehenes geschehen sein zu lassen.

Bei diesem Verlaufe der Dinge sind verschiedene Punkte beachtenswert.

Zunächst möchte man allgemein der Ansicht sein, daß in unsern modernen Zeiten ein Krieg nicht plötzlich ausbrechen könne. Es müßten erst Auseinandersetzungen stattfinden, diplomatische Verhandlungen, ein Briefwechsel, der immer schärfer und schärfer werde, und so fort. Im vorliegenden Falle kam es, soviel das englische Volk weiß, zu nichts von alledem. In einem Augenblicke war die unvorhergesehene Katastrophe wie ein Blitz aus heiterem Himmel, wie ein Sandsturm der Sahara vor uns und drohte mit ihrem finstern Antlitz.

Sodann sind die Engländer gewiß ein friedliebendes Volk und nicht gewillt, einen Krieg zu beginnen, wenn sie es vermeiden können. Zu diesem Ende werden sie es an Geduld und Nachgiebigkeit nicht fehlen lassen. In gewissen Fällen aber würden sie ohne Säumen in den Krieg ziehen und mit dem festen Entschlusse, ihn bis auf das Aeußerste fortzuführen. Man glaubt oft vom Löwen, er ruhe oder schlafe gar. Derweil aber verfolgt er durch sein halbgeschlossenes Auge alles, was ringsum vorgeht, soweit es Bezug auf ihn haben kann. Hat er einmal seinen Fuß in einer bestimmten Richtung niedergesetzt, dann wird er dabei bleiben mit einer Hartnäckigkeit, von welcher die Geschichte Zeugnis ablegen kann.

Die Transvaal-Angelegenheit war ein Beispiel für die Reichspolitik. Ob das Wort Suzeränität oder Oberherrlichkeit in einem jeden der getroffenen Abkommen gebraucht wird oder nicht — die Engländer nehmen an, daß es der Fall ist. Sie gewährten den Leuten von Transvaal Autonomie oder Unabhängigkeit nach innen, und diese wird streng respektiert werden. Aber das geschah unter der Bedingung, daß die Kontrolle nach außen, das heißt die Oberaufsicht über die Beziehungen zum Auslande den Engländern zustehen und kein Uebereinkommen mit einer fremden Macht getroffen werden solle, ohne daß vorher die Zustimmung Englands eingeholt werde. Daran werden die Engländer mit allen ihnen zu Gebote stehenden Mitteln festhalten.

In Angelegenheiten, die sich auf den Handel beziehen, hat zwischen England und Deutschland in verschiedenen und vielleicht in vielen Teilen der Welt eine gewisse Nebenbuhlerschaft bestanden, und sie wird bis zu einem gewissen Grade unzweifelhaft auch weiter bestehen. Eine Zeitlang hießen die Engländer den deutschen Handels- und Unternehmungsgeist in Indien und auch sonstwo im britischen Reich willkommen. In neuerer Zeit ist ihnen der Eifer und die Thätigkeit aufgefallen, womit Deutschland seinen Handel bis in jeden Winkel der Welt ausgedehnt hat. Das regt bei den Engländern nichts weiter als einen edeln Wetteifer an. Allerdings ist in England eine gewisse Eifersucht oder eine gewisse Mißstimmung wegen der ausgedehnten Verwendung deutscher Handels- gehilfen in den großen kaufmännischen Unternehmungen Londons und anderen großen Handelszentren vorhanden. Diese Gehilfen werden natürlich verwendet, weil sie fremde Sprachen verstehen und die Korrespondenz in Deutsch und Französisch führen können. Die Engländer dürfen sich darüber nicht beklagen, denn es ist ihre eigne Schuld, wenn sie nicht Deutsch lernen, wie die Deutschen Englisch lernen. Ihre insulare Lage macht sie ungeeignet und nicht aufgelegt zum Erlernen fremder Sprachen. Diesem Fehler kann leicht abgeholfen werden; solange er aber vorhanden ist, muß man sich dabei bescheiden, seinetwegen etwas Unbequemlichkeit in den Kauf. zu nehmen.

Ein gewisses Unbehagen hat man in England stets über das System der Ausfuhrprämien auf dem europäischen Kontinent verspürt. Die konservative Partei hat sich thatsächlich bemüht, einige Einschränkungen dieses Systems zu erlangen, da dasselbe allerorts den britischen Produzenten benachteilige. Die liberale Partei konnte jedoch dem nicht zustimmen, indem sie behauptete, daß, wenn es dem deutschen oder französischen Steuerzahler beliebe, künstlich verwohlfeilerte Produkte nach England zu senden, es dem englischen Konsumenten gestattet sein müsse, den Vorteil davon zu ziehen.

Obwohl England aufrichtig an dem Freihandelssystem festhält und dem Schutzzoll nach wie vor feindselig gegenübersteht, hat sich doch in jüngster Zeit in dieser Hinsicht in der öffentlichen Meinung etwas wie ein Wechsel vollzogen. Die sich fortwährend steigernden Zolltarife auf dem europäischen Kontinent und in Amerika — die sich nach englischer Auffassung hauptsächlich gegen britische Waren richten — und der immer heftiger werdende Wettbewerb, der allerwärts von fremden Nationen geboten wird, haben England bewogen, sich nach Mitteln zur Hebung seines Handels bei seinen Kolonien umzusehen. Selbst ein so liberaler und einflußreicher Staatsmann wie Chamberlain hat während des letzten Jahres Reden gehalten, deren Inhalt etwa dahin ging, daß eine Art handelspolitischer Einheit und Solidarität des ganzen britischen Reiches, die das Mutterland, die Kolonien und die abhängigen Gebiete umfasse, das Mittel sein solle, die Reichseinheit in allgemein politischer Hinsicht für alle Zeiten herzu- stellen. Viele Konservative dürften sich zweifellos dieser Ansicht anschließen. Andrerseits dürften viele Liberale dagegen sein, während die Engländer im all- gemeinen sich noch nicht recht vorzustellen vermögen, wie das in seinen Einzel- heiten zu bewerkstelligen sei.

Eine unbestreitbare Wirkung ist aber von der Versammlung von Kolonial-

vertretern bei der neulichen Jubiläumsfeier in London ausgegangen. Es gab
namentlich der Premierminiſter von Kanada deutlich zu verſtehen, daß dieſe große
Kolonie nicht abgeneigt ſei, einen Differentialtarif einzuführen, der dem Mutterlande beſondere Vorteile gegenüber den. andern Ländern gewähre. Nun vermutet man, daß die andern großen Kolonien gewillt ſeien, dem Beiſpiele zu
folgen. Im Hinblick hierauf ergab ſich die Notwendigkeit, gewiſſe Verträge mit
Deutſchland und andern Ländern zu kündigen, für die ein Ende ausdrücklich
nach vorheriger Kündigung vorgeſehen iſt. Dieſer Schritt iſt nunmehr in der
Anſprache der Königin an das Parlament förmlich verkündet worden. Da die
Maßregel erſt im Vorbereitungsſtadium iſt, ſind die Gründe nur kurz und im
allgemeinen angegeben worden. Doch ſehen die Engländer ein, daß ihr Sinn
dahin gerichtet iſt, daß es in den britiſchen Kolonien möglicher- oder wahr-
ſcheinlicherweiſe zur Einführung zweier Tarife kommen werde, eines günſtigeren
für das Mutterland und eines natürlich weniger günſtigen für die andern Länder.
Eine derartige Maßregel, glaubt man, würde zumeiſt die deutſchen Kaufleute und
Händler treffen, welche die größte Thätigkeit und Energie in dem Abſatz ihrer
Waren an die britiſchen Kolonien entfalten. Die Engländer wiſſen noch nicht,
wie all das zur Ausführung gelangen und zu welchen weiteren Schritten es in
England, den Kolonien und .Deutſchland kommen ſoll.

Thatſächlich haben jedoch die Engländer, wenn ſie auch durch das Anwachſen des fremden Wettbewerbs etwas ängſtlich geworden ſind, immer noch
das Zutrauen zu ihrer induſtriellen Tüchtigkeit, daß dieſelbe in der Herſtellung
wenn nicht aller, ſo doch der meiſten Gegenſtände der aller andern Nationen
überlegen iſt. Sie werden in dieſem Glauben durch die Thatſache beſtärkt, daß
faſt in allen Ländern Schutzzollſchranken gegen ſie durch Tarife oder ſonſtige
Abwehrmaßregeln getroffen ſind. Sie ſagen ſich, daß, wenn Deutſchland, Frankreich und Amerika ebenſo gute Dinge wie ſie zu dem gleichen Preiſe hervorbringen könnten, dieſe Schutzzolleinrichtungen nicht aufrecht erhalten werden
würden und man den freien Wettbewerb Englands zulaſſen würde. Solange
man eine derartige Freiheit nicht einräumt, werden die Engländer für ſich die
Ehre der Ueberlegenheit auf den Hauptmanufakturgebieten in Anſpruch nehmen.

Unter anderm haben die Engländer in neuerer Zeit unter dem Eindrucke
geſtanden, als ſei die deutſche Preſſe ihnen feindlich. Dieſer Glaube mag richtig
oder unrichtig ſein, thatſächlich iſt er vorhanden geweſen und iſt das vielleicht noch,
und inſofern hat er einen ungünſtigen Einfluß auf das freundſchaftliche Gefühl ausgeübt, das England naturgemäß für Deutſchland empfinden ſollte. Die Engländer
ſind nicht im ſtande, deutſche Zeitungen zu leſen, und wörtliche Ueberſetzungen
der Artikel erſcheinen ſelten oder nie. Aber die Londoner Zeitungen halten ſich
unterrichtete und gebildete Korreſpondenten in allen europäiſchen Großſtädten,
die Auszüge aus dem, was die deutſchen Blätter ſchreiben, nach England ſenden
und dabei wenigſtens die Hauptſache und den Sinn richtig wiedergeben. Daraus
haben die Engländer geſchloſſen, daß zuweilen ein Tadel nicht nur gegen einzelne
Maßregeln der britiſchen Regierung, ſondern, was weſentlicher, gegen die nationale

Politik und die nationalen Grundsätze Englands erhoben worden ist. Die englischen Blätter haben allerdings einigemal entgegnet, doch, soviel ich weiß, in
anständiger Form und mit äußerster Mäßigung, um eine unnötige Reizung zu
vermeiden. Jeder weiß in unsrer heutigen Zeit, wie wertvoll die Freiheit
des Gedankens und der gegenseitigen Meinungsäußerung, in der Politik und
anderwärts, ist. Auch mögen die äußerst gut geschulten und erfahrenen Journalisten Deutschlands immer noch gewillt sein, anzuerkennen, daß es gut ist, so
höflich zu schreiben, wie die Umstände es erlauben, wenn eine Nation in Betracht
kommt, die mit Deutschland so eng durch Abstammung und alte Bundesbruder-
schaft verbunden ist wie England.

Deutsche Leser mögen sich vielleicht darüber wundern, wie die Engländer
bei den so mannigfaltigen und dringenden eignen Geschäften, die sie daheim zu
erledigen haben, es fertig bringen, in zuverlässiger Weise die Angelegenheiten
ihres Reichs bis in die entferntesten Teile der Welt zu verfolgen. Es ist das
bei den Engländern eigentlich aber gar nicht der Fall. Sie haben eine allgemeine
Vorstellung, daß sie über die ganze Welt sich verzweigende Interessen haben,
die um jeden Preis und unter allen Umständen gewahrt werden müssen. Darüber
hinaus ist ihr Wissen allzuoft nur verschwommen und unbestimmt. Sie vertrauen aber ihren Landsleuten, die auswärts gewesen sind, daß sie die öffentliche
Meinung aufklären und, wie man zu sagen pflegt, auf dem Laufenden halten.
Und England ist sehr reich an derartigen Leuten. Der eine wird dieses und
der andre jenes von den entlegenen Gebieten wissen. Von ihnen insgesamt
aber lernen sie alles kennen, und diese Kenntnis wird regelmäßig sowohl innerhalb des Parlaments wie außerhalb desselben in parlamentarischen und politischen
Kreisen verbreitet. Besonders wird sie den Wählern bei politischen und öffentlichen Versammlungen von Mitgliedern des Parlaments, von Kandidaten und
den Rednern, welche diese auf der Rednerbühne unterstützen, beigebracht. Auf
diese Weise erhalten die Engländer namentlich rasch zuverlässigen und sich bis
auf die letzte Zeit erstreckenden Aufschluß von Männern, die an der betreffenden
Angelegenheit beteiligt und an Ort und Stelle gewesen sind, wenn irgend eine
Krisis droht.

Die in obigem berührten Gegenstände sind zu umfassender Natur, als daß
sie in der gebührenden Weise in einem Artikel wie dem vorliegenden behandelt
werden könnten. Ich habe nicht den Versuch gemacht, in irgend ein Staatsgeheimnis einzudringen oder irgend eine offizielle Information kundzugeben. Ich
habe nur das zusammengefaßt, was in England jedermann weiß. Ich habe
nur Ansichten von einem englischen Standpunkt aus festgestellt. Ich vermag
nicht zu sagen, wie weit diese englischen Ansichten dem deutschen Publikum
bekannt sind. Vielleicht hat man von ihnen in Deutschland noch nichts gewußt,
vielleicht sind sie aber dort schon bekannt. Jedenfalls ist es gut, sie jetzt den
deutschen Lesern zu Gemüte zu führen, sie zu der Kenntnis derselben zu bringen
oder sie ihnen ins Gedächtnis zurückzurufen, je nachdem der Fall liegt. Was
das Gefühl des größern Teils der Engländer anlangt, so wird es den Deutschen

zweifelsohne erwünscht sein, es kennen zu lernen und es sich seiner ganzen Ausdehnung nach zu vergegenwärtigen. Es ist gut, daß sie sich vergegenwärtigen,
wie äußerst kritisch die internationale Situation in den ersten Wochen des Jahres
1896 gewesen ist.

Ich flehe zum Himmel, und ich bin überzeugt davon, meine Landsleute
werden das Gleiche thun, daß die allwaltende Vorsehung künftig kein ernstliches
Mißverständnis aufkommen lassen und daß der Friede zwischen Deutschland und
England für immer gesichert bleiben möge.

Audiatur et altera pars.

Eine Erwiderung auf den vorstehenden Aufsatz Sir Richard Temples.

Von

M. v. Brandt, Kaiserl. Gesandten a. D.

Sir Richard Temple hat sich in dem vorstehenden Aufsatze die anerkennungs-
werte Aufgabe gestellt, die Frage der zwischen Engländern und Deutschen
bestehenden Verstimmung ohne Rücksicht auf die diplomatischen Beziehungen
zwischen den beiden Ländern zu lösen. Daß ihm dies nicht gelungen, geht schon
daraus hervor, daß die Gründe, die er für die in England herrschende Stimmung
anführt, nach seiner Ansicht, wenn man von der Frage des kommerziellen und
industriellen Wettbetriebs absieht, ausschließlich in politischen Schritten der Regierung des Reiches zu suchen sein würden.

Ebenso unmöglich würde es sein, die Stimmung der Deutschen gegen die
Engländer zu verstehen, ohne auf die geschichtliche Entwicklung der Beziehungen
zwischen den beiden Ländern zurückzukommen, für welche die Akte der Diplomatie
doch nur der äußere Ausdruck sind. Man braucht nicht gerade zur Treitschkeschen Schule zu gehören oder auf die Zeit des ersten Wiener Kongresses und
die Ereignisse unter Friedrich Wilhelm IV. zurückzugreifen, um das tiefe Mißtrauen zu verstehen, das den deutschen Staatsmann gegen England erfüllen muß,
aber die Ereignisse der letzten Jahrzehnte haben mit den Sympathien für England auch in den Kreisen der Liberalen und Freihändler, in denen sie sich am
längsten gehalten hatten, recht gründlich aufgeräumt. Noch ist es unvergessen,
daß es der schwunghafte Handel mit Waffen und Munition gewesen, den das
neutrale England mit Frankreich getrieben, der unserm Gegner im Jahre 1870/71
gestattete, seinen Widerstand weit über das Maß der eignen Hilfsmittel hinaus
fortzusetzen, und die bitteren Gefühle, welche damals die siegreichen deutschen

Armeen erfüllten, sind auch heute noch nicht ganz verschwunden. Im übrigen ist Sir Richard Temples Beweisführung typisch für die englische Auffassung des gegenseitigen Verhältnisses. Deutschland, das das Bedürfnis fühlt, aus der Stellung als reine Kontinentalmacht herauszutreten, nimmt einen Teil der herrenlosen Insel Neu-Guinea, England fühlt sich in seinen Interessen bedroht und schmollt; Deutschland nimmt nicht die Walfischbai, wie Sir R. Temple irrtümlich anführt, sondern ein Gebiet an der Westküste Afrikas mit Ausnahme der bereits von England annektierten Walfischbai, weil England trotz wiederholter Aufforderungen sich nicht entschließen will oder kann, den in diesem Gebiet engagierten deutschen Interessen den nachgesuchten englischen Schutz zu erteilen, England zürnt wieder und schmollt; Deutschland nimmt das herrenlose Kamerun und ein ebenfalls herrenloses Stück an der Ostküste von Afrika, und wieder fühlt sich England in seinen Interessen bedroht und schmollt. Ja, giebt es denn nur englische Interessen auf der Erde und scheint die Sonne nicht für alle?

England hat sich, mühsam genug allerdings, daran gewöhnen müssen, das Vorhandensein russischer und französischer Interessen als nicht ganz unberechtigt anzuerkennen, und es wird sich entschließen müssen, dasselbe auch mit den deutschen zu thun, selbst wo dieselben mit englischen kollidieren sollten. Weil England seit langen Jahren sich an allen möglichen Punkten festgesetzt hat, kann es doch unmöglich das Recht beanspruchen, alle andern Nationen von dem Mitbesitz der Erde ausschließen zu wollen.

Was die Transvaalangelegenheit anbetrifft, so lassen sich die deutschen Sympathien mit dem durch einen Flibustierzug bedrohten schwächeren Staat nicht ableugnen, aber es ist charakteristisch für das abgeschwächte sittliche Gefühl der Engländer, wenn ein Mann wie Sir R. Temple erklären muß, daß Cecil Rhodes „nicht gerichtlich belangt oder sonstwie zur Verantwortung gezogen werden kann, da die öffentliche Meinung es nicht geduldet haben würde." Unter den Umständen hat die deutsche Regierung unzweifelhaft sehr richtig gehandelt, dem Cecil Rhodesschen Plan der transafrikanischen Telegraphenlinie nicht zuzustimmen, denn die bewaffneten Posten, die zum Schutze derselben angelegt werden sollten, hätten zu Zwischenfällen Veranlassung geben können, bei denen die englische öffentliche Meinung vielleicht ebenfalls quand même auf seiten Cecil Rhodes gestanden haben würde. Im übrigen werfen die Aussagen des Soldaten Frank W. Sykes und der Inhalt des Olive Schreinerschen Buchs „Trooper Peter Halket of Mashonaland" ein recht interessantes Licht auf die Zustände in Rhodesia, der Schaffung des Lieblings des englischen Volks.

Was die Gefahr eines Krieges zwischen England und Deutschland anbetrifft, die infolge der Vorgänge in Transvaal gedroht haben soll, so behaupten Wissende, daß es der englischen Regierung besonders um den darüber erhobenen Lärm zu thun gewesen wäre, der einen vortrefflichen Hintergrund und Unterlage für die sehr erheblichen Marineforderungen gebildet habe, die an das Parlament zu richten gewesen wären. Daß aber die diplomatische Einmischung einer dritten Macht zwischen zwei andere dem Direktor einer Chartered Company, wäre es auch

ſelbſt bie Chartereb Company geweſen, als Entſchulbigung für einen Einfall mit
bewaffneter Hand in bas Gebiet einer befreunbeten Macht bienen könne, iſt ein
Satz, ber ſich bis jetzt kaum in einem Lehrbuch bes Völkerrechts finben bürfte.

Sir Richard Temple ſcheint auch ber Anſicht zu ſein, baß bie engliſche
Preſſe bei ber Zeitungspolemik mit ber beutſchen ſich ſtets einer „anſtänbigen
Form und äußerſter Mäßigung“ befleißigt habe. Da bieſe Auffaſſung unzweifelhaft auf gutem Glauben beruht, ſo läßt ſich eben nur annehmen, baß bie Bekanntſchaft Sir R. Temples mit ben engliſchen Blättern eine recht beſchränkte
ſein müſſe, wenn er nicht bie währenb ber letzten Jahre über bas beutſche Volk,
bie beutſche Regierung und ben beutſchen Kaiſer in reichſter Fülle ausgegoſſenen
engliſchen Liebenswürbigkeiten im Pickwickſchen Sinne zu betrachten geneigt ſein
ſollte. Sonſt könnte man mit einer burchaus zeitgemäßen Variante ſagen: „Die
engliſche Preſſe glaubt zu lügen, wenn ſie höflich iſt,“ boch habeat ſibi!

In Deutſchland beſteht weber politiſch noch perſönlich ein prinzipieller
Gegenſatz gegen England, auch nicht nach ber Künbigung bes Hanbelsvertrags,
für ben man in ber Haltung einiger Kolonien bem Mutterlanbe gegenüber eine
hinreichenbe Erklärung finbet, und es würbe nicht ſchwer ſein, zu einem guten
Verſtänbnis, zum minbeſten zu einem ſehr annehmbaren modus vivendi zwiſchen
ben beiben Staaten zu gelangen, wenn England ſich entſchließen könnte, ſich zu
bem Grunbſatz bes „Leben und Leben laſſens“ zu bekehren. Dazu gehört freilich
eine gewiſſe Rückſichtnahme auch auf ben lieben Nächſten, und bie haben bie Eng-
länber bis jetzt aus ſüßer alter Gewohnheit ſtets aus ben Augen gelaſſen; es
hängt alſo nur von ihnen ab, in bieſer Beziehung Aenberung und Beſſerung
zu ſchaffen. Kein Menſch in Deutſchland wünſcht ober will einen Krieg mit
England; nicht weil berſelbe uns beſonders gefährlich erſchiene — er könnte
uns bie bis jetzt ſehr wenig rentabeln Kolonien koſten und unſre Schiffahrt,
vielleicht unſern Hanbel recht erheblich ſchäbigen — ſonbern weil ber erſte
Kanonenſchuß einen Kampf entfachen müßte, ber England Aegypten und wahrſcheinlich mehr koſten würbe, und wir, bis jetzt wenigſtens, kein Intereſſe baran
haben, Englanbs Beſitzſtanb geſchäbigt zu ſehen.

Leiber ſcheint wenig Ausſicht für eine ſolche Verſtänbigung vorhanben zu
ſein, ſonſt hätte bie „Times“ in ihrem Artikel vom 27. Auguſt wohl kaum ihrer
Befriebigung barüber Ausbruck gegeben, „baß bie Erklärungen an Borb bes
„Pothuau“ ber Vorherrſchaft — bas Wort Diktatur bürfte nicht zu ſtark ſein —
ein Enbe machten, bie in Europa auszuüben in bem letzten Viertel bieſes Jahr-
hunberts Deutſchlanbs Ehrgeiz geweſen ſei.“ Es war im Herbſte 1872, baß
ein hoher ruſſiſcher Staatsmann in Wiesbaben einer Dame gegenüber, bie bie
Siege Deutſchlanbs beklagte, ſich bahin äußerte, baß man Gott gar nicht genug
bafür banken könne, baß Deutſchland bieſe Siege erfochten habe, weil, wenn
Frankreich nur bie Hälfte ber Erfolge gehabt hätte, bie Deutſchlanb errungen
habe, es überhaupt in Europa ſchon nicht mehr auszuhalten ſein würbe. Vielleicht
wirb ſelbſt bie „Times“ bieſe Worte nicht ganz unberechtigt und bei einigem
Nachbenken ihre Wieberholung nicht einmal ganz unzeitgemäß finben, jebenfalls

aber ist ihr Artikel eine recht eigentümliche Illustration zu den jedenfalls sehr wohlgemeinten Bemühungen Sir Richard Temples. Mir fällt bei dem Gebaren der englischen Presse immer der alte Vers ein:

> „I often heard on Afric's sunny shore
> A second lion roar a louder roar
> And the first lion thought the last a bore!"

Welchen Einfluß wird das Bürgerliche Gesetzbuch auf das nationale Leben ausüben?

Von

Rechtsanwalt Dr. Friedrichs in Kiel.

Hunderte von Gesetzen gehen jedes Jahr durch die verfassungsmäßigen Gesetzgebungskörperschaften des Reiches und jedes der Einzelstaaten hindurch und werden in Kraft gesetzt, auch wohl nach kurzer Zeit wieder aufgehoben, ohne daß das Publikum, selbst das der gebildeten Stände, Anlaß nehmen könnte, sich eingehend mit ihnen zu beschäftigen. Wie manchmal leben Erinnerungen an längst vergangene, längst beseitigte Verhältnisse in der Form von Sprichwörtern und Regeln im Munde der Leute fort, bis einmal im Falle eines Streites der Beteiligte zu hören bekommt, daß die Entwicklung von so und so viel Jahren spurlos an ihm vorübergegangen sei. Und wo es einmal nötig ist, daß jeder mit einem neuen Gesetze bekannt wird, weil dieses von jedem Einzelnen eine bestimmte Thätigkeit oder ein bestimmtes Verhalten fordert (ich denke zum Beispiel an das viel umstrittene „Klebegesetz", das Reichsgesetz, betreffend die Invaliditäts- und Altersversicherung vom 22. Juni 1889), so sind es wieder nur einzelne Paragraphen, die das gebildete Publikum berühren, während die Hauptsache von den Behörden und nach ihren Anweisungen von den beteiligten Geschäftsleuten erledigt wird.

Bisher ist dies auch ohne jeden Schaden und Nachteil hingegangen, da bis jetzt keine umwälzenden, das tägliche Leben berührenden Gesetze ergangen sind, sondern alle bisher eingeführten Neuerungen sich auf solche Lebensgebiete bezogen, bei denen das Publikum auch ohnehin sich des Rates eines Rechtsverständigen zu bedienen pflegt.

Nun wird es aber anders. Am 1. Januar 1900, ein Jahr vor dem Beginne des neuen Jahrhunderts, wird das Bürgerliche Gesetzbuch vom 18. August 1896 und mit ihm eine Reihe von Neben- und Hilfsgesetzen des Deutschen Reichs und vielleicht noch eine Reihe von Ausführungsgesetzen der Einzelstaaten in Kraft treten, durch die in der einschneidendsten Weise in alle Verhältnisse des täglichen Lebens, auch der Privatleute, eingegriffen werden wird, und die es nötig machen, daß das gesamte Publikum sich um ihren Inhalt bekümmert, um Schäden zu vermeiden, die sich nicht wieder gut machen lassen. Nicht, daß ich meinte, der einzelne solle sich bemühen, recht viele Bestimmungen des neuen Gesetzbuches und seiner Nebengesetze kennen zu lernen! Ein solches Unterfangen würde die darauf verwandte Arbeit kaum lohnen, und wenn irgendwo, so ist auf dem Gebiete der Rechtswissenschaft eine ehrliche Unwissenheit jedem halben Wissen vorzuziehen; denn auf jede Frage, die an einen Juristen gestellt werden kann, muß die Antwort aus dem Zusammenwirken und dem Ineinandergreifen einer ganzen Reihe von gesetzlichen Bestimmungen entnommen werden, die sich in der Form von verschiedenen Paragraphen an den verschiedensten Teilen des Gesetzbuches zerstreut finden, und die der Jurist alle auf einmal überschauen muß, um die richtige Antwort geben zu können. Eine Rechtsfrage läßt sich ebensowenig aus einer einzigen gesetzlichen Bestimmung beantworten, wie eine Sprachfrage aus einer einzigen grammatischen Regel.

Deshalb sind Laien, die nur einzelne Paragraphen auswendig gelernt haben, stets die größte Plage der Anwälte. Sie haben einzelne Teile des Gesetzes in ihrer Hand, aber es fehlt ihnen das geistige Band, das Verständnis des Zusammenhanges, durch das allein auch das Verständnis der einzelnen Teile ermöglicht wird.

Was aber auch der Laie wissen muß, ist etwas andres. Er muß wenigstens im allgemeinen eine Vorstellung davon haben, welche Angelegenheiten von dem neuen Gesetze betroffen werden. Wer nicht Jurist von Beruf ist, thut in juristischen Dingen am besten daran, gleich Parsifal ein „reiner Thor" zu bleiben, aber er muß, anders als Parsifal, verstehen, zur rechten Zeit zu fragen. Wen man fragen soll, kann keinem Zweifel unterliegen. Jeder Rechtsanwalt wird es sich zur Ehre schätzen, über das neue Recht eine möglichst richtige und verständliche Auskunft zu geben; aber auch die Briefkästen der besseren Zeitungen werden in der Regel von tüchtigen Juristen bedient.

Was will nun das Bürgerliche Gesetzbuch? An dem Namen hat einmal jemand Anstoß genommen. Er meinte, es würden besondere Vorschriften für den Bürgerstand geschaffen und dadurch der Gegensatz zu dem Adel verschärft und verewigt. Das ist ein großes Mißverständnis. Das Bürgerliche Gesetzbuch enthält die Vorschriften für das bürgerliche Leben, Gesetze für den Verkehr der Privatleute untereinander, um deren Erfüllung der Staat sich in der Regel nicht kümmert, da er es den einzelnen überläßt, ihre Rechte gegeneinander selbst wahrzunehmen, und sie nicht dazu zwingt, wenn sie selber es nicht wollen. Die „Privatrechte" sind in der Regel verzichtbar, deshalb enthält das Gesetz auch viele Bestimmungen, die nur dann gelten sollen, wenn die Parteien nichts andres verabredet haben. So können die Hauswirte mit ihren Mietern jede beliebige Kündigungsfrist verabreden. Nur wenn gar nichts darüber abgemacht ist, bestimmt das Gesetz und nicht mehr, wie bisher vielfach, der Ortsgebrauch die einzuhaltende Kündigungsfrist. Ebenso können die Ehegatten unter Innehaltung gewisser Formen und Beschränkungen miteinander die Vermögensverhältnisse ordnen, und nur wenn eine solche Ordnung nicht stattgefunden hat, tritt das Gesetz mit seinen Regeln ein. Andrerseits enthält das Gesetzbuch auch gebietende Vorschriften. Die Großjährigkeit tritt immer mit der Vollendung des einundzwanzigsten Lebensjahres ein, nur unter besonderen Voraussetzungen kann das Gericht einen Achtzehnjährigen für volljährig erklären. Dagegen ist es den Privaten nicht erlaubt, wie es vielfach versucht wird, durch Testamente oder auf andre Weise eine andre Bestimmung einzuführen.

Das Inkrafttreten des neuen Gesetzes mit dem 1. Januar 1900 hat nicht die Wirkung, daß nun mit diesem Tage alle seine Bestimmungen ohne Ausnahme anzuwenden wären. Vielmehr wird in der Regel auf die vorher begründeten Verhältnisse das alte, bisherige Recht noch weiter angewandt. Wenn eine Ehe vorher geschlossen ist, so hat das neue Gesetz auf die Güterrechte der Gatten keinen Einfluß. Ein Testament, das vorher errichtet ist, bleibt gültig und wirksam; wenn aber der Erblasser nach dem Inkrafttreten des Gesetzbuches stirbt, so wird die Frage, wer die natürlichen Erben sind, und somit auch, ob diese gebührend berücksichtigt sind, nach dem neuen Rechte entschieden. — Eine sogenannte Grunddienstbarkeit (Servitut), die bei dem Inkrafttreten des Gesetzbuches besteht, bleibt in Kraft. Wer also das Recht hat, auf einem fremden Grundstücke zu gehen, zu fahren oder Vieh zu treiben, wer berechtigt ist, seine Mauer auf die seines Nachbarn zu stützen, behält sein Recht auch in Zukunft. Aber neue derartige Rechte können nur durch die Eintragung in das Grundbuch erworben werden, und es ist daher auch jedem der Beteiligten das Recht gegeben, die alten, bestehenden Servituten gleichfalls in das Grundbuch eintragen zu lassen. Aber dieser Grundsatz ist aus praktischen Gründen mit vielfachen Ausnahmen versehen. So tritt zum Beispiel mit Rücksicht auf alle bestehenden Miet- und Pachtverhältnisse das neue Gesetzbuch sofort in Kraft, wenn diese Verhältnisse nicht sofort aufgekündigt werden.

Was den Inhalt des Gesetzbuches im einzelnen betrifft, so beherrscht es, wie gesagt, das ganze tägliche Leben, auch der Privaten, mit einigen Ausnahmen, von denen die wichtigste wohl die ist, daß für das Verhältnis der Herrschaften zu ihrem häuslichen und ländlichen Gesinde in den wesentlichsten Beziehungen die bisherigen Gesetze bestehen bleiben. Nur die Züchtigung ungehorsamer Dienstboten wird in Zukunft auch da, wo sie bisher erlaubt war, verboten sein.

Das Bürgerliche Gesetzbuch zerfällt, wie die meisten modernen Lehrbücher des bürgerlichen Rechts, in fünf Bücher mit den Ueberschriften:

Allgemeiner Teil,

Recht der Schuldverhältnisse,

Sachenrecht,

Familienrecht,

Erbrecht.

Jedes dieser Bücher zerfällt in Abschnitte, diese in Titel und diese in Paragraphen, deren Gesamtzahl 2385 beträgt.

Der Allgemeine Teil behandelt das Recht der Personen und einige andre Vorschriften, die sich auf alle Gebiete des Rechts beziehen sollen, die also keinen selbständigen Inhalt haben, sondern zur Ergänzung, Vervollständigung und Erläuterung der übrigen, der „besonderen" Vorschriften dienen. Diese allgemeinen Vorschriften beziehen sich nach dem Wortlaut und dem Willen des Gesetzbuches nur auf die von ihm selbst geregelten Angelegenheiten. Es wird aber in der Praxis gar nicht anders möglich sein, als daß sie auch auf die Angelegenheiten angewandt werden, die sonst der Landesgesetzgebung vorbehalten bleiben, so daß die Bedeutung der landesgesetzlichen Regeln durch die Einführung des Reichsgesetzbuches vielfach eine kleine Aenderung erleiden wird. So wird man die Vorschriften des Gesetzbuches über Form, Wirksamkeit und Widerruf einer Vollmacht auch dann anzuwenden haben, wenn die Vollmacht benutzt wird, um einen Verlagsvertrag abzuschließen, obgleich im übrigen auf den Verlagsvertrag die bisherigen Gesetze und die etwa von den Einzelstaaten neu zu erlassenden Gesetze anzuwenden sind.

Das Personenrecht umfaßt außer den Vorschriften über Geburt, Tod, Handlungsfähigkeit und Todeserklärung der natürlichen Personen (der lebenden Menschen) auch Vorschriften über die „juristischen Personen" (Vereine und andre Korporationen und Anstalten). Im einzelnen sind von den Vereinen nur die „ideaten" (Kegel-, Schützen-, Gesang-, Politik-) Vereine behandelt. Wegen der übrigen (Aktiengesellschaften, Gewerkschaften, Genossenschaften aller Art und dergleichen) bleiben die bisherigen Einzelbestimmungen in Kraft, soweit sie nicht durch das Handelsgesetzbuch und die häufigen Novellen zur Gewerbe-Ordnung abgeändert werden.

Der Umfang des Obligationenrechts ist am schwersten klar zu machen. Jeder Anspruch, den eine bestimmte Person gegen eine andre hat, mag er sich auf ein Geben, Handeln, Dulden oder Unterlassen beziehen, gehört grundsätzlich in das Obligationenrecht oder das Recht der Schuldverhältnisse. Ob und wann ein Hausbesitzer für die aufgenommenen Hypotheken Zinsen zu bezahlen hat, was er seinem Mieter zu gewähren hat, und was er von ihm verlangen kann, ferner was zu geschehen hat, wenn eine gekaufte Sache bei der Beförderung Schaden erleidet, wenn sie überhaupt nicht ankommt, oder wenn der Käufer den Preis nicht bezahlt, das alles hat das Obligationenrecht zu entscheiden: Darlehen, Miete und Kauf sind die häufigsten und wichtigsten Obligationsverhältnisse, aber mit ihnen ist die Reihe bei weitem nicht erschöpft. Die Köchin, die sich in der Nachbarschaft ein Sieb für ein halbes Stündchen ausbittet, schließt im Namen des Hausherrn (nicht der Hausfrau!)

ein Kommobat ab; bittet sie um ein paar Eier, so ist es ein Darlehen, da nicht die Rückgabe derselben Stücke, sondern andrer von gleichem Werte versprochen wird. Wie weit der Hausherr durch solche Geschäfte seiner Dienerin verpflichtet wird, kann zu den interessantesten Untersuchungen Anlaß geben, zum Beispiel, wenn die Köchin die im Namen der Herrschaft erbetenen Eier ihrem Grenadier vorgesetzt hat. Eine Werkverdingung liegt sowohl in dem Auftrag an den Dienstmann, der einen Brief für mich zu besorgen hat, wie in dem Auftrag an einen Handwerker, eine Reparatur oder eine andre Arbeit, sei es die größte oder die kleinste, für mich vorzunehmen. Bei allen diesen hat das Gesetz zu bestimmen, wer den Schaden trägt, wenn eine zu leistende Sache durch Schuld eines Beteiligten oder durch Zufall verschlechtert oder zerstört wird, wann und wo Leistung und Gegenleistung zu gewähren sind, und ob und wie hoch eine Geldschuld zu verzinsen ist.

Das Sachenrecht regelt die Befugnisse, die nicht einem bestimmten Schuldner gegenüber begründet sind, sondern die jeder Besitzer einer bestimmten Sache ausüben kann oder je nachdem sich gefallen lassen muß. Die Sachen zerfallen in zwei Arten, bewegliche und unbewegliche, und jede Art hat fast durchgehend ihr eignes Recht. Zu den sachenrechtlichen Befugnissen, die dem Berechtigten gegen jeden Besitzer der Sache zustehen, gehören die Rechte aus einem Pfande. Und ein Pfand wird an beweglichen Sachen durch Uebergabe, an unbeweglichen durch Eintragung in das Grundbuch (als Hypothek) bestellt. Wenn, wie wir andeuteten, die Bestimmungen über die Verzinsung, Kündigung und Rückzahlung eines durch Hypothek gesicherten Darlehens in das Recht der Schuldverhältnisse gehören, so bestimmt das Sachenrecht darüber, welche Rechte der Gläubiger durch die Hypothekenbestellung an dem verpfändeten Grundstück erwirbt und wie weit er in Konkurrenz mit andern Gläubigern bei der Verwertung des Pfandstücks vorgeht oder zurückzutreten hat.

Alle diese Regeln haben mit dem Verhältnis zwischen Gläubiger und Schuldner nichts zu thun, denn der Schuldner muß die eine Schuld so gut bezahlen wie die andre, sondern sie beziehen sich nur auf die verschiedenen Rechte der Gläubiger zu der zu ihrer Befriedigung bestimmten Sache. In das Sachenrecht gehören außer den Regeln über das Pfandrecht und den Vorschriften über Erwerb und Verlust des Eigentums auch die oben angeführten Dienstbarkeiten (Servituten), Pfandrecht und Servituten sowie die andern hierher gehörigen Rechte sind in ihrem Bestande davon, wer der Eigentümer des belasteten Grundstücks ist, ganz unabhängig.

Das Familienrecht zerfällt in die drei Abschnitte: Ehe (Eheschließung, Ehegüterrecht, Scheidung), Verwandtschaft und Vormundschaft. Mit diesen Worten ist der Inhalt auch dem Laien einigermaßen klar.

Das Erbrecht beschäftigt sich mit dem natürlichen (gesetzlichen, sogenannten Intestat-) Erbrecht, mit der Abänderung desselben durch Testamente, Erbverträge und dergleichen und mit dem Uebergang der Schulden sowie der Erbteilung.

Die Einführung des neuen Gesetzes hat die Wirkung, daß jeder praktische Jurist seinen ganzen bisher angesammelten Schatz von Erfahrungen und Kenntnissen darauf prüfen muß, ob sie dem neuen Rechte gegenüber noch zu verwerten sind. Die einfachsten, formularmäßig zu erledigenden Sachen müssen in der ersten Zeit sorgfältig an der Hand des Gesetzes durchgearbeitet werden, bis sich in jedem einzelnen eine neue Erfahrung gebildet hat.

Für den Laien ist es gleichfalls wünschenswert, daß er von seiner bisherigen Erfahrungen absieht; dies ist für ihn aber sehr viel schwerer, da er wohl in den seltensten Fällen im stande ist, eine bestimmte Regel als Rechtsregel zu erkennen. Die erläuternden Ausgaben des Gesetzes, die von vielen Buchhandlungen herausgegeben werden, werden ihm wenig helfen, da — abgesehen von der Frage, ob der Inhalt der Erläuterungen überhaupt richtig ist — der Gebrauch eines solchen Buches erst gelernt sein will. Die Erfahrung des täglichen Lebens beweist, daß der Besitz eines guten Kochbuches den, der sonst nicht in der Küche Bescheid weiß, nicht zu einem Koche macht. Anders liegt die Sache für die Juristen. Das eigne Studium des Gesetzes kann ihnen nicht erspart werden. Aber es kann durch

Borarbeiten erleichtert und gefördert werden. Freilich sind die Borarbeiten, die Motive und die bei der Beratung gehaltenen Reden von sehr geringem Werte. Die Motive werden nicht unter der Verantwortung der Regierung veröffentlicht, die Reden beweisen nur die Ansicht des Redners, die richtig oder falsch sein kann. Außerdem wird das Gesetz gerade aus dem Grunde in eine möglichst sorgfältige und bestimmte Fassung gebracht, damit es, losgelöst von allen Vorarbeiten, für sich selbst und auf eignen Füßen stehen soll. Wenn sich daher ergiebt, daß das Gesetz eine andre Bedeutung hat, als seine Verfasser ihm zu geben beabsichtigten, so gilt nicht der Wille des Gesetzgebers, sondern der Wille des Gesetzes. Dies ist anerkannten Rechtens und ist auch ohne Zweifel bei der Auslegung des Bürgerlichen Gesetzbuches zu beachten. Von Bedeutung sind aber Untersuchungen über den Sprachgebrauch des Gesetzes, da man aus dem Zusammenhange, in dem ein bestimmter Ausdruck im Gesetze vorzukommen pflegt, sichere Schlüsse auf seine Bedeutung im einzelnen Falle ziehen kann. Ferner ist es von Nutzen, wenn zu jedem Gesetze die übrigen Bestimmungen, die denselben Gegenstand betreffen, oder die sonst geeignet sind, die Bedeutung zu beeinflussen, notiert werden. Mitteilungen über den Zweck und den Anlaß des Gesetzes sind von großem Wert für den Lernenden, dem sie den trockenen Stoff etwas genießbarer machen und das Behalten erleichtern; im übrigen haben sie, wenn das Gesetz klar ist, gar keinen Wert für die Auslegung, und wenn das Gesetz unklar ist, nur einen geringen. Denn es muß noch immer geprüft werden, ob das Gesetz auch das, was die Gesetzgeber mit ihm bezweckten, erreicht hat. Dasselbe ist von Beispielen zu sagen. Dem Schüler kann durch geschickt gewählte Beispiele eine Menge Gedächtnisstoff abgenommen, das Lernen durch Begreifen ersetzt werden, aber für die Auslegung haben die Beispiele keinen Wert. Denn dem praktischen Juristen liegt ja gerade ein konkreter Fall vor, und es ist seine Aufgabe, zu ermitteln, für welche Regel er ein Beispiel in Händen hat. Von ungeheuerm Werte würde es sein, wenn das große Gedankenmaterial, das in den vielen gedruckten Entscheidungen der höchsten deutschen Gerichte enthalten ist, uns dadurch erhalten würde, daß jemand systematisch untersuchte, welche von diesen Entscheidungen noch von Bedeutung sind und welche durch die Veränderung des Rechts ihre Bedeutung verloren haben. Eine Untersuchung würde mit großer Vorsicht gemacht werden und vielleicht mehrere Male wiederholt werden müssen. Denn, wenn man ein neues Gesetz richtig handhaben will, so ist es zweckmäßig, daß man sich zuerst die Unterschiede von dem bisherigen Rechte einprägt und erst dann, wenn dieses feststeht, die Aufmerksamkeit auf den Zusammenhang zwischen dem alten und dem neuen lenkt.

Litterarische Berichte.

Rechtsgeschäfte der wirtschaftlichen Organisation. Von Dr. Emil Steinbach. Wien, Manzsche k. und k. Hof-, Verlags- und Universitätsbuchhandlung.

Der Verfasser sucht in der kleinen, glänzend geschriebenen Abhandlung einen neuen Begriff in das Rechtssystem einzuführen, indem er den Rechtsgeschäften des Güteraustausches solche der „wirtschaftlichen Organisation" gegenüberstellt. Hierunter versteht er die Geschäfte, vermöge deren die Wirksamkeit und Thätigkeit einer Person durch Hinzutreten von koordinierten Genossen (zum Beispiel Gesellschaft) oder von subordinierten Hilfskräften (zum Beispiel Mandat) ergänzt oder erweitert werden soll. Die besonderen Verhältnisse dieser Rechtsgeschäfte werden an der Hand verschiedener deutscher und fremder Rechte geprüft und im Anschluß daran einige gegenwärtig praktische Gesetzgebungsfragen bearbeitet und ihrer Lösung näher geführt.

Jeder Versuch, den Rechtsstoff von einem neuen Gesichtspunkt aus zu beleuchten, ist dankbar, denn auch wenn er mißlingt, ist das negative Ergebnis nicht ohne Interesse. Im vorliegenden Falle ist es dem Verfasser aber wirklich gelungen, einige neue wesentliche Aehnlichkeiten in den von ihm zusammengefaßten Geschäften nachzuweisen; es ist für die Rechtswissenschaft ein neues Arbeitsfeld gewonnen, das aber noch sehr der Beackerung in die Tiefe bedarf.

Es ist schade, daß alles zu einer Zeit erscheint, wo es für das Deutsche Bürgerliche Gesetzbuch nicht mehr verwertet werden kann. Ein Verwaltungsstreitverfahren wie das auf Seite 182, 183 vorgeschlagene ist in Preußen schon seit Jahrzehnten mit bestem Erfolg in Uebung. Dies hätte nicht unerwähnt bleiben dürfen.   K. F.

=== Rezensionsexemplare für die „Deutsche Revue" sind nicht an den Herausgeber, sondern ausschließlich an die Deutsche Verlags-Anstalt zu richten. ===

Redaktionelles.

Gegenwärtig erscheint eine prächtige Humoreske „Starrköpfe" von Robert Pohl in „Ueber Land und Meer". Ebendort wird „Die Equipage der Familie Rodanelli" von Friedrich Fürst Wrede veröffentlicht, während in der „Deutschen Romanbibliothek" ein Roman aus den Tagen des Kaisers Tiberius „Der neue Gott" von Richard Voß zum Abdruck gelangt. Daneben läuft noch die Novelle „Erlkönigs Töchter" von Herbert Fohrbach. In „Aus fremden Zungen" erscheint Edward Bellamys neues Werk „Gleichheit", das denselben Stoff behandelt wie desselben Verfassers vor fast zehn Jahren erschienenes Werk: „Rückblick aus dem Jahre 2000"; es ist eine unmittelbare Fortsetzung davon und enthält, gewissermaßen als Kommentar, in 38 Kapiteln eine erweiterte, detaillierte und vertiefte Schilderung des Bellamyschen Zukunftsstaates, die in Bezug auf alle die Gegenwart beschäftigenden wichtigen sozialen Fragen eine Fülle neuer Anregungen bietet. Neben dem Bellamyschen Werk finden wir noch eine Erzählung aus dem Volksleben „Der Tod des Pallikaren" von Kostis Palamas (aus dem Griechischen) und „Das gemietete Kind" von Marie Corelli (aus dem Englischen). Das erste Heft dieser drei Zeitschriften (Deutsche Verlags-Anstalt in Stuttgart) ist durch jede Buchhandlung und Journal-Expedition zur Ansicht zu erhalten.

Deutsche Verlags-Anstalt in Stuttgart.

In unserm Verlage sind erschienen:

Unter Zigeunern.
Roman
von
Johannes Richard zur Megede.

Kismet.
Frühlingstage in St. Zurin. — Schloß Cembrowska.
Von

Preis jedes Werkes geheftet Mk. 3.—; elegant in Leinwand gebunden Mk. 4.—

Julius Stinde schreibt uns über den Autor u. a.: „Mit dem größten Interesse habe ich die beiden herrlichen Bücher ,Unter Zigeunern' und ,Kismet' von zur Megede gelesen. Das sind echte Schilderungen des modernen Getriebes, kunstvoll in der Behandlung des Stoffes, klar erschaut, miterlebt und glänzend geschrieben. Ich bin heilfroh, daß eine solche Kraft sich der deutschen Litteratur entdeckt hat."

Zu beziehen durch alle Buchhandlungen des In- und Auslandes.

Verantwortlich für den redaktionellen Teil: Rechtsanwalt Dr. A. Löwenthal in Frankfurt a. M.

Unberechtigter Nachdruck aus dem Inhalt dieser Zeitschrift verboten. Uebersetzungsrecht vorbehalten.

=== Herausgeber, Redaktion und Verlag übernehmen keine Garantie bezüglich der Rücksendung unverlangt eingereichter Manuskripte. Es wird gebeten, vor Einsendung einer Arbeit bei dem Herausgeber anzufragen. ===

Druck und Verlag der Deutschen Verlags-Anstalt in Stuttgart.

Deutsche Revue

N 12 1897

Herausgegeben

von

Richard Fleischer

Inhalts-Verzeichnis

Anthropologie: Dr. J. Vosseler: Die ersten Menschen.

Naturphilosophie: Mag. W. Grüning: Zwei Welten und ihr Leben.

Charles Gounod. Aufzeichnungen eines Künstlers. Autorisierte Uebersetzung aus dem Französischen von E. Bräuer. — Geschichte der Musik in England. Von Dr. Wilib. Nagel. — Drei Essays. Von Oskar Fäßler. — Die Mainzer Klubisten der Jahre 1792 und 1793. Von R. G. Bockenheimer. — Das Recht der Frauen nach dem bürgerlichen Gesetzbuch. Dargestellt von Hermann Jastrow. — Der schwäbische Wortschatz. Eine mundartliche Untersuchung von Prof. K. Erbe in Stuttgart. — Wenn's nur schon Winter wär'! Roman von Ossip Schubin. — Die Doppelkraft des Lichtes und ihre Metamorphose. Ein monistisch-antimaterialistisches Natursystem, aufgestellt von Paul Meyer. — Fürst Bismarck und der Bundesrat. Von Heinrich von Poschinger. — Hermann Sudermann. Eine kritische Studie von W. Kawerau. — Otto v. Leixner. Eine Studie von K. Storck. — Die deutschen Frauen in dem Mittelalter. Von Karl Weinfeld. — Gesundheit und Glück. Von Dr. Nikolaus Seeland. — Psychologie der Naturvölker. Ethnographische Parallelen von Jacob Robinsohn. — Kultur und Humanität. Völkerpsychologische und politische Untersuchungen von Dr. Mehemed Emin Efendi. — Auch Einer. Eine Reisebekanntschaft von F. Th. Vischer.

Stuttgart Deutsche Verlags-Anstalt Leipzig

1897

Preis des Jahrgangs 24 Mark.

„Ueber Land und Meer"
Deutsche Illustrirte Zeitung
Großfolio-Ausgabe.

| Preis in wöchentlichen Nummern von 2½ Bogen vierteljährlich M. 3. 50; bei den Postämtern M. 3. 75 Pfg. | Preis in vierzehntägigen Heften von 5 Bogen pro Heft 60 Pfg. === im Abonnement. === |

Den vierzigsten Jahrgang eröffnet der neueste Roman von

Theodor Fontane: „Stechlin",

in dem der erste lebende Meister der Kunst des Erzählens und Schilderns im Rahmen einer spannenden Handlung vielfach Schlaglichter auf die politischen Vorgänge und sozialen Strömungen des verflossenen Jahrzehnts wirft. — Daneben läuft die humoristische Erzählung

„Eine Künstlerfahrt nach Halb-Asien" von Kurt Eckberg.

Der Erzähler versetzt hier ein konzertierendes Künstlertrio in das Milieu einer polnisch-jüdischen Kleinstadt und schildert das von ihm veranstaltete Konzert und die dasselbe vorbereitenden, begleitenden und schließlich jäh unterbrechenden Ereignisse mit einer drastischen Lebendigkeit ohnegleichen.

Nach dem großen Erfolg des Romans „Quitt!" im abgelaufenen Jahrgange haben wir es uns angelegen sein lassen, uns auch den neuesten Roman von **Johannes Richard zur Megede** zu sichern. Der schnell berühmt gewordene Autor hat sich in diesem Werke die Aufgabe gestellt, abweichend von der Schablone der Kriminalromane, der psychologischen Vorgeschichte eines Verbrechens nachzuspüren.

An Romanen und Novellen haben wir ferner erworben Werke von: Goswina von Berlepsch: „Der Strapphansl". — Gertrud Franke-Schievelbein: „Die Hungersteine". — Ernst Johann Groth: „Die Revikonsreise". — Otto v. Leitgeb: „Das Gänsemännlein". — Stanislaus Lucas: „Lumpa der Hase". — Charlotte Niese: „Das Kuckucksei". — Georg Freiherr von Ompteda: „Oberprima 1885". — Alexandre Ular: „Die Geschichte vom kleinen Arlecchino" u. a.

In unsern Artikeln werden wir bemüht sein, das Leben der Gegenwart und schwebende Fragen auf allen Gebieten der Kunst, Wissenschaft und Technik zu behandeln. Ganz besonders möchten wir auf eine Serie von Abhandlungen über die **Frauenfrage** von dem auf diesem und verwandten Gebieten als geist-, maßvoll und sachlich rühmlichst bekannten Dr. **Richard Wuldow**, auf eine Reihe illustrierter Artikel über das wenig bekannte Leben an Bord der Kriegsmarine und über den Radfahrsport hinweisen. — Eine besondere Pflege werden wir wiederum jener Abteilung unsers Weltblattes angedeihen lassen, die den Tagesereignissen in Wort und Bild gewidmet ist.

Die Liebhaberei der **illustrierten Postkarten**, die alle Stände und jedes Alter beherrscht, hat uns veranlaßt, unsrer ersten Nummer für unsre Abonnenten eine erste Serie von acht in künstlerischem Buntdruck ausgeführten Postkarten beizulegen, die, auf einem Karton gedruckt, leicht auseinandergeschnitten und versandfähig gemacht werden können. Auch haben wir versucht, das photographische Verfahren in den Dienst unsrer Abonnenten zu stellen durch unsre

◄ Ueber Land und Meer-Photographien. ►

Wir liefern alten und neuen Abonnenten auf die Nummern- oder vierzehntägige Heft-Ausgabe von „Ueber Land und Meer" Vervielfältigungen jeder eingesandten Original-Photographie in künstlerisch ausgeführten Matt-Photographien, aufgezogen auf getönten weißen Kabinett-Karton in Blinddruckrahmen,

das erste Dutzend für 2 Mark 50 Pfennig,
jedes weitere Dutzend für 1 Mark 50 Pfennig.

Die Beschaffung derartig ausgeführter Matt-Photographien, die heute die Mode beherrschen, war wohl den meisten außerhalb großer Städte wohnenden Abonnenten bis heute unmöglich, und selbst in diesen waren die für Matt-Photographien geforderten Preise nur den glücklichen „Oberen Zehntausend" erschwinglich. Daß solche durch ihre Vornehmheit bestechenden, gutem Geschmack schmeichelnden Photographien fortan jedermann zu beispiellos billigem Preise zugänglich sind, ist eine Vergünstigung, die nur „Ueber Land und Meer" seinen Abonnenten bieten kann. — Die zur Vervielfältigung zugehenden Photographien müssen im Auftrag der Dargestellten selbst (oder der für sie zu handeln Befugten) aufgenommen sein. Auch bei Amateur-Aufnahmen bedarf es der Zustimmung des Anfertigers.

Bestellungen auf den neuen Jahrgang von „Ueber Land und Meer" nehmen alle **Buchhandlungen, Postämter und Journal-Expeditionen** entgegen; die Postämter jedoch nur auf die wöchentliche Nummern-Ausgabe. — Ein Bestellschein liegt diesem Hefte zur gefälligen Benutzung bei.

Stuttgart und Leipzig.   Deutsche Verl

Rudolf Lindau über den Fürsten Bismarck.

Aufzeichnungen aus den Jahren 1878 und 1884.

Mitgeteilt von

Heinrich v. Poschinger.

(Schluß.)

Das erste Bild, das Rudolf Lindau uns von Bismarck gezeichnet hat,[1] entstand im Jahre 1878, kurz nach dem Berliner Kongresse. Im Juli 1884
machte sich derselbe noch einmal an die Arbeit, nachdem Bismarck inzwischen sechs Jahre lang für die Erhaltung des europäischen Friedens
gearbeitet, nachdem er die Zolltarifreform durchgeführt, die Gesetzgebung zum
Besten der wirtschaftlich Schwachen inauguriert und Deutschland zu einem
Kolonialreich umgestaltet hatte. 1878 hatte man geglaubt, Bismarck sei auf dem
Zenit seines Ruhmes und seiner Größe angelangt; er hat bis 1890 ungezählte
neue Lorbeeren gepflückt, und man würde staunen, wenn man sähe, wo wir heute
ständen, wenn auf die Dienste dieses einzigen Staatmannes nicht vorzeitig verzichtet worden wäre. Wenige Wochen, bevor Rudolf Lindau zum zweiten
Male seine Gedanken über Bismarck aufzeichnete, wurde in Berlin der Grund-
stein zu dem jetzigen neuen Reichstagshause gelegt. Bei diesem feierlichen
Anlaß waren drei Männer anwesend, welche den Blick aller auf sich zogen:
der Kaiser Wilhelm, der Reichskanzler Fürst Bismarck und der Generalfeld-
marschall Graf Moltke — die edelsten Vertreter der deutschen Einigkeit, Größe
und Macht, die Verkörperung deutscher Zähigkeit, deutscher Furchtlosigkeit,
deutscher Disciplin und deutschen Pflichtgefühls; drei seltene Männer — ein
großer Herrscher, ein großer Staatsmann, ein großer Soldat! Als Rudolf
Lindau sie so sah, kam ihm plötzlich der Gedanke, daß Berlin etwas besitze,
worauf es stolz sein könne; daß dort etwas Herrliches zu sehen sei und daß
jene armseligen Leute, welche nach Berlin kommen und nichts zu bewundern
sehen, indem sie alles gewöhnlich, gemein und häßlich finden, selbst sehr kleinliche Wesen sein müssen. Kaiser Wilhelm und Moltke erfreuten sich unzweifelhaft der größten Popularität, die Persönlichkeit aber, die jeder Bewohner und

---

[1] Oktober-Heft der „Deutschen Revue" S. 1.

Besucher Berlins am liebsten sehen wollte, war Fürst Bismarck. Hören wir, was Rudolf Lindau noch weiter über ihn zu erzählen weiß:

Bismarcks frühere Abgeschlossenheit und Neugeburt seit Schweninger.[1]

Bis in die letzten sechs Monate konnte man kaum hoffen, den Fürsten Bismarck auch nur ganz vorübergehend zu Gesicht zu bekommen; denn er lebte in vollständiger Abgeschlossenheit und ging, wenn er sich in Berlin befand, nie aus seinem Palais, außer zum Vortrage beim Kaiser oder um im Parlament über eine Frage von besonderem Interesse zu sprechen. Aber selbst bei diesen seltenen Gelegenheiten war es kaum möglich, etwas von ihm zu sehen. Er fuhr durch die Straßen in einem ganz geschlossenen Wagen, welcher nicht die Aufmerksamkeit erregen konnte. Ein Fremder, welcher zufällig an einem Tage im Parlamente war, wo der Reichskanzler sprach, konnte sich für sehr vom Glück begünstigt betrachten; denn niemand hätte ihm eine Stunde vorher sagen können, ob Fürst Bismarck überhaupt anwesend sein würde. Sonst war es hoffnungslos, ihn anderwärts zu sehen zu bekommen: er ging nie in Gesellschaft noch zu Hofe, noch zu den Empfängen der Botschafter oder Minister; und Eintritt in sein eignes Haus zu erlangen, war nur denjenigen möglich, welche einen sehr hohen Rang in ihrem Lande einnahmen oder eine besondere geschäftliche Angelegenheit mit ihm zu besprechen hatten. Alte Freunde oder nahe Verwandte erfreuten sich allein des Vorrechts, ihn privatim zu sehen. Neuerdings ist in dieser Beziehung etwas Wechsel eingetreten. Vor ungefähr einem Jahr, als er körperlich leidend war, vertraute sich der Reichskanzler der Behandlung eines Arztes, Dr. Schweninger, an, dessen Verfahren sich als sehr erfolgreich erwies, und seitdem vermag er wieder die gewohnten körperlichen Bewegungen auszuführen. In Friedrichsruh oder in Varzin geht er tüchtig spazieren; in Berlin zieht er vor, seine Leibesübung hauptsächlich zu Pferde vorzunehmen. Die Bewohner Berlins waren sehr überrascht, als die Zeitungen vor einigen Monaten mitteilten, der Kanzler sei zu Pferde im „Tiergarten" erschienen. Seitdem hat man ihn oft dort gesehen. In seiner Jugend war er ein passionierter Reiter, und er zeichnet sich noch jetzt durch einen guten Sitz und eine gefällige Haltung im Sattel aus. Er reitet manchmal mit einem seiner Söhne aus, meist aber allein, gefolgt von einem Reitknechte. Ein Fremder, der ihn nie vorher gesehen und ihm zufällig begegnet, würde nicht nötig haben zu fragen, wer er sei; er würde sogar in einiger Entfernung diese starke, machtvolle Gestalt in Kürassieruniform und diesen massiven runden Kopf erkennen, dessen charakteristische Züge jedem durch Tausende von Zeichnungen und Photographien vertraut sind.

---

[1] Dem jetzigen bayrischen Gesandten in Wien, Freiherrn v. Pödewils, gebührt das große Verdienst, daß sich der Fürst in die ärztliche Behandlung Schweningers begab.

Bismarck in Lenbachſcher Auffaſſung.

Es giebt verſchiedene mehr. oder weniger gute Porträts des deutſchen Reichs-
kanzlers; aber kein fremder Beſucher Berlins ſollte verſäumen, in die National-
Gemäldegalerie zu gehen und ein von Franz Lenbach, einem der beſten Maler
der Jetztzeit, gemaltes Porträt anzuſehen. Es iſt ihm in bewundernswerter
Weiſe gelungen, Bismarck, wie er vor drei Jahren, ſechsundſechzig Jahre alt,
und wie er noch jetzt ausſieht, darzuſtellen — ſchon alt, müde und furchtbar
ernſt, aber ſicher weder ſtreng noch unfreundlich ausſehend, und der richtige
Typus ungeſchwächter, kühner Energie und gewaltiger Intelligenz. Daß Fürſt
Bismarck ein bejahrter Mann, beweiſt das Datum ſeiner Geburt, daß er müde
iſt, überraſcht nicht, denn er hat ſein Leben lang eine ſo ſchwere Arbeitslaſt und
Verantwortlichkeit getragen, daß die meiſten Menſchen ſchon lange darunter nieder-
gebrochen wären. Wie könnte er anders als nachdenklich und ernſt ſein bei
ſeinem klaren Erkennen der Armſeligkeit und der Leiden des Menſchengeſchlechts
und nachdem er ſo viel Niedriges und Klägliches während ſeines langen Lebens
mitangeſehen hat? Aber daß er andrerſeits ein gütiger Mann iſt, werden alle,
die ihm näher treten, beſtätigen; und daß ſeine Energie ungebrochen, ſeine hohe
Einſicht ungeſchwächt, zeigt ſich jeden Tag durch ſeine Thätigkeit als leitender
Staatsmann Europas und durch ſeine unermüdlichen Anſtrengungen, trotz mächtigen und heftigen Widerſtandes die großen ſozialen Reformen, denen er ſich
gewidmet hat, zur Ausführung zu bringen.

Bismarck ein Heros, der Einiger Deutſchlands.

Bevor ich weitergehe, halte ich es für angezeigt, kurz den Geſichtspunkt
darzulegen, den ich bei der Beurteilung Bismarcks einnehme. Ich bekenne, daß
ich ſtark von gewiſſen Grundſätzen eingenommen bin, welche Carlyle in ſeinem
Werke über das Heroiſche in der Geſchichte niedergelegt hat. Ich weiß wohl,
daß dieſe Grundſätze keine ſichere Feſtung ſind — daß ſie Angriffen ausgeſetzt
und oft, manchmal mit offenbarem Erfolge, angegriffen worden ſind. Andrerſeits
bieten ſie feſte, leicht zu verteidigende Punkte, und ich bin der Meinung, daß
ſie wiſſentlich oder unwiſſentlich allgemein von allen Schriftſtellern feſtgehalten
werden, welche mit Sympathie für ihren Helden letzteren andern ſo darzuſtellen
verſuchen, wie ſie ſelbſt ihn ſehen. Dies Verfahren erhält indes ſelten Billigung,
beſonders wenn es auf eine Perſon angewendet wird, die noch lebt. Wenn man
bei der Beſchreibung eines Führers der Menſchen populären Erfolg haben will,
ſo wird man ſeinen Zweck viel beſſer dadurch erreichen, daß man feſtſtellt, der
große Mann ſei im ganzen nicht beſſer als gewöhnliche Sterbliche, als daß man
zeigt, er ſtehe auf einer höheren Linie und ſeine Zeitgenoſſen müßten zu ihm
aufſehen. Unſre Zeit leugnet, wie Carlyle ſagt, das Vorhandenſein von Helden.
Zeigt einen ſolchen unſern Kritikern, und ſie werden ſagen, daß er lediglich das
Erzeugnis ſeiner Zeit, daß ſeine Zeit alles und er nichts that! Aufrichtige Bewunderung für das wirklich Große betrachten ſie als einen Mangel an Urteils-

9*

kraft oder brandmarken es als „interessierte" Schmeichelei. Die letztere Art der Verurteilung ist besonders volkstümlich; denn, obwohl außerordentlich niedrig stehend, ist sie sehr leicht und bietet den Vorteil, gleichzeitig den verhaßten Bewunderer und den Gegenstand der Bewunderung zu treffen. Aber wie steht es mit dem, der so unwillig gegen „interessierte Schmeichelei" protestiert? Während er nicht veranlaßt werden kann, an die einsichtige und natürliche Bewunderung für einen großen Mann zu glauben, findet er es ganz natürlich — nein, er findet es kühn und edel — die höchsten Eigenschaften jener unfaßbaren, undefinierbaren, millionenköpfigen Einheit, genannt „das Volk", zuzuschreiben. Dem Volke will er auf das Aeußerste schmeicheln, und wenn er dabei Insulten auf einen einzelnen großen Mann herabregnen lassen kann, so wird er glauben, eine große Unabhängigkeit des Charakters bewiesen zu haben, „die große Nation, die edle Nation, die tapfere Nation!" wird er sagen und dann verächtlich von seinem „Unterdrücker" sprechen. Hört man eine gewisse Klasse deutscher Politiker, so wird man erstaunt sein zu erfahren, daß es in keiner Weise Bismarck war, der unter der Regierung König Wilhelms und mit Hilfe Moltkes an der Spitze des deutschen Heeres Deutschland zu dem gemacht hat, was es ist, sondern daß die deutsche Nation es niemand als sich selbst zu verdanken hat, wenn sie zu dem Range, den sie jetzt einnimmt, aufgestiegen ist. Nichts kann weniger wahr sein! Bismarck an der Spitze einer Horde Samojeden oder Hottentotten würde sicherlich nicht haben vollbringen können, was er gethan hat; aber andrerseits würde Deutschland niemals in den Krieg mit seinen mächtigen Nachbarn gezogen sein, es würde niemals die Stellung, die dasselbe jetzt innehat, erreicht haben, hätte Bismarck nicht, trotz einer zahlreichen und aufgeregten Opposition, den Wert der Deutschen als Soldaten richtig beurteilt. Man betrachte das italienische „Volk" vor Victor Emanuel, Cavour führte es nach Rom! Man betrachte, wohin Frankreich, früher „die große Nation" par excellence, gekommen ist, weil es an Stelle eines Königs Wilhelm, eines Bismarck und eines Moltke einen Napoleon III., einen Ollivier und einen Lebœuf hatte! Hätte es im Jahre 1870 einen französischen König Wilhelm, einen französischen Bismarck und einen französischen Moltke gegeben, wie stände es wohl dann heute damit?

Die politische Geschichte der Nationen ist die Biographie ihrer leitenden Staatsmänner, gerade wie die Geschichte der Zivilisation im allgemeinen die Geschichte großer Reformatoren, Kriegsmänner, Gelehrten, Künstler und Schriftsteller ist — kurz, die Geschichte der großen Männer, welche in der Welt gelebt haben. Wenn man sagt, das deutsche Volk schuf das neue Deutsche Reich, so könnte man ebensogut sagen, daß es „Faust" und „Wallenstein" schrieb und die Bibel übersetzte; daß das englische Volk das Gesetz der Schwere entdeckte und daß Italien Raffaels und Tizians Gemälde schuf. Man kann zwar die Sache umdrehen und sagen, Goethe, Schiller, Newton, Molière, Raffael, Tizian wären nicht möglich gewesen, wenn es kein deutsches, englisches, französisches oder italienisches Volk gegeben hätte, so wie diese Völker waren, als jene großen Männer lebten. Es liegt etwas Wahrheit darin, aber meiner Meinung nach

nicht genügend, um die den großen Männern schuldige ehrerbietige Bewunderung
zu vermindern. Ich will meinerseits nicht die Befriedigung verkleinern, welche
es mir gewährt, die Helden des Menschengeschlechts dadurch zu bewundern, daß
ich versuche, ihnen gerecht zu werden. Sie waren alle Menschen und hatten
als solche ihre Fehler. Aber Millionen und aber Millionen teilten ihre Mängel,
und nur wenige besaßen bis zu einem gewissen Grade jene charakteristischen
Eigenschaften, welche sie zu dem machten, was jene waren — Heroen! Daß
Beethoven taub und wunderlich, Tizian jämmerlich servil, Raffael ausschweifend,
daß Goethe sich gern „Ew. Excellenz“ nennen hörte, daß Friedrich der Große
die Flöte spielte und Tabak schnupfte — hat keine Konsequenz irgend welcher
Art. Daß diese Männer große Männer waren, ist allein wichtig, das übrige
thut gar nichts!

Bismarck Gegenstand der größten Publicität.

Wir kennen alle aus eigner Erfahrung die außerordentliche Leichtigkeit,
mit der sich Legenden bilden ...

Hätte Bismarck zur Zeit der Kreuzzüge gelebt, so würden wir wahrscheinlich Bilder von ihm haben, in welchen er als Riese von acht Fuß Höhe dargestellt wäre.

Das Anwachsen der Tagespresse während der letzten fünfundzwanzig Jahre
und der Einfluß des elektrischen Telegraphen und der Stenographie auf dieselbe haben das Ergebnis gehabt, daß das öffentliche Leben eines großen Mannes,
all sein Reden und Thun, in den Zeitungen wie in einem Spiegel und von
jedem denkbaren Gesichtspunkte wiedergegeben werden. Ich glaube sicher, daß
niemals ein Mann gelebt hat, dessen ganzes Leben, soweit es das Leben eines
Mannes der Oeffentlichkeit gewesen ist, so gründlich untersucht und so treu beschrieben worden ist wie dasjenige des Fürsten Bismarck; sein Porträt ist mit
Sonnenlicht aufgenommen worden, das jede Falte wiedergegeben hat: seine Reden
sind von unerbittlich unparteiischen Reportern niedergeschrieben worden, Fürst
Bismarck hat in einem Glashause gelebt. Wenn er ein Pfund Körpergewicht
verliert — wenn er seinen Bart wachsen läßt oder ihn wieder abrasiert — wenn
er einen Ritt im Tiergarten macht oder auf einen Tag nach Friedrichsruh
geht — wenn er einen Fremden in seinem Hause empfängt oder wenn er einen
Brief schreibt — das Publikum wird sogleich davon in Kenntnis gesetzt. Bei
dieser Lage der Dinge ist es überraschend, daß er seinen Feinden so wenig Waffen
gegen sich geliefert und daß kein Gegner im stande gewesen ist, trotz wiederholter
und heftiger Angriffe, sein Charakterbild zu schädigen.

Bismarcks unvergleichliche auswärtige Politik.

Es würde unmöglich sein, eine Geschichte seiner politischen Handlungen zu
schreiben, denn das würde gleichbedeutend mit dem Schreiben einer zeitgenössischen
Geschichte Europas sein. Es wird genügen, auf die Thatsache hinzuweisen, daß,
als Bismarck im September 1862 leitender Minister von Preußen wurde, dies

Land das letzte unter den Großmächten Europas war und vollſtändig von
Frankreich, England, Rußland und Oeſterreich in den Schatten geſtellt wurde.
In weniger als zehn Jahren bewirkte Bismarck eine vollſtändige Umwälzung in
dieſer Hinſicht: Deutſchland iſt die mächtigſte Nation des Kontinents geworden,
und das Anſehen ſeines politiſchen Leiters iſt derart, daß es ſich weit über
Deutſchlands Grenzen hinaus erſtreckt. Es geht kaum zu weit, wenn man ſagt,
daß heutigentags eine politiſche Frage als gelöſt bezeichnet werden kann, wenn
Fürſt Bismarck ſeine Anſicht geäußert hat. Es kann kein Zweifel ſein, daß
viele große Mißgriffe von europäiſchen Staatsmännern gethan worden ſind,
ſeitdem Fürſt Bismarck einen dominierenden Einfluß auf die europäiſchen Angelegenheiten ausgeübt hat; aber es iſt eine bemerkenswerte Thatſache und
ſicherlich nicht einem Glückszufall allein zu verdanken, daß keiner dieſer Mißgriffe ſich den deutſchen Intereſſen ſchädlich erwieſen hat, und daß einige ihnen
thatſächlich von Nutzen geweſen ſind. Wenn der Politik Englands in Aegypten,
Rußlands in Aſien und den franzöſiſchen Unternehmungen in Tunis, Madagaskar
und Tonkin von ſeiten Deutſchlands nicht entgegengetreten worden iſt, ſo iſt
ſicherlich der Grund der geweſen, daß Deutſchland ruhig anſehen konnte, was
vorging, ohne irgend welche Befürchtung, ſeine Macht oder Intereſſen aufs
Spiel geſetzt zu ſehen.

In dem Zeitraume von acht Jahren hat Bismarcks Politik Deutſchland
in drei Kriege geführt — gegen Dänemark, Oeſterreich und Frankreich —
das Ergebnis davon war die Errichtung des deutſchen Kaiſerreichs und ſeine
Stellung als größte Militärmacht Europas. Seitdem hat dieſelbe Politik Deutſchland an die Spitze eines auf Bismarcks Antrieb gebildeten Friedensbundes
geſtellt, welcher ſtarke Garantien für die Aufrechterhaltung des status quo, ſoweit
die Grenzen des Deutſchen Reiches in Betracht kommen, bietet. Die gegenwärtig
beſtehenden freundlichen Beziehungen zwiſchen Deutſchland einerſeits und Oeſterreich, Rußland, Italien und Spanien andrerſeits ſind ganz der geſchickten auswärtigen Politik des Fürſten Bismarck zu verdanken. Was Frankreich anbetrifft,
ſo iſt es Thatſache, daß die Beziehungen zwiſchen den beiden Regierungen ausgezeichnete ſind. Nationen werden in ihrem Verkehr mit andern Mächten allein
durch ihre Regierungen vertreten; ein direkter Verkehr von Volk zu Volk iſt
unmöglich. Deutſchland ſtand auf gutem Fuße mit der Regierung des Herrn
Thiers und der des Marſchalls Mac Mahon, und es ſteht auf ſehr befriedigendem
Fuße mit der gegenwärtigen Regierung Frankreichs. Politiſch ausgedrückt: die
Beziehungen zwiſchen den beiden Ländern können als gut bezeichnet werden.
Daß viele Franzoſen die Deutſchen und den Fürſten Bismarck insbeſondere
haſſen, iſt eine Sache, für welche es kein Heilmittel giebt. Fürſt Bismarck hat
dieſe Frage ſicherlich ſorgfältig in Betracht gezogen, aber er ſcheint zu der
Schlußfolgerung gekommen zu ſein, daß der Preis, zu welchem das franzöſiſche
Wohlwollen erkauft werden könnte, zu hoch iſt; in der That, weder Straßburg,
noch Metz, noch Elſaß-Lothringen ſogar könnten es erkaufen. Franzöſiſche
Chauviniſten werden fortfahren, die Deutſchen zu haſſen, bis ſie ihre „Rache für

Seban" gehabt haben — das heißt, bis sie Deutschland auf dem Schlachtfelde
geschlagen haben. Kein deutscher Staatsmann kann ihnen freiwillig diese Genugthuung geben. Die deutsche Regierung muß deshalb mit der Aufrechterhaltung
guter Beziehungen zu der französischen Regierung zufrieden sein. Und insofern
hat Fürst Bismarck, wie ich schon gesagt habe, völlig Erfolg gehabt.

Was England anbetrifft, so wird es genügen zu sagen, daß, wie auch immer
die persönlichen Gefühle beschaffen sind, welche Fürst Bismarck und Herr Gladstone für einander empfinden, dieselben in keiner Weise die Beziehungen zwischen
England und Deutschland beeinflußt zu haben scheinen, welche allem äußeren
Anschein nach niemals aufgehört haben, sehr freundlich zu sein. Fürst Bismarck
macht es sich als Politiker zur Regel, niemals sein Urteil von seinen Gefühlen
beeinflussen zu lassen.

Mit einem Worte, Bismarcks Werk ist bis jetzt gewesen: das — durch seine
Politik geeinigte — Deutschland zum mächtigsten Reiche des Kontinents zu
machen und so freundliche Beziehungen zu den andern europäischen Mächten zu
schaffen, daß sie sich als eine starke Garantie für die Aufrechterhaltung des
Friedens Europas erweisen können. Wir haben nun zu prüfen, wie er dieses
große Werk vollbracht hat.

Die Schwierigkeiten, mit denen Bismarcks Werk zu kämpfen hatte.

Ein Mensch, der schwere physische Arbeit zu vollbringen hat, bedarf des
unbehinderten Gebrauchs seiner Glieder. Will er einen Baum fällen, zieht er
seinen Rock aus, und der beste Schwimmer kann ertrinken, wenn er mit gefesselten
Händen und Füßen ins Wasser stürzt. Diese Regel findet auch auf geistige
Arbeit Anwendung. Soll ein Mensch sein Bestes thun, so muß ihm der un-
beschränkte Gebrauch seiner Fähigkeiten gestattet sein. Ich gebe zu, daß er sorg-
fältiger und infolge dessen besser arbeiten mag, wenn er sich unter einem Zwange
befindet, aber er wird in diesem Falle außerordentliche Anstrengungen zu machen
haben, um das zu vollbringen, was er mit vergleichsweiser Leichtigkeit ausgeführt
haben würde, wenn er unkontrollierter Herr seiner Handlungen geblieben wäre.
Eine unter großen Schwierigkeiten geleistete gute Arbeit beweist große Kraft bei
dem Manne, der sie geleistet.

Wir haben gesehen, daß Bismarck ein großes Werk vollbracht hat. Er
leistete es unter außerordentlichen Schwierigkeiten. Solche Schwierigkeiten werden
wahrscheinlich mit der Zeit aufhören, außergewöhnliche zu sein, und seine Nachfolger werden mit denselben zu kämpfen haben wie er, aber sie hemmten
sicherlich seine Vorgänger nicht, mit welchen allein wir ihn vergleichen können.
Die großen Staatsmänner und politischen Reformer der Vergangenheit waren
im Vergleich mit Bismarck freie Männer. Was sie thaten, thaten sie nach ihrem
eignen freien Willen und Urteil. Niemand stand — um nur Beispiele aus der
preußischen Geschichte anzuführen — zwischen dem Willen des Großen Kurfürsten oder Friedrichs des Großen und der Ausführung dieses Willens in
Handlungen. Die Ueberlegenheit ihres hervorragenden Intellekts befähigte sie

zu begreifen, was für die Größe ihres Landes notwendig war, und sie unternahmen es kühn. Kühnheit ist das charakteristischste Zeichen der Größe. Sie hatten die ganze Kraft der Nation zur alleinigen Verfügung: die Reformen, welche sie für gut hielten, führten sie aus; sie nahmen das Heer und das Geld des Staates, ohne jemand um Erlaubnis zu fragen — es war ihr eignes Heer, ihr eignes Geld — und schritten kühn auf ihrem Wege vor. Hätten sie „verantwortliche" Minister zu befragen und deren Unterschrift für ihre gewagten Unternehmungen zu erlangen gehabt, hätten sie mit einem Parlament verhandeln müssen — so ist es zum mindesten zweifelhaft, ob sie so erfolgreich gewesen wären. Wenn ich das sage, so klage ich nicht die konstitutionelle Regierungsform an. Ich will damit nur ausdrücken, daß es ihr Zweck und ihr Ergebnis ist, wie ein Hemmschuh auf den Mann an der Spitze der Regierung zu wirken.

Dieser Hemmschuh ist immer ein Hindernis für Bismarcks Handeln gewesen. Er wollte große und schwierige Dinge ausführen, und er hat dieselben vollbracht, obgleich er niemals den freien Gebrauch seiner Fähigkeiten gehabt hat. Er stürzte sich kühn in den reißenden Strom, obgleich ihm Arme und Beine gefesselt waren, und er ist trotz alledem über den Strom gesetzt.

Einst hat er in seiner politischen Laufbahn, ungeduldig und ärgerlich über die Kurzsichtigkeit und Zaghaftigkeit seiner parlamentarischen „Bremser", die Ketten, die ihn hemmen sollten, zerbrochen und ist auf seine Gefahr, unter Riskierung seines Lebens und seiner Freiheit, allein vorwärts gegangen, weil er lieber untergehen wollte, als seine Arme verschränken und ruhig zusehen, wie eine Gelegenheit, sein Land groß zu machen, unbeachtet vorüber ging — eine Gelegenheit, welche er, und er allein, sah. Aber er kehrte von seinem Siege nicht übermütig zurück; er nahm die Ketten, welche er gebrochen, wieder auf und band sie sich wieder an, indem er das Parlament um „Indemnität" für das, was er gethan, ersuchte — indem er um Amnestie dafür bat, daß er den ersten, den kühnsten und schwierigsten Schritt zur Einigung Deutschlands unternommen hatte. Es ist mehr als befremdlich, daß die Männer, welche ihm im Parlament entgegentraten, als er das deutsche Heer für den Kampf bereit machen wollte, der zur Gründung des „Norddeutschen Bundes" und später zur Errichtung des Deutschen Reiches führte, dieselben Männer sein sollen, welche jetzt zu verlangen wagen, daß sie, nicht er, Deutschland groß, mächtig und einig gemacht haben. Nicht ein Pfennig preußisches Geld, nicht ein Soldat des preußischen Heeres würde Bismarck zur Verfügung gestanden haben, als er in den Krieg für Deutschlands Größe zog, hätte er nicht eigenhändig nach der Macht gegriffen, welche das Parlament ihm versagte. Ob vom theoretischen Standpunkte Bismarck deswegen zu tadeln ist, ist eine Frage, welche der Erörterung der Professoren des Konstitutionalismus überlassen bleiben kann. Vom politischen Gesichtspunkte aus — Politiker tragen nur den praktischen Ergebnissen Rechnung — war Bismarcks Handeln von ungeheurm Erfolge gekrönt; er wurde der volkstümlichste Mann des Landes und überall als der Heros Deutschlands gepriesen.

Die Verkleinerer Bismarcks.

Das war eine große Zeit für Deutschland — eine Zeit warmen, unverfälschten Patriotismus und Enthusiasmus. Die Deutschen waren stolz auf ihren
alten Kaiser, ihr bewundernswertes Heer, ihren schweigsamen, kalten Generalstabs-
chef Grafen Moltke, über alles aber waren sie stolz auf ihren politischen Leiter,
den furchtlosen und klugen Bismarck, den sie den „Abkömmling der Nibelungen"
benannten. Sie fühlten sich viel stolzer, stärker und besser als je zuvor, und sie
wußten und sprachen es offen aus, daß sie dies Bismarck zu verdanken hätten.
Er hatte sie stolz darauf gemacht, Deutsche zu sein; er hatte wie mit einem
magischen Zauberstab das demütigende Gefühl der Minderwertigkeit zerstört,
welches Deutsche bis dahin so oft empfunden hatten, wenn sie in fremden
Ländern die Position Deutschlands mit der Macht und dem Ansehen Englands
und Frankreichs betrübt verglichen. Das war jetzt alles verändert; die Landsleute der Helden von Gravelotte und Sedan und des eisernen Kanzlers waren
berechtigt, stolz zu sein — und recht stolz waren sie.

Diese Zeit des reinen Enthusiasmus dauerte gerade so lange, wie solche
Zeiten dauern können. Sehr bald wurden die Deutschen an ihre neue Lage in
der Welt gewöhnt, und nun machten sich deutsche Skeptiker ans Werk und begannen mit ihrem Helden „abzurechnen". Was hat Bismarck im ganzen genommen gethan, um solche Lobpreisungen zu verdienen? Hat er denn die
Höhen von Spichern und St. Privat erstürmt, Straßburg, Metz, Paris belagert
und eingenommen, sein Leben in den mörderischen Schlachten gewagt, wo teures
Blut die süßen Früchte des Sieges erkaufte, die sie jetzt verdientermaßen genossen?
Er hatte seine Pflicht gethan! Natürlich hatte er das! Das hatte jeder Deutsche;
welchen Dank hatten jene dafür erhalten? Hatte er im Gegenteil nicht den
vollsten Lohn empfangen? War er nicht zu nie dagewesener Macht, Ehre und
Stellung gestiegen? Daß Deutschland eine gewisse Schuldverbindlichkeit gegen
ihn eingegangen, war richtig; aber war diese Schuld nicht voll und anständig
bezahlt worden? Was erwartete er noch mehr? Suchte er das ganze Gut-
haben für das durch die vereinigten Anstrengungen Deutschlands geschaffene große
Werk allein für sich in Anspruch zu nehmen! Ernstlich, eine solche Frage konnte
gar nicht debattiert werden.

Ach, die menschliche Natur! Sie ist immer so gewesen und wird immer so
sein: der Held hat seine Arbeit gethan — der Held kann nun gehen! Eitelkeit,
Selbstsucht und Haß haben immer die Gefühle der Völker gegen große Männer
geleitet. Tote Männer hören auf, Mitstreber zu sein. Nationen ehren im
allgemeinen ihre toten Heroen, aber sie fühlen sich nicht in gleicher Weise geneigt,
der mitlebenden Größe Ehren zu erweisen. Undankbarkeit oder absichtliche Blindheit bezüglich derselben ist die allgemeine Regel. Millionen von Deutschen
widmen ohne Zweifel auch ferner Bismarck eine aufrichtige und dankbare Bewunderung; aber diese Menschen, meist von ruhiger, zufriedener und konservativer
Gemütsrichtung, die ihm allmählich Vertrauen geschenkt hatten und jetzt fest auf

ſeiner Seite ſtanden, ließen ſich der Regel nach nicht vernehmen; deshalb wurde die Oppoſition, ermutigt durch ihren Erfolg mit den „Enterbten der Nation", täglich lauter und aggreſſiver. Die politiſche Zufriedenheit verhält ſich im allgemeinen ruhig, während es das Weſen der Oppoſition iſt, geräuſchvoll zu ſein. In der Preſſe wie im Parlament wurde es bald Sitte, heftige Angriffe gegen den Kanzler zu richten, und viele Politiker ohne perſönliches Verdienſt, die nie etwas zum Wohle ihres Landes gethan, erlangten allmählich eine gewiſſe politiſche Stellung lediglich als Gegner Bismarcks und erregten Aufmerkſamkeit, weil ſie ſich in dem Lichtkreiſe, der ihn umgab, bewegten. Dieſe Politiker machten niemals ſelbſt Vorſchläge; ſie waren entweder zu furchtſam oder zu unbedeutend dazu. Was ſie gern in Vorſchlag gebracht hätten, wagten ſie nicht offen zu bekennen, oder ſie hatten nichts zu bekennen und vorzuſchlagen. Aber es gehörte weder große Einſicht noch großer Mut dazu, „Nein" zu jedem vom Kanzler ausgehenden Vorſchlage zu ſagen und zu beweiſen, daß dieſe Vorſchläge wie jeder menſchliche Plan ihre Fehler hatten. Unter den Gegnern Bismarcks gab es zweifellos gute und durchaus ehrenwerte Männer, welche es wirklich für ihre Pflicht anſahen, ihm entgegenzutreten; aber es gab viele andre, welche gefunden hatten, daß die „Oppoſition" zu einem einträglichen Geſchäft gemacht werden konnte, welches diejenigen, die es klug ausführten, zu Wohlſein und Ruf brachte. Einige von dieſer letzteren Klaſſe von Männern waren außerdem von ſchlechter Erziehung und ſchlechten Manieren, und gegen ſolche Mängel iſt Bismarck merkſam empfindlich und beſonders unduldſam.

Er hatte kein Recht, zu erwarten, daß ſeine Vorſchläge ohne Widerſpruch durchgehen würden, und ſein klarer Geiſt mußte ſehr wohl wiſſen, daß die Diskuſſion die Seele des Konſtitutionalismus iſt; aber jeder Deutſche war ihm für das, was er vollbracht, Achtung und Dankbarkeit ſchuldig, und kein Deutſcher durfte ihm anders als höchſt reſpektvoll opponieren. Dies iſt nicht der Fall geweſen. Es haben ſich Männer gefunden, welche es augenſcheinlich für ſehr fein gehalten haben, den Kanzler in ſehr roher Weiſe zu kritiſieren, wie wenn ſie ihn zu Ungeduld und zu Bitterkeiten treiben wollten, während viele andre ſolcher Niedrigkeit Beifall gezollt und ſich an dem Schauſpiel von Bismarcks Zorn beluſtigt haben.

Wahrſcheinlich in dieſer Zeit ſind gewiſſe ſcharfe Worte des Kanzlers über Zeitungsſchreiber und öffentliche Redner als Agitatoren allgemein bekannt geworden; aber man ſollte ſich erinnern, daß dieſe Ausſprüche aus der Zeit herrühren, als Bismarck am populärſten war, und auf tief eingewurzelten Ueberzeugungen und Anſichten beruhten, ſtatt daß ſie, wie angenommen wird, das Ergebnis des Zorns oder ſchlechter Laune ſind.

Bismarck als Monarchiſt.

Fürſt Bismarck iſt durch und durch monarchiſch. Treue gegen den Souverän wird von ihm nicht nur als eine Haupttugend, ſondern als die erſte aller politiſchen Tugenden bei einem Manne ſeiner Stellung angeſehen. Er hat oft

von ſich gerühmt, ein treuer „Vaſall“ ſeines Königs zu ſein. Für ihn iſt dies
eine Frage perſönlicher Ehre. Er konnte auf ſehr gutem Fuße mit einem auswärtigen Republikaner ſtehen; für Herrn Thiers zum Beiſpiel hegte er aufrichtige Sympathie, und er ehrt noch jetzt das Andenken dieſes Staatsmannes,
deſſen warmer, ſelbſtloſer und zugleich kluger Patriotismus ihm wahlverwandt
war; jedoch gegen einen Deutſchen, welchem, nach ſeinem eignen Maßſtabe gemeſſen,
es an Loyalität gegen ſeinen Souverän mangelt, hat er nur Gefühle der Verachtung oder des Mitleids. Er iſt ſo aufrichtig überzeugt, daß Deutſchlands
Größe und Macht feſt mit der Größe und der Macht der Monarchie verbunden
iſt, daß er jeden Angriff auf die Rechte, die Würde oder die Privilegien des
Souveräns als Verrat gegen Deutſchland anſieht. Unternimmt dies ein Deutſcher,
ſo wird er Bismarcks perſönlicher Feind; denn er betrachtet ihn als einen
Menſchen, welcher entweder kein Urteil oder keinen Patriotismus beſitzt und
welcher auf alle Fälle eine ſchlechte Handlung begeht. Die Mehrheit der Deutſchen
iſt ſicherlich monarchiſch; aber es giebt viele unzufriedene Leute in Deutſchland —
wie auch überall — und unzufriedene Leute wünſchen Veränderung und hören
willig auf diejenigen, welche ſolche vorſchlagen. Veränderungen aller Art in
Vorſchlag zu bringen, iſt das Hauptgeſchäft einer gewiſſen Klaſſe dunkler, unverantwortlicher Zeitungsſchreiber, welche täglich Ratſchläge vorbringen, deren
Befolgung allmählich die Rechte und Privilegien des Souveräns vermindern
und Deutſchland dem Republikanismus zutreiben würde. Die Schreiber, welche
dieſe antimonarchiſchen Reformen vorſchlagen, ſind natürlich dieſelben, welche am
heftigſten den Kanzler als Vorkämpfer des Königtums angreifen; aber wenn
Bismarck ſolche Leute mit bitterlicher Verachtung behandelt, ſo geſchieht es, weil
er ſie die Monarchie unterminieren ſieht, die er als den Schlußſtein der Größe
Deutſchlands anſieht. Fürſt Bismarck kennt die Macht der Preſſe und ſchätzt
ſie vollkommen, aber er haßt gründlich diejenigen, welche einen ſchlechten Gebrauch
davon machen. Der Mißbrauch einer ſolchen Macht iſt leicht, denn derjenige,
welcher ſie handhabt, kann, ſofern er es wünſcht, mit nur wenig Klugheit und
Diskretion anonym bleiben.

Bismarcks Rücktritt — Deutſchlands Rückſchritt.

Es giebt kleine, aber mit jener ſo ſehr von Zeitungsherausgebern geſchätzten
Leichtigkeit des Stils begabte Menſchen, welche kaum wagen würden, die Augen
in Gegenwart des großen Kanzlers zu erheben, und welche nichtsdeſtoweniger
täglich ihren Leſern — und einige derſelben haben recht viele Leſer — mitteilen, daß „Fort mit Bismarck“ der Ruf jedes wahren Deutſchen ſein ſollte.
„Fort mit Bismarck“ wird eines Tages eine Thatſache werden, denn eines
Tages wird er gegangen ſein; aber zum Heile Deutſchlands und im Intereſſe
des Friedens Europas iſt zu hoffen, daß dieſer Tag noch ſehr fern iſt; denn
Bismarck an der Spitze der deutſchen Staatsgeſchäfte bedeutet nichts Geringeres
als die vollkommene Sicherheit Deutſchlands. Sein Anſehen iſt ein derartiges,
daß, ſolange er die politiſchen Geſchicke Deutſchlands leitet, man ruhig

behaupten kann, keine fremde Macht werde ernstlich daran denken, es anzugreifen oder zu beleidigen. Ebenso sicher ist es, daß die Hoffnungen der Feinde Deutschlands hauptsächlich auf dem Umstande beruhen, eines Tages werde der Wunsch jener Zeitungsschreiber erfüllt und Bismarck „weg" sein. Haben sich die Deutschen, welche in diesen Ruf mit einstimmen, überlegt, was für Sorge und Kummer danach folgen kann? Deutschlands Macht wird an diesem Tage nicht dahin sein. Dies zu sagen hieße ungerechtfertigte Zweifel an seiner nationalen Größe, an der Zähigkeit, der Tüchtigkeit und dem Patriotismus seiner Bürger aussprechen; aber das Gefühl vollkommener Sicherheit, welches Deutschland jetzt genießt, wird sicherlich dahin sein, und dann wird vielleicht der ungeheure Vorteil der gegenwärtigen Befreiung von Befürchtungen richtig geschätzt werden. Nichts beweist, meiner Meinung nach, treffender die Größe Bismarcks als die Thatsache, daß er gegenwärtig „die Wacht am Rhein" des volkstümlichen deutschen Liedes personifiziert, und daß Deutschland fühlt, es sei sicher, solange Bismarck in Waffen steht und Wache hält.

Ich habe manchmal überlegt, welchen Preis Frankreich zum Beispiel wohl bereit sein würde zu zahlen, und berechtigterweise zu zahlen, um sich die Dienste eines Bismarck zu sichern. Das sind unnütze Betrachtungen! Mag sein, aber die Deutschen könnten nichts Besseres thun, als sich denselben hinzugeben; es würde sich ihnen auf alle Fälle zeigen, daß sie in ihrem leitenden Staatsmann einen unschätzbaren Besitz haben, den sorgfältig so lange wie möglich zu halten sie gut thun würden.

Bismarcks Ansicht über Beredsamkeit und den Parlamentarismus.

Einige der vorstehenden Bemerkungen finden auch auf Bismarcks Empfindungen für die parlamentarische Regierung, oder ich sollte vielmehr sagen, gegen eine gewisse Klasse von Parlamentsmitgliedern Anwendung. Er hört eine schöne Rede gerade so an, wie er einen gewandt geschriebenen oder sensationellen Leitartikel liest; keines von beiden macht großen Eindruck auf ihn. Mit einem Wort, Beredsamkeit steht nicht in hoher Achtung bei ihm. Er ist der Ansicht, daß in dieser Zeit der parlamentarischen Regierung jeder Politiker im stande sein müßte, einer Versammlung in klarer Weise die Gründe darzulegen, warum eine Maßregel angenommen oder abgelehnt werden solle; aber er scheint zu denken, daß in einer solchen Rede keine Kunst enthalten zu sein brauche: sie sollte ein nüchterner und klarer, an die Urteilskraft, nicht an die Gefühle der Zuhörer appellierender Bericht sein. Das Gefühl ist nach Bismarck in politischen Dingen etwas Ueberflüssiges und Gefährliches. Kein Staatsmann sollte sich davon leiten lassen. Die Beredsamkeit wendet sich hauptsächlich an das Gefühl; ihr Zweck ist oft, die Leute zu etwas zu veranlassen, was sie bei kühlerer und besserer Ueberlegung ablehnen würden, und sie mit fortzureißen „fast gegen ihren Willen". Ein Bericht müßte, um gut zu sein, klar, sorgfältig und wahrhaftig sein. Nun kann ein Meisterstück der Beredsamkeit unsorgfältig und

trügeriſch ſein — kann thatſächlich eine Lüge ſein. Der Anwalt, welcher einen
Angeklagten verteidigt, von dem er weiß, daß er ſchuldig, und welcher durch ſeine
Fähigkeit die Jury zu einem freiſprechenden Urteil überredet, kann ein ſehr guter
Redner ſein, aber er iſt nicht aufrichtig. Bismarck achtet einen ſolchen Mann
nicht, er betrachtet ihn als ein gefährliches Weſen. Eine ſchöne Rede, lediglich
als Rede beurteilt, kann eine ſchlechte Handlung ſein. Bismarck, deſſen Lauterkeit
als patriotiſcher Deutſcher niemand anzuzweifeln kann, und deſſen beſte und mächtigſte
Reden ganz nüchterne, ſorgfältige und wahrhafte, allein an den Verſtand und
die Urteilskraft der Zuhörer ſich wendende Berichte ſind, mag wohl der Meinung
ſein, daß in einigen Fällen, wo ſeine politiſchen Gegner durch ihre Klugheit und
Beredſamkeit Erfolg gehabt haben, dieſelben ſo gewiſſenlos wie der Anwalt gehandelt haben.

In Bezug auf Bismarcks Anſichten über den Parlamentarismus iſt noch ein
andrer Punkt zu erwähnen: wenn man einige der volkstümlichſten parlamentariſchen
Führer ihrer Beredſamkeit oder vielmehr ihrer beſonderen Befähigung, über jeden
möglichen Gegenſtand fließend zu ſprechen, entkleidete, ſo würde man häufig
finden, daß ſie als politiſche Charaktere ohne wirklichen Wert, daß ſie thatſächlich
lediglich „Dilettanten“ ſind. Nun iſt Bismarck ſelbſt ein berufsmäßiger Staatsmann, ein praktiſcher Geſchäftsmann, und als ſolcher hat er eine ſtarke Abneigung gegen den Dilettantismus. Er machte eine lange Lehrzeit durch, bevor
er Meiſter wurde, und als Meiſter, der alle Geheimniſſe ſeines Geſchäfts gut
kennt, hat er nur eine geringe Meinung von der Amateurarbeit und verwahrt
ſich ſtreng dagegen, daß die Staatskunſt als eine Art Himmelsgabe betrachtet
werde, wie es von den meiſten Leuten geſchieht. Es iſt klar, daß ein Mann
ein Gelehrter erſter Klaſſe, ein gewandter Schriftſteller, ein verdienſtlicher Banquier
und ein beredter Sprecher und zugleich doch ein armſeliger Politiker ſein kann.
Auf Rechnung einiger von Fürſt Bismarcks einflußreichſten Gegnern können gewiſſe politiſche Mißgriffe geſetzt werden, welche kein berufsmäßiger Fachmann
begangen hätte, und welche das Vertrauen erſchüttern ſollten, das ſie und ihre
Freunde unzweifelhaft auch ferner in ihre eigne Weisheit ſetzen. Es iſt ſicher,
daß das deutſche Parlament eine große Zahl politiſcher Dilettanten enthält,
welche nichtsdeſtoweniger beträchtlichen Einfluß auf die parlamentariſchen Beſchlüſſe ausüben, und es iſt nicht überraſchend, daß Fürſt Bismarck, indem er auf
ſeine eignen Erfolge als Staatsmann und auf die zahlreichen Verſäumniſſe ſeiner
Gegner zurückblickt, ſich in keiner Weiſe geneigt zeigt, die überlegene Weisheit
der Gegnerſchaft anzuerkennen, daher die gegen ihn gerichtete offene und heftige
Feindſeligkeit gewiſſer politiſcher Führer. Sie empfinden es als eine perſönliche
Beleidigung, daß, wie groß auch immer ihre Gelehrſamkeit, Beredſamkeit oder
Popularität ſein mag, der Kanzler hoch über ihnen auf der hervorragenden
Stelle ſteht, auf welche ſein Verſtand und Charakter ihn erhoben, und wo die
öffentliche Meinung nicht allein in Deutſchland, ſondern in ganz Europa ihn
verbleiben läßt. Der Ruhm und die Geſchichte können die Menge kleiner Leute
nicht berückſichtigen, welche vereinigt hin und wieder Erfolg haben, indem ſich

die Wagschale zu ihren Gunsten gegen den einzigen gewichtigen Mann wendet, der allein ihnen allen entgegentritt.

Bismarcks Größe ist unerreichbar.

Ruhm und Geschichte verzeichnen große Handlungen und die Namen der wenigen großen Männer, die sie vollbrachten. Die Größe besteht in der Kraft zu wollen, zu wagen und zu handeln. Es giebt keinen lebenden Mann, der dem deutschen Kanzler in der Kraft und Zähigkeit der Absicht und im furchtlosen Wagen gleicht, und daß er vollbringen kann, was er will und wagt, haben die Geschichte seines Lebens und die zeitgenössische Geschichte Deutschlands und Europas gezeigt. Es sind zweifellos Männer von großer Fähigkeit unter Bismarcks politischen Gegnern zu finden; aber nicht allein als Politiker, sondern auch einfach als Menschen kann keiner von ihnen ihm das Gegengewicht halten. In allen zivilisierten Ländern wird man viele andre Gelehrte, Schriftsteller, Redner, Künstler und ausgezeichnete Männer aller Art finden, mit welchen jene wohl verglichen werden können — einen zweiten Bismarck wird man nicht finden. Er ist ein ganz außerordentlicher Mann, und man muß bis zu dem heroischen Typus zurückgehen, um andre zu finden, die zu der gleichen großen Spezies von Menschen gehören. Gemeinsam mit allen Gliedern der heroischen Familie — die so spärlich über die Erde verbreitet, in deren Thaten aber die Geschichte der Welt beschrieben ist — besitzt er einen unbeugsamen Willen, unerschrockenen Mut und jene besondere Größe der geistigen Fähigkeiten, welche ihm gestattet, die Absichten andrer richtig zu beurteilen, während seine eignen Pläne ein Geheimnis für jedermann bleiben. Wie der wirklich große Mann aller Zeiten, zeigt er außerdem einen wunderbaren Mangel an gewöhnlichem Egoismus, äußerste Nichtberücksichtigung seiner persönlichen Position und nie fehlende Bereitwilligkeit, wieder und wieder alles, was er gewonnen, behufs Förderung der nichtpersönlichen Zwecke seines Lebens aufs Spiel zu setzen.

Zwischen den Welten.

Von

Alexandre Ular.

(Schluß.)

Tantchen war jetzt wirklich ganz böse auf Frey. Er richtete doch mit seinem dämonischen Wesen Unglück an, wohin er kam. Und als Paula ihr an demselben Abend von ihm erzählte, fand sie es sogar ganz recht, daß er früher ein so unglücklicher, immer unbefriedigter Mensch gewesen war, der wie der wilde Jäger in alle Ewigkeit durch seine Nacht dahineilen muß und doch weiß, daß

er niemals das erreichen kann, wonach er jagt. Und sie fand es beinahe frevel-
haft von „ihrem kleinen Paulchen“, daß sie jetzt die Senta dieses fliegenden
Holländers spielen wollte.

Aber das schien sie gerade zu wollen. Ueberhaupt war sie ja mit dieser
Rolle schon fertig. Sie hatte ihn ja glücklich gemacht, ihn geradezu erlöst, und
darauf war sie stolz; und sie hatte sich selbst deshalb noch gar nicht aufzuopfern
gebraucht, ganz im Gegenteil. Tantchen mochte ihn nur nicht leiden, weil sie
ihn gar nicht verstand. Und sie hatte ihn ja so lieb — und er sie auch. Sie
konnte überhaupt nicht mehr ohne ihn leben...

Und Tantchen hatte ihre Händchen gestreichelt und den Kopf geschüttelt und
ganz leise und traurig gesagt:

„Mein armes, armes Paulchen...“

*

Frey hatte in demselben Hotel noch ein Zimmer gefunden, und so war er
fast immer mit Paula und Tantchen zusammen. Und es hieß bei den andern
Gästen, Paula und der interessante, ernste, dunkle Mann, der allgemein unter
dem Namen „der grimme Hagen“ ein beliebtes Gesprächsthema bei alten und
jungen Damen bildete, die beiden seien verlobt. — Aber das war gar nicht wahr.

Auf den Bergen brannten die Johannisfeuer, und Frey war mit Paulchen
noch am Abend spät aufgebrochen, um in der wundervollen Nacht eine Höhe
zu besteigen — die beiden ganz allein. Tantchen fand das sehr unpassend, aber
Paulchen hatte sie ausgelacht und hinzugefügt:

„Wir sind ja nicht verlobt!“

Und Tantchen hatte sie ruhig gehen lassen, denn sie konnte ja doch nichts
dagegen thun.

Aber Paulchen hoffte heimlich und mit einer beinahe verzweifelnden Angst,
daß Tantchen mit ihrer Besorgnis recht behalten möchte...

Und als sie nach Hause kam, des Morgens um drei Uhr, da warf sie sich
schluchzend auf ihr Bett und lag lange angekleidet da, den Kopf in die Kissen
vergraben.

Sie konnte die Vision nicht sehen, die er ihr gezeigt hatte als ihr wundervolles gemeinsames Ziel; die Liebe schien sie nicht gelehrig zu machen — und
sie hatte ihn ja so... so lieb, daß sie alles, alles für ihn hingeben und alles,
alles für ihn und um seinetwillen thun möchte.

Wie war es nur möglich, daß die Liebe so unglücklich machen kann, die
Liebe, die die andern eine „glückliche Liebe“ nennen?

*

Sie gingen jetzt sehr oft zusammen aus, beinahe jeden Tag; das Wetter
mochte sein, wie es wollte. Er that es so gern, und sie folgte.

Er hätte sich auf die Spitze des Gebirgs stellen und ihr rufen können; und
sie hätte sich die Füße an spitzen Steinen, an verworrenen Baumwurzeln, an
dem eisigen, stachligen Boden der Gletscher zerrissen, um zu ihm zu gelangen.

Sie war immer bereit für ihn und dachte an nichts, als bereit zu sein, wenn er sie wollte. Sie war bereit für ihn wie die Braut des weisen Herrschers.

Aber sie suchte vergebens, ihm zu dienen. Sie verzehrte sich in qual= vollen, unfruchtbaren Gedanken über die Möglichkeit dieses Elends bei solchem Glück.

Und er war so glücklich! — Mit jedem Tage, an dem sie ihn von neuem sah, schien er ihr ruhiger, verklärter und immer mehr gleichsam umhüllt von einem glänzenden, unsichtbaren Kleide, das niemand erlaubte, ihm zu nahen wie andern Menschen. Und sie fühlte, daß diese wunderbare Hülle ihn vor jeder Berührung mit der Alltagswelt schützte, und daß nichts aus dieser körperlichen Welt einen Einfluß hatte auf etwas ihr Entsprechendes, das vielleicht auf dem Grunde seiner fast greisenhaft milden Seele lag. Sie fühlte, daß auch sie für ihn nichts war als eine Seele, eine von ihm geliebte Seele, die ihm losgelöst erschien von aller sinnlichen Freude, und nur als etwas seiner eignen mystischen Gedanken= und Gefühlswelt Aehnliches.

Das machte sie manchmal recht unglücklich — wenn sie nicht bei ihm war. Aber sie wunderte sich jedesmal wieder über sich selbst: in seiner Nähe war alles das ganz anders. Da war sie glücklich wie ein armes, kleines, süßes Mädchen, das einen gewaltigen Herrscher zum Liebsten hat. Da war es ihr unmöglich, überhaupt noch etwas andres zu denken und zu fühlen als ihre gänzliche Hingabe an den magischen, beglückenden Bann, in den seine beinahe dämonische, beinahe engelhafte Persönlichkeit sie fesselte. Da empfand sie es nicht als Schmerz und als Beleidigung, daß er sie nicht sah, wie sie war, sondern nur als ein Schemen aus einer jenseitigen Welt, welches ihm dorthin vorschweben sollte. Da fühlte sie nichts als die unendliche Freude, ihm etwas zu sein, ihm wertvoll zu sein, sein Höchstes zu sein . . .

Und diese Freude verzehrte sie allmählich, wie jede brennende Freude, die immer wiederkehrt, die Menschen verzehrt . . . Ist es nicht sonderbar, daß die höchste Freude und der tiefste Schmerz dieselbe so lieblich empfundene und in Wahrheit so traurige Wirkung haben? Sollte der Mensch sich von seinen glücklichsten Zufällen, seinen Ekstasen fernhalten — um nicht zu Grunde zu gehen? . . . Aber was kümmert uns unser Tod? . . .

Paulas durchsichtiger Körper wurde noch durchsichtiger, ihre bleiche Haut wurde noch bleicher und ihre feinen Finger noch feiner. Und in ihrem Leben hatte sich viel geändert. Sie arbeitete jetzt niemals mehr. Wenn sie allein war oder bei Tantchen und Tantchen sprach nicht mit ihr, dann saß sie gewöhnlich ganz still da und blickte träumerisch ins Weite, wie in einem wachen Schlaf, in welchem man nichts empfindet von dem, was um einen herum vorgeht, und doch die innere Empfindung so wach ist, daß sie Feinheiten verspürt, die sie sonst immer unbemerkt lassen muß.

Tantchen war manchmal recht böse und betrübt . . .

Jetzt nahmen sie zusammen noch einmal das Manuskript von ihrem „Gotamo"
durch. Er hatte es so gern gewollt — und sie folgte, obwohl sie sich gar nicht
mehr so recht dafür interessierte. Dann gingen sie weit hinaus ins Gebirge,
des Morgens, wenn noch der Tau an Bäumen und Sträuchen in Millionen
Farben unter dem brünstigen Strahl der Sonne erzitterte, hoch hinauf, zu einer
wunderschönen, einsamen Lichtung, auf der nur eine einzige, ehrwürdige, riesige
Tanne stand. Dort saßen sie dann; er auf einem niedrigen Felsblock mit dem
dicken Pack weißer, beschriebener Blätter in der Hand, und sie daneben auf
dem Boden. Und wenn er dann vorlas, stützte sie ihren Arm auf den Stein
und blickte ihm ins Gesicht und war sehr erstaunt, daß alles, was sie da hörte,
so ganz anders war, als wie sie es in der Erinnerung hatte.

Und oft saßen sie auch da, ohne ein Wort zu sagen, und blickten in die
herrliche Gebirgswelt hinab und hinauf und hörten das leise, märchenhafte
Geflüster der alten Tanne, die alte Geschichten von stillem Glück und Frieden
erzählte.

Und wenn er sie dann so daliegen sah, den reizenden, feinen, elastischen
Körper, und es ihm war, als sei sie nichts als ein Gefühl, das eine körperliche
Gestalt angenommen hatte, dann blickte er wohl mit einem bewundernden und
beinahe ratlosen Staunen auf die Blätter, deren Inhalt er verbessern sollte.

Wie war es möglich, daß in diesem Wesen eine solche Gewalt des Denkens,
eine solche Tiefe des Gefühls und eine solche glänzende Gestaltungskraft vereint
waren? — Ja, war das möglich? — Oder war das alles nur ein Ausfluß jener
mystischen Kraft, die sich, wie er fest glaubte, manchmal in irdische Seelen ergießt
und sie Dinge verrichten läßt von übermenschlicher Tiefe und Schönheit? —
Wäre es ihr sonst wohl möglich gewesen, ihn wie im Spiel aus dem entsetzlichen
Chaos seines Unfriedens in einem Augenblick in die klare Höhe seines gegenwärtigen seelischen Lebens zu heben?

Er betrachtete sie beinahe ehrfürchtig und scheu und sagte sich immer wieder,
daß sie selbst schon eine Vision sei, die ihn gebannt hielt und die er über alles
ehren müsse, wenn sie ihn nicht in die alte Finsternis zurücksinken lassen sollte.

Sie blickte zu ihm auf und sah, wie seine Augen mit einem so inbrünstigen
Feuer auf sie oder etwas in ihr Liegendes gerichtet waren, wie wir es uns nur
vielleicht bei einem jener ehrwürdigen Anachoreten im Himalaja denken, der zu
den himmlischen Gipfeln hinaufschaut, wo sein Gott wohnt, und über Schnee
und Eis emporklimmt, um in seiner Nähe zu sterben.

Da lachte sie laut auf, wie ein Kind lacht, das die Mama recht angeführt
hat, und nahm ihm die Blätter weg und sagte:

„Ganz närrisch wirst du noch von dem Zeug, und sogar mich siehst du schon
nicht mehr. Bin ich dir denn nicht so viel wert wie das Papier? — Warte
nur, du! — Guck, so viel ist das wert!"

Und dann warf sie das Papier hoch in die Luft, daß die Blätter weit
umherflogen, und lachte ihn aus, als er erschrocken aufsprang und ihr lächelnd
drohte und hin und her lief, um die Blätter wieder zu sammeln. Und sie half

ihm hierbei ſogar — und verbot ihm ein für allemal, das Zeug wieder mitzunehmen, wenn ſie ausgingen. Sie würde ſonſt eiferſüchtig darauf und traurig,
daß er das Papier lieber hätte als ſie . . .

Und an dieſem Morgen merkte er, daß jene wunderbare myſtiſche Welt,
die hier in den Verſen niedergelegt war und in die er ſich gerettet hatte, ſie
beide nicht mehr umfaßte. Und er fühlte mit einem plötzlichen ſchneidenden
Schmerz, daß ihre gegenſeitige Liebe ſich in Welten verlor, die nicht da waren.
Sie war auf verſchiedenen Sternen gewachſen, und ein unendlicher finſterer
Raum trennte ſie, den er nicht wieder durchmeſſen konnte . . .

*

Es iſt ſonderbar: wenn die Menſchen am unglücklichſten ſind, ſind ſie gewöhnlich auch am leichtſinnigſten. Der herbe Schmerz über etwas wider Hoffnung
ſchlecht Ausgegangenes wird dann durch eine paſſive Beweglichkeit der Seele
gemildert zu einer eigentümlichen Müdigkeit und Haltloſigkeit, der wir uns mit
einer beinahe wollüſtigen Empfindung überlaſſen. Und dieſe Wolluſt im Unglück
läßt uns alles, was um uns iſt, und uns ſelbſt auch noch, gerade ſo betrachten,
als ob gar nichts vorgefallen wäre. Wir erſehnen dieſelbe Zukunft, ob wir
gleich wiſſen ſollten, daß ſie ein für allemal zerſtört iſt; wir haben Vergnügen
an den geringfügigſten, alltäglichſten Dingen, ob wir gleich eingeſehen haben
ſollten, daß ſie verſchwindend ſind gegen das Ungeheure, welches uns betroffen
hat. Aber in der Leere, in der wir dann leben, ſind wir dankbar für das Kleinſte,
das „Etwas“ iſt; denn wir fürchten und haſſen nichts ſo ſehr als das Nichts
in uns — ſo ſehr, daß wir nicht einmal im ſtande ſind, ſeine Möglichkeit zu
begreifen. — Es iſt, wie wenn ein Gefühlloſer durch ein großes Feuer gehen
wollte: er empfindet keinen Schmerz, aber er verbrennt dennoch. — —

Jeden Morgen kam Frey herauf und holte Paula zum Spaziergang ab
wie früher; und jeden Morgen gingen die beiden zuſammen in den Wald hinauf,
ſchweigſam . . .

Und er wußte nun auch,. daß er eine ganz andre Aufgabe an ihr zu erfüllen hatte, als ihre Verſe verbeſſern zu helfen. Er fühlte mit jedem Tage
mehr, daß er in einer ungeheuern Täuſchung dahingelebt hatte, die er ſich
egoiſtiſch erſonnen. Er hatte ſich und ſie in jene myſtiſche Liebe hineinphanta-
ſiert, die nur ein kleiner Ausſchnitt aus der Allliebe ſein ſoll, jener Liebe,
die ihn ſelig machte, weil er ohne Kraft zum Sinnenleben nur nach einem
greiſenhaften, milden, ſpäten Abendſonnenſchein verlangte, der wie durch einen
Schleier aus einer andern Welt herüber leuchten ſollte; denn irdiſcher Sonnen-
ſchein hätte ihn verzehrt.

Aber wunderbar: trotzdem er gemerkt hatte, daß ſie ihn anders liebte als
er ſie, irdiſcher, körperlicher, mit den Sinnen, ſo hatte ſich doch in ſeinem Verhältnis zu ihr nichts geändert, ſo hatte er ſie gerade wie vorher geliebt, als
ſeine Göttin, als die Inkarnation einer myſtiſchen Wahrheit, als etwas Unwelt-
liches, Jenſeitiges.

So gingen sie nebeneinander her, und keiner sah den andern, sondern nur eine Hallucination von ihm, der nichts in der Wirklichkeit entspricht.

Aber allmählich vermißte notwendig jeder von ihnen den Einfluß des andern, den Einfluß auf das Innenleben, der eine Liebe erst zur Liebe macht. Und beide fingen an, sich unglücklich zu fühlen; und sie hatten Sehnsucht nach einander, trotzdem sie stets zusammen waren. Aber diese Sehnsucht konnte nicht befriedigt werden: sie wußten nicht, worauf sie gerichtet war; und jeder schämte sich, sie einzugestehen.

Ebensowenig wie Paula konnte Frey jetzt arbeiten, wenn er allein war. Das war er jeden Nachmittag, wenn sie mit Tantchen zusammen Kaffee trank und dann einen kleinen Spaziergang in die nächste Umgebung des Ortes unternahm, zu dem Wasserfall, der des Nachmittags im hellen Sonnenschein die herrlichsten Regenbogen erzeugte, oder zu dem Aussichtspunkt, von wo man das lange Thal hinauf und hinunter sehen konnte, das an beiden Enden von himmelhohen gletscherbedeckten Bergen verschlossen zu sein schien. Dann pflegte er allein und unstet die Wälder zu durchstreifen, denn er konnte keine Ruhe finden.

Er verfiel immer wieder in ein erhitzendes, unfruchtbares Grübeln: Wie war es möglich, daß unter dem reinen, so lange ersehnten Glück, das er jetzt genoß, ein geheimes Unglück schlummern konnte, das er dumpf ahnte? — Und er fragte sich vergeblich, wie das mit seiner Liebe zusammenhängen könnte. Er suchte Paulchens Seele zu vivisezieren und die geheimsten Winkel zu durchspüren. Aber er fand nichts, das ihm Aufklärung gebracht hätte. Er hatte nur das dumpfe Gefühl der Erinnerung an irgend etwas Aehnliches, das er früher einmal erlebt oder beobachtet haben mußte, diese Freudigkeit in ihrer Stimmung, diese Hingebung, diese geheime Angst irgend wovor, und nicht zuletzt dieser sehnsüchtige, träumerische, brennende und beinahe verzehrende Blick...

Diesen Blick kannte er. — Er fürchtete sich beinahe davor...

*

In diesem Sonnenschein und bei dieser scharfen, klaren Luft zusammen herumklettern in den Bergen, um die Wette die steilsten Stellen hinauf kriechen und die schönsten Aussichtspunkte suchen; sich verstecken und wieder fangen; und dabei immer das beglückende Gefühl der eignen Kraft! — Und dann schließlich zusammen ausruhen an dem schönsten Platze, nebeneinander liegen im hohen Grase und einen Grashalm kauen und in den Himmel hinaufblicken oder in die Augen des Geliebten...

Wie wunderschön ist diese Hochgebirgsnatur an solchem milden, klaren Tage, der zu jeder Tändelei und Liebe wie geschaffen ist; wo die zitternden Libellen einander haschen im blitzenden Sonnenschein, und die Grashüpfer so vergnügt zirpen, und die klugen Rinder kopfschüttelnd über den bunten, duftenden Boden

dahingehen, als begriffen sie nicht, warum der Tag so schön ist und warum
der Hirtenbub so vergnügt und schwermütig zugleich auf seinem einfachen Horn
bläst. — An solchem Tage feiert die Welt das harmlose Fest der Liebe. Alles
tanzt und hüpft und springt und jagt sich und küßt sich, und die Blätter kichern
und flüstern, und die Sonnenstrahlen haschen nach jedem zitternden Lüftchen
und umarmen alles in seliger, brünstiger Lust.

Ö wie schön! — wie wunder — wunderschön!...

„Sieh nur die süßen beiden Schmetterlinge! -- wie sie umeinander herumfliegen und sich auf den schwanken Grashalmen wiegen. Weißt du nicht, wie sie
heißen?“

Er wußte es nicht. Er wußte überhaupt fast keinen Namen von Pflanzen,
Steinen und Tieren.

„Warum durch eine elende Binomenklatur diese wunderschöne Stimmung
zerstören, warum diese Harmonie zerreißen? — Ist diese Natur nicht übernatürlich schön, in der wir alle unsre Ziele verkörpert sehen? — alles vereint
durch das Band der einen großen Liebe, die jenseits dieser Welt in reiner
Geistigkeit herrscht... O Paula, wie können wir lieben lernen von der Natur!“ —

Und sie sahen die Liebe der summenden Fliegen und die neckischen Tänze
der verliebten Mücken und das selige Hinüber- und Herüberwiegen der zitternden
Grashalme. Sie sahen, wie die Blume ihr Köpfchen den kosenden Sonnenstrahlen zuwandte und wie sie in Wonne erschauerte, wenn ein emsiges Bienchen
ihren Honig raubte. Sie hörten das übermütige Gezwitscher der Vögel und
das schwermütige Brüllen der Rinder, das einen so sehnsüchtig und so traurig
machen kann. Und sie empfanden den brünstigen Duft der Erde, welche die
befruchtende Wärme in stiller Wonne in sich aufnahm.

Und dabei träumen — träumen von einem fernen, ewigen Glück; — und
nicht dieses selbe Glück genießen, das die ganze Natur durchzittert...

„O sieh nur, sieh nur! — Wieder die beiden süßen Schmetterlinge! —
Jetzt sitzen sie zusammen dort auf dem Halm. — O sieh nur, wie sie sich küssen
und kosen...“

Sie hatte sich auf ihre Hand gestützt und war abwechselnd rot und blaß
geworden. Und sie wandte ihm ihr schamhaftes Köpfchen mit den traurigen
Augen langsam zu.

„Du ... warum küßt du mich niemals?“...

O, wie fürchterlich wird die Schönheit der Welt, wenn wir uns ausgestoßen
fühlen! — Wie schnell überzieht sie sich mit düsteren Schleiern, wenn wir sie
beleidigen!...

„Ich ... ich weiß nicht ... Ob wir sie erreichen, unsre Vision?“ ...

Er zuckte plötzlich zusammen und starrte entsetzt vor sich ins Leere. —
Dieser Blick — diese Erinnerung!

Sie, die Heiligste — auf dem Wege zum Sinnenverderben — durch ihn! —
Ironie! — Lächerliche Ironie!

„O, wie bin ich entsetzlich unglücklich...“

Er schüttelte langsam den Kopf und schlug die Hände vors Gesicht und warf sich mit dem Gesicht auf die Erde und lag regungslos ...

Und Paula standen die Thränen in den Augen, und sie streichelte sein Haar und sagte kaum hörbar und wie erstickt:

„Ich ... ich will ja gar nichts von dir ... ich hab' dich ja so lieb!" ...

⁂

Staunend und wie in einem ehrfürchtigen Schauder vernehmen wir selten, ganz selten von ungeheuerlichen Katastrophen, die vor Jahrtausenden und Jahrhunderttausenden in fast undenkbaren Fernen von uns geschehen sind.

Wir hören, daß zwei glühende Welten, von einer fatalen Kraft aufgestört, aus den Finsternissen des unendlichen Raumes aufeinander zuschweben, immer näher, in immer rasenderer Eile; so daß sie mit einer unvorstellbaren Gewalt aufeinander stürzen und sich gegenseitig zerschmettern müssen, um zusammen einer neuen Welt Leben zu verleihen, die beide umschließt und doch keine von beiden ist.

Und wenn die beiden Bahnen nicht an einem Punkte zusammentreffen, dann stürzen die Welten aneinander vorbei, sich gegenseitig versengend; ihre Bahnen krümmen sich einander zu, und sie eilen umeinander im Kreise herum, ohne sich trennen zu können, ohne sich zu vereinigen — in alle Ewigkeit, bis ein gewaltiger Antrieb erfolgt, der sie auseinander reißt. Und dann schweben sie einsam weiter, jede dahin, woher die andre gekommen war — weiter durch die stille Ewigkeit in die unendlichen Finsternisse, kalt — und doch glühend ...

⁂

Ein Tag nach dem andern verging — und in dem Verhältnis Paulas zu Frey änderte sich äußerlich nichts. Jeden Tag gingen die beiden zusammen spazieren, und jeden Tag schüttelte Tantchen betrübt den Kopf, wenn sie sie nach Hause kommen sah, nebeneinander gehend, ohne sich zu berühren. — Es kam ihr manchmal so vor, als ob sie hier mit leiblichen Augen sähe, was sie früher einmal irgendwo gelesen hatte, daß nämlich zwei junge Leute sich innig lieben, aber keins die Sprache des andern versteht ... Und dieser Gedanke war gar nicht so verkehrt.

Vielleicht giebt es keine lächerlichere Lage als die, in der Frey war, — und vielleicht auch keine entsetzlichere. — Er stand vor demselben Dilemma wie etwa ein Seemann, der soeben wie durch ein Wunder aus der tollen Brandung gerettet ist und jetzt sieht, wie seine Geliebte durch eine Riesenwelle gerade vom Ufer fortgerissen wird. Soll er ihr nachspringen? — Wunder pflegen nicht zweimal zu geschehen! — Trotzdem! — aber er sinkt zu Tode erschöpft nieder, zu schwach, sich auch nur in die vernichtenden Wellen stürzen zu können ...

Frey quälte sich auf jede Weise. Er konnte nicht anders; und trotzdem rieb er sich auf. Denn er hatte jetzt Angst vor sich selbst. — War er schon

ſo ſenil, oder war er ſo pervers? — Wie war es möglich, daß man einen ſo
reizenden Körper verſchmähen konnte?

Er fragte ſich zum zehntauſendſten Male, warum er jetzt dieſes Mädchen nicht
ſo lieben konnte, wie er zweihundert andre geliebt hatte; warum dieſer Körper,
ſobald er ihn berühren wollte, gleichſam entſchwand und nichts zurückließ als
eine ſchemenhafte Form, in die ſich noch etwas viel Schöneres gehüllt hatte. —
Und noch ein andrer Gedanke, der ebenſo lächerlich wie quälend war, ließ ihm
keine Ruhe: Wenn die Sache ſo ſtand, dann ging er einer fürchterlichen Blamage
vor Paula entgegen.

Er wußte nicht, was er thun ſollte. Das fortwährende Hin- und Her-
ſchwanken zwiſchen den verſchiedenſten Entſchlüſſen machte ihn beinahe raſend
vor Aufregung. Schließlich kam er zu dem verzweifelten Entſchluß, unter Zurück-
laſſung eines Briefes heimlich abzureiſen. Aber auch das war ihm unmöglich.
Dieſe großen, fragenden, ſehnſüchtigen Augen ließen ihn nicht fort. Er lachte
über die beabſichtigte Gemeinheit; — er lachte jetzt nur noch, wenn er ſah, daß
ſich wieder ein Ausweg verſchloſſen hatte; — das irre Lachen des fliegenden
Holländers, der im raſenden Sturm mit vollen Segeln toll dahinſauſt in der
Hoffnung, an einem Riff zu ſcheitern und in den tobenden Wellen ſeine Ruhe
zu finden.

Und die fortwährende Heuchelei! —

Ob ſie wohl eine Ahnung von ſeinem Zuſtand hatte? — Aber konnte ſie
die Denkbarkeit ſolcher Perverſitäten auch nur faſſen? —

Aber doch grübelte ſie immer über die Frage nach: „Warum küßt er mich
nicht? Warum umarmt er mich nicht, ſo tüchtig, daß ich faſt erſticke? — Und
ich . . .“

Sie hatte ihn ja ſo furchtbar lieb und wollte alles thun, was er wollte.
Sie war ganz Hingebung und Unterwürfigkeit; und eine gewiſſe Wolluſt der
Demut ließ ſie alles entbehren, was ſie erſehnte . . .

Das Wetter war jetzt ſchon ſeit mehreren Tagen ſehr ſchlecht. Es regnete
faſt fortwährend, und es war für dieſe Jahreszeit ungewöhnlich kalt. Tantchen
wollte abreiſen, aber Paula bat ſie ſo flehentlich, noch zu bleiben, daß ſie ihr
ſchließlich nachgeben mußte, wenn ſie auch nicht recht verſtand, was Paula bei
dieſem troſtloſen grauen Himmel und den halb weggewaſchenen Wegen noch für
Gefallen an einem längeren Aufenthalt finden konnte. Und ob es gerade ein
ſo beſonderes Vergnügen war, bei Regen und Sturm Ausflüge zu machen, ſich
durchnäſſen zu laſſen und ſämtliche Kleider zu verderben?

Auf die andern Hotelgäſte machte es einen eigentümlichen Eindruck, Paula
und Ferdinand ſelbſt bei dem zweifelhafteſten Wetter zuſammen ausgehen zu
ſehen, und immer mit einem Ernſt und einer Schweigſamkeit, die jedenfalls bei
einem jungen Brautpaar ganz unangebracht war. —

Am Nachmittag war nun seit fast einer Woche zum erstenmal die Sonne herausgekommen. Die Regentropfen, die noch an den Bäumen hingen, strahlten in allen Farben wie Diamanten; die nassen Felsen glitzerten wie Spiegel, und die Gletscher, über denen noch tiefschwarze Wolkenmassen drohten, blendeten in fast gespenstischer, unheimlicher Weiße. Es war, als wenn in eine düstere Höhle, an deren Finsternis man sich allmählich gewöhnt hat, plötzlich ein heller Lichtstrahl fällt, der einem erst zeigt, wie unheimlich und entsetzlich unheilschwanger die ganze Umgebung ist.

Paula und Ferdinand machten sich sofort auf, um einen größeren Ausflug zu unternehmen. Zwar wußte jeder von beiden, daß auf diesen Sonnenschein ein um so heftigeres Unwetter folgen würde. Aber keiner sagte es, Paula, weil sie jede Minute herbeisehnte, in der sie mit ihm allein sein konnte, und Ferdinand, weil er sich innerlich so schwach und krank fühlte, daß er zu allem seine Zustimmung gab, was sie wollte. Er wußte kein Mittel mehr, ihr seine Liebe auf andre Weise zu zeigen. —

Seit einiger Zeit war er immer mehr verbittert geworden, immer mehr in eine fatalistische Stimmung hineingeraten, die sich von seinem früheren entsetzlichen Zerrissenheitsgefühl durch nicht viel mehr unterschied als durch ihre senile Kraftlosigkeit, durch die Unfähigkeit, sich mit gewaltigem, unheilvollem Schwung dagegen aufzubäumen und in allem, was nur die Nerven reizt und die Sinne fesselt, Vergessenheit zu suchen. Er war sich dieser Senilität auch vollkommen bewußt und lachte manchmal selbst darüber, daß er noch immer den Eindruck des philosophischen, milden, über alle irdischen Fährlichkeiten erhabenen Weisen machen mußte. Aber manchmal vergoß er heimlich auch wütende Thränen, wenn er daran dachte, daß Paula noch in demselben Irrtum befangen war, daß er sie auf alle Weise darin zu erhalten suchen mußte, und daß sie sich jetzt noch auf alle Weise abmühte, seinem „hohen Gedankenfluge" zu folgen.

Welche Mißverständnisse! — Welche unnützen Quälereien! — Welches Aneinander-vorbeilieben! — Er lachte und weinte sich selbst aus.

Die Sonne stach und brannte so heiß durch die feuchte Atmosphäre, daß Paula der Regenmantel zu heiß wurde und Ferdinand ihn tragen mußte. Aber auch so wurde ihr der Spaziergang nicht angenehmer. Sie fühlte sich müde und abgespannt und dabei so überreizt und unruhig wie noch niemals. Aber sie schämte sich vor ihm und wollte ihn nichts merken lassen.

Als sie mit vieler Anstrengung auf ausgewaschenen Pfaden, durch sumpfige Stellen und über glatt polierte Felsplatten den schönen Aussichtspunkt erreicht hatten, wo sie damals den „Gotamo" korrigieren wollten, da war die Sonne schon wieder hinter einer schwarzen Wolkenwand verschwunden, und sie hielten es für besser, umzukehren.

Nach kurzer Zeit aber brach das Unwetter los. Es wurde ganz dunkel. Die Gipfel der Berge nur leuchteten fahlgrau herab, und der Sturm, der die Wolkenfetzen wie einen Haufen um Gnade heulender Geister an den Abhängen hinjagte, schüttelte in wütendem Uebermut die Tannen und pfiff dazu unheimliche

Melodien. Es war nicht möglich, in diesem tollen Freiheitstanz ohne Gefahr den Abstieg zu unternehmen. Sie wußten aber, daß sich ganz in der Nähe eine Futterhütte befand, in die man vielleicht unterkriechen konnte.

Die Hütte war schon fast ganz mit Heu gefüllt. Nur dicht bei der Thür war noch gerade Platz für die beiden, wenn sie sich ganz dicht zusammensetzten. Sie waren beide schon ziemlich naß geworden, und Paula fror jämmerlich. Trotzdem nahm ihre gute Laune zu; sie lehnte sich behaglich in das weiche Heu zurück und schwatzte allen möglichen Unsinn, wie ein rechter Backfisch, so daß er sie ganz verwundert anguckte und kaum wußte, was er mit ihr machen sollte. Er gestand sich, daß ihn dieses — weibliche Benehmen ziemlich unangenehm berührte; und er fühlte zugleich, daß eine harte, verzweifelte Energie in ihm immer stärker wurde, die ihn auf jeden Fall vor einem Rückfall in das Elend seines frieblosen Umherjagens bewahren würde.

Er hörte Paulas reizendes Geplauder kaum. Es bewegte ihn vielmehr unaufhörlich die eine große, verhängnisvolle Frage: Wie war es möglich, daß er sein Ziel, die Auflösung ins All, dieses eminent selbstlose Ziel, nur sollte erreichen können durch den brutalsten Egoismus, durch die seelische Vernichtung dieses entzückenden Wesens, das er mehr liebte als alles — oder haßte er es vielleicht? —

Er fühlte, daß es lächerlich war, in dieser Lage solchen Betrachtungen nachzuhängen, und er kam sich plötzlich selbst so grenzenlos kindisch und dumm vor, daß er ganz unruhig wurde, aufsprang und hinaus lief. — Und es dauerte einige Zeit, bis er, zwar durchnäßt, aber lachend, zurückkam.

Paula stand unmittelbar an der Thür und sah so niedergeschlagen und traurig aus, daß er beinahe erschrak. Ihre Lippen zuckten; sie schien nur mit Mühe das Weinen zu verbeißen, und die großen mit Thränen gefüllten Augen sahen ihn halb vorwurfsvoll, halb verliebt an.

„Aber Paula, warum so traurig? — Habe ich dir etwas zuleide gethan?"

„Du — du hörst mir ja nicht einmal zu," sagte sie ganz leise und stockend.

Da rann es mit einem Male wie ein heißer Strom durch seinen Körper. Es ergriff ihn ein eigentümliches, beinahe ihn selbst beschämendes Mitleid, wie man es etwa mit einem Menschen empfindet, den man ins Unglück gestoßen; obwohl man sich für ihn verantwortlich fühlte. Er umfaßte sanft ihren schlanken, zitternden Körper und zog sie an sich, als wenn er sie küssen wollte. Aber das dauerte nur eine Sekunde, dann ließ er sie wieder los.

Doch in demselben Augenblick schien sie wie aus einer langen Erstarrung zu erwachen, und das wochenlang zurückgedrängte Liebesbedürfnis brach in einem ungeheuren Krampfe hervor. Sie schlang ihre weichen weißen Arme fest wie zwei mörderische Schlangen um seinen Hals; halb reckte sie sich zu ihm empor, halb zog sie ihn zu sich hinab und küßte ihn, küßte ihn mit all der ungeheuren Leidenschaft, die sich in ihr aufgehäuft hatte, ohne daß die Möglichkeit einer Ausladung dagewesen war; küßte ihn mit all der verzweifelten Seligkeit, die

nicht weiß, aber vielleicht fühlt, daß sie nur einen einzigen jammervollen Augenblick währt; küßte ihn mit all der rasenden Wollust, die nur der erlebt, welcher
lange Zeit mit unheimlicher Absichtlichkeit seine Begierden konzentriert und verstärkt hat, bis sie wie eine sorgfältig und kunstvoll gearbeitete Höllenmaschine
in einem Augenblick explodieren und alles in Stücke reißen, was ringsum eben
noch lebte und blühte; sie sog sich in wollüstigem Krampf an seinen Lippen fest
und flößte ihm das süße, tödliche Gift ein, das jedes Weib in ihrem ersten
leidenschaftlichsten Kusse dem Geliebten mitgiebt, das süße Gift, welches Herz
und Gehirn verbrennt und oft den Anfang der großen zehrenden Blutvergiftung
bildet, die Kenner als „amour-passion" bezeichnen.

Aber er kannte dieses Gift; er fühlte es wieder durch sein Gehirn ziehen,
wie damals, vor zwanzig Jahren; er sah in einer Sekunde noch einmal die
ganze Entsetzlichkeit des Lebens, das er geführt hatte; und er sah auch das
himmlische Glück, welches ihm in diesem Augenblick von seinem Glücksengel selbst
wieder geraubt wurde. Und eine entsetzliche Angst und eine brennende, verzweifelte Wut befiel ihn. Mit einem ungeheuren Ruck riß er ihre Arme von
seinem Halse:

„Vampyr!"

Sie taumelte sinnlos gegen den Thürpfosten, totenbleich, mühsam atmend,
und die Augen starr und wie in beginnendem Wahnsinn auf sein Gesicht geheftet.

Er zitterte am ganzen Körper, seine bleiche Haut leuchtete fast gespenstisch
unter dem massenhaften schwarzen Haare hervor, und seine Augen bewegten sich
wie in entsetzlicher Aufregung hin und her, als suchten sie einen Gegenstand,
an dem sich die aufs äußerste überreizten Nerven entladen könnten.

Plötzlich schlug er die Hände vors Gesicht und schüttelte sich wie im Ekel.
Dann ließ er sie langsam wieder sinken und stand ihr jetzt unbeweglich und mit
dem Ausdruck einer eisernen Ruhe gegenüber, die aber nur die drohende Gärung
im Innern verbirgt.

Paula stand noch immer unverändert an den Thürpfosten gelehnt.

Eine unbewegliche fieberhafte Ruhe ...

Beide wußten, daß sich in diesem Augenblick eine ungeheure Kluft zwischen
ihnen aufgethan hatte, daß all das Schreckliche, das sie kaum zu ahnen gewagt
hatten, in die Wirklichkeit getreten war.

Selbst die Natur schien auf den feierlichen Augenblick zu achten, in welchem
zwei große Menschenseelen auf ewig voneinander schieden, zwei Seelen, die
wie durch ein unabänderliches Fatum aus unendlichen Fernen einander zu-
getrieben waren und zum höchsten Glück bestimmt schienen, aber nach wenigen
kurzen Tagen der entzückungsreichsten Seligkeiten die Fundamente ihres Zusammenseins erschüttert sahen und sich langsam — ganz langsam und schmerzvoll
voneinander trennen mußten! In der gewaltigen Welt des Hochgebirges herrschte
die feierliche Ruhe des Abends — dem die Nacht folgt mit ihren Stürmen und
Blitzen. Die Nebel schwebten in abenteuerlichen Gestalten über die Thäler dahin

und senkten sich auf die Niederungen, die der Stille des Himmels nicht würdig sind. Die Gipfel der Bergriesen ragten klar in den Aether, und die Abendsonne umblitze mit ihren letzten Strahlen die Gletscher. — Donnernd krachte eine Steinlawine nieder.

Er fuhr erschreckt zusammen. Dann atmete er tief auf und begann leise und ruhig zu sprechen; aber seine Stimme klang kalt und stählern wie ein Dolch.

„Ich glaube, du hast unser Verhältnis falsch aufgefaßt. Ich habe nie daran gedacht, dich als Mädchen zu ‚lieben und dich zu meiner Frau oder meiner Geliebten zu machen. Was ich wollte und was ich ersehnte, weißt du. Und du weißt auch, was ich am meisten fürchte: das, was du am meisten gehaßt hast und jetzt beinahe aus mir wieder gemacht hättest. Du bist anders geworden, ich weiß nicht, wie. Aber ich weiß, daß du mir zu neuem Verderben werden mußt . . .“

Er wurde von Sekunde zu Sekunde erregter. Paula konnte sich der suggestiven Wirkung seiner Worte und seiner Erregung nicht entziehen. Sie ballte langsam die Hände zur Faust und richtete sich höher auf und sah ihm mit dem Ausdruck immer heftigeren Schmerzes, immer fürchterlicherer Enttäuschung ins Gesicht.

„Zum Verderben . . . du. — Ich habe entsetzlich gekämpft mit mir — deinetwegen. — Ich . . . ich darf dich nicht so lieben. — Ich . . . ich bin hier; — mein Heil gilt es; — ich opfere mich nicht . . . für dich . . . für . . . für eine — eine, die sich einem Manne wollüstig an den Hals wirft . . .“

Paula war in wachsender Spannung seinen Worten und seinen immer mühsameren, krampfhafteren Gebärden gefolgt. Und als er jetzt dastand mit dem Ausdruck des Hasses und der Verachtung, beide Arme ausgebreitet wie Thor, der die Midgardschlange erblickt, und ihr die letzte lächerliche Anklage entgegenrief; da starrte sie ihn einen Augenblick wie geistesabwesend an, und ihr Gesicht verzog sich zu einem blöden Grinsen. Dann lachte sie plötzlich laut heraus, mit einem irren, gurgelnden Ton, und rief ihm zu:

„Komm doch mit! — Hochzeit feiern! — Hast es ja früher so schön gekonnt! Komm zum zweihundertsten Male!“ —

Und sprang den Weg hinab mit demselben irren Lachen . . .

Die Sonne ging unter. Es war eine tolle Jagd. — Tiefer unten regnete es in Strömen. Aber Paula schien nichts zu merken; sie sprang von Fels zu Fels, raste an den gefährlichsten Stellen vorbei und lachte nur, wenn er nicht nachkommen konnte.

Der Abstieg wurde immer unheimlicher. Der Regen klatschte herunter und machte den Weg schlüpfrig; es wurde stockfinster. —

„Hochzeitsreise!“ —

Den Hotelgästen aber sagte sie, dieser Rückweg sei ein wahrer Totentanz gewesen. —

Sie sagte mit dumpfer, harter Stimme zu ihm: „Wir haben allein zu reden; komm in mein Zimmer.“

„Aber Paula! Dein Ruf?" —

„Mein Ruf! — Die Liebe kümmert sich um keinen Ruf."

Er wollte ihr noch immer nicht folgen ...

„Fürchtest du etwa ein Attentat auf dich?"

„Paula!"

Sie führte ihn in ihr Zimmer und sagte mit unheimlicher, zitternder Stimme: „Ich will dir nur etwas zeigen."

Sie ließ ihn mitten im Zimmer stehen, zündete hastig die kleine Lampe mit der rosa Kuppel an, die zur Beleuchtung einer Liebesstunde wie geschaffen schien, und entnahm dem Schreibtisch einen Stoß beschriebener Blätter. Ferdinand sah ihr verständnislos zu. — Sie nahm die Blätter und zerriß sie hastig in lauter ganz kleine Stücke, die sie auf den Boden streute. Dann stellte sie sich ihm gegenüber, ruhig und würdig, mit einer fast majestätischen Energie in ihren sonst so sanften Zügen. Er sah sie bewundernd an.

„Das habe ich dir zeigen wollen. Das war mein alles — der zweite Teil des ‚Gotamo‘. Ich habe ihn geopfert."

Er starrte fassungslos auf die Papierschnitzel — zu schwach, sich auch nur zu erregen. „Warum?"

Beinahe kreischte sie auf: „Weil ich in dich verliebt bin!"

Sie konnte ihm keine größere Beleidigung zurufen in diesem Augenblick. — Er schrak zusammen und blickte langsam um sich ... Dann wandte er sich zur Thür.

„Ich ... ich hab' dich ja so furchtbar lieb ..."

Noch einmal stand sie ihm gegenüber in all ihrer reizenden jungfräulichen Hilflosigkeit. In ihren Augen standen Thränen, und die Hände hielt sie wie betend gefaltet.

Eine ungeheure Erregung erschütterte ihn. Mit raschem Schritt ging er auf sie zu und flüsterte:

„Mein liebes — liebes Kind!" —

Und nahm sie noch einmal in seine Arme, so zart, so sanft, wie man ein neugeborenes Kind in die Arme nimmt, und küßte sie auf den süßen Mund, der in krampfhaftem Schmerz zuckte, und auf die wundervollen Sternenaugen und sagte so ruhig und tröstend und milde:

„Du wirst noch glücklich sein ... du ... recht glücklich ..."

Und dann begann er leise zu weinen und streichelte ihre weichen, vollen Haare und wiederholte noch einmal:

„... glücklich ... recht glücklich ..."

Und dann wandte er sich ab und ging leise und gebückt hinaus wie ein Greis und ließ die arme kleine Paula allein.

Und als sie merkte, daß er sie für immer verlassen hatte, da stürzte sie auf ihr Bett und vergrub ihren Kopf in den Kissen und schluchzte so ... so herzzerreißend, daß das gute alte Tantchen aufwachte und sich fürchtete zu kommen und sie zu trösten, und nur den lieben Gott bat, er möchte ihr süßes, kleines, unglückliches Paulchen recht bald wieder gesund und vergnügt machen . . .

Und er ging leise hinaus und gebückt wie ein Leidtragender, hinaus in den Regen; und er wanderte den Bergpfad hinauf in der düsteren Nacht, allein und in stiller Ruhe.

Und je höher er stieg, um so klarer ward die Luft; und als er die Stelle erreichte, wo er so glücklich und so unglücklich geworden war, da strahlte über ihm das glitzernde Firmament.

Und dort saß er lange und unbeweglich und schaute in die unendliche Ferne hinauf und wartete auf seinen neuen Tag.

Und als der neue Tag beginnen sollte, da ward es eisig kalt und klar, und er erlebte einen wundervollen, feurigen Sonnenaufgang.

Die Physiognomie der Kinder.

Von

Dr. Louis Robinson.

Der Physiognomiker sucht gewöhnlich aus einem jungen Gesicht eine Prophezeiung und aus einem alten eine Erinnerung herauszulesen. In der Regel sagt uns das Antlitz eines ganz jungen Kindes sehr wenig von der Zukunft. Es ist in den letzten Jahren in einer englischen illustrierten Zeitschrift eine Anzahl von Photographien hervorragender Leute aus verschiedenen Lebensabschnitten veröffentlicht worden. In den meisten Fällen geben die in der Jugend aufgenommenen Bilder auch nicht die leiseste Spur der Energie und der geistigen Kraft zu erkennen, die sich in den aus einer späteren Zeit stammenden aussprechen. In ähnlicher Weise werden wir oft durch den Mangel an Uebereinstimmung zwischen den hoffnungsvollen Versprechen junger Gesichter und den spätern Leistungen enttäuscht. Wenn uns aber die jugendlichen Züge wenig oder gar nichts von der Zukunft der einzelnen Persönlichkeit verraten, geben sie uns doch eine ganze Menge von Andeutungen über die frühere Geschichte unsrer Rasse.

Einige Leser der vorliegenden Blätter erinnern sich vielleicht noch, daß der Schreiber dieser Zeilen vor einigen Jahren auf gewisse Aehnlichkeiten aufmerksam machte, die zwischen Kindern und Affen vorkommen, bei Erwachsenen jedoch nicht so deutlich zu erkennen sind. So wurde gezeigt, daß bei einem ganz jungen Kinde der Oberschenkel beständig in einer gebogenen Lage bleibt und nicht in gleiche Richtung mit dem Rückgrat gestreckt werden kann. Das Verhältnis, in welchem bei dem jungen Kinde die obern und untern Extremitäten zu einander stehen, hat entschieden etwas Affenartiges an sich, und, was das merkwürdigste, es hat sich herausgestellt, daß jedes Kind, wenn es zur Welt kommt, in seinen Händen so viel Streckvermögen besitzt, daß es die ganze Last seines Körpers tragen kann. Aber trotz dieser Aehnlichkeiten mit dem Vierhänder unterscheiden sich kleine Kinder nach andern Richtungen hin weit ausgesprochener von unsern nächsten Verwandten im Tierreich als Erwachsene.

So bietet das volle, rotbackige Gesicht eines Kindes einen Anblick dar, der so weit wie möglich von dem des schmalen jungen Affengesichts verschieden ist, und es steht die Hilflosigkeit und unverkennbare geistige Trägheit des jungen Menschenkindes während der ersten Wochen seines Daseins in bemerkenswertem Gegensatz zu der Behendigkeit und Eleganz des jungen Makaken und andrer Schmalaffen, die zuweilen in Europa geboren werden.

Wenn es wahr ist, daß der Mensch von Vorfahren abstammt, die auf Bäumen wohnten, so giebt das junge Menschenkind einige Eigentümlichkeiten zu erkennen, die sich entwickelt haben müssen, seitdem er von den Bäumen herab-gestiegen ist; bemerkenswert sind hierunter namentlich das volle Gesicht und die allgemeine Abrundung der Glieder, Züge, die dem flüchtigen Beobachter am meisten bei kleinen Kindern in die Augen fallen. Es ist erwiesen, daß junge Affen, welcher Art sie auch angehören, sehr leicht und mager sind und unter der Haut nur wenig Fettgewebe besitzen. Der Grund dafür liegt auf der Hand. Alte Affen müssen ihre Jungen mit sich tragen, wenn sie auf den Zweigen umherklettern, und wenn dieselben nicht leicht und gut zu tragen wären, würde sich das recht schwierig gestalten und für Mutter wie Kind mit beträchtlichen Gefahren verbunden sein, falls sie sich vor einem verfolgenden Feinde zu bergen hätten. Nun tritt aber diese Eigenschaft, die wir bei allen höhern Tieren finden (nur nicht beim Menschen, den wir einstweilen außer Betracht lassen wollen), so fest und ständig auf, daß man mit voller Zuversicht annehmen kann, daß die Kinder der ersten auf die Erde herabgestiegenen Menschen von dieser schmächtigen und affenähnlichen Beschaffenheit gewesen sein müssen.

Wie sollen wir uns dann aber die vollen Backen und die allgemeine rund-liche Gestalt des normalen menschlichen kleinen Kindes erklären? Der Unter-schied zwischen ihm und seinen nächsten Verwandten aus dem Tierreich ist ein so ganz außerordentlicher, daß man sich gar nicht vorstellen kann, daß er bloß dem Zufall zu verdanken sein soll. Zudem findet man in der ganzen Welt, daß gesunde kleine Kinder diese Eigentümlichkeit in hohem Grade aufweisen, und es gilt bei den Anhängern der modernen Entwicklungslehre als Grundsatz, daß, wo man ein ständiges Merkmal bei allen Gliedern einer Art antrifft, das nur durch die Thatsache erklärt werden kann, daß es sich zu einer bestimmten Zeit im Kampfe ums Dasein als vorteilhaft erwiesen haben muß. So eifrig wir uns nun aber in der natürlichen Geschichte des Menschen umsehen, so vermögen wir doch keinen Grund für den Nutzen ausfindig zu machen, den einem kleinen

Kinde ein ungewöhnlicher Fettreichtum gewähren soll. Ziehen wir die medizinische
Wissenschaft zu Rat, so ist diese sofort mit der Erklärung bei der Hand, daß
eine ungewöhnliche Körperfülle die Wahrscheinlichkeit für die Lebenserhaltung
eines Kindes beträchtlich herabmindert, wenn es an gewissen allgemein verbreiteten Krankheitsformen leidet. Es muß das sowohl von den Wilden wie
von uns selbst gelten, ja es liegt auf der Hand, daß da, wo Nomadensitten
herrschen (und fast alle Naturvölker führen ein unstetes Leben), dicke und schwere
Kinder ein ganz besonderes Hindernis für die Bewegungsfreiheit der Eltern
bilden müssen. Fast alle Wilden sind genötigt, beständig auf der Lauer gegen
feindselig gesinnte Nebenbuhler zu liegen, so daß Flucht vor dem Gegner in dem
Alltagsleben der Wilden eine weit wichtigere Rolle spielt als bei den in der
Gesittung weiter vorangeschrittenen. Wenn darum Fettreichtum bei menschlichen
Kindern mit Vorteilen verbunden wäre, die es denjenigen, welche sich ihrer erfreuten, ermöglichten, im Kampf um das Dasein die Oberhand zu gewinnen, so
würden diese Vorteile doch mehr als genügend von den handgreiflichen Nach-
teilen aufgewogen werden, die wir eben ins Auge gefaßt haben.

Ein näheres Eingehen auf die Bedingungen der Lebensführung bei den
Wilden und auf die Geschichte des Menschengeschlechts setzt uns in den Stand,
uns die rundliche Gestalt des Gesichtes und der übrigen Körperteile bei unsern
kleinen Kindern in einer Weise zu erklären, die meiner Meinung nach jeden
Zweifel ausschließt.

Alle Naturvölker, die genötigt sind, von der Jagd zu leben, sind beständig
der Hungersnot ausgesetzt. Noch jeder wilde Stamm, den wir kennen gelernt
haben, hat diese Thatsache erhärtet. Nun kann es keinem Zweifel unterliegen,
daß unsre Vorfahren in der Steinzeit von der Jagd lebten. Wie immer die
Nahrung des Baumbewohners beschaffen gewesen sein mag, er wurde Fleisch-
esser, kurz nachdem er von den Bäumen herabgestiegen war. Die sich fortwährend mehrenden Zeugnisse, welche die Archäologen und Geologen beibringen,
beweisen, daß unsre Vorfahren eine lange, wahrscheinlich nach Hunderttausenden
von Jahren zählende Zeit hindurch in einem Zustande lebten, der fast ganz
genau dem des heutigen Wilden auf niedrigerer Kulturstufe entsprach. Während
dieses ganzen Zeitraumes müssen beständig wiederkehrende Zeiten des Nahrungs-
mangels durchgemacht worden sein. Wenn nun aber bei den heutigen Wilden
ein Mangel an Lebensmitteln eintritt, so wissen wir, daß sie sich häufig das
Leben dadurch fristen, daß sie die ihnen zur Kleidung dienenden Wildhäute verzehren oder ihren Hunger durch das Abnagen von Wurzeln oder durch andere
ähnliche verzweifelte Mittel stillen. Es ist aber klar, daß die zahllosen Kinder
nicht im stande sein würden, sich gleichfalls in dieser beschwerlichen Weise zu
ernähren, und daß dazu die stillenden Mütter unter solchen Umständen nichts
oder wenig haben würden, was sie ihren Säuglingen darreichen könnten. Daher
der ungeheure Wert eines Vorrats von Nahrungsmitteln, der in den Fettgeweben
innerhalb der Haut des kleinen Kindes aufgespeichert wird. Wir sehen hier in
der That ganz genau dieselbe Erscheinung vor uns wie bei den Tieren, die

einen Winterſchlaf durchmachen und ſich im Herbſte zur Vorbereitung auf die
lange Faſtenzeit anmäſten.

Einzelne Kinder, die zufällig beſſer genährt waren als der Durchſchnitt,
wurden in den Stand geſetzt, Zeiten des Mangels zu überſtehen, und erzeugten
eine Nachkommenſchaft, die ihnen ähnlich war, während die ſchmächtigen Kinder
von einem primitivern, mehr affenartigen Typus an Erſchöpfung zu Grunde
gingen.

Das erklärt jedoch nur die ungewöhnliche Fettleibigkeit der Kinder, es giebt
aber andre Punkte, in denen ſie ſich weit entſchiedener von den Affen unterſcheiden als erwachſene Menſchen. Die Wohlbeleibtheit der modernen Kinder
erzählt nicht nur eine Geſchichte von Hungersnot und Elend, ſondern es ſcheinen
ſogar ihre Zierlichkeit und ihr artiges Weſen Erinnerungen an einige der
ſchwierigeren Phaſen des Kampfes um das Daſein zu bilden. Darwin erzählt
eine lehrreiche Geſchichte von einem ſüdamerikaniſchen Indianerhäuptling, der die
Gewohnheit hatte, ſich ein raſches Pferd dicht bei ſeinem Wigwam angezäumt zu
halten, wegen der beſtändigen Gefahr eines Ueberfalles durch feindliche Stämme.
Einſtmals, als eine gegneriſche Kriegerſchar das Dorf unverſehens überfiel, ergriff
er raſch ſein Lieblingskind, ſchwang ſich auf ſein Pferd und entkam, und es
waren dieſe beiden faſt die einzigen, die das Blutbad überlebten. Ein derartiger
Vorfall dürfte bei allen ungeſtümen und kriegeriſchen Wilden, wie unſre Vorväter zu der Steinzeit es waren, zu den alltäglichen Begebenheiten gehören, und
das Lieblingskind, das man ſo aufgreifen und dem drohenden Unglück entreißen
würde, würde wahrſcheinlich ein ſolches ſein, das ſich vor den übrigen durch
ſein artigeres Ausſehen und ſein gewinnenderes Weſen auszeichnete.

Die Neigung, ein hübſches Kind zu „verziehen", dürfte heute ſicherlich nicht
verdienen, aufrecht erhalten zu werden; nimmt man aber einen Stand der
Dinge an, bei welchem es eine offene Frage war, ob die Familie Hungers
ſterben ſolle oder nicht, ſo konnte eine Liebkoſung, die man gelegentlich einem
beſonders geliebten Kind hatte zu teil werden laſſen, entſcheidend für Leben oder
Tod werden. Man wird unwillkürlich verſucht, die Schönheit der Kinder auf
dieſe oder ähnliche Weiſe zu erklären, weil ſie von einer andern Art zu
ſein ſcheint als die der Erwachſenen. Die letztere hat zweifellos ihren Grund
in der geſchlechtlichen Zuchtwahl. Man findet beinahe unabänderlich, daß beſonders ſchöne Kinder entweder ihre Schönheit, wenn ſie heranwachſen,
einbüßen oder daß ſie einen andern Schönheitstypus annehmen. Es muß
in der That jeder die Wahrnehmung gemacht haben, daß in dieſer Hinſicht
zwiſchen Kindern und Erwachſenen keine Uebereinſtimmung herrſcht. Jedenfalls
entſprach die Anſicht von der Schönheit, welche ſich im Gemüte der urſprünglichen Menſchen bildete, und nach welcher das Kind ſich zu richten hatte,
derjenigen, welche man im allgemeinen beim Weibe für wünſchenswert hielt,
doch iſt, wie oben auseinandergeſetzt, das gute Ausſehen des kleinen Kindes in
der Regel nicht auf direkte Vererbung zurückzuführen, ſondern einer beſondern
Urſache zuzuſchreiben.

Eine merkwürdige Eigentümlichkeit beim Kindergeſichte iſt der feſte Ausdruck der Augen. Es iſt abſolut unmöglich, ein kleines Kind dadurch außer Faſſung zu bringen, daß man es anſtarrt, und man ſieht, daß, wenn erwachſene Leute den Geſichtsausdruck von Kindern nachmachen wollen, ſie hierin gewöhnlich das Richtige verfehlen. Der feſte Ausdruck der Augen iſt natürlich nur das Zeichen eines noch unbeirrten Gemüts.

Was die allgemeine Beſchaffenheit des europäiſchen Kinderantlitzes anlangt, ſo iſt die Wahrnehmung intereſſant, daß in ihnen mehr das Beſtreben vorwaltet, dem urſprünglichen Stamm als den ziviliſierten Eltern zu gleichen. Bei Stämmen wie die Adamaneſen und Hottentotten findet man, daß der kindliche Typus ſich das ganze Leben hindurch erhält.

In dieſer Hinſicht ſcheint das menſchliche Kind der allgemeinen Regel zu folgen, daß noch nicht ausgewachſene Tiere weniger von der Spezies an ſich haben als erwachſene.

Kaiſer Wilhelm I. und Bismarck; Herzog Friedrich zu Schleswig-Holſtein und Samwer. [1)

Von

Dr. Henrici.

Das gleichzeitig mit meinen Lebenserinnerungen [2)] gegen Ende des Jahres 1896 im Verlag von J. F. Bergmann in Wiesbaden erſchienene Werk „Schleswig-Holſteins Befreiung", aus dem Nachlaſſe des Profeſſors Karl Janſen herausgegeben von Dr. Karl Samwer, will eine die Zeit von 1863 bis 1866 umfaſſende Geſchichte Schleswig-Holſteins liefern und ſucht die Löſung dieſer Aufgabe in der Vorführung eines maſſenhaften Details, begleitet mit Anſchauungen aus längſt verklungener Zeit. [3)]

Schon ſeit länger als einem Vierteljahrhundert erfreut ſich die deutſche Nation der unvergleichlich großen Erfolge der Bismarckſchen Politik. Schon längſt hat in Schleswig-Holſtein der anfänglich vorherrſchende Widerwille der Erkenntnis weichen müſſen, daß die Einverleibung in Preußen ſich zum großen

---

1) Ein Beitrag zur Kritik des Werkes „Schleswig-Holſteins Befreiung".

2) Unter dem Titel „Lebenserinnerungen eines Schleswig-Holſteiners" erſchienen im Verlag der Deutſchen Verlags-Anſtalt in Stuttgart.

3) Auf das Werk werden ſich alle Citate beziehen, die nur in der Angabe der Seitenzahlen oder Nummern der Beilagen beſtehen.

Segen fürs Land gestaltet hat. Und doch mutet uns das gedachte Werk jetzt noch zu, was Bismarck in jener gärenden Zeit gethan und gesprochen, in dem Lichte betrachten zu sollen, in dem es seinerzeit allen Nichteingeweihten erscheinen mochte.[1] Unwillkürlich drängt sich da die Frage auf: Wozu soll dies dienen? Sicherlich nicht um die einst in den Herzogtümern herrschende Erbitterung wieder neu anzufachen. Offenbar aber wäre es ein vergebliches Abmühen, die Verdienste des weltberühmten Staatsmannes verkleinern zu wollen. Und doch was soll man dazu sagen, wenn man Seite 148 liest: „War die dänische Regierung klug genug, die Großmächte (bezüglich ihrer dem Kriege vorausgehenden diplomatischen

---

[1] Vergleiche zum Beispiel Seite 116, 139, 140, 145, 148, 184, 235, 336, 337, 363, 427 Anmerkung 2, 588, 589.

Die „Nationalzeitung" übt scharfe Kritik, indem sie in ihrer Abendausgabe vom 19. Dezember 1896 sagt: „Etwas so Borniertes, Unpolitisches, Ungeschichtliches ist uns seit langer Zeit nicht vorgekommen. Das deutsche Volk ist der Meinung, daß Bismarck durch eine Politik, die um so meisterhafter war, je größere Schwierigkeiten ihr entgegenstanden, Schleswig-Holstein zu Deutschland zurückgebracht hat, der Sinn der vorliegenden Darstellung aber ist, daß der damalige preußische Ministerpräsident nur durch Ereignisse, die er weder gelenkt noch vorhergesehen, zu einer nationalen Politik in der schleswig-holsteinischen Frage genötigt worden. Dieser Eindruck entsteht dadurch, daß der Verfasser, gänzlich unbelehrt durch den Gang der deutschen Geschichte seit dem Juni 1866, völlig darauf verzichtet hat, die Jahre 1863 bis 1866 im Lichte dieser späteren geschichtlichen Entwicklung im Zusammenhang zu betrachten; er hat, indem er die Zeit vom Tode König Friedrichs VII. von Dänemark im November 1863 bis 1866 von Tag zu Tag erzählt, auf jede Revision der damaligen falschen Urteile verzichtet, welche unter dem Eindrucke des Verfassungsstreites und der notgedrungen gerade damals überaus verschlungenen Bismarckschen diplomatischen Taktik herrschten. Indem man genötigt wird, diese längst widerlegten Bekundungen — heute nach dreißig Jahren sich wie unwiderlegte Wahrheiten vortragen zu lassen, fühlt man sich wie von der Luft aus einer politischen Totenkammer angeweht."

In der schleswig-holsteinischen Presse tritt eine sehr verschiedenartige Auffassung hervor; die „Nord-Ostsee-Zeitung" tadelt den Herzog Ernst Günther von Schleswig-Holstein, weil er gleich nach dem Erscheinen des Werkes „Schleswig-Holsteins Befreiung" sich veranlaßt gesehen, in einem offiziösen Blatte zu erklären, daß er dieser Veröffentlichung absolut fernstehe und erst nach deren Erscheinen davon Kenntnis erhalten habe; dagegen sprechen sich die „Itzehoer Nachrichten" unterm 25. Dezember 1896 ähnlich ungünstig aus wie die „Nationalzeitung" und meinen, es sei eine nicht genug zu dankende Fügung, daß gleichzeitig ein andres Buch (meine Lebenserinnerungen) erschienen sei, welches in der frappantesten Weise, ohne es zu wollen, die tendenziöse Geschichtschreibung Jansens beleuchtet, während umgekehrt ein Aufsatz der „Kieler Zeitung", welcher einen äußerst gereizten Ton gegen meine Lebenserinnerungen anschlägt, es als eine glückliche Fügung empfindet, daß gleichzeitig ein andres Werk (Schleswig-Holsteins Befreiung) erschienen ist, welches, auf Urkunden gestützt, die herzogliche Politik in unanfechtbarer Weise dargestellt und insbesondere das ganze Material über die Zugeständnisse, die der Herzog Friedrich der norddeutschen Großmacht zu machen bereit war, bringt.

Ich habe auf diesen anonymen, durch Spezialabdrücke verbreiteten Aufsatz betitelt: „Henricis Lebenserinnerungen im Lichte urkundlicher Wahrheit", und auf einen zweiten Aufsatz von Otto Jensen, der eine ähnliche Sprache führt, in der „Kieler Zeitung" Entgegnungen folgen lassen, in denen ich mir vorbehalten habe, die sogenannte urkundliche Wahrheit in einem für eine Zeitschrift bestimmten Aufsatz ausführlich zu beleuchten. Mein Gesundheitszustand hat die Vollendung dieses Aufsatzes verzögert.

Noten) beim Worte zu nehmen, ſo waren die Herzogtümer für Deutſchland
verloren. Wenn es anders kam, ſo war dies nicht ein Verdienſt von Bismarck
und Rechberg, die ja mit Hochdruck auf ein Nachgeben Dänemarks hinarbeiteten,[1]
ſondern nur die Folge däniſcher Fehler, die niemand mit abſoluter Gewißheit
vorherſagen konnte.“

Ich möchte glauben, ſtärker hat ſich nicht leicht eine Verkleinerungsſucht
verrennen können als hier. Denn welcher Staatsmann würde wohl je im rechten
Moment zum Handeln kommen, wenn er dafür die abſolute Gewißheit des Er-
folges zur Vorausſetzung nehmen wollte. Und es hat ja noch viele andre
Gelegenheiten gegeben, bei denen ſich der ſichere Weitblick Bismarcks bewährt
hat und wo der kurzſichtige Politiker, der gern alle Erfolge auf ein den kühnen
Staatsmann unbegreiflicherweiſe ſtets verfolgendes Glück zurückführen möchte,
ſich zu dem Ausruf veranlaßt ſehen müßte, daß Bismarck doch unmöglich mit
abſoluter Gewißheit habe vorausſehen können, was eingetreten ſei.

Doch ich will dies nicht im einzelnen verfolgen, und zurückkehrend zu der
oben aufgeworfenen Frage, möchte ich die Annahme nicht für unwahrſcheinlich
erachten, daß der Herausgeber geglaubt hat, nur an der Hand der ſeinerzeit
herrſchenden Auffaſſung die von ſeinem Vater befolgte Politik in ein günſtiges
Licht ſtellen zu können.[2]

Daß ihm dies gelungen, möchte ich in Zweifel ziehen. Samwer, der vertraute politiſche Ratgeber des Herzogs Friedrich, war meines Erachtens, ſoweit
die Staatskunſt ſich erlernen läßt, als Staatsmann beſtens vorgebildet. Allein
die Politik iſt, wie Bismarck einſt ſagte, eine Kunſt.[3] Sie erfordert Talente
und Eigenſchaften, die ſich nicht erlernen laſſen. Und was Samwer hieran fehlte
— kaltblütige Beſonnenheit und ein auf ſicherer Kombinationsgabe beruhender
Weitblick — konnte der beſte Wille nicht ergänzen.

Aber wo hätte wohl der Herzog einen entſprechenden Erſatz finden können
für Samwer, der mit der Geſchichte der Herzogtümer ſo vertraut war wie kaum
ein andrer und ſich durch ſeine ſchriftſtelleriſche Thätigkeit große Verdienſte um
die schleswig-holſteiniſche Sache erworben hatte, auch ſowohl ſeinerzeit in Schleswig-
Holſtein, als auch ſpäter in Gotha, in auswärtigen Angelegenheiten thätig geweſen war und, wie Seite 113 erwähnt wird, durch Verwendung für diplomatiſche
Aufträge viele europäiſche Fürſten und Staatsmänner kennen gelernt hatte. Ich

---

[1] Rechberg wäre wohl ein Nachgeben der däniſchen Regierung willkommen geweſen.
Anders ſtand Bismarck dazu, und von ihm ward richtig vorausgeſehen, daß die Macht der
Eiderdänen in Kopenhagen zu ſtark ſei, um keine Nachgiebigkeit in Ausſicht nehmen zu
müſſen.

[2] Dieſe Annahme ſetzt freilich voraus, daß man den Herausgeber für den geſamten
Inhalt des Werks als verantwortlich glaubt betrachten zu dürfen, und abweichend von der
Nationalzeitung, welche ihre ſcharfen Vorwürfe gegen den verſtorbenen Profeſſor Janſen
richtet, bin ich der Meinung, daß man ſich an den Herausgeber halten muß, da dieſer ſich
ja nach ſeinem Vorwort zu Aenderungen durch Minderung und Ergänzungen für ermächtigt
erachtet hat.

[3] Vergleiche „Deutſche Revue“, Juniheft 1897, S. 257.

wüßte auf diese Frage auch heute noch keine befriedigende Antwort zu erteilen.[1]

In meinen Lebenserinnerungen habe ich nicht von einer Samwerschen
Politik gesprochen, weil meine Wahrnehmungen nicht so weit reichten, um mir
ein sicheres Urteil darüber bilden zu können, ob Samwers Vertrauensstellung
vergleichbar gewesen mit der eines verantwortlichen Staatsministers des Aeußern.
Den Herausgeber werden aber die Aufzeichnungen seines Vaters in den Stand
gesetzt haben, sich hierüber ein Urteil zu bilden, so daß man ihm wohl darin
wird folgen müssen, wenn er seinem Vater gewissermaßen die Verantwortlichkeit
für die herzogliche Politik zuweist.

Ich glaube annehmen zu dürfen, daß Samwer zur Zeit des Todes des
dänischen Königs Friedrich VII. die Anschauungen und Bestrebungen des National-
vereins teilte, habe auch nie Gelegenheit gehabt zu der Wahrnehmung, daß sich
bei ihm, gleichwie bei Jensen,[2] dem zweiten vertrauten Ratgeber des Herzogs
Friedrich, ein völliger Umschwung der politischen Anschauung vollzogen habe,
und möchte vielmehr sein Widerstreben gegen Verhandlungen mit Bismarck hauptsächlich auf das ihn beherrschende Mißtrauen gegen diesen Staatsmann und
namentlich auf die Besorgnis zurückführen, daß die Einleitung von Verhandlungen benutzt werden könnte, um den Herzog bei Oesterreich und den Mittelstaaten zu diskreditieren.

Samwer stand bei dem Kronprinzen von Preußen in besonders gutem
Ansehen.

Der Herzog selbst war bekanntlich mit dem Kronprinzen eng befreundet,
erfreute sich auch eines entschiedenen Wohlwollens des Königs. Aber von der
schon aus jenem Freundschaftsbande erwachsenen Anhänglichkeit an das preußische
Königshaus etwas wesentlich Verschiedenes war das von einem vollen Verständnis für die Bedeutung Preußens geleitete deutsche Nationalgefühl, welches
jeden Versuch, auch ohne Preußen oder gar gegen Preußen zur Regierung zu
gelangen, ausgeschlossen hätte.

Einen solchen Deutschland über alles stellenden Patriotismus, dem es
ein Bedürfnis gewesen, durch Aufopferung von Souveränitätsrechten Preußen

---

[1] Ein Aufsatz der „Kreuzzeitung" bezeichnet mich thörichterweise als einen Rivalen
von Samwer, dessen Stellung doch wahrlich keine beneidenswerte war. Der Verfasser liefert
denn auch den Beweis, daß er mein kleines Buch nur stellenweise und sehr flüchtig gelesen
hat, indem er von der Voraussetzung ausgeht, daß ich auch der von den Kommissaren der
beiden Großmächte eingesetzten gemeinsamen Regierung angehört habe, obwohl ich mich
ausführlich über die Zusammensetzung derselben und über das seltsame Kompromiß verbreitet habe, dem ich es verdankte, daß ich nach Auflösung der holsteinischen Landesregierung
als Direktor der holsteinischen Oberdikasterien nach Glückstadt zurückkehren konnte. Uebrigens
habe ich ja auch nur zweimal unaufgefordert dem Herzog einen Rat zu erteilen mir erlaubt,
und die dabei zwischen mir und Samwer hervorgetretene Meinungsverschiedenheit berechtigt
doch wahrlich nicht zu dem daraus gezogenen Schluß.

[2] Vergleiche meine Lebenserinnerungen Seite 65 und 92.

zur Führerſchaft in Deutſchland zu verhelfen, habe ich dem Herzoge ab-
geſprochen. [1]

Einer auf ſo feſtem Boden ſtehenden Politik wären ſtets die einzuſchlagenden
Wege vorgezeichnet geweſen. Damit ſoll jedoch nicht behauptet werden, daß ein
ſolcher ſicherer Leitſtern die notwendige Vorausſetzung geweſen, um dem Rechte
zum Siege zu verhelfen. Das Recht aber konnte unter den gegebenen Verhältniſſen nicht ohne Unterſtützung durch eine richtige Politik zum Ziele gelangen.
Und ob es nicht hieran gefehlt hat, das iſt eine Frage, für deren Beantwortung
das Werk von Janſen und Samwer ein reichhaltiges Material darbietet.

Ein ſchwer wiegender, nicht wieder gut zu machender Fehler war zunächſt
ſchon der in der Proklamation des Herzogs entſprechend dem Staatsgrundgeſetz
von 1848 [2]) enthaltene Eid.

Ein weiterer ſehr bedenklicher Schritt war es, daß dem Kaiſer Napoleon
durch einen Abgeſandten, den Prinzen von Reuß, das beifällig aufgenommene
Schreiben überreicht wurde, welches in Bernhardis Tagebuchblättern Band V
Seite 189 und folgende abgedruckt iſt. Und einen geradezu abenteuerlichen
Charakter trug die Note Samwers an Hall, mit der Aufforderung an die
däniſche Regierung, innerhalb vierzehn Tagen die in Schleswig-Holſtein befindlichen däniſchen Truppen zurückzuziehen und die in Dänemark befindlichen

---

[1]) Mir bleibt es unverſtändlich, wie manche darin die Erhebung eines ſchwer wiegenden
Vorwurfs erblicken können. Hat man denn ſchon vergeſſen, daß die Einigung Deutſchlands
unter Preußens Führung ſich durch „Blut und Eiſen" vollzogen hat und ſie ſchwerlich je
erreicht wäre, hätte die deutſche Nation ſo lange warten ſollen, bis die deutſchen Fürſten
zum freiwilligen Aufgeben von Souveränitätsrechten ſich entſchloſſen hätten. Und erinnert
man ſich jetzt auch nicht mehr, daß es vor 1866 einen ſogenannten großdeutſchen Verein
gab, der davon ausging, daß nur mit Einſchluß von Oeſterreich Deutſchland ſtark genug ſei,
um jedem Angriff erfolgreichen Widerſtand entgegenzuſetzen, und deſſen zahlreiche Mitglieder,
als die ſchleswig-holſteiniſche Frage durch den Tod des däniſchen Königs kritiſch wurde,
eine ebenſo deutſche Geſinnung zeigten als der Nationalverein? Oder will man doch alle
Männer, welche derzeit jener Partei angehörten, deshalb aus der Zahl der deutſchen
Patrioten ſtreichen, weil ſie kein richtiges Verſtändnis dafür gehabt, was Preußen für
Deutſchland bedeute?

Meines Erachtens wäre es ſehr ungerecht, wollte man es dem Herzog Friedrich zum
Vorwurf machen, daß er nicht von einem Deutſchland über alles ſtellenden Patriotismus
beſeelt geweſen, ohne ſich Rechenſchaft darüber zu geben, ob er unter Verhältniſſen groß
geworden, die darauf fördernd hätten einwirken können. Und ich möchte glauben, daß alle,
welche jetzt bemüht ſind, dieſe in ein günſtiges Licht zu ſtellen, damit dem Herzog einen
ſchlechten Dienſt erweiſen.

[2]) Seite 115 wird von dem den Herzogtümern teuren Staatsgrundgeſetz geſprochen,
mit dem Zuſatz: „Die Ritterſchaft hatte ein Vorurteil dagegen". In Wirklichkeit war aber
die Wiedereinführung desſelben nur den Demokraten erwünſcht, und auch um dieſe, die
doch nur einen kleinen Bruchteil der Bevölkerung bildeten, für das ſich auf das Succeſſions-
recht des Herzogs ſtützende Landesrecht zu gewinnen, bedurfte es wahrlich nicht des Schwurs
auf das Staatsgrundgeſetz. Vergleiche meine Lebenserinnerungen Seite 66.

Was Samwer zur Rechtfertigung dieſes verhängnisvollen Schrittes in ſeinem Schreiben
an Stockmar Beilage 31 Seite 125 ſchreibt, zeugt von großer Kurzſichtigkeit.

schleswig-holsteinischen Truppen gegen Kostenersatz nach den Herzogtümern zurück-
zusenden, widrigenfalls der Herzog die zur Aufrechterhaltung seiner legitimen
Regierungsrechte erforderlichen Maßregeln ergreifen würde.

In der That waren diese ersten von Gotha ausgehenden Schritte nicht
geeignet, Vertrauen zu erwecken. Dazu kam dann noch das dem Rate des Königs
von Preußen Trotz bietende plötzliche Auftreten des Herzogs in Kiel, das, wie
mir kürzlich erzählt worden, auf Bismarck einen geradezu verblüffenden Eindruck
gemacht hat. Alle Welt glaubte, daß auf die mit großer Vorsicht auf Umwegen
unternommene Reise nach Kiel die kühne That des Regierungsantritts folgen
werde. Als dies nicht geschah, da mochte man sich in Berlin wohl bei der
Betrachtung beruhigen, daß die dem Herzoge als dem angestammten Landesherrn
massenhaft dargebrachten Huldigungen dazu beitragen könnten, das Loskommen
vom Londoner Protokoll zu erleichtern. Die vertrauliche Aufforderung Oesterreichs, man möge den Herzog Friedrich inhaftieren und so der ganzen Bewegung
ein Ende machen, ward abgelehnt. Vergleiche Seite 181.

Während nun Jansen und Samwer es sich zur Aufgabe stellen, immer
wieder aufs neue die nationale preußenfreundliche Gesinnung des Herzogs zu
betonen, behauptet Jensen sogar im Oktoberheft der „Deutschen Revue" 1896,
„daß der Herzog sowohl wie Samwer von Anbeginn völlig davon überzeugt
waren, daß die Geltendmachung des Rechts nur mit preußischer Hilfe möglich
sei, daß die definitive Gestaltung der Dinge daher so erfolgen müsse, daß
Preußens Interesse dabei gefördert werde."[1]

Aber diese Behauptung wird doch wohl aufs gründlichste widerlegt durch
die Bernhardischen Tagebuchblätter Band V; diese berichten unterm 11. Dezember
1863 Seite 216/7:

„Ich spreche von den Gefahren der gegenwärtigen Lage, daß der Gang
der Dinge, wenn es nicht gelingt, in Berlin eine günstige Wendung zu bewirken,
notwendigerweise zu einem neuen Rheinbund führe.

„Der Herzog meint, das könne wohl sein, aber er dürfe auf diese Gefahren,
so sehr er sie bedaure, keine Rücksicht nehmen, er habe bestimmte Pflichten gegen
die Herzogtümer zu erfüllen und gehe seinen geraden Weg vorwärts, ohne Rücksicht darauf, was daraus entstehe."[2]

---

[1] Aehnlich sprechen sich übrigens auch Jansen und Samwer Seite 134 aus.

[2] Im VI. Bande Seite 135 erzählt Bernhardi unterm 26. März 1863 von einem
Artikel der „Kieler Zeitung", wie er meint aus der Zeit, nachdem der Herzog von Berlin
zurückgekehrt sei, von einem Vertrag mit Preußen zum Abschluß gebracht zu haben, in
welchem gesagt werde, wenn der Herzog und die Herzogtümer auf anderm Wege nicht zu
ihrem Recht kommen könnten, würden sie eben den mächtigen Schutz Frankreichs anrufen,
und wenn darüber Preußen — Deutschland — das linke Rheinufer verlieren sollten, so
werde das sehr zu bedauern, aber eben nicht die Schuld des Herzogs oder der Schleswig-
Holsteiner sein. Bernhardi, der sich erinnert, diesen Artikel, der die Ueberschrift „Ultima ratio"
getragen hat, selbst gelesen zu haben, will erfahren haben, daß derselbe von Samwer veranlaßt — verfaßt aber sei von einem derzeit in Ullebüll auf Alsen lebenden Prediger, der
seinerzeit durch ein hübsches Gedicht sich als schleswig-holsteinischer Patriot hervorgethan

Unterm 21. Dezember 1863 berichten die Tagebuchblätter weiter Seite 238 ff.:

„Samwer ruft mir entgegen: Vortreffliche Nachrichten aus Frankfurt — Bayern geht sehr entschieden vor und verlangt die Anerkennung des Herzogs; Preußen hat sich schwankend gezeigt — sie schlagen Chamade!

„Der Herzog sagt mir ‚er habe in München den König von Bayern in sehr gehobener Stimmung gefunden und im vollen Bewußtsein seiner Stellung‘ (das heißt: der König von Bayern steuert auf die deutsche Trias los und meint, jetzt sei der günstige Augenblick für ihn gekommen, Bayern als die dritte Großmacht in Deutschland zur Geltung zu bringen. Das ist die ‚Stellung‘, deren Bewußtsein er hat.“ —

„Nach Tisch ein langes Zwiegespräch mit dem Herzog in seinem Kabinett. Da erhalte ich den Kommentar zu den früheren Worten über die gehobene Stimmung des Königs von Bayern sehr ausführlich und mit einer Klarheit, die nichts zu wünschen übrig läßt.

„Ich gewahrte nämlich sehr bald mit Schrecken, daß die Reise nach München dem Herzoge nicht gut gethan und sehr viel verdorben hat. Er ist am bayrischen Hofe, wo man partikularistisch-dynastische Zwecke verfolgt, ganz den Intriguen verfallen, die dort angezettelt werden, und kehrt seltsam eingesponnen in die dort herrschenden Ansichten zurück. Um das Unheil vollständig zu machen, hat die ‚gehobene Stimmung‘ des Königs von Bayern auch ihn angesteckt und ihm eine sehr erhabene Idee eingeflößt von dem, was Bayern vermag.

„Er ist diesen Einflüssen in solchem Maße verfallen, daß er Preußen gar nicht zu brauchen glaubt! — Was in Berlin vorgeht, ist jetzt in seinen Augen von sehr untergeordneter Bedeutung.

„Ich berichte wie die Sachen in Berlin stehen und welche Ratschläge ‚unsre dortigen Freunde‘ dem Herzoge vorlegen. Sie fordern ihn auf, nach Holstein zu gehen, teils weil er einmal im Lande nicht beseitigt werden kann, teils weil er dadurch wahrscheinlich in Berlin den Systemwechsel herbeiführen würde, der die günstige Entscheidung seiner Sache unfehlbar zur Folge hätte.

„‚Ihr Standpunkt ist der preußische‘, bemerkt der Herzog seltsam vornehm, und meine Vorschläge wie meine Ansichten werden demgemäß kühl abgewiesen.

„Er belehrt mich, wenn er überhaupt nach Holstein geht, wird es geschehen ohne alle Rücksicht auf Preußen — er ‚spekuliere‘ auf den Geist des deutschen Volkes, auf die Mittelstaaten, auf den herrschenden Zwiespalt unter den Großmächten. — Bezüglich Frankreichs meint er, die freundschaftliche Gesinnung Napoleons, die ihm kein Hindernis in den Weg legt, genügt von dieser Seite. — Er rechne um so weniger auf Preußen, weil ihm dort nicht bloß das gegenwärtige System im Wege stehe; er gewahre dort überhaupt einen großen Mangel

---

hatte. Bernhardi erwähnt auch hier eines mißglückten Versuchs, die Nordschleswiger zur Entsendung einer Deputation an Napoleon zu bestimmen, um dort einen Notschrei zu erheben.

an Energie. Der Geiſt im preußiſchen Offiziercorps ſei abſcheulich; das preußiſche Offiziercorps ſei der Anſicht, er, der Herzog, müſſe jetzt ſeine Sache aufgeben und fallen laſſen, weil die Liberalen ſich ihrer angenommen haben; denn da das einmal der Fall ſei, könne kein Mann von Ehre etwas mit ihm zu thun haben. — Er, der Herzog, rechne auch deshalb nicht auf Preußen, weil Bismarck ſich bereits ſo weit engagiert habe, daß ſelbſt ein andres Miniſterium die Schritte nicht mehr zurückthun und die einmal eingeſchlagene Politik nicht mehr ändern könne.

„Preußen ſteht gegenwärtig ſehr tief im übrigen Deutſchland.

„Sehr nonchalant, vornehm-nachläſſig fügt der Herzog zuletzt hinzu: ‚wolle Preußen ſich ſpäter ſeiner Sache anſchließen, ſo werde ihm das natürlich ganz lieb ſein. Aber er gehe ſeinen Weg ohne alle Rückſicht auf Preußen.‘“

Dieſe Erlebniſſe Bernhardis fallen indeſſen in eine Zeit, wo der Herzog nur bei dem Bundestage und den ihm günſtig geſinnten Klein- und Mittelſtaaten auf Unterſtützung rechnen durfte. War er doch von Berlin ohne Hoffnung auf eine ihm von dort zu teil werdende Unterſtützung nach Gotha zurückgekehrt. Vollends war aber auf Oeſterreich nicht zu rechnen.

Bernhardi hatte denn auch, wie er Seite 177 mitteilt, bei ſeiner erſten Begegnung mit Samwer[1]) ſich dieſem gegenüber dahin ausgeſprochen, „in Berlin ſei nun nichts weiter auszurichten, der Bundestag müſſe nun die Sache machen, dort müſſe ſie gefördert werden.“ Und wer mag es nun dem Herzoge verdenken, daß er beſtrebt war, ſein Recht auch ohne Preußen durch den Bundestag mit Hilfe der Mittel- und Kleinſtaaten zur Geltung zu bringen? Nur darf man nicht behaupten wollen, der Herzog ſowohl wie Samwer ſeien ſchon von Anbeginn an völlig davon überzeugt geweſen, daß die Geltendmachung des Rechts nur mit Preußens Hilfe möglich ſei.

Wenngleich nun die Lage des Herzogs dieſelbe blieb, ſolange es ungewiß war, ob es zum Kriege der Großmächte mit Dänemark kommen werde, ſo war doch nach dem Ausbruch dieſes Kriegs und nachdem die Dänen ſich hinter die Düppeler Schanzen zurückgezogen hatten, zu deren Erſtürmung nun das preußiſche Heer die erforderlichen Vorbereitungen traf, der Augenblick gekommen, wo das eigne Intereſſe des Herzogs eine entſchiedene Wendung in der bisher befolgten Politik gebieteriſch forderte.

Man wußte, daß Bismarck die Abſicht ausgeſprochen hatte, die Herzogtümer für Preußen zu erwerben, daß er aber mit dieſem Plane auf einen ſehr entſchiedenen Widerſpruch beim Könige geſtoßen war, und man mußte ſich ſagen, unmöglich könne Preußen zugemutet werden, daß es, nachdem es die Dänen durch blutige Kämpfe aus Schleswig vertrieben, die vom Dänenjoch befreiten Herzogtümer einfach dem Herzoge überliefern ſolle, ohne erhebliche Vorteile für Preußen zu erlangen.

---

[1]) Das unterm 21. Dezember 1863 Referierte fällt in die Zeit ſeines zweiten Beſuchs in Gotha.

Man wußte ferner, daß der Großherzog von Oldenburg glaube, Ansprüche auf die Herzogtümer erheben zu können [1]), und mußte darauf gefaßt sein, daß derselbe, wenn er auch mit seinen vermeintlichen Ansprüchen nicht hervortreten könne, solange Rußland für die Integrität Dänemarks eintrete, nicht säumen werde, sie nach Wegfall dieses Hindernisses geltend zu machen, dadurch aber die schleswig-holsteinische Sache sich in einer bedenklichen Weise verwickeln werde.

Es war also jetzt der Moment gekommen, wo man sich fest und ausschließlich an Preußen halten mußte. Und es war wohl die bedenklichste Seite der Samwerschen Politik, daß sie zu einem solchen Entschluß erst führte, als es schon zu spät war [2]), und daß man, während in Berlin ein preußenfreundliches Gesicht gezeigt wurde, in Wien, wo der Herzog durch den bekannten Preußenfeind v. Wydenbrogk vertreten war, eine jedweder Konzession an Preußen abgeneigte Gesinnung zur Schau trug. [3])

Daß es ebenso auch bei den übrigen Preußen feindlich gesinnten Höfen gehalten worden, läßt sich um so weniger bezweifeln, da ja bei jeder Gelegenheit die ängstliche Besorgnis hervortritt, daß eine preußenfreundliche, zu Konzessionen geneigte Gesinnung des Herzogs bekannt werden könnte. [4])

Womit kennzeichnete sich nun nach dem ernsten Vorgehen Preußens im Kriege gegen Dänemark eine für notwendig erachtete Wendung in der bisher befolgten Politik?

Am 19. Februar 1864 wandte sich der Herzog mit einem vertraulichen Schreiben an den Kronprinzen von Preußen, [5]) in welchem einleitend bemerkt wird: „Nachdem Bismarck sich den Kieler Professoren gegenüber dahin geäußert hatte, daß ihm noch keine Eröffnungen von hier aus gemacht seien und nachdem Schl(einitz) dem Könige ein Memoire über die eventuellen Konzessionen vorgelesen, schien es nötig, irgend einen Schritt von hier aus zu thun, um Bismarck keinen Vorwand zu geben, dem König zu sagen, man habe hier von der Sache nichts wissen wollen. Die Sache hat aber ihre große Schwierigkeiten. Die Gefahr

---

[1]) Vergleiche Seite 130, 131 und meine Lebenserinnerungen Seite 98.

[2]) Vergleiche Seite 437. Noch am 21. Juni 1864, also nach dem Scheitern der persönlichen Verhandlung des Herzogs mit Bismarck (1. Juni) und dem einlenkenden Schreiben des Herzogs an den König vom 20. Juni 1864, schrieb Samwer an Max Duncker: „Nur in einem Punkte weiche ich von Dir ab, die Oesterreicher, Franzosen, Engländer und Mittelstaaten zu gering anzuschlagen. Wir haben die Erfahrungen von 1848—1851, die einer alleinigen Allianz mit Preußen. Vestigia terrent. Ist die Alleinigkeit zu vermeiden, so ist es gut." Seite 348 Anmerkung 4.

[3]) Vergleiche meine Lebenserinnerungen Seite 101.

[4]) Vergleiche Seite 353. Beilage 18 Seite 105. Beilage 27 Seite 719. Beilage 36 Seite 744. Beilage 37 Seite 737. Beilage 38 Seite 739, 740. Beilage 41 Seite 746. Vergleiche auch Bernhardi Band VI, wo Seite 110 mitgeteilt wird, Samwer habe nach der Audienz beim Könige, weil er selbst nicht mehr dazu die Zeit habe, Geffcken gebeten, an Luckner (den Gesandten des Herzogs in Dresden) zu schreiben, daß er (Samwer) den König nicht gesehen habe, und sei sehr verwundert gewesen, als Geffcken dies abgelehnt habe.

[5]) Vergl. Beilage 18 S. 705 u. fg.

liegt nahe, daß Bismarck von hier gemachte Anerbietungen benutzt, um uns mit Oestreich und den Mittelstaaten zu verfeinden."

Im Schreiben werden dann verschiedene Anerbietungen gemacht. Aber wie? Nicht etwa so, daß der Kronprinz ermächtigt worden wäre, sie als vom Herzoge ausgehende Anerbietungen dem Könige vorzulegen. Nein, er soll sie nur als seine eignen Gedanken dem Könige unterbreiten.

Die Konzessionen, welche gemacht werden könnten, sollten in zwei Gattungen zerfallen, nämlich in solche, „gegen welche Oesterreich und die deutschen Staaten nichts einzuwenden haben werden", und solche, welche „wahrscheinlich den Wünschen Oesterreichs und der Mittelstaaten nicht entsprechen."

Daß die Militärkonvention hier in zweiter Linie steht, hat mich nach meinen Erlebnissen nicht überraschen können,[1] desto peinlicher berührte es mich aber, unter die Konzessionen erster Linie eine aufgenommen zu sehen, wodurch sich die Herzogtümer verpflichten, „einen Kanal zwischen Ost und West in fünf Jahren zu bauen, der für alle Kriegsschiffe passierbar ist, sowie die Durchfahrt deutscher Kriegsschiffe in Kriegs- und Friedenszeiten unentgeltlich zuzulassen."

Ohne eine solche Anregung hätte der König wohl schwerlich in seinem Schreiben vom 16. April 1864 die Sicherung des großen Kanals für unsern Verkehr und unsre Flotte gefordert,[2] es mag auch wohl zweifelhaft sein, ob er darunter die im Schreiben des Herzogs vom 29. April angebotene Sicherstellung der Anlage des großen Kanals[3] und nicht vielmehr die Sicherung des Kanals durch Anlagen von Festungswerken vor Augen gehabt hat, haben doch selbst die im übrigen sehr weitgehenden Februarbedingungen eine Belastung der Herzogtümer mit der Garantierung des Baus des Kanals ihnen nicht zugemutet. Vergl. S. 443.

Ueber die in zweiter Linie neben einer Defensiv- und Offensivallianz erwähnte Militär- und Marinekonvention wird bemerkt: „Verabredungen hierüber werden jedenfalls von hier aus nicht angeregt werden können, namentlich, da man nicht weiß, ob Preußen sie wünscht und zum Beispiel Oesterreich gegenüber in der Lage ist, sie abschließen zu können." Und doch war die Militärkonvention eine so entschieden im Interesse der Herzogtümer liegende Abmachung, daß sie in keinem Vertrage fehlen durfte.

Besonders beachtungswert sind auch noch die Schlußworte des Schreibens. Vorausschicken muß ich jedoch zum Verständnis derselben, daß ein zweites offensibles Schreiben angeschlossen wird, welches sich auf sehr allgemein gehaltene Aeußerungen beschränkt, die eine Geneigtheit zu Konzessionen nur überaus schwach durchschimmern lassen.

Jene Schlußworte lauten so:

„Ich will Dir es nun überlassen, ob Du es für richtig hälst, den anliegenden

---

[1] Vergl. meine Lebenserinnerungen S. 96.
[2] Vergl. Beilage 24 S. 715.
[3] Vergl. Beilage 27 S. 719.

Brief an den König zu ſchicken. Sollteſt Du Aenderungen wünſchen oder über=
haupt abraten, ſo haſt Du wohl die Güte, mir dies wiſſen zu laſſen, ſowie, ob
Du ihn abſchickſt. Den Inhalt dieſes Briefes darf ich getroſt Deiner Diskretion
anvertrauen, da Du aber im Felde ſtehſt, darf ich vielleicht bitten, daß Du ihn
verbrennen willſt. Welche der einzelnen von mir angegebenen Punkte und in
welcher Faſſung Du ſie dem Könige ſchreiben willſt, überlaſſe ich Dir ebenfalls
ſelbſtverſtändlich, da ſie ja Deine Gedanken ſein ſollen."

Später hat man die Furcht, daß Bismarck die Einleitung der Verhandlungen
mit ihm benutzen würde, um den Herzog bei Oeſterreich und den Mittelſtaaten
zu diskreditieren, inſoweit überwunden, daß mein Freund Warnſtedt vom Herzoge
zu Verhandlungen mit Bismarck ermächtigt worden iſt.

Warnſtedt hatte mir nun zwar bei ſeiner Abreiſe von Kiel die Nachricht
zurückgelaſſen, daß er nicht ganz zufriedengeſtellt ſei,[1] und ich erfuhr auch bald
nachher durch die in meinen Lebenserinnerungen Seite 95 und 96 mitgeteilte
Unterredung, wie abgeneigt der Herzog einer Militärkonvention nach Art der
Coburger ſei. Mir war es jedoch nicht glaublich erſchienen, daß dieſer Ab=
neigung irgend welche Folge gegeben ſei.[2] Und obwohl durch den mir inzwiſchen
bekannt gewordenen Brief des Herzogs an den Kronprinzen vom 19. Februar
einigermaßen vorbereitet, war es mir doch überraſchend, im ſechſten Bande der
Bernhardiſchen Tagebuchblätter S. 74 zu leſen:

„29. März. Herr Martin, aus Kiel geſtern angekommen, hat Bernſtorff
geſehen, der ſehr freundlich war, der ihm aber geſagt hat, man ſei in Berlin
ſehr irritiert über den Herzog; es ſeien Verhandlungen wegen einer Militär=
konvention im Gange geweſen, die ſich zerſchlagen hätten. — Wollte der Herzog
darauf nicht eingehen? — Nicht ſo, wie von Preußen verlangt wurde."

Hiernach wären alſo doch Warnſtedt, der in ſeinem Promemoria unter
die nach ſeinem Vorſchlage Preußen zu machenden Konzeſſionen auch die den
Herzog beſonders beunruhigende Coburger Militärkonvention[3] aufgenommen
hatte, in dieſer Beziehung Schranken geſetzt worden, was, wie wohl vorauszuſehen
war, den König ernſtlich verſtimmt hatte.

Die Verhandlung Warnſtedts hatte am 3. März ſtattgefunden (S. 323),
und wenn nun der Kronprinz in ſeinem Schreiben vom 24. April (Beilage 24
S. 717) hervorhob, daß das abſchriftlich anliegende Schreiben des Königs vom
16. April eine Erwiderung ſei auf das Schreiben des Herzogs an ihn (den Kron=
prinzen) vom Monat März, ſo liegt doch wohl die Annahme nahe, daß der Herzog
ſich auch bei dieſer Gelegenheit an den Kronprinzen gewandt und zur Hebung
der Verſtimmung des Königs ſich in einem oſtenſiblen Brief unbedingt zur Ab=
ſchließung einer Militärkonvention im Sinne der Coburger bereit erklärt hat.
Nun will freilich eine Anmerkung zur Seite 717 im Briefe des Kronprinzen

---

[1] Vergl. meine Lebenserinnerungen S. 95.
[2] Vergl. daſ. S. 96.
[3] Vergl. daſ. S. 96.

Februar an die Stelle von März setzen. Aber was berechtigt zu dieser Korrektur?

Den Brief des Kronprinzen vom Februar, dem das ostensible Schreiben des Herzogs vom 19. s. Mts. (Beilage 19 S. 707) angeschlossen war, hatte der König bereits am 28. Februar beantwortet, und wenn er nun durch die Eingangsworte seines Schreibens vom 16. April (Beilage 24 S. 714) zu erkennen gab, daß er diesen Brief dem Herzoge gegenüber als Erwiderung auf den Brief vom Februar angesehen wissen wollte, so mußte doch, unter der Voraussetzung, daß in Wirklichkeit der Brief des Herzogs vom März die unausgesprochene Veranlassung zu dem Schreiben vom 16. April gegeben hatte, der Kronprinz sich eben dadurch aufgefordert sehen, dies hervorzuheben.[1]

Was über den Erfolg der Verhandlungen Warnstedts mit Bismarck S. 323 berichtet wird, steht nicht in Einklang mit meinen Erlebnissen. Nach ihnen hatte ich infolge eines mir von Warnstedt zugegangenen Briefes die Veranlassung gegeben, zur Einleitung von Verhandlungen mit Bismarck, womit Warnstedt war beauftragt worden.[2] Mir war aber weder über deren Verlauf noch über weitere durch v. Ahlefeldt geführte Verhandlungen eine Mitteilung gemacht worden, als ich mit Jensen zu Wagen nach Rendsburg fuhr, um als Deputierte der Landesregierung für Holstein dem von Düppel zurückkehrenden Könige von Preußen an der holsteinischen Grenze den Dank der Holsteiner für die Befreiung der Schleswiger von der dänischen Willkürherrschaft auszusprechen. Erst auf der Rückfahrt sagte mir Jensen: so streng auch das Geheimnis gewahrt werden müsse, mir, der ich die Verhandlungen mit Bismarck veranlaßt hätte, könnte er es doch nicht verheimlichen, daß dem Herzoge ein eigenhändiges Schreiben des Königs von Preußen zugegangen sei, welches von Bismarck konzipierte Bedingungen aufstelle, die unbedenklich angenommen werden könnten. Es suchte mich sodann Samwer eines Tages auf, um mir zu erklären, er fühle sich doch gedrungen mir mitzuteilen, daß er unrecht und ich recht gehabt habe,[3] Bismarck wäre bereitwilligst auf Verhandlungen eingegangen und diese hätten einen günstigen Verlauf genommen.[4]

---

[1] Jene Eingangsworte lauten so: „Als Du mir Ende Februar die Eröffnungen des Erbprinzen von Augustenburg machtest, wirst Du Dir gesagt haben, wie schwierig, ja fast unmöglich es für mich war, darauf zu antworten. Auch war sein eigner Brief an Dich sehr vager und unbestimmter Natur, während Dein Brief an mich mehr Andeutungen enthielt, wozu der Erbprinz sich werde verstehen müssen, wenn seine Zukunft von Preußen unter einem günstigen Lichte betrachtet werden sollte. Jetzt hat er wohl mit Rücksicht auf die bevorstehenden Konferenzen die Sache wieder aufgenommen. Der Fürst Löwenstein war bei mir, um mir ganz ähnliche Anträge des Erbprinzen zu machen, wie sie Dein Brief quaest. enthielt."

[2] Vergl. meine Lebenserinnerungen S. 94 u. 95.

[3] Er hatte nämlich bei der mit mir in des Herzogs und Jensens Gegenwart geführten Besprechung die Ansicht vertreten, daß Bismarck sich auf keine Verhandlungen einlassen werde. Vergleiche am angeführten Orte Seite 94.

[4] Vergleiche meine Lebenserinnerungen Seite 97. — Es mag auch an dieser Stelle noch daran erinnert werden, daß Warnstedt nach dem Scheitern der persönlichen Verhandlung

In dem Werke von Jansen und Samwer wird nun aber Seite 323 behauptet, daß Bismarck sich nicht auf Einzelheiten habe einlaffen wollen. Und
ich frage doch wohl mit Recht, was hätte Jensen bestimmen können, mir ein
streng zu wahrendes Geheimniß zu verraten, wenn nicht die von mir veranlaßten
Verhandlungen Warnstedts mit Bismarck ihn gedrängt hätten, mir deren günstigen
Erfolg mitzuteilen?

Und was anders hätte wohl Samwer bewegen können, mir zu erklären,
er hätte unrecht, ich recht gehabt, Bismarck wäre bereitwilligst auf Verhandlungen
eingegangen? Wären die Verhandlungen erfolglos geblieben, weil sich Bismarck
auf keine Einzelheiten hätte einlaffen wollen, so hätte ja Samwer sich umgekehrt
gegen mich darauf berufen können, daß ich unrecht und er recht gehabt.[1]

In der Anmerkung 4 zur Seite 323 heißt es nun: „Henrici — Deutsche
Revue, Juliheft 1896, Seite 31 ff. — bauscht diese (Warnstedts) Mission über
Gebühr auf."

Von einem Aufbauschen kann aber offenbar nicht die Rede sein, sondern
nur darum kann es sich handeln, ob meine Lebenserinnerungen wahre oder
erfundene Erlebniffe mitteilen.

Dies scheint denn auch Jensen nicht zu verkennen, der im Oktoberheft der
Deutschen Revue 1896 Seite 107 ff. unter Berufung auf Nichtwissen und
Nichterinnern, was wir gemeinsam erlebt, in Abrede stellt und darin so weit
geht, daß er nichts weiß von dem Briefe meines Freundes Warnstedt, nichts
von deffen Verhandlungen mit Bismarck[2] und keine Erinnerung hat von unsrer
Unterredung auf der Rückfahrt von Rendsburg nach Kiel, was doch wohl auf
jeden Unbefangenen den Eindruck machen muß, daß wir hier vor einem dunkeln
Punkte stehen, der keine Aufhellung verträgt.

Als ich nun in dem Werke von Jansen und Samwer die Seite 710 ff.
und 717 ff. als Beilagen 24 und 27 abgedruckten Schreiben des Königs an den
Kronprinzen vom 16. April 1864 und des Herzogs an den König vom 29.
deßselben Monats las, wollte es mir nicht in den Sinn kommen, daß diese

---

des Herzogs mit Bismarck nochmals mit einer Mission betraut worden ist. Denn es ist doch
wohl schwerlich anzunehmen, daß gerade er für die schwierige Aufgabe, die verfahrene Sache
wieder ins rechte Geleis zu bringen, ausersehen worden, wenn seine erste Mission erfolglos
gewesen wäre.

[1] Die Verhandlungen Ahlefeldts, welche mir bisher unbekannt geblieben, über die aber
Seite 324 und 325 ausführlich referiert wird, während über die Verhandlungen Warnstedts
mit wenigen Worten hinweggegangen wird, waren ja resultatlos verlaufen.

[2] Wer den Verhältniffen näher gestanden hat, kann darüber nicht im Zweifel sein, daß
der Warnstedtsche Brief, deffen Aushändigung Samwer sich in Jensens Gegenwart von mir
erbeten hat, seinem ganzen Inhalt nach von letzterem aufs sorgfältigste geprüft und mit
Samwer besprochen worden, sowie ferner, daß es ihm nicht unbekannt geblieben, daß Warnstedt aufgefordert worden, nach Kiel zu kommen und dort für die Verhandlungen mit Bismarck
instruiert worden, und endlich, daß er auch über den Erfolg dieser Verhandlungen durch
Einsichtnahme der Berichte Warnstedts aufs genaueste unterrichtet worden war.

Urkunden dieselben sein sollten, welche mir seinerzeit von dem jungen Juristen Griebel in einem gedruckten Buche waren vorgelegt worden.[1]

Ich habe mir aber sagen müssen, daß, da mir nur ein flüchtiger Einblick in diese Urkunden gewährt worden, mein Gedächtnis mich immerhin täuschen könne, wenn ich mich namentlich zu erinnern meine, daß im Antwortschreiben des Herzogs die Militärkonvention ohne Nebenbemerkung angenommen war und rücksichtlich des Beitritts zum Zollverein nicht nur die Genehmigung der Stände vorbehalten, sondern auch auf die Gewährung eines praecipuums[2]) ähnlich wie für Hannover hingewiesen war.

Nun kommt aber noch ein anscheinend ausschlaggebender Umstand hinzu. Nach dem Staatsanzeiger vom 26. April 1864 ist der König am 24. früh morgens nach Berlin zurückgekehrt, es muß also der 23. April der Tag gewesen sein, an dem mir Jensen auf der Rückfahrt von Rendsburg nach Kiel von dem eingegangenen Schreiben des Königs erzählt hat. Und da nun das Begleitschreiben des Kronprinzen, mit dem er dem Herzog ein Schreiben des Königs vom 16. selbigen Monats abschriftlich übersendet, vom 24. April datiert ist (vergleiche Beilage 26 Seite 717), so muß es, die Richtigkeit dieses Datums vorausgesetzt, ein anderes Schreiben des Königs als das dem Herzoge erst nach dem 23. April zugesandte vom 16. selbigen Monats gewesen sein, von dem mir Jensen sagte, daß darin von Bismarck konzipierte Bedingungen aufgestellt seien, die unbedenklich angenommen werden könnten.

Unter solcher Voraussetzung mag der anscheinend auffallende Umstand, daß auf den Brief des Königs an den Kronprinzen schon nach wenigen Tagen ein an den Herzog gerichtetes Schreiben des Königs gefolgt wäre, wohl darin seine Erklärung finden können, daß Bismarck es für erforderlich erachtet, dem Herzoge die Bedingungen in einer fest formulierten Gestalt so vorzulegen, daß er sich darüber in einer vertragsmäßig bindenden Form erklären könne.[3]) Ein

---

[1]) Wenn es jetzt Seite 326, Anmerkung, bestritten wird, daß Samwer in London oder anderswo eine Urkundensammlung habe drucken lassen, so kann ich freilich aus eigner Wahrnehmung nur bezeugen, daß es ein gedrucktes Buch war, in welchem mir ein Schreiben des Königs vom April 1864 und die Antwort des Herzogs zur Einsichtnahme von Griebel vorgelegt worden sind. Ich habe auch diesen inzwischen verstorbenen jungen Herrn nicht genau genug gekannt, um für die Wahrheit alles dessen, was er mir gesagt, aufkommen zu können. Rätselhaft bleibt es mir aber, was ihn zu unwahrer Mitteilung über dies Buch bewogen haben könnte, von dem er mir ja sagte, daß es in London gedruckt, nur wenigen Vertrauenspersonen zugestellt sei und er sein Exemplar zwar nicht aus den Händen geben dürfe, mir aber doch zur Einsichtnahme vorlegen werde. Vergleiche meine Lebenserinnerungen Seite 98.

[2]) In der Instruktion an Ahlefeldt für die Verhandlungen über die Februarbedingungen Beilage 48 wird Seite 760 auch noch auf die Notwendigkeit, daß ein praecipuum gewährt werde, hingewiesen.

[3]) Wollte man die Frage aufwerfen, wie Jensen habe wissen können, daß die Bedingungen von Bismarck konzipiert seien, so möge darauf hinzuweisen sein, daß die Einsichtnahme des Warnstedtschen Berichts ihn darüber hat belehren können, daß in dem Schreiben des Königs die Bedingungen genau so formuliert seien, wie sie Bismarck Warnstedt gegen-

Analogon liegt uns vor in dem Schreiben des Königs vom 18. Januar 1864 (Beilage 14 Seite 701), welches ſtark kontraſtiert zu der Unterredung des Königs mit Samwer, wie ſie nach deſſen Aufzeichnungen (Beilage 12 Seite 696 ff.) am Tage zuvor im kronpinzlichen Palais ſtattgehabt hatte, ſo daß wohl mit Grund Seite 204 die Vermutung ausgeſprochen wird, daß Bismarck dieſe einen ernſten und verweiſenden Ton anſchlagende Antwort auf das dem Könige von Samwer übergebene Schreiben des Herzogs in der Audienz, die er am 18. Januar beim Könige gehabt, durchgeſetzt hat.[1]

Janſen und Samwer teilen Seite 293 und 294 nur mit, daß der König am 20. April abends nach Düppel abgereiſt und Bismarck am 22. ſelbigen Monats in Flensburg angelangt ſei. Der Tag der gemeinſamen Rückreiſe wird ſodann in dem erwähnten Aufſatz der „Kieler Zeitung“ vom 5. und 6. Januar 1897 auf den 23. April angegeben,[2] und der offenbar zu dem Herausgeber des Werkes „Schleswig-Holſteins Befreiung“ in naher Beziehung ſtehende anonyme Verfaſſer meint damit den Beweis zu liefern, daß es nicht wahr ſein könne, was meine Lebenserinnerungen über die Unterredung mit Jenſen auf der Rückfahrt von Rendsburg nach Kiel berichten. Er überſieht indeſſen, daß das Datum des Schreibens des Kronprinzen vom 24. April, mit dem er das Schreiben des Königs vom 16. ſelbigen Monats abſchriftlich zuſendet, und die Thatſache, daß die Rückreiſe des Königs am 23. April angetreten worden, doch eben nur vor die Alternative ſtellen: entweder muß in Uebereinſtimmung mit den oben angeführten Umſtänden angenommen werden, daß das Schreiben des Königs, deſſen weſentlichen Inhalt mir Jenſen am 23. April mitteilte, nicht das erſt ſpäter in Kiel angelangte Schreiben vom 16. April, ſondern ein andres, an den Herzog gerichtetes eigenhändiges Schreiben des Königs geweſen iſt, oder mir muß zugetraut werden, daß, was ich über jene Mitteilung Jenſens berichtet habe, eine aus der Luft gegriffene Lüge iſt.

Von einem Mißverſtändnis, von einer nach ſo langer Zeit erklärlichen Unzuverläſſigkeit des Gedächtniſſes kann hier nicht die Rede ſein. Denn war

---

über aufgeſtellt habe. Uebrigens hatte mich auch Jenſen, den ich am 23. April mit unſerm Wagen von Samwers Wohnung abholen ſollte, ſo lange warten laſſen, daß er vollauf Zeit zu ſolcher Vergleichung gehabt hat.

[1] Es heißt hier unter anderm: „Ihre Sache wäre in einer andern Lage, wenn Ew. Durchlaucht ſich mit konſervativen Ratgebern umgeben, wenn Sie Meine wohlgemeinten Ratſchläge befolgt und es vermieden hätten, vorzeitig den Charakter eines anerkannten Souveräns in Anſpruch zu nehmen und in ſolcher Eigenſchaft ſelbſt den Beiſtand ausländiſcher Souveräne anzurufen.“

An andrer Stelle heißt es weiter: „Der Ueberbringer Ihres Schreibens, Herr Samwer, hat vor einigen Tagen amtlich an Mein Miniſterium als Ihr Miniſter in der Form geſchrieben, als ob Ew. Durchlaucht als Souverän von Schleswig-Holſtein bereits anerkannt wären. Dies macht es Mir unmöglich, mit einem Manne in Verbindung zu treten, welcher dieſe amtliche Eigenſchaft beanſprucht, und ihm Mein eigenes Schreiben anzuvertrauen.“

[2] Er will ſogar Grund für die Annahme haben, daß der Brief des Kronprinzen vom 24. April erſt am 27. ſelbigen Monats in Kiel angelangt ſei.

am 23. April noch kein Schreiben des Königs in Kiel angelangt, so konnte ja Jensen mir überhaupt keinerlei Mitteilung darüber machen, und alles, was ich hierüber berichtet habe, wäre also Erdichtung.

Uebrigens werden wohl noch manche am Leben sein, denen ich schon vor vielen Jahren diesen Vorgang, der auf mich begreiflich einen unauslöschlichen Eindruck gemacht, genau so erzählt habe, wie er in meinen Lebenserinnerungen Seite 97 referiert wird. Und was in aller Welt hätte mich denn wohl zu einer solchen Erdichtung veranlassen können?

Andrerseits liegen die Gründe nahe, welche es den vertrauten Ratgebern des Herzogs eventuell können wünschenswert gemacht haben, die Enthüllung des Geheimnisses zu verhindern, daß es einen Moment gegeben, wo der Herzog es in der Hand gehabt hat, durch einfache vorbehaltlose Annahme der in einem Schreiben des Königs aufgestellten Bedingungen einen ihm die Thronfolge sichernden Vertrag zum festen Abschluß zu bringen.[1])

Manchem mag es nicht schwer fallen, einem andern, und wäre es auch ein im einundachtzigsten Lebensjahr stehender Mann, der im langen Leben sich den Ruf der Redlichkeit und Wahrheitsliebe bewahrt hat, eine schwerwiegende, unentschuldbare Lüge zum Vorwurf zu machen. Mir geht es umgekehrt. Ich überlasse es gerne allen, die mir Glauben schenken, aus der Thatsache, daß der König seine Rückreise schon am 23. April angetreten hat, dem jetzt vorliegenden Werke gegenüber die ihnen unvermeidlich erscheinenden Schlüsse zu ziehen. Meinerseits möchte ich es vorziehen, mit der Möglichkeit zu rechnen, daß der Auszug aus dem mehrerwähnten Schreiben des Kronprinzen ein unrichtiges Datum trägt, also etwa 21 statt 24 zu lesen ist und Jensen mithin bei seiner Mitteilung das Schreiben des Königs vom 16. April vor Augen gehabt hat und aus dem nur auszugsweise mitgeteilten Briefe des Kronprinzen vielleicht hat ersehen können, daß die im Schreiben des Königs aufgestellten Bedingungen von Bismarck konzipiert seien.[2])

Stelle ich mich dann nun auf den Boden, daß es sich nur um die in den Beilagen 24 (Seite 714 ff.) und 27 (Seite 717 ff.) abgedruckten Schreiben handeln könne, so würde ich auch unter dieser Voraussetzung der Ansicht sein

---

[1]) Der jüngere Bruder des Herausgebers hat mir, als er in Leipzig studierte, aus Aufzeichnungen seines Vaters einiges vorgelesen, nachdem er die Bemerkung vorausgeschickt, daß sein Vater Stellen bezeichnet habe, die niemand mitgeteilt werden dürften. Es fiel mir auf, daß nach dem, was mir vorgelesen wurde, das Scheitern der Hoffnungen des Herzogs auf dessen Verhandlungen mit Bismarck zurückgeführt und der vorausgegangenen Verhandlungen, namentlich aber des Schreibens des Königs vom April und der darauf erteilten Antwort mit keiner Silbe erwähnt wurde, was mir schon damals den Gedanken nahelegte, daß es sich wohl um einen das Licht scheuenden Grund handeln möge.

[2]) Daß Jensen von einem eigenhändigen Briefe des Königs gesprochen, ließe sich wohl so erklären, daß er es nicht für notwendig erachtet, mir des breiteren auseinanderzusetzen, daß der eigenhändige Brief des Königs an den Kronprinzen gerichtet sei, der ermächtigt gewesen, ihn dem Herzoge mitzuteilen.

müſſen, daß die Klugheit dem Herzoge geboten hätte, ſich vorbehaltslos zur Erfüllung der aufgeſtellten Forderungen zu verpflichten.

In dem Schreiben vom 16. April erwähnt der König, weshalb er ſich nicht
mit Löwenſtein auf Unterhanblungen eingelaſſen, und erklärt ſich bereit, ſchriftliche
Wünſche und Vorſchläge des Erbprinzen entgegenzunehmen, aber nur unter der
Bedingung, daß dieſer keine Mittelsperſonen hineinziehe, „ſondern die ganze
Sache als eine rein perſönliche zwiſchen Fürſt und Fürſt behandle.“ Er zählt
die Bedingungen auf, die für ihn „unerläßlich ſind“ und zwar mit dem Bemerken, daß ſie ziemlich übereinſtimmten mit den von ihm (dem Kronprinzen)
und Löwenſtein formulierten. Sodann fährt er ſo fort: „Ich ſetze alſo voraus,
daß der Erbprinz ſich über dieſe Punkte beſtimmt gegen mich ausſpricht. Teile
ihm dies vertraulich mit. Wenn es ihm wirklich ernſt iſt, ſo wird er Deinen
Wink ſchon verſtehen. Du kennſt meine Geſinnungen und weißt, wie mir die Sache
ſelbſt am Herzen liegt, die ich hier in Deine Hände lege. Dieſe (ſoll wohl
heißen birekte) Zuſicherungen, deren Verwirklichung ja von mir allein nicht abhängt, kann ich dem Erbprinzen nicht machen, aber es iſt ſelbſtverſtändlich, daß
ich ſeine Wünſche mit um ſo beſſerem Erfolge fördern kann, je mehr er mich
in den Stand ſetzt, meinem Volke die Ueberzeugung zu gewähren, daß unſere
Intereſſen gleichzeitig mit denen der Auguſtenburger durch die Opfer gefördert
werden, die den letzteren allein zu bringen von der öffentlichen Meinung ſicherlich
nicht gutgeheißen werden würde.“

Eine weiterreichende Zuſicherung konnte der König nicht geben. Stand doch
derzeit Preußen noch vor der ſchwierigen Aufgabe, unter Fernhaltung von
europäiſchen Verwicklungen, die Beſeitigung des Londoner Protokolls herbeizuführen, was nur durch eine vorſichtige Haltung erreichbar wurde, welche die
Dänen ſo eklatant ins Unrecht verſetzte, daß ihnen von keiner Seite eine wirk-
ſame Unterſtützung in Ausſicht ſtand.[1]

Es konnte alſo nur von einer für den Fall, daß der Herzog zur Regierung
käme, abzuſchließenden Vereinbarung die Rede ſein. Der König hatte ſeine
Forderungen geſtellt, und es bedurfte nun nur, daß ſich der Herzog für jenen
Fall bei Fürſtenwort vorbehaltlos verpflichtete, ſämtliche Forderungen zu erfüllen,
um damit dem Bismarckſchen Annexionsplan einen feſten Riegel vorzuſchieben.[2]

Dieſen einfachen, ſichern Weg ſchlägt die Antwort des Herzogs nicht ein.
In dem Schreiben vom 29. April, Beilage 27 Seite 718, erklärt der Herzog:

---

[1] Als mir Samwer zur Zeit der Eröffnung der Konferenz den Bismarckſchen
Operationsplan mitteilte, war es mir eine große Beruhigung, daraus zu erſehen, daß
preußiſcherſeits das Loskommen vom Londoner Protokoll als das zu erſtrebende und erreich-
bare Ziel erachtet wurde. Mir blieb aber noch die Beſorgnis, daß die Dänen durch Nachgiebigkeit im letzten Augenblick den Plan vereiteln würden. Der Erfolg hat aber gezeigt,
daß Bismarck, der über die Kopenhagener Zuſtände wohl beſſer unterrichtet ſein mochte,
richtig gerechnet, indem er ſich auf die verblendete Hartnäckigkeit der Eiderdänen verlaſſen hat.

[2] Daß dies eintreten werde, hatte ja denn auch Bismarck nach der in meinen Lebenserinnerungen Seite 105 erwähnten Aeußerung offenbar vorausgeſetzt.

„Ich glaube Ew. Majestät gnädigen Intentionen zu entsprechen, wenn ich zunächst im allgemeinen rein persönlich erkläre, welche Verpflichtungen ich Ew. Majestät gegenüber zu übernehmen bereit bin. Ich erlaube mir jedoch zugleich auszusprechen, daß ich ebenso bereit sein werde zu einer Erörterung der einzelnen Fragen im Detail und zu einem Abschluß in vertragsmäßiger Form. Die spätere Ratifikation seitens der Landesvertretung wird ein reelles Hindernis nicht sein können, denn die Bevölkerung der Herzogtümer wird, wenn sie der definitiven Trennung von Dänemark sicher ist, schon an sich für einen engen Anschluß an Preußen geneigt sein, und ich bin gewiß, von jeder Landesvertretung der Herzogtümer in dieser Hinsicht alles Vernünftige erreichen zu können. Auf den einzigen Punkt, der hier in Frage kommen könnte, den Anschluß an den Zollverein, werde ich mir erlauben weiter unten zurückzukommen."

„Demnach erbiete ich mich Ew. Majestät gegenüber" 2c. 2c.

Es folgen dann eine Reihe von Anerbietungen, die im wesentlichen sich mit den Forderungen des Königs decken, zum Teil aber auch darüber hinausgehen, wie namentlich die unter jene nicht mit aufgenommene „zum Abschluß einer Marinekonvention" mit dem nicht unbedenklichen Zusatz: „Das Marinebudget der Herzogtümer würde etwa die Hälfte des bisherigen dänischen betragen können."

Nur in Beziehung auf den Beitritt zum Zollverein wird es zur Bedingung gemacht, „daß derselbe auf die Grundlage des Handelsvertrages mit Frankreich von neuem abgeschlossen wird, weil andernfalls nicht mit Bestimmtheit darauf zu rechnen sei, daß dem Beitritt der Herzogtümer seitens der Landesvertretung keine Schwierigkeiten gemacht würden."

Weiter heißt es dann in diesem Schreiben: „Ich wage Ew. Majestät unterthänigst anheimzugeben, ob Ew. Majestät geruhen würden, eine nähere Erörterung der einzelnen Punkte eintreten zu lassen, aus welcher sich dann eine formelle und spezifizierte Feststellung ergeben würde, wenn auch in dieser Angelegenheit die größte Diskretion zu beobachten sein dürfte. Je mehr eine günstige Lösung der schleswig-holsteinischen Frage als eine Vergrößerung der Machtsphäre Preußens erscheint, desto heftiger wird der Widerstand, welcher eine solche Lösung von andrer Seite findet. Ich habe schon mehrfach Gelegenheit gehabt zu empfinden, wie meine preußischen Sympathien, von denen ich nie ein Hehl gemacht habe, von verschiedenen Staatsmännern zu meinen Ungunsten in Rechnung gebracht worden sind. Aber auch das preußische Interesse dürfte den durchaus vertraulichen Charakter dieser Angelegenheit festzuhalten gebieten, und dürfen Ew. Majestät versichert sein, daß ich sowohl den Inhalt dieses Schreibens als auch den weiteren Verlauf dieser Angelegenheit stets aufs diskreteste behandeln werde."

„Allergnädigster König! Ich habe um so freudiger die vorstehenden Erbietungen machen können, je mehr ich davon überzeugt bin, daß sie im Interesse meines Landes sein werden. Ich darf ebenso annehmen, daß Ew. Majestät in denselben Vorteile für Preußen erkennen. Die Herzogtümer sind von dem wärmsten Danke erfüllt, daß Ew. Majestät die Gnade gehabt haben, hochherzig für ihr Recht einzutreten, daß die Krieger Ew. Majestät für dieses Recht ihr Blut vergossen haben. Um so zuversichtlicher darf ich die Hoffnung aussprechen, daß, da das Interesse Preußens und Schleswig-Holsteins Hand in Hand geht, Ew. Majestät geruhen wollen, auch ferner einzutreten für das volle Recht der Herzogtümer, welches eins ist mit meinem Recht. Wenn Ew. Majestät, gestützt auf Ihr herrliches Heer, es nicht wollen, kann in diesen Landen nie wieder eine illegitime Regierung hergestellt werden."

Diese Antwort brachte also keine fest bindende Verpflichtung, stellte vielmehr den Forderungen des Königs nur Erbietungen zur Seite und zwar nicht ohne dabei zu erkennen zu geben, daß eine nähere Erörterung der einzelnen Punkte einer festen Abmachung werde vorausgehen müssen.

Damit war nicht erreicht, was sich jedenfalls hätte erreichen lassen, nämlich daß der König es als abgemacht ansehen durfte, der Herzog habe sich zur Erfüllung seiner Forderungen in bindender Form verpflichtet.

(Schluß folgt.)

Pirogoff und Billroth.[1]

Von

Dr. Wilhelm v. Bragassy.

„... terra tegit, populus moeret,
Olympus habet."

Es wird mich freuen, Sie, geehrter Herr, bei mir in Wiszuja zu sehen," schrieb mir am 23. Dezember die Witwe des berühmten russischen Chirurgen Pirogoff.

Mein langgehegter Wunsch, das denkwürdige Haus zu sehen, das an ein Vierteljahrhundert für Tausende Kranker ein „Mekka" gewesen ist, stand nun unmittelbar vor der Verwirklichung.

Um diese Zeit war ich im Gouvernement Podolien auf Schloß P. bei Graf Grocholski zu Gast. Die imposante Residenz P. wurde um die Mitte des fünfzehnten Jahrhunderts zum Schutze gegen die Mongolen durch kriegsgefangene Haidamaken[2] erbaut.

Dieses vornehme „adelige Nest", seit Jahrhunderten im Besitze der Familie

---

[1] Ein Besuch bei der Witwe des berühmten russischen Chirurgen Pirogoff.
[2] Kleinrussische Freibeuter.

G., liegt inmitten eines prächtigen, ausgedehnten Parks auf einer die Thalsohle des „Boh" dominierenden Anhöhe hart an der Stadt Winnica, mit welcher dieser Privatbesitz einst ein Krongut bildete. Etwa acht Werst südlich davon befindet sich Wisznja, ein kleines ruthenisches Dorf, wo Pirogoff nach seinem Mitte der sechziger Jahre erfolgten Rücktritte vom Schauplatze des öffentlichen Wirkens, fern vom Weltgetriebe, seine dem Dienste der Wissenschaft und Humanität geweihte letzte Lebenszeit verbracht hatte.

Im Besitze von Frau Pirogoffs Billet, entschloß ich mich, meinen Besuch in Wisznja sofort auszuführen, und tags darauf, am Tage des heiligen Abends, befand ich mich bereits in der ersten Morgenstunde auf dem Wege dahin.

Tiefer Schnee lag über der Landschaft, und ein frostiger Nordost fegte die weißverhüllten Fluren entlang. Ueber den Saatfeldern und dem Walde hing ein träger, weißer Nebel. Im gestreckten Trabe ging's durch den Wald über eingewehte Wege. Unter dem Schutze des dichten Nebels konnte das geräuschlos durch die wildreichen Gehege der G.'schen Forsten dahingleitende Gefährte an das oft gruppenweise in den dicht am Pirschsteige errichteten Futterhütten Aesung suchende Rehwild auf wenige Schritte unbemerkt herankommen. Dann ging es querfeldein über hochgelegene Stoppelfelder, von welchen der Wind den Schnee bis auf eine dünne Schichte weggefegt hatte.

Als ich das freie Feld erreicht hatte, stand die Sonne noch tief am Horizonte, in eine dichte Dunstschicht gehüllt, die wie ein Schleier die Aussicht in das Land verwehrte.

Nach und nach zerteilte sich der Morgennebel, und allmählich erglänzte die ganze Natur in hellem aktinischen Lichte, und der Himmel blickte aus seiner azurnen Höhe wie ein blaues Auge heiter auf die Erde herab.

Ich hatte bereits die malerisch gelegene Stadt Winnica mit ihren Türmen, Zinnen und farbigen Kuppeln im Rücken.

Winnica hat einst bessere Tage gesehen; gegenwärtig ist es die Bezirkshauptstadt jenes Occupationsgebietes, das heute den Namen „Podolskaja Gubernia" führt. Linker Hand südlich gewahrt man einen immensen Rotziegelbau; eine in Rußland wohlbekannte Irrenheilanstalt, die einst auch Dostojewski, den geistreichen Verfasser „Raskolnykoffs", beherbergt haben soll.

Etwa eine Werst in gerader Richtung vor mir liegt Wisznja mit seinen auf einem flachhügeligen, wellenförmigen Terrain zerstreuten kleinen, reinlich aussehenden, meist strohgedeckten Häusern.

Am nördlichen Teile der Ortschaft, auf einem etwas erhöhten Punkte, von wo aus man einen prächtigen Fernblick in das Land hinein gewinnt, bemerkt man ein schlichtes, ebenerdiges Haus. In diesem Hause hat Nicolai Iwanowitsch Pirogoff die letzten fünfundzwanzig Jahre seines Lebens verbracht, und hier ist er gestorben.

Ich war am Ziele meiner Fahrt. An der Schwelle ihres Salons meiner harrend empfing mich die Witwe und hieß mich willkommen.

Alexandra Antonowna steht im siebzigsten Lebensjahre; sie trägt Trauer, die sie seit dem Tode des Gatten nicht abgelegt hat und nie wieder abzulegen gedenkt.

Mittelgroß, von stämmigem Wuchs und gesundem Aussehen; das frische, einnehmende Antlitz ist von zwei an den Schläfen in mäßig geschwungenen Bogen geordneten silbergrauen Scheiteln umrahmt und von zwei klugen, lebhaften Augen geziert. Nur wenn sie lesen oder schreiben will, pflegt sie das hellblaue Augenpaar mit runden, in Stahl gefaßten, altväterischen Brillen zu bewaffnen.

Hinter dem kaschmirartig weichen jugendlichen Organ liegen Milde und Herzensgüte verborgen, ohne dabei eine Willensstärke und Entschlossenheit vermissen zu lassen, deren umschränkte Besitzerin Alexandra Antonowna sein soll.

Sie drückt sich in drei Sprachen, Deutsch, Englisch und Französisch, gleich gewandt aus, mit jenem anmutigen, eigenartigen Tonfall, welcher den nordslavischen, an Kadenzen so überreichen Idiomen eigentümlich ist.

. Ansehnliche Beredsamkeit und abgerundete Form verleihen ihren Schilderungen viel Reiz und leichte Anknüpfung an den Gedankenaustausch.

Wie sprach sie begeistert und mit welcher Ehrfurcht von dem Gatten; man fühlte sich in ihren Empfindungskreis unwiderstehlich mit hineingezogen.

„Er war eine vornehme, groß angelegte Natur, ein Freund der Menschen und der Wahrheit," sprach sie, während ich die über dem niederen Bücherschranke anspruchslos angebrachte Porträtbüste Pirogoffs — ein Meisterwerk Repins — in Bewunderung versunken betrachtete.

Wir befanden uns in diesem Augenblicke in jenem Gemache, welches zu Lebzeiten des Gatten sein Arbeitszimmer gewesen ist.

Eine große Anzahl von Kränzen lag da, in Flor verhüllt, oder hing an der Wand des in seinem ganzen Umfange schwarz drapierten Raumes.

Stiche, Aquarelle, Photographien mit Widmungen, dann Ehrendiplome, Dankschreiben und Ehrengaben der verschiedensten Art waren hier in künstlerischer Unordnung angehäuft. Ein Ehrendiplom der Stadt Moskau, seiner Geburtsstadt, fiel mir auf, ferner eine Kreidezeichnung, Pirogoff aus dem Jahre 1851 darstellend, mit den Worten daran: „Grati auditores medici."

. Durch die pietätvolle Teilnahme, die ich beim Betrachten dieser Denkwürdigkeiten bekundete, sichtlich angeregt, war Frau Pirogoff bemüht, mir alles, was da war, zu zeigen.

Sie öffnete unter andern einen Schrank, welcher Gegenstände enthielt, die in stetem Handbereich des Verblichenen gewesen sind.

Bücher, Broschüren, Monographien, Manuskripte, Apparate, Instrumente, pathologische Präparate u. s. f. Während ich all diese Gegenstände in flüchtigen Augenschein nahm, gewahrte ich unter andern eine Sammlung interessanter Photographien, deutscher, französischer und russischer Gelehrten, darunter auch eine Theodor Billroths, die folgenden Worte auf der Rückseite tragend:

„Dem verehrten Meister Nicolaus Pirogoff. — Wahrheit und Klarheit im Denken und Empfinden, wie in Wort und That, sind die Sprossen auf der Leiter, welche die Menschen zum Sitze der Götter führt. Ihrem ebenso kühnen als sicheren Führer auf diesem nicht immer gefahrlosen Wege nachzufolgen soll stets mein eifriges Bestreben sein.

Ihr aufrichtiger Bewunderer und Freund

Billroth."

Billroth hatte dieses Bildnis Pirogoff in Wien am 14. Juni 1881 — so ist es datiert — eigenhändig überreicht. Allein die photographische Aufnahme mußte einem früheren Zeitpunkte entstammt sein, denn sie stellt Billroth in seiner Vollkraft und ganzen Validität dar, wie er 1881, aus welcher Zeit die Debilation datiert, es nicht mehr gewesen ist. Dafür spricht auch jener denkwürdige, seinerzeit vielfach kommentierte Brief, den Billroth nach Pirogoffs Tod an den russischen Arzt Dr. Wiwobzeff gerichtet hatte.

Ein wehmütiger Hauch durchweht diesen Brief und läßt den beginnenden Niedergang des großen Chirurgen psychischer und physischer Kraft erkennen.

Auf diesen Brief werde ich an andrer Stelle zurückkommen; so viel will ich indessen schon hier bemerken, daß er nachmals, in der Krankheitsgeschichte Pirogoffs, nach dessen Tode eine Aufsehen erregende, kontroverse Rolle zu erfüllen bestimmt war.

Nachdem Frau Pirogoff mir zur Erinnerung an den Besuch in Wiszuja und zum Andenken an ihren Gatten aus dessen ehemaligem Instrumentarium einen Gegenstand (Klemmzange) geschenkt hatte, bat ich sie um einige Daten aus Pirogoffs Leben, Krankheit und seinen letzten Lebenstagen, worunter ich die nachfolgenden, wenig bekannten Einzelheiten ihr zu verdanken habe.

„Es fiel mir auf," so begann die Witwe, „daß mein Mann, etwa zwei Jahre vor seinem Tode, die Gewohnheit annahm, tagüber öfters, auch während der Mahlzeiten, sich den Mund mit warmem Wasser auszuspülen. Auf meine Frage nach dem Grunde dieser mich beunruhigenden Angewöhnung sagte er, es geschehe, um die Mundhöhle gegen die schädliche Wirkung des Tabaks — er war starker Raucher — zu schützen.

„Eines Tags, es mochte im Januar 1881 gewesen sein, stieß er, während er sich der Mundschale bedient hatte, einen heftigen Schrei aus und äußerte, er habe sich mit zu heißem Wasser die Mundhöhle verbrüht. Ich besah die angeblich verbrühte Stelle und entdeckte hinter dem rechten oberen Eckzahn, am harten Gaumen" — Frau Pirogoff drückte sich anatomisch und chirurgisch stets staunend korrekt aus — „unweit der Zahnalveole, ein kleines, etwa linsengroßes grau-weißes Bläschen, das sich bei Druck etwas schmerzhaft erwies und von einer pfenniggroßen, flachen, ziegelroten Zone umgeben war.

„Wenige Tage darauf bemerkte er zu mir: ,Ich weiß nicht, was ich im Munde habe, am Ende ist es gar Krebs.'

„Zu Tode erschreckt telegraphierte ich," fuhr Frau Pirogoff weiter fort, „um Dr. Sklarewski in Kiew. An seiner Statt und unabhängig von meiner Aufforderung kam Dr. Bertenson aus St. Petersburg, uns zu besuchen. Dieser untersuchte und erklärte in anscheinend gleichgültigem Tone, es wäre nichts und die Sache werde bald wieder heilen. Aber in Odessa äußerte er

sich später den Kollegen gegenüber mit voller Bestimmtheit, daß mein Mann an
Krebs leide.

„Die Diagnose Bertensons erfüllte uns mit Zuversicht, und mein Mann
war geneigt, das Uebel als die Folge einer Zahnextraktion — was auch Billroth später in Wien betont hatte — zu deuten und war bestrebt, die kleine
Schwellung weich zu erhalten.

„Um diese Zeit kam mittlerweile aus Moskau auch Dr. Sklifasowski nach
Wiszznja und erklärte dort, obschon er die Malignität des Leidens sofort erkannt
hatte, es sei eine unheilbare Fistel, aber keineswegs bösartig.

„Sklifasowskis Ausspruch hat meinen Mann sichtlich aufgerichtet, und freudig
ging er wieder an die Arbeit.

„Doch nicht lange sollten wir uns der Wohlthat dieser Tröstung freuen.

„Den 24. Mai, etwa drei Monate nach Sklifasowskis Besuch, wurde meinem
Mann und mir in Moskau vor den dort aus Anlaß der Gedenkfeier meines
Mannes aus dem ganzen Reiche versammelten Aerzten verkündet, daß die
Krankheit Carcinom sei.

„Die Aerzte in Moskau bestanden auf einer unverzüglich vorzunehmenden
Operation; allein mein Mann entschloß sich, vorher Billroth zu sprechen und
die Entscheidung in die Hände jenes Mannes zu legen, den er als die höchste
wissenschaftliche Autorität verehrte. Wir fuhren daher auf der Stelle nach
Wien ..."

Aus Wien kehrte Pirogoff, durch Billroth getröstet, neubelebt, aber nicht
ohne das Gefühl einer gewissen Demütigung nach Rußland zurück, denn indem
Billroth rundweg die Malignität des Leidens bestritt, stellte er sich in Gegensatz
zur Diagnose der russischen Kollegen, die er gleichsam desavouierte, und das
kränkte Pirogoff.

In der ersten Zeit seiner Rückkehr dachte er wohl kaum mehr an Krebs,
zumal es obendrein zu seiner Kenntnis gekommen war, daß Billroth auch die
Anfragen mehrerer hohen Persönlichkeiten im Lande nach dem Wesen seiner
Krankheit die Malignität des Leidens ausnahmslos verneinend beantwortet hatte.

Sieben Monate nach der Konsultation in Wien ist Pirogoff gestorben.

Kaum daß sich im Lande die Nachricht seines Todes verbreitet hatte, als
sich ein Sturm des Unwillens und der Entrüstung gegen Billroth entfesselte.
Zunächst unter dem unmittelbaren Eindrucke des Verlusts, den die vaterländische
Wissenschaft erlitten, dann aber auch ursächlich der aus Billroths gegenteiliger
Diagnose abgeleiteten, irrig gedeuteten Schlüsse.

Gleich einem Orkan fegte diese Entrüstung durch die öffentliche Meinung
und die Spalten der Tagespresse. Letztere, in solchen Dingen in der Regel
wenig umständlich, beschuldigte unter anderm Billroth schlechtweg, durch irrige
Diagnose respektive Unterlassung einer Operation geradezu Pirogoffs frühzeitigen
Tod verschuldet zu haben.

Diesen „bona malaque fide" manipulierten und kolportierten Gerüchten
gegenüber sah sich Billroth zur Abwehr dieser gegen ihn gerichteten Angriffe

veranlaßt, Stellung zu nehmen und zur Wahrung seines Rufs in dem bereits erwähnten Briefe an Dr. Wiwodzeff seiner Meinung Ausdruck zu geben.[1]

Dem an Dr. Wiwodzeff gerichteten Briefe, welcher in der Nummer 9 der russischen periodischen Zeitschrift „Wrabsch" (Der Arzt) veröffentlicht ist, will ich einige Stellen entnehmen, die mir nach mancher Richtung beachtenswert erscheinen. Erstens präzisieren sie Billroths Haltung in der kontroversen Frage zu Rußlands Aerzten und öffentlicher Meinung, zweitens liefern sie einen kleinen Beitrag zu seiner Kennzeichnung als Mensch und Arzt.

Ich will mich hier auf die Wiedergabe bloß jener Stellen des Briefes beschränken, welche Billroths sachliche und sittliche Gründe enthalten und welche ihn bewogen hatten, von einem operativen Eingriff an Pirogoff Umgang zu nehmen.

„... Wie sehr auch," schreibt Billroth, „das Ergebnis der mikroskopischen Untersuchung belehrend und wie strikt auch die Aetiologie des Prozesses erwiesen war, sah ich in diesem Falle, ungeachtet der manifesten Diagnose des Carcinoms, keinen zwingenden Grund zu einem operativen Eingriffe.

„Der Kranke, wenngleich noch recht frisch, ist jenseits der siebziger Jahre gewesen, mit deutlichen Merkmalen des beginnenden Marasmus und überdies Kataraktenbildung an beiden Augen.

„Schwerlich würde er die Operation gut bestanden haben; und selbst in diesem günstigen Falle war die Befürchtung eines Recidivs naheliegend.

„Ich versichere Sie, daß ich eine solche Operation selbst bei einem Kranken, wenn dieser um zwanzig Jahre jünger und kräftiger gewesen wäre, nicht unternommen haben würde, denn meine dreißigjährige Erfahrung als Chirurg hat mich darüber belehrt, daß sarkomatöse und krebsartige Tumoren, die vom hintern Teil des Oberkiefers ausgehen, niemals auf gründliche Weise entfernbar sich erweisen, selbst in jenen Fällen nicht, wo alle Gewähr dafür zugegen ist, daß der Kranke die Operation gut bestehen würde.

„Die Totalentfernung der Geschwulst mittels des Messers ist an dieser Stelle unmöglich; teils wegen der anatomischen Verhältnisse, teils wegen der technischen Schwierigkeiten, mit Ausnahme jener Fälle, wo der Tumor abgesackt ist."

An anderer Stelle des Briefes sagt Billroth:

„Jetzt bin ich nimmer jener dreiste Operateur, den Sie seinerzeit in mir in Zürich gekannt haben. Ehe ich jetzt den Entschluß fasse, eine Operation auszuführen, stelle ich mir stets vorerst die Frage: Würde ich die Operation, die ich an dem Kranken machen will, an mir selbst zulassen? Ja, mit den Jahren und der Erfahrung gelangt man zu einem gewissen Grade von Zurückhaltung. Mit jedem Jahre meines Lebens erstaune ich mehr und mehr über das Mißlingen unsrer Kunst."

Wehmütig, wie eine Klage klingen diese Worte des großen Meisters und

---

[1] Mir stand bloß die russische Uebersetzung von Billroths Brief zur Verfügung, daher ich nicht weiß, wie weit dessen Verdeutschung mit dem Wortlaute des Originals sich deckt.

Der Verfasser.

weisen auf die Hemmungsgebiete unsrer Kunst und unsers Wissens; und eine bewunderungswürdige Entsagung drückt sich in den schlichten Worten des großen Gelehrten aus, der, ohne einen Augenblick zu zaudern, von der Höhe seiner von der wissenschaftlichen Welt anerkannten geistigen Bedeutung herabsteigt und sich demutsvoll zur Verneinung seines Könnens bekennt.

Billroth, dessen bahnbrechende Ideen nicht bloß der praktischen Chirurgie sondern auch auf dem umfangreichen Gebiete pathologisch=physiologischer Forschung neue Wege, ja neue Richtung wiesen, welche in der Wissenschaft, die er lehrte, und der Kunst, die er übte, für die Berufsgenossen alsbald über dem ganzen Erdball zu unabänderlichen Gesetzpunkten wurden, verzichtete mit Ehrfurcht gebietender Bescheidenheit in der obwaltenden Frage auf das entscheidende Wort ...

„Es ist wahr," so schreibt er, „ich hätte den Chirurgen, der es gewagt haben würde, Pirogoff zu operieren, nicht tadeln können; allein soweit es mich betrifft, glaubte ich annehmen zu können, daß in vorliegendem Falle kein günstiges Resultat zu gewärtigen war. Ich wollte die Aufmerksamkeit des Kranken vom Wesen seines Leidens ablenken, seinen Mut heben und ihn zur Geduld ermahnen. Dies ist leider alles, was wir in ähnlichen Fällen vermögen ... Ich war darauf gefaßt, daß in Bezug auf diesen Fall zwischen mir und meinen geehrten Kollegen in Rußland ein Widerspruch sich ergeben würde; allein ich habe gehandelt, wie es auf Grund meiner Erfahrung mir meine Pflicht vorgezeichnet hatte. Wenn Sie diesen Brief veröffentlichen wollen, habe ich nichts dawider einzuwenden.

„Der litterarischen Thätigkeit habe ich nunmehr für immer entsagt und beschränke mich heute meinen Schülern gegenüber nur noch auf das ‚gesprochene' Wort und die That.

„Genehmigen Sie u. s. f."

＊

Pirogoff ist am 23. November 1881 gestorben.

Versöhnt mit Gott und Welt, in sein Schicksal ergeben, fromm, demutsvoll, ein wahrer Christ, ist er aus dem Leben geschieden. Wenn sein genialer Landsmann Turgenjeff darin recht hat, daß die Russen in der Kunst zu sterben, groß sind, so war Pirogoff darin ein Meister.[1]

----

[1] Die letzten Lebenstage Pirogoffs schilderte mir seine Witwe wie folgt:

„Es wurde nichts unterlassen, um meinem Mann, wenn auch nicht das Leben zu erhalten, so doch zu verlängern. Zwei Aerzte und eine „Soeur de charité" aus St. Petersburg wurden im allerhöchsten Auftrage an das Krankenlager befohlen.

„Außerdem fanden sich mehrere hervorragende Aerzte aus St. Petersburg und Moskau, darunter auch Dr. Karel, ehemals Leibarzt des Kaisers Nikolaus, in Wiszdja ein, um den Kranken zu trösten und zu pflegen. Karel verordnete Menschenmilch, die der Kranke mehrere Wochen hindurch genoß. Eine kräftige podolische Bäuerin gab die Milch, die der Kranke dann aus einem Glase nahm.

„Trotz alledem schwanden unaufhaltsam und zusehends seine Kräfte, und am 12. September war der Kranke genötigt, das Lager aufzusuchen, um es nie wieder zu verlassen.

Nicolai Iwanowitſch Pirogoff war Ruſſe nach außen, Ruſſe nach innen, Ruſſe durch und durch; eine wahre „ſchirokaja Natura" [1]): Viel Herz gepaart mit viel Verſtand; ſtreng rechtlich, honnett und gerecht, vielleicht zuweilen mit einem Schein von Härte nach außen; leicht ſchäumend, war er ebenſo leicht wieder verſöhnt; nachgiebig und mild für die Schwächen andrer; freigebig, beinahe „prodigue", wie eben ein Ruſſe.

In ſeinen Honorarforderungen war er von ſeltener Beſcheidenheit; das Geld ſchien ihm nur inſofern von Belang, als es zur Deckung ſeiner beſcheidenen Bedürfniſſe erforderlich war; darüber hinaus war es ihm ein plus, für das er keine Würdigung hatte. Er wollte ſchaffen und wirken, und dazu mußte er die Lebensbedingungen aufbringen. Was er erworben, gab er wieder mit vollen Händen aus — den Dürſtigen; freilich wurde er dabei häufig mißbraucht, doch was beirrte das einen Mann ſeiner Art!

Aus dieſem letztern Grunde war ſeine Umgebung genötigt, — ſo hörte ich — um ihn vor den Folgen ſeiner Freigebigkeit zu ſchützen, ſeiner freien Vermögensverwaltung in milder Form zuweilen Einſchränkungen aufzuerlegen.

Mit Politik befaßte Pirogoff ſich wenig, worin er, als Ruſſe und Perſönlichkeit von ſeiner Bedeutung, als eine Seltenheit anzuſehen iſt.

„Ende Oktober fühlte er ſein Ende nahen, und mit den Tröſtungen ſeines Glaubens verſehen, empfing er das heilige Abendmahl.

„Doch erholte er ſich wieder — man glaubte einen Augenblick an die Wirkung der Menſchenmilch — aber bald darauf ſtellte ſich ein raſcher Kräfteverfall ein.

„Schweigſam, in ſich gekehrt, lag er in völliger Abtrennung von ſeiner Umgebung, und nur ſehr ſelten ſprach er einzelne Worte oder bezeugte mir ſeine Dankbarkeit von Zeit zu Zeit durch einen ſchwachen Händedruck.

„Jegliche Erinnerung an die Vergangenheit, ja ſelbſt an die Gegenwart, angeſichts der bevorſtehenden Trennung von ſeinen Lieben, war ihm peinlich und verurſachte ihm einen Schmerz, den er zu bemeiſtern und zu larvieren ſorgfältig bemüht war.

„Völlig teilnahmslos gegen alles, was ihn umgab, weigerte er ſich ſelbſt ſeine Kinder zu ſehen, als dieſe durch die Nachricht ſeines raſchen Verfalles an das Krankenlager herangeeilt waren.

„Um eine möglichſt vollſtändige Iſolierung von der Außenwelt zu bezwecken, ließ er unter anderm an den Stirnteil ſeines Baretts einen Lappen befeſtigen, welcher wie ein Viſier ihm das Antlitz verhüllte.

„Seitdem er auf dieſe Weiſe dem Tageslicht entſagt hatte und die rapid zunehmende Zerſtörung in der Mundhöhle, ihm das Sprechen erſchwerend, das Wort unverſtändlich machte, öffneten ſich nur ſelten ſeine Lippen.

„In der erſten Zeit ſeiner Iſolierung hörte man, von ſeinem Lager her, noch häufig, von einem kurzen Seufzer begleitet, die Worte: „Eli, Eli, lamma ſabactani."

„Etwa zwei Wochen vor ſeinem Ende verſtummte er für immer. Eine ſo hochgradige Salivation ſtellte ſich ein, daß der ganze Hausvorrat an Tüchern nicht ausreichte, man mußte Leintücher ſchaffen, um ihn trocken zu erhalten. Bei dem dadurch notwendigen Lagewechſel gab der Kranke Zeichen großer Schmerzen. Schließlich nahm er keine Nahrung mehr zu ſich, als ihn endlich die milde Hand des Todes berührte und, bei intaktem Bewußtſein bis zum letzten Augenblicke, ihm die Erlöſung brachte."

[1]) Breite Natur.

Einmal ſoll er allerdings geäußert haben: „Solange das ‚Schwarze Meer‘ kein ruſſiſcher See geworden, wird kein Friede in Europa.“ — Hingegen brachten ihn ſeine anderweitig freiheitlichen und fortſchrittlichen Ideen von Zeit zu Zeit in Gegenſatz zu der „allerhöchſten Willensmeinung“; dann aber erwies er ſich „von ſteifem Nacken und feſtem Rückgrat“.

Er war ungemein thätig, das, was der Engländer „a hard worker“ nennt, und ſehr mobil.

Früh morgens entſtieg er dem Lager und machte, im Sattel oder zu Fuß, ausgiebige Touren. Maßvoll im Eſſen und Trinken, war er hingegen, wie die meiſten Ruſſen, ſtarker Raucher.

Um die Mittagsſtunde empfing er Kranke, um 4 Uhr nahm er die Hauptmahlzeit ein, worauf er wieder zu Pferde oder im Wagen reſp. Schlitten ſich in Gottes freie Natur begab, um ihre Wunder zu ſchauen.

In ſeiner Hausordination hatte er das Syſtem der verſchiedenwertigen Honorare eingeführt, zu 1, 3 und 5 Rubel, um dadurch auch den Minderbemittelten den Zutritt zu ermöglichen. Die 5 Rubel Zahlenden hatten, weil ſie oft weiten Wegs kamen, bloß den Vortritt, ſonſt aber keine andre Begünſtigung.

Für 1 bis 10 Werſt Entfernung vom Hauſe, nahm er ein Honorar anfangs von 100, ſpäter von 200 Rubel . . .

Von Mittelloſen nahm er kein Honorar. Ungewöhnliches Gedächtnis wird ihm nachgerühmt. Er kannte die meiſten ſeiner Kranken beim Namen.

„Mein Gott, was iſt aus Ihnen geworden, Bogdan F . . .“ redete er einen ſeiner Kranken an, „Sie ſind ja ganz grau geworden, ſeit ich Sie kürzlich — wo war es denn doch? — geſehen habe!“ — „In Dorpat,“ erwiderte der Angeredete, „immerhin ſind es an die 40 Jahre.“

Ein andermal empfing er einen ehemaligen Kameraden von der Schulbank, den er ſeit circa 50 Jahren nicht geſehen haben ſoll, mit den Worten: „Ihr ſeit Nicolai P . . ., doch nicht gekommen, Euch die Balggeſchwulſt am Kopfe entfernen zu laſſen . . .?“

„Sagen Sie mir doch, Täubchen,“ ſprach er zu einem hohen Offizier, der gekommen war, ihn zu konſultieren, während er einen Schritt vor dieſem ſcheu zurückgewichen war, — „wird man denn im Himmel auch befördert? Ich dachte, Sie wären der ſcheußlichen Kopfwunde, die Sie im Krimkriege erlitten, erlegen, und hielt Sie längſt für tot.“ — „Das war mein Bruder; man ſagt, ich ſehe ihm ähnlich,“ entgegnete dieſer . . .

Ein ganzer Sagenkreis ähnlicher Vorfälle knüpft ſich an das Andenken Pirogoffs.

Ein reicher ruſſiſcher Bauer aus der Nachbarſchaft, der ſeine Tochter wegen eines Fehltritts verſtoßen hatte, kam eines Tags zu ihm, ſich von ihm operieren zu laſſen. Pirogoff, der vom Schickſale des verirrten Mädchens zufällig Kenntnis hatte, erwiderte dem nach der Honorarſumme fragenden Bauer: „Wenn Ihr verſprecht, Eure Tochter ins Haus zurückzunehmen, ihr zu verzeihen und ſie mild zu behandeln, dann entferne ich Euch die Geſchwulſt da umſonſt, wo nicht, ſo reicht Euer ganzes Vermögen nicht hin, mich zu honorieren.“

Und er operierte den Bauer . . .

Von der Terrasse des geräumigen Salons der Witwe sieht man in der Entfernung, über dem Garten und Dorf hinweg, eine malachitgrüne Kuppel, deren Höhe ein von der Abendsonne hell beleuchtetes, goldenes Kreuz abschließt. Es ist das Gewölbe der Basilika, welche die Witwe dem Andenken ihres Gatten erbauen ließ. Ihre Gruft birgt zwei Tote: Vater und Sohn.

Kränze aus verdorrten Blüten und Blättern decken reich die beiden metallenen Särge. In jenem, in der Mitte der Gruft, ruht der Vater. Seine über der Brust gekreuzten Hände umfangen ein kleines byzantinisches Kreuz aus Ebenholz in Silberfassung.

Das Haupt bis zur Stirnhöhe ist von einem schwarzen Barett bedeckt.

Wären die Augenhöhlen nicht leer, würde man meinen, der große Chirurg schläft, so ausdrucksvoll ist das Antlitz . . .

Und wieder stand die Sonne niedrig am Horizonte, diesmal im Westen, als ich, Wisznja im Rücken, auf dem Heimwege nach P. begriffen war.

Unbewußt sah ich mich nochmals um; meine Gedanken weilten beim Toten. Wie waren seine Züge friedlich! Versöhnt mit dem Tode, dessen Todfeind er im Leben gewesen ist, ruhte da der Menschenfreund. —

Ja, im Tode sind wir alle gleich, groß oder klein.

Ewiger Friede umgiebt uns, an welchem zuweilen nur noch die frivole Nachwelt zu rütteln wagt.

Aehnliche Gedanken bewegten mich, als ich einst von Chiselhurst kam, wo ich in einem stillen, einsamen Erdenwinkel auch zwei Tote, Vater und Sohn, ruhen sah.

Allein welche Unterschiede in ihrem Schicksale!

Jenen Vater dort hat die „Gloire" noch im Leben, gleich einer lockeren Dirne, verlassen. Treu folgte diesem der Ruhm ins Grab hinab und lebt fort im Gedächtnisse der ehrfurchtsvollen Nachwelt.

Es war Abend geworden.

Die sinkende Weihnachtssonne lag mit ihren letzten Strahlen noch über der grünen Kuppel mit dem funkelnden Kreuze; sie sandte einen langen, zögernden Scheidegruß dem erloschenen Stern, der einst in hellem Glanze weit über Rußlands Boden hinaus leuchtete.

Noch berührten die vibrierenden Sonnenstrahlen mit rotgoldigem Widerschein die Gipfel der gigantischen russischen Birken, deren Kronen und Aeste unter der Last des Rauhfrostes wie Trauerweiden sich zur Erde neigten.

An dem nahen Waldsaume waren die großen Ulmen mit beweglichen schwarzen Punkten besät; heimkehrende Raben und Dohlen, die krächzend und gluckend, in wüstem Unfrieden sich gegenseitig verdrängend, einander am Aufbäumen hinderten.

Ueberall im Leben derselbe erbitterte Kampf ums Dasein!

Ein blaß-orangegelber matter Schein in der Richtung meiner fernen Heimat im Westen verkündete, daß dort hinter der Bergscheibe die Sonne bereits untergegangen war.

Hinter mir erglänzte der Abendstern, und auf halber Höhe des Firmaments prangte die silberne Mondsichel mit ihrem schmalen, gleichsam durchscheinenden Doppelrande durch den luftdünnen Weltraum; so deutlich sah man, wie sie sich von dem tiefblauen Hintergrunde abhob und so nahe schien es, als ob man mit der Hand hätte dahinter langen können.

Während zwischen den opalnen Wipfeln der Bäume noch der blaßgrüne Himmel kaum merklich hindurchschimmerte, lag die Schneedecke über dem Erdreiche bereits im Schatten, kalt bläulich-weiß sah sie aus, wie mit einer dünnen Indigolösung übergossen.

Die Temperatur sank rapid; die Kälte wurde unerträglich. Ich zog meine Renntiermütze tief über die erstarrten Ohren herab.

Mein Schlitten glitt mit Windeseile auf dem ebenen Weg zum Schloßparke.

Völlige Dämmerung war mittlerweile herangebrochen, und obwohl ich bereits vor der Ringmauer der Grocholskischen Residenz gestanden, war ich in Gedanken immer noch in Wiszuja.

Verfassungspläne unter Kaiser Nikolaus I.

Mitgeteilt von

Friedrich Bienemann in Freiburg i. B.

Im Januar- und Februarhefte der „Deutschen Revue" 1895 Seite 100 ff. ward über die Vertrauensstellung berichtet, die das ordentliche Mitglied der Akademie der Wissenschaften zu St. Petersburg, Georg Friedrich Parrot, dem Kaiser Nikolaus gegenüber einnahm. Nächst den an diesem Orte veröffentlichten Briefen bieten weitere anziehende Zeugnisse für die dem Monarchen von Parrot vorgelegten Verfassungspläne für Rußland, die durch seinen Brief vom 30. Oktober (11. November) 1827 eingeleitet werden:

„— — Ew. Majestät haben mich aufs neue durch Herrn von Bludow ermuthigt, Ihnen Denkschriften zu unterbreiten. Ich arbeite eine über die Organisation der Ministerien aus, über die ich seit langem nachgedacht habe. Die Ihrigen sind nicht gut organisiert, und das lähmt Ihre Bemühungen. Sie arbeiten mehr als Sie dürften, und Ihre Erfolge sind weit entfernt, der Ermüdung zu entsprechen, die Sie weder körperlich noch seelisch lang aushalten

werden. Das war das Loos Kaiser Alexanders, der sich genöthigt sah, andauernd
Hülfe bei besonderen Comités in jedem schwierigen Falle zu suchen. Ew. Majestät
finden sich in derselben Lage. Sie haben zur Zeit 12 bis 15 besondere Comités
in Thätigkeit. Diese Methode zerstört die ganze Einheit in der Verwaltung,
vervielfältigt maßlos die Papiere und Ihre eigene Arbeit und zerstückelt unnütz
die Thätigkeit ihrer besseren Arbeiter.

„Glauben Ew. Majestät nicht, daß dies einzig an der Ungewandtheit einiger
Minister liegt. Kaiser Alexander hatte deren einige ausgezeichnete. Es liegt
besonders an der übeln Organisation der Ministerien, und so lang diese Organisation Bestand hat, werden auch die besseren Minister sich nicht zur Höhe
ihres Amtes erheben können.

„Ich werde Ew. Majestät eine eingehende Denkschrift über diesen großen
Gegenstand in wenigen Wochen unterbreiten; aber ich wage die Bedingung mir
zu erbitten, daß die Urheberschaft der Denkschrift durchaus geheim bleibe.
Geruhen Ew. Majestät es mir zu sagen, ob Sie darin willigen. Mein Alter
und meine Körperschwäche erlauben mir nicht mehr, einen offenen Kampf mit
Ihren Großen zu entfachen, wie ich es einst für den Kaiser Alexander gethan
habe, der mich überdies liebte. Ew. Majestät können mich nicht lieben. Sie
kennen mich nicht, und unser Alter ist zu verschieden.

„Wenn Sie den Plan billigen und ihn ausführen wollen, theilen Sie ihn
niemand als meine Arbeit, sondern als die Ihrige mit. Bearbeiten Sie ihn
selbst nach Ihrer eigenen Ueberzeugung. Es handelt sich hier nicht um das
Verdienst der Erfindung, sondern um den Erfolg.

„Der Himmel schütze und führe Sie!

„Petersburg, den 30. Oktober 1827.

Ew. Kaiserl. Majestät

ergebenster, gehorsamster und treuester Unterthan

Parrot.“

Nach wenigen Wochen folgte

Parrots Denkschrift über die Organisation der Ministerien.

Uebergeben im November 1827.

Wo man von Ministerien spricht, wird überall und stets über die in ihnen
herrschende Bureaukratie geklagt. Man schildert sie richtig als brandiges Ge-
schwür der Regierung, das die Verantwortlichkeit dorthin verlegt, wo sie nicht
statthaben kann, das den Diener zum Herrn setzt, eine Schreibmaschine zum
wirklichen Minister. In Rußland, wo dieses Uebel seinen Gipfel erreicht hatte,
glaubte man es durch zwei Maßnahmen zu heilen. Die eine bestand in der
Zerstückelung der Bureaukratie, indem man jedes Ministerium in mehrere
Departements teilte und jedem dieser einen besonderen Chef und eine besondere
Kanzlei gab; die andere darin, daß jedem Minister ein Rat beigesellt wurde,
der, aus den Departementschefs zusammengesetzt, ein- bis zweimal wöchentlich

sich versammeln mußte. Es ist wichtig zu prüfen, ob diese doppelte Maßregel die Aufgabe gelöst hat.

Zwar hat sie die Machtvollkommenheit der Kanzleichefs durch Teilung derselben geschwächt. Aber der Minister, der letzte Mittelpunkt der Geschäfte, hat den seinigen, der sein geheimer Rat ist und bei Talent oder auch nur einiger Geschicklichkeit eine große Machtfülle an sich reißt. Was sind andrerseits die Departementschefs an ihrem Teil? Gegenüber ihren Untergebenen sind sie absolute Herren, gegenüber dem Minister sind sie — Kanzleichefs. Ihr Charakter als Räte ist nur ein Titel. Sie können nicht wollen, was der Minister nicht will, weil sie keine gesetzliche Macht haben, weil sie keine Verantwortlichkeit für die Ratschläge, die sie erteilen, besitzen, und weil sie dem Minister mißfallen und sich zu Grunde richten können, wenn sie seiner Meinung sich entgegensetzen. Ihre Verantwortlichkeit ist nur für die Ausführung vorhanden, folglich die eines Kanzleichefs.

Als man an die Verantwortlichkeit dachte, sah man nur die mindere Seite derselben, die sich auf die Ausführung erlassener Befehle bezieht. Die nicht weniger wichtige andre Seite, welche die dem Minister zu erteilenden Ratschläge betrifft, wurde nicht bemerkt. Wenn der Minister unterzeichnet hat, sind seine Räte entlastet. Ueberdies kann ein solcher Rat, der da weiß, daß seine Stimme nichts ist, wenn sie nicht mit der seines Chefs übereinstimmt, nicht die Erhabenheit der Seele besitzen, um der Versuchung zu widerstehen, seine Ansichten geschickt in den Geist des Ministers fließen zu lassen, derart, daß dieser glaubt, sie gehörten ihm zu eigen. Seine Geschicklichkeit wird selbst so weit gehen, einige Einwände gegen diese Ansichten zu machen, um für die Folge auch den leisesten Vorwurf von sich fern zu halten. Ich spreche nicht von solchen Ministern, die dem Kaiser Papiere vorlegen, deren Inhalt sie nicht zu begründen vermögen, sondern von den Ministern, die den Gegenstand, welchen sie der höchsten Genehmigung unterbreiten, kennen wollen; selbst diese sind in den Händen ihrer ersten Unterbeamten, die allein hinter die Karten sehen und sie durch die Vielfältigkeit der Materien zu betäuben wissen.

Der Monarch will die Verantwortlichkeit der Minister, weil sie seine Ratgeber sind. Muß nicht dieselbe Gunst den Ministern in betreff ihrer Räte zugestanden werden? Eine Gunst übrigens, die sie nicht verlangen, um nicht ihre willkürliche Macht aufzugeben.

Ehe wir das Kapitel der Verantwortlichkeit verlassen, prüfen wir die des Monarchen selbst. In den konstitutionellen Monarchien ist der Monarch für unverantwortlich erklärt. In den absoluten Monarchien verantwortet der Monarch alles, weil man von ihm glaubt, daß er alles thue, und da es keine gesetzliche Autorität giebt, die diese Verantwortlichkeit geltend machen könnte, so nehmen es Meuchelmörder auf sich. Das Unglück der absoluten Monarchen ist, daß sie außer dem Gesetz stehen. Seit England eine Verfassung besitzt, bietet der Thron Großbritanniens nicht mehr tragische Scenen, und die französische Revolution ist durch das Erlöschen der Generalstände geboren. Ich bin weit entfernt, dem

Kaiser Nikolaus zu raten, heute in Rußland eine konstitutionelle Monarchie aufzurichten. Ich habe den Kaiser Alexander davon abgelenkt, weil eine solche Monarchie nicht für ein Volk von Sklaven paßt, nicht für ein Reich, das aus dreißig bis vierzig noch wenig miteinander verbundenen Völkerschaften zusammengesetzt ist und in dem es beinahe keine Bürger giebt. Aber es ist nicht minder wahr, daß die absolute Monarchie die ist, wo der Herrscher die größte Verantwortlichkeit trägt. Die ganze Regierung des Kaisers Alexander ist eine lange Beweisführung dessen; jeder Tag bot davon ein neues Beispiel. Darum arbeiten die Großen überall mit solcher Strenge für das Prinzip der absoluten Macht. Sie besitzen diese Macht; die Verantwortlichkeit bleibt dem Monarchen. Vergeblich heucheln sie, den Herrscher vor dieser Verantwortlichkeit schützen zu wollen, indem sie die öffentliche Meinung und die Freiheit der Gedanken austilgen. Die Meinung ist nicht weniger vorhanden, aber heimlicherweise; die Gedanken laufen um, aber verstohlen, und aus diesem dunkeln Gewölk geht der Sturm der Revolutionen und der Blitz, der Könige trifft, hervor.

Zur Sicherung des Thrones und zur Wahrung des geheiligten Charakters der Unverletzlichkeit des absoluten Monarchen, der nie aufhören sollte, ihn zu umgeben, muß seine Verantwortlichkeit aufhören, und eines der zuverlässigsten Mittel zu diesem Zweck ist eine Verwaltung, in der die Minister aufhören Despoten zu sein.

Doch es giebt noch einen Gesichtspunkt, unter dem die Ministerien betrachtet werden müssen. Der Monarch muß sie beherrschen, nicht nur durch seine ganze Macht, ein oft sehr illusorisches Mittel, sondern durch die Verfassung dieser Verwaltungsorgane selbst. Der Minister ist selbst ein kleiner Monarch in seiner Sphäre und in allen großen Staaten ein absoluter Monarch. Er muß in seiner Amtsführung ein Gegengewicht seiner Machtfülle haben, das den Monarchen über begangene Fehler unterrichtet. Diese Belehrung soll nicht durch geheime Angeberei erfolgen, die der Seele des Fürsten, der nur von edeln Seelen umgeben sein darf, unwürdig wäre. — Sie soll sich gesetzlich, offen ergeben. Kurz gesagt: die Beamten des Ministeriums sollen nicht Beamte des Ministers, sondern des Staates und des Monarchen sein.

Endlich sollen die Ministerien eine Schule sein, in der sich die künftigen Minister bilden. Das ist eine große Sache in Rußland, wo die Kultur des Geistes wie die des Bodens noch zurück ist. In Frankreich und in England kann der König heute alle seine Minister, so vollkommen sie seien, entlassen, und morgen hat er andre vom gleichen Schlage. Dort bilden die Kammern, hier die Parlamente die Minister nach ihrem Geist wie nach ihrem Talent. In Rußland muß man dieses Ziel durch die Organisation der Ministerien selbst zu erreichen suchen.[1] Aber überdies muß eine solche Organisation die Seele dieser

---

[1] Der Reichsrat sollte diese Ministerschule bilden. Wenn er einst sich dazu eignet, werden die gut organisierten Ministerien noch ihre andern Vorzüge bewahren und um so nützlicher sein, wenn sie dem Geiste entsprechen, der den Reichsrat beleben sollte.

erſten Diener des Staates und des Fürſten durch Geſetzlichkeit und Vertrauen
erheben. Das iſt möglich, und unglücklich der Herrſcher, der die menſchliche Natur
gering genug ſchätzt, um daran zu zweifeln.

Das ſind die Aufgaben, welche die Organiſation der Miniſterien löſen ſoll.
Der Hauptmittelpunkt, auf welchen alle Gedanken der neuen Organiſation ſich
zurückbeziehen, iſt die Bildung eines Conſeils des Miniſteriums, aber eines
wahren Ratskollegiums, welchem die Würde geſetzlicher Macht und Verantwortlichkeit eignet. Sie werden aus wenigen Gliedern beſtehen, um nicht den Gang
der Geſchäfte aufzuhalten. Sie können anfangs unter den beſſeren gegenwärtigen
Departementschefs, unter den Staatsſekretären oder ſonſtwo gewählt werden.
Die Räte werden an allen Geſchäften ihres Miniſteriums in fünf Sitzungen
wöchentlich von 9 bis 1 Uhr teilnehmen, unter dem täglichen Vorſitze des
Miniſters, der außerdem im Bedürfnisfall außerordentliche Sitzungen zu ihm
paſſender Stunde anberaumen kann. Die Geſchäfte werden erörtert und nach
Stimmenmehrheit entſchieden. Die nicht nach kurzer Prüfung entſchieden werden
können, werden einem Mitgliede zum ſchriftlichen Bericht in kürzeſter Friſt über-
wieſen. Aber da ein Miniſterium die monarchiſche Form feſthalten ſoll, hat der
Miniſter das Recht, auf ſeine alleinige Verantwortung gegen die Stimme der
Mehrheit zu entſcheiden und auszuführen. In dieſem Falle werden die
Stimmen in ein beſonderes Protokoll verſchrieben. Ebenſo wenn ein Rat
glaubt, daß die Entſcheidung der Mehrheit ungerecht oder außerordentlich ſchädlich ſei; er hat das Recht, ſeine beſondere Meinung im ſelben Protokoll zu verzeichnen.

Die Verantwortlichkeit, die Seele dieſer Inſtitution, der Zügel aller Admini-
ſtratoren, müßte ſchwer auszuüben ſcheinen gegenüber einem Miniſter, deſſen
hervorragender Poſten, vielleicht auch perſönliches Verdienſt, Rückſichten fordert,
die jedes Strafgeſetz beugen würden. Aber bedenkt man, daß das Anſehen
eines Miniſters in einer abſoluten Monarchie faſt ganz von der Meinung abhängt, die der Herrſcher von ihm hat, ſo findet ſich leicht das Mittel, dem Wort
von der Verantwortlichkeit für den Miniſter wie für die Räte wirkſamen Sinn
zu geben. Der Kaiſer wird jeden Monat eine allgemeine Sitzung aller Miniſterien
abhalten, der die Miniſter und die Räte beiwohnen. In dieſer Sitzung lieſt der
jüngſte Rat jedes Miniſteriums das Protokoll vor, das die Fälle verzeichnet,
in denen der Miniſter gegen die Mehrheit entſchieden, oder in denen ein Rat
gegen die Stimme der Mehrheit Verwahrung eingelegt hat. Der Kaiſer läßt
die Materie durch die Beteiligten erörtern, und auch die andern Miniſter und
Räte können an der Diskuſſion teilnehmen, wenn ſie es für notwendig erachten.
Zum Schluß thut der Kaiſer in Gegenwart der ganzen Verſammlung ſeine
Meinung kund, die im Notfall eine allmächtige Rüge ſein wird, der niemand zu
trotzen wagen dürfte, um ſo weniger als, oft wiederholt, ſie die volle Ungnade

nach sich ziehen würde. In diesen schweren Fällen wird der Kaiser nicht zögern, die schon befohlene oder sogar ausgeführte Maßregel durch einen besonderen Ukas zurückzunehmen, und dadurch beweisen, wie teuer ihm die Volkswohlfahrt und die Gerechtigkeit sind. Da diese Fälle selten sein werden, wird das Publikum in solchem Schritte nicht einen Widerspruch der Prinzipien, sondern eine Berufung des schlecht unterrichteten Kaisers an den besser unterrichteten sehen, und der Fehler fällt auf den zurück, der ihn begangen. Eine der größten Geißeln der Verwaltung ist, eine schädliche und ungerechte Verordnung eine Zeitlang gelten zu lassen, nur weil sie einmal veröffentlicht worden ist.

In noch schwebenden Fällen, wo der Kaiser über eine Angelegenheit Zweifel hegt, die der Minister bereits vorgelegt hat, kann er unvermutet in die Conseils-sitzung dieses Ministeriums gehen und sich nach dem Rechten erkundigen. Nicht nur vermag er hierdurch unrichtigen Entscheidungen vorzubeugen — diese Diskussion wird schon an sich eine Zensur, eine Verwirklichung der Verantwortlichkeit in einem geringeren Grade sein. Um sich der Verantwortung zu entziehen, wird der Minister dem Kaiser vielleicht nur unentschiedene Meinungen vorlegen und ihm die Wahl lassen. Der Herrscher soll das nie dulden, sondern über jede Sache eine entschiedene Ansicht fordern.

Die Frage ließe sich aufwerfen, ob die Räte ihre besonderen Vota werden äußern oder ob die Mehrheit wird anders stimmen wollen als der Minister. Es ist nicht zu zweifeln, daß in ihrer Zahl sich anfangs doch einige finden, und wenn der Kaiser diese Voten ermutigt, selbst in dem Fall, daß sie sich irrten, so wird ihr Beispiel bald Folge haben. Wenn in einem oder dem andern Ministerium sich eine Vereinigung gegen dieses Vorgehen zu bilden schiene, brauchte der Kaiser nur einige Besuche in diesen Ministerien zu machen, um die Koalition zu vernichten oder um sich zu vergewissern, daß die scheinbare Einmütigkeit eine wirkliche sei und daß folglich in gutem Geiste gearbeitet werde. Endlich hat er noch ein Mittel, sich darüber aufzuklären; das besteht darin, in der allgemeinen Versammlung die Angelegenheiten zur Besprechung zu stellen, die im Ministerium ihm nicht gut bearbeitet dünkten.

In diesen Sitzungen wird der Monarch am besten seine Ueberlegenheit merkbar machen und sich in der Kunst des Regierens üben. Von einigen wird diese Kunst sehr leicht, von andern für die schwerste gehalten; man kann sich versucht fühlen, beiden recht zu geben. Das hängt von den Ministerien ab, von denen der Herrscher umgeben ist. Wenn er gegen Ungeschick oder gar Untreue seiner eignen Gehilfen zu kämpfen hat, dann ist er verloren, er wird die Beute des Mißtrauens; aber hat er unterrichtete Minister, deren Einsicht ihm Bürge ist, dann regiert er mit Vertrauen, ohne Ermüdung, ruhmvoll und zu seiner eignen Befriedigung. Doch um dieses Ziel, das höchste Glück eines Fürsten, zu erlangen, muß er selbst aufgeklärt sein, und er wird es nie, wenn er nicht eine freisinnige Zensur einrichtet. Diese Zensur wird nicht nur zur neuen Stütze der Verantwortlichkeit, sondern ebenso auch zur Aufklärung der Ministerien über die Verwaltung der unteren Beamten und Behörden dienen. Sie wird zur

Wohlthat für die Miniſter wie für den Monarchen werden. Nur deſpotiſche Miniſter fürchten eine freiſinnige und anſtändige Zenſur.

Der Kaiſer ſoll ſeine Zeit in vier wohlgeſchiedene Abſchnitte teilen: 1. die Zeit, in der er allein arbeitet; 2. die Zeit, in der er mit den Miniſtern geſondert arbeitet, die nicht drei Stunden am Tage überſchreiten darf, um die Miniſter zu gewöhnen, ihm nur ſeiner Aufmerkſamkeit würdige Sachen vorzulegen. Jeder Miniſter ſoll wöchentlich eine Audienz haben. Der eine wird mit einer halben Stunde genug haben, der andre wird zweier Stunden bedürfen. 3. die Zeit der Lektüre. Ein Monarch ſoll alle Zeitſchriften halten, die ſich mit der Verwaltung beſchäftigen, und einige Artikel daraus leſen. Man ſoll wiſſen, daß er lieſt. Der Kaiſer ſoll außerdem eine kleine gewählte Bibliothek in ſeinem Kabinett haben. Napoleon hat ſich ſelbſt eine Reiſebibliothek zuſammengeſtellt. 4. die Zeit der Muße, nicht nur für ſeine Geſundheit, ſondern beſonders damit ſein Geiſt nicht ſtets in Anſpruch genommen ſei. Eine beſtändige Beſchäftigung verwirrt die Gedanken.

Der Kaiſer thäte gut, einen Tag in der Woche zu haben, an dem er einige Miniſter nach ſeinem augenblicklichen Wunſch bei ſich zur Tafel ſähe, auch einige Miniſterialräte, ſogar einige Departementschefs und einige ſehr hervorragende Männer der Wiſſenſchaft. Dieſe Mahlzeiten ſollen der Heiterkeit und freier Unterhaltung geweiht, Scherz und Satire nicht von ihnen ausgeſchloſſen ſein. Wenn der Kaiſer ſorgt, daß ſeine Tafelgenoſſen die Ueberzeugung gewinnen, daß ſie nur durch Unſchicklichkeit ſein Mißfallen erregen können, wird er oft in dieſem Aufſchwung des Frohſinns Lichtſtrahlen über Politik und Litteratur beobachten, von denen er Nutzen zu ziehen wiſſen wird. Friedrich der Große kannte den Wert ſolcher Mahlzeiten.

Die Vorzüge, die die alſo organiſierten Miniſterien bieten, ſind handgreiflich. Da die Arbeit geteilt iſt, macht ſie ſich ſchneller und beſſer. Die Glieder der Miniſterien überwachen ſich gegenſeitig, und da ſie einer wahren Verantwortlichkeit unterworfen ſind, werden ſie notwendig fleißig und unbeſtechlich. Da die Sitzungen regelmäßig und ſtark beſucht ſind, wird die Arbeit regelmäßig erledigt. Ein ſolider Geiſt der Verwaltung wird ſich bilden, ein Geſchäftsgang und Grundſätze werden ſich feſtſtellen, die nicht durch einen neuen Miniſter wieder aufgegeben werden können. Die Verwaltung wird ſtark und ehrfurchtgebietend, mehr durch ihren Geiſt als durch Gewalt. Solche Miniſterien werden geachtet ſein, und das ewige Geklatſche der Reſidenz wird aufhören. Die Miniſterien werden Pflanzſtätten, in denen der Monarch leicht neue Miniſter finden wird. Der Kaiſer ſelbſt wird ſich in der erhabenen Kunſt des Regierens vervollkommnen. Gründlich unterrichtet man ſich nur durch Widerſpruch. Noch ein Vorteil erwächſt aus den Ratskollegien der Miniſterien und den allgemeinen Sitzungen: das iſt die Gewöhnung der Verwaltungschefs an Diskuſſion mit lauter Stimme. Einmal fragte ich Kaiſer Alexander, was das Miniſterkollegium über eine gewiſſe Sache geſagt habe. Er antwortete: „Glauben Sie, daß dieſe Herren reden? Sie geben ihre Stimme ab, und das iſt alles.“ Bei ähnlichem Anlaß ſagte mir

Graf Sawadowſti,[1]) der ſchweigſamſte aller Miniſter: „Wir haben in Rußland keine Parlamente.“

＊

Nach dieſen allgemeinen Grundzügen der Organiſation bedarf es des Ein-gehens in einige praktiſche Einzelheiten.

Das Wichtigſte iſt die Verteilung der Geſchäfte unter die verſchiedenen Miniſterien.

Zurzeit ſind einige Miniſterien zu ſehr belaſtet, andre zu wenig. Die Zuweiſung darf ſich nicht nach den Eigenſchaften der augenblicklichen Miniſter, ſondern einzig nach der Beſchaffenheit der Sachen regeln. Man ſoll nicht einen geiſtvollen Mann zu ſehr beſchweren und die Aufgabe eines Schwachkopfs er-leichtern. Der eine wird entkräftet, um den andern zu ſchonen, und wenn die Perſonen wechſeln, muß eine neue Verteilung vorgenommen werden. Das bringt Unordnung in die Geſchäfte und giebt der Verwaltung einen unſichern Gang, der ihr alles Anſehen nimmt.

Das Finanzminiſterium zum Beiſpiel iſt überlaſtet. Das Manufaktur-departement ſollte nicht zu ſeinem Reſſort gehören; es gehört notwendig zum Miniſterium des Innern, deſſen Chef durch das Weſen ſeines Amtes der Miniſter der nationalen Induſtrie iſt. Dasſelbe gilt vom auswärtigen Handel. Denn da es im Weſen eines Finanzminiſters liegt, immer ſo ſchnell wie möglich die Staatseinnahmen zu vermehren zu ſuchen, läuft er Gefahr, es zum Schaden des Handels oder ſogar der Manufakturen zu thun und bedroht die Quellen, aus denen ſein Nachfolger ſchöpfen könnte. Ich rede hier nicht von den Leuten, die das après nous le déluge im Munde führen, und der gegenwärtige Finanz-miniſter[2]) iſt ſicher nicht von dieſer Art. Aber jeder Menſch, der ſeine Stellung liebt, will ſie möglichſt in die Höhe bringen, und dieſer lobenswerte Egoismus verführt oft auch die weiſeſten.

Der Miniſter des Innern hat zu wenig zu thun, obwohl er, wenn ihm die ihm zukommenden Aufgaben zugewieſen würden, einer der meiſtbeſchäftigten ſein würde.

Der innere und auswärtige Handel mit ſeinen verwandten Gebieten er-fordert ein beſonderes Miniſterium; mit Unrecht iſt dieſer Verwaltungszweig geſpalten. Dieſes Miniſterium (und das des Innern) ſoll ein Gegengewicht gegen das der Finanzen bilden. Das Departement der Verkehrswege und die Poſt gehören natürlich zu ſeinem Reſſort. Das erſtere von dieſen hat jetzt ſeinen beſonderen Chef, den Herzog von Württemberg,[3]) der nicht nur als Oheim des Monarchen, ſondern auch wegen ſeines muſterhaften Eifers, den er auf ſeinem Poſten aufbietet, und wegen ſeiner für ſeinen Rang ſeltenen Kenntniſſe, die er

---

[1]) Unterrichtsminiſter 1802 bis 1810. Anm. d. Herausg.

[2]) Graf Cancrin. Anm. d. Herausg.

[3]) Herzog Alexander Friedrich Karl 1771 bis 1833. Anm. d. Herausg.

in seinem Fache erworben hat, die Rechte, die er besitzt, sich zu erhalten verdient. Er wird seine Berichte nicht mehr dem Generalstab, sondern dem Handelsminister einzureichen haben.

Die fremden Konfessionen dürfen als solche nicht einem Ministerium unter-
stellt sein. Es reicht hin, daß die Zivilsachen, die zu diesen Konfessionen gehören, wie bisher ans Justizkolleg gehen, das vom Justizministerium abhängt.
Ein Kultusminister ist immer versucht, sich in die Religion zu mischen, und hat
tausendfache Gelegenheit dazu. Das führt nur zu Verwirrung und Klagen
zwischen dem Ministerium und der Geistlichkeit. Eine Erfahrung von zwanzig
Jahren beweist das ausreichend. Ist es übrigens gerecht, den protestantischen
Ritus den Meinungen eines orthodoxen Ministers zu unterwerfen? Und selbst
wenn der Minister zufällig Protestant wäre, wird er seine Meinung für sich
haben und sie zum Schaden des Geistes des Protestantismus zur Geltung
bringen wollen. Jeder, der in Religionssachen Macht hat, ist unduldsam. Seit
dreißig bis vierzig Jahren hat die Liebe zur Religion in den protestantischen
Ländern sehr bezeichnende Fortschritte gemacht, und man kann nicht sagen, daß
dies durch die Bemühung der Regierungen geschehen ist, sondern vielmehr trotz
ihrer Bemühungen. Die Epoche der Verwaltung des Ministers Wöllner in
Preußen ist in den protestantischen Kirchen ganz Deutschlands noch unvergessen.
Ueberlasse man doch die Sorge für den Gottesdienst der fremden Konfessionen
der Geistlichkeit dieser Konfessionen! Alles ging in Rußland gut, solang das
stattfand.

Der griechische Ritus, der Ritus der herrschenden Religion, dessen Klerus
zwar einen weniger als bei den römischen Katholiken hervortretenden, aber sehr
wirksamen politischen Einfluß, dank der großen Masse, auf die er wirkt, ausübt,
ist durchaus nicht einem Ministerium, sondern seiner unabhängigen Synode unterworfen. Warum nicht dem protestantischen Kultus das gleiche Recht zugestehen?
Die Katholiken haben sogar ihr Konkordat, durch das die Bischöfe von der
römischen Kurie abhängen.

Die Diener des protestantischen Kultus haben keinen politischen Einfluß.
Die Konsistorien, heute wie früher aus Geistlichen und Laien zusammengesetzt,
reichen hin, den Geschäften obzuliegen, und für wichtige Fälle, die einen größern
Meinungsaustausch erfordern, läßt sich leicht eine Synode konstituieren, die aus
den Superintendenten von Kurland, Livland, Estland, beiden Finnland, Ingerman-
land und Ssaratow gebildet wird und alle fünf Jahre in Petersburg auf Kosten
der Krone zusammentritt und ihre Wünsche durch den Justizminister dem Monarchen unterlegt. Kein Generalkonsistorium, das nur unnütze Kosten und Dis-
kussionen wie ein Ministerium verursachen würde! Die Protestanten Rußlands
haben niemals den Hang nach Ausbreitung gezeigt und sind wohl zufrieden,
wenn sie bewahren, was sie haben. Die massige Größe Rußlands und die
Energie der Regierung würden ihnen Scheu einflößen, wenn sie solche Gedanken
fassen wollten.

Der römisch-katholische Kult kann von Synoden absehen; seine Formen sind unveränderlich, und was die Bekehrungswut anlangt, von der er nie lassen wird, ist es Sache der Polizei, sie zu unterdrücken. Die Generalgouverneure werden sich ihrer leicht entledigen.

Unter dem Namen der Polizei sind drei völlig verschiedene Verwaltungs= zweige miteinander vermengt. Der eine hat die öffentliche Sicherheit hinsichtlich des Physischen zum Zweck, der zweite bezweckt die Sicherheit von Personen und Eigentum gegen Angriffe auf diese und sollte Korrektivpolizei heißen; der dritte ist die Medizinalpolizei. Beide letzteren Bezeichnungen sind schon im Ge= brauch. Die physische Polizei wacht über die Beleuchtung der Städte, über Pflasterung, Schadenfeuer, Ueberschwemmungen. Sie gehört mit der Medizinal= polizei zum Ressort des Ministeriums des Innern. Die Korrektivpolizei, die auch die hohe Polizei (die unmittelbar über die Sicherheit des Staates wacht) in sich schließt, gehört zum Geschäftskreis des Justizministeriums, dessen Oberaufsicht um so notwendiger ist, als diese Polizei mit Kraft und Raschheit handeln muß.

Die Bittschriften der Armen und Unterdrückten sind eines besonderen Ministeriums wert, das zwei Departements haben sollte. Der Kaiser von Ruß= land kann nicht öffentliche Audienz erteilen, die nur eine Formalität wäre, welche ihn für alles Gute, das er nicht thun kann, verantwortlich machte.

So möge er mit besonderer Aufmerksamkeit prüfen, wie viel Bedeutung er dieser heiligen Sache beilege!

Die Zahl der Ministerialräte soll möglichst gering sein. Nur das Unterrichts= ministerium wird eine Ausnahme erfordern. Es wird ebenso viele Glieder haben, als es Kuratoren der Akademien und Universitäten giebt.[1] Aber diese werden nur ein Drittel der Bezüge der andern Räte genießen, auf Grund ihrer geringeren Arbeit und weil diese Glieder Zeit haben, sonst zu dienen. Alle andern Räte können keinen weitern Posten bekleiden.

Das kaiserliche Haus ist eine häusliche Angelegenheit und sollte nicht unter die Zahl der Ministerien gerechnet werden. Denn Ministerien haben nur die öffentliche Verwaltung zum Gegenstand. Uebrigens ist der Kaiser Herr, dem Vorsteher seines Hauswesens den Titel zu geben, der ihm gut dünkt.

Der Kaiser hat eine zu ausgedehnte Kanzlei, die er nur beschäftigen kann, wenn er selbst die Verrichtungen eines Ministers auf sich nimmt. Das ist mit seinem höchsten Beruf unverträglich, nimmt ihm zu viel Zeit und schwächt seine Kräfte durch ihre Teilung. Nach der Organisation der Ministerien wird er allem mit zwei Sekretären gewachsen sein, einen zum Entwurf der Immediat= befehle, den andern zu Auszügen. Jeder muß zwei Schreiber haben. Der Kaiser selbst wird das Beispiel zur Einschränkung des Kanzleiwesens geben.

Aber was jeder Monarch wesentlich nötig hat, ist ein vertrauter Rat, mit dem er alle Dinge besprechen kann, die er nicht vor besonderer Prüfung entscheiden will. Es ist unglaublich, wenn man es nicht selbst erfahren hat,

---

[1] Alle Universitätskuratoren hatten derzeit ihren Sitz in St. Petersburg. Anm. d. Herausg.

von welchem Werte solche durchaus freie Erörterungen mit einem in der Sache nicht interessierten Manne sind. Dieser geheime Rat, dessen Name nur ein Titel geworden, während das Wesen verloren ist, muß sehr gewissenhaft gewählt werden, ein gut organisierter Kopf und eine ehrenhafte Seele. Um die Reinheit seiner Gesinnungen zu bewahren, muß er wissen, daß er niemals höher steigen kann und daß der Kaiser ihm nie Geldgeschenke oder Auszeichnungen verleihen wird. Der Kaiser wird wissen, ihn auf andre Weise an sich zu fesseln. Uebrigens wird nicht dieser Rat die Arbeit machen; der Kaiser soll sie sich durchaus vorbehalten.

Die Verminderung der Beamten ist ein allgemein empfundenes Bedürfnis. Doch muß den verabschiedeten Beamten ihr Gehalt wenigstens drei Jahre gelassen werden oder bis sie einen entsprechenden Posten gefunden haben.

Zunächst darf der Minister nicht eine besondere Kanzlei haben, sondern nur einen Sekretär und einen Schreiber für seine Privatarbeiten. Er soll sich immer erinnern, daß er sich nicht von seinem Conseil isolieren darf. Jedes Departement wird einen Chef haben, einen Kanzleichef und eine hinreichende Zahl Schreiber. Der Departementschef wird die Sachen arbeiten, welche ans Conseil des Ministeriums gehen, der Kanzleichef alles expedieren, was vom Ministerium ausgeht, und die Arbeit den Schreibern zuweisen, die wie jetzt an mehreren Tischen nach der Beschaffenheit der Sachen verteilt sind; aber diese Tische werden keine besonderen Vorsteher haben. Das wird die Departements- und Kanzleichefs zur Arbeit nötigen, die nicht ihre Kräfte übersteigen wird, wenn man das Unnütze beiseite läßt.

Die Verminderung der Arbeit und der überflüssigen Papiere ist ein tägliches Unterhaltungsthema im Publikum und in der Verwaltung selbst, schon unter dem Kaiser Alexander. Aber bis heute hat sich die unnütze Arbeit vermehrt, und die Papiere haben sich ins wunderbare gehäuft. Eine durchgreifende Maßregel thut endlich not. Doch sehen wir zuvor, welcher Art diese unnützen Papiere sind. Da sind vor allem die, die aus der Vorsorge fließen, Veruntreuungen aller Art zu verhindern. Man glaubte — man wollte den Monarchen glauben machen — daß kraft an die Unterbehörden gestellter Fragen und kraft ihrer zu bestimmter Frist eingereichten Berichte man die Unterdrückung des Betrugs erzielen könnte. Ueberdies wollte man durch die Tausende von Kanzleinummern eine Vorstellung von der ungeheuren Thätigkeit der ersten Staatsbeamten geben, von denen es physisch erwiesen ist, daß sie nur den vierten Teil der Papiere lesen konnten. Der Kaiser selbst hat jüngst die Zahl der unnützen Berichte durch die Anordnung vergrößert, daß monatlich ihm über die Ausführung aller seiner Befehle berichtet werde. Schon jetzt sitzen die Kanzleien während der letzten sechs bis sieben Tage des Monats das Doppelte der gewöhnlichen Zeit, um dieser Verordnung zu gehorchen, und da eine große Zahl dieser allerhöchsten Befehle im Laufe eines Monats oder sogar mehrerer nicht ausgeführt werden kann, ist man genötigt, mehrere eingehende Berichte in derselben Sache abzufassen. Wird die Kaiserliche Kanzlei zu dieser Lektüre ausreichen und der

Kaiser zu den Berichten seiner Kanzlei, wenn diese Nutzen schaffen sollen? Und wenn das unmöglich ist, werden die Kanzleien und Unterbehörden das nicht lange wissen und ihre Berichte nach dieser Ueberzeugung einrichten? Der Kaiser hat nur ein Mittel, aus diesem Labyrinth von Ungewißheiten herauszukommen: die Organisation der Ministerien, die ihm gestatten, Vertrauen zu haben. Jetzt geht er in der Finsternis des Mißtrauens.

Einer der Gründe, die dem Anschein nach die Vermehrung der Arbeit erklären, findet sich in den allgemeinen Berichten, die jährlich und monatlich eingereicht werden müssen. Gegen das Ende jedes dieser Zeitabschnitte haben die Kanzleien doppelte und dreifache Arbeit, zu welcher die Kräfte, welche die laufende Arbeit bewältigen, unmöglich ausreichen können. Diese Berichte müssen um so mehr aufhören, als sie ins einzelne gehen, nicht nur um die Arbeit zu verringern, sondern weil kein Vorgesetzter sie zu lesen vermag. Nur die Papierfabriken gewinnen dadurch. Jede Behörde soll der übergeordneten am Jahresschlusse eine Uebersicht des Standes der Dinge ihres Geschäftskreises geben, aber nur eine Uebersicht, während die Daten in einem besonderen Buche, das die Ergebnisse zusammenfaßt, sich anhäufen mögen. Die Jahresberichte der Dorpater Universität an das Ministerium der Volksaufklärung könnten als Muster dienen.

Um diese Verminderung der Geschäfte und unnützen Papiere zu bewirken, hätte der Kaiser ein Mittel in der Hand: das wäre, nach vollzogener Organisation der Ministerien, der Befehl an jeden Minister, binnen vierzehn Tagen ihm die zur Verminderung der Geschäftslast geeigneten Maßnahmen zu unterlegen. Jeder dieser über die wichtige Frage vorgelegten Pläne wird ein Licht auf die andern werfen und den Kaiser in den Stand setzen, selbst sie zu verbessern oder durch die Minister verbessern zu lassen, was in den einzelnen Fehlerhaftes sich findet.

Nach dieser Darlegung der Grundsätze der Reorganisation sei es dem Verfasser zur Abrundung seiner Arbeit wie zur praktischen Ueberschau gestattet, zwei Gesetzentwürfe anzuschließen. Sie führen in die Einzelheiten der Verteilung der Geschäfte unter die verschiedenen Ministerien und Departements eines jeden einzelnen. Sie bedürfen der Nachsicht, soweit sie die Ministerien des Auswärtigen, des Kriegs und der Marine angehen, weil der Verfasser deren gegenwärtige Organisation zu wenig kennt und er sich nicht über sie zu unterrichten vermochte, ohne Gefahr zu laufen, sich zu verraten. Die Abneigung gegen eine Lücke in dieser Arbeit hat allein ihn dazu bewogen, diese drei großen Geschäftsgebiete nicht mit völligem Schweigen zu übergehen, da er überdies hofft, daß dieser Versuch, so unvollkommen er sein mag, doch einige Gesichtspunkte enthält, die der Kaiser geruhen werde nicht zu verwerfen.

Ueber die Aufnahme der Denkschrift meldete Graf Alexander Benckendorff am 28. November (10. Dezember) d. J. dem Verfasser, daß der Kaiser ihm

danke und ihn bitte, in der Mitteilung seiner scharfsinnigen Beobachtungen fortfahren zu wollen, die Seine Majestät immer mit der gleichen Befriedigung lesen
werde, da er ebenso den tiefen und erfahrenen Geist, der sie ihm eingebe, wie
die Wahrheit, die sie kennzeichne, in vollem Werte schätze. „Ja,“ fügte Benckendorff hinzu, „diese ungeschminkte Wahrheit liebt Seine Majestät zu hören und
ihr leiht er so gern sein Ohr.“

In der That war Nikolaus I. kraftvoll genug, die Wahrheit und, wie die
Leser gesehen, starke Wahrheiten zu hören. Aber oft nahm er sie in sich auf,
ohne sie sich anzueignen, und es bleibt sehr fraglich, ob er sie als objektive
Wahrheit, die ins Leben zu führen seine Pflicht und zum Wohle des Staates
sei, erkannte. Viel spricht dafür, daß er die wohlburchdachten Darlegungen einer
ihm so achtungswerten Persönlichkeit, wie Parrots, als höchst schätzbare Gesichtspunkte für seine eigne Beurteilung des Staatswesens und seiner Verwaltung
gar nicht mehr missen mochte, aber freilich weit entfernt war, ihnen maßgebenden
Einfluß auf seine Regierungsweise einzuräumen. Wie er dem Verfasser der
Denkschrift freieste Kritik über sich selbst, seine Regierung und deren Organe
und Gehilfen gestattete, so hat er auch wieder seine Kritik an den Anschauungen,
mitunter an den Kenntnissen der Denkschrift ausgeübt. Diese Lage hat Parrot
oft nicht erfaßt, wie er denn in seiner Antwort vom 2. (14.) Dezember auf die
huldvolle Aufnahme seiner Schrift offen bekennt: „Aber ich gestehe, daß ich nicht
ganz den Sinn dieser gnädigen Erwiderung fasse. Ich hatte den Wunsch bezeigt,
des Glückes teilhaft zu werden, mit Ew. Majestät persönlich die Denkschrift
diskutieren zu dürfen. Denn nur in der mündlichen Erörterung treten die Un-
vollkommenheiten eines Plans deutlich hervor und lassen sich ausgleichen.“ Er
denkt gleich an die Verwirklichung seiner Gedanken, so bereit er auch ist, im
einzelnen Irrtümer zuzugeben und zu Aenderungen die Hand zu bieten. Aus
der Anerkennung seiner Arbeit und des aus ihr redenden Geistes schloß er gleich
auf die Absicht ihrer praktischen Verwertung. Dem Kaiser selbst und dem Menschen-
material, über das dieser zu verfügen vermochte, hatte er in seinem unverwüstlichen Optimismus zu viel zugetraut, das Schwergewicht der rudis indigestaque
moles des Bestehenden zu gering geschätzt. Das Schweigen des Monarchen
gegenüber seinem Wunsche hielt ihn nicht ab, ein Jahr später, als Nikolaus
aus dem Türkenkriege heimgekehrt war, im November 1828, den zweiten Teil
seines Verfassungsplanes, die Reform des Reichsrats, einzusenden.

Atelier-Plaudereien.

Von

A. Okolicsányi.

War das eine reizende Epoche in der Kunstwelt Wiens, die unvergeßlichen
siebziger Jahre. Wir nannten sie schlechtweg die zweite Renaissance, und
wahrlich der Name war bezeichnend.

Wie pulsierte das neue Leben in der alten Donaustadt! Die Basteien waren
verschwunden, an allen Ecken und Enden regte sich ein frischer Geist des Schaffens.
Das Parlamentshaus, das Rathaus, das Opernhaus und Burgtheater, die
Kunstmuseen! Und hunderte von sonstigen Bauten, fast durchgehends monumental.
Wo ein Platz frei blieb, liebliche Parkanlagen oder prachtvolle Reiterstatuen.
Und welche Namen traten in den Vordergrund! Nach Fernkorn, ein Hasenauer,
ein Makart, ein Zumbusch. Dies die Firsterne, um welche sich zahllose Satelliten
scharten. — Wer wüßte sie in der Eile aufzuzählen, die Alten und die Jungen,
die wetteiferten miteinander im Drange, ihr Bestes zu leisten. Und wie gut war
dieses Beste, wie reicherfüllt war die Atmosphäre von Keimen einer großen
Zukunft!

Auch an zugewanderten fremden Sternen, die zu jener Zeit vorübergehend
am Wiener Kunstfirmamente erglänzten, gab es gar manchen zu sehen: Semper,
Lenbach und viele andre.

Den unvergleichlichen, für die Epoche höchst charakteristischen Mittelpunkt
dieser Heroenschar bildete unstreitig das im alten Gußhause eingerichtete Atelier
Makarts, des kleinen Riesen, des zweitgrößten Schweigers unsrer Zeit.

Wie viele herrliche oder ruhig gemütliche Stunden verbrachte ich nicht in
diesem Zauberraum, ich und so viele andre!

Von neun Uhr morgens bis drei Uhr nachmittags war das kleine, niedliche
Männchen mit dem mächtigen Haupte, der Denkerstirn und dem blitzenden Auge,
in der Sammetjacke und weiten Kniehosen, mit leibhaftigen Anstreicherpinseln und
einer Riesenpalette bewaffnet, vor der großen Seitenwand anzutreffen, welche
Catharina Cornaro, der Ariadne Zug auf Naxos oder Karls V. Einzug in
Antwerpen von der Decke bis zum Fußboden bedeckte.

Dieser gegenüber unter dem Kontrollspiegel, mit einem bequemen orientalischen
Diwan versehen und hinter malerischer Draperie halb versteckt, befand sich der
kosige Winkel, in welchem behaglich hingestreckt, eine Havanna rauchend, ich mit
dem Auge den kühnen Strichen des Meisters stundenlang folgen durfte. Oft
aber ließ der große Hans sein der Vollendung nahes Kunstwerk schnöde im
Stiche, um sich mit gewohnter Energie auf kleine Spielereien zu werfen. So
fand ich ihn einst, als die Ausstellung schon vor der Thüre war und seiner

Ariadne harrte, mit Dekorierung von Ostereiern beschäftigt, die einer oder der andern seiner Gönnerinnen zum Angebinde bestimmt waren. Allerdings handelte es sich auch da nicht um niedliche Produkte des heimischen Hühnerhofes, Geringeres als Straußeneier würdigte unser Hans keines Pinselstriches. Ein andresmal war die Riesenleinwand an der Seitenwand vergessen, weil Makart, entrüstet über stümperische Illustrationen der Götterdämmerung aus Bayreuth heimgekehrt, einige Tage auf die kühnsten Walkürenritte und so weiter verwendete, mit deren fantastischen Gestalten in Grisaille er Lust fand, wohl ein Dutzend kleiner Leinwande zu bedecken. Und erst wenn ein Kostümfest in Aussicht stand, bei sich oder im Künstlerhause! da war an keine ernste Arbeit zu denken. Das große Atelier, in eine Schneiderwerkstatt verwandelt, bot ein Bild buntesten Treibens. Wie ein Gnom schlüpfte Makart bald hinter eine Näherin, der er kostbare Stoffe und Spitzen in den Schoß warf, bald verschwand er in einem seiner Riesen-Renaissanceschränke, um aus deren unerschöpflichem Bronnen neuen Vorrat zu schaffen.

Handelte es sich um ein Fest im eignen Atelier, da war er mit Hammer und Nägeln überall bei der Hand, wo eine Draperie festgemacht werden sollte. Er kauerte am Boden oder balancierte auf einer hohen Leiter anscheinend planlos hämmernd und klopfend; doch hatte er so eine Zeit gewirkt, da bot sich den Blicken des müßigen Zuschauers ein wie durch Zauber entstandenes Bild voll Farbenpracht und Linie, der passende Tummelplatz für eine durchaus moderne Gesellschaft, die berufen war, irgend eine malerische Epoche der Kunstgeschichte möglichst treu wiederzugeben. — Für die Gäste war es bloß eitel Lust und Freude, die so vorbereitet wurde, für den Hausherrn aber ein neuer Quell künftiger Leistung. Makart schuf sich mit diesen Festen Eindrücke; er nahm die Farben und Linien, die sie darboten, in sich auf, um vielleicht am nächsten Morgen schon mit Pinsel und Farbe für deren Verewigung zu sorgen.

Makart eröffnete übrigens die herrlichen Räume seines Ateliers auch ohne spezifischen Kunstzweck.

Jede in Wien durchreisende Größe konnte auf des Meisters prunkvolle Gastfreundschaft zählen.

Noch sehe ich, wie eines Abends aus der bunten Menge der Geladenen drei gewaltige Stirnen mir entgegenleuchten: Richard Wagner, Hans Makart und Andrássy!

Letzterer war ein gar fleißiger Besucher des Ateliers.

Das Große zog Andrássy an, wo immer es sich ihm darbot. Auch war es für ihn eine Wohlthat, sich aus den Wogen des immerhin einseitigen politischen Lebens in die Sphären des Idealismus zu flüchten, dessen Walten auf dem Gebiete der Kunst er um so mehr huldigte, je strenger er es aus jenem des eignen Handwerkes verbannt hat.

Mit Porträts verlor Makart wenig Zeit, nicht als ob er sich dieser edlen Branche seiner Kunst entzogen hätte, aber er schüttelte sie förmlich aus dem Aermel. Eine, zwei Sitzungen genügten, um ein Bildnis zu schaffen, das zwar

sprechend ähnlich war, das Original aber meist durch phantastisches Kostüm in
ein fernes Zeitalter entrückte.

Noch sehe ich eine kühne Renaissance-Jägerin vor mir mit einem Falken
auf der Rechten, welch letzterer im Laufe einer halben Stunde, während meines
Besuches bei Tilgner im kleinen Atelier, in eine herrliche, mit Elfenbein reich
besetzte Arkebuse verwandelt wurde. Mannigfach waren die Metamorphosen,
denen Makart nahezu vollendete Gestalten mit verblüffender Schnelle unterzog.
So war einst die blendend weiße Haut der Kleopatra mit grünen Reflexen im
Handumdrehen förmlich tätowiert, — weil ein Palmenbaum vor dem Atelier-
fenster von heißen Sonnenstrahlen durchleuchtet, solche zufällig auf die Leinwand
warf. Später erst mußte als Motivierung dieses optischen Wunders besagter
Palmenbaum in eigner Person auf Kleopatras Nilschiff verpflanzt werden. Tags
darauf unter dem Einflusse eines bleichen Winterhimmels, waren von der Leinwand Palme und Reflexe wieder verschwunden. Ein andresmal fand ich den
gestern noch stahlgrauen Sammetanzug des auf der Strickleiter zu Julien hinauf
kletternden Romeo in schönstes Violett verwandelt. Ein Blick auf die vom Monde
hell erleuchtete Mauer zeigte mir aber auch dort Spuren der rötlichen Lasur,
welche Makart lachend erst dann wegzukratzen sich bequemte, als ich ihm zu bedenken gab, er hätte seinem Helden denn doch einen Stoff spenden können, der
nicht so unverschämt abfärbt.

Aber nur selten durfte während der Arbeitsstunden der träumerische Dunst-
kreis, mit welchem der Meister sich umgab, durch einen banalen Kalauer ent-
heiligt werden. Meist vergingen Stunden, ohne daß ein Wort gewechselt wurde.

Auch die gesprächigste Weltdame ward zur Bildsäule verwandelt, sobald sie,
durch des Meisters kundige Hand entsprechend kostümiert, auf der Modellbank
thronte.

Kürzlich noch wurde ich durch Gräfin P. an eine Scene erinnert, die mich
voll in jenen Zauberkreis versetzte.

Hans malte an seiner Catharina Cornaro. Die reizende Frau X. saß in
reichem altvenetianischem Kostüm Modell zu einer der Hofdamen, und Liszt
am Klavier, die Scene mit himmlischen Tönen begleitend. Ich war wie gewöhnlich auf meinen Observationsdiwan hingestreckt. Das den Eingang schirmende
Gobelin ward von zarter Hand gehoben, und an der Schwelle blieb die Erzählerin, Gräfin P., eine herrliche Frauengestalt, wie verzaubert stehen, um den
Eindruck des sich darbietenden Gesamtbildes in sich aufzunehmen. Für mich
bleibt dieser Eindruck doppelt unvergeßlich, da es mir vergönnt war, auch noch
die Lauscherin zu belauschen.

An Zeichnung und unhaltbarer Farbe mag kritteln, wer will; die kühnsten
Träume auf ja und nein glänzend zur Anschauung zu bringen, war selten ein
Künstler im stande wie Makart.

Er arbeitete nicht, er schwelgte im Malen, und wer ihm zusah, mußte mit-
schwelgen.

Wie leicht es ihm zu jener Zeit wurde, die Kosten seines fürstlichen Aufwandes zu bestreiten, mag folgende verbürgte Anekdote beweisen: Die Ariadne, ursprünglich zur Bühnen-Courtine bestimmt, erwies sich, in Oel gemalt, zu diesem Zwecke nicht brauchbar. Nahezu vollendet, prangte sie als Hauptzierde des Ateliers auf der langen Wand, als ein älterer Herr, von einem Fremdenführer geleitet, eintrat. Nach einem kurzen Rundgang frug er den Meister, was das Bild koste. Makart entgegnete, ohne ihn eines Blickes zu würdigen, fleißig weiter pinselnd, halb verständlich über die Schulter hinweg: 40 000 Gulden. „Aw 40 000 Gulden,“ (zum Führer): „How much is that? 40 000, aw! I aben aber not 40 000 Gulden, I aben nur 60 000; Sie müssen mir for the rest noch etwas malen.“ Rasch wurde man handelseinig. Makart malte dem reich gewordenen, wenn ich mich recht erinnere, schottischen Buchhändler oder Buchbinder den Plan einer zu erbauenden Galerie mit der Ariadne auf einer der Schmalseiten. Lenbach erhielt den Auftrag, Makarts Porträt für besagte Galerie zu malen, und kurze Zeit später war bereits der Karton Karls V. auf der langen Wand des Ateliers zu sehen.

Um der Gunst des Mitschwelgens beim Malen zuweilen teilhaftig zu werden, mußte man Makart aber auch in seinen Mußestunden zur Seite stehen. Des Nachmittags verschiedene Ausflüge meist mit einer Croquetpartie zum Ziele, des Abends die Bierkneipe, mit und ohne Kegelspiel, waren Vergnügungen, die man mit dem Meister häufig genug teilen mußte, wollte man nicht bei ihm in Vergessenheit geraten.

So fuhr ich mit meinem unvergeßlichen Hans an einem heißen Sommernachmittage nach Hietzing zu Frau Wolter (Gräfin O'Sullivan).

Wir trafen die große Künstlerin in schlichtem Gewande unter der Linde ihres Hofes sitzend, umgeben von ihren Lieblingshühnern, beim Nachmittagskaffee.

„Aber Kinder, was sucht ihr bei mir, wißt ihr denn nicht, daß ich spiele?“ Das Coupé stand auch schon zum Einspannen bereit, und wir mußten beschämt eingestehen, den Theaterzettel nicht konsultiert zu haben. Nun verlegten wir uns in unsrer Croquetleidenschaft pflichtvergessen aufs Bitten. „Melden Sie sich krank!“ — „Was, krank soll ich mich melden? Und mein armes Publikum, das bei fünfundzwanzig Grad Réaumur bereits in den dumpfen Räumen des Burgtheaters auf mich harrt, ich sollte es enttäuschen? Nein, Kinder, das giebt es nicht bei der Wolter! Ein andresmal guckt fleißig aus, ob ich auch frei bin.“

Und so mußten wir uns mit der huldvoll verabreichten Gabe je einer von Frau Charlotte selbst gepflückten Rose begnügen und beschämt wie bekümmert die Heimfahrt antreten.

Auch im schlichten Familienkreise, in Gesellschaft der braven Mutter, der putzigen alten Dame, wie Lenbach sie nannte, der Schwägerin und den reizenden zwei Kindern Makarts, war es mir zuweilen vergönnt, einige behagliche Stunden zu verleben. Wie in der großen Welt, so erschien der Meister auch hier sehr verschieden. Oft hörte man seine Stimme den ganzen Tag über kaum, während zuweilen der Strom seiner Rede gar nicht aufzuhalten war. So sagte ihm einst beim Dessert eines langen Diners seine Tischnachbarin, die berühmte Gallmeyer, nachdem er sich an zwei Stunden ausgeschwiegen hatte: „So, mein lieber Hans, und jetzt reden wir von etwas anderm." Eines Abends hingegen kam man in der Kneipe zufällig auf die Institution der Fideikommisse zu sprechen. Wir waren nur mehr zu dritt, der verstorbene Fürst N. L., ich und Makart. Nachdem wir ersteren uns zwar nur flüchtig, aber unumwunden für dieselben bekannt hatten, ließ uns Makart bis zwei Uhr morgens nicht nach Hause oder auch nur zu Worte kommen, um nachzuweisen, — daß wir Recht hatten.

Wie populär Makart war, beweist der Andrang der schönsten Frauen aller Klassen der Gesellschaft zum Dienste auf der Modellbank. Die herrlichen Kostüme, Spitzen und Geschmeide, welche der Meister im Vorrate hatte und den Auserwählten verschwenderisch zur Verfügung stellte, mögen nicht wenig dazu beigetragen haben, ihm die passive Hilfe der schönsten Augen und Gesichtsformen zu sichern. Doch war er ziemlich wählerisch, und wer ihm nicht zu Gesichte stand, pochte vergebens an seiner Thür. So scheiterte auch meine Vermittlung zu Gunsten eines schönen italienischen Kavaliers, der glattgestriegelt im Atelier erschien, um sich für den Ahnensaal seines Stammschlosses durch Makart verewigen zu lassen. Hans murmelte, an mich gewendet, in den Bart: „Der sieht ja aus wie ein Friseur, den mal' ich nicht." Der den genannten schönen Herrn begleitenden Gattin hingegen hatte der Meister nicht üble Lust, einige Sitzungen zu gewähren, obgleich sie sich in einem Zustande befand, der bevorstehende Mutterfreuden unzweideutig erkennen ließ. „So ist ja eine schöne Frau am schönsten," meinte Makart. Aber das edle Paar war andrer Ansicht — und die Verhandlungen zerschlugen sich.

Im Gewinnen des richtigen Modells hatte Tilgner einst einen recht unliebsamen Erfolg zu beklagen. Er bedurfte zur Vervollständigung einer seiner Frauengestalten eines schönen Frauenfußes, den das sonst gut entsprechende Berufsmodell nicht bot. Bei einer eleganten, recht prüden Dame meinte der bereits sehr geschätzte Bildhauer das Richtige gefunden zu haben, und er bemühte sich wochenlang um die Gunst, einen Gipsabguß ihres rechten Fußes machen zu dürfen.

Endlich ward ihm gestattet, in Begleitung eines mit Gips, Wasser ꝛc. versehenen Handlangers in das Boudoir der schönen Frau zu bringen. Opferbereit saß die holde Dame in eleganter Morgentoilette auf einem tiefen Sopha, und mit geschlossenem Auge, den Kopf in einem weichen Kissen vergraben, streckte sie nach nochmals wiederholten inständigen Bitten seitens des Künstlers zaghaft das so heiß ersehnte Füßchen hervor. O Himmel, was kam da zum Vorschein! Eine plumpe, blutrote Fleischmasse mit verkrüppelten Zehen und den deutlichen Anzeichen langjährigen Fußbekleidungs-Martyriums. Tilgner war so erschrocken und enttäuscht, daß ihn die Geistesgegenwart im Stiche ließ, und anstatt das gebotene, wenn auch nicht entsprechende Geschenk dennoch anzunehmen, sprang er entsetzt auf und raste unter dem Vorwande, irgend eines zum Abguß notwendigen Gegenstandes zu entbehren, zum Tempel hinaus.

Während Makart das große Atelier des alten Gußhauses unsterblich machte, überließ er die beiden kleinen Neben-Ateliers zeitweilig verschiedenen Kunstgenossen. Dort sah ich abwechselnd die Gebrüder Charlemont, die uns kürzlich entrissenen Tilgner und Leopold Müller, besonders lange aber Lenbach den Einzigen schaffen. Ein fast täglicher Gast in diesen heiligen Räumen war damals Oberst, später General v. Berres, der von seinen kühnen Reiterangriffen, kaukasischen Reiseerinnerungen und sonstigen lebensvollen Arbeiten herüberkam, um sich an den Werken der Freunde und ihrem Geplauder zu ergötzen. Selten begegnete ich einem Künstler, der sich der Erfolge seiner Genossen so aufrichtig freute wie dieser hochverdiente Mann. Besonders aber mit Makart trieb er einfach Fetischismus. So sagte er einst, begeistert von einer farbenprächtigen, leicht hingeworfenen Skizze: „Unser Hans ist einfach ein Zauberer."

Auch Huber und Architekt Karl Kayser gehörten zu den Intimen des Makartschen Ateliers. Ersterer trug mit seinen kurzen trockenen Bemerkungen nicht wenig bei zur Lösung irgend einer ästhetischen Frage, denn er besaß eine selten scharfe Empfindung für Harmonie.

Noch muß ich zweier Männer gedenken, wenn auch gesondert, wie sie von den Kunstgenossen zu jener Zeit auch gesondert lebten und wirkten: unsers schon damals gesuchten, heute weltberühmten Angeli und des gleichfalls hochbegabten, aber für Männer vom Fache unzugänglichen und leider unverträglichen Canon. Ersterer war immer der beste Kamerad, wurde aber durch seine Spezialität, das Porträt, so sehr in Anspruch genommen, daß er sich von dem übrigen Treiben der Kunstwelt fern halten mußte. Auch war er als vorzüglicher Familienvater an den eignen, höchst komfortablen Hausstand gebunden.

Letzterer hauste zu jener Zeit in einer kleinen, unordentlich gehaltenen, fast schmutzigen Kammer, in welcher er, vor der Staffelei am Boden lauernd, in höchst persönlicher Manier verschiedene alte Meister oft mit größter Virtuosität unbewußt nachzuahmen bestrebt war.

Canon hat wirklich Großes geleistet neben vielem ganz unglaublich Kindischem. Wenn er heute als gottbegnadeter Künstler erschien, war er morgen nichts als ein begabter Dilettant. Verbittert, voller Marotten, mit Abfassung, wie er meinte, philosophischer, aber in Wirklichkeit bloß feindselig polemischer Abhandlungen beschäftigt, die vollständigste Verkörperung kränklicher Rechthaberei. Und dennoch, wie viele Kunstwerke mit dem Stempel der edelsten Ruhe hat er nicht geschaffen! Ein merkwürdiger Widerspruch im inneren und äußeren Menschen! Canon fühlte sich in der frischen, lebensfrohen, aber auch ernsten und hohen Atmosphäre der damaligen Künstlerwelt Wiens isoliert. Für ihn hätte eher das Pariser Bohèmeleben gepaßt, mit seiner abwechselnden Verzückung und Verzweiflung, den sich niemals versöhnenden Extremen, deren Kampf zwar Großes gebiert, aber den einzelnen zum Tyrannen stempelt oder zum Sklaven. In Wien war Idealismus mit Realismus. gepaart, und für das bloße nach Luft Schnappen fehlte es an Raum und Zeit.

Es war dies eben die Gründer-Epoche, die später gar manche Katastrophe verschuldete, damals aber schuf, nichts als schuf, allerdings mit goldenem Korne auch manches schädliche Unkraut.

Auch die Künstlerwelt stand unter dem Einflusse dieser Richtung. Einerseits hatte man die Empfindung, diese Zeit des leichten Gewinnes von vielleicht nur kurzer Dauer materiell ausnützen zu sollen; andrerseits war aber der Wettkampf um lohnende Arbeit eine Triebkraft nach den Höhen wirklicher Kunst.

Die Palme zu erlangen war nicht leicht, die Gefahr, durch materiellen Mangel unterzugehen, nicht groß, und so waren Selbstüberhebung und Verzweiflung gleichmäßig ausgeschlossen. Hieraus entwickelte sich ein handwerksmäßiger Fleiß, mit etwas Goldfieber untermischt, und Weltschmerz sowohl wie Lebensübermut waren ausgeschlossen.

Ernstes Schaffen und harmlose Heiterkeit waren das charakteristische Merkmal jener Epoche, welches nicht nur der bildenden Kunst, sondern auch den andern Kunstzweigen aufgedrückt war.

Die Empfänge bei Dingelstedt, Standthartner, die vielen Salons der haute finance und einige wenige der Aristokratie, besonders aber in oft später Nachtstunde das Bierhaus, zeugten davon.

Ein kleiner, auserwählter Kreis von Weltmännern und Künstlern versammelte sich mit Vorliebe in einem dieser gastlichen Häuser, dessen Herrin selbst Musikerin war. Köstlich war unter anderm der vierhändige Vortrag vom Blatte eines Schubertschen Marsches durch Liszt und Rubinstein, dem ich Gelegenheit hatte dort beizuwohnen. Ersterer schien sich mehr um die Augen der begeisterten Zuhörerinnen als um das ihm unbekannte Manuskript zu kümmern. Trotzdem aber war er seiner Sache so sicher, daß er das Tempo mehr und mehr verschärfte, bis dem begleitenden Rubinstein die hellen Schweißtropfen über die Wangen rollten.

Köstlich waren in den Ruhepausen die Wortturniere beim Thee, an denen sich nebst Semper, Wilbrandt und andern auch die Hausfrau lebhaft beteiligte. Hier wurde über alles mögliche und unmögliche verhandelt. Die Theorie Darwins, unter anderm, erweckte eines Abends die heftigste Diskussion. Als man einen anwesenden Diplomaten um seine Ansicht befragte, meinte er mit ruhigem Ernste: „Je pense que Darwin n'est qu'un vil flatteur.“ Die schlagfertige Antwort einer der anwesenden Damen war: „Donc vous êtes moins qu'un singe.“

Der Kulminationspunkt dieser Kunstepoche war der zum 25. Regierungs-Jubiläum Seiner Majestät des Kaisers veranstaltete, von Makart organisierte und angeführte Huldigungsfestzug. Mir war es leider nicht vergönnt, diesem beizuwohnen, und im fernen Westen Europas mußte ich mich mit der kummervollen Freude begnügen, dessen Beschreibungen zu verschlingen. Die gehobene Stimmung aller Anwesenden teilte sich aber auch dem Verbannten mit, und häufig rang er vergeblich mit den Thränen der Begeisterung und Wehmut.

Und die Moral der Fabel? Sind die neunziger Jahre so schön, so herrlich, so thatkräftig, so hoffnungsvoll, wie die siebziger Jahre es waren?

Für andre vielleicht, bei uns aber, den wenigen noch lebenden Genossen jener herrlichen Epoche, trifft wohl das Wort des Dichters ein:

>„Wer fertig ist, dem ist nichts recht zu machen;
>Ein Werdender wird immer dankbar sein."

Von der Arbeitsstätte des Physiologen.

Von
Dr. S. S. Epstein.

II.[1)]

Physiologische Untersuchungen am lebenden Menschen.

Welchen Menschen, der nicht gerade „vom Bau" ist, überkommt nicht beim Lesen der Ueberschrift ein gelindes Gruseln? Man pflegt sich gerne den experimentierenden Physiologen als eine Art verknöcherten, mitleidlosen, blutrünstigen Tierquäler vorzustellen, der mit aufgeschürzten Hemdärmeln und besonderem Wohlbehagen in den Eingeweiden eines noch lebenden Wesens herumwühlt.

Ich mache wirklich keinen Spaß! Aber es ist unglaublich, wie selbst hochgebildete Laien sich mit Abscheu wegwenden, wenn vor ihnen der Ausdruck „Vivisektion" auch nur erwähnt wird, und ich selbst kam oft in die Lage, meine ganze Ueberredungskunst und Zungenfertigkeit zusammenzunehmen, um den Leuten klar zu machen, daß der Vivisektor noch ganz andre Zwecke verfolge als lediglich denjenigen, zu erfahren, „wie viel ein Tier eigentlich im stande sei, an Schmerz zu ertragen."

Ja, dennoch — so unglaublich dies auch klingen mag — wird mit einem zu vivisezierenden Tier viel schonender und behutsamer umgegangen als etwa mit einem Menschen, dem beispielsweise ein Zahn gezogen werden soll, und dies nicht nur allein, um dem betreffenden Tier die Schmerzen zu ersparen oder zum mindesten auf das geringste Maß herabzusetzen, sondern weil die Aeußerung dieser Schmerzen, das Zucken, Zittern, die Abwehrbewegungen, Befreiungsversuche den Experimentator an seinen Beobachtungen nur behindern würden. Auch darf man sich nicht durch das in den Blättern und Blättchen so vielverrufene „herzzerreißende Jammergeheul" beirren lassen, welches Tag und Nacht in der Nähe physiologischer Institute zu vernehmen sein soll. Dieses Geschrei

----
[1)] Nr. I. siehe im Märzheft 1896.

ist nämlich zumeist rein reflektorischer Natur, was soviel sagen will, daß es von dem auf dem Experimentierbrett aufgespanntem Tier ohne jedwedes Dazuthun des Bewußtseins ausgestoßen wird; so ist es für den Physiologen eine täglich wiederkehrende Erscheinung, daß beispielsweise ein ohne Narkose aufgespanntes Kaninchen sich während der ganzen Dauer des Experimentes regungslos verhält, den Blick starr vor sich hingerichtet und keinen Laut vernehmen läßt, während dasselbe Tier in kräftiger Bromaethyl- oder Morphium-Narkose sich keinen Augenblick ruhig verhält, fortwährend erfolglose Flucht- und Befreiungsversuche macht und dabei nicht aufhört, das bekannte „herzzerreißende" Geschrei auszustoßen. Es scheint mir überhaupt, als ob unsre gebräuchlichsten Narcotica wie Chloroform, Aether, Bromaethyl, Morphium und in neuerer Zeit Oxyspartein nur auf Tiere von höherer Intelligenz prompt wirken, während niedriger organisierte Wesen, wie zum Beispiel Kaninchen, schon durch längeres Verbleiben in einer Zwangslage in einen somnolenten Zustand versinken, der, was Unempfindlichkeit anbelangt, mit jeder Narkose wetteifern kann. Nur zwei Versuche giebt es, bei denen das Tier wirklich körperlichen Leiden ausgesetzt ist, und zwar erstens diejenigen Experimente, bei welchen es sich darum handelt zu untersuchen, welcher Einfluß auf Herzthätigkeit und Puls vom Schmerz als solchen ausgeübt wird, zweitens sind es diejenigen Versuche — und diese sind nicht einmal vivisektorischer Natur — welche uns darüber belehren sollen, in welchem Maße der Hunger auf den Stoffwechsel wirkt.

Wie dem immer auch sei, kein halbwegs ernster Forscher wird den ganzen Antivivisektionsrummel ernst nehmen wollen, denn nur Blinde und Narren können es übersehen, welch enormen Nutzen der vivisektorische Teil der Physiologie der Menschheit gebracht hat. Ebensowenig wie der Studierende der Medizin je eine Ahnung davon haben wird, wie beispielsweise das Herz gelagert ist und welche Form es hat, selbst wenn er es im besten anatomischen Atlas hundertemal abgebildet und niemals an der Leiche selbst gesehen hat, ebensowenig wird er einen klaren Begriff über die Funktion des Herzens, der Lungen, des Zwerchfells haben, wenn er diese Organe nicht am lebenden Tier in Thätigkeit gesehen haben wird. Die feinsten vivisektorischen Eingriffe jedoch würden uns nie so weit gebracht haben, wenn wir es bei der einfachen Beobachtung bewenden ließen und nicht das Experiment als mächtigen Hilfsfaktor heranziehen würden; denn die Beobachtung belehrt uns doch nur über das letzte Glied einer Kette von Erscheinungen, deren Ursachen wir doch zum Teil nur vermuten, zum Teil von dem ihnen anhaftenden Accidentiellen nicht kennen und zum allergrößten Teil gar nicht übersehen können. Anders verhält es sich mit dem Experiment; hier können alle Prämissen vorbereitet, alles Nichtwünschenswerte ausgeschaltet werden, die zu beobachtende Erscheinung wird sich, von allem Nebensächlichen losgelöst, ganz isoliert manifestieren, oder wie Helmholtz sich ausdrückt, beim Experiment durchläuft jede einzelne Erscheinung die ganze Kette unsers Bewußtseins.

Für den Physiologen wird es daher, vom rein wissenschaftlichen Standpunkt, ganz gleichgültig sein, ob diese oder jene Krankheit einen letalen Verlauf nimmt oder nicht, es wird sich ihm nur darum handeln zu konstatieren, welche Funktionsveränderungen innerhalb des tierischen Organismus die betreffende pathologische Degeneration zeigt. Und wenn es dem Physiologen daran liegen wird, ein operiertes Tier am Leben zu erhalten, so geschieht dies aus dem einzigen Grunde, um die oben erwähnten Veränderungen am künstlich krank gemachten Tier zu studieren, zu welchem Studium ihm beim Menschen, infolge der terapeutischen Behandlung, die Gelegenheit zumeist genommen ist.

Es ergiebt sich jedoch von selbst, daß wir im Interesse der Wissenschaft dazu gezwungen sind, auch den Menschen in den Bereich der physiologischen Experimente hineinzuziehen. Hier stoßen wir sofort auf die erste Komplikation, denn es ist klar, daß schwerlich jemand in seinem „Biereifer" für die Wissenschaft so weit gehen wird, sich zum Zwecke der Untersuchung des Blutdruckes eine Arterie freilegen zu lassen, und auch eine Durchschneidung des Seh- oder Hörnerven läßt sich nicht der hundertste freiwillig gefallen. Zu leichteren, ungefährlichen, ohne Folge verlaufenden und nicht sehr schmerzhaften Experimenten giebt man sich ja zum Teil aus Wissensdrang, zum Teil aus Eitelkeit gerne her; so hatte Pettenkofer seiner Zeit mehrere Seidel Cholerabazillen „hinter die Binde" geschüttet, welches Experiment ihm nicht einmal einen kleinen Bazillenrausch eintrug, und ich selbst habe mich im vorigen Jahr mit Santonin vergiften lassen, um die Erscheinungen des durch dieses Gift auftretenden Gelbsehens zu studieren.

Item, solche Fälle jugendlichen Uebermutes stehen immer vereinzelt da, und der Physiologe muß daher auf andere Methoden sinnen, welche es ihm erlauben, die Funktionen des menschlichen Organismus auch an andern experimentell zu studieren und wozu sich für Geld und gute Worte Leute finden und hergeben, denen man endlich die Ueberzeugung beibringt, daß sie das Laboratorium „sain et sauf" und nicht, wie es ihnen furchtsame Nachbarn des Instituts versichern, zerrissen, zerschunden, zerschnitten und womöglich noch geistesgestört verlassen werden. Schließen wir aus dem Kreise dieser Arbeit die sinnesphysiologischen Untersuchungen aus, welche sich auf Gesicht, Gehör, Geruch, Geschmack und Tastgefühl beziehen, und bei denen der Experimentator zumeist auf die Selbstaussage der Versuchsperson angewiesen ist, so bleibt für die rein physiologischen Methoden die Untersuchung der Herzthätigkeit, des Blutdruckes, der Stromgeschwindigkeit des Blutes, des Pulses, des Volumens einzelner Organe und schließlich der Atembewegungen.

Ich hatte oben die rein physiologischen Methoden zu denen der Sinnesphysiologie in einen gewissen Gegensatz gesetzt.

Und dies mit Recht; denn während die sinnesphysiologischen Untersuchungen zumeist von der Selbstaussage der Versuchspersonen abhängen, beruhen sämtliche rein physiologische Methoden auf dem von Ludwig und Marey eingeführten und zu höchster Vollkommenheit gebrachten Prinzip der Selbstregistrierung. Wir werden uns zunächst mit diesem zu befassen haben, da man keine der oben erwähnten Untersuchungen ohne seine Hilfe erfolgreich durchführen kann.

Das Prinzip der selbstregistrierenden graphischen Untersuchungsmethoden ist ein höchst einfaches. Es handelt sich im wesentlichen darum, irgend eine Bewegung, sei es Puls oder Herzstoß, auf einen Schreibstift zu übertragen und diesen dann auf eine bewegliche Fläche schreiben zu lassen; man wird dann ein treues Bild jener Bewegung bekommen und zwar sowohl nach Intensität als auch nach Zeit.

Ein einfaches Beispiel soll dem Leser die großen Vorzüge der graphischen Methode überhaupt und der Selbstregistriermethode im besonderen klar machen.

Denken wir uns, wir hätten einen Patienten, bei welchem es darauf ankommt, daß der Arzt ganz genau über den Verlauf der Temperaturschwankungen unterrichtet ist; man wird hier natürlich so oft wie möglich die Bluttemperatur ablesen, sagen wir etwa jede zehn Minuten, und dann eine Tabelle anlegen, in welche man die erhaltenen Werte eintragen wird. Hat der Arzt nun diese Tafel vor sich, so wird er immerhin längere Zeit brauchen, bevor er sich über die einzelnen Maxima und Minima klar wird.

Anders wird jedoch die Sache liegen, wenn wir, statt der früher erwähnten Eintragungen, die Ablesungen auf ein Koordinatensystem übertragen, und zwar nehmen wir die Zeit als Abscisse, die Thermometerhöhe als Ordinate, dann erhalten wir eine gebrochene, kurvenähnliche Linie, die uns auf den ersten Blick darüber belehren wird, wo sich die höchsten oder tiefsten Werte unsrer Ablesungen innerhalb der Zehn-Minuten-Intervalle befinden.

Wollen wir eine noch größere Genauigkeit, dann werden wir die Beobachtungen jede fünf Minuten oder auch jede drei Minuten wiederholen. Aber schließlich ist uns hier eine Grenze sehr bald gesteckt, denn ganz abgesehen davon, daß wir bei einer derartigen Frequenz der Ablesungen sehr bald ermüden würden, könnte auch der Kranke das fortwährende Einlegen und Hinausnehmen des Thermometers nicht ohne das Gefühl großen Unbehagens ertragen; gelänge es jedoch, all diese Schwierigkeiten zu überwinden, so gäben uns die gezeichneten Tabellen noch immer kein ganz zuverlässiges Bild des Temperaturverlaufs, denn innerhalb eines Intervalles könnte noch immer irgend eine bedeutende Schwankung nach oben oder unten liegen, welche für den behandelnden Arzt von höchster Bedeutung ist, uns aber selbstredend entgehen mußte.

Anders verhält es sich aber, wenn es uns gelänge, die Quecksilbersäule mit irgend einem Schreibstift zu verbinden, welcher sich zugleich mit ihr heben und senken würde; wir brauchten dann nur vor diesem Stift ein Papier in einer Richtung gleichmäßig zu bewegen, und bekämen dann eine Kurve, welche uns ganz genau in jedem einzelnen Augenblick über den Verlauf der zu beobachtenden Bewegung unterrichten würde; ja noch mehr. Wissen wir genau, wie lange das Papier vor dem Stift vorbeigeführt wurde, so können wir durch Einteilung des Papiers in gleiche Teile, wobei jeder Teil offenbar einem bestimmten Zeitwert entsprechen wird, auch genau angeben, um welche Zeit dieses oder jenes Maximum, beziehungsweise Minimum eingetreten ist.

Wir werden demnach zuallererst zum Zwecke der Untersuchung derartiger oder ähnlicher Bewegungen eines Registrierinstrumentes bedürfen; ein solches,

unter dem Namen Kymographion bekannt, gehört auch zu den Hauptaus-
stattungsstücken eines physiologischen Laboratoriums.

Das Kymographion besteht im wesentlichen aus einem durch Feder= oder
Gewichtsuhrwerk gleichmäßig bewegten Cylinder, wobei die Bedingungen erfüllt
sein müssen, daß die Geschwindigkeit des Uhrwerks sich nach Belieben innerhalb
möglichst weiter Grenzen regulieren lasse, und daß ferner dasselbe momentan
zum Laufen oder Stehen gebracht werden könne.

Der Cylinder, oder, wie ihn die Physiologen zu nennen pflegen, die Trommel,
wird nun mit Papier überzogen, und der an einem Stativ angebrachte Schreib=
hebel kann nun im selben Moment, wo das Uhrwerk läuft, „sein Werk beginnen.“

Der Schreibhebel besteht zumeist aus einem Strohhalm, welcher auf dem
berußten Papier eine weiße Spur hinterläßt; diese Art des Schreibens ist wohl
die bequemste, denn erstens verursacht der Strohhalm sehr wenig Reibung, und
dann bekommt man, wenn man, wie das oft geschieht, seine Kurve photogra=
phiert, ein sofort verwendbares Negativ, nämlich eine schwarze Kurve auf
weißem Grunde, welches Bild sich besonders gut zu Projektionszwecken eignet.

Es giebt jedoch Fälle, wo man es vorziehen wird, auf weißem Grunde mit
einem in Tusche getauchten Pinsel oder einem sogenannten „Fueßschen Farb=
schreiber“, wie man ihn an den meteorologischen Registrierinstrumenten sieht, zu
schreiben.

Noch eine dritte Methode des Schreibens ist diejenige, wo man den Licht=
strahl als Schreibhebel benutzt; auf diese werden wir später zu sprechen kommen.
Oft kommt man in die Lage, sehr lang ablaufende Bewegungen zu registrieren;
zu diesem Zwecke wird das gewöhnliche Ludwigsche Kymographion seine Dienste
versagen, und auch das sogenannte „Kymographion mit Papier ohne Ende“
wird sich nicht als praktisch erweisen, da es nur eine einzige Art des Schreibens,
nämlich mit Farbe, erlaubt. Das Auskunftsmittel, zwei Registriertrommeln zu
nehmen und über sie eine 2—3 Meter lange Papierschleife zu legen, erweist sich
auch nicht als gut verwendbar, denn es muß dann das Papier vor dem Um=
legen berußt werden, was eine sehr penible und unsaubere Arbeit ist.

Im physiologischen Institut der Berliner Universität ist ein vom Schreiber
dieser Zeilen konstruiertes Kymographion im Gebrauch, welches wohl alle an
ein derartiges Instrument gestellten Anforderungen im höchsten Grad erfüllt.[1]
Dasselbe hat die bisher noch nicht erreichte Geschwindigkeitsvariation von 0,5 mm
pro Sekunde bis 142 mm pro Sekunde, besitzt eine Spannvorrichtung für die
2,5 m lange Papierschleife und gestattet ein automatisches Berußen und späteres
Fixieren des Papiers, so daß das Instrument gebrauchsfertig dasteht, ohne daß
der Experimentator das Papier bis zuletzt auch nur mit der Hand zu berühren
braucht. Auch beim momentanen Ausschalten der Bewegung glaubte ich vom

---

[1] Dieses „Kymographion nach Dr. S. S. Epstein“ wurde von Herrn Mechaniker
E. Zimmermann in Leipzig mit einer bewunderungswürdigen Präzision und Eleganz her=
gestellt.

bisherigen Prinzip der Hemmung abweichen zu müssen und lasse das Uhrwerk
ruhig weiter laufen, während ich das Antriebrad durch einen einfachen Handgriff
entferne und wieder nähere.

In den allerseltensten Fällen wird es uns gelingen, den Registrierapparat
so nahe an die Versuchsperson heranzubringen, daß der Schreibhebel die verlangte Bewegung unmittelbar überträgt; zumeist werden wir gezwungen sein,
Bewegungen auf einen ziemlich entfernt stehenden Registrierapparat zu übertragen, ja sehr oft werden wir in die Lage kommen, das Kymographion den
Augen der Versuchsperson gänzlich zu entziehen.

Um nun das zu verwirklichen, wenden wir das vom Amerikaner Upham
erfundene, von Marey zur höchsten Vollkommenheit ausgebildete Verfahren der
Luftübertragung an.

Das Prinzip dieses Verfahrens besteht in folgendem: Denken wir uns zwei
flache Metallschalen, deren Oeffnungen durch je eine Kautschukmembran verschlossen und deren Innenräume durch einen Gummischlauch verbunden sind,
es wird dann offenbar in dem von den beiden Kapseln und dem Gummischlauch
gebildeten Raum eine gewisse Menge Luft enthalten sein, die nirgendwo nach
außen hin entweichen kann. Drücke ich nun mit dem Finger auf die Außenseite
einer Kapsel, so verdränge ich damit offenbar Luft, und die Membran der andern
Kapsel wird sich um dieselbe Höhe emporwölben, wie die erste gedrückt wurde.
Brächte man nun auf der zweiten Kapsel einen leichten Hebel an, der die Bewegungen der Membran mitmachte und vergrößert wiedergäbe, so hätte man damit
eine Vorrichtung gewonnen, welche im stande ist, Bewegungen, die auf die erste
Kapsel wirken, in beliebiger Entfernung — je nach Länge des Verbindungs-
schlauches — von der Bewegungsquelle aufzuzeichnen.

Es wird demnach der gesamte Registrierapparat im wesentlichen aus folgenden Teilen bestehen: wir haben die eine Mareysche Kapsel, welche zur Aufnahme
der Bewegungen dient (tambour explorateur), den verbindenden Gummischlauch
von beliebiger Länge, die am Kymographion angebrachte und mit einem Schreibhebel verbundene zweite Mareysche Kapsel (tambour enregistreur), ferner das
schon oben beschriebene Kymographion.

Wir sind nun in der Lage, jede Bewegung, sowohl der Intensität als auch
der Zeit nach, in Kurvenform darzustellen. Da wir die Umbrehungsgeschwindig-
keit der Trommel kennen, so werden wir auch die Zeit bestimmen können, um
welche jede beliebige Veränderung in der von uns beobachteten Bewegung
vor sich ging. Viel praktischer und einfacher ist es allerdings, die Zeit direkt und
zugleich mit der Kurve zu schreiben; dies geschieht am einfachsten in der Weise,
daß man ein Metronom jedesmal an eine Mareysche Kapsel anschlagen läßt
und den Anschlag auf dem berußten Papier registriert; man erhält dann eine
gerade Linie, die in regelmäßigen Intervallen von vertikalen Strichen unterbrochen wird. Je nach der Schwingungszahl des Metronoms wird ein derartiges
Intervall den Wert einer Sekunde oder mehr oder weniger haben.

An einigen interessanten Beispielen wollen wir nun zeigen, welche

Bewegungen innerhalb des menschlichen Organismus man registrieren kann und welchen Wert diese Registrierungen haben.

Interessante Aufschlüsse geben uns die vorstehend beschriebenen Methoden über die Herzthätigkeit. Sehr einfach würde sich die Untersuchung gestalten, wenn wir es mit dem Herzen eines Kaltblüters, etwa eines Frosches oder einer Schildkröte, zu thun hätten. Ein solches Herz braucht nicht am Tier selbst unter-sucht zu werden, sondern kann, ausgeschnitten und künstlich mit Blut gespeist, zu graphischen Untersuchungen dienen. Ja sogar in blutleerem Zustand bleibt das isolierte Herz des Kaltblüters noch lange Zeit funktions- und lebensfähig. Um nun die Thätigkeit eines solchen Herzens zu untersuchen, werden wir uns fol-gende Fühlhebelvorrichtung konstruieren: Das eine Ende eines um eine hori-zontale Axe drehbaren Strohhalmes benutzen wir als Schreibhebel, während wir an das andre vermittelst Faden eine dünne Korkplatte anhängen. Legen wir nun das eine ausgeschnittene Herz eines Frosches auf ein Stativtischchen derart, daß es die herunterhängende Korkplatte mit möglichst viel Fläche berührt, so werden offenbar die Kontraktionen und Dilatationen des Herzens sich als Er-hebungen und Senkungen auf den Hebel übertragen.

Durch Zuführung elektrischer, thermischer oder chemischer Reize werden wir aus der erhaltenen Kurve sofort ersehen, welche Veränderungen durch diese letzteren die Herzthätigkeit erfährt.

Weniger einfach stellt sich die Untersuchung der Herzthätigkeit beim lebenden Menschen und wo es sich darum handelt, demselben keinerlei Verletzungen bei-zubringen. Zwar ist es konstatiert, daß wenn man einem lebenden Tier eine 6–8 cm lange Nadel in den dritten Interkostalraum, etwa 1 cm vom Brust-bein, hineinstößt, dieselbe durch ihre Bewegungen sehr deutlich die Ventrikelpul-sationen anzeigt, ohne daß das Tier dabei irgend welchen Schaden nimmt; man wendet diesen Versuch sogar mit Vorliebe zur Demonstration in einem größeren Zuschauerraum an, indem man das frei hervorstehende Ende der Nadel an ein dünnes Weinglas anschlagen läßt und dadurch sowohl die Frequenz als auch die Intensität des Herzstoßes hörbar macht. Man wird jedoch selbstverständlich bei Versuchen an Menschen von dieser Methode Umgang nehmen und sich auf das praktische Registrieren des sogenannten Spitzenstoßes beschränken müssen; unter diesem versteht man nämlich jene relativ bedeutende Erhebung, welche eine ziemlich begrenzte Stelle der Brustwand bei jeder Kontraktion der Herzkammer erfährt. Ein zur Messung des Spitzenstoßes bestimmtes Instrument, welches aus zwei durch einen Schlauch verbundenen Mareyschen Kapseln besteht, von denen die eine zur Aufnahme, die andre zur Registrierung des Stoßes dient, nennt man Cardiograph. Man pflegt dieses Instrument folgendermaßen zu verwenden: Auf dem entblößten Oberkörper zeichnet man mit Farbe oder Tusche den Ort des Spitzenstoßes an und setzt die Aufnahmekapsel fest auf jene Stelle; handelt es sich aber um länger andauernde Versuche, so wird man den Cardiographen vermittelst eines Gurtes um den Leib befestigen, wobei jedoch zu bedenken ist, daß die leichteste Verschiebung des Instrumentes die Resultate fälschen würde,

weshalb ich es vorziehe, außer dem horizontalen Gurt noch zwei hoſenträger=
artige, ſich auf dem Rücken kreuzende Riemen anzulegen. In neuerer Zeit ver=
ſucht Profeſſor Grunmach in Berlin den Cardiographen durch drei hohle Kapſeln,
aus denen er die Luft ausſaugt, etwa nach Art der Pneumatik=Leuchter an Fenſter=
ſcheiben, am Thorax feſt anzubringen.

Sind uns nun die Bedingungen und direkte Beeinfluſſungen des Herzſchlages
bekannt, ſo wird uns die erhaltene Herzkurve offenbar wichtige diagnoſtiſche Auf=
ſchlüſſe bei pathologiſchen Veränderungen dieſer Bedingungen geben. In aller=
erſter Linie ſind es die Verſorgung mit Sauerſtoff, ſowie gewiſſe Temperaturen,
welche den ſpontanen Herzſchlag bedingen. Tritt irgend eine Degeneration im
Bereich der ernährenden Herzgefäße, der Coronararterien ein, ſo wird ſich das
in der Kurve auf die Weiſe äußern, daß dieſelbe viel flacher und die Entfer=
nung zwiſchen den einzelnen Maxima und Minima viel größer wird. Kron=
ecker gelang es vermittelſt eines äußerſt eleganten Experimentes zu zeigen, daß
eine Hemmung innerhalb einer einzigen Coronararterie plötzlichen Herzſtillſtand
hervorruft; er injiziert zu dieſem Zwecke in den aufſteigenden Aſt dieſes Blut=
gefäßes flüſſiges Paraffin, welches im Augenblick der Erſtarrung bewirkt, daß
der Schreibſtift uns ſtatt der bisherigen Kurven eine gerade Linie zeichnet,
was ſoviel bedeuten ſoll, daß das Herz ſtillſteht. Die noch nach Stillſtand
beobachteten wurmartigen Flimmerbewegungen ſind nicht als Herzſchlag aufzu=
faſſen.

Sind die einzelnen Herzkurven ſehr hoch, jedoch abnorm weit voneinander
entfernt, was ſo viel heißen ſoll, daß wir eine große Intenſität des Herzſchlages
bei geringer Frequenz haben, ſo werden wir daraus ſchließen, daß die Blut=
temperatur eine ſehr niedrige iſt und ſich der Grenze nähert, wo die Pulſationen
gänzlich aufhören. Umgekehrt werden ſehr frequente aber flache Kurven darauf
hindeuten, daß ſich die Temperatur ihrer oberen Grenze nähert, wo die Herz=
thätigkeit ebenfalls verſagt; normale Kurven mit periodiſch wiederkehrenden ge=
raden Linien laſſen darauf ſchließen, daß wir es mit plötzlichem Herzſtillſtand
zu thun haben, was auf eine Reizung der hemmenden Herznerven, des ſoge=
nannten Nervus vagus, hindeutet; dieſer aber wird durch gewiſſe Gifte, wie zum
Beiſpiel Nikotin, gereizt, während Curare und Atropin die Vagus=Wirkung auf=
heben und alſo eine abnorm beſchleunigte Herzthätigkeit auf eine Schädigung des
Organismus durch die vorerwähnten Gifte ſchließen ließe.

Allerdings wird man gut thun, ſich nicht auf die Herzſtoßkurve allein zu
verlaſſen, da man unter anſcheinend denſelben objektiven Bedingungen und ſelbſt
beim ſelben Individuum ganz differente Kurven bekommen kann. Von den ver=
wickelten Vorgängen, die im Herzen ablaufen, kommt im Spitzenſtoß nur ein
geringer Teil zum Ausdruck, und dort, wo es ſich nicht um kliniſche Diagnoſtik,
ſondern um fundamentale Fragen der Herzphyſiologie handelt, wird man ſtets
zum untrüglichen Auskunftsmittel, nämlich zum viviſektoriſchen Eingriff greifen.

Die Strömung innerhalb der Blutgefäße iſt eine nur annähernd ſtationäre,
ſie wird durch den rhythmiſch wirkenden Herzſtoß bewirkt und in den Arterien

zeigt ſich eine dem Herzrhythmus entſprechende Druckſchwankung; wir nennen die=
ſelbe Puls. Der Puls der Arterien iſt an den oberflächlich gelegenen, wie zum
Beiſpiel in der Nähe des inneren Handgelenkes, ſowohl dem Gefühl, als auch
dem Geſicht zugänglich. Der zeitliche Verlauf der Pulsſchwankung ſowie deren
Intenſität wird am beſten mit graphiſchen Apparaten, welche uns die Durch=
meſſerveränderung der Arterienwand anzeigen und Sphygmographen genannt
werden, gemeſſen. Der erſte Sphygmograph iſt von Vierordt konſtruiert worden;
er beſtand aus einem Hebel, der unter variabler Gewichtsbelaſtung auf die pul=
ſierende Stelle aufgeſetzt werden konnte und mit einem Schreibwerk verbunden
war. Dieſes Inſtrument erwies ſich aber nicht nur als ſehr ſchwerfällig, ſondern
auch als direkt fehlerhaft, da es eine ſich ſo ziemlich immer gleich bleibende
Kurve zeichnete, welche uns über die Veränderungen innerhalb der Pulswelle
keinerlei Aufſchluß gab. Wie bei den meiſten Apparaten der phyſiologiſchen
Graphik, ſo war es auch hier Mareys Verdienſt, einen Pulszeichner konſtruiert
zu haben, welcher den höchſten Anforderungen entſpricht. Ein leichter Stroh=
halm dient hier als Schreibhebel und eine elaſtiſche Platte, welche auf die pul=
ſierende Stelle aufgeſetzt wird, überträgt ihre Bewegung auf den Hebel. Die
mit dem Mareyſchen Sphygmographen angeſtellten Verſuche ließen die Pulslehre
in einem ganz neuen Licht erſcheinen; was dem taſtenden Finger früher verborgen
blieb, das trat jetzt mit Hilfe des neuen Inſtruments klar zum Vorſchein. Während
man früher nur wußte, daß die Kurve des Pulſes ſteil anſteigt und langſam
fällt, ſah man jetzt, daß der abſteigende Schenkel noch einen oder manchmal auch
zwei variable Gipfel, Zacken, beſitze, was darauf hindeutet, daß die Herzkon=
traktion einen mehrgipfligen Verlauf hat. Dort wo es ſich um das Studium
abnormer, durch pathologiſche Bedingungen hervorgerufener Dikrotien oder Poly=
krotien handelt, wird der Pulszeichner am Krankenbett unſchätzbare Dienſte
leiſten.

　　Wir beſitzen jedoch noch eine andre Methode, um den Puls auch dem Auge
ſichtbar zu machen, und dies führt uns dazu, eines Verfahrens zu gedenken,
nach welchem ſtatt des Strohhalmes der Lichtſtrahl als Schreibhebel benutzt
wird.

　　Denken wir uns an der Spitze eines bewegten Körpers, zum Beiſpiel einer
ſchwingenden Stimmgabel, einen kleinen, hell beleuchteten Metallknopf, während
die andern Teile mattſchwarz lackiert ſind. Iſt die Schwingungsrichtung vertikal,
dann erſcheint dem Auge des Beobachters der vom Knopf zurückgelegte Weg
als eine vertikale glänzende Linie; dreht aber der Beobachter ſeinen Knopf ſchnell
von rechts nach links oder umgekehrt, ſo löſt ſich die glänzende Linie in eine
Kurve auf. Der Grund, aus welchem die Kurve entſteht, iſt kein andrer wie
beim Zuſtandekommen der Kurve auf dem Kymographion; das vom Knopf
reflektierte Lichtbündel ſtellt den Schreibhebel vor, die lichtempfindliche Netzhaut
vertritt die Stelle des rotierenden Cylinders, und der von der Spitze des Licht=
ſtrahles zurückgelegte Weg markiert ſich infolge Andauer der Erregung in ähn=
licher Weiſe wie der wirkliche Schreibſtift auf dem berußten Papier.

In den meiſten Fällen wird es ſich aber als zweckmäßiger erweiſen, beſonders wenn es ſich um objektive Darſtellung handelt, das Bild des ſchwingenden Körpers in einem Spiegel aufzufangen und die Auflöſung in eine Kurve durch Drehung dieſes Spiegels zu bewirken. Schalten wir zum Beiſpiel in das Zuleitungsgasrohr einer Stichflamme eine Mareyſche Kapſel ein, und leiten wir knapp vor der Ausſtrömungsöffnung einen durch Kautſchukſchlauch verbundenen Schalltrichter zu, ſo wird jeder hineingeſprochene Vokal ein periodiſches Heben oder Senken der Stichflamme bewirken; ſtellen wir nun dieſer Flamme gegenüber einen um ſeine vertikale Axe raſch rotierenden Würfel, deſſen vertikale Flächen Spiegelplatten ſind, ſo bieten ſich dem Auge des Beſchauers prächtige Vokalkurven, um deren genaue Unterſuchung ſich Profeſſor König in Paris beſonders verdient gemacht hat.

Will man nun nach dieſem Prinzip die Pulsbewegung objektiv darſtellen, ſo wird man folgendermaßen verfahren: Auf die Stelle der Pulserhebung befeſtigt man mit Klebwachs ein ſehr leichtes Spiegelchen, welches ſich bei jedem Pulſe offenbar mitbewegt; beleuchtet man nun dieſes Spiegelchen vermittelſt einer Projektionslampe und wirft das von ihm reflektierte Licht vermittelſt eines zweiten Spiegels, etwa wie der vorhin beſchriebene Würfelſpiegel, auf eine Wand und läßt den Würfelſpiegel rotieren, ſo erſcheint auf der Wand eine Pulskurve von ungeheuren Dimenſionen, die weder durch Reibung noch durch Eigenſchwingungen des Schreibhebels entſtellt iſt. Verwendet man ſtatt der fixen Wand eine mit lichtempfindlichem Papier bekleidete, ſich gleichmäßig bewegende Fläche, ſo erhält man, falls ſeitliches Licht durch geeignete Vorrichtungen abgehalten wird, eine photographiſche Kurve, die, was Treue und Verläßlichkeit anbetrifft, jede auf eine andre Art gewonnene weit übertrifft.

Ebenſo intereſſante Aufſchlüſſe erhalten wir, wenn wir zum Objekt unſrer graphiſchen Unterſuchungen die Atmung machen; wir werden dann nicht nur über Frequenz und Tiefe der Atembewegungen Auskunft erhalten, ſondern unſer Kymographion wird uns auch über das Vorhandenſein von Atempauſen oder Atmungsſtillſtänden Aufſchluß erteilen. Die graphiſche Methode wird uns aber in dieſem Falle auch über die Größe der Anſtrengung belehren, welche zu einer Inſpiration notwendig iſt und die Meſſung des in einem beſtimmten Zeitraum hin und her geatmeten Volumens ermöglichen. Auf die iſolierte Darſtellung beſtimmter Atmungsmuskeln werden wir beim lebenden Menſchen Verzicht leiſten müſſen, da eine ſolche Darſtellung ohne viviſektoriſchen Eingriff nicht möglich iſt.

Eines der bekannteſten Inſtrumente, welches auf den meiſten Jahrmärkten zu ſehen iſt und dort von den Leuten meiſtens zum „Ult" benutzt wird, jedoch auch in keinem phyſiologiſchen Laboratorium fehlen darf, iſt das ſogenannte Spirometer. Dasſelbe beſteht aus einem chlindriſchen Gefäße, in welchem ein andres auf zwei ſeitlich angebrachten Rollen hängt und durch je ein Gewicht genau in indifferentem Gleichgewicht gehalten wird. Iſt nun der Raum, welcher von beiden Gefäßen eingeſchloſſen wird, genau geaicht, und iſt an dem äußeren ein Schlauch mit Mundſtück angebracht, ſo wird ſich offenbar bei guter Expiration das innere Gefäß heben, und wir brauchen nur abzulesen, wie viel Liter Luft wir ausgeatmet haben. Es ist dadurch ein wertvolles diagnostisches Mittel bei Bestimmung zu oberflächlicher oder zu tiefer Atmung gegeben. In den meisten Fällen, nämlich dort, wo es sich um längere Registrierungen von Atmungen handelt, ohne daß die Versuchsperson dadurch inkommodiert wird, greift man dazu, die Bewegungen des Brustkorbes aufzuzeichnen; man kann dann stundenlang registrieren, ohne daß der Patient auch nur die geringste Belästigung erfährt, und zwar wird man entweder Querschnittsveränderungen des gespannten Thorax oder aber Veränderungen einzelner Bruchdurchmesser messen. Zu ersterem Behufe bedient man sich eines von Marey konstruierten Instrumentes, welches Pneu-mograph heißt und folgendermaßen konstruiert ist: Eine elastische Stahlplatte mit zwei daran befestigten Armgelenken wird vermittelst eines Bandes fest um den Brustkorb geschnallt; bei jeder Inspiration gehen die Gelenke auseinander, während bei darauffolgender Exspiration die Elasticität der Platte sie in ihre frühere Stellung zurückzwingt. An dem einen Gelenkarm ist ein Hebel angebracht, welcher auf eine schon früher beschriebene Mareysche Kapsel derart wirkt, daß jede Inspiration eine Vergrößerung des Kapselraumes zur Folge hat, während jede Exspiration dessen Wiederverkleinerung bewirkt. Die Verbindung mit dem Registrierapparat geschieht vermittelst des schon mehrfach erwähnten Luftüber-tragungsverfahrens. Der zweite, seltenere Fall, wo es sich nämlich darum handelt, Veränderungen einzelner Bruchdurchmesser zu konstatieren, setzt in allererster Linie eine vollständig ruhige Lage der Versuchsperson voraus.

Ein Instrument, welches erlaubt, die relativen Verschiebungen zu registrieren, welche zwei diametrische Punkte des Brustkorbes gegeneinander erleiden, ist der von Paul Bert konstruierte Zirkelstethograph; er besteht aus einem Tasterzirkel, der an einem Schenkelende eine Platte, am andern Schenkel eine Luftkapsel trägt, die ihrerseits mit dem Kymographion in Verbindung steht; ein elastischer Ring sichert ein Zurückgehen in die Ruhestellung. Wird nun das Instrument derartig angelegt, daß die Platte den Rücken, die Kapsel die Brust berührt, und läßt man dann das Kymographion laufen, so bekommt man ein genaues Bild von der Durchmesserveränderung dieser Thoraxstelle.

Welche sind nun diejenigen Schlüsse, die wir aus der Analyse der Atem-kurven ziehen können?

Wird das Blut durch künstliches Lufteinblasen oder durch Zuführung von Sauerstoff arteriell gemacht, so hört das Atmungsbedürfnis offenbar auf und wir erhalten zwar sehr frequente aber äußerst flache, einer geraden Linie sich nähernde Kurven. Man nennt diesen Zustand Apnoe. Bei Vergeblichkeit der Atembewegungen hingegen, bei Verschluß der Luftwege und überhaupt bei Sauer-stoffmangel im Atmungsraum wird das Blut offenbar venös, und wir erhalten, da das Atmungsbedürfnis ein sehr großes ist, sehr hohe, aber weit voneinander entfernte Kurven; diese Erscheinung ist unter dem Namen Dispnoe bekannt. Würde uns das Kymographion nach längerer dispnoetischer Atmung eine sehr lange gerade Linie zeigen, welche dann wieder durch eine tiefe Inspiration

unterbrochen wird, ſo könnten wir daraus ſchließen, daß dieſer Atemzug zu den
ſogenannten „Terminalen" gehört, das heißt, einer völligen Erſtickung vorangeht.
Sind jedoch die Atempauſen weniger lang, jedoch periodiſch wiederkehrend
(Cheyne-Stokesſche Phänomen), ſo wird das auf Herzleiden, in manchen
Fällen allerdings auch auf Gehirnleiden hinweiſen.

Durch die auf der Spitze des Monteroſa angeſtellten Verſuche zeigte der
Turiner Gelehrte Profeſſor Angelo Moſſo, daß die Bergkrankheit, das heißt der
Einfluß verdünnter Luft auf den Organismus, von ähnlichen Erſcheinungen
begleitet iſt, wie ſie das Cheyne-Stokesſche Phänomen zeigt. Es ſcheint demnach,
daß der in höheren Regionen herrſchende geringere Luftdruck das Blut auch unfähig
macht, die genügende Menge Sauerſtoff aufzunehmen.

*

Eine von den bisherigen Methoden ganz abweichende iſt die ſogenannte
pletysmographiſche; es wird hier das durch Zu- und Abſtrömen des
Blutes wechſelnde Volumen eines ganzen Organismus gemeſſen. Dies geſchieht
auf folgende Weiſe: Ein aus Glas oder Blech beſtehender Aermel iſt an einem
Ende geſchloſſen und am andern Ende mit einer Kautſchukmanſchette verſehen.
Ein Verbindungsrohr führt zu einem kleinen Gefäß, in dem ein mit einem
Schreibſtift verſehener Kork ſchwimmt. Die Verſuchsperſon ſteckt nun ihren Arm
in den Glasärmel, und zwar ſo, daß die Kautſchukmanſchette völlig abbichtet.
Wird nun dann das Syſtem mit Waſſer gefüllt, ſo wird offenbar jede Volum-
veränderung des Armes eine Erhebung oder Senkung des Waſſerſpiegels hervorrufen, und der Schreibſtift wird uns genaue Auskunft über Frequenz und
Intenſität dieſer Veränderungen geben. Die Blutmenge eines Organs iſt aber
bekanntlich nicht konſtant, ſie wechſelt ſowohl unter äußeren, als auch inneren Ein-
flüſſen; ſie wird ebenſo von peripheren wie von zentralen Reizen bedingt, Herzſchlag und Atemphaſen ſind auf ſie von Einfluß. Aber das Organ iſt nicht
nur rhytmiſchen, ſondern auch gelegentlichen Volumſchwankungen unterworfen.
Es ſind entweder rein mechaniſche Einflüſſe, welche den Volumgehalt ſteigern,
oder es ſind pſychiſche, zentrifugale Reize, welche, auf das Gefäßnervenzentrum
wirkend, die Blutgefäße verengen oder erweitern und auf dieſe Weiſe zur pletysmo-
graphiſchen Unterſuchung Gelegenheit bieten.

Die bekannteſten Pletysmographen ſind diejenigen von Moſſo und Kronecker,
welche in Laboratorien zumeiſt benutzt werden. Sie decken ſich mit der oben
gegebenen Beſchreibung. Abweichend von den bisher bekannten Syſtemen pflegte
ich den Pletysmographen in der Weiſe zu verwenden, daß der Arm nicht horizontal ausgeſtreckt wird, ſondern vertikal herabhängt, wodurch ich die venöſe
Zirkulation der arteriellen gegenüber nach Möglichkeit zurückdränge, ferner fülle
ich das Glasgefäß ſtatt des trägen Waſſers mit Petroleum, und endlich bringe
ich die Schreibvorrichtung am Glasgefäß ſelbſt an, wodurch die Verzögerung
im Vergleich zu andern derartigen Inſtrumenten eine geringere wird. Um daher
eine pletysmographiſche Kurve zu deuten, wird man vor allem die regelmäßigen

pulfatorifchen Schwankungen beachten müffen, welche fozufagen eine Probe der
Empfindlichkeit für das Inftrument find, und außerdem diejenigen langfamer ab=
laufenden Erhebungen und Senkungen der Kurve, welche die erfteren aufgefetzt
find. Aeußerft intereffant ift es zu fehen, wie man den Einfluß pfychifcher Reize
am Plethysmographen förmlich ablefen kann. Momentaner Schreck oder Freude
bedingen Blutzudrang zum Gehirn, folglich Abnahme in andern Gefäßen, plötz=
liche Erregung der Verfuchsperfon wird fich alfo durch Fallen der Kurve äußern,
die Rückkehr zum normalen Status fich durch ein langfames Wiederanfteigen mani=
feftieren. Aehnlich wird es fich bei einer intenfiven geiftigen Arbeit mit plötzlicher
Unterbrechung verhalten. Geben wir unfrer Verfuchsperfon beifpielsweife ein
kompliziertes Kopfrechenexempel; die Verfuchsperfon fitzt regungslos da, und
nichts verrät ihre angeftrengte geiftige Thätigkeit wie die fortwährende fallende
Kurve. Doch im felben Augenblicke, ja manchmal noch einen Augenblick früher,
wo unfre Verfuchsperfon das Refultat hat, fchießt die Kurve förmlich fteil in
die Höhe, und nur gar zu oft gefchieht es, daß die Volumzunahme des Armes
eine fo große wird, daß die Flüffigkeit in dem zur Aufnahme des Schreibftiftes
beftimmten Gefäß überfließt.

Die hier befchriebenen Methoden find diejenigen, welche die Phyfiologie am
meiften gefördert und heute geradezu das Abc eines jeden Phyfiologen find.
Sie zeichnen fich hauptfächlich dadurch aus, daß fie uns die größte denkbare
Objektivität gewähren. Anders fteht es mit denjenigen Unterfuchungen, die auf
dem Gebiete der phyfiologifchen Akuftik und phyfiologifchen Optik gemacht
werden. Hier ift der Forfcher zumeift angewiefen, fich feine Methoden felbft
zu fchaffen und fich auf die Selbftausfage der Verfuchsperfon verlaffen zu
müffen.

Doch davon foll an andrer Stelle und bei andrer Gelegenheit erzählt
werden.

Ein politifches Porträt.
Emilio Visconti Venofta.
Von
Leone Fortis (Rom).

In mehreren Nummern diefer Zeitfchrift habe ich verfucht, den Lefern
derfelben die Zeit ins Gedächtnis zurückzurufen, die ich die klaffifche der
dramatifchen Kunft nennen möchte — eine Zeit, über welche fich die heillofe
Tüncherarbeit der gegenwärtigen Dekadenz gebreitet hat, fo daß man es, um die

wunderbaren Gemälde zu bewundern, welche diese Kalkschicht dem Auge verbirgt, vielleicht in der egoistischen Absicht, einen Vergleich der Vergangenheit mit der Gegenwart zu vermeiden, machen muß, wie mit gewissen Fresken unsrer alten Kirchen und die obere Deckschicht gründlich abkratzen.

Zu diesem Zwecke habe ich sie in geistige Verbindung mit Adelaide Ristori gesetzt, die mit Tommaso Salvini die letzte Ueberlebende jener künstlerisch bedeutsamen Zeit ist, von der man zu wenig weiß oder zu viel vergessen hat.

Nun ist aber auch die parlamentarische Politik eine Art Kunst, die bei allen Völkern Zeiten des Ruhms und Zeiten des Verfalls gehabt hat. Ich habe das Glück und zugleich das Unglück gehabt, unser nationales, politisches und parlamentarisches Leben mitzuerleben, von der glorreichen Zeit an, die sich von 1848 bis 1870 erstreckte, bis zu der des Verfalles, die uns so lange schon allzusehr bedrückt, und in der so vieles von der Vergangenheit übertüncht worden ist, daß die jetzige Generation die Leute, die Ideen, die edle Begeisterung und die große Standhaftigkeit derselben nicht mehr kennt und es für angebracht findet, auch wenn noch eine schwache Erinnerung an dieselbe in ihr fortlebt, sie zu vergessen oder wenigstens so zu thun, als ob sie dieselbe vergessen hätte.

Und darum habe ich gedacht, der Versuch, die obere Deckschicht wegzukratzen, könne für uns Italiener von Vorteil sein, um die skeptische Apathie, die schlaffe Gleichgültigkeit und die chronische Blutarmut zu überwinden, die unser derzeitiges nationales Leben lähmen; ebenso für die Fremden, die bei der Würdigung unsers Italiens dasselbe nicht nur nach dem beurteilen, was sie augenblicklich vor sich sehen, und um ihnen zu zeigen, daß hinter der deckenden Kalkschicht große und gewaltige Gestalten hervorgehen können, die würdig waren, unser Italien wieder aufzurichten und es zum Teil neu zu schaffen, wie sie jetzt würdig sind, es in seiner ganzen Hoheit im Gedächtnis der Nachwelt zu erhalten.

Und da wir in Visconti Venosta einen ruhmwürdigen Ueberlebenden aus dieser ruhmwürdigen Schar von Patrioten und Staatsmännern haben, die von den jähen Enttäuschungen von 1848 und der Niederlage von Novara Italien zu seiner nationalen Einheit führten, indem sie dieselbe in Rom festigten, mache ich den Anfang damit, den Lesern der „Deutschen Revue" eine Porträtskizze zu entwerfen, die um so interessanter ist, als es Visconti Venosta beschieden war, als Bindeglied zwischen der Vergangenheit und der Gegenwart zu dienen (ob zu seiner sonderlichen Genugthuung, weiß ich nicht, da er, wie ich mir einbilde, schmerzhaft die Wundmale empfinden muß, welche die Anstrengungen der Verbindungsarbeit in seinen diplomatischen Muskeln zurückgelassen haben).

Emilio Visconti Venosta.

Mit Emilio Visconti Venosta verbindet mich eine Freundschaft von fast einem halben Jahrhundert. Wir fanden uns im Jahre 1848 in Mailand zusammen an einem Tage, glühend von Begeisterung, überschäumend von Glauben und erfüllt von Hoffnungen — einem Tage, an welchem die Angehörigen des Bürgerstandes, der in seinem hoffnungsfreudigen Wahne schon das ersehnte Ziel feiner Unabhängigkeit erreicht zu haben glaubte, sich in dem Rausche dieses Wahnes die Straßen entlang bewegten, den aus dem Stegreif gebildeten Musikbanden, welche die improvisierten patriotischen Lieder spielten, folgend und zujubelnd; an welchem die dreifarbigen Fahnen siegesstolz von allen Fenstern wehten; an dem man unwillkürlich das Verlangen und das Bedürfnis empfand, sich zu umarmen, auch wenn man sich nicht kannte; an einem jener Tage, die nicht aus dem Gedächtnis und dem Herzen dessen zu entschwinden vermögen, der sie erlebt hat, wie die Erinnerung an die Züge und das Lächeln des Mädchens nicht schwindet, das die erste Liebesregung in uns hervorgerufen hat.

Wir hatten uns bis zu diesem Tage nicht gekannt; aber ein Händedruck, den wir austauschten, genügte, um uns zu sagen, daß wir von demselben Streben und demselben Glauben beseelt seien; und mit diesem Händedrucke schloß sich unsre Freundschaft.

Wir waren beide noch sehr jung, aber die Freundschaften, die in den ersten Jugendjahren geschlossen werden, sind die wärmsten und dauerhaftesten, denn bei ihrer Bildung und Erhaltung bleibt jede Spur jenes Egoismus aus dem Spiel, der die Freundschaften der reiferen Jahre verfälscht und zerstört. Wir waren glühende, leidenschaftliche und überzeugte Anhänger Mazzinis, wie das damals alle jungen Leute waren, die sich mutig für seine Sache verschworen hatten und bereit waren, für die Verteidigung derselben ihr Leben einzusetzen. In dem weiten und bunt zusammengesetzten Kreise von Freunden, in dem wir lebten, gab es nur einen, der unser Bekenntnis nicht teilte und dasselbe heftig bekämpfte: es war — wer sollte es glauben? — Alberto Mario, um jene Zeit ein ebenso glühender „Albertist", wie man damals sagte, wie er später ein glühender Apostel der Republik war. Bei den lebhaften Erörterungen und heftigen Streitigkeiten, die sich oft bis zu einer sehr erheblichen Tonhöhe steigerten, hielt er uns allen stand; man schrie, man tobte, aber die Heftigkeit des Streites störte niemals unfern vertrauten Verkehr, weil denselben ein uns allen gemeinsames Gefühl wahrte und aufrecht erhielt — die Liebe zum Vaterlande.

Damals war es so, heute ist es nicht mehr so, wo es leider kein gemeinschaftliches Gefühl mehr giebt, das den neidischen Zorn, den verbissenen Haß und die wilde Rachsucht des politischen Parteimannes zügelte und mäßigte.

Der heftige Sturmwind, der mit der Niederlage von Novara die kühnen Illusionen unsrer Jugend verwehte, riß in seinem Wirbel mich und Visconti Venosta auseinander, und die ganzen zehn Jahre von 1848 bis 1859 hindurch, die mit so gefährlichen Zuckungen begannen und mit so mutigen und erfolgreichen Werken des Widerstandes und der Vorbereitung ihren Fortgang nahmen und ihren Abschluß fanden, verloren wir uns aus den Augen.

Ich wußte von ihm, daß er an diesem Widerstande und dieser Vorbereitung mit großer Ueberzeugungstreue und Geisteskraft in den Spalten des mutigen „Crepuscolo" und in beständiger gefahrvoller propagandistischer Thätigkeit teilgenommen hatte, wie er vielleicht auch von mir gehört hatte, daß ich mich in der Avantgarde der humoristischen Journalistik herumschlug.

in der der zähe und gefährliche Kleinkrieg gegen die Fremdherrschaft geführt wurde.

Wir haben uns von neuem im Jahre 1859 gefunden, einen Tag später als die verbündeten Heere ihren Einzug in Mailand gehalten hatten. Inzwischen rückte hier auch Victor Emanuel zu Pferde ein unter dem „Hurra" der erregten Menge. Der Blick, mit dem wir beide dem königlichen Befreier folgten, und der Händedruck, den wir gleich darauf austauschten, sagte uns, daß die innige Ueber= zeugung, für welche einige Jahre später Crispi den richtigen Ausdruck finden sollte: daß die Monarchie uns die Möglichkeit der Vereinigung geboten und die Republik uns gespalten haben würde — daß diese Ueberzeugung den jungen Sekretär Mazzinis in der gleichen Weise wie den begeisterten Freiwilligen von 1848 in zwei Leute verwandelt habe, die durch Erfahrung reif geworden und entschlossen seien, die alten Illusionen dem höchsten Ideale, das sie insgesamt beherrscht hatte, der nationalen Einheit, zu opfern.

Kurze Zeit darauf begann er seine vom Glück begünstigte Laufbahn.

Er wurde zum Kommissar bei Garibaldi in Como ernannt; aber dieser äußerst delikaten Mission wurde bald von den Ereignissen ein Ende gemacht; er erwarb sich indes ein Verdienst, zu dem in jenen Augenblicken nicht leicht zu gelangen war, als in dem Innern Garibaldis der Zorn darüber auflohte, daß er nach dem Siege von San Fermo genötigt worden war, auf seinem Vor= marsche Halt zu machen; das Verdienst bestand darin, daß er es zwischen dem Kommissar der königlichen Regierung und dem hitzigen General der Freiwilligen auch nicht zu der leisesten Spur eines Zerwürfnisses oder einer Mißstimmung kommen ließ.

Von dieser Stellung ging er zu der eines Sekretärs bei dem Diktator der Emilia, Luigi Carlo Farini, über, mit der Ueberwachung der Beziehungen zum Ausland betraut.

Wenn damals auch die große italienische Politik in Turin unter der hohen Inspiration Cavours gemacht wurde, war diese Aufgabe nicht minder delikat, nicht minder schwierig und mit nicht minderer Verantwortlichkeit verbunden.

Die provisorischen Regierungen der Bezirke, welche der Vertrag von Villa= franka bis zu einem gewissen Grade sich selbst überlassen hatte, wobei von seiten des Kaisers Napoleon III. sogar die Absicht obwaltete, die Konsolidierung der nationalen Einheit Italiens zu hindern oder wenigstens zu verzögern, und die Bevölkerung dieser Bezirke, welche jene Regierungen geschaffen oder mit Be= geisterung aufgenommen hatten, verfolgten ihrerseits ein gemeinsames Ziel, das dem Versuche, sie getrennt zu halten, entgegenzuarbeiten und dabei gefährliche Zusammenstöße und allzuheftige Erschütterungen zu vermeiden; und zu diesem Zwecke bereiteten sie, im Einverständnis miteinander, die gewichtige Waffe der Plebiscite vor, für die man mit großer Geschicklichkeit die öffentliche Meinung des Auslandes günstig stimmen mußte, dabei das Mißtrauen, die Eifersucht und den Neid der fremden Mächte überwindend, die der italienischen Einheit mit ungewissen Gefühlen oder direkt feindselig gegenüberstanden.

Bei dieser heiteln Aufgabe enthüllten sich die besonderen Vorzüge des jungen Patrioten: Ruhe, Takt und Ueberlegungsvermögen.

Gerade diese Eigenschaften waren es, die zunächst die Aufmerksamkeit des Grafen Cavour auf ihn lenkten und ihm sodann die Sympathie und das Zutrauen desselben erwarben, und er erhielt einen ganz augenfälligen Beweis dafür, da ihn im Winter 1860 Cavour und Farini nach Paris und London schickten, mit dem geheimen Auftrage, mit Napoleon und Gladstone über die Frage der Annexionen zu verhandeln und so die Aufgabe, mit der er bereits in der Emilia begonnen, zum Abschluß zu bringen.

Der übernommene Auftrag wurde von ihm so gut zur Erledigung gebracht, daß Cavour, äußerst zufrieden mit seiner Leistung, vorhatte, ihn zum Generalsekretär des Auswärtigen in seinem eignen Ministerium zu machen. Seine Ernennung wurde jedoch verschoben, weil Cavour durch eine Schiebung im diplomatischen Dienst den bisherigen Generalsekretär zu einer andern Stelle befördern wollte.

Nach dem Tode Cavours bildete sich das Ministerium Ricasoli mit Pasolini als Vertreter der auswärtigen Angelegenheiten.

Pasolini blieb nur kurze Zeit im Amte, und ihm folgte als Inhaber des Ministeriums Visconti Venosta, der damals einunddreißig Jahre alt war.

Diese Ernennung erregte im ersten Augenblick in Mailand ein gewisses Staunen, da man dort in Visconti Venosta nur den jungen Elegant vom Jahre 1847, den Mitkämpfer an den fünf Tagen, den mutigen Verschwörer und den betriebsamen Auswanderer nach der Schweiz erblickt, aber keine Gelegenheit gehabt hatte, ihn bei seiner so vielseitigen Erprobung im diplomatischen Dienst und bei der Erfüllung der ihm anvertrauten schwierigen Arbeiten zu beobachten und zu beurteilen. Das Staunen schwand indes bald; so fest und sicher hatte er seine Stelle angetreten und so tüchtig behauptete er sich in derselben.

Von 1861 bis 1876 (dem Sturze der Rechten) war er dreimal Minister des Auswärtigen in den einander folgenden Kombinationen mit Ricasoli, Sella, Minghetti und Lanza — alles großen, auf der politischen Bühne Italiens erscheinenden Gestalten — und verwaltete das Portefeuille im ganzen zehn Jahre lang.

Zu Beginn des Jahres 1866 wurde Visconti Venosta, als La Marmora Conseilspräsident und Minister des Auswärtigen war, während der geheimen Unterhandlungen mit Bismarck wegen der Allianz und des Krieges mit Oesterreich als Botschafter nach Konstantinopel geschickt, doch sollte diese Ernennung nur als Deckmantel einer andern ihm anvertrauten Mission bienen, der, sich in Paris aufzuhalten — das damals das Zentrum der europäischen Politik war — und mit dem Kaiser zu konferieren, um dessen Verdacht und Unentschiedenheit zu zerstreuen.

Er war aber nur kurze Zeit auf seinem Posten, als es zur Schlacht von Custozza und deren Folgen kam. Zwischen La Marmora — der die Conseilspräsidentschaft an Ricasoli abgetreten hatte, um das Kommando über die Armee

zu übernehmen, dabei aber das Ministerium des Aeußern beibehaltend — und
Bismarck war es zu ernstlichen Zwistigkeiten gekommen; deshalb zog La Marmora
sich vom Ministerium zurück und berief telegraphisch den jungen Botschafter von
Konstantinopel ab, um ihm wiederum das Portefeuille des Auswärtigen anzuvertrauen. Infolgedessen mußte Visconti die schwierige Mission der Friedens-
unterhandlungen übernehmen, während zwei Niederlagen auf uns lasteten, Bismarck wütend war, weil er (mit Unrecht) La Marmora mißtraute, die öffentliche
Meinung sich in Erregung und höchster Leidenschaft befand und um jeden Preis
Trient und Triest haben wollte, Oesterreich den Anspruch erhob, Verona für sich
zu behalten, oder daß ihm wenigstens das Festungsviereck mit Millionen abgekauft
werde, und sich dazu noch die Schwierigkeit gesellte, die Beziehungen mit Frankreich zu regeln, dem Oesterreich Venetien abgetreten hatte.

Es gelang ihm, die guten Beziehungen mit Bismarck wieder herzustellen,
das Verhältnis zu Frankreich zu ordnen und den Frieden mit Oesterreich abzuschließen.

Unterdessen erhob sich eine andre bringliche Frage am Horizont, die römische,
deren Lösung derart in die Nähe gerückt war, daß ihr aus dem Wege gehen
oder sie verzögern vielleicht die Auflösung Italiens hätte bedeuten können, das
die Hauptstadt in Florenz als mißlich empfand und von demselben Minister,
der ihre Verlegung dorthin bewirkt hatte, die eigentliche historische und natürliche
Hauptstadt verlangte — Rom.

Es wurde von seinen Gegnern — und sein rasches und beständiges Empor-
kommen hatte ihm deren viele verschafft — gesagt, der Einzug Italiens in Rom
habe ihm viel Aufregung und viele Sorge bereitet, ihn in große Verlegenheit
gesetzt und mit Widerstreben erfüllt.

Aufregung und Sorge bereitet — ja; in Verlegenheit gesetzt und mit Widerstreben erfüllt — nein.

Während dieser Zeit verkehrte ich häufig in der Vertraulichkeit alter Freundschaft mit ihm in dem Palast der Signoria.[1]) Sein Kabinett war von Bot-
schaftern und Gesandten der auswärtigen Mächte belagert, die ihn beschworen,
der cadornischen Expedition, die schon auf dem Marsche war, Einhalt zu gebieten,
indem sie ihm versicherten, in Rom bereiteten sich die päpstlichen Truppen auf
einen heftigen Widerstand vor, und ihm die heilige Stadt nach ihrer Eroberung
ausmalten, Barrikade an Barrikade und die Straßen unter den Augen des
heiligen Vaters von Leichen bedeckt und mit Blut besudelt, zugleich bange Zweifel
wegen des Eindrucks anregend, den dieses schreckliche Schauspiel auf das politische
und gläubige Europa machen könne. Wenn er unter einem derartigen Drucke keine
große Besorgnis und keine große Beunruhigung empfunden hätte, wäre er weder
ein guter Minister noch ein guter Patriot gewesen.

Wer sich auf ein waghalsiges Unternehmen einläßt, das von allen Seiten

---

[1]) Der alte Palast der Signoria in Florenz, in dem während der hauptstädtischen Zeit
das Parlament und das Ministerium des Auswärtigen untergebracht waren.

mit Gefahren bedroht ist, und sich die Augen verbinden läßt, um diese nicht zu
sehen, und dann so mit verbundenen Augen über die Hindernisse hinwegsetzt auf
die Gefahr hin, daß er sich mit dem Kopfe an die Mauern stößt, ist kein ernst-
hafter Mann und noch weniger ein Staatsmann, der die ganze Verantwortlichkeit,
die auf ihm ruht, fühlen und in seine Berechnung ziehen muß.

Das, was diese Diplomaten unserm Minister des Auswärtigen in Aussicht
stellten, traf nicht ein — zum Glück für uns; aber es hätte eintreffen können
und vielleicht sogar eintreffen müssen, und darum galt es, sich auf einen derartigen Fall vorzusehen. Er erblickte im Geiste den Weg vor sich, den Italien
ihm zeigte, und er folgte ihm, ohne sich je auf ihm anzuhalten, fest von einer
Ueberzeugung durchdrungen, welche die Richtschnur für sein Verhalten war, und
die er in den folgenden Worten zusammenfaßte: Nach Rom zu gehen, sei an sich
leicht, die Schwierigkeit sei nur, in der richtigen Weise dahin zu gehen,
das heißt, so, daß die Frage nach der Anschauung der Kabinette moralisch gelöst
werde und aufhöre, eine Frage zu sein.

Wer darum in seiner Umgebung ihn zu der Occupation drängte und zu
bestimmen suchte, zielte weit eher auf ein rasches Handeln ab als auf ein Handeln
in der richtigen Weise.

Was sein Widerstreben anlangt, das bei den Radikalen zur stehenden Redensart geworden ist, so erklärt sich der kleine Verzug, der die nervöse Ungeduld der
öffentlichen Meinung hervorrief, daraus, daß er damit beschäftigt war, das große
Ereignis vorzubereiten, und er die stillschweigende Zustimmung Frankreichs
erlangen wollte, indem er sich mit Jules Favre verständigte, der damals Minister
des Auswärtigen Napoleons III. war, und so konnte man von ihm wohl sagen,
daß er in Rom ernst und gedankenvoll, aber nicht bleich und zitternd einzog.

Er war es, der das Gesetz über die Garantieverträge entwarf, wobei er sich
der Notizen und vertraulichen Mitteilungen bediente, die er von Cavour selbst
erhalten hatte.

Im Jahre 1876, als es zum Waterloo der Rechten kam, das von der
Sassoni-Toscani veranlaßt wurde, die mit Sack und Pack in das feindliche
Lager übergingen, wurde noch an dem Abend der Abstimmung ein Ministerrat
gehalten, der sehr erregt und stürmisch verlief, weil in ihm nicht nur über das
Leben des Ministeriums, sondern über eine viel wichtigere Frage abgestimmt
werden sollte, über die, zu entscheiden, ob die Rechte der Linken das Feld räumen,
oder ob man einen Gegenzug versuchen, die Kammern auflösen und an die
Stimme der Wähler appellieren solle.

In diesem Rate trat Visconti Venosta, der damals Minister des Auswärtigen unter der Präsidentschaft Minghettis war, mit der an das Vorbild der
Engländer gemahnenden konstitutionellen Unerbittlichkeit, welche die beständige Norm
seines parlamentarischen Verhaltens war, lebhaft dafür ein, daß man der Linken
das Feld räumen und die Regierung an die hervorragendsten Leute jener Partei,
Depretis, Crispi, Cairoli, Mancini, Zanardelli übergehen müsse, und zwar zum
Heile der Dynastie und zu Gunsten der politischen Erziehung des Landes; auch

solle man erst das ganze Gebiet der Erfahrung erschöpfen, bevor man an einen neuen Sieg denke, der nach ihm nicht durch das Gewaltmittel einer unmittelbaren Opposition kommen dürfe, sondern aus der Erfahrung hervorgehen müsse, die daher zunächst zu erschöpfen sei.

Seine Stimme drang durch: die Krisis wurde beendet und das Feld der Linken geräumt, die mit Pauken und Trompeten ihren Einzug in die Regierung hielt.

Von diesem Augenblick an zog sich Visconti Venosta vollständig vom politischen Leben zurück, weil er stets der Ansicht war, Staatsleute, die einmal am Ruder gewesen, müßten sich, sobald sie von der Regierung zurückgetreten seien, vor nichts so sehr hüten als davor, sich in den Reihen der Opposition an den parlamentarischen Geschicken zu beteiligen, schon weil es ihnen als eine unverbrüchliche Pflicht auferlegt sei, mit der größten Strenge das zu hüten, was man als ein Staatsgeheimnis betrachten könne.

Vom Jahre 1876 an schloß er sich fast die ganzen folgenden zwanzig Jahre hindurch in der Einsamkeit des Privatlebens ein, aus der er nur einmal heraustrat, 1895, als der Minister Brin ihn zum italienischen Bevollmächtigten bei dem in Paris zusammentretenden Schiedsgerichte ernannte, das die schwierige, zwischen England und Amerika schwebende Frage wegen der Fischerei im Behringsmeer entscheiden sollte. Dieser äußerst delikate Auftrag hielt ihn ungefähr ein Jahr lang in Paris fest, und er entledigte sich desselben mit so peinlicher Gewissenhaftigkeit, daß er — was nur selten dagewesen — das Lob der beiden streitenden Parteien auf sich vereinigte.

Ich will mich natürlich nicht dafür verbürgen, daß er während dieser langen zwanzig Jahre nicht ab und zu beim leisen Verdämmern eines trägen Tages das Buch, mit welchem er sich im Verlaufe desselben beschäftigt, wieder auf die Regale seiner Bibliothek geschoben oder das Gewehr des morgenblichen Jagdausflugs in eine Ecke seines Vorzimmers gestellt und dabei an die Erregungen und Genugthuungen der Consulta gedacht habe, an die häufigen und herzlichen Beziehungen, die er als Gleicher mit Gleichen zu den ältesten und hervorragendsten Staatsmännern, einem Bismarck und Gladstone, unterhalten, an die schwierigen internationalen Fragen, die er mit ihnen erörtert, und an den berechtigten Stolz, daß er diejenigen von denselben zur Lösung gebracht, von denen das Leben seines Landes abhing — und daß ihm beim Versenken in diese Erinnerungen die Ruhe nicht gar zu still, das Schweigen nicht gar zu tief und das Grün, das ihn auf seinem Landsitze umgab, nicht gar zu eintönig erschienen sei.

Allein es unterliegt keinem Zweifel, daß er nichts von jener Ungeduld besaß oder wenigstens nichts von ihr zu erkennen gab, nichts von jener Ruhelosigkeit, von welcher fast alle Politiker befallen werden, die sich — freiwillig oder unfreiwillig — von der Gewalt zurückziehen, einer Ruhelosigkeit, welche sie dem überstürzenden Drange der parteiischen und gewaltthätigen Opposition entgegenführt, einer Ungeduld, die sie geneigt und aufgelegt zu den seltsamsten und oft unmoralischen Koalitionen macht.

15*

Wenn er in dieser Periode etwas erwartete, so wußte er das in einer Weise zu thun, daß niemand etwas davon merkte, niemand, nicht einmal die Regierung, die sein großes Ansehen und seine große politische Erfahrung zum Besten des Landes hätte verwerten können und müssen und sich dabei um billigen Preis das Lob und den Ruf politischer Unparteilichkeit hätte erkaufen können.

Es ist in der That behauptet worden, als durch den Rücktritt Cialdinis die Pariser Botschaft vakant geworden sei, habe die Regierung einen Augenblick daran gedacht, sie Visconti Venosta zu übertragen, und sicherlich wäre niemand geeigneter dafür gewesen als er; aber um jene Zeit befand er sich in Rom und spielte dort den Senator mit einer derartigen Ruhe und dem politischen und ministeriellen Getriebe sich so fern haltend, daß die Regierung den Gedanken, wenn sie ihn überhaupt hatte, fallen ließ, fürchtend, sie könne von Visconti wegen dessen Einsiedlerlebens eine Absage erhalten, und Roßmann ernannte.

Bei diesem Einsiedlerleben verweilte er übrigens häufig mit seinen Gedanken, seinem Erinnern und seinem Wünschen. Zu einem gemeinschaftlichen Freunde sagte er erst kürzlich, er empfinde ein unsägliches Bedürfnis, zu demselben zurückzukehren, wie der Erstickende das Bedürfnis empfinde, das Fenster aufzureißen und frische und reine Luft einzuatmen, um wieder zu sich zu kommen.

Und es ist das begreiflich; als er im verflossenen Jahr mit einem Sprunge aus der ruhigen und friedlichen Stille seines Privatlebens wieder zur Leitung der italienischen auswärtigen Politik berufen wurde, in einem Augenblicke, in welchem die schwierigsten und verwickeltsten Fragen auf dem Ministertisch sich drängten, die tunesische, die brasilianische, die abessinische, die kretische, die des griechisch-türkischen Kriegs und so weiter, die gebieterisch erheischten, daß er den verworrenen Knäuel derselben entwirre, und er sich in eine Arbeit vertiefte, die in gewöhnlichen Zeiten genügt hätte, das normale Leben vier sich folgender Minister auszufüllen, da begreift es sich, daß er immer dringender wie ein Heimweh das Bedürfnis nach Schweigen, Grün, frischer Luft und häuslicher Beschaulichkeit empfand, und daß in diesem Fluchtbedürfnis nicht die Pose eines unzufriedenen Mannes und auch nicht die Hervorkehrung einer am Ende ihrer Weisheit angelangten Schwäche hervortritt.

In den genannten zwanzig Jahren gehörte er, der über eine ausgedehnte litterarische und künstlerische Bildung verfügte, ebenso wie sein Bruder (der Verfasser eines Romans, „Der Pfarrer von Drobbio", und dreier kürzlich veröffentlichten Erzählungen, in welchen sichtlich der Versuch gemacht wird, dieses litterarische Genre zu der schlichten, gewissermaßen von Herzen kommenden Einfachheit der Manzonischen Darstellungsart zurückzuführen), zu dem vertrauten Kreise Alessandro Manzonis, in welchem sich die Blüte der Mailänder litterarischen Welt zusammenfand; er gab sich in seiner leidenschaftlichen Begeisterung für die schönen Künste litterarischen und künstlerischen Studien hin und verfolgte namentlich das der Kunst des Altertums und noch eingehender das der Kunst der Renaissance; bei diesen Studien hatte er zum Genossen seinen Freund, den

Senator Giovanni Morelli, dessen kunstgeschichtliche, unter dem Namen Iwan Lermolieff veröffentlichte Werke in ganz Deutschland bekannt sind.

*

Der Minister Visconti Venosta stammt nicht aus dem herzoglichen Hause der Visconti, das einst die Herrschaft über Mailand hatte, wie es irrtümlich von einem ausländischen Biographen behauptet worden ist, der diesen Schnitzer hätte vermeiden können, wenn er sich nur an den Minister selbst hätte wenden wollen, weil dieser viel zu hoch dazu denkt, um, wie gleichwohl viele es machen, einem gleichnamigen Stammbaum, der höher und angesehener als der eigne ist, einen Ast zu entreißen, um den letzteren damit zu schmücken.

Visconti entstammt einer abligen und begüterten Familie aus dem Veltlin (Lombardei), die unter ihren Vorfahren jedoch keinen jener mittelalterlichen Tyrannen aufweist, von denen, wie Dante sagt, „alle Länder Italiens erfüllt waren."

Den Titel „Marchese" erhielt er als Hochzeitsgeschenk von Victor Emanuel, als er kurz nach dem Sturze der Rechten die Marchesa Alfieri di Sostegno heiratete, die Tochter des gleichnamigen Senators und der Marchesa Giuseppina Cavour, der Nichte des berühmten Staatsmanns, der letzten der Familie Cavour und von der Seite ihres Vaters her einer Nachkömmling des großen italienischen Tragikers.

Victor Emanuel hatte viel Sympathie und eine besondere Vorliebe für Visconti Venosta und liebte es, sich nach Schluß der Audienz mit ihm in vertraulicher Weise zu unterhalten, weil ihm, wie er sagte, das aristokratische Wesen Viscontis wegen des großen Vorzugs gefiel, daß es sich nicht mit der steifen Gemessenheit der Etikette aufdrängte.

Der große König spielte damit augenscheinlich auf den Baron Ricasoli an, den Ministerpräsidenten, dessen zermoniöse Etikette den Souverän etwas nervös machte. „Dieser wackere Baron," pflegte er zu sagen, „spricht immer mit mir, als ob ich auf dem Thron säße, die Hand in die Hüfte gestemmt, und er ganz unten auf der letzten Stufe stände; er legt mir die Verpflichtung auf, die Haltung des Königs anzunehmen, auch um von den geringfügigsten Dingen zu sprechen; das ist langweilig "

Im Jahre 1886 wurde er in Rom von einem schweren Schicksale heimgesucht, dem Tode eines achtjährigen Töchterchens, das ein allerliebstes Kind war und ihm in drei Tagen von der Diphtheritis entrissen wurde. Gebeugt unter der Last dieses Schlages, beschloß er, seinen Aufenthalt in Rom aufzugeben; er verabschiedete sich von seinen Wählern in Tirano und legte sein Mandat nieder. Kurz darauf wurde er zum Senator des Königreichs ernannt, und in Mailand, wo er einen Teil des Jahres verbrachte und seine Familie ihren ständigen Wohnsitz hatte, wählte man ihn zum Vorsitzenden der Kunstakademie der Brera; er nimmt diese Stellung heute noch ein und hat sich in hohem Grade die Achtung und das Vertrauen des reizbaren Völkchens der Künstler erworben.

Von Visconti Venoſta iſt mit Recht behauptet worden, er habe, abgeſehen von ſeinem diplomatiſchen Talent, für einen Miniſter des Auswärtigen auch das, was die Franzoſen „le physique du rôle" nennen.

Die Gewohnheit, einen Miniſterſitz auszufüllen, hatte ihm ſchon von ſeinem zweiten Miniſterium an einen Ausdruck verliehen, der die Mitte zwiſchen dem Zerſtreuten und dem Nachdenklichen inne hält und im Vereine mit ſeiner hagern, aber äußerſt ariſtokratiſchen Figur ihm im ganzen das Ausſehen eines Diplomaten vornehmen Gepräges giebt, etwas, was nicht wenig zu ſeiner Carriere und ſeinem Glück beigetragen hat.

Wenn er in der Ausübung ſeines miniſteriellen Berufes begriffen iſt oder als Staatsmann auftritt, ſpricht er wenig und langſam, wie jemand, der ſeine eignen Worte hört, ſie verfolgt, ſie abwägt — kurz, ſie im Ohr behält, bis ſie ihren Beſtimmungsort erreicht haben. Dann hält er ſeine grauen Augen halb geſchloſſen, als ob er die durchbringende Schärfe ſeines Blickes verbergen wolle, und fährt ſich wie zerſtreut mit der Hand durch ſeine langen Bartkoteletten, auf welche das Alter jetzt ſchon ſeine Aſchenfarbe geſtreut hat. Seine ſtets tadelloſe Höflichkeit hat bei dieſen Gelegenheiten etwas ſcharf Abgezirkeltes an ſich, das unwillkürlich imponiert. Daran gewöhnt, in den diplomatiſchen Geſprächen ſich und denjenigen, der mit ihm ſpricht, zu überwachen, verbreitet er eine gewiſſe Kühle um ſich, die bei ihm und dem Mitredner den Ausdruck kompromittierender Vertraulichkeit nicht aufkommen läßt und der Unterhaltung den Anſtrich des Gemeſſenen und Zeremoniellen giebt, der durch die etwas ſchleppende Betonung und das ariſtokratiſche Abſchleifen des oratoriſchen r, das er ſich von ſeinen diplomatiſchen Gewohnheiten beibehalten hat, noch beſtimmter und ſchärfer hervortritt. Seine Beredſamkeit hat etwas Langſames und Gemeſſenes an ſich; ſie beſitzt keine Wärme und auch nichts Blendendes — ſie bewegt nicht und reißt auch nicht hin, aber angenehm, fein und ausgefeilt, überredet und überzeugt ſie und nötigt auch den Gegner zu achtungsvollem Folgen.

Sehr wenige verſtehen ſich wie er auf die für einen Miniſter des Auswärtigen unbedingt notwendige Kunſt, nur ſo viel zu ſagen, wie er will, und es ſo zu ſagen, wie er es will, und die noch ſchwierigere, ſich den Anſchein zu geben, als ſage er viel, ja alles — und dabei doch nichts zu ſagen.

Hierbei fällt mir eine Anekdote ein.

Eines Tages ſtellte in der Kammer Giuſeppe Ferrari, der berühmte Philoſoph, einer der angeſehenſten Führer der Oppoſition, ein ſcharfer Geiſt, ein gewandter Kopf und ein beſtrickender Redner, eine Interpellation über die auswärtige Politik, über die europäiſche Situation und die Beziehungen Italiens zu den Großmächten, eine hitzige, leidenſchaftliche und aufreizende Interpellation, die ſich über ein ſehr weites Gebiet verbreitete.

Visconti Venoſta ſchien ihm zuzuhören, ohne mit einer Wimper zu zucken, ohne daß man auf ſeinem Geſichte irgend eine Spur des Eindrucks, den die oft aggreſſiven Worte Ferraris doch auf ihn machen mußten, gewahrt hätte — dann erhob er sich kerzengerade, straff, ruhig wie gewöhnlich und kündete an, daß er die Interpellation am folgenden Tage beantworten werde.

Am folgenden Tage erhob sich Visconti Venosta gerade wie am vorhergehenden kerzengerade, straff, ruhig und sprach gelassen und gemessen ein paar Stunden hintereinander, ohne sich je zu unterbrechen, in seinem gewöhnlichen Ton. Die ganze Kammer, Rechte, Zentrum und Linke, schien ihm mit lebhafter und anhaltender Aufmerksamkeit zuzuhören und ebenso die diplomatische und die Journalistentribüne. Als er geendet hatte, verbreitete sich durch das Haus ein Gemurmel der Zustimmung, das gleichfalls nicht enden wollte, aber im Tone der Ueberzeugung gehalten war.

Der Interpellant, Giuseppe Ferrari, erklärte sich — ein sehr seltener und fast einzig bastehender Fall — in vornehm-verbindlicher Weise für zufriedengestellt. Eine Stunde später fanden wir uns mit dem Interpellant bei Tisch zusammen. Man sprach von der Rede des Ministers, von den gegebenen Erklärungen, die mehr als hinreichend schienen, von den erhaltenen Aufschlüssen, die erschöpfend schienen, und von der eigentümlichen und unumwundenen Erklärung der Befriedigung von seiten eines Opponenten, der sich sonst so beharrlich nicht zufriedenstellen lassen wollte. Aber je weiter die Unterhaltung in dieser Art fortging, desto finsterer wurde Ferrari. Plötzlich schlug er sich mit der flachen Hand vor die Stirn und unterbrach dann, mit der geballten Faust auf den Tisch aufschlagend, unsre Erörterungen: „Was Aufklärungen, was Aufklärungen! Es war mir so vorgekommen, als sagte er mir vieles, alles; aber jetzt, wo ich darüber nachdenke, merke ich, daß er mir absolut nichts gesagt hat, abgesehen von dem, was ich mir selbst hätte sagen können!" Und er begleitete diese Worte mit einem gegen sich selbst gerichteten energischen und wenig respektvollen Ausrufe.

Im freundschaftlichen Verkehr jedoch verschwindet der Minister und Staatsmann, und Visconti Venosta erscheint einem als ein ganz andrer Mann. Er ist witzig und heiter — er liebt den harmlosen Scherz und vor allem das zwanglose und vertrauliche Geplauder über alle möglichen Dinge. Alsdann ist alles Steife von seiner Person verschwunden, seine Augen öffnen sich völlig, das Wort fließt ihm so munter von der Zunge wie einer alten Dame aus vornehmem Hause, die sich in bürgerlicher Gesellschaft bewegt, sein Lächeln ist ungezwungen und sein Lachen kommt von Herzen.

Wie oft habe ich, wenn ich, von Mailand nach Florenz oder Rom kommend, ihn in dem Palaste der Signoria oder der Consulta aufsuchte, manch gutes halbes Stündchen mit ihm in der alten freundschaftlichen Weise in lustigem und vertraulichem Geplauder verbracht — er auf einem großen Sessel sitzend, die Beine übereinandergeschlagen, ich auf einem andern ihm gegenüber, wobei er mich zwischen den einzelnen Zügen aus seiner Zigarette nach all den tausend Einzelheiten des Mailänder Lebens fragte, das er ja auch als junger Mann mitgemacht, geliebt und umschwärmt, namentlich von den Damen, damals unter dem Anscheine frivolen Wesens den Gedankenernst und den ernsten Wagemut des Verschwörers, des Sekretärs Mazzinis bergend; dann wollte er stets das Neueste aus dem

galanten, künstlerischen, litterarischen und theatralischen Leben unsers alten Mai-
lands wissen, in dem damals das industrielle Leben noch nicht ganz und gar
das geistige und gesellschaftliche Leben unterdrückt und getötet hatte, über alles
mit dem feinen Geiste und ich möchte fast sagen der Leidenschaft eines „Sammlers" sprechend und herzlich über jedes Abenteuer und jeden pikanten Klatsch
lachend — bis dann, dieses Lachen, dieses neugierige Fragen und diese In-
diskretionen plötzlich unterbrechend, der Thürhüter eintrat und die beiden Flügel
der Thüre aufriß, um in feierlichem Tone und mit ernster Stimme Seine Excellenz den Botschafter So-und-so anzumelden — einen jener Diplomaten, die
das Vorrecht hatten, nicht antichambrieren zu brauchen. Alsdann sprang er
mit gleichen Füßen auf. Die Verwandlung war bei ihm vollständig und im
Moment vollzogen. Er stand aufrecht, starr, feierlich da, die Augen halb geschlossen, die Gebärde elegant abgemessen, das Wort gesucht ruhig.

Ich zog mich mit einer tiefen Verbeugung vor Seiner Excellenz dem Herrn
Minister zurück, an dem Botschafter vorbeischreitend, der mich von der Seite her
mit einem neugierigen Blick maß.

*

Erst gegen Ende des Jahres 1895, als die afrikanische Frage eine bedrohliche
Gestalt annahm — der er in offener Gegnerschaft gegenüberstand, wie das bei
ihm auch bezüglich der Spannung unsrer Beziehungen zu Frankreich der Fall
war, die nach ihm zu ernsten Folgen hätten führen können — kehrte Visconti
Venosta nach Rom zurück und nahm thätigen Anteil an den Arbeiten des Senats,
der eine entschlossenere Haltung angenommen hatte.

Was seine eben angedeuteten Ansichten über die Spannung unsrer Beziehungen zu unsern Nachbarn jenseits der Alpen anlangt, so hat man mit der
gewöhnlichen Uebertreibung von seinen Sympathien für Frankreich gesprochen.

Es ist eine Sympathie vorhanden, die sich bei uns allen, die wir zu der
gleichen, jetzt im Aussterben begriffenen Generation gehören, von unsern
ersten Jugendjahren gebildet hat, da sich unsre geistige Ausbildung unter
dem Einflusse der französischen Geschichte, der französischen Litteratur, der französischen Kunst, der großen Schriftsteller und der hervorragenden Staatsmänner
dieses Landes vollzogen hat, wie ja auch unsre politische Verfassung ein Abbild
der französischen ist. Von dieser Art geistiger Muttermilch, die wir von unsern
ersten Lebenstagen an eingesogen haben, ist immer noch etwas in unserm Blut,
in unserm Gehirn und in unserm Herzen vorhanden. Ich bin aber fest überzeugt davon, daß die Sympathie Visconti Venostas in dieser Hinsicht nicht über
eine gewisse Schwärmerei hinausgeht, die wir alle für die Erinnerung an die
Zeit unsrer Jugend empfinden; er, der ein so tiefes Gefühl der eignen Verantwortlichkeit besitzt, ist sicherlich nicht der Mann, der der äußern Politik des
eignen Landes eine untergeordnete Stelle anweisen könnte.

Kein Wunder daher, wenn Italien sich im vergangenen Jahre, noch bestürzt
und verwirrt von dem Ansturm unvorhergesehener Ereignisse der traurigsten Art,

noch unter dem Druck einer gewissen Gehirn= und Herzerschütterung und erschreckt bei dem Gedanken, irgend eine verwegene Unerfahrenheit könne die schweren Folgen unbedachtsamen Wagemuts noch verschlimmern, darauf besann, daß seit 1876, das heißt, seitdem Visconti Venosta von dem Ministerium des Aus= wärtigen zurückgetreten war, auf diesem Posten schwerer Verantwortlichkeit eine Reihe von Leuten einander gefolgt waren, die, wie Depretis, keinen andern An= spruch darauf hatten als den der fragwürdigen und verschmitzten Erfahrung in parlamentarischen Manipulationen und in Couloire=Intriguen, oder Benedetto Cairoli den des Nimbus heldenhafter Vaterlandsliebe, oder wie Mancini den des Rufs und der Rednergabe des Advokaten, oder wie Brin das Verdienst, ein großer Schiffsbauer, oder wie zuletzt Sermoneta das, ein vornehmer Herr und hervor= ragender Sportsman zu sein, daß aber ein wirklicher Minister des Auswärtigen nicht mehr dagewesen — kein Wunder, wenn da die Gestalt Visconti Venostas, des Staatsmannes, der, im Verlaufe von zehn Jahren viermal Minister des Auswärtigen, an den großen Ereignissen mitgearbeitet hatte, welche der wichtigen Zeit unsrer politischen Wiedererhebung gefolgt waren, an der Verlegung der Hauptstadt nach Florenz, an dem Frieden mit Oesterreich und an dem Einzuge und an der Festigung unsrer Hauptstadt in Rom, sich dem Geiste des italienischen Volkes darstellte und die öffentliche Meinung auf ihn als auf eine Bürgschaft für den ruhigen, aber festen Ernst in der Leitung der Beziehungen zum Ausland hinwies, und unser herabgemindertes nationales Ansehen sich wie beruhigt fühlte, als es ihn zur Consulta zurückkehren sah.

Litterarische Revue.

Von

M. zur Megede.

Willy Pastor: „Wana". — Marie Janitschek: „Die Amazonenschlacht". — Amalie Skram: „Constanze Ring". — Karl Ewald: „Der Lindenzweig". — Guy de Maupassant: „Unser Herz". — Georges Ohnet: „Unnützer Reichtum". — Gabriele Reuter: „Der Lebenskünstler". — Ernst Eckstein: „Roderich Löhr". — Alfred Graf zur Lippe: „Innenleben".

Ich gehöre zu den Leuten, die sich „grauen"! Dunkle Stuben sind mir unheimlicher als dunkle Straßen, Gespenster bedenklicher als Diebe. Meine Haare machen bei gewissen Vorstellungen noch heute Miene, sich emporzusträuben, wie sie es als Kind thaten, wenn ich mir in der „Geisterstunde" das Deckbett über den Kopf zog und mein Herz wie ein Schmiede= hammer klopfte! War das nicht etwas, ein Geräusch, ein Ton, ein Hauch — eine Hand? Es kam ... näher — näher ... es kam — — — und ist doch niemals gekommen!

Auch von spiritistischen Anwandlungen kann ich mich nicht freisprechen. Ich glaube nicht nur an ein Fortleben, an eine Miſſion „da drüben", ich wünſchte auch, daß ich als „Geiſt" die umſchweben dürfte, denen mein Herz im Leben gehört hat; warnend, mahnend, ratend, helfend. Denn mir iſt mehr als einmal im Leben zu Mute geweſen, als ſpürte ich die Nähe, die Stimme ſolcher Geiſter, und ſie haben mir immer Frieden und Troſt geſpendet.

Mehr als andre, halte ich mich demnach „disponiert", Willy Paſtors „Wana" (Leipzig, Verlag: Kreiſende Ringe, Max Spohr) wenn nicht zu verſtehen, ſo doch zu empfinden. Trotzdem habe ich nach der letzten Seite nur den Kopf ſchütteln können. „Wana" kann doch nur die Geſchichte eines Irrſinnigen ſein, einer neuen Art von Verrücktheit, wie noch kein „Moderner" es gewagt hat, ſie uns direkt auf der Klaviatur unſrer Nerven vorzuſpielen.

Heinrich Hardanger iſt Mediziner, Gelehrter, Weiſer, dem „alles Wiſſen ſeiner Zeit beherrſchen" nur die „lächerliche Einleitung zu ſeinem großen Werke" iſt. „Wenn ihm dies Werk gelingt, wenn ſeine Gedanken Thaten anſetzen, werden ſich alle Naturkräfte vor ihm niederwerfen, wie Parias vor einem Götterwagen. Er wird den Winter mit dem Sommer heizen, ſeine Nacht mit dem Tage erhellen. Auf einſamer Inſel im Winterſturm wird er alles wiſſen, was in der Welt vorgeht, denn ſeine Telegraphen brauchen keine Drähte, ſeine Schiffe keine Maſchinen. Die Ketten und Käfige, mit denen bange Kinder die Beſtie Naturkraft unſchädlich zu machen ſuchen, ſind nicht für ihn, denn die Beſtie fürchtet ſeinen Blick. Luft und Meer ſind ihm unterthan, den Strömen giebt er neue Bahnen, alles lenkt er nach ſeinem Willen, ſelbſt den Golfſtrom, die Paſſate — er der Bauherr am Planeten, der Meiſter der Sterne."

Hardanger hat keinen Freund und Gehilfen, aber er kennt ein Weib, das ihn verſteht, ihm helfen wird, das den Blick in weite Fernen hat wie er, und die einzige Gemeine, die mitten im Getriebe der Weltſtadt einen Kultus treibt, der ihn rührt, ſind die Spiritiſten. Nach einer ihrer „Séancen" meldet ſich „Wana", die Geliebte auf der einſamen Nordſee-Inſel. Sie ruft ihn, und als er zu ihr eilt, findet er ſie, wie er erwartet: ſterbend!

Nach ihrem Tode wird er nur noch von einem einzigen Gedanken erfüllt: ſie auf Erden wiederzuſehen, ihren Geiſt zu „materialiſieren", mögen auch noch ſo viel Medien darüber körperlich zu Grunde gehen, noch ſo viele gegenwärtige und wieder zurückgewonnene Mitglieder der Spiritiſtengemeine den Verſtand darüber verlieren.

Hardanger erreicht ſein Ziel: Wana zeigt ihm wenigſtens ihre — Hände! Aber ſeine „Nervoſität" nimmt furchtbar zu. Alle Menſchen erſcheinen ihm nur noch in einer dichten Odhülle. Nachdem wir die Mondnacht am See mit ihm durchlebt haben und ſeinen Gedanken beim Anblick des Vollmondes „mit ſeinem Verweſungsſchimmer, dieſes Vampyrs, der alles Fleiſch ausſaugt", gefolgt ſind, wiſſen wir, daß er endgültig ſeinen „Klaps" weg hat, wie das unglückliche Medium Karitas. Wir wundern uns gar nicht, daß es ſeinem Freunde Hollmann, der auch ſchon ein bißchen ſtark angekränkelt war, nicht gelingt, ihn der Wirklichkeit zurückzugewinnen. Hardanger entſchlüpft ihm, nicht ohne vorher eine Beichte abgelegt zu haben, in der er ſich beſchuldigt, viel Unheil angerichtet, aber auch ſchwer darunter gelitten zu haben. Was gut zu machen iſt, will er noch gut machen, indem er Geld und Ratſchläge für einige ſeiner Opfer hinterläßt. Er ſelbſt zählt ſich dem unglücklichen Geſchlechte der Vorläufer zu. „Wer ſich an dies hängt, muß leiden! Aber er wird in ſeinem Freunde Hollmann, dem er ſeine Manuſkripte hinterläßt, einen Nachfolger haben. Hollmann wird glücklicher ſein, wird die Erfolge haben, die Einer ſich wünſchte, der jetzt nur noch das Recht zur Ruhe, zu dem Reiche beſitzt, in dem ‚Wana' lebt."

Nachdem jede Spur ſeiner Flucht verwiſcht hat, ſteigt Hardanger in ein Schiff, das ihn nach einer einſamen nordiſchen Leuchtturminſel bringt. Mit dem Kapitän und Wärter dort hat er früher einmal glückliche Zeiten verlebt. Der Kapitän iſt über das Kommen ſeines Gaſtes nicht erſtaunt:

„Sagen Sie doch, als Sie beſchloſſen, zu mir zu kommen, das war Dienstag vor acht Tagen?"

„Dienstag vor acht Tagen!"

„Um zehn Uhr abends?"

„Um zehn Uhr abends. Mein Gott aber —"

Der Kapitän ist ein eigentümlicher Herr. Er schreit Harbanger plötzlich an, ob er gekommen sei, hier den Rache-Engel zu spielen. Und in der Folge hat dieser eine unheimliche Vision.

Er stürzt zum Kapitän, der bereits im Bette liegt: „Mein Gott, was ist das? Auf dem Kopfe hatte er einen Südwester, um das rechte Auge war ein blutroter Kreis, gerade als ob —"

Der Alte springt auf Harbanger zu. „Was, Ihr habt ihn gesehen? — Und nun wollt Ihr mich verklagen? Aber ich habe ihn nicht umgebracht! Nein! Und wenn Ihr das sagt —!"

Harbanger entschlüpft dem Wütenden und versichert ihm, daß er nur gekommen sei, um zu sterben, nicht um als Rächer aufzutreten.

Und er findet auch den Tod, den er sucht. Das Meer nimmt ihn auf, ein furchtbares, gigantisches, wahnsinniges Meer, das mit dem Wintersturme ringt und das seine weiße, riesenhafte Wogenhand gegen den Leuchtturm erhebt, um ihn zu packen und zu zerschmettern. Vom Himmel aber gleitet ein weißer Stern in die wütenden Wasser, er leuchtet, er winkt, und Harbanger springt ihm nach: „Wana, Wana!"

Die ganze Geschichte ist meisterhaft gemacht. Man vergißt den Schauer über der Bewunderung und die Bewunderung über dem Schauer. Manchmal, wenn es gar zu „hoch" wird, fühlt man sich auch etwas wirr im Kopfe. Aber das Virtuosenstück ist doch gelungen. Ich frage nur: Zu welchem Zwecke eigentlich? Erbaulich ist's doch nicht und weder schön noch wahr! Oder sollte der Verfasser wirklich einen Lichtschein in eine Welt fallen lassen wollen, die uns gewöhnlichen Menschen bisher verschlossen gewesen ist? Um Gottes willen nein! Das Geschehene ist ja nicht ungeschehen zu machen, aber für jede weitere Bekanntschaft mit der vierten Dimension danken wir im voraus. Mögen die Geister uns milliardenweise umschweben, mag der Mond schreckliche Absichten mit uns haben. Wenn wir's bloß nicht wissen, nicht sehen! Ich wenigstens!

Mit beiden, festen Füßen auf reellem Boden steht ein andres Buch, gleichfalls aus dem Verlag der Kreisenden Ringe (Max Spohr) in Leipzig. Es ist „Die Amazonenschlacht" von Marie Janitschek. Spott, Zorn, Ernst, im rechten Gleichmaß abgewogen, wird von der geistvollen Verfasserin über die große Schar unklarer, verbitterter, müßiger, sensationslustiger Frauenzimmer ausgegossen, die sich über die wichtige Frage von der Zukunft des Weibes den Mund zerreißt. In einer Reihe scharf umrissener, meist humoristisch gefärbter Bilder zeigt sie ihrer Heldin, einer jungen Süddeutschen, der es daheim bei ihrem Gatten zu gebunden und eingeengt war, wie die großen Ziele draußen meist nur mit Worten und Aeußerlichkeiten erstrebt werden. Die Frauenrechtlerinnen können Marie Janitschek für das Bild, welches sie von ihnen entwirft, unmöglich dankbar sein. Sie schießt manchmal wohl auch über das Ziel hinaus. Denn sicher fehlt es auch bei jenen nicht an edlem Streben und praktischem Sinne. Aber die Hauptsache ist doch, daß eine Frau, die mitten im Leben, Denken und Fühlen ihrer Zeit steht, die Frauenfrage in der Hauptsache als eine „Magenfrage" erkennt. Marie Janitschek ist der Meinung, daß der weiblichen Begabung die Wege durchaus nicht so verbaut sind, wie man glauben machen will. Wirkliche Talente werden sich unter allen Verhältnissen Bahn zu brechen wissen, und das erste Ziel für die weibliche Zukunft ist jene Allgemeinbildung, die Gefühl, Urteil, Geschmack und Thatkraft des Menschen läutert und in der Erkenntnis und Erfüllung der Pflicht gipfelt, gleichviel ob dies alles innerhalb oder außerhalb des Familienkreises sich bethätigen darf.

Mit der Frauenfrage beschäftigt sich auch der lange, sehr lange Roman „Constanze Ring" der norwegischen Schriftstellerin Amalie Skram (Leipzig, Georg H. Wiegands Verlag). Wie gewöhnlich bei dieser Schriftstellerin richtet sich eine scharfe Strafpredigt gegen die ungemeſſenen Freiheiten der Männer, die ſtrupellos und ungeſtraft thun und thun dürfen, was der Frau von einigem Wert die Selbſtachtung und den Mut zum Leben koſten. Amalie Skram hat ſehr recht, nur ſollte ſie ihr Thema nicht auf fünfhundertundeinundzwanzig Seiten breit treten. Die ewigen Variationen über ein und dasſelbe wirken geradezu erſchöpfend. Man fühlt ja vollkommen mit Conſtanze Ring, die an der Seite eines eingebildeten, beſchränkten, ausnehmend trunkfreudigen Ehegatten, für den ihr Herz noch dazu nie einen raſcheren Schlag gethan hat, das elendeſte Innenleben führt. Ihre Empörung über den Mann, der ſie mit ihrem Dienſtmädchen direkt unter ihren Augen betrügt, iſt ebenſo verſtändlich wie ihr Vorſatz, ſich für immer und durch den Spruch des Geſetzes von ihm zu trennen. Und in dem Eingreifen der Eltern, der Verwandten, der Freunde, die ſie zu ihrer „Pflicht“ zurückzubringen ſuchen, kennzeichnet ſich die ganze verlogene Moral der Nützlichkeitsmenſchen. Daß aber Conſtanze aus ihrer erſten, bis auf die letzte Reige des Ekels ausgekoſteten Ehe nichts von der Eigenart des Mannes zu verſtehen gelernt hat, daß ſie auch da hart verurteilt und unerbittlich beſtraft, wo ſie liebt, das iſt unbegreiflich. Und noch unbegreiflicher iſt es, daß ſie jedes Gefühl für Nils Lord aus ihrem Herzen reißen kann, daß ſie ihn mit ſeinem Freunde hintergeht und mit Leidenſchaft und Leben unverzüglich abſchließt, als ſie erfährt, daß ſie auch für dieſen Mann nicht das erſte und einzige Weib iſt, das er beſitzt. Conſtanze Ring ſagt in ihrer Todesſtunde von ſich ſelbſt, daß ſie eine große Egoiſtin ſei, und erkennt darin die ſchwere Sünde ihres Lebens. Dieſer Schluß wirkt überraſchend, denn der Roman ſcheint die Schuld ſehr ungleich zu verteilen. Er wälzt ſie faſt nur auf die Schultern der Männer. Ueberhaupt iſt in der ganzen Geſchichte etwas Gemachtes, Gewaltſames, Tendenziöſes. Es mangelt ihr jene Klarheit und Folgerichtigkeit der Entwicklung, die Intereſſe und Urteil zwingt, auch wo die Sympathien fehlen.

Dieſe Klarheit und Folgerichtigkeit iſt dem aus dem Däniſchen übertragenen Roman „Der Lindenzweig“ von Karl Ewald (Stuttgart, Deutſche Verlags-Anſtalt) in hohem Maße eigen. Das Thema wird manchem peinlich ſein. Eine Frau, die ihren Liebhaber mit ihrem Gatten betrügt, weil ſie zu feige, zu bequem iſt, ſich aus dem alten Verhältniſſe zu löſen und ſtolz und ehrlich in das neue einzutreten. Aber Form und Sprache des Romans ſind die eines Kunſtwerkes. Und ein Stück inneres Menſchenleben ſpielt ſich vor unſern Augen ab, dem wir mit Spannung und Teilnahme folgen müſſen, auch wenn ſich unſer Gefühl gegen die Handlungsweiſe der Perſonen und die Löſung des Konfliktes auflehnt.

Eine Gabe für literariſche Feinſchmecker iſt Maupaſſants „Unſer Herz!“ (Stuttgart, Deutſche Verlags-Anſtalt). Der Welt- und Menſchenkenner und nicht am wenigſten der Poet zeigt ſich hier auf ſeiner Höhe. Eine ſchöne Dame, die der erſten Ariſtokratie der Geburt und des Geiſtes angehört, die Paris bejubelt, umſchmeichelt, auf den Thron der Mode erhebt, ergiebt ſich einem Manne aus der Schar ihrer Freunde, weil ſie ihn auf ihre Weiſe liebt. Und in dieſem „Auf ihre Weiſe“, in der Kühle, Dürre und Beſchränkung der geſchenkten Neigung iſt alle Qual eingeſchloſſen, die der Mann erduldet, deſſen niemals verſchwendete, zu einem kleinen, ſchwachen, faſt verborgenen Funken zuſammengepreßte Gefühlsinnigkeit zu plötzlicher heller Flamme aufſchlägt. Zu einer Flamme, die ihn packt, verzehrt, und die ſie weder zu ergreifen noch zu erwärmen vermag! Er will ihr entfliehen, aber ſie läßt ihn nicht, weil ſie ihn ja auch liebt. — auf ihre Weiſe! Und ſo kehrt er denn zu ihr zurück, die ſeinen Geiſt, ſeinen Geſchmack, ſeinen Schönheitsdurſt und ſeine Sinne ſo vollauf zu befriedigen vermag, und läßt ſich als lindernden Balſam für ſein darbendes, gemartertes Herz die Liebe einer kleinen Kellnerin gefallen, die ſich ihm mit jener Leidenſchaft und Zärtlichkeit giebt, die, nach Maupaſſants Anſicht, in den Frauen der Geſellſchaft und der Ueberfeinerung bis auf einen letzten ellen Reſt erſtorben iſt. „Unſer Herz“ will ſeiten-, ja zeilenweiſe genoſſen werden. Seine pſychologiſche Feinheit ſucht ebenſo ſehr ihresgleichen, wie die poetiſche Zartheit und die Farbenpracht der Bilder und der Sprache.

In ſchroffſtem Gegenſatz zu dieſer Schöpfung eines Meiſters ſteht die Arbeit eines franzöſiſchen Schriftſtellers, deſſen große Gemeine in Deutſchland allerdings keine litterariſche

Gourmets umschließt. Man kann kaum oberflächlicher und fader sein, als es Georges Ohnet in seinem „Unnützer Reichtum" fertig gebracht hat (Berlin, R. Taendler). Die Fabel ist ja ganz gut ersonnen und geschickt aufgebaut. Aber für seine Personen zeigt Ohnet weder Liebe noch Verständnis. Es sind bekleidete Puppen, angemalte Schatten, die er wieder und wieder an uns vorbeiführt und deren Thaten und Leiden er uns mit der Redegewandtheit einer Klatschschwester erzählt, ohne irgendwie in die Tiefe zu gehen, ja ohne sich sogar mit ihrer äußerlichen Drapierung besondere Mühe zu geben. Es ist traurig, daß in litterarischen Dingen noch immer die Majorität regiert, der gerade diese Art von Romanen zusagt.

Geistvoll und eigenartig sind die fünf Novellen, die unter dem Titel „Der Lebens-künstler" von Gabriele Reuter (Berlin, S. Fischers Verlag) erschienen sind. Sie führen bald in europäische Groß- und Kleinstädte, bald ins Land der Sonne und der Pyramiden, in dem sich die Verfasserin besonders gut auszukennen scheint. Trotz des fremdartigen Reizes, der von den orientalischen Erzählungen ausgeht, sind die andern entschieden von höherem Wert. Mir hat besonders „Der Lebenskünstler" und „Evis Makel" imponiert. Der Lebenskünstler ist ein kluger, feinsinniger, aber doch etwas temperamentloser Mann, der sein ganzes Dasein so fein ausgeklügelt, so egoistisch zurechtgelegt hat, daß er am Ende arm an Glück in seelischer und körperlicher Einsamkeit zurückbleibt, verlassen von der Frau, die er geheiratet hat, weil sie ihm gefiel und weil sie nach allen Richtungen hin eine passende Partie war, und von der andern, die er nicht lieben und nicht heiraten wollte, weil ihr „geistiges Verhältnis" ihm vorging und er nicht Lust hatte, seine Carriere durch eine Gattin zu zerstören, die in zehn Jahren eine alte Frau sein würde. „Evis Makel" erzählt die nur zu lebenswahre Geschichte eines alternden Mädchens, dessen angeborene Mütterlichkeit es treibt, ein fremdes Kind an sein einsames Herz zu nehmen, es zu pflegen, zu erziehen und schließlich von ihm und aller Welt für dessen Mutter gehalten zu werden. Eine tiefe und gerechte Erbitterung spricht aus jeder Zeile, und mit scharfen Worten ist jener „Mutter-wahn" gegeißelt, der behauptet, daß nur der Trauring am Finger und die Qual der Ge-burtsstunde ein Recht auf Mutterglück und Muttersorgen geben können. Niemand glaubt an Evis reine Beweggründe, an dem Kinde erlebt sie nur Undank und Unehre, ihren Makel aber nimmt sie mit in Sarg und Grab hinein.

Nicht der beste, den er geschrieben hat, immerhin aber doch ein guter, interessanter Roman ist „Roderich Löhr" von Ernst Eckstein (Berlin, G. Grotesche Verlagshandlung). Ein Mann, dem das Leben ziemlich unversucht und ungenossen hingegangen ist, kommt in reiferen Jahren zu großen Reichtümern. Er selbst und besonders auch seine Frau mit ihren ein-fachen und prunklosen Vorzügen passen nicht recht in den neuen glänzenden Rahmen. Der Mann beginnt zu sehen und Unterschiede zu machen, und die sehr kühlherzige und raffinierte Tochter eines benachbarten Gutsbesitzers, den die luxuriöse Gattin an die Schwelle des Ruins gebracht hat, faßt den Plan, Roderich Löhr und seine Millionen für sich zu gewinnen. Es gelingt ihr, der reiche Mann läßt sich von seiner Frau scheiden und heiratet die schöne Eva. Diese hat seinerzeit ihr Verhältnis mit einem armen Offizier gelöst und knüpft es nun wieder an. Der teuflische Gedanke, ihren Mann zu vergiften und im Besitz seiner Reichtümer den andern zu heiraten, schießt in ihrer Seele auf. Das Verbrechen wird entdeckt, Eva tötet sich im Gefängnis, und Roderich Löhr stirbt mit seiner ersten Frau ver-söhnt. Dieser Schluß ist ein wenig sensationell. Unter den geschilderten Personen sind Eva und ihre Mutter in ihrer Eiseskälte, Berechnung und Verstellungskunst besonders gelungen.

„Innenleben", von Alfred Graf zur Lippe (Dresden und Leipzig, Heinrich Minden), giebt in fünf Geschichten kleine, scharf umrissene und fein durchgeführte Bilder aus dem angefressenen, ausgedörrten, mit Irrtümern erfüllten Dasein der Kinder unsrer Zeit. Viele versinken in der trüben Flut, in der sie eine Weile so vergnüglich geschwommen sind. Eine Frauengestalt aber ringt sich daraus empor und gewinnt ein „Glück" zurück, das sie gewiß in Leidenschaft und Unverstand verkannt und von sich gewiesen hat.

Berichte aus allen Wissenschaften.

Anthropologie.

Die ersten Menschen.

Wohl auf keinem Gebiet menschlichen Wissens tritt uns die Mangelhaftigkeit unsrer Kenntnisse und der der Forschung zu Gebot stehenden Quellen so auffallend vor Augen als bei der dem Menschen so naheliegenden Frage nach seiner Abstammung.

Wollen wir nicht einfach den Märchen und Ueberlieferungen der Völker über die Entstehung des Menschengeschlechts glauben, sondern auf wissenschaftliche Forschungen gegründete Antworten erhalten auf die Fragen, wo und wie der erste Mensch gelebt habe, wie er wohl beschaffen gewesen sei, in welche Periode der Erdentwicklung sein Erscheinen falle und wie seine Umgebung ausgesehen haben möge, so sind wir genötigt, die Kultur- und Entwicklungsgeschichte und last not least die Geologie beziehungsweise Paläontologie um Auskunft anzugehen.

Aus naheliegenden Gründen lieferten die erstgenannten Disciplinen bislang sehr wenig positive Daten zur Beantwortung der aufgeworfenen Fragen; nur zu oft verfiel dieses Wenige der Spekulation und damit der Unsicherheit. Sind auch die Resultate vieler paläontologischen Untersuchungen nichts weniger als unanfechtbar, so hat doch diese Wissenschaft eine ganze Reihe außerordentlich wertvoller Funde als Grundlage neuer oder zur Bestätigung älterer Ansichten geboten. Aus den Schichten der Erdrinde entnimmt sie wie aus einem Buche Urkunden und Mitteilungen über die Geschichte und Geschicke des Erdballs und seiner Bewohner, leitet aus oft unscheinbaren Resten von Lebewesen durch Vergleichung mit den noch jetzt existierenden Arten Bau und Lebensweise längst ausgestorbener Formen ab und läßt diese gewissermaßen vor unsern Augen wieder auferstehen.

So wurde auch schon oft versucht, auf Grund von Funden menschlicher Ueberreste und Kunstprodukte die diese bergende Erdschicht zu bestimmen und hierdurch Anhaltspunkte für das ungefähre Alter des Menschengeschlechts zu gewinnen. Obwohl auch dieser Weg der Forschung zahllose Schwierigkeiten bietet, so ist doch das, was an sicheren Ergebnissen, besonders im Lauf der letzten Jahre, zu Tag gefördert wurde, wichtig genug, kurz an der Hand größerer Arbeiten, wie der von Nicolucci,[1]) Zittel, Müller und andrer, referiert zu werden.

Von den Formationen der Erdrinde, welche Spuren des Menschen enthalten, kommen nur zwei in Betracht: die Tertiärformation und die darüber liegende jüngere Quartärformation. Vom Tertiär werden nur die zwei jüngeren (oberen) Schichten — das Miocen und Pliocen — mit dem Menschen in Beziehung gebracht. Zweifellose menschliche Spuren in größerer Anzahl schließen die beiden Schichten des Quartärs ein — das Diluvium (teilweise aus den Geschieben einer einstigen Eiszeit bestehend) und das in die auch jetzt noch sich bildenden Ablagerungen übergehende Alluvium.

In die Zeit zwischen der Bildung des Miocen bis zum Beginn des Alluvium ist das Auftreten des ersten Menschen zu verlegen. Auch wenn die Streitfrage, ob dieses Auftreten im Tertiär oder Quartär stattgefunden habe, nicht entschieden ist, so läßt sich doch mit Bestimmtheit behaupten, daß es in eine Zeit falle, in welcher Festland und Wasser noch anders verteilt waren als jetzt. Der Mensch war Zeuge der letzten großartigen Veränderungen, welche dem gegenwärtigen geographischen Zustand unsrer Erde vorangegangen sein müssen.

---

[1]) I primi Uomini. Studio antropologico di G. Nicolucci. Neapel 1882.

Die Beweisstücke für das Vorhandensein des Menschen bestehen in erster Linie in Skelettresten, ferner in allerhand Kunstprodukten, wie Werkzeugen, Waffen, Geräten und Schmuckgegenständen. Das hierzu nötige Material lieferten Feuersteine, Knochen und Zähne verschiedener Tiere. An letzteren beobachtet man Spuren von Bearbeitung; sie sind oft gespalten, geritzt, sogar graviert. Ohne Zweifel bediente sich der Mensch schon sehr früh auch pflanzlicher Stoffe. Die Spuren derselben aber haben sich nur selten in den älteren Formationen erhalten und dann nicht in dem Zustand, daß ihre Benutzung durch den Menschen zweifellos wäre. Erst sehr spät, als der Mensch offenbar schon verhältnismäßig hoch kultiviert war, Wohnungen baute und sich des Feuers bediente, finden wir Reste von pflanzlichen Mahlzeiten und vermögen so zum Beispiel den ganzen vegetarischen Speise-zettel der Pfahlbautenbewohner Mittel- und Süddeutschlands zusammenzustellen. Wohnungen aus Stein hat der Mensch sicherlich erst, nachdem er beinahe über die ganze Erde verbreitet war, angelegt. Wohl mögen ab und zu primitive Zufluchtsstätten aus Aesten und Zweigen, wie bei den Australnegern, nach Ameghinos Funden in den Pampas Süd-amerikas sogar aus dem Panzer eines riesigen, nunmehr ausgestorbenen Gürteltieres (Glyptodon) hergestellt worden sein, dessen Fleisch vorher zur Nahrung diente. Feste Wohn-sitze verbot aber schon die Lebensweise von selbst; je nach dem Reichtum an Nahrungs-mitteln war der Mensch gezwungen, eine Gegend früher oder später wieder zu verlassen. Oftmals wurden Höhlen zu längerem Standquartier erkoren, aber wohl erst zu einer Zeit, als in unsern Breitegraden schon die diluviale Vereisung eingetreten war. Leider läßt sich das reiche und für den Anthropologen und Paläontologen gleich wertvolle Material aus solchen Höhlen für unser Thema kaum verwerten, da das geologische Alter derselben nicht sicher zu bestimmen ist.

Als erste Waffe und primitivstes Werkzeug diente dem Menschen der Stein. Sehr früh schon mochte er die Vorteile härterer Steinsorten erkannt und sich in der Bearbeitung derselben vervollkommnet haben. Fast unvergängliche Feuersteine oder glasartige vulkanische Produkte sind es darum auch stets, die als erste Zeugen uns von den ersten Menschen Kunde geben, wenn auch zugegeben werden muß, daß die ersteren gar manchen Irrtum mit verursacht haben. Ihre Eigenschaft, unter meteorologischen Einflüssen in Splitter zu zer-springen, welche täuschend primitiven Produkten menschlicher Thätigkeit gleichen, macht alle Stücke, denen die ausgesprochenen Merkmale einer Bearbeitung (Schlagmarken) fehlen, zweifelhaft.

Dies gilt vor allem von den scheinbar ältesten Spuren menschlicher Kunstfertigkeit und Thätigkeit, von den Feuersteinsplittern (beziehungsweise angebrannten Knochen), auf welche sich die von Abb. Bourgeois, Delaunay und andern veröffentlichten Nachrichten über das Auftreten des Menschen in den untermiocenen Süßwasserkalken von Thenay in Frankreich, bei Ponancé (Departement Maine et Loire) und endlich im Miocen von Aurillac beziehen.

Auch die von Ribeiro in Pliocen Portugals gefundenen Feuersteinsplitter sind sicher auf natürlichem Wege entstanden und als Beweise für die Existenz des Pliocenmenschen ebenso unzulänglich, wie die im Colle del Vento bei Savona in Ligurien ausgegrabenen und von Professor Issel beschriebenen menschlichen Ueberreste oder der aus dem „auriferous gravel" des Oberpliocen von Calaveras in Kalifornien bekannt gewordenen Schädel. Bei diesen beiden Funden scheinen Täuschungen obgewaltet zu haben. Der eben erwähnte Schädel stammt von einem recenten Indianer und ist nicht gleichalterig mit der Schicht, in der er lag, ebensowenig wie die von Issel beschriebenen Knochen.

Unanfechtbare Beweise für das Auftreten des Menschen im Tertiär fehlen somit bis jetzt gänzlich, wenn auch kaum daran zu zweifeln ist, daß unsre Urahnen schon in jenen frühen Zeiten gelebt haben.

Gegen das Ende der tertiären Epoche oder im Beginn der Quartärzeit war der Erdball der Schauplatz großartiger Veränderungen. In diese Zeit fällt das Verschwinden der Verbindungsbrücke zwischen Europa und Afrika, bildete oder erweiterte sich das Mittelmeerbeden, öffneten endlich in Europa an vielen Stellen nunmehr erloschene Vulkane ihre Feuerschlünde. Ein großer Teil unsers Kontinents bedeckte sich mit einem Eismantel; die eintretende Temperaturabnahme zerstörte eine wundervolle Flora, zwang zahlreiche Tiere zum Auswandern, vernichtete andre, welche weder wärmere Klimate aufsuchten, noch den neuen ungünstigen Lebensbedingungen sich anpaffen konnten. Gleichzeitig wanderten viele Arten von Norden her nach Europa ein, wie der Riesenelefant (Mammut), das behaarte Rhinoceros, der Urochse und andre mehr, Tiere, die später, nachdem die Temperatur wieder gestiegen, der Eismantel geschmolzen war und die Verhältnisse auf Erden den jetzt bestehenden sich allmählich näherten, entweder ausstarben oder wieder nordwärts wanderten, wie Bison, Renntier und Moschusochse.

Zahlreiche unumstößliche Beweise erhärten das Zusammenleben des Menschen mit der Fauna der Quartärzeit und zwar nicht nur in Europa, sondern auch in Afrika, Asien, Nord- und Südamerika. So häufig aber die Spuren des Menschen aus dieser Epoche in Form von Waffen, Werkzeugen und Schmuckgegenständen aus den oben erwähnten Materialien sind, so selten stieß man auf Reste von diesem Diluvialmenschen selbst, besonders auf solche Ueberbleibsel, deren geologisches Alter genau bestimmt werden konnte. Ein Schädel von Olmo bei Chiana in Toskana und von Egisheim im Elsaß, ein Unterkiefer aus der Höhle von Naulette bei Fürfooz in Belgien und ein Kieferfragment aus der Schiplaghöhle in Mähren sind die wesentlichsten diesbezüglichen Funde, welche vor der strengen Wissenschaft die Probe auf die Echtheit ihres Alters bestanden.

Obwohl lange bestritten wurde, daß der Mensch mit diluvialen, nunmehr ausgestorbenen Tierformen zusammengelebt habe, so ist doch jetzt nachgewiesen, daß er Zeitgenosse des behaarten Riesenelefanten, Rentiers und so weiter war und daß der ins Reich der Fabeln verwiesene Mammutjäger, nach angebrannten, bearbeiteten, ja selbst bemalten Mammutknochen von Przbmost in Mähren zu schließen, seine Riesenbeute sehr wohl zu verwerten wußte. Schon bekannt mit dem Gebrauch des Feuers, lebte er offenbar in nicht mehr ganz ursprünglichen Verhältnissen. Entwickelten Kunstsinn verrät eine unverkennbar typische Zeichnung des Mammut auf Elfenbein aus der Höhle von La Madeleine in Belgien.

Was für Schlüsse nun erlauben uns die bisher gefundenen Manufakte und Skelettteile bezüglich der ersten Menschen zu machen? Geben sie uns Aufschluß über die Entwicklung des Menschengeschlechtes oder Nachrichten vom Leben und Treiben unsrer Ururahnen in einer Zeit, die weit, unendlich weit rückwärts von der eigentlichen Geschichte liegt?

Bis vor wenigen Jahren hielten zwei Funde von Schädelfragmenten alle Welt in Atem. Sollten doch beide klipp und klar beweisen, daß der diluviale Mensch entschieden auf einer niedereren Stufe stand als der von heutzutage. Beide Fragmente, das eine von Cannstatt bei Stuttgart, das andre aus dem Neanderthal, zeichnen sich durch eine auffallende Dicke des Schädeldachs und durch die derbe Entwicklung der Knochenvorsprünge und verraten eine tiefstehende Rasse mit stark tierischem Gepräge. Beide wurden von den Gelehrten zu Typen besonderer, nach den Fundorten benannter Rassen erhoben, und — was sehr nahe lag — im Sinne der Darwinschen Transmutations- und Descendenzlehre als Bindeglied zwischen noch tiefer stehenden Wesen und dem höher begabten Menschen betrachtet. Die Akten über diese Schädel sind nunmehr geschlossen; von beiden ist das geologische Alter ebenso ungewiß, wie ihre Abstammung von normalen Individuen zweifelhaft. Trotz der interessanten Schicksale, die speziell der Cannstatter Schädel durchgemacht — er soll nach Quatrefages, der ihn untersuchte, während der Belagerung von Paris von einer preußischen Granate zerschmettert und teilweise vernichtet worden sein — können wir diesen wie auch den Neanderthaler nur noch als historische Belegstücke dafür ansehen, wie große Schwierigkeiten der Anthropologe zu überwinden hat, wie leicht Irrtümer die Erkenntnis hemmen und wie lange sich diese erhalten.

Das wissenschaftlich verwertbare Material ist aber immer noch bedeutend genug, um das erste Blatt der Geschichte der Menschheit zu schreiben. Es besagt uns, daß der Mensch schon sehr lange auf Erden besteht, daß sein erstes Auftreten vor die Zeit der letzten glacialen und diluvialen Umwälzungen fällt, während welcher er sich gleichwohl forterhielt und ausbreitete. Er war Zeitgenosse zahlreicher zum Teil riesenhafter Tierarten, welche während der Quartär- oder gar Tertiärepoche ausstarben. Lange lebte er nach und fertigte für seine Bedürfnisse und seine Verteidigung Gebrauchsgegenstände und Werkzeuge primitivster Art von Holz und Stein. Er kannte nach Zittel „weder die Herstellung von Werkzeugen, Geräten und Waffen aus Metall, noch die Verfertigung von Thongeschirren, noch die Züchtung von Haustieren oder Kulturgewächsen". Vom jetzt lebenden Menschen unterschied er sich nach dem Bau des Körpers kaum merklich[1]) und war „bereits durch eine künstlerische Begabung ausgezeichnet, die ihn befähigte, Tiere, Pflanzen und Menschen bildlich nachzuahmen." Als Nahrung diente ihm, was die Natur von selbst an Pflanzen und Tieren bot; allmählich entwickelte er sich zum Jäger, dessen Waffen und Geschick die größten Tiere zur Beute fielen. Anfangs wurden wohl die Speisen ohne vorhergegangene Zubereitung genossen, später aber lernte er den Gebrauch des Feuers kennen und damit die Garmachung seiner Mahlzeit. Die Anwohner des Meeres und der Binnengewässer nährten sich von Fischen und verschiedenen Weichtieren.

Ueber die Wohnungen und Zufluchtsstätten der ersten Menschen läßt sich dem oben Angeführten nur wenig beifügen.

Ueber Ursprung und Herkunft des Menschen herrscht nach Zittel vorläufig noch vollständige Unsicherheit. Auch bezüglich der Zeit und Erdschicht, der die ersten menschlichen Spuren angehören, fehlen noch bestimmtere Angaben.

An und für sich steht der Existenz des Menschen in der Tertiärzeit nichts entgegen; seine Entstehung im Tertiär ist sogar überaus wahrscheinlich, allein Beweise dafür liegen vorläufig noch nicht vor. Geologie und Urgeschichte zeigen bis jetzt nur, daß der Mensch in der Diluvialzeit bereits einen großen Teil des Erdballs, jedenfalls Europa, Nordafrika, Asien, Nord- und Südamerika bewohnt hat, daß er überall auf einer sehr niedrigen Kulturstufe stand! — —

Hat auch nach Zittel das Problem, wo der Mensch zuerst auf Erden erschienen und aus welcher Form er hervorgegangen ist, trotz aller Bemühungen der modernen Geologie und Anthropologie bis jetzt noch keine Lösung gefunden, so gewähren doch neuere Funde Aussicht, daß auch die Frage nach der Abstammung des Menschen in absehbarer Zeit ihrer Lösung näher rückt.

Vor drei Jahren (1894) erregte eine Abhandlung von E. Dubois Aufsehen, welche die Beschreibung einer menschenähnlichen Uebergangsform aus den pleistocenen Ablagerungen des Kandengflußbettes auf Java nach einem Schädelfragment, einem Zahn und einem Schenkelknochen giebt. Der letztere ist vollkommen menschenähnlich und kann nach Virchow und Hölder keinem Affen angehört haben. Schädel und Zahn aber dürften auf eine Verwandtschaft mit den anthropoiden Langarmaffen (Gibbons) hinweisen, von denen jetzt nur noch kleine Arten in Indien leben. Von verschiedenen maßgebenden Seiten sind diese Funde angefochten worden. Vielleicht werden diese so überaus wichtigen Funde in kurzem durch weitere bestätigt und dann anerkannt, — vielleicht auch ereilt sie das Schicksal so vieler andern: sie werden als unsicher begraben und vergessen.

So unvermittelt aber, wie Minerva dem Haupte Jupiters entsprungen, konnte ein so hochentwickeltes Wesen, wie der Mensch nicht aus der Reihe der Organismen hervorgehen. Sein spätes Erscheinen auf Erden beweist, daß er eine lange phylogenetische Entwicklung durchgemacht hat.

Ob unsre Ahnen unter den menschenähnlichen Affen — nach Waldeyer steht der Schimpanse wegen einiger anatomischen Merkmale und geistigen Eigenschaften dem Menschen

---

[1]) Auch die neuesten Funde von Newton im Alt-Diluvium bei Kent in England und die von Maschka im Löß von Przdmost in Mähren bestätigen das.

am nächſten — oder in einer andern Gruppe des Tierreichs zu ſuchen ſind, vorhanden müſſen ſolche geweſen ſein, und ihre Auffindung iſt nur eine Frage der Zeit und des Zufalls.

Die Antworten auf die geſtellten Fragen mögen viele unbefriedigt laſſen. Gar zu leicht fühlt der Menſch ſich verſucht, die Lücken, welche zwiſchen den wiſſenſchaftlichen Bruchſtücken beſtehen, mit Produkten ſeiner Phantaſie auszufüllen, mehr zu ahnen als zu erkennen und die Mangelhaftigkeit der wiſſenſchaftlichen Hilfsmittel für eine ihn ſo nahe berührende Frage zu bemängeln: Es mag deshalb zum Schluß daran erinnert werden, daß Reſte des Menſchen oder ſeiner Kunſtfertigkeit nur unter ganz beſonders glücklichen Umſtänden erhalten bleiben, daß die Atmoſphärilien auf alles freiliegende Organiſche einen äußerſt raſch zerſtörenden Einfluß ausüben und die feſteſten Beſtandteile des Tierkörpers, wie Knochen und Zähne, nur eine relativ kurze Zeit überdauern, ſelbſt wenn ſie von ſchützender Erde umgeben ſind. Vergeſſen wir ferner nicht, daß von dem, was die Erde birgt, ein kaum in Zahlen auszudrückender verſchwindender Bruchteil bis jetzt bloßgelegt iſt, daß viele früher vom Menſchen bewohnte und mit ſeinen Reſten verſehene Gebiete nunmehr vom Meere überflutet und andrerſeits Länder aus dem Meere emporgeſtiegen ſind, die nie einen Homo sapiens geſehen haben.

Stuttgart.　　　　　　　　　　　　　　　　　　　Dr. J. Boſſeler.

Naturphiloſophie.
Zwei Welten und ihr Leben.
Naturwiſſenſchaftliche Betrachtungen.

I. Die Erde.

Aus dem Getriebe der Großſtadt flüchtet ſich der ruhebedürftige Städter mit ſeinen Sorgen aufs Land, um im Genuſſe der Natur ſich ihrer wenigſtens eine Zeitlang zu entledigen. In erhabener Gebirgseinſamkeit, beim Wogen des Meeres, im Schatten des Waldes findet der denkende und fühlende Menſch Erholung von aufreibender Thätigkeit und rauſchenden Vergnügungen, am liebſten im Frieden der Natur. Gar ſo friedlich, wie es den Anſchein hat, geht es indeſſen auch hier nicht zu, denn unſre Erde iſt in Weiterentwicklung begriffen, und Kämpfe werden auf ihr in allen drei Reichen der Natur ausgefochten, nur entziehen ſie ſich den unmittelbaren Sinneswahrnehmungen des andächtigen Beſchauers, wenn ſie auch für ſeine oder ſeiner entfernten Nachkommen Exiſtenz bedrohlich ſind. Mit einigen dieſer Kämpfe muß ich den geneigten Leſer zuerſt bekannt machen, um daraus Schlußfolgerungen auf unſern Nachbarplaneten zu ziehen, welcher mein eigentliches Thema bildet.

Unſre Erde in ihrem Urzuſtande als feurig glühende Maſſe enthielt dieſelben Stoffe, welche ſie jetzt zuſammenſetzen, jedoch in andrer Form. Alle Stoffe, welche uns jetzt an der Erdoberfläche als chemiſche Verbindungen entgegentreten, konnten damals nicht vorhanden ſein, weil ſich bei hoher Temperatur alle chemiſchen Verbindungen in ihre Grundſtoffe oder Elemente zerlegen. Letztere waren daher für ſich vorhanden, in gediegenem Zuſtande, wie wir es bei den Metallen zu bezeichnen gewohnt ſind. In dem glühenden Kerne befanden ſich alle dem Verdampfen widerſtehenden Metalle, wobei ſich, inſofern ſie miteinander nicht gemiſcht waren, die ſchweren mehr zum Mittelpunkte, die leichteren an der Oberfläche ſammelten. Umgeben war dieſer glühende Kern von einer ſehr hohen Atmoſphäre, welche viele Stoffe als Gaſe enthielt, die jetzt in feſtem Zuſtande vorhanden ſind. Am äußerſten Umfange dieſer Atmoſphäre müſſen ſich infolge von Abkühlung die Gaſe miteinander verbunden haben, beim Mengen in der untern Glut wieder zersetzt worden sein, um sich später wieder an der Oberfläche zu verbinden, und dieses Spiel so lange getrieben haben, bis die zunehmende Abkühlung ihnen den Verbleib in chemischer Verbindung gestattete. Es verbrannten dabei alle an der Oberfläche der Erde und in der Atmosphäre vorhandenen brennbaren Stoffe. Die Metalle entzogen der Atmosphäre viele Gase, wie Chlor, Brom, Jod, vollständig und bildeten mit Sauerstoff Oxyde und Säuren. Der Kohlenstoff verbrannte vollständig zu Kohlensäure, der Wasserstoff zu Wasser und so weiter. Größtenteils gingen diese Verbrennungen auf Kosten des Sauerstoffs in der Atmosphäre vor sich, welche nur einen Teil davon zurückbehielt, da er zum Glück für das kommende Leben im Ueberschusse vorhanden war. Auf der Erde jedoch verbanden sich die gebildeten chemischen Verbindungen vielfach untereinander und bildeten nach dem Erstarren Gesteine, welche uns noch jetzt als eruptive oder massige Gesteine — Granit, Porphyr und andre — entgegentreten. Die Atmosphäre bestand schließlich aus Kohlensäure, Sauerstoff, Stickstoff und Wasserdampf. Letzterer verdichtete sich bei weiterer Abkühlung und fiel als Regen auf die noch warmen Gesteine, welche zuerst nur Schlacken, dann jedoch eine ganze Kruste auf der Erdoberfläche gebildet hatten. Sie verwitterte durch die mit Kohlensäure beladenen Wasser. Auf der Verwitterungsschicht entwickelte sich unter Bedingungen, wie wir sie annähernd vorteilhaft für die Vegetation in keinem Treibhause bieten können, das erste organische Leben. Zuerst dürftig und formenarm, allmählich immer üppiger und formenreicher werdend, muß es sich ziemlich gleichmäßig über die ganze Erdoberfläche verbreitet haben, welche den Charakter eines riesigen Sumpfes trug. Das Meer hatte sich vom Festlande noch wenig oder gar nicht gesondert, die Regengüsse müssen häufig und heftig gewesen sein. Es waren somit einige Hauptbedingungen für das Wachstum der Pflanzen gegeben; reichlicher Regen und warmer Boden. Eine dritte Hauptbedingung war ebenfalls gegeben: reichlicher Gehalt der Luft an Kohlensäure. Hierauf muß ich etwas näher eingehen.

Bekanntlich ist ein chemischer Hauptbestandteil aller organischen Körper der Kohlenstoff. Diesen beziehen sie direkt oder indirekt ausschließlich aus der Luft. Die grünen Wasserpflanzen nehmen Kohlensäure aus dem Wasser, welche aus der Luft dahin gelangte; die Landpflanzen mit grünen Blättern nehmen direkt Kohlensäure aus der Luft auf und bilden unter Abgabe von Sauerstoff zahlreiche chemische Verbindungen, welche die Hauptmasse ihrer Körper ausmachen. Von diesen Pflanzen nehmen die Schmarotzer, wie Pilze und Flechten, ferner sämtliche Tiere ihren Kohlenstoff, den sie brauchen. Die Pflanzen sind somit für deren Existenz durchaus erforderlich, benötigen dagegen zu ihrer eignen Existenz der Kohlensäure der Luft. Diese war früher in außerordentlich reicher Menge vorhanden, und unter derartig günstigen Bedingungen bildeten sich nach und nach immer höhere Pflanzenarten und parallel mit ihnen Tierarten aus. Es entstanden vielzellige Algen, dann Moose, Farne. Letztere erreichten namentlich eine außerordentliche Ueppigkeit und bildeten große Wälder, welche, mit der Zeit zu Steinkohle verwandelt, noch jetzt unser Brennmaterial liefern.

Allmählich nahm der Gehalt an Kohlensäure in der Luft ab, es sammelte sich das Wasser zu Meeren, die Erde kühlte immer mehr ab, der Regen floß weniger häufig. Unter derartig veränderten Bedingungen änderte sich auch das organische Leben. Was sich diesen Bedingungen nicht anbequemen konnte, mußte zu Grunde gehen. Die Pflanzenwelt wurde an Ueppigkeit geringer, an Formen reicher; ebenso die Tierwelt, bis als vorläufiges Endresultat letzterer der Mensch hervorging, der als höchstes organisches Wesen sich auch den mannigfachsten Lebensbedingungen unterwerfen kann und darum über die ganze bewohnbare Erde sich verbreitet hat.

Was ist nun der Grund, daß die Kohlensäure der Luft allmählich abnahm? Wird sie noch weiter abnehmen bis zum Verschwinden? Und was wird die Folge davon sein? Diese drei Fragen will ich in Kürze zu beantworten suchen, muß dabei jedoch den geneigten Leser auf Gebiete der Chemie und Geologie führen, in welchen er sich vielleicht nicht recht zu Hause fühlen wird. Sind doch dank den mittelalterlichen Grundlagen unsers Schulwesens die kompliziertesten Regeln der lateinischen und griechischen Grammatik dem Gebildeten meistens geläufiger, als die einfachsten Regeln und Gesetze, welche zum Verständnisse der Naturwissenschaften notwendig sind.

Indem ich nun zur Beantwortung der ersten Frage übergehe, so haben wir bereits gesehen, daß durch die Pflanze selbst der Luft viel Kohlensäure entzogen wird. Aber der größte Teil davon geht im Kreislaufe der Stoffe doch wieder dahin zurück. Durch Verwesung, Verbrennung, schließlich durch den Lebensprozeß der Tierwelt, wird die aus der Luft, von den Pflanzen aufgenommene und verarbeitete Kohlensäure wieder als solche zum allergrößten Teile dahin zurück befördert, und wir, Menschen sorgen durch Verbrennen von Steinkohlen, Petroleum und so weiter dafür, daß auch der in früheren geologischen Epochen aufgespeicherte Kohlenstoff dieser Bestimmung nicht entgeht. Wir haben demnach in dieser Richtung wenig oder nichts zu befürchten.

Anders verhält es sich dagegen mit der in der Erde durch die Mineralien aufgenommenen Kohlensäure. Hier hat die Natur nicht für einen beständigen Kreislauf gesorgt, sondern entzieht uns unbarmherzig die zur Existenz des organischen Lebens so notwendige Kohlensäure langsam, aber sicher. Auf welche Weise das geschieht, will ich in folgendem auseinanderzusetzen versuchen.

Die wichtigsten Grundbestandteile, aus denen unsre feste Erdrinde zusammengesetzt ist, lassen sich in zwei Gruppen teilen. Die eine Gruppe besteht aus Elementen, die mit Sauerstoff Basen bilden. Dahin gehören alle Metalle, sowohl die schweren, wie Eisen, Kupfer, Blei, als auch die leichten, wie Calcium, Aluminium, Kalium, Natrium und so weiter. Eine andre Gruppe von Elementen verbindet sich mit Sauerstoff zu Säuren, von ihnen interessieren uns hauptsächlich Kohlenstoff und Silicium, welche mit Sauerstoff Kohlensäure und Kieselsäure bilden. Die Säuren und Basen nun verbinden sich wieder untereinander mit Salzen. Gelangt zu einem Salze eine andre Säure, die größere Affinität zur Base dieses Salzes besitzt, so verdrängt sie deren Säure und tritt an ihre Stelle. Wenn wir uns zum Beispiel ein Brausepulver mischen, so bringen wir Weinsäure mit doppelt kohlensaurem Natrium zusammen. Aus diesem Salze verdrängt die Weinsäure sofort die Kohlensäure, welche unter Aufbrausen entweicht. Es hat sich weinsaures Natrium gebildet. Bringen wir dagegen dasselbe doppelt oder einfach kohlensaure Natrium in Lösung mit Kieselsäure zusammen, so erfolgt kein Aufbrausen, die Substanzen können jahrelang miteinander in Berührung bleiben, ohne aufeinander einzuwirken. Legen wir sie jedoch in einen Schmelztiegel und erhitzen sie stark, so entweicht die Kohlensäure, es bildet sich kieselsaures Natrium. Lassen wir auf dieses jedoch in der Kälte Kohlensäure in wässeriger Lösung einwirken, so wird wiederum die Kieselsäure frei gemacht, und es entsteht kohlensaures Natrium. Mit andern Basen, wie Kalk, Magnesia, Kali, verhält es sich ebenso, und was wir im kleinen uns hier vorführen, vollzieht sich in großem Maßstabe im Laboratorium der Natur. Die Kohlensäure und Kieselsäure führen unter Mithilfe des Wassers einen erbitterten Kampf um die Basen. Solange die Erde noch heiß war, blieb die Kieselsäure Siegerin, jetzt unterliegt sie langsam der Kohlensäure. Es kann nicht meine Aufgabe sein, alle durch diesen Kampf hervorgerufenen Umwandlungen der Mineralien hier zu behandeln, nur an einem Beispiele will ich sie erläutern.

Untersuchen wir einen Granitblock auf seine chemischen Bestandteile, so finden wir darin außer freier, als weißer Quarz erscheinender Kieselsäure eine Reihe von Salzen derselben Säure. Der Granit enthält, in runden Zahlen ausgedrückt: 1,5 Teile Kalkerde, (Calciumoxyd), 1,5 Teile Eisenoxyduloxyd, 0,5 Teile Magnesia (Magnesiumoxyd); 6,5 Teile Kali, 2,5 Teile Natron, 72 Teile Kieselsäure, 16 Teile Thonerde (Aluminiumoxyd). Alle hier genannten Basen sind mit der Kieselsäure zu Salzen verbunden. Der Chemiker nennt diese Salze „Silikate". Den atmosphärischen Einflüssen ausgesetzt, zersetzen sie sich. Der Granit verwittert und zerfällt, was durch folgende Umstände bewirkt wird: Der auf den Granitblock fallende Regen hat aus der Luft Kohlensäure aufgenommen. Diese Kohlensäure treibt die Kieselsäure aus ihren Verbindungen, indem sie sich mit dem Eisenoxydul, Natrium, Kali, Kalk und der Magnesia zu kohlensauren Salzen „Karbonaten" verbindet. Diese Karbonate werden vom Wasser gelöst und weggeführt. Es hinterbleibt außer freier Kieselsäure noch kieselsaure Thonerde, der die Kohlensäure nichts anhaben kann. Sie sammelt sich an andrer Stelle, meistens auf dem Grunde des Meeres, als Lehm, Thon, Kaolin. Das Meer nimmt auch die entstandenen Karbonate, schließlich sogar zum größten Teile die freie Kieselsäure auf, welche, durch das Wasser zu feinem Sande zerrieben, dahin gelangt. Von den Karbonaten haben Kalium- und Natriumkarbonate das Bestreben, sich mit andern Salzen umzusetzen, wir wollen sie nicht weiter verfolgen. Der kohlensaure Kalk und die kohlensaure Magnesia scheiden sich im Meere, da das Wasser nicht viel davon zu lösen vermag, als Kalkstein, Magnesit, Dolomit ab, oder sie werden von niederen tierischen Organismen zur Bildung von Kreide, Korallen, Muschelkalk verwandt. — Sehen wir uns nun einen kleinen Teil der auf diese Weise im Meere neu gebildeten Mineralien an. In großer Mächtigkeit treten sie uns zum Beispiel in den Alpen als Kalkstein, Dolomit, Marmor und so weiter entgegen. Diese mächtigen, aus regelmäßigen Schichten zusammengesetzten Berge wurden auf dem Grunde des Meeres gebildet, durch allmähliche Hebung traten sie an das Tageslicht und wurden durch die Thätigkeit der Gletscher und des Wassers zerklüftet. Welche Mengen Kohlensäure, die ursprünglich in der Luft vorhanden waren, enthält wohl solch ein Kalksteinberg? Suchen wir uns einen kleinen aus, der nur ein Kubikkilometer Raum einnimmt und berechnen seinen Gehalt an Kohlensäure. Er besteht in 100 Teilen aus 56 Teilen Kalk und 44 Teilen Kohlensäure. Ein Kubikmeter Kalkstein wiegt durchschnittlich 2800 Kilogramm und enthält 1568 Kilo Kalk und 1232 Kilo Kohlensäure. Ein Gramm Kohlensäure nimmt in der Luft unter gewöhnlichem Druck und bei 0° C. ziemlich genau $\frac{1}{2}$ Liter Raum ein, die angegebenen 1232 Kilo demnach 616000 Liter oder 616 Kubikmeter. In einem Kubikkilometer Kalkstein finden wir sonach durch einfache Rechnung 616 Milliarden Kubikmeter Kohlensäure.

Wie groß die Menge der auf der Erde vorhandenen Karbonate sein mag, läßt sich schwer berechnen, auch liegen sie nicht immer in reinem Zustande vor. Jede gute Ackererde braust beim Uebergießen mit Säuren auf, enthält Kohlensäure. Daß demnach die gebundene Menge daran sehr groß sein muß, liegt auf der Hand, und daß immer neue Mengen gebunden werden, wissen wir ebenfalls. Es geschieht nicht nur auf den zu Tage tretenden Felsen. Durch die mit Kohlensäure beladenen Wasser, welche in die Erde einsickern, gelangt diese Säure zu den überall darunter sich befindenden Silikaten und wird gebunden. Wir wissen ferner, daß die Menge dieser Silikate noch außerordentlich groß sein muß, denn sie bilden überall die Grundlage unsers durch die Thätigkeit des Wassers gebildeten Bodens und die durch Vulkane zu Tage geförderten Laven und Basalte, welche ebenfalls Silikate sind, belehren uns, daß diese auch noch die obere Schichte des glühenden Innern unsers Erdballes bilden. Sehen wir uns dagegen den noch vorhandenen Vorrat an gasförmiger Kohlensäure auf der Erde an und machen uns durch eine Rechnung klar, in welchem Verhältnisse er zu dem Vorrate an Silikaten steht.

Auf jedem Quadratmeter Erdoberfläche lagern 10328 Kilogramm Luft, in welcher ungefähr 5,4 Kilogramm Kohlensäure enthalten sind. Berechnen wir nun andrerseits, um das Beispiel mit dem Granit beizubehalten, wieviel davon nötig sind, um diese 5,4 Kilo Kohlensäure zu binden. Der Granit enthält von den bei der Kohlensäurebindung in Betracht kommenden Basen: 1,5% Kalkerde, 0,5% Magnesia, 6,5% Kali, 2,5% Natron. Durch eine Rechnung, welche ich hier nicht näher ausführen will, erfährt man, daß 100 Teile Granit bei der Bindung obiger Basen an Kohlensäure davon 6,5 Teile nötig haben. Um 5,4 Kilo Kohlensäure zu binden, sind danach 83 Kilo Granit nötig, und da letzterer ein specifisches Gewicht von 2,65 hat, so berechnet sich die Mächtigkeit der Schicht, auf 1 Quadratmeter verteilt, zu $3\frac{1}{6}$ Centimeter. Mit andern Worten: Denken wir uns unsre Erde mit einer nur $3\frac{1}{6}$ Centimeter dicken Granitschicht bedeckt, so genügt diese, um sämtliche Kohlensäure bei der Verwitterung der Atmosphäre zu entziehen. Wenn wir uns demgegenüber vergegenwärtigen, daß die durch Verwitterung bereits gebildete Erdschicht, welche von den Geologen als „paläozoische Formationsgruppe" bezeichnet wird, 15000 Meter erreicht, so kommen wir zu dem niederschmetternden Ergebnisse, daß von der einst in der Atmosphäre vorhanden gewesenen Kohlensäuremenge nur noch ein geringer Rest nachgeblieben ist. Was wird aber die Folge sein, wenn auch dieser Rest von den Gesteinen aufgenommen sein wird? In welcher Weise wird das Verschwinden der Kohlensäure aus der Luft unser organisches Leben beeinflussen?

Menschen und Tiere brauchen zum Atmen keine Kohlensäure, sie ist uns sogar direkt schädlich, wenn der Gehalt daran in der Luft, wie es in geschlossenen Räumen vorkommt, bis auf 1% steigt. Anders verhält es sich mit den Pflanzen.

Die grüne Pflanze nimmt ihre ganze Kohlenstoffmenge, welche in ihr in Form organischer Substanz aufgehäuft ist, ausschließlich aus der Atmosphäre, indem sie deren Kohlensäure zerlegt. Von der grünen Pflanze nehmen sämtliche parasitischen Pflanzen und die ganze Tierwelt ihren Kohlenstoff. Demnach stammt direkt oder indirekt sämtlicher organische Kohlenstoff aus der Luft. Nur der Kohlenstoff ist von allen Elementen allein im stande, die unendlich zahlreichen und komplizierten chemischen Verbindungen einzugehen, welche zum organischen Leben notwendig sind. Es ist undenkbar, daß es durch andres Element sich ersetzen ließe. Wird die Kohlensäure der Luft entzogen, so versiegt damit die Hauptquelle, welche uns den Kohlenstoff liefert — und alle Pflanzen müssen zu Grunde gehen. Die Tierwelt kann sich dann nur noch einen ganz kurzen Zeitraum erhalten, indem sich ihre Individuen untereinander verzehren, bis der letzte Mensch dem Hungertode erliegt. Dann ist der große Kampf ums Dasein ausgekämpft.

II. Der Mars.

Ach! zu des Geistes Flügeln wird so leicht
Kein körperlicher Flügel sich gesellen.
Doch ist es jedem eingeboren,
Daß sein Gefühl hinauf und vorwärts dringt.
Goethes Faust I.

Die von Professor Schiaparelli auf dem Mars entdeckten Kanäle haben das Interesse für diesen Planeten mächtig gefördert. Leider sind der Forschung auf diesem Gebiete sehr enge Grenzen gesteckt. Um so größer ist der Spielraum, welcher der Phantasie sich eröffnet. Darum sind für Entstehung dieser Kanäle auch die mannigfachsten, oft recht gesuchten Erklärungen gegeben worden, denen ich noch die folgende hinzufügen will:

Sind die Kanäle auf dem Mars wirklich vorhanden, was ja ziemlich als bewiesen betrachtet werden muß, und sind sie durch hoch organisierte Wesen angelegt worden, was im Hinblick auf ihren geradlinigen Lauf nicht anders erklärt werden kann, so scheint mir als nur einzige Erklärung für ihre Anlage annehmbar: **Das Wasser muß im stande sein, den Bewohnern des übervölkerten Planeten mehr Nahrung zu liefern als das Land.** Diese Annahme gewinnt an Wahrscheinlichkeit, wenn wir die uns bekannten Verhältnisse auf dem Nachbarplaneten näher in Augenschein nehmen.

Wir wissen, daß alle zu unserm Sonnensystem gehörenden Weltkörper aus denselben Grundstoffen zusammengesetzt sind. Nehme ich nun an, daß die wichtigsten dieser Grundstoffe, wie Sauerstoff, Wasserstoff, Kohlenstoff, Silicium, Calcium und so weiter, auf dem Mars in ähnlichen relativen Mengenverhältnissen vorhanden sind wie auf der Erde — was sich freilich nicht beweisen läßt — so ist es leicht, die weiteren Schlußfolgerungen zu ziehen.

Nach der bekannten Nebelhypothese von Kant und Laplace muß die Entstehung des Mars früher erfolgt sein als diejenige der Erde. Aber abgesehen davon, mußte auch seine

Abkühlung wegen der geringeren Masse — er besitzt nur etwa den halben Durchmesser der Erde — früher beendet sein und somit das organische Leben auf einer andern Stufe stehen als auf der Erde. Das höchst organisierte Wesen, welches ich in Ermanglung einer andern Bezeichnung dafür „Mensch" nennen will, muß unserm Erdenmenschen um unendlich viele Jahrtausende in der Entwicklung voraus sein. Es mag ihm daher nicht schwer fallen, bei richtiger Ausnutzung der Naturkräfte Kanäle von der Breite unsrer Ostsee zu graben, falls er sie zu seiner Existenz nötig hat. Da der Mars eine bedeutend geringere Anziehungskraft als unsre Erde, dabei wahrscheinlich einen höheren Luftdruck und nur $^2/_5$ der uns zukommenden Sonnenwärme besitzt, so muß sein organisches Leben anders beschaffen sein und anders aussehen als dasjenige der Erde, aber es kann auf denselben chemischen Grundlagen beruhen, weil es aus gleichen Grundstoffen hervorgegangen ist. Gleiches gilt auch für das anorganische Leben. Hier muß der Kampf der Kohlensäure und Kieselsäure viel früher begonnen haben, er kann daher auch schon ausgekämpft sein und die Luft von Kohlensäure ganz oder sie zu fast ganz befreit sein. Alsdann müßte, wird man sagen, auch alles organische Leben erloschen sein. — Nun, so schnell geht das eben nicht, denn Entstehen und Vergehen geschieht nicht sprungweise in der Natur, wie wir es auf der Erde so vielfach zu beobachten Gelegenheit finden, sondern langsam und allmählich, wenigstens für unsre beschränkten Zeitbegriffe. Zuerst müssen wir uns klar machen, daß, wenn aus der Luft schon sämtliche Kohlensäure verschwunden ist, dasselbe noch lange nicht für das Wasser gilt. Dieses absorbiert nämlich auf der Erde etwa sein gleiches Volum Kohlensäure, auf dem Mars bei wahrscheinlich höherem Luftdrucke entsprechend mehr. Das Wasser hat ferner das Bestreben, der Luft die Kohlensäure zu entziehen und sich damit zu sättigen. Es kann somit fast sämtliche als solche vorhandene Kohlensäure auf dem Mars sich in Wasser gelöst befinden und liefert darin den Pflanzen genügend Nahrung. Flora und Fauna im Wasser müssen dann durch natürliche und künstliche Züchtung ganz andre und höhere Formen angenommen haben und genügend dem Nahrungsbedürfnisse des Menschen entsprechen. Vollkommen verschwinden kann die Kohlensäure nicht aus der Luft, so lange Menschen und Tiere darin atmen, denn diese atmen ja Kohlensäure aus, aber sie kann in ungenügender Menge für die Pflanzen vorhanden sein, so daß die äußerst dürftige oder gar keine Vegetation zurückgeblieben ist.

In dem Kampfe, welcher sich unter den Tieren nach dem Verschwinden der Pflanzen auf dem Lande notwendig entspinnt, erliegt der Schwache fortdauernd dem Stärkeren, bis zuletzt der Mensch noch nachbleibt und seine Haustiere, deren er am dringendsten bedarf. Alsdann könnte der Kampf unter den Menschen selbst beginnen, aber da wir bei ihnen eine sehr hohe Kulturstufe voraussetzen dürfen, so beginnt dieser Kampf noch nicht so bald. Der Mensch sucht zuerst neue Quellen der Nahrung und findet sie im Wasser. Es entsteht dadurch ein großer Zudrang zu den Küsten, und bald sieht er sich genötigt, diese zu erweitern. Er treibt nicht mehr Raubwirtschaft auf dem Meere, wie wir es thun, die Landwirtschaft giebt er auf und treibt rationelle Wasserwirtschaft. Zu diesem Zwecke könnte er Teiche, Seen graben, aber sie helfen ihm nicht viel. Auf unsrer Erde tragen die Teiche wohl eine recht üppige Vegetation, die indessen ihre Kohlensäure durch über den Wasserspiegel hervorragende oder darauf schwimmende Blätter aufnimmt. Faulende organische Substanzen, die ja immer auf dem Grunde sich befinden, können hier die Kohlensäure nicht liefern und zwar aus folgenden Gründen: Liegen organische Substanzen im Wasser, ohne mit Luft in Berührung zu kommen, so erfolgt keine Fäulnis im eigentlichen Sinne des Wortes, sondern nur langsame Zersetzung. Es entstehen dabei hauptsächlich Wasser- und Kohlenwasserstoffe. Letztere treten in verschiedenen Formen auf: als Gase, wie Sumpfgas; als Flüssigkeit, wie Naphtha; als feste Substanzen, wie Steinkohle, Braunkohle. Als Endprodukt bleibt schließlich reiner Kohlenstoff: Anthracit, Graphit.

Noch aus andern Gründen kann die Vegetation der Teiche nicht diejenige des Meeres ersetzen. Es fehlt ihr die mineralische Nahrung. Das Teichwasser ist weich, das heißt, es enthält wenig oder keine Salze, die der Pflanze als Nahrung dienen können. Dieses gilt auch für die Flüsse. Zwar werden in ihnen bei schnellerem Laufe die organischen Substanzen durch vielfache Berührung mit Luft schnell oxydiert und Kohlensäure dabei gebildet, aber anorganische Nahrung können sie den Pflanzen noch weniger liefern als die Teiche. Nur das Meer kann allen Anforderungen der Vegetation gerecht werden. Es enthält Mineralsubstanzen in reichlicher Menge gelöst, und da seine Oberfläche durch Stürme bewegt wird, so oxydieren sich die darin befindlichen organischen Substanzen und bilden Kohlensäure. In größerer Tiefe ist das freilich nicht der Fall, und wenn wir neuerdings durch die Tiefseeforschungen auch mit eigentümlichen Lebewesen in tiefen Wasserschichten bekannt geworden sind, so stehen diese doch auf einer sehr niedrigen Stufe und können hier nicht in Betracht kommen.

Rekapitulieren wir das oben Gesagte, so sehen wir leicht ein, daß der Mensch, wenn er seine Nahrung im Wasser suchen muß, sie nur im Seewasser finden kann und zwar im flachen. Was ist also natürlicher als das Graben von Kanälen, die mit dem Meere in Verbindung stehen, von diesem gespeist werden und zum Zwecke der Wasserzirkulation die ganzen Kontinente durchziehen. Breit müssen jedoch diese Kanäle sein, damit das Wasser vom Winde bewegt wird und sich auf ihrem Grunde keine organischen Substanzen der schnellen Verwesung entziehen, weil dies den Kreislauf der Stoffe unterbrechen würde, und flach müssen sie aus demselben Grunde sein.

In gewisser Beziehung sind die Meerespflanzen, obgleich sie spärlicher Sonnenlicht erhalten, günstiger gestellt als die Landpflanzen. Letztere haben es nämlich sehr schwer, ihre mineralischen Stoffe dem Boden zu entnehmen, da diese nur wenig in der Bodenfeuchtigkeit gelöst sind, teilweise erst durch die in den Wurzeln selbst gebildeten Säuren gelöst werden müssen. Die Meerespflanzen dagegen finden ihre nötigen Mineralstoffe fertig gelöst vor. Dementsprechend ist auch die Produktionskraft des Meeres bei sonst günstigen Bedingungen eine außerordentlich hohe und übertrifft bei weitem die des Landes. Das Wachstum unsrer Algen ist oft ein staunenswert schnelles, sie erreichen Dimensionen, hinter denen unsre Landpflanzen sehr zurückstehen, wird doch der Birnentang (Macrocystis pyrifera) bis 400 Meter lang, und die mächtigen Tierformen sind allgemein bekannt. In der That ließe sich im Hinblick auf diese Verhältnisse die Anlage der Kanäle auf dem Mars schon allein durch Uebervölkerung begründen. Von Pflanzen, die im Meere wachsen, dienen freilich auf der Erde nur wenige dem Menschen direkt zur Nahrung. Zweifelsohne ließe sich jedoch bei rationeller Bewirtschaftung und Kultur unendlich viel in quantitativer und qualitativer Hinsicht erzielen. Wir sind ja auch noch nicht gezwungen, das Wasser zu bearbeiten, da das Land uns mehr liefert, als wir brauchen.

Gingen nun die Bewohner des Mars von der Landwirtschaft allmählich zur Wasserwirtschaft über, so könnte dies nur durch Anlage von breiten und seichten Kanälen geschehen, welche die Kontinente durchzogen. Untereinander konnten sie wieder durch Verbindungskanäle beliebig vereinigt werden, um so breiter sein mußten, je länger sie waren. Man sieht leicht ein, daß sämtliche Bewohner bei der Anlage nach einem einheitlichen System verfahren mußten. Aber wie wir uns die Bewirtschaftung dieser Kanäle auch vorstellen, müssen wir doch stets ein einheitliches System auch hierin annehmen. Der Marsbewohner kann in den breitesten Kanälen seine Wälder haben, die ihm Brenn-, vielleicht auch Baumaterial liefern, er kann in den kleineren Kanälen säen und ernten, diese Kanäle müssen untereinander sämtlich in Verbindung stehen, das Wasser muß in ihnen zirkulieren. Können die einzelnen Teile durch Drahtgewebe auch voneinander getrennt werden, der Dünger, welchen die Auswurfsstoffe auf dem Lande liefern, kommt allen zugute, die Saat ebenfalls. Persönliches Besitztum ist daher nur auf dem Lande denkbar, hinsichtlich der Nahrungsquellen giebt es nur Allgemeinbesitz, denn sämtliche Menschen müssen nach einem gemeinsamen Plane arbeiten, einer für alle, alle für einen. Nur dadurch können sie sich erhalten. Auf welcher hohen Kulturstufe müssen solche Menschen stehen? Wir haben nicht den geringsten Grund, daran zu zweifeln. Die Not lehrt die Menschen auch gemeinsam handeln, und wie ich schon im erſten Teile dieſer Arbeit erwähnte, ſehen wir höhere Tierformen gerade durch Anpaſſung an erſchwerte Lebensbedingungen ſich entwickeln. Auf dem alten Mars mag ſich längſt vollzogen haben, was uns auf unſrer Erde noch bevorſteht. Auch wir werden vielleicht einſt Kanäle bauen und aus ihnen unſre Nahrung ſchöpfen. Wir werden dabei nach einem gemeinſamen Plane handeln müſſen, die ganze Erde nach einem gemeinſamen Plane bewirtſchaften, die Arbeit des einzelnen wird der Geſamtheit gelten müſſen. In Erfüllung ſolcher Aufgaben müſſen Raſſenhaß und Parteihaber verſchwinden, der Egoismus zurücktreten. So iſt es der Lehrmeiſterin Natur vorbehalten, uns zu dem zu machen, was keinem irdiſchen Lehrmeiſter gelingen will, zu wahren Chriſten, die einander lieben, weil ohne die Liebe ſie zu Grunde gehen müſſen. Darum wollen wir uns auch über das allmähliche Verſchwinden der Kohlenſäure aus der Luft beruhigen. Bevor die Menſchheit wirklich ausſtirbt, hat ſie noch eine hohe Stufe der Entwicklung durchzumachen. — Ob ſie ſich glücklicher fühlen wird?

Mag. W. Grüning.

Litterariſche Berichte.

Charles Gounod. Aufzeichnungen eines Künſtlers. Autoriſierte Ueberſetzung aus dem Franzöſiſchen von E. Bräuer. Breslau, Leipzig, Wien. L. Frankenſtein. Was der verſtorbene Komponiſt des „Fauſt“ uns in ſeinen Lebenserinnerungen giebt, iſt nicht viel, es iſt eine kurze, gedrängte Geſchichte ſeiner Jugendzeit und ſeiner Komponiſtenlaufbahn bis zu dem großen Hauptwerke ſeines Lebens, das übrigens bei ſeiner erſten Aufführung in der Großen Oper zu Paris am 19. März 1859 keineswegs einen durchſchlagenden Erfolg erzielte. Gounod war ein echtes Künſtlerkind, ſein Vater genoß den Ruf eines angeſehenen Malers, und ſeine Mutter verfügte neben ihren außergewöhnlichen muſikaliſchen Kenntniſſen über ſo viel maleriſche Fertigkeit, daß ſie ihrem Gatten bei der Herſtellung ſeiner Bilder erfolgreich an die Hand gehen konnte. Der kleine Charles ſollte nicht zum Künſtler, ſondern für einen praktiſchen Lebensberuf erzogen werden, allein das Geſchick wollte es anders, das ausgeſprochene muſikaliſche Talent des Knaben ließ ſich nicht verkennen und machte ſich ſo gebieteriſch geltend, daß die Mutter trotz der ſchweren Laſt, welche der zu früh erfolgte Tod ihres Mannes auf ihre Schultern gewälzt hatte, ihre Einwilligung gab. Charles Gounod trat als Schüler in das Pariſer Konſervatorium ein und errang im Jahre 1839 den Rompreis, und ſo verbrachte er die nächſten drei Jahre in der ewigen Stadt, und hier wäre beinahe noch einmal über ſein Schickſal entſchieden worden. Ingres, der Direktor der franzöſiſchen Akademie in Rom,

entdeckte das ausgeſprochene zeichneriſche Talent Gounods und ſuchte ihn allen Ernſtes zu beſtimmen, ſeiner muſikaliſchen Laufbahn zu entſagen und dem Berufe ſeines Vaters zu folgen. Der junge Akademiker ſchwankte thatſächlich eine Zeitlang, und nur der Gedanke an die großen Opfer, welche die geliebte Mutter bereits für ihn gebracht, hielt ihn von einem Eingehen auf die Pläne ſeines väterlichen Freundes ab. Und doch wäre er ſpäter in Paris ſeinem Muſikerberufe beinahe wieder untreu geworden, um — in den Dienſt der Kirche zu treten. Nach ſeiner Rückkehr von Rom erhielt er in Paris eine Anſtellung als Direktor der Kirchenmuſik bei der Kirche des Miſſions étrangères. Seine Dienſtwohnung lag im Pfarrhaus, und hier traf er mit einem alten Genoſſen vom Konſervatorium zuſammen, einem talentvollen jungen Muſiker, der der Muſik entſagt hatte und Geiſtlicher geworden war, dem Abbé Gay. Auf Gounod muß etwas von der anſteckenden Macht des Beiſpiels gewirkt haben, er trug ſich nicht nur mit dem Gedanken, es zu machen wie ſein Freund, ſondern beſuchte wirklich einen ganzen Winter hindurch das Seminar von Saint-Sulpice, wo er im Prieſtergewande theologiſche Vorleſungen hörte. Bald indes machte ſich das Gefühl bei ihm geltend, daß er ohne die Kunſt nicht leben könne. Er legte den Prieſterrock, für den er nicht geſchaffen war, wieder ab und kehrte in die Welt zurück. Die Bühne wies ihn in dieſer den für ſeine Begabung ſich eignenden Weg; während er aber in immer reicherem Maße den Lorbeer des erfolgreichen

Bühnenkomponisten einheimste, stieg sein Freund Gay im Kirchendienste von Stufe zu Stufe, er wurde erst Generalvikar und dann kirchliches Oberhaupt der Diözese von Poitiers. Das alles erzählt uns Charles Gounod in schlichter, treuherziger Weise, dabei als getreuer Sohn stets der über alles geliebten Mutter gedenkend, die ihm der wahre Leitstern seiner Jugend und seiner ersten Mannesjahre gewesen. Der kleinen Autobiographie sind einige interessante Briefe und litterarische Skizzen und Aufsätze Gounods beigefügt über die Künstler in der modernen Gesellschaft, über die französische Akademie in Rom, über Natur und Kunst, über Berlioz und über Saint-Saëns.	H.

Geschichte der Musik in England. Von Dr. Wilib. Nagel. 2 Bände. Straßburg. Trübner.

Herr Dr. Nagel hat schon vor einigen Jahren verdienstvolle Abhandlungen über zwei Perioden der englischen Hofmusik veröffentlicht; 1894 ließ er den ersten Band der „Geschichte der Musik in England" erscheinen, vor einigen Monaten den zweiten, der das Werk abschließt. Die Vorrede des ersten Bandes enthielt die Erklärung des Verfassers, daß die Darstellung von H. Purcells Leben und Schaffen das letzte Kapitel des Buches bilden soll, „weil Purcell der letzte große englische Tonsetzer ist, dessen Werke teilweise wenigstens eine englische Färbung tragen", sodann aber auch weil er (der Verfasser) das, was ‚Chrysanders Meisterhand' über Händel geschrieben hat oder noch schreiben wird, nicht seinerseits auch darstellen wollte; endlich auch, weil er die Nach-Händelsche Kunst aus dem Grunde nicht als Gegenstand seiner Forschungen betrachtete, weil es ihm nur „darauf ankam, den Anteil englischer Künstler an der Entwicklungsgeschichte der Musik zu bestimmen, der im wesentlichen in der Zeit von etwa 1200 bis 1700 liegt."

Ich führe diese Worte des Verfassers absichtlich an, damit der Leser, der sich durch meine warme Empfehlung bewogen fühlt, dem Werke Aufmerksamkeit zuzuwenden, im vorhinein wisse, was er darin suchen soll und finden wird.

Und eine warme Empfehlung verdient das Werk jedenfalls; es giebt auf jeder Seite Zeugnis gründlichster Studien und ist in klarem, fließendem Stile geschrieben, ein Verdienst, das bei der Behandlung eines so ernsten Stoffes nicht unerwähnt bleiben darf. Zwar hat schon Ambros in dem dritten Bande seiner leider unvollendeten Geschichte der Musik den englischen Tonsetzern des fünfzehnten und sechzehnten Jahrhunderts ein eignes Kapitel gewidmet; aber der treffliche Mann, der in seltener Weise tiefe Gelehrsamkeit mit jugendlicher Begeisterung für das Schöne aller Künste verband, ist, kaum

sechzig Jahre alt, gestorben, bevor er die Forschungen über das siebzehnte Jahrhundert geordnet dem Druck übergeben konnte, und so blieb denn auch das oben bezeichnete Kapitel von der wichtigen Periode der Puritanerherrschaft und der darauf folgenden zügellosen Entfesselung aller Leichtfertigkeit in den Künsten unberührt.

Das Werk des Herrn Dr. Nagel enthält nicht allein wertvolle Aufschlüsse über diese wichtigen Zeiträume, sondern auch treffliche Darstellungen der Entwicklung der hervorbringenden Tonkunst in England von ihren Anfängen und der verschiedenen Schriften und ästhetischen Anschauungen. Vielleicht wäre manchen Darlegungen zu wünschen, daß sie sich weniger in Urteilen über Politik und deren Träger bewegten, ein einfacher Hinweis auf die politischen Verhältnisse und deren Wirkung auf die Kunstverhältnisse hätte dem kulturhistorischen Zwecke genügt. Diese Eigentümlichkeit thut jedoch dem innern Werte des Buches keinen Abbruch; denn dieser besteht hauptsächlich in der durchwegs gründlichen Forschung und der trefflichen Bearbeitung und Anordnung des reichen Stoffes.	Prof. Heinrich Ehrlich.

Drei Essays. Gottfried Keller. Nikolaus Lenau. Der Stil. Von Oskar Fäßler. St. Gallen. Fehr. 1897.

Die beiden ersten Essays sind unbedingt zu loben. Der Verfasser hat in schöner, gehobener Sprache ein feines Verständnis für die beiden so verschiedenen Dichternaturen gezeigt. Der Aufsatz über Lenau scheint mir ganz besonders gelungen. Auch die Gedanken über den Stil sind sehr anregend.	E. M.

Die Mainzer Klubisten der Jahre 1792 und 1793. Von K. G. Bodenheimer. Mainz. Fl. Kupferberg.

Der Verfasser, dem wir eine Reihe verdienstvoller Arbeiten zur Geschichte der Stadt Mainz verdanken, bewährt auch in dem vorliegenden den Fleiß und die Gewissenhaftigkeit eines sorgsamen Forschers. Wenn seine Darstellung durch etwas beeinträchtigt wird, ist es der allzu lokale Boden, von dem aus die zu schildernden, in Wirklichkeit sich von einem großen historischen Horizont ablösenden Begebenheiten ins Auge gefaßt werden. Mag der Verfasser auch gewillt sein, weiter zu blicken, als manche seiner Vorgänger es gethan, so engt sich doch sein Gesichtsfeld den großen Zeitereignissen gegenüber, von denen die Ereignisse in Mainz während der Klubistenzeit bedingt wurden, unwillkürlich durch das Ausgehen von einem örtlich beeinflußten Standpunkte etwas ein. So dürfte beispielsweise Georg Forster nach Geist- und Charakteranlage vor der Nachwelt als eine andere Persönlichkeit dastehen, als er in der Beleuchtung der Bodenheimerschen Schrift erscheinen muß. Andrerseits werden die Beweggründe der Mainzer Zünfte zur Weigerung der Eidesleistung dem unbefangenen Beobachter etwas weniger ideal erscheinen, als sie dem Verfasser vorkommen. Die tönenden Phrasen von der Liebe zum Vaterlande und der Anhänglichkeit an das alte Deutsche Reich sind eben nur Phrasen, unter denen sich die gewiß nicht unehrenhafte, aber ängstlich zurückhaltende Gesinnung des damaligen, nicht mit Unrecht um seine Existenz sorgenden Kleinbürgertums birgt. Sehr dankenswert sind die Originalien, die in dieser Hinsicht der Verfasser nebst andern quellenmäßigen Material aus den Mainzer Stadtakten mitteilt.   h.

Das Recht der Frauen nach dem bürgerlichen Gesetzbuch. Dargestellt für die Frauen von Hermann Jastrow. Berlin, 1897, Otto Liebmann.

Gegenüber den beliebten, aber meist nutzlosen Versuchen, die Frauenwelt durch Vorträge, deren Inhalt kein Laie bei einmaligem Anhören fassen oder gar behalten kann, über die für sie wichtigsten Rechtsfragen zu belehren, stellt das Werk Jastrows einen erheblichen Fortschritt vor. Die betreffenden Rechtslehren werden in verständlicher, klarer Sprache wohlgeordnet und vollständig dargelegt, ohne daß dabei übersehen wird, daß gerade bei vollständiger Rechtsbelehrung sich erst in der Beschränkung der Meister zeigt.

Kritische Bemerkungen sind nicht allzu reichlich eingestreut; die vorhandenen lassen dies als bedauerlich nicht erscheinen. Ihnen fehlt indessen doch die Darlegung der Gründe und Gegengründe, die erst ein eignes Urteil dem Leser erlaubt. Auch die formellen Vorzüge des darstellenden Teiles fehlen dem kritischen, besonders die Klarheit und Verständlichkeit. Ausführungen zum Beispiel über das Vaterrecht und Mutterrecht, wie Seite 18 ff., dürften dem größten Teil der Leser, an welche sich das Buch wendet, kaum verständlich, geschweige denn überzeugend erscheinen.

Das alles hindert aber nicht, daß das Buch bei fleißiger Benutzung insbesondere den nach Selbständigkeit strebenden Frauen von vorzüglichem Nutzen sein wird. A. L.

Der schwäbische Wortschatz. Eine mundartliche Untersuchung von Prof. K. Erbe in Stuttgart. Stuttgart. A. Bonz und Comp., 1897.

Das Büchlein des bekannten Sprachforschers, der jüngst zum Gymnasialrektor in Ludwigsburg befördert wurde, ist als „Festschrift der 10. Hauptversammlung des Allgemeinen deutschen Sprachvereins" erschienen. Es bildet einen wertvollen Beitrag

zur Kenntnis unsrer Mundarten und ist daher allen Sprachfreunden bestens zu empfehlen.
E. M.

Wenn's nur schon Winter wär'! Roman von Ossip Schubin. Stuttgart und Leipzig, Deutsche Verlags-Anstalt.

Ein Zug stiller Wehmut, wie er sich in den Titelworten ausspricht, geht durch dieses Werk der gefeierten Erzählerin und klingt namentlich in demselben aus. Der Titel deutet allerdings nur die Stimmung, nicht den Inhalt der Erzählung an, denn wenn letzteres hätte der Fall sein sollen, hätte er wohl lauten müssen: „Der Sohn des Kardinals." Der Sprößling eines hohen Kirchenfürsten steht thatsächlich inmitten der Ereignisse, die uns geschildert werden. Er ist die Frucht einer illegitimen Verbindung, die von seinem Vater eingegangen wurde, als dieser dem Dienste der Kirche zwar bestimmt, jedoch in denselben noch nicht eingetreten war. In unmittelbarer Nähe seiner natürlichen Verwandten lebend, wird der nichts ahnende junge Mann in eine Zwitterstellung gedrängt, die sich für ihn zu einer verhängnisvollen gestaltet, sobald der Schleier über seine Herkunft sich ihm lüftet. Eine stille Neigung hat sich zwischen ihm und einer bei seinen Verwandten zu Besuch weilenden jungen Gräfin entsponnen, und das wird für ihn, obwohl von beiden Seiten die größte Zurückhaltung beobachtet wird, zum Verderben. Der eigne Vetter tritt als sein Gegner auf, und in einem hitzigen, in jäher Brutalität von diesem heraufbeschworenen Streit fällt er als ein Opfer seiner stillen Leidenschaft. Die schöne Mädchenknospe, der er seine Verehrung zugewandt, wird durch diese unselige That zu langsamem herbstlichem Dahinwelken verurteilt, lange, lange bevor daß der Winter sich ihr hätte nahen dürfen. In einer dramatisch straff geführten Handlung werden diese Ereignisse an uns vorübergeführt. Die Charaktere sind sorgsam gezeichnet und mit psychologischer Feinheit entwickelt, so daß man unwillkürlich mit tiefer Anteilnahme dem Verlaufe der Erzählung folgt, in welcher die Erzählerin ein kleines Meisterwerk ihrer Art geschaffen hat.   h.

Die Doppelkraft des Lichtes und ihre Metamorphose. Ein monistisch-antimaterialistisches Natursystem, aufgestellt von Paul Meyer. Leipzig, Oswald Mutze.

Das Buch ist aus einem richtigen, aber unklaren Gefühl hervorgegangen. Der Verfasser fühlt, daß die herrschenden Theorien der Naturwissenschaft nichts andres als Vermutungen sind und völlig im Bann der Mathematik stehen. Daher will er eine neue Lehre geben, die nicht mit mathematischen Formeln belastet und der lebendigen Wirklich-

keit angemeſſen iſt. Hierbei überſieht er unſers
Erachtens folgendes. Der Wert der naturwiſſenſchaftlichen Hypotheſe beſteht nicht in ihrer
Annäherung an eine abſolute Wahrheit,
ſondern in ihrer Brauchbarkeit; ſolange ſich
Atomiſtik und Undulationslehre als nützlich
erweiſen, iſt es unnötig, ſie durch andre
Vermutungen zu erſetzen. Ferner iſt jede
naturwiſſenſchaftliche Anſicht um ſo vollkommener, je weiter ſie ſich von der Wirklichkeit entfernt. Denn die Vereinfachung der
unüberſehbaren Fülle der Erfahrung entfernt
ſich von dem, was thatſächlich erlebt wird,
zu Gunſten eines ganz abſtrakten Schemas;
ein Verſuch, anſchauliche Bilder ſtatt ab-
ſtrakter Schemata zu geben, würde aus der
Wiſſenſchaft ein künſtleriſches Abbilden machen
und ſo ihre eigentümliche Bedeutung zer-
ſtören. Dieſen Grundſätzen der Natur-
wiſſenſchaft läßt der Verfaſſer nicht Gerechtigkeit widerfahren. Auf ſeine poſitiven Er-
gebniſſe können wir hier leider nicht eingehen.

M. D.

Fürſt Bismarck und der Bundesrat.
Von Heinrich von Poſchinger.
Zweiter Band. Der Bundesrat des
Zollvereins (1868 bis 1870) und der
Bundesrat des Deutſchen Reichs (1871
bis 1873). Stuttgart und Leipzig,
Deutſche Verlags-Anſtalt.

Die in dem vorliegenden Bande behan-
delten Gegenſtände feſſeln nicht alle in der
gleichen Weiſe das Intreſſe des Leſers. Die
Verhandlungen des Bundesrats des Zollvereins können Anteilnahme überhaupt nur
bedingt beanſpruchen, da ſie ſich lediglich auf
das Steuer-, Zoll- und Handelsgebiet er-
ſtreckten und ſomit nur trockene, zum Teil
ſogar nur formal-adminiſtrative Fragen be-
handelten. Der Herausgeber hat daher wohl
daran gethan, daß für ſie in Betracht
kommende Arbeitsfeld ſo ſummariſch wie
möglich zu behandeln, was er auch deshalb
ſchon konnte, weil die Verhandlungen über
den Zollbundesrat der Oeffentlichkeit angehören und jeder, der ſich zum Studium
derſelben angeregt fühlt, ſie ſich auf der
Reichstagsbibliothek zugänglich machen kann.
Von dieſer Thatſache haben allerdings bisher
nur wenige Perſonen Kenntnis gehabt, und ſie
iſt namentlich, abgeſehen von dem Herausgeber, den ſämtlichen Bismarckforſchern entgangen. Den Grund für eine derartige, den
Berichten über Verhandlungen des Zollbundesrats gewährte Ausnahmeſtellung erfahren wir aus den einleitenden Worten zu
dem vorliegenden Bande. Als die Bibliothek
des Norddeutſchen Bundes zuſammengeſtellt
wurde, gelangte von ſeiten des Reichstags
an das Bundeskanzleramt das Erſuchen um
Ueberweiſung eines Exemplars der gedruckten
Bundesratsverhandlungen. Dieſes Geſuch
lehnte Delbrück ab, dagegen bewilligte er

der Bibliothek ein Exemplar der Verhandlungen des Zollbundesrats, und zwar ſowohl
der Protokolle wie der Druckſachen desſelben,
weil, wie er erklärte, der Zollbundesrat als
die Succeſſion der Generalkonferenzen des
alten Zollvereins anzuſehen ſei. — Die Verhandlungen des Bundesrats des Deutſchen
Reiches bieten ein ungleich größeres Intereſſe
dar, wenn der in dem vorliegenden Bande
behandelte Abſchnitt auch noch in die Zeit
der verhältnismäßig ruhigen Entwicklung
fällt, wo es noch an eigentlichen Kämpfen
und an den Momenten fehlte, welche die Verſammlung gewiſſermaßen in zwei feindliche
Lager hätte ſpalten können. Zur Darſtellung
gelangen die drei erſten Seſſionen vom
20. Februar 1871 bis 9. März 1872, vom
9. März 1872 bis 10. Februar 1873 und
vom 17. Februar bis 29. Dezember 1873.
Entfallen von jetzt an auch wieder die offiziellen Quellen, da die Sitzungsberichte für
die Oeffentlichkeit ein Buch mit ſieben Siegeln
bleiben, ſo iſt es dem Herausgeber doch vollſtändig gelungen — was die Hauptaufgabe
ſeiner Arbeit iſt —, uns die Beziehungen
des großen Kanzlers zu der die Bundes-
regierungen vertretenden großen Körperſchaft klarzulegen. Daß dieſe Körperſchaft
ſich in der erſten Zeit noch ſehr wenig zu
dem Ideal entwickelte, das Bismarck vorgeſchwebt, dem großen Senate, in welchem
die beſten Talente der Einzelſtaaten den
Boden finden ſollten, ſich in freudigſtem
Schaffen zu bewähren, zeigte ſich alsbald:
im weſentlichen wurde als Grundgeſetz der
Geſamtreichs die Verfaſſung des Norddeutſchen Bundes beibehalten, mit der Modifikation allerdings, daß Preußen ſein Uebergewicht in dieſer Körperſchaft verlor. Von
hohem Intereſſe ſind die von dem Herausgeber mitgeteilten Privatkorreſpondenzen,
namentlich die des ſächſiſchen Bevollmächtigten
von Seebach an ſeine Tochter, Frau Wanda
von Koethe. h.

Hermann Sudermann. Eine kritiſche
Studie von W. Kawerau. Magdeburg
und Leipzig. Niemann, (1897.)
Otto v. Leixner. Eine Studie von K. Storck.
Berlin. Schall & Grund, (1897,)

Der durch ſeine Studien über Refor-
mationsgeſchichte bekannte Magdeburger
Kritiker und Redakteur hat den Verſuch gemacht, Sudermanns Bedeutung darzulegen.
Trotz aller Begeiſterung für ſeinen Helden
iſt er im ganzen doch ziemlich objektiv verfahren. Er giebt uns ein deutliches Bild
der fortſchreitenden Entwicklung Sudermanns;
nur ſchade, daß er uns nicht auch mit dem
Lebensgang desſelben näher bekannt macht,
für das Verſtändnis ſeiner Dichtungen wäre
das von großem Intereſſe geweſen. Das
hat Storck in ſeiner Studie über Leixner
ſehr wohl eingeſehen. Unter den Romanen

giebt Kawerau „Frau Sorge" mit Recht den Vorrang, ob aber „Das Glück im Winkel" das „Urania ist, mit dem sich S. „selbst gefunden" hat, möchten wir bezweifeln. Daß ferner die Romane „Der Katzensteg" oder gar „Es war" von dem Vorwurf der Unsittlichkeit freizusprechen seien, kann unmöglich zugegeben werden. Es weht doch eine schwüle, sinnenberückende Luft darin, trotz aller einzelnen Schönheiten. Bei „Sodoms Ende" auf Schillers „Kabale und Liebe" hinzuweisen, S. 101 ff., ist verkehrt. Wohl haben Schiller, Shakespeare und andre Dichter soziale Schäden aufgedeckt, aber sie haben, wie Portig sagt, das Böse stets gerichtet als Sünde, sie haben die Menschen nicht emanzipiert, sondern befreit, sie sind nicht beim Abscheu und dem Ekel, sondern bei der Versöhnung und Erhebung schließlich angekommen. Das ist aber bei Sudermann nicht der Fall, und das ist der große Unterschied.

Eine gewandte, erschöpfende Darstellung zeichnet Storchs Schrift aus. Freilich läßt sie öfters die Objektivität vermissen und geht häufig in einen Hymnus auf Leixner über, dessen Bedeutung wir übrigens durchaus nicht unterschätzen wollen. Immerhin aber ist die Schrift eine gute Leistung für den vierundzwanzigjährigen Verfasser. E. M.

Die deutschen Frauen in dem Mittelalter. Von Karl Weinhold. Dritte Auflage. Zwei Bände. Wien, Karl Gerolds Sohn.

Das treffliche Werk, das nunmehr in dritter Auflage an uns herantritt, hat in dieser keinen Umguß, sondern nur eine bessernde Ueberarbeitung erfahren, und wir glauben, daß damit das Richtige getroffen worden ist. Weinholds Buch über die deutschen Frauen hat sich in den nahezu fünfzig Jahren seines Bestehens — der Verfasser begann die Vorarbeiten zu demselben im Jahre 1847 — als ein klassisches bewährt, an dessen Grundzügen kaum zu rütteln sein dürfte. Wenn die Forschung inzwischen weiter fortgeschritten ist, so sind die Ergebnisse derselben unschwer dem vorhandenen Stoffe zu- und einzufügen, wie es auch in der vorliegenden neuen Auflage geschehen ist. Dieselbe naht den alten Freunden des Werks in willkommener Gestalt und ist nur danach angethan, ihm neue zu gewinnen. h.

Gesundheit und Glück. Von Dr. Nikolaus Seeland. Dresden-Neustadt, Verlag der Diätetischen Heilanstalt.

Die Hauptabschnitte des Buches handeln über den fortschreitenden Verfall von Gesundheit und Glück im Kulturleben; die Ursachen des Siechtums, der unnatürlichen Sterblichkeit und der fortschreitenden Abnahme von Kraft und Glück; die organische Vervollkommnung des Menschen als unumgängliche Bedingung des Glücks. Daran schließen sich „praktische Winke", die für den litterarischen Wert des Buches keine Rolle spielen. Der Verfasser macht Voraussetzungen, die heutzutage als Gemeingut gelten können, und er zieht die Folgerungen, die logisch unanfechtbar, praktisch aber schwer ausführbar und nicht nach dem Herzen der meisten sind. Von jenen Voraussetzungen glaube ich freilich, daß sie nicht stichhaltig sind. Der Satz von der zunehmenden Entartung läßt sich durch die Ergebnisse der Kulturgeschichte widerlegen; der Satz von der Gebundenheit des Glücks an die Gesundheit besitzt bloß dann einen Sinn, wenn man die Wandelbarkeit und Relativität beider Begriffe zugesteht. — Trotz dieser Einwendungen wünschen wir dem gut geschriebenen, inhaltsreichen und verständigen Buch eine weitere Verbreitung. Denn Schaden kann es nie stiften. M. D.

Psychologie der Naturvölker. Ethnographische Parallelen von Jacob Robinsohn. Leipzig, Verlag von Wilhelm Friedrich.

In einer Reihe von selbständigen Kapiteln will der Verfasser das Seelenleben der Naturvölker entwickeln. Er kommt denn auch zu einer Reihe von überraschenden Ergebnissen, denen aber alles abgeht, was zum wissenschaftlichen Studium gehört: Ordnung und Unterscheidung und Schärfe in der Beweisführung. Die von Bastian eingeführte unbestimmte Angabe von Kausalzusammenhängen und Zwecken, bei der man nie weiß, nach welcher Meinung (nach der des Sammlers, des Berichterstatters oder der der wilden Völker selbst) der Kausalzusammenhang oder der Zweck besteht, findet sich auch hier häufig. Alles in allem ist die mühselige Sammlung der Stoffe so gut wie vollständig vergeblich. Kiel. Karl Friedrichs.

Kultur und Humanität. Völkerpsychologische und politische Untersuchungen von Dr. Mehemed Emin Efendi. Würzburg. Stahel, 1897.

Seinem letzten Endzwecke nach ist das Buch eine Theorie des Hasses in seinen vielfachen Erscheinungen, als Klassenhaß, Rassenhaß, Massenhaß rc., aber weniger hierdurch interessiert es den deutschen Leser als durch die Art der Behandlung. Denn mit Worten blutigen Sarkasmus hält der Verfasser, Türke und Mohammedaner, der modernen christlichindogermanischen Welt einen Spiegel vor, in dem sie ihr Bild mit vergröberten Zügen und grell aufgetragenen Farben, aber mit unverkennbarer Aehnlichkeit zu erschauen vermag. Der Verfasser ist nicht nur mit der deutschen Sprache, sondern auch mit unsrer politischen Geschichte und unsern Kultur- und

Lebensverhältnissen außerordentlich gut vertraut, und nie fehlt es ihm an einem treffenden Beispiel, an einem schlagenden Vergleich, wenn es ihm darauf ankommt, das Verhalten der Türken gegenüber den Griechen, Armeniern und andern Mitbewohnern als eine selbstverständliche Folge der obwaltenden Verhältnisse darzustellen. Der Verfasser kommt zu dem Ergebnis, daß eine Gleichberechtigung aller Einwohner eines Landes ohne Unterschied der Rasse, Nationalität, Religion und Klasse niemals vollkommen durchführbar sei und wenigstens zum großen Teil allerorts ein toter Buchstabe bleiben müsse. Zuzugeben ist, daß die Durchführung der Gleichberechtigung heutzutage noch sehr vieles zu wünschen übrig läßt. Daß sie aber möglich ist, werden hoffentlich unsre Nachkommen beweisen.

                           K. F.

Auch Einer. Eine Reisebekanntschaft von F. Th. Vischer. 2 Bände. Siebente Auflage. Stuttgart und Leipzig, Deutsche Verlags-Anstalt.

     Wenn Vischers zuerst im Jahre 1878 erschienener Roman im Laufe von nicht ganz zwanzig Jahren sieben Auflagen erleben konnte, so spricht das unzweifelhaft für das Werk, das ja längst in seiner Art als ein klassisches anerkannt worden ist, mehr aber vielleicht noch für die zunehmende Reife unsers lesenden Publikums. Vischers origineller Roman würde keinen Wert behauptet haben, auch wenn es ihm beschieden gewesen wäre, in den Winkeln wenig zugänglicher Bibliotheken zu verstauben. Das Buch war nicht für die große Masse geschrieben: sein tiefer poetischer Gehalt, sein dramischer Humor, für den ein Vergleich mit dem des großen Satyrikers Rabelais nicht zu kühn ist, und andrerseits wieder der das Ganze zusammenhaltende sinnige Ernst, das alles war nicht danach angetan, sich im Sturm einen Leserkreis von größerer Ausdehnung zu erobern. Um so erfreulicher ist es, daß es dennoch dazu gekommen ist und der Dichter, der darauf ausgegangen ist, „wenigen Ohren zu gefallen", für sein Werk eine nach vielen Tausenden zählende Menge von Freunden und Verehrern gefunden hat. Wir zweifeln nicht daran, daß diese sich fort und fort vermehren und der Roman noch im ersten Vierteljahrhundert seines Bestehens das erste Dutzend seiner Auflagen erreichen wird.   h.

Eingesandte Neuigkeiten des Büchermarktes.

(Besprechung einzelner Werke vorbehalten.)

Bade, Dr. G., Die Angelfischerei. Beschreibung der Fanggeräte und Fangmethoden, nebst Angelkalender und Tagebuch. Cranienburg, Ed. Freyhoffs Verlag. (Gebunden M. 1.50.

Beecher-Stowe, Harriet, Onkel Toms Hütte. Mit mehr als 100 Illustrationen. Lfg. 1. (Vollständig in 20 Lieferungen à 30 Pf.) Stuttgart u. Leipzig, Deutsche Verlags-Anstalt.

Berg, Leo, Der Uebermensch in der modernen Litteratur. Ein Kapitel zur Geistesgeschichte des 19. Jahrhunderts. München, Leipzig, Paris, Albert Langen. M. 3.50.

Bettelheim, Anton, Anzengruber. (Geisteshelden. Vierter Band.) Zweite Auflage. Berlin, Ernst Hofmann & Co. M. 2.40.

Betz, Dr. Louis P., Die französische Litteratur im Urteile Heinrich Heines. (Französische Studien. Neue Folge. Heft II.) Berlin, Wilhelm Gronau. M. 2.—

Biedert, Prof. Dr. Ph., Die Kindersterblichkeit und die sozialökonomischen Verhältnisse. Hagenau, San.-Rat Prof. Dr. Biedert.

Blümner, Hugo, Satura. Ausgewählte Satiren des Horaz, Persius und Juvenal. In freier metrischer Uebertragung. Leipzig, B. G. Teubner. M. 1.20.

Bormann, Edwin, Die Komödie der Wahrheit. Lustspiel in drei Akten. Leipzig, Edwin Bormanns Selbstverlag.

Clausen, Ernst, (Claus Zehren), Der Ehe Ring. Novellen. Berlin, F. Fontane & Co. M. 3.50.

Concours, Le. de la participation aux bénéfices au Musée social. Paris, Calmann Lévy.

Deutsche Nationalfeste 1900. Mitteilungen und Schriften des Ausschusses für deutsche Nationalfeste. Heft 3 u. 4. München und Leipzig, R. Oldenbourg.

Düsel, Frdr., Shakespearestudien. I. Hamlet. Romeo und Julie. Leipzig, August Schupp. 60 Pf.

Edward, Georg, Balladen und Lieder. Großenhain und Leipzig, Baumert und Ronge. M. 2.—

Engel, Eduard, Geschichte der englischen Litteratur von ihren Anfängen bis auf die neueste Zeit. Vierte, völlig neu bearbeitete Auflage. Heft 2. Leipzig, J. Baedeker. M. 1.—

Ewald, Karl, Eva. Autorisierte Uebersetzung von Dr. H. v. Lenk. Leipzig, G. H. Wigands Verlag. M. 2.—

Ferriani, Cav. Lino, Entartete Mütter. Eine psychisch-juridische Abhandlung. Deutsch von Alfred Ruhemann. Autorisierte Ausgabe. Berlin, Siegfried Cronbach. M. 3.—

Flammen-Sang. Dichtungen aus alter und neuer Zeit. Herausgegeben vom hessischen Landesverein für Toten-Einäscherung. Heidelberg, J. Hörning. M. 1.20.

Freimuth, W., Bim! Baum! Helfe Dir Gott aus Deinem Traum! Ein Beitrag zur Klärung des Urteils über G. Hauptmanns deutsches Märchendrama „Die versunkene Glocke". Berlin, Fußinger Buchhandlung. 50 Pf.

Grabbow, Max, Das Leben ein Kampf. Schauspiel

in fünf Akten. Berlin, Deutschverlag von Ernst
Cumme und Carl Hinstorffs Verlag. M. 1.20
Grabbow, Max, Die dramatische Dichtkunst Deutsch-
lands am Ende des 19. Jahrhunderts. Ein Beitrag
zur Hebung derselben. Berlin, Deutschverlag von
Ernst Cumme und Carl Hinstorffs Verlag. 50 Pf.
Güdemann, Dr. M., National-Judentum. Zweite
unveränderte Auflage. Leipzig und Wien, M.
Breitensteins Verlagsbuchhandlung.
Hansjakob, Heinrich, Dürre Blätter. Zweiter Band.
Dritte, durchgesehene Auflage. Heidelberg, Georg
Weiß. M. 3.—
Heinrich, Hermann, Von echtem Schrot und Korn.
Vier Erzählungen aus Deutschlands Vergangenheit.
(Bibliothek für Bücherliebhaber.) Berlin, Fischer
und Franke. M. 3.—
Herrmann, Bernhard, Jarzo Billung. Tragödie in
fünf Akten. Königsberg i. Pr., Braun und Weber.
Holmgren, Ann' Margret, Frau Strahle. Autorisierte
Uebersetzung von Marie Kurella. Leipzig, G.
H. Wigands Verlag. M. 1.50.
Huxley, Thomas H., Soziale Essays. Berechtigte
deutsche Ausgabe mit einer Einleitung von Alexander
Tille. Weimar, Emil Felber. M. 5.—
Jensen, Wilhelm, Aus See und Sand. Roman.
Dresden und Leipzig, Carl Reißner.
Jensen, Wilhelm, Luv und Lee. Roman. Zwei
Bände. Weimar, Emil Felber.
Jugend. Münchner illustrierte Wochenschrift für
Kunst und Leben. 1897. II. Jahrgang, Nr. 35
bis 42. München und Leipzig, G. Hirths Verlag.
Junghans, Sophie, Lore Fay. Novelle. Dresden
und Leipzig, Carl Reißner.
Kohl, Horst, Bismarck-Jahrbuch. Vierter Band.
Leipzig, G. J. Göschensche Verlagshandlung. M. 8.—
Korff, Iwan, Aus Baltien. Kleine Erzählungen und
Humoreaken. Berlin, Richard Taendler. M. 1.50.
Kurnig, Das Sexualleben und der Pessimismus.
Leipzig, Max Spohr. M. 1.—
Lange, Friedrich Albert, Einleitung und Kommentar
zu Schillers Philosophischen Gedichten. (Sammlung
deutscher Schulausgaben. 79. Lieferung.) Bielefeld
und Leipzig, Velhagen und Klasing. Geb. M. 1.—
Lanzky, Paul, Sophrosyne. Gedichte. Dresden und
Leipzig, E. Piersons Verlag.
Linke, Oskar, Venus divina. Liebesgeschichten
aus drei Jahrtausenden. Grossenhain, Baumert
und Ronge.
Lothar, Rudolf, Ein Königsidyll. Lustspiel in drei
Aufzügen. Dresden, Leipzig, Wien, E. Piersons
Verlag. M. 1.50.
Lothar Rudolf, Ritter, Tod und Teufel. Eine Ko-
mödie in einem Akt. Dresden, Leipzig, Wien,
E. Piersons Verlag. M. 1.—
Lourbet, Jacques, Die Frau vor der Wissenschaft.
Einzige autorisierte deutsche Uebersetzung von
Dora Landé. München und Leipzig, August
Schupp.
Magirus, Adolf, Herzog Wilhelm von Württemberg,
k. u. k. Feldzeugmeister. Ein Lebensbild. Mit Illu-
strationen, Porträts, Kartenskizzen u. einem Stamm-
baum. Stuttgart, W. Kohlhammer. M. 7.50.
Mehring, Franz, Geschichte der deutschen Sozial-
demokratie. Erster Teil: Von der Julirevolution
bis zum preußischen Verfassungsstreite 1830 bis 1863.
Stuttgart, J. H. W. Dietz Nachf. M. 3.60.
Michael, Emil, S. J., Geschichte des deutschen Volkes
seit dem dreizehnten Jahrhundert bis zum Ausgang
des Mittelalters. Lfg. 4. 5. Freiburg i. Breisgau,
Herdersche Verlagsbuchhandlung. à M. 1.—
Moral, Die, im öffentlichen und privaten Leben. Aus
dem Französischen. Leipzig, Theod. Thomas.
Muret, encyklopädisches Wörterbuch der englischen

und deutschen Sprache. Grosse Ausgabe. Teil I.
(Englisch-Deutsch). Lfg. 24. Berlin, Langen-
scheidtsche Verlagsbuchhandlung. M. 1.50.
Nagl, Dr. J. W., und Jakob Zeidler, Deutsch-
österreichische Litteraturgeschichte. Ein Handbuch zur
Geschichte der deutschen Dichtung in Oesterreich-
Ungarn. Lfg. 4. Wien, Carl Fromme. M. 1.—
National-u. Kaiserhymnen, sechs deutsche. Hannover,
Louis Oertel.
Penzler, Joh., Fürst Bismarck nach seiner Entlassung.
Leben und Politik des Fürsten seit seinem Scheiden
aus dem Amte auf Grund aller authentischen Kund-
gebungen. Zweiter Band. 12. Februar 1891 bis 5.
Dezember 1891. Leipzig, Walther Fiedler.
Poritzky, J. E., Todgeweihte. Skizzen. Berlin,
R. Boll.
Pressensé, Madame de, Geneviève. Deutsch von
Hedwig Kahl. Reutlingen, Fleischhauer und Spohn.
M. 3.—
Prévost, Marcel, Späte Liebe. Roman. Einzig
autorisierte Uebersetzung aus dem Französischen von
Hedwig Landsberger. Paris, Leipzig, München,
Albert Langen.
Rein, W., Encyklopädisches Handbuch der Pädagogik.
Dritter Band. Erste und zweite Hälfte. Vierter
Band. Erste Hälfte. Langensalza, Hermann Beyer
und Söhne. à M. 7.50.
Roslinski, Dr. Adolf, Das Recht der preussischen
Landtags, über die Handelsverträge zu verhandeln,
und die verfassungswidrigen Bestrebungen der
Agrarier. Berlin, Selbstverlag des Verfassers.
Roslinski, Dr. Adolf, Fürst Bismarcks Verdienste
und ihre Würdigung durch den deutschen Reichs-
tag bei der Feier seines achtzigsten Geburtstages.
Berlin, Selbstverlag des Verfassers.
**Sammlung gemeinverständlicher wissenschaftlicher
Vorträge.** Herausgegeben von Rud. Virchow und
Wilh. Wattenbach. Neue Folge. Zwölfte Serie.
Heft 270: Dr. Louis Lewes †, Lord Byron — Heft
272: Dr. G. Menz, Die deutsche Publizistik im
17. Jahrhundert — Heft 273: Dr. Jakob Nover,
Die Tannhäusersage und ihre poetische Gestaltung.
Hamburg, Verlagsanstalt und Druckerei A.-G.
à 50 Pf.
Schrader, Dr. Hermann, Scherz und Ernst in der
Sprache. Vorträge im Allgemeinen deutschen
Sprachverein. Weimar, Emil Felber. M. 2.—
Simplicissimus-Album. Fünftes Heft (April—Juni
1897.) Paris, Leipzig, München, Albert Langen.
M. 1.25.
Skram, Amalie, Konstanze Ring. Leipzig, Georg
H. Wigands Verlag. M. 3.—
Spillmann, Joseph, S. J., Tapfer und treu. Me-
moiren eines Offiziers der Schweizergarde Lud-
wigs XVI. Historischer Roman in zwei Bänden.
Freiburg i. B., Herdersche Verlagshandlung. M. 5.—;
gebunden M. 7.—
Sybrand, I., Moderne Menschen. Skizzen. Dresden
und Leipzig, E. Piersons Verlag. M. 1.—
Trinius, August, Durchs Moselthal. Ein Wander-
buch. Minden i. W., J. C. C. Bruns Verlag.
M. 3.—
Tschechow, Anton, Russische Liebelei. Novellen. Aus
dem Russischen übersetzt von L. Flachs-Fokschaneanu.
München und Leipzig, August Schupp.
Volksbote. Ein gemeinnütziger Volkskalender auf das
Jahr 1898. 61. reich illustrierter Jahrgang. Olden-
burg und Leipzig, Schulzesche Hofbuchhandlung.
50 Pf.
Willatzen, P. J., Altisländische Volksballaden und
andre Volksdichtungen nordischer Vorzeit. Zweite,
veränderte und vermehrte Auflage. Bremen, M.
Heinsius Nachfolger. M. 4.—

Werde, Friedrich Fürst, Blaue Novellen. Zweite Auflage. Dresden und Leipzig, E. Pierfons Verlag. M. 2.—

Zeitschrift, deutsche, für Geschichtswissenschaft.

Neue Folge. Herausgegeben von Gerhard Seeliger. Zweiter Jahrgang. Monatsblätter Nr. 1, 2. Vierteljahrsheft 1. Freiburg i. B., Leipzig u. Tübingen. J. C. B. Mohr.

═══ Rezensionsexemplare für die „Deutsche Revue" sind nicht an den Herausgeber, sondern ausschließlich an die Deutsche Verlags-Anstalt zu richten. ═══

Redaktionelles.

Das Erscheinen eines neuen Werkes von Theodor Fontane darf immer als ein Ereignis in der deutschen Litteratur bezeichnet werden, und so wird unsre Leser gewiß die Mitteilung interessieren, daß ein neuer Roman aus seiner Feder unter dem Titel „Stechlin" in dem soeben beginnenden neuen Jahrgang von „Ueber Land und Meer" erscheint. Neben dem hoch-interessanten Roman Fontanes finden wir noch eine humoristische Erzählung „Eine Künstlerfahrt nach Halb-Asien" von Kurt Eckberg, sowie die Skizze „Jahrmarktsbummel" von Adele Hindermann, während die „Deutsche Romanbibliothek" ihren 26. Jahrgang mit den Werken zweier rühmlichst bekannten Autoren eröffnet. Sophie Junghans, die gefeierte Dichterin, entwirft in ihrem Roman „Ein Kaufmann" ungewöhnlich fesselnde Bilder aus dem industriellen Leben der Großstadt, indem sie namentlich den Gründungs- und Bauschwindel scharf kennzeichnet, während Fedor v. Zobeltitz in seinem Werke „Der gemordete Wald" einen Bauernroman von urwüchsiger Kraft bietet. Die Halbmonatsschrift „Aus fremden Zungen" bringt das neue Werk Bellamys „Gleichheit", eine unmittelbare Fortsetzung zu desselben Verfassers vor fast zehn Jahren erschienenem Werke „Rückblick aus dem Jahre 2000". Neben dem Werke Bellamys gelangen noch „Grabläuferinnen" (Les Tombales) von Guy de Maupassant (aus dem Französischen), „Das neue Leben" von Maxim Bjelinski (aus dem Russischen) und „Lisa" von Jane Gernandt-Claine (aus dem Schwedischen) zum Abdruck. Das erste Heft dieser drei Zeitschriften (Deutsche Verlags-Anstalt in Stuttgart) ist durch jede Buchhandlung und Journal-Expedition zur Ansicht zu erhalten.

Verantwortlich für den redaktionellen Teil: Rechtsanwalt Dr. A. Löwenthal in Frankfurt a. M.

Unberechtigter Nachdruck aus dem Inhalt dieser Zeitschrift verboten. Uebersetzungsrecht vorbehalten.

═══ Herausgeber, Redaktion und Verlag übernehmen keine Garantie bezüglich der Rücksendung unverlangt eingereichter Manuskripte. Es wird gebeten, vor Einsendung einer Arbeit bei dem Herausgeber anzufragen. ═══

Druck und Verlag der Deutschen Verlags-Anstalt in Stuttgart.

Zweiundzwanzigster Jahrgang   Dezember 1897   Preis viertelj. 6 Mark

eutsche evue

Herausgegeben

von

Richard Fleischer

Inhalts-Verzeichnis

Briefe des Grafen Usedom an eine Freundin.

Guido Karl Georg Ludwig, Graf v. Usedom, Sohn des Erbherrn auf Carziß und Ubarz (Insel Rügen), Karl v. Usedom, wurde in Hechingen am 17. Juli 1805 geboren. Da seine Mutter bei der Geburt starb, wurde er von seinen Großeltern erzogen. Sein Großvater war Freiherr von Heer, Hofmarschall des Fürsten von Hohenzollern-Hechingen.

Im Jahre 1821 trat Usedom in Schulpforta ein, dort stets unter die besten Schüler zählend. Von 1825 bis 1829 studierte Usedom auf den Universitäten Greifswald, Göttingen und Berlin Rechts- und Staatswissenschaften und arbeitete, nach bestandenem Examen, beim Stadtgericht in Berlin und bei der Regierung in Stettin. In München lernte ihn der Kronprinz, nachmaliger König Friedrich Wilhelm, kennen, der ihn bewog, sich der diplomatischen Laufbahn zu widmen. Im Jahre 1834 wurde Usedom zum Legationssekretär in Rom ernannt, wo Bunsen Gesandter war und wo er bis 1837 verblieb. In das Auswärtige Amt in Berlin eingetreten, wurde er 1838 zum Legationsrat, 1841 zum vortragenden und wirklichen Legationsrat befördert. 1846 kehrte er als Gesandter nach Rom zurück, welchen Posten er bis 1854 bekleidete. Nachdem er während des Krimtrieges 1855 eine besondere Mission nach London ausgeführt und zum Wirklichen Geheimen Rat ernannt worden war, lebte er einige Jahre vom aktiven Dienste zurückgezogen, bis er 1859 zum Bundestagsgesandten nach Frankfurt a. M. ernannt wurde.

1863 ging er als Gesandter nach Turin und Florenz, legte seinen Posten 1869 nieder und kehrte nach Deutschland zurück, wo er abermals ein Feld der Thätigkeit annahm und Generaldirektor der königlichen Museen in Berlin wurde.

Am 22. Januar 1884 starb er in San Remo, und dort ist er auch beerbigt.

*

Frankfurt a. M., 21. Juli 1862.

Meine teure, gnädige Frau!

Da mein ganzes Haus leer steht, so haben Sie die völlige Disposition über alle meine Fenster, die darin sind, um mit Ihren Kindern unsern Freund Michael Germanicus im Glanze der Waffen zu bewundern.

Ganz der Ihre
Usedom.

Frankfurt a. M., 27. Mai 1862.

Verehrte gnädige Frau!

Ich konnte noch immer nicht bis zu Ihnen gelangen. Heute war wieder Ausſchußſitzung, Kondolenzbeſuch wegen der Gr. H. von Heſſen, Bismarck-Schönhauſen, der auf ſeinen Poſten nach Paris hier durch ging, Bonin, der von Wetzlar zurückkehrte, und die zu Tiſch und Theater blieben. So vergeht der Tag und die Tage!

Aber aus Berlin wollen Sie hören? . . . Bismarck ſagt, der König ſei geſund, ruhig, heiter — nähme die obwaltenden Schwierigkeiten leicht, vornehm, königlich: man ſähe jetzt, das Abgeordnetenhaus ſei eigentlich gar nicht ſo ſchlimm, und man könne zuletzt doch wohl mit ihm fertig werden. — So hieße es jetzt; früher war es eine Bande von Königsfeinden. — An einen Staatsſtreich, ſelbſt an eine Auflöſung der Kammer denkt niemand mehr: man will (gegen die eignen, ſo heftig proklamierten Grundſätze) ſo liberal ſein, daß die Kammer nichts da-gegen einwenden kann.

Ungefähr ebenſo kalkuliert in dieſem Augenblick der Kurfürſt von Heſſen. Er hat dem Bunde nachgegeben und wird auch vielleicht ſein Miniſterium ent-laſſen — damit Preußen keinen Vorwand mehr habe, gegen ihn einzuſchreiten, was auch ziemlich richtig iſt.

In Berlin will man aber die beiden Armeecorps, trotz der 18000 Thlr. täglicher Mehrkoſten, ſo lange mobil halten, bis in Heſſen alles abgemacht iſt. Aber wann iſt es dort abgemacht?! — Was heißt das Wort? Der König hat übrigens die Mobilmachungsordre unmittelbar aus ſeinem Kabinett an die beiden kommandierenden Generale expediert, ſodann Abſchrift der Ordre an den Kriegsminiſter mitgeteilt, durch welchen dann ſpäter auch die andern Miniſter die Sache erfahren haben. Das iſt nun der neue Geſchäftsgang bei den Rat-gebern der Krone.

Aber ich ſchreibe Ihnen das alles unberufen, ohne zu bedenken, ob Sie es auch wiſſen wollen.

Ihr ergeb.

Uſedom.

Frankfurter Schützenfeſt, 13. Juli 1862.

Man ſang „Schleswig-Holſtein meerumſchlungen", und Herzog Ernſt v. Coburg war der Nationalheld.

Frankfurt a. M., 1. November 62.

Verehrte gnädige Frau!

Ich habe doch noch einige Teile des Schleiermacherſchen Plato am Leben gefunden, die ich Ihnen ſende. Dabei rate ich nun, zuerſt die Verteidigungs-rede und den Phaedon zu leſen, welche das perſönliche Bild des Sokrates am beſten geben und zugleich völlig authentiſch ſind. Aber langſam leſen, Satz für

Satz, die Architektur der Gedanken, sprachliche Fügung und die Musik des Wort-
falls wohl beachtend! ... Schleiermacher hat seiner Uebersetzung viel griechische
Sprachfärbung gegeben und sie dadurch etwas schwerer, aber auch viel reizender
und schöner gemacht: Man muß sich in dies griechische Deutsch langsam hinein-
lesen. Da Sie die Antike lieben, wird Ihnen das Freude machen.

Herzlich guten Morgen.

Usedom.

*

Castel Soleci, Lago Maggiore, 3. Juni 63.

Verehrte Freundin!

Ich mache mir Vorwürfe, so lange geschwiegen zu haben, aber das Turiner[1])
Geschäft mit seinen zahllosen Bagatellen ist viel zeitraubender, als es auswärts
scheint. Nun habe ich auf einige Tage Urlaub genommen, um meine Frau, die
eben über den Simplon gekommen ist, in oben genanntem schönen Orte zu
etablieren. — An Hausmachen in Turin denken wir nicht. Ich habe eine halbe
Etage nebst Kanzlei dort genommen und thue nur, was das Geschäft erfordert,
nicht mehr.

Als ich neulich mit dem Könige und dem diplomatischen Corps in Florenz
war, habe ich eine große Freude gehabt, die wohlbekannte, seit zehn Jahren
nicht mehr betretene Stadt wiederzusehen. Auch habe ich mir gelobt, wenn
es mich nicht mehr im Vaterlande leiden will, alsdann nach Florenz auszuwandern.
— Hier oder nirgends ist Arkadien — zwischen Rom-Florenz-Venedig könnte
man schwanken, Florenz scheint mir aber die vielseitigste und heiterste Stadt für
mein Alter zu sein. In eigentlicher Politik habe ich wenig zu thun, es sei denn,
französische Depeschen an den König zu schreiben, was ich auch nur selten thue,
wenn nichts Besonderes vorfällt. Im allgemeinen verabscheut man in Berlin
die italienischen Dinge, würde sich freuen, wenn ich alle vierzehn Tage des
Himmels Einsturz über dies sündige Land prophezeien könnte. — Aber ich kann
nicht einmal den Einsturz der italienischen Einheit vorhersagen, denn diese
konsolidiert sich, allen Schwierigkeiten zum Trotze, mit jedem Tage mehr. Diesem
dicken Victor Emanuel ist das schönste Königreich der Erde zugefallen, ohne daß
er Sinn für seine Schönheit hat.

Ihr

Usedom.

P. S. Ich freue mich, daß mein Nachfolger in Frankfurt[2]) Sie aufsucht und
meine Verehrung für Sie, wenn auch sonst nichts andres, als meine Erbschaft
übernommen hat. Er wird Ihr Herz ohne Zweifel den jetzigen Berliner Zuständen und ihren Urhebern zuwenden, eine Aufgabe, die ich nicht mit Erfolg zu
lösen vermochte, da mir das nötige feu sacré dafür fehlte.

---

[1]) Usedom reiste 26. Januar 1863 als preußischer Gesandter nach Turin, da Victor
Emanuel von allen andern Mächten als König anerkannt war.

[2]) Usedoms Nachfolger in Frankfurt a. M. war Herr v. Sydow.

Ich kann nicht das Evangelium des jetzigen Systems mit feurigen Zungen predigen, solange Spirito Santo, Bismarck und Eulenburg, sich noch nicht auf mich niedergelassen hat. — Da das aber neuerlich bei so manchen meiner Freunde geschehen, wie Schleiniß, Thile, Abeken u. s. w., so dürfte auch für mich noch Hoffnung sein. —

Turin, 14. October 63.

Viel herzlichen Dank, verehrte Freundin, für Ihren guten und lieben Brief, der mir sehr interessante Züge zu dem Bilde des Fürsten.....[1] gab, welche türzlich bei Ihnen vorübergesaust ist. — Ich muß nur immer lachen über meinen Freund Vetter Michel, welcher sich so geduldig..... läßt und seine Leiter und Lenker auf der Heimkehr bejubelt. Was ist rührender, als wenn die Beherrscher von ..... und ..... bei dem Klange geschwungener ...... ihren Einzug halten!

Abeken[2] war soeben einige Tage bei uns, vollkommen politisch verzopft; wollte durchaus über Basel zurück, um Charlotte Kestner (Tochter von Werthers Lotte, — mithin wie alt!) und Sydow zu sehen, welche beide über ihre Umgehung untröstlich sein würden. Ich riet ihm aber, statt jener schauerlichen Velleitäten lieber die ewig junge Venetia besuchen und über Wien nach dem Wahlort Berlin zurückkehren, zeitig genug, um noch für einen katholischen Pfaffen votieren zu können!! — Im übrigen war er sehr liebenswürdig und heiter und drei Tage, troß greulichen Wetters, recht angenehm.

Ganz und treulich

Usedom.

Turin, 17. Januar 1864.

Ich sende Ihnen heute zwei Bände des gewünschten Leoparden[3] zu. Allein Sie werden nicht in ihm finden, was Sie wünschten, nämlich Dinge, die das deutsche Publikum interessieren könnten. Das Italienische liebt die Werke des Mannes, weil es den Mann liebt. Die allgemein interessanten Briefe sind wohl bei den damaligen Zuständen Italiens von den Empfängern rechtzeitig vernichtet worden, denn niemand will weder seine Freunde eingesteckt sehen noch auch selbst ein=

---

[1] Der Fürstentag (Fürstenkongreß) in Frankfurt a. M. 1863 löste sich alsbald, einer Seifenblase ähnlich, auf, weil König Wilhelm I. von Preußen sich, auf besonderen Rat Bismarcks, davon fernhielt. Ohne Preußen auf dem Deutschen Kongresse konnte ein Deutscher Kaiser, das hieß damals Franz Joseph, Kaiser von Oesterreich, nicht gewählt werden.

[2] Abeken, Gesandtschaftsprediger in Rom, da Bunsen dort Preußen vertrat, wurde in Berlin (wohl auf Befürwortung desselben) im Auswärtigen Amte angestellt. Zum Geheimrat ernannt, übertrug man ihm besonders Leitung und Ueberwachung der Presse, welches Amt er unter den verschiedenartigsten Ministerien, auch unter Bismarck, während der großen Kriege 1866 und 1870 vertrat.

[3] Briefe des italienischen Dichters Leopardi.

gesteckt werden. Ich habe nicht Zeit gehabt, das Buch zu lesen. Rührend wegen mehr als Schillerscher Armut und Anmut war nur der Brief Nr. 509 im II. Bande.

Eine ähnliche Enttäuschung habe ich vor kurzem an dem Briefwechsel Goethes mit Herzog Karl August gehabt, wo man auch Alles, was interessieren konnte, hinausgebracht hat.

In der Schleswig-holsteinischen Sache geht oder steht nun wirklich alles auf dem Kopfe. Preußen und Oesterreich ziehen gegen Dänemark zu Felde mit dem Schlachtruf: „Vivat Christian IX., König-Herzog des ewigvereinten Dänemark und Schleswig-Holstein!" Man sollte glauben, er müßte hierüber entzückt sein, aber er will durchaus Eider-König werden.

Mohl[1]) hat mir darüber sehr interessant geschrieben; ich danke ihm sehr bald für seinen Brief, aber ich werde eben mit Geschäften und Amüsements widerwärtig überhäuft.

Ihr
Usedom.

Turin, 16. März 1864.

Nur einige Zeilen heute, um für Ihren Brief vom 13. d. M., den ich eben erhalte, zu danken.

Ob meines Bleibens hier ist, das hängt nicht von mir ab. — Ob Bismarck mich fortschickt, kann niemand wissen, Grund ist nicht dafür da, aber bedarf es dessen?

Das einzige wäre, daß man in Berlin wünschte, ich möchte in das österreichische Zeitungsgeschrei über die von Italien herdrohende Kriegsgefahr für Venedig einstimmen, um desto leichter vor sich selbst Entschuldigung zu finden, daß man Venedig garantiert. Allein Lügen zu berichten, ist meine Sache nicht, und eine solche ist die Absicht eines Angriffs auf Venedig (in gegenwärtigen Zeitumständen), die man dem hiesigen Gouvernement andichtet.

Mit Rechberg stehe ich ganz gut, wiewohl es Oesterreich bequemer sein möchte, einen preußischen Gesandten hier zu besitzen, der angenehme Lügen nach Berlin schreibt, damit Oesterreich dieselben dort zu seinem Vorteil ausbeuten könnte.

Vor einigen Tagen, als die ersten Zeitungsgerüchte über mein Weggehen anlamen — ich war gerade in Nervi —, telegraphierte das hiesige Ministerium deshalb an Launay nach Berlin. Launay interpellierte Thile, und dieser dementierte die Sache carrément und mit einem gewissen Unwillen aufs entschiedenste.' Deshalb aber kann doch etwas Aehnliches im Werke sein. Ich sehe dem mit einer phlegmatischen Gemütsruhe zu.

Ja, der Stil, teure Freundin! — Zum Stil gehören zwei Sachen — Geschmack und Geduld — Le génie, c'est la patience — Addio!

Usedom.

---

[1]) Mohl, damaliger Bundestagsgesandter Badens in Frankfurt a. M.

Turin, 2. Juni 1864.

Ihre Befehle hinsichtlich Ritschl und Helwig habe ich nicht vergessen, wie die beifolgende Korrespondenz mit Amari aus Anitta hier beweist. Leider hat es zu nichts geführt; Amari möchte wohl, aber er fürchtet sich vor dem Geschrei gegen einen Fremden, zumal da man seinem Vorgänger Mattucci Frembenliebe vorwarf. Einfältig bleibt es immer, denn so gewiß ich wohl thue, einen italienischen Tenor in Deutschland anzustellen, so gewiß handelt man weise, einen deutschen Archäologen nach Italien zu berufen. Es handelt sich nicht um die Gelehrsamkeit allein — denn viele Leute hier wissen viel auch in diesem Fache. Die Methode der Forschung und Wahrheitsfindung durch den wilden Wald mißverstandener Fakta und krauser, unorganischer Gelahrtheit hindurch — das ist die Hauptsache. Und diese Methode können sie von uns lernen, mehr als von sich selber. Sie halten sich durch solch prohibitive Indignation für Jahrzehnte auf einem untergeordneten Standpunkt.

Bei Ihrem kurzen Frankfurter Dasein haben Sie bereits drei Bundes- tagsgesandte erlebt und sind von Ihrem burschikosen Freunde, durch den gemüt- lichen Sydow hindurch, bei dem wichtigen Savigny angelangt. — Aber grüßen Sie die Freunde Jasmund und Mohl und vergelten Sie nicht Gleiches mit Gleichem, sondern antworten mir bald!   Usedom.

Turin, 21. September 1864.

Ich danke herzlich für guten und inhaltreichen Brief als Antwort meiner Couvertzeilen. — Ich hätte eher und ausführlich geschrieben, aber wir sind hier in einer Art Krisis, die viel Besuchens und Schreibens erfordert; auch sind abends zwar nicht Emeuten, doch aber Volksdemonstrationen mit Fahnen, Urli und Fischi, sowie a basso il Ministerio, weil man den Sitz des Gouvernements infolge des Traktates vom 15. Sept. v. J. mit Frankreich von hier nach Florenz verlegen will, eine herrliche Sache für uns, eine schlimme für die Turiner Hauseigentümer und andern preßenden Industrien. Was Napoleon darunter gehabt hat, uns dahin zu versetzen, ist auf geringem Raum nicht recht darstellbar. Italien soll ein Pfand geben, daß es den Papst nicht delogiren will, und darum sich selbst in eine Hauptstadt einlogieren, die passender für Italien ist als Turin. Wenn ich mich in Frankfurt fest einmiete und einrichte, so schließen Sie, daß ich vor der Hand nicht nach Berlin ziehen will — so ungefähr.

Es freut mich, daß Sie meinen Brief an Georg Bunsen loben, wiewohl es ungerecht ist, dem alten Bunsen aus der Zeichnung des Londoner Vertrages eine so schwere Schuld zu machen. Wäre er Urheber oder nur ein intellektuell Beteiligter gewesen, aber so hatte er keinen Teil an dem, was er vollzog; sein Namenszug bedeutete nur den seines Gouvernements. Wenn ich heute Befehl bekomme, Italien den Krieg zu erklären, so thue ich das morgen, gleichviel, mit welcher persönlichen Empfindung, denn ich thue es ja nicht, sondern Preußen durch mich.

Bismarck hat dagegen kein Wohlgefallen an dem Briefe gehabt, weil er sich bewußt ist, einer jener intellektuellen Urheber des Londoner Protokolls zu sein. Er hat mich von Baden aus sondiert, ihm amtlich Auskunft zu geben, ob ich den Brief geschrieben und in die Veröffentlichung gewilligt habe; ich habe natürlich beides bejaht und bin nun neugierig, was er weiter thut.

Da er das Protokoll selber hernach wieder umgestoßen hat, so kann er mir nicht wohl ein Verbrechen daraus machen, daß ich sage, es hätte sich nicht halten können. Man ist aber always bent upon mischief.

In der preußischen Diplomatie macht es sich so, als diene man dem Kurfürsten von Hessen. —

Willisen[1]) muß ein Vorgefühl gehabt haben, daß Rom ihm verderblich werden sollte, denn ein solches Wegstreben von diesem Orte konnte nur von dem Hinstreben zu demselben von Ihrem Freunde Sydow[2]) und meinem Freunde Reumont[3]) übertroffen werden. Letzterer wirkt im Verborgenen wie ein Maulwurf darauf los.

Ich hatte vor, in diesen Tagen nach Spezia zu gehen, wo die Meinigen sind, kann aber wegen der Krisis hier nicht fort, zudem das Parlament am 31. Oktober zusammenkommt. Dezember bleiben wir in Nervi, wenn nicht der Hof dann schon nach Florenz übersiedelt. Sie glauben nicht, wie das langgestreckte Italien jetzt durch Eisenbahnen wohnlich geworden ist.

Bunsens „Leben Jesu" habe ich, aber es ist nicht in meinem Stil, und auch Sie würden nicht recht hinein können. Viel Mystisches nimmt auch er hinweg, putzt dagegen das Historische, das stehen bleibt, zu sehr mit eignen Ideen auf.

Addio! Getreulich

Ihr

Usedom.

Florenz, 22. April 1866.

Teure Freundin! Auch diesmal habe ich lange gezögert, Ihnen zu antworten, denn das Kriegsgespenst, was Ihnen nur schattenhaft begegnet, nimmt bei mir Fleisch und Blut an, wandelt neben mir den ganzen Tag, raubt mir den Schlaf des Nachts. —

„Wir folgen ihm bis zu den Schatten und lassen ihn auch dort nicht frei." — Es ist wieder eine Zeit wie von Olmütz, und es mag auch wieder mit einem Olmütz enden. — Ich verstehe vollkommen, wenn unsre liberalen Freunde in Deutschland und Preußen, hohe wie niedere, dem Kriege widerstehen, par haine de l'auteur, aber ich billige es doch nicht, denn niemand kann so gut wie ich hier die Umstände und Chancen desselben übersehen. Ich weiß, daß eine so

---

[1]) Willisen starb als preußischer Gesandter beim Papst in Rom.

[2]) Sydow, Bundestags-Gesandter in Frankfurt a. M.

[3]) Reumont, lange Ministerpräsident in Florenz beim Großherzog von Toskana.

günstige Constellation für uns vielleicht in vielen Jahren nicht oder auch niemals wiederkehrt. Wer wird Lohengrin auspfeifen, weil er Wagner nicht leiden kann? Mich hat Wagner mehr als viele andre in seinem Orchester verleumdet und beschädigt, doch aber streiche ich deshalb nicht „falsch" auf meinem Instrument, denn ich würde Lohengrin ruinieren.

Der Frühling ist nun in all seiner Pracht hier. — Ich habe mir ein Pferd gekauft und will die Höhen von Fiesole fleißig aufsuchen, etwas für die Gesundheit thun. Schreiben Sie mir bald wieder.

Ihr

Usedom.

Florenz, 20. Juni 1866.

Teure Freundin!

Ihr Brief vom 18. ist, trotz aller Prophezeiungen der Freunde, gestern glücklich bei mir eingetroffen, und ich danke sehr für die Nachrichten aus der Heimat ... Sie fragen mich, ob ich Amen zu den rosigen Hoffnungen über den Ausgang des Krieges sagen könne, welche Sie beleben. Ich kann sagen, meine hauptsächlichste Hoffnung steht auf der Güte der Armee, die einen ersten Sieg erkämpft. Dann wird alles gut gehen, aber jenes ist Vorbedingung. Bismarck schrieb mir, der König könne auf seine Armee und sein Volk unbedingt zählen Aber es ist doch ein Unterschied, ob das Volk unmutig und die Armee unlustig und gleichgültig in den Kampf geht und bei dem bloßen dienstlichen Pflichtgefühl· stehen bleibt, oder ob jeder Nerv von heiterer Begeisterung und Siegeslust gespannt ist. Die Oesterreicher bemühen sich sehr, Surrogate hierfür aufzufinden; so sagt man den Ungarn, „es ginge gegen die verhaßten Deutschen"! — den Böhmen, „man wolle die Marienverächter ausrotten"! Fürwahr, die Kopflosigkeit wird durch die Dummheit der Völker doch noch weit übertroffen! Wie man mich leichtsinnig finden konnte, weil ich Preußen den einzigen Alliierten, den es hat, verschafft habe, verstehe ich nicht — Sie sagen ja selbst, teure Freundin, daß nur Italien gegen die Uebermacht helfen kann.

Schreiben Sie mir recht bald wieder. Ich denke, wir können das Corps in Wetzlar stark genug machen mittels Landwehr. Wer kommandiert es?

Abbio!

Usedom.

Florenz, 23. November 1866.

Teure Freundin!

Ihr guter Brief vom 14. ist mir von Venedig hierher gefolgt und hat mich beruhigt, daß Sie wieder in Frankfurt und unter Patows Flügel sicher sind.

Sehr gern hätte ich Cohausen bei mir, aber Sie müssen durchaus meinen Einfluß in Berlin nicht überschätzen — Dankbarkeit und Gemütlichkeit gehören nicht zu den Lichtpunkten des dortigen Regimes. Hat man mir doch meinen sehr nötigen Urlaub abgeschlagen, „weil der Friede zwischen Wien und Florenz noch nicht abgeschlossen sei" — er war aber bis auf die Differenz von wenigen Millionen völlig fertig, und es entging mir die Freude, die Berliner Feste zu sehen und eine Brunnenkur zu brauchen, auch etwas von den politischen Intentionen für die Zukunft zu vernehmen, von denen man schriftlich nie etwas hört. Alles das ist mir entgangen, denn ich konnte später Venedigs und des nahenden Winters wegen den nachträglichen Urlaub nicht mehr brauchen, und Venedigs Flaggen und Lampen waren mir als ernsthaftem Mann kein Ersatz.

Ich verschiebe also mein Kommen aufs Frühjahr, aber ich wünsche lebhaft, daß Bismarck bald wieder aktiv wird, denn sowie er weg ist, weht es sogleich faul aus der Wilhelmstraße. Ich freue mich, daß Sie Jasmund und Mohl wieder um sich haben. In der Politik und dem Staatenverkehr geht es anders her als im Privatleben und im Privateigentum, sonst stände das Leben der Völker still. Der Bundesgenossenkrieg des alten Roms wurde geführt, weil die Italiener römische Bürger werden wollten, und der Frankfurter Vorjer weigert sich, Preuße zu werden! ... Mit solchem Philistertum habe ich kein Mitleid.

Grüßen Sie die Freunde bestens und versichern Sie, nach meiner täglichen Erfahrung, daß, sowie Bismarck fort wäre, wir sofort in die alte Tendenzpolitik zurückfallen würden und Europa uns die Siege und Erfolge von 1866 teuer bezahlen lassen möchte. Wer kann uns solche Gefahren wünschen? Ich bekenne mich schuldig, den italienischen Vertrag veranlaßt zu haben, ohne den unsre Campagne von 1866 wahrscheinlich eine rein defensive statt einer glorreich offensiven geworden wäre. Aber damit sind wir nicht zu Ende. Bei der Böswilligkeit Frankreichs muß die preußisch-italienische Politik fortgesetzt werden, oder es geht dennoch schief. Hiervon seien Sie überzeugt.

Frau und Kind sind noch am Lago Maggiore.

Immer Ihr treuer
Usedom.

Karlsruhe, 26. Dezember 1869. [1]

Hier, teure Freundin, haben Sie den Streckfußschen Dante; ich wollte ihn antiquarisch in drei Bänden für Sie haben, wo er sich besser liest, aber es ging nicht. Sie werden den italienischen Text leicht von einem Frankfurter Bekannten entlehnen und beides zusammen lesen, langsam natürlich und mit ganzer Seele dabei — in Stille und Andacht, wenn es sein kann; jedenfalls mit Hingebung an den tiefen Geist, der zu uns spricht. Wollen Sie nur immer festhalten, daß Dante eine Gestalt des Mittelalters ist, daß er uns das Denken und Fühlen jener Zeiten in sich darstellt, welche uns fremd geworden sind. Wir müssen also eine Zeitlang mit Ehrfurcht zugehört haben, bevor wir ihn verstehen in all seiner Tiefe, Kraft und Schöne. Es ist wie mit jenen Gesängen der Sixtina, die im Anfang auch hehr und unverstanden über unser Haupt hinziehen, bis Ohr

---

[1] Usedom hatte seinen Abschied als Gesandter in Florenz bei Victor Emanuel genommen und sich nach Karlsruhe (Baden) zurückgezogen.

und Sinn allmählich bis zur Höhe des Verſtehens gelangt ſind. Mir fällt das
Gleichnis ein, weil ich geſtern hier mit dem Kinde Weihnachtsbilder beſucht
habe, wozu man unter andern Stücke von Paleſtrina ſang. Wiewohl die
beſten Sänger dazu genommen, ſo fehlte doch alles und jedes Verſtändnis bei
ihnen. Die Sache ging ſo lahm, ſchlaff, accent- und eindruckslos vorüber, daß
ſelbſt das Kind ſich darüber erzürnte. Beſſer wird die H-moll-Muſik von Beethoven
nächſtens ſein, nicht minder wie Lohengrin.

Die neue Gouvernante iſt nicht übel, aber Original und wenig vernünftig
in ihrer Gutheit — Liebe, Ehrfurcht und Verſtändnis für die guten und ſchönen
Dinge, die Geſchichte und Gegenwart uns bieten — das iſt am Ende ſchon viel;
wenn das Kind auf dieſem Wege verharrt, will ich zufrieden ſein.

„Magſt du Welt- und Menſchenſachen,
Nicht beweinen, nicht belachen,
Nicht vergöttern, nicht verachten,
Sondern zu verſtehen trachten!"

Dieſes Gnomen, ſo proſaiſch es klingt, iſt dennoch eine goldene Regel für
den Menſchengeiſt in einer Zeit wie die unſre.

Addio, amica cara! Mit herzlichem Neujahrsgruß

Ihr treu ergebener

Uſedom.

P. S. Rouſſeaus „Contrat social" habe ich ſeit langen Jahren nicht angeſehen, aber ich erinnere mich noch wohl der unglaublich ſchönen Sprache. Die
hiſtoriſche Methode dagegen iſt darin vollſtändig verfehlt, und wenn auch viele
Reſultate darin wahr ſind, ſo iſt es die Weiſe ihrer Begründung nicht. Aber
erfreuen Sie ſich immerhin an dieſer Geiſtesform, die doch gar viel höher ſteht als
Voltaires Esprit. Voltaire behandelt die Geſchichte des Chriſtentums chotant,
Rouſſeau entkleidet Chriſtum ſeiner Göttlichkeit auf die zarteſte, liebenswürdigſte Weiſe.

Putbus (Inſel Rügen), 15. September 1873.

Meine teure Freundin!

Ihre lieben Zeilen vom 11. d. M. ſind mir hierher gefolgt, wo ich ſeit
länger als vierzehn Tagen bei den Meinigen wohne. Das Siegesfeſt habe ich
mir erlaſſen, dagegen muß ich zum 22. in Berlin ſein, um Victor Emanuel,
meinen alten Gönner, zu empfangen, ſo läſtig mir auch dieſe Feierlichkeiten ſind.
Aber ich habe ein Dankgefühl gegen den Mann, und von allen ſchlechten Gefühlen des Menſchenherzens iſt mir ſtets Undankbarkeit als das ſchlechteſte
erſchienen. Sie fragen mich über das Lamarmorabuch, und was ich dazu ſage.
Ich ſage, das Buch iſt nur das letzte einer ganzen Reihe von Publikationen
Lamarmoras[1]) unter andrer Firma (Jalimetes), welche immer denſelben Gegenſtand
wiederkäuen. Nachdem er als Staatsmann und Feldherr Bankerott gemacht,
will er ſich auf dem Papier in die Höhe ſchreiben. Aber

„Die Katze, die der Jäger ſchoß,
Macht nie der Koch zum Haſen."

---

[1]) Lamarmora, Kriegsminiſter und kommandierender General 1866.

Dennoch ist das Buch für den Geschichtsschreiber interessant wegen der vielen Dokumente und der vielen Naivitäten, durch welche Lamarmora sein Doppel-, ja Tripelspiel zwischen Preußen, Frankreich und Oesterreich verrät. Als er nämlich das Ministerium des Auswärtigen (guten Teils durch meine Anstrengung) im Juni 1866 aufgeben mußte, nahm er so ziemlich das sämtliche politische Archiv neuester Zeit mit fort. Hieraus teilt er seitdem mit, was ihm paßt, mit passenden Auslassungen. So finden Sie pag. 345 meine Note vom 17. Juni 1866, die so oft citierte, die man in Oesterreich die „Stoß-ins-Herz-Depesche" getauft hat, weil sie den Marsch auf Wien, als das Herz der Monarchie, rekommandierte. Dieser bereits 1796 von Napoleon I. siegreich durchgeführte Plan kam Lamarmora so ungelegen, weil ihm damit sein projektiertes Lauern im Quadrilaturum nicht möglich geworden wäre. Oesterreich hatte sich bereit erklärt, Venetien abzutreten, sowie es Preußen geschlagen und Schlesien annektiert hätte... Siegte aber Preußen, so wäre es durch den Traktat vom 8. August 1866 genötigt, die Abtretung Venetiens zu erzwingen — Italien wollte also von diesen Siegen profitieren, ohne uns zu helfen; denn auch im Falle unsrer Niederlage hatte es Venetien sicher, wenn es uns nur nicht, außerhalb der Quadrilatur, durch den Marsch auf Wien zu Hilfe kam. Um ihm dies zu verlegen, schrieb ich die Note. Ich lasse Ihnen das Buch senden, aber setzen Sie, bitte, auf pag. 347, Zeile 4 oben „admettant" statt „attendant".

Das Museumgeschäft folgt mir auch hierher nach. Der Forzsche Münzlauf, 11—12 000 Stück alte griechische Münzen für 110 000 Thaler, ist erreicht und der Schatz wohl schon auf dem Wege nach Berlin. Wohl das Bedeutendste, was seit vielen Jahren beim Museum erworben wurde.

Addio, liebe Teure!

Usedom.

Das Rätsel.

Novellette

von

A. de Nora.

Als ich einmal in Helgoland mit dem Baron De la Motte badete, bemerkte ich an seinem Halse eine feine rotseidene Schnur, an welcher ein goldenes Kreuzchen hing. Er trug es auf dem bloßen Leibe wie fromme Frauen oder kleine Kinder, und da er nichts weniger als orthodox war, so fiel mir dies sofort auf. Ich fragte ihn lachend, ob er seit einiger Zeit einen gottgefälligen Lebenswandel begonnen habe oder mit dem Amulett sich vor dem Ertrinken schützen, das Zahnen erleichtern oder einige Jahre Fegfeuer abwenden wolle, allein er wurde sehr ernst und sagte:

„Lieber Freund, mit diesem Kreuzchen hat es eine so sonderbare Bewandtnis, daß ich eigentlich nicht gerne davon rede. Nachdem Sie mir aber in solcher Weise zusetzen, muß ich Ihnen doch die Geschichte erzählen."

Er hatte das Amulett vom Halse genommen und kleidete sich an, während ich es genauer betrachtete. Es war ein russisches, sogenanntes Andreaskreuz und trug auf der Rückseite im kürzeren Balken die griechischen Buchstaben ΔPY, auf dem längeren die Zeichen $PIM\Omega$ und im Schnittpunkt der beiden ein äußerst fein graviertes, offenbar uraltes Wappen.

Ich gab es ihm, nachdem ich mir über die Bedeutung dieser Buchstaben und dieses Wappens längere Zeit den Kopf zerbrochen, zurück mit den Worten:

„Was ist das, Baron? Ich kann es nicht ergründen!"

„Das dachte ich mir," erwiderte er, „denn es ist ein Rätsel oder, wenn Sie wollen, die mir unentzifferbare Lösung eines Rätsels."

Wir ergingen uns dann an einem etwas entlegeneren Teile der Strandpromenade mehr als eine Stunde, und hier erzählte er mir folgende merkwürdige Geschichte:

„Ich war vor ungefähr zehn Jahren zu einem mehrmonatlichen Kurgebrauch in Kissingen. Sie kennen das Bad. Es ist sehr hübsch, wenn es natürlich auch mit den südlichen Bädern Monaco, Nizza, San Remo und dergleichen keinen Vergleich aushält. Aber ich amüsierte mich dort doch ausgezeichnet; man traf die feine Welt gerade so gut, wie man Leute mittleren Standes kennen lernen konnte, und außerdem besaß es eine great attraction, wie die Amerikaner sagen, in dem Fürsten Bismarck, welcher dazumal noch alle Jahre die Saline besuchte. Natürlich stand auch ich häufig unter den vielen Müßiggängern, welche ihm den Weg abpaßten, den er aus seinem Hause in der untern Saline hinauf zum Brunnen ging, und nicht selten ist mir, wenn ich mit bewundernder Freude meinen Hut vor ihm schwenkte, der große Blick seiner stahlgrauen Augen begegnet. Man konnte hier am besten den tiefgehenden Eindruck erkennen, den dieser Mann auf die ganze bewohnte Erde hervorgebracht hat; denn ein internationales Sprachengewirr beschäftigte sich stets, wenn er vorüber war, mit dem gewaltigen Kanzler, und in manchen zitterte noch nach Stunden jene Erregung nach, wie sie mit dem Bewußtsein, ein großes Ereignis erfahren zu haben, verbunden ist.

„Eines Tages belauschte ich wider meinen Willen ein derartiges Gespräch, welches zwei junge Leute in russischer Sprache führten, nachdem der Fürst an ihnen vorübergeschritten war.

„,Pah!' sagte der eine. ,Man sollte diese Gewaltmenschen vom Erdboden vertilgen! Sie sind ein Uebel wie die Pest oder die Cholera, ihre ganze Berühmtheit ist auf Leichen aufgebaut, und der Respekt vor ihnen ist nie die Liebe, sondern die Furcht.'

„,Vielleicht!' erwiderte der andre. ,Allein zweifellos haben auch die Pest und die Cholera ihr Gutes. Sie reinigen die Welt von den Schwächlingen und lassen nur die Starken zurück.'

„,Und die Starken müßten ihnen dann eigentlich noch dankbar sein, daß sie zurückgelassen wurden?'

„,Gewiß. Ich glaube zum Beispiel sicher, daß diese Deutschen dem Fürsten wirklich dankbar sind für die Stärke, die er ihnen gegeben, obwohl das im Grunde genommen ein Unsinn ist. Denn er hat ihnen gar nichts gegeben, gar nicht! Er hat ihnen nur gezeigt, daß sie die Stärkeren sind ... das war alles! Indessen, manchmal ist die Brille wichtiger als das Auge.'

„,Du hast recht, Sascha. Sein ganzes Verdienst ist eigentlich nur, ihren Blick erweitert und auf das Große gerichtet zu haben. — Ehrlich gestanden hatte ich ihn mir anders vorgestellt.'

„,Wie denn?'

„,Was weiß ich? Noch größer, noch plumper, schwerfälliger. Ungefähr wie den steinernen Gast im Don Juan oder eine Erzfigur. Man nennt ihn ja den eisernen Kanzler.'

„,Ich finde, daß er dem auch entspricht.'

„,Nicht ganz, Sergei. Es liegt etwas Elastisches in ihm, etwas Zähes, Biegbares, aber Unzerbrechliches, wie von einer starken Feder aus englischem Stahl. Ich glaube sogar jetzt, daß er seine Erfolge in der Diplomatie nicht dem unbeugsamen, sondern dem zähen Widerstand verdankt, der immer und immer wieder mit der gleichen Kraft auf die nämliche Stelle drückte. Das ist das Wahre; darin müssen wir ihm zu gleichen suchen, mein Brüderchen ...'

„Der junge Mann, welcher diese Worte sprach und von dem andern Sascha angeredet worden war, war ein geschniegeltes und gestriegeltes Herrchen im vollendeten Dandykostüm damals neuester Mode und mit einem kleinen Girardihütchen auf dem Kopf. Das Interessante an ihm war aber nicht dies Kostüm und dieser Hut, sondern der Mensch, der darunter steckte, ein graziöser, katzenartiger Körper mit einer eigentümlichen Elasticität aller Bewegungen und einem Gesicht, wie man es so bald nicht wieder zu sehen bekam. Auf den ersten Blick hätte man ihn für ein Bürschchen von zwölf, dreizehn Jahren halten können, denn er hatte keinen Bart und ein weiches, fast weibisches Kinn und Mündchen. Nur wenn man sein Profil sah, das prächtigste Adonisprofil, das ich je gesehen, bemerkte man, daß diese Züge schon schärfer geschnitten waren und daß auf diesen Wangen, in diesen Augen und auf dieser Stirn schon der Stempel einer durchlebten ersten Jugend lag.

„Das machte mich auf ihn aufmerksam — Sie wissen ja, wie gern ich von jeher Gesichter studiert habe — und dieses Gesicht erschien mir zurzeit noch ein ungelöstes Rätsel. Ich hätte nicht einmal schätzen können, wie alt es eigentlich sei, geschweige denn — was ich so oft versuche — ein Charakterbild daraus konstruieren.

„Als die beiden Russen eben an der vorhin gezeichneten Stelle ihres

Gesprächs angekommen waren, ging ein Herr an ihnen vorüber, den sie grüßten. Hierbei sah ich, daß mein Studienkopf auch sehr schöne, glänzende, schwarze Haare hatte, verlor ihn aber gleich darauf aus dem Gesicht, weil der Gegrüßte mich anredete. Es war der Badekommissär von Bülow, ein alter Bekannter von mir und just derjenige, welcher vermöge seiner Stellung in Kissingen alle Leute kennen mußte, also auch die beiden Fremden.

„Wer waren die Herren, die Sie eben grüßten?‘ fragte ich ihn.

„‚Zwei solch verfluchter Polacken,‘ erwiderte er grimmig, ‚von denen man nie weiß, sind sie Lumpen oder ehrliche Leute. Man sollte sie fortwährend über-wachen, weil es sich eines schönen Tages herausstellen kann, daß sie längst ge-suchte Hochstapler oder Spieler oder Nihilisten gewesen, und weil man gewiß sein darf, so oder so einmal eine allerhöchste Nase ihretwegen zu erhalten.‘

„Oho!‘ rief ich aus, ‚den Eindruck von Aventuriers machen sie mir doch nicht, namentlich der eine, der mit dem Knabengesicht und den schönen schwarzen Haaren. Wie heißt er doch? Sascha . . .?‘

„Sascha Sergejewitsch Koloseff,‘ brummte der Kommissär. ‚Es ist richtig, sie machen keinen solchen Eindruck, es liegt auch durchaus nichts Verdächtiges gegen sie vor, aber ich kann die Kerle nun einmal nicht ausstehen. Ich traue ihnen nicht, und gerade diese Gigerl mit ihrem affektierten, dummen Gebaren sind manchmal recht gefährliche Wölfe, welche das Schafskostüm nur anlegen, um vor Polizeihunden sicherer zu sein.‘

„Ich sah, daß er ein großes Vorurteil gegen derartige Ausländer besaß, und konnte nicht hoffen, von ihm einen objektiven Aufschluß über ihren Charakter, ihre Stellung und dergleichen zu erhalten; daher beschloß ich, meine Opfer selbst aufzusuchen und zu studieren. Er nannte mir bereitwillig ihre Adresse, und ich nahm mir vor, mich nächsten Tages an der Table d'hôte ihres Hotels an sie heranzumachen. Als ich aber an diesem Tage während des ganzen Diners auf sie gewartet hatte und endlich den Kellner nach ihnen fragte, erfuhr ich, daß sie abgereist seien. Ein bestimmtes Reiseziel hatten sie nicht angegeben.

„Ich befand mich ein halbes Jahr später in einem der besseren Restaurants des Tiergartens in Berlin, als ich plötzlich hinter mir wieder jene Stimme hörte, welche in Kissingen mit ihrem sympathischen Tonfall mich an dem jungen Russen interessiert hatte. Ich blickte mich um und bemerkte in der That eine Schar junger Leute, welche aus einem an den Saal anschließenden Separatlokale kamen und in lautem Gespräch sich der Thüre zudrängten. Sie gestikulierten dabei lebhaft einander zu, wie es bei Südländern Gewohnheit ist, und kümmerten sich mit keiner Miene um die paar Gäste, die in dem wenig belebten Restaurant an-wesend waren. Unter den letzten Paaren — die meisten hatten sich zu zweien oder auch dreien eingehängt — erkannte ich meine alten Bismarck-Kritiker von Kissingen wieder, wenn auch der kleinere, Koloseff, in seinem Anzug und Benehmen etwas verändert erschien. Er war nicht mehr so ganz Gigerl wie damals; seine Kleidung, welche in Farbe und Schnitt weniger auffallend, schien auch im ganzen salopper, nachlässiger; er tänzelte nicht mehr in jenem graziös elastischen Gange neben seinem Begleiter her wie damals, sondern hing beinah' etwas ermüdet in dessen Arm und schlurfte ein wenig mit dem kleinen zarten Fuß auf dem Boden. Aber ganz im Gegenteil zu dieser äußeren Schlaffheit war seine Stimme viel heller, ich möchte sagen greller als damals; er sprach viel, rief mehrmals nach vorn den Voranschreitenden irgend etwas zu und schien überhaupt in diesem Kreise eine gewisse führende oder wenigstens schürende Rolle zu spielen. Es war jedoch nicht mehr reines Russisch, was er sprach; manchmal kamen in diesen Sätzen Ausdrücke und Wendungen vor, die mir, obwohl ich lange in Rußland war, unverständlich blieben und es mir auch erklärlich machten, weshalb die Fremden sich in ihrer lärmenden Unterhaltung durchaus keinen Zwang auferlegten. Sie fürchteten offenbar nicht, verstanden zu werden, auch wenn zufällig der eine oder andre ihrer Zuhörer des Russischen kundig gewesen wäre. Weshalb aber bedienten sie sich eines solchen Kauderwelsches, das sonst gewöhnlich nur Verkehrsmittel von Spitzbuben ist, um unsaubere Pläne vor Unberufenen zu verheimlichen? Weshalb? Waren sie in der That, wie mein Freund Bülow in Kissingen vermutet hatte, Gauner, internationale Hochstapler, verwegene Spitzbuben, die irgend eine gemeinsame Lumperei im Sinne hatten? Oder politische Abenteurer, Revolutionäre eines der östlichen Autokratenstaaten, welche hier in Berlin ungestört die Vorbereitungen zu einer verwegenen That treffen zu können hofften? Weiß der Teufel, wie es kommt, allein ich hatte von jeher einen unbezwingbaren Hang, solchen dunkeln Existenzen nachzuspüren, und Sie wissen ja, daß ich damals, trotz meines Ritterguts und meines ganz passablen Vermögens, zur politischen Polizei gegangen war, nur um diesem Spürsinn eine solide und dankenswerte Unterlage zu schaffen. Nun, ich befand mich gerade im Auftrage meiner Wiener Polizeidirektion in Berlin, um die Spuren einer Falschmünzerbande zu verfolgen, welche mit bemerkenswertem Raffinement Fünfzigguldenscheine hergestellt und hauptsächlich in Galizien und den slavischen Kronländern vertrieben hatte. Mit lebhafter Gewalt bemächtigte sich beim Anhören jener Unterhaltung plötzlich meiner Seele der Gedanke, daß diese Menschen mit den von mir gesuchten Verbrechern in Zusammenhang stehen könnten, und da ich irgend eine bestimmte Direktive für meine Thätigkeit nicht hatte, so konnte ich ja diese Fährte ein wenig verfolgen, ohne von meinem eigentlichen Geschäfte zu weit abzukommen. Ich liebe in solchen Situationen rasche Entschlüsse und erhob mich sofort, um aufs Geratewohl Anschluß an den einen oder andern zu suchen — da kam mir der Zufall selbst mit einem ganz seltsamen Ereignis zu Hilfe.

„In dem Augenblick, als die beiden letzten — es waren Koloseff und sein Kissinger Genosse — die Restaurationsräume verließen und der junge Russe die Thüre hinter sich zuzog, bemerkte ich, daß ein glitzernder Gegenstand von ihm zu Boden fiel, dessen Verlust er indessen nicht wahrnahm. Ich hob den Gegenstand vom Boden auf und betrachtete ihn, — es war dieses goldene Kreuz.“

Der Baron schwieg eine Weile, dann fuhr er fort

„Seltsam! Als ich das Kreuz erblickte, von dem ich genau wußte, daß es

dieſer junge Menſch getragen hatte, kam ich auf dieſelbe Frage, die Sie vorhin
an mich ſtellten, als Sie es bei mir erblickten. Wie kommt dieſer Lebemann,
vielleicht noch Schlimmeres als ein Roué, zu einem ſolchen Schmuck? Will er
einen gottgefälligen Lebenswandel beginnen, oder trägt er es als Amulett, um
ſich vor Schmerz oder Gefahr zu ſchützen? Ich mußte lachen, denn gewiß
tauſend Schmuckgegenſtände hätte ich eher bei ihm vermutet als ein Bildnis des
Gekreuzigten. Wie ſeltſam übrigens der Fund auch ſein mochte, jedenfalls bot
er mir eine willkommene Gelegenheit, die Bekanntſchaft des intereſſanten Fremden
zu machen. Ich eilte den jungen Leuten nach und näherte mich dem Ruſſen
mit ſchnellen Schritten:

„Verzeihung, mein Herr,‘ ſagte ich, ‚Sie haben dies hier verloren, als Sie
das Reſtaurant verließen.‘

„Ich ſtand jetzt dicht vor ihm und konnte ſein Geſicht betrachten; ein
wundervolles Geſicht! Wie von einem ſchönen Weibe! Aber als er das Kreuz
in meinen Händen ſah, welches ich ihm ruhig entgegenreichte, wurde er weiß
wie eine friſch getünchte Wand und ſchien faſt in die Kniee zu ſinken. Wenigſtens
ſah ich, daß er ſich krampfhaft an dem Arm ſeines Begleiters feſthing und leiſe
zitterte. Dieſer aber ſuchte beinahe ihn von ſich wegzulöſen, als wollte er ihn
abſchütteln gleich einem häßlichen Käfer, den man los haben möchte, ohne ihn
anzurühren. Er war ebenfalls noch jung und von zartem Körperbau, doch
etwas größer als Koloſeff und trug einen kleinen dunkeln Schnurrbart. Tief-
ſchwarz waren auch ſeine Augen, was mir um ſo mehr auffiel, als er in jenem
Augenblick gleichfalls erblaßt war und mit gleich erſchrecktem Blicke auf das
Kreuz in meinen Fingern ſtarrte. Ueberhaupt ſchien für dieſe ganze Geſellſchaft
ein rätſelhaftes Schrecknis in dem goldenen Talisman zu liegen, denn auch
auf den Mienen der zunächſt Stehenden, welche auf meine im reinſten Ruſſiſch
vorgebrachte Anrede herzugekommen waren, drückte ſich hochgradige Beſtürzung
aus. Endlich nahm Koloſeff das Wort. Seine Stimme zitterte ein wenig, aber
ſein Geſicht gewann einen energiſchen Ausdruck:

„Sie irren ſich, mein Herr! Ich habe nichts derartiges verloren, ich
danke Ihnen für Ihre Bemühung!‘

„Er lüftete den Hut ein wenig und ſchickte ſich zum Weitergehen an. Ich
ließ mich aber ſo ſchnell nicht abfertigen.

„Entſchuldigen Sie,‘ ſagte ich, ‚ich irre mich durchaus nicht! Ich ſah
deutlich, wie das Kreuz von Ihrem Körper aus zu Boden fiel, eben als Ihre
Hand auf der Klinke der Saalthüre ruhte, um ſie zuzuziehen.‘

„Jetzt begannen ſeine Augen mit einem eigentümlich drohenden Ausdruck
zu funkeln. Es klang wie zwiſchen knirſchenden Zähnen hervorgepreßt, als
er ſprach:

„Wenn ich Ihnen aber ſage, mein Herr, daß ich dies Kreuz nicht verloren
habe, dann wird es Ihnen genügen müſſen, nicht wahr? Ich denke, ich weiß
beſſer als Sie, was mir zugehört und was nicht, und ſage Ihnen nochmals:
es gehört mir nicht! Verſtehen Sie das, mein Herr? Ja?‘

„Nun hätte ich ihm allerdings erwidern können. Aber ich hätte dann
riskiert, von ihm direkt beleidigt zu werden, und einen Streit mit den zweifelhaften Persönlichkeiten vor mir wollte ich auf alle Fälle vermeiden. Daher be-
gnügte ich mich, mit einem Achselzucken zur Seite zu treten, entschuldigte meinen
‚Irrtum‘ und ließ die Leute an mir vorüberziehen. Es waren einige unheimliche
Gesichter darunter, fast alle von südslavischem Typus und keines älter als fünfundzwanzig bis dreißig Jahre. Sie gingen gegen das Brandenburger Thor zu,
und als ich annehmen konnte, nicht mehr von ihnen im Schwarm der Trottoir-
besucher gesehen zu werden, folgte ich ihnen langsam in einiger Entfernung. Die
brüske Abweisung, welche ich von dem Russen durch Verleugnung seines Eigentums erfahren hatte, ließ sonderbarerweise keine grollende, ja nicht einmal eine
unangenehme Empfindung bei mir zurück; sie verschärfte vielmehr nur das
Interesse, mit dem ich ihn von Anfang an beobachtet hatte, und wenn ich mich
seines angstvollen Blickes und dieses tödlichen Erbleichens erinnerte, kam es sogar
wie Mitleid über mich, daß ich ihm die offenbar unangenehme Situation bereitet
hatte. Allein meine kriminalistische Neugier, wenn Sie es so nennen wollen,
überwog doch schließlich alles, und während ich unverwandten Blicks hinter
den Fremden einherging, umklammerten meine Finger fest das verschmähte
Amulett, und durch meinen Kopf schwirrte beständig die Frage: was hat es
mit diesem Kreuzchen für eine Bewandtnis? Das war das Rätsel ... Das
Rätsel ...

„Während ich die Schar in solcher Weise beobachtete, schmolz diese immer
mehr und mehr zusammen, indem hier der eine, dort der andre sich verabschiedete,
einige in ein Weinhaus einbogen, andre zum Theater abschwenkten; nur Koloseff
und sein Partner setzten schließlich ihren Weg noch weiter fort. Sie gingen
nicht mehr Arm in Arm, sondern schweigend nebeneinander, aber gleichsam durch
ein unsichtbares Band zusammengehalten, der eine immer dicht an des andern
Seite, wie ... fast hätte ich gesagt: wie ein Gendarm und ein Arretierter. In
der That schien es, als wollte der Aeltere den Jüngern nicht allein lassen, denn
mehrmals bog Koloseff in eine Seitengasse ein, in welche der andre offenbar
nur mit einer raschen Wendung und unter schärfster Aufmerksamkeit auf den
Begleiter zu folgen vermochte. Dieses Spiel nahm so sehr mein Interesse in
Anspruch, daß ich leider auf nichts andres mehr acht gab und hierdurch plötzlich
das ganze Resultat meiner Verfolgung zunichte machte. Die Fremden, welche
in einer kleinen Nebengasse dahingeschritten waren, bogen plötzlich wieder gegen
die Friedrichstraße ein, und als ich, um sie bei dem dort herrschenden Menschen-
gewühl nicht aus den Augen zu verlieren, rascher nacheilte, rannte ich auf einmal
mit solcher Gewalt an einen Herrn an, daß mir der Hut vom Kopfe fiel, und
Funken vor meinen Augen tanzten. Der Herr, mit dem ich zusammengestoßen
war, bückte sich zwar, um den Hut aufzuheben, dabei flog dieser aber noch weiter
fort, und als ich ihn endlich erhascht hatte, sah ich mit einem Fluch, daß meine
Verfolgten verschwunden waren und keine Aussicht bestand, sie mehr aufzufinden.
Mein Karambolierter dagegen lüftete lächelnd mit einer höflichen Entschuldigung

ſeinen Cylinder und entfernte ſich eilig in entgegengeſetzter Richtung. Verdammt, wo hatte ich nur ſein Geſicht ſchon geſehen?

„Plötzlich erhellte ſich wie im Blitze mein Gedächtniß: es war einer jener zwanzig Ruſſen geweſen! Und ich Dummkopf hatte mich durch einen abgekarteten Streich übertölpeln laſſen.

„Da ſtand ich nun in dem abgelegenen Seitengäßchen wie ein Knabe, dem der Vogel ausgekommen iſt, und hätte beinahe vor Zorn geweint. Indeſſen — die Sache war nun einmal vorbei, und ich mußte ſuchen, auf andre Weiſe den Burſchen beizukommen. Ich beſchloß alſo zunächſt, bei der Polizeidirektion den einen, deſſen Namen ich ja kannte, zu eruieren; dann konnte ich auch den Wirt des Reſtaurants, in welchem die Geſellſchaft eine chambre séparée genommen hatte, nach ihnen ausforſchen und ſchließlich — ſo groß iſt Berlin doch noch nicht, daß einem unter zwanzig Menſchen nicht der oder jener bald wieder einmal begegnen würde. Mit dieſem Raiſonnement und einer Flaſche Rüdesheimer, die ich nachher bei Dreſſel zu mir genommen hatte, getröſtet, machte ich mich nachts ein Uhr auf den Heimweg. Ich wohnte in einer der äußerſten Straßen Berlins, weil ich dieſe endloſen ſteinernen Mietskaſernen, von denen aus man Tag für Tag 'nur Mauern und Staubwolken ſieht, für den Tod nicht ausſtehen kann. Als ich allmählich aus den belebteren Straßen in jene einſamen Gegenden kam, wo nur ſelten noch ein Wagen, ein Schutzmann oder ein ehrlicher Chriſtenmenſch einem begegnen, faßte ich wie immer den Griff meines Revolvers etwas feſter, lockerte die Schießverſicherung und beſchleunigte meine Schritte.

„Ich traverſierte einen alten, vernachläſſigten Platz, auf dem vor Zeiten ein Friedhof geweſen und den jetzt mit ſeinen ſchlechtgekieſten Wegen, den unbeſchnittenen Sträuchern und den mageren, krank ausſehenden Raſenplätzen unter Tags die Vorſtadtkinder als Spielplatz benutzen, während nachts etliche Strolche drin herumlungern, um auf den paar Holzbänken eine nur ſelten geſtörte Ruhe zu ſuchen. Da iſt mir, als vernähme ich einen unterdrückten Hilfeſchrei, der plötzlich aufflackert und verſchwindet, wie ein im Winde angeſtrichenes Zündholz, und höre mit geſchärftem Ohr etwas wie dumpfe, klappende Schläge. Ich fürchte mich nicht, und ohne langes Beſinnen eile ich der Stelle zu, woher ich den Hilferuf vermutete. Wahrhaftig! Dort, wo die vier Kieswege ſich kreuzen, ſehe ich einen Mann von drei oder vier Strolchen angegriffen, die mit Stöcken und Knütteln auf ihn einſchlagen, während er wie ein Marder bald dem einen, bald dem andern an die Kehle ſpingt, zurückgeſtoßen wird, wieder anſpringt, ſtürzt... kurz mit der Wut eines Verzweifelten ſich gegen die Uebermacht wehrt, die ihn doch bald bezwungen haben wird. Ich renne mit einem lauten „Hurra“, um den Unterliegenden zu ermutigen, auf die Bande los. Einer erhebt den Stock gegen mich, da kracht ſchon der erſte Schuß meines Revolvers — allerdings ohne zu treffen — aber wie durch einen Zauberſchlag ſind bei dieſem Knall die Gauner in alle Winde zerſtoben. Ich bücke mich auf den zu Boden Liegenden hernieder und rufe ihn an:

„Heda, Mann! Was ist's mit Ihnen? Können Sie stehen? Sind Sie
verletzt?"

Keine Antwort.

„Schnell entschlossen hebe ich den ganzen Menschen auf — er ist federleicht —,
lege ihn auf meine Schulter und renne mit ihm aus dem unheimlichen, dunkeln
Dickicht des Platzes heraus auf das Trottoir der nächsten Straße, um bei einem
erneuten Angriff wenigstens eine Mauer im Rücken zu haben.

„Nun und endlich erscheint auf meinen Schuß hin auch ein Schutzmann.
Wir tragen den Verletzten in das flackernde Licht der einzigen noch brennenden
Laterne, und siehe, ihre gelben Strahlen beleuchten plötzlich mit fahlem Schein
das todesblasse Gesicht des jungen Russen ...

„Ah! Nun war er mein, und nun galt es, ihn nicht mehr entwischen zu
lassen! Ich war fest entschlossen dazu.

„Dem Schutzmann erklärte ich, daß ich den Verwundeten kenne und einstweilen in meine Wohnung bringen würde, da es ihm gewiß sehr unangenehm
wäre, in ein Hospital zu kommen. Da wir kein Blut an ihm bemerkten, so
konnten wir annehmen, daß ein Messerstich oder dergleichen nicht vorhanden sei;
auch atmete er ruhig und gleichmäßig und machte überhaupt mehr den Eindruck
eines durch Schreck Ohnmächtigen als eines Schwerverletzten ...

„So trugen wir ihn denn zusammen schnell nach meinem Hause, welches
nicht mehr allzuweit entfernt war, und der Mann des Gesetzes half mir noch,
ihn auf mein Sofa zu legen, dann verschwand er mit einem guten Trinkgeld
von mir in der Tasche, und ich war mit Sascha allein.

„Ich konnte jetzt sein Gesicht studieren wie ein aufgeschlagenes Buch, und
ich muß nochmals ausrufen: Welch ein Gesicht! Jetzt, da diese dunkeln Augen
geschlossen waren, konnte man erst erkennen, daß jeder Zug, jede Linie dieses
Kopfes klassisch war! Wenn ich Ihnen sage, daß ich nie im Leben, niemals ein
vollenderes Bild griechischer Götterschönheit gesehen habe —! Doch genug!
Meine Studien an diesem Bilde wurden durch eine sehr seltsame Begebenheit
unterbrochen.

„Während ich den armen Menschen auf meinem Diwan noch immer be-
wunderungsvoll betrachte, bemerke ich plötzlich, daß die schon zurückkehrende Farbe
seines Angesichts wieder verschwindet, daß seine Lippen wieder blaß und schmal,
sein Atem unhörbar zu werden beginnt, und daß diese Ohnmacht ganz den Anschein zu bekommen anfängt, als ginge sie ins Sterben über. Ich eile an meinen
Schrank, in welchem Aether, Moschus und dergleichen Dinge vorsorglicherweise
aufgehoben waren, und flöße ihm einige Tropfen davon auf und zwischen die
Lippen. Dann fällt mir ein, daß ihn die Kleider drücken oder doch irgend eine
verborgene, blutende Wunde vorhanden sein möge, und ich öffne seinen Rock, die
Weste und das eigenartig nach slavischer Sitte mit Stickereien verzierte Hemd.
Doch da es offenbar am Rücken oder auf der Achsel geschlossen ist, nehme ich
rasch mein Taschenmesser und schlitze es mit einem Ruck von oben bis unten... Und
wissen Sie, was mir entgegenwogte? Ein weißer, wundervoller Frauenbusen! —

„Haben Sie schon einmal in einem Hause die Thüre Ihres Zimmers verfehlt und aus Versehen das Boudoir einer im tiefsten Negligé befindlichen
Dame betreten? Ich kann Ihnen sagen, daß ich damals nicht weniger schnell
das aufgeschnittene Hemd zusammenzog, als Sie die Thüre wieder zugezogen
hätten. Ich glaube sogar, daß ich wie ein Schuljunge errötete und bebte, so
sehr hatte diese Entdeckung mich überrascht, und es ist mir unmöglich zu sagen,
ob sie mir damals mehr peinliche oder angenehme Empfindungen erweckt hat.
Allein, geschehen war nun einmal geschehen, und das nächste blieb immerhin, das
Leben der schönen Unbekannten zu retten, mochte was immer für ein Geheimnis
dahinter stecken!

„Dieses Bewußtsein gab mir nach wenigen Augenblicken meine Ruhe wieder;
mit Entzücken fühlte ich bald darauf, daß unter diesen weißen Hügeln wieder
ein Herz zu klopfen, eine Lunge zu atmen begann. Mein Schnitt war wirklich
eine lebensrettende Operation gewesen, und während ihre Brust sich langsam
zu heben und zu senken anfing, sah ich auch, wie ihre Lippen sich langsam rot
und röter färbten, ihre kühlen Hände sich erwärmten und ihre halboffenen Augen-
lider sich leise schlossen. Nach zwei Minuten erwachte sie und starrte mich an.
Nur als ein kühler Luftzug ihre nackte Brust berührte, zuckte sie wie ein ver-
wundetes Wild zusammen und legte ihre beiden Hände darüber, als könnte sie
alles verdecken... Aber da sie sah, daß ich ihr ganzes Geheimnis doch schon kennen
müsse, übergoß eine jähe Röte ihr Gesicht, und sie schloß wieder in tiefster Scham
ihre prächtigen Augen..."

Der Baron schwieg abermals eine Weile und schien einen ganzen
Sturm der Erinnerung an sich vorüberziehen zu lassen, bis er endlich
fortfuhr:

„Was soll ich Ihnen lange diese ganze Geschichte erzählen? Sie können
sich denken, wie es weiterhin gegangen ist. Wie ich mich entschuldigte, sie in
diese Lage gebracht zu haben; wie sie mich bat, ihrer zu schonen, und mich an-
flehte, sie nicht zu verraten; wie verzweiflungsvoll ihre Blicke sich in meine
Augen senkten, um die Antwort zu erfahren, und wie dankbar, wie glücklich sie
aufleuchteten, als ich ihr versprach, sie zu schützen und bei mir zu verbergen.
Dann wurde sie wieder bewußtlos, und ich kleidete sie aus und trug sie in mein
Bett. Siebzig Stunden wachte ich bei ihr, während sie halb leblos dalag, lauschte
auf jeden ihrer Atemzüge, zählte jeden Schlag ihres Herzens und verzehrte mich
in Vorwürfen über mein voreiliges Mitleid und in Sorgen um ihr junges Leben.
Einen Arzt durfte ich ja nicht rufen, ich durfte das Zimmer nicht verlassen, ich
durfte niemand sehen und sprechen, wollte ich sie vor ihren Verfolgern geborgen
wissen. Und innerhalb dieser siebzig bangen Stunden verliebte ich mich in sie,
wie man sich nur in ein Weib verlieben kann! Ach, wie ich mich oft wehrte
gegen diese andrängende Leidenschaft, und wie ich dann schließlich dennoch immer
meinen Mund auf ihre halbgeöffneten Lippen drückte. Ich weiß wohl, sagte ich
mir, das ist ein Diebstahl, du darfst sie pflegen, weiter nichts! Aber eine andre
Stimme flüsterte mir zu: ‚Nimm! Nimm! Diese Küsse sind dein Lohn dafür,

daß du ihr das Leben gerettet!' Sehen Sie, so egoistisch, so gewinnsüchtig, hab-
gierig war ich geworden.

„Dann endlich erwachte sie und genas. Ein Gummiknüttel hatte ihr die
schwere Gehirnerschütterung beigebracht; sie konnte sich jetzt dessen deutlich erinnern, sie wußte wohl auch, wer ihr den Schlag gegeben, doch sagte sie es
nicht. Aber was sie sonst sagte, das ließ mich auch die Fragen nach allem
andern vergessen, denn das war so lieb, so lieb ... und das Ende davon war
immer: ‚Du hast mir das Leben gerettet, dir gehöre ich ... mit meinem Leib
und meiner Seele —'

„Eine Woche nach dem Ueberfall wohnten wir in einem reizenden kleinen
Landhause bei Charlottenburg, das ich auf ihre Bitten hin gemietet hatte. Wir
waren beide jung, und die Wochen vergingen uns wie Minuten, denn wer war
glücklicher als wir beide? Die Liebe bot uns immer neue, immer süßere Genüsse,
und wir kosteten sie aus bis zum Grunde, nicht wild, trunken, sondern wie zwei
verständige Zecher, die alles Gute mit immer neuem, wonnigem Behagen schlürfen.
Und so erfüllt waren wir von diesem Glück, daß es keinem einfiel, den andern
nach dem Wie, Woher und Warum zu fragen.

„Sie wußte kaum mehr, als daß ich Paul, ich kaum mehr, als daß sie
Wera hieße. Ihr kleines goldenes Kreuz hatte ich ihr längst zurückgegeben, und
es hing mit einer roten seidenen Schnur so fest an ihrem Halse, wie es jetzt an
dem meinigen hängt. Ach, wie oft habe ich dieses Kreuz geküßt, wenn es auf
den lebendigen, warmen, weißen Kissen ihres Busens auf und nieder tanzte!
Und scherzend hatte sie oft gesagt, daß dies Kreuz ein Liebeszauber sei, der
mich an sie gekettet habe.

„Und dann, eines Tages, plötzlich kam das Ende! Wir lagen noch beide
zu Bett, als mein Diener hereinstürzte mit dem Rufe, daß ich sofort heraus-
kommen möchte. Ich kleidete mich rasch an und trat vor die Thüre. Drei
Detektivbeamte nahmen mich in Empfang und erklärten mich für verhaftet. In
diesem Moment höre ich auch schon im Zimmer drinnen Weras Schrei und will
hinein, mich ihr zur Hilfe zu bieten.

„Man läßt mich nicht weiter. Durch die etwas geöffnete Thür sehe ich,
daß sie halb angekleidet ist und mit einem flehentlichen Blick nach mir das Kreuz
von ihrem Busen reißen will, um es mir zuzuwerfen. Allein die Polizisten,
welche vielleicht einen Selbstmord befürchteten, hielten ihre Hände wie in Schraub-
stöcken und entzogen sie im nächsten Augenblick meinen Blicken. Eine kurze
Weile wurde ich noch zurückgehalten, während welcher Wera an mir vorübergeführt wurde; im Vorbeigehen wandte sie nochmals das Haupt zu mir,
schaute mich an mit tiefem, todestraurigem Auge und sprach auf russisch die
Worte:

„Lebe wohl, Liebster, wir werden uns nie mehr sehen.'

„Wera,' rief ich, ‚warum werden wir verhaftet? Wer bist du?'

„Das Kreuz sagt alles!' erwiderte sie, dann schleppte man sie in einen
Wagen und führte sie davon.

„Ich selbst mußte in einer zweiten Chaise Platz nehmen, und einige Stunden
später befanden wir uns in Moabit.

„Der Polizeidirektor verhörte mich in höchsteigner Person und erkannte
bald, daß er es mit keinem Verbrecher zu thun hatte. Ich konnte mich aus-
weisen und wurde mit einer nachdrücklichen Verwarnung für meine Thorheit
und dem Rate, recht bald nach Oesterreich zurückzukehren, entlassen. Mit meiner
kriminalistischen Spürerrolle war es natürlich aus; Wera habe ich nie mehr
gesehen."

„Und auch nie mehr etwas von ihr gehört? Wer war sie eigentlich? Eine
Nihilistin oder dergleichen?"

Er schüttelte den Kopf. Da fiel mir ein, daß er ja das Kreuz besitze.

„Aber wie sind Sie dann nochmals zu dem Kreuze gekommen?" fragte ich.

Er erzählte: „Vor drei Jahren war ich mit einem englischen Freund in
Rußland, um die Zustände kennen zu lernen, von welchen Kennan einige Zeit
vorher so betrübende Schilderungen gegeben hatte. Wir besuchten viele Festungen,
Gerichtsgebäude und Gefängnisse und wurden, da wir vorzügliche Empfehlungen
hatten, im allgemeinen recht gut aufgenommen. Es machte uns den Eindruck,
als habe Kennan doch viele Dinge gar zu schwarz geschildert, allein es mag
auch sein, daß nach dem Sturm, den seine Enthüllungen hervorriefen, die Zustände bis zu unsrer Ankunft schon ein wenig, wenn auch nur äußerlich, gebessert
worden waren. Immerhin sind diese russischen Gefängnisse noch trübselig und
schrecklich genug, und obwohl schon viele Jahre darüber hinweggegangen waren,
machte mich doch überall der Gedanke erschaudern, daß hinter einem dieser ver-
gitterten Löcher vielleicht sie, meine arme namenlose Liebste, schmachten könnte.
Wer beschreibt meinen Schrecken, als ich also plötzlich aus dem Innern eines
kleinen Gefängnisses heraus an der sibirischen Grenze meinen Namen rufen
höre. Ich war wirklich zu Tode bestürzt, wie einer, der am hellen Tage ein
Gespenst gesehen hat, faßte mich aber schließlich und spähte wie ein Luchs zu
allen Fenstern empor, ob ich nicht die Gestalt wahrnehmen könnte, zu der die
Stimme gehörte. Der Gouverneur, der uns in eigner Person begleitete, mußte
indessen die Worte ebenfalls vernommen und den Sprecher derselben erkannt
haben, denn er flüsterte einem der herumlungernden Soldaten rasch einige Befehle zu und drängte uns unter allerlei Vorwänden sobald als möglich aus dem
Gefängnishofe hinaus. Ich weiß nicht, wie es kam, aber ohne mich von der
Ahnung befreien zu können, daß hier die Lösung meines Rätsels zu finden sein
müsse, verbrachte ich noch drei Tage in dem kleinen sibirischen Nest, bis mein
Begleiter schließlich energisch zur Weiterreise drängte.

„Ich wollte indessen um jeden Preis vorher nochmals versuchen, dem unseligen Geheimnis auf die Spur zu kommen, und begab mich daher am Abend
vor unsrer Abreise noch einmal ganz allein zu dem Gefängnis. Man ließ
mich natürlich nicht ein, aber an der Pforte des Hofes machte sich ein alter,
schmutziger Kerl mit grauen Haaren und einem vor Schmutz und Fett starrenden
langen Barte in so eigentümlicher Weise an mich heran, daß ich glaubte, er

wolle mich anbetteln, und rasch, um ihn wegzubringen, ihm einige Kopeken zuwarf. Nichtsdestoweniger, und trotzdem er unter vielen Bücklingen die Münzen
zu sich steckte, ließ er mich dennoch nicht in Ruhe, sondern folgte mir eine gute
Strecke weit auf dem Fuße.

„‚Was willst du, Bursche?‘ redete ich ihn an.

„‚Verzeihung, Väterchen,‘ flüsterte er, ‚ich dachte, Ihr würdet mir etwas
ablaufen.‘

„‚Ich kaufe nichts,‘ erwiderte ich, ‚geh deiner Wege.‘

„Er nestelte etwas aus seinem grünen, schmutzigen Kaftan und hielt es
mir hin.

„‚Ich dachte, es wäre etwas für Euch, Väterchen.‘

„Ich stutzte.

„‚Was ist es?‘

„Er gab es mir in die Hände; es war dies Kreuz.

„Ich erkannte es sofort und erzitterte bis ins tiefste Mark. Also hatte ich
mich nicht getäuscht: es war Wera gewesen, die mich gerufen hatte. Sie war
hier, sie hatte Mittel und Wege gefunden, diesen Boten zu mir zu senden, sie
liebte mich noch immer — und ich muß sie wiedersehen! Diese Gedanken schossen
mir wie Blitze durch das Haupt. Den alten Bettler hätte ich vor Freude umarmen mögen.

„‚Wer hat dir dies gegeben?‘

„‚Niemand,‘ sagte er. ‚Aber kaufst du es, Väterchen?‘

„‚Ja, ja!‘ schrie ich und steckte ihm eine Handvoll Gold zu, ‚aber nun rede:
wo ist sie? Wann, wozu hat sie dir dies Kreuz gegeben?‘

„Er starrte mich verständnislos an; ich wollte vor Angst und Ungeduld
vergehen. Ich schüttelte ihn und rief:

„‚Woher hast du dies? Wer bist du eigentlich? Wer ist sie?‘

„‚Da begannen seine alten Beine zu zittern, und er stammelte ganz erschreckt:

„‚Mach mich nicht unglücklich, Väterchen! Es ist ja nichts gar so Schlimmes.
Ich habe es ihr freilich abgenommen, aber was thut sie damit? Wozu braucht
sie es?‘

„Das letztere Argument schien ihm besonders zu gefallen, denn mehrmals
wiederholte er wie zu seinem eignen Troste: ‚Ja, wozu braucht sie es, wozu
braucht sie es?‘

„Mich erfaßte eine wahnsinnige Erregung.

„‚Um Gottes willen, wem hast du dies abgenommen, Hund? Sprich, oder
ich schlage dich tot!‘

„‚Einer Gefangenen, o Herr,‘ stammelte er, ‚welche heute nacht gehenkt
worden ist.‘

„‚Gehenkt?‘ schrie ich auf; ‚wer bist du denn?‘

„‚Der Totengräber, Väterchen, halten zu Gnaden.‘

„‚Und sie? Wer war sie?‘

„‚Ich weiß nicht, Väterchen, Nummer neunundneunzig!‘“

„Ich mußte mich an einem nahen Gartenzaune feſthalten, um nicht umzu=
ſinken — endlich konnte ich nach Hauſe wanken. Andern Morgens fuhren wir ab.

„Die Gefängniſſe des Zarenreiches beſaßen übrigens von dieſem Tage an
kein Intereſſe mehr für mich, und ſo kehrte ich ſchon in der nächſten größeren
Bahnſtation um und nach Petersburg zurück. Dort ſtudierte ich mit großem
Eifer alle mir zugänglichen Wappenbücher des Adels von Rußland, um zu
erfahren, wer die Trägerin dieſes Amuletts geweſen ſei. Umſonſt! Nur ein
Wappen habe ich gefunden, welches dem des goldenen Kreuzchens täuſchend
ähnlich iſt, aber Sie werden zugeben, daß hierdurch mein Rätſel nur noch rätſel=
hafter würde. Das Wappen iſt nämlich dasjenige der Familie — Romanow!"

Kaiſer Wilhelm I. und Bismarck; Herzog Friedrich zu Schleswig=Holſtein und Samwer.

Von

Dr. Henrici.

(Schluß.)

In der Anmerkung 3 zur Seite 327 [1]) meint der Herausgeber, die von mir in
meinen Lebenserinnerungen vertretene Anſicht, daß der Herzog in der Lage
geweſen, einen Vertrag zum feſten Abſchluß zu bringen, damit widerlegen zu
können, daß der König Wilhelm in ſeinem Briefe an den Kronprinzen geſchrieben
habe, er könne dem Erbprinzen keine Zuſicherungen machen, er ſich alſo nicht
habe binden wollen und deshalb von einer vertragsmäßig bindenden Abmachung
nicht die Rede ſein könnte. Allein dabei überſieht er ja, daß meine Lebens=
erinnerungen ſich nur auf die eignen Erlebniſſe ſtützen und mir bei ihrer Nieder=
ſchrift die Beilagen 24 und 27 unbekannt waren, ich alſo derzeit noch nicht auf
dem Boden ſtehen konnte, auf dem ich jetzt nur deshalb ſtehe, weil ich mit der
Möglichkeit rechne, daß der Auszug des Schreibens des Kronprinzen (Beilage 26)
ein unrichtiges Datum trägt.[2])

Aber auch wer ſich einfach nur an das Schreiben des Königs hält, wie es
uns in der Beilage 24 vorliegt, wird doch ſchwerlich verkennen können, daß die
Leiſtung, wofür als Gegenleiſtung die namhaft gemachten Konzeſſionen gefordert

---

[1]) Des Werkes „Schleswig=Holſteins Befreiung", herausgegeben von Dr. Karl Samwer.
Auf dieſes Werk beziehen ſich alle Citate, die nur in der Angabe der Seitenzahlen oder
Nummern der Beilagen beſtehen.

[2]) Ob die Wirklichkeit dieſer Möglichkeit entſpricht, wird nur der Inhaber des Original=
briefes entſcheiden können.

wurden, in der durch blutige Kämpfe der preußischen Truppen zu erringenden Rückeroberung des Herzogtums Schleswig bestand.

Uebrigens kommt es ja nicht einmal darauf an, ob der Herzog durch seine Erklärung auf das Schreiben des Königs vom 16. April ein Abkommen zum festen Abschluß hätte bringen können, da es für den König bei seinem treuen, biederen Charakter genügt hätte, daß er eine den Herzog bei Fürstenwort zur Erfüllung der aufgestellten Bedingungen fest verpflichtende Erklärung in Händen gehabt, um es nicht zu dulden, daß die Anerkennung des Herzogs dann später doch noch preußischerseits von weiteren Konzessionen abhängig gemacht würde.

Man hat mir nun zwar von einer Seite, wo man gerne die Schuld für das Scheitern der Hoffnungen des Herzogs von diesem auf den König von Preußen abwälzen möchte, entgegengehalten, der König habe die sich derzeit in Berlin aufhaltende Herzogin-Mutter aufgesucht, habe sich mit den Worten eingeführt: er wolle doch der erste sein, der ihr die Nachricht brächte, daß ihr Sohn nun in Schleswig-Holstein zur Regierung käme, und habe auf die Bemerkung der Herzogin, daß ihr die Verhandlung ihres Sohnes mit Bismarck große Sorge mache, erwidert, dabei werde es sich nur um Förmlichkeiten handeln.

Unmöglich aber konnte doch der König voraussehen, daß der Herzog Bismarck gegenüber eine so ablehnende Haltung beobachten werde, wie sich dies aus seinem eignen Referate ergiebt.

Der Herzog war, als er sich zur Verhandlung mit Bismarck nach Berlin begab, darauf gefaßt, daß das Staatsgrundgesetz von 1848 einen Stein des Anstoßes bilden und die Entlassung von Samwer und Francke verlangt werde. (Vergleiche Seite 334.) Die Besorgnis, daß er nach dieser Richtung mit großen Schwierigkeiten werde zu kämpfen haben, erwies sich nun aber als unbegründet, und was dann den Herzog bei Erörterung der von ihm zu gewährenden Konzessionen bewogen hat, sich Bismarck gegenüber so wenig coulant zu zeigen, wird, da es sich dabei um innere Vorgänge handelt, wohl unaufgeklärt bleiben.

Er selbst referiert über diesen Teil der Verhandlung wie folgt (vergleiche Seite 733 ff.): „Nachdem Herr v. Bismarck das Gespräch über das Staatsgrundgesetz hatte fallen lassen, brachte er die Konversation direkt auf die Konzessionsfrage und sagte:

Es sei mehrfach über diese Punkte unterhandelt worden, namentlich durch Herrn v. Ahlefeldt; es würde wohl jetzt an der Zeit sein, sie zu Papier zu bringen.

Der Herzog: Herr v. Bismarck werde wissen, wie ihm (dem Herzog) der König selbst gesagt, daß dies in dem Briefe des Herzogs an den König schon geschehen sei.

v. Bismarck: Allerdings, es scheine ihm aber nötig, dies anders als in einer Briefform zu thun. Bei dem vertraulichen Verhältnis des Herzogs zum Kronprinzen habe er (Bismarck) geglaubt, daß es das richtigste sein würde, wenn der Kronprinz und der Herzog sich über die verschiedenen Punkte aussprächen und verständigten, und diese Punkte, sowohl was die Herzogtümer als was

Preußen beträfe, in einem schriftlichen Uebereinkommen zwischen dem Kronprinzen und dem Herzoge niedergelegt würden. Seitens Preußens werde auszusprechen sein, daß man das möglichst beste Resultat aus der schleswig-holsteinischen Sache für den Herzog zu erstreben suchen werde.[1]) Es könne dies selbstverständlich nicht den Charakter eines Staatsvertrages haben, da der Herzog noch nicht in der Lage sei, Staatsverträge abschließen zu können; es würde mehr den Charakter eines Exposé haben; der König lege großes Gewicht auf die Militärkonvention, er (Bismarck) weit weniger; ebenso sei der eventuelle Beitritt zum Zollverein eine Frage, welche zurzeit noch im Hintergrunde stände. Er (Bismarck) lege alles Gewicht auf den Marinekanal in Verbindung mit der Marinestation und den Marinehafen. Nach dem Urteil des Baurats Lentze werde dieser Kanal von Brunsbüttel nach Eckernförde gehen. Er (Bismarck) wünsche nun für Preußen die Leitung dieses Kanalbetriebes, gewissermaßen ein Servitut, wie es bei den Eisenbahnen sei, deren Verwaltung in den Händen des Staats ist. Ferner wünsche er an beiden Mündungen des Kanals die Abtretung des erforderlichen Grund und Bodens an Preußen, zur Anlage von zwei Schlössern bei Brunsbüttel mehr zur Verteidigung gegen die See, bei Eckernförde zur Verteidigung gegen Land und See. Die Flotte werde dann (er drückte sich hier sehr unbestimmt aus) im Kanal liegen können; einen eigentlichen Kriegshafen wolle er nicht; bei Rendsburg würden die Schiffe einfrieren; der Bau von Festungswerken bei Rendsburg werde dann überflüssig; drei Festungen zu bauen, werde zu teuer; die Schlösser müßten dann preußische Besatzung haben.
— — — — — —[2])

Der Herzog bemerkte nun zunächst im allgemeinen, daß es ihm nicht ganz klar sei, was Herr v. Bismarck in betreff dieser Uebereinkunft mit dem Kronprinzen wünsche; die Sache habe bisher den Charakter einer Verabredung von Fürst zu Fürst gehabt, wie der König dies selbst in seinem Briefe ausgesprochen. Einen andern Charakter werde die projektirte Uebereinkunft auch nicht haben, da sie doch kein Staatsvertrag sein solle. Ein spezialisiertes und paraphiertes Abkommen ließe sich weder in so kurzer Zeit noch durch den Kronprinzen und den Herzog machen; die Verhandlungen würden aber immerhin einen längeren Aufenthalt des Herzogs bedingen, wodurch die allgemeine Aufmerksamkeit erregt werden würde; dies scheine aber durchaus zu vermeiden und die große Geheimhaltung unerläßlich; der Herzog wünsche daher den nächsten Morgen abzureisen.

Was den Inhalt des eventuellen Uebereinkommens betrifft, so müsse der Herzog zunächst darauf aufmerksam machen, wie schwierig es für ihn sei, bindende Versprechungen einzugehen, wenn seitens Preußens das zu erreichende Ziel so unbestimmt hingestellt werde; der Herzog könne sich nicht über die Frage, ob

---

[1]) Es wurde damals in London über eine Teilung Schleswigs verhandelt.

[2]) Das Weggelassene betrifft ein Zwiegespräch über eine beiläufig von Bismarck erwähnte Aeußerung von Ahlefeldt.

eine Abtrennung oder ein Umtausch von Teilen von Schleswig für ihn annehmbar sei, in diesem Stadium der Sachen aussprechen; daß aber die jetzt
projektierten Linien Schlei-Husum und Flensburg-Bredstedt es nicht seien, könne
er jetzt schon sagen. Aber selbst noch ungünstigere Linien, zum Beispiel der
Verlust von ganz Schleswig, könnten unter dem Begriff des möglichst besten
Resultat verstanden werden können. Hierzu komme noch eins; der Herzog könne
nur dann die sichere Ueberzeugung aussprechen, die Zustimmung der Landesvertretung, soweit sie zu dem Abkommen erforderlich sei, zu erlangen, falls die
schleswig-holsteinische Sache wenigstens in verhältnismäßig befriedigender Weise
zu Ende geführt werde. Hierzu kämen noch andre Fragen, die angeregt worden
wären, zum Beispiel die Kriegskosten.

Herr v. Bismarck: Diese werden allerdings die Herzogtümer wahrscheinlich
zu tragen haben; Preußen habe noch keine Forderung gestellt, Oesterreich dagegen
die Rückerstattung der jetzigen Kosten sowie von 1851 und 1852 gefordert.

Der Herzog: Ihm scheine ein Abkommen, wie Herr v. Bismarck es in Aussicht stelle, nicht der Billigkeit entsprechend; einerseits gäbe Preußen durchaus
keine Garantie für die Größe des Territoriums, welches für den Herzog gewonnen werden solle, anderseits solle der Herzog sich verpflichten, wenn ihm
auch nur ein Fetzen seines Erbes bliebe, die bedeutendsten Lasten und Servituten
auf dieses Land zu übernehmen und noch Abtretungen von demselben zu machen.
Die Stellung des Herzogs würde durch ein solches Abkommen von vornherein
völlig ruiniert sein, und dem Herzoge würde in solchem Falle vielleicht nichts
übrig bleiben, als eine solche Erbschaft gar nicht erst anzutreten.

Herr v. Bismarck: Es sei unmöglich, die Grenzen jetzt genau zu bestimmen;
man werde möglichst viel zu erreichen suchen; selbst falls die Linie Schlei-Husum
acceptiert werden würde, werde der Kanal nach Eckernförde gesichert sein. Das
Verlangen nach Gebietsabtretungen scheine ihm durchaus nicht unangemessen.
—— —— —— —— —— —— —— —— —— —— —— —— ——[1])

v. Bismarck bemerkte weiter, Preußen müsse einen reellen Vorteil aus dem
Kriege zurückbringen; in Preußen seien kaum zwei Meinungen darüber, daß
es das einfachste sei, die Herzogtümer zu behalten; dann werde man schon die
Kosten selbst tragen können. Für ihn sei es eine Notwendigkeit, die Entwicklung
der preußischen Marine durchzuführen. Er werde nicht seinen Posten behalten,
wenn der König nicht daran festhielte, was er (Bismarck) in betreff der Vorteile
mit ihm verabredet habe. Preußen dürfe die großen Opfer nicht umsonst gebracht haben. Er (Bismarck) wolle den Herzog heute nicht zu einer Entscheidung
drängen, er bemerke aber, daß Preußen sich sehr bald entschließen müsse; Rußland wirke eifrigst für den Großherzog von Oldenburg; Fürst Gortschakoff habe
per Telegraph mitgeteilt, daß, wenn der Großherzog von Oldenburg die Herzogtümer erhielte, Rußland nichts dagegen hätte, Preußen die gewünschten Vorteile
in den Herzogtümern einzuräumen.

---

[1]) Das Weggelassene betrifft eine Bemerkung über Lauenburg.

Bismarck sagte ferner, es könne nicht die Rede davon sein, daß der Herzog bei den erteilten Versprechungen der Zustimmung der Landesvertretung erwähne; der Herzog müsse seine Regierung von der Erfüllung dieser Versprechen abhängig machen. Bismarck ließ verstehen, daß dieses eine Bedingung sei, wenn Preußen überhaupt am Herzoge festhalten solle. Ihm (Bismarck) werde es ein leichtes sein, in drei Tagen die Kandidatur des Großherzogs auf der Konferenz durchzubringen. Oesterreich sei nicht sehr gegen den Kriegshafen und die sich daran knüpfenden Beziehungen; es sei richtiger, die Sache geheim zu halten, aber man werde sie auch vor Oesterreich verhandeln können. Oesterreich werde sich fügen müssen, die Preußen würden nicht eher aus den Herzogtümern herausgehen, bevor sie ihren Zweck erreicht, und selbst falls v. Gablenz sich dem widersetzen sollte, werde man ihm zu begegnen wissen. Er (Bismarck) habe nichts dagegen, daß der Herzog jetzt abreise; er (der Herzog) möge sich auf Dolzig mit seinem Vater besprechen, der gewiß ihm einen richtigen Rat erteilen werde: er (Bismarck) habe nur die Pflicht gehabt, den Herzog mit der wirklichen Sachlage bekannt zu machen, damit er nicht das, was er wünsche, verwechsle mit dem, was erreichbar sei.

Der Herzog: Dasjenige, was er dem Könige gegenüber versprochen habe, werde er halten; er werde auch gerne Opfer für die Sache bringen, er könne sich aber nicht zu Dingen verpflichten, welche gegen seine Ehre seien, wie zum Beispiel, die teilweise erforderliche Zustimmung der Landesvertretung zu ignorieren, und welche seine ganze zukünftige Stellung in den Herzogtümern unmöglich machen würden. Was auch Fürst Gortschakoff sagen möge, er (der Herzog) sei überzeugt, daß man nicht eine Konzession vom Großherzog von Oldenburg erlangen werde. Er könne nur wünschen, daß man Vertrauen in seine Gesinnungen setzen möge; diese würden für die zukünftigen Beziehungen zu Preußen eine bessere Bürgschaft geben als alle jetzt geschlossenen schriftlichen Abkommen. Er habe keine Mittel, auf die preußische Politik einen Zwang zu üben; wolle man nicht zufrieden sein mit dem, was er jetzt versprechen könne, dann könne er den Herrn v. Bismarck nicht verhindern, mit dem Großherzog von Oldenburg anzuknüpfen. Er sei aber überzeugt, daß eine solche Lösung der Frage auch aus andern Gründen sich für Preußen verbiete. Er wiederhole, daß er stets bereit sei, das mögliche zu leisten; er werde sich die Sache überlegen und dann darüber an den Kronprinzen schreiben, wenn dies den Wünschen des Herrn v. Bismarck entspräche.

Herr v. Bismarck war hiermit einverstanden.

Es wird schließlich noch bemerkt, daß die ganze Unterredung in keiner Weise einen gereizten oder heftigen Charakter an sich trug; im ersten Stadium hatte sie vielmehr einen entgegenkommenden Charakter. Herr v. Bismarck drückte dem Herzog wiederholt seine persönliche Anerkennung sowie die Anerkennung seiner politischen Grundsätze aus; im zweiten Stadium hatte sie, was Herrn v. Bismarck betrifft, mehr den Charakter eines ganz gewöhnlichen Schacherns um möglichste Vorteile durch eine begünstigte Stellung zu gewinnen.

Wenige Tage vor dieser Unterhandlung hatte Preußen, sich Oesterreich anschließend, in London die bekannte Erklärung zu Gunsten des Herzogs Friedrich abgegeben; Rechberg und Beust hatten den Herzog von Konzessionen an Preußen abzuhalten gesucht. Beust hatte zu diesem Zweck den Grafen Rantzau nach Kiel entsandt und Rechberg den Herrn v. Wydenbrugk, der den Herzog von Elms-horn nach Altona begleitet hatte.[1]) In diesen Thatsachen mag vielleicht der Schlüssel liegen zu dem Rätsel, was den Herzog Bismarck gegenüber zu einer ablehnenden Haltung bestimmt hat, zumal wenn man damit in Verbindung bringt, daß der Herzog am 6. Juni in Dresden dem sächsischen Hofe einen Besuch abstattete und eine jedoch nicht zur Ausführung gekommene Weiterreise nach Wien beabsichtigt hatte.[2])

Wer den Verhältnissen näher gestanden, wird auch nicht in Zweifel ziehen können, daß, falls Rechberg sein Versprechen erfüllt und beim Bundestage gegen Preußen die Anerkennung des Herzogs durchgesetzt hätte, vom Herzoge keinen Augenblick gezögert worden wäre, die Regierung anzutreten. Und so sehr ich mich auch dagegen gesträubt habe, jetzt, wo das umfassende Werk von Jansen und Samwer keine andere Auskunft bietet, kann ich den Gedanken nicht zurück-weisen, daß der Herzog, als er mir von persönlichen Gefahren, die mit dem Eintritte in sein Ministerium verbunden seien, sprach,[3]) dabei an die ihm nicht unwahrscheinliche Möglichkeit gedacht, gegen Preußens Stimme zur Regierung zu gelangen. Erfahren wir doch nun, daß ein Brief des Kronprinzen vom 25. Mai (Beilage 29 Seite 722) den Herzog darauf vorbereiten sollte, daß Bismarck Garantien für ein konservatives Regiment fordern und dabei das Staatsgrundgesetz den hauptsächlichen Stein des Anstoßes bilden werde.[4]) Und wenn wir dann nun aus dem, was uns über die am Tage der Abreise nach Berlin stattgehabte Besprechung des Herzogs mit Samwer S. 334 mitgeteilt wird, ersehen, daß dabei nur die Frage berührt worden, wie sich der Herzog derartigen Forderungen Bismarcks gegenüber zu verhalten habe, so läßt dies

[1]) Vergleiche Seite 332 und 335 und meine Lebenserinnerungen Seite 101 und 102.

[2]) Vergl. „Preußischer Staatsanzeiger" vom 8. Juni 1864: Die Vermutung liegt nahe, daß die Reise nach Wien unterblieben ist, weil, wie dies ja auch Herzog Ernst von Koburg-Gotha III. Seite 147 und 148 andeutet, in Wien der Besuch nun unerwünscht gewesen. — Jansen und Samwer schweigen sich darüber aus und bemerken nur ganz beiläufig Seite 333: „Eine Aufmerksamkeit konnte den Oesterreichern, die doch auch ihr Blut in Schleswig-Holstein eingesetzt hatten, erwiesen werden durch die von Rechberg gewünschte und vom Herzog in Aussicht genommene Entsendung eines Mitgliedes des herzoglichen Hauses oder die Reise des Herzogs selbst nach Wien."

[3]) Vergleiche meine Lebenserinnerungen Seite 99.

[4]) Der Kronprinz schreibt: „Bismarck hat mir gesagt, ... daß jetzt der Augenblick ge-kommen sei, mit Dir direkt zu unterhandeln. Hierbei komme es nun darauf (das heißt für Bismarck) an, zu wissen, ob Du Dich auf die konservative Basis stellen und derartige Zu-sicherungen und Garantien zu geben geneigt sein werdest.

„Dieses letztere bezieht sich namentlich auf die Verfassung von 1848, die man bekanntlich hier abhorresciert, und welche Du nach Friedrichs VII. Tod zu Deinem Ausgangspunkte nahmst."

erkennen,[1]) wie ernstlich man sich mit dem Gedanken beschäftigt hat, daß ein Scheitern der Verhandlung mit Bismarck leichthin unvermeidlich werden könne.[2])

War denn nun, als die Unterhandlung mit Bismarck eine ganz andre Wendung nahm, als man erwartet hatte, die Forderung, die Bismarck stellte, für den Herzog etwa unannehmbar?

Der Herzog hatte durch seinen Brief an den Kronprinzen vom 19. Februar 1864 die sodann im Schreiben an den König vom 29. April selbigen Jahrs angebotene Sicherstellung der Anlage eines Nord- und Ostsee verbindenden Kanals von der Tiefe und Breite, um für die größten Kriegsschiffe passierbar zu sein, unnötig[3]) in Anregung gebracht und ferner über die Forderungen des Königs hinausgehend in demselben Schreiben eine Marinekonvention mit dem Zusatze angeboten, „das Marinebudget der Herzogtümer würde etwa die Hälfte des bisherigen dänischen betragen können".

Andrerseits war es doch wohl ein naheliegender Gedanke, daß der Kanal durch Anlage von Befestigungswerken in Verteidigungsstand gesetzt werden müsse, und wenn preußischerseits die Abtretung des dafür erforderlichen Terrains verlangt wurde, so lag darin, wie mir scheinen will, keine so weit über die Grenzen der Billigkeit hinausgehende Forderung, daß deshalb, im Hinblick auf die Ungewißheit, zu welchem Ziele die Verhandlungen über eine Teilung Schleswigs führen würden, eine ablehnende Haltung geboten erscheinen mußte, zumal sich voraussehen ließ, daß, nach festem Abschluß einer Vereinbarung, Preußen bestrebt sein werde, die Herzogtümer vor einer übermäßigen finanziellen Belastung zu bewahren, und sich namentlich auch geneigt zeigen werde zu einer Ausgleichung durch Ermäßigung seiner noch nicht aufgestellten Kriegskostenforderung.

Bismarck hatte dem Herzog empfohlen, die Sache sich noch näher zu überlegen und in Dolzig mit seinem Vater zu beraten. Und der Verabredung gemäß teilte der Herzog dem Kronprinzen schon am 3. Juni seinen Entschluß mit. Er erklärte sich nun zwar einverstanden mit den Bismarckschen Forderungen, den Kanal betreffend, jedoch nur unter der Voraussetzung, daß die Größe des abzutretenden Terrains nicht zu bedeutend sei und sich jetzt annähernd bestimmen lasse, und mit der Erwartung, daß in einem Uebereinkommen bestimmt ausgesprochen werde, daß und wie Preußen für sein Recht eintreten wolle,[4]) wodurch ja jenes Zugeständnis wertlos wurde.

---

[1]) Vergleiche auch den Brief Samwers an Stockmar vom 27. Mai 1864, Beilage 31, Seite 725, wo es heißt: „Was die Haltung betrifft, welche der Herzog unverständigen Zumutungen Bismarcks gegenüber einnehmen wird, so dürfen Sie sicher sein, der Herzog ist von einer Gewissenhaftigkeit, wie ich sie nie bei jemand gesehen habe, und würde das Versprechen in betreff der Verfassung halten, auch wenn kein Eid dazwischen läge."

[2]) Meines Erachtens hätte man sich doch wohl sagen müssen, der König werde nicht dulden, daß die Anerkennung des Herzogs von unerfüllbaren Bedingungen, wie das Fallenlassen des Staatsgrundgesetzes, abhängig gemacht würde.

[3]) Vergleiche die Februarbedingungen Seite 442 ff.

[4]) Vergleiche Seite 344.

Der Herzog hatte dann am 7. Juni noch eine längere Unterredung mit dem Kronprinzen, worüber Seite 344 berichtet wird. „Er wiederholte die zustimmenden Erklärungen seines Schreibens vom 3. Juni hinsichtlich der von Bismarck geforderten Punkte und äußerte, daß er sich nach wie vor an die dem Könige am 29. April brieflich gegebenen Versprechungen gebunden halte. Er sei trotz gewichtiger Bedenken[1]) bereit, ein neues[2]) schriftliches Abkommen mit dem Kronprinzen zu schließen, unter Bedingungen, die sich auf das Vorwissen und den Auftrag des Königs zur Schließung des Abkommens, auf ausdrückliche Anerkennung seines Rechtes durch die preußische Regierung, auf möglichste Beschränkung von Gebietsabtretungen in Nordschleswig und die annähernde Bestimmung des für die Kanalschlösser abzutretenden Terrains bezogen."

Während hiernach weder im Schreiben vom 3. Juni noch bei der Unterredung mit dem Kronprinzen davon die Rede gewesen ist, daß der Herzog nunmehr bereit sei, sich in den Aufzeichnungen vorbehaltlos zu verpflichten, war ja auch durch jenes nur bedingt erteilte Zugeständnis in der ablehnenden Haltung des Herzogs keine nennenswerte Aenderung eingetreten.

Es durften daher der König und Bismarck, nachdem ihnen vom Kronprinzen das Schreiben des Herzogs vom 3. Juni mitgeteilt worden war, nunmehr die Verhandlungen mit dem Herzog als abgebrochen ansehen.[3])

Das Schreiben des Herzogs vom 20. Juni, Beilage 38 Seite 738 ff., veranlaßt durch den in der preußischen Presse gegen ihn erhobenen Sturm, brachte nun endlich und zwar, wie Seite 351 stark betont wird, auf Samwers Anraten das unbedingte Zugeständnis der Kanalforderungen, freilich auch jetzt noch nicht ohne Nebenbemerkungen, jedoch mit der Erklärung, diesen keine Bedeutung beilegen zu wollen, wenn sie nicht den Beifall Seiner Majestät finden sollten.

Aber um, wie Seite 351 geschieht, behaupten zu dürfen, daß alles Verlangte nun zugestanden worden, hätte sich der Herzog zu schriftlichen Aufzeichnungen bereit erklären müssen, in welchen er sich vorbehaltlos verpflichten werde. Statt dessen ward im Gegenteil auf die Zustimmung der Stände hingewiesen und sogar daran erinnert, daß für den Beitritt zum Zollverein nur bedingungsweise die Genehmigung der Stände verbürgt werden könne.[4]) Im

[1]) Die Bedenken beruhten in der Besorgnis, daß die übrigen deutschen Mächte darauf aufmerksam würden, daß mit Preußen verhandelt werde.

[2]) Eigentümlich ist die hier hervortretende Ansicht, daß durch das Schreiben vom 29. April ein Abkommen schon geschlossen sei, während Jansen und Samwer davon ausgehen, daß der Herzog nicht in der Lage gewesen, ein Abkommen zum Abschluß zu bringen, und der Inhalt des Schreibens vom 29. April auch mit jener Meinung nicht im Einklang steht.

[3]) Es begreift sich daher schwer, wie man dennoch Seite 344 Bismarck, der versprochen haben soll, Ermittlungen über die Größe des für die Kanalschlösser erforderlichen Terrains anstellen zu lassen und deren Ergebnis dem Herzog mitzuteilen (vergleiche Seite 342), vorwerfen mag, daß er dem Herzoge keine Mitteilung hierüber habe zugehen lassen.

[4]) Mit Sachsen war schon im Mai eine Vereinbarung getroffen, und am 20. Juni stand wohl schon der am 30. selbigen Monats erfolgte erneuerte Abschluß des Zollvereins auf Grund des mit Frankreich vereinbarten Handelsvertrages in sicherer Aussicht.

übrigen glaubte der Herzog auf die Zustimmung der Stände rechnen zu können und bemerkte:

„Ich kann Ew. Majestät keinen besseren Beweis meines vollen Ernstes geben als durch die Erklärung, daß, wenn meine Stände sich mit irgend einem der von mir versprochenen Punkte nicht einverstanden erklären sollten, ich meinerseits die Regierung niederlegen werde."

Aber was konnte damit erreicht werden? Da die Niederlegung der Regierung den durch Anerkennung des Herzogs ermöglichten Regierungsantritt voraussetzte, so hätte sie ja nur zur Folge haben können, daß die Regierung auf den Rechtsnachfolger im Augustenburger Fürstenhause übergegangen wäre. Und jenes Anerbieten war also für Preußen ganz wertlos.

Nun würde man zweifellos dem Herzoge und seinen vertrauten Ratgebern bitteres Unrecht anthun, wollte man der Vermutung Raum geben, daß es in ihrer Absicht gelegen, dem Lande ein Thor zu öffnen, um lästigen Verpflichtungen zu entschlüpfen.

Allein andrerseits lag doch für Preußen die Sache thatsächlich so, daß die vom Herzoge unter Vorbehalt der ständischen Zustimmung, also nur bedingungsweise, übernommenen Verpflichtungen keine genügende Sicherheit bieten konnten. Und da der Herzog, abgesehen von dem in betreff des Zollvereins für einen höchst unwahrscheinlichen Fall geäußerten Bedenken, im übrigen auf die Zustimmung der Stände glaubte rechnen zu können, so mußte seine Weigerung, sich vorbehaltlos zu verpflichten, unleugbar befremdlich erscheinen, zumal wenn dabei berücksichtigt wurde, daß für die in der ersten Proklamation unter eidlicher Bekräftigung erteilte Zusicherung in betreff des Staatsgrundgesetzes eine Genehmigung der Stände nicht vorbehalten worden war.[1])

---

[1]) Der in die Proklamation ganz unnötig aufgenommene Schwur hatte den Herzog in eine überaus peinliche Lage gebracht. Derselbe schien das Staatsgrundgesetz als die geltende Verfassung anerkennen zu wollen. Dies war aber seinerzeit durch die legitime Regierung aufgehoben. Es bedurfte also der Erlasses eines Gesetzes, um dasselbe wieder einzuführen. Nun mochte es wohl eine gewisse Berechtigung haben, wenn manche vorausgesetzt haben, der Herzog werde die dem Lande aufgezwungene Verfassung von 1854 als nichtbestehend betrachten und ohne weiteres mit einem das Staatsgrundgesetz wieder einführenden Gesetz vorgehen. Der Herzog war aber schon vor dem 1. Juni zu dem Entschluß gelangt, dafür die Genehmigung der Provinzialstände einholen zu wollen. Mit der Anerkennung der Verfassung von 1854 als der zurzeit noch bestehenden entstand dann die für Holstein recht zweifelhafte Frage, ob nicht die Rechtsverbindlichkeit eines mit Preußen abgeschlossenen Vertrages von der Zustimmung der Stände abhängig sei, während der Herzog, falls er jenen andern Weg eingeschlagen hätte, bei seinem Regierungsantritt keiner Landesvertretung gegenübergestanden, die ihn behindert hätte, dem abgeschlossenen Vertrage Gesetzeskraft zu geben.

Nach der Verfassung vom 11. Juni 1854 war zwar die Regierung nur in den Angelegenheiten, welche zum Ressort des Ministeriums für Holstein gehörten, bei Veränderungen in der Gesetzgebung von der Zustimmung der holsteinischen Stände abhängig, und danach wäre für einen Vertrag mit Preußen über zu gewährende Konzessionen die Einholung der Genehmigung der Stände nicht erforderlich gewesen. Allein die Bekanntmachung vom

Es konnte auch die hier wieder stark betonte Besorgnis vor einem Bekannt-
werden der Verhandlungen nur einen ungünstigen Eindruck machen, zumal die
Bismarck gegenüber beobachtete Haltung auf dessen Meinung, daß es auf Geheimhaltung nicht wesentlich ankomme,[1] zurückgeführt und als Grund dafür,
weshalb der Herzog jedem andern als Seiner Majestät gegenüber eine reservierte
Haltung über seine Gesinnung beobachten müsse, angeführt wurde, es könne
Preußen und den Herzogtümern nur schaden, wenn es verlaute, daß er sich in
betreff der Machterweiterung Preußen gegenüber gebunden habe.

Darf man sich denn nun wundern, daß der Brief des Herzogs vom
20. Juni 1864 unbeantwortet blieb und alle Bemühungen, durch weitgehende
Anerbietungen doch noch den Abschluß eines Abkommens zu erreichen, keinen
Erfolg hatten?

Inzwischen war der Großherzog von Oldenburg mit seinen vermeintlichen
Ansprüchen hervorgetreten, und am 23. Juni erfolgte die förmliche Anmeldung
beim Bunde. Damit war die günstige Zeit für das Zustandebringen eines
bindenden Abkommens vorüber, und sie kam nicht wieder.

Da nun nicht Bismarck durch Aufstellung unerfüllbarer Bedingungen, sondern
der Herzog durch seine ablehnende Haltung, die sich auch auf eine nach wenigen
Wochen schon zugestandene Forderung erstreckte, das Scheitern der Unterhandlung
herbeigeführt hatte, ist es recht charakteristisch für die Tendenz des uns beschäftigenden Werkes, daß Seite 356 behauptet wird: „Nicht um sein Ja zu erreichen,
sondern um sein Nein herauszustellen, war er (der Herzog) von Bismarck nach
Berlin beschieden worden."

Erst vor wenigen Tagen (am 28. Mai) hatte ja Preußen im Verein mit
Oesterreich die bekannte Erklärung zu Gunsten des Herzogs Friedrich abgegeben,
und unter diesen Umständen konnte die unerwartete Wendung Bismarck doch
schwerlich willkommen sein. Er hatte denn auch nicht unterlassen, den Herzog
auf den Ernst der Lage aufmerksam zu machen, indem er einesteils erklärte, er
werde nicht im Amte bleiben, wenn der König nicht an dem festhalten wolle,
was zwischen ihnen über die für Preußen zu verlangenden Vorteile verabredet

---

30. März 1863 hatte die Zuständigkeit der holsteinischen Stände auch auf die gemeinschaftlichen Angelegenheiten erstreckt, und die Stände hatten noch keine Gelegenheit gehabt, zu
dieser auch andere Bestimmungen enthaltenden, ohne Einholung ihres Gutachtens (vergleiche
die Bekanntmachung vom 23. September 1859) erlassenen Bekanntmachung Stellung zu
nehmen; auch war letztere durch eine Bekanntmachung vom 4. Dezember 1863, also zu einer
Zeit, wo die Regierungsgewalt noch in den Händen Christians IX. beruhte, außer Kraft
gesetzt.

Wie sich nun die Stände zur Vorlage eines Vertrages mit Preußen verhalten hätten,
läßt sich schwer sagen. Für unwahrscheinlich möchte ich es nicht erachten, daß sie nicht
geneigt gewesen, sich auf die Bekanntmachung von 1863 zu stützen und sich so in die Lage
zu bringen, die Mitverantwortlichkeit für lästige Vertragsbestimmungen zu übernehmen.

[1] Ich erinnere daran, daß, nach dem Referate des Herzogs, Bismarck geäußert hat,
es sei richtiger, die Sache geheim zu halten, aber man werde sie auch vor Oesterreich verhandeln können. Oesterreich werde sich fügen müssen.

worden, und anderenteils auf die Gefahren hinwies, die dem Herzog aus den Ansprüchen des Großherzogs von Oldenburg erwachsen könnten.

Der König sah sich bitter enttäuscht. Er hatte sich der festen Hoffnung hingegeben, mit der Wahrung der preußischen Interessen, zu der er ja als König von Preußen berufen war, seinen Wunsch vereinigen zu können, dem Herzog Friedrich dem Rechte entsprechend zur Regierung zu verhelfen, und hatte sicher darauf gerechnet, hierfür ein bereitwilliges Entgegenkommen beim Herzog Friedrich zu finden. Er war auch namentlich zu der Voraussetzung berechtigt gewesen, daß der Herzog, der unaufgefordert weitgehende Anerbietungen gemacht, für die Notwendigkeit, den großen Kanal durch Festungsanlagen in Verteidigungszustand zu setzen, ein Verständnis haben und kein Bedenken tragen werde, das dafür erforderliche Terrain an Preußen abzutreten. Aber nicht bloß hierzu, sondern auch zu dem Verlangen, daß er sich schriftlich vorbehaltlos verpflichten sollte, hatte der Herzog sich ablehnend verhalten und im Schreiben vom 3. Juni sogar zu erkennen gegeben, daß sich Preußen in dem Abkommen darüber aussprechen müsse, daß und wie es für sein Recht eintreten wolle. Dazu kam dann noch, daß der Herzog nach dem Scheitern der Verhandlungen mit Bismarck sich von Dolzig nach Dresden zum Besuche bei dem preußenfeindlichen sächsischen Hofe begeben und die Weiterreise nach Wien aus Gründen, für die man sich auf Vermutungen angewiesen sah, vorläufig aufgegeben hatte.

Es ist also wohl begreiflich, wenn der König, wie Seite 349 behauptet wird, „im Innern für den Herzog sehr kühl wurde", ohne daß man nötig hätte, es, wie hier geschieht, auf Einwirkung Bismarcks zurückzuführen.

Der König war aber damit noch keineswegs für den Annexionsplan gewonnen,[1]) und er blieb dem Herzog Friedrich immer noch ungleich mehr zugeneigt als dem Großherzog von Oldenburg (vergleiche Seite 390 und 392. Selbst nachdem er in der Staatsratssitzung vom 28. Februar 1866 sich entschieden für die Annexion ausgesprochen hatte,[2]) bekundete er sein noch nicht

---

[1]) Bismarck ließ sich auch noch am 28. September und 1. Oktober 1864 mit Ahlefeld auf Besprechungen über ein eventuelles Abkommen ein, was darauf hindeutet, daß er sich noch nicht getraut hat, den Widerstand des Königs gegen die Annexion überwinden zu können. Nach seiner Rückkehr von Biarritz und Paris, wo er sich darüber beruhigt haben mag, daß eine Annexion nicht zu Verwicklungen mit Frankreich führen werde, war er für weitere Verhandlungen nicht zugänglig.

Bemerkenswert ist, daß bei der Besprechung am 1. Oktober Bismarck als einen in die Verhandlung aufzunehmenden Punkt hinstellte, daß die preußischen Truppen bis zur Ausführung der übernommenen Verpflichtungen in den Herzogtümern verbleiben würden. Seite 394.

[2]) Vergleiche Lettow, „Geschichte des Krieges von 1866", Band I Seite 19 und 20, wo das von Moltke aufgenommene Protokoll mitgeteilt wird.

Der König hob bei Eröffnung der Sitzung hervor, die Schwierigkeiten in Holstein seien nur ein einzelnes Kennzeichen des Bestrebens Oesterreichs, Preußen niederzuhalten. Die Hoffnung beim Gasteiner Vertrage auf ehrliche Einigung sei völlig vernichtet. Der Besitz der Herzogtümer sei in ganz Preußen nationaler Wunsch. Ein Zurückgehen von dieser Forderung würde das Ansehen der Regierung nach innen und außen schwächen. „Es

ganz erstorbenes Wohlwollen für den Herzog Friedrich am 17. Juni 1866 bei einer Unterredung mit der Kronprinzessin mit den Worten: „Wenn er jetzt komme, so sei es vielleicht noch Zeit, aber er müsse eilen und sich ihm, dem Könige, zur Verfügung stellen, dann könne noch alles sich zum Guten wenden". Der König sprach weiter sein Bedauern darüber aus, daß der Herzog Räte um sich habe, die seine Stellung zu Preußen absichtlich gefährden zu wollen schienen und ihn mehr und mehr nach Oesterreichs Seite getrieben hätten. Seite 629.¹)

Der Herzog, welcher, als er davon benachrichtigt wurde, sich schon in Nürnberg, also in Bayern, befand, ging nun nach München, und damit war sein Schicksal nach Abschluß des Nikolsburger Friedens besiegelt.

Selbst der Kronprinz, der bisher sehr entschieden für den Herzog eingetreten war, mußte nun dessen Sache für endgültig verloren ansehen. In Beantwortung eines Schreibens des Herzogs vom 17. September 1866, in welchem dieser die Hoffnung aussprach, daß ihr Verhältnis, da es auf persönliche Gefühle und auf politische Uebereinstimmung über die allgemeinen Ziele deutscher Entwicklung beruhe, durch den neuesten Verlauf der Dinge nicht angetastet werden könne, schrieb der Kronprinz am 8. Oktober 1866:

„... Ueber den Weg zu jenen Zielen haben allerdings die Ereignisse einen Spruch gefällt, der für mich maßgebend sein muß."

„... Diese Ereignisse haben denn auch das Geschick für die Herzogtümer in meinen Augen und für mich unabänderlich entschieden."

Nachdem sich dann der Kronprinz darüber ausgesprochen hat, weshalb er dem Herzog nicht daraus einen Vorwurf machen wolle, daß er sich nicht entschließen könne, seine Ansprüche aufzugeben, fährt er so fort:

„Aber ebenso offen spreche ich Dir mein Bedauern aus, daß ich in dieser Lage außer stande bin, etwas für Deine Interessen zu thun."

Der König vollzog das Annexionsgesetz am 24. Dezember 1866, und wenn Seite 646 mit der Erwähnung, daß er damals geäußert habe, „er sei durch die Verhältnisse weiter gedrängt worden, als er ursprünglich gewollt habe", in Zweifel gezogen wird, ob er die Sanktion mit völlig ungemischten Gefühlen erteilt hat, so stimmt dies ja überein mit der von mir in meinen Lebenserinnerungen Seite 137 ausgesprochenen Ueberzeugung, daß es ihm sicherlich schwer geworden

---

wollen," schloß der König, „keinen Krieg provozieren, aber wir müssen auf unserm Wege vorwärts gehen, ohne vor einem Kriege zurückzuschrecken."

Bismarck gab einen geschäftlichen Ueberblick, der damit endete, „daß der Krieg mit Oesterreich jedenfalls erfolgen müsse; es sei klüger, ihn bei einer uns günstigen Situation herbeizuführen, als abzuwarten, daß Oesterreich unter ihm vorteilhaften Verhältnissen es thut".

¹) Ob es dem Herzog genützt, wenn er diesem Winke gefolgt wäre, mag wohl recht zweifelhaft erscheinen; denn dann wäre doch wohl der König vor die Wahl gestellt worden, ob er den Herzog fallen lassen oder sich von seinem ihm nunmehr unentbehrlich gewordenen Ministerpräsident trennen wollte.

ift, sich von dem trennen zu sollen, was er für recht gehalten. Vergleiche auch dazu Seite 112 und 138 Anmerkung.[1])

Hat denn nun das Werk „Schleswig-Holsteins Befreiung" durch die mitgeteilten Urkunden den Beweis geliefert, daß das Recht des Herzogs durch eine richtig geleitete Politik die erforderliche Unterstützung gefunden hat? Ja freilich, wer nur fragt, ob man es an Anerbietungen habe fehlen lassen, wird sich für vollauf befriedigt erklären müssen. War ja doch zu den übrigen, zum Teil nicht unbedenklichen Anerbietungen nach dem 20. Juni 1864 noch die angebotene Abtretung von Alsen und einem Teil von Sundewitt sowie der Insel Sylt hinzugekommen. Allein Anerbietungen, die nicht zu einem festen Gebundensein führen, stehen ja in der Luft. Und die Zeit, wo es noch möglich gewesen, ein Abkommen über die Preußen zu gewährenden Konzessionen zum bindenden Abschluß zu bringen, ließ man vorübergehen. Warum? Weil man sich von der Besorgnis beherrschen ließ, daß ein solches festes Gebundensein kein Geheimnis bleiben würde. Man wollte sich eben nicht ausschließlich nur auf Preußen verlassen,[2]) sich vielmehr die Chance offen halten, möglicherweise auch ohne Preußen und selbst gegen Preußen zum Ziele zu gelangen, und deshalb mußte alles sorgfältig vermieden werden, was in Oesterreich und den Mittelstaaten den Verdacht erregen konnte, als sei der Herzog geneigt, sich Preußen gegenüber zu dessen Machterweiterung bindend zu verpflichten. Und gleichwie es also nicht deutsch-preußischer Patriotismus, sondern nur das eigne Interesse war, welches zu allmählich sich immer mehr steigernden Erbietungen antrieb, so war es auch wieder das vermeintlich die Offenhaltung aller Chancen erfordernde eigne Interesse, welches den Abschluß eines bindenden Abkommens verhinderte.

Nun hat sich zwar mit der Zeit die Einsicht Bahn gebrochen, daß man von Oesterreich und den Mittelstaaten keine wirksame Unterstützung zu erwarten habe,[3]) und hat schließlich zur Veröffentlichung der Ahlefeldt für Verhandlungen über die Februarbedingungen erteilten Instruktion geführt.

Diese Einsicht kam aber zu spät, und in der Politik bleibt es immer die Hauptsache, den richtigen Moment für entscheidendes Handeln wahrzunehmen.

---

[1]) Wenn ich dort erwähnt habe, die Vermählung unsers jetzigen Kaisers mit der Prinzessin-Tochter des Herzogs Friedrich sei erst erfolgt, nachdem der Herzog Ernst Günther und sein Oheim, der Prinz Christian, Verzichtsakten vollzogen hätten, so ist dies, wie ich nachträglich erfahren, insofern ungenau, als mit Rücksicht auf die derzeitige Minderjährigkeit des Herzogs Ernst Günther der verabredete Verzicht erst nach der Vermählung durch Cessionsakte zum formellen Vollzug gekommen ist.

[2]) Ich erinnere an das oben schon erwähnte Schreiben Samwers an Max Duncker vom 21. Juni 1864, Seite 348, Anmerkung 4, worin für das, nicht allein mit Preußen, auf die Erfahrungen von 1848/51 hingewiesen wird. Hatte man denn ganz vergessen, daß derzeit ein schwacher, schwankender Monarch in Preußen regierte, und konnte man glauben, unter König Wilhelm annähernd etwas Aehnliches erleben zu können?

[3]) Vergleiche Seite 437 nebst Anmerkung 3 Seite 450. 1.

Ich darf demnach auch heute noch behaupten, daß alles anders gekommen wäre, wenn ein Preußens Bedeutung für Deutschland voll würdigender Patriotismus der herzoglichen Politik als Leitstern gedient hätte.

Der Ausbruch des Krieges stellte den Herzog vor die Frage, wie er sich dazu verhalten solle.

Wäre Herzog Friedrich von dem Wunsche beseelt gewesen, daß Preußen zum Heile für Deutschland als Sieger aus dem Kriege hervorgehen möge, so hätte ihn selbst die Besorgnis, daß der Ausgang wahrscheinlich ein ganz andrer sein werde, nicht von einem jenem Wunsche entsprechenden Entschluß abhalten dürfen. Nun aber begab er sich nach Bayern ins preußenfeindliche Lager.[1]) Als Grund dafür wird Seite 631 angeführt, „um zum Schutze des Landes gegen eine Vergewaltigung und gegen den Verlust Nordschleswigs seine Anerkennung beim Bunde durch Bayern besser betreiben zu können". Aber es begreift sich schwer, daß man es für möglich erachtet, der Bundestag werde sich in letzter Stunde zu einem solchen Schritt bestimmen lassen, von dem Mensdorf doch wohl mit Recht gesagt hat, daß man damit nur den Spott der Gegner herausfordern könne.[2]) Und was glaubte man denn mit einem den Herzog anerkennenden Bundesbeschluß erreichen zu können? Für den eingetretenen Fall, daß Preußen siegreich aus dem Kampfe hervorginge, wäre ein solcher Beschluß nur ein Schlag ins Wasser gewesen. Rechnete man aber — und das wird wohl angenommen werden müssen — mit einer Niederlage Preußens, so mußte man sich doch sagen, Oesterreich werde nicht so thöricht sein, durch seine Teilnahme an einem derartigen Beschluß sich für solchen Fall die Hände zu binden, und einen ohne sein Mitwirken zu stande gekommenen Majoritätsbeschluß nicht respektieren. —

---

[1]) Seite 611 wird behauptet, ich hätte Ende März 1866 erklärt: „Herzog Friedrich müsse bei Ausbruch des Krieges das Land mit den Oesterreichern verlassen, wenn diese ohne Widerstand abzögen; niemand werde dann im Lande sagen: Der Herzog hat uns verlassen, wir sind nicht weiter an ihn gebunden".

Ich erinnere mich nun zwar nicht, will es aber nicht in Zweifel ziehen, daß, wenn Jensen, auf dessen Brief an Samwer Bezug genommen wird, mir eine entsprechende Frage vorgelegt hat, ich sie in ähnlichem Sinne beantwortet habe, da es ja thöricht gewesen, wenn der Herzog durch sein Verbleiben in Kiel Manteuffel provoziert hätte, ihn als Gefangenen abführen zu lassen. Völlig zweifellos ist es mir aber, daß, wenn mir die Frage vorgelegt wäre, ob es für den Herzog ratsam sei, sich bei Ausbruch des Krieges nach München zu begeben, ich diese Frage mit aller Entschiedenheit würde verneint haben. Und es ist ein sehr verwegener Gedankensprung, den der Herausgeber unternimmt, wenn er jene Aeußerung so deutet, als hätte ich gemeint, daß der Herzog für Oesterreich Partei nehmen müsse, indem er bemerkt: „Was Henrici jetzt im Juliheft der ‚Deutschen Revue‘ 1896 Seite 43 schreibt, erklärt sich daraus, daß manches anders gekommen, als er damals dachte." Ich habe nämlich in meinen Lebenserinnerungen, die zunächst teilweise in der „Deutschen Revue" mitgeteilt worden sind, Seite 111 erwähnt, wie ich mich derzeit wiederholt über die Frage ausgesprochen, ob man Oesterreich oder Preußen den Sieg wünschen müsse, und mich mit aller Entschiedenheit für Preußen erklärt habe.

[2]) Vergleiche Seite 631.

Die amtliche Stellung, welche ich im Jahre 1864 begleitete, hat mich in nähere Beziehung zum Herzog Friedrich gebracht, und ich habe ihn als einen Fürsten von edler Denkungsweise hoch geschätzt und verehrt. Was ihm mangelte, hat mir nicht lange verborgen bleiben können, meiner Verehrung aber keinen Abbruch gethan, da ich mir ja sagen mußte, daß ich mit ungerechtem Maße messen würde, wollte ich, ohne zu berücksichtigen, unter welchen Verhältnissen er groß geworden, an ihn das Verlangen stellen, daß er, allen deutschen Fürsten voran, sich nur von einem Deutschland über alles stellenden, Preußens Bedeutung für Deutschland richtig würdigenden Patriotismus solle leiten lassen.

In der That verdient es der Herzog Friedrich, daß sein Andenken in den Herzogtümern stets in Ehren gehalten werde und es unvergessen bleibt, daß sein Recht und dessen rechtzeitige Geltendmachung die Beseitigung des Londoner Protokolls ermöglicht hat, welches sie nach langer Leidenszeit nun doch noch an Dänemark ketten sollte.

Dem Herzog Friedrich stand jedoch nicht neben dem Recht auch die Macht zu Gebote, mit dem Schwerte die vollständige Befreiung von Dänemark zu erkämpfen. Diese verdankt Schleswig-Holstein dem hochherzigen Entschluß des Kaisers Wilhelm I., dessen tapferes preußisches Heer durch blutige Kämpfe den Wiener Frieden erzwang.[1] Und jetzt giebt es in Schleswig-Holstein wohl kaum noch einen urteilsfähigen Menschen, der thöricht genug wäre, es zu verkennen, daß die Bismarcksche Politik nicht, wie vielfach prophezeit worden, zum Unglück,

---

[1] Je weniger ich mit der herzoglichen Politik, welche ich ja nun, insoweit sie nicht, wie die persönlichen Verhandlungen des Herzogs mit Bismarck und der Brief vom 3. Juni 1864, auf eigene Handlungen des Herzogs zurückzuführen ist, als Samwersche Politik anzusehen habe, einverstanden sein kann, um so mehr hat es mich erfreut, in einem Briefe Samwers an seine Frau vom 31. Oktober 1864 (Beilage 42, Seite 747), in dem er sich über den am Tage zuvor in Wien unterzeichneten Frieden ausspricht, einer Anschauung zu begegnen, die auch ich seinerzeit geteilt habe. Mir ist es namentlich ganz aus der Seele gesprochen, wenn er schreibt: „Ich bin über denselben voll Dank zu Gott und weiß nicht, daß mir je irgend ein Ereignis solche Freude gemacht hätte. Die Hauptsache, die Trennung der Herzogtümer von Dänemark, ist erreicht und damit die Quelle vielen moralischen und materiellen Elends für die Herzogtümer verstopft. Dieselben gehören nach vier Jahrhunderten wieder zu Deutschland. Der feste Punkt, den ich seit nunmehr zweiundzwanzig Jahren im Auge gehabt und ohne Unterlaß verfolgt habe, ist erreicht, und ich glaube zur Erreichung desselben einiges beigetragen zu haben. — Mir ist alles jetzt um vieles leichter, denn alle falschen Schritte gefährdeten bisher, außer dem Herzog, zugleich die Herzogtümer."

Unverständlich ist es mir nur, wie er von dem unleugbaren Verdienst des Herzogs hat sagen können: „Bis zum Januar bestand es im Handeln; sein erstes Auftreten führte zur Befreiung Holsteins, sein Eintreten in Holstein zur Befreiung Schleswigs. Seit dem Januar handelte es sich nur darum, nichts zu verderben und auszuharren."

Ueber die Verlobung unsrer jetzigen Kaiserin, einer Prinzessin-Tochter des Herzogs Friedrich, ein Ereignis, welches bekanntlich sehr versöhnend auf die Stimmung in Schleswig-Holstein einwirkte, sprach auch Samwer in einem Briefe an mich seine Freude aus, indem er mir dabei die Frage vorlegte, ob ich es wohl begreifen könne, daß ein gemeinschaftlicher Freund von uns ungehalten sei über diese Verlobung.

sondern zum Segen sowohl für ganz Deutschland als auch insbesondere für die Herzogtümer ausgeschlagen ist.[1]

Nun wollen aber doch manche jeden aus der Zahl der Verehrer des Herzogs Friedrich streichen, der nicht blind gewesen gegen Fehler und Schwächen und, der Wahrheit die Ehre gebend, politische Fehler aufdeckt, welche dazu beigetragen haben, daß die sich für die Herzogtümer segensreich gestaltende Einverleibung in Preußen zum Vollzug gekommen ist.

Ich habe dafür nur einen kleinen Beitrag durch die Mitteilung meiner Erlebnisse liefern können. Volle Enthüllung der politischen Irrwege bringen erst Jansen und Samwer durch die in ihrem Werke zum Teil zwar nur ihrem wesentlichen Inhalt nach, größtenteils aber vollständig mitgeteilten Urkunden, und zu verwundern ist es nur, daß sie dies nicht selbst erkannt haben. Die den Text des Buches durchziehende tendenziöse Färbung hat doch einem gesunden Auge das entzündete Licht urkundlicher Wahrheit nicht zu verdunkeln und vollends zu verblenden nur den vermocht, dessen Oberflächlichkeit ihn von jeder ernsten Prüfung abgehalten hat.[2]

Ganz einverstanden bin ich mit dem Schlußwort: „Der deutsche Wahrheitssinn ist ein zu wertvolles Erbe unsrer Väter, als daß wir ihn nicht hüten und kräftigen sollten."

Mir drängt sich jedoch die Frage auf: „Steht dies schöne Wort hier am rechten Ort?"

Ich möchte auch glauben, daß der Herausgeber dem Andenken seines Vaters, der sich mit Recht rühmen durfte, zur Erreichung der Hauptsache, der Trennung

---

[1] Was soll man denn nun dazu sagen, wenn Jensen in der Kieler Zeitung vom 26. Februar 1897, also nach dreißig Jahren, sich dahin ausspricht: „Der moralische Schaden, der dem Volke durch die Nichtachtung seiner auf Rechtsüberzeugung sich stützenden Gesinnung und durch das hohle Gerede der Machtanbeter und Streber zugefügt ist, wird sich leider wohl noch in mehr als einer Generation fühlbar machen."

Ich möchte fragen, wie sich denn wohl die Schleswig-Holsteiner hätten verhalten sollen, um nicht in der Vorstellung von Jensen als ein durch Machtanbeter und Streber bethörtes, moralisch geschädigtes Volk zu erscheinen. Sollte es etwa noch heute der endgültigen Lösung der schleswig-holsteinischen Frage unversöhnt gegenüberstehen und sich dauernd der Einsicht verschließen, in ihr eine für die Herzogtümer heilsame Fügung Gottes erkennen zu müssen? Ich möchte eher glauben, daß es durch eine im großen und ganzen zu lange behauptete unversöhnliche Haltung sich dem Vorwurf preisgegeben hat, ganz vergessen zu haben, was es dem preußischen König, Kaiser Wilhelm I. verdankt.

[2] Daß in ein solches Werk sich manche thatsächliche Unrichtigkeiten eingeschlichen haben, ist sehr erklärlich. Auffallend ist es mir jedoch gewesen, Seite 162 der Behauptung zu begegnen: „mit den Obergerichtsräten Henrici und Jensen einigten sie (die Bundeskommissare) sich nach langen Verhandlungen dahin" u. s. w. Denn Jensen hat niemals an den Verhandlungen, die ich mit den Kommissaren geführt, teilgenommen, und was ich seinerzeit dem Professor Jansen auf dessen Wunsch mitgeteilt habe, hätte ihn, wie ich meine, vor einem solchen Irrtum bewahren müssen. Vergleiche im übrigen meine Lebenserinnerungen Seite 76 ff.

der Herzogtümer von Dänemark, „einiges beigetragen zu haben",[1]) mehr genützt hätte, wenn er seiner pietätvollen Feder Schranken gesetzt und bei objektiver historischer Darstellung, darauf verzichtend, die herzogliche Politik als fehlerfrei hinzustellen, vorzugsweise die großen Schwierigkeiten, mit denen sein Vater un leugbar zu kämpfen gehabt hatte, in den Vordergrund hätte treten lassen.

Karl v. Perfall.
Erzählungen aus dem Münchener Kunstleben.
Von
Louise v. Kobell.

—

Karl Freiherr von Perfall war ursprünglich bestimmt, Akten und Gesetzes-paragraphen zu handhaben, und studierte daher programmmäßig Jura an der Münchener Universität. Früh jedoch durchzog schon die Musik seinen Sinn und eroberte sein jugendliches Herz. Er trat trotz Pandekten in nähere Be-ziehung zu ihr, schaffte sich heimlich, wenn sein Vater aufs Land oder auf Reisen ging, ein Klavier an und komponierte nach Herzenslust. Da er ein fröhliches Blut war, Melodie und Rhythmus seinen Erstlingswerken innewohnten, ersann er Walzer. Er verbarg seinen Namen unter den Buchstaben K. B. v. P. (Karl Baron von Perfall). „Diese Signatur soll wohl heißen: kein Beifall vom Publikum," sagte ironisch ein Freund zu ihm. Indes blieb der Beifall nicht aus. denn trotz des absprechenden Urteils, das in dem Freundessarkasmus lag, be-mächtigte sich eine Militärkapelle der Walzer und elektrisierte damit die tanzlustige Münchener Jugend bei den damaligen fashionablen Bällen im chinesischen Turm. Der Komponist vernahm manch ihm wertvolles Lob, denn es wurde ihm vor Entlarvung seiner Anonymität ohne schmeichlerische Nebenabsicht gespendet. — Als Jenny Lind im Jahre 1846 durch ihre Kunstleistungen München in Ver-zückung versetzte, zählte Karl von Perfall zu denjenigen, die sich eines Nach-mittags bereits um drei Uhr vor dem Theatereingang anstellten; viel Begeisterung, aber wenig Geld besitzend, war er auf Eroberung eines Stehplatzes angewiesen. Endlich — es schlug sechs Uhr — wurde das Thor geöffnet, das heißt, wie noch heutzutage, der eine Flügel; der andre blieb durch eine eingehakte Eisenstange festgehalten. An diese schleuderte die drückende Menschenmenge unsern jungen Kunstenthusiasten. Er wehrte sich aus Leibeskräften, aber seine egoistischen Mit-

---

[1]) Vergleiche sein Schreiben vom 31. Oktober 1864, Seite 747.

Bewerber kümmerten sich nicht darum, und erst nach einer endlos langen Viertelstunde kam er auf seinen Stehplatz.

Da linderte nach Aufgang des Vorhanges Jenny Lind als „Norma" seine
Schmerzen mit dem Balsam ihrer Stimme; aber noch während drei Wochen
verdankte er jeder seiner Bewegungen die Erinnerung an sie und an ihr himm-
lisches viermal gestrichenes G.

Durch die Komposition der von „Frater Hilarius" (E. Fentsch) verfaßten
Verse für die „Münchener Liedertafel":

> „Schneid'ge Wehr,
> Blanke Ehr',
> Lied zum Geleit
> Geb' Gott allzeit!"

pflückte sich Karl von Perfall den ersten Lorbeerzweig. Nun hat sich allenthalben
bei den Gesangsvereinen dieser Text und seine Melodie eingebürgert.

Als Fahnenträger erstgenannter Gesellschaft schwang er im August 1845
das Banner bei der Sängerfahrt nach Würzburg, stolz vor dem Troß der
liederreichen Münchener einherschreitend, die bis an den Main zogen, um dort
den Sieg zu erringen.

Im Juni 1846 beteiligte er sich an der Verfassung des humoristischen
„Neuen Land- und Seerechtes der Münchener Liedertafel für die große Expedition
nach Starenberg" und toastierte im musikalischen Chor auf den Hauptlegislator
„Ritter Hans den Blassen" (Otto von Reichert), der sprach:

> „Ein neu Gesetz in unsrer Zeit
> Ist eine große Arbeit,
> Zu der man viele Jahre braucht,
> Und die am ersten Tag nichts taugt.
>
> Daß mündlich seie der Prozeß,
> Ist ganz dem Geist der Zeit gemäß,
> Doch wird bei allen wicht'gen Fragen
> Der Sprecher auf das Maul geschlagen.
> Es steht dem Volk und der Partei
> Kein Zutritt zur Verhandlung frei,
> Die Oeffentlichkeit nur gefällt,
> Wenn's Volk den Beutel offen hält."

Man jubilierte, und Perfall, der Fröhlichste unter den Fröhlichen, stimmte
aus innerer Ueberzeugung in den Wahlspruch der Münchener Liedertafel ein,
den Kunz in Musik gesetzt: „Ecce quam bonum et quam jucundum habitare
fratres in unum." (Seht, wie gut und angenehm es ist, wenn Brüder einträchtig
beisammen wohnen.)

Selbstverständlich fehlte Perfall auch nicht an der alljährlich am Johannisfest
stattfindenden „Stiftungs- und Sonnwendfeier der Liedertafel" im engeren Kreise,
wobei „die löbliche Sitte" gepflogen ward, jedem Mitgliede seine im Laufe des
verflossenen Jahres begangenen Unterlassungs-, Gewohnheits- oder Zufälligkeits-

ſünden vorzuhalten und mit einer angemeſſenen Prügelſtrafe zu belegen. Dieſes von mutwilliger Laune ſprudelnde Gericht endigte zum allgemeinen Vergnügen in dem ſofortigen Vollzuge der verhängten Buße, wobei je eine Prügeleinheit ein Glas Bier bedeutete, das der Verurteilte dem Gemeinnützen zu ſpenden hatte.

Als im September 1847 zum erſtenmal die „Liedertafelſchweſtern“ bei einer Vereinsfeier erſchienen, darunter Karoline Hetzenecker, Sophie Dietz, Mina von Reichert und deren jüngere Schweſter, die liebliche Julie (Perfalls ſpätere Gemahlin), bekundete Perfall ſein Tiſchrednertalent; wer ihn je bei ſolcher Gelegenheit ſprechen gehört, weiß, daß ſich in ſeinem Vortrage Witz an Witz reiht und jeder Wortpfeil ſtets trifft zur Ergötzung, ohne zu verwunden.

Auch der damalige „Feldkaplan“ Dr. Friedrich Lentner begrüßte freudig die weiblichen Ankömmlinge:

> „Wer hätt' es gedacht, wer faßt das Wunder,
> Und hätt' er ſelbſt Görres Myſtik ſtudiert,
> Das Masculinum der Tafelrunder
> Hat ein Femininum ſich adjungiert!
> Der Liederkranz aus germaniſchen Eichen,
> Trägt plötzlich Roſen, — o Wunder und Zeichen!
> Den heiſeren Tenoren und rauhen Bäſſen,
> Die im Cölibate hier traurig geſeſſen,
> Sind aus den neun Chören der Engelswelt
> Nun plötzlich die ſchönſten Soprane vermählt.“

Die Zeit trug den Stempel der bayriſch heiteren Gemütlichkeit, und wer in ihr lebte, war zumeiſt ein luſtiges Geiſteskind, ſo auch der „Liedertafelmeßner“ J. Giehrl, der die Feier zur Rückkehr der bayriſchen Offiziere aus Schleswig-Holſtein alſo einleitete:

> „Weil nun in Deutſchland, beſonders in Bayern,
> Man keinen Patriotismus kann feiern
> Ohne ſolides Trinken und Eſſen,
> So hat unſer Ausſchuß nicht vergeſſen
> Unſrer Gäſte berühmter Thaten
> Und unſre Begeiſtrung für die Teuern
> Mit edlen Weinen anzufeuern.“

Aber trotz Geſang und Saitenſpiel verſäumte Perfall römiſches und Zivilrecht nicht, ſo daß er um das Jahr 1848 den juriſtiſchen Staatskonkurs glänzend beſtand. Bald hierauf erhielt er von ſeinem Vater, der Offizier a. D. und Gutsbeſitzer war, die bisher verweigerte Erlaubnis, ſich der Muſik als Lebensberuf zu widmen. Der Umſchwung in der väterlichen Anſicht war durch den großen Erfolg hervorgerufen worden, den Karl von Perfall mit ſeiner reizvollen Kompoſition zu dem Künſtlerfeſtſpiel „Barbaroſſa“ (1849) errungen. „Siegestrunken,“ erzählt er in dem „Beitrag zur Geſchichte der königlichen Theater in München“, „wanderte ich zu Moritz Hauptmann nach Leipzig, und nachdem ich nach ernſtem Studium von dort zurückkehrte, war die Verwandlung des ernſten Juriſten in einen fröhlichen Muſiker vollzogen.“

        *

 Der gemiſchte Chorgeſang war in München ſehr ſpärlich vertreten. Wohl führte die „Muſikaliſche Akademie“ unter Franz Lachners vorzüglicher Leitung Oratorien auf, aber die orcheſtrale Muſik wurde derart bevorzugt, daß die Programme in der erſten Hälfte unſers Jahrhunderts nur ſechs Oratorien aufweiſen. Karl von Perfall erkannte dieſen Mangel im Münchener Muſikleben und bahnte voll Energie beſſere Zuſtände an. Der Frauengeſangverein, der ihm die Direktion ſeiner allwöchentlich im Odeonsgebäude ſtattfindenden Uebungen übertragen hatte, ſollte durch Zuziehung von Männerſtimmen die Fähigkeit erlangen, die erhabenſten Meiſterwerke der Vokalmuſik auszuführen.

 Nun herrſchte aber damals vielfach ſtatt der jetzigen Emanzipation der engherzigſte Schicklichkeitsbegriff — Damen und Herren — ein gemiſchter Chor —, welche Gewitterwolken ſtiegen am Tugendhorizonte der Familien auf!

 Perfall erklärte dem Vorurteil den Krieg und ſiegte, allerdings mit einem mächtigen Helfershelfer, denn Miniſter von der Pfordten und deſſen kunſtſinnige Gemahlin unterſtützten ihn aufs wärmſte, indem ſie ihre Wohnung zu den muſikaliſchen Zuſammenkünften zur Verfügung ſtellten und die Einladungen dazu perſönlich ergehen ließen.

 Voll Begeiſterung löſten Dirigent, Sänger und Sängerinnen die geſtellte Aufgabe, wovon ſchon die erſte Aufführung von Mendelsſohns „Athalia“ vor einem geladenen Publikum Zeugnis gab. Zur weiteren Förderung der Vereinszwecke wurden Statuten von verſchiedenen Muſikkennern (unter ihnen Univerſitätsprofeſſor von Siebold) entworfen und zur Annahme gebracht. Somit ward Ende November 1854 der „Münchener Oratorienverein“ konſtituiert, der einſtimmig Karl von Perfall zum Vorſtand und Dirigenten erkor. Binnen kurzem ſchwang ſich der Verein zu voller Blüte auf.

 In den Konzerträumen des Muſeumsgebäudes und im großen Odeonsſaal erlangen jetzt die Werke von Bach, Gluck, Beethoven, Händel, Haydn und ſo weiter. Einer Aufforderung der königlichen Hofmuſikintendanz willfahrend, beteiligte ſich der Oratorienverein im Oktober 1855 an dem erſten großen Münchener Muſikfeſte, bei dem Haydns „Schöpfung“, ſowie Chöre und Soli verſchiedener Meiſter im Glaspalaſte zum Vortrag kamen.

 Unter den damaligen modernen Kompoſitionen, deren ſich der Oratorienverein bemächtigte, erregte Perfalls „Dornröschen“ für Soli, Chor und Orcheſter verdienten Beifall. Perfall verſenkte ſich dabei in die Märchenpoeſie und verherrlichte die aus alter Zeit herüberklingende Erzählung, wie er überhaupt Märchen mit Vorliebe ſeinen Tondichtungen zu Grunde legte. So in ſeiner „Undine“ (1859), in „Rübezahl“ (1860), in den „Untersberger Mannln“ (1860), in „Meluſine“ (1881). Er bewahrte die Tradition der Sage, aber das Verſtändnis für viele Herzensregungen von Leid und Freud', von Naivität und tiefem Ernſt, welche oft die Worte nicht auszudrücken vermögen, erschloß er durch seine anmutsvollen, frischen Melodien. Den Reigen seiner Opern eröffneten „Sakuntala" (1853), „Das Konterfei" (1863); ihnen folgte nach längerer Pause „Junker Heinz" (1886). Ein durchschlagender Erfolg krönte das letztere Werk, welches nebst andern noch zu besprechenden Kompositionen Perfalls im Münchener Hoftheater und auf andern deutschen Bühnen aufgeführt wurde.

1864 legte Karl von Perfall seinen Dirigentenstab im Oratorienverein nieder, da er, zum königlichen Hofmusikintendanten ernannt, sich nun ausschließlich seiner neuen Stellung zu widmen hatte.

Schwierige Verhältnisse thaten sich bald vor ihm auf, denn wie ein gewaltiges Meteor platzte Richard Wagner in den sonst so stillen Musikhimmel Isar-Athens hinein und drohte mit seinem Feuerwirbel die Bahn manch friedlichen Sterns zu durchkreuzen.

„Vor allem sollte die in München existierende Gesangsschule zu einer universellen Musikschule, zu einem wahren Konservatorium sich entfalten, in eine für die Aufführung von Werken deutschen Stils mustergültige Institution umgewandelt werden. Es gelte, die Mängel des bisherigen deutschen Operngesanges durch eine richtige Gesangsentwicklung auf Grundlage der deutschen Sprache auszumerzen, den Gesang mit der Eigentümlichkeit der deutschen Sprache in das richtige Verhältnis zu setzen, die Kunstmittel der romanischen Nachbarn in das Studienprogramm mit der notwendigen Anpassung aufzunehmen. Die Vernachlässigung des Gesanges räche sich in Deutschland nicht nur an den Sängern, sondern selbst an den Instrumentalisten, hauptsächlich an den Komponisten. Wer nicht zu singen verstehe, vermöge weder mit Sicherheit für den Gesang zu schreiben, noch diesen auf einem Instrumente nachzuahmen, weshalb der Elementarunterricht im Gesang für jeden Musiker obligatorisch und jeder Sänger ein guter Musiker sein müsse. Großes Gewicht sei in der beabsichtigten Musikschule auf die Vortragskunst zu legen, welcher Zweck nicht nur die Ausbildung der Tonwerkzeuge selbst, sondern des ästhetischen Geschmacks, des eignen Urteils für das Schöne und Richtige erfordre.

„Das Klavier vermöge am besten den Gedanken der modernen Musik zu verdeutlichen und sei nicht nur das geeignetste Instrument zur Vervollkommnung des Vortrages, sondern auch dadurch das Hauptinstrument, daß unsre größten Meister einen bedeutenden Teil der schönsten Werke für das Klavier geschrieben.

„Eine ganz besondere Sorgfalt gebühre daher dem Klavierunterrichte; nur sollte dieser nach ganz andern Annahmen als bisher eingerichtet werden, um dem höheren Zweck zu entsprechen." Die Neugestaltung des königlichen Konservatoriums bedingte also nach Richard Wagners Ansichten die Sologesangs-, Chor-, Opern- und Klavierschule, inbegriffen die Bildung eines vollständigen Orchesterinstituts. Die Direktion der neuen „Theaterschule" sollte einem besonders befähigten Manne anvertraut, Musteraufführungen sollten in einem Festtheater organisiert werden.

Vielfach wurden diese Pläne des großen Musikreformators in Fach- und

Laienkreisen besprochen, teils mit Bewunderung, teils mit Kopfschütteln, wie ja jede Neuerung ihre Anhänger und ihre Gegner findet.

Der hochsinnige König, welcher aus Wagners früheren Kunstschriften dessen Reformideen schon vielfach kannte, nahm lebhaftes Interesse an den Vorschlägen zur Neugestaltung des königlichen Konservatoriums und beschloß, dem Genius Wagners die Schwingen zum höchsten Fluge zu geben. Der König bestimmte die Bildung einer Kommission, die sich in ihren Beratungen und Beschlüssen auf Wagners Berichte stützen sollte. Zu Mitgliedern wurden ernannt: Hofmusikintendant Karl von Perfall, Generalmusikdirektor Franz Lachner, geistlicher Rat Nißl, Kapellmeister Richard Wagner, k. Vorspieler Hans von Bülow, die Universitätsprofessoren Heinrich Riehl und Georg Herzog, Stadtpfarrer Heinrich Leybel, Julius Mayer, Konservator an der königlichen Hof- und Staatsbibliothek, und Joseph Rheinberger, Professor an der königlichen Musikschule.

Obwohl Richard Wagner gewünscht hätte, daß die Kommission ausschließlich aus Fachmusikern bestände, und obwohl er den Nichtkünstlern nur in Bezug auf administrative Einrichtung Stimmberechtigung zuerkannt wissen wollte, so gediehen doch die Verhandlungen, und man einigte sich trotz mancher Meinungsverschieden= heit, so gut es eben ging. „Mais le chemin est long du projet à la chose," sagt schon Molière im „Tartuffe" — auch die neugestaltete Musikschule trat erst 1867 ins Leben.

Tiefe Schatten verdunkelten zeitweise Perfalls sonnige Berufsstunden. Hans von Bülow, dessen Direktion 1865 die Proben zu Wagners „Tristan und Isolde" im königlichen Hoftheater übergeben waren, der 1866 als königlicher Hofkapell= meister die Aufführungen „Lohengrins", „Tannhäusers" und so weiter leitete, beanstandete wiederholt die „ungenügenden Leistungen des Orchesters, die In= korrektheit der betreffenden Instrumentalisten und ihr persönliches Verhalten ihm gegenüber"; die Orchestermitglieder ihrerseits entrüsteten sich ob seiner nichts weniger als schmeichelhaften Bezeichnungen ihrer Körperschaft und des Publikums, ob der ihnen zugefügten Unbill, „denn das bisherige vorzügliche Ensemble werde durch Aufreizungen zerstört, die Freude und Opferwilligkeit des einzelnen beein= trächtigt, der unter dem verehrten Generalmusikdirektor Lachner errungene ruhm= reiche Ruf angetastet".

Wie Strahlen in einem Brennpunkt zusammentreffen, liefen Klagen und Be= schwerden bei der königlichen Hofmusikintendanz ein, und Perfall hatte beständig zu schlichten und zu ebnen, Verdrießlichkeiten und Widerwärtigkeiten auszugleichen.

Im November 1867 übernahm er laut des Königs Befehl provisorisch die Leitung der königlichen Hoftheaterintendanz, 1869 definitiv. 1872 wurde er zum Range einer ersten Hofcharge mit dem Prädikat Excellenz befördert und ihm der Titel eines königlichen Generalintendanten verliehen.

Am 1. Januar 1868 hatte er dem Monarchen nachstehendes Programm unterbreitet, welches durch Allerhöchstes Signat gebilligt wurde.

1. Die Feststellung des Repertoires auf der Grundlage einer bestimmten, rein künstlerischen Tendenz;

2. Die gute und allseitig korrekte Ausführung des festgestellten Repertoires;

3. Die Pflege des großen Schau- und Trauerspiels wie der großen Oper im königlichen Hof- und Nationaltheater, hiervon getrennt die Pflege des Konversationsstücks und der Spieloper im königlichen Residenztheater;

4. Die Bildung und Erhaltung eines tadellosen Ensembles als Hauptzierde einer Bühne;

5. Die Verweigerung jedes Zugeständnisses an das Publikum, wenn jenes den Einfluß der Bühne auf die Bildung und Veredlung des Volkes gefährden könnte;

6. Die Reform des Theateragenturwesens;

7. Die Gewinnung einer den künstlerischen Bestrebungen des Theaters und seiner Mitglieder wahrhaft nutzbringenden Kraft.

Als Kunstenthusiast wollte er das Theater so ideal wie möglich gestalten, jede Störung der Illusion beseitigen; die Bretter sollten die Welt nicht mehr bedeuten, sondern sein. Also hinweg Souffleurkasten, hinweg mit Vortreten nach Herausrufen bei offener Scene oder in Zwischenakten, hinweg mit Blumen- und Kränzewerfen. Kein Hamlet, Wallenstein, Mephisto, Lohengrin, Siegmund, Falstaff durfte sich mehr als Sonnenthal, Barnay, Possart, Vogl, Nachbaur, Häusser entpuppen, keine Medea, Sappho, Lady Macbeth, Brunhild als Ziegler, Bland, Wolter, Th. Vogl und so weiter.

Die Täuschung blieb aufrecht erhalten. Doch grau ist alle Theorie — die Begeisterung des Publikums erstarrte, der warme Gefühlsausdruck verlief in ein die Pausen ausfüllendes Alltagsgespräch.

Nach Jahren ließ Perfall das Verbot wieder aufheben.

Zu den Neueinführungen gehörte die elektrische Beleuchtung.

Die gedungene Claque, die schon Kaiser Nero in der raffiniertesten Weise eingerichtet hat und die noch zu den verbreitetsten Theaterkrankheiten gehört, duldete Perfall nicht. Nie stellte er ein Freibillet solcher „Scheinanerkennung" zur Verfügung.

Sein gutes Herz hieß ihn einen Hoftheatervorschuß, einen Witwen- und Waisenunterstützungsfonds gründen.

Perfall hatte das Glück, seine Wirksamkeit an den Kunstsinn eines königlichen Mäcens und an die glorreichsten Tage des jungen Deutschlands zu knüpfen.

„Leider," äußert er in dem „Beitrag zur Geschichte der königlichen Theater in München", „gestalteten sich bald nach meinem Amtsantritte die Beziehungen zu Wagner so bedrohlich, daß der von mir hochgetragene Gedanke, der regen Teilnahme des großen Meisters an den künstlerischen Bestrebungen und Errungenschaften der Münchener Hofbühne sicher zu sein, mehr und mehr schwinden mußte. Schon am 20. Juni 1868 — dem Tage nach der Generalprobe zu den ‚Meistersingern von Nürnberg' im königlichen Hof- und Nationaltheater, gelangte an mich ein Schreiben von Richard Wagner mit dem Schlußsatze:[1]

---

[1] Karl v. Perfall: „Ein Beitrag zur Geschichte der königlichen Theater in München" Seite 34.

„Da im übrigen, dank den glücklich vereinigten Talenten, sowie dem intelligenten Eifer des mir zugegebenen Regisseurs, alles vortrefflich ausgefallen ist, darf ich mit großer Befriedigung diese Veranlassung benutzen, Ihnen zu bezeugen, daß ich gern nun aus jeder ferneren Berührung mit dem königlichen Hoftheater ausscheide.

Mit ausgezeichnetster Hochachtung empfehle ich mich Ihrem wohlgeneigten Andenken als

Ihr ergebenster

Richard Wagner.'"

Perfall war aufs höchste erstaunt über diesen solennen Absagebrief, der mit Lob begann und mit einer ironischen Kündigung endigte.

Die Veranlassung dazu war die Kostümfrage, über welche sich Wagner und Perfall nicht einigen konnten. Perfall hatte dieselbe einem Künstler von anerkanntem Rufe anvertraut und hielt sich an dessen historisch treue Stizzen, während Wagner eine andre Persönlichkeit als Autorität ausersehen hatte und deren Ermessen alles anheimgestellt wissen wollte. So setzte Perfall wohl eine kleine Verstimmung, aber keinen Bruch voraus.

Am 21. Juni fand im besagten Theater die erste Aufführung der „Meistersinger von Nürnberg" statt.

Ludwig II. hatte in der großen Königsloge neben sich dem Komponisten den Ehrenplatz eingeräumt. Es war ein interessanter Anblick — der jugendliche Monarch die Begeisterung in den Zügen, den Mund vor Bewunderung etwas geöffnet, den Blick der großen Augen wie in der Ekstase häufig nach oben gerichtet — daneben das scharfgeschnittene Antlitz Wagners, in dessen Ausdruck sich das Selbstbewußtsein offenbarte, die schmalen Lippen zusammengepreßt, den Blick seiner kritisch dareinschauenden Augen auf die Bühne geheftet. Bülow war als Kapellmeister wie elektrisiert. Sein Taktstock flog hin und her, seine weißbehandschuhten Hände betonten energisch die Tempi, seine Gestalt reckte sich bald empor, bald versank sie in die Partitur; mit unglaublicher Behendigkeit schwenkte er seinen Oberkörper nach rechts, nach links, in jeder Bewegung die musikalische Intention zum Ausdrucke bringend. Perfall saß beseligt in seiner Intendantenloge; er hatte seine helle Freude an Wagners Schöpfung, an dem Orchester, an Betz als Hans Sachs, an Hölzel als Beckmesser, an Nachbaur als Walther von Stolzing, an Fräulein Mallinger als Eva, an Frau Diez als Magdalena; der Gesang jedes und jeder Vortragenden war ein Meisterstück, auch die technische Regie hatte ihr Bestes gethan, und als Intendant konnte er sich sagen, zum Gelingen des Ganzen habe er mit Leib und Seele gewirkt. Der König ließ ihm seine Zufriedenheit ausdrücken, das Publikum brauste in Beifall auf.

Wagner verblieb bei seinem Groll gegen Perfall; er betrachtete ihn als Gegner und Widersacher sein Leben lang, obgleich ihn die zahlreichen, unter Perfalls Leitung stattgefundenen, „von stürmischen Erfolgen gekrönten Vorstellungen, in welchen des Komponisten Werke ohne alle Streichung zur Darstellung gelangten, eines Besseren hätten belehren können". —

Die Kriegserklärung Frankreichs an Deutschland war erfolgt, der Kronprinz von Preußen nach München geeilt, zur Feier seiner Anwesenheit am 27. Juli 1870 im festlich beleuchteten Hoftheater „Wallensteins Lager" gegeben worden. Erfüllt von Vaterlandsliebe, flammte bei jeder anzüglichen Stelle das Kopf an Kopf gedrängte Publikum auf — noch lagen die Lose von Leben und Tod, von Sieg und Verlust im Dunkeln — die Kriegstrunkenheit durchdrang die Beteiligten, das Abschiedsweh die Angehörigen.

Am 4. September 1870 erklang im königlichen Hoftheater unter hehrem Jubel über die Heldenthaten der bewundernswerten deutschen Heere ein allgemeiner Festchor zu Ehren des Sieges bei Sedan und der Gefangennahme Napoleons. Jeder Ton wurde zum Träger des tiefstempfundenen Enthusiasmus, und Paul Heyses Prolog brachte die patriotische Stimmung auf den Höhepunkt.

Am 16. Juli 1871 vollzog sich im gleichen Theater eine herrliche Feier für die aus dem Felde zurückgekehrten bayrischen Truppen. Webers Jubelouvertüre und Heyses Festspiel „Der Friede" mit Perfalls zündender Musik ergriffen aufs gewaltigste die Herzen aller Anwesenden.

Im selben Jahre hatte der König an Perfall die Frage gestellt, „ob es wohl anginge, daß er einmal einer Schauspielprobe ganz allein beiwohne". Perfall bejahte die Frage zur Freude des Monarchen und lud denselben alsbald ins Residenztheater zu der Generalprobe des eben einstudierten Lustspiels: „Eine Heirat unter Ludwig XV." (nach Dumas, von Fresenius) ein. Die Tragweite dieser Neuerung sah wohl Ludwig II. voraus, aber nicht der Intendant; sie war der erste Schritt zu des Königs „Separatvorstellungen". Diese datieren vom 6. Mai 1872 bis 12. Mai 1885 und weisen die Zahl 212 auf. Obgleich die in Betracht kommenden Schaustücke sich heterogen zu einander verhielten, so standen sie doch alle in Beziehung zu des Königs Idealen, zu seinen historischen und dichterischen Lieblingen, die bald diese, bald jene Saite in seiner Phantasie anschlugen.

Es war eine schöne, wenn auch nicht gerade leichte Aufgabe für den Intendanten, allen Anforderungen gerecht zu werden, welche diese Separatvorstellungen an das Bühnen- und an das Orchesterpersonal stellten. Denn obschon die Träger der Titel- oder Hauptrollen oft gleich nach der Aufführung durch königliche Geschenke beglückt wurden, so mußten sich doch zumeist die übrigen Mitwirkenden mit der Ehre begnügen, wobei die wirklich nicht zu leugnende ihnen zugemutete Ueberanstrengung häufig nahe daran war, Ueberdruß bei ihnen zu erregen, abgesehen davon, daß sie wiederholt ihre Opfer forderte. Nur das höchste Pflichtgefühl konnte diese braven Künstler, die fast den ganzen Tag in ihrem Beruf thätig sein mußten, dazu bringen, auch noch die halbe Nacht solch schwierige Aufgaben zu leisten, um dann psychisch aufgeregt und körperlich ermattet ihr Lager aufzusuchen und einige Stunden unruhigen Schlafes zu genießen.

Hierzu kam noch, daß die Musiker im Feiertagsanzug erscheinen mußten, während der Pausen kein Wort miteinander reden durften, und es ihnen strengstens verboten war, den König anzuschauen.

Es gehörte thatsächlich das Taktgefühl Perfalls dazu und dessen leicht-
lebiges, liebenswürdiges Temperament, um unter solchen Umständen volle dreizehn
Jahre alles im Geleise zu erhalten und Konflikten aller Art vorzubeugen, so
sehr auch die nie versagende Opferwilligkeit aller Mitwirkenden in Rechnung
gebracht werden muß.

Im Auftrage des Königs setzte Perfall Racines „Esther" in Musik; obwohl
sein Talent nicht dem heroischen Stil, sondern mehr einer harmonisch heiteren
Richtung angehört, so bezeugte er doch durch die Komposition dieses Dramas
seine musikalische Kraft, indem er die ob eines Volkes Drangsale hervorgerufenen
heldenmütigen Gefühle in erhabenen Gesängen und instrumentalen Sätzen wiedergegeben hat.

Den lebendigsten Anklang fand seine Oper „Junker Heinz"; da hob er
einen Schatz von Melodien, deren innerliche Wärme und Frische begeisterte,
und die Eigenart seiner Instrumentation verlieh ihm das Gepräge eines
Originals.

Auch seine Lieder und Gelegenheitskompositionen behaupten einen ehrenvollen
Platz unter den Werken dieser Art.

Also hat Perfall viele Verdienste in produktivem, künstlerischem Sinne und
als Förderer der Wagnerschen Schöpfungen. Zur vollständigen Würdigung
seiner Thätigkeit muß noch einer bedeutsamen, ihm zu dankenden Errungenschaft
auf dem Gebiete der Bühnentechnik Erwähnung geschehen: der Einführung der
sogenannten neu eingerichteten Shakespearebühne im königlichen Hoftheater zu
München, welche man kurzweg Doppelbühne nennen könnte, und wobei sich das
Spiel bald auf einer „Mittel-", bald auf einer „Vorderbühne" vollzieht, der
Dekorationswechsel fast unbemerkt von statten geht.

Die im Jahre 1889 daselbst erfolgte Aufführung „König Lears" erregte
allgemeines Aufsehen, nicht nur im Publikum, sondern auch bei den aus allen
Gauen Deutschlands herbeigeeilten Theaterdirektoren und Kritikern, welche erkannten,
daß die Dichtungen des größten aller Dramatiker nur auf diese Art zur vollen
Geltung zu gelangen vermögen.

Der Präsident der Deutschen Shakespearegesellschaft, Oechelhäuser, gratulierte
Perfall von Herzen „zu der glücklichen Idee bezüglich der neuen Shakespearebühne, welcher in der Entwicklungsgeschichte des modernen Theaters ein ehren-
voller Platz eingeräumt werden wird".

Wie geistreich einheitlich wirkten auf der neuen Bühne die „Heinriche",
„Das Wintermärchen", „Was Ihr wollt", „Viel Lärm um nichts" und so weiter.
Zu Possarts freier Bearbeitung des „Perikles" hat Perfall die Musik komponiert;
es ist schade um die darin eingestreuten gehaltvollen Motive, denn das wahrscheinlich fälschlich Shakespeare zugeschriebene Schauspiel ist derart, daß jede
daran gewandte Arbeit als „vergebliche Liebesmühe" bezeichnet werden muß.

Im Jahre 1890 wurde Goethes „Götz von Berlichingen in dreifacher
Gestalt für die neue Schauspielbühne des Münchener Hoftheaters" von Perfall
eingerichtet, und Fausts erster Teil ward gleichfalls dieser zweckmäßigen

Neuerung unterzogen. Durch die Vereinfachung fielen von Goethes herrlichen Werken die ihnen bis dahin angehängten Schlacken.

„Aber eines schickt sich nicht für alle!" — Wo Ausstattungsluxus und Märchenpracht integrierende Bestandteile bilden, wurden sie im reichsten Maße gespendet. Zauberische Licht-, Blumen-, Wald-, Garten-, Wiesen-, Architektur- und Kostümeffekte verherrlichten „Sakuntala", „Vasantasena", „Urvasi", Richard Wagners „Feen" und so weiter.

Das von Perfall entworfene Repertoire war international; er erweiterte den Verkehr der Talente, ließ auf dem Münchener Hoftheater die Sterne leuchten, Gluck, Mozart, Beethoven, Weber, Sophokles, Shakespeare, Calderon, Schiller, Goethe, Lessing, Molière, Scribe, Grillparzer, Hebbel, Lingg, Felix Dahn, Björnson, ebnete manch jungem, bedeutsamem Musiker oder Dichter den Weg, so Rheinberger, P. Cornelius, Hornstein, Zenger, Krempelsetzer, Kienzl, Ganghofer, Martin Greif, Jordan, K. Heigel, Wolzogen, Fulda, Voß, Ebner-Eschenbach, Wilbrandt.

„Wie ich mich mit Ihnen freue," schrieb der letztere 1872 an Perfall, „daß Ihre eigentliche Schöpfung, das Residenztheater, so herrlich gedeiht, kann ich Ihnen nicht sagen. Was für schöne Zeiten waren es, als Sie mich an dieser Ihrer werdenden Bühne, mich, den Werdenden, so lustig aufwachsen ließen! Ich werde Ihnen für Ihre Freundschaft, für Ihr immer wohlwollendes, ritterliches Intendantenherz ewig dankbar und liebevoll gesinnt sein."[1]

Bezeichnend für Perfall sind auch folgende Zeilen Wilbrandts:

Wien, Dezember 1886.

„Ich bin wahrhaft gerührt durch Ihre herzlichen Zeilen, durch die jugendliche, erquickende Wärme, mit der Sie mir den Erfolg der Oedipus-Trilogie verkünden und die mich an die schönsten Tage unsrer Münchener Zusammengehörigkeit erinnert. Von Herzen dank' ich Ihnen für den edlen Entschluß, dieses Unternehmen zu wagen, und bin glücklich, daß der Sieg mit Ihnen war. Möcht' er Ihnen auch treu bleiben!

„Ich meinerseits sehe die siegreiche Aufführung dieser Trilogie als eine Ihrer größten, bahnbrechenden Thaten an, und ich bin überzeugt, sie wird Ihnen unvergessen bleiben."

:

Rostock, 1888.

„Lieber Freund!

„Mir war nicht nur Ihre Annahme des ‚Meisters von Palmyra' eine Herzensfreude: Ihr ganzer, herzlicher Brief war mir eine wirkliche Erquickung, und die alten, schönen, nicht zu vergessenden Zeiten standen plötzlich wie in eingebrannten Farben vor mir. Ja, es wird uns gelingen, bei neuem Zusammenwirken den Goldglanz von damals wieder zu erwecken!

---

[1] Perfall: „Ein Beitrag zur Geschichte der königlichen Theater in München."

„Daß Sie so schnell und elastisch auf diese absonderliche Tragödie ein=
gegangen sind, war mir ein gutes Zeichen und erwärmte des Dichters Herz.
Möchten wir nur im Winter an der Verkörperung rechte Freude haben!

„Ich drücke Ihnen dankbar die Hand und freue mich im voraus auf die
Zeit, wo ich diese Hand wirklich in der meinen fühlen werde.

„Ihr ewig getreuer

A. Wilbrandt."

Im November 1892 widmete Richard Voß dem Generalintendanten von
Perfall die folgenden Verse:

„Der Ersten einer, welcher meinen Flug,
Den schwankenden und schwachen, nicht mißdeutet,
Thatst du mir auf die feierliche Pforte
Des Heiligtums, gabst Leben meinem Worte!

Du hast mich dann von Ziel zu Ziel geleitet,
Du halfst mir zu erstarken, halfst mir ringen —
So laß mich dir aus vollem Herzen bringen,
Was du ins Herz mir pflanztest: meinen Dank!
Nicht nur an diesem Tag — nein, lebenslang!"[1]

Die zwei seltenen Dinge: Anhänglichkeit und Dankbarkeit, wurden also
Perfall vielfach zu teil. So schrieb ihm auch Kapellmeister Levi (1884):

„Wenn ich die zwölf Jahre überdenke, die mir unter Ew. Excellenz Führung
zu arbeiten vergönnt war, so haftet meine Erinnerung nur an den vielen schönen
und großen Momenten, die ich mit Ihnen und durch Sie genossen habe."

Gustav zu Putlitz nannte Perfall gelegentlich dessen „fünfundzwanzigjähriger
Jubiläumsfeier" „den immer unselbstsüchtigen, zu jedem Ausgleich bereiten Kollegen
und den einzigen Idealisten ihrer Vereine".

Gustav Freytag schrieb am 26. Februar 1879 an Perfall:

„Erst spät ist mir auf Umwegen die Nachricht von einer gelungenen Auf=
führung der ‚Fabier‘ zugegangen, welche Ihre Güte mir gegönnt hat. Mit Ueber=
raschung und Freude habe ich vernommen, daß Sie das schwierige und düstere
Stück Ihrer Bühne zugemutet; auch Sorge war dabei, daß Ihnen Ihre wohl=
wollende Absicht vom Publikum nicht in der Weise gedankt werden wird, wie
Sie wünschen müssen. Denn darüber darf man sich nicht täuschen, die Zahl
derer, welche so herbe und — wenn der Dichter das sagen darf — schwere Kost
mit wirklichem Genuß aufnehmen, ist sicher auch in München nicht groß. Und
wenn es auch gelingt, für eine oder zwei Vorstellungen den Beifall ernster Theater=
freunde zu gewinnen, so ist doch anzunehmen, daß sehr bald die Freude der
Darsteller durch leere Häuser gedämpft wird.

„Als ich das Stück schrieb, war ich mir wohl bewußt, daß ich dem Publikum
Fremdartiges bot und daß es ganz besonderer Umstände bedürfen werde, um

---

[1] Perfall: „Ein Beitrag zur Geschichte der königlichen Theater in München."

die Wirkungen den Zuschauern wert zu erhalten. Soweit ich ein Urteil habe,
ist dauernder Erfolg nur dann zu hoffen, wenn der Heldenvater die Rolle des
Konsuls mit bester Kraft herauszutreiben weiß, und demnächst, wenn dem
Regisseur gelingt, einen eigentümlichen Kreis von Effekten zur vollen Geltung
zu bringen, welche seither in unseren Dramen nur selten benützt und nirgend
eingeübt sind, das Chorsprechen (der Fabier) vierstimmig und im Zusammenklang
vieler Stimmen.

„Dieser Concentus gibt ja nicht die höchsten Wirkungen des Dramas; aber
er vermag — gut eingeübt — allerdings allerlei zu bewirken, wovon die meisten
Leser keine Ahnung haben.

„Sollte aber auch Ihre Bühne das Stück nicht zu bewahren vermögen,
seien Sie überzeugt, daß ich mit herzlichem Dank Ihnen für Ihre gütige
Gesinnung verbunden bleibe. Es ist nicht zum ersten Male, daß mir Ihr Wohlwollen eine Freude bereitet hat, und ich bin längst gewöhnt, mit Achtung und
Dank auf Ihre Thätigkeit zu schauen.

„Bewahren Sie auch für die Zukunft Ihr Wohlwollen

„Ihrem ergebensten

Freytag.“ [1])

Perfalls Familienleben ist glücklich zu nennen, wenn er auch den Tod seiner
ersten Gemahlin tief und aufrichtig betrauerte und seine überschäumende Freudigkeit einen bleibenden Riß dadurch bekam.

Geschätzt von König Ludwig II., sowie von dem Prinz-Regenten, welche ihn
durch Verleihung von Würden und Aemtern auszeichneten, geehrt und gerne
gesehen von Hohen und Niederen, von Freunden und Untergebenen, kann Perfall
im Alter wie dereinst in seiner Jugend singen:

„Ecce quam bonum!“

---

[1] Perfall: „Ein Beitrag zur Geschichte der königlichen Theater in München.“

Wozu brauchen wir eine Flotte?

Ein offenes Wort an den deutschen Reichstag.

Von

M. v. Brandt,

Kaif. Gefandter a. D.

———

Es war eine zweischneidige Erklärung, die der Freiherr v. Marschall abgab, als er im Reichstage sich dahin aussprach, daß der Deutsche, der ins Ausland ginge, dies auf seine eigne Verantwortung thue; zweischneidig, denn während sie dem Reichstage die Ueberzeugung geben sollte, daß die Regierung sich nicht auf abenteuerliche überseeische Reklamationen einlassen werde, war sie ganz dazu angethan, unsre Landsleute im Auslande recht- und hilflos fremder Willkür auszuliefern. Dem Wissenden freilich konnte darüber kein Zweifel sein, daß diese Erklärung mit einem recht großen Korne Salz zu verstehen sei, denn wo die deutsche Flagge über einem Konsulat oder einer Gesandtschaft weht, hat jeder Deutsche das Recht, ihren Schutz anzurufen und zu beanspruchen. Nicht daß es die Aufgabe des Reichs wäre, jede Forderung zu unterstützen und jede Beschwerde durchzuführen, aber wo eingehende, ruhige, pflichtmäßige Prüfung ergeben hat, daß ein Deutscher in seinen Rechten gekränkt und der gewöhnliche Rechtsweg ihm versagt worden ist oder sich als unzulänglich erwiesen hat, muß das Reich für ihn eintreten und wird es, wenn nicht anders, so unter dem Druck der öffentlichen Meinung. Man glaube auch nicht, daß eine derartige Haltung oft zu Konflikten führen werde; in zweifelhaften Fällen wird sich fast immer eine schiedsrichterliche Entscheidung herbeiführen lassen, und wo die Zustimmung zu einer solchen wie zu jeder billigen Genugthuung verweigert wird, dürfte in den bei weitem meisten Fällen schon die Anwesenheit von ein paar Schiffen zur Erledigung der Angelegenheit genügen. Um dieselben aber rechtzeitig an Ort und Stelle zu haben, müssen wir über eine Anzahl disponibler Schiffe in der Heimat verfügen können und nicht gezwungen sein, eine Station zu entblößen, um eine andre zu besetzen.

Wer Gelegenheit gehabt hat, sich von dem Einfluß zu überzeugen, den die, man könnte sagen: passive Aktion von Kriegsschiffen auf die Entwicklung und Erledigung verwickelter Angelegenheit in Ländern auszuüben pflegt, deren Bewohner und Regierungen als nicht voll auf dem Boden westlicher Zivilisation stehend zu bezeichnen sind, wird sich der Ueberzeugung von der Notwendigkeit des Vorhandenseins maritimer Kräfte an den Küsten solcher Länder nicht verschließen. Die Restauration des Mikados und der sich daran schließende Bürgerkrieg in Japan würden für die Fremden ganz andre, schwerwiegendere Folgen gehabt haben, wenn nicht die Anwesenheit der fremden Geschwader sehr wesentlich

dazu beigetragen hätte, die gefährlichen Elemente im Zaune zu halten; dasſelbe läßt
ſich von China ſagen, wo dieſelben Urſachen während des franzöſiſch-chineſiſchen
Konflikts 1883—85 und des japaniſch-chineſiſchen Krieges 1894—95 gleiche
Wirkungen hervorgebracht haben. Auch die chriſten- und fremdenfeindliche
Bewegung 1891 würde ohne die Anweſenheit der fremden Kriegsſchiffe nicht
auf das Yangtſze-Thal beſchränkt geblieben ſein, und Tientſin würde längſt
eine Wiederholung der Maſſacres von 1870 geſehen haben, wenn nicht fortwährend fremde Kriegsſchiffe dort verkehrten und regelmäßig dort überwinterten.
Und um von Kleinerem zu ſprechen: auch die Reklamation wegen der Ermordung
des Kapitäns und der Mannſchaft des deutſchen Schiffs „Anna" und der
ſpäteren Plünderung des Schiffs in China in den ſiebziger Jahren verlief nur
deswegen ſo günſtig, weil das fliegende deutſche Geſchwader unter dem Kommo-
dore Grafen von Monts rechtzeitig erſchien. Alle dieſe Erfolge waren un-
blutige; ſie werden es auch in Zukunft ſein, wenn die „Ueberredung" auf der
Reede liegt.

Die beleidigenden Angriffe gegen das Reich, von denen die engliſchen Blätter
ſeit einiger Zeit überfließen, können uns kalt laſſen, ebenſo wie die unfreundliche
Haltung einzelner Parteien und Politiker in den Vereinigten Staaten, aber wir
dürfen uns der Möglichkeit nicht verſchließen, daß eines Tages ein Zwiſchenfall,
an dem wir ganz unſchuldig ſind, uns vor die Frage ſtellen kann, zwiſchen einer
für unſre ganze politiſche Stellung maßgebenden Demütigung und offenen Feind-
ſeligkeiten zu wählen. Daß man in einem ſolchen Falle ganz beſonders in England darauf rechnet, ohne eigne Gefahr unſerm Handel und unſrer Schiffahrt
den größtmöglichen Schaden zufügen zu können, iſt durch die engliſche Preſſe
hinlänglich bekannt, aber man würde dort der Eventualität eines ernſten Zer-
würfniſſes mit uns vielleicht weniger ruhig ins Auge ſehen, wenn man wüßte,
daß wir eine, wenn auch kleine Anzahl der beſten und ſchnellſten Kreuzer be-
ſäßen und entſchloſſen wären, dieſelben rückhaltlos zur Schädigung der Schiffahrt
unſers Gegners einzuſetzen. Kein Staat der Welt, auch nicht England, kann
ſeine Handelsflotte gegen die Kreuzer eines entſchloſſenen Gegners ſchützen, aber
auch der kleinſte Staat kann ſich eine Marine ſchaffen, die die ſtärkſte Seemacht
veranlaſſen wird, es ſich zweimal zu überlegen, ehe ſie ihre Handelsflotte den
Angriffen von einem halben Dutzend Alabamas ausſetzt.

Die Weltgeſchichte bleibt nicht ſtehen, und wenn die verſchiedenen Mächte
ſich früher wegen einzelner überſeeiſcher Plätze und Kolonien bekriegten, handelt
es ſich heute manchmal um das Schickſal großer Teile eines Kontinents. Der
Beteiligung an ſolchen Fragen kann ſich keine Großmacht entziehen, auch wenn
ihr nichts ferner liegt als der Wille, eine abenteuerliche Weltmachtspolitik zu
treiben oder abenteuerlichere Eroberungspläne zu verfolgen. Aber es iſt ein
Gebot der ökonomiſchen Selbſterhaltung, nicht zu geſtatten, daß unſrer Induſtrie
und unſerm Handel größere Gebiete verſchloſſen oder nur unter erſchwerenden
Bedingungen geöffnet werden, und um dies zu verhindern, müſſen wir auch zum
Beiſpiel im fernen Oſten ein wünſchenswerter Bundesgenoſſe ſein können, deſſen

Stimme bei den endlichen Beschließungen gehört wird, ohne daß er sich deswegen der Gefahr eines kontinentalen Krieges auszusetzen brauche.

Was endlich den Schutz der deutschen Küsten anbetrifft, so gewährt der Nordostseekanal einer kleinen kompakten Flotte die Möglichkeit, viel größeren, aber getrennten Kräften des Gegners erfolgreich begegnen zu können. Außerdem bietet die Nähe unsrer Kriegshäfen, Docks und Werften uns Vorteile, die dem Gegner abgehen und die ihn daher immer zu größerer Vorsicht zwingen werden, denn ein ernsthaftes Seegefecht wird auch ein siegreiches Geschwader nötigen, sich wenigstens für einige Zeit nach den eignen Häfen zurückzuziehen.

Die Frage der Organisation unsrer Marine wird voraussichtlich binnen kurzem dem Reichstag vorgelegt werden; derselbe hat Zeit gehabt, die Ueberraschungen und Reibungen der letzten Session zu verwinden, und das deutsche Volk erwartet von ihm, daß er ohne Voreingenommenheit an die Frage herantrete, sie eingehend und sachgemäß prüfe und nach Maßgabe des erkannten Bedürfnisses innerhalb des Rahmens der vorhandenen Mittel an Menschen und Geld und der Leistungsfähigkeit der deutschen Industrie entscheide. Die Flottenfrage ist weder eine rein seemännische noch eine ausschließlich militärische; sie interessiert in gleichem Maße alle heimatlichen Kreise wie die Deutschen im Auslande, denn eine ausreichende, auf dem höchsten Punkte der Ausbildung stehende Flotte ist ebenso eine Garantie für die Erhaltung des Friedens wie ein wohl ausgerüstetes, schlagfertiges Heer. Das Ausland bietet uns das Bild widerlicher parlamentarischer Parteikämpfe; möge unser Reichstag im Gegensatz zu denselben es an einer würdigen und ernsten Behandlung der an ihn herantretenden Fragen nicht fehlen lassen; er hat schon oft ein offenes Ohr und eine offene Hand für wirkliche Bedürfnisse des Heeres und der Flotte gehabt; er wird dem Vaterlande auch diese Waffe nicht versagen.

Wiesbaden, im November 1897.

Entnervung durch das moderne Leben.

Von

Dr. J. Sadger, Nervenarzt in Wien.

Es ist eine allgemeine, täglich neu sich wiederholende Klage, daß die Menschen von heute allsamt „nervös" sind, daß die Nervosität ganz maßlos überhand genommen hat. Bevor ich auf Grund oder Ungrund dieser Meinung einzugehen mich entschließe, sei es mir vergönnt, den Begriff der „Nervosität" erst näher zu fassen. Ich glaube keinen geschichtlichen Irrtum zu nähren, wenn ich das Auftauchen dieses Wortes in Laienreden auf jenen Zeitpunkt zurückdatiere, da der Amerikaner Beard uns Begriff und Symptome der Neurasthenie gelehrt hat. Mit einem Schlage ward da nämlich eine Reihe von Erscheinungen, die man bis dahin irrig gedeutet und auf organische Erkrankung zurückgeführt hat, als durchaus harmlos, „nervös" bezeichnet. Ich will hier nicht eingehen auf die nachfolgende greuliche Verwirrung der Begriffe, auf die vielfache Verwechslung der Beardschen Neurasthenie mit der Hysterie und „Nervosität", sondern mich einzig damit begnügen, den heutigen Standpunkt zu präzisieren, wie wir ihn nach den grundlegenden Aufklärungen von Siegmund Freud wohl einnehmen müssen. Da können wir sagen: was der Laie mit einem nicht sonderlich gut gewählten Namen als „Nervosität" zu bezeichnen pflegt, begreift in Wirklichkeit eine ganze Gruppe von Nervenkrankheiten in sich. Vorerst die von alters her wohlbekannte Hysterie, sodann die echte Neurasthenie, die Angst- und die Zwangsneurose und endlich noch die einfache, unkomplizierte Nervosität, die noch keiner ausgesprochenen Krankheitsform angehört. Von diesen Formen ist die Hysterie, die echte Neurasthenie und die Zwangsneurose auch heutigentags wohl schwerlich häufiger, als sie zu allen Zeiten gewesen — man denke nur an die Massenhysterien früherer Jahrhunderte. Nur daß wir die Symptome der genannten Krankheit in unsern Tagen teils überhaupt erst, teils weit genauer kennen lernten, als dies vordem der Fall gewesen, und jetzt so häufig Neurose sehen, wo unsre Vorärzte an alles mögliche andre dachten. Doch wirkliche, unzweifelhafte Zunahme ist für die letzten zwei Formen nachweisbar: die Nervosität und die Angstneurose.

Forschen wir nun nach den Gründen dieser Zunahme, so steht wohl obenan das moderne Leben. Man darf es kühn und ungescheut aussprechen: Wenn jemand einen hohen Preis auf die Lösung setzte, wie unser Leben zu gestalten wäre, um möglichst viel Nervenkranke zu zeugen, es ließe sich schwerlich ärger ersinnen, als moderne Großstadtmenschen es freiwillig treiben. Man kann die Schädlichkeiten des modernen Lebens mit Leichtigkeit in zweierlei Gruppen sondern. Die erste möchte ich die Gruppe der notwendigen Schädlichkeiten heißen. Das sind jene nämlich, die von dem Fortschritt der Menschheit und ihrer Entwicklung unzertrennlich sind. Zu diesen notwendigen Uebeln aber gesellt sich als zweite die Gruppe der künstlich erst großgezogenen. Und gar nicht selten endlich kommt es dann vor, daß natürliche und Luxusschädlichkeit in eins zusammenfließen, daß ihre Grenzen kaum mehr zu scheiden sind.

So befremdend es für den ersten Augenblick sein mag, so ist es doch unzweifelhafte Wahrheit, daß der Fortschritt der Menschheit schon an und für sich eine Nervenschädlichkeit ist. Ich will dies an einem einzigen Beispiel demonstrieren. Zu den edelsten Bestrebungen und wahrlich nicht der schlechtesten Menschen gehört es bekanntlich, ein jegliches Wissen ihrer Zeit in sich aufzunehmen. Nicht umsonst ist die Faustsage oder, besser gesprochen, der Mythos von dem Menschen, der nach Erkenntnis dürstet, so allgemein zeitlich und örtlich verbreitet. Hat doch schon Adam nach der sinnreichen Legende des Monotheismus dieses Trachten nach Erkenntnis mit dem Verlust des Paradieses bezahlen müssen. Kein Zweifel also, der Drang nach Wissen ist ebenso alt wie das Menschengeschlecht selber. Doch wie schwer ist es heutigentags, wirklich zu wissen! Noch Aristoteles konnte als Polyhistor gelten, der jegliches Wissen der damaligen Zeit in seinen Gehirnzellen aufgespeichert hatte. Ein Polyhistor aber ist man heute selbst dann nicht mehr, wenn man sämtliche Lebenszeit ans Lernen gewandt hat. Oder man kann sich auch als Vielwisser bezeichnen, so man nur alles in sich aufgenommen, was ein winziges Spezialgebiet zu Tage gefördert hat. So ungeheuer ist der Stoff des Wissens derzeit schon angewachsen. Und nun nehme man die gewaltigen Anforderungen, die solches Lernen, ja selbst nur das Streben, ein „Gebildeter" zu werden, was ja vor allem die Aufgabe der Mittelschule bildet, an die Gehirnleistung der heutigen Menschheit stellt. Vor mehr als einem Jahrhundert schon, eh' an die Einführung der allgemeinen Schulpflicht auch nur gedacht ward, als die Gymnasien noch nicht entfernt die heutige Menge von Wissen verzapften, zu einer Zeit endlich, da die meisten Wissenszweige teils gar nicht vorhanden, teils embryonal entwickelt waren, schon damals also schrieb der scharfsichtige Lichtenberg: „Das viele Lesen ist dem Denken schädlich. Die größten Denker, die mir vorgekommen sind, waren gerade unter allen Gelehrten, die ich habe kennen gelernt, die, welche am wenigsten gelesen hatten." Wie aber ist seitdem erst der Lese- und Lernstoff wildbachmäßig angeschwollen! Auch derjenige, der gar nicht den Ehrgeiz nährt, als Gelehrter zu gelten, lernt heute ganz unvergleichlich mehr als der Gebildete früherer Jahrhunderte. Ja, selbst der Spießer von heute, der gar keine geistigen Interessen kennt, liest dennoch täglich zweimal sein Leibjournal und hie und da wohl noch andre Blätter. Er muß also geistige Arbeit leisten, an die sein Ebenbild vor hundert Jahren noch gar nicht gedacht hat. Die Beispiele ließen sich beliebig mehren. Ich könnte hinweisen auf die enorme Entwicklung der Telegraphie und Telephonie, auf die grundlegende Umwälzung, die Dampf und Elektricität, die technischen Errungenschaften unsers Jahrhunderts in der Lebensweise des Menschen und, was uns vor allem hier interessiert, in den Ansprüchen an sein Nervenkapital hervorgebracht haben. Und das alles geschieht im Namen des Fortschritts, durch die natürliche Entwicklung des Menschengeschlechtes, das manchmal freilich nur auf Zickzackwegen, aber immer doch unverkennbar vorwärts schreitet!

Doch wie erklärt sich denn die merkwürdige Thatsache, daß der Menschheit just jener Umstand zum Verderben wurde, der zur Vervollkommnung derselben zu führen bestimmt schien? Lehrt nicht der Darwinismus, daß jedes Organ, auch das unsers Denkens, sich jeweils anpaßt an äußere Bedingungen, und erweisen nicht thatsächlich zahlreiche Skelettfunde, daß der Rauminhalt des menschlichen Schädels und damit auch des ausfüllenden Gehirnes selbst in historischer Zeit noch wesentlich zugenommen hat? Und trotzdem vermag das Gehirn so vieler den maßlos gesteigerten Ansprüchen nicht nachzukommen! Die Lösung ist auch hier eine streng darwinistische. Wohl trägt auch der rastlose Kulturfortschritt, die ständige Geistesübung, die zahllosen Erfindungen, die täglich gemacht werden, zur Fortentwicklung des Gehirnes, zu steter Vollendung des Menschengeschlechts bei. Aber der Kampf ums Dasein rastet und rostet nicht. Sowie in der Tierwelt der aufsteigende Organismus erkauft werden muß mit dem Untergang von Millionen gefallener Existenzen, so müssen auch Tausende von Menschenhirnen entarten und zu Grunde gehen, damit ein einziges, besser begabtes, das Gehirn eines Genies der Vollendung zustrebe.

Der Fortschritt der Menschheit also wird wahrlich teuer genug bezahlt, bezahlt mit dem kostbarsten Gute der Schöpfung, mit unschätzbarem Gehirnmateriale. Doch nicht umsonst unterscheiden wir uns von der übrigen Tierwelt: in einem Punkte sind wir voraus: wir erzeugen auch künstlich uns selber Schädlichkeiten. Wozu das Tier von Natur aus zu klug ist, sich selber die Gesundheit mählich abzugraben, das leistet sorglos der denkende Mensch, der sich darum homo sapiens heißt. Oder meint man, ich übertriebe, ich wählte die Worte, um Wirkung zu haben? Nun denn, ich will meine Meinung durch Fälle des Alltagslebens erweisen. Was würde ein vernünftiges Wesen wohl thun, das geistig sich eben sehr stark bethätigt, um wieder ins Gleichgewicht der Kräfte zu kommen? Es wird dies suchen in körperlicher Entladung, in Feld und Wald sich neue Spannkräfte zu erwerben trachten für des kommenden Tages Mühen und Sorgen. Was aber thut der moderne Großstadtmensch, die erschöpften Nerven neu zu beleben? Er sucht Erholung in aufregender Kartenpartie oder im Nerventitzel des Wettrennspieles. Ist er begehrlicher veranlagt, so geht er ins Theater, natürlich nicht zu reizlos-klassischer Hausmannskost — die überläßt er willig der „reiferen Jugend" —, sondern zu gepfeffertem Ehebruch und überwürztem Schmutze. Die besser gearteten Naturen endlich, die wandern des Abends bildungshungrig in allerlei Vorträge und häufen so neue Arbeitslast auf die alte Arbeit der Werktagsprosa. Wie wenige verstehen es doch, sich vernünftig zu erholen!

Vernünftige Erholung! Es giebt kaum Nötigeres in unsern Tagen! Das ist wahrlich nicht zu viel gesagt, wie mancher wohl glauben könnte. Denn das hervorstechendste Merkmal unsrer Zeit ist der Zug zur Vergeistigung. Es besteht schon in der heutigen Gesellschaft ein ungeheures Uebergewicht der geistigen Thätigkeit über die physische und körperliche, und vielleicht ist die Zeit nicht allzuferne mehr, wo physische Arbeit nur noch von Maschinen wird geleistet werden. Wie ungeheuer und maßlos nahm in unserm Jahrhundert nur die Zahl der rein geistigen Berufe zu, die jedweder körperlichen Ergänzung entbehrten! Tausende und Abertausende und durchaus nicht der schlechtesten Kräfte absorbiert die Presse. Der Journalismus ist ein Moloch, der von Jahr zu Jahr mehr Opfer fordert. Und wenn er dabei nur an Inhalt gewänne! Aber leider entwickelt er sich noch weit mehr in die Breite als in die wünschenswerte Tiefe. Ist es doch heutzutag schon dahin gekommen, daß jeder Stand und jegliches Handwerk sein eignes Fachjournal besitzen muß. Und Gevatter Schneider und Handschuhmacher, der gestern noch ehrsam mit Zwirn oder Leder im Laden hantierte, ist über Nacht ein Schriftleiter worden! Das ist so ein Uebergang des physisch arbeitenden Handwerksmannes zum geistig sich regenden und ausgebenden Cerebralmenschen.

In weit größerem Maßstab vollzieht sich ein ähnlicher Uebergang bei jenem Teile der Arbeiterschaft, der der Sozialistenpresse oder dem politischen Leben sich weiht.

Wir stehen hier unversehens vor zwei großen Schädlichkeiten für das Nerven= system, die so recht eigentlich unserm Jahrhundert angehören: dem Ueberwuchern des Litteratentums und der Maßlosigkeit des politischen Lebens. Welch kolossale Wandlung ist nur in den letzten Decennien im deutschen Schrifttum vor sich gegangen! Ehmals vermochte selbst ein Schiller nicht von der Litteratur zu leben; Lenau, Kleist und Hölderlin mußten den Versuch dazu mit Leben und Gesundheit zahlen; heut aber ist jene für viele schon eine treffliche Melkkuh, die sie mit Butter, und zwar mit recht viel Butter, versorgt. Aber wie hat die Muse auch ihr Antlitz verändert! Man lebt nun in der Regel nicht für die Dichtkunst mehr, sondern leider nur allzu oft schon von derselben. Der Schiller der ge= meinen Wirklichkeit, nicht jener der verklärenden Erinnerung, war zunächst und vor allem Universitätsprofessor, Grillparzer Archivdirektor und Goethe Minister, und zwar alle drei trotz ihres hohen Dichtergenies. Die Muse war ihnen ein liebwerter Gast, dem sie die geheiligtesten Stunden ihres Daseins verdankten; den Modernen ist sie Beruf und Gewerbe, die oft nur unwillig gerufene, ver= drossene Magd, so ihm fette Honorare einsacken soll. Dort also ein ehrsam bürgerlicher Beruf, der trotz intellektueller Beziehungen den Geist noch immer genügsam ruhen ließ, hier ein rastloses Spornen und Antreiben des Gehirnes. Dort Gleichgewicht und Erholung, hier einseitige und darum zerstörende Ueber= arbeit.

Man kann dieses Gegengewicht eines bürgerlichen Berufes nicht hoch und bedeutsam genug veranschlagen, zumal in jenen nicht seltenen Fällen, daß der Dichter noch gleichzeitig ein schwer Belasteter ist. Denn wenn ein solcher nun aus= schließlich dichtet, fast ununterbrochen nur geistig thätig ist, dann liegt die Gefahr einer vorzeitigen Erschöpfung und einer Entartung des Gehirnes nahe. Das war der Fall bei Kleist und Hölderlin, Lenau und Ludwig. Und wenn unserm Grillparzer, dem unter allen mir bekannten Dichtern wohl die schwerste Belastung nachzuweisen, dann trotzdem und gleichwohl der Wahnsinn erspart blieb, so bin ich geneigt, dies zurückzuführen auf sein bürgerlich Amt, das ihm Halt und Ent= lastung zu bieten geeignet war. Gerade bei Hereditariern vermochte ich den hoch= gradigen Associationswiderwillen als ein konstantes, fast nie zu vermissendes Zeichen aufzudecken. Ganz sicher hängt auch das stundenlange Kaffeehauslungern gar mancher Litteraten mit diesem Verknüpfungswiderstand zusammen, mit der unüberwindlichen Scheu vor bindender, geregelter Thätigkeit. Bei der großen Mehrheit freilich, die unbelastet, ist dies Genialthun nur platte Nachahmung oder wohl auch einfach bloß schnöde Faulheit. Auch das endlose Zeitungslesen sowie die Fachsimpelei im Litteraturkaffeehaus, beides Dinge, die ebenso unnütz als gehirnanstrengend, sind als Schädlichkeiten nicht gering zu veranschlagen, zumal bei Belasteten und solchen Leuten, die dort sich angeblich Erholung suchen. Und zu welchem Heere sind erst die Litteraten in Deutschland angeschwollen!

Wenn man das dünne, ſchmächtige Büchlein, das anfangs der deutſche Littera[...] kalender war, vergleicht mit dem heutigen dickleibigen Kürſchner, dann i[...] entſetzt über die Zunahme der Schreibenden. Selbſt wenn eine erkleckliche A[...] litterariſcher Bettelbrüder hier kühnlich abgezogen wird, ſo bleibt der Mißbra[...] von Tinte und Feder noch immer erſchrecklich. Und das ſind durchweg Geehrt[...] Leute, die mit dem Hirn zu arbeiten bemüßigt, ja in der Mehrzahl ausſchließ[...] derartig arbeiten! War je eine Generation ſchon derartig intellektuell i[...] angeſtrengt?

Auch der politiſche Tageskampf fordert ſeine Opfer. Ich will hier n[...] von der Preſſe ſprechen, die mehr in den früheren Abſchnitt gehört, ſondern c[...] von jenen gehetzten Kämpfern, die direkt im heißeſten Parteienſtreit ſtehen. E[...] unendliche Summe von Arbeitskraft, Intelligenz und Energie heiſcht dieſer St[...] von ſeinen Vertretern! Und wie ſteigert ſich dieſe Gehirnlaſt noch bei je[...] zahlreichen Perſonen, die nicht Berufs-, ſondern, wenn ich ſo ſagen darf: Nebe[...] berufspolitiker ſind, die alſo ſonſt noch einem zweiten, womöglich geiſtigen Han[...] geſchäft obliegen! Das Wörtchen „maßlos“ dünkt mich da keineswegs zu enn[...] gegriffen. Denn maßlos und aufreibend geſtaltet ſich des Gewiſſenhaften Thä[...] keit in den unterſchiedlichen Vertretungskörpern, ſelbſt wenn nicht gerade q[...] Obſtruktionskampf wütet. Und es iſt wohl mehr als ein bloßer Zufall, [...] die Temperamente daſelbſt von Jahr zu Jahr immer hitziger aneinander pralle[...] Das wirkt die ſteigende Nervoſität, deren Hauptwurzel in unſerm Fall die Uebe[...] leiſtung des Gehirnes iſt. Dem aufmerkſamen Beobachter wird noch ein zweit[...] Moment in die Augen ſpringen. Es iſt, daß die Oppoſition ſich allzeit nerv[...] gebärdet als jene Partei, die der Regierung anhängt. Das hat, von gewiſſ[...] natürlichen Gründen abgeſehen, ſeine Erklärung darin, daß getäuſchte Hoffnu[...] und vergebliches Warten die ſtärkſten Unluſtgefühle wecken, die ihrerſeits wieder[...] ein ſchweres Nervengift ſind. All dieſe Momente haben zuſammengewirkt, daß [...] unterſchiedlichen Reichsvertretungen gegenwärtig weit weniger beherrſcht werd[...] von irgend einer Parteiſchattierung als von der alle einenden Parlamentsneur[...]

Die übermäßige Leiſtung, die unſerm Gehirne auf allen Pfaden zugemut[...] wird, hat in notwendiger Folge dazu geführt, daß der Verbrauch von Reizmitt[...] jenes zu ſpornen und anzuſchüren, ganz ungeheuer überhand genommen hat. J[...] erſter Linie ſteht hier der Alkohol, ſodann Kaffee, der Thee und Nikotin. Ueb[...] den Mißbrauch all dieſer Dinge iſt ſchon derart viel geſchrieben worden, da[...] ich mir wohl erſparen darf, die diesbezügliche Litteratur zu mehren. Nur au[...] einen Punkt möchte ich die Aufmerkſamkeit lenken. Es ſteht mir nach mein[...] Unterſuchungen über jedem Zweifel, daß viele Hereditarier aus vererbter Anlag[...] abnormes Verlangen nach all dieſen reizenden Kulturgiften beſitzen, und daß [...] manches hohe Genie zum Säufer und Trunkenbolde wurde, dieweil ſein Nerve[...] ſyſtem von Hauſe aus ein krankhaftes war. Das iſt beiſpielsweiſe der Fall b[...] Grabbe und Poe, während Lenaus Gehirn, wie wir zuverläſſig wiſſen, na[...] ſtärkſtem Kaffee und Tabak und den feurigſten, ſchwerſten Weinen verlangte. [...]

In die Reihe der Kulturgifte gehört auch jenes böſe Uebel, das notwendig[...]

Folge der Fehlentwicklung ist, die das moderne Liebesleben genommen hat. Während die bisher genannten Schädlichkeiten vorzüglich die Nervosität verursachten und höchstens noch die übrigen Neurosen förderten, so stehen wir nunmehr vor den wesentlichsten Gründen der Angstneurose. Auch von dem Liebesleben gilt, was ich oben von der modernen Lebensart überhaupt geäußert habe: es ist so unzweck= mäßig als möglich eingerichtet. Vor allem ist es eine schwere Schädigung, daß die Heiratsmöglichkeit just bei den höchstentwickelten Männern, die ja hauptsächlich Träger des Kulturfortschrittes sind, sich von Jahr zu Jahr immer weiter hinaus= schiebt. Die gesteigerte Lernzeit, die erschwerten Existenzbedingungen, die schärfere Differenzierung endlich und damit die verminderte Befriedigungsmöglichkeit seiner höheren Gefühle sind die steten Ursachen dieser Allgemeinerscheinung. Weil ihm aber die Möglichkeit benommen wird, zeitig zu heiraten, so wird er um so leichter eine Beute jener häufigen Uebel, die in ihren Konsequenzen für das Nerven= system oft so furchtbar ominös sind. Aber selbst in dem Falle, daß er nicht zu spät an die Gründung eines eignen Herdes schreitet, sind Fehlgriffe und Irr= tümer an der Tagesordnung. Es ist zum Beispiel verhängnisvolle Unsitte, die Brautzeit übermäßig auszudehnen. Denn solche Verschleppung über viele Monate, ja selbst vielleicht über Jahre hinaus legt zumeist den Keim der Angstneurose, und zwar bei jedem der beteiligten Faktoren. Ganz ähnliche Schädlichkeit ist ferner der Malthusianismus. Das Streben, die Zahl der Kinder auf zwei zu beschränken, beziehungsweise die unzweckmäßigen Mittel hierzu sind gang und gäbe, sind die häufigste Schädlichkeit in modernen Ehen. Diese Noxe ist meiner Erfahrung nach derart verbreitet, zumal in der verderbten Atmosphäre der Groß= stadt, daß die allgemeine Klage über die steigende Nervosität zu wahrlich keinem geringen Teile auf jene einzige Schädlichkeit zurückzuführen ist. Wenn nun noch, wie im modernen Leben so verteufelt häufig, gar mehrere Aetiologien miteinander konkurrieren, dann kommt es zu einem gemischten, einem doppelgesichtigen Krank= heitsbilde, zum Beispiel der Nervosität plus Angstneurose.

Und wie stellt sich die Zukunft des Menschengeschlechtes dar, die ja vornehmlich abhängig von der Entwicklung des Gehirns ist? Wird letzteres derart an Kraft gewinnen, um jeder Schädlichkeit gewachsen dazustehen, oder wird die fort= schreitende Entnervung schließlich noch zur Entartung führen und damit zum Aussterben des Menschengeschlechtes? Ich glaube, auf diese Fragen, die gerade= wegs zur Behandlung der Neurosen leiten, eine tröstliche Antwort geben zu dürfen. Ich glaube, daß unser Gehirn im Kampfe bestehen wird, weil durch stete Anpassung und fortwährende Uebung dasselbe immer leistungsfähiger werden muß. Und was diese Faktoren gesät und ermöglicht haben, das wird die Vererbung dann dauernd fixieren. Aber eine Bedingung muß Erfüllung finden, eine wahre conditio sine qua non, ein unumgängliches, striktes Erfordernis. Die fort= schreitende Entwicklung des Menschengehirns kann sehr wohl genügen, um den natürlichen Kulturfortschritt ohne Schaden zu tragen und dessen gesteigerte Ansprüche an unsre Nerven. Es ist also keineswegs unbedingt nötig, auf jeg= liche Segnung der Zivilisation zu verzichten, sich in den idealen Naturzustand

Jean Jacques Rousseaus [1]) und des achtzehnten Jahrhunderts zurückzuschwindeln, um Nervengesundheit auch fürderhin zu behalten. Nur muß eine jede über= flüssige, das heißt von der Zivilisation nicht abhängige Schädlichkeit vermieden werden, eine vernünftige Erholung und Hygiene beobachtet und den erschöpften Nerven Zeit gelassen werden, sich wieder völlig zu restaurieren. Die Parole der Zukunft muß also lauten: Prophylaxe und Hygiene, Vorbauung der Nerven= krankheiten und Gesundheitsregeln für das Nervensystem.

Diese Regeln hier sämtlich namhaft zu machen, kann nicht Aufgabe dieses Artikels sein. Nur die Richtung, in der sie sich zu bewegen hätten, will ich hier in wenigen Worten streifen. Es sind vornehmlich die uralten Heilfaktoren, die bestanden haben, seitdem die Erde besteht, seitdem sie wohnhaft wurde für lebende Organismen: Licht, Luft und Wasser. Und warten darf man nicht, bis allerlei Neurosen zum Ausbruch gekommen, sondern muß sie ersticken, sowie sie nur merk= bar, oder besser noch verhindern, daß sie überhaupt werden. Es ist ein guter deutscher Kernspruch: Besser bewahrt als beklagt. So manche schwere Neurose, die schließlich zur Verzweiflung und zum Selbstmord führte, wäre gleich zu Anfang unterdrückbar gewesen durch vernünftige Maßregeln und entsprechende Schonung. Die fortschreitende Hygiene hat uns den wohlthätigen Einfluß gelehrt, den licht= reiche, lustige Wohn= und Arbeitsräume besitzen. Die Sonne, der Quell alles Lebens auf dieser Erde, die letzte Endwurzel jeglichen Geschehens, wird neuer= dings immer mehr auch als Heilfaktor geschätzt, der sie im Bewußtsein des Volkes eigentlich schon von jeher gewesen. Wie bedeutsam ferner gesunde, unverdorbene, freie Luft ist, vermag man am besten daraus zu erkennen, daß sie der beste Regenera= tor ist für irgendwie erschöpfte Nerven. Wer irgend einmal nach angestrengter Geistesarbeit sich eine Stunde in freier Gartenluft erging, der hat dies sicher schon an sich verspürt. Die Erkenntnis dieser hohen Restaurationskraft dringt von Tag zu Tag in weitere Kreise. Bei der Anlage von Städten wird jetzt sorgsam geachtet auf große Luftreservoirs in Gestalt von Gärten, Parks und Waldpartien, und an der Peripherie derselben werden Cottage=Anlagen geschaffen, wenn auch vorerst nur für bemittelte Leute. Solche Cottage=Anlagen auch dem Mindestbegüterten zugänglich zu machen, ist ein Ideal der Zukunft, die hoffent= lich nicht mehr allzuferne ist. Wenn einmal, wie sehr zu wünschen, auch die Hygiene zu den obligaten Schulgegenständen zählt, die Lehre von der Gesunderhaltung des menschlichen Körpers, die wohl ebenso wichtig ist wie Lesen und Schreiben, dann werden auch die weitesten Kreise nicht mehr begreifen, wie man lange Zeit so unvernünftig dahinleben konnte. Dann wird auch dem Wasser die ihm

---

[1]) Es ist hochcharakteristisch, daß ein solcher Vorschlag, die Sehnsuchtshoffnung in= valider Gehirne, von diesem schwerstbelasteten Dichter ausging. Denn gerade Hereditarier mit ihren minder rüstigen Gehirnen empfinden Kulturansprüche besonders drückend. Ganz ähnlich empfanden beispielsweise Lenau und Kleist und viele andre schwer Belastete. Der edle Wilde oder besser gesagt: der hochgestellte Naturmensch dankt seine Wertschätzung einzig der Erschöpfbarkeit mancher invalider Gehirne. Die fortschreitende Völkerkunde und die Paläontologie haben dieses Idealwesen schon längst in das Bereich der Fabel verwiesen.

gebührende Stellung gegeben werden, die es zum Schaden der Menschheit heute noch nicht hat. Denn in diesem mächtigsten aller natürlichen Lebensreize haben wir auch ein ausgezeichnetes, wenn auch viel zu wenig verwendetes Mittel zur Abhärtung unsers Nervensystems, zur Erfrischung und Restaurierung desselben nach Uebermüdung. Bei schon ausgebrochenen Neurosen aber ist die Hydrotherapie, die Behandlung mit Wasser, schon heutigentags das verbreitetste Verfahren, das zumeist ganz obenan steht im Heilplan des Nervenarztes.

Die Zahl der Heilfaktoren aber ist mit den drei genannten noch bei weitem nicht erschöpft. Ich könnte hinweisen auf die noch übrigen physikalischen Heilmethoden: die Massage, Elektrotherapie und die Heilgymnastik, ich könnte auch einzelne Präparate der lateinischen Küche nennen, die sich wirksam und unschädlich erwiesen haben, oder einige neuere Kurmethoden, wie die psychische Analyse bei Hysterie oder die Playfairsche Mastkur bei unterschiedlichen Krankheitsformen. Doch ich will ja keine Heilanweisungen schreiben und keine populäre Medizin, sondern nur auf die Schädlichkeit des modernen Lebens verweisen und auf einige Mittel, sie wirksam zu bekämpfen. Daß ersteres eine wahre Brutstätte von Nervengiften, daß ferner Mittel zur Bekämpfung in genügendem Maße vorhanden seien, hoffe ich im vorstehenden aufgezeigt zu haben.

Carl v. Holtei und Friedrich Hebbel.

Ein ungedruckter Briefwechsel.

Mitgeteilt von

Fritz Lemmermayer.

***

Friedrich Hebbel hat seine geistige Kraft in seinen Dichtungen nicht erschöpft. Er war mehr als diese Dichtungen. Es ist bekannt, daß er nicht bloß in seinen Gesprächen, sondern, wie in seinen Tagebüchern, so auch in seinen zahlreichen Briefen Gedanken hinwarf, deren Scharfsinn und Tiefsinn den bis zur Wurzel der Dinge bringenden Denker, deren sprachliche Form den knapp und plastisch gestaltenden Dichter verrät. Wenn auch im praktischen Leben sparsam und als Dichter in Bezug auf künstlerische Oekonomie ein klassisches Muster, so war er doch mit seinen Gedanken nicht haushälterisch; im Gegenteil, er verstreute sie mit der Verschwendungslust eines geistigen Millionärs. Befreundete rühmten an ihm, daß er sogar im gewöhnlichen Geplauder stets eine Fülle tiefer

Gedanken und drastischer Bilder in originellen Ausdrücken und fließender, wol
gesetzter Rede geboten und während einer Stunde Gesprächs ein Quantum
geistiger Kraft verbraucht habe, womit ein andrer seine Gesamtthätigkeit be:
mehrere Woche hätte decken können.

Vieles von dem oft bewunderten Rauschen dieses Geistesquells, der in sein:
Energie und Beständigkeit manchem sogar unheimlich war, ist auch in Hebb:
Briefen zu vernehmen. Solche tauschte er mit einigen seiner berühmtesten Je:
genossen, mit Freunden oder mit Personen, die fähig waren, der Musik sei:
Seele zu lauschen und, wie der Resonanzboden eines Instruments, einen Geg:
klang zu geben. Zwei Bände von Hebbels Korrespondenz wurden der Cefen:
lichkeit bereits überliefert. Doch liegt noch eine Reihe ungedruckter Briefe ::
von denen einzelne Stücke, ganz oder im Auszug, soweit sie eben interem:
und für den Druck geeignet sind, in der „Deutschen Revue" mitgeteilt wem:
sollen.

Dem Hebbelschen Freundeskreise gehörte auch Carl Holtei an, der ::
seinen „Vagabunden" die deutsche Litteratur um einen ihrer besten Rom:
bereichert hat. In Wien hatten sich die beiden Männer kennen gelernt ::
bald, wiewohl ihrer Natur nach zwei aus der Wurzel treibende Gegensätze, ::
menschliches Verhältnis zu einander gefunden. Holtei hatte gegen das Em:
des Jahres 1850 in Wien einige Vorlesungen Shakespearescher Dramen geh::
und damit bei allen Kennern und Freunden der Kunst lebhafte Bewunder::
erzielt. Seine Art des Vortrags wurde als unübertroffen anerkannt. Hebb::
gestand, die „mächtigsten Anregungen" empfangen zu haben, und da ihm Holte:
Memoirenwerk „Vierzig Jahre" ebensosehr gefiel als — nach Kuhs Da:
stellung in dessen Hebbel-Biographie — „die leichtbeschwingte, komödiantenb::
phosphorescierende Persönlichkeit des Autors", so war eine Brücke zwischen ihn:
unschwer hergestellt.

Holtei, von Wien nach Graz, seinem damaligen Wohnort, zurückgele::
schrieb an Hebbel einen freundlichen Brief und leitete damit eine Korresponde::
ein, die auf keiner Seite die Wärme des Tones vermissen läßt und für jed:
der beiden Männer charakteristisch ist: Hebbel ernst, wie immer, der schwerblü::
Norddeutsche, gewohnt, zum Kern der Probleme zu bohren; Holtei, ein süddeutsch:
Naturell, beweglich, anschmiegsam, begeisterungsfähig, rasch empfangend u:
genießend. Sein erstes Schreiben, datiert aus Graz, 5. Dezember 1850, laut:

Mein teurer Gönner!

Ich bin zwar, wie Sie am besten aus meinen Selbstbekenntnissen [1]) gele:
haben, oft ein gedankenloser und ins Blaue hineinträumender Duselpeter; u:
bin es auch mit grauen Haaren geblieben; so viel Ueberlegung aber hab'

---

[1]) „Vierzig Jahre".

am Ende doch, um bei wichtigen Momenten des Daseins Ursach und Wirkung in ihr richtiges Verhältniß bringen zu können. Da mußte sich denn auch, nachdem ich Wien erst hinter mir hatte und im einsamen Wagen-Winkel sitzend, die letzten Wochen an mir vorüberfliegen ließ, die Ueberzeugung geltend machen, daß es zunächst Ihr geistiger Einfluß gewesen, der in der jetzigen ungünstigen Zeit mein gewagtes Unternehmen förderte. Daß Sie meinen Vorträgen einen so lebhaften Antheil gönnten, diesen so sichtbar an den Tag legten, hat mir einen gar nicht zu berechnenden Vortheil gebracht.

Dafür zu danken scheint unpassend, denn wäre Ihnen am Ende nicht danach zu Muthe gewesen, würden Sie es auch nicht gethan haben; doch aber liegt viel an der Art und Weise bei solchen Dingen; und die Ihrige war so herzlich, so liebenswürdig und so liebevoll, daß ich mich beschämt und erfreut, zu unaufhörlicher Erkenntlichkeit verpflichtet fühle. Beschämt um so mehr, weil ich mich, bevor ich Sie kannte, schrecklich vor Ihnen gefürchtet.

———————

Empfehlen Sie mich Ihrer lieben Gattin, die ich auch bitte: ihre mir versprochene Handschrift nicht zu vergessen! Womöglich eine Stelle aus „Judith", deren feuchtes Auge nach „Othello" sich noch immer in meine eitle Erinnerung schmeichelt.

Und verzeihen Sie einem Fiebernden das leere Geschreibsel. Schweigen wollt' ich nicht, reden kann ich nicht; da mußt' ich lallen.

Mit Verehrung und herzlicher Anhänglichkeit

Ihr

treugehorsamer

C. v. Holtei.

Hebbels Antwort lautet:

Wien, d. 21sten Dec. 1850.

Verehrtester Freund!

Sie glauben, mir für meine Teilnahme an Ihren Vorlesungen Erkenntlichkeit schuldig geworden zu seyn? Wahrlich, es verhält sich geradezu umgekehrt, und es war mir schmerzlich, daß ich Ihnen das nach dem Coriolan nicht noch einmal ausdrücken konnte. Aber Sie wurden durch eine Prinzessin festgehalten, und ich wurde durch einen Menschen fortgejagt, der durchaus mit mir über die Grundbegriffe der tragischen Kunst disputieren wollte. Ich bin nun nach einem großen Eindruck, der mein Innerstes erweitert hat, zum dialectischen Kartenspiel nicht aufgelegt, und da ich den guten Mann, der mir übrigens ganz unbekannt war, nicht abschütteln konnte, so mußte ich gehen, wenn ich nicht in den widerwärtigsten Zustand gerathen wollte. Ich liebe das Nachvibrieren, das allmälige Austönenlassen so sehr und kann nach einem Shakespeareschen Drama eben so wenig gleich parliren, als ein Christ nach dem Genusse des Abendmahls hopfen oder walzen. Mir sind Ihre Reproductionen dieser indefinibeln, über alle gewöhnlichen Formen hinaus schwellenden Gebilde unvergeßlich; ich habe

jedes Mal eine Fülle der gewaltigsten Anregungen mit fort genommen, die [ich]
jetzt auf's Schmerzlichste vermißte. Sie sind ohne Zweifel in dieser Art
einzig und dürfen das von mir, der ich nie eine Phrase sage und wohl [nur]
dadurch in den Ruf der Schroffheit und Unzugänglichkeit gekommen bin, [an]
anhören. Es ist auch bei Ihnen, wie alles Geniale, instinktiv, wie sich namentlich
durch Ihr Hinweg=Eilen über alles, was nicht Spitze ist, zeigt; Sie schreiten
dann so rasch vorwärts, als ob der Boden unter Ihren Füßen von glühendem
Eisen wäre, und das ist auch unbedingt nothwendig, wenn nicht, wie es auf der
Bühne meistens geschieht, die Garbe zu Häcksel geschnitten werden soll.

Empfangen Sie noch einmal meinen wärmsten Dank für jene köstlichen
Abende, und lassen Sie mich hoffen, daß Sie nach dem neuen Jahre nach [Wien]
zurückkehren, wenn auch nur auf kurze Zeit, falls es nicht anders seyn kann.

Jetzt zu Ihrem zweiten Brief. Den Roman Ihres Schützlings werde [ich]
mit aller Aufmerksamkeit lesen, sobald ich irgend vermag; es soll mein erstes
Buch seyn, und ich werde seinen und Ihren Wunsch sicher auf die eine oder [die]
andre Weise erfüllen, darauf können Sie Sich verlassen. Es geht mir [ja]
nicht viel anders, wie Ihnen, ich habe, obgleich seit Jahren in Wien lebend
gar keine journalistische Verbindungen und weiß kaum, ob die hiesigen Aristarche
deren Blätter ich nicht lese, mir das Recht auf meinen Kopf zu= oder absprechen
Ich habe eben jetzt, freilich schon seit drei Monaten, ein Werk vor mir liegen
das ich besprechen soll und will; es ist Oehlenschlägers Selbstbiographie. [Bei]
der Gelegenheit werde ich, wenn auch nur vorübergehend, auch auf Ihre vierzig
Jahre kommen, die ich, wie Sie wissen, zu den bedeutendsten Erscheinungen [der]
neueren Literatur rechne und um so höher schätze, als wir an echten Memoiren
so arm sind. Ich will Herrn Gisecke Glück wünschen, wenn sein Roman auch
nur zum tausendsten Theil so auf mich wirkt wie Ihre Biographie, mit der [ich]
denselben in eine entfernte Beziehung setzen; doch wenn das auch nicht geschieht
so kann er immer noch Werth haben.

In meiner Genoveva werden Sie viel Feuer finden; ob gebundenes oder
ungebundenes, wüßte ich selbst nicht mehr zu sagen, da ich sie seit sieben Jahren
nicht mehr in Händen gehabt habe, indem ich mein Exemplar in Rom zurückließ

Ich will wünschen, daß Ihre körperlichen Zustände sich baldigst bessern
und daß Sie das schöne Weihnachts=Fest, um dessen Feier der Süden Europas
den Norden beneiden kann und beneidet, mit der Frische genießen mögen, [die]
Sie sonst hatten.

Empfehlen Sie mich unbekannterweise Ihrer Familie und seyen Sie herzlich
gegrüßt!

　　　　　　　Ihr wahrhaft ergebener

　　　　　　　　　　　　　　　　　　Fr. Hebbel.

Hebbel hatte an Holtei sein Jugendwerk „Genoveva" gesandt. Dieser setzte
sich flugs hin, um es zu lesen und vor allem darauf hin zu prüfen, ob es
geeignet sei, seinem Leserepertoire einverleibt zu werden. Seine Meinung darüber
findet sich in folgendem Schreiben:

Gräz, 24. Dec. 1850.

Die wunderbarste Enttäuschung, die ich (künstlerisch) jemals erlebt, hat Genoveva mir bereitet. Ich empfing das ersehnte Buch endlich mit Ihrem Briefe zugleich. Kaum nahm ich mir Zeit, letzteren trotz allem Guten und Gütigen, was er enthält, ruhig durchzulesen, weil ich nicht erwarten konnte, mich auf die Frau Pfalzgräfin zu stürzen. Ein Schuhmacher, der einer schönen Frau begegnet, wird ihr kaum ins Gesicht blicken; der Esel schaut zuförderst auf's Schuhwerk. So erging es mir, Ihr Gedicht lesend. Ich dachte immer nur: „wie wirst Du das und wie wird es sich machen?" Auf diesem Wege sammelt man keine Beiträge zu einem Urteil über die Dichtung als solche, oder auch nur zu einer Meinung. Man bleibt beim Métier. Diesem nun gewann ich, lesend, theils die stolzesten Hoffnungen, theils bescheidene Zweifel, endlich stumme Resignation. Die Szene in der Dienerstube schien mir (für mich!) schwierig, der erste Auftritt der Hexe bedenklich, die Erscheinungs-, Tanz- u. Beschwörungs-Geschichte unmöglich. Doch lächelte mich zwischendurch wiederum so Vieles und so Vielerlei lockend an, daß ich den Platz am kleinen Tische immer noch in Gedanken festhielt und mir zurief: Ei, Du bist ja mit so manchem Shakespeare fertig geworden, warum solltest Du diesen Hebbel nicht klein kriegen, mag er sich noch so gefährlich anstellen? Der Muth verließ mich nicht. Aber auf einmal war das Stück zu Ende. Keine Versöhnung!! Ich saß da, wie wenn mir die Hühner die Butter vom Brode gefressen hätten. Ich rieb das letzte Blatt zwischen Daum u. Zeigefinger — einen 6ᵗᵉⁿ Akt konnte ich nicht herausreiben.

Wissen Sie, was mein erster Gedanke war, nachdem ich Ihren letzten gelesen? Ich dachte — (lachen Sie mich nur aus!) — ich dachte: der Director Carl war doch nicht so dumm, als er auf seiner Hirschkuh bestand; jetzt weiß ich und versteh' ich, was er meinte; er hat sich nur allzu naiv ausgedrückt.

Warum Sie verschmäht haben, was die Fabel bietet, weiß ich nicht; vermag es nicht zu ahnen. Sie werden Gründe dafür haben, innerste bedeutende Gründe, gegen die ich zu streiten gewiß nicht vermag. Deshalb steh' ich ganz perplex und muß verstummen. Nur zürn' ich mit Ihnen, daß Sie mir meine Freude verdarben, die Freude: das Gedicht mir anzueignen, auf meine Weise, um es in dieser lebendig wirken zu lassen.

Ich wünschte, ich könnte mit Ihnen darüber reden (im Schreiben bin ich zu dumm!) — vielleicht brächt' ich Sie dazu, daß Sie mir einen sechsten Akt machten, wo sie einzieht in ihres Schlosses Hallen, mit Schmerzenreich, und ihren Siegfried umarmt; ja, bis zur Hirschkuh wollt' ich Sie bringen!

Dabei fällt mir ein, daß ich in Grafenort vor grauen Jahren Genoveva von einer Zigeunerbande, mehr mimisch als rhetorisch, darstellen gesehen. Schmerzenreich war ein Lümmel in meiner Größe und die Hirschkuh ein Dachsschliefer kleinster Gattung, dem sie zwei kleine Rehbocks-Hörner auf den Schädel gepickt hatten. Die kleine Amme verleugnete jedoch das männliche Genus nicht und that es, an eine Waldkulisse gewendet, vor Ablauf des Drama's höchst unanständig kund — was vielleicht, da alle Mitspielenden Thränen-Opfer brachten,

Rührung bedeuten ſollte! Das hätte Carl unbedenklich beſſer arrangiert, wo=
fern der eigenſinnige Poet ihm nachgeben wollen.

Vorleſen, einem Publiko, kann ich dies Werk, wie es da liegt, nicht.
Mit dieſem Schluſſe nicht.

Ich werde es mir und dem kleinen Dichterchen in mir noch unzählige
Male vorleſen und mich mit der Fülle von Gedanken und Gefühlen, die es
bietet, vertraut zu machen ſuchen. Denn ſo geſchwind geht das nicht.

Wiſſen Sie, Freund, daß es keinen Schauſpieler auf Erden giebt und daß
es vielleicht niemals einen gab (denn daß es keinen geben wird, verſteht ſich
von ſelbſt), der im Stande wäre, dem Golo ſein Recht widerfahren zu laſſen!
Das iſt im Allgemeinen ein hervorragender Fehler Ihrer Poeſie, (dramatiſch
betrachtet,) daß Sie zu große Künſtler im Sinne haben. Als Darſteller und faſt
noch mehr als Redner muß Einer ſieben Teufel im Leibe haben, um Ihnen
nachzukommen. Ich bilde mir ein, zu wiſſen, was reden heißt! Vor Ihren
Anforderungen bebe ich doch zurück: Da ſoll man nicht nur ſagen, was da
ſteht und woran man, will man die ſich drängenden Gedanken klar machen,
vollauf zu thun hat; man ſoll auch ahnen laſſen, was nicht da ſteht, weil es
dem gewaltigen Denker gefiel, zwiſchen ein lautes Wort und ein halbes aparte
eine junge Bevölkerung von erſt=empfangenen, noch nicht geborenen Gedanken
zu zwängen, die da drin wimmelt wie ein Aalneſt.

All' dieſe Schwierigkeiten reizen mich um ſo bringender an, und verſucht
werden muß es doch einmal.

Hätt' ich nur meine Hirſchkuh! .

Alſo ein neues Stück haben Sie vollendet, ſeitdem wir uns nicht ſahen?
Wird es als Manuſkript gedruckt? Oder erſcheint es gleich im Buchhandel?
Ich vermuthe das Letztere, denn mir kommt vor, Sie achten nicht ſonderlich auf
die Bühne! Und das iſt Unrecht. Wenn Menſchen wie ich und meines Gleichen
ihr den Rücken kehrten, ſo ſind wir nur zu loben, weil ſie uns unſere mühe=
vollſten Selbſtverleugnungen, unſere Sünden wider den heil. Geiſt beſſerer Er=
kenntniß, unſere demüthigſten Erniedrigungen ſtets mit Undank vergalt. Sie aber
haben niemals derlei Opfer gebracht, Sie ſind ſtolz und aufgerichteten Hauptes
einhergegangen, ohne ſich im Geringſten dem konfuſen Wollen, welches dort
herrſcht, zu fügen. Sie haben alſo kein Recht, beleidigt zu ſeyn, und haben
doch die Kraft, Geſetze zu geben. Sie dürften nur ein Weniges von Ihrer
ſtolzen Strenge nachlaſſen, und man würde dieſe Geſetze anerkennen müſſen.
Auch ſind Sie zu dramatiſch in Ihrer Konzeption, ja zu theatraliſch in der
Ausführung, um ſich im Grunde Ihres Herzens mit der Leſewelt zufrieden zu
ſtellen. Ich behaupte: Hebbel braucht die Bühne — und daß die Bühne einen
Hebbel braucht, dies ſie ſelbſt eingeſtehen zu machen, wäre nur meine Hirſchkuh
nöthig.

vom 25ten.

So weit war ich geſtern gelangt, als ich abgerufen wurde, meiner Tochter
Hülfe zu leiſten, bei Ausſchmückung der Weihnachtsbäume, wobei ich mir an

Tannennadeln die Pfoten jämmerlich zerstochen habe. Dafür war auch Alles glänzend, und die Freude der Herren Kinder rasete höchst harmonisch.

Empfehlen Sie mich der Gattin, der ich für's Handschriftel die Hand küsse.

Ich bin immer noch nicht retablirt, und an eine Fahrt nach Hamburg ist heuer wohl kaum zu denken.

Leben Sie wohl und behalten Sie lieb

Ihren alten

H.

Die in drastischer Form gegebene Anregung des alten praktischen Theater-mannes war nicht vergebens. Hebbel, der stolz seinen eigenen Weg ging, Konzessionen unzugänglich war und das litterarische Tagesbedürfnis ebensosehr verachtete wie das Geschreibsel unfruchtbarer, banausischer Rezensenten, gab dem Drängen Holteis nach. Schon am 21. Januar 1851 konnte er in sein Tagebuch schreiben: „Heute habe ich den Epilog zur Genoveva geendigt." Demselben fehlt weder Schmerzenreich noch die Hirschkuh noch der geforderte versöhnende Schluß, wie er der Volkssage entspricht. Das Nähere darüber, sowie auch die Aufnahme, welche Holtei dem Hebbelschen Drama „Michel Angelo" bereitet hat, erzählt am besten der Briefwechsel selbst.

Grätz 13. Jan. 1851.

Vielgeliebter Mann und Dichter!

Zuvörderst, mit meinem innigsten Dank für Ihre Sendung, die Bitte: mich nur durch ein Wort wissen zu lassen, ob ich Ihr Manustript vom Angelo bald zurücksenden muß? Ob Sie es brauchen? Oder ob schon der Druck aus einem andern begonnen hat? D. h. im letzteren erwünschten Falle brauchen Sie sich nicht zu bemühen; ich sehe Ihr Schweigen für die Erlaubniß an, es noch zurückzuhalten, wobei sich von selbst versteht, daß niemand es sieht oder vor der Zeit davon vernimmt.

Wäre nicht die erste Hälfte des IIten Aktes, die wegen nothwendiger Namhaftmachung so vieler einzelner, oft nur wenig Worte redender Personen, ihre Schwierigkeiten für den Vorleser bietet, so würde ich dieses Ihr neues Werk wie einen Schatz für mein kleines Repertoire begrüßen. Der kann es mir zwar auch werden, wie es ist, wenn es mir gelingt, den bunten Wechsel jener Scenen deutlich zur Geltung zu bringen! Doch steht das in Gottes Hand, denn schwer bleibt es. Nicht weil ihrer so viele und so vielerlei sind, die auftreten — das thäte mir nichts! Im Gegentheil: je mehr Personen, desto besser für mich. Aber sie müssen mir ein Fleckchen bieten, wo ich sie packen kann, und hab' ich sie dann einmal, dann halt' ich sie fest, bis der Zuhörer jeden wieder erkennt. Hier jedoch, wo manche gehen, eben indem sie kamen, bleibt mir kein anderes Mittel, als zu sagen: „Dies ist dieser und jenes jener." Das stört einigermaßen und zerreißt den Fluß der Handlung. Doch darüber muß ich hinaus-zukommen versuchen, und mach' ich's nicht gut, so mach' ich's schlecht. Den Isten Akt aber und den päbstlichen Schluß des IIten will ich mir dermaßen in succum et sanguinem einimpfen, daß ich mir Ehre damit einlege und Ihnen keine Schande mache.

Das Gespräch im Sinne, welches wir bei unserem ersten Ersehen über Künstlerdramen führten, sprang ich fast vom Stuhle auf, als ich den Titel sah. Kaum aber hatte ich die Hälfte des ersten Monologes überflogen, sprach ich: „ah, so!" und rückte mich fest und las fröhlich weiter.

Der Mann hat Fleisch und Bein!

Wie gern möcht' ich jetzt hinschreiben: nächstens komm' ich, Euch meine Künste an und mit ihm vorzumachen!

Doch damit sieht es traurig aus. Mein Befinden ist immer schwankend: es scheint, daß ich in diesem Winter nicht mehr auf die Beine kommen soll. Eine vernachläßigte Grippe ist ein schlimmer Feind. Ich hüte fast immer die Stube, und wag' ich mich, sey's auch bei schönem Wetter, hinaus, so bekommt mir's schlecht. So führ' ich eigentlich ein miserables Bischen Leben.

Mit einigem Stolz erfüllt es mich, daß ich ein wenig zu Ihrer Revision der „Genoveva" mitgewirkt. Der Epilog ist unzweifelhaft die glücklichste Idee für einen versöhnenden Schluß. Nur — (nennen Sie mich einen Esel; es schadet auch nichts, wenn die Gattin es hört!) — nur möcht' ich ihn recht schlicht, menschlich, — ja kindlich — meinetwegen kindisch-märchenhaft gehalten. Ein wirkliches, lebendiges, mit äußerer Zier geschmücktes Nachspiel, sieben Jahre — (oder wie lange blieb sie im wüsten Walde??) — nach dem jetzigen Schluße. Auf dem Zettel genannt: Genoveva, Tragödie in fünf Akten, mit einem Nachspiel: „so und so".

Sie haben Geister in der Idee? Dahin kann ich mich jetzt noch nicht schwingen. Doch, da Sie aussprechen, was Ihnen vorschwebe, sey schön, so vertraue ich Ihrer Vorahnung und gebe mich der Hoffnung, daß Sie mich alten Materialisten mit sich emporziehen werden.

Merkwürdig übrigens: mein Exemplar der Genoveva geht jetzt hier von Hand zu Hand. Die wenigen literarisch Gebildeten verschlingen es, Einer nach dem Anderen, und jeder gesteht ein, nichts davon gewußt zu haben. Ich darf darüber freilich nicht außer mir gerathen, denn kannte ich ja doch auch nur den Titel! Aber, was sind das für Zustände in einer Literatur, wo ein alter Karrengaul, der wie ich seit 35 Jahren mit durch dick und dünn schleppt, Hebbels Genoveva nur dem Namen nach kannte! Wäre das in Frankreich, unter ähnlichen Bedingungen, möglich? In Frankreich, ja! In Paris, nein! Und da Paris für Literatur und Künste Frankreich bedeutet — so — — — 's mag sein Gutes auch haben, daß es so ist; sein Schlimmes hat es gewiß. Aber „Man gewöhnt's!" — — — — —

Ich empfehle mich Ihnen und Frau Christinen, und schließe diesen Brief, um Michel Angelo wieder anzufangen.

Ihr dankbar ergebenster

Freund und Verehrer

Holtei.

Wien den 5ten Februar 1851.

Endlich ist sie da, die schwere Geburt! Nicht die meinige, denn die ging verhältnißmäßig leicht von Statten, sondern die meines Abschreibers, der eine unglaubliche Zeit brauchte, weil der arme Teufel an den Augen litt. Doch, Sie wissen noch nicht, wovon die Rede ist. Nun, von nichts Anderem, als dem Nachspiel zu der Genoveva, das Ihnen seine Entstehung verdankt. Hiebei erhalten Sie's und werden, wie ich hoffe, Alles darin finden, was Sie wünschten, sogar die Hirschkuh. Behalten Sie's, so lange Sie wollen.

Ich bin ganz erstaunt gewesen, daß die alten Farben-Reste, die sich noch auf der bei Seite geworfenen Palette fanden, so leicht wieder flüchtig wurden, denn ich habe das kleine Werkchen mit wahrer Begeisterung ausgeführt. Freilich hatte das darin seinen Grund, daß der Epilog ursprünglich im Plane lag, wie sich denn auch im vierten und fünften Act unabgesponnener Flachs findet, der mir jetzt gut zu Statten kam. Golo wurde mir im Jahre 1842 zu mächtig, er wuchs mir über den Kopf, wie das auch von mehr als einem Kritiker bemerkt wurde. Jetzt erst ist das Stück fertig und soll nun auch nächstens in der neuen Gestalt erscheinen. Ich habe mich in meinem letzten Brief[1]) über meine Intensionen für den Epilog unklar ausgedrückt; ich dachte nicht an Geister, sondern nur an gescheidte Menschen, die in der Freude des Wiedersehens noch einmal aufleben, um dann die Erde mit der besten Welt, an die sie glauben und die darum für sie vorhanden ist, zu vertauschen. Und mit dieser Auffassung stimmen Sie gewiß überein, denn daß Schmerzenreich nicht die Aussicht auf ein Brüderlein oder ein Schwesterlein erhalten darf, wenn nicht der nothwendige tragische Eindruck geschwächt werden soll, werden Sie ohne Zweifel bejahen. Das Stück habe ich so zusammengestrichen, daß es incl. des Epilogs um 300 Verse weniger hat, als Schillers Maria Stuart, wie man sie im Burgtheater giebt. Ob es nun seinen Weg auf die Bretter findet, wozu es sich nach Beseitigung der für die Bühne zu weit getriebenen Detailmalerei der Nebenfiguren eignen dürfte, das steht dahin. Es könnte in Wien an dem Umstand scheitern, weil die Genoveva als Heilige im Kalender steht, wie ich aus officieller Quelle vernahm. Nun, das muß man abwarten.

Für Ihre freundliche Aufnahme des Michel Angelo danke ich Ihnen; ich habe mir durch das kleine Stück Manches vom Halse geschafft, was mich quälte und was ich jetzt los bin. Denn so miserabel der Mensch auch ist: das ist löblich an ihm, daß er sich der Nothwendigkeit beugt, sobald er sie erkennt. Zu dieser Erkenntniß hat er's aber freilich erst dann gebracht, wenn er einsieht, daß für ihn selbst oder die Welt beim Spießruthenlaufen etwas herauskömmt.

Meine Frau trägt mir die herzlichsten Grüße auf, denen ich die meinigen hinzufüge.

　　　　　　　　Ihr

　　　　　　　　　　　Fr. Hebbel.

---

[1]) Derselbe ist verloren.

Gräß, 11. Febr. 185.

Sie schütten ein ganzes Füllhorn reicher Gaben über mich, theurer Görre
aber Ihre Blumen und Früchte fallen auf ein krankes Haupt. Glücklicherweis
war ich an dem Tage, wo Ihre Sendung eintraf, noch in so weit auf de
Beinen und bei Sinnen, daß ich das Nachspiel zu Genoveva lesen und genießc
konnte. Am anderen Tage schon lag ich darnieder und diesmal ernster un
schwerer als in den vergangenen Monaten. Heute hab' ich mich auf ein
Stunde herausgemacht; und diese Stunde will ich dazu benützen, diese Zeil
mit unsicherer Hand zu kritzeln und Ihnen Dank zu sagen für — — mein Go
für Alles!

Schreiben, was man schreiben nennt, will ich erst später, wenn ich über
haupt noch einmal dazu gelange, es wieder zu vermögen. Fast möcht' ich dara
verzweifeln, denn dieses immer wiederkehrende, unbesiegliche Uebelbefinden i
doch wohl etwas anderes als die beliebte Grippe?

Wie Gott will.

Sie können ermessen, wie vollkommen unpassend angebracht mein neue
Rückfall war, wenn ich Ihnen im Vertrauen gestehe, daß ich acht Tage zuvor
als ich mich genesen meinte, endlich an die Ausführung jenes längst projectirte
Romans „die Vagabunden" gegangen bin und schon tüchtig daran geschriebe
habe. Das liegt nun wieder und wird wohl auch nicht mehr aufstehen.

„Michel Angelo" hätt' ich gern so lange hier behalten, bis ich mich fähig
gefühlt, ihn in einem kleinen Kreise vorzulesen. Doch bedürfte es dazu noch
Ihrer speciellen Erlaubnis; bis jetzt hab' ich Ihr veto so streng beobachtet, daß
sogar die Meinigen weder Dichtung noch Namen kennen.

Das Nachspiel zur Genoveva trägt, wenn mich mein fieberduseliger Schäde
nicht täuscht, sichtbare Spuren von bedeutenden Veränderungen (nicht bloß
Kürzungen) der Tragödie; der Bericht über das Sichselbstverbrennen der He
z. B. u. A. mehr. Daraus entsteht natürlich die Frage, ob die Worte Ihre
Briefes: „soll nun auch nächstens in der neuen Gestalt erscheinen" den Buch
handel bezeichnen wollen? Oder ob Sie darunter nur die Versendung a
Bühnen verstehen? Im letzteren Falle bitt' ich Sie flehentlich, mich für ein
Bühne zu halten. Ich will es aufführen, — wenn, wie gesagt, ich mein Theate
noch einmal eröffnen darf auf dieser Erde.

Das Nachspiel ist rührend, einfach-natürlich, tief ergreifend. Ich beneid
den Schauspieler, der den Caspar spielen wird; aber ich hasse ihn auch schon
auf Vorrath, weil er ihn mir gewiß nicht zu Dank spielen wird.

Die Besorgniß, daß eine Darstellung in Wien unmöglich sey wegen de
Heiligen-Namens, scheint mir grundlos, denn ich müßte mich sehr täuschen, ode
es ist bereits eine Genoveva von Raupach gegeben worden.

Ich kann nicht weiter. Wo möglich nächstens mehr
    von Ihrem

        dankbar ergebenen

                                      H.

Holtei hat, in Wien wie in Graz, wohl den „Michel Angelo“ öffentlich gelesen, die „Genoveva“ jedoch nicht. Auch die Thore des Burgtheaters blieben der Heiligen nach wie vor verschlossen. Laube, damals Direktor, ein Gegner Hebbels, that alles, um ihr, gleich den anderen Gestalten des Dichters, den Eingang zu versperren. Erst im Jahre 1854 ging das Stück über die Bretter des Burgtheaters; aber nicht als Genoveva, sondern als — Magellona! Wien befand sich damals eben wieder in einer heillosen Zeit der Rückwärtserei und geistigen Bevormundung. Eine Heilige auf der Bühne, würde sie auch in einem poetischen Kunstwerke, in reinster und schönster Verklärung dem Publikum entgegentreten — bewahre! Die Bonzen und Zionswächter hätten darin ein Sacrilegium gesehen. Als die „Wiener Kirchenzeitung“ davon Wind erhielt, daß die Absicht bestehe, Genoveva solle auf der Hofbühne erscheinen, schlug sie, geistig wie religiös von niedrigen Grundsätzen geleitet, sofort Lärm. Um sein Stück für die Bretter zu retten, mußte sich Hebbel entschließen, Genoveva in Magellona, Golo in Bruno und so weiter umzuwandeln. „Alles,“ so sagte der erzürnte Dichter, „was an die Heilige erinnerte, mußte wegfallen; nur die Dulderin ohne Palme durfte stehen bleiben. So ging's denn weiter, bis ein blut- und markloser Schemen an die Stelle eines Menschen trat.“ Die echte und rechte Genoveva Hebbels hat Wien bis zum heutigen Tage noch nicht gesehen.

Zum 18. März 1851, dem Geburtstag Hebbels, sandte ihm Holtei folgendes Gedicht:

> Der alte Sänger singt so lange,
> Daß er schon lange heiser ward,
> Doch bleibt ein Reiz noch seinem Sange:
> Das ist die selbstgeschaffne Art,
> Die eigen ihm und eigentümlich,
> Aus einem grauen Barte bringt;
> Drum ist es passend, recht und rühmlich,
> Wenn jetzt sein kleines Lied erklingt.
>
> Der Sänger, dessen leichtes Leiern
> Vielleicht erheitert, manchmal rührt,
> Will heute einen Dichter feiern,
> Dem höhre Tonart wohl gebührt;
> Denn flüchtig hingehauchte Strophen,
> Wie sie der Augenblick beschert,
> Sind freilich für den Philosophen,
> Sind für den Denker ohne Wert.
>
> Jedoch den Menschen, der im Dichter
> Sich liebevoll und mild versteckt,
> Den stimmen sie zum milden Richter.
> Das hab' ich augenblicks entdeckt,
> Als ich ihm nur am ersten Tage
> Ins offne Angesicht gesehn,
> Drum sing' ich kühn, 's ist keine Frage,
> Er wird mein Herz und mich verstehn.

Bebt' ich doch schier vor seiner Strenge; —
Ins enge Stübchen trat ich ein,
Mir war's gewaltig bang und enge,
Ich fühlte mich, wer weiß, wie klein.
Doch frischer Mut war bald gefunden,
Er sprach und machte mich vertraut;
Glückauf! Dem alten Vagabunden
Ward wieder wohl in seiner Haut.

In unsrer Haut läßt er uns gelten,
Er, der jedweden gern erkennt,
Der gern teilnehmend, ohne Schelten,
Die Gattung von der Gattung trennt.
Nicht jeden kann ein Fittich heben,
Nicht jeder fleugt ins Himmelszelt;
Es muß auch Erdenvögel geben,
Die zwitschern in der Erdenwelt.

Ein solcher, Freund! besingt dich heute.
Ihm scheint der Märzen blühnder Mai;
Wie er sich damals vor dir scheute,
Fühlt er sich heimisch nun und frei.
Ja, wer dich kennt, wird froh bemerken:
Die Wahrheit baute dir dein Haus;
Aus deinen wunderlichsten Werken
Fühlt man des Menschen Kern heraus.

Und ob die Lüge noch so prächtig
Sich zierlichste Gewande wob;
Ob Heuchelei auch noch so mächtig
Auf manchen güldnen Thron sich hob, —
Sie müssen, leerem Prunk zum Trutze,
Doch bald herab; man wird sie sehn
Sich wälzend in urheim'schem Schmutze! —
Die Wahrheit kann allein bestehn.

Ihr diene stets und denke, dichte
Und wirke fort, du seltner Mann.
Damit sich jeder Zwiespalt schlichte,
Komm näher noch an uns heran.
Statt allzuhoch emporzufliegen,
O lasse — kann es irgend sein —
Den Dichter übern Denker siegen
Und nimm der Bühne Herrschaft ein.

Daß ich's dir im Vertrauen sage, —
Die andern werden's kaum verstehn
(Zwar deine Gattin doch) —: Stets trage
Nun Sorge, auf die Jagd zu gehn;
Nicht um ein Hirschlein tot zu schießen!!
Im Gegenteil, um lebensvoll
Mit jener Hirschkuh abzuschließen,
Die jeden Schluß versöhnen soll.

Ein Brief Hebbels an Holtei, datiert vom 7. Dezember 1851, enthält ein Urteil über des letzteren vorzüglichen Roman „Die Vagabunden".

Lieber Holtey!

Soll ich mich entschuldigen? Wozu? werden Sie denken! Ich zeige Ihnen also ganz einfach an, daß ich in den letzten Monaten ein neues Trauerspiel[1]) geschrieben habe, welches fast vollendet ist und mich die ganze Zeit über zu keinem Brief, zu keinem Besuch, zu keinem Geschäft kommen ließ. Jetzt stehen Ochsen am Berge, und diese Pause benutze ich.

Ihr Verleger hat mir Ihre Vagabunden geschickt. Vor fünf oder sechs Wochen empfing ich sie, und schon habe ich alle vier Bände gelesen. Das, denk' ich, ist die beste Kritik. Ich danke Ihnen von Herzen für dies Buch, es hat einen entschieden günstigen und dauernden Eindruck auf mich gemacht, was mir bei deutschen Romanen selten begegnet. Eben so geht es meiner Frau, die freilich nicht so rasch liest, wie ich, die aber auch schon dem Ende des zweiten Bandes zusteuert. Ihr Talent für Detail-Schilderungen hatten Sie in den „vierzig Jahren" schon zu glänzend beurkundet, als daß ich in dieser Beziehung nicht das Beste hätte erwarten sollen. Aber daß Sie auch den Reiz einer in hohem Grade spannenden Erfindung hinzufügen und eine bunte Reihe der mannigfaltigsten Fäden eben so geschickt mit einander verkreuzen und verknüpfen, als natürlich wieder abwickeln würden, mußte ich erst sehen, da Eins das Andre bei uns gewöhnlich ausschließt. Nun haben Sie den Beweis geliefert, und ich kann Ihnen nur zurufen: Glück auf! und frisch an die Kriminal-Geschichten! In Ihrem Roman ist die Mischung der rührendsten idyllischen Elemente mit den Tollheiten und Bizarrerien der abenteuerlichen Welt, wovon er den Namen trägt, höchst eigenthümlich und erquickend, so daß ich für Einen Band — und wär's der erste, bei dem Sie, wenigstens zu Anfang, noch nicht recht warm gewesen seyn mögen — die ganze Bibliothek der Fanny Lewald und ihrer „socialen" Geschwister in Deutschland hingebe. Denn diese Richtung verliert alle und jede Berechtigung, sobald sie die Ausnahme zur Regel erheben will, und dahin ist es ja längst gekommen. In den Vagabunden sind mir auch die Namen sehr theuer, und das werden Sie bei einem Menschen begreiflich finden, der bloß deßhalb in eine Boutike eintreten und etwas kaufen kann, weil der Besitzer possirlich heißt. Tiele-Tunke, Miez, Liez, das klingt anders, als —— — oder Ludmilla. Für eine gehörige Anzeige in einem der wenigen hiesigen Blätter, die mich nicht aus unbekannten Gründen mit ihrer Feindschaft beehren, sorge ich auf jeden Fall. Vielleicht, wenn mein Stück mich los läßt, lief're ich sie selbst; sonst werd' ich schon einen tüchtigen Mann in Bewegung zu setzen wissen.

Daß Sie den Winter nicht kommen, um zu lesen, ist mir sehr leid. Aber warum denn nicht? Daß das Carls-Theater Sie nicht anlockt, begreif' ich, aber was hat der Musik-Vereins-Saal verbrochen? Sie lasen dort doch im vorigen

---

[1]) „Agnes Bernauer", begonnen Ende September 1851, abgeschlossen 17. Dezember.

Jahre zur Theaterzeit; weßhalb ſollte es nicht auch jetzt gehen? Klären Sie
mich auf, damit ich wenigſtens erfahre, warum wir Sie entbehren müſſen.

Von uns ſag' ich Ihnen Nichts; es iſt Alles beim Alten geblieben.

Meine Frau läßt Sie herzlichſt grüßen!

Ihr

Fr. Hebbel.

P. S. Das Nachwort mit Grillparzer und Louiſe Neumann, Genoveva und
Judith ꝛc. hat mir viel Spaß gemacht und iſt Ihnen ebenfalls, ſammt der
Dedication, ſehr gut geglückt. Ich las Beide zuerſt, ſtehenden Fußes, und ſprach
Grillparzer gleich den nämlichen Abend davon, weil wir in Angelegenheiten des
Familienbuchs als Preisrichter zuſammen kamen.

D. O.

P. Stom P. Su

Meine Frau trägt Ihnen noch ſubmiſſeſt durch meine Wenigkeit die Bitte
um ein Blatt in ihr Album vor; das letzte bekam ſie von Tieck. Sie bittet ſehr,
es nicht zu vergeſſen; jedes Blatt (was das Papier betrifft) iſt ihr recht!

D. O.

Holtei antwortete darauf:

Gräz 10. Dez. 1831.

Sie können ſich wohl vorſtellen, verehrter Gönner, — oder vielleicht können
Sie ſich's auch nicht vorſtellen, welche herzliche Freude Ihr herzlicher Brief mir
gemacht. Freilich konnten Sie mein Buch nicht loben, wenn es Ihnen nicht
einigermaßen zuſagte; aber daß Sie es ſo lobten, wie Sie gethan, ſo theil-
nehmend und erfreut, das iſt mir ein neuer Beweis, wie gut Sie es mit mir
altem Hauſe meinen. Haben Sie aufrichtigen Dank für Ihre Güte!

Alſo ein neues Trauerſpiel!! Wie dank' ich den Ochſen, die um aus-
zuruhen, ein Weilchen am Berge ſtehen blieben! Ohne dieſe Feierſtunde wär'
ich um Ihren Brief gekommen. Jetzt ſind die guten Thiere gewiß wieder in
vollem Gange, und wenn Sie „hü hü!" rufen, wird es jenen ſchwer werden,
wider den Stachel zu ſchlagen, mögen ſie auch noch ſo widerſpänſtig ſeyn. Sehr
neugierig bin ich, wie ſich dieſe neue Dichtung zu dem Narrenhauſe verhält,
welches wir deutſches Theater nennen? Ich bin (ſeitdem wir uns nicht ſahen,)
ſchon ſo weit gekommen, daß ich faſt wünſche, Leute Ihresgleichen möchten lieber
gar keine Notiz mehr davon nehmen. Das Publikum iſt zu dumm! Die alte
Mythe von der vox populi hab' ich desavouirt, in jeder Beziehung; Jedes
Zeitungsblatt, welches mir in die Hände fällt, beſtärkt mich in meinem Unglauben.

Sie fragen, warum ich nicht nach Wien komme, zu leſen? Nun, das
Leopoldſt. Schauſpielhaus iſt meiner Lunge zu groß, meinen Rheumatismen zu
zugig. Im Saale jedoch dürft' ich (eingezogenen Berichten gemäß) des
Abends nicht mehr auftreten, auch wenn ich wollte. Folglich —

Und nach Wien reiſen, ohne dabei zu erwerben? das koſtet zu viel Geld
und zu viel Zeit. Vier Wochen in W. wäre doch das Geringſte, ſoll' es einiger-

maßen die Mühe lohnen. Solche vier Wochen aber zerrißen mir die ganze Winterruhe und gute Nacht: Kriminalroman.

Dieser ist nun wirklich begonnen. Aber, aber, aber! Ich fürchte sehr, der Tabak wird zu stark seyn! Doch läßt sich's nicht mehr ändern. Mir bleibt jetzt nichts übrig, als die Härte des Stoffes durch Milde in der Form möglichst genießbar zu machen.

Guter Wille gehört übrigens dazu, daß ich jetzt arbeite, denn ich habe keine gesunde Stunde, und ohne Ziererei darf ich behaupten: mir ist miserabel zu Muthe.

Vielleicht könnte ich nichts Klügeres thun, als mich hinlegen und ein Bissel sterben! Wenn ich's nur gleich zu Stande brächte. Doch das Ding scheint seine Schwierigleiten zu haben, und wer weiß, wie ich mich benehme, wenn es Ernst wird? des Menschen Herz ist ein wunderlich und verzagt' Ding.

——— ——— ———

——— ——— ———

Mit aufrichtiger Dankbarkeit

Ihr alter Holtei.

Auf Hebbels neues Trauerspiel, die „Agnes Bernauer", beziehen sich folgende Briefe:

Es ist schrecklich, aber wahr: ich habe kein Briefpapier in keiner Lade meines Schreibtisches mehr. Danken aber muß ich Ihnen, mein Holdseligster, und so schreib' ich in Gottesnamen auf dieses unschickliche Blatt, da ich nicht ausgehen kann, wegen Schnupfen und was daran hängt. Mir ist so zu sagen spottschlecht.

Also Ihre Tragöde wäre fertig! Nicht allein weil sie das ist, sondern auch weil Sie dies Werk für bühnengerecht erklären, steigert sich meine Neugier zur Ungeduld. Vor allen Dingen möcht' ich wissen, ob Sie gesonnen sind, diese neue Dichtung wieder in den Buchhandel zu geben, ehe und bevor selbige als Manuscript versendet wird? Geschieht dies (was mir [sub rosa zu reden] nicht Recht ist,) so kann ich warten und muß warten.

Senden Sie jedoch das Stück vorher an die bedeutenderen Bühnen, — wie dann? Sehen Sie, guter Hebbel, mir ist, wie wenn ich nicht mehr lange zu leben hätte! Und es würde mich verdrießen, abzugehen, ohne Ihr jüngstes Kind zu kennen.

Ist es möglich, so schicken Sie mir's, sey es auch nur in der schlechtesten Schrift. Nur einen Tag und eine Nacht will ich's behalten, dann ungesäumt zurücksenden.

Sie wissen, ich bin ein dankbares Publikum; vermag mich in eine, mir auch fremde Welt hineinzububbeln, wie der s. v. Stinkkäfer in die Rose.

Es war eine schöne Zeit, da sich die deutschen Poeten liebten, von Halberstadt bis Riga und sich ihre Neuigkeiten „durch die Postwagen" übermachten. Mich erfüllen die Berichte aus jener naiven Unschulds-Epoche mit sehnsuchtsvoller Rührung. Und in meinem sonst sehr zerlumpten Herzen ist noch eine

Regung jener kindlichen, theilnehmenden Freude an den Produktionen Anderer geblieben. Das ist, offen zu reden, worauf ich einzig und allein eitel bin und worin ich mit Keinem auf der Welt tausche.

Am liebsten käm' ich nach Wien, wieder einmal mit Euch zu schwatzen — aber kann ich denn? Bin ich nicht ein gebrechliches, rheu- und rheo-matisches armes altes Thier?

Ist wahr, was ich las, daß Genoveva trotz Ihrer — (ich wollte schreiben: ihrer) Heiligkeit auf die Burg-Bretter kommt?

Dann, gebe Gott bei mildem Wetter; dann, dann müßte ich halt bei reisen, und wenn ich als Gichtbeule bei der Kaiserin von Oesterreich anlangen sollte.

Tausend Grüße an die Gattin vom

Gräz					alten
14t. Jänner 52.					Graubart.

Wien d. 30. Jan. 1852.

Lieber Holtey!

Freund Mitterbachers Anwesenheit benutze ich, Ihnen von Roderich Benedix sämmtlichen Werken zu den fünf Bänden, die Sie schon besitzen, noch den mir zugegangenen sechsten zu übersenden.

Zugleich erhalten Sie ein Exemplar meiner Agnes Bernauer, die überall in Deutschland, nur nicht in Wien, gegeben werden wird. Sie hatte in München bei unzulänglichster Besetzung, einen mäßigen Erfolg; in Weimar einen großen wie mir, außer dem Intendanten, auch Walther von Goethe meldete; in Stuttgart einen rauschenden. Lassen Sie mich wissen, ob nun auch nach Ihrer Meinung der Rubicon überschritten ist, der mich bisher von der Bühne trennte. Das Exemplar ist für Sie, nur bitte ich, es, bis auf ganz zuverläßige Personen nicht weiter zu geben.

Mit Freuden hör' ich, daß es Ihnen geht, wie es im Jammerthal, das dennoch Niemand mit dem Paradies vertauschen will, eben gehen könne. Auch bei uns steht's paſſabel.

Seyen Sie herzlichſt gegrüßt!

Wie immer
Ihr
Fr. Hebbel.

*

Tausendfachen Dank, mein verehrter Gönner, für Ihre Agnes. Was ich armes, altes Thier davon denke, wollen Sie wissen? Ja du lieber Gott, das ist kurz gesagt: ich denke, daß Sie niemals im Stande seyn werden, sich zu unsern Schauspielern und unserem Publikum herabzulassen, so wenig wie Heinrich von Kleist es im Stande gewesen. Nie noch ist mir die wunderbare innere Verwandtschaft zwischen Euch Beiden so in die Seele gedrungen als bei Lesung dieses Werkes.

Als ich es weglegte und mir die Thränen aus meinen kranken Augen wischte, sagt' ich: das können sie nicht spielen! können sie nicht s p r e ch e n; werden sie nicht h ö r e n: Es steht wieder gar so viel zwischen den Zeilen, und man muß bisweilen eigene Gedanken bereit haben, um die Uebergänge auszufüllen. Wer aber verlangt eigene Gedanken von unseren Zuhörern?

Dann wieder nahm ich Ihren Brief zur Hand und las: das Stück hat bei mittelmäßiger Besetzung (das glaub' ich ungeschworen, daß sie mittelmäßig war, Sie Schmeichler!) Glück gemacht. — Nun, desto besser! Dann ständ' es ja nicht so schlimm, wie ich dachte. Niemand mehr als ich wird sich freuen, Agnes über alle deutschen Bühnen den Siegeszug halten zu sehen. Wenn Ihnen aber für die letzte große Rede des Herzog Ernst: „Wir Menschen in unserer Bedürftigkeit" nicht alle deutschen Regenten ihre Hausorden zusenden, so giebt es keine Gerechtigkeit auf Erden, (wovon ich übrigens, unter uns gesagt, schon längst überzeugt bin.) Das ist der klarste, reinste, königlichste Wahlspruch des Königthumes, den Sie da aussprechen lassen, und mein dummes Royalistenherz hat sich daran gelabt.

H a b e n S i e etwas d a g e g e n, wenn ich darüber eine T r a n s s k r i p t i o n (wie es die Clavierspieler nennen) drucken lasse? Auf meine Weise.
U. A. w. g.!

S ch a d e n wird es Ihnen nicht, vielleicht aber manchen Blick von Oben auf Sie lenken, der Ihnen jetzt ausweicht, weil man Sie für einen Demokraten halten — möchte!

Noch einmal: U. A. w. g.! —

Sie sagen mir kein Wort über C h r i s t i a n L a m m f e l l. Haben Sie das Buch g e l e s e n und schweigen Sie darüber, so find' ich das ganz in der Ordnung. Ihnen kann es nicht gefallen, und das wollen Sie mir nicht sagen, um mir nicht wehe zu thun. G o t t w e i ß, daß ich während des Schreibens oftmals dachte: wie wird das dem Hebbel fremd seyn! Doch mußte ich's machen, ich konnte nicht anders. Sie begreifen das, wenn Sie auch dazu lächeln.

Haben Sie's also gelesen, dann sind wir im Klaren und altissimum silentium!

Hätte aber mein Verleger versäumt, Ihnen ein Exemplar zu schicken, dann müßte ich mich entschuldigen. Und nur deshalb thu' ich davon Erwähnung.

Von Herzen
Ihr blinder Holtei.

Faschingsdienstag.

Die letzten uns vorliegenden Briefe Holteis an den Freund lauten:

Edler Freund!

Wenn nur mein gutgemeintes Geschreibsel Sie nicht verdrossen hat, so bin ich schon überzufrieden. Tausend Dank für Ihren gütigen Dank!

Und glückliche Reise, Ihnen und der Gattin! Frische Luft, blauen Himmel, heitren Sinn! Alles Uebrige findet sich, und Sie werden wieder segeln. Ihr

nervenstarker Arm, der schon so oft 8 um den König schob, wird „alle neun"
schieben, und Sie werden als Sieger von der Bahn heimkehren.

Vierzig Jahre! Sie Jüngling! Jetzt treten Sie erst in's reife Mannesalter,
und Sie beherrschen doch noch einmal die Bretter, die die Welt bedeuten. Denken
Sie dann des Sechsundfünfzigers, der's dem Vierziger prophezeihte.

Hier vegetiren wir; und ich verlang's nicht mehr besser. Ich bin sehr alt
geworden, Innen und Außen; älter als ich bin. Die Stürme des vorvorigen
Winters haben den letzten Nachwuchs spärlicher Lebensblumen geknickt. Und
das war gut! Jetzt ist's Ruhe; vollkommene Resignation, — ohne Verbissenheit,
ohne Murren. Friede in der Seele und mein Dasein die ernste Vorbereitung
auf dieses Daseins Ende, — auf eines andern Beginn.

Denn etwas muß folgen. Es muß! Ich grüble nicht: was? wie? wo?
Ich harre — und lebe und rege mich, so weit mein Bischen Talent reicht.
Dankbar für jedes kleine Gelingen, für jedes nachsichtige Anerkennen, für jeden
milden Blick, für jedes aufmunternde Wort.

Was will ich mehr, was darf ich mehr wollen? — Gott sey mit Ihnen!
Behalten Sie mich ein Bischen lieb.

                                        Mit treuem Herzen
Gräz 28. Juni 53.   Ihr Holtei.

                                        Gräz 31. Jan. 1854.
        Verehrter Freund!

Von Allen, welche Sie mündlich oder schriftlich versichert haben, oder noch
versichern werden, daß sie sich ihres Successes freuen, hat wohl Keiner die ersten
Berichte über die erste Aufführung der Genoveva, — so nenn' ich sie, quand
même! — mit größerer Spannung erwartet als ich. Freilich war mir die
Wiedertäuferei nicht recht, — aber was wollt' ich machen? Nun ist's denn geschehen, und Sie feiern einen Triumph, trotz mancher Gegnerschaft. Ja, ich
kann ehrlich sagen, daß mir ein übelwollender Artikel in der Presse, vielleicht
der giftigste seiner Gattung, förmlich wohlgethan, weil mitten aus dem feindseligen Dociren heraus eine Naturstimme erklang, die — wenn auch ungern —
eingestehen mußte, daß der Angegriffene ein wahrer Dichter sey! Und darauf
kommt's doch zuletzt einzig und allein an. Alles Uebrige ist Nebenwerk und
relativen Ansichten unterworfen.

Also: Glückauf! und so fort mit Grazie in infinitum.

Mein Exemplar von der Genoveva geht jetzt hier aus einer Hand in die
andre, alle Damen wollen's lesen. Da ich im Monat März wieder einige
Deklamatorisch-Dramatische Rasereien für die protestantische Schule halten muß,
so bin ich schon auf den Gedanken gerathen, Freund Hebbel zwischen Calderon
und Shakespeare zu klemmen! Nur weiß ich noch nicht, wie und ob ich dem
weiblichen Element sein Recht erweisen kann! — In der literar. Gesellschaft,
welche seit Herbst hier besteht, hab' ich vor sechs Wochen den Michel Angelo
mit großem Applause vorgetragen. Es ist von Seiten der Gesellschaft ein

Schreiben an Sie votirt worden, welches alle Mitglieder unterzeichnen wollten; der Entwurf dazu ward auch bereits vorgelegt und nur die Nachläſſigkeit des damit Beauftragten hat die Ausführung bisher verzögert, die ich nicht betreiben durfte, weil es ausgeſehen haben würde, als wäre ich verſeſſen auf das dem Vorleſer nebenbei geſpendete Lob. Nun weiß ich nicht, wie lange ſie noch tröbeln werden! Wenigſtens wiſſen Sie einſtweilen, daß 24 Stück Herzen für Sie ſchlagen.

Empfehlen Sie mich der zur Magellone oktroyirten Genoveva [1]) und behalten Sie wo möglich ein bischen lieb

Den alten

Holtei.

Hiermit iſt die Korreſpondenz zwiſchen Hebbel und Holtei abgeſchloſſen.

Etwas über den formellen Geſchäftsgang des Bundesrats und ſein Heim.

Von

Heinrich v. Poſchinger.

Der Frankfurter Bundestag hatte ſein eignes Palais in der Eſchenheimer Gaſſe, vor dem ein Ehrenpoſten ſtand, der vor den Geſandten ſalutirte. Er hatte ein Heer von Beamten. Der Bundesrat des Deutſchen Reichs tritt äußerlich im Vergleich damit ſehr einfach auf. Er beſitzt kein eignes Palais und läßt ſich eigentlich alles von andern ſtellen. Sein Heim hat er im Reichsamt des Innern, Wilhelmſtraße 74. Daſelbſt ſind ſpeziell zu ſeiner Benutzung eingerichtet: ein Beratungsſaal für die Plenarſitzungen und drei Zimmer für die Ausſchußberatungen. Der nach dem erſten Hof des Reichsamts des Innern belegene Sitzungsſaal war bis zum Jahre 1892 von einer puritaniſchen Einfachheit. In dem Etat des Reichsamts des Innern wurden daraufhin 120 000 Mark zu deſſen würdiger Umgeſtaltung einſchließlich einiger weiteren baulichen Veränderungen in dem Amtsgebäude ausgeworfen.

Die drei übrigen Räumlichkeiten des Bundesrats dienen für die Ausſchußberatungen und liegen nach der Wilhelmſtraße hinaus. Damit ſind die Lokali-

---

[1]) Hebbels Gemahlin Chriſtine, welche die Rolle der Genoveva-Magellona im Burgtheater darſtellte.

täten des Bundesrats in dem Hause Wilhelmstraße 74 erschöpft. Er besitz
kein eignes Lesezimmer, kein Vorzimmer, kein Gemach, um Besuche zu empfangen.

Im neuen Reichstagsgebäude ist für denselben schon besser gesorgt. Im
Südostturm befindet sich der Bundesratssitzungssaal, der, viereckig im Grundriß,
einen Durchmesser von 13:21 Meter hat und gediegene Pracht aufweist, ebenso
wie die zwei an denselben anstoßenden Räume des Bundesrats: ein Vorsaal und
ein Beratungssaal (für die Ausschußverhandlungen). Auch im Zwischengeschoß sind
für den Bundesrat Räumlichkeiten reserviert, welche eine einfachere Ausstattung
aufweisen. [1]

Der Bundesrat hat keine Beamten, welche ausschließlich durch ihn beschäftigt werden; alles, was er gebraucht, wird ihm, wie die Verhältnisse heute
liegen, [2] von Beamten des Reichsamts des Innern besorgt. Beginnen wir mit
den schriftlichen Gegenständen. An den Bundesrat gerichtete Eingaben werden
im Reichsamt des Innern eröffnet; sie gelangen zuerst an die dortigen Referenten,
welche darüber in Gemäßheit der Geschäftsordnung des Bundesrats verfügen.
Alle schriftlichen Arbeiten des Bundesrats, die Herstellung von Metallogrammen,
Reinschriften ꝛc. werden von der Geheimen Kanzlei des Reichsamts des Innern
besorgt, die Druckschriften von der Reichsdruckerei, die Botengänge durch die
Kanzleidiener des Reichsamts des Innern. Für die letzteren ist im Etat eine
Pauschalsumme von 2000 Mark ausgeworfen.

Eine eigne Registratur besitzt der Bundesrat nicht; das Erforderniß einer
solchen, eigne Akten, fehlen. Sämtliche Schriftstücke, die den Bundesrat beschäftigen, gehen, wenn das Reichsamt des Innern dieselben nicht an andre
Aemter abgiebt (zum Beispiel die Zollsachen an das Reichsschatzamt), zu den
Akten des Reichsamts des Innern.

Auch eine eigne Bibliothek besitzt der Bundesrat nicht; die zu seinem dienstlichen Gebrauch erforderlichen Bücher (Gesetzblätter, Reichstags- und Bundesrats-
drucksachen) sind in Schränken in den Ausschußberatungszimmern aufgestellt.

Die Bureaubedürfnisse des Bundesrats werden, soweit dieselben im Hause
Wilhelmstraße 74 erfordert werden, [3] gleichfalls von dem Reichsamt des Innern
gestellt. Nur für die Herstellung der Drucksachen des Bundesrats — einschließlich
des Etats — ist ein eigner Fonds im Etat des Reichsamts des Innern ausgeworfen (gegenwärtig in Höhe von 98 000 Mark).

Zur Ueberwachung der Bureau-Arbeiten des Bundesrats und zur Ent-
gegennahme geschäftlicher Aufträge desselben ist der Bureauvorsteher des Reichsamts des Innern bestellt, der für diese Bundesratsfunktionen eine Zulage zu

---

[1] Näheres findet man in dem Werk M. Rapsilbers: „Das Reichstagsgebäude" S. 45 f.

[2] Von Haus aus besteht kein Grund, warum die regelmäßige Leitung des Bundesrats
nicht auch in die Hände eines andern Staatssekretärs gelegt werden sollte, zum Beispiel
des Schatzsekretärs. Man könnte sich auch einen Reichskanzler denken, der Lust hätte, den
regelmäßigen Vorsitz selbst zu übernehmen.

[3] In den Diensträumen des Bundesrats im Reichstagsgebäude sorgt für diese Bedürfnisse das Bureau des Reichstags.

ſeinem Gehalt in der Höhe von 2700 Mark erhält (Etat des Reichsamts des Innern).

Die Bevollmächtigten zum Bundesrat haben aus der Reichskaſſe keine Bezüge. Die Koſten ihrer Reiſen nach Berlin und ihres Aufenthalts daſelbſt werden von den einzelnen Bundesſtaaten beſtritten. Die Einrichtung, daß die Bevollmächtigten zum Bundesrat für ihre Teilnahme an den Sitzungen Präſenz= gelder erhalten, — wie zum Beiſpiel die Mitglieder der Kaiſerlichen Disziplinar= behörden — beſteht nicht.

Die drei eben genannten Poſten (zuſammen 102 700 Mark) ſind die einzigen, mit denen der Bundesrat den Etat des Reichs belaſtet. Wenn man erwägt, daß der Etat des Reichstags mit 658 190 Mark abſchließt, ſo kann man ſich über die geringen Erforderniſſe jener Verſammlung, in welcher die Souveränität des Deutſchen Reiches ruht, nur wundern.

Die Arbeiten des Bundesrats verteilen ſich auf die Ausſchuß= und die Plenarſitzungen. Den erſteren fällt die vorbereitende Thätigkeit zu.

Von der Gründlichkeit, mit der die Fragen in den Ausſchüſſen des Bundes= rats behandelt werden, kann man ſich ſchwer einen Begriff machen. Daß die Ausſchußſitzungen drei bis vier Stunden dauern, iſt nichts Seltenes. Der Vor= ſitzende eröffnet die Sitzung, bezeichnet den Gegenſtand der Tagesordnung und erteilt dem Referenten das Wort zur Begründung ſeines Vortrags. Im Laufe oder nach Beendigung desſelben erbitten ſich die Vertreter der andern Bundes= ſtaaten von dem Vorſitzenden das Wort. Nach Schluß der Debatte faßt der= ſelbe häufig das Ergebnis derſelben kurz zuſammen und ſchreitet alsdann zur Abſtimmung, die durch Erheben der Hände erfolgt.

Im Frankfurter Bundestag hatte bis zu Bismarcks Eintreffen in Frankfurt der Präſidialgeſandte allein das Vorrecht, in den Sitzungen zu rauchen. In den Bundesratsausſchüſſen giebt es ein ſolches Privilegium des Vorſitzenden nicht. Es raucht, wer will, und es trinkt, wer will, aber, wohlverſtanden, nur Waſſer.

Der Vorſitzende des Ausſchuſſes iſt in der Regel ein höherer preußiſcher oder Reichsbeamter. Daß der regelmäßige Vorſitzende des Bundesrats daſelbſt den Vorſitz übernimmt, erfolgt nur bei beſonders wichtigen Verhandlungen. Bismarck ſelbſt erſchien nur ein einziges Mal im Bundesratsausſchuß bei Be= ratung der Hamburger Zollanſchlußfrage.

Zu den Ausſchußberatungen werden auch die Referenten der Reichsämter zugezogen, in deren Reſſort der betreffende Gegenſtand der Tagesordnung fällt. Es iſt denſelben geſtattet, ſich das Wort zu erbitten, um Aufſchlüſſe zu geben.

Die Ausſchußſitzungen finden nicht an beſtimmten Tagen ſtatt, ſondern ſo oft ſich das Bedürfnis dazu herausſtellt. Die Einladung erfolgt durch Karten, welche an jedes in Berlin weilende Mitglied des Bundesrats ergehen und den Gegenſtand der Beratung ſowie Ort und Zeit der Sitzung angeben. Jeder Be= vollmächtigte zum Bundesrat hat das Recht, der Ausſchußſitzung beizuwohnen, auch wenn der durch ihn vertretene Staat nicht in dem betreffenden Ausschuß vertreten ist; im letzteren Fall erscheint er aber nur als Zuhörer und nimmt an den Abstimmungen nicht teil. Bei der Abstimmung im Ausschuß hat übrigens jeder Staat nur eine Stimme. Auch die Ausschußsitzungen finden, wenn der Reichstag versammelt ist, zum Teil im Reichstagsgebäude statt, häufig unmittelbar vor der Plenarsitzung, wenn in derselben bloß mündlich berichtet werden soll. Der Protokollführer des Bundesrats wohnt den Ausschußsitzungen nicht an. Im Grunde ist es zu bedauern, daß die Natur der Ausschußberatungen die Zuziehung eines Stenographen ausschließt. Die Gründe pro und contra zu mancher bedeutsamen Frage fixiert zu haben, würde vielleicht von dauerndem Werte sein. Eine besondere Bewandtnis hat es mit dem sogenannten „diplomatischen Ausschuß". Im wesentlichen besteht derselbe nur auf dem Papier. Seit vielen Jahren hat man von einer Zusammenberufung desselben nichts gehört. Nach der Verfassung wird derselbe aus den Bevollmächtigten der Königreiche Bayern, Sachsen und Württemberg und zwei vom Bundesrat alljährlich zu wählenden Bevollmächtigten andrer Bundesstaaten gebildet. Bayern führt darin den Vorsitz. Nun wird aber die auswärtige Politik des Reichs ausschließlich von dem Reichskanzler beziehungsweise dem Auswärtigen Amt gemacht. Der Vorsitzende des Ausschusses weiß also von der auswärtigen Politik des Reichs nur so viel, als ihm gesagt wird. Fast hat es den Anschein, als ob die ganze Bestimmung in die Verfassung nur aufgenommen wurde, um Bayerns ornamentale Stellung im Reich zu verstärken. Bei Ausbruch des Krieges mit Frankreich machte Bismarck seine politischen Eröffnungen im Plenum des Bundesrats. Der Zweck der Berufung des politischen Ausschusses wird übrigens durch eine andre Maßregel vollständig ersetzt. Um die Regierungen der größeren Bundesstaaten über die auswärtige Politik des Reichs auf dem Laufenden zu erhalten, bekommen die betreffenden Ministerien durch Vermittlung ihrer Berliner Gesandtschaften Abschrift von denjenigen diplomatischen Berichten, deren Kenntnis für dieselben von Interesse sein dürfte. Je besser die Verhältnisse des betreffenden Bundesstaates zum Reiche sind, um so reicher fließt natürlich die betreffende Quelle.

Die Plenarsitzungen des Bundesrats finden regelmäßig im Bundesratssaal, Wilhelmstraße 74, statt. Nur an Tagen, wenn der Reichstag berät, erfolgen die Einladungen nach dem im Reichstag befindlichen Geschäftslokal des Bundesrats. Wenn die Plenarsitzungen auch meist an einem bestimmten Tage (Donnerstag) stattfinden und zu einer bestimmten Stunde (zwei Uhr mit dem akademischen Viertel) beginnen, so hat sich doch eine feste Regel nicht herausgebildet. Entscheidend ist lediglich der Arbeitsstoff, der sich bei dem Vorsitzenden des Bundesrats resp. seinem regelmäßigen Vertreter ansammelt. Die Einladung erfolgt wie bei den Ausschußsitzungen durch Karten. Die Dauer der Sitzungen ist sehr verschieden, je nach der Fülle der Tagesordnung. Es giebt Sitzungen, die kaum eine Viertelstunde in Anspruch nehmen; andre währen drei bis vier Stunden. Der Charakter der Plenarsitzungen des Bundesrats ist naturgemäß von bem ber Reichstagsſitzungen grunbverſchieben. Der Vorſitzenbe eröffnet bie Sitzung mit ber Feſtſtellung bes Protokolls ber letzten Sitzung unb geht alsbann ſofort zu bem erſten Gegenſtanb ber Tagesordnung über. Die letztere wirb gebruckt unb vorher ben Mitgliebern bes Bundesrats überſanbt. Hanbelt es ſich um einen Gegenſtanb, über welchen im Ausſchuß beraten worben war, ſo erteilt ber Vorſitzenbe bem betreffenben Referenten bas Wort zur Bericht- erſtattung.

Delbrück war ein ausgezeichneter Vorſitzenber bes Bundesrats. Die Sitzungen bauerten unter ſeiner Leitung entſchieben länger als in neuerer Zeit, obgleich er von Natur in bienſtlichem wie ſozialem Verkehr kurz angelegt unb Feinb aller unnützen Worte war. Als Vorſitzenbem mag es ihm — wie jebem Dirigenten eines Sitzungskörpers — ja angenehm geweſen ſein, wenn bie Sitzung glatt verlief, aber im freien Worte beeinträchtigt konnte ſich ſicher nie- manb fühlen!

Die Referate wurben ausnahmslos mündlich erſtattet. Verleſen wurben nur jene Voten, auf beren genaue Konſtatierung im Protokoll bie betreffenben Regierungen einen Wert legten.

Ueberflüſſige ober kampfesluſtige Reben gab es zu Delbrücks Zeit nicht. Es vollzog ſich alles in Ruhe im Rahmen ſtrenger Sachlichkeit. Auf allen Seiten war bas Beſtreben vorhanben, an ber Feſtigung bes geeinten Reichs auf ber gegebenen Grunblage mitzuwirken.

Der Bundesrat tritt, abgeſehen von ſeinen geſchäftlichen Zuſammenkünften unb von beſonbern Anläſſen, in corpore nur auf bei ber feierlichen Eröffnung bes Reichstags im Weißen Saale, bei ber Gratulation zu Kaiſers Geburtstag unb bei bem an bieſem Tage ſtattfinbenben Feſtmahl bes Staatsſekretärs bes Innern. Sämtliche in Berlin regelmäßig anweſenben unb bie zu bieſem Tage eigens nach Berlin gereiſten Bevollmächtigten zum Bundesrat vereinigen ſich an bieſem Tage um vier Uhr zum Diner bei ihrem regelmäßigen Vorſitzenben. Nur bie als Geſanbte beglaubigten Mitglieber bes Bundesrats ſchließen ſich aus, inbem ſie an bem gleichzeitig bei bem Reichskanzler ſtattfinbenben Feſtmahl teilnehmen.

Die lebendige Substanz.

Von

O. Bütschli, Heidelberg. [1])

Wenn dem Naturforscher die Aufgabe gestellt wird, eine Versammlung von Damen'und Herren durch einen einstündigen populären Vortrag zu unterhalten und zu belehren, so bereitet ihm die Wahl eines geeigneten Gegenstandes erhebliche Schwierigleiten. Während der Historiker, der Kunstforscher, ja der Philosoph einen in vieler Hinsicht vorbereiteten Boden finden, auf dem sie weiter bauen können, gilt dies für den Naturforscher und insbesondere den Biologen, der sich mit den Erscheinungen der lebenden Welt beschäftigt, nur in sehr beschränktem Maße. Nicht daß sein Gegenstand es verböte oder unmöglich machte, ihn einem größeren Publikum, auch ohne ausgedehntere Vorkenntnisse, klar darzulegen — die Schwierigkeit liegt vielmehr darin, daß hierzu die kurze Zeitspanne eines Vortrags nicht ausreicht, indem Klarheit und Leichtverständlichkeit erfordern, daß der Vortragende möglichst wenig voraussetzt und daher auch die einfacheren Thatsachen und Begriffe anschaulich erläutert. Dies aber verlangt natürlich ziemlich viel Zeit.

Zwar wäre es wohl möglich gewesen, Sie heute abend mit irgend einer interessanten oder seltsamen Einzelheit aus dem großen Gebiet der Tierwelt zu unterhalten, deren Verständnis vielleicht auf geringere Schwierigkeiten gestoßen wäre. Abgesehen davon, daß diese Dinge meinem eigentlichen Arbeitsgebiet ferner liegen und Sie ein gewisses Anrecht haben, von dem Vortragenden über das Auskunft zu erhalten, in welchem er besondere Erfahrungen besitzt, schien es mir doch auch des Versuchs wert, eine Frage allgemeinerer Bedeutung vor Ihnen aufzurollen, eine Frage, die mit dem innersten Kern alles Lebendigen aufs engste verknüpft ist und die daher den denkenden und forschenden Menschen, in dessen Geist die lebendige wie die tote Welt sich wiederspiegeln und zu geistigem Verständnis gelangen, ganz hervorragend interessieren muß.

Lebende Substanz, werden sich manche von Ihnen gefragt haben, was ist dies? Was soll dies heißen? Nun, die Schwierigleiten einer Verständigung hierüber sind nicht gar zu groß.

Unter lebendiger Substanz verstehen wir die Substanz derjenigen Bestandteile der lebenden Wesen oder Organismen, die wir als die wirklich lebenden betrachten müssen. Denn nicht alle Teile, welche einen höheren Organismus zusammensetzen, sind wirklich lebendige; manche, die zum Schutz oder als stützende

---

[1]) Ein in etwas erweiterter Form in der Loge Carl zu Frankfurt a. M. im März 1896 gehaltener Vortrag.

Gebilde von dem Körper hervorgebracht werden, ſind nicht lebendig, ſondern, wie geſagt, nur Erzeugniſſe der eigentlich lebenden Teile.

Es liegt mir hier fern, auf den philoſophiſchen Begriff Subſtanz einzugehen; für unſre Zwecke genügt, daß wir uns unter lebender Subſtanz den Träger derjenigen Erſcheinungen, die wir an den wirklich lebenden Teilen wahrnehmen, vorſtellen, wie wir uns in gleicher Weiſe vorſtellen, daß der Gruppe von Erſcheinungen, die wir an irgend einem nicht lebendigen Körper, zum Beiſpiel dem Waſſer oder dem Golde, wahrnehmen, eine ſolche Subſtanz, als Träger dieſer Eigenſchaften, zu Grunde liege. Ob dieſe Auffaſſung philoſophiſch ganz haltbar und richtig iſt, ſoll, wie geſagt, hier nicht näher unterſucht werden.

Nun müſſen wir uns aber wohl fragen: beſteht denn überhaupt ein ſolcher Zuſammenhang zwiſchen der Subſtanz der lebendigen Teile eines Organismus und ſeinen Lebenseigenſchaften und Thätigkeiten, wie wir einen derartigen Zuſammenhang bei nicht lebenden Körpern annehmen; das heißt: ſind die Eigentümlichkeiten und Thätigkeiten der lebendigen Subſtanz in derſelben Weiſe Eigenſchaften dieſer Subſtanz, als wir annehmen? daß die beſonderen Eigentümlichkeiten von Waſſer und Gold Eigenſchaften derjenigen Subſtanzen ſind, die eben dem Waſſer und dem Golde zu Grunde liegen?

Eine kleine Betrachtung zeigt, daß man einen derartigen Zuſammenhang zwiſchen lebendiger Subſtanz und den ihr zukommenden Lebensthätigkeiten durchaus nicht ſtets zugegeben hat, das heißt, daß man die beſonderen Eigenſchaften der lebendigen Teile nicht aus den Beſonderheiten ihrer Subſtanz herleitete, ſondern umgekehrt verfuhr. Dies lehren uns ſchon die alten Schöpfungsſagen, in welchen die Entſtehung eines lebendigen Körpers dadurch gedacht wird, daß ein lebloſer, aus unbelebtem Stoff beſtehender Körper durch den Zutritt des „lebendigen Odems" in einen lebenden umgeſchaffen werde. Hier iſt es alſo ein Lebensprinzip oder eine Lebenskraft, wie man ſpäter ſagte und jetzt noch ſagt, welches die tote Subſtanz in lebendige verwandelt. Nach einer ſolchen Anſchauung können alſo auch die Lebensthätigkeiten nicht aus den beſonderen Eigentümlichkeiten der lebendigen Subſtanz entſpringen; vielmehr muß die beſondere Lebensthätigkeit oder Kraft, die den Organismen mitgegeben iſt, ihrerſeits die Beſonderheiten der lebendigen Subſtanz hervorrufen.

Der Gegenſatz, der ſich in dieſen beiden Anſchauungsweiſen offenbart, hat ſeit jenen alten Zeiten angedauert und dauert auch heute noch fort. — Vor noch nicht langer Zeit war die Meinung ganz allgemein anerkannt, daß die beſonderen chemiſchen Stoffe, die wir im lebendigen Organismus finden, nur in ihm hervorgebracht werden könnten. Erſt die Errungenſchaften der ſo gewaltig aufblühenden Chemie unſers Jahrhunderts haben die Anſicht, daß die Stoffe der Organismen ausſchließlich durch die Lebenskraft erzeugt werden könnten, gründlich zerſtört. Wöhlers folgenſchwere Entdeckung (im Jahre 1828), daß der im Lebensprozeß höherer Tiere als Ausſcheidungsprodukt ſo wichtige Harnſtoff auch künſtlich aus Stoffen hergeſtellt werden kann, die der nicht lebenden Welt entnommen ſind, hat die Bahn geöffnet. Den zahlreichen chemiſchen Stoffen des

Organismus, welche die Chemie seitdem künstlich, synthetisch dargestellt hat, wurden neuerdings auch die Zuckerarten zugesellt. Und wenn auch noch manche, ja gerade die kompliziertesten Stoffe im chemischen Laboratorium vorerst nicht erzeugt werden können, so wird doch kein kritischer Kopf mehr die Unmöglichkeit einer solchen Darstellung behaupten wollen.

Die beiden gegensätzlichen Anschauungen über den Zusammenhang zwischen der lebenden Substanz und den Lebensthätigkeiten bestehen, wie gesagt, auch heute noch und werden vielleicht immer bestehen. Man bezeichnet diejenige, welche den eigentlichen Kern und die Ursache der Lebensthätigkeiten und daher auch der Besonderheiten der lebendigen Substanz in einer ganz besonderen Eigentümlichkeit oder Kraft sucht, die den lebenden Körpern ausschließlich zukomme, den nichtlebenden dagegen fehle, als Vitalismus. Die zweite dagegen, welche eine solche Annahme nicht für notwendig hält und daher die Lebenserscheinungen als Ausfluß der Besonderheiten der lebenden Substanz erachtet, wäre wohl als Materialismus oder Mechanismus zu bezeichnen, wenn diese Benennung auch nicht in jeder Hinsicht korrekt ist.

Lassen Sie uns jedoch nach diesen allgemeinen Erörterungen die lebende Substanz etwas genauer betrachten. — Untersuchen wir die Organismen unsrer Erdoberfläche, so finden wir sie zusammengesetzt aus kleinen kugeligen oder sonstwie geformten Gebilden, welche in Unzahl den Körper der Pflanzen und Tiere aufbauen und welche man gemeinhin die Zellen nennt. Obgleich diese nicht völlig voneinander getrennt sind, sondern in der Regel durch feine Fortsätze zusammenhängen, ist es dennoch richtig, was man, seit die zellige Zusammensetzung festgestellt wurde, häufig behauptet hat, daß die gesamte Lebensthätigkeit eines solchen Organismus aus dem Zusammenspiel der Einzellebensprozesse seiner mehr oder weniger selbständigen Zellen hervorgehe.

Neben dieser Mehrzahl der Pflanzen und Tiere giebt es jedoch noch eine große Menge kleiner Organismen, die nichts weiter sind als einfache solche Zellen. Wenn daher der Satz richtig ist, daß das Leben der vielzelligen höheren Organismen aus dem Zusammenspiel der Lebensthätigkeiten ihrer einzelnen Zellen hervorgeht, so müssen gerade diese einfachsten, nur einzelligen Organismen besonders geeignet sein, die Lebensthätigkeit der einfachen Zellen zu studieren und danach auch die schwerer zugänglichen und verwickelteren Erscheinungen der höheren Organismen zu beurteilen. Es gilt dies um so mehr, als es in der Regel sehr schwer ist, einzelne, aus dem Zellverbande eines höheren Organismus herausgelöste Zellen längere Zeit lebendig zu erhalten.

Zeigt sich nun in diesem Aufbau aller Organismen aus Zellen eine sehr große Uebereinstimmung alles Lebendigen, so geht diese noch viel weiter, wenn wir unsern Blick nun auf die Zelle selbst und ihren Bau richten. Trotz aller erstaunlichen Mannigfaltigkeit, die in Form und sonstigen Einzelheiten vorhanden ist, kehrt doch überall, bei Pflanzen wie Tieren, bei einzelligen wie mehrzelligen, der gleiche Aufbau wieder. Ueberall finden wir die Zelle aus zwei in einem gewissen Gegensatz stehenden Bestandteilen oder Organen, wenn Sie

ſo wollen, aufgebaut, von welchen man denjenigen Teil, der in der Regel die
Hauptmaſſe, alſo den eigentlichen Zellenleib, bildet und daher den andern Be-
ſtandteil in ſich einſchließt, als das Protoplasma bezeichnet, den zweiten
dagegen, der im Protoplasma als ein meiſt rundlicher Körper enthalten iſt, als
den oder die Kerne, da er zuweilen auch in Mehrzahl auftritt.

Zellen, welchen der Kern fehlt, wie man ſie lange Zeit als die einfachſten
und urſprünglichſten annahm, hat die neuere Forſchung nicht anerkannt; im
Gegenteil ſcheint bei den einfachſten der Kern durch ſeine Größe beſonders ausgezeichnet. Dieſer allerorts in der Zelle wiederkehrende Gegenſatz der beiden
Teile lehrt allein ſchon die große Bedeutung dieſer Thatſache für das Zuſtandekommen der Lebenserſcheinungen.

Die ſtete Wiederkehr dieſes Verhältniſſes, ſowie die direkten Nachweiſe,
welche auf experimentellem Wege dafür erbracht worden ſind, daß jeder dieſer
Beſtandteile der Zelle für ſich, ohne den andern, nicht weiter zu leben vermag,
zeigen an, daß gerade die Wechſelwirkung des Protoplasmas und des Kerns
eine Bedingung der Lebensprozeſſe der Zelle und des Lebens überhaupt iſt. In
dem Stoff dieſer beiden Beſtandteile der Zelle haben wir daher die lebende
Subſtanz zu ſuchen, was wir nun gleich unternehmen wollen, indem wir mit der
Betrachtung des ſogenannten Protoplasmas beginnen.

Der Leib der Zelle, abgeſehen von dem oder den Kernen, iſt, wie ſchon
geſagt, dieſes Protoplasma. Wir müſſen aber doch noch etwas genauer unterſcheiden. Der Zellenleib kann nämlich noch eine Menge ſehr verſchiedenartiger
Dinge einſchließen. Einmal nichtlebendige Produkte verſchiedener Art, die er
hervorgebracht hat, Flüſſigkeitstropfen und feſte Stoffe, Nahrungskörper, die er
aufgenommen hat, und auch gewiſſe kleine Körperchen, häufig in ſehr großer
Zahl und Mannigfaltigkeit, denen man vielleicht wirkliche Anteilnahme an den
Lebensvorgängen zuſchreiben muß. Sehen wir aber von allen dieſen Dingen ab,
welche das Protoplasma in ſich führt und enthält, ſo bleibt eine Grundmaſſe
oder Grundſubſtanz, in welcher alle dieſe Einſchlüſſe eingebettet ſind, und dieſe
Grundmaſſe iſt es eben, die wir als das Protoplasma bezeichnen. Wie iſt nun dieſe
Grundſubſtanz beſchaffen? Auch ſie zeigt wieder eine auffallende Gleichmäßigkeit
ihrer Eigenſchaften durch die geſamte Organismenwelt. In ihrer phyſikaliſchen
Beſchaffenheit dürfen Sie ſich dieſelbe denken als einen in der Regel zähflüſſigen Schleim, der jedoch auch oberflächlich oder ſonſt ſtellenweiſe erhärten
und feſt werden kann und der ſich mit Waſſer nicht miſcht. Er iſt farblos und
zeigt eine Reihe weiterer Beſonderheiten, die auf ſeiner ſtofflichen Zuſammenſetzung beruhen, wie gleich erörtert werden ſoll.

Fragen wir nach dieſer ſtofflichen Zuſammenſetzung der protoplasmatiſchen
Subſtanz, ſo iſt vor allem ihr großer Gehalt an Waſſer hervorzuheben, der bis
zu 80 Prozent und mehr beträgt. Worauf dieſer große Waſſergehalt zum Teil
beruht, werden wir gleich noch näher erfahren. Beſonders wichtig erſcheint jedoch
die Thatſache, daß er für die Lebenserſcheinungen durchaus notwenig iſt, was
namentlich jene Organismen und Zellen (Rädertierchen, gewiſſe Würmer, Pflanzen-

samen, Einzellige im Ruhezuſtand) lehren, die man ſtark austrocknen kann, wobei
ſie nicht ſterben, jedoch in eine Art Scheintod verfallen, aus dem ſie durch Zu=
fuhr von Waſſer wieder zu neuer Lebensthätigkeit erweckt werden. Abgeſehen
von dem Waſſer nun beſteht das Protoplasma aus ſehr verwickelt zuſammen=
geſetzten organiſchen Stoffen, den ſogenannten Eiweißſtoffen, die ſich aus Kohlen=
ſtoff, Waſſerſtoff, Sauerſtoff, Stickſtoff und Schwefel aufbauen und von denen Sie
einen Typus in dem Eiweiß des Hühnereis kennen, das allen dieſen Stoffen
den Namen gegeben hat. Neben den eigentlichen Eiweißſtoffen hat die neuere Wiſſen=
ſchaft auch noch verwandte Stoffe im Plasma und namentlich auch den Kernen
nachgewieſen, die phosphorhaltig ſind und als Nucleïne bezeichnet werden. —
Alles nun aber ſpricht dafür, daß dieſe Stoffe, wie wir ſie aus dem getöteten
Organismus darzuſtellen vermögen, nicht mehr diejenigen ſind, welche im lebendigen
Protoplasma ſich finden, ſondern Zerſetzungsprodukte, wie ſie beim Tode un=
vermeidlich auftreten; denn um irgend einen Stoff aus dem Protoplasma der
Zellen zu gewinnen, iſt es eben unvermeidlich, ſie zuvor zu töten. Es hat daher
auch eine gewiſſe Berechtigung, von den lebenden Eiweißſtoffen des lebendigen
Protoplasmas zu ſprechen, das heißt derjenigen wohl noch komplizierter zuſammen=
geſetzten Form, in welcher dieſe Stoffe in der lebenden Subſtanz des Proto=
plasmas ſich finden.

Iſt nun dieſes Protoplasma eine gleichmäßige, zähflüſſige Subſtanz, etwa
wie eine dicke Gummilöſung, oder zeigt es noch eine feinere Zuſammenſetzung?
Dies iſt eine Frage, welche in neuerer Zeit die Forſcher viel beſchäftigte und
deren Studium ich auch viele Zeit und Mühe gewidmet habe. Es iſt nun
ganz unmöglich, Sie hier mit den ſich heftig widerſprechenden Anſichten über
dieſen Gegenſtand zu beläſtigen; ich kann nur ſo viel bemerken, daß ſolch eine
feinere Zuſammenſetzung oder eine Struktur, wie man ſich auszudrücken pflegt,
wenigſtens für das allermeiſte Protoplasma allgemein zugegeben wird. Ich er=
kläre dieſe Struktur, auf Grund meiner Erfahrungen, als eine ſchaumige; das
heißt, denken Sie ſich das Protoplasma wie einen äußerſt feinen Seifen= oder
Bierſchaum, deſſen einzelne Hohlräume meiſt $^1/_{1000}$ Millimeter nicht übertreffen.
Die Wände der Schaumbläschen ſind von der zähflüſſigen, aus den lebendigen
Eiweißſubſtanzen beſtehenden Maſſe gebildet, ihr Inhalt dagegen iſt weſentlich
Waſſer, das mancherlei Gelöſtes enthält. Alle die verſchiedenartigen feinen
Strukturen, welche man in dem Protoplasma da und dort beobachtet hat, laſſen
ſich, meiner Anſicht nach, aus dieſem Bau durch Abänderung erklären und ver=
ſtehen.

Laſſen Sie uns nun einen Blick auf die Lebensthätigkeiten werfen, welche die
ſeither geſchilderte protoplasmatiſche Subſtanz auszuführen im ſtande iſt, wobei
wir uns, der Einfachheit wegen, natürlich auf die einfachſten Erſcheinungen be=
ſchränken und diejenigen beiſeite laſſen, welche bei den höheren Organismen aus
dem Zuſammenwirken der zahlreichen Zellen hervorgehen. Die Erörterung dieſer
Lebenserſcheinungen wird jedoch auch gleichzeitig die Unterſchiede deutlich hervor=
treten laſſen, welche zwiſchen belebten und unbelebten Körpern beſtehen.

Die Lebenserſcheinungen hängen nun näher mit der teils phyſikaliſchen, ſchon erörterten Beſchaffenheit der lebendigen protoplasmatiſchen Subſtanz zuſammen, teils ſtehen ſie mit ihrem beſonderen chemiſchen Aufbau in innigem Zuſammenhang.

Eine wichtige Eigenſchaft iſt die ſogenannte Quellbarkeit, das heißt die Eigentümlichkeit, daß das Protoplasma je nach Umſtänden mehr oder weniger Waſſer aufnehmen oder abgeben kann und auf dieſe Weiſe an- oder abzuſchwellen vermag. Obgleich dieſe Eigenſchaft nicht ausſchließlich der lebenden Subſtanz zukommt, vielmehr, wie Ihnen hinlänglich bekannt iſt, auch unbelebten Körpern, zum Beiſpiel Leim, Stärke und anderen, ſo iſt ſie doch zweifellos von beſonderer Wichtigkeit für die Lebensvorgänge in der lebendigen Subſtanz und ſteht in innigſtem Zuſammenhange mit dem hohen, ſchon oben betonten Waſſergehalt. Dieſe Quellungsfähigkeit ſteht nun wohl in ganz direkter Beziehung mit dem Ihnen vorhin dargelegten feinſchaumigen Bau des Protoplasmas. Die wäſſerige Flüſſigkeit, welche die unzähligen feinen Hohlräumchen erfüllt, kann ſich unter gegebenen Verhältniſſen durch Eindringen von äußerem Waſſer vermehren oder umgekehrt vermindern, und auf dieſem Wege kann der Umfang oder das Volumen einer gewiſſen Menge lebendiger Subſtanz ſich vergrößern oder verringern. Dieſe Fähigkeit der lebenden Subſtanz, Waſſer aufzunehmen und abzugeben, welches Waſſer die Subſtanz in den zahlloſen, von ihm erfüllten Hohlräumchen ganz durchdringt, müſſen wir als einen ſehr wichtigen Umſtand bei dem Zuſtandekommen der Lebensprozeſſe erachten; denn, aufgelöſt in dem eintretenden Waſſer, können die mannigfaltigſten Stoffe in das Innere der lebenden Subſtanz eindringen, Stoffe, die zur Ernährung oder ſonſtwie verwendet werden. In gleicher Weiſe können aus der lebendigen Subſtanz Stoffe in gelöſtem Zuſtand austreten.

Mit der phyſikaliſchen Beſchaffenheit der lebendigen Subſtanz in innigſtem Zuſammenhang ſtehen jedenfalls auch die Bewegungserſcheinungen, welche dieſelbe zwar nicht ſtets, aber doch häufig zeigt.

Die einfachſte Art dieſer Bewegungserſcheinungen iſt ein Fließen oder Strömen, das, wenn energiſcher auftretend, zur Bildung von Fortſätzen und zu wirklichen Ortsbewegungen führen kann. Es würde hier zu weit führen, genauer auf dieſe Bewegungen und ihre bis jetzt noch ſehr unzulänglichen Erklärungsverſuche einzugehen. Eine zweite Form der Bewegung iſt die ſogenannte Kontraktion, das heißt eine raſchere oder langſamere Verkürzung der Subſtanz in einer Richtung mit einer entſprechenden Verbreiterung in den darauf ſenkrechten Richtungen. Es iſt dies jene Bewegungsform der protoplasmatiſchen Subſtanz, welche in den Muskelzellen des Fleiſches wirkſam iſt und die Bewegungen aller höheren Tiere hervorruft. Ihr Zuſtandekommen ſcheint jedoch ſtets an das Vorhandenſein eigentümlicher und beſonderer faſeriger Bildungen innerhalb der lebendigen Subſtanz geknüpft zu ſein. Es unterliegt keiner Frage, daß die erwähnten Bewegungsvorgänge mit chemiſchen Prozeſſen innigſt verbunden ſind und daher von dieſen in letzter Linie hervorgerufen werden.

Betrachten wir nun diejenigen Eigentümlichkeiten und Lebensäußerungen der protoplasmatischen Substanz, welche mit ihrem stofflichen oder chemischen Aufbau direkt zusammenhängen.

Zunächst wäre hier ihrer leichten Veränderlichkeit und Zerstörbarkeit zu gedenken. Es genügt, sie über eine meist wenig hohe Temperatur von ca. 40—50° C. zu erhitzen, um sie bleibend zu verändern, sie zu töten. Ausnahmen, wo diese Temperatur höher liegt, sind zwar bekannt, und im allgemeinen scheint die Substanz um so höhere Temperaturen zu ertragen, je wasserärmer sie ist. Starke Kälte drückt zwar die Lebensthätigkeiten auf ein Minimum herab, wirkt aber viel weniger töblich. Ebensoleicht ist aber die lebendige Substanz sowohl durch mechanische Eingriffe, Druck und Schlag, als durch chemische zu töten. Diese leichte Zerstörbarkeit können wir bis zu einem gewissen Grad verstehen, wenn wir uns daran erinnern, daß es die sogenannten Eiweißstoffe und ihre Verwandten sind, die das Gerüst der protoplasmatischen Substanz aufbauen. Alle diese Stoffe sind besonders leicht veränderlich, namentlich auch durch Hitze, indem eine wässerige Auflösung in der Hitze zu einem festen, unlöslichen Körper gerinnt, wie Sie ja von dem gewöhnlichen Eiweiß des Hühnereies wissen. Aehnlich wirkt auch der Zusatz zahlreicher chemischer Stoffe. Zudem haben wir jedoch, wie schon früher betont wurde, allen Grund, anzunehmen, daß die eiweißartigen Stoffe, die sich in der lebenden Substanz finden, noch viel zersetzlicher und veränderlicher sind als jene, welche wir aus der toten Substanz gewinnen können.

Zu dieser Ansicht werden wir nun aber weiter gedrängt, wenn wir sehen, daß die lebendige protoplasmatische Substanz in Hinsicht auf ihre stoffliche Zusammensetzung nichts Dauerndes und Bleibendes ist, wie etwa ein nichtbelebter Körper unter gewöhnlichen Verhältnissen. Nein! Unter den Einflüssen der umgebenden Welt, insbesondere unter der Einwirkung des Sauerstoffs der Luft oder des im Wasser aufgelösten Sauerstoffs, unterliegt die lebende Substanz fortdauernder chemischer Zersetzung. Damit dieser Zersetzungsprozeß mit einer gewissen Lebhaftigkeit geschehe, bedarf es eines gewissen Wassergehalts und einer gewissen Temperatur; wird beides weggenommen, so sinkt der Zersetzungsvorgang auf ein Minimum herab. Ob er zwar ganz aufhören kann, ohne daß die lebendige Substanz als solche zerstört wird, darf wohl noch nicht als ganz entschieden betrachtet werden.

Infolge dieses Zersetzungsprozesses der lebendigen Substanz können im Protoplasma zahlreiche Stoffe in gelöster oder fester Form auftreten, welche bei diesen Zersetzungsvorgängen entstehen. Schließlich aber sehen wir, daß die Elemente der zersetzten Substanz, Kohlenstoff, Wasserstoff, Sauerstoff und Stickstoff, in Form von Kohlensäure, Wasser und gewissen stickstoffhaltigen Stoffen ausgeschieden werden. Wäre nun nicht dafür gesorgt, daß diesem Zersetzungsprozeß etwas entgegenwirkt, so müßte sich die lebendige Substanz bald völlig verzehren wie eine Flamme, die von einem beschränkten Quantum Oel gespeist wird.

Nun ist aber die lebendige Substanz nicht nur im stand, sich zu zersetzen und zu vergehen, sondern sie kann sich umgekehrt auch wieder ersetzen, indem sie sich durch Aufnahme von Stoffen aus der Außenwelt ernährt. Ohne hier auf die noch sehr bildlichen Vorstellungen einzugehen, welche man sich allenfalls von diesem geheimnisvollen · und doch grundlegenden Vorgang zu machen versucht hat, will ich zum leichteren Verständnis nur folgendes bemerken. Sie können sich etwa denken, daß von den maßgebenden eiweißartigen Verbindungen der lebenden Substanz bei der Zerlegung unter dem Einfluß des Sauerstoffs nur gewisse Teile abgetrennt und zersetzt werden, während die übrigbleibenden das Vermögen besitzen, sich aus der aufgenommenen Nahrung wieder zu ihrem früheren Bestand zu ergänzen oder zu regenerieren. Diese Wiederherstellung der lebendigen Substanz aus der aufgenommenen Nahrung vollzieht sich nun aber ganz verschieden bei Pflanzen und Tieren. Bei den ersteren genügt hierzu die Aufnahme von Wasser, Kohlensäure und salpetersauren oder Ammoniaksalzen, welche den Stickstoff beibringen, also von lauter einfachen Stoffen der anorganischen Welt; bei den Tieren dagegen ist die Aufnahme organischer Nahrung nötig, eiweißartiger Verbindungen, nebst Stärke, Zucker und Fetten.

Bei genügender Zufuhr von Nahrung und bei hinreichender Lebenskräftigkeit der lebendigen Substanz vermag sie jedoch nicht nur das Zersetzte wieder herzustellen, ihre Ausgabe zu decken, sondern an Menge selbst zuzunehmen; sie kann eine Ueberbilanz aufweisen, welche dann zu dem Wachstum der Zelle und der Organismen überhaupt führt. Bei den Pflanzen geht dies Vermögen, neue lebende Substanz zu produzieren, viel weiter wie bei den Tieren; Sie brauchen nur zu bedenken, daß die Pflanzenwelt nicht nur sich selbst, sondern gleichzeitig auch die gesamte Tierwelt zu erhalten hat. Die besprochene Erscheinung der anhaltenden Zersetzung innerhalb der lebendigen Substanz und ihrer Wiederausgleichung aus den zugeführten Nahrungsstoffen nennen wir ihren Stoffwechsel, und dieser Stoffwechsel, zusammen mit dem eigentümlichen physikalischen und chemischen Aufbau, ist es denn auch, welcher die lebendige Substanz vor allem und ausreichend von den nichtlebenden Substanzen unterscheidet. Dieser Stoffwechsel liefert aber auch die nötigen Kräfte für die Lebensthätigkeiten, für die Bewegung, die Licht- und Wärme-Entwicklung und ruft, wie betont wurde, auch das Wachstum hervor.

Unsre seitherigen Betrachtungen haben sich ausschließlich mit dem protoplasmatischen Teil der lebendigen Substanz beschäftigt, obgleich wir schon früher fanden, daß der als Kern bezeichnete Teil zweifellos eine ebenso große Bedeutung besitzt, und daß erst aus dem Zusammenwirken der beiden Bestandteile die eigentümlichen Thätigkeiten der lebendigen Substanz entspringen.

Im allgemeinen zeigt der sogenannte Kern oder Nucleus, im Hinblick auf seinen Bau sowohl wie seine stoffliche Zusammensetzung, eine große Aehnlichkeit mit der protoplasmatischen Substanz. Auch er besteht im allgemeinen aus einer Grundsubstanz von schaum- bis gerüstartigem Aufbau, die von ähnlichen Stoffen wie das Gerüst der protoplasmatischen Substanz gebildet wird, jedenfalls aber von ihr durch gewisse Besonderheiten verschieden und von ihr wirklich abgegrenzt ist. In dieser Grundsubstanz eingelagert finden sich stets durch besondere Eigenschaften ausgezeichnete Körperchen, in deren Zusammensetzung, wie in die des Kerns überhaupt, vornehmlich jene phosphorhaltigen Eiweißkörper eingehen, die früher schon erwähnt wurden und die man deshalb auch Nucleine genannt hat, weil sie in dem Kern oder Nucleus eine hervorragende Rolle spielen.

Wenn es nun keinerlei Zweifel unterliegt, daß die Lebensvorgänge in der lebendigen Substanz durch das Zusammenwirken des Protoplasmas und des Kernes bedingt sind, daß keiner dieser Teile für sich ohne den andern lebendig weiter zu existieren vermag, so läßt sich doch vielleicht noch etwas, wenn auch wenig mehr, über dieses Zusammenwirken aussagen. Jedenfalls erscheint der Kern als der beständigere oder stabilere Teil, welcher bei den Zersetzungsprozessen des Stoffwechsels weniger direkt beteiligt ist und in dem daher auch fast nie etwas von den Produkten dieser Zersetzungsprozesse auftritt; letztere finden sich vielmehr fast ausschließlich in dem Protoplasma. Man möchte geneigt sein, dem Kern mehr einen leitenden und dirigierenden Einfluß als eine wirklich thätige Anteilnahme an diesen Vorgängen zuzuschreiben; doch ist alles Nähere darüber noch in tiefes Dunkel gehüllt.

Immerhin steht mit dieser Auffassung der Wechselbeziehungen zwischen Kern und Protoplasma im Einklang, daß auch die neueren Forschungen über die Vermehrung der Zellen und die Fortpflanzung der Organismen überhaupt dazu führten, in dem Kern den stabileren, beständigeren Anteil zu erblicken, dessen Besonderheiten hauptsächlich die sonstigen eigentümlichen Ausbildungsverhältnisse der Zellen und so auch die des gesamten vielzelligen Tier- und Pflanzenorganismus bedingen.

Durch diese Beobachtung kam man denn auch zu der Vermutung, daß es vor allem die besonderen Eigenschaften des Kerns sind, welche es bei der Fortpflanzung bedingen, daß die Eigentümlichkeiten der Nachkommen denen der Eltern entsprechen, das heißt also, daß die Erscheinung, welche man als die Vererbung bezeichnet, vor allem in den besonderen Eigenschaften des Kernbestandteils der lebendigen Substanz begründet ist.

Diese Berührung der Fortpflanzung, eine der charakteristischsten Erscheinungen der lebendigen Substanz, giebt mir noch Veranlassung, zu betonen, daß gerade bei diesem Vorgang die Wechselbeziehungen zwischen Kern und Protoplasma am auffallendsten hervortreten. Auf diese zum Teil recht verwickelten Vorgänge näher einzugehen, verbietet jedoch die knapp zugemessene Zeit. Es genüge daher, zu bemerken, daß der einfachste Vorgang dieser Vermehrung, von dem sich alle komplizierteren herleiten lassen, der der einfachen Zweiteilung ist, wobei jeder der beiden neuen Teile oder Zellen seinen Anteil von Protoplasma und Kern erhält.

Wir stehen am Schlusse dieser Betrachtungen und blicken nun auf die am Beginn aufgeworfene Frage zurück: ob wir berechtigt sind, anzunehmen, daß die Lebensthätigkeiten ein Ausfluß der besonderen Eigenschaften und Einrichtungen der lebendigen Substanz sind, oder ob wir umgekehrt annehmen müssen, daß die besonderen Eigentümlichkeiten dieser Substanz und die Lebenserscheinungen über-

haupt von einem der unbelebten Natur fehlenden Agens, einer besonderen Lebenskraft, wenn wir es so bezeichnen wollen, bedingt werden.

Ich für meine Person schließe mich der ersteren Auffassung als der mir
natürlicher und befriedigender erscheinenden an. Eine Stellungnahme in dieser
Frage auf der einen oder der andern Seite ist ja bei dem heutigen Stand der
Wissenschaft — und wird es vielleicht stets bleiben — eine Sache der Ueberzeugung,
das heißt, die Wissenschaft von den Lebenserscheinungen und ihren Ursachen steht
noch auf einer verhältnismäßig niederen Entwicklungsstufe; trotz aller Forschungen
ist es nur sehr wenig, was von den Lebenserscheinungen einer Erklärung zugänglich ist; ein großer Rest bleibt unerklärt und muß bis auf weiteres so hingenommen werden. Eine Sache des Dafürhaltens, der Wahrscheinlichkeit oder
der Ueberzeugung ist es nun für den einzelnen Forscher, ob er geneigter ist, anzunehmen, daß dieser Rest der unerklärbaren Erscheinungen mit weiterem siegreichem
Vordringen der Wissenschaft immer kleiner werden oder daß es sich schließlich
ergeben wird, daß ein unüberwindlicher Rest verbleibt, der sich mit den in der
unbelebten Welt beobachteten Vorgängen nicht begreifen läßt und daher zwingt,
für die lebende Welt etwas Besonderes anzunehmen, was in der unbelebten nicht
vertreten ist.

Ob es je gelingen wird, diesen Zwiespalt befriedigend zu lösen, etwa durch
künstliches Hervorbringen, wenn auch nicht eines Homunculus, so doch eines
einfachsten Organismus aus unbelebtem Material, dies verbirgt sich im dunkeln
Schoße der Zukunft. Ein ungelöster Rest bleibt jedoch in jeder Wissenschaft,
denn die Frage nach den letzten Gründen ist keiner Wissenschaft zugänglich.
Wer sie gelöst wünscht, muß sich mit einer Annahme oder einer Voraussetzung
begnügen.

Die Astronomie in Schillers „Wallenstein".

Von

Prof. Dr. W. F. Wislicenus.

In seinem Vortrage „über Astrologie" (Basel, 1878) sagt Robert Billwiller
über Schiller und seinen „Wallenstein": „Der große Dichter hat es nicht
verschmäht, seinem Meisterwerk zu Liebe sich tief in die Abgründe der Astrologie
hinabzulassen." Wenn das richtig ist, so würde das heißen, daß Schiller
nicht nur einige astrologische Ausdrücke gelegentlich verwendet hat, um einen
eigentümlichen Charakterzug des historischen Wallenstein auch in seiner Dichtung

zum Ausdruck zu bringen, sondern daß er sich bei seinen astrologischen Angaben
auf thatsächliche Konstellationen und Vorgänge am Himmel stützte. Billwiller
liefert für diese seine Behauptung keinen Beweis, ja er weist sogar auf den
astronomischen Widerspruch hin, welcher in Wallensteins Worten über die Venus

> Ja, sie ist jetzt in ihrer Erdennäh'
> Und wirkt herab mit allen ihren Stärken. (W. T. I., 1.)

liegt und Schillers astronomische Kenntnisse nicht gerade im hellsten Lichte erscheinen läßt. Das würde indessen durchaus nicht die Möglichkeit ausschließen,
daß den astrologischen Angaben Schillers thatsächliche astronomische Vorgänge
zu Grunde liegen, die er vielleicht ohne Hilfe eines Astronomen entweder aus
alten Quellen schöpfte oder an der Hand eines der zahlreichen astrologischen
Lehrbücher selbst berechnete. Da ich infolge gelegentlicher Anfragen an mich
zu der Annahme mich berechtigt glaube, daß eine Entscheidung hierüber für
Litterarhistoriker nicht ohne einiges Interesse ist, so möchte ich in nachstehendem
kurz angeben, zu welchen Schlüssen wir an der Hand astronomischer Berechnungen
geführt werden.

Aber der geneigte Leser erwarte nun nicht, daß ich hier eine ausführliche
Erklärung aller der astrologischen Ausdrücke geben werde, die Schiller in seinem
„Wallenstein" verwendet, denn ich würde dabei nur das zu wiederholen haben,
was an andern Orten schon genügend erörtert ist, und ich brauche in der Beziehung, außer auf den obigen vortrefflichen Vortrag von Billwiller, nur auf
Schriften wie die „Astrologischen Vorträge" von A. Drechsler (Dresden, 1855,
den Abschnitt: „Wallenstein und die Astrologie" in Schleidens „Studien" (Leipzig
1857) und die betreffenden Darlegungen in Rudolphs „Schillerlexikon" (Berlin
1869) zu verweisen. Ich möchte in das Reich meiner Betrachtungen nur solche
Stellen ziehen, welche entweder direkte Angaben über stattfindende Konstellationen
enthalten oder solche zur Voraussetzung haben. Daß es dabei ohne die Darlegung einiger der wichtigsten astrologischen Regeln und Begriffe nicht abgeht,
ist wohl selbstverständlich, aber diese Darlegung ist mehr eine beiläufige und erhebt daher keinen Anspruch auf Vollständigkeit.

Es sind hauptsächlich die erste Scene in „Wallensteins Tod" und dann einige
gelegentliche Angaben im dritten Auftritt des fünften Aufzugs ebenda, welche
uns die erforderlichen Grundlagen zur Anstellung strenger Berechnungen liefern,
aber freilich fehlt dabei eine der wichtigsten, nämlich die Fixierung des Zeit-
punktes, auf welchen sich diese Angaben beziehen. Schiller ist in Bezug auf die
Zeit in seinem Drama ziemlich willkürlich verfahren, denn das „Lager" spielt
einen Tag vor dem Gastmahl in Pilsen, die „Piccolomini" an diesem Tage und
der „Tod" an den beiden folgenden Tagen. Nun fand das Gastmahl zu Pilsen
am 13. Januar und Wallensteins Ermordung am 25. Februar 1634 statt; die
für uns wichtigste Scene zwischen Wallenstein und Seni findet in der Morgendämmerung nach dem Gastmahl (also streng genommen am Morgen des
14. Januar) statt, wie aus Piccolomini III. 1. unzweideutig hervorgeht. Die

historischen Zeitangaben und die der Dichtung sind unvereinbar, wenn wir wirklich an dem Datum des Gastmahles zu Pilsen festhalten. Nun ließ aber Wallenstein am 20. Februar noch einmal seine Generale und Obersten nach Pilsen kommen, um ihnen einen Revers auszustellen, daß er nichts gegen den Kaiser unter= nehmen wolle, und wenn wir nun annehmen, daß Schiller sich die poetische Licenz gestattet habe, das Gastmahl zu Pilsen mit dieser zweiten Zusammenkunft der Wallensteinschen Offiziere zu identifizieren, so stimmen die Zeitangaben des Dramas fast genau mit den historischen überein. Danach hätten wir dann die erste Scene im „Tod" in die Morgendämmerung des 21. Februar zu setzen, und da aus derselben unzweifelhaft hervorgeht, daß in der Nacht vom 20. auf den 21. Februar von Wallenstein und Seni ein sogenanntes Augenblicks=Horoskop gestellt ist, ein solches aber für eine bestimmte Stunden= und Minutenangabe geschehen muß, für welche letztere sich kein Anhalt bietet, so werden wir dafür wohl am besten Mitternacht annehmen. Haben wir so eine Zeitangabe für die astronomisch wichtigste Stelle nur unter Zuhilfenahme von Hypothesen erhalten, so sind wir für die zweite derartige Stelle (Tod, V., 3.) weit besser daran, da wir sie einfach in die Nacht, die dem 25. Februar folgte, zu versetzen haben und einer genaueren Zeitangabe nicht bedürfen. Um besonders den ersten der so fixierten Momente hier verwerten zu können, müssen wir ganz kurz die astro= logischen Regeln zur Aufstellung eines Horoskops erörtern.

Das ganze Lehrgebäude der Astrologie ruht auf der Grundanschauung, daß die Erde der Mittelpunkt der Welt sei, und wir werden die astrologischen Regeln daher am einfachsten erklären können, wenn wir von dieser irrigen Meinung ausgehen. Die oberflächlichste Betrachtung des Himmels lehrt, daß alle Gestirne eine gemeinsame Bewegung haben — die „erste" oder „tägliche" genannt — in= dem sie im Osten aufgehen, sich am Himmel erheben bis zu einer für jedes Gestirn besondern, höchsten Höhe über der Ebene, auf welcher der Beobachter steht (der „Horizontebene"), und dann im Westen herabsinken. Die dabei von den Gestirnen beschriebenen Bahnen verlaufen alle parallel, aber nicht alle be= rühren den Horizont, das heißt jene Kreislinie, in welcher das Himmelsgewölbe die Horizontebene zu berühren scheint. Eine genauere Beobachtung zeigt, daß eine ganze Anzahl Sterne nicht unter den Horizont hinuntersinkt, sondern daß dieselben oberhalb des Horizontes teils größere, teils kleinere Kreise um einen gemeinschaftlichen Mittelpunkt beschreiben, den Pol des Himmels. Auch die andern Sterne bewegen sich in Kreisen um diesen Pol, doch liegt immer ein Stück dieser Kreisbahnen unter dem Horizont, und je weiter wir uns vom Pol entfernen, desto größer wird dasselbe auf Kosten jenes Teiles der Bahnen, der über dem Horizont liegt, bis wir schließlich zu einem Stern kommen, der genau ebenso lange über wie unter dem Horizont verweilt, das heißt, dessen Bahn durch die Horizontebene in Hälften zerlegt wird. Diese Bahn nennt man den „Gleicher" oder den „Aequator" des Himmels, weil ihre Ebene die scheinbare Himmelskugel in Hälften zerlegt. Der Aequator schneidet den Horizont im Ost= und Westpunkte, während eine durch den Pol senkrecht zu den Ebenen des

Aequators und des Horizonts gelegte Ebene — die sogenannte „Meridianebene" des Ortes — den Horizont im Nord- und Südpunkte schneidet.

Bei fortgesetzter Betrachtung bemerkt man bald, daß die Sonne außer der allgemeinen täglichen Bewegung noch eine andre hat, indem sie langsam von Westen nach Osten unter den Gestirnen vorrückt und im Verlaufe eines Jahres eine Kreisbahn am Himmel vollendet. Diese — die sogenannte „Ekliptik" — ist gegen den Himmelsäquator um einen Winkel von $23\frac{1}{2}^0$ geneigt und schneidet denselben in zwei einander gegenüberliegenden Punkten, die man als „Frühlings- und Herbst-Tag- und Nachtgleichenpunkte" bezeichnet, weil für die ganze Erde Tag und Nacht gleich lang sind, wenn die Sonne in einem dieser beiden Punkte steht. Um nun den Stand der Sonne für einen beliebigen Zeitpunkt zu bestimmen, mißt man den Bogen auf der Ekliptik, der zwischen dem Frühlings-Tag- und Nachtgleichenpunkte und dem Ort der Sonne liegt, wobei man die ganze Ekliptik in 360 Grad (und 1^0 wieder in 60 Bogenminuten) einteilt und die Zählung vom Frühlingspunkt beginnend, in der Richtung von Westen nach Osten vornimmt. Man teilt aber auch die Ekliptik in 12 gleich große Bögen ein, von denen also jeder 30^0 umfaßt, welchen man Namen von benachbarten Sternbildern und besondere Zeichen beigelegt hat, und bestimmt den oben erwähnten Bogen zwischen Sonne und Frühlingspunkt, die sogenannte „Länge" der Sonne, nach dem Bogen von 30^0 oder, wie man diese Bogen bezeichnet, nach dem „himmlischen Zeichen", in welchem die Sonne steht. Diese „himmlischen Zeichen", ihre Namen und Stellungen auf der Ekliptik lehrt die folgende kleine Tabelle:

♈	= Widder	0^0— 30^0	♎	= Wage	180^0—210^0
♉	= Stier	30 — 60	♏	= Skorpion	210 —240
♊	= Zwillinge	60 — 90	♐	= Schütze	240 —270
♋	= Krebs	90 —120	♑	= Steinbock	270 —300
♌	= Löwe	120 — 150	♒	= Wassermann	300 —330
♍	= Jungfrau	150 —180	♓	= Fische	330 —360

Aehnliche Bahnen wie die Sonne wandeln nun auch Mond und Planeten am Himmel, nur daß diese Bahnen nicht genau mit der Ekliptik zusammenfallen, sondern in Kreisen vor sich gehen, die gegen jene etwas geneigt sind, doch niemals so stark, daß sich diese Gestirne sehr weit von der Ekliptik entfernen. Um deren Orte am Himmel zu bestimmen, verfährt man ähnlich wie bei der Sonne, das heißt, man giebt die „Länge" (entweder in Graden oder mit Hilfe der himmlischen Zeichen) des betreffenden Gestirnes an, also den Bogen, um welchen man vom Frühlingspunkte auf der Ekliptik nach Osten zu vorrücken muß, um bis zu einem Punkte zu gelangen, in welchem nun zwar das Gestirn nicht selbst steht, sondern von dem aus man senkrecht zur Ekliptik nach Norden oder Süden um einen zweiten Bogen — die sogenannte „nördliche" oder „südliche Breite" — vorgehen muß, um auf das betreffende Gestirn zu stoßen. Diese „Längen" und „Breiten" von Sonne, Mond und Planeten ändern sich nun beständig, und zwar beim Monde am schnellsten, da er die Ekliptik in nur etwa 27 Tagen und

8 Stunden durchläuft, während die Sonne dazu ein Jahr braucht, und die Planeten, bald vor- bald rückwärtslaufend, die einzelnen Teile der Ekliptik mit sehr verschiedener Geschwindigkeit durcheilen. Von diesen letztern waren übrigens bis zum Ende des vorigen Jahrhunderts nur die fünf hellsten bekannt, und diese bildeten mit Sonne und Mond zusammen die sieben Wandelsterne nach der alten Anschauung, von denen jeder sein besonderes Zeichen erhielt, die man auch heute noch verwendet; dieselben sind ☾ für den Mond, ☿ für den Merkur, ♀ für die Venus, ☉ für die Sonne, ♂ für den Mars, ♃ für den Jupiter und ♄ für den Saturn.

Für die astrologischen Weissagungen waren nun hauptsächlich die gegenseitigen Stellungen dieser Wandelsterne von höchster Bedeutung, und fünf dieser Stellungen galten für besonders wichtig und erhielten deshalb besondere Namen und Charaktere. Standen zwei Wandelsterne in demselben Zeichen der Ekliptik, so befanden sie sich in der „Zusammenkunft" oder „Konjunktion", welche das Zeichen ☌ hat. Bei 60° Längenabstand voneinander waren sie im „Sextel- oder Sextilschein" (Zeichen ⚹); mit 90° Längendifferenz waren sie in den „Geviertschein" oder die „Quadratur" (Zeichen □) getreten; bei einem Abstand von 120° auf der Ekliptik voneinander befanden sie sich im „Trigonal- oder Gedrittschein" (Zeichen △), und standen sie endlich in entgegengesetzten Punkten der Ekliptik, also in 180° Längenunterschied, so waren sie im „Gegen- oder Doppelschein" oder in „Opposition" (Zeichen ☍). Diese zwischen den einzelnen Planeten bestehenden „Aspekte" mußte man in erster Linie kennen, wenn man eine astrologische Voraussage machen, ein „Horoskop stellen" wollte. Um dieselben übersichtlich vor Augen zu haben, entwarf man für den betreffenden Zeitpunkt ein „Speculum astrologicum" oder eine „Aspektentafel", die im folgenden Täfelchen für die Mitternachtstunde zwischen den 20. und 21. Februar 1634 dargestellt ist.

♈ 0°	♉ 30°	♊ 60°	♋ 90°	♌ 120°	♍ 150°	♎ 180°	♏ 210°	♐ 240°	♑ 270°	♒ 300°	♓ 330°	
△	□	⚹		♄		⚹	□	△		☍		+ 23° 43′
	△	□	⚹		♂		⚹	□	△		☍	+ 26 43
△		☍		△	□	⚹		☾		⚹	□	+ 1 47
⚹	□	△		☍		△	□	⚹		☿		+ 7 44
⚹	□	△		☍		△	□	⚹		♀		+ 13 57
	⚹	□	△		☍		△	□	⚹		☉	+ 2 27
	⚹	□	△		☍		△	□	⚹		♃	+ 21 18

Das würde also eine richtige Darstellung des im Scenarium des ersten Aufzugs von „Wallensteins Tod" erwähnten „Planetenaspekts" sein. Die Tabelle ist folgendermaßen zu verstehen: Jeder Planet steht unter dem himmlischen Zeichen, in welchem er am Himmel steht, und mit ihm auf gleicher Horizontalreihe die Angabe in Graden und Bogenminuten (in der letzten Vertikalkolumne. welche zu der unter dem himmlischen Zeichen stehenden Gradangabe zu addieren ist, um die „Länge" des Planeten zu erhalten. Also hat zum Beispiel Saturn (♄) eine Länge von 120⁰+23⁰ 43' = 143⁰ 43', Mars (♂) eine solche v.: 150⁰+26⁰ 43' = 176⁰ 43' und so weiter. Außerdem stehen mit dem Zeichen des Wandelsterns auf gleicher Horizontalreihe die Aspekten unter denjenigen himmlischen Zeichen, welche mit dem des Planeten in Gegen- oder Gedritt- oder Geviert- oder Sextilschein sind. Will man also wissen, in welchem Aspekt zwei bestimmte Wandelsterne zu einander stehen, so geht man auf der Horizontalreihe des einen bis zu der Vertikalkolumne vor, in welcher der andre steht; dann gibt das Zeichen, welches man da findet, den gesuchten Aspekt an. Geht man zum Beispiel vom Zeichen des Saturn um vier Vertikalkolumnen nach rechts, also bis unter das Zeichen des Schützen (♐), unter dem auch der Mond steht, so findet man da das Zeichen des Trigonalscheins, das heißt also Saturn und Mond stehen im Gedrittschein zu einander. Dasselbe Resultat würde man erhalten haben, wenn man vom Zeichen des Mondes vier Kolumnen nach links gegangen wäre.

Wie stimmt nun das, was wir aus dieser Tafel entnehmen können, mit den Angaben in der ersten Scene von „Wallensteins Tod?" Es heißt da:

> Und beide Segenssterne, Jupiter
> Und Venus, nehmen den verderblichen,
> Den tück'schen Mars in ihre Mitte, zwingen
> Den alten Schadenstifter, mir zu dienen.
> Denn lange war er feindlich mir gesinnt
> Und schoß mit senkrecht — oder schräger Strahlung,
> Bald im Gevierten- bald im Doppelschein,
> Die roten Blitze meinen Sternen zu
> Und störte ihre segensvollen Kräfte.

Ein Blick auf die obige Aspektentafel lehrt, daß Jupiter und Venus allerdings nahe bei einander stehen, daß aber nicht der Mars von ihnen in die Mitte genommen wird, sondern die Sonne, während der Mars mit dem Jupiter im Doppelschein steht, also gerade diejenige Stellung einnimmt, von der Schiller sagt, daß er sie nicht inne hätte. Zur Erklärung dieses Widerspruchs könnte man anführen, daß die Schillerschen Angaben sich auf eine andre Zeit als die Mitternacht des 20. Februar beziehen; das könnte dann aber nur die Mitternacht des 13. Januar sein. Nun können aber in den reichlich fünf Wochen, die zwischen diesen beiden Zeitpunkten liegen, die Längen der hier in Frage kommenden Planeten sich um höchstens 10⁰ bei Jupiter, 25⁰ bei Mars und 50⁰ bei Venus geändert haben. Nehmen wir nur an, daß die Längen vom 13. Januar bis 20. Februar um diese Maximalbeträge gewachsen seien, so würden Mars und Jupiter schon am 13. Januar in denselben Sternbildern gestanden haben wie am 20. Februar, also sich schon am 13. Januar in Opposition befunden haben, während Venus an letzterem Datum sich im Zeichen des Schützen befand, also mit dem Mars in Quadratur. Nun ist es aber wahrscheinlich, daß die Aenderungen der Planetenörter keine so starken waren wie hier angenommen, daß also die Aspektentafel für den 13. Januar (was die fraglichen drei Planeten betrifft) nicht wesentlich anders aussah als die obige. Noch viel weniger wird sich dieselbe aber vom 20. bis zum 25. Februar geändert haben, so daß man, auch ohne genauere Rechnungen anzustellen, auf Grund dieser Ueberlegungen und der obigen Tafel sagen kann, daß die in den oben citierten Versen geschilderte Planetenkonstellation zwischen dem 13. Januar und dem 25. Februar 1634 bestimmt am Himmel nicht eingetreten ist. Dagegen stimmt die wirkliche Stellung der Planeten recht wohl zu den Worten Senis im fünften Auftritt des fünften Aufzugs: „Die Zeichen stehen grausenhaft," denn wenn sich diese Worte auch auf den Abend des 25. Februar beziehen, so wird sich doch in der obigen Aspektentafel (außer der Stellung des Mondes) in fünf Tagen nichts wesentlich verändert haben, so daß also auch noch am 25. Februar sich der Saturn in Opposition mit der Venus und der Mars in Opposition mit dem Jupiter befand, zwei vom astrologischen Standpunkt höchst bedenkliche Stellungen.

Aber die Worte Senis und Wallensteins, die sich an die oben citierte Stelle aus der ersten Scene des „Tod" anschließen, lassen keinen Zweifel darüber, daß der von beiden entworfene Planetenspiegel zur Aufstellung eines Horoskops verwendet ist, und wir müssen daher zur Vervollständigung unsrer Untersuchung auch hierauf etwas näher eingehen.

Bei Aufstellung eines Horoskops dachte man sich den Himmel in 12 Räume — sogenannte „Häuser" — auf die Art zerlegt, daß man den Himmelsäquator in 12 gleich große Kreisbögen von je 30° teilte, dabei mit demjenigen Punkte beginnend, welcher zu dem Zeitpunkt, für den das Horoskop gestellt werden sollte, genau im Osthorizont des Beobachtungsortes sich befand. Durch jeden dieser 12 Teilpunkte des Aequators und durch den Nord= und Südpunkt des Beobachtungsortes dachte man sich Halbkreise am Himmel gezogen, in deren Mittelpunkt also der Beobachter sich befand. Dadurch wurde das ganze scheinbare Himmelsgewölbe (oberhalb und unterhalb des Horizontes) in zwölf Streifen, die an ihren Enden in Spitzen ausliefen, zerlegt; von diesen beiden Spitzen jedes Streifens fiel eine in den Süd=, eine in den Nordpunkt. Diese 12 „Häuser" wurden nun in der Weise numeriert, daß man auf dem Aequator mit den Zahlen von Westen nach Osten vorrückte, dabei dasjenige Haus mit 1 bezeichnend, welches sich zunächst an den durch den ersten Teilpunkt des Aequators gezogenen Kreisbogen schloß. Da dieser erste Teilpunkt — wie eben erwähnt — in den Osthorizont fiel, so war jener durch ihn gezogene Kreisbogen nichts weiter als die vom Südpunkt über Osten nach dem Nordpunkt verlaufende Horizontlinie; das „erste Haus" war also dasjenige, was dicht unter dem Osthorizont lag. Daran schloß sich unter dem Horizont das zweite, dritte und so fort bis zum sechsten, das siebente war das erste, das über dem Horizont lag, den West= horizont berührend, das neunte und zehnte berührten sich im Meridian des Beobachtungsortes, und das zwölfte hatte als zweiten Rand wieder den Osthorizont.

Durch die tägliche scheinbare Bewegung des Himmels änderte sich der Stand der Gestirne in diesen mit dem Horizont fest verbundenen Häusern beständig, weshalb auch das Horoskop stets für eine bestimmte Zeitangabe (Stunde und Minute) gestellt werden mußte. Aus der Beschreibung folgt, daß die im ersten Haus sich befindenden Gestirne die nächsten waren, welche für den Beobachtungsort im Osten aufgingen; die im vierten Haus passierten zunächst die Meridianebene des Ortes unter dem Horizont; die im siebenten Haus neigten sich zunächst zum Untergang, und endlich die im zehnten Haus gingen zunächst durch den Meridian des Ortes über dem Horizont. Diese vier Häuser galten astrologisch als die wichtigsten und hießen „die Angeln des Himmels", während die ihnen gerade vorausgehenden Häuser, also das zwölfte, dritte, sechste und neunte, als die unwichtigsten angesehen und als die vier „Fallhäuser" bezeichnet wurden. Stand „ein Planet" in einer der vier „Angeln des Himmels", so waren die ihm zugeschriebenen guten oder bösen Kräfte von stärkstem Einfluß auf die Begebenheit, für welche das Horoskop gestellt wurde, während dieselben ganz unwirksam waren, wenn der Planet sich in einem der „fallenden" Häuser befand. Außerdem hatte jedes Haus seinen besondern Namen und Charakter, auf die wir hier aber nicht einzugehen brauchen, da Schiller dieselben nicht weiter erwähnt. Nur im fünften Auftritt des letzten Aufzugs von Wallensteins Tod nennt Seni „das Haus des Lebens", worunter stets das erste Haus verstanden wurde, welches zugleich als das wichtigste galt. Die zwölf Häuser wurden nun in einer schematischen Figur zusammengestellt, die eine bequeme Uebersicht bot, aber mit der Gestalt und Anordnung der Häuser am Himmel nichts zu thun hatte. Ich gebe hier diese Figur in der von Kepler für das Horoskop Wallensteins benutzten Manier, die von der gewöhnlichen, durch Pegius' „Geburtsstundenbuch" (Basel 1570) eingeführten etwas abweicht. In dieser Figur stellen die vier sich um die Mitte gruppierenden Quadrate die vier „Angeln des Himmels" dar; die Nummern dieser Häuser sind nahe am Mittelpunkt der ganzen Figur in dieselbe eingetragen. Die acht übrigen Häuser gruppieren sich darum als rechtwinklige Dreiecke, an deren stets nach außen gewendeten Hypotenusen die Nummern der betreffenden Häuser angeschrieben sind. In eine solche Figur wurden zunächst die Grenzen der Häuser eingetragen, was hier also für die Mitternacht des 20. Februar 1634 geschehen ist. Unter diesen Grenzen verstand man die Längen derjenigen Punkte der Ekliptik, in welchen diese letztere von den die Häuser abgrenzenden Halbkreisen am Himmel geschnitten wurde. Man kann diese Längen durch eine sehr einfache Rechnung finden, doch existierten schon frühe ausführliche Tafeln, aus denen man dieselben für verschiedene Orte und Zeiten entnehmen konnte. In der umstehenden Figur sind sie für Pilsen und den eben erwähnten Zeitpunkt eingeschrieben, und zwar wie üblich unter Benutzung der himmlischen Zeichen. Daraus würde also hervorgehen, daß zum Beispiel die Grenzen des ersten Hauses ♏ 13° 39' und ♐ 8° 33' sind, das heißt, daß im ersten Haus dasjenige Stück der Ekliptik verläuft, das zwischen 223° 39' und 248° 33' Länge liegt. Waren so die Grenzen der Häuser festgesetzt, so konnte man leicht nach einem speculum astrologicum — wie es hier nach dem oben gegebenen geschehen ist — die Orte der Wandelsterne in die betreffenden Häuser eintragen. Da zum Beispiel nach unsrer obigen Aspektentafel der Mond eine Länge von 241° 47' hat, so steht er im ersten Haus, dessen Grenzen diese Länge einschließen. In gleicher Weise wie die Orte der Wandelsterne wurden noch die des „Glücksrades“ und der beiden „Knoten der Mondbahn“ in die

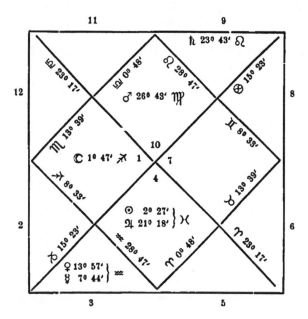

Figur geschrieben, was hier deshalb unterblieben ist, weil diese bei der vorliegenden Untersuchung nicht in Frage kommen.

Vergleichen wir nun dies von uns gestellte Horoskop mit den fraglichen Stellen in der ersten Scene von Wallensteins Tod, so finden wir da zunächst die Worte Senis:

> ... Der Saturn
> Unschädlich, machtlos, in cadente domo,

welche mit obigem Horoskop stimmen, denn in diesem steht in der That Saturn in einem der „fallenden Häuser“. Aber diese Uebereinstimmung ist auch die einzige, denn wenn Wallenstein im Anschluß an Senis Worte sagt, daß

> ... Jupiter, der glänzende, regiert

und ferner, daß er handeln muß,

> ... eh' die Glücks-
> Gestalt mir wieder wegfließt überm Haupt,

so paßt das auf obiges Horoskop nicht. Allerdings steht Jupiter in einem der
vier wichtigsten Häuser, aber von diesen in dem unwichtigsten und unter dem
Horizont, während der Mars in sehr bedrohlicher Stellung im zehnten Hause,
das heißt nahe beim Meridiandurchgang, seine größte Höhe am Himmel einnimmt; also er ist es, der regiert, und nicht der Jupiter. Die ganze Konstellation
aber kann, besonders nach den vorhergehenden Worten Wallensteins über Mars,
als „Schadenstifter", gewiß nicht als eine „Glücksgestalt" bezeichnet werden.
Nun läßt sich natürlich auch hier wieder der Einwand erheben, daß unsre Zeitbestimmung eine von der Schillers abweichende sei, das heißt, daß dem Dichter
bei Abfassung der ersten Scene des „Tod" ein für einen andern Tag und eine
andre Stunde gestelltes Horoskop vorgeschwebt habe als das obige, für die
Mitternacht des 20. Februar 1634 gestellte. Demgegenüber ist zu erwähnen,
daß unser Horoskop in einem Punkte mit den Angaben des Dichters stimmt
(Saturn in fallendem Haus), was darauf hindeuten könnte, daß der von uns
gewählte Zeitpunkt vielleicht doch nicht so stark von dem im Stück gemeinten
abwiche, allein da Saturn immer nach sechs Stunden etwa wieder in einem
fallenden Hause steht, so ist hierauf nicht viel zu geben. Viel schwerer wiegt
der Umstand, daß — wie wir oben gesehen haben — für die Zeit vom 13. Januar
bis 25. Februar 1634 ungefähr die gleiche Planetenkonstellation bleibt, das heißt,
daß stets Jupiter und Mars sich in Opposition befinden werden, für welchen
Tag und welche Stunde dieses Zeitraums man das Horoskop auch stellt. Die
Oppositionsstellung dieser beiden Hauptplaneten wird aber für die ganze Zeit
verhindern, daß man von einer besondern Glücksgestalt reden kann.

Wir wollen nun noch kurz untersuchen, wie weit die rein astronomischen
Angaben über Stellungen von Gestirnen in Schillers „Wallenstein" mit der
Wirklichkeit übereinstimmen. Die Zahl derartiger Stellen ist gering. Wir haben
da zunächst die Worte Senis in der ersten Scene des „Tod" über die Venus:

> ... Eben geht sie auf.
> Wie eine Sonne glänzt sie in dem Osten.

Daran schließen sich dann die eingangs citierten Worte Wallensteins. Nun
war die Venus in der That damals Morgenstern; sie ging nicht lange vor der
Sonne auf, und speziell am 20. Februar ging sie morgens $1/_2 7$ Uhr in Pilsen
auf. Unrichtig ist, daß sie dabei „wie eine Sonne geglänzt" hätte, denn wenn
sie in ihrem größten Glanze erscheinen soll (was doch der Vergleich mit einer
Sonne nur besagen kann), so müßte sie einen Phasenwinkel von 117° bis 120°
gehabt haben, sie hatte aber thatsächlich am 20. Februar 1634 einen solchen
von $25^1/_2$°; ferner befand sie sich keineswegs in ihrer Erdennähe, sondern war
sogar ziemlich weit von der Erde entfernt, wobei der schon von Billwiller
gerügte Widerspruch, der in Wallensteins Worten liegt, kurz erwähnt sei, daß
nämlich die Venus bei ihrem größten Glanze sich gar nicht in ihrer größten Erdennähe befindet, denn wenn sie diese erreicht hat, dann wendet sie der Erde ihre
unbeleuchtete Seite zu, ist also für uns unsichtbar. Allerdings befindet sich die

Venus in ihrem größten Glanze immerhin ziemlich nahe bei der Erde, jedenfalls viel näher, als sie am 20. Februar 1634 der Erde war.

Die andre hierher gehörige Stelle findet sich im dritten Auftritt des fünften Aufzugs von „Wallensteins Tod"; dort sagt Wallenstein:

> Am Himmel ist geschäftige Bewegung,
> Des Turmes Fahne jagt der Wind, schnell geht
> Der Wolken Zug, die Mondessichel wankt,
> Und durch die Nacht zuckt ungewisse Helle.
> — Kein Sternbild ist zu sehn! Der matte Schein dort,
> Der einzelne, ist aus der Kassiopeja,
> Und dahin steht der Jupiter. — Doch jetzt
> Deckt ihn die Schwärze des Gewitterhimmels!

Diese Schilderung bezieht sich auf die Nacht des 25. Februar 1634 und zwar vor Mitternacht, denn erst später sagt Wallenstein in derselben Scene:

> … Mitternacht ist da.

Nun ging aber der Jupiter am Abend des 25. Februar schon um 7 Uhr in Eger unter, und der Mond ging erst lange nach Mitternacht auf, also für die Zeit kurz vor Mitternacht, auf welche sich obige Worte beziehen, befanden sich beide Gestirne unterhalb des Horizonts von Eger. Also auch diese Angaben des Dichters stimmen nicht mit den thatsächlichen Verhältnissen.

Fassen wir die Resultate unsrer Untersuchung zusammen, so können wir sagen, daß diejenigen Stellen in Schillers „Wallenstein", welche bestimmte Konstellationen von Sonne, Mond und Planeten beschreiben, mit den thatsächlichen Verhältnissen sich im allgemeinen nicht decken, daß Schiller sich also bei Abfassung der fraglichen Verse nicht um die nüchterne Wirklichkeit gekümmert, sondern von seinem unveräußerlichen Dichterrecht, der poetischen Freiheit, Gebrauch gemacht hat. Wir sehen ferner, daß das Wort Billwillers, von dem wir ausgingen, nicht so zu verstehen ist, daß Schiller für seinen „Wallenstein" tiefe astrologische Studien gemacht habe, sondern daß er sich mit dem astrologischen Handwerkszeug nur oberflächlich vertraut gemacht hat, gerade hinreichend, um einen hervorstechenden Charakterzug seines geschichtlichen Vorbildes auch in seinem dramatischen Helden zum Ausdruck zu bringen.

Dieses Ergebnis kann uns nur mit Genugthuung erfüllen, denn es wäre aufrichtig zu beklagen, wenn sich ein so großer Geist wie Schiller der Mühe unterzogen und zu einem solchen Zeitopfer verstanden hätte, wie es für ihn, den nicht astronomisch Vorgebildeten, ein tieferes Eindringen in das große Gewebe von Aberglauben und Lüge, welches wir „Astrologie" nennen, erfordert hätte.

Freiwillige und unbewußte Handlungen.

Von

Paola Lombroso.

Das Phänomen, von dem ich hier zu sprechen beabsichtige, freiwillige Handlungen, die zu unbewußten und fast reflektorischen werden, ist ein sehr
bekanntes, von dessen Vorhandensein bei uns selbst wir uns leicht überzeugen
können; es ist in der That erstaunlich, wie viele Thätigkeiten es giebt, die man
mit etwas Aufmerksamkeit bei sich selbst wahrnehmen kann, und die anfangs
freiwillig und bewußt sind und dann automatisch und unbewußt werden — wenn
sie uns gewöhnlich entgehen, kommt das gerade daher, daß sie unbewußt geworden
sind. Indes kann man sie mit etwas Aufmerksamkeit in allen Graden ihrer
Kompliziertheit als vorhanden wahrnehmen.

Wenn man zum Beispiel genötigt ist, schwere Schuhe zu tragen, so merkt
man das die ersten Tage, nach einiger Zeit jedoch spürt man nichts mehr davon;
zieht man zufällig einmal im Gebirge leichte Schuhe an, so meint man, es wären
einem Flügel gewachsen.

Ebenso kommen mir im ersten Augenblick, wenn ich vom Lande in die Stadt
zurückkehre, die Zimmer außerordentlich hoch vor; selbst wenn ich mir da draußen
vorstelle, daß unser Haus viel größer sein muß, ist doch die Gewöhnung an
besonders niedrige Zimmer so unfreiwillig geworden, daß ich nicht dazu gelange,
mir ein Bild mit richtigen Verhältnissen zu machen; es ist das eine optische
Täuschung, der ich mich nicht entziehen kann, aber in diesen Fällen ist die Erwerbung der Vorstellung instinktiv und unfreiwillig, sie kommt zu stande, auch
wenn wir es nicht wollen; doch hier noch eine andre Thatsache, die noch viel
komplizierter ist und die ich an mir selbst erfahren habe.

Man mußte einmal aus irgend einem Grund eine Thür nach innen öffnen,
die sich früher nach außen geöffnet hatte (statt zu drücken mußte man ziehen);
wenn nun die Thatsache mir auch bekannt, so war doch noch ein halbes Jahr
lang meine erste Bewegung, die Thür zu drücken, den Versuch zu machen, sie nach
außen zu öffnen.

Ebenso hatte ich die Gewohnheit, das Handtuch an einem Nagel aufzuhängen;
als nun einmal eines Tages der Nagel herabgefallen war, wollte ich hartnäckig
jeden Morgen noch das Tuch an ihn aufhängen, was sich aus der Ständigkeit
der Handlung erklärt.

Es unterliegt keinem Zweifel, daß ich das erste Mal, als ich die Thür öffnete
oder das Handtuch aufhängte, einen Vernunftschluß machte, eine freiwillige
Handlung beging.

Ich hatte hingesehen und überlegt, wohin ich mein Handtuch hängen könne,
da sah ich den Nagel, und ich schloß, daß ich es dahin hängen könne, es kam

zu einer ganzen Reihe von Gedanken und Muskelbewegungen, freiwilligen und beabsichtigten, und nach Verlauf einer gewissen Zeit ist diese Reihe von Bewegungen derart unfreiwillig und so bewußt geworden, daß ich das Handtuch immer noch dahin hängen will, obwohl ich weiß, daß der Nagel nicht mehr da ist; ich überlege nicht mehr, wo der Nagel ist, wohin ich mit dem Handtuch will und so weiter.

Eine andre ähnliche Thatsache.

Man gab mir eines Tags Gummibänder für meine Manschetten; da überrasche ich mich auf einmal dabei, wie ich die Bänder an die Strümpfe legen will. Die Gewohnheit, elastische Bänder über die Strümpfe zu ziehen, hatte die Ideen „elastisches Band" und „Strumpf" derart miteinander verquickt, daß es bei der Berührung der elastischen Bänder zu der automatischen und unwillkürlichen Bewegung kam, die darauf abzielte, sie über die Strümpfe zu ziehen.

Auf diese Weise hat eine freiwillige und koordinierte Bewegung sich vor und nach abgeschwächt und ist dem Willen entfremdet worden. Man kennt ja auch jene Anekdote, die, wenn nicht wahr, so doch gut erfunden ist: Ein altgedienter Soldat kommt mit einem Napf Suppe. Plötzlich schreit man ihm das Kommando ins Ohr, und sofort stellt er sich in Positur und läßt seine Suppe fallen. Wir wissen alle, wie es oft für den jungen Rekruten so schwer ist, sich die Bewegungen anzueignen und zur Ausführung zu bringen, die sich beim alten Soldaten rascher als der Gedanke vollziehen.

Die Berufsmusiker können spielen, ohne zu sehen und zu hören. Wenn wir einem Klavierspieler sagen, er solle die Augen zumachen und die Taste suchen, deren Note wir ihm angeben, so findet sein Finger sie sofort; das Spiel eines stummen Klaviers im Dunkeln vollzieht sich vollständig ohne Gesicht und Gehör. Die Hand ist schließlich so weit gekommen, daß sie so gut wie unabhängig von den übrigen Sinnen geworden ist, die an ihrer Erziehung teilgenommen haben.

Noch ein letztes Beispiel für diese Art von Emanzipation von einem Willensakt. Man hat oft Gelegenheit, wahrzunehmen, daß gewisse Personen ein Pünktchen über den großen Buchstaben J setzen; man macht ursprünglich das Pünktchen über das kleine i, nach und nach aber verwächst das Pünktchen so fest mit der Vorstellung des J, daß wir es auch über den großen Buchstaben setzen, wo es nicht nötig ist.

Romanes hat versucht, eine Erklärung dieser Thatsachen zu geben. „Eine nervöse Entladung," sagt er, „die einmal auf einem bestimmten Wege stattgehabt hat, hinterläßt eine mehr oder minder ständige Molekularveränderung, so daß, wenn später eine andre Entladung denselben Weg verfolgt, sie auf ihm sozusagen die Fußspuren der vorhergegangenen findet."

Die koordinierten und im Hinblick auf eine organisierte und unzerlegbare Handlung wiederholten Bewegungen vollziehen sich schließlich ohne Vorhandensein des geistigen Elements; das Nervenzentrum erinnert sich des Vorkommens seiner früheren Entladungen infolge des auf das Ganglion hinterlassenen Eindrucks.

Eine Handlung schließlich kann das erste oder zweite Mal unsre ganze Aufmerksamkeit in Anspruch nehmen; wird sie aber häufig wiederholt, so wird sie zuletzt gewissermaßen ein Bestandteil unsers Organismus und vollzieht sich ohne Dazwischentritt des Willens, ohne daß wir fast das Bewußtsein davon haben.

*

So bedeutsam nun aber auch die Thatsache einer Handlung ist, die aus einer freiwilligen zu einer unbewußten wird, so ist doch noch viel bedeutsamer der große Nutzen, den uns das gewährt; denn je mehr eine Handlung das Bestreben hat, reflektorisch zu werden, um so mehr hat sie das Bestreben, sich rasch zu vollziehen und eine Ersparnis an Raum und Zeit zu erzielen.

Wenn zum Beispiel das Kind zu begreifen beginnt, daß b und a wie ba ausgesprochen werden, so vollzieht sich später beim Erwachsenen dieses Lesen so rasch, daß er direkt die Gedanken zu lesen scheint — er hat nicht nur nicht mehr die Empfindung, daß es sich um Silben, sondern beinahe nicht einmal mehr die, daß es sich um Worte handelt. Darum gestaltet sich das Lesen zu einer Uebung, statt zu einer Arbeit, zu einer Erholung, statt zu einer Anstrengung, zu einer Erholung, der man sich in weiten Kreisen und gern hingiebt. Sehe man doch nur, wie widerwillig die Kinder und die Leute einer geringeren Volksklasse sich zum Schreiben bequemen, und wie ungeschickt und verworren sie in der Anordnung ihrer Gedanken sind, wenn sie zur Feder greifen; ein Teil ihrer Energie muß dazu verbraucht werden, zuzusehen, wie das Wort geschrieben wird, aus welchen Buchstaben es sich zusammensetzt und so weiter, und kann sich nicht lediglich auf die Gehirnthätigkeit konzentrieren; man kann in der That unschwer die Beobachtung machen, daß kleine Kinder einer und derselben Klasse fast immer die gleiche Handschrift haben; es kommt das daher, daß sie sich, wenn sie einen Buchstaben schreiben sollen, alle das gleiche Modell, das ihnen der Lehrer oder die Lehrerin gegeben hat, ins Gedächtnis rufen und nachmalen; bei uns dagegen wird das Schreiben zu einer mechanischen und reflektorischen Thätigkeit, die uns gestattet, uns ausschließlich auf die Gedankenarbeit oder Gehirnthätigkeit zu konzentrieren.

Wie gesagt, je mehr eine Thätigkeit das Bestreben hat, reflektorisch zu werden, desto mehr ist sie bestrebt, sich rasch zu vollziehen und Kraft und Zeit zu sparen, und desto größer ist der Nutzen, den wir daraus ziehen.

Noch ein Beispiel, das wir diesmal der Frau von Novikow entnehmen.

„Wenn der Bewohner einer kleinen Stadt plötzlich nach London versetzt wird," sagt die genannte Schriftstellerin, „lebt er anfangs in einer Art Betäubung. Der Pulsschlag des Londoner Lebens geht rascher als der seines Lebens, er fühlt sich aus seinem Geleise gebracht und ungemütlich; hat er aber eine Zeitlang dort zugebracht, so beginnt er sich an das dortige Leben zu gewöhnen, und wieder nach einiger Zeit ist die Umwandlung zu einer vollständigen geworden. Er findet es alsdann ganz natürlich, daß man mit der Eisenbahn 78 statt 30 Kilometer in der Stunde zurücklegt. An dieses fieberhafte Leben gewöhnt, spürt er die Wirkungen desselben nicht mehr; der Zustand, in dem er lebt, kommt ihm normal und natürlich vor. Er steht unter dem Drucke einer sehr starken geistigen Spannung, aber sie lastet nicht schwerer auf ihm als die Luftsäule, die auf seine Schultern drückt."

In dem Maße, wie die Anpassung zu einer unbewußten wird, nimmt die Anstrengung ab, und man gewöhnt sich an ein intensiveres Leben.

Aber nicht das allein, je reflektorischer eine Handlung wird, desto vollkommener wird sie. Zu den anscheinend paradoxen Behauptungen, die Frau von Novikow aufstellt, gehört gerade die, daß die vollkommenste Moral die reflektorische und unbewußte ist.

Es giebt keine einzige moralische Handlung, die sich bei genauerem Zusehen nicht auf einen Vorteil zurückführen ließe, den das sie begehende Individuum von ihr hat; eine Handlung wird aber eigentlich erst zu einer moralischen von dem Augenblick an, wo man sich die Zeit erspart, die zu einer Prüfung erforderlich ist. Die Intelligenz ist immer etwas der Gefahr ausgesetzt, zu spät zu kommen, da die Erinnerung längere Zeit gebraucht, um die innere Ordnung mit der äußern in Verbindung zu bringen.

Eine rein reflektorische Handlung ist vollkommener, weil sie rascher von statten geht; jemand, der aus natürlichem Widerstreben eine schlechte Handlung nicht begeht, steht darum höher als derjenige, der sie nach reiflichem Nachdenken unterläßt.

*

Erinnert, wenn wir gesehen haben, wie Gebärden, Bewegungen und Handlungen binnen kurzer Zeit mechanisch und automatisch werden, das nicht in kleinerem Maßstabe an die Art, wie wir geistige und moralische Gewohnheiten und Eigenschaften, wie Gedächtnis, Kunstsinn und so weiter, durch Vererbung erwerben? Wenn für eine zufällig entstandene Gebärde so viel Wahrscheinlichkeit vorliegt, daß sie mit der Zeit mit dem Organismus verschmilzt, warum sollte eine mehrere Lebensjahre hindurch geübte geistige Fähigkeit nicht die gleiche Wahrscheinlichkeit für sich haben und auf den Organismus einen derartigen Einfluß ausüben, daß sie dadurch zu einer vererblichen wird?

In diesem Falle kommt aber nicht nur dem Individuum, sondern der ganzen Menschheit der Vorteil davon zu gut, denn die Möglichkeit der Erziehung und des zivilisatorischen Fortschrittes[1]) gründet sich einzig und allein auf diese Thatsache, daß das Nervensystem die freiwilligen Handlungen und Ideen dem Organismus assimilieren kann, indem es sie in unfreiwillige Operationen verwandelt.

---

[1]) Die Ideen vermöchten keine thatsächliche Einwirkung auf die Seele eines Volkes auszuüben, wenn sie nicht infolge eines sehr langsamen Prozesses aus der beweglichen Region des Gedankens in jene stabile Region herabgelangt wären, in welcher die Motive unsrer Handlungen zu stande kommen. Sie bilden gewissermaßen einen Teil des Organismus und können auf das Verhalten des Menschen einwirken (Gustave Lebon, Les lois psychologiques de l'évolution des peuples. Paris, Alcan).

Das läßt sich schon bei den Tieren feststellen.

Lawson Tait sagt, er habe eine Katze daran gewöhnt, in aufrechter Stellung ihre Nahrung zu sich zu nehmen, in einer Stellung, die den Katzen sehr ungewöhnt ist, und die Jungen hätten es ebenso gemacht, obgleich sie sehr frühzeitig von der Alten fortgenommen worden seien.

Dr. Rae behauptet, wenn man Eier von wilden und zahmen Enten zusammen ausbrüten lasse, zeigten die aus ersteren ausgeschlüpften Jungen sich erschreckt über die Annäherung des Menschen — ein Zug des erworbenen Gedächtnisses —, während die andern sich nichts daraus machten.

Ebenso spricht Romaine von den Hunden der Retriever Rasse, den Abkömmlingen von Hunden, die auf das Wiederauffinden, retrouver, von verlorenen Gegenständen abgerichtet waren; diese sollen die Fähigkeit hierzu binnen weniger Tagen erwerben, während es bei Hunden von andrer Rasse einer Abrichtung von mehreren Monaten dazu bedarf.

Auf dieselbe Weise wird beim Menschen das, was bei dem gleichmäßiger Verhalten einer Generation auf die Einbildungskraft eingewirkt hat, zum stehenden Zuge, zum angeborenen Instinkt der folgenden Generationen. Der Körper des Menschen ist nach vollendeter Erziehung ganz anders geartet als vorher und durchaus verschieden von dem desjenigen, dem diese Erziehung nicht zu teil geworden ist; er besitzt Eigenschaften, die in seinem Innern zu ruhen scheinen und die er ausübt, ohne etwas davon zu wissen.

Wenn der Europäer dem Wilden bezüglich des Gesichts und der übrigen Sinne unterlegen ist, rührt das jedenfalls daher, daß es ihm an Uebung gefehlt hat und dieser Mangel konstant geblieben und durch Vererbung auf eine große Anzahl von Generationen übertragen worden ist, denn Reuger behauptet, er habe Europäer beobachtet, die von indianischen Wilden aufgezogen und ihr ganzes Leben unter denselben verbracht hätten, und doch seien sie denselben niemals an Schärfe der Sinne gleichgekommen. (Darwin, Ursprung des Menschen, I, 126.)

Ebenso hat man in Indien die Wahrnehmung gemacht, daß die aus einer im Besitze alter Kultur befindlichen Kaste hervorgegangenen Kinder der Brahminen sich beim Unterrichte weit empfänglicher erweisen als die Kinder der unteren Volksklassen. Ich bin selbst in der Lage gewesen, mich, bevor ich von dieser frappierenden Thatsache noch etwas wußte, durch den Besuch einer gewöhnlichen Volksschule davon zu überzeugen, mit welchen Schwierigkeiten die Kinder von Proletariern zu kämpfen haben, wenn sie Lesen und Schreiben lernen sollen. Und doch lernte ich Kinder des gleichen Alters und derselben geistigen Fassungsgabe kennen, die Lesen und Schreiben ohne jede Mühe und fast spielend lernten.

Ich versuchte mir hierüber Aufschluß bei verschiedenen Lehrerinnen zu verschaffen, und überall erhielt ich die gleiche Antwort, nämlich die, daß, wenn man zwei Kinder des gleichen Alters und der gleichen geistigen Fassungsgabe habe, denen man die gleichen Kenntnisse beibringen solle, das Arbeiterkind weit größere Schwierigkeiten zu überwinden habe und der Lehrerin deren weit mehr ver-

urſache, um es dazu zu bringen, ſich dieſe Kenntniſſe anzueignen und ſie feſtzuhalten.

Es giebt hierfür wohl verſchiedene Gründe,[1]) aber der hauptſächlichſte iſt
der, daß wir auf die Kinder, wie das Nervenzucken, die Anlage zur Gewalt-
thätigkeit oder die Schüchternheit, ſo auch die Anlage zur geiſtigen Arbeit vererben.

Das bürgerliche Kind ſtammt von Eltern in bequemer Lage ab, von
Individuen, die mehrere Generationen hindurch Muße gehabt haben, ſich zu
üben, den Geiſt zu entfeſſeln und in geiſtiger Thätigkeit anzuſpannen, während
die Arbeiterkinder von Eltern abſtammen, die den Geiſt nur wenig, und von
Großeltern, die ihn gar nicht haben üben können.

*

Auf dieſe Weiſe werden die unbewußte Thätigkeit und die angeborene und
ererbte Fähigkeit zu einem mächtigen Faktor im Kampfe um das Daſein, nicht
nur weil ſie zu einer Erſparnis an Raum und Zeit führen, was die Aſſimilierung
ihrer Umgebung, zu einer raſchen macht, ſondern weil ſie auch etwas Syſtema-
tiſches in den Kampf um das Daſein bringen.

*

Durch die Bewegungen, die das Beſtreben haben, unfreiwillig und unbewußt
zu werden, durch die erworbenen Fähigkeiten, die das Beſtreben haben, ſich in
angeborene zu verwandeln, und durch die Ideen, welche das Beſtreben haben,
ſich in Empfindungen umzuſetzen, bekommt die Arbeit das Beſtreben, ſich in eine
Uebung und die Anſtrengung das, ſich in ein Vergnügen zu verwandeln, und
dadurch wird der gewaltige Kampf um das Daſein gemildert.

Aehnlich wie die aſſimilierten Nährſtoffe, die zu Nerven, Blut und Muskeln
des Körpers geworden ſind, denſelben dennoch freilaſſen mit einem neuen Beſtreben, ſich neue Subſtanzen zu aſſimilieren, ſo vermehren die zu einem Teile
des Organismus gewordenen unbewußten Ideen ſeine Macht und laſſen ihm
gänzlich die Bahn frei zur Erwerbung neuer Horizonte.

---

1) Unter anderm einen, auf den man gewöhnlich nur wenig acht giebt und der in
das Gebiet des Unbewußten fällt. Dem Kinde begegnet beim Unterrichte das, was ihm
ſchon früher bei dem Sprechenlernen begegnet iſt; jede Mutter ſingt, ſpricht und flüſtert
dem Kinde Hunderte von Worten ins Ohr, bevor ſie ein einziges von ihm vernimmt; ſie
ſpricht ihm noch Tauſende vor, bis es davon ein einziges verſteht, aber wenn ſie ihm das
alles nicht in das Ohr geſagt hätte, was es erſt gar nicht vernimmt und dann nicht verſteht,
würde das Kind erſt weit ſpäter und unter weit größeren Schwierigkeiten ſprechen lernen.
Das in einer bürgerlichen Familie aufgewachſene Kind macht ſich, beinahe ohne daß es
davon etwas merkt, mit einer Menge von Ausdrücken und Gedanken vertraut, die ihm
anfangs ins Ohr gelangen, ohne daß es ſie verſteht, um die ſich aber mit der Zeit andre
Ideen kryſtalliſieren, die es ihm ſpäter erleichtern, die Worte zu verſtehen und in ihrem
richtigen Sinne zu gebrauchen.

Berichte aus allen Wissenschaften.

Musik.

Zwei ungedruckte Briefe von Paganini.

Wenn Liszt von Paganini mit vollem Recht sagen konnte: „niemand ahnte die Empfindungen, die sein Herz bewegten", so wird jede Möglichkeit, auch nur ein wenig in das Innere dieses verschlossenen Mannes bringen zu können, gewiß mit Freuden begrüßt werden. Der schaffende Künstler entäußert sich der in ihm gärenden Kräfte in seinen Werken, deren Hervorbringungsgründe wohl durch eine genaue Kenntnis seines Lebens näher erläutert werden können, deren Verständnis dadurch jedoch nicht ausschließlich erweitert wird. Anders verhält es sich mit dem ausübenden Künstler, dessen Bedeutung nur in der augenblicklichen Wirkung auf seine Zuhörer ruht. Bei ihm gilt es, das Rätsel der Ursachen, durch welche er diese Wirkung hervorbringt, aus dem Wesen seiner Persönlichkeit heraus zu lösen. Diese Aufgabe wird bei Paganini eines besonderen Reizes nicht entbehren, wenn man erwägt, daß selbst ein Goethe sich längere Zeit mit seinem Wesen beschäftigt hat, obgleich er anfangs davon mehr abgestoßen als angezogen wurde. In einem Briefe an Zelter vom 13. November 1829 sucht er die allgemein erregte Aufmerksamkeit durch „eine Vermischung des Grillenhaften mit der Sehnsucht nach Ungebundenheit" zu erklären. „Es ist eine Manier", schreibt er, „aber ohne Manier; denn es fährt wie ein Faden, der immer dünner wird, ins Nichts. Es leckert nach Musik, wie eine nachgemachte Auster gepfeffert und gesäuert verschluckt wird." Vielleicht angeregt durch die fortgesetzte Beschäftigung der Oeffentlichkeit mit dem rätselhaften Virtuosen, hat Goethe ihm auch ferner noch Raum in seinen Gedanken gegönnt; denn zwei Jahre später führt er ihn in einem Gespräche mit Eckermann als Beispiel dafür an, daß das Dämonische, welches „sich in einer durchaus positiven Thatkraft äußert", sich mehr bei Musikern als bei Malern findet. „Bei Paganini zeigt es sich im hohen Grade, wodurch er denn auch so große Wirkungen hervorbringt."

Im Februar 1831 wollte der Geigenkünstler von Frankfurt a. M. aus seine erste Reise nach Paris unternehmen und unterwegs noch nach Möglichkeit Konzerte geben. Um ein solches in Karlsruhe zu stande zu bringen, wandte er sich an den dortigen Kunst- und Musikalienhändler Johann Velten, eine in Künstlerkreisen beliebte und angesehene Persönlichkeit. Der an ihn gerichtete Brief ist am 24. Januar 1831 im Hotel Weidenbusch — jetzt Union-Hotel — in Frankfurt geschrieben worden und giebt Kunde von dem umsichtigen Geschäftssinne des Künstlers.

„Monsieur et très-estimable ami,

J'ai reçu votre honorée du 28 déc., je suis bien sensible à vos expressions amicales. Maintenant que mon fils se porte bien je compte partir décidément le premier du mois prochain pour me rendre à Paris par Strassbourg de manière que si à mon passage dans votre ville il était possible que je puisse donner un concert vers le 4., 5. ou 6. février au plus tard, je vous autorise à prendre les arrangements nécessaires pour cela et à faire en attendant les annonces dans les journaux etc. Quant aux prix d'entrée je pense de les doubler seulement. Pour la première fois que je me suis fait entendre ils étaient triples, et ailleurs aussitôt mon arrivée nous pourrons régler cela d'après les circonstances, persuadé que l'entreprise du théâtre me procurera ou accordera toutes les facilités possibles.

Vous m'obligerez de me faire un mot de réponse avec le retour du courrier et d'après cela je vous indiquerai aussitôt les morceaux de musique que je compte exécuter afin que vous puissiez les faire annoncer.

Dans cet espoir j'ai l'honneur d'être avec la plus affectueuse estime
votre dévoué serviteur Nicolo Paganini."

Der erwähnte Sohn, Achilles, stammte aus einer Verbindung mit der Sängerin Antonia Bianchi aus Como und war 1825 geboren. Er wurde der Universalerbe des großen Vermögens seines Vaters. Wann das erste Karlsruher Konzert stattgefunden hat, war nicht zu ermitteln. Das zweite wurde am Samstag, den 5. Februar, im Großherzoglichen Hoftheater abgehalten. Paganini spielte darin eines seiner Konzerte, seine Militär-Sonate auf der G-Saite und Variationen. Außerdem wirkten der Kammersänger Haitzinger und der Hofsänger Reichel mit. Ersterer sang eine Cavatine aus „Anakreon" von Mercabante. Ueber den Verlauf des Konzertes läßt sich nichts Näheres feststellen, da Karlsruhe zu jener Zeit noch nicht unter dem oft recht bedenklichen Einflusse der Berichterstattung zu leiden hatte.

Der folgende Brief — beide Briefe befinden sich in den Händen des Herrn Hans Belten[1]) in London, welcher sie mir in freundlichster Weise zur Veröffentlichung übermittelt hat — bringt uns den Menschen Paganini näher. Er weiht seinen Karlsruher Konzertunternehmer, welchem er eine besondere und dauernde Freundschaft gewidmet hat, in seine persönlichen Empfindungen ein. Der Brief ist in London am 16. August desselben Jahres geschrieben. Der Enthusiasmus der Engländer hatte zu dieser Zeit seinen Höhepunkt erreicht, zugleich dem Künstler viele persönliche Anfeindungen eingebracht. „Die Bewohner Londons," hatte der ‚Temps' geschrieben, „haben einstweilen die Debatten über die Wahlreform eingestellt, um sich mit Paganini' zu beschäftigen. Das Voll ruft sein haro dem fremden Künstler zu; die Journale hingegen nennen ihn einen Uebermütigen, einen Unverschämten und so weiter, und wenig fehlte, so wäre seiner Konzerte wegen in London ein Tumult ausgebrochen." Mit diesen Beschuldigungen beschäftigt sich der Erguß des Künstlers an seinen Karlsruher Freund.

„J'ai reçu votre lettre du 10 juillet et celle de monsieur votre neveu qui y était jointe, et je vous fais bien des excuses de ce que je ne vous ai pas répondu plutôt, ce que vous devez attribuer à mes occupations multipliées qui ne me laissent un moment de repos et aux nombreuses visites que je dois recevoir et faire dans les moments de loisir. Tout en vous renouvelant l'assurance du plaisir que j'aurais à avoir votre neveu auprès de moi et du sincère attachement que je lui professe je regrette beaucoup que pour le moment il ne me soit guère possible de le faire venir parce que j'ai déjà du me pourvoir d'une autre personne et que d'ailleurs ne sachant pas l'anglais, il ne saurait m'être d'aucune utilité dans ce pays, où le français est très-peu compris et encore moins parlé.

Sans entrer dans aucun engagement positif, je dois donc me borner à vous dire qu'aussitôt revenu sur le continent, si votre neveu n'est pas engagé, je pourrais songer à lui; mais je ne puis même vous dire en ce moment combien mon séjour pourra se prolonger dans ce pays.

Je vous dis bien des remerciments pour les nouvelles que vous avez bien voulu me donner de votre famille et je reconnais dans cette aimable attention toute votre amitié pour moi — j'apprends avec plaisir qu'elle se porte bien maintenant et je vous prie de l'assurer de tout mon attachement pour elle.

Les journaux de votre pays vous auront sans doute communiqué des nouvelles sur mon compte, vous ne devez cependant pas y ajouter une foi sans restriction. L'envie qui est toujours à la suite des grandes célébrités n'ayant pas réussi à con-

---

[1]) Hans Belten ist der Enkel des Abressaten dieser Briefe und Mitinhaber der großen Kunsthandlung Obach & Co. in London.

tester mon talent a voulu s'en venger en portant atteinte à ma moralité au moyen des bruits absurdes et ridicules qu'elle se plait à répandre dans les journaux. Les bruits, mille fois répétés et mille fois contredits, trouvent toujours des personnes qui sont portées à les croire, par ce sentiment inné dans l'homme, qui le porte toujours à trouver des défauts ou pour le moins des travers dans toutes les supériorités, soit sociales soit intellectuelles.

. Quant à moi je puis vous dire que mes succès en Angleterre ont de beaucoup dépassé mes espérances; l'enthousiasme que j'y excite est au delà de toute expression, et quiconque connaît le caractère anglais peut (muß wohl heißen: ne peut) facilement se figurer la manière bruyante dont ils le témoignent.

Je vous dirai même très-franchement que leur admiration excessive m'est à charge, puisqu'elle ne me laisse un moment de repos.

Quoique la curiosité de me voir ait été depuis longtemps satisfaite, puisque j'ai déjà joué en public une trentaine de fois, quoique mes portraits aient été reproduits de toutes les manières et sous toutes les formes possibles, je ne puis jamais sortir de chez moi sans me voir immédiatement entouré d'une foule de curieux qui non contents de me suivre et de me coudoyer me barrent très-souvent le chemin de sorte que je ne puis ni avancer ni reculer, m'adressent la parole en anglais que je ne comprends pas, et vont jusqu'à porter la main sur ma personne peut-être pour s'assurer que je suis de chair et d'os comme eux. Et ne croyez pas que ce soient les gens du peuple seulement, bien au contraire! Je vous laisse ensuite à deviner la peine que j'ai à percer la foule toutes les fois que je sors du théâtre, après y avoir joué.

J'entre dans tous ces détails parce que je crois qu'ils peuvent être de quelque intérêt pour vous et pour que vous vous mettiez en garde contre tout ce que l'on pourrait insérer dans les journaux à mon désavantage.

Sous peu de jours je pars pour ma tournée dans les provinces; j'ignore combien de temps elle pourra durer, mais je ne crois pouvoir être ici de retour avant le mois de mars.

Ma santé est assez bonne, grâce à Dieu, mon fils qui est à Paris se porte aussi bien. Conservez-moi votre estimable amitié et croyez-moi

votre bien sincèrement dévoué Nicolo Paganini."

In einer Nachschrift trägt er dem Adressaten noch Grüße an die Familie Haitzinger auf und wendet sich dann an den oben erwähnten Neffen, dem er den guten Rat giebt, recht fleißig Französisch und alles, was ihm in der Welt von Nutzen sein kann, zu lernen.

Der umfangreiche Brief, gewiß der umfangreichste von den bisher aus der Feder Paganinis bekannt gewordenen, läßt erkennen, wie dieser Künstler ein offenes Auge für alle Vorgänge um ihn herum gehabt hat, wie scharf er den verderblichen Einfluß des Zeitungswesens zu verurteilen versteht; wie er aber auch mit liebevoller Teilnahme das Geschick der Menschen verfolgt, die er liebgewonnen hat, und die ihn verstanden haben. Das Einherschreiten auf einsamer Höhe wird den Mitmenschen sehr unbequem, und in kleinlichem Neide erschweren sie durch falsche Beurteilungen dem Einsamen den Versuch, sich mit den unten Wandelnden zu verständigen. Kein Wunder, wenn er sich noch weiter von dem gewöhnlichen Wege entfernt, nur um nicht in seinen Bahnen gestört und an der Verwirklichung seines Ideales gehindert zu werden!

Eduard Reuß.

Litteraturgeschichte.
Wilhelm Waiblinger und Herr v. Cotta.

Wilhelm Waiblinger, der genial veranlagte schwäbische Dichter, dessen großes Talent ein frühzeitiger Tod leider nicht zur Abklärung und Reife gelangen ließ, verbrachte die Jahre 1822 bis 1826 als Student der Theologie im evangelischen Seminar zu Tübingen, dem sogenannten Stift. Wenn der heißblütige Jüngling zu etwas nicht taugte, so war es just zu diesem ihm durch äußere Verhältnisse aufgenötigten Beruf. Niemand erkannte dies klarer als er selbst, und je näher die Zeit rückte, da er in den praktischen Kirchendienst treten sollte, desto eifriger war er darauf bedacht, sich den lästigen Fesseln zu entwinden und einen seinem Naturell angemesseneren Wirkungskreis zu finden. Ein längerer Aufenthalt in Italien war seines Herzens glühender Wunsch; davon versprach er sich namentlich günstige Wirkungen für die Entwicklung seines Dichtertalents. Zunächst bemühte er sich um einen Hofmeisterposten in jenem Land; aber solche Stellen waren von jeher schwer zu bekommen. Da that sich ihm eine andre, glücklichere Aussicht auf. Freiherr v. Cotta, der Buchhändlerfürst, hatte schon manches junge Talent unterstützt und auf seine Kosten reisen lassen. Warum sollte er sich nicht bereit finden lassen, auch für den hoffnungsvollen Waiblinger dasselbe zu thun? Der bekannte Epigrammatiker Friedrich Haug, ein Freund und Berater Waiblingers seit dessen Stuttgarter Gymnasiastenjahren, brachte diesen offenbar zuerst auf jenen Einfall. Der betreffende Brief Haugs, der sich erhalten hat, aber bis jetzt noch nicht gedruckt ist, lautet:

Stuttgart, den 10. April 1826.

So dankbar ich Ihnen, mein Wertester, für Ihr vertrauensvolles Schreiben bin, so sehr bedaure ich, daß ich für Ihre Angelegenheit nicht wohlthätig wirken kann. Matthisson ist auf ein Vierteljahr verreist, so daß ich keine Rücksprache mit ihm nehmen kann. Doch weiß ich, daß er aus Veranlassung eines frühern Briefes von Ihnen an Bonstetten schrieb; allein Hofmeisterstellen, wobei man nach Rom reisen kann, gehören in die Klasse der Ternen. Mit prosaischen Erzählungen, die ohnehin leichtere Geburten sind als Gedichte, könnten Sie bei unserem geschichtenlustigen Publikum in der kürzesten Zeit am meisten verdienen.

Mein Rat ist übrigens, und ich hoffe, der Plan gelingt: schreiben Sie an Cotta von Cottendorf! Er habe schon so viele junge Männer unterstützt, er möchte auch Sie in diese Reihe aufnehmen und Ihnen tausend Thaler zu einer Reise nach Rom großmütig vorstrecken; Sie würden nicht nur überall, wo Sie durchreisten, litterarische Notizen und Aufsätze fürs Morgenblatt einsenden, sondern besonders in Rom sich bemühen, interessante Artikel für sein Blatt aufzusetzen, von den neuesten Ausgrabungen bestimmte Kunde zu geben, die Schätze in den Archiven zu benützen u. s. w. Ein Brief, mit Suada geschrieben und mit rühmlichster Erwähnung des Cottaschen Ich verbrämt, wird Ihnen am sichersten zum Ziele helfen.

Entscheidet er sich nicht zu Ihrem Vorteile, dann wollen wir auf andere Mittel denken, aber accidit in puncto 2c.

Gruß und vollkommenste Hochachtung!

Ihr ergebenster

Fr. Haug.

Waiblinger, dem Haugs Vorschlag alsbald einleuchtete, wandte sich am 2. Mai 1826 brieflich an Herrn v. Cotta. Zugleich nahm er die Vermittlung von zwei andern Stuttgarter Bekannten in Anspruch, die bei Cotta etwas galten, von Gustav Schwab, seinem einstigen Lehrer, und Wolfgang Menzel. Besonders warm und erfolgreich nahm sich Schwab des ehemaligen Schülers an; seiner Verwendung war es ohne Frage in erster Linie zuzuschreiben, daß sich Cotta den Wünschen des jungen Dichters willfährig zeigte. Am 25. Mai 1826 schrieb er diesem eigenhändig:

24*

Euer Wohlgeboren

Geehrtes vom 2. kann ich erst heute nach Rückkehr von München beantworten. Ich bin nicht abgeneigt, Ihren Wunsch zu erfüllen, und ich bitte mir daher gelegentlich anzuzeigen, wieviel Sie für Ihre Bedürfnisse nötig glauben, und wie lang Sie verweilen wollten.

Hochachtungsvoll ergeben
Cotta.

In einem Brief vom 30. Mai setzte Waiblinger seine Wünsche und Plane näher auseinander: er habe zur völligen Erreichung seiner Zwecke wenigstens zwei Jahre nötig und wolle sich vorzüglich im wunderbaren, durch Natur und Geschichte vulkanischen Fabelland Sicilien umsehen. Als Gegenleistung verhieß er Korrespondenzartikel für das Morgenblatt, Aufsätze für das Kunstblatt, zunächst eine Abhandlung über den vatikanischen Apoll und die Bildung männlicher Schönheit bei den Alten und eine Beschreibung seiner Reise als poetisch-philosophisches Ganzes. Darauf ließ sich Herr v. Cotta also vernehmen:

Stuttgart, 20. Juni 1826.

Euer Wohlerwürden

Geehrtes vom 30. v. M. kann ich erst heute nach Rückkehr vom Bodensee beantworten.

Ich bin mit Ihrem Wunsch einverstanden, zwei Jahre lang in Italien zu verweilen, und setze voraus, daß Ihnen für Ihren Ausbildungsplan dieser Zeitraum genügend sein konnte.

Was Sie während Ihrer Reise für meine Institute zu leisten anerbieten, finde ich zweckmäßig, so wie ich gewiß bin, daß bei gehöriger Frugalität in dem wohlfeilen Italien eine mäßige Summe Ihnen hinreichen würde, deren Angabe ich übrigens zu wissen wünsche, da ich ja auch an meinen Tod bei solchen Engagements zu Ihrer Sicherheit denken muß.

Hochachtungsvoll ergeben
Cotta.

Waiblinger schwamm in einem Meer von Seligkeit. In einem Brief vom 23. Juni an seinen Freund Eser, damaligen Rentamtmann zu Hürbel bei Biberach, verlieh er seinem Entzücken beredten Ausdruck. Das Schreiben lautet:

Einen solchen Brief wie diesen hast Du noch nicht von mir empfangen, mein Eser. Nimm Du's aus voller Seele ins vollste Gemüt! Rom und Hohenstaufen![1] Seit zwei Tagen bin ich wie in einer andern Welt. Cotta läßt mich zwei Jahre durch Italien und Sicilien reisen. Lebt er noch, bis dieser Termin vorüber ist, so geht's wohl noch nach England und Frankreich. Nun an die Vorstudien, Kunst und Kunstgeschichte, sowie Italienisch! Im Oktober reis' ich ab, ich lebe noch einige Tage bei Dir und nehme mit dem Abschiedskuß Dein Bild und Deine Liebe als unvergängliches Heiligtum auf Kapitol und Aetna.

W. Waiblinger.

. Ich habe im Sinn, die Reise als ein Ganzes zu schreiben, und zwar in Briefen an — Dich.

B.

Waiblingers Glückseligkeit wurde noch durch den Umstand erhöht, daß eine Aufführung seiner Tragödie „Anna Bullen" am Stuttgarter Hoftheater vor seiner Abreise in Aussicht stand, eine Hoffnung, die sich freilich nicht erfüllte. Ja, sogar der italienische Reiseplan selbst drohte in die Brüche zu gehen. In der zweiten Hälfte des Juli reiste Waiblinger von Tübingen nach Stuttgart, ohne indessen dort eine persönliche Begegnung mit Cotta zu haben. Damals nun wurde er zu dem Entschluß gebracht, einen schriftlichen Vertrag zu verlangen. Nach Tübingen zurückgekehrt, schrieb er am 23. Juli in diesem Sinn an

---

[1] Waiblinger hatte die Absicht, in Italien einen Cyklus von Hohenstaufen-Dramen zu dichten.

Herrn v. Cotta. Wolfgang Menzel berichtet in seinen allerdings tendenziös gefärbten Denkwürdigkeiten (S. 254) darüber:

„Cotta bot ihm 2000 Gulden an, um nach dem schönen Italien zu reisen, wohin er sich sehnte. In seiner eitlen Thorheit aber, in der ihn, wie er mir nachher selber gestand, der boshafte und tödlich gegen Cotta erbitterte Müllner bestärkt hatte, forderte er patzig von Cotta eine schriftliche Verpflichtung, daß er ihm die 2000 Gulden in Raten nach Italien nachschicken werde. Cotta antwortete ihm ganz einfach: ,Ich habe Vertrauen zu Ihnen gehabt; wenn Sie keines zu mir haben, brechen wir ab.'"

In Wirklichkeit war Waiblingers Wunsch nach Abschluß eines förmlichen Vertrags an sich nicht unberechtigt; denn er mußte doch auch darauf bedacht sein, sich für den Fall unerwarteten Abscheidens seines Beschützers während seines italienischen Aufenthalts den Rechtsnachfolgern gegenüber zu sichern. Unvorsichtig und unklug war aber sein Verhalten in seiner Lage nichtsdestoweniger, da ihm die Paschamanieren des vornehmen Herrn, von dem er abhing, nicht unbekannt sein konnten, und er dessen Empfindlichkeit schonen mußte. Er erhielt als Antwort von Cotta folgende Note:[1]

Euer Wohlgeboren

Geehrtes vom 27. v. M. mit den Probe-Scenen aus „Anna Bullen" fand ich bei meiner Rückkehr, nachdem mir Ihr Früheres vom 23. Juli nachgeschickt worden war.

Wir geben im Morgenblatt nach früheren Vorsätzen nicht gern Bruchstücke, und ich glaube Ihnen besonders es schuldig zu sein, mit dem Abdruck nicht zu eilen, da es mir scheint, daß das novum ꝛc. noch manche Vervollkommung bewirken würde.

Was Ihre Forderung vom 23. Juli betrifft, Ihnen schriftlich zuzusichern, was ich Ihnen wegen der Reise versprach, so muß ich Ihnen offen gestehen, [daß dadurch] mein Zartgefühl sehr gekränkt wu[rde, und daß] ich mich nicht entschließen kann, [Ihnen eine] ausdrückliche Zusage in dieser [neuen Form zu] geben.

Ich bin Ihnen, wie schon [gesagt, mit mei]nem Vertrauen entgegengekommen; [es scheint] Ihnen dies nicht, wie andern [Herrn, zu genügen;] lassen wir daher dies Verhält[nis auf sich beruhen,] da sein zartester Grund doch nun [gestört ist.]

Hochachtungsvoll ergeben
Cotta.

Stuttgart den 5. September 1826.

Man kann sich Waiblingers Entsetzen beim Empfang dieser Unglückskunde, die ihn aus allen seinen Himmeln stürzte, vorstellen. Menzel fährt in seinem Bericht fort: „Verzweiflungsvoll stürzte Waiblinger zu mir herein. Da er schon überall mit seiner italienischen Reise geprahlt und Abschied genommen hatte, aber keinen Heller Geld besaß, war er in großer Not, so daß Cotta sich seiner noch erbarmte und ihm wenigstens ein paar hundert Gulden schenkte." In der That hatte sich Waiblinger in jenen italienischen Plan so sehr verliebt, daß er sich unmöglich davon lossagen konnte. Auch hatte er bereits nach allen Seiten hin Siegesbotschaften gesandt, und die halbe Welt wußte von seinem Vorhaben: im Wegweiser der vielgelesenen Abendzeitung Winklers (Th. Hells) war ein von unserm Dichter selbst verfaßter Artikel erschienen, der den Titel führte: „Ueber W. Waiblinger, dessen Schriften, An- und Aussichten" und in einem Glückwunsch zur Fahrt nach Italien gipfelte.

Waiblinger eilte alsbald persönlich nach Stuttgart und setzte seine dortigen Freunde in Bewegung, um Cotta umzustimmen. Auch jetzt war es wiederum Schwab, der besonders nachdrücklich für Waiblinger eintrat. Aber der gekränkte Cotta ließ sich zu nichts herbei, als daß er 200 fl. (den zehnten Teil der ursprünglich versprochenen Summe) als Vorschuß auf künftige Beiträge zum Morgenblatt zahlte. Man riet Waiblinger, sich einstweilen damit

---

[1] Ein Stück des Briefs ist abgerissen; die Stellen in eckiger Klammer sind mutmaßliche Ergänzung.

zu begnügen und die Reiſe anzutreten; Cotta werde ihn, wenn er einmal in Italien ſei
und die auf ihn geſetzten Hoffnungen erfülle, nicht im Stich laſſen.

Waiblinger zog, mit ſolchen geringen Mitteln ausgerüſtet, über die Alpen, und er
hätte es ohne Frage auch gethan, wenn man ihm in der Heimat ab- ſtatt zugeredet hätte.
Mit Cotta jedoch überwarf er ſich bald vollſtändig. Denn dieſer war mit ſeinen Einſendungen
für das Morgenblatt weder quantitativ noch qualitativ zufrieden; das meiſte wurde zu gewagt und anſtößig befunden, obgleich ſich Waiblinger, wie er ſich in einem Brief vom
2. März 1827 an den ſchon erwähnten Eſer ausdrückt, „unſägliche Mühe gegeben, ſo ſah
zu ſein, als das Morgenblatt nur ſein kann“. Alles, was aus Waiblingers Feder in jenem
Journal damals erſchien, waren Ende 1826 zwei Gedichte (in Nr. 284 und 289) und 1827
(in Nr. 117, 118 und 120) eine Skizze „Das akademiſche Feſt im Kollegium de propaganda
fide in Rom“.

Es iſt bekannt, daß Waiblinger bald nach ſeiner Ankunft in Rom in die äußerſte
Bedrängnis geriet, daß es ihm aber gelang, ſich durch Verbindung mit dem Berliner Buchhändler Reimer emporzuarbeiten. Nun wandte ſich auch wieder Cotta mit neuen Anträgen
an Waiblinger. Dieſer macht darüber in einem Brief vom 6. Januar 1828 Eſer folgende
Mitteilung: „Cotta hat mir zweimal wieder geſchrieben. Er ſcheint eiferſüchtig zu ſein und
hat mir die Herſtellung des beſten Vernehmens und die Erfüllung meiner finanziellen
Wünſche verſprochen, wenn ich für ihn arbeite. Ich habe ihm etwas geſchickt und trotzig
geſchrieben, denn das thut beſſer bei ihm als Demut. Mein Almanach[1] wird ihn aufſehen
machen; Reimer überhäuft mich mit Lob und ſchönen Dingen.“ Ausführlicher ergeht ſich
Waiblinger über dieſen Gegenſtand in einem Brief vom 30. März 1828 an Guſtav Schwab.
Es heißt darin: „Vielleicht haben Sie von der Umgeſtaltung meiner Lage gehört und wiſſen,
daß ich bei Reimer einen Almanach auf 29 herausgebe. Iſt dieſem im Glück beſchert, ſo
bin ich in Italien auf lange geſichert. Nun hat mir aber Cotta wieder drei Briefe geſchrieben,
worin er mir Anträge macht, mir unter der Bedingung, daß ich ſeine Inſtitute unterſtütze,
völlige Herſtellung des beſten Verhältniſſes, Erfüllung meiner pekuniären Wünſche zugeſagt
und mir die Hand ſchriftlich geboten. Was mich jedoch erſtaunen machte, das iſt der Konto,
den er mir dabei geſchickt, demgemäß ich ihm noch 300 Gulden ſchuldig wäre, indem von
allem, was ich ihm jemals geſchickt, nur ein halber Druckbogen von 16 Gulden aufgenommen
worden. Das verſteh' ich nun nicht, und ich habe ihn gebeten, mir aufrichtig zu ſagen,
wie ich's zu machen habe, um die Summe abzutragen. Was ich für Blätter ſchreibe, iſt
verlorene Zeit und geſchieht nur des Geldes wegen: wird es nun gar nicht honoriert, ſo
hab' ich umſonſt gearbeitet. Ich bin mir bewußt, daß die Einſendungen nicht unbrauchbar
waren, und die Vergleichung mit anderm, was aufgenommen wird, iſt nicht geeignet, Mißtrauen in mich ſelbſt zu erwecken. Es war leichte Arbeit, aber für Werke tieferer Art iſt
ein Ephemeridenblatt auch nicht gemacht. Was ſoll ich nun von den wiederholten Ver-
ſprechungen, von den Freundſchaftsanträgen halten, welche ſo wenig erſprießlich ſind?
Anbrerſeits gefällt, was abgeſandt wird, und man nimmt's mit Freuden auf. Vielleicht,
daß die Schuld an dem bisherigen Redakteur gelegen, der mir eben auch, wie andere und
alle Landsleute, abgeneigt war: aber nun, da die Leitung des Blattes Ihnen übergeben
worden, befremdet mich's doch, daß ſich die Sache nicht verändern will. Die Erzählung
Don Florido und das Gedicht an Platen beſchmutzte alſo das Morgenblatt? Ich weiß
nicht, was ich denken ſoll; ich habe beides nach Platens eigenem Rat abgeſandt. Ich habe
im vorigen Jahr eine Reihe Oden einrücken laſſen wollen, und es iſt, glaub' ich, keine einzige
abgedruckt worden. Was ſoll ich denn nun anfangen? Ich wende mich darum an Sie
und bitte um Ihren Rat, was anders unſer früheres freundſchaftliches Vernehmen mir
einiges Recht dazu gibt. Ich möchte gerne mit Cotta wieder in ein gutes Verhältnis treten:
aber auf dieſe Art iſt es unmöglich. Wie denkt er denn, daß ich hier leben könne? Ich

[1] Taſchenbuch aus Italien und Griechenland auf das Jahr 1829. Berlin, bei G. Reimer.

meine, daß ich nicht unbillig bin. Aber die Ansichten sind verschieden, je nachdem die Interessen verschieden sind."

1828 erschienen wieder einige Gedichte von Waiblinger im Morgenblatt, aber ein intimeres Verhältnis kam zwischen ihm und dem Cottaschen Verlag nicht mehr zu stand. Der Dichter mochte jetzt, nachdem es ihm an Absatz für seine litterarischen Erzeugnisse keineswegs fehlte, auf diese Verbindung keinen allzugroßen Wert mehr legen. Auch ereilte ihn ja schon im Januar 1830 der Tod.

Stuttgart.   Rudolf Krauß.

Litterarische Berichte.

Giuseppe Verdi und seine Werke. Von Gino Monaldi. Aus dem Italienischen übersetzt von L. Holthof. Mit zwei Bildnissen Verdis. Stuttgart und Leipzig, Deutsche Verlags-Anstalt.

Es ist jedenfalls ein bemerkenswerter Umstand, daß, wie es hier der Fall ist, ein von einem Italiener in seiner Heimatsprache verfaßtes Werk zunächst nicht in dieser, sondern in deutscher Ausgabe erscheint. Der Verfasser hat zweifelsohne seine Gründe dafür gehabt, und sie lassen sich leicht einsehen. Deutschland mit seinem reich entfalteten Musikleben ist der Boden, auf dem er zunächst Verständnis für seine Darstellung erhofft, und nicht mit Unrecht. Hat doch Verdi selbst, der „italienischste aller Italiener", mit seinen letzten Schöpfungen sich der von Deutschland ausgegangenen und siegreich nach Italien vorgedrungenen großen reformatorischen Bewegung angeschlossen und sich durch die That für den Grundsatz des Musikdramas auf symphonischer Grundlage ausgesprochen. Sehr interessant ist es, wie Monaldi diese Wendung erklärt. Für ihn ist das ganze musikalische Schaffen Verdis ein einziger großer Entwicklungsgang. Der Urheber des „Nabucco" und der „Maestro der italienischen Revolution" gelangte nach Ihm folgerichtig zu der „Luise Miller" und dann zum „Rigoletto", zum „Troubadour" und der „Traviata", um von diesen Werken den Schritt zum „Don Carlos" und den noch wichtigeren zur „Aïda" zurückzulegen und sich schließlich mit dem „Othello" und „Falstaff" an die Spitze einer Bewegung zu stellen, die nicht mehr einzudämmen war und ihren siegreichen Einzug auch in Italien gehalten hatte. Verdi, so führt der Verfasser aus, hatte eine das große Erbe der italienischen Ueberlieferung angetreten, wie es Rossini, Bellini und

Donizetti hinterlassen; er war zum Hüter desselben geworden und zur unbedingten Führerschaft auf dem Gebiete der Musik in Italien gelangt. Er durfte nicht dulden, daß sein Heimatland in einer auf geistigen Fortschritt gerichteten Bewegung überflügelt werde, und das um so weniger, als er selbst unausgesetzt bemüht gewesen war, die Oper aus der alten überlebten Form des lyrischen Dramas in die des wirklichen Musikdramas überzuführen. Charakteristisch ist es dabei, wie der Italiener sich diesen Schritt, den er als einen notwendigen erkennt, gleichwohl nur mit einem gewissen Gefühle des Bedauerns vollziehen sieht. Trotz alledem ist das Buch Monaldis eine ernste und gewissenhafte Studie, und letzteres vor allem nach der Stellungnahme, die der Verfasser zu der neuen deutschen Musikrichtung sucht. Sein Vergleich zwischen Verdi und Wagner gehört nicht nur zu dem Geistvollsten und Glänzendsten, sondern auch zu dem Richtigsten und Wahrsten, was seit langem in musikkritischen Dingen geschrieben worden ist, und läßt es durchaus als gerechtfertigt erscheinen, daß sich der treffliche italienische Musikschriftsteller mit seinen Ausführungen zunächst an ein deutsches Publikum gewandt hat.   —f.

Der deutsche Roman des 19. Jahrhunderts. Von Hellmuth Mielke. Zweite, vermehrte Auflage. Braunschweig, C. A. Schwetschke u. Sohn, 1897. V und 391 Seiten 8°.

Das Werk von Dr. H. Mielke (Chefredakteur der „Barmer Zeitung"), auf das wir schon bei seinem ersten Erscheinen 1891 aufmerksam machten, verdient auch in der neuen Auflage alle Anerkennung. Es reicht von Goethe bis zu den Schriftstellern der neuesten Zeit (Sudermann ist besonders gut geschildert) und zeichnet sich durch eine klare Uebersicht und geschickte Gruppierung aus. Nur eines vermißt man an dem Buch: bio- graphische Notizen. Es ist schade, daß der Verfasser davon ganz abgesehen hat. Er geht hierin zum Beispiel so weit, daß er den bekannten Roman „Eritis sicut deus" als anonym bezeichnet, ohne der allbekannten noch lebenden Verfasserin (Elisabeth Canz) zu gedenken. Vielleicht entschließt er sich bei einer neuen Auflage dazu, kurze biographische Daten beizufügen. Das wäre ein entschiedener Gewinn. Für das Verständnis der einzelnen Dichtungen ist die Kenntnis der Lebens- umstände der Verfasser nicht ohne Interesse. Im übrigen wünschen wir dem frisch geschriebenen und objektiv dargestellten Werk auch in der neuen Auflage recht guten Erfolg. E. M.

Justinus Kerners Briefwechsel mit seinen Freunden. Herausgegeben von seinem Sohn Theobald Kerner. Durch Einleitungen und Anmerkungen erläutert von Dr. Ernst Müller. Mit vielen Abbildungen und Faßsimiles. Zwei Bände. Stuttgart und Leipzig. Deutsche Verlags-Anstalt.

Mit Herausgabe dieses Briefwechsels ent- ledigt sich Theobald Kerner eines ihm von seinem Vater auferlegten Vermächtnisses. Dreißig Jahre, so hatte der Dichter bestimmt, sollten vergehen, bis die zahlreichen Briefe, die aus dem Kreise seiner Freunde und Be- kannten an ihn gerichtet und von ihm sorg- fältig gesammelt worden waren, dem Druck übergeben würden. Unliebsame Erfahrungen, die mit der Herausgabe des Varnhagenschen Nachlasses durch Ludmilla Assing gemacht worden waren, hatten ihn zur Anberaumung dieser Frist bestimmt. So erscheinen denn mit dieser Briefsammlung Gestalten einer uns schon ziemlich weit entrückten Vergangenheit. Die ersten Jahre des gegenwärtigen Jahr- hunderts tauchen vor uns auf; wie im Spiegelbilde ziehen die Jugend- und ersten Mannesjahre des Dichters an uns vorüber, bis dann mit der Zeit der „Alte von Weins- berg" vor uns hintritt und der weite Kreis, mit dem er Beziehungen angeknüpft, und aus dem so manche hervorragende Persön- lichkeit in seinem allzeit gastlichen Hause geweilt hatte. Was der Dichter an Korre- spondenzen gesammelt, belief sich im ganzen auf 3—4000 einzelne Briefe; davon lagen dem Ordner und Erläuterer 1200 abgeschrieben vor, doch gelangten nur etwas mehr als 850 zum Druck. In dem, was uns vor- enthalten wird, verbirgt sich zweifelsohne noch manch wertvolles Stück, wie sicherlich noch höchst interessante Briefe Uhlands an Kerner vorhanden sein müssen, im allgemeinen jedoch bietet die Sammlung eine gute Aus- wahl dar. Gerade der freundschaftliche Ver- kehr zwischen den Jugend- und Studien-

genossen Kerner, Uhland, Varnhagen und Karl Mayer findet darin seinen bezeichnen- den Ausdruck. Zu den Erwähnten gesellten sich später Gustav Schwab und vor allem Lenau, einer der vertrautesten Gäste des Kernerhauses. Ein ebenso eifriger Brief- schreiber wie aufrichtiger Freund des Dichters ist auch der ritterliche und geistvolle Graf Alexander von Württemberg. Mit der Zeit erweitert der Kreis der Korrespondenten sich immer mehr: fast alle litterarischen Zeitgrößen sind in demselben vertreten, von den ältern, Tieck, Görres und Freiherr v. Laßberg, bis zu Freiligrath, Geibel, J. G. Fischer und unzähligen andern. Durch seinen Jugend- freund Breslaur, den nachmaligen Leibarzt König Ludwigs I. von Bayern wird Kerner mit letzterem in Verbindung gebracht; es entspinnt sich ein Briefwechsel zwischen dem Bayernkönig und dem Dichter, ebenso ein solcher zwischen diesem und dem Prinzen Adalbert von Bayern. König Ludwig schickt dem durch den brieflichen Verkehr gewonnenen Freunde die im München gefährdete Lola Montez, damit er aus der „Besessenen" den Teufel austreibe. Die Spanierin wird in Weinsberg in einem Turm von zwei Mün- chener Alemannen bewacht, der Dichter setzt sie auf strenge Diät, läßt sie durch seinen Sohn Theobald magnetisieren und giebt ihr Eselsmilch zu trinken! Das „tolle" Jahr 1848 sendet noch andre merkwürdige Gäste nach Weinsberg. Der bekannte österreichische Staatskanzler Fürst Metternich wird daselbst gleichfalls in einem Turme beherbergt, in demselben, in welchem im Bauernkrieg Graf Helfenstein von den aufrührerischen Bauern vor seiner Hinrichtung gefangen gehalten wurde. Der Alte spielt den liberalsten der Liberalen; er will den Dichter nötigen, eine rote Fahne an seinem Turme auszustecken. Er spielt auf einer von Lenau zurückgelassenen Geige fortwährend die Marseillaise und pfeift konvulsivisch dazu im Mondenscheine! Ganz merkwürdig sind die Beziehungen, die sich im Jahre 1834 auf brieflichem Wege zwischen dem Fürsten Alexander von Hohenlohe, da- mals Domherrn in Großwardein, dem be- kannten „Wundermann", und dem Dichter ent- spannen. Beide Männer schlossen sich so eng aneinander an, daß der protestantische Dichter kein Bedenken trug, für den katholischen Prälaten und das Mitglied der Gesellschaft Jesu eine Reihe von Fastenpredigten zu schreiben, die der Wundermann von Wort zu Wort während der Fastenzeit des Jahres 1835 in Wien hielt und später auch unter seinem Namen (Regensburg, 1836) im Druck er- scheinen ließ! Ueber seinen Glauben an eine Geisterwelt giebt der Dichter mehrfach Auf- schluß in Briefen, die er selbst an Freunde richtet, namentlich in einem solchen an Sophie Schwab vom 12. Mai 1836, der zeigt, daß es ihm dabei in wissenschaftlicher Weise um ein Feststellen von Beobachtungen zu thun war, die ihrerseits zur Feststellung einer Naturwahrheit dienen sollten, ganz gleich, ob sie dabei zu Geistern oder zu was anderm führen möchten. **h.**

Achim von Arnim und Clemens Brentano. Bearbeitet von Reinhold Steig. Mit 2 Porträts. Stuttgart, 1894, Cotta, VII und 376 Seiten 8°.

Reinhold Steig hat sich mit Herman Grimm verbunden, in drei Bänden „Achim von Arnim, und die ihm nahe standen" nach ihrem bisher unbekannten Nachlaß zu schildern. Der erste erschienene Band umfaßt Arnims und Brentanos Freundschaftsbund bis in die Zeit der Freiheitskriege. Ein reiches Material ist darin mit großem Fleiß verarbeitet, ein wahres Quellenwerk für die Geschichte der Romantik bietet sich uns hier. Erst durch diese Publikation wird ein volles Verständnis für Arnim und seinen Kreis ermöglicht. Dabei fallen auch merkwürdige Streiflichter auf andre, ferner stehende Personen, wie Varnhagen. Eine eigentümliche Beurteilung finden auch Schillers Werke. — Der zweite Band

wird Arnim als Mensch und Dichter Goethe gegenüber zeigen und Arnims und Bettinas Liebesleben schildern, der dritte Band Arnims Freundschaft mit den Gebrüdern Grimm. Möge es Reinhold Steig vergönnt sein, sein schönes Werk zu einem baldigen Abschluß zu bringen! **E. M.**

N. G. Tschernischewsky. Eine litterar-historische Studie von G. Plechanow. Stuttgart, Dietz, 1894. 388 Seiten.

In dem vorliegenden Buch gewährt der Verfasser einen Einblick in die russischen Verhältnisse der Mitte unsers Jahrhunderts. Im ersten Teil, „Tschernischewsky und seine Zeit", finden wir an der Hand des historischen Materialismus die Erklärung der Reformperiode unter Alexander II. und des damaligen russischen Sozialismus, dessen vornehmster Vertreter Tschernischewsky war. Im zweiten Teil, „Tschernischewsky als Nationalökonom", untersucht Plechanow den utopischen Sozialismus an der Hand der Lehren Marx', wobei sich die Darstellung zu einem Kompendium der ökonomischen Lehren des wissenschaftlichen Sozialismus entwickelt.

Eingesandte Neuigkeiten des Büchermarktes.
(Besprechung einzelner Werke vorbehalten.)

Lie, Arthur, [illegible] Erzählungen. Leipzig, [illegible]. M. 1.50.

Lubec, Dr. Julius, Ein ungedrucktes Vorwort zu meiner „Psychologie der Liebe". Dresden, Heinrich [illegible] Verlag. 50 Pf.

Ebers, Georg, Arachne. Historischer Roman. Stuttgart und Leipzig, Deutsche Verlags-Anstalt. Geheftet M. 9.—; gebunden M. 10.—

Ebers, Georg, Gesammelte Werke. 32 Bände. Stuttgart und Leipzig, Deutsche Verlags-Anstalt. Gebunden M. 112.—

Eggert, Eduard, Der Bauernkrieg. Ein Sang aus Oberschwaben. Zweite, neubearbeitete Auflage. Stuttgart und Leipzig, Jos. Roth.

Egidy, M. von, Gedanken über Erziehung. (Sammlung pädagogischer Vorträge. 10. Band. Heft 6. Herausgegeben von Wilhelm Meyer-Markau.) Bonn, Berlin, Leipzig, F. Soenneckens Verlag. 50 Pf.

Elster, Ernst, Prinzipien der Litteraturwissenschaft. Erster Band. Halle a. S., Max Niemeyer.

Falke, Robert, Buddha, Mohammed, Christus; ein Vergleich der drei Persönlichkeiten und ihrer Religionen. Zweiter, systematischer Teil: Vergleich der drei Religionen. Gütersloh, C. Bertelsmann. M. 3.—

Feyer, Dr. C. A., Aus dem thessalischen Feldzug der Türken. Frühjahr 1897. Berichte und Erinnerungen eines Kriegskorrespondenten. Mit zahlreichen Abbildungen und einer Karte des Kriegsschauplatzes. Stuttgart und Leipzig, Deutsche Verlags-Anstalt. Gebunden M. 5.50.

Freytag, Gustav, Gesammelte Werke. Zweite Auflage. (6.—10. Tausend). 12. 13. und 14. Band. Leipzig, S. Hirzel.

Ganghofer, Ludwig, Oberland. Erzählungen aus den Bergen. Zweite Auflage. Illustriert von Hugo Engl. Stuttgart, Adolf Bonz & Co. M. 4.—

Gleitz, Karl, Künstlers Erdenwallen. Ein Lebensbild. Zweiter Teil. Berlin, W. Groseurth. M. 4.—

Groller, Balduin, In den Tag hinein. Novellen. Dresden, Leipzig und Wien, E. Piersons Verlag. M. 3.—

Groß, Ferdinand, In Lachen und Lächeln. Geschichten und Skizzen. Stuttgart, Adolf Bonz und Comp. M. 2.

Günther, Dr. Reinhold, Allgemeine Kulturgeschichte. Zürich und Leipzig, Th. Schröter.

Haggard, H. Rider, Kleopatra. Historische Erzählung aus dem Jahrhundert vor Christi Geburt. Aus dem Englischen übersetzt von Dr. Arthur Schilbach. Stuttgart und Leipzig, Deutsche Verlags-Anstalt. Geheftet M. 3.—; elegant gebunden M. 4.—

Hansjakob, Heinrich, Aus kranken Tagen. Erinnerungen. Zweite, neu durchgesehene und verbesserte Auflage. Mit einer Ansicht von Illenau. Heidelberg, Georg Weiß. M. 3.60.

Hansjakob, Heinrich, Aus meiner Jugendzeit. Erinnerungen. Vierte, verbesserte und erweiterte Auflage. Mit dem Bildnisse des Verfassers. Heidelberg, Georg Weiß. M. 3.20.

Hansjakob, Heinrich, Waldleute. Erzählungen. Illustriert von W. Hasemann. Stuttgart, Adolf Bonz & Co. M. 4.—

Hanstein, Adalbert von, Der Vikar. Novelle in Versen. Berlin, Concordia Deutsche Verlags-Anstalt. Gebunden M. 1.—

Hartmann, Eduard von, Der Spiritismus. Zweite Auflage. Leipzig, Hermann Haacke. M. 3.—

Hegeler, Wilhelm, Pygmalion. Novellen. Berlin, F. Fontane & Co. M. 2.—

Helft, Dr. G., Neue Grundsätze der Volkswirtschaftslehre. Für Gebildete aller Stände. Stuttgart, W. Kohlhammer. M. 4.—

Hertling, Georg Freiherr von, Kleine Schriften zur Zeitgeschichte und Politik. Freiburg i. B., Herdersche Verlagshandlung. M. 5.—

Hirsch, Ludwig, [illegible]. Schauspiel in 3 Akten. Dresden und Leipzig, E. Piersons Verlag. M. [illegible]

Hoensbroech, Graf Paul von, Der Ultramontanismus. Sein Wesen und seine Bekämpfung. Berlin, Hermann Walther. M. 4.—

Jensen, Wilhelm, Vom Morgen zum Abend. Ausgewählte Gedichte. Weimar, Emil Felber. M. [illegible]—

Jonathan, Wahrheit und Träume. Aus dem Holländischen übersetzt von Pfarrer Dr. L. [illegible]. Leipzig, Friedrich Jansa. Gebunden M. 3.50.

Juel-Hansen, Erna, Die Geschichte eines jungen Mädchens. Roman. Aus dem Dänischen übersetzt von Ernst Brausewetter. Stuttgart und Leipzig, Deutsche Verlags-Anstalt. Geheftet M. 2.50; gebunden M. 3.50.

Jugend. Münchner illustrierte Wochenschrift für Kunst und Leben. II. Jahrgang. 1897. Nr. 43 bis 46. München und Leipzig, G. Hirths Verlag.

Kaemmerer, G. H., Reichsbank und Geldumlauf. Berlin, Puttkammer und Mühlbrecht. M. 2.—

Kaufmann, Max, Heines Liebesleben. Zürich, Albert Müllers Verlag. M. 2.—

Khuenberg, Sophie von, Wahrheit. Volksschauspiel in drei Aufzügen. Dresden, Leipzig und Wien, E. Piersons Verlag. M. 2.—

Koester, Hugo, Gedichte. Saarbrücken, Klingebeil und Pröller. M. 2.—

Koester, Hugo, Gott. Ein lyrisch-episches Gedicht in drei Gesängen. Saarbrücken, Klingebeil und Pröller. 75 Pf.

Koester, Hugo, Wider den Türken. Gedichte für Armenien und Kreta. Saarbrücken, Klingebeil und Pröller. 25 Pf.

Koopmann, W., Raffaels Handzeichnungen in der Auffassung von W. K. Marburg, N. G. Elwertsche Verlagsbuchhandlung. M. 9.—

Krautz, Nicolaus, Im Waldwinkel. Skizzen und Geschichten. Berlin, F. Fontane & Co. M. 1.—

Krolls Stereoskopische Bilder für Schielende. 26 farbige Tafeln. Vierte Auflage von Dr. R. Perlia, Augenarzt in Crefeld. Hamburg, Leopold Voss. M. 3.—

Lichtwark, Alfred, Blumenkultus. Wilde Blumen. Dresden, Gerhard Kühtmann.

Lichtwark, Alfred, Hamburg. Niedersachsen. Dresden, Gerhard Kühtmann.

Loti, Pierre, Ramuntcho. Roman. Aus dem Französischen übersetzt von E. Philiparie. Stuttgart und Leipzig, Deutsche Verlags-Anstalt. Geheftet M. 2.50; gebunden M. 3.50.

Megede, Johannes Richard zur, Quitt! Roman. Stuttgart und Leipzig, Deutsche Verlags-Anstalt. Geheftet M. 5.—; gebunden M. 6.—

Meyer, Dr. M. Wilh., Die Entstehung der Erde und des Irdischen. Betrachtungen und Studien in den diesseitigen Grenzgebieten unserer Naturerkenntnis. Dritte, neubearbeitete Auflage. Berlin, Allgemeiner Verein für deutsche Litteratur. M. 6.—

Moll, Albert, Das nervöse Weib. Berlin, F. Fontane & Co. M. 3.—

Moore, Thomas, Der Epikuräer. Eine Erzählung. Aus dem Englischen übersetzt von Dr. C. L. sen. Kiel, Lipsius und Tischer. M. 2.50.

Münz, Sigmund, Italienische Reminiscenzen und Profile. Wien, Leopold Weiss.

Muret-Sanders, Encyklopädisches Wörterbuch der englischen und deutschen Sprache. Grosse Ausgabe. Teil II. (Deutsch-Englisch). Lieferung 3. Berlin, Langenscheidtsche Verlagsbuchhandlung. M. 1.50.

Nagl, Dr. J. W., und Jakob Zeidler, Deutsch-österreichische Litteraturgeschichte. Ein Handbuch zur Geschichte der deutschen Dichtung in Oesterreich-Ungarn. Lfg. 5. Wien, Carl Fromme. M. 1.—

Open Court, The, A monthly magazine. Nr. 495, August, Nr. 496, September 1897. Chicago, The Open Court Publishing Company.

Parsons, Albert Ross. Parsifal. Der Weg zu Christus durch die Kunst; eine Wagner-Studie. Aus dem Englischen nach der zweiten Auflage übersetzt von Dr. Reinhold Freiherr v. Lichtenberg. Berlin-Zehlendorf, Paul Zillmann. M. 3.—

Pfister, Dr. Albert, Aus dem Lager der Verbündeten 1814 und 1815. Stuttgart und Leipzig, Deutsche Verlags-Anstalt. Geheftet M. 7.—; in Halbfranz gebunden M. 9.—

Pfizer, G., Das Recht des Bürgerlichen Gesetzbuches. Gemeinfaßlich dargestellt. In zwei Teilen. (Vollständig in 12 Lieferungen à 50 Pf.) Lfg. 1. 2. 3. 4. Ravensburg, Otto Maier.

Pforten, Otto von der, Michel-Angelo. Historisches Genrebild in einem Aufzug. Heidelberg, Carl Winters Universitätsbuchhandlung. 80 Pf.

Ploeß, Ludwig von, Kein Raum. Eine Kadettengeschichte. Berlin, F. Fontane & Co. M. 2.—

Poschinger, Heinrich von, Fürst Bismarck und der Bundesrat. Dritter Band: Der Bundesrat des Deutschen Reiches 1874 bis 1878. Stuttgart und Leipzig, Deutsche Verlags-Anstalt. Geheftet M. 8.—; in Halbfranz gebunden M. 10.—

Prévost, Marcel, Liebesgeschichten. Autorisierte Uebersetzung aus dem Französischen von F. Gräfin zu Reventlow. Paris, Leipzig, München, Albert Langen.

Reichesberg, Dr. Naum, Die Arbeiterfrage einst und jetzt. Leipzig, G. H. Wigands Verlag. 50 Pf.

Reiser, Dr. Karl, Sagen, Gebräuche und Sprichwörter des Allgäus. Aus dem Munde des Volkes gesammelt. I. Band 9. Heft und II. Band 1. Heft. Kempten, J. Kösels Verlag. à M. 1.—

Renner, Heinrich, Durch Bosnien und die Herzegowina kreuz und quer. Illustriert. Zweite, in Wort und Bild ergänzte und vermehrte Ausgabe. Berlin, Dietrich Reimer. M. 3.—

Report of the Commissioner of Education for the Year 1895—96. Washington, Government Printing Office.

Reuling, Carlot Gottfried, Das Stärkere. Ein Schauspiel in drei Aufzügen. Berlin, Theater-Buchhandlung Eduard Bloch. M. 2.—

Reusch, Fr. Heinrich, Briefe an Bunsen von römischen Kardinälen und Prälaten, deutschen Bischöfen und andern Katholiken aus den Jahren 1818 bis 1837. Mit Erläuterungen herausgegeben. Leipzig, Friedrich Janss. M. 9.—

Rieß, Dr. J., Leo XIII. und der Satanskult. Berlin, Hermann Walther. M. 3.—

Rigutini, Giuseppe, u. Oskar Bulle, Neues italienisch-deutsches und deutsch-italienisches Wörterbuch. Dreizehnte Lieferung. Leipzig, Bernhard Tauchnitz. M. 1.—

Rittland, Klaus, Welt-Bummler. Aus der Erinnerungsmappe eines Konsuls. Berlin, F. Fontane & Co. M. 5.—

Roberts, Alexander Baron von, Nachgelassene Novellen. Berlin, F. Fontane & Co. M. 5.—

Roberts, Alexander Baron von, Schwiegertöchter. Roman. Berlin, F. Fontane & Co. M. 6.—

Roslinski, Dr. Adolf, Das Recht des Reichstags zur Ungiltigkeitserklärung der Wahlen seiner Mitglieder und die Notwendigkeit der Erneuerung der Wählerlisten. Berlin, Selbstverlag des Verfassers.

Roslinski, Dr. Adolf, Fürst Bismarcks Kampf gegen den Grafen Caprivi und seine Kundgebungen über das Sinken des deutschen Nationalgefühls und über die deutsche Reichsverfassung. Berlin, Selbstverlag des Verfassers.

Rüster, Georg, Gudrun. Ein Schauspiel in fünf Aufzügen. Oldenburg und Leipzig, Schulzesche Hofbuchhandlung. M. 2.—

Schäfer, Lic. theol. Rudolf, Die Vererbung. Ein Kapitel aus einer zukünftigen psycho-physiologischen Einleitung in die Pädagogik. Berlin, Reuther & Reichard. M. 2.—

Schultze-Smidt, Bernhardine, Kein Gitter hindert Cupido. Dresden und Leipzig, Carl Reißner.

Schüßler, Hugo, Die Lösung der sozialen Frage. Dresden und Leipzig, E. Piersons Verlag. M. 2.50.

Sema, S., Moderne Mädchen. Drama in vier Aufzügen. Dresden und Leipzig, E. Piersons Verlag. M. 1.50.

Simplicissimus, Illustrierte Wochenschrift. 2. Jahrgang. Nr. 26. 27. Paris, Leipzig, München, Albert Langen.

Sonnenblumen. Herausgegeben von Karl Hendell. Zweiter Jahrgang Lfg. 17 bis 20. Zürich, Leipzig, K. Hendell & Co. à 10 Pf.

Sozialistische Monatshefte. III. Jahrgang des „Sozialistischen Akademie“. 1897. Heft VII. Juli. Berlin, Verlag der Sozialistischen Monatshefte, Marienstrasse 27.

Spanier, Ernst, Herrn Amtsrat Michel, Erde, Nördliche Halbkugel, Europa, mittlerer Stock. Offener Brief. Basel, Friedrich Emil Perthes aus Gotha. M. 1.—

Spielhagen, Fr., Faustulus. Roman. Leipzig, L. Stadmann. M. 3.—

Spielhagen, Friedrich, Neue Beiträge zur Theorie und Technik der Epik und Dramatik. Leipzig, L. Staadmann. M. 6.—

Steiner, Rudolf, Goethes Weltanschauung. Weimar, Emil Felber. M. 3.—

Stock, Dr. Otto, Lebenszweck und Lebensauffassung. Greifswald, Julius Abel. M. 3.50.

Strecker, Karl, Frühlau. Essais und Skizzen. Berlin, Th. Schoenfeldt. M. 2.—

Sybel, Heinrich von, Vorträge und Abhandlungen. (Historische Bibliothek. Dritter Band.) Mit einer biographischen Einleitung von C. Varrentrapp. München und Leipzig, R. Oldenbourg. M. 7.—

Tamura, Naomi, Warum heiraten wir? Gedanken eines modernen Japaners über Ehe und Frauenleben. Uebersetzt von Auguste Bidel. Mit einem Vorwort von Max v. Brandt. Wiesbaden, C. W. Kreidels Verlag.

Telmann, Konrad, Gottbegnadet. Roman. Dresden und Leipzig, Carl Reißner.

Terberg, Hugo, Verse. Großenhain, Baumert und Ronge. M. 2.—

Thiele, Franz, Ewald, Kleines Kommersbuch für den deutschen Studenten. Leipzig, B. G. Teubner. Gebunden M. 1.—

Thessau, O. Eugen, Beim Kommiss; zwei Jahre Volkserziehung. Leipzig, Georg H. Wigands Verlag. M. 1.—

Thompson, Silvanus P., Elementare Vorlesungen über Elektricität und Magnetismus. Zweite Auflage. Mit 283 Abbildungen im Text. Autorisierte deutsche Uebersetzung von Dr. A. Himstedt. Tübingen, H. Lauppsche Buchhandlung. M. 7.—

Torreloni, Carl Baron, Steyerische Schlösser. Roman. Berlin, F. Fontane & Co. M. 7.50.

Trapet, Augustin, Kaiser Wilhelm I. Rede. Coblenz, B. Groos Hofbuchhandlung.

Verdaguer, Jacinto, Atlantis. Deutsch von Clara Commer. Mit einer biographischen Vorrede und erklärenden Anmerkungen von Lic. Fr. v. Tessen-Wesierski. Nebst Bildnis und Schriftprobe. Freiburg i. B., Herdersche Verlagshandlung. Gebunden M. 4.—

Villinger, Hermine, Aus dem Badener Land. Geschichten. Illustriert von Curt Liebich. Stuttgart, Adolf Bonz & Co. M. 3.—

Voß, Richard, Der neue Gott. Roman aus den Tagen des Kaisers Tiberius. Stuttgart und Leipzig, Deutsche Verlags-Anstalt. Geheftet M. 3.50; gebunden M. 4.50.

Wachler, Dr. Ernst, Die Läuterung deutscher Dichtkunst im Volksgeiste. Eine Streitschrift. Berlin-Charlottenburg, Richard Heinrich. M. 2.—

Wagner, Oscar, Plab-hôter, über den Umgang mit Menschen oder: Ein alltäglicher Knigge. Stuttgart und Leipzig, Deutsche Verlags-Anstalt. M. 1.50.

Wagner, Richard, Gesammelte Schriften und Dichtungen. Dritte Auflage. Erster und zweiter Band. Leipzig, E. W. Fritzsch.

Walcker, Dr. Karl, Die Interessenkämpfe der Industrie, des Handels, der Landwirtschaft, der Klein-, Mittel- und Grossstädte. Wirtschaftsgeschichtliche Studien u. Betrachtungen. Zittau, Pahlsche Buchhandlung.

Weck, Gustav, Unsere Lieblinge. Ein Liederbuch für Väter und Mütter. Zweite, umgearbeitete und sehr vermehrte Ausgabe. Leipzig, Th. Knaur. Gebunden M. 2.—

Weltgeschichte in Umrissen. Federzeichnungen eines Deutschen, ein Rückblick am Schlusse des neunzehnten Jahrhunderts. Berlin, E. S. Mittler und Sohn. M. 9.—

Wickerhausser, N., Eine methodisch-ästhetische Skizze im Anschlusse an Goethes Iphigenie. Marburg, N. G. Elwertsche Verlagsbuchhandlung. 75 Pf.

Woerner, U. C., Gerhart Hauptmann. (Forschungen zur neueren Litteraturgeschichte. Herausgegeben von Dr. Franz Muncker. IV.) München, Carl Haushalter. M. 1.80.

Zeitschrift, deutsche, für Geschichtswissenschaft. Neue Folge. Herausgegeben von Gerhard Seeliger. Zweiter Jahrgang. Monatsblätter Nr. 3 bis 6. Freiburg i. B., Leipzig und Tübingen, J. C. B. Mohr.

Zeitschrift für Philosophie und philosophische Kritik. Im Verein mit Dr. H. Siebeck und Dr. J. Volkelt herausgegeben und redigiert von Dr. Richard Falckenberg. Neue Folge. Jahrgang 1897. Band 110. Heft 2. Leipzig, C. E. M. Pfeffer.

Rezensionsexemplare für die „Deutsche Revue" sind nicht an den Herausgeber, sondern ausschließlich an die Deutsche Verlags-Anstalt zu richten.

Redaktionelles.

Gegenwärtig erscheint in „Ueber Land und Meer" ein neuer Roman von Theodor Fontane unter dem Titel „Stechlin", in welchem der berühmte greise, aber jugendfrische Verfasser im Rahmen einer spannenden Handlung vielfach Schlaglichter auf die politischen Vorgänge und sozialen Strömungen des letzten Jahrzehnts wirft. Neben dem hochinteressanten Roman Fontanes finden wir noch den Roman „Die Hungersteine" von Gertrud Franke-Schievelbein. Das neue Werk Edward Bellamys, das unter dem Titel „Gleichheit" in der Halbmonatsschrift „Aus fremden Zungen" erscheint, erregt ungewöhnliches Interesse. Bellamy behandelt darin denselben Stoff wie in seinem vor fast zehn Jahren erschienenen „Rückblick aus dem Jahre 2000"; er giebt in „Gleichheit" eine erweiterte, detaillierte und vertiefte Schilderung des von ihm im Geiste aufgebauten Zukunftsstaates, die in Bezug auf alle die Gegenwart beschäftigenden wichtigen sozialen Fragen eine Fülle neuer Anregungen bietet. Außer dem Bellamyschen Werke veröffentlicht „Aus fremden Zungen" von Emile Zola: „Wie geheiratet wird" und von W. E. Norris: „Sir Williams Frau" (aus dem Englischen). — Bringt die genannte Halbmonatsschrift nur hervorragende Werke ausländischer Autoren in mustergültigen Uebersetzungen, so bietet dagegen die „Deutsche Romanbibliothek" die neuesten Werke zweier rühmlichst bekannter deutscher Schriftsteller. Sophie Junghans, die gefeierte Dichterin, entwirft in ihrem Roman „Ein Kaufmann" ungewöhnlich fesselnde Bilder aus dem industriellen Leben der Großstadt, indem sie namentlich den Gründungs- und Bauschwindel scharf kennzeichnet, während Fedor v. Zobeltitz in seinem Werke „Der gemordete Wald" einen Bauernroman von urwüchsiger Kraft bietet. — Das erste Heft dieser drei Zeitschriften (Deutsche Verlags-Anstalt in Stuttgart) ist durch jede Buchhandlung und Journal-Expedition zur Ansicht zu erhalten.

Verantwortlich für den redaktionellen Teil: Rechtsanwalt Dr. A. Löwenthal in Frankfurt a. M.

Unberechtigter Nachdruck aus dem Inhalt dieser Zeitschrift verboten. Uebersetzungsrecht vorbehalten.

Herausgeber, Redaktion und Verlag übernehmen keine Garantie bezüglich der Rücksendung unverlangt eingereichter Manuskripte. Es wird gebeten, vor Einsendung einer Arbeit bei dem Herausgeber anzufragen.

Druck und Verlag der Deutschen Verlags-Anstalt in Stuttgart.

Lightning Source UK Ltd.
Milton Keynes UK
UKHW010646211118
332720UK00011B/670/P

9 780365 091561